U0901167

昆明年鉴
昆明年鉴
KUNMING YEARBOOK
昆明市人民政府 主办
昆明市地方志编纂委员会办公室 编
2020

云南民族出版社
·昆明·

图书在版编目（CIP）数据

昆明年鉴 . 2020 / 昆明市地方志编纂委员会办公室编 . —昆明 : 云南民族出版社， 2020.9
ISBN 978-7-5367-8565-6

Ⅰ . ①昆… Ⅱ . ①昆… Ⅲ . ①昆明 - 2020 - 年鉴
Ⅳ . ① Z527.41

中国版本图书馆 CIP 数据核字（2020）第 183777 号

昆明年鉴 2020 KUNMING NIANJIAN

书　　名：昆明年鉴 · 2020
作　　者：昆明市地方志编纂委员会办公室　编

责任编辑：王　梓

出版发行：云南民族出版社
昆明市环城西路 170 号云南民族大厦 5 楼　邮政编码：650032
制　　作：昆明美雅奇印务有限公司
印　　刷：云南速盈印刷有限公司
成品尺寸：210mm × 285mm
开　　本：889mm × 1194mm　1 / 16
印　　张：31.5
字　　数：1180 千
版　　次：2020 年 11 月第 1 版
印　　次：2020 年 11 月第 1 次
印　　数：0001~1000
定　　价：360.00 元（含光盘）
ISBN　978-7-5367-8565-6

《昆明年鉴（2020）》编辑委员会

《昆明年鉴（2020）》编辑部

撰稿人员

（按部类顺序排列）

李　震　杨　梅　晏廷花　王　惠　王　琼　宁显志　顾建英
赵庆元　杨富刚　和嘉先　张　磊　卜增清　周　锐　张赛娟
字应军　范欣颖　罗林麟　李　耀　王　旭　尹丽花　马　栋
徐　萍　王富飞　杨　杰　王玉珏　陈桓国　陈　敏　袁　媛
彭文怡　戴张溶　李　亮　钟殿龙　黄林芝　袁　芳　阮云鹤
雷　珺　张若楠　崔同金　张　敏　邓玉莲　杨泽飞　周　艺
李吉鹏　高伊敏　郭　敏　金秋月　张宇晨　陈文才　蒲晓燕
柳　润　桑亚林　黄　飞　任　意　吴立群　赵　飞　李明琪
李　虎　董　燕　李正颖　冯志彪　李小舟　赵　娟　王虹霁
尹造文　翟书晓　吴　芮　桂辉涛　于　璐　潘娅婷　崔松云
任勇峰　陈　蓉　范　佳　王庆榆　孙丽玲　宋永东　蒋卓璇
林　涛　周思佑　张　云　丁　悝　杨雪莺　陈义祥　漆一桦
朱　敏　杨连国　吴焰红　加三益　郑　航　张　昆　李　波
王　俪　李志宝　施璐婧　杨加祥　鲁建宏　李　欢　李巧梅

编辑说明

一、《昆明年鉴》是昆明市人民政府主办的地方综合年鉴，是系统反映昆明市情的大型年刊，是集知识、信息、资料为一体的公报性、资料性、权威性工具书。

二、本年鉴由全市各县（市、区）、各开发（度假）区、各部委办局、各人民团体及有关驻昆单位撰稿，昆明市地方志编纂委员会办公室《昆明年鉴》编辑部编辑。

三、《昆明年鉴》坚持辩证唯物主义和历史唯物主义的立场、观点和方法，以马克思列宁主义、毛泽东思想、邓小平理论、“三个代表”重要思想、科学发展观、习近平新时代中国特色社会主义思想为指导，旨在逐年全面系统地记载昆明市经济社会发展历史进程，为海内外了解昆明、建设昆明提供信息资料。

四、本年鉴全面系统地反映2019年在市委、市政府的领导下，昆明市坚持以习近平新时代中国特色社会主义思想为指导，全面贯彻习近平总书记对云南工作的重要指示精神，坚持稳中求进工作总基调，贯彻新发展理念，推动高质量发展，统筹做好稳增长、促改革、调结构、惠民生、防风险、保稳定和“六稳”工作，攻坚克难、砥砺前行，经济社会保持平稳健康发展，高质量推进区域性国际中心城市建设的征程中所取得的成绩。

五、本年鉴设特载、市情综述、年度概述、大事记、中国共产党昆明市委员会、昆明市人民代表大会常务委员会、昆明市人民政府、中国人民政治协商会议昆明市委员会、纪检监察、民主党派·人民团体、外事·侨务·港澳台事务、军事、法治、经济管理与监督、开发区建设、农·林·水、工业、开放型经济·商业贸易、城乡建设与管理、交通·邮政、财税·金融、科学技术、环境保护、文化·旅游、传媒、教育·体育、医疗卫生、社会、人物、县（市、区）概况、附录、索引等32个部类。

六、本年鉴采用分类编辑法，以条目为主体，分一、二、三级目。一级目为大类，如“法治”“经济管理”“城乡建设与管理”等；二级目排在一级目之下，如“城乡建设与管理”大类下设“城市规划”“城市管理”等；三级目为撰写单元（条目），用黑体字加【 】做标识。

七、本年鉴主要数据由市统计局提供。

八、本年鉴提供目录和索引两种检索方法，目录在卷首，索引在卷尾。目录编排到条目、表；索引采用主题分析法，按主题词首字音序排列。

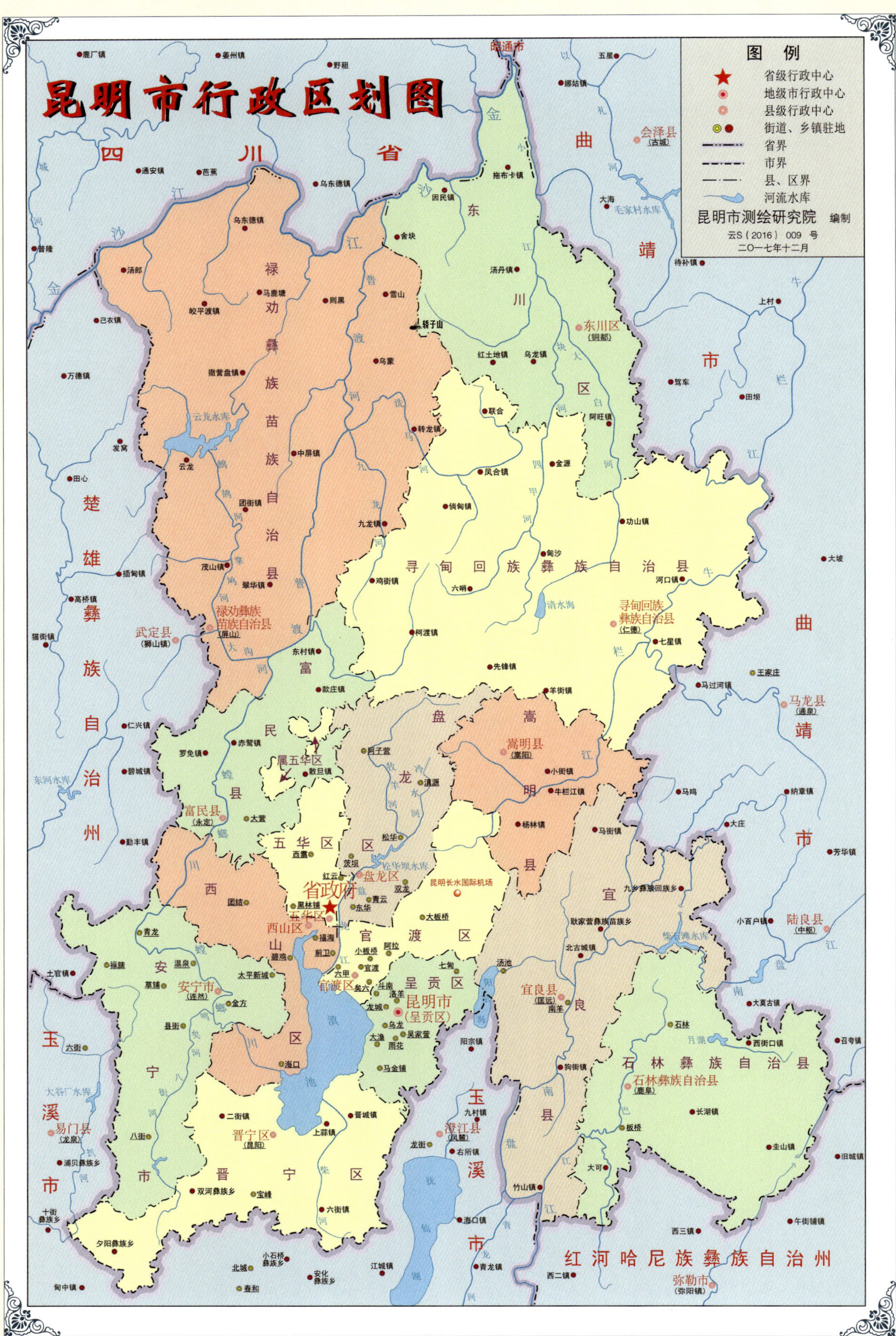

昆明市行政区划图
图例
省级行政中心
地级市行政中心
县级行政中心
街道、乡镇驻地
省界
市界
县、区界
河流水库
昆明市测绘研究院 编制
云S（2016）009 号
二〇一七年十二月
四川省
楚雄彝族自治州
曲靖市
玉溪市
红河哈尼族彝族自治州
禄劝彝族苗族自治县
东川区
寻甸回族彝族自治县
富民县
嵩明县
宜良县
石林彝族自治县
安宁市
晋宁区
西山区
五华区
盘龙区
官渡区
呈贡区
省政府
禄劝彝族苗族自治县(屏山)
东川区(铜都)
寻甸回族彝族自治县(仁德)
富民县(永定)
嵩明县(嵩阳)
宜良县(匡远)
石林彝族自治县(鹿阜)
安宁市(连然)
晋宁区(昆阳)
昆明市(呈贡区)
昆明长水国际机场
滇池
清水海
云龙水库
松华坝水库
金沙江
普渡河
牛栏江
小江
武定县(狮山镇)
会泽县(古城)
马龙县(通泉)
陆良县(中枢)
易门县(龙泉)
澄江县(凤麓)
弥勒市(弥阳镇)

城市荣誉
Honors of Kunming

中国历史文化名城
Famous Historical and Cultural City in China

全国双拥模范城
National Modle City for Mutual Support Between the Military and Civilians

中国优秀旅游城市
Top Tourist City of China

国家园林城市
National Garden City

国家卫生城市
National Healthy City

国家节水型城市
National Water-saving City

全国绿化模范城市
National Model City for Afforestation

联合国宜居生态城市
UN-Recognized Livable Eco-City

中国最具幸福感城市
China's Happiest City

中国最佳休闲宜居绿色生态城市
China's Most Leisurely and Livable Green Eco-city

中国十佳宜居宜业宜游城市
One of China's Top 10 Cities Suitable for Living,Travelling and Starting Business

中国年度文化影响力城市
China's City of Cultural Influence in 2017

中国国际形象最佳城市
China(Mainland)City of Best International Image

国际花园城市
International Garden City

中国美好生活城市
China's City of Beautiful Life

国家文化和科技融合示范基地
National Demonstration Base for Cultural and Technological Integration

国家文化消费试点城市
National Pilot City for Cultural Consumption

全国十大最具文化影响力城市
One of Top 10 Most Culturally Influential Cities in China

国家文化出口基地
National Base for Cultural Export

国家森林城市
National Forest City

全国民族团结进步示范市
National Model City for Unity and Progress Among Ethnic Groups

（资料来源：2020年版《昆明市情》）

数字昆明（2019）

土地面积：21012.54平方千米
所辖县（市、区）：14个
常住人口：695万人
户籍人口：578.46万人

地区生产总值：6475.88亿元
第一产业增加值：270.29亿元
第二产业增加值：2078.75亿元
第三产业增加值：4126.84亿元
三次产业构成：4.2：32.1：63.7

商品零售价格总指数：101.5%
居民消费价值总指数：102.3%

一般公共预算收入：630.03亿元
一般公共预算支出：820.86亿元

农林牧渔业总产值：447.49亿元
规模以上工业增加值增速：4.8%
规模以上工业利润总额：212.20亿元
固定资产投资增速（不含农户）：2.8%

房地产开发投资增速：13.9%
房屋施工面积：12236.93万平方米
房屋竣工面积：485.88万平方米
商品房销售面积：1916.23万平方米

社会消费品零售总额：3056.57亿元
进出口贸易总额：131.87亿美元
进口贸易总额：95.83亿美元
出口贸易总额：36.04亿美元
实际利用外资：64861万美元

接待旅游者总人数：18644.03万人次
旅游业总收入：2733.61亿元
国际旅游者人数：149.44万人次
国家A级景区（点）：25个
5A级旅游景区：2个
4A级旅游景区：10个

金融机构（含外资）人民币各项存款余额：14909.26亿元
住户存款余额：5355.45亿元
金融机构（含外资）人民币各项贷款余额：17854.43亿元
住户贷款余额：4157.47亿元

普通高等学校：52所
小学：758所
初中：202所
普通高中：125所
中等职业教育学校：81所

医疗卫生机构：5068个
医疗卫生机构病床数：64081张
执业医师和执业助理医师：31763人

城镇常住居民人均可支配收入：46289元
城镇居民人均消费性支出：35364元
农村常住居民人均可支配收入：16356元
农村居民人均消费性支出：12829元
城镇居民人均住房建筑面积：47.15平方米
农村居民人均住房建筑面积：51.99平方米

专利申请量：23097件
专利授权量：14301件
发明专利有效量：10217件

公共图书馆：15个（1个市级馆，14个县级馆）
广播电视台（站）：12个
博物馆（注册备案）：37个
文化馆：16个
文化站：139个
综合性文化服务中心：1676个

公路货运周转量：233.79亿吨千米
公路旅客周转量：50.27亿人千米

（汽车）公交企业：7家
公交运营车辆：6154辆
公交线路：519条（含定制公交线路）
乡镇通班车率：100%
建制村通班车率：100%
城市公交日均客运量：205.70万人次

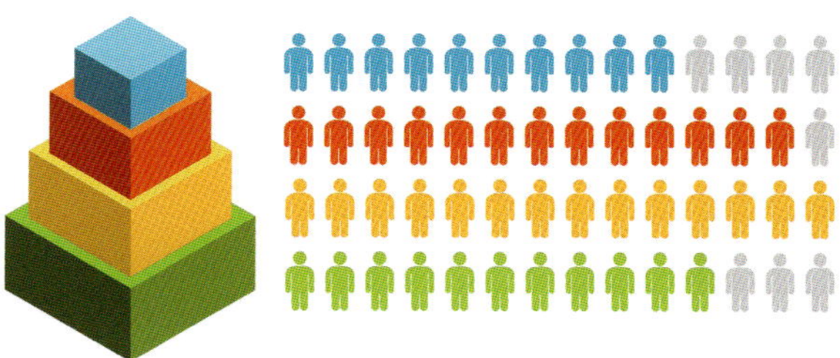

常住人口出生率：12.48‰
常住人口死亡率：5.74‰
常住人口自然增长率：6.74‰
城乡居民社会养老保险参保人数：212.49万人
城乡基本医疗保险参保人数（不含省直）：565.04万人
城镇职工参加失业保险人数：119.02万人
城镇新增就业人员：16.15万人
城镇失业人员再就业：4.19万人
城镇登记失业率：3.44%
农村劳动力转移培训：16.48万人次
农村劳动力转移就业：16.55万人次

昆明荣登美好生活城市榜单

2019年2月22日，由国家统计局、中央广播电视总台、中国邮政集团公司和北京大学国家发展研究院联合开展的“中国经济大调查”在北京发布2018～2019年度美好生活指数最高10个省会城市和直辖市榜单，昆明在榜单中排名第五位。

牛栏江引水工程——瀑布公园（滇投公司　提供）

樱花怒放的红塔西路（赵伟　摄）

南强街集市上的各种美食（赵伟　摄）

南强街集市开街（赵伟　摄）

水鸟乐园（王云山　摄）

盛开的蓝花楹（周密　摄）

昆明融创“雪世界”（昆明日报社　提供）

北京路沿线楼宇灯光亮化（黄晓松　摄）

北京路沿线楼宇灯光亮化（黄晓松 摄）

昆明融创“海世界”（昆明日报社　提供）

昆明市荣获“全国民族团结进步示范市”称号

2019年12月11日起，为期7天的“昆明市民族团结进步示范创建成果展”在北京民族文化宫展出。图为开展仪式

国家民族事务委员会授予昆明市的“全国民族团结进步示范市”牌匾

彝族火把节

2019年12月9日，国家民族事务委员会正式命名昆明市为“全国民族团结进步示范市”，昆明创建成为首个“全国民族团结进步示范市”的省会城市。

2020年7月29日，昆明市2020年民族团结进步宣传教育活动在官渡区关上中心区社区举行

彝族苗族童声合唱团

苗族同胞用蜡染制作“感谢共产党”牌匾

佤族木鼓节上各民族互致礼酒

2019年3月2日，昆明民族团结大舞台在怒江州举行专场演出

（本版图文由市民族宗教委提供）

中国(云南)自由贸易试验区昆明片区设立

2019年8月30日，中国(云南)自由贸易试验区(简称“云南自贸区”)昆明片区挂牌仪式

2019年8月，中国(云南)自由贸易试验区昆明片区挂牌设立。中国共产党中国(云南)自由贸易试验区昆明片区工作委员会、中国(云南)自由贸易试验区昆明片区管理委员会与中共国产党经济技术开发区工作委员会、昆明经济技术开发区管理委员会合并设立。

云南自贸区昆明片区、国家级昆明经济技术开发区园区风貌

云南自贸区昆明片区、昆明综合保税区风貌

昆明云内动力股份有限公司生产车间

昆船集团承建的海尔集团自动化物流仓库

云南自贸区昆明片区综合服务中心

云南自贸区昆明片区综合服务中心服务大厅

（本版图文由云南自贸区昆明区片、昆明经济技术开发区提供）

《昆明年鉴》创刊30周年

1990年，《昆明年鉴》(创刊)首发式

1997年版《昆明年鉴》发行会

2008年版《昆明年鉴》发行会

《昆明年鉴》是昆明市人民政府主办的地方综合年鉴，自1990年创刊至2019年，已连续出版发行30期。30年来，《昆明年鉴》以特有的形式，全面、系统、权威地记录、宣传了昆明市经济建设和社会发展的历程以及取得的辉煌成就。它是改革开放的产物，在改革开放的历程中成长，见证、记录着昆明的改革开放历程，同时在改革开放中发挥了独特的存史、资政、教育、宣传的作用。可以说，《昆明年鉴》已成为昆明市的一张文化名片。

《昆明年鉴》由全市各县(市、区)、各开发(度假)区、各部委办局、各人民团体及有关驻昆单位撰稿，昆明市地方志编纂委员会办公室昆明年鉴编辑部编辑。创刊以来，一直得到市委、市政府的高度重视和大力支持，同时得到了全市各级各部门和相关驻昆单位的积极配合和鼎力支持。经过30年的发展，《昆明年鉴》从封面到内容，从结构到条目要素，从版式到印刷质量，都发生了巨大变化，质量稳步提升。《昆明年鉴》在中国年鉴研究会组织的质量评比中，曾获得过综合特等奖、一等奖；在2004年12月首届中国地方志年鉴评奖活动中，《昆明年鉴(2003)》荣获全国特等奖；在2010年全国地方志系统第二届年鉴评奖中，《昆明年鉴(2005)》被评为地市级(含副省级城市)地方综合年鉴一等奖，是云南省唯一荣获一等奖的地市级综合年鉴。《昆明年鉴(2018)》在第六届全国地方志优秀成果(年鉴类)评奖中获提名奖。云南省新闻出版局、云南年鉴研究会自1991年开始，每两年举办一次云南省年鉴系列评奖活动，《昆明年鉴》屡获综合特等奖、一等奖。

2009 年版《昆明年鉴》发行会

2010 年版《昆明年鉴》发行暨县（市、区）志办联席会

2011 年版《昆明年鉴》发行会

2010 年，在全国地方志系统第二届评选中，2005 年版《昆明年鉴》荣获全国一等奖。图为时任昆明市志办主任严宏纲（中）上台领奖（杨子人　摄）

2010 年，昆明市志办参与协办全国地方志系统第二届年鉴评奖工作总结大会。图为获奖代表发言（杨子人　摄）

1990～2019年各版《昆明年鉴》及部分获奖证书

《昆明年鉴》部分获奖证书及奖杯

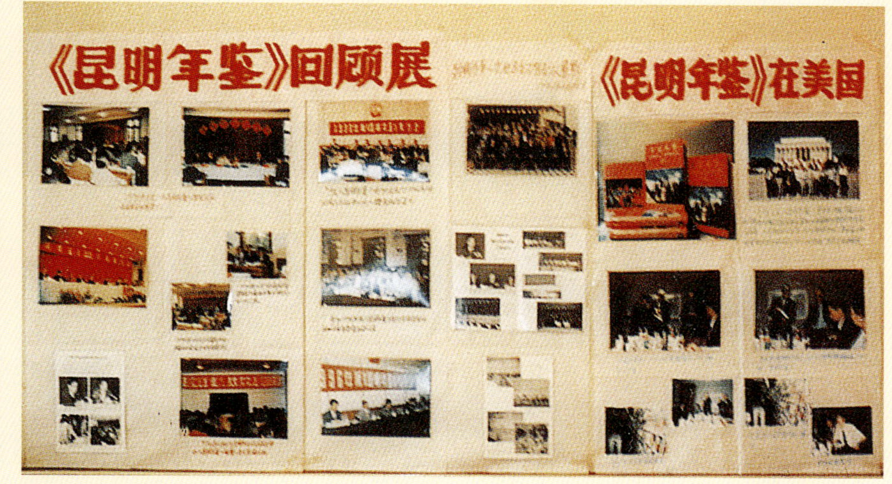

2011年版《昆明年鉴》发行会上举办的图片展

1998年，昆明市志办承办全国城市年鉴第八次研讨会。会议期间，举办了全国城市年鉴展览

1998年，全国城市年鉴第八次研讨会在昆明举办

（本专题图文由市志办提供）

昆明市提前1年完成第二轮修志任务

2015年8月25日，国务院办公厅发布《全国地方志事业发展规划纲要(2015—2020年)》，提出："到2020年，完成第二轮地方志书规划任务，省、市、县三级地方志书全部出版。"至2019年12月，昆明市市、县两级第二轮地方志书全部公开出版，提前1年完成国务院明确的第二轮修志任务。

根据国务院、省政府有关文件要求，2000年6月，昆明市人民政府办公厅发出《关于开展〈昆明市志〉和县(市、区)志续修工作的通知》，对市、县两级二轮修志提出要求。同年8月，市政府召开地方志工作会议，对新一轮志书编修工作提出要求。2004年12月15日，昆明市第四次地方志工作会议召开，对编修二轮市志工作做具体安排。2005年，市政府正式转发《昆明市第二轮地方志续修工作规划》，全面启动了第二轮地方志编修。

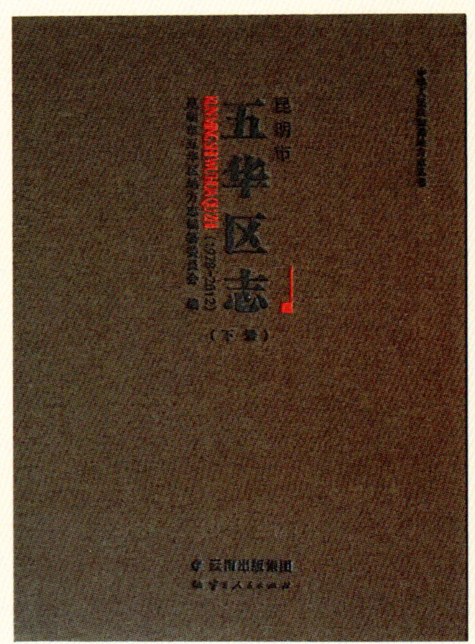

《五华区志(1978~2012)》

《西山区志(1978~2008)》

《盘龙区志(1978~2010)》

《官渡志区(1978~2010)》

《安宁县志(1989~1995)》

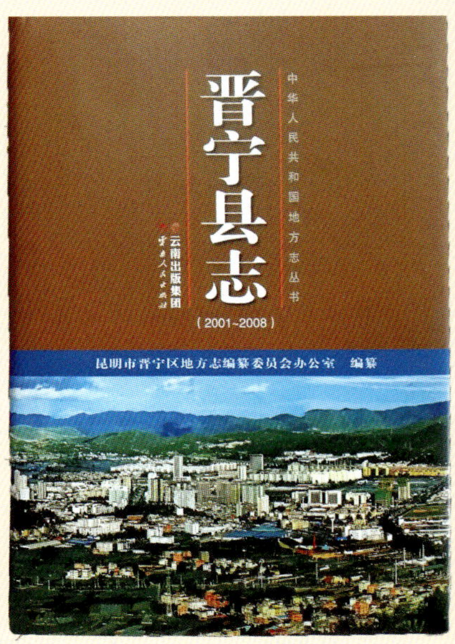

《晋宁县志(2001~2008)》

昆明市市级二轮市志编修工作于2005年全面启动。经12年的艰苦努力，九易其稿，2017年底，《昆明市志（1978～2005）》（6册780万字）由云南人民出版社出版。市级二轮志书提前3年完成。

2000年11月9日，禄劝县政府召开县志续修工作会议，在昆明市率先启动第二轮县级志书编修。2002年10月，《禄劝彝族苗族自治县志（1991～2000）》出版。该书系全省第二家、全市第一家编纂出版第二轮县级地方综合志书。此后，昆明市第二轮县（市、区）志编修全面铺开。至2019年12月，市属14个县（市、区）第二轮志书全部公开出版。

至此，昆明市提前1年完成第二轮修志任务。

《东川志（1978~2005）》

《富民县志（1993~2005）》

《嵩明县志（1986–2000）》

《石林彝族自治县志（1989~2000）》

《禄劝彝族苗族自治县志（1991—2000）》

《呈贡县志（1978～2005）》审稿会

《呈贡县志（1978~2005）》

《寻甸回族彝族自治县志（1978~2005）》

《寻甸回族彝族自治县志（1978~2005）》审稿会

宜良县第二轮修志业务培训工作会议

《宜良县志（1978~2008）》

2010年8月26日，昆明市在全省率先召开学习贯彻《云南省地方志工作规定》座谈会

2015年，《昆明市志（1978—2005）》终审会召开

西山区第二轮地方志编纂工作动员暨撰稿人员培训会

2007年4月24日，中国地方志指导小组秘书长田嘉（左二）到昆明市调研工作，昆明市副市长王奇英（前右二）汇报工作

2019年8月11日，中国地方志指导小组秘书长冀祥德（左一）、省志办主任杨建林（右一）到昆明市方志馆调研　（梁宇宁　摄）

2017年底，《昆明市志（1978～2015）》正式出版

云南史志研究文选

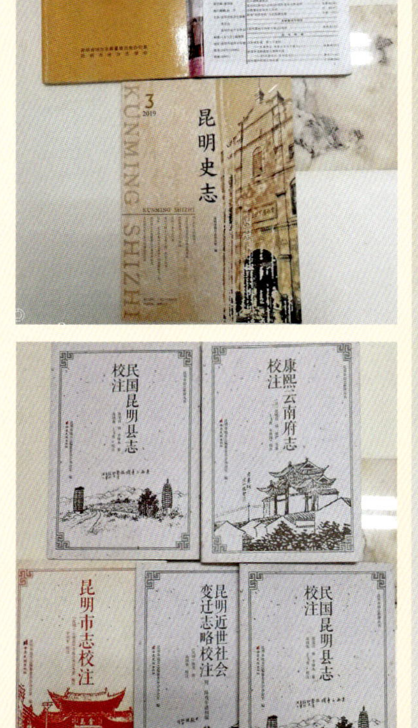

昆明市地方志编纂委员会办公室编撰出版的部分书刊

（本专题图文除署名外，由市志办提供）

目　录

特　载

市情综述

年度概述

大　事　记

中国共产党昆明市委员会

保密工作

党史工作

档案管理

市委党校

社科管理

昆明市人民代表大会常务委员会

昆明市人民政府

市政府办公室

中国人民政治协商会议昆明市委员会

中国共产党昆明市纪律检查委员会

民主党派·人民团体

中国国民党革命委员会昆明市委员会

中国民主同盟昆明市委员会

中国民主建国会昆明市委员会

中国民主促进会昆明市委员会

中国致公党昆明市委员会

中国农工民主党昆明市委员会

九三学社昆明市委员会

昆明市工商联（总商会）

军 事

昆明警备区

武 警

人民防空

法 治

综 述

社会治安综合治理

公共安全保卫

检 察

审 判

司法行政

法治工作

经济管理与监督

宏观经济管理

国有资产监督管理

市场监督管理

统 计

审 计

城市重点项目建设

村镇建设

城市管理

城市网格化管理

建筑业和建筑市场管理

住房建设与管理

交通·邮政

公路建设及轨道交通

铁路运输

财税·金融

财 政

税 务

金融综述

银 行

证券期货

科学技术

综 述

科研与运用

外国专家管理

节能与减排

文化·旅游

公共文化

文化市场管理

文化遗产保护

文学艺术界联合会

旅　游

传　媒

广播电视管理

电视事业

报　业

昆广网络

教育·体育

教　育

城乡居民生活

民族工作

宗教工作

住房公积金管理

民　政

应急管理

人　物

县（市、区）概况

西山区

东川区

呈贡区

安宁市

晋宁区

寻甸回族彝族自治县

附　录

统计资料摘编

索　引

高质量打赢全面小康收官战　高标准推进市域治理现代化 全力推动区域性国际中心城市建设迈上新台阶

——2019年12月30日在市委十一届八次全体会议上的报告

程连元

同志们：

这次全会的主要任务是：以习近平新时代中国特色社会主义思想为指导，深入学习贯彻党的十九大和十九届二中、三中、四中全会精神以及中央经济工作会议精神，进一步贯彻落实习近平总书记对云南工作的重要指示精神，按照省委十届八次、九次全会和省委经济工作会议的部署，总结2019年工作，安排2020年任务，团结动员全市广大党员干部群众，勠力同心、锐意进取，高质量打赢全面小康收官战，高标准推进市域治理现代化，全力推动区域性国际中心城市建设迈上新台阶。

现在，受市委常委会委托，我向全会作报告。

一、改革开放强动能，群策群力促发展，全市党的建设和经济社会发展各项事业取得新成绩

2019年，在以习近平同志为核心的党中央坚强领导下，市委坚持以习近平新时代中国特色社会主义思想为指导，深入贯彻落实党中央、国务院和省委、省政府各项决策部署，团结带领全市广大党员干部群众，坚持稳中求进工作总基调，深化改革、扩大开放，攻坚克难、砥砺前行，高质量推进区域性国际中心城市建设，推动全市各项事业取得新成绩。

（一）注重对标对表，落细落实互促共进，以实际行动践行“两个维护”

制定落实进一步加强党的政治建设的实施意见，教育引导全市广大党

员干部在思想上政治上行动上同以习近平同志为核心的党中央保持高度一致。以理论学习中心组为龙头，抓好各级领导班子集体学习，面向党员干部、基层群众、青年学生广泛开展宣传宣讲，推动习近平新时代中国特色社会主义思想入脑入心入行。建立贯彻落实习近平总书记对云南工作重要指示批示精神长效工作机制，专项整治贯彻落实习近平新时代中国特色社会主义思想和党中央决策部署存在的突出问题，把增强“四个意识”、坚定“四个自信”、做到“两个维护”贯彻到全市工作各领域各方面。隆重举行庆祝新中国成立70周年系列活动，让全市各族人民深刻感受到中国共产党领导的政治优势和中国特色社会主义制度优越性，坚定不移心向党、听党话、跟党走。

（二）坚持学做结合，查改贯通全程落实，确保主题教育取得实效

认真贯彻落实党中央、省委关于开展“不忘初心、牢记使命”主题教育的决策部署，针对不同层级、不同领域、不同对象特点，制订“1+4”工作方案，编制“一图三清单”，强化主题教育分级分类指导。聚焦学习贯彻习近平新时代中国特色社会主义思想主线，通过中心组学习、读书班、专题辅导等形式，带动广大党员干部读原著、学原文、悟原理。围绕党的建设、经济发展、践行党的宗旨3个方面8个专题扎实开展调查研究，深入查找和检视党员干部自身存在的问题、影响和制约发展的问题、群众最急最忧最盼的问题。对10个方面专项整治的突出问题和查摆出的其他问题逐一整改落实，通过媒体向社会公告承诺整改问题709条。围绕教育、医疗、道路交通、社会保障等方面，各级各部门领导班子采取有效措施解决群众操心事、烦心事9366件，使群众切实感受到主题教育带来的新变化新成效。

（三）突出结构调整，转型升级两轮驱动，提升经济运行质量效益

全面落实新发展理念，加强和改进党对经济工作的领导，深化经济运行分析研判，推进实施稳增长20条、民营经济19条等政策措施，建立项目管理体系和投资工作推进机制，对570个重点项目精准调度，促进经济保持平稳增长。全市预计实现地区生产总值6400亿元，增长7.5%左右；一般公共预算收入628.6亿元、增长5.5%。加快推进工业高质量发展，把特色优势产业和战略性新兴产业作为主攻方向，烟草产业充分发挥了工业增长“稳定器”作用，昆钢搬迁等43个亿元以上项目开工，祥丰石化合成氨装置技改等33个亿元以上项目竣工，中汽中心高原测试基地项目试运营，东风云汽新能源汽车项目具备量产能力，北汽、江铃新能源汽车项目加快推进，预计规模以上工业增加值增长4%左右。重点发展大健康，国家植物博物馆完成主馆规划方案招标和展陈大纲设计，国药健康产业园等84个大健康重点项目累计完成投资200.3亿元，预计大健康产业增加值增长10%左右。提速发展大旅游，深入实施“旅游革命”和“文旅融合+”行动，推动“一部手机游云南”昆明板块功能迭代升级，石林县创建成为国家全域旅游示范区，寻甸凤龙湾小镇被命名为“云南省特色小镇”，西山区融创文旅城投入运营，嵩明县恒大童世界开工建设，盘龙区世博园改造提升工程正式实施，预计旅游总收入增长20%。突破发展大文创，加快建设国家文化出口基地、国家级文化和科技融合示范基地，新建拾翠国际民艺创意园等6个文创园区，预计文化及相关产业增加值增长12%左右。加快发展数字经济，积极争取国家级互联网直联点建设，呈贡信息产业园成为云南省数字经济开发区、云南省区块链产业示范基地，与华为合作共建数字经济智慧园区，云南硅谷科技小镇等项目启动建设，京东方OLED微显示器实现量产，预计互联网、软件和相关服务业主营业务收入增长10.5%。深入实施创新驱动发展战略，积极利用“昆明高校联盟”“昆明科研院所联盟”平台，促进科技合作交流和技术成果转移转化，金砖国家技术转移合作中心加快建设，生物医药大健康科创中心和高原特色农业科创中心具备挂牌运营条件，小微企业创业创新基地城市示范考核验收名列全国第二名，新增国家重点实验室1个、省级重点实验室5个，全市科技进步贡献率达到59.13%。新培育、认定总部企业16家，保有税收亿元楼宇34幢，现代金融、电子商务、现代物流等产业加快发展，预计服务业增加值增长8%左右。

（四）推动综合施策，精准发力有机统一，全力打好三大攻坚战

巩固脱贫攻坚成果，在贫困县全部摘帽、贫困村全部出列基础上，着力解决“三保障”突出问题。在教育保障方面，实现建档立卡家庭适龄子女辍学人数动态清零；在医疗保障方面，连续3年建档立卡贫困人口基本医疗保险、大病保险100%参保；在安居保障方面，3个“摘帽县”全部消除危房，非贫困县完成四类重点对象农村危房改造；在饮水安全方面，实现脱贫地区饮水安全达标。针对中央脱贫攻坚专项巡视反馈问题，举一反三、逐条逐项抓好整改，实现了以整改促落实、提质量。落实产业培育、促进就业等重点举措，完善帮扶协作体系，建立实施返贫监测预警机制和稳定脱贫长效机制，有效防止返贫和新增贫困。坚持“科学治滇、系统治滇、集约治滇、依法治滇”，深入落实河（湖）长制，积极推进滇池保护治理三年攻坚行动，被列为全国第二批城市黑臭水体治理示范城市，滇池全湖水质继续保持Ⅳ类。制订实施长江流域（昆明段）生态环境保护修复和绿色发展工作方案，推进中央、省环保督察和中央专项督察东川金沙江尾矿库反馈问题整改，长江、珠江流域水生态环境保护修复取得积极进展。持续开展国土绿化行动，完成滇池流域及西山等重点区域生态治理修复9000余亩。加快发展绿色新兴产业，切实降低资源能源消耗，主城区空气质量保持在国家二级标准，经开区创建国家生态工业示范园区通过验收。持续大幅降低政府债务风险，风险等级由红色降为橙色，规范市属平台公司融资行为，

完善风险防控机制，依法做好泛亚有色案件风险处置工作，稳妥推动P2P网贷机构良性退出和小额信贷机构市场化退出，严守不发生系统性金融风险的底线。

（五）促进深化改革，扩大开放双管齐下，增强加快发展动力活力

加强对全面深化改革的统筹谋划、整体推进，以供给侧结构性改革为主线，推动各领域改革全面发力、蹄疾步稳。顺利完成市县党政机构改革，统筹推进事业单位改革，实现了机构精简、效能提升。持续巩固"三去一降一补"成果，淘汰落后、过剩产能48万吨，落实"减税降费"各项政策，为企业降低成本300多亿元。云内集团混合所有制改革取得实质性进展，宜良县农村集体产权制度改革试点经验在全国推广。推进实施营商环境提升十大行动，开展营商环境"红黑榜"考核评价工作，在全省率先实施新建商品房"交房即交证"工作，"一网四中心""七办"模式获评2019年中国地方政府竞争力"智慧为民"十佳案例。主动服务和融入国家发展战略，以更大力度推动全方位开放，对全球53个国家和地区实行144小时过境免签，成功举办"中国—南亚国际文化论坛"、2019中国国际旅游交易会等活动，上合昆明马拉松、环滇池高原自行车邀请赛等国际品牌赛事影响力不断提升，西甲国际足球学校启动建设。新增国际友好城市1座、总数达到24座，新增国际友好交流城市3座、总数达到19座，友城朋友圈不断扩大。自贸区昆明片区挂牌，新增注册企业2527家，18个项目落地开工。国家外贸转型升级基地获批，昆蓉欧、中亚铁海联运、昆越货运班列双向稳定运行。长水国际机场新开通8条国际航线，客运航线基本实现南亚东南亚国家首都和重点旅游城市全覆盖，客运吞吐量达到4900万人次，国际游客占比上升13%。全市进出口总额达到892亿元，增长6.4%。聚焦重点产业开展精准招商，举办华为·昆明5G产业生态合作伙伴恳谈会等重点招商推介活动，预计引进市外到位资金1304亿元，实际利用外资9.35亿美元。

（六）统筹城市提质，乡村振兴一体推进，加速城乡融合协调发展

积极推进国土空间规划编制，印发执行城市设计导则。呈贡核心区、巫家坝等片区加快崛起，东白沙河片区等19个"三旧"改造项目顺利推进，完成640个"大棚房"问题清理整治。新建农村公路245千米，新增高速公路通车里程194千米，全市公路通车总里程突破2万千米，高速公路通车里程突破1000千米。地铁在建里程达到97.3千米，地铁6号线二期、4号线车站全部封顶，实现洞通、轨通、电通。围绕62条城市道路开展市容环境整治提升，完成北京路、盘龙江景观亮化提升改造和人民路、东风路恢复提升工程。主城区5G基站建设超过1000个，昆明进入5G商用时代。智慧城管和网格化管理拓展深化，全国文明城市创建取得积极成效。编制实施乡村振兴战略规划，与中国农业大学、西南大学合作推进乡村振兴创新实验区建设。高原特色都市现代农业发展提质增效，晋宁、寻甸入选省级"一县一业"示范县，全市农业增加值增长6%左右。建成农村饮水巩固提升工程369件，改善提升18.45万人饮水安全。推动"美丽县城"建设，深入开展城乡人居环境提升行动和农村人居环境整治工作，生活垃圾、生活污水治理和"厕所革命"、村容村貌提升取得明显实效。

（七）围绕改善民生，加强治理持续发力，实现群众福祉日益增进

坚持以人民为中心的发展思想，优先保障民生投入，集中力量办好民生实事，民生支出占一般公共预算支出的78%，城乡常住居民人均可支配收入预计分别增长8%、9%。着力抓好高校毕业生、就业困难人员、企业下岗人员等重点群体就业，城镇登记失业率控制在3.44%。全面实施主城区小学"三点半"课后服务，成功引进上海师大附中等4所名校，引进名师79名、名校长4名，高考本科上线率和一本上线率较2018年分别提升6.79个、3.35个百分点。与上海中医药大学附属龙华医院、北京大学肿瘤医院等9家国内一流医疗机构签订合作协议，推进家庭医生签约服务和医联体建设，实施"关爱妇女儿童健康行动"，公共卫生服务水平持续提升。不断完善社会保障制度和政策，继续提高城乡居民基本医疗保险和大病保险保障水平。文化惠民工程加快推进，公共文化服务体系建设成效显著，文化遗产保护利用持续强化。落实退役军人待遇保障，大力扶持退役军人就业创业。巩固和发展平等团结互助和谐的民族关系，成功创建为全国民族团结进步示范市。全面加强党对政法工作的领导，推进立体化社会治安防控体系建设，有力保障新中国成立70周年系列庆祝活动，严厉打击各类违法犯罪行为，着力维护社会稳定。推动扫黑除恶专项斗争向纵深发展，全力攻坚重点案件，着力推动系统治乱，大力推进"打伞破网"，先后查办了涂力军案、宗德康涉黑案、潘云华涉恶案等一批重大案件，全市共打掉涉黑组织16个、涉恶犯罪集团（团伙）101个，立案查办涉黑涉恶腐败和"保护伞"案件255件，群众安全感、满意度不断提升。加强和创新社会治理，深化"三社联动""五级治理"模式，实施"党建引领、街道吹哨、部门报到"新举措，加快推进"五个一批"和100个城乡社区治理创新示范点工程，构建城乡基层治理新格局。全市生产安全事故数量、死亡人数"双下降"，安全生产形势总体平稳。昆明荣登央视《中国经济生活大调查》"十大美好生活城市"榜第五位。

（八）加快思想理念，工作作风同步转变，促进政治生态持续改善

认真贯彻新时代党的建设总要求和新时代党的组织路线，坚定不移推动全面从严治党向纵深发展。严格落实意识形态工作责任制，加强意识形态阵地建设管理，意识形态领域总体态势积极健康向上。全面落实"基层党建创新提质年"各项任务，各领域党的建设质量有了新提高。坚持正确选人用人导向，在27家市直部门开展竞争择优，29名主要负责人走上新的工作岗位，其中新任23人，占79.3%。加大干部轮岗交流力度，大力选拔敢于负责、勇于担当、实绩突出的优秀干部，提拔任用县处级干部200人、交流480人次。按照业绩为上、比选择优原则，稳妥推进职务与职级并行，有效激励干部担当作为。统一战线工作实现新发展，5家民主党派市委会圆满完成换届任务，实现有序政治交接。深入落实省委关于坚持全面从严治党构建风清气正政治生态的决定，推进“肃流毒、除影响、清源头、树正气”专项行动，扎实抓好以案促改，坚决肃清白恩培、秦光荣等流毒影响。深入推进反腐倡廉建设，强化政治巡察，深化监督执纪问责，全市纪检监察机关处分党员和公职人员1344人，追回外逃人员5人，共挽回经济损失2亿元。为125名党员干部进行澄清正名，旗帜鲜明地为敢于担当、踏实做事、不谋私利的干部撑腰鼓劲。认真贯彻中央八项规定精神，严格落实基层减负各项措施，坚决整治形式主义、官僚主义突出问题，推动党风政风持续好转。市委常委会专门听取市人大常委会、市政府、市政协党组工作汇报，支持和保证人大依法行使立法权、监督权、决定权、任免权，支持政府加强自身建设、依法全面履职，充分发挥政协协商民主重要渠道和专门机构作用，支持法院、检察院依法履职，促进工青妇等群团组织有效发挥联系服务群众的桥梁纽带作用，不断加强老干、双拥、国防后备力量建设等工作，凝聚了高质量推进区域性国际中心城市建设的强大力量。

这些工作的推进和成绩的取得，根本在于以习近平同志为核心的党中央的坚强领导、在于习近平新时代中国特色社会主义思想的科学指引，离不开全市广大党员干部群众的努力拼搏、团结奋斗。在此，我代表市委常委会，向所有关心、支持和参与昆明改革发展的同志们、朋友们，表示衷心的感谢！

二、谋大势抓关键，守初心担使命，以新发展理念引领昆明高质量发展

2020年是全面建成小康社会和“十三五”规划收官之年，要实现第一个百年奋斗目标，为“十四五”发展和实现第二个百年奋斗目标打好基础。站在“两个一百年”奋斗目标的历史交汇点上，我们必须全面客观辩证地分析形势，审时度势、超前谋划，牢牢掌握工作的主动权。

首先，外部环境深刻变化，世界大变局加速演变的特征更趋明显，全球动荡源和风险点显著增多，世界经济仍处在国际金融危机后的深度调整期，长期矛盾和短期问题相互交织，结构性因素和周期性因素相互作用，经济问题和政治问题相互关联，经济发展面临的形势更加复杂严峻。我国正处在转变发展方式、优化经济结构、转换增长动力的攻关期，结构性、体制性、周期性问题相互交织，“三期叠加”影响持续深化，经济下行压力持续加大。总体上，和平与发展仍然是当今时代主题，我国仍处于重要的战略机遇期，经济稳中向好、长期向好的基本趋势没有改变，放眼世界，还是风景这边独好。其次，产业变革蓬勃兴起，人工智能、大数据、量子信息、生物技术等新一轮科技革命和产业变革，深刻改变全球产业形态、分工和组织模式，促进经济结构优化升级，重塑区域和产业竞争力，开启转型发展“机会窗口”。我国沿海地区加工贸易企业受中美经贸摩擦、要素成本、资源环境约束等多方因素影响，正在寻求新的产业承接地。昆明区位交通便利、资源生态优越、产业基础良好、开放平台健全、人力资源丰富，完全有条件抓住产业链、供应链、价值链调整带来的发展机遇，有力有序有效承接国内外产业转移，加快推进新旧动能转换、产业转型升级。第三，宏观政策交汇叠加，国家大力推进供给侧结构性改革、出台一系列稳增长促改革扩开放的政策，全面推进“一带一路”、长江经济带建设，设立中国（云南）自由贸易试验区、赋予昆明体制机制创新任务，众多战略机遇在昆明交汇叠加。可以预见，当前和未来一段时期，是我国新一轮扩大开放、深化改革、促进高质量发展的重要“窗口期”，国家的政策导向和着力点将主要在改革开放创新和补短板、调结构、增动力、促发展等方面。只要我们把握机遇、抓紧谋划，完全有可能在项目、资金、政策等方面争取到更多的倾斜支持，推动实现更好发展。

理念是行动的先导，一定的发展实践都是由一定的发展理念来引领的。党的十八大以来，以习近平同志为核心的党中央提出了“创新、协调、绿色、开放、共享”的新发展理念，为我们在新时代实现更高质量、更有效率、更加公平、更可持续发展提供了重要遵循。高质量发展的内涵，就是充分体现五大发展理念的发展。回顾昆明近年来的发展，我们注重以创新发展解决发展动力问题，以协调发展解决发展不平衡问题，以绿色发展解决人与自然和谐共生问题，以开放发展解决发展内外联动问题，以共享发展解决社会公平正义问题，推动高质量发展不断取得新成效。

在我国经济发展由高速增长转向高质量发展的大背景下，昆明正处于宏观经济形势影响期、历史遗留问题消化期、新旧动能转换换挡期叠加的特殊阶段，全市发展不平衡不充分的问题仍然突出，长期积累的深层次结构性矛盾逐渐凸显。在创新发展方面，创新资源缺乏整合，产学研用结合不够，“昆明高校联盟”和“昆明科研院所联盟”等作用发挥不充分，科技创新水平较低，新动能成长不快，传统产业占比大，后劲不足，新兴产业规模尚小、缺少核心要素、对经济发展的支撑作用仍需培育，促进产业层次向中高端迈进的任务十分紧迫。在协调发展方面，城乡发展不平衡、基础设施和公共服务等方面差距大，大城市大农村特征明显；区域发展不平衡，主城区经济总量占比大，发展乏力，县域经济实力弱，发展不充分，

园区主导产业不明显，运转机制不顺畅，支撑能力不强；受规划条件限制、建设用地不足、政府债务率较高等制约，有效投资尤其是基础设施投资、工业投资增速放缓，投资对经济增长的拉动力减弱，民营企业、实体经济发展面临不少困难。在绿色发展方面，个别地方和部门对习近平生态文明思想学习不深刻、贯彻不到位，部分滇池入湖河道水质不稳定、源头治理任务重，大气污染防治形势趋于严峻，生态破坏、环境违法等问题时有发生，持续改善生态环境任重道远。在开放发展方面，开放合作领域不宽、层次不高，缺乏国际影响力较大的交流合作平台，主动服务和融入国家发展战略，对接"一带一路"、长江经济带、滇中城市经济圈建设的方法举措不多，推进昆明城市国际化进程缓慢。在共享发展方面，基本公共服务供给不足，民生领域欠账较多，优质教育、医疗、卫生、文化资源总量不足，就业难、住房难、养老难不同程度存在，交通拥堵、市容市貌"脏乱差"等老百姓反映强烈的问题还未根除。

导致上述问题的根本原因，在于干部队伍干事创业的"精气神"不足，一些党员干部不注重学习、不勤于思考、不狠抓落实。一是理念认识上差距大，贯彻新发展理念不深入、定力不够，遇难题就退缩、遇竞争就彷徨，主要表现在：推进产业结构调整、转型升级的意志不坚定，招商引资选优择强意识不强，目标不明确，"捡到篮子里就是菜"；以企业为中心、以市场为导向、以服务为抓手的意识树得不牢，服务企业的政策针对性不强。二是工作思路不清晰，缺乏履职尽责的专业本领，主要表现在：干工作东一榔头西一棒槌、眉毛胡子一把抓，面对具体问题时"头痛医头，脚痛医脚"；人才引进观念落后，后续服务薄弱，人才引进的总量、素质、层次远不能适应发展需要；重点片区、重大工程规划设计水平不高，征地拆迁推进缓慢，对重大项目的要素保障不够有力；政府部门和县区对上级政策学习不深、研究不透，对如何用好用活用足国家政策加快发展缺乏硬招实招。三是工作作风懒散，担当精神不足，履职不尽责、当官不作为的情况普遍存在，主要表现在：思想保守、固步自封，抱残守缺、不思进取，创业激情消退、竞争意识淡薄；推动工作落实的标准不高、要求不严，有风险的不敢干、有难度的不愿干，没有批示不办事、不见文件不执行，脚踩西瓜皮，滑到哪里算哪里；理想信念不坚定，形式主义、官僚主义积习难改，反腐败斗争形势依然严峻复杂，呈现经济问题与政治问题并存、区域性腐败与领域性腐败并存、"围猎"与甘于"被围猎"并存的特征。

我们必须树立强烈的机遇意识和忧患意识，增强使命感、责任感、紧迫感，敏锐捕捉机遇、全力抢抓机遇，勇于面对问题、善于解决问题，创造性落实党中央、省委决策部署，把高质量发展的步子走得更快更稳更实。

2020年，全市工作的总体要求是：以习近平新时代中国特色社会主义思想为指导，全面贯彻党的十九大和十九届二中、三中、四中全会精神以及中央经济工作会议精神，进一步贯彻落实习近平总书记对云南工作的重要指示精神，按照省委十届八次、九次全会和省委经济工作会议的安排部署，坚持稳中求进工作总基调，坚持新发展理念，坚持以供给侧结构性改革为主线，坚持以改革开放为动力，全面做好"六稳"工作，统筹推进稳增长、促改革、调结构、惠民生、防风险、保稳定，高质量打赢全面小康收官战，高标准推进市域治理现代化，全力推动区域性国际中心城市建设迈上新台阶。

落实好上述要求，必须坚定不移贯彻好新发展理念，把注意力集中到解决各种不平衡不充分的问题上来，推动高质量发展。决不能再回到简单以地区生产总值增长率论英雄的老路上去，决不能再回到以破坏环境为代价搞所谓发展的做法上去，更不能再回到粗放式发展的模式上去，要深化对高质量发展的系统研究，构建完善从多个维度反映发展质量的指标体系，调整完善考核评价方法，把考核重心逐步从关注规模、速度转移到关注经济发展质量上来，形成鼓励高质量发展的鲜明导向。鉴于此，市委考虑，2020年全市经济社会发展力争达到的主要目标是：地区生产总值增长8%，一般公共预算收入增长3.5%，全社会R&D支出增长10%，城镇登记失业率控制在4%以内，居民收入增长与经济增长保持同步，主要污染物排放量持续下降，进出口稳中提质，优质教育资源保持快速增长，优质医疗资源加快聚集。

三、奋力攻坚冲刺，聚力决战决胜，确保如期高质量全面建成小康社会

做好2020年工作，我们必须坚持问题导向、目标导向、结果导向，扎扎实实抓重点、补短板、强弱项，着力构建产业结构优化、改革开放深入、城乡发展协调、生态环境优美、人民生活幸福的发展新格局，加快区域性国际中心城市建设，进一步提升人民群众的获得感、幸福感、安全感，使昆明的全面小康得到群众普遍认可、经得起历史检验。

（一）全力以赴抓重点、补短板，决胜全面小康

坚决打好打赢三大攻坚战，是高质量发展的题中之义，决定着全面小康的成色、底色。要持续巩固脱贫成果。严格执行"四个不摘"要求，下大力气解决好义务教育、基本医疗、住房安全保障和饮水安全方面存在的短板问题，做好脱贫攻坚普查工作准备。健全完善稳定脱贫长效机制，及时做好返贫人口和新发生贫困人口的监测、帮扶，不断深化中央定点扶贫和东西部扶贫协作，持续落实产业扶贫、消费扶贫、就业扶贫等政策，激发脱贫内生动力，切实巩固提升脱贫成果和质量。要持续改善自然生态。聚焦重点区域、重点防控污染因子、重点行业等，深入推进大气污染防治，确保主城区空气质量稳定达到国家二级标准。统筹推动金沙江（昆明段）、小江流域生态环境综合治理，

加强阳宗海流域、牛栏江流域等重点流域水污染防治，抓好松华坝、云龙水库等重点水源区保护，深入实施滇池保护治理三年攻坚行动，确保滇池全湖水质稳定达到Ⅳ类。持续推进固体废物及重金属污染治理专项攻坚，强化农业农村面源污染防治，有效管控农用地和建设用地土壤污染风险。积极开展生态文明建设示范市和森林乡村创建工作，加强北部生态涵养区保护管理，全面完成滇池流域及西山重点区域“五采区”恢复治理任务，加大节能减排力度，加快推动绿色发展。要持续防范化解重大风险。抓好政府投资项目前置审查，巩固政府债务化解成效，严防新增支出风险。强化国有企业资产负债约束，多渠道落实偿债资金。提升地方金融风险预警水平，依法依规处置金融领域违法违规行为，着力防范化解金融风险。加强重点领域风险研判，全面落实排查预警、防范化解、应急处置措施，守住红线、兜牢底线、防范风险。

（二）精准施策转方式、调结构，提高经济质效

聚焦重点产业，加快转型升级，全面换挡提速，不断为经济发展注入新活力，积蓄新动能。要抓好“十四五”规划编制。主动服务和融入国家发展战略，抢抓新时代推进西部大开发形成新格局的政策机遇，对照区域性国际中心城市建设阶段性目标任务，深入研究“十四五”时期全市经济社会发展的战略性、基础性、关键性问题，扎实做好“十四五”规划纲要与专项规划编制工作。要明晰产业布局和主攻方向。坚定不移按照“基于大生态、依托大数据，重点发展大健康、大旅游、大文创”的思路，优化重大产业规划布局，明确各地产业功能定位、发展方向，因地制宜打造特色优势产业。围绕把生物医药、新能源汽车及智能制造装备、清洁载能、化工（含石化）等打造成千亿级产业，把电子信息、绿色食品、新材料、文化创意等打造成五百亿级产业，认真谋划好产业发展年度计划，突出抓好重大产业项目储备和在建项目建设，着力提升产业发展能级。要加快重点产业项目建设。扎实推进中国昆明大健康产业示范区、国家植物博物馆建设，加快高新区国家级生物产业基地、滇中新区医药产业园等重点项目建设，确保大健康产业增加值增长10%以上。推动旅游产业高质量发展，大力发展康养旅游、文化旅游、商务旅游、休闲旅游，加快世博园改造升级、恒大童世界等重点旅游项目建设，确保旅游业总收入突破3000亿元。深入实施文化建设和产业发展“510”工程，支持昆明金鼎文化创意产业园等文创园区加快发展，确保文化及相关产业增加值增长12%。大力发展数字经济，推进云南省数字经济开发区、华为昆明5G数字经济智慧园区等重大项目建设，争取省区块链中心落地昆明，推动智慧医疗、“人工智能＋制造”、“刷脸就行”工程等走在西部前列，确保电子信息制造业增加值增长12%，互联网、软件和相关服务业主营业务收入增长10%。坚持整车与零部件并重、龙头企业与产业配套联动，力促江铃汽车、东风云汽等项目稳步提升产能，推进北汽新能源汽车等项目尽快正式投产。要支持园区创新提升。深化园区管理体制改革，理顺园区管理机制，推动园区向主导产业明确、产业链条延伸、综合配套完备的方向发展。高起点推动自贸区昆明片区建设，以制度创新为核心高质量推进94项试点任务、64项主试任务、10项首创任务，打造全市新时代改革开放的新高地。深化市区融合，合力推进滇中新区“533”产业发展，加快小哨片区、东盟产业城、空港商务区等重点片区，以及浙商产业园、生物医药产业园、先导新材料产业园等重点项目开发建设，共同打造高质量跨越发展重要增长极。

（三）持之以恒扩优势、创特色，改善发展生态

牢固树立“抓环境就是抓发展”的意识，着力打造良好发展生态，努力实现政府创造环境、社会创造财富、人民享受发展成果。要持续优化产业生态。以产业功能区重塑产业经济地理，以产业生态圈和创新生态链来推进经济工作方式转变，为加快产业转型升级探索新路径。以大数据、大健康、大旅游、大文创、先进装备制造、生物医药、石油化工等产业为重点，有针对性地补链强链延链，推动产业配套链、要素供应链、产品价值链、技术创新链整体成势。完善“昆明高校联盟”和“昆明科研院所联盟”运作机制，积极推动围绕市场需求、企业需要的产学研一体化。大力营造宽容失败、鼓励创新的发展环境，制定实施更加积极、开放、有效的人才引进政策和保障制度，留住在昆高校人才，广纳国内外各方面人才，夯实产业发展的人才基础。要着力改善政务环境。对标国际国内先进模式和服务标准，以优化深化“互联网＋政务服务”为重点，以“一网通办、一站服务、一窗办结”为突破口，努力实现政务服务流程再造、数据赋能、智能驱动，构建政务服务“新生态”。健全完善政企沟通渠道和联系机制，制定完善政商交往“负面清单”，构建亲清新型政商关系，为推动企业发展积极作为、靠前服务、排忧解难。要营造向上向善氛围。积极培育和践行社会主义核心价值观，大力弘扬奋斗精神、劳模精神、科学精神、工匠精神。强化社会诚信体系建设，善待创业者和各类人才，让昆明成为广大投资者和创新创业者的向往之地。深化落实文明城市创建常态长效机制，强化创建为民意识，细化建设举措，树标杆创品牌，确保成功创建成为全国文明城市。要不断改善生活环境。实施美丽昆明建设行动，大力培育城市文化气质，充分彰显历史文化名城、世界春城花都魅力。围绕产业所需、创业所需、人才所需，有针对性地引导布局夜间经济、周末经济等消费业态、商业模式、生活业态，科学布局和完善教育、文化、医疗等公共服务功能，让企业家和各类人才在昆明生活得更加便捷舒心。

（四）多措并举建机制、搭平台，深化改革开放

推动高质量发展，必须依靠改革

开放之轮。要深化重点领域改革。加快国资国企、财税金融等重点经济领域改革，完善生态补偿机制和生态文明建设目标评价考核制度。完善农村基本经营制度，全面推开农村集体产权制度改革试点。加快推动教育、医疗、就业、养老、住房等群众最关心关注领域的改革，提高多层次多样化供给能力。要拓展内外开放通道。加快推进长水机场综合交通枢纽建设，全面保障渝昆高铁昆明段主线工程推进。积极对接西部陆海新通道建设，加快申报国家物流枢纽建设项目，扩大昆蓉欧、中亚铁海联运货运班列辐射范围，加快建设国家物流枢纽载体城市。争取国家把昆明列为互联网基础设施节点城市，在昆明设立互联网骨干直联点，加快建设连接国内、连通南亚东南亚国家的通信枢纽。要做强交流合作平台。全力服务保障好联合国《生物多样性公约》第十五次缔约方大会，全力筹办好第七届中国国际友好城市大会，充分发挥“大外事”对提高昆明国际影响力的重要促进作用。密切与南亚、东南亚、东北亚友城的文化交流和经贸往来，加强与中央媒体以及南亚东南亚国家知名媒体的合作，加大对外宣传力度，讲好昆明故事、传播好昆明声音，持续扩大昆明的国际知名度。深入推进中国(昆明)跨境电子商务综合试验区建设，支持综合保税区加快发展，推动高新保税物流中心、腾俊国际陆港保税物流中心高效营运。利用好南博会等开放合作平台，发挥好上合组织青年交流中心作用，组织好上合昆明马拉松等活动赛事，不断加大昆明国际交流的力度与频度。要增强招商引资实效。强化产业招商、定向招商，分产业、分区域建立招商项目库，绘制精准招商地图，瞄准世界500强企业，围绕港澳台地区和俄、日、韩、印等国家，突出大数据、大健康、高端装备制造等产业，采取以商招商、委托招商等模式，持续招大引强。建立健全重大项目决策协调、督查督办机制，完善招商引资考核激励机制，提升招商引资项目的履约率落地率。确保引进市外到位资金、实际利用外资均增长8%以上。要全力支持民营企业发展。全面落实放宽民营企业市场准入政策措施，实施公平统一的市场监管制度，开展隐形障碍清理专项行动，做到民营企业和国有企业一视同仁。落实国家减税降费政策和涉企收费清单制度，鼓励引导金融机构扩大信贷投放、降低贷款成本，实质性降低企业税费负担。严格履行政府与企业依法签订的各类合同，加大对拖欠企业账款的清理力度，建立防范和治理国家机关、事业单位拖欠企业账款的长效机制，切实维护政府信誉。

（五）千方百计强支撑、提品质，促进城乡融合

统筹规划、建设、管理各环节，协调生产、生活、生态各方面，深入推进城乡融合发展。要提升规划建设管理水平。扎实推进国土空间规划编制，完成历史文化名城保护规划修编，启动市域历史名镇名村保护体系规划编制。加快呈贡核心区、巫家坝、大渔等重点片区开发建设，系统完善片区公共基础设施，加快推进“三旧”改造连片开发、城中村改造、老旧小区改造等项目建设，确立鲜明的为民导向，不断改善城市品质形象。积极推动美食之都建设，打造一批特色商业步行街。建立市级城管部门、县(市、区)城管部门、街道和网格监督员四级联动的管理模式，综合运用物联网、云计算、大数据等现代信息技术，加快数字化城市管理向智慧化升级。要完善城乡基础设施。全面加快综合交通基础设施建设，抓好武倘寻、福宜等7条高速公路项目，确保宜石高速建成通车。积极推进昆明火车站南广场改造工程，加快飞虎大道北段等12条城市道路建设，完成金碧路、滇池路等62条道路整治提升，打通“断头路”、畅通“微循环”。扎实推进在建地铁项目建设，确保6号线二期、4号线开通运营。全面加快水利基础设施和农村道路建设，千方百计扩充城市饮用水蓄水能力，扎实抓好村庄规划、农村生活垃圾和生活污水治理、农村“厕所革命”、村容村貌提升等硬任务，持续改善农村人居环境。要大力实施乡村振兴战略。密切跟踪中央、省政策导向，扎实做好项目梳理、筛选和申报工作，争取更多的乡村振兴试点政策和项目落地昆明。围绕“六个结合”建立健全脱贫攻坚巩固提升与乡村振兴战略有机衔接的政策制度，推动要素配置、资金投入、公共服务向农业农村倾斜。加快都市驱动型乡村振兴创新实验区建设，围绕集聚提升、城郊融合、特色保护等不同类型，打造一批可借鉴、可复制、可推广的示范村。要加快推进新型城镇化。把产业作为推动特色小镇持续健康发展的重要支撑，沿着绿色产业发展方向，细分产业领域，明确主导产业，实现产业立镇、产业富镇、产业强镇。全面放宽主城区落户限制，全面放开其他县(市、区)和中心集镇落户限制，鼓励在城镇稳定就业的农业转移人口有序落户。

（六）尽心尽力办实事、惠民生，增进群众福祉

找准服务群众的切入点和着力点，办好群众所急、所需、所盼的民生实事，让群众看到明显变化、得到真正实惠。要多措并举促进就业。把稳就业作为工作的重中之重，鼓励支持“双创”活动，突出抓好高校毕业生、农民工、下岗失业人员、退役军人等重点群体就业工作，做好职业技能提升、转岗培训和失业保障等工作，确保零就业家庭动态清零。要着力办好人民满意的教育。坚定不移实施教育优先发展战略，全面落实立德树人根本任务，切实减轻中小学师生负担。坚持优质均衡，充分发挥“三名”工程效应，持续实施“十百千名师工程”，深入推进学区化管理，持续加大优质教育资源引入力度，发挥优质资源辐射带动效应。提升学前教育普及普惠水平，促进义务教育优质均衡发展，推进普通高中扩规提质，构建中高衔接、学以致用的现代职教体系，推动教育事业发展更加公平更有质量。要提高医疗卫生服务水平。全面推行基层医院运行机制改革和分级诊疗制度，实施市属医院“一院一策”薪酬制度改革。

加快国家区域医疗中心建设，抓实京昆、沪昆医疗合作项目，建立健全慢性病管理体系，围绕影响昆明群众健康的呼吸、心脑血管、肿瘤疾病，引入京沪优质医疗资源为昆明人民服务。加快推进市妇幼保健院二期、市第二人民医院迁建、第四批县级医院提质达标等重点工程项目建设，加强农村基层医疗卫生服务，健全院前医疗急救体系，着力提升疾病预防控制能力，切实提高医疗卫生服务质量。要健全公共文化服务体系。深化第四批国家现代公共文化服务体系示范区创建和基层综合性文化服务中心达标建设。改善乡村公共文化服务，加强文化遗产保护传承。健全全民健身组织网络体系，打造全民健身品牌活动，带动全民健身活动广泛开展。要完善社会保障体系。全面实施全民参保计划，深化养老服务市场化改革，加强残疾儿童、农村留守儿童和困境儿童福利保障体系建设。加大城市困难群众住房保障工作，发展租赁住房，有效缓解住房困难群体住房问题。因地制宜全面落实稳地价、稳房价、稳预期长效管理调控机制，促进房地产市场平稳健康发展。

四、健全制度体系，提升治理效能，走出具有昆明特色的市域治理现代化路子

市域在国家治理体系中具有承上启下的枢纽作用，市域治理是国家治理体系和治理能力在市域层面的落实和体现。我们必须按照党的十九届四中全会的部署要求，认真贯彻党中央《决定》和省委、市委《实施意见》，努力走出一条具有昆明特色的市域治理现代化路子。

（一）坚定不移增强战略定力，确保市域治理现代化的正确方向

推进市域治理现代化往什么方向走，是带有根本性的问题。要完善落实“两个维护”的制度，认真贯彻党中央对重大工作的领导体制，完善推动习近平总书记重要指示批示和党中央重大决策部署落实机制，确保政令畅通、令行禁止。要加强市委对各项工作的全面领导，完善各级党委、党组、党的工作机关实施党的领导的制度机制，健全党委议事决策等制度，发挥议事协调机构职能作用，推动各方面协调行动、增强合力。要坚持以人民为中心的价值取向，完善人民当家作主制度体系，落实民生保障各项制度，让广大群众成为推进治理现代化的主角，共建共享市域治理现代化的成果。

（二）坚定不移强化体制机制创新，完善市域治理现代化的制度体系

建立系统完备的制度体系是推进市域治理现代化的基础和先导。要突出坚持和完善支撑中国特色社会主义制度的根本制度、基本制度、重要制度，聚焦市域治理关键环节，着力固根基、扬优势、补短板、强弱项，构建系统完备、科学规范、运行有效的制度体系。要按照十三个“坚持和完善”部署要求，健全完善党的领导制度体系、现代法治体系、高质量发展制度体系、民生保障制度体系、社会治理体系、治理能力保障体系等方面的具体制度性举措。要把不折不扣落实中央“规定动作”和立足实际做好昆明“自选动作”结合起来，围绕建设区域性国际中心城市的目标要求，聚焦群众最关心最直接最现实的利益问题，强化集成式制度创新，加大有效制度供给。

（三）坚定不移改进基层治理，夯实市域治理现代化的牢固根基

基层治理是社会治理的关键支撑，也是推进市域治理的重要基石。要坚持和发展新时代“枫桥经验”，着力从源头上化解矛盾纠纷，深入推进扫黑除恶专项斗争，加快创建社会治安防控体系示范城市，建设平安昆明。要充分发挥党组织政治引领、组织引领、机制引领作用，进一步理顺市、县、乡镇（街道）权责关系，形成市县统筹协调、乡镇（街道）组织实施、村（社区）强基固本的治理链条。要积极推动市域社会治理现代化试点创建工作，以防范化解市域社会治理难题为突破口，推动建立政府和社会的良性互动机制，完善群众参与基层治理的制度化渠道，加快各类社会组织培育建设，引导社会组织参与到公共服务各领域，形成党委领导、政府负责、民主协商、社会协同、公众参与、法治保障、科技支撑的共建共治共享良好格局。

（四）坚定不移推进全面依法治市，筑牢市域治理现代化的法治保障

法治是治理体系和治理能力的重要依托。要依照宪法和法律规定管理社会事务，尊崇法治、敬畏法律、依法办事，提高运用法治思维和法治方式深化改革、推动发展、化解矛盾、维护稳定、应对风险的能力。要围绕高质量建设区域性国际中心城市构建法规体系，推动立法和改革决策有机高效衔接。健全立法机制和程序，支持人大立法调研，开展立法论证协商，不断提升立法水平。要优化行政决策、执行、组织、监督体制，完善政府权力清单和责任清单，深化综合行政执法体制改革，推进机构、职能、权限、程序、责任法定化。要深化司法体制综合配套改革，加强对司法活动的监督，确保司法公正高效权威。加大全民普法力度，完善公共法律服务体系，夯实依法治市的群众基础。

（五）坚定不移深化治理能力建设，提高市域治理现代化的质量水平

治理能力与治理体系有机联系、密不可分，推进市域治理现代化必须强化治理能力建设。要强化各级党委推进市域治理现代化的政治责任，积极谋划重大举措，拧紧责任链条，狠抓责任落实，推动各项治理举措落地生根。要增强领导干部系统治理、依法治理、综合治理、源头治理的意识和能力，加强思想淬炼、政治历练、实践锻炼、专业训练，严格按照制度履行职责、行使权力、开展工作。要支持人大、政府、政协和监委、法院、检察院依法依章程履行职能、开展工作，巩固统一战线繁荣发展大局，加强同各民主党派、无党派人士团结合作，推进民族团结进步由创建全面转向示范，促进宗教关系和谐，推动军民融合深度发展，发挥好工会、共青团、妇联等群团组织作用，

凝聚更多人心、汇聚更大力量。

五、坚持全面从严治党，持续净化政治生态，为区域性国际中心城市建设提供坚强有力保证

推动全面从严治党向纵深发展，坚决肃清白恩培、秦光荣等流毒影响，着力构建风清气正的政治生态，为区域性国际中心城市建设提供坚强有力的政治保证、思想保证、组织保证、作风保证、纪律保证。

（一）加强党的政治建设，永葆绝对忠诚的政治本色

党的政治建设是党的根本性建设。要始终把党的政治建设摆在首位，加强思想政治教育，增强“四个意识”、坚定“四个自信”、做到“两个维护”，坚决同以习近平同志为核心的党中央保持高度一致。要严肃党内政治生活，经常接受政治体检，打扫政治灰尘，净化政治灵魂，增强政治免疫力，在大是大非面前旗帜鲜明，在风浪考验面前无所畏惧，在各种诱惑面前立场坚定。要持续深入开展忠诚教育，坚持“五个必须”，反对“七个有之”，严明党的政治纪律和政治规矩，发展积极健康的党内政治文化，营造讲政治、守规矩的浓厚氛围。

（二）加强思想理论武装，筑牢坚如磐石的理想信念

理想信念是共产党人的政治灵魂，是共产党人初心的本质要求。要把深入学习贯彻习近平新时代中国特色社会主义思想作为首要政治任务和长期工作主题，发挥好党校教育培训党员干部主渠道作用，持续开展大学习、大培训、大调研，深入开展“有信仰、讲奉献、爱昆明”宣传活动，推动全市党员干部学思用贯通、知信行统一。要巩固拓展“不忘初心、牢记使命”主题教育成果，建立健全经常性学习教育、调查研究、检视问题和整改落实机制，时常叩问和守护初心，及时修枝剪叶、补钙壮骨，把牢理想信念“总开关”。要坚持用新发展理念衡量工作、指挥行动、训练干部，切实把新发展理念转化为引领发展的思维方式、工作方法。要严格落实意识形态工作责任制，坚持党管宣传、党管意识形态、党管媒体，强化阵地管理，提高网络治理能力，构建网上网下一体、内宣外宣联动的主流舆论格局。

（三）加强基层组织建设，夯实固本强基的战斗堡垒

树立大抓基层的鲜明导向，促进基层党建拓面提质、创新发展。要以增强政治功能和组织力为重点，持续提升各领域党建工作质量，着力加强互联网企业、商务楼宇、“两新”组织等新兴领域党的建设，推动党的组织和工作全覆盖，完善党支部规范化建设工作机制、确保2020年全面实现达标创建。要不断拓展“城市基层党建示范城市”创建成果，持续抓好农村“领头雁”培养工程，全面落实“双整百千”四级联创机制，以党建引领基层治理创新发展。要提高党员教育管理质量，坚持教育、管理、监督、服务相结合，突出针对性、增强实效性，促进广大党员更好发挥先锋模范作用。要加快推进“智慧党建”和“智慧城市”融合发展，丰富党建工作内容和形式，提高基层党建信息化、智慧化水平。

（四）加强干部队伍建设，锻造堪当重任的骨干力量

建设一支忠诚干净担当的高素质干部队伍，是推动全市各项事业持续健康发展的关键举措。要坚持好干部标准，坚持知事识人，完善干部考察识别、选拔任用配套制度，加强干部的政治品格、职业素养、工作能力、责任担当、工作实绩的考察，真正把有信念、有实绩、有威望的优秀干部选出来、用起来。要有针对性地开展干部能力培训和实践锻炼，教育引导党员干部树立正确政绩观，注重在基层一线和困难艰苦地区培养锻炼干部，引导干部在实践中经风雨、见世面、壮筋骨、长才干。要严格把握“三个区分开来”，建立防错、容错、纠错“正面清单”，细化操作流程和具体程序，进一步厘清边界、明确标准、有效落实。要落实干部诬告陷害和失实举报澄清保护机制，用好用活公务员职务与职级并行制度，有效落实加班补休补助、带薪年休假等关心关爱干部的具体措施，引导和激励广大党员干部履职尽责、担当作为。

（五）加强正风肃纪反腐，构建风清气正的政治生态

持续修复净化政治生态，是锻造优良党风政风、确保改革发展目标顺利实现的重要保障。要大力弘扬“跨越发展、争创一流；比学赶超、奋勇争先”精神，驰而不息纠治“四风”特别是形式主义、官僚主义，健全完善为基层减负的长效机制，巩固拓展落实中央八项规定精神成果。要坚决肃清白恩培、秦光荣等流毒影响，积极推进“清廉昆明”建设，把清正廉洁的理念和措施覆盖到各行各业，推动形成以清为美、以廉为荣的价值取向。要完善权力运行制约和监督制度，深化运用监督执纪“四种形态”，保持惩治腐败高压态势，一体推进不敢腐、不能腐、不想腐，巩固发展反腐败斗争压倒性胜利。

（六）加强督查考核问效，压实管党治党的政治责任

明确责任、落实责任、追究责任，是确保管党治党真正严起来、紧起来、实起来的有力保证。要着力构建全面从严治党责任体系，进一步明确党组织的职责，明确党组织书记第一责任人责任和班子成员“一岗双责”，完善全面从严治党责任清单。要压实纪委监委的监督责任，坚守主责主业，在全面从严治党中担负好协助职责和监督责任，使主体责任和监督责任贯通协同、形成合力。要把监督检查、目标考核、责任追究有机结合起来，把严的要求、严的纪律贯穿到管党治党全过程，坚定不移推进全面从严治党向纵深发展。

同志们，使命重在担当，实干铸就辉煌。让我们更加紧密地团结在以习近平同志为核心的党中央周围，在省委的坚强领导下，不忘初心、牢记使命，同心同德、团结奋斗，高质量打赢全面小康收官战，高标准推进市域治理现代化，全力推动区域性国际中心城市建设迈上新台阶！

政府工作报告

——2020年5月15日在昆明市第十四届人民代表大会第五次会议上

王喜良

各位代表：

我代表市人民政府，向大会报告工作，请予审议，并请各位政协委员和列席人员提出意见。

2019年工作回顾

2019年，是新中国成立70周年。一年来，面对结构性体制性周期性问题相互交织、经济下行压力持续加大、新旧动能转换影响等各类风险挑战明显上升的复杂局面，我们在省委、省政府和市委的坚强领导下，坚持以习近平新时代中国特色社会主义思想为指导，全面贯彻习近平总书记对云南工作的重要指示精神，坚持稳中求进工作总基调，贯彻新发展理念，推动高质量发展，统筹做好稳增长、促改革、调结构、惠民生、防风险、保稳定和“六稳”工作，攻坚克难、砥砺前行，经济社会保持平稳健康发展，高质量推进区域性国际中心城市建设取得新成绩。全市地区生产总值达6475.9亿元，增长6.5%（按可比价格计算）；一般公共预算收入达630亿元，增长5.8%；固定资产投资增长2.8%；社会消费品零售总额达3056.6亿元，增长9.7%；城乡居民人均可支配收入分别达46289元和16356元，分别增长7.7%和9.8%。

这一年，我们遇到的困难比预想的多，取得的成效比预期的好，许多方面具有标志性意义。

——经济总量争先进位。地区生产总值在全国省会城市中排名从第17位跃升至第12位，税收收入增速、增收规模居全国省会城市前列，昆明在高质量跨越式发展道路上迈出了新步伐。

——民族团结谱写新篇。昆明创建成为全国民族团结进步示范市，为全省建设民族团结进步示范区作出了昆明贡献，为全国民族团结进步事业创新发展探索了昆明经验。

——生态名片更加靓丽。昆明空气质量保持全国省会城市前五名，滇池、阳宗海水质稳定向好，省考以上河道断面水质优良率为“十三五”以来最好水平，争当全省生态文明建设示范城市和美丽中国典范城市的信心更加坚定。

——开放水平明显提升。中国（云南）自由贸易试验区昆明片区挂牌成立，成为支撑面向南亚东南亚辐射中心的重要平台，区域性国际中心城市建设迎来重大机遇。

——脱贫攻坚再传捷报。三个贫困县全部实现脱贫摘帽，“两不愁三保障”任务基本完成，脱贫攻坚取得决定性进展，彻底解决了全市区域性整体贫困问题。

——债务化解成效显著。债务风险防范化解有力有效，政府性债务规模持续大幅降低，政府债务风险预警等级从红色降为黄色，政府债券发行空间得到释放，政府投资能力进一步增强。

一年来，我们主要开展了以下工作。

（一）经济高质量发展取得积极成效

发展质量稳步提升。税收结构持续优化，在实施大规模减税情况下，税收收入达509.3亿元，增长6.7%，占一般公共预算收入的80.8%，质量位居全省第一。金融市场稳定运行，金融机构（含外资）人民币存贷款余额分别增长9.5%、9.8%。企业效益稳步提高，规模以上工业企业实现利税总额765.7亿元，增长6.6%，企业资产负债率同比降低2.3个百分点。就业形势总体稳定，新增城镇就业16.2万人，实名登记高校毕业生就业率达94.7%，城镇登记失业率为3.4%。

产业升级步伐加快。工业经济稳中有进。闻泰昆明智能制造产业园、紫光芯云产业园等45个亿元以上项目开工，昆明电缆制造基地等159个续建项目加快推进，祥丰石化合成氨装置技改等35个亿元以上项目竣工，新增工业产值56亿元。京东方OLED微显示器实现量产，产品技术水平全球领先，规模以上电子信息制造业增加值增长12.6%。新能源汽车“三车一中心”初步建成，产能突破10万辆。理工恒达科技等6户企业上榜工信部第一批“专精特新”小巨人名单。安宁市、东川区入选国家工业资源综合利用基地名单。规模以上工业增加值增长4.8%。服务经济稳中趋优。恒隆广场、王府井奥特莱斯、大悦城二期等商业综合体投入运营，盒马鲜生等新零售落地昆明。新培育东方环球等总部企业16家，新增税收亿元楼宇10幢，邦克大厦成为税收超过20亿元楼宇。南强街、昆明老街等一批精品夜市激活都市夜经济。服务业增加值增长7.7%。现代农业稳中增效。

新增“三品一标”农产品124个，庆沣祥茶业等11个品牌上榜省级绿色食品“10大名品”。烤烟烟农收入等指标创历史新高。中国（云南）普洱茶中心暨普洱茶博物馆等项目加快推进，晋宁区、寻甸县入选全省“一县一业”示范县，石林县西街口镇获评全国“一乡一特”产业强镇。农业增加值增长5.5%。

新动能加速成长。数字经济快速发展。发布了云南首家5G产业、数字昆明发展规划。加快布局新一代信息基础设施，主城区二环内实现5G信号全覆盖。提升政务云效能，首批25个部门1624项政务信息实现互通共享。积极培育示范应用单项冠军，“刷脸就行”走在全省前列。与华为公司开展“七个一”战略合作，共建数字经济智慧园区。呈贡信息产业园成为云南省数字经济开发区，新入驻企业129户。成功举办中泰数字经济发展论坛、华为城市云峰会。电信业务总量增长57%，互联网软件和相关服务业营业收入增长8.1%。大健康发展提速。发布了大健康产业发展规划，顶层设计日趋完善。产业投资持续升温，通盈药业、薇诺娜新中央工厂等项目开工，绿地健康城、鹏瑞利健康城等项目加快推进，中国医学科学院疫苗产业基地（二期）竣工，84个重点项目完成投资200.3亿元。优质医疗资源加快集聚，与北京大学肿瘤医院、中日友好医院等9家国内顶尖医疗机构合作办医。大健康产业增加值增长10%左右。旅游革命深入推进。紧扣国际化、高端化、智慧化、特色化方向，推动旅游产业转型升级，融创文旅城建成开业，恒大童世界、世博园改造提升等项目加快建设，完成投资313亿元。建立30天无理由退货机制，消费环境持续优化，市场秩序明显好转。石林县成为国家全域旅游示范区，寻甸县凤龙湾小镇被命名为云南省特色小镇。全年共接待游客1.8亿人次，增长16%，实现旅游总收入2733亿元，增长25%。

产业招商成效显著。深入推进大招商、招大商，瞄准重点区域、重点企业开展精准招商，美国利宝互助保险集团等世界500强企业入驻昆明。坚持领导带队招商，市委、市政府主要领导外出招商13次，成功举办华为·昆明5G产业生态合作伙伴恳谈会等招商推介活动，增强了企业来昆投资信心。创新招商方式，健全以商招商、中介招商等机制，强化招商项目落地保障，完善招商考核制度，普洛斯昆明环普产业园等74个项目实现当年签约、当年开工。全年引进市外内资1304.1亿元，增长12.7%，实际利用外资10.2亿美元，增长20%。

创新能力持续增强。创新主体发展壮大。高新技术企业突破1000家、营业收入突破3000亿元，高新技术产品收入增长16%。创新平台不断扩大。新增全国创业孵化示范基地1个、国家级小微企业创业创新示范基地3个。生物医药大健康、高原特色农业、信息及芯片产业等科创中心组建成立。以高校联盟和院所联盟为基础，建成高校和科研院所科技成果转化中心10个，成果转化57项，实现产值50亿元。新认定半导体材料等领域院士工作站7个。新增省级重点实验室14个、省级以上企业技术中心19家。创新人才加速聚集。引进外国专家82人次，新增省级技术创新人才83人，537人入选省“万人计划”。创新环境持续优化。出台区域性国际科创中心建设政策，入选国家知识产权示范城市，成为全省唯一的财政科技经费“放管服”试点市。小微企业创业创新基地示范城市考核名列全国第二。全社会研发投入强度（全口径）达2.4%。科技进步贡献率达59.1%，提升4个百分点。

新增长极加快打造。滇中新区经济运行稳中向好，地区生产总值增长8.5%，高于省市平均水平，一般公共预算收入、招商引资实际到位内资均实现两位数增长。自贸试验区昆明片区建设开局良好，各项体制机制加速构建，94项试点任务全面启动，证照分离试点改革全面实施，行政审批实现“一窗受理、一网通办、一次办成”，新增注册企业2849家。各类园区加快发展，三个国家级开发（度假）园（区）社会事务逐步移交属地政府管理，6个产业基地成为首批省级新型工业化产业示范基地。高新区、经开区主营业务收入分别达2200亿元、2000亿元，分别创建为国家绿色园区、国家生态工业示范园。综保区跨境电商综合服务平台上线运行，昆明综保“全球购”品牌初步形成。主城区“退二进三”“腾笼换鸟”取得新成效，总部楼宇、商贸金融、文旅健康等服务经济不断壮大，新业态新模式加快成长，主城区经济总量占全市比重达73.6%。

（二）三大攻坚战取得重大进展

精准脱贫成效显著。聚焦“两不愁三保障”突出问题，完成中央脱贫攻坚专项巡视、省扶贫开发成效考核等反馈问题整改，东川区、禄劝县顺利脱贫摘帽，如期实现了3个贫困县全部摘帽、404个贫困村全部出列、现行标准下9.6万户35.06万建档立卡贫困人口全部脱贫的预期目标。建立实施返贫监测预警机制和稳定脱贫长效机制，制定实施脱贫攻坚巩固成果提升质量等系列措施，突出产业和就业组织化提升，持续提高脱贫地区基本公共服务水平，脱贫成果持续巩固。

污染防治力度加大。整改完成中央、省环保督察反馈意见问题84个，小江流域尾矿库污染问题整治取得积极进展，长江、珠江流域水生态环境保护与国土生态修复力度加大。深化河（湖）长制，推进滇池治理三年攻坚行动，实施清水入滇微改造工程，抓好“上截中疏下泄”等重点项目建设，22条城市河道黑臭水体基本消除黑臭，入选国家城市黑臭水体治理示范城市，滇池全湖水质保持Ⅳ类，阳宗海水质稳定保持Ⅲ类，南滇池湿地公园被评为“国家湿地公园”。打好蓝天保卫战，空气综合污染指数下降6.5%，空气质量优级天数达184天。完成营造林55.2万亩，滇池流域及西山重点保护区、重点敏感区域生态治理修复9000亩。新增水土流失治理面积387.9平方千米。自然村生活垃圾治理率达100%。安宁市获评全国农村人居环境整治激励县。

重点领域风险有效防控。严格债务偿还计划管理，强化风险预警管控，加快土地出让，盘活资产资源，多渠道筹措偿债资金，政府性债务规模及风险持续大幅降低。加强国有企业资产负债约束，严格政府投资项目前置审查，坚决遏制违法违规举债。在限额内依法举借新增政府债券110.8亿元，争取续发偿还债券40.8亿元，发行置换债券37亿元，有效缓解了重点项目筹资压力和债券到期风险。建立地方金融风险大数据监测预警平台，依法打击“校园贷”“套路贷”等违法活动，P2P网络借贷风险整治持续推进，29家网贷机构实现良性退市，化解涉众型经济犯罪历史积案27起，守住了不发生区域性系统性风险底线。

（三）全面深化改革稳步推进

重点改革成效明显。完成年度重点改革任务95项，东川区全国健康促进区（县）试点等10项改革经验在全国推广。供给侧结构性改革深入推进，持续巩固“三去一降一补”成果，退出焦化、煤炭、电解铝等产能48万吨，全年为企业减税180.5亿元，社保降费36.4亿元，降低用电成本23.2亿元，规模以上工业企业每百元营业收入中的成本同比下降0.51元。在文化旅游、健康养老、夜间经济等领域创造了新供给，激活了新需求，新消费、新业态不断涌现。机构改革顺利完成，市政府工作部门由46个精简到38个，精简比例达17.4%，市政府直属事业单位从11个精简为6个，机构履职更加顺畅高效。“放管服”改革持续深化，承接省级行政许可事项6项，下放行政审批事项22项、取消6项，在全省率先实施食药品医疗器械经营许可改革，实现“证照同发”“先证后查”“最多核一次”。国企改革扎实推进，三年行动全面实施，云内集团混改取得实质进展，交投公司获得AAA信用评级，轨道公司获得BBB+国际信用评级，成为全省国企最高评级，国资监管企业实现营业收入增长35.7%，国有资产保值增值率逐年提升。

营商环境持续改善。对标先进提质量，扎实开展营商环境提升年行动，“2+N”制度体系基本形成，企业开办、不动产登记、施工许可、供水、供电、供气6项指标达到上海标准，招投标指标跻身全国前列。在全省率先开展县区营商环境评价工作，建立第三方评价“红黑榜”制度。群众办事更便利，“一网四中心”建设和“七办”服务初显成效，589项事项上线“一部手机办事通”，市政务中心进驻事项由219项增加到1145项，实现“只进一扇门、只对一扇窗”和“最多跑一次”。政府服务更高效，省市政务服务平台实现初步对接，在全省率先实施新建商品房“交房即交证”改革，完成主城区不动产登记“全城通办”试点，开办企业最快2天可营业，用电报装申请1天内办结，燃气报装实现一站式服务，用水报装推行“4·19”模式，最快实现1天内通水。昆明在全国省会及副省级以上城市信用监测排名中跃升至第18位。昆明税务在2019年全国纳税人满意度调查中排名第4。公共资源交易监管机制获国务院通报表扬。

民营经济稳步发展。持续加大帮扶力度，32位市级领导挂钩联系66户重点民营企业，落实项目经理负责制、包保责任制、定期会办制、现场办公制，协调解决了一批企业困难和问题。建立企业融资需求库，引导金融机构发放中小微企业风险补偿金贷款92.5亿元。清偿民营企业、中小企业账款35.3亿元，进度排名全省第一。新建成国家级中小企业公共服务示范平台4个。民企实力不断壮大，新增非公企业5.13万家、增长5%，鸿翔一心堂药业等50户企业入围2019年云南省百强非公企业，较上年增加9户，新增61户省级成长型企业，占全省新增户数的36.3%。

（四）区域性国际中心城市建设步伐加快

城乡支撑力不断夯实。持续优化空间资源。加快编制《昆明市国土空间规划（2018—2035年）》，呈贡区万溪南部片区等5个重点片区控规全覆盖。大力推行国土综合整治，挖掘盘活存量和低效用地潜力，不断拓展发展空间，东白沙河片区等19个“三旧”改造项目顺利实施，金刀营、茨坝等13个项目启动，拆除违法违规建筑2580.2万平方米，完成640个“大棚房”问题专项清理整治。全年收储土地4.86万亩、供应4.65万亩，实现土地出让收入1081亿元。综合交通加快建设。昆倘高速开工，宜石、武倘寻等工程进展顺利，东格、石泸、寻沾（昆明段）、机场北高速建成通车，东南绕城高速基本建成，绕城高速外环“闭合成圈”，新增高速公路通车里程194千米，高速公路总里程突破1000千米，公路通车总里程突破2万千米。渝昆高铁开工，昆明至河口开行动车。地铁在建里程达97.3千米，4号线、6号线二期具备通车条件。长水机场公务机楼改造竣工，新开通昆明至圣彼得堡等8条国际航线，客运吞吐量达4808万人次。城乡设施不断完善。国家植物博物馆筹建工作有序推进，完成展陈大纲、核心区修建性详细规划及主馆建筑方案等设计。以62条城市道路为重点的整治提升工程全面展开，人民路、东风路恢复提升工程完工。北京路、盘龙江沿线亮化、东风广场灯光秀“点亮昆明”。建设海绵城市33.6平方千米。完成主城区41个小区天然气改造，1.4万户居民用上清洁能源。新增机动车泊位2.6万个。建成5G基站1000余个，成为全国首批开通5G网络终端城市。新建改建城市公厕120座，主城区公厕平均设置密度达到国家上限标准。新建、改建农村公路406千米，建成农村饮水安全巩固提升工程369件，改善提升18.4万人饮水安全。

城市辐射力稳步提升。经济贸易中心建设取得新成效。中国(昆明)跨境电子商务综合试验区建设初具规模，“9610”“1210”海关监管模式开通，GMS跨境电子商务交易平台运营。南亚东南亚进口商品展示交易中心开馆，“永不落幕的南博会”初具规模。昆明成为国家物流枢纽载体城市，腾俊国际陆港公铁联运中心开站运营，中欧班列、中越、中亚铁海联运班列双向稳定运行，铁路货运总周转量增速达12.5%。全市实现进出口总额908.7亿元，增长4.7%。科技创新中心建设迈出新步伐。成功召开金砖国家技术转移中心(昆明)国际科技合作交流大会，南亚东南亚3个专业科技服务机构入驻昆明，全市技术合同成交额达68.2亿元，科技服务业营业收入456亿元。金融服务中心建设取得新进展。红塔证券、震安科技成功上市，国际金融小镇首期示范点挂牌，长城资产、信永中和等9家金融相关企业入驻小镇，金融业增加值达718.9亿元，增长6.4%。人文交流中心建设走深走实。对全球53个国家和地区实行144小时过境免签政策。与德国迪岑巴赫市缔结为国际友好城市。与驻昆领事馆交流合作日益紧密。澜沧江—湄公河合作常设机构在昆设立，成立昆明国际友城教育合作联盟。全球首家西甲国际足球学校落户昆明。腾讯全球数字生态大会、2019商洽会、第八届中国—南亚国际文化论坛等展会成功举办，连续三年入选国家最具竞争力会展城市。昆明成为新一线城市，被央视评为“十大美好生活城市”。

(五)人民生活持续改善

社会保障网不断织密。推进全民参保计划，各项社会保险参保率保持在96%以上。开展医疗保险DRG付费国家试点工作。深入推进全国居家和社区养老服务改革试点、医养结合试点工作，探索建立长期护理保险制度，新建养老服务机构11家，新增床位2154张，被列为“第二批国家安宁疗护试点”。公共租赁住房分配入住11.8万套，十多万家庭实现了安居梦。建立退役军人四级服务保障体系，探索退役军人“军政企+高校”就业创业昆明模式，退役军人移交安置、抚恤优待等权益得到有效保障。乌东德水电站移民外迁任务全面完成。

优质教育资源持续扩大。构建“2+11”教育现代化制度体系。推进“三名”工程，累计引进上海师大附中等省外名校20所，来昆合作或举办分校28所，引进名师206名、名校长27名，新增优质学位7万多个。创建省一级高(完)中4所、省一级示范幼儿园12所。教育质量明显提升，一本综合上线率等高考重要指标均列全省第一，缩小了与成都、西安的差距。义务教育阶段符合条件的随迁子女“两为主”入学政策得到有效落实。加大教育助学政策力度，拨付各类补助资金7.24亿元，惠及学生68.23万人次，实现建档立卡贫困家庭子女100%教育资助。

医疗卫生水平稳步提升。建成国家级卒中中心5个、胸痛中心4个、创伤救治中心3个，省级危重孕产妇救治中心3个、儿童和新生儿救治中心3个。与首都医科大学附属北京朝阳医院共建高原呼吸病学研究中心。市第二人民医院迁建工作有序推进。市第四人民医院晋升为三级甲等医院。新增五华区等3个国家级慢性病综合防控示范区。婴儿死亡率为2.66‰，孕产妇死亡率控制在7.95/10万，均优于全国全省平均水平。

文体事业繁荣发展。开展第四批国家公共文化服务体系示范区创建工作，安宁温泉摩崖石刻等8项历史遗存成为全国重点文物保护单位。国家文化出口基地、国家级文化和科技融合示范基地加快建设，新建拾翠国际民艺园等6个文创园区，文化及相关产业营业收入增长12.4%。全民健身活动广泛开展，“春城体育节”等活动参加人数达35万人次，成功举办上合昆明马拉松、滇池国际龙舟争霸赛、市第六届运动会等重大体育赛事活动，昆明健儿在国际级、国家级赛事中分获金牌6枚、40枚。

社会治理成效突出。深化“三社联动”“五级治理”模式，“五个一批”和100个城乡社区治理创新试点工程扎实推进。扫黑除恶专项斗争纵深推进，打掉涉黑组织、涉恶犯罪集团(团伙)121个。社会治安环境持续向好，全市命案立案数同比下降了10.7%，“两抢”警情“零接报”实现132天历史性突破，群众安全感满意度综合满意率上升2.47个百分点。新中国成立70周年大庆安保昆明战场实现全胜。安全生产形势平稳向好，事故起数和死亡人数分别下降20.9%、27.5%。实施食品安全“六大放心工程”，群众饮食用药安全保障有力。安宁市获批国家乡村治理体系建设首批试点县。工青妇、红十字、残疾人等人民团体在社会治理中发挥了积极作用。国家安全、国防动员、人防气象、档案市志、港澳台侨、广电等事业取得新成绩。

(六)政府自身建设得到加强

扎实开展“不忘初心、牢记使命”主题教育，“四个意识”更加牢固，“四个自信”更加坚定，“两个维护”更加坚决。聚焦解决制约发展和群众最急最忧最盼的问题，解决群众操心事、烦心事、揪心事9300多件，完成“10件惠民实事”，民生支出占一般公共预算支出的比重达75.4%。坚持依法行政，继续巩固市县乡三级行政机关法律顾问全覆盖成果，更加重视行政复议和应诉工作，行政机关负责人出庭应诉率达70%。制定政府规章5件、修改8件、废止5件，提请市人大常委会审议地方性法规11件，办理市人大代表建议358件、市政协提案400件，办结率达100%。驰而不息正风肃纪，坚决肃清白恩培、秦光荣等流毒影响，支持监察机关履行责任，一批腐败分子受到惩处。落实基层减负年要求，市本级减少发文41.5%，减少会议46.1%，全市压减“三公”经费3.9%。

各位代表！2019年的成绩来之

不易，这是习近平新时代中国特色社会主义思想科学指导的结果，是省委、省政府和市委坚强领导的结果，是市人大及其常委会和市政协监督支持的结果，是全市人民团结奋斗的结果。在此，我代表市人民政府，向全市各族人民，向人大代表、政协委员、各民主党派、各人民团体和各界人士，向中央和省驻昆单位，向驻昆解放军和武警部队官兵，向所有关心支持昆明发展的港澳同胞、台湾同胞、海外侨胞和国际友人，表示最衷心的感谢！

2019年宏观经济形势严峻、市场需求不足、实体经济困难等不利因素影响超出预期，地区生产总值、固定资产投资、社会消费品零售总额完成情况低于年初既定目标，反映出政府工作还有许多不足，要实现高质量发展还存在不少困难和问题，主要有：产业实力不强，工业支撑不足，新兴产业成长不快，科技创新水平较低，长期积累的结构性问题突出；历史遗留问题较多，债务包袱沉重，发展空间受限，城市规划建设管理水平不高；污染防治任务依然艰巨，滇池及部分入湖河道水质不稳定，大气污染防治形势严峻，生态破坏、环境违法等问题时有发生；城乡发展不平衡，脱贫攻坚成果仍需巩固，农民稳定增收能力不强，乡村振兴任重道远；基本公共服务短板较多，优质教育、医疗资源总量不足，交通拥堵、市容市貌“脏乱差”等群众反映强烈的问题还未根除；营商环境有待进一步改善，政策落实上不同程度地存在“中梗阻”和衰减现象，少数干部干事创业“精气神”不足。对于这些问题，我们将在今后的工作中认真解决。

2020年工作安排

新年伊始，一场突如其来的新冠肺炎疫情，给我国经济社会发展带来前所未有的冲击，在习近平总书记的亲自指挥、亲自部署下，全国人民众志成城、顽强拼搏，疫情防控阻击战取得重大战略成果。我们坚决贯彻习近平总书记“坚定信心、同舟共济、科学防治、精准施策”的防控总要求，坚持把人民群众生命安全和身体健康放在第一位，按照党中央、国务院，省委、省政府决策部署，迅速成立昆明市应对疫情工作领导小组及指挥部，及时启动突发公共卫生事件一级响应，落实“五早”要求，织牢织密“三张网”，提前对疑似病例中的可能确诊者进行严格管控，提前对疑似病例的密切接触者进行追踪管理，在全国率先设置留观酒店对重点人群进行集中隔离观察，并按照“五个一”“五到位”的要求做好服务。我们动态调整防控策略，果断实施小区封闭管理、城乡公交停运、市民居家隔离等必要措施，分区分级精准防控，创新运用“大数据”对人员流动情况进行溯源和监测，外防输入、内防扩散，成功在较短时间内有效遏制住疫情蔓延势头。我们克服疫情初期防疫物资市内产能小、仓库无库存的极端困难，率先启动全球采购、扩能量产，全力保障防疫物资供应。我们严格落实“四集中”救治要求，在全省第一时间公布昆明地区35个发热门诊，28天完成市第三人民医院长坡院区应急病房项目建设，在全国率先发布《昆明市新冠肺炎疫情院前呼救响应指南》，在全国较先实现确诊病例、疑似病例“双清零”，并实现了确诊病例零死亡、医务人员零感染。我们坚持“两手抓”，统筹推进疫情防控与经济社会发展，及时出台应对疫情稳增长20条等政策，创新推出互助应急贷款等纾困解难措施，实施复工复产企业疫情防控工作验收制、包保责任制、责任追究制，生产生活秩序加快恢复，尽管一季度全市主要经济指标大幅回落，但降幅正逐月收窄，主要指标总体呈逐月回升态势。我们坚决服从全国大局，先后派出3批次133名医务工作者驰援湖北，动员社会各界捐款捐物支援湖北，为打赢湖北保卫战贡献了昆明力量。

今年是全面建成小康社会和“十三五”规划收官之年，将实现第一个百年奋斗目标，为“十四五”发展和实现第二个百年奋斗目标打好基础。当前，疫情仍处于全球大流行阶段，外防输入、内防反弹任务仍然艰巨，统筹疫情防控与经济社会发展的压力很大。但是，我们要深刻认识和把握危机共生、危中蕴机、危可转机的辩证关系，深刻认识和抢抓发展机遇，坚定高质量发展方向不变，牢牢把握发展主动权。一是习近平总书记再次考察云南坚定了我们发展的信心。春节前夕，习近平总书记再次亲临云南昆明开展具有里程碑意义的考察，送来了党中央的亲切关怀，作出了一系列重要指示，为昆明的发展指明了前进方向、提供了根本遵循。我们将时刻铭记习总书记的谆谆教导，不负习总书记的殷切期望，切实把习总书记的关心关怀转化为高质量推进区域性国际中心城市建设的不竭动力，把习总书记的重要讲话精神和指示要求责任化、项目化、清单化，落实到每一项工作、每一件事情上，全力办好昆明的事，早日把习总书记擘画的蓝图一步步变为美好现实。二是抢抓宏观政策调整机遇。国家逆周期调节的政策窗口正在打开，在新增投资、专项债券、项目安排等方面打出政策“组合拳”，为我们抓项目、补短板、增动力、促发展带来重大机遇。三是抢抓数字经济发展机遇。数字经济时代已经到来，大数据、云计算、5G产业、区块链等技术加速发展和广泛运用，突破了空间距离、交通物流等制约，尤其是疫情催生了新业态、新产业、新动能，新基建、新消费、新制造将迈入发展快车道，为昆明带来“换道超车”的历史机遇。四是抢抓扩大开放机遇。“一带一路”、长江经济带等国家战略在昆明交汇叠加，昆明的战略枢纽地位更加凸显，正从交通末梢转变为交通枢纽、从市场边缘转变为市场中心、从开放末端转变为开放前沿。受国际疫情形势影响，跨境电商有望成为外贸突围的关键，中国（云南）自由贸易试验区昆

明片区、中国(昆明)跨境电子商务综合试验区、昆明综合保税区等平台将发挥更大的作用，有利于我市在更大空间和更广领域加快发展。只要我们坚定信心、化危为机、厚植优势，就一定能够闯出一条高质量跨越式发展的路子来。

做好今年政府工作的总体要求是：以习近平新时代中国特色社会主义思想为指导，全面贯彻党的十九大和十九届二中、三中、四中全会精神以及中央经济工作会议精神，进一步贯彻落实习近平总书记对云南工作的重要指示精神，按照省委十届八次、九次全会、省委经济工作会、省“两会”和市委十一届八次全会的安排部署，坚持稳中求进工作总基调，坚持新发展理念，坚持以供给侧结构性改革为主线，坚持以改革开放为动力，推动高质量发展，坚决打赢三大攻坚战，全面做好“六稳”工作，落实“六保”任务，统筹推进稳增长、促改革、调结构、惠民生、防风险、保稳定，坚决打赢新冠肺炎疫情防控的人民战争、总体战、阻击战，高质量打赢全面小康收官战，高水平推进政府治理现代化，全力推动区域性国际中心城市建设迈上新台阶。

今年经济社会发展主要预期目标建议为：地区生产总值增速与全省基本持平，城乡居民收入稳步增长，一般公共预算收入增长2.5%，固定资产投资增长10%，城镇登记失业率控制在4%以内，单位生产总值能耗完成省下达目标任务。

围绕上述目标，我们将重点抓好八个方面的工作。

(一)以“双胜利”为目标，统筹推进疫情防控和经济社会发展

抓实抓细常态化疫情防控。始终绷紧疫情防控这根弦，坚持把严防境外疫情输入和境内疫情反弹作为当前乃至较长一段时间工作的重中之重。重拳打击“三非”行为，不折不扣落实“五个管住”，充分发挥“大数据+网格化”作用，加强入境来昆人员闭环管理和无症状感染者筛查力度，筑牢机场口岸疫情线，严防境外输入关联本地病例。精准落实疫情防控常态化工作机制，加强“云南健康码”准入管理，严格落实学校、企业、社区主体责任，坚决防止聚集性感染。积极引导人民群众做好必要防护，持续巩固扩大疫情防控成果，坚决打赢疫情防控的人民战争、总体战、阻击战。

协同发力保市场主体。落实应对疫情稳增长省22条、市20条政策措施，研究出台支持实体经济发展的若干政策措施，加快推进企业全面复工复产达产。建立与疫情防控相适应的经济运行秩序，疏通堵点保产业链供应链稳定，加强对重点企业及其产业链上下游跟踪服务，在原材料保供、物流保障、商业收储等方面给予支持。推出消费券等鼓励居民消费举措，激活释放社会消费需求，提振企业发展信心。打好政策“组合拳”，落实好税费减免、降低成本、互助应急贷款等助企纾困政策，帮助企业特别是中小微企业和个体工商户渡过难关。加大清理拖欠民营企业、中小企业账款力度，完成无争议存量欠款清零。

加快补齐卫生领域短板。谋划建设一批公共卫生与防疫基础设施补短板项目，实施重大传染病救治能力和疾控机构核心能力“双提升”工程，扩建市第三人民医院长坡院区和吴井院区，新建市儿童医院传染病诊疗中心，建设2个负压生物安全二级实验室、2个生物安全二级实验室、1个百级洁净实验室，完善医疗设施设备配置和应急队伍建设。改革完善疾病预防控制、重大疫情防控救治体系，从产能保障、调度机制、储备体系等环节完善工作机制和应急预案，健全公共卫生应急管理体系。

(二)坚定不移贯彻新发展理念，推动经济高质量发展

加快产业转型升级。推动工业高质量发展。进一步营造懂工业、谋工业、抓工业的浓厚氛围，确保规模以上工业增加值增速高于地区生产总值增速。加快存量变革，实施新一轮技术改造，推进100项工业转型升级重点项目建设。重点支持云铝、昆钢等优势企业优化产品结构，鼓励云南中烟及烟叶复烤企业、中石油云南石化等支撑性企业扩销促产，力争将石油(含化工)打造成千亿级产业。落实结对帮扶包保责任制，实现停减产企业市县两级领导包保全覆盖，确保停减产面降低3个百分点，稳住工业增长的基本面。推动增量崛起，建立“四个一批”重大项目库，促进“云上云”数字经济试验示范园区等38个前期项目落地，推进昆钢搬迁转型升级等181个续建项目，力争能投数字经济产业园等40个亿元以上项目开工，确保云南白药健康产业项目(一期)、中关村电子城科技产业园(二期)等29个亿元以上项目竣工，力争闻泰昆明智能制造产业园建成投产，5G智能手机实现昆明造。出台新能源汽车产业发展及推广应用新三年行动计划，加快充电设施建设，建成换电站2座、充电桩2400个、充电站80座，力争新能源汽车产量达1.5万辆。设立新材料产业基金，推动云锗、贵金属新材料产业园一期及滇黄金深加工等项目建成投产，新材料产业新增产值25亿元。促进服务经济提质增效。推动金融业集聚发展，深化金政企合作，力争金融业增加值增长3%以上。落实商贸物流企业扶持政策，启动商贸服务型国家物流枢纽建设和首批国家骨干冷链物流基地申报工作，加快宝象万吨冷链港等3个冷链物流项目建设。支持电商产业园发展，推进京东南亚物流结算运营中心建设，挖掘农村电商潜力，争取电子商务进农村综合示范项目1个，支持1～2个县农产品上线，扶持更多昆明企业上线“一部手机云品荟”。加快巫家坝、滇池会展中心等楼宇总部经济聚集区建设，修订扶持政策，制定甲级楼宇认定标准，力争内培外引总部企业8家、新增税收亿元楼宇5幢。启动国际消费中心城市申报工作，大力发展在线娱乐、在线办公、在线学习、无接触经济等消费新业态。大力培育夜间经济等消费热点，推进南屏街、公园1903等特色步行街改造提升。力争宜家家居、首创奥莱等商业综合体建成开业，新引进国内外品牌首店、旗舰店50家以上。

培育发展新动能。促进数字经济蓬勃发展。深入实施“数字昆明”建设计划，争当全省数字经济“领头羊”。加快建设新一代信息技术设施，建设国际通信枢纽和大数据中心，国际大数据交易结算中心，申报建设国际互联网专用通道，新建5G基站5000个，建成全国一流的5G网络。加快资源数字化，完善昆明政务云体系，年内实现政务信息系统100%归集上云，政务服务信息100%互联共享。加快产业数字化转型，创新发展工业互联网，深入实施智能制造，加快农业、服务业数字化升级，培育智能零售、平台经济等新模式新业态。打造数字经济核心产业，实施“刷脸就行”工程，将人脸识别技术广泛应用在身份证明、交通住宿、会务等领域。推动区块链率先在电子政务、鲜花溯源、肉菜追溯等领域的应用，加快半导体材料产业发展，在区块链、人工智能、VR/AR等重点领域打造产业集群，做大数字经济产业规模。力争“上云、上平台”企业突破2000家。发挥智慧城市产业发展基金投资引领作用，加快云南数字经济开发区、华为·昆明数字经济智慧园区、云南省区块链产业示范基地建设，引进企业100户以上，力争电信业务总量增长20%以上。加快发展大健康。推进中国昆明大健康产业示范区建设，发挥昆明生物医药产业聚集区的核心带动作用，加快昆明细胞产业园、通盈药业“双环铂”新药研发生产基地、工业大麻产业园等项目建设，促进生物技术药领先发展、现代中药转型发展、仿制药突破发展。以鹏瑞利健康城、泰康之家健康城等项目为重点，加快打造现代养老产业。加快100个大健康重点项目建设，确保大健康产业增加值增速不低于地区生产总值增速。推动旅游业健康发展。坚持国际化、高端化、智慧化、特色化方向，创新开发旅游产品和业态，积极融入大滇西旅游环线建设，推进恒大童世界、世博园改造升级等重点项目建设，谋划建设一批半山酒店，提升旅游产品供给质量。深化旅游革命“三部曲”，巩固市场秩序整治成果，建成53个无理由退货和咨询点，力争旅游业总收入达2790亿元。

持续提升创新能力。激发创新主体动能，实施高新技术企业培育计划，力争高新技术企业达1200家、营业收入达4200亿元。做强政产学研用创新平台，组建新能源、智能制造及新材料产业科创中心。深化协同创新机制，设置“校（院所）地科技合作专项”，整合昆明高校联盟与科研院所联盟，与驻昆科研机构、高校、企业共建科技园，盘活闲置科技创新资源，建设科研大型仪器设备共享等公共研发服务平台3个，向社会开放共享。围绕重点产业发展需求，实施30项重大科技创新项目，解决产业发展技术瓶颈。加强科研人才队伍建设，争取国家、省引智项目10个，引进大健康领域诺贝尔获奖者团队1个。优化科创环境，在自贸试验区昆明片区制度建设中试点科创政策体系，力争在高层次人才培养引进、科研成果转化、分配激励机制等方面取得突破，引进高层次紧缺急需人才300名。深化国际科技合作交流，与南亚东南亚国家城市共建10个科技合作基地，依托“金砖国家技术转移中心”，引进国际先进技术成果500项以上。全社会R&D支出增长10%，科技进步贡献率达到60%，科技服务业营业总收入突破500亿元。

千方百计增投资。把扩大有效投资作为对冲疫情影响、保持经济平稳运行的关键一招，优化投资结构，力争产业投资、民间投资占比提高2个百分点。加强有收益的公益性项目储备，积极申报争取用好地方政府专项债券，加快项目实施。聚焦项目建设，加快柴石滩水库灌区等400项重大在建项目建设，确保滇池明珠广场（二期）等76个项目竣工，完成投资1500亿元以上。落实项目建设条件，确保国家植物博物馆等230个项目开工，完成投资800亿元以上。坚持“资金和要素跟着项目走”，加强重大工程项目与财政性资金、专项债券、银行贷款、社会资本的匹配，用地能耗总量控制、项目组织实施向重大项目倾斜。加快项目前期，实行前期工作经费与项目储备挂钩机制，市财政安排不低于4亿元的前期工作经费，各县区、开发（度假）区前期工作经费不低于上年水平。增强服务项目意识，抓好要素保障，加大征地拆迁工作力度。充实投资项目储备库，力争储备项目转化率达50%以上。挖掘规模以下项目潜力，出台政府投资项目管理办法，最大限度把财政资金使用项目化、工程化。主城区总投资5000万元以下项目完成投资占比不低于5%，其他县区不低于10%。完善固定资产投资考核办法，落实项目推进协调机制，加强投资全过程管理，确保项目建设顺利推进。

统筹区域协调发展。深化市区融合，合力推进滇中新区“533”产业发展，加快小哨片区、东盟产业城、李其片区等重点片区，以及浙商产业园、生物医药产业园、先导新材料产业园等重点项目开发建设，共同打造高质量跨越发展重要增长极。推动园区整合提升，优化功能定位与产业布局，打造生物医药、稀贵金属新材料两大先进制造业集群。推动功能拓展区、生态涵养区加快发展，支持嵩明县撤县设市，宜良县、石林县建设旅游走廊，寻甸县建设云南国际肉牛交易中心，禄劝县建设禄劝至会东高速公路。支持其他县区培育特色产业，加快发展县域经济。

（三）坚决打赢三大攻坚战，决胜全面建成小康社会

巩固提升脱贫成果。以“防返贫、防新贫、稳脱贫、稳增收”为重点，开展决战决胜脱贫攻坚总攻行动，高质量迎接国家普查验收。完善控辍保

学工作闭环管理机制，确保建档立卡家庭适龄学生义务教育阶段失学辍学动态清零。坚持建档立卡人口医疗保险、大病保险全员参保，确保基本医疗待遇保障符合标准。全面消除农村动态新增4类重点对象危房，动态监测农村危房改造质量，确保住房安全有保障。加强农村水利基础设施建设，建立供水管护机制，确保农村饮水安全全面达标。提升产业、就业组织化程度，完善农业经营主体与建档立卡户的利益联结机制，确保有劳动力、有产业发展意愿的建档立卡户至少与1个农业经营主体建立生产经营合作关系。实施47个财政扶持集体经济强村工程项目，支持250个出列贫困村发展集体经济。加大脱贫地区技能培训和转移就业力度，提高外出务工组织化程度，完成建档立卡贫困劳动力技能培训1万人、转移就业1.6万人。聚焦易地扶贫搬迁群众生产生活问题，确保搬迁群众收入稳定、生活安定。持续优化"挂包帮"工作体系，深化定点扶贫、东西部扶贫协作、社会帮扶等机制。健全稳定脱贫长效机制，全面实施动态监测和动态帮扶，防止返贫和新增贫困，谋划脱贫攻坚巩固提升与乡村振兴战略有机衔接，探索解决相对贫困长效机制，确保脱贫攻坚成效得到群众认可、经得起历史检验。

打好污染防治攻坚战。树牢绿水青山就是金山银山的理念，突出精准治污、科学治污、依法治污，驰而不息打好蓝天、碧水、净土三大保卫战，推进中央、省生态环境保护督察反馈问题整改，持续改善环境质量。加强大气污染防治，开展臭氧来源解析和针对性治理，加强城市扬尘整治，建筑工地全面实行网格化包保监管，主城区全面使用新型环保智能渣土车，做好柴油货车污染防控，年内淘汰高排放汽车1000辆，确保全市环境空气质量稳定达到国家二级标准。系统推进水污染治理，进一步深化河（湖）长责任制，推进河湖"清四乱"专项行动，决胜滇池治理"三年攻坚"，实施重点项目147个。持续开展"上截中疏下泄"工程，完成跑马山等面山截洪工程，实施清水入滇微改造，严控雨季溢流污染。有序推进环湖路外延约200米农用地流转和种植结构调整。完成滇池流域剩余79个自然村生活污水处理设施建设，推进第六、七、八等水质净化厂提标改造，确保滇池全湖水质稳定达到Ⅳ类。统筹做好阳宗海、牛栏江等治理工作，确保国家和省级考核的25个水体断面全部达标，优良水体比例达到40%以上。加大土壤污染防治力度，开展土壤污染修复试点，加强涉重金属企业的污染防控，促进土壤环境质量总体稳定向好。完成滇池流域及西山重点保护区"五采区"和长江经济带（昆明段）废弃露天矿山生态修复。做好天然林保护，完成森林管护1082万亩，市级以上生态公益林效益补偿900万亩以上。推进重点区域持续增绿，营造林50万亩，森林覆盖率达51.5%。

打好防范化解重大风险攻坚战。着力防范化解债务风险，严管严控政府债务，加强地方政府债务限额和预算管理，严厉问责违法违规举债行为，确保完成年度债务化解和风险降低的目标任务，严防债务到期风险。加快P2P网络借贷机构市场良性退出工作，强化小额贷款公司监管，持续做好非法集资重大案件维稳工作，牢牢守住不发生区域性系统性风险底线。

（四）持续深化改革开放，增强发展动力活力

推进重点领域改革。深入推进供给侧结构性改革，落实"巩固、增强、提升、畅通"的方针，依法依规淘汰落后产能，及时清理"僵尸项目"。落实企业减负各项政策，减少企业负担200亿元以上。推动国有企业退休人员社会化管理工作，打好国企改革三年行动攻坚战，推动国有企业"一企一策"整合重组方案落地，组建昆明国有资本投资公司和运营公司，推进云内集团混改，提升国资改革综合实效。进一步优化政府组织结构和职责体系，主动对接省直部门"放权""赋权"。加快推进综合行政执法改革，做好机构改革"后半篇文章"。深化绩效管理改革，做好预算绩效运行监控、加强结果运用，完善全过程预算绩效管理链条。

建设一流营商环境。坚持环境是第一要素的理念，对标先进城市，开展"营商环境提质年"活动，制订全面提升一流营商环境工作方案，打造"市场化、法治化、国际化"营商环境。健全完善政务服务"好差评"制度，实现政务服务"好评率"达90%以上，将第三方评价"红黑榜"考评结果纳入年度考核。进一步提升政务服务能力，打造"七办"服务升级版，推行办事"刷脸就行"，探索区块链技术在公共资源交易监管服务领域的应用。建设"不打烊"政务服务专区，力争725项政务事项实现24小时可办。深化落实"一部手机办事通"，推动更多事项上线，做到"应上尽上"。全市所有县（市、区）不动产一般登记、抵押登记办理时间全部压缩至5个工作日内，开办企业2天可营业成为常态，实现增值税专用发票电子化和主要涉税事项网上办理。出台政商交往正负面清单，规范政商交往行为。

扩大对外开放。建设国际综合枢纽，加快推进昆明国际航空枢纽改扩建工程，确保长水机场S1卫星厅航站楼年底达到使用条件，配合做好昆明第二机场前期工作。扩大中欧班列、中越、中亚铁海联运班列的辐射范围，做强国际多式联运体系。加速昆明水运发展，推动建设乌东德水电站翻坝转运设施，恢复滇池草海夜航。加快中国（昆明）跨境电子商务综合试验区建设，落实落细稳外贸政策，推动在老挝、泰国、缅甸设立驻外商务代表处，完善外贸企业跟踪服务机制，确保进出口总额增长高于全国平均水平。深化大交流，促进城市外交提质扩容，继续深化面向南亚东南亚国家的交流合作，拓展与上合组织成员国间的交往，完善昆明国际友城项目合作长效机制，缔结国际友城（国际友好交流城市）1座。积极开展昆明海外利益保护、国际商事仲裁服务等工作，在推动国际交往中展现昆明新作为。

高标准建设自由贸易试验区昆明片区。以开局就是决战，起步就是冲刺的精神状态，推进昆明片区建设。以制度创新为核心，高质量实施94项试点任务，完成60%以上试点任务量，推进投资便利化、贸易自由化、事中事后监管、人才管理等体制机制创新，尽快形成可复制、可推广的经验，努力打造“制度创新+”的昆明模式。编制产业发展规划，建设片区规划展览馆，出台支持昆明片区发展政策措施，发挥全面深化改革、扩大开放试验田作用，打造动力更强、结构更优、质量更高的重要增长极。对标对表世界银行营商环境标准，打造“环节简、效率高、服务优、成本低”的一流营商环境，把昆明片区建设成为新时代创新开放的新高地。

强力推进招大引强。坚持招商第一要事理念，弹好招商引资“七步曲”，抓牢产业招商。聚焦数字经济、智能制造、生物医药等重点产业，紧盯行业龙头和成长型企业，实施精准招商，做到储备项目投资额为年度实际投资额的3倍以上。坚持“一把手”招商，市县两级政府主要领导拿出一半以上精力抓招商。适应新的招商形势，探索网络招商新方式，办好线上招商等活动。以“建链、延链、补链”为目标，建立重点企业联系制度，开展精准招商。围绕重点产业链，构建“8+1”产业招商模式。加强4个驻外招商分局专业力量，增强驻外招商网络作用。开展代理招商、委托招商，选聘招商大使，加强以商招商。在有条件的园区组建招商集团，做大市场化招商实体。探索市场化引进人才，强化一线招商队伍建设。狠抓招商项目落地，落实项目推进“经理负责制”“代办制”，对投资10亿元以上的项目，采取“一企一策”“一事一议”方式决策。完善考核机制，着力提升项目履约率、开工率和建成投产率。确保全年100个亿元以上项目、10个10亿元以上项目签约落地，引进市外到位资金1420亿元，实际利用外资7.25亿美元。

（五）加强社会建设，增进民生福祉

着力保居民就业。坚持减负、稳岗、扩就业并举，抓好重点行业重点群体就业，妥善做好外出务工人员返乡回流、就地就业等工作，开展农村劳动力转移培训15万人次，新增城镇就业13万人，实名登记高校毕业生就业率保持在90%以上。加大创业担保贷款等发放力度，扶持8000人以上自主创业，新建创业园区5个。做好退役军人订单式、定向式、定岗式培训，建立退役军人就业创业园区。

千方百计保基本民生。抓好生猪稳产保供，确保生猪出栏同比增长20万头以上。保粮食安全，稳定粮食播种面积350万亩。深入实施全民参保计划，以新经济新业态从业人员为重点实施精准扩面，全市基本养老保险参保人数380万人以上。加大大病保障力度，城镇职工重特病最高支付限额提高50%，城乡居民大病政策范围内报销比例不低于60%，争创国家长期护理保险试点城市。改革完善被征地人员基本养老保障政策，推进社会保险公共服务平台建设。开展“一老一小”关爱行动，启动建设30个城乡社区居家养老服务中心（站），新增各类养老床位2000张，加强残疾儿童、农村留守儿童和困境儿童福利保障体系建设，争创全国普惠托育服务专项行动试点城市。落实稳地价、稳房价、稳预期长效管理机制，促进房地产平稳健康发展。完成省政府下达棚户区改造任务，新建公共租赁住房300套，基本建成城镇保障性安居工程7000套，发放租赁补贴2500户，进一步改善城镇中低收入家庭住房条件。提高社会救助水平，扎实做好托底工作。继续做好白鹤滩水电站移民安置工作。

努力办人民满意的教育。全面落实立德树人根本任务，推进学校思政课改革创新，厚植爱党、爱国、爱昆明的教育根基。落实《昆明教育现代化2035》及配套实施方案，加强义务教育薄弱环节提升，新建校舍10.6万平方米，运动场8.7万平方米，加快推进智慧教育建设，建成市级教育大数据平台。充分发挥“三名工程”效应，深入实施“十百千名师工程”，年内培育和引进名师150名。持续提升学前教育普及普惠水平，实现村级幼儿园全覆盖。积极推进义务教育优质均衡发展，全面实施小学“三点半”课后服务。持续推进义务教育阶段学生就近或相对就近入学，稳妥推进中小学招生制度改革。推动普通高中扩规提质，招生规模达4.4万。加快构建中高衔接、中本贯通的现代职教体系。加快高职院校发展，力争办学和培训规模突破万人。创新学校管理，全面落实学校办学自主权，深入推进学区化管理和集团化办学，持续扩大优质教育资源。切实减轻中小学教师负担，营造宽松宁静的教育教学环境和校园氛围。

加快打造中国健康之城。增加优质医疗资源供给，服务心血管、呼吸2个国家区域医疗中心试点项目建设。加快推进市第二人民医院新院、市妇女儿童医疗保健中心二期和第四批县级医院提质达标等重点项目建设，引进名医名院专家工作站（室）5个，力争5家胸痛中心、卒中中心、创伤救治中心通过国家验收。完成3万例农村妇女“两癌”免费筛查。促进“互联网+医疗健康”发展，全市二级以上公立医院提供互联网医疗服务。完成3家紧密型医共体国家试点建设。建立健全慢性病管理体系，加强农村基层医疗卫生服务，完善分级诊疗服务体系。促进中医药传承与开放创新发展，发挥中医药在维护和促进人民健康中的独特作用。大力开展“大清扫、大消毒”爱国卫生运动，修订《爱国卫生工作条例》，进一步巩固全市

创卫成果，抓好嵩明县国家卫生县城国检复审。倡导健康生活方式，加强防病知识和健康科普宣传。坚决取缔和严厉打击非法野生动物交易，高质量推进食品安全“六大放心工程”。打造“15分钟体育健身圈”，大力发展校园足球，继续办好昆明环滇池高原自行车赛等品牌赛事。

擦亮历史文化名城品牌。做好《昆明市历史文化名城保护条例》修订后续工作，启动编制《昆明历史文化名城保护规划（2020—2035）》，申报省级历史名城文化街区1个、市级历史村镇1个，完成20个传统村落保护项目工程。实施20项文物保护利用工程，推进翠湖、官渡古镇、龙泉古镇三大博物馆群落建设，传承昆明深厚历史文化。深入实施文化建设和产业发展“510”工程，积极创建第四批国家公共文化服务体系示范区，强化基层公共文化设施建设，确保全市各级图书馆、文化馆达三级以上标准。支持文艺精品创作，讲好昆明故事。

推动社会治理创新。构建共建共治共享的社会治理机制，全力创建全国市域社会治理现代化试点合格城市，完善基层社会治理组织体系，深化“党建引领、街道吹哨、部门报到”工作模式，建立政府购买社区服务机制，运用科技手段提升社会动员能力。坚持和发展新时代“枫桥经验”，完善矛盾纠纷排查调处机制，推进智慧信访二期工程建设。纵深推进扫黑除恶专项斗争，严查严打“保护伞”。严厉打击枪爆、“两抢”等严重暴力犯罪以及“盗抢骗”“黄赌毒”等违法犯罪行为，不断增强群众安全感。深化社会治安防控体系建设和反恐怖斗争，提升社会治安立体化、法治化、专业化、智能化水平，争创国家社会治安防控体系建设标准化城市。加大全民普法力度，加强司法所规范化建设。全力创建国家安全发展示范城市，建设市级应急指挥中心，健全公共卫生、自然灾害、安全生产、城市生命线等重点领域风险辨识预警机制，完善重大突发事件应急响应机制，加快搭建基于大数据、云计算的城市应急智慧指挥体系。落实安全生产责任制，坚决遏制重特大安全生产事故发生。巩固提升全国民族团结进步示范市创建成果，促进宗教和谐稳定。落实文明城市创建常态长效机制，确保成功创建成为全国文明城市。发挥群团组织作用，支持工青妇、科协、红十字会等广泛参与社会治理。

今年，我们将继续办好“10件惠民实事”，建设有温度的民生。

（六）全面提升城市功能品质，塑造城市新形象

高水平建设城市。强化规划统筹引领作用，建立国土空间规划体系，完成第三次全国国土调查，划定生态保护红线、永久基本农田、城镇开发边界等空间管控边界，力争《昆明市国土空间规划（2018—2035年）》首批上报并获批。保障土地供应，全年收储土地2.11万亩、供应不少于3.1万亩，力争出让收入达1000亿元。推进国土综合整治专项规划和村庄规划，充分挖掘盘活存量和低效用地，完成省级下达的批而未供土地和闲置土地处置任务。加快推进以“三旧”改造连片开发为主的城市更新改造，实施200万平方米老旧小区改造。加快违法违规建筑治理，紧盯重点区域，整治拆除违法违规建筑2500万平方米以上。完善建筑废弃物处置联动机制，新增弃土消纳容量1800万立方米。加快实施“能通全通”工程，有力推进宜石、昆楚（复）线、武倘寻、昆倘、福宜、三清6条高速公路建设，确保宜石高速建成通车。加快推进地铁在建工程，确保6号线二期、4号线开通运营，地铁运营总里程达139.7千米。加快建设渝昆高铁，开工昆明西客站“站城一体化”项目，有序推进菊花村综合交通国际枢纽、昆明火车站南广场改造项目建设。以筹办《生物多样性公约》第十五次缔约方大会和中国国际友好城市大会为契机，实施“8个专项行动”“7个重点工程”，加快62条城市道路整治提升，持续改善市容环境。加密城市路网，新建滇缅快速路等城市道路21条、续建巫家坝路等25条、建成6条，开工建设金碧路恢复提升改造工程，新建人行天桥5座。优化公交线网布局，城市公共交通机动化出行分担率达58%。新增机动车停车泊位1.3万个。完成主城区30个老旧小区燃气设施改造，建设海绵城市20.5平方千米。加快实施瀑布公园提水工程等一批城市应急供水工程项目，提高供水保障能力。推进5G网络、人工智能等新型基础设施建设，年内完成投资590亿元。

精细化管理城市。制定城市精细化管理标准和操作规范，完善城市管理“一张网”，巩固“1+5+X”网格化工作模式，促进数字城管与网格化管理融合提升。出台市容和环境卫生管理条例实施细则，全面推行“门前三包”自我管理承诺制。新建城镇公厕79座，改建53座。推进城市生活垃圾分类工作，基本建成生活垃圾分类处理系统，分类收集覆盖率达90%以上，可回收物和易腐垃圾回收利用率合计达35%以上。启动沈家田固废填埋场一期项目建设，确保五华垃圾焚烧发电厂异地新建项目6月30日前全面投入使用，同时关闭老厂，城市生活垃圾无害化处理率保持100%。

建设美丽昆明。建设美丽县城，继续对全市县城进行改造提升，争取一批美丽县城获省级命名。建设美丽街区，统筹推进路面改造、绿化提升、杆线整治、景观打造等工作，新增城市绿地200公顷，主城区每个街道至少打造1条示范街区，营造美好的市民生活空间。建设美丽公路，完成机场高速以及昆丽、昆磨高速昆明段景观提升工程，打造靓丽的交通风景线。开展生态文明建设示范市创建工作，争取100个村（社区）进入国家森林乡村认定行列。落实国家节水行动，大力推进全社会节水。

（七）深入实施乡村振兴战略，推进农业农村现代化

发展富民乡村产业。深化农业供给侧结构性改革，推动"6+2"特色产业发展，做好"绿色食品牌"昆明文章。巩固提升"一县一业"示范建设，持续打造特色产业示范村镇。建立绿色食品品牌培育发展、保护体系与激励机制，继续开展绿色食品名企名品评选，打造一批农产品区域公共品牌。新增绿色食品生产基地2万亩，培育"三品一标"农产品60个。加快建设中国（云南）普洱茶中心暨普洱茶博物馆等项目，高原云果产业园建成运营。发展林下经济，实现产值15亿元。继续实施村级集体经济强村工程，发展壮大集体经济项目100个以上，持续提升"造血"能力。推进土地适度规模经营，促进小农户与现代农业有机衔接。农业增加值增长3%。

改善农村人居环境。精心编制县域村庄布局规划和村庄建设规划，实现县域村庄布局全覆盖，做到无规划不建设、无规划不投入。推进城乡基础设施一体化建设，确保全市自然村公路通达率达100%，建制村通客车率达100%。突出农村生活垃圾、生活污水治理、厕所革命和村容村貌提升，确保全市村庄人居环境标准达到1档标准。完成村委会所在地公厕改建300座以上、无害化卫生户厕15万座以上。评选一批美丽乡村。

推进新型城镇化。取消主城区落户限制，放开其他县（市、区）和中心集镇落户限制，鼓励在城镇稳定就业的农业转移人口有序落户。大力推进农村"三变"改革，力争在全省率先完成农村集体产权制度改革，不断激发农村发展活力。认定培育"星创天地"40家。开展文明村镇创建，力争县级以上文明村镇比率达60%。加快都市驱动型乡村振兴创新实验区建设，总结推出一批政策探索或模式经验。

同时，加强全民国防教育、国防动员、国防后备力量建设、国防基础设施保护和征兵工作，争创第十一届全国双拥模范城。做好第七次全国人口普查。抓好参事、史志、广电、决策咨询研究、港澳台侨、防震减灾、气象等工作。

（八）推进政府治理现代化，建设人民满意的服务型政府

政治引领，忠诚为政。增强"四个意识"，坚定"四个自信"，做到"两个维护"，自觉在思想上政治上行动上同以习近平同志为核心的党中央保持高度一致。严肃开展"肃流毒、除影响、清源头、树正气"专项行动，坚决肃清白恩培、秦光荣等流毒影响。巩固深化"不忘初心、牢记使命"主题教育成果，锤炼忠诚干净担当的政治品格。严守政治纪律和政治规矩，忠诚于党，常怀爱昆明的情怀，确保政府工作始终沿着正确的政治方向前进。

厉行法治，依法行政。坚持依法治市、依法行政共同推进，领导干部带头尊法学法守法，用法治思维和法治方式履行职责，落实宪法宣誓制度。依法接受市人大及其常委会的法律监督和工作监督，主动接受市政协的民主监督，自觉接受监察监督、群众监督、舆论监督，重视司法监督，强化审计监督、统计监督，让权力在阳光下运行。

担当作为，科学理政。深入推进政府数字化转型，加快打造"掌上办公"系统，以市域空间治理、突发公共事件、预警处置等为重点，谋划建设一批场景化、业务协同和应用项目，提升政府治理效能。巩固机构改革成果，以推进政府职能优化协同高效为着力点，优化行政决策、行政执行、行政监督机制。坚持着眼提升政府整体效能，健全部门协同配合机制，防止政出多门、政策效应相互抵消。健全激励约束机制和尽职免责机制，增强服务本领，大力营造愿干事、敢干事、干成事的环境。

正风肃纪，干净从政。严格落实中央八项规定及其实施细则精神，驰而不息整治"四风"，改进文风、会风，巩固提升基层减负年成果。更加牢固树立过紧日子的思想，加强财政支出管理，大力规范和压减一般性和非急需、非刚性支出，为保基层运转提供有力支撑。保持惩治腐败高压态势，严格落实廉洁自律准则，加强自我约束，坚守底线，远离红线，不碰高压线。

各位代表！今年是谋划"十四五"发展的关键之年，编制好"十四五"规划事关未来昆明经济社会发展全局。我们将坚定不移贯彻落实新发展理念和高质量发展要求，围绕补短板、促升级、增后劲、惠民生，以项目为抓手，谋划大项目、拓展大空间、构建大格局，科学编制引领昆明高质量发展、经得起历史检验的五年规划。

各位代表！不忘初心，鞭策我们永不懈怠；牢记使命，激励我们一往无前。让我们更加紧密地团结在以习近平同志为核心的党中央周围，在省委、省政府和市委的坚强领导下，只争朝夕，不负韶华，全力推进区域性国际中心城市建设迈上新台阶，为决胜全面建成小康社会，实现第一个百年目标而努力奋斗！

附件1

昆明市2020年10件惠民实事

一、巩固提升脱贫攻坚成果

目标任务：确保全市9.6万户建档立卡家庭稳定实现“两不愁三保障”。实施扶贫小额到户贷款，发放贷款不少于1万户4.5亿元，实现贫困人口动态清零。

牵头单位：市扶贫办

责任单位：各县（市、区）人民政府

二、促进城乡就业

目标任务：提供有效就业岗位14万个，实现新增城镇就业13万人，农村劳动力转移就业15万人。开展企业职工职业技能培训10万人次和农村劳动力转移培训15万人次。

牵头单位：市人力资源社会保障局

责任单位：各县（市、区）人民政府、开发（度假）园（区）管委会

三、提高群众对教育的满意度

目标任务：全市学前三年毛入园率、户籍适龄儿童少年义务教育巩固率、高中阶段毛入学率分别达98%、95%和91%以上，全市省一级示范幼儿园达178所、省一级高完中达36所。

牵头单位：市教育体育局

责任单位：各县（市、区）人民政府、开发（度假）园（区）管委会

四、完善参保人医疗保障待遇

目标任务：市城镇职工、城乡居民医疗机构住院起付标准三级定点医疗机构从1200元降低到880元，市城镇职工基本医疗统筹基金和重特病医疗统筹基金最高支付限额从25.9万元提高到41万元，市城镇职工“门诊慢性病”起付标准从550元降低到300元。

牵头单位：市医保局

责任单位：各县（市、区）人民政府、开发（度假）园（区）管委会

五、关爱残疾人和困境儿童

目标任务：对不少于700名持有三代残疾人证重度精神残疾人进行集中托养；资助600名0～14岁有康复需求的残疾儿童进行康复治疗。申请救助的社会散居孤儿、艾滋病毒感染儿童、事实无人抚养儿童100%纳入基本生活保障范围。

牵头单位：市残联、市民政局

责任单位：各县（市、区）人民政府、开发（度假）园（区）管委会

六、加快养老服务体系建设

目标任务：启动建设30个城乡社区居家养老服务中心（站）、4个社会力量兴办养老服务机构，新增各类养老床位2000张。

牵头单位：市民政局

责任单位：各县（市、区）人民政府、开发（度假）园（区）管委会

七、实施“四化”行动

目标任务：围绕全市430千米重要城市道路“U”形断面实施“美化、净化、绿化、亮化”整治提升，对建筑立面进行清洗翻新；加强环卫清扫保洁力度，城市生活垃圾无害化处理率100%；推进绿地建设，新增城市绿地200公顷；对石虎关、小庄、小屯、明波立交入城区域及滇池草海片区进行景观亮化。

牵头单位：市城市管理局

责任单位：各县（市、区）人民政府、开发（度假）园（区）管委会

八、加快停车泊位建设和农村客运发展

目标任务：新增机动车泊位1.3万个。加快农村客运发展，全市建制村通客车率达100%。

牵头单位：市交通运输局

责任单位：各县（市、区）人民政府、开发（度假）园（区）管委会

九、继续推进农村厕所革命

目标任务：完成行政村村委会所在地公厕改建325座，改建农村无害化卫生户厕15万座。

牵头单位：市农业农村局

责任单位：各县（市、区）人民政府、开发（度假）园（区）管委会

十、保障人民群众食品安全

目标任务：食用农产品和食品抽检量达到4批次/千人以上，主要农产品和食品检测合格率稳定在97%以上，食品抽检合格率在98%以上。

牵头单位：市市场监管局、市农业农村局

责任单位：各县（市、区）人民政府、开发（度假）园（区）管委会

附件2

名词解释

1. 六稳　稳就业、稳金融、稳外贸、稳外资、稳投资、稳预期。

2. 两不愁三保障　指不愁吃、不愁穿，义务教育、基本医疗和住房安全有保障。

3. “三车一中心”　指的是位于杨林汽车产业园的四个大型汽车项目，“三车”是东风云汽整体搬迁升级改造项目、江铃集团新能源汽车昆明基地项目和昆明新能源汽车工程技术中心（北汽）项目，“一中心”指的是中国汽车技术研究中心高原实验室项目。

4. “三品一标”农产品　无公害农产品、绿色食品、有机农产品和农产品地理标志。

5. 省级绿色食品“10大名品”包括“10大名茶”“10大名花”“10大名菜”“10大名果”“10大名药材”。

6. “七个一”战略合作　智慧城市建设及数字经济发展；5G产业园建设；软件开发云平台；专题招商推介活动；联合创新中心；创新应用平

台；人才培训学院。

7. 自贸试验区昆明片区　即中国（云南）自由贸易试验区昆明片区。自由贸易区是指签订自由贸易协定的成员国相互彻底取消商品贸易中的关税和数量限制，使商品在各成员国之间可以自由流动。云南自贸区昆明片区设立于2019年8月2日，其规划功能为：加强与空港经济区联动发展，重点发展高端制造、航空物流、数字经济、总部经济等产业，建设面向南亚东南亚的互联互通枢纽、信息物流中心和文化教育中心。

8. 上截中疏下泄　开展城市面山洪水拦截“上截”工程，拦截和蓄滞城市周边面山洪水，减缓城市内涝；开展城市河道改造，主城老旧排水管网提升改造等“中疏”工程，增强主城区河道、排水管网的行洪排水能力，解决部分重点区域的淹积水问题；实施以提升滇池海口闸出流能力为代表的“下泄”工程，提高滇池防洪调度能力。

9. “2+N”制度体系　指《昆明市进一步优化提升营商环境的实施意见》和《昆明市营商环境提升十大行动》两个统领性文件，以及其他6个具体实施方案：《昆明市进一步推进企业开办便利化改革工作方案》《昆明市进一步优化营商环境推进不动产登记工作行动方案》《昆明市工程建设项目审批制度改革实施方案》《昆明市进一步优化自来水接入营商环境改革实施办法（试行）》《昆明市进一步优化电力接入营商环境实施方案（试行）》《昆明市进一步优化燃气接入营商环境实施办法（试行）》。

10. 一网四中心　一网，指建立以市政府门户网站为入口，覆盖全市四级政务体系，界面清晰、便捷实用的多层级移动互联网；四中心，指政务服务中心、投资服务中心、公共资源交易中心、党群服务中心。

11. 七办　指昆明审批服务“一窗通办”“一网通办”“就近申办”“一次办成”“掌上通办”“马上办好”“全市能办”的“七办”模式。

12. 一部手机办事通　云南省为深化“放管服”改革。落实“互联网+政务服务”要求，推出的手机App软件，围绕办理、查询、预约、缴费等4个服务功能，实现更多政务服务事项“掌上办、指尖办”。

13. “4·19”模式　工商和居民客户办理新装、改移装、增容及临时施工用水，无须建设专用外线管道工程包括2个环节，4个工作日通水，需建设专用外线管道工程包括2个环节，9个工作日通水（不含政府相关部门路面开挖审批时间）。全流程实行“指尖办”“保姆式（上门、代办）服务”。

14. 9610　海关监管方式代码，全称“跨境贸易电子商务”，简称“电子商务”，俗称“集货模式”。适用于境内个人或电子商务企业通过电子商务交易平台实现交易，并采用“清单核放、汇总申报”模式办理通关手续的电子商务零售进出口商品。

15. 1210　海关监管方式代码，全称“保税跨境贸易电子商务”，简称“保税电商”。适用于境内个人或电子商务企业在经海关认可的电子商务平台实现跨境交易，并通过海关特殊监管区域或保税监管场所进出的电子商务零售进出境商品。

16. 医疗保险DRG付费　即一种按照临床治疗相近、医疗资源消耗相近的原则对住院病例进行分组，医保基金和患者个人按照同病组同费用原则，向医院支付医疗费用的付费方式。

17. “2+11”教育现代化制度体系　《昆明教育现代化2035》《加快推进昆明教育现代化实施方案》及其11个配套方案，《昆明市关于学前教育深化改革规范发展的实施意见》《昆明市关于推进义务教育优质均衡发展的实施意见》《昆明市关于全面加强新时代中小学劳动教育的实施方案》《昆明市关于新时代推进普通高中改革发展的实施意见》《昆明市职业教育改革发展实施意见》《昆明市关于加强新时代学校思想政治理论建设工作的实施方案》《昆明市关于推进学校体育工作的实施意见》《昆明市关于规范民办教育发展的实施方案》《昆明市加快推进教育国际化的实施方案》《昆明市中小学心理健康教育实施方案》《昆明市关于进一步加强新时代教育科研能力建设的实施意见》。

18. “三名”工程　名校、名师、名校长培育引进工程。

19. “两为主”入学政策　以流入地政府为主、以公办学校为主。

20. “三社联动”　是以政府购买服务为牵引，以社区为平台，以社会组织为载体，以社会工作者为骨干，以满足居民需求为导向，通过社会组织引入专业资源和社会力量，通过提供专业化、有针对性的服务，把矛盾化解在社区，把多元服务供给实现在社区的一种新型社会治理模式、社会服务供给方式和全新社会动员机制。

21. “五级治理”　是指社区采取的“区—街道—社区—居民（庭院）小组—楼栋”五级治理模式，该模式由盘龙区在全省率先提出并推广实施，现已成为社区治理的全国范本。

22. “五个一批”　指的是“五个一批”示范工程，即打造一批政府购买服务示范项目、一批党政群共商共建优秀社区（小区）、一批优秀社会组织、一批优秀社区学雷锋志愿服务工作站、一批民主法治示范社区（小区）。

23. 六大放心工程　即肉菜市场放心工程、粮油放心工程、餐饮业质量安全提升工程、食品“三小”行业放心工程、农村自办宴席放心工程、餐厨废弃物收运处置放心工程。

24. “五早”部署　即早发现、早报告、早排查、早隔离、早治疗。

25. “三张网”　即入昆通道的外网、重要场所的内网、基层社区（村）网。

26. 五个一　昆明对集中安置境外入滇人员的酒店严格按一个集中安置酒店、一套班子、一个方案、一套流程、一本指导手册进行规范化管理。

27. 五到位　即人文关怀到位、

检验监测到位、防控措施到位、医疗救治到位、管理服务到位。

28. 四集中　集中患者、集中专家、集中资源、集中救治。

29. 两手抓　一手抓疫情防控，一手抓经济社会发展。

30. 新基建　新型基础设施，一般认为包括5G、特高压、城际高速铁路和城际轨道交通、新能源汽车充电桩、大数据中心、人工智能、工业互联网、物联网等领域。

31. 六保　即保居民就业、保基本民生、保市场主体、保粮食能源安全、保产业链供应链稳定、保基层运转。

32. 双胜利　指的是疫情防控和经济社会发展双胜利。

33. 三非　指非法入境、非法居留和非法就业的外国人。

34. 五个管住　要坚决做到管住人、管住村、管住通道、管住证件、管住边境“五个管住”，切实筑牢应对境外疫情输入风险的坚固防线。

35. “四个一批”重大项目库　一批开工建设项目、一批续建项目、一批竣工投产项目、一批对接引进项目。

36. 一部手机云品荟　在云南省委、省政府的指导下，围绕打好世界一流“绿色食品牌”的工作部署，面向各类销售渠道提供名特优产品直供及供应链服务的农产品综合服务平台。

37. “上云、上平台”　指企业应用互联网、云计算等信息技术手段，将企业的基础设施、经营管理、研发设计、生产流程部署到云端，利用网络便捷地获取云服务商提供的计算、存储、行业应用、数据等服务。

38. 旅游革命“三部曲”　整治乱象、智慧旅游、无理由退货。

39. 河湖“清四乱”专项行动　清除河湖乱占、乱采、乱堆、乱建问题的专项行动。

40. “不打烊”政务服务专区　指政务服务中心通过建设24小时自助服务区，整合涉及食药监、公安、住建、水务、环保、农业、民政等部门的便民服务事项，实现了政务服务从8小时向“全天候”服务的智慧跨越。

41.招商引资“七步曲”　第一步，梳理行业内领军企业；第二步，以党委政府或主要领导名义致信（函）给意向企业；第三步，上门拜访或邀请投资者洽谈合作事宜；第四步，双方签订合作框架协议；第五步，签订投资协议；第六步，项目落地开工、建成投产；第七步，政府和投资者精诚合作，让企业发展壮大，实现互利共赢。

42. “三点半”课后服务　即在学生放学后到家长下班来接的时段开展课后托管服务或特长、爱好、特色类辅导。

43.两癌　宫颈癌和乳腺癌。

44. “大清扫、大消毒”爱国卫生运动　即为打赢疫情防控阻击战，由云南省委省政府应对疫情工作领导小组指挥部号召全省开展的卫生运动，通过环境卫生整治、重点场所清洁消毒、降低传染风险、做好健康防护、降低病媒生物密度、开展健康教育等举措，共建共享健康美好的生活环境。

45. 15分钟体育健身圈　在城市社区，居民从居住地步行或骑行不超过15分钟范围内，有可供开展健步走、广场舞、球类运动等群众性体育活动的场地设施。

46.“510”工程　即5个10大工程。十大文化创意产业园区、十大文化旅游主题公园、十大市级重大标志性文体设施、十大文化旅游体育（节庆）活动品牌、十大特色历史文化街区。

47. 党建引领、街道吹哨、部门报到　即坚持把政治建设作为党的根本性建设，全面加强党对街道工作的领导，加强街道社区党组织自身建设，在违章违建、环境污染、生态破坏、安全生产等问题处置方面，赋予街道执法召集权，一旦街道发出召集信号，各相关部门需在规定时限内到达现场，集体报到，联合行动，实现社会治理重心向基层下移。

48. 新时代“枫桥经验”　即坚持党建引领，确保基层社会治理的正确方向；坚持人民主体，认真践行党的群众路线；坚持自治、法治、德治“三治结合”，积极创新基层善治路径；坚持人防、物防、技防、心防“四防并举”，着力促进治理成效升级；坚持共建共享，不断优化社会治理格局。

49. 8个专项行动　美化、净化、绿化、亮化、治乱、治污、治差、治堵。

50. 7个重点工程　城市环境整治工程、打造世界花城工程、亮化工程、智慧城市工程、旅游补短板工程、生物多样性示范工程、特色展示工程。

51. “1+5+X”网格化工作模式　在网格管理中，整合管理、执法、监督等力量，实现“定格、定人、定岗、定责”。“1”即每个网格设置1名网格长；“5”即网格监督员、城管执法人员、社区工作人员、环卫保洁人员和社区民警；“X”即根据工作需要，将各类社区专干、楼栋长、社区志愿者、物业管理人员等纳入网格。

52. “6+2”特色产业　按照打造世界一流“绿色食品牌”的要求，大力发展蔬菜、花卉、林果（含林下经济）、山地牧业、特色水产、中药材6个农业特色产业，加快发展茶叶、咖啡2个农产品精深加工产业，促进昆明高原特色现代农业绿色化、有机化、规模化、品牌化发展。

53. 农村“三变”改革　即资源变资产、资金变股金、农民变股东。

54. 星创天地　即发展现代农业的众创空间，通过吸纳返乡农民工、大学生、农业致富带头人创新创业，运用市场化机制、专业化服务和资本化运作方式，聚集创新资源和创业要素，建设集科技示范、人才集聚、技术集成、成果转化、创业孵化、金融服务等为一体的创新创业综合服务平台。

昆明市人民代表大会常务委员会工作报告

——2020年5月15日在昆明市第十四届人民代表大会第五次会议上

拉玛·兴高

各位代表：

我受市人大常委会委托，向大会报告工作，请予审议。

市十四届人大四次会议以来的主要工作

2019年是新中国成立70周年，是地方人大设立常委会40周年。在中共昆明市委的坚强领导下，市人大常委会坚持以习近平新时代中国特色社会主义思想和党的十九大精神为指导，深入贯彻落实习近平总书记考察云南重要讲话精神和对地方人大工作的重要指示精神，坚持党的领导、人民当家作主、依法治国有机统一，紧紧围绕全市改革发展稳定大局，依法履职、善作善成，为高质量推进区域性国际中心城市建设做出了积极贡献。

一、着力加强政治建设，巩固人民当家作主的政治基础

常委会高举习近平新时代中国特色社会主义伟大旗帜，扎实开展“不忘初心、牢记使命”主题教育，坚持党的领导，提高政治站位，增强政治能力，以强有力的思想政治引领，保障和推动人大各项工作迈上新台阶。

提高政治站位践行“两个维护”。旗帜鲜明讲政治，增强“四个意识”，坚定“四个自信”，做到“两个维护”，在政治立场、政治道路、政治方向、政治原则上同以习近平同志为核心的党中央保持高度一致。深入学习贯彻习近平总书记关于坚持和完善人民代表大会制度的重要思想，努力践行人大政治机关的职责使命，紧紧围绕中央、省委、市委决策部署统筹谋划、扎实推动人大工作，把党的领导贯穿于人大依法履职全过程；坚决拥护党中央决定，坚定政治自觉、强化政治担当、扛起政治责任，坚决肃清白恩培、秦光荣、仇和等流毒影响，扶正祛邪、正本清源，以自我革命精神抓好领导班子建设，努力营造风清气正的政治生态；严格执行重大事项请示报告报备清单制度，坚持在市委领导下依法行使重大事项决定权和人事任免权。

开展主题教育牢记初心使命。坚持常委会党组、机关党组、机关党委、各党支部“四个层面”统筹协调，扎实开展“不忘初心、牢记使命”主题教育，聚焦学习贯彻习近平新时代中国特色社会主义思想主线，举办理论学习中心组、读书班、专题辅导，在学懂弄通做实上下功夫，在深化转化上见成效，切实提高运用党的创新理论指导实践、推动工作的能力；坚持机关党的建设与主题教育双向推进，在主题教育中促进机关党建创新提质，实现党支部规范化建设全面达标；坚持弘扬机关正能量与主题教育同频共振，加强党员教育培训和监督管理，学先进树典型做先锋，努力锻造坚强有力的机关基层党组织和人大干部队伍；坚持深入调研开良方与成果转化促发展有机融合，组织开展加强机关党建、巩固脱贫成果、乡村振兴规划、防范债务风险、城市垃圾分类、民族地方立法、归侨侨眷保护、公益诉讼工作、基层人大建设、代表活动阵地建设等10个专题调研并努力实现成果转化运用；坚持整改落实存在问题与巩固提升教育成果共同用力，推动解决群众的操心事、烦心事，真正做到理论学习有收获、思想政治受洗礼、干事创业敢担当、为民服务解难题、清正廉洁做表率。

担当责任落细落实决策部署。贯彻落实中央、省委、市委关于机构改革、人大预算审查监督重点向支出预算和政策拓展、建立国有资产管理情况报告制度等重要改革决策部署，健全完善改革配套文件，规范市人大及其常委会机构的职能配置和运行机制，圆满完成人大领域改革任务。贯彻落实省委、省政府关于打造世界一流“绿色食品品牌”的决策部署，发挥滇中城市经济圈五州市人大合作机制作用，谋划推动农业产业转型升级，助推高原特色现代农业发展。按照市委安排部署，班子成员分别带队开展河（湖）长制、招商引资、挂钩联系企业、巩固脱贫成果、重要指标重大项目重点工作等各类督察调研，组织有关市级部门，围绕城市规划建设管理、历史文化名城保护、发展夜间经济、公立医院运行等内容，赴先进地区考察学习交流，积极发挥人大助推重点工作的支持参谋作用。

发挥人大作用助推民族团结。认真贯彻落实习近平总书记把云南建设成为全国民族团结进步示范区的要求，充分发挥人大示范带头、立法保

障、监督推动和参与支持作用，深入推进"关于把昆明建成全国民族团结进步示范市的议案"办理落实，积极牵头协调争取国家部委、省级部门支持，组织开展民族乡工作条例执法检查、民族团结进步创建工作专项视察，指导促成石林彝族自治县喀斯特世界自然遗产地保护和阿诗玛文化传承与保护条例、禄劝彝族苗族自治县文化遗产保护条例、寻甸回族彝族自治县民族团结进步条例的出台实施，积极推动三个少数民族自治县创建为全国民族团结进步示范县，创建全国民族团结进步示范单位12个、中国少数民族特色村寨3个、全省民族团结进步示范单位64个，推动举办"和谐昆明·相约北京—昆明市民族团结进步创建成果展"系列活动和"守护民族团结生命线，续写民族团结誓词碑"主题活动。2019年12月，国家民委命名昆明市为"全国民族团结进步示范市"并正式授牌，创建工作得到省委、省人大常委会、省政府充分肯定。市人大常委会机关创建工作为云南民族团结进步示范区建设和昆明民族团结进步示范市创建提供了鲜活的人大工作样本。

二、着力提高立法质量，践行立法为人民促发展的宗旨

常委会坚持把提高立法质量摆在首要位置，围绕全市发展大局，统筹立法项目，健全立法机制，科学立法、民主立法、依法立法，进一步增强地方立法的针对性、特色性，立良法促善治。全年，共修订地方性法规10件、废止2件，开展立法前期调研27件。

稳妥推进地方立法。适应改革发展的需要，修订客运出租汽车管理条例，调整特许经营为一般经营许可，把网约车纳入管理范畴，提高行业管理服务水平；修订城市市容和环境卫生管理条例，依法规范城区主要街道防盗笼工作，积极推进垃圾分类，持续改善市容市貌，提升城市功能品质；修订消防条例，新增电动车违规停放充电的禁止性条款和相应法律责任，保障人民群众生命财产安全；修订历史文化名城保护条例，突出保护和利用并重，探索文化资源向文化资本转化，擦亮昆明历史文化名城这张名片；打包修订节约能源、流动人口计划生育、清水海保护等6件地方性法规，努力做到重大改革与地方立法的有效衔接。积极开展老年人权益保障、扬尘污染防治、促进大数据发展等立法项目前期调研，为下一步立法奠定基础。积极配合省人大常委会修订《云南省阳宗海保护条例》、制定《云南省创建生态文明建设排头兵促进条例》。

不断健全立法机制。认真贯彻落实《中共昆明市委关于加强党委领导地方立法工作的实施意见》，制定《关于进一步健全完善我市地方立法工作机制的意见》，为地方立法提供更加规范的基本遵循和程序保障。充分发挥基层立法联系点作用，运用网络、微博、微信等方式广泛征求社会公众意见，拓宽公民有序参与立法途径，全年收集立法意见建议350条，为开门立法进行了有益探索；发挥专家库"智囊"作用，收集意见建议420条，提高立法专业化水平；组织市级相关部门130人开展立法工作培训，加强立法能力建设；对《昆明市地下水保护条例》开展立法后评价，调研了解全市地下水保护情况，掌握法规实施效果，检视立法工作差距，不断提高立法质量。

有序开展备案审查。按照"有件必备、有备必审、有错必纠"的原则，增强审查刚性，加大纠错力度，进一步加强报备、审查、反馈、纠正等环节的良性互动，有序开展规范性文件备案审查工作。对《昆明市城市生活垃圾分类管理办法》《昆明市餐饮业环境污染管理办法》等7件市政府规章和《昆明市群众举报暴力恐怖犯罪线索奖励办法》《昆明市地方标准管理办法》等4件行政规范性文件开展备案审查。对县(市、区)人大常委会2018年度作出的106件决议决定进行备案审查，提出审查建议。引入第三方参加评审，提高备案审查的效率和质量，有效维护法制统一。加快备案审查信息化平台建设，推动实现省市备案审查工作互联互通。

三、着力增强监督实效，促进高质量发展成果惠及人民

常委会坚持依法监督、正确监督、有效监督，突出重点、创新方式、增强实效，推动重大决策部署和群众关切问题更好落实解决。全年，共听取审议专项工作报告26项，开展执法检查8项，专题询问3次，专项工作评议1次，工作视察、专题调研和随机调研110余次。

聚焦推动经济发展强化监督。主动融入"一带一路"跨越发展新格局，督促市政府加快推进深化"放管服"改革，全市营商环境进一步优化；开展部门预算分类调研，听取审议市政府关于地方财政预算执行情况报告，审查批准地方财政决算、专项预算调整方案，首次对审计查出问题整改落实情况进行专题询问，在全省率先开展引入第三方机构加强预算审查监督工作，持续推进全市人大预算联网监督系统升级覆盖，不断提高预算审查监督质量；听取审议安全生产、农业产业发展、国有资产管理、深化旅游市场改革情况等专项工作报告，开展经济运行、减税降费政策落实、工业和信息化发展、政府性债务、滇中新区经济运行等专题调研，提出"加强道路交通隐患安全治理、构建现代农业体系、盘活国有资产、发展智慧旅游、优化产业结构、加强专项债券使用管理、强化风险管控"等审议意见，推动相关政策落地落实，产业升级步伐加快，创新能力持续加强，财政收支质量提升，政府债务风险等级由红色降为橙色，经济发展基础进一步夯实。

聚焦提升城市品质强化监督。围绕面向南亚东南亚辐射中心建设目标，积极组织代表视察，提出"加大对外宣传、提升营商环境、加快基

础设施建设、加强工作统筹”等审议意见，对外开放水平不断提高，中国（云南）自由贸易试验区昆明片区建设初见成效；组织开展区域性国际中心城市促进条例执法检查，从宣传发动、规划引领、产业转型、项目储备等方面提出审议意见，推动“一个枢纽、四个中心、三大品牌”建设提质增效；专题调研城市基础设施建设、重点工程进展情况，提出“高质量推进在建项目建设、有序推进征地拆迁、切实解决渣土外运、做好新一轮城市轨道交通规划修编、加强城市轨道交通队伍建设、确保地铁建设营运安全”等审议意见，推动城市管理品质提升，城市轨道交通建设稳步推进、已开通线路营运平稳有序；组织开展城乡规划条例和违法违规建筑治理工作执法检查，提出“提高规划意识、加强规划人才队伍建设、简化审批手续、推进多规合一、抓好村庄规划、加大违法违规建筑整治”等审议意见，促进城乡科学统筹协调发展，基础设施、公共配套设施不断完善，城乡规划建设和管理取得明显成效；组织开展地下水保护条例执法检查，提出“加快《昆明市地下水污染防治规划》编制、依法强化地下水监管、妥善处理历史遗留问题”等审议意见，推动地下水依法合理开发利用与管理保护；围绕创建全国文明城市，紧扣国家文明城市建设测评体系标准，组织开展文明行为促进条例执法检查，提出“加大社会宣传引导、强化法规制度贯彻落实、加强统筹协调和联合执法”等审议意见，全力助推文明城市创建和美丽昆明建设。

聚焦筑牢生态基础强化监督。持续多年围绕入湖河道水质、污染负荷削减、环湖截污、生态湿地建设和“五采区”植被恢复、水源地保护、城市空气质量提升等，综合运用集中视察、听取审议专项工作报告、专题询问等监督方式，全方位推进生态文明建设。对政府年度环境状况和环境保护目标完成情况实施常态化监督，督促相关部门履行好生态环保责任；连续四年围绕滇池和阳宗海流域水环境保护治理开展专题询问，督促市政府认真研究解决“十三五”规划实施中存在的问题；深入开展滇池、阳宗海流域内河（湖）长制工作情况专项督察；在省第十三届人民代表大会第二次会议期间，昆明代表团就滇池周边相关单位搬迁问题询问省级相关厅局。闭会期间，组织昆明市的部分全国、省、市人大代表对搬迁工作情况进行集中视察，督促沿滇池周边单位搬迁工作加快推进；配合省人大常委会开展对滇池、阳宗海综合整治督导工作，督促市政府认真整改突出问题。全年，滇池全湖水质继续保持Ⅳ类，阳宗海全湖水质稳定保持Ⅲ类；巩固2018年质询工作成效，继续加大对城市尾气排放、工地扬尘等大气污染防治工作的跟踪监督，多举措提升昆明空气质量。2019年1至12月在全国168个重点城市中排名第15位，全国平均蓝天数排名省会城市第3位，较2018年有较大提升；持续监督稳步推进滇池流域及西山重点保护区矿山关停及植被恢复工作，72个由市级审批的矿山已全部实现停采，基本实现了全面关停的目标任务，城市可持续发展的生态基础进一步筑牢。

聚焦巩固脱贫成果强化监督。以巩固脱贫成果、脱贫攻坚剩余贫困人口“清零”、乡村振兴、农村人居环境提升、非贫困县CD级危房改造等为重点，开展8次专题调研、3次工作督查，召开12场座谈会，提出“筑牢产业发展基础、建立防止返贫预警机制、推动农村绿色发展、强化村庄规划管控、大力推进非4类重点对象农村危房改造”等审议意见，推动脱贫攻坚与乡村振兴有机衔接，提高乡村治理能力，补牢产业发展基础，改善基础设施和基本公共服务，精准脱贫取得重大进展，东川区、禄劝县顺利脱贫摘帽，三个国家级贫困县建立巩固脱贫成果防止返贫长效预警机制，为进一步巩固稳定脱贫成果，解决农村发展不充分、城乡发展不平衡等问题，增强人民群众幸福感、获得感贡献人大智慧和力量。

聚焦增进民生福祉强化监督。对归侨侨眷权益保护法实施执法检查，积极维护归侨侨眷合法权益；对学校安全条例实施执法检查，督促市政府进一步合力打造平安校园；对流动人口服务管理条例实施执法检查，努力为流动人口创建公平、文明、良好的社会环境；听取审议食品药品安全监管专项工作报告，督促理顺监管体制机制，强化监管能力建设，加大重点领域监管，确保广大人民群众“舌尖上的安全”；听取审议全民健身专项工作报告，督促市政府不断完善全民健身组织、设施和服务网络，着力提升健身服务质量；坚持问题导向，针对省、市两个统筹区医保参保范围及人员、单位缴费比例、住院起付线等存在的问题，深入开展专题调研，助推调整完善相关政策，消除同城医疗保障差异，并积极协调省市有关部门解决道地药材药品报销政策、列入国家长期护理险试点城市等问题；针对村级活动场所和卫生室建设管理中存在的问题，组织开展专题询问，督促完成村级活动场所达标建设，强化“织网兜底”功能，推动提升医疗公共服务；连续三年对“10件惠民实事”落实情况开展专项工作评议，持续推动就业、创业、教育、养老、集贸市场、农村饮水安全等民生问题不断改善，回应群众所需、所急、所盼。

聚焦社会公平正义强化监督。听取审议“一府两院”扫黑除恶、社区矫正、环境资源审判法庭建设、公益诉讼等专项工作报告，提出“突出打击重点精准严打狠打，健全完善制度形成齐抓共管的社区矫正管理新格局，完善生态环境资源专门审判体制机制，加强内外联动汇聚保护合力”等审议意见，推动社会治安持续向好；作出《关于加强检察机关公益诉讼工作的决定》，强化绿色生态发展的司法服务保障，维护国家和社会公共利益，推进全市生态文明建设和法治昆明建设；专题调研公安、司法和监察委工作，推动提升社会治理社会

化、法治化、智能化、专业化水平；高度重视群众来信来访，依法接访处理201件（次）群众信访件，努力维护群众合法权益和社会和谐稳定。

四、着力夯实代表工作，发挥代表服务人民的主体作用

常委会坚持以人民为中心，把拓展代表工作作为做好人大工作的重要基础，不断健全完善代表工作机制，支持保障代表依法履职，代表主体作用发挥更加广泛有效。

有力推进代表履职阵地建设。坚持把推进人大代表活动阵地规范化建设作为加强和改进代表工作的重要抓手，出台《关于加强全市人大代表工作站建设工作的指导意见》，建立健全工作制度，加快四级代表履职信息服务平台建设，实现与省级平台和“智慧城市”互联互通。统筹加快全市代表联络室、代表工作站等活动阵地建设步伐，建成代表活动阵地1153个，在全省率先实现乡镇（街道）和有三名以上代表的村委会（社区）代表活动阵地全覆盖，代表直接联系群众和依法履职的平台更加完善。五华区虹山中路社区、盘龙区金江路社区等代表活动阵地建设得到全国人大常委会领导和省委、省人大常委会领导的充分肯定。

积极拓展密切联系群众渠道。落实常委会组成人员与代表、代表与群众的定期联系制度；在昆明市代表履职服务平台上建立与实地代表工作站相对应的“网上代表工作站”，方便群众线上线下随时联系代表，保障代表经常广泛听取群众意见；强化落实五级代表联动进站机制，按照就近就便、合理编组原则，将昆明市的全国、省、市、县（区）、乡（镇）人大代表全部纳入各个代表活动阵地开展联系群众活动，不断拓宽代表密切联系人民群众的广度和深度；健全代表反映群众意见的处理反馈机制，推动一批群众关心关注问题的解决，代表履职的积极性和主动性不断增强。

切实做好代表服务保障工作。切实做好闭会期间代表活动，坚持邀请代表列席常委会会议，全面扩大代表对常委会工作的参与度，组织昆明市的全国、省人大代表围绕“三大攻坚战”等重点工作开展视察；组织市人大代表参加视察、调研、执法检查、专题询问等活动52次；指导县（市、区）人大常委会开展好闭会期间市代表活动，确保代表闭会期间的履职实效；充分保障代表的知情知政权，组织300余名代表听取全市扫黑除恶专项斗争和经济运行情况报告；邀请代表参与立法、监督等重要工作，及时听取代表对常委会和“一府一委两院”工作的意见建议，努力把服务工作做细做实；修订《昆明市人民代表大会代表辞职办法》，明确代表辞职情形和程序；制定《关于创新人大代表培训工作的意见》，强化学习培训效果，先后组织290名省、市人大代表开展多种形式履职学习培训，代表的履职能力进一步增强。

不断提高议案建议办理质量。有效推进市十四届人大四次会议期间代表提出的关于加快我市面向南亚东南亚开放步伐、关于制定全域旅游促进条例、关于修订历史文化名城保护条例等3件议案办理工作，组织开展前期调研、专项视察、认真审查，议案办理取得良好效果，我市对外开放步伐不断加快，开放型经济发展水平持续提升，旅游业发展、历史文化名城保护步入法治化轨道；修订完善《昆明市人民代表大会代表建议、批评和意见处理办法》，规范办理程序，及时跟踪督办，开展检查测评，372件代表建议按时限全部办结，A类件占74.5%（已经解决），B类件占13.7%（列入计划逐步解决），C类件占11.8%（待条件成熟解决），代表建议解决率不断提高，《关于规范保健品市场的建议》等4件重点建议得到较好落实。

五、主动作为共克时艰，依法防控推进发展

常委会坚决落实习近平总书记重要指示精神和党中央、省委、市委统筹推进疫情防控和经济社会发展的重大决策部署，充分发挥职能作用，助力依法防控，推动经济社会发展。

加强疫情防控法治保障。2020年2月12日，常委会及时作出《关于依法全力做好当前新型冠状病毒肺炎疫情防控工作的决定》，明确各级政府和社会各方面的责任义务，动员全市各级各部门依法开展疫情防控工作。3月10日，下发了《关于贯彻执行〈全国人民代表大会常务委员会关于全面禁止非法野生动物交易、革除滥食野生动物陋习切实保障人民群众生命健康安全的决定〉和〈云南省人民代表大会常务委员会关于贯彻决定的实施意见〉的通知》。加快完善公共卫生管理地方立法体系，启动《昆明市爱国卫生管理条例》修订工作。

加强疫情防控措施落实落细。3月初，组织常委会组成人员和300余名人大代表，对全市680个居民住宅小区（楼院）、村组疫情防控工作进行明察暗访，督促落实社区、小区疫情防控要求。4月中旬，对市人民政府贯彻野生动物保护法、动物防疫法以及疫情防控有关决定的执行情况进行执法检查，督促贯彻落实全国人大常委会有关决定及省人大常委会实施意见。

加强疫情防控和经济社会发展双推进。发出《致全市各级人大代表的倡议书》，组织代表开展“打赢防控阻击战，人大代表在行动”活动。牵头组织40多家省市学校、医院、企业开展2020年消费扶贫活动，巩固脱贫成效。贯彻中央、省、市统筹做好疫情防控和经济社会发展工作部署要求，督促落实常态化疫情防控措施，加快恢复生产生活正常秩序，做好“六稳”工作、落实“六保”任务，积极推动经济社会持续发展。

一年多来，常委会主动争取省人大常委会的指导支持，积极配合全国、省人大常委会对我市开展的各类检查、视察和调研40余次；加大对外交往和人大工作宣传，接待全国各地方人大到昆明学习交流70余批次；

工作经验多次在全国、全省性会议上作交流；编辑刊发《昆明人大》杂志12期，在国家、省、市级以上媒体刊登人大工作宣传文章300余篇，常委会官方微博影响力指数在全国人大系统名列前茅，昆明人大工作的影响力更为广泛。

各位代表！

常委会工作成绩的取得，根本在于习近平新时代中国特色社会主义思想的科学指引，是市委坚强领导的结果，是常委会组成人员、全体人大代表和机关工作人员共同努力的结果，是“一府一委两院”和各县（市、区）人大常委会密切配合的结果，是全市各族人民和社会各方面大力支持的结果。在此，我谨代表市人大常委会表示衷心的感谢！

同时，我们也清醒地认识到，常委会工作还存在一些差距和不足，主要是：地方立法能力有待进一步提升；常委会审议质量还需进一步提高；代表活动阵地建设作用发挥不够充分，代表履职的积极性和主动性有待进一步增强；议案建议的办理落实效果有待进一步加强。这些问题，常委会将高度重视、切实加以解决。

下一阶段的主要任务

2020年是决胜全面建成小康社会、决战脱贫攻坚之年。市人大常委会工作的总体要求是：以习近平新时代中国特色社会主义思想为指导，在中共昆明市委坚强领导下，全面贯彻党的十九大和十九届四中全会精神，深入贯彻落实习近平总书记对云南工作和对地方人大工作的重要指示精神，按照省委十届九次全会和市委十一届八次全会决策部署，履职尽责、锐意进取，积极推动新时代地方人大工作创新发展，确保全面打赢脱贫攻坚战、全面建成小康社会和“十三五”规划圆满收官。

一、突出政治建设统领，建设忠于党和人民的政治机关

坚持把党的政治建设摆在首位，增强“四个意识”、坚定“四个自信”、做到“两个维护”，自觉在思想上政治上行动上同以习近平同志为核心的党中央保持高度一致。认真贯彻落实新时代党的建设总要求，坚持以人民为中心，以推进国家治理体系和治理能力现代化的总要求为统领，持续加强和改进机关党的组织建设、制度建设和作风建设。坚持重大事项集体研究和向市委请示报告等制度，增强常委会党组的政治功能和组织力。坚持问题导向、目标导向和成果导向相统一，深化“不忘初心、牢记使命”主题教育成果巩固拓展，努力打造政治坚定、忠诚为民、依法履职、敬业奉献、勇于担当的新时代人大工作队伍。

二、突出依法履职重点，建设全面担负职责的工作机关

加强生态建设、社会治理、公共卫生等重点领域立法，制定大气污染防治条例、公安机关警务辅助人员条例、区（市）街道人大工作条例，修订爱国卫生工作管理条例、老年人权益保障条例。深入推进规范性文件备案审查工作。配合全国、省人大及其常委会做好关于野生动物保护、动物防疫、传染病防治等相关立法工作，为加强公共卫生工作提供有力的法治保障。

围绕落实“三个定位”、助力“三大攻坚战”、推动高质量跨越式发展，开展生态文明建设示范市和森林乡村创建、产业扶贫、就业扶贫、消费扶贫、农村环境整治提升、水污染防治、防范化解重大风险、改善营商环境、滇中新区产业发展等方面工作的监督；围绕生物多样性公约第15次缔约方大会和第七届中国国际友好城市大会在昆举办的服务保障，加强对市容环境整治等工作的监督检查，对贯彻执行文明行为促进条例情况进行执法检查，听取和审议市政府友城工作情况专项工作报告；围绕统筹推进疫情防控和经济发展、民生改善和社会稳定，开展基层公共卫生服务、住宅小区物业、出租房安全、流动人口管理等工作专题询问，听取和审议传染病防治、食品安全监管、扫黑除恶专项斗争情况等专项工作报告，努力促进社会事业健康发展。

三、突出人民主体地位，建设密切联系群众的代表机关

坚持代表主体地位，支持代表依法履职，充分发挥代表作用。加强代表履职管理，规范代表履职行为，激发代表履职活力，增强代表履职成效；认真落实五级代表联动机制，切实发挥各级代表为民解忧的积极作用；创新代表培训模式，不断提高代表履职水平；充分发挥代表活动阵地作用，突出代表活动阵地工作成效；依托代表活动阵地，实现网上代表工作站信息化建设全覆盖；健全代表议案建议办理工作机制，全面完成代表建议办理系统升级改造，切实提高建议办理落实率。

各位代表！

奋斗开启新征程，担当谱写新篇章。让我们高举习近平新时代中国特色社会主义思想伟大旗帜，不忘初心、牢记使命，在中共昆明市委的坚强领导下，依法履职、主动作为，为决战决胜脱贫攻坚，全面建成小康社会，全力推动区域性国际中心城市建设迈上新台阶作出新的更大贡献！

中国人民政治协商会议
昆明市第十三届委员会常务委员会工作报告

——2020年5月14日在政协昆明市第十三届委员会第四次会议上

熊瑞丽

各位委员：

我代表中国人民政治协商会议昆明市第十三届委员会常务委员会，向大会报告工作，请予审议。

2019年工作回顾

2019年是中华人民共和国成立70周年，也是人民政协成立70周年。一年来，在中共昆明市委的坚强领导下，市政协常委会以习近平新时代中国特色社会主义思想为指导，全面贯彻中共十九大和十九届二中、三中、四中全会精神，认真学习贯彻习近平总书记关于加强和改进人民政协工作的重要思想，贯彻落实中央、省委、市委政协工作会议精神，坚持团结和民主两大主题，充分发挥专门协商机构作用，认真履行政治协商、民主监督、参政议政职能，在建言资政和凝聚共识上双向发力，为高质量推进区域性国际中心城市建设做出了积极贡献。

2019年，人民政协大事多、要事多。中共中央首次召开中央政协工作会议暨庆祝人民政协成立70周年大会，明确了新时代政协工作的新定位、新使命、新要求。市委召开高规格的政协工作会议，对市政协64年来的工作给予充分肯定，出台《关于新时代加强和改进人民政协工作的实施意见》《关于加强新时代人民政协党的建设工作的实施意见》，为全市政协事业发展指明了方向、提出了要求。市政协隆重庆祝新中国和人民政协成立70周年，举办庆祝人民政协成立70周年座谈会、全市政协工作经验交流会等七大系列活动，极大激发了广大委员参政议政、为民履职的责任感和自豪感。

2019年，政协委员履职水平提升快、效果好。市政协为委员积极搭建学习培训、知情明政、协商建言平台，推动政协履职从“做了什么”“做了多少”向“做出了什么效果”转变。26项年度重点工作，件件落到实处，履职成果得到省市领导批示66件次，所提意见建议通过多种形式得到办理、采纳和落实。十三届三次全会，委员多层次、宽领域充分协商，在界别联组协商中市领导与委员互动交流气氛热烈；大会发言委员提出真知灼见，9份大会发言材料被市委主要领导批办，协商取得实效。

2019年，昆明政协展现新活力、新气象。市政协围绕新时代人民政协工作的新特点，积极推进工作创新。加强党的建设，首次实现了党的组织对党员委员的全覆盖、党的工作对政协委员的全覆盖。打造协商新平台，首次开展网络议政、远程协商。探索政协协商与基层协商相衔接，首次开展省、市、县三级委员联动协商进社区，政协工作触角进一步向基层延伸。

一年来，常委会围绕全市工作大局，聚焦昆明高质量发展，着重开展了四个方面的工作。

（一）强化思想引领，把牢正确政治方向

常委会牢牢把握新时代人民政协的性质定位，不忘政协成立初心，把旗帜鲜明讲政治落实为市政协的具体行动。

夯实共同思想政治基础。深入学习习近平新时代中国特色社会主义思想，认真学习中央、省委和市委政协工作会议精神，完善以党组理论学习中心组为引领，常委会议、主席会议、集体学习和委员培训、专题讲座相配套的学习体系。全年共组织中心组学习12次，专题学习和讲座22次，重要学习活动覆盖全市政协组织，重要会议精神传达到每一位政协委员，引导政协各参加单位和广大委员，把思想统一到中央、省委和市委的决策部署上来，增强“四个意识”，坚定“四个自信”，做到“两个维护”。

加强政协党的建设工作。把党的建设摆在突出位置，发挥政协党组把方向、管大局、保落实的作用，以党的制度建设为抓手，强引领、促履职。开展全市政协系统党的建设专题调研，召开党的建设工作座谈会，推进党建工作深入开展。健全党组织设置，成立机关党组，9个专委会分别建立党支部，党的建设落实到政协履职工作的各方面。加强党风廉政建设，支持派驻纪检监察组履行职责，坚决肃清白恩培、秦光荣、仇和等流毒影响，构建风清气正的政治生态。

扎实开展“不忘初心、牢记使命”主题教育。按照“守初心、担使命，找差距、抓落实”的总要求，把学习教育、调查研究、检视问题、整改落实贯穿主题教育全过程。开展读书班、专题辅导、党课等形式的专题学习45次；开展专题调研24个，《加强新时代人民政协党的建设工作的调研报告》《提升乡镇卫生院医疗服务水平的调研报告》等成果得到有效转化；对查摆出的突出问题，逐一整改落实，把主题教育的成果转化为政协履职工作的实践。

（二）聚焦主责主业，为昆明高质量发展建言资政

常委会坚持把聚焦高质量发展作为协商议政主题，精心选题、深入调研、务实建言，推动一批协商成果在实践中转化。

聚焦中心城市建设协商议政。探索丰富协商形式，完善以全体会议为龙头，以专题议政性常委会议、专题协商会为重点，以提案办理协商、对口协商、界别协商为常态的协商议政格局。在全会上，围绕四个专题进行界别联组协商，各界别委员与市级领导面对面交流，提出经济转型升级、城乡规划与管理、深化改革与对外开放等6个方面160条建议，形成协商意见专报，市委市政府主要领导作了批示，进行分解立项督办。在政府工作报告协商中，政协各参加单位积极建言，提出31条协商意见。委员提出恢复“花朝节”、发展特色花卉产业等建议，市政协组织开展专题调研，提出成立专项工作组织机构、加强规划引领、强化自主研发、打造特色品牌等7个方面25条建议，市委、市政府予以采纳，助推了“世界春城花都”建设。

围绕调结构促转型建言经济发展。精心选择促进经济高质量发展议题，深入调研协商，聚智献力。围绕全市国民经济和社会发展计划和地方财政预算执行情况、跨境电子商务综合试验区建设等主题开展主席会议协商，市级有关部门负责人到会通报工作、听取意见，充分沟通协商。围绕“优化提升营商环境”主题，在深入调研的基础上，召开专题议政性常委会议，从打造高效政务服务环境、营造法治化营商环境、改善营商社会环境等角度，提出提升审批服务质量、强化政策落实、降低企业负担、完善政策法规等方面意见，转化为部门的工作措施。《关于高质量发展细胞药物产业集群的建议》从规划布局“细胞药物产业集群中心”、引进和培养细胞药物人才、建设细胞药物应用创新医疗联盟等方面提出建议，市委高度重视，高位推动，促成在高新区建成细胞工程中心，建立细胞产业集群创新园。

聚力城市建设管理助推品质提升。为加快美丽昆明建设，打造宜居春城，开展一系列履职活动。针对群众关注、矛盾集中的居民住宅物业管理问题，深入社区调研协商，对社区和居民所反映的焦点问题，市政府领导现场解答、分解交办。围绕品质春城建设，就《昆明市城市道路车辆通行规定》《昆明市投资建设项目审计办法》等16项地方性法规和政府规章开展对口协商，为城市建设管理的科学民主立法积极建言。

着眼热点难点问题助力民生改善和社会治理。从群众反映的热点难点问题中选题，围绕教育事业发展、优质医疗资源聚集、乡镇卫生院医疗卫生服务、矛盾纠纷化解、预防未成年人违法犯罪教育、加强禁毒工作、公益诉讼制度落实、老年人保健品市场乱象监管等工作，开展调研视察、民主监督，促进民生领域和社会治理方面一些问题得到解决。针对群众反映强烈的持医保卡看病难、看病贵问题深入调研，厘清了省市医保卡之间存在的参保范围、缴费比例、住院起付线等8大差异，找准了问题的关键点、症结点，助推我市医疗保险待遇有关问题得到及时有效解决，实现“同城待遇”。就金融小额信贷领域诈骗频发的社会问题，开展“套路贷”清理整治调研，为我市依法加强民间借贷市场监管、构建“套路贷”联动防控体系提供了重要参考。

紧扣环境保护促进生态文明建设。围绕滇池流域重点区域“五采区”治理修复、重点水源地建设保护、农村人居环境改善、湿地生态保护、自然保护区建设等工作，开展形式多样的履职活动，助推打好污染防治攻坚战。组织委员对我市农村生活垃圾和污水治理情况开展专题调研，提出完善普查制度、加快污水管网建设、推进网格化管理的建议，促进出台了我市农村人居环境整治工作方案。委员提出的《跳出滇池保护滇池跳出滇池发展昆明》的建议，市委认为符合昆明实际，要求据此建议完善治理思路。市政协继续牵头对滇池、阳宗海流域以外的10个县（市、区）落实“河长制”情况进行专项督查，对牛栏江保护治理进行集中督查，提出加强分类指导、重点控制污染源等建议，有效推动了“河长制”责任的落实。主席班子成员扎实履行河长职责，开展实地督查和巡河69次，召开协调会19次，河道水质得到改善。

传承城市文脉助推历史文化名城建设。围绕历史文化街区保护建设、文物古迹保护利用进行专题调研视察，挖掘历史文化元素，做好文化大文章。以“挖掘昆明特色文化元素，提升城市影响力”为主题召开专题议政性常委会议，围绕提升春城知名度、打造昆明地方风貌、创新发展特色文化深入调研，提出强化城市标识建设、挖掘民族文化、举办国际体育赛事、打造国际品牌等建议。针对我市申报第七批国家重点文物保护单位入选不多的问题，在充分调研的基础上，提出重视申报工作、组织做好我市第八批国家重点文物保护单位申报工作的建议，并持续跟进推动，为2019年我市8家单位9个项目顺利入选打下了基础。发挥地名和街名工作顾问组的作用，从城市文脉传承角度提出建议，使“崇礼街”等具有传统文化内涵的街名路名得以保留。

（三）广泛凝心聚力，不断汇聚改革发展正能量

常委会坚持大团结大联合，认真做好团结各界、解疑释惑、协调关系的工作，拓展朋友圈、扩大团结面，汇聚各方智慧和力量。

加强与党派团体的团结合作。发挥人民政协在落实新型政党制度中的重要作用，以协商会议为平台、调研视察为载体、界别活动为纽带、走访联谊为抓手，加强同党派团体和无党派人士的团结联系，互通情况交换意见，优先安排发表意见建议。各民主党派、工商联、有关人民团体提出集体提案88件，提交大会发言40多篇，反映社情民意104件。关于加大市属投融资平台公司改革力度、高位推动物流业发展等建议为市委提供了决策参考。

紧贴时代需求推进民族宗教工作。加强民族工作的调查研究，做好民族政策宣传和团结联谊工作。积极参与调研检查工作，助力我市成功创建“全国民族团结进步示范市”。收集整理云南刺绣产品，助力民族地区刺绣产业发展和少数民族妇女持续增收。宣传党的宗教政策，积极引导宗教与社会主义社会相适应。对新修订的《宗教事务条例》在我市执行情况开展民主监督，促进依法管理宗教事务。

发挥优势扩大对外交流。主动融入和服务国家“一带一路”建设，深化与港澳台、海外人士的交流。发挥市海联会的平台载体作用，组织海外理事和企业家代表团，实地参观考察我市产业园区和企业，宣传推介昆明投资环境。牵头开展“港澳青年创新创业昆明行”活动，促成“澳门创新创业空间”落户昆明。开展国际化社区建设、国际医疗合作调研，组织33个国家和地区在昆留学生代表多角度“看昆明”，承办“中国全国政协——越南祖国阵线中央暨边境省份组织友好交流”在昆外事活动，扩大昆明影响力，提高城市知名度。

提升提案和社情民意工作质量。树立质量导向，推进提案由数量型向质量型转变。严把提案入口关，全年收到提案528件，立案430件，立案率81.44%。注重开展提案线索的收集和前期调研，推动“提、立、交、办、督”等各环节的全程协商。主席班子成员领衔督办6项重点提案，办理成效明显，解决了一些群众关注的难点问题。广泛收集社情民意，沟通信息、反映呼声，编印《社情民意》60期，整治城中村违法建筑、将集贸市场纳入市政设施进行建设管理等建议得到重视和采纳。

助力巩固脱贫攻坚成果。发挥政协优势，汇聚各方力量，为全市如期脱贫摘帽考核、建立稳定脱贫机制、易地搬迁脱贫就业等重点工作献计出力。牵头66家市级帮扶单位，对东川区进行帮扶，年度投入资金1.41亿元、实施帮扶项目148个。深入开展“六个助推”和“九个一”扶贫活动，动员组织3000余名市县两级委员，持续开展健康、教育、就业等帮扶活动，开展义医义诊112次，捐资助学121万元，帮助4500名贫困群众就业。按照省政协要求，组织市政协委员到昭通市彝良县开展捐资助学和义诊活动，组织乡村医生到昆明培训，助推昭通市脱贫攻坚。

积极做好专项工作。按照市委安排部署，做好全市重要指标重大项目重点工作督查、赴外招商引资、挂钩联系服务重点企业等10项专项工作。对我市创建全国文明城市工作进行督查，市政协领导分别带领督查工作组深入主城五区和开发（度假）园（区），针对市容市貌、交通秩序、环境卫生等重点内容，每月开展实地检查，现场发现问题，及时协调解决，推动创建工作巩固提升。选派政协委员担任特约监督员200余人次，参加党风廉政建设检查考核、重大案件陪审等专项督查督导活动，推动市委决策部署落到实处。

（四）加强自身建设，持续夯实履职基础

常委会始终把加强自身建设作为重要工作来抓，强基础、促规范、树形象，增强履职能力，使政协工作符合发展要求，更具时代特色。

改进委员服务和管理工作。加强委员队伍建设，组织市政协委员赴红旗渠开展“不忘初心、凝聚共识”专题培训，组织委员参加省政协履职培训视频会，强化理论和业务学习。搭建委员知情明政平台，召开情况通报会，邀请市委市政府领导通报党风廉政建设、扫黑除恶专项斗争、经济运行工作推进情况。健全委员履职服务和管理机制，强化委员履职情况考核，加强与委员的经常性联系和互动，不断激发政协委员履职热情，提升履职能力。

加强工作纵向联动和横向联系。与全国政协、省政协联系互动，配合全国政协、省政协在昆开展10次调研视察。做好与外地政协的联系交流工作，接待来昆学习考察、交流等来宾118批。参与昆明南宁贵阳与红河桂林黔南“3+3”政协跨区域协商，推进跨区域旅游合作。与滇中城市共同举办五州市政协合作机制会议，就区域基础设施互通互联、产业发展、生态环保等献计献策，积极推动滇中城市群协调发展。加强对县（市、区）政协工作的指导，召开全市政协系统专题学习等会议8次，与县（市、区）政协多次联合开展调研视察，市县两级政协的联系更加紧密。

提升履职服务和保障能力。推进市政协机关机构改革，理顺机构设置和相关职能，优化专委会设置，对8个专委会的名称、职责等进行调整。加强制度建设，研究出台提案工作全程协商办法、委员联络实施办法、加强和改进调研视察考察工作实施办法等文件，修订完善市政协常委会工作规则和提高提案质量的意见，为政协履职提供强有力的制度保障。加强市政协“两微一端一网”平台建设，提案动态管理信息系统、委员履职App、远程协商系统等相继投入使用，在新媒体平台上开办“专题论坛”，开展3次远程协商和网络议政，政协信息化水平明显提升。

讲好昆明故事，发出政协好声音。利用传统媒体和网站、微博、微信等新媒体平台及时发布履职信息，广泛宣传昆明，深度报道市政协特色亮点工作，全年在国家、省、市级主流媒体刊播新闻宣传和报道600余次；昆明政协微博进入全国政协系统微博五强。《人民政协报》对昆明政协的履职实践在重要版面进行了多次报道，省政协主要领导批示：昆明政协工作在全国政协系统展示了省会城市政协的履职风采，希望再接再厉，进一步发挥带动作用，推动工作创新发展。编印《庆祝人民政协成立70周年文史资料专辑》《昆明市地名工作文件选编》《昆明地名故事》。正式出版《昆明读本》，被专家誉为“政协文史工作的标志性成果，迄今为止认识了解昆明历史文化的最佳读本。”

一年来，市政协持续保持省级文明单位荣誉，获得云南省2019年脱贫攻坚扶贫先进集体称号、全省政协系统宣传工作优秀组织奖，在全市目标考核、党风廉政建设工作考核中荣获优秀等次。

各位委员，过去一年市政协工作取得的成绩，是中共昆明市委坚强领导的结果，是市人大常委会、市政府和滇中新区大力支持的结果，是全市各部门、各县（市、区）政协和社会各界配合支持的结果，是政协各参加单位和全体委员共同努力的结果。在此，我代表市政协常委会对大家表示衷心的感谢！

对标新时代人民政协新的使命任务，我们感到还存在一些差距和不足，主要是：思想政治引领的力度还需加大，凝聚共识的作用还需进一步发挥，协商平台和协商品牌的打造还有待加强，制度建设还有待完善。这些，我们将在今后的工作中，切实加以改进。

2020年工作任务

今年以来，突如其来的新冠肺炎疫情，给昆明经济社会发展和人民生产生活带来了严峻考验。在中共昆明市委的坚强领导下，市政协迅速响应，发出倡议，号召全市政协组织和广大政协委员为统筹推进疫情防控和经济社会发展贡献力量。广大委员捐赠防疫物资120余万件，捐款650余万元，反映社情民意140篇，提出战“疫”建议300多条。医卫界委员投身抗疫一线，以实际行动践行委员的使命担当。在海外华人华侨与祖国人民守望相助、共同抗疫的过程中，市海联会充分发挥桥梁纽带作用，在疫情初期组织海外人士为国内抗疫捐款捐物，在国内疫情得到有效控制后又筹集物资捐给海外华人华侨组织。各专委会围绕“禁止非法野生动物及其制品交易、革除滥食野生动物陋习”“加快我市疫苗生物产业发展”等议题开展多形式调研协商，为抗疫防疫建言献策。市政协领导带队多次深入县区和企业走访调研，开展疫情防控和复工复产督导。组织召开“支持企业应对疫情稳定经济增长相关政策落实情况”协商座谈会，凝聚发展共识，传递必胜信心；企业家委员就援企惠企、稳定经济增长提出“金点子”，市级相关部门负责人现场宣讲政策、回应关切，促进惠企政策落到实处。

各位委员，2020年是全面建成小康社会和“十三五”规划收官之年。常委会工作的总体要求是：以习近平新时代中国特色社会主义思想为指导，全面贯彻中共十九大和十九届二中、三中、四中全会及中央政协工作会议精神，深入学习贯彻习近平总书记关于统筹疫情防控和经济社会发展重要讲话精神、考察云南重要讲话精神，按照市委十一届八次全会和市委政协工作会议的安排部署，在中共昆明市委的坚强领导下，把加强思想政治引领、广泛凝聚共识作为履职工作的中心环节，坚持发扬民主和增进团结相互贯通、建言资政和凝聚共识双向发力，发挥好专门协商机构作用，为推动昆明区域性国际中心城市建设贡献力量。

（一）旗帜鲜明讲政治，发挥好政治组织的思想引领作用

人民政协作为统一战线的组织、多党合作和政治协商的机构、人民民主的重要实现形式，是社会主义协商民主的重要渠道和专门协商机构，是国家治理体系的重要组成部分，是具有中国特色的制度安排。做好政协工作、当好政协委员，就必须认识和把握新时代人民政协的性质定位，坚持中国共产党领导，旗帜鲜明讲政治。要认真学习贯彻中央政协工作会议精神，建立习近平新时代中国特色社会主义思想学习座谈会制度，引导政协各参加单位和各族各界人士切实增强对中国共产党和中国特色社会主义的政治认同、思想认同、理论认同、情感认同，牢固树立“四个意识”，坚定“四个自信”，做到“两个维护”。要深入学习贯彻习近平总书记考察云南重要讲话精神，深入认识云南在全国发展大局中的“四个特点”，结合昆明实际，把习近平总书记“坚持新发展理念，推动经济高质量发展；增强边疆民族地区治理能力；保障改善民生，决战脱贫攻坚；践行初心使命，激发奋进新时代力量”等指示要求，转化为推动昆明区域性国际中心城市建设的具体行动。要推进政协系统党的建设，巩固“不忘初心、牢记使命”主题教育成果，健全完善党建工作制度，把党的领导落实到政协履职的各方面。

（二）高质量协商议政，发挥好专门协商机构的建言资政作用

围绕中心协商议政，服务大局建言献策，是人民政协的职责所在，也是优势所在。市政协要积极围绕党委、政府的中心工作履职尽责，把协商民主贯穿履行职能全过程。紧扣区域性国际中心城市建设这一中心任务，围绕“一个枢纽、四个中

心、三大品牌”建设目标，聚焦重点领域和关键环节建言献策。围绕我市“十四五”规划纲要编制、产业园区建设、社会治理等工作协商议政；以我市筹办《生物多样性公约》第十五次缔约方大会为契机，围绕城市供水安全、河长制落实、安全生产、全国文明城市创建等工作，实施民主监督；围绕昆明自贸区建设、城市垃圾分类、科技创新、乡村治理、文化传承保护等议题，深入开展调研视察。力争形成一批高质量履职成果，打造知名协商品牌，为我市经济社会高质量发展、推进市域治理现代化，提供更多更优的“政协方案”。

（三）团结联合聚合力，发挥好统一战线组织的凝聚共识作用

人民政协广泛凝聚共识，汇聚磅礴力量，既秉承历史传统，又反映时代特征。市政协要通过有效工作，努力成为坚持和加强党对各项工作领导的重要阵地、用党的创新理论团结教育引导各族各界代表人士的重要平台、在共同思想政治基础上化解矛盾和凝聚共识的重要渠道。完善与民主党派、工商联和有关人民团体共同学习、联合调研等制度，为党派团体更好发挥作用搭建平台。加强与非公经济人士、新的社会阶层人士的联系，协助做好政策宣传、解疑释惑工作，引导各界人士通过政协平台有序参与协商、合理表达诉求。全面贯彻党的民族政策和宗教工作基本方针，就我市少数民族村寨易地搬迁后可持续发展开展专题协商。发挥民族宗教界代表人士作用，促进民族团结、宗教和睦。发挥市海联会作用，以我市筹办中国国际友好城市大会为契机，密切与港澳台同胞和海外华人华侨、企业、社团等联系交流，为昆明招商引资、招才引智牵线搭桥、献计出力。

（四）人民政协为人民，发挥好民生改善的“连心桥”作用

人民政协在推进国家治理能力现代化中发挥着重要作用，履职为民是新时代人民政协必须一以贯之的工作宗旨。我们要把关注民生、反映民意作为政协履职的第一关切，深入开展“协商在基层”工作，架起沟通思想的“连心桥”，当好社情民意的“直通车”。聚焦交通、教育、卫生、就业、住房等民生热点，助力民生改善、增进民生福祉。围绕夺取疫情防控和实现经济社会发展目标双胜利，以“加强应急管理机制建设，提高我市应对公共危机能力”为主题召开议政性常委会议，为疫情防控长效机制建设建言献策；积极促进复工复产，助推做好“六稳”工作，落实“六保”任务。继续关注脱贫攻坚，从产业发展、就业创业、增收致富等方面精准选题，开展形式多样的履职活动，助推建立稳定脱贫长效机制；扎实开展决战决胜脱贫攻坚总攻行动，巩固提升脱贫成果。

（五）完善制度强本领，发挥好政协机关的服务保障作用

新时代人民政协处于凝心聚力第一线、决策咨询第一线、协商民主第一线、国家治理第一线，我们要全面加强政协履职能力建设，促进工作提质增效。加强委员队伍建设，完善考评、激励及约束机制，增进委员为国履职、为民尽责的情怀，担负起人民政协制度参与者、实践者、推动者的政治责任。加强机关干部队伍建设，打造一支能力强、服务优、效率高的干部队伍。创新专委会工作方式，提高选题精准度，练好调研基本功，增强工作实效。强化建章立制，健全对口协商等制度，不断完善协商机制与程序。加快建立政协智库，提高建言资政专业化水平。加强信息化工作，推进“互联网＋政协”建设，深入开展网络议政和远程协商。加强对县（市、区）政协工作的指导，推动解决基层政协基础工作薄弱等问题。加强党风廉政建设工作，营造风清气正的干事创业氛围。

各位委员，同志们！潮起海天阔，扬帆正当时。新时代人民政协事业正处于一个蓬勃向上、大有可为的历史时期。让我们更加紧密地团结在以习近平同志为核心的中共中央周围，在中共昆明市委的坚强领导下，不忘初心，牢记使命，勇于担当，不负韶华，奋力谱写人民政协事业发展新篇章，为高质量打赢全面小康收官战、高标准推进市域治理现代化、推动区域性国际中心城市建设迈上新台阶做出新的更大贡献！

牢记初心使命 忠诚履职担当
为推动区域性国际中心城市建设迈上新台阶提供坚强保障

——2020年1月19日在中国共产党昆明市第十一届纪律检查委员会第五次全体会议上的工作报告

杨正晓

我代表中国共产党昆明市第十一届纪律检查委员会常务委员会向第五次全体会议作工作报告，请予审议。

这次全会的主要任务是：以习近平新时代中国特色社会主义思想为指导，深入贯彻党的十九大和十九届二中、三中、四中全会精神，学习贯彻习近平总书记重要讲话和十九届中央纪委四次全会、省纪委十届五次全会、市委十一届八次全会精神，总结2019年纪检监察工作，部署2020年任务。市委对这次全会十分重视，市委常委会专题传达学习十九届中央纪委四次全会和省纪委十届五次全会精神，研究我市党风廉政建设和反腐败工作。省委常委、市委书记、滇中新区党工委书记程连元同志在今天上午的大会上作了讲话。我们要坚决贯彻落实党中央和省委、市委决策部署，坚定不移深化全面从严治党，坚定不移推进党风廉政建设和反腐败斗争，为高质量打赢全面小康收官战、高标准推进市域治理现代化，全力推动区域性国际中心城市建设迈上新台阶提供坚强保障。

一、2019年的昆明纪检监察工作，坚定稳妥、扎实有效，在高质量发展上取得了新的成绩

2019年，在省纪委和市委的坚强领导下，全市各级纪检监察机关一以贯之学习贯彻习近平新时代中国特色社会主义思想，一以贯之督促党员干部自觉做到“两个维护”，一以贯之贯彻落实全面从严治党方针和要求，坚持稳中求进、实事求是、依规依纪依法，将习近平新时代中国特色社会主义思想蕴含的立场、观点、方法，转化为推动纪检监察工作高质量发展的生动实践，将初心和使命落实在无私无畏、勇于担当、敢于斗争的行动上，以一体推进“三不”深化标本兼治，以精准把握运用“四种形态”增强惩治效果，以改革开拓创新提升执纪执法水平，坚决肃清白恩培、仇和等特别是秦光荣流毒影响，持续优化净化政治生态，以反腐败斗争释放的政治“红利”有力促进全市经济社会发展，纪检监察工作的昆明“成色”和昆明“辨识度”不断增强，在高质量发展上取得新的成绩，党风廉政建设和反腐败斗争再上新台阶。

（一）真学真信真用习近平新时代中国特色社会主义思想，践行“两个维护”更加自觉

把习近平新时代中国特色社会主义思想作为做好纪检监察工作的思想宝库和行动指南。坚持在学懂弄通做实上下功夫，组织市纪委常委理论学习中心组集中学习10次、召开常委会14次，及时传达学习习近平总书记重要讲话和指示批示精神，认真学习贯彻党的十九届四中全会精神、党中央和中央纪委国家监委重要文件，研究具体落实措施，把思想和行动统一到党中央的决策部署上来。扎实开展“不忘初心、牢记使命”主题教育，聚焦主题主线，举办集中学习读书班，常委班子成员带头讲授党课，深入开展调查研究，认真召开对照党章党规找差距专题会和专题民主生活会，抓好整改落实，纪检监察干部守初心担使命的自觉性坚定性不断增强。

把“两个维护”贯穿纪检监察工作全过程。突出政治考量，加强对贯彻党章和其他党内法规、执行党的路线方针政策和决议情况的监督检查，查处违反政治纪律、组织纪律案件50件63人。紧紧围绕贯彻落实习近平总书记对云南工作的重要指示精神，持续对“三大定位”“五个着力”、打好“三大攻坚战”等重点工作开展监督执纪执法，严肃查处整治尾矿不力污染金沙江支流问题，追责党员干部30人；对贯彻落实习近平总书记关于减税降费工作重要批示精神情况开展专项巡察，发现问题17个，制定整改措施43条；扎实抓好省委对昆明市开展高原湖泊保护治理机动巡视反馈意见整改，查处生态环保领域违纪违规问题56个，追责110人，公开通报损害生态环境问题3起。强化政治监督，着力整治在贯彻落实党中央及省委市委重大决策部署等32个方面存在的形式主义、官僚主义问题，查处问题94个，问责处理189人，通报曝光典型案例2批15起，确保党中央政令畅通。

（二）突出首要职责，监督质效全面增强

切实履行监督专责。把“两个责

任”贯通起来，积极协助市委落实全面从严治党主体责任，提请市委常委会3次专题研究党风廉政建设和反腐败工作、16次研究审议相关议题31项，组织县（市、区）、开发（度假）区党（工）委书记向市委专题报告履行全面从严治党主体责任情况。牵头制定2019年党风廉政建设责任书和检查考核办法，细化分解工作任务。依托互联网＋“两个责任”监督管理系统，实行线上＋线下检查考核，组建12个考核组，由市委常委带队检查考核落实情况，切实将责任和压力传导到基层。对落实“两个责任”不力的17个党组织、125名党员领导干部进行追责问责，通报曝光典型案例4起，以严厉问责倒逼责任落实。

强化精准监督。在常态化、近距离、可视化监督上积极探索，深化单元制监督工作机制，形成全面覆盖、重点突出，上下联动、一体推进的“1+4+2+x”立体监督模式，组成75个监督单元组，检查318家单位，发现问题392个。强化派驻监督，加强联动协作，32个纪检监察组共处置问题线索564件次，立案审查171件，处分177人，同比分别上升了49.2%、85.9%和103%，“探头”作用有效发挥。在全省率先把“蹲点式”监督运用到日常监督工作中，建立8个评价指标，以182名县（市、区）党委领导班子成员为重点，全方位采集监督对象廉政信息，主动下沉单位55个，面对面开展谈心谈话134人次，发现问题75个，准确研判所联系地区（部门）政治生态环境，形成“体检报告”，对基层政治生态精准“画像”。嵩明县梳理出36项村级“小微权力”清单并明确52项办理流程，官渡区“一社区一品牌”治理“微权力”，西山区建立“一表通”监督平台，被省纪委推广。

贯通运用“四种形态”。把严管与厚爱结合起来，综合考虑事实证据、思想态度和量纪执法标准，精准适用每一种形态。2019年全市纪检监察机关运用“四种形态”批评教育帮助和处理4597人次。用好用足第一种形态，约谈函询、批评教育3084人次，占总人次的67.1%；妥善运用第二种形态，给予轻处分、组织调整888人次，占19.3%；准确运用第三种形态，给予重处分、重大职务调整240人次，占5.2%，其中市管干部2人；果断运用第四种形态，处理严重违纪违法涉嫌犯罪385人次，占8.4%，其中市管干部15人。在发生系统性、领域性腐败的市公安局、西山区海口街道，召开干部大会，给政策、给出路，敦促主动投案、限期说清问题。全市77人向纪检监察机关主动投案，122人主动说明情况，达到了惩处“极少数”，教育挽救“大多数”的目的。

（三）积极探索一体推进“三不”，反腐败斗争压倒性胜利巩固发展

始终保持惩腐高压态势。把在党的十九大后仍然不知敬畏、胆大妄为者作为重中之重，坚决削存量、有效遏增量。全市纪检监察机关受理信访举报8951件次，处置问题线索3834件，同比上升21%；立案1421件，同比上升23.1%，处分党员和公职人员1344人，同比上升28.7%；运用各项审查调查措施17226次，留置233人，移送检察机关163人，通过办案挽回经济损失2.027亿元，严肃查处了蔡德生、张亚明、蒋波、肖为民、王林等一批重大典型案件。开展追逃追赃和防逃专项行动，建立工作专班，成功抓获潜逃22年的中国银行官渡支行原行长张德友等5名外逃人员，全市追逃工作取得重大突破。稳步推进市级留置点建设，在市公安局特警支队组建专业留置看护队伍，为巩固发展反腐败斗争压倒性胜利提供了有力支撑。

做好查办案件“后半篇文章”。深入开展专题警示教育和纪法教育，选取13个典型案例撰写汇编《以案为警 殷鉴常在》警示图书，拍摄《公安局长的两面人生》等警示教育片，组织全市9098名党员领导干部观看，达到查处一案、警示一批、教育一片的效果。深化以案促改，加大对典型案件的剖析力度，找出腐败易发多发的关键环节和体制机制漏洞，发出纪检监察建议书335份，督促主责部门开展整顿、加强监管，推动建章立制、堵塞漏洞。充分发挥昆明党风廉政网、“清风春城”微信公众号、纪律教育基地作用，加大党规党纪宣传教育力度，发布纪检监察工作动态4310条，教育培训506批21865人次，引导党员干部筑牢思想防线，推动反腐败工作由治标向治本转变。五华区定期到偏远社区、村组开展典型案例巡展，打造“移动的警示教育阵地”。

（四）深入整治群众身边的不正之风和腐败问题，群众获得感不断增强

深化扶贫领域腐败和作风问题专项治理。健全扶贫领域监督执纪问责工作情况通报、约谈和例会制度，召开工作例会2次，通报工作情况11期，约谈相关县区纪委负责人18人次。持续加大扶贫领域问题线索综合分析和排查力度，全市各级纪检监察机关共受理问题线索1292个，直查直办重点问题239件，问责处理153人，党纪政务处分145人，提醒、诫勉谈话749人，通报曝光典型问题93批143起273人。扎实抓好中央脱贫攻坚专项巡视反馈意见涉及的6个方面8个问题整改，加强对职能部门整改情况的监督检查，发现并督促整改问题41个。寻甸县开展“廉洁脱贫问效巩固年”行动，禄劝县对扶贫领域项目、资金进行“回访式”监督，深挖细查扶贫领域违规违纪问题。

集中整治群众反映强烈问题。在主题教育期间，牵头并会同20个市级单位，聚焦扶贫领域、民生领域等5个方面27个突出问题开展专项整治，梳理查找突出问题138个，制定整改措施76项，公布工作成果3批。全市纪检监察机关查处漠视侵害群众利益问题2066起，处理2209人，公开通报曝光典型案例7批29起。聚焦民生领域强化监督执纪问责，查处食品药品、医疗教育等方面违规违纪问题426个，党纪政务处分305人，有效解决了一批群众身边的操心事烦心事揪心事。

深挖彻查涉黑涉恶腐败和“保护伞”。坚持把扫黑除恶与反腐“拍蝇”结合起来，紧盯重点地区和行业领域，深挖彻查涉黑涉恶腐败和“保护伞”问题线索2491件，立案255件，党纪政务处分156人，移送司法32人，严肃查处了五华公安分局原局长涂力军、官渡公安分局原局长李进等一批有影响、有震慑效果的涉黑涉恶腐败和“保护伞”案件。坚决查办涉及孙小果案背后的司法腐败和“保护伞”问题，处理党员干部56名，留置11人，移送司法10人。对12家重点行业领域行政主管部门负责人进行约谈提醒，问责工作不力、失职失责的党员领导干部119人，有力推动全市扫黑除恶专项斗争深入开展。石林县建立严惩涉黑涉恶腐败“七项机制”，查处了以西北社区原主任潘云华为首的恶势力及其背后的“保护伞”。

（五）强化重点纠治，作风建设成果持续拓展

持续加强中央八项规定精神落实情况监督检查。密切关注“四风”问题新表现新动向，把日常检查和集中督查结合起来，抓住元旦春节、五一端午、中秋国庆等重要时间节点，开展监督检查1386次，检查单位7097个，发现问题线索1533件，查处违反中央八项规定精神问题109个、问责163人。坚决整治领导干部利用名贵特产类特殊资源谋取私利问题，严查定制赠送收受高档酒茶和其他特殊定制品等行为，问责7人，收缴违纪资金人民币52万余元、港币60万元。

坚决整治不作为、慢作为、乱作为。紧盯重大改革、重要工作中推、拖、滑、绕、敷衍塞责，表态多调门高、行动少落实差等问题开展监督检查，严肃查处不作为、慢作为、乱作为问题898个，党纪政务处分213人，采用批评教育等方式处理552人。深化政风行风“春城热线”工作，新增《热线深一度》栏目，组织45家单位上线，从786件市民反映问题中发掘线索，持续追踪问效，办结率和满意率均达到99%。

着力提振干部干事创业“精气神”。严格落实“三个区分开来”的要求，制定出台具体实施办法，对诬告陷害、恶意举报等行为开展倒查；通过公开听证、会议澄清、书面通报等方式，对125名受到失实举报的党员干部进行澄清正名，旗帜鲜明地为敢于担当、踏实做事、不谋私利的干部撑腰鼓劲。安宁市在全省举办首例信访答复听证会，既保护群众信访权益，又为被举报人现场澄清正名。

（六）深化政治巡察，政治监督、政治导向作用有效发挥

坚守政治巡察职能定位，把常规巡察、专项巡察、机动巡察和“回头看”贯通起来，研发“昆明巡察问题反映直通车”系统，积极探索开展“板块式”“联动式”“菜单式”市县统合巡察，2019年市县两级共对265个党组织开展巡察，发现问题3812个，移交问题线索371件。指导督促市级33家党组织建立健全相关制度327项，清退违规发放的津补贴706万元，充分发挥巡察利剑作用。针对巡察市属国有企业发现的突出问题，集中约谈企业党组织书记，形成工作建议上报市委市政府，推动问题整改。

（七）加强自身建设，履职能力进一步提升

深化纪检监察体制改革。持续推进队伍深度融合，进一步释放“1+1>2”的成效，出台深化市纪委市监委派驻机构改革和市管企业、市属院校纪检监察体制改革实施意见，赋予派驻纪检组监察权，设立派驻3个国家级开发（度假）区和阳宗海管理局纪检监察组。指导县（市、区）监委向137个乡镇（街道）派出监察室，配备监察人员404名，在8个县（市、区）试行村级监察联络员聘任制度，推动监察职能向基层延伸。

提升能力素质。持续开展大学习、大培训、大讨论，建立“轮流领学”“片区领学”制度和“全员轮训”机制，组织19个班、3000余人次参加上级业务培训和浙江大学、西南政法大学专题培训，开展市县两级全员培训专项考核测评，确保培训实效。开展审查调查及问责案件复盘辨析，有效提高纪检监察工作“技战术水平”。及时总结我市全面从严治党和正风反腐的生动实践，提炼经验做法、特色亮点，加大宣传推广力度，在《人民日报》《中国纪检监察报》等主要媒体刊发稿件295篇，信息工作连续十年排名全省第一，昆明纪检监察工作“辨识度”不断提升。

强化自我监督。严格执行监督执纪工作规则和监督执法工作规定，规范审查调查工作流程，健全完善内控机制，把执纪执法权力关进制度笼子。结合主题教育在全市纪检系统开展纪律作风专项整治，切实解决干部队伍存在的突出问题。坚持刀刃向内，严肃查处纪检监察干部违纪违法问题，党纪处分4人、问责8人，通报典型案例2批5人，坚决防止“灯下黑”。

二、准确把握当前反腐败斗争的形势，深化对纪检监察工作的规律性认识

当前，全市党风廉政建设和反腐败斗争保持稳中有进良好态势，但受白恩培、仇和等特别是秦光荣流毒影响，形势依然严峻复杂，突出表现为：少数党组织及其负责人政治责任扛得不牢，守土失责、监管缺失，管党治党宽松软。有的贯彻落实党中央重大决策部署表态多、调门高，行动少、落实差，甚至阳奉阴违、弄虚作假。有的重业务轻党建，党的领导弱化、党的建设缺失、管党治党不力，党建与业务“两张皮”。有的党组织书记对歪风邪气不抵制、不斗争，甚至带头违纪违法，严重污染本单位政治生态。少数党员领导干部心存侥幸，在高压态势下仍然不收敛不收手不知止。有的无视政治纪律、组织纪律，热衷于投机钻营，搞政治攀附，不信组织信骗子。有的执法破法、徇私枉法，充当黑恶势力“代言

人”“保护伞”。有的把公权力作为个人谋取私利的工具，滥权妄为，违规干预和插手项目招投标，肆无忌惮聚钱敛财。一些领域违纪违法问题屡禁不止，公安和司法系统发生多起严重腐败问题。违反中央八项规定精神问题禁而未绝，“四风”问题隐形变异。有的以“办公用品”“会议费”等名目违规套取资金发放津补贴，有的违规接受管理服务对象宴请，公款旅游、私车公养、滥发津补贴、公款购买高档烟酒等问题在一些领域仍然大量存在。干部队伍干事创业的精气神不足，形式主义、官僚主义，为官不为、不敢担当等问题在一些党员干部身上仍然突出。

同时，纪检监察机关也还普遍存在对工作特点和规律研究不够，依规依纪依法履职能力不足等问题。有的政治站位和政策水平不高，对政治监督的内涵范围、方法途径把握不准，不善于做思想政治工作；有的纪法业务知识薄弱，专业技能不熟不精，职业素养与岗位要求不匹配；少数干部作风不实、律己不严，个别人甚至执纪违纪。

对这些问题，我们必须高度重视、清醒面对，进一步深化对党风廉政建设和反腐败斗争规律性的总结和认识，坚决扛起推进反腐败斗争的政治责任，始终做到“四个坚持”，持续推动昆明纪检监察工作高质量发展。

（一）必须坚持党对纪检监察工作的全面领导

党的领导是做好党和国家各项工作的根本保证，是战胜一切困难和风险的“定海神针”。纪检监察机关作为管党治党的政治机关，作为党内监督和国家监察专责机关，必须紧紧抓住坚持党的领导这个“纲”，坚持以习近平新时代中国特色社会主义思想为指导这个“魂”，始终把党的领导贯穿到纪检监察工作全过程、各方面，自觉在党中央、中央纪委、省纪委和市委的领导下开展工作。要坚守政治监督根本定位，始终立足党章和宪法赋予的职责，紧扣中国特色社会主义根本制度、基本制度、重要制度开展监督检查，紧扣党的路线方针政策和决议的具体执行情况开展监督检查，使党和国家各方面的制度优势充分发挥、治理效能充分彰显。要带头严明政治纪律和政治规矩，做到步调一致、令行禁止，执行政策不跑偏、完成任务不打折扣，切实把“两个维护”落实到一言一行和方方面面，确保党中央的决策部署在昆明落地落实。

（二）必须坚持稳中求进工作总基调

全面从严治党永远在路上，必须坚持稳中求进的总基调，既要准确把握“稳”的内涵与“进”的要求，还要辩证统一地把握“稳”与“进”的相互联系、相互作用，稳扎稳打，以“稳”促“进”。当前，我市反腐败斗争取得压倒性胜利，但形势依然严峻复杂，在白恩培、秦光荣等人的恶劣影响下，党内存在的政治不纯、思想不纯、组织不纯、作风不纯等突出问题尚未得到根本解决，彻底修复昆明政治生态仍有很多工作要做。我们必须保持战略定力，增强“三个一以贯之”的自觉性、坚定性，坚决摒弃差不多、松口气、歇歇脚的想法，做到工作初心不变、工作力度不减、工作成效不降，进一步稳高压态势、稳惩治力度、稳干部群众对持续反腐惩恶的预期，一体推进不敢腐、不能腐、不想腐，放大“三不”叠加效应，深化标本兼治，不断巩固发展反腐败斗争压倒性胜利，以累积尺寸之功构建风清气正的政治生态。

（三）必须坚持围绕中心、服务大局

围绕中心、服务大局，是纪检监察工作的着力点。实践证明，纪检监察工作什么时候紧紧围绕中心、自觉服务大局，什么时候就大有作为；什么时候游离了中心，偏离了大局，什么时候就难有作为。当前，昆明正处于全力推动区域性国际中心城市建设迈上新台阶的关键时期，全市纪检监察机关要聚焦中心工作，找准切入点和突破点，立足职能职责，围绕贯彻落实习近平总书记重要指示批示精神，加强区域性国际中心城市建设各项政策措施落实情况的监督检查，加大对工作作风懒散、当官不作为等问题的治理力度，健全和完善容错纠错机制，支持改革者、鼓励创新者、保护干事者，引导党员干部更好地提振精气神，锻造优良党风政风，汇聚起干事创业的强大正能量，为推动区域性国际中心城市建设迈上新台阶提供坚强保障。

（四）必须坚持发扬斗争精神

纪检监察机关从成立之初，无论是革命、建设，还是改革时期，都一以贯之坚持斗争、敢于斗争。我们要始终秉承斗争的“政治基因”，带头强化直面问题、冲锋陷阵的精气神，把斗争精神体现到坚守政治定力、敢于碰硬、攻坚克难上，坚决同一切影响党的先进性、弱化党的纯洁性的问题作斗争，做敢于斗争、善于斗争的战士，铸就纪检监察忠魂。要切实解决好本领恐慌问题，在斗争一线学真本领、练真功夫，在思想观念、方法手段、工作流程等方面与时俱进，不断提高日常监督、执纪审查、依法调查本领，真正成为纪检监察工作的行家里手，始终当好党和人民的忠诚卫士。

三、坚持“严”的主基调不动摇，统筹谋划、扎实推进2020年工作

2020年是全面建成小康社会和“十三五”规划收官之年，做好纪检监察工作意义重大。今年工作的总体要求是：以习近平新时代中国特色社会主义思想为指导，全面贯彻党的十九大和十九届二中、三中、四中全会精神，学习贯彻十九届中央纪委四次全会、省纪委十届五次全会和市委十一届八次全会精神，增强“四个意识”，坚定“四个自信”，做到“两个维护”，坚持稳中求进工作总基调，协助党委深化全面从严治党，坚持和

完善党和国家监督体系，强化对权力运行的制约和监督，进一步肃清秦光荣流毒影响，一体推进不敢腐、不能腐、不想腐，在坚持和完善中国特色社会主义制度、推进国家治理体系和治理能力现代化中，充分发挥监督保障执行、促进完善发展作用，建设高素质专业化纪检监察干部队伍，推动新时代纪检监察工作高质量发展，为高质量打赢全面小康收官战、高标准推进市域治理现代化，全力推动区域性国际中心城市建设迈上新台阶提供坚强保障。

（一）以初心使命为动力，不断增强“两个维护”的自觉性坚定性

持之以恒学懂弄通做实习近平新时代中国特色社会主义思想。把学习习近平新时代中国特色社会主义思想，同贯彻落实党的十九大、十九届二中、三中、四中全会精神结合起来，把自己摆进去、把工作摆进去、把职责摆进去，不断深化对习近平新时代中国特色社会主义思想的理解和把握，真正做到学思用贯通、知信行统一。把不忘初心、牢记使命作为必修课、常修课，教育引导全市各级纪检监察机关和广大纪检监察干部经常进行思想政治体检，同党中央要求“对标”，拿党章党规“扫描”，用人民群众新期待“透视”，同先辈先烈、先进典型“对照”，不断叩问初心、守护初心，不断坚守使命、担当使命，始终坚决维护习近平总书记党中央的核心、全党的核心地位，坚决维护党中央权威和集中统一领导。

坚决贯彻落实习近平总书记对云南工作的重要指示批示精神。纪检监察机关作为党的政治机关，最根本最重要的初心使命就是维护党中央权威和集中统一领导，要把学习贯彻习近平总书记考察云南重要讲话精神，以及关于云南烟茶玉矿等特色资源领域、脱贫攻坚、环境保护等问题的重要指示批示作为重大政治责任、重大政治任务，作为增强“四个意识”、做到“两个维护”的实际行动和现实检验，组织专门力量，统筹推进落实。在监督执纪问责各项工作中，对涉及的问题优先办理，具备条件的提级直查直办。针对特色资源领域正风反腐工作特点，主动与行业主管部门沟通协作，建立主体责任会同监督机制、监督执纪执法工作协作配合机制，开展上下互动、横纵结合的联合整治。

（二）发挥监督保障执行、促进完善发展作用，以高度的政治责任感抓好党的十九届四中全会精神贯彻落实

推动政治监督具体化、规范化、常态化。坚持把政治监督作为纪检监察监督的根本和核心，坚决做到党中央和省委、市委重大决策部署到哪里，监督检查就跟进到哪里。紧扣十九届四中全会部署的重大体制机制改革、重要工作任务，加强对制度执行情况的监督检查，对有令不行、有禁不止，做选择、搞变通、打折扣，以及制度空转背后的责任虚化、以权谋私、贪污腐败等问题，发现一起、坚决查处一起，以严格的执纪执法增强制度执行力，切实维护制度的权威性和严肃性。围绕贯彻习近平总书记重要指示批示、打好三大攻坚战、建设区域性国际中心城市等重点工作落实，拉清单、建台账，把政治监督内容落实到监督检查、审查调查、巡察等工作中，推动政治监督具体化、规范化、常态化，确保党中央政令畅通、令行禁止。

持续深化纪检监察体制改革。围绕健全党统一领导、全面覆盖、权威高效的监督体系，一体推进深化纪检体制、监察体制、纪检监察机构“三项改革”。加强上级纪委监委对下级纪委监委的领导，推进纪检监察工作双重领导体制具体化、程序化、制度化。完善派驻监督体制机制，推进垂直管理单位纪检监察体制改革，建立派驻机构与地方纪委监委协作机制，分类推进市管企业、市属院校纪检监察体制改革。完善纪律监督、监察监督、派驻监督、巡察监督统筹衔接制度，强化纪委监委监督的协助引导推动功能，促进党内监督与人大监督、民主监督、行政监督、司法监督、审计监督、统计监督和社会监督有机贯通、相互协调，增强监督严肃性、协同性、有效性。自上而下，依法有序推进监委向本级人大常委会报告专项工作。

强化纪委监委专责监督职能。立足职责定位，协助党委完善全面从严治党制度，坚持和完善县（市、区）党委书记、市级单位党组（党委）书记向市委常委会专题报告履行主体责任情况制度，修订落实“两个责任”“1+7”制度，促进管党治党主体责任和监督责任贯通联动、形成合力。强化上级纪委对下级党组织的监督，重点完善对各级主要领导干部监督制度和领导班子内部监督制度，着力破解对“一把手”监督和同级监督难题。把贯彻执行民主集中制等情况作为党风廉政建设责任制考核和监督检查、巡察的重要内容，督促各级各部门科学合理配置权力，深入实施权力清单、责任清单，推动深化党务、政务、司法公开和其他领域办事公开制度建设，建立权力运行可查询、可追溯的反馈机制，压减权力行使的任性空间。做深做细做实日常监督，完善和运用好“面询”、“蹲点式”调研、“单元制监督”、“体验式监督”等方式，主动延伸触角，靠前监督、主动监督、精准监督，增强发现问题能力。加强对《生物多样性公约》第十五次缔约方大会保障筹备工作的督查检查和执纪问责，以严明的纪律保障大会成功召开。

全面激活巡察监督、派驻监督功能。全面贯彻中央巡视工作方针，高质量、有节奏推进市委巡察全覆盖，统筹安排常规巡察、专项巡察、机动巡察，加强上下联动，深化统合巡察，推动市县巡察与纪律监督、监察监督、派驻监督相互协同，把监督落实到基层。综合用好巡察成果，突出抓好整改落实，精准处置移交问题线索。强化派驻监督职能定位，突出政治监督，盯紧“关键少数”，把对人、

对事监督结合起来，进一步擦亮监督“探头”。完善派驻机构管理工作机制，健全派驻机构定性定量考核办法，提高派驻监督全覆盖质量，打造“不走的巡察组”。

（三）坚持以人民为中心的政治立场，深入整治群众反映强烈的突出问题

加强扶贫领域监督执纪问责，巩固提升脱贫成效。着眼高质量打赢脱贫攻坚收官战，盘点梳理扶贫领域腐败和作风问题，加强对脱贫工作成效以及贫困县脱贫摘帽后“四个不摘”情况的监督检查，对搞数字脱贫、虚假脱贫的严肃问责，对贪污侵占、虚报冒领、截留挪用、优亲厚友等问题从严查处，加大直查直办力度，对涉及县乡村党政“一把手”问题线索一律提级办理。完善“一年两例会”“月通报”、约谈纪委书记等制度，压实监督责任。抓好中央第十二巡视组脱贫攻坚专项巡视“回头看”交办件办理和反馈意见整改落实，以整改成果促进脱贫攻坚成效巩固提升。

聚焦痛点难点焦点，集中整治群众反映强烈的突出问题。坚持边打边治边建，精准查处涉黑涉恶腐败和“保护伞”案件，针对专项斗争中暴露出来的普遍性、深层次问题，督促行业主管部门落实责任、建章立制，全面推进综合治理。围绕教育、医疗等民生领域损害群众利益问题开展专项治理，深化医疗卫生领域收“红包”、拿“回扣”等问题的监督检查。认真贯彻习近平总书记对人防系统腐败问题的重要批示精神，紧盯人防领域重要岗位、关键环节和突出问题，深入开展专项治理。健全完善检举举报处置和反馈工作平台，实现市县两级与全国全省检举举报处理信息闭环。整治信访工作中的形式主义、官僚主义，运用交办督办、反馈通报、群众参与、澄清正名、查处打击、直接了结“六个一批”方式，持续开展专项整治，化解信访举报突出问题，切实维护群众合法利益。

（四）巩固拓展作风建设成果，营造干事创业良好环境

继续把违反中央八项规定精神问题作为查处重点。坚持从讲政治高度整治形式主义、官僚主义，从领导机关和领导干部抓起、改起，深化治理贯彻党中央决策部署只表态不落实、维护群众利益不担当不作为、困扰基层的形式主义等突出问题，反面典型案例一律通报曝光。持续深入整治领导干部利用名贵特产、特殊资源搞违规收送、占用、经营问题以及利用公共资源谋取私利问题，坚决斩断利益链条。坚守重要节点，紧盯国有企事业单位、金融机构、县乡基层等，强化交叉式、推磨式、飞行点穴式、联动媒体监督等检查方式的运用，严查享乐、奢靡问题和收送电子红包、私车公养等隐形变异问题，坚决防止“四风”反弹回潮。督促有关职能部门细化规定，列出正面、负面清单。对自身存在违反中央八项规定精神等问题的单位和部门，督促其自我揭短亮丑、主动整改落实。

保护干部干事创业积极性。坚持严管和厚爱结合、约束和激励并重，按照“三个区分开来”要求，认真执行市委激励干部改革创新干事创业防错容错纠错办法，既坚决整治担当精神不足、履职不尽责等突出问题，又科学区分为公为私、无禁有禁、无意有意的界限，全面辩证地看待失误，树立鲜明的干事导向。严格执行《中国共产党问责条例》，进一步界定不同问责情形的问责主体，督促各类问责主体齐抓共管。坚持严字当头、权责统一，实施规范问责、精准问责，对滥用问责、不当问责的及时纠正，造成不良影响的严肃追责，防止问责不力、泛化、简单化。严肃查处、公开曝光诬告陷害、恶意举报行为，让别有用心者受到惩戒，为干事创业者撑腰壮胆。

（五）坚持“三不”一体推进，持续净化昆明政治生态

坚持精准惩治腐败，强化不敢腐的震慑。保持反腐败斗争永远在路上的战略定力，坚持无禁区、全覆盖、零容忍，坚持重遏制、强高压、长震慑，坚持受贿行贿一起查，对党的十八大以来不收敛不收手，严重阻碍党的理论和路线方针政策贯彻执行、严重损害党的执政根基，成为全面从严治党障碍的腐败问题从严查处，对主动投案者依规依纪依法从宽处理，对巨额行贿、多次行贿的严肃处置，让行贿者和受贿者同样付出代价，坚决斩断“围猎”和甘于被“围猎”的利益链，坚决破除权钱交易的关系网。严肃查处各种风险背后的腐败问题，加大国有企业反腐力度，严肃查处靠企吃企、设租寻租、关联交易、内外勾结侵吞国有资产等问题。持续严惩政治问题、经济问题交织的案件，严惩攀附贴附、团团伙伙、钻圈子、爬山头，严惩政治骗子和政治掮客，严惩重点领域权钱交易、“靠山吃山”、政商不清等行为。坚持专案专班、一案一策，推动重点个案攻坚，持续开展追逃追赃和防逃专项行动。加快推进市级留置点建设，力争2020年6月建成投入使用，为反腐败和审查调查工作提供保障。实事求是运用“四种形态”，精准把握政策策略，有效处置化解存量、强化监督遏制增量，实现政治效果、纪法效果、社会效果相统一。

加强制度机制建设，筑牢不能腐的堤坝。深刻认识肃清秦光荣流毒影响的重要性，督促各地各部门深入查找秦光荣流毒在本地本单位具体表现形式，提出和落实解决措施，督促相关职能部门从秦光荣案件中吸取教训，创新完善公共资源交易制度机制，健全领导干部插手干预资源性领域经济活动报告报备等制度规定。强化对审批监管、执法司法、工程建设、公共资源交易等部门、行业的监督，通过总结案件、以案促改，着力发现管理漏洞、制度空隙、监督盲区，综合运用纪律检查建议书、监察建议书、问题整改清单等方式，督促主责部门加强源头治理和制度建设，不断扎牢不能腐的笼子。加强与司法、市场监督管理、国资等部门的协作，探索建立预防职务违法和职务犯罪的有效机制。督促相关部门制定政商交往的正面清单和负面清单，明确政商交往行为准则，规范领导干部配偶、子女及其配偶经商办企业行为，推动构建亲清型政商关系。

大力加强廉政文化建设，增强不想腐的自觉。在全市实施“清廉昆明”建设，大力推进廉政文化进机关、进企业、进社区、进农村、进校园，开展清廉文化艺术作品创作，指导各县(市、区)打造一批具有区域特色的廉洁文化品牌，举办“清风沐春城·廉韵润人心”廉洁文化展，广泛开展群众性清廉宣传教育活动，深入开展家风教育，把清正廉洁的理念和措施覆盖到各行各业，推动形成以清为美、以廉为荣的价值取向。坚持一案一剖析、一案一警示，抓实处分决定送达、执行和对受处分人员的回访、关怀，做实同级同类干部的警示教育，使党员干部知敬畏、存戒惧、守底线。严格落实领导干部述责述廉制度，将家风建设情况列入述责述廉内容，自觉接受组织的监督。

（六）从严从实加强队伍建设，锻造忠诚干净担当、敢于善于斗争的纪检监察铁军

带头加强政治建设。把“不忘初心、牢记使命”主题教育的成果，转化为坚定理想信念、砥砺党性心性、忠诚履职尽责的思想自觉和实际行动，将“四个意识”“两个维护”融入血脉，注入灵魂，始终在思想上政治上行动上同以习近平同志为核心的党中央保持高度一致。带头严肃党内政治生活，坚持民主集中制，严明政治纪律和政治规矩，认真落实重大事项请示报告制度，把守纪律讲规矩的要求落实到具体行动上。加强机关党建工作，严格落实党建工作责任制，全面提高机关党的建设质量，锻造坚强有力的基层党组织。

带头加强能力建设。加大纪检监察干部教育培训力度，组织全员学习、全员培训、全员考试、全员大练兵，强化“工作复盘”、业务实用技能培训，培养一批监督能手、办案能手。加大干部在系统内外交流力度，进一步优化队伍结构，注重从基层一线选人用人，注重引进法律、财会、审计、信息化等方面人才，建设高素质专业化干部队伍。建立健全关心关爱纪检监察干部的常态化机制，推行干部家访制度，加强对干部的人文关怀和沟通交流，创建积极健康、团结奋进的机关文化，促使干部职工安心安身安业，营造创先争优的干事创业氛围。

带头加强作风建设。坚持高标准严要求，强化职业养成和作风养成，引导纪检监察干部勤奋敬业，培养严谨、细致、务实的工作作风。加强日常教育监督管理，认真落实《监督执纪工作规则》和《监督执法工作规定》，完善内控机制，严格执行线索集中管理和打听过问案件、说情干预登记备案制度，确保执纪执法权受监督、有约束。探索纪检监察干部“1＋1＋N”监督机制，建立纪检监察干部廉政档案，对下级纪委工作和班子建设情况开展调研监督。强化正视问题的自觉和“刀刃向内”的勇气，对失职失责的纪检监察干部严厉问责，对执纪违纪、执法违法的严肃查处，下更大气力把队伍建强、让干部过硬。

同志们，做好新时代纪检监察工作责任重大、使命光荣，让我们更加紧密地团结在以习近平同志为核心的党中央周围，在省纪委和市委的坚强领导下，牢记初心使命，忠诚履职担当，努力营造昆明风清气正的政治生态和干事创业的良好环境，为全力推动区域性国际中心城市建设迈上新台阶做出新的更大贡献！

市情综述

自然地理

昆明位于云南省中部地区，东经102°10′～103°40′、北纬24°23′～26°33′。南北长237.50千米，东西宽152千米，总面积21012.54平方千米，是云南省的省会，西南地区的中心城市之一。地处中国—东盟自由贸易区、澜湄合作区域、泛珠三角经济圈交汇点，是我国面向南亚、东南亚乃至中东、南欧、非洲的前沿和重要门户，具有“东连黔桂通沿海，北经川渝进中原，南下越老达泰柬，西接缅甸连印巴”的独特区位优势。

市域地处云贵高原，总体地势北部高，南部低，由北向南呈阶梯状逐渐降低。中部隆起，东西两侧较低。以湖盆岩溶高原地貌形态为主，红色山原地貌次之。大部分地区海拔在1500～2800米。城区坐落在滇池坝子，平均海拔1891米，三面环山，南濒滇池，湖光山色交相辉映。

昆明属低纬度高原山地季风气候，冬无严寒，夏无酷暑，四季如春，年平均气温15℃左右，年均日照2200小时左右，无霜期240天以上，年均降水量约1000毫米，鲜花常年开放，草木四季常青，是著名的“春城”“花城”，是休闲、旅游、度假、居住的理想之地。

建置沿革

昆明具有悠久的历史、灿烂的文化，是国务院公布的首批24个历史文化名城之一。约3万年前，即有人类生活在滇池地区。战国至东汉初，滇池周围的“滇人”建立滇国，创造了独具特色的“滇文化”。公元前109年，西汉设益州郡，将滇池地区纳入中原王朝版图。765年，南诏国筑拓东城，为昆明建城之始。大理国时称鄯阐城。拓东城、鄯阐城分别为南诏国、大理国的东京。1276年，昆明称中庆城，首次成为省会。明代，大量移民进入云南，昆明汉族人口首次超过本地世居居民。明末清初，李定国等农民起义军、永历帝、吴三桂先后在昆明或建立政权，或建立皇宫。1911年的“重九起义”，推翻了清朝在云南的统治。1905年，昆明自辟为商埠；1910年，滇越铁路修通，使昆明成为一个开放城市。1915年，昆明爆发“护国首义”，全国响应。1919年，设云南市政公所，为昆明设市的发端。1922年，改设昆明市政公所。1928年8月1日，成立昆明市政府。

抗战时期，昆明成为支撑中国抗战的经济、文化、军事重镇之一，成为著名的“民主堡垒”。1949年12月9日，昆明和平解放。

行政区划

2019年12月12日，东川区铜都街道析置为铜都、碧谷2个街道；禄劝县屏山街道析置为屏山、崇德2个街道。截至2019年末，昆明市辖7区、1县级市、6县（含3个民族自治县），设3个国家级开发（度假）区和昆明阳宗海风景名胜区，即昆明市国家级经济技术开发区（托管阿拉、洛羊街道办事处）、昆明市高新技术开发区（托管马金铺街道办事处，黑林铺街道办事处部分、丰宁街道办事处部分、普吉街道办事处部分）、昆明市滇池旅游度假区（托管大渔街道办事处及前卫、福海街道办事处部分），昆明市阳宗海风景名胜区（托管七甸、汤池街道办事处及玉溪市澄江县阳宗镇）。昆明市共辖139个乡镇（街道），即80街道办事处、43镇、16乡（含4个民族乡）。2010年5月，玉溪市澄江县阳宗镇移交昆明市托管，全市实际辖140个乡镇（街道）。

表1　昆明市行政区划一览表

县（市、区）		街道	乡	镇	名称
1	呈贡区	10			龙城街道、斗南街道、吴家营街道、乌龙街道、洛龙街道、雨花街道、马金铺街道、洛羊街道、大渔街道、七甸街道
2	五华区	10			华山街道、护国街道、大观街道、龙翔街道、莲华街道、丰宁街道、红云街道、黑林铺街道、普吉街道、西翥街道
3	盘龙区	12			拓东街道、鼓楼街道、东华街道、联盟街道、金辰街道、青云街道、龙泉街道、茨坝街道、双龙街道、松华街道、滇源街道、阿子营街道
4	官渡区	10			关上街道、吴井街道、金马街道、太和街道、官渡街道、小板桥街道、大板桥街道、矣六街道、六甲街道处、阿拉街道
5	西山区	10			西苑街道、金碧街道、永昌街道、前卫街道、福海街道、棕树营街道、马街街道、海口街道、碧鸡街道、团结街道
6	东川区	2	1	6	铜都街道、碧谷街道、汤丹镇、因民镇、阿旺镇、乌龙镇、拖布卡镇、红土地镇、舍块乡
7	晋宁区	2	2（民族乡）	4	昆阳街道、宝峰街道、晋城镇、二街镇、上蒜镇、六街镇、双河彝族乡、夕阳彝族乡
8	安宁市	9			连然街道、金方街道、八街街道、县街街道、太平新城街道、温泉街道、草铺街道、青龙街道、禄脿街道
9	富民县	2		5	永定街道、大营街道、罗免镇、赤鹫镇、东村镇、款庄镇、散旦镇
10	宜良县	3	2（民族乡）	4	匡远街道、南羊街道、汤池街道、北古城镇、狗街镇、马街镇、竹山镇、耿家营彝族苗族乡、九乡彝族回族乡
11	嵩明县	2		3	嵩阳街道、杨桥街道、小街镇、杨林镇、牛栏江镇
12	石林彝族自治县	3	1	3	鹿阜街道、石林街道、板桥街道、西街口镇、长湖镇、圭山镇、大可乡
13	禄劝彝族苗族自治县	2	6	9	屏山街道、崇德街道、撒营盘镇、茂山镇、翠华镇、团街镇、中屏镇、皎平渡镇、乌东德镇、九龙镇、转龙镇、云龙乡、汤郎乡、马鹿塘乡、则黑乡、乌蒙乡、雪山乡
14	寻甸县回族彝族自治县	3	4	9	仁德街道、塘子街道、金所街道、羊街镇、柯渡镇、倘甸镇、功山镇、河口镇、七星镇、先锋镇、鸡街镇、凤合镇、六哨乡、甸沙乡、联合乡、金源乡
合计		80	16（含4个民族乡）	43	

表2　昆明市开发（度假）区辖区表

县（市、区）		街道	镇	名称
1	经济技术开发区	2		呈贡区洛羊街道、官渡区阿拉街道
2	高新技术开发区	1		呈贡区马金铺街道、五华区黑林铺街道（部分）、丰宁街道（部分）、普吉街道（部分）

续表

县（市、区）		街道	镇	名称
3	滇池旅游度假区	3		呈贡区大渔街道、西山区前卫街道（部分）、西山区福海街道（部分）
4	阳宗海风景名胜区	2	1	呈贡区七甸街道、宜良县汤池街道、玉溪市澄江县阳宗镇
全市辖7区、1县级市、6县（含3个民族自治县），设80街道办事处、43镇、16乡（含4个民族乡）。设3个国家级开发（度假）区和（省级）昆明阳宗海风景名胜区。2010年5月，玉溪市澄江县阳宗镇移交昆明市托管。（截至2019年12月31日）				

（市民政局）

人口　民族

2019年末，全市常住人口695万人，比上年末增加10万人，其中城镇常住人口511.52万人，占常住人口比重为73.6%。2019年，昆明市人口出生率12.48‰，死亡率5.74‰，人口自然增长率6.74‰。全市户籍总人口578.47万人，其中城镇人口361.49万人，占户籍人口比重为62.5%。60周岁以上的户籍老年人111.04万人，占户籍总人口的19.20%，老龄人口占比率远高于老龄化标准14%和全省14.2%、全国17.9%，表明昆明市已进入中度老龄化社会。

昆明市有3个自治县、4个民族乡、333个少数民族聚居村。截至年底，少数民族户籍人口94.67万人，较上年增加19978人，占全市户籍总人口的16.37%，增加0.16个百分点。人口最多的世居少数民族是彝族，有488049人，占全市少数民族人口的51.6%；人口最少的是布依族，有5547人，占全市少数民族人口的0.6%。

气象年度特点

2019年，昆明市气温较常年平均偏高，降水量偏少，日照时数偏多，属于一个雨量稍欠、光热资源充足的年景。年内春季旱情稍偏轻，雨季开始期较常年正常至特晚，主汛期降水量偏少，秋季局部地区出现连阴雨天气。2019年的干旱天气、暴雨洪涝、强对流天气对农业、交通、水利设施等方面影响较大，属降水稍欠的气候年景。

冬季冷空气偏弱，暖冬“名副其实”。昆明市12个国家气象站平均气温为11.9℃，较常年同期偏高2.4℃，打破2009年11.5℃的历史记录值，为建站以来的最高值。12个国家气象站平均最低气温为6.1℃，较常年同期偏高2.5℃，为建站以来的最高值。

2019年，入汛前（3~5月）降水稀少，旱情明显。全市平均降水量仅为69毫米，较常年同期偏少63毫米，偏少近五成，为建站以来第十个最少年。从雨日日数来看，12个国家站3~5月间仅出现19天（仅占21%）雨日，雨日数异常偏少。从气温方面来看，5月，各县（市、区）中昆明主城、禄劝、富民、嵩明、石林县、呈贡、晋宁区、安宁市和太华山的月平均气温均打破本站的历史最大记录值，尤其5月中旬，全市的最高气温出现持续偏高，全市有8个站点连续10天的日最高气温高于30℃。汛前持续的高温少雨，导致全市在入汛前出现中重度旱情。

入汛后强对流过程明显，雨季开始期时间跨度大。入汛后，全市强对流天气频发，5~10月之间，全市发布雷电天气预警信号和强对流天气预警820次，昆明主城区发布强对流天气预警共69次。2019年，嵩明、宜良、石林、寻甸县和呈贡区雨季开始期于5月下旬开始，较常年正常，昆明主城、禄劝、富民县、安宁市和东川区于6月中下旬开始，较常年偏晚至特晚，晋宁区和太华山于7月上旬开始，较常年同期属特晚情况，雨季开始期跨度大，前后间隔46天。

汛期降水波动大，极端强降水集中。强降水过程主要出现在5月下旬、6月中旬开始至8月中旬、9月中上旬、10月中上旬，其余时段没有出现明显强降水过程。主汛期12个国家气象站共出现大雨（日降雨量≥25毫米）及以上58站次，较常年同期偏少11站次，出现暴雨（日降雨量≥50毫米）及以上11站次，较常年同期偏少6站次，大暴雨2站次。汛期暴雨和大暴雨天气主要出现在5月下旬、6月下旬至7月中上旬、后汛期的前期，7月下旬至8月仅出现1站次暴雨天气。

秋季中前期降水频繁，3站出现连阴雨天气。9~10月中旬，全市12个国家气象站平均出现27天的雨日，占54%，50天中有一半多的时间都出现降水天气，秋季后期全市12个国家气象站平均仅有12天出现降水，仅占三分之一。其中嵩明县、东川区（9月中上旬）和太华山（10月中旬）出现7~8天的连阴雨天气。

年末出现阶段性低温，多地出现霜冻天气。2019年12月上旬，受强冷空气影响，全市出现阶段性低温天气，昆明主城、禄劝、富民、嵩明、宜良和寻甸县的旬平均气温打破历史同期记录值，为建站以来的最低值。由于天气转晴后，夜间气温接近0℃，多地夜间至凌晨出现明显霜冻天气，全市共发布霜冻预警和预警信号132次。

（市气象局）

2019年昆明市组织机构及负责人名录

中共昆明市委

书　　记　程连元
副 书 记　王喜良
　　　　　刘　智
　　　　　何　刚（挂职，至1月）
常　　委　鲁　斌（至5月）
　　　　　保建彬（至8月）
　　　　　杨　皕
　　　　　杨正晓
　　　　　李建阳
　　　　　金幼和
　　　　　刘申寿（5月起）
　　　　　夏俊松
　　　　　蒋朝忠（至1月）
　　　　　张海泉（1月起）
　　　　　张　斌（11月起）
　　　　　金彦江（挂职）
　　　　　胡宝国（挂职）
秘 书 长　夏俊松
副秘书长　张　攀（2月起）
　　　　　蔡德生（至1月）
　　　　　徐正林
　　　　　李　亮
　　　　　宋晓林
　　　　　高宇明
　　　　　吕怀玉（至3月）
　　　　　杜　文
　　　　　杨蜀军（挂职，至5月）

昆明市人大常委会

主　　任　拉玛·兴高
副 主 任　金志伟
　　　　　常　敏
　　　　　戚永宏
　　　　　马凤伦
　　　　　赵学锋（至2月）
　　　　　毕惠芝
秘 书 长　吴庆昆
副秘书长　李庆平
　　　　　杨志华（2月起）
　　　　　李　强
　　　　　崔　猛
　　　　　马　责（至4月）
　　　　　陈　敏
　　　　　胡建军（12月起）

昆明市人民政府

市　　长　王喜良
常务副市长　保建彬（至9月）
　　　　　张　斌（11月起）
副 市 长　周建忠
　　　　　赵学农
　　　　　吴　涛（至10月）
　　　　　高中建
　　　　　王　冰
　　　　　周红斌（2月起）
　　　　　刘永禄（12月起）
　　　　　胡宝国（挂职）
秘 书 长　郭希林
副秘书长　甘　红
　　　　　李　江
　　　　　郭沐彪（4月起）
　　　　　吴忠林（4月起）
　　　　　都　吉
　　　　　郭志宏（至4月）
　　　　　龚询木
　　　　　肖为民（至4月）
　　　　　高　庚（至4月）
　　　　　刘　鲁
　　　　　罗　峻（至7月）
　　　　　史文洁（4月起）
　　　　　边慧夏（挂职，9月起）
　　　　　杨　清（挂职）
　　　　　杨　杰（挂职，至11月）
　　　　　向　军（挂职，至8月）

政协昆明市委员会

主　　席　熊瑞丽
副 主 席　刘绍安
　　　　　夏　静
　　　　　朱　燕
　　　　　董　林
　　　　　胡炜彤
　　　　　李冰晶
秘 书 长　许绍忠
副秘书长　鲁云宏
　　　　　谭爱苹（至3月）
　　　　　李　鸿
　　　　　何　燕
　　　　　赵春泉（2月起）
　　　　　冯美琼（3月起）
　　　　　杨武振（12月起）

昆明市纪委

书　　记　杨正晓
副 书 记　熊　坚（至5月）
　　　　　郑　楠
　　　　　李寿志（至2月）
　　　　　张　林（5月起）
　　　　　何衍雄（2月起）
常　　委　杨正晓
　　　　　绪　伟（至9月）
　　　　　张津华（至9月）
　　　　　沃　磊（至2月）
　　　　　土绍芳
　　　　　王玉萍（3月起）
　　　　　苏　堃（5月起）

市中级人民法院

院　　长　董国权
副 院 长　安　静（至3月）
　　　　　周传彪
　　　　　夏静良
　　　　　李志昆（4月起）
　　　　　张立志（至1月）
　　　　　付锡勇（8月起）
　　　　　孟　静

市人民检察院

检　察　长　王亚锋(至1月)
　　　　　　李晓红(3月起)
代理检察长　李晓红(至3月)
副检察长　毕春华
　　　　　　赵　明
　　　　　　张　黎
　　　　　　绪　伟(10月起)
　　　　　　邓水云

城郊地区人民检察院

检察长　彭君明

市委各部委办局

办公厅(至3月)
办公室(3月起)

主　任　孙　杰(至2月)
　　　　张　攀(2月起)
副主任　郭琴贤(3月起)
　　　　曾　清
　　　　任碧成
　　　　赵　龙
　　　　邱　铸(8月起)
　　　　李贵平(挂职，至11月)

机要局(至3月)

局　长　王　琳
副局长　房文利

国家密码管理局(3月起)

局　长　王　琳(2月起)
副局长　房文利(3月起)

保密局(至3月)

局　长　王建荣
副局长　黄玉林

保密办(3月起)

主　任　王建荣(2月起)
副主任　黄玉林(3月起)

农办(市统筹城乡办)(至3月)

主　任　蔡德生
副主任　刘正海
　　　　何艳波
　　　　魏　乾

目督办

主　任　徐正林
副主任　吴进东(至3月)
　　　　赵欣荣(至3月)

信息综合室

主　任　王占鑫

专用通信局

局　长　张光磊(3月起)

组织部

部　长　鲁　斌(至5月)
　　　　刘申寿(5月起)
常务副部长　余祖林
副部长　葛　宁
　　　　何文明(3月起)
　　　　姚振康(兼)
　　　　张玉宁(兼)
部务委员　胡　蓉(3月起)
　　　　　赵　武(3月起)

干部监督办公室(至3月)

主　任　胡　蓉

市委基层党建工作协调小组办公室

主　任　李荣文

党员教育中心

主　任　高　杰

非公有制经济组织和社会组织工作委员会

书　记　鲁再国(至4月)
　　　　葛　宁(6月起)
专职副书记　赵　武(至3月)

老干局

局　长　张玉宁
副局长　崔云聪(至3月)
　　　　张　宏
　　　　唐晓越

宣传部

部　长　金幼和
常务副部长　杨风华(至2月)
　　　　　　马　谦(2月起)
副部长　李富贵
　　　　陈　波
　　　　黄　杰(4月起)
　　　　曾　华(4月起)
部务委员　黄　杰(至4月)
　　　　　曾　华(至4月)

市政府新闻办

主　任　黄　杰
专职副主任　姚晓怡(11月起)

文明办

主　任　李富贵
副主任　张　剑(3月起)
　　　　王文萍
　　　　王雁鹏
　　　　姚晓怡(12月起)

新闻出版局(版权局)(2月起)

局　长　曾　华(4月起)

市委网络安全和信息化委员会办公室(市互联网信息办公室)(2月起)

主　任　陈　波
副主任　吴豫昆(3月起)
　　　　苏瑞琪(7月起)

网格化综合监督指挥中心

主　任　龙　苗
副主任　潘文胜

统战部

部　长　杨　面
常务副部长　陈铸武
副部长　毕昆闽(3月起)
　　　　蔡永福(至1月)
　　　　冉德涛(2月起)
　　　　贾玉华(至11月)
　　　　王　蓉
部务委员　尹朝晖
　　　　　应江辉

台　办

主　任　冯美琼(至3月)
副主任　高云龙

政法委

书　记　李建阳
常务副书记　郎　佳
副书记　李晓红(兼)
　　　　董国权(兼)
　　　　周建忠(兼)
　　　　朱彬彬
　　　　郭沫彪(至4月)
　　　　彭海滨(4月起)

祝建民（4月起）
谭宜波（4月起）
委务委员 董嘉毅（至11月）
毛映红（4～12月）
夏　佳（4月起）
欧阳咏梅

依法治市办（至4月）
副主任 谭宜波

综治办（至4月）
主　任 郭沫彪
副主任 毛映红
祝建昆

市委610办（至4月）
副主任 夏　佳

维稳办（至4月）
副主任 彭海滨

党校
校　长 刘　智
常务副校长 范光华（至8月）
李　康（11月起）
副校长 陈向红
顾　巍（至3月）
陈　涛（2月起）
李启斌
党委书记 范光华（至8月）
副书记 苏秀琼

政研室（改革办，3月起）
主　任 陈　涛（至2月）
戴惠明（2月起）
副主任 李　玥
田东山
杨春蓉
李东兴（3月起）
吴永婷（3月起）
马振华（3~5月）

编办
主　任 唐　琪
常务副主任 陈一杰（至3月）
专职副主任 赵春泉（至2月）
副主任 陈一杰（3～8月）
黄　梅（4月起）
戚本福（11月起）
鲁文勇（4月起）

市级机关工委（至3月）
书　记 夏俊松
常务副书记 陈光辉
副书记 唐继文
赵　平

市直机关工委（3月起）
书　记 夏俊松
常务副书记 陈光辉
副书记 唐继文
赵　平
詹绍洪（12月起）

党史研究室
主　任 张　雷（至8月）
副主任 李光勇
张鹏升

信访局
局　长 都　吉
副局长 韩　扬
杨　薇（至8月）
柯旭波
张光明（兼，至4月）
王培林（4月起）
付　群（11月起）

市人大各机构

办公厅（至2月）
办公室（2月起）
主　任 李庆平
副主任 杨玺生（至2月）
胡建军（至12月）
申开银（12月起）
李　莉

法制工作委员会（至2月）
法制委员会
主任委员 兰　昆（至2月）
刘文义（2月起）
副主任委员 杨　棱
张翼昆（2月起）
工委副主任 张翼昆（至2月）

内务司法委员会（内务司法工作委员会）（至2月）
监察和司法委员会（2月起）
主任委员（主任） 刘文义（至2月）
兰　昆（2月起）
副主任委员 陈　刚
杨红娟（2月起）

财政经济工作委员会（至2月）
财政经济委员会
主任委员（主任） 寸　东（至12月）
副主任委员 王　雷
袁　勤（2月起）
工委副主任 董华祥（至2月）

城乡建设环境保护工作委员会（至2月）
城乡建设环境保护委员会
主任委员（主任） 柳　伟
副主任委员 汪明涛（至2月）
杨玺生
申开银（2月起）
工委副主任 申开银（至2月）

教育科学文化卫生工作委员会（至2月）
教育科学文化卫生委员会（2月起）
主　任 周　凡（至12月）
副主任 强东育（至2月）
陈　泓（2月起）
何金典（2月起）
工委副主任 陈　泓（至2月）

农业工作委员会（至2月）
农业与农村委员会（2月起）
主　任 马慈明
副主任 马留安

民族宗教工作委员会（至2月）
民族宗教委员会（2月起）
主　任 丁　伟
副主任 张丽仙
段跃红

人事代表工作委员会
主　任 艾树祥
副主任 王本晋
张昆丽

预算审查工作委员会

主　　任　寸　东（兼，至2月）
　　　　　吴卫东（2月起）
副 主 任　袁　勤（至2月）
　　　　　董华祥（2月起）

外事华侨工作委员会

主　　任　吴卫东（至2月）
　　　　　李　勤（2月起）
副 主 任　李红萍

研究室（至2月）

主　　任　和松华
副 主 任　何金典

机关党委（2月起）

书　　记　李庆平（兼）
副 书 记　杨天国

市政府各委办局

办公厅（至2月）
办公室（2月起）

主　　任　甘　红
副 主 任　杨秀峰（4月起）
　　　　　符光曙
　　　　　谭云芬
　　　　　万晓琪
　　　　　何　松
　　　　　单　诚（挂职，12月起）
　　　　　周　驰（挂职，12月起）
　　　　　刘开庆（挂职，至12月）

市长热线办（至2月）

主　　任　张立涛
副 主 任　王智明

接待办（至2月）

主　　任　宋晓林
副 主 任　杨秀峰
　　　　　郭琴贤

市志办

主　　任　母正荣
副 主 任　字应军
　　　　　李　洪

参事室（文史馆）（至2月）

主任（馆长）　厉鸿华

粮食局（至3月）

局　　长　杨文志
副 局 长　潘建刚
　　　　　高玉英（至4月）
　　　　　杨亚娟
党委书记　杨文志
副 书 记　常顺启

发展和改革委员会

主　　任　王　冰（至2月）
　　　　　郭志宏（2月起）
副 主 任　左　晖
　　　　　田　斌
　　　　　杨泽松（至9月）
　　　　　梅俊辉
　　　　　魏　乾（3～12月）
总经济师　高淑霞（至8月）
党组书记　杨文志（3月起）

能源局

局　　长　施云怀

粮食和物资储备局（3月起）

副 局 长　杨亚娟（4月起）
　　　　　常顺启（4月起）

铁路和轨道建设办公室

主　　任　王喜玲（3月起）

价格监督检查局

局　　长　王贵平（3月起）

工业和信息化委员会（至3月）

主　　任　严　敏
副 主 任　锁良勇
　　　　　周正和
　　　　　李卫红
　　　　　徐增雄
　　　　　黄吉先
总工程师　阳书文

无线电管理办公室

主　　任　杨国泰

大数据管理局

局　　长　徐增雄（兼）
副 局 长　徐增雄（至3月）

工业和信息化局（3月起）

局　　长　赵小平（2月起）
副 局 长　徐增雄
　　　　　周正和
　　　　　阳书文
　　　　　黄吉先
　　　　　李卫红

教育局（至3月）

局　　长　刘绍安
副 局 长　穆仁早
　　　　　吕　丽
　　　　　方　宁
　　　　　蒋坚桥
　　　　　龚利春

教育体育局（3月起）

局　　长　穆仁早（2月起）
副 局 长　吕　丽（4月起）
　　　　　方　宁（4月起）
　　　　　蒋坚桥（4月起）
　　　　　龚利春（4月起）
　　　　　孙红昆（4月起）
总 督 学　孙　晖（4月起）

招生考试院

院　　长　张文伟

科学技术局（外国专家局）

局　　长　王　键
副 局 长　周　康（至12月）
　　　　　朱　燕（12月起）
　　　　　郭越媛（3月起）
　　　　　邹　可
　　　　　付思华
党组书记　曾令衡（至12月）
　　　　　寸　东（12月起）

知识产权局（至3月）

局　　长　叶　明

民族宗教事务委员会

主　　任　毕昆闽
副 主 任　陈　浩
　　　　　刀福东
　　　　　夏　梦
　　　　　李菊艳

公安局

局　　长　周建忠
副 局 长　史云峰
　　　　　杜俊超
　　　　　杨建军（至9月）

昌　宏（2月起）
袁弘强（7月起）
李海峰（至2月）
赵大围（兼）
党委书记　周建忠
副书记　史云峰（至12月）
张庆星（12月起）
李永芳（至12月）
段庆颖（12月起）

交警支队

支队长　李海峰（1月起）
副支队长　毕　伟
缪永春
阚永富（11月起）
政　委　杨　明

消防支队

支队长　李庆渝
政　委　赵　俊
副政委　李　平

监察委员会

主　任　杨正晓
副主任　熊　坚（至5月）
李寿志（至2月）
郑　楠
何衍雄（2月起）

财政局

局　长　徐毅清
副局长　李笠菲
徐郑峰（至2月）
魏云辉
邹荣付
王　燕
梁　勇（4月起）
张云萍（挂职，至4月）
陈　杰（挂职）
曹明华（挂职，9月起）
总会计师　梁　勇（至4月）

民政局

局　长　李忠德（至12月）
副局长　马正权（至3月）
林　华（至2月）
马金华
肖向飞（5月起）
何艳波（3月起）
马承斌（4月起）

救助管理站

站　长　赵加伟（12月起）

老龄办（至3月）

主　任　李庆玲

退役军人事务局

局　长　朱　伟（2月起）
副局长　吴智峰（至4月）
仲　华
杨秀光（3月起）
梁　平（9月起）

转业军官培训中心

副主任　梁　平（至9月）

军队离退休干部白马庙干休所

所　长　李吉荣
党委书记　张文玉

司法局

局　长　孙跃文（至2月）
刘　毅（2月起）
副局长　陈　波（至4月）
周红玉
李继华
秦　芸（4月起）
赵　勇
汪　敏（4月起）
魏　巍（4月起）
朱广祥（4月起）
党委书记　孙跃文（至2月）
刘　毅（2月起）
副书记　秦　芸

人力资源和社会保障局

局　长　姚振康
副局长　闫晓陵（至4月）
杨　雄
黄　梅（至4月）
郭加强
黄文浩
赵云川（4月起）
赵　磊（5月起）

军培中心

主　任　闫晓陵（至4月）
副主任　许玉文（至4月）
梁　平（至9月）

社会保险局

局　长　吴　俊（4月起）

医疗保险管理局

局　长　李卫明（至5月）

人才服务中心

主　任　贾诏勋（至9月）
渠　渊（12月起）

劳动就业服务局

局　长　赵云川（至4月）
万正文（7月起）

劳动仲裁院

院　长　王　静

外专局

局　长　郭越媛（至4月）

促进农民就业工作办公室

主　任　张万聪（至11月）

公务员局

副局长　吴　俊（至4月）

城乡居民养老保险局

局　长　赵贤锋（至9月）

劳动监察支队

支队长　张万聪

国土资源局（至4月）

局　长　王　涛
副局长　赵　宏
刘　宁
胡光普
谢　卫
党委书记　王　涛
副书记　刘　翔

国土执法支队（至4月）

支队长　魏黎明
副支队长　高　原
政　委　郭嵘桦

自然资源和规划局（4月起）

局　长　王　涛
副局长　敖　梅
胡光普
谢　卫
牟　辉
刘建明
车俊宇
段文华
何　斌
梁源原
周文杰

执法支队（4月起）

副支队长　高　原

政　　委　　郭嵘桦
征地处
处　　长　　张　燕

环境保护局（至3月）
局　　长　　刘跃进
副 局 长　　高志刚
　　　　　　肖　丁
　　　　　　虎　龙
　　　　　　和　矛

生态环境局（3月起）
局　　长　　赵　文
副 局 长　　高志刚
　　　　　　虎　龙
　　　　　　和　矛
　　　　　　陈　军（12月起）

住房和城乡建设局
局　　长　　陈　汉（2月起）
副 局 长　　陈　汉（主持工作，至2月）
　　　　　　马文瑜（至4月）
　　　　　　李　波（至7月）
　　　　　　朵　雯
　　　　　　黄　捷（4月起）
　　　　　　李　航（7月起）
　　　　　　胡龙嘉（4月起）
住房保障局
局　　长　　胡　斌（5月起）
建设工程质量安全监管总站
站　　长　　刘　奕
重点工程建设办公室
主　　任　　胡龙嘉（至4月）

交通运输局
局　　长　　何毅刚
副 局 长　　赵　毅（至2月）
　　　　　　陈　勇
　　　　　　袁　俊
　　　　　　马东山（至11月）
　　　　　　彭　伟
　　　　　　钱允江（兼）
　　　　　　游　苇（4月起）
　　　　　　王喜玲（4月起）
党委书记　　何毅刚（至3月）
总工程师　　游　苇（至4月）
国防动员委员会交通战备办公室
主　　任　　何毅刚（至5月，12月起）
　　　　　　马东山（5～11月）
地方民航发展局（4月起）
局　　长　　彭　伟
地方铁路发展局（4月起）
局　　长　　王喜玲

农业局（至3月）
局　　长　　郭增敏（至2月）
副 局 长　　刁再兰
　　　　　　倪　森
　　　　　　王昆华
　　　　　　杨朝云
　　　　　　但文德
党委书记　　郭增敏（至2月）
副 书 记　　袁　玲

农业农村局（3月起）
局　　长　　毕　强（2月起）
副 局 长　　倪　森（4月起）
　　　　　　刁再兰（4月起）
　　　　　　王昆华（4月起）
　　　　　　袁　玲（3月起）
　　　　　　刘正海（4月起）
　　　　　　但文德（4月起）
　　　　　　杨朝云（4月起）
畜牧兽医局
局　　长　　但文德（兼，5月起）
烤烟生产办公室
主　　任　　包正星（5月起）

林业局（至3月）
局　　长　　张正平（至2月）
副 局 长　　杨景先
　　　　　　张建坤
　　　　　　耿成兴（兼）
防火办（至3月）
专职副指挥长　　耿成兴
森林公安局
局　　长　　王　翊
绿化办（至3月）
专职副主任　　马陆章
轿子山管护局（至3月）
局　　长　　张映华

园林绿化局（至3月）
局　　长　　冉德涛
副 局 长　　李建安
　　　　　　王　兵
　　　　　　朱金玉
党委书记　　冉德涛

水务局
局　　长　　储汝明
副 局 长　　刘锐钢
　　　　　　杨金仑
　　　　　　熊国志（7月起）
　　　　　　卢文霞
　　　　　　陈辉阳
总工程师　　邱云生（至3月）
搬迁安置办公室（4月起）
主　　任　　王彦平
副 主 任　　杨　力
　　　　　　韩小艳
计划和节约用水办公室
主　　任　　熊国志（兼，7月起）
水政监察支队
支 队 长　　徐鹏明
柴石滩地区水资源管理局（柴石滩水库灌区工程建设管理局）
局　　长　　李红兵
副 局 长　　张为国
　　　　　　罗　琦
河长制工作领导小组办公室
专职副主任　沈建昆

投资促进局（2月起）
局　　长　　杨蔚玲（至12月）
　　　　　　董　辉（12月起）
副 局 长　　桂　春（3～9月）
　　　　　　骆晓林（3～12月）
　　　　　　孙晓强
　　　　　　史任川（4月起）
　　　　　　林岸立（12月起）
招商引资考核办公室
副 主 任　　史任川（至4月）

商务和投资促进局（至3月）
副 局 长　　桂　春
　　　　　　孙晓强
　　　　　　黄　焰
　　　　　　骆晓林

商务局（3月起）
局　　长　　徐郑锋（2月起）
副 局 长　　杨志武
　　　　　　黄　焰

完同良
赵　斌
盖文博（7月起）

商务行政执法支队

支 队 长　张革胜

文化广播电视体育局（至3月）

局　　长　戴　彬
副 局 长　李安民
王明瑶
谷少华
李继刚
孙红昆
党委书记　赵健吾

文化和旅游局（3月起）

局　　长　戴　彬
副 局 长　李安民
林克俭
李　燕
孙　健
王明瑶
杨光明（挂职，4～11月）
党组书记　杨明俊（2月起）

文物局

局　　长　李安民（兼）

卫生健康委员会

主　　任　马　涛
副 主 任　马红军（至3月）
张必明
何文明（至3月）
王保定（4月起）
王庆华（4月起）
普娅馨（4月起）
李庆玲（4月起）
党委书记　张云海
副 书 记　王保定

卫生计生综合监督局

局　　长　李红飙

审计局

局　　长　陈　静
副 局 长　林　英（至12月）
陈　林
后文杰
杜建宝
童福军（9月起）
总审计师　龚迎燕

市政府重点建设项目稽查办公室

主　　任　郑　红
稽查特派员　赵歌平
李　燕
钟　燕
付一民

旅发委（至3月）

主　　任　杨明俊
副 主 任　林克俭
孙　健
杨光明（挂职）

安全生产监督管理局（至3月）

局　　长　张洪安
副 局 长　钱树森（1月起）
张　伟
章　智

应急管理局（3月起）

局　　长　张洪安
副 局 长　钱树森
张　伟
昂　浩
章　智
雷炳成

安全生产监察支队

支 队 长　李洪平

食品药品监督管理局（至3月）

局　　长　李　勤
副 局 长　李　凌
王庆华

食品药品稽查支队（至3月）

支 队 长　佴　岗

食品药品检验所（至3月）

所　　长　曾剑平

统计局

局　　长　吴　波
副 局 长　张　蕾
詹绍洪
白雄文（4月起）
黄海风
郑文琪（7月起）
党组书记　欧明锋
总统计师　白雄文（至4月）

规划局（至4月）

副 局 长　敖　梅（主持工作）
牟　辉
林　卫（至3月）
车俊宇
周文杰
党委副书记　敖　梅
总规划师　王维柱

城市管理综合行政执法局（至3月）
城市管理局（3月起）

局　　长　陈剑平（至2月）
朱靖文（3月起）
副 局 长　邓卫东（至3月）
蒋　波（至12月）
王　俊
董建平（至12月）
赵志德（4月起）

城市管理综合行政执法支队

支 队 长　邓卫东
政　　委　朱靖文

滇池管理局（滇池保护委员会办公室）

局　　长　尹家屏（至2月）
付　文（2月起）
副 局 长　赵志德（至4月）
陈志强
吴朝阳
唐运宏
李应书（8月起）
总工程师　余仕富

滇池管理综合行政执法总队

政　　委　沈惠文（6月起）

滇池管理渔业行政执法处

处　　长　李勇云

滇池水生态管理中心

主　　任　高　鑫（12月起）

外事侨务办（至4月）

主　　任　杨志华（至2月）
副 主 任　何云屏
汪　浩

外事办公室（4月起）

主　　任　张晓明（2月起）
副 主 任　汪　浩
何云屏
习　青（7月起）

国资委

主　　任　陈　浩（至12月）

　　　　　陈　春（12月起）

副 主 任　张　宏（4月起）

　　　　　李世新

　　　　　高明媛

　　　　　马振华（5月起）

研究室

主　　任　孙　宏（至1月）

　　　　　朱尧绯（2月起）

副 主 任　朱尧绯（至2月）

　　　　　孙时映（4月起）

　　　　　张鸿飞

　　　　　陈垠宏

法制办（至3月）

主　　任　刘　毅

副 主 任　汪　敏

　　　　　魏　巍

　　　　　朱广祥

金融办

主　　任　李俊民

副 主 任　付　文

　　　　　顾　巍（4月起）

　　　　　董　姣

　　　　　杨晖宇

　　　　　陈　超

扶贫办

主　　任　周开龙

副 主 任　程幼昆

　　　　　张连荣

　　　　　陈庆云（挂职，至7月）

　　　　　任熙忠

　　　　　袁亭聚

人防办

主　　任　陈国慧

副 主 任　张　慧

　　　　　茹春荣

政务服务管理局

局　　长　李　江

副 局 长　姚燕梅（至3月）

　　　　　杨俊杰（至8月）

　　　　　李　锐

　　　　　张　健

　　　　　郑连刚（4月起）

公共资源交易管理局

局　　长　张　健（5月起）

公共资源交易中心

主　　任　吴剑明

公共资源交易监管会办公室（至3月）

主　　任　李　江（兼）

副 主 任　杨俊杰

测绘管理中心

主　　任　赵　宏

档案局（馆）

局（馆）长　刘毅秋（7月起）

副局（馆）长　李蜀昆

　　　　　刘毅秋（至7月）

防震减灾局

局　　长　勒树才

副 局 长　蒋静蓉

供销社

主　　任　李德荣

副 主 任　林　颖

　　　　　蒋　伟（至6月）

　　　　　胡明良（8月起）

监事会主任　赵应良

移民开发局（至4月）

局　　长　王彦平

副 局 长　杨　力

　　　　　韩小艳

机关事务管理局

局　　长　肖　樱

副 局 长　杨　勇

　　　　　朱绍格

　　　　　苏建民（至12月）

　　　　　安　彬

　　　　　赵国华（12月起）

市政协各机构

办公厅（至2月）

办公室（2月起）

主　　任　鲁云宏

副 主 任　杨武振

　　　　　毕　猛

　　　　　丁　宗

委员联络工作委员会（至2月）

委员联络委员会（2月起）

主　　任　谭爱苹

副 主 任　李　霞

提案委员会

主　　任　张丽琼

副 主 任　王增桂

经济委员会（至2月）

经济和农业农村委员会（2月起）

主　　任　李昆敏

副 主 任　严世清

城乡建设环境保护委员会（至2月）

人口资源环境和城乡建设委员会（2月起）

主　　任　焦延田

副 主 任　张　骞

教科文卫体委员会（至2月）

教科卫体委员会（2月起）

主　　任　尹　俊

副 主 任　李　云

社会法制委员会（至2月）

社会和法制委员会（2月起）

主　　任　吕　志

副 主 任　冯月波

民族宗教委员会（至2月）

民族和宗教委员会（2月起）

主　　任　木志群

文史委员会（至2月）

文化文史和学习委员会（2月起）

主　　任　苏国有

港澳台侨外事委员会（至2月）
港澳台侨和外事委员会（2月起）
主　　任　　庞博河
副 主 任　　孙美丽

研究室
主　　任　　张海峰
副 主 任　　黄爱玲
　　　　　　李远芳（1月起）

驻昆有关单位

工商行政管理局（至3月）
局　　长　　潘开平
副 局 长　　姜　柯
　　　　　　陆　弋
　　　　　　邓永斌
　　　　　　张建华
纪检组长　　刘建斌

质量技术监督局（至3月）
局　　长　　赵　文
副 局 长　　顾云顺
　　　　　　梁承波
　　　　　　金　明

市场监督管理局（3月起）
局　　长　　潘开平
副 局 长　　姜　柯
　　　　　　顾云顺
　　　　　　李　凌
　　　　　　王贵平
　　　　　　梁承波
　　　　　　陆　弋
　　　　　　邓永斌
　　　　　　金　明
　　　　　　叶　明
　　　　　　张建华
药品总监　　杨子江
食品总监　　陈柄旭
食品药品稽查支队
支 队 长　　佴　岗（1月起）
食品药品检查所
所　　长　　曾剑平（1月起）

税务局
局　　长　　贺　伟
副 局 长　　和志刚
　　　　　　范一非
　　　　　　王　斌
　　　　　　袁　忠
　　　　　　申晓静
　　　　　　杨春龙
　　　　　　罗继富
　　　　　　康　焰
　　　　　　陈若虚（挂职）
总会计师　　孔胜昔
总经济师　　滕世贤
　　　　　　白建伟

邮政管理局
局　　长　　钱允江

气象局
局　　长　　张成稳
副 局 长　　王占良
　　　　　　赵元茂

水文水资源局
局　　长　　肖　林

昆明供电局
局　　长　　徐尤峰（至10月）
　　　　　　王昌照（10月起）
副 局 长　　杨　斌（至8月）
　　　　　　吉德志（至12月）
　　　　　　李仁杰
　　　　　　何　涛
党委书记　　李绍祥
副 书 记　　徐尤峰
总会计师　　陆映梅

住房公积金管理中心
主　　任　　陈友俊
副 主 任　　杨克军
　　　　　　段　兴
　　　　　　杨昌琴（8月起）

国家统计局昆明调查队
队　　长　　黄　锷
副 队 长　　李　苇（至8月）
　　　　　　王瑞玲

新闻单位、大专院校

昆明报业传媒集团（至11月）
董 事 长　　姚　宏
党委书记　　姚　宏
副 书 记　　钱丽雯

昆明日报社（至11月）
社　　长　　姚　宏
副 社 长　　张稼文
　　　　　　刘光平
总　　编　　姚　宏
副 总 编　　刘光平
　　　　　　闵晓阳
　　　　　　彭　涛
　　　　　　刘云坤（至11月）

昆明信息港管委会
主　　任　　张稼文

昆明报业传媒集团（昆明日报社）（11月起）
董 事 长　　姚　宏
党委书记　　姚　宏
副 书 记　　钱丽雯
总　　编　　姚　宏
副 总 编　　闵晓阳
　　　　　　彭　涛

昆明广播电视台
董 事 长　　房旭东
台　　长　　房旭东
总 经 理　　罗　飚（至4月）
副 台 长　　李树荣（5月起）
　　　　　　罗力争（5月起）
　　　　　　蔡　毅
　　　　　　吕永平
　　　　　　郑良欢
党委书记　　房旭东（至5月）
副 书 记　　李树荣（至5月）
　　　　　　罗力争（至5月）

昆明广播电视网络有限责任公司
执行董事　　田　文
总 经 理　　刘一涛
常务副总经理　　赵丽蓉
副总经理　　罗　焰

马　黎
温继红
党委书记　田　文
副书记　杨　斌

昆明学院

院长　黎素梅
副院长　郭　华
董建华
李　立（兼）
马银海
沈　凡
王　凡
党委书记　陈永明
副书记　黎素梅
熊　晶

国有企业

烟草专卖局

局长　包　毅（至2月）
田泽华（3月起）
副局长　陈　智
党委书记　包　毅（至2月）
田泽华（3月起）
副书记　普国荣
纪委书记　普国荣（至4月）
孙　波（1月起）

烟草公司

经理　包　毅（至2月）
田泽华（3月起）
副经理　杨永平
邓光新
谢　敏（6月起）
总会计师　王永振（6月起）

公交（集团）有限责任公司

董事长　苗献军
总经理　闫　忠
副总经理　陈瑞生（至11月）
姜　犹
徐　昆
党委书记　苗献军
副书记　吴　艳
总会计师　付继芳

开发（度假）区

昆明高新技术产业开发区管委会

主任　陈　勇（至8月）
王　迅（8月起）
副主任　赵戌军（至1月）
陈全季（至1月）
王冕一（4月起）
张学平（5月起）
党工委书记　苏　宇（至1月）
陈　勇（1月起）
副书记　陈　勇（至1月）
王　迅（7月起）
陈思瑾（1月起）
何云虹（至1月）
和少柏（至12月）
纪工委书记　和少柏（至4月）

中国（云南）自由贸易区昆明片区（8月起）

工作委员会

书记　赵学锋（11月起）
副书记　李河流（兼，12月起）
何云虹（兼，12月起）

管理委员会

主任　李河流（11月起）
副主任　王月冲（兼，11月起）
王桂泽（兼，11月起）
徐　春（兼，11月起）
李　勇（兼，11月起）
赵　昆（兼，11月起）

昆明经济技术开发区管委会

主任　李河流
副主任　宋　栋（至1月）
孟光寿（至1月）
王月冲（1月起）
李丕方（至1月）
王桂泽（1月起）
徐　春（兼）
李　勇（4月起）
党工委书记　郭子贞（至1月）
赵学锋（1月起）
副书记　李河流
王富昌（至1月）
赵兴旺（至1月）
何云虹（1月起）
纪工委书记　赵兴旺（至1月）

昆明滇池旅游度假区管委会

主任　罗建宾（至1月）
副主任　王月冲（至1月）
成　民
李　诚（至1月）
王　军（1月起）
肖新华（1月起）
李　波（7月起）
党工委书记　武　斌
副书记　罗建宾（至1月）
王桂泽（至1月）
陈思瑾（至1月）
熊　坚（5月起）
纪工委书记　陈思瑾（至1月）

空港经济区

主任　和丽川（兼，至8月）
魏　乾（12月起）
副主任　李云周（兼）
朱恒俊
金　雄
党工委书记　保建彬（兼，至8月）
和丽川（兼，8月起）
副书记　和丽川（兼，至8月）
魏　乾（12月起）
王春晓（至12月）
管光茂（12月起）
纪工委书记　曹志坚

昆明阳宗海管委会

主任　袁培文
副主任　肖向飞（至5月）
孙继华
金炯平
肖真雷（8月起）
巨春良
洪志华
党工委书记　袁培文
副书记　高建明（至5月）
郝国栋（8月起）

嵩明杨林经济开发区管委会

主任　杨相来
专职主任　杨明和
副主任　李永山
董　辉（4月起）

党工委书记 杨相来
副书记 李绍文
纪委书记 李绍文（兼）

民主党派

民革市委
主任委员 邓永云（兼，9月起）
朱 燕（至9月）
副主任委员 李为民（至9月）
邵云华（9月起）

民盟市委
主任委员 夏 静（兼，至9月）
刘 龚（兼，9月起）
副主任委员 李 霞
孙 骥（兼，至9月）
叶 明（至9月）
赵 坚（兼）
郭鹏群（兼，至9月）
陈垠宏（兼，9月起）
刘海燕（兼，9月起）
张韶维（兼，9月起）

民建市委
主任委员 高中建（兼）
副主任委员 钟 华（至9月）
陈湘榆（9月起）
张汉举（兼，9月起）
詹亚平（兼，至9月）
石 磊（兼）

民进市委
主任委员 王 键（兼）
副主任委员 余 平
谢家放（兼，至9月）
田 峰（兼，9月起）
靳 宇（兼，9月起）
许 睿（兼，9月起）
邓国谊（兼，9月起）

农工党市委
主任委员 马 涛（兼）
副主任委员 徐 辉
戴 彬（兼）
马 俊（兼）
吴继昆（兼）

致公党市委
主任委员 李冰晶（兼）
副主任委员 黄秋苹（至3月）
王延春（兼）
谷 欣（兼）
李 蔚（兼）

九三学社市委
主任委员 常 敏（兼，至9月）
张铁松（兼，9月起）
副主任委员 王云伟（至3月）
秦亚杰（兼，至9月）
段 伟（兼）
张铁松（兼，至9月）
杨 伟（9月起）
成 钢（兼，9月起）
唐 翀（兼，9月起）

人民团体

总工会
主席 戚永宏
常务副主席 赵涤群（至1月）
赵健吾（2月起）
副主席 李 祥
李俊涛
刘 辉

团市委
书记 郝国栋（至8月）
王彦彦（11月起）
副书记 黄 斌
林 勤
王乂丫

妇联
主席 张 姝
副主任 王朝晖
王学艳

社科联
主席 龚志龙
副主席 赵 勇
李 燕（至3月）
张震鸿（5月起）

社科院
副院长 陈勇强

科协
主席 盛 军
副主席 张学华
何文林
张 波

文联
主席 陆毅敏（12月起）
副主席 刘云坤（12月起）
周海霞（12月起）

工商联（总商会）
主席 董 林
常务副主任 蔡永福（至1月）
冉德涛（2月起）
副主席 訾贵金
范莉华
颜 语（兼）
阳书文（兼）
邓永斌（兼）
阮鸿献（兼）
李云锁（兼）
张金炉（兼）
沈长虹（兼）
刘兴督（兼）
尹元江（兼）
莫 非（兼）
苏国辉（兼）
李大剑（兼）
谭忠文（兼）
马永升（兼）
苏承爽（兼）
吴登刚（兼）
王国新（兼）
李昊城（兼）

侨联
主席 朱 燕（至2月）
尹朝晖（12月起）
副主席 毕娇娇

台联
会长 冯美琼（至3月）
李为民（10月起）
专职副会长 万 方

党组书记　朱家健

残联

理事长　马文森
副理事长　庞　文
　　聂　晶（至12月）

红十字会

会　长　周红斌
常务副会长　杨　凡
副会长　冯　浩
　　张琳林（至4月）

县（市、区）

五华区

区委书记　吕天云（至2月）
　　陈　伟（3月起）
副书记　陈　伟（至3月）
　　赵志良（至6月）
　　杨泽松（8月起）
人大常委会主任　苏天福
副主任　王　勇
　　布艳芬
　　余　彦
　　期丽琼
区　长　陈　伟（至3月）
代理区长　王秀江（3月起）
常务副区长　陈　净（至8月）
　　李　宁（8月起）
副区长　郭　颖
　　涂力军（至2月）
　　何跃龙
　　李克武
　　徐　静
　　朱显福（5月起）
政协主席　凡　群
副主席　许萍森
　　孙　骥
　　杨　伟（至9月）
　　陈达祥
纪委书记　马汝恒（至5月）

盘龙区

区委书记　孙　杰
副书记　沃　磊（2月起）
　　马　谦（至2月）
　　朱金玉（3月起）
人大常委会主任　汪宏昌
副主任　张云燕
　　喻星源
　　张有为
　　陈雁兵
区　长　沃　磊（2月起）
常务副区长　段　超
副区长　敖文昆（至1月）
　　易迎霞
　　张学平（至5月）
　　张　波
　　马　伟（1月起）
　　成　钢
　　刘晓航（8月起）
　　赫诗锦（挂职）
政协主席　陶建宇
副主席　武　梅
　　肖　毅
　　耿　琏
　　赵云昆
纪委书记　李　宁（至8月）
　　汪洪忠（11月起）

官渡区

区委书记　和丽川
副书记　王　忠（至3月）
　　毕绍刚（至7月）
　　周　燕（3月起）
　　钱宏俊（8月起）
人大常委会主任　刘利升
副主任　郭玉英
　　石玲红
　　李洑生
　　汤　澎
区　长　王　忠（至3月）
代理区长　周　燕（3月起）
常务副区长　赵　昆
副区长　储云川
　　李　韬（4月起）
　　李　进（至4月）
　　汪洪忠（至11月）
　　马春梅
　　费劲松
　　谌俊毅（挂职，至7月）
　　李雄彬（11月起）
政协主席　刘峻松
副主席　李　武
　　丁健琳
　　张汉举
　　袁纪文
纪委书记　张　竞（至3月）
　　周定龙（4月起）

西山区

区委书记　周红斌（至1月）
　　王　忠（3月起）
副书记　陈瑞斌
　　李文斌（至7月）
　　陈　净（8月起）
人大常委会主任　李　增
副主任　刘　伟
　　矣志高
　　李金义
　　孔　卫
区　长　陈瑞斌
副区长　李汝林（至11月）
　　田　峰
　　陈　晓
　　朱显福（至5月）
　　殷磊民（至12月）
　　罗　东（5月起）
　　杨　凯（8月起）
政协主席　章　震
副主席　李正良
　　舒静涛
　　赵钰梅
　　明志新
纪委书记　谭先权
监察委主任　谭先权

呈贡区

区委书记　尹旭东
副书记　张先宝
　　徐贵明（至8月）
　　李友华（8月起）
人大常委会主任　马宏途
副主任　张明华
　　杨莲芝
　　杨旭海
　　高艳萍
区　长　张先宝
常务副区长　杨　飞（至3月）
　　浦　泰（3月起）
副区长　王　丹
　　潘　劲（至3月）

张建文
王　刚（1月起）
杨　云（7月起）
政协主席　杨绍斌
副主席　杨跃云
赵　津
王毅强
纪委书记　余利鸿
监察委主任　余利鸿

东川区
区委书记　胡江辉
副书记　陈　江
李德鸿
何　辉（挂职，至7月）
程幼昆（挂职，至7月）
人大常委会主任　尹加华
副主任　雷　斌（至4月）
马　俊
李思禾
吴云惠
区长　陈　江
副区长　赵国明
伏思良（至12月）
翁　磊
颜　静
赖昱辉
黄大龙
林岸立（挂职，至5月）
潘守领（挂职，至11月）
于　峰（挂职，至11月）
边慧夏（挂职，至9月）
季　赟（挂职，9月起）
马　俊（挂职）
政协主席　张家福
副主席　孙庆辉
邹　康
陈勤龙
李泓运
纪委书记　刘　彬

安宁市
市委书记　王　迅（至7月）
张勤勋（7月起）
副书记　张勤勋（至7月）
毕绍刚（7月起）
王胜章
人大常委会主任　尹贵生
副主任　李国祥
曹忠昌
蔡志勇
王　燕
市长　张勤勋（至7月）
常务副市长　武春禄（至12月）
副市长　马　伟（至1月）
刘文先（1月起）
李宝林（至12月）
王　梅
倪　红（挂职）
张才兴
韩富国（4月起）
孙　凯（挂职）
政协主席　耿玉立
副主席　夏荣生
李玉平
张　辉
胡毅洁
纪委书记　韩春华（至4月）
景碧昆（5月起）

晋宁区
区委书记　李福军
副书记　徐　波（2月起）
杨万洪
人大常委会主任　李飞鸿
副主任　李德政
赵丽娟
李树功
刘　艳
区长　徐　波（2月起）
代理区长　徐　波（至2月）
常务副区长　吕　丰
副区长　李绍荣
普娅馨（至4月）
李云良
陈海清
李雁遐（6月起）
娄张祥
熊定卫（挂职）
政协主席　普鸿昌
副主席　肖子建
夏维林
肖红良
李永红
纪委书记　范今颖（至7月）
钱德剑（7月起）

富民县
县委书记　李　康（至11月）
李旭东（11月起）
副书记　李旭东（至11月）
李绍鹏（至6月）
张津华（9月起）
人大常委会主任　杨　超
副主任　徐世荣（至3月）
张向阳
张玉美
何万强
县长　李旭东（至11月）
副县长　朱　伟（至2月）
徐玫娟
刘建军
李　辉
王九飚
唐洪发
孙　源（挂职）
政协主席　徐世荣（3月起）
副主席　熊　军
彭学云
彭跃东
杨立清
纪委书记　石惠玲
监察委主任　石惠玲

宜良县
县委书记　李绍俊
副书记　刘中政
张　攀（至2月）
吴智峰（4月起）
人大常委会主任　张贵平
副主任　杨云章
李秀英
马明良
李奉纲
县长　刘中政（2月起）
代理县长　刘中政（至2月）
副县长　王亚芳
孙自林
罗　东（至5月）
李德荣（6月起）
杨洪坤
刘春菊
李锦昌
丁　杰
政协主席　段　富

副 主 席　王　刚
许正斌
马丽波
刘海燕
纪委书记　景碧昆（至5月）
涂国尧（7月起）

嵩明县

县委书记　杨相来
副 书 记　王秀江（至3月）
潘加智（至9月）
李进波（3月起）
霍　延（11月起）
人大常委会主任　姚富正
副 主 任　洪志伟
杨晓影
桂志芬
王天寿
县　　长　王秀江（至3月）
代理县长　李进波（3月起）
副 县 长　董　辉
李友华（至8月）
胡国海
艾发伟
李　韬（至2月）
潘　智
杨绍聪（1月起）
孔令梅（4月起）
苏志云（11月起）
政协主席　李俊彪
副 主 席　普菊珍
李　贞
邵晓松
杨　伦
纪委书记　王玉萍（至3月）
徐　斌（6月起）

石林彝族自治县

县委书记　梁　崑
专职副书记　普建勇
副 书 记　黄世建
人大常委会主任　张忠贵
副 主 任　杨春宝
潘佳良
毕福祥
王　虹
县　　长　普建勇
常务副县长　余　春
副 县 长　苏云波
张持恒
殷　瑕
李雄彬（至11月）
政协主席　者培仙
副 主 席　刘琴龙
潘华光
李　湖
毕宏志
纪委书记　张　晖

禄劝彝族苗族自治县

县委书记　焦　林
副 书 记　李开德
段庆颖（至12月）
人大常委会主任　张光文
副 主 任　朱淑芬
吴明泽
张成武
刘琴芬
县　　长　李开德
常务副县长　张大福
副 县 长　叶增强（至8月）
莫佳鑫（至1月）
闫国勋（4月起）
李植红（8月起）
熊国志（至7月）
王丕兴
李兴翠
罗　艾（挂职，至11月）
李　俊（挂职）
刑军善（挂职）
吴振华（挂职）
政协主席　张庆学
副 主 席　张　怡
赵　明
张运平
王永云
纪委书记　周定龙（至4月）
阮世伟（4月起）
监察委主任　周定龙（至4月）
监察委代理主任　阮世伟（4月起）

寻甸回族彝族自治县

县委书记　何健升
副 书 记　马　郡
周　燕（至3月）
王　军（6月起）
人大常委会主任　张永萍
副 主 任　赵文富
杨朝旺
张光凤
县　　长　马　郡
常务副县长　李东华
副 县 长　杨智斌（至9月）
郭　沁
成志东（至2月）
朱选高
陈　放（挂职，至11月）
何盛龙（挂职）
方元升（挂职）
董玉国（挂职）
马加斌
王嘉懿（9月起）
政协主席　肖正坤
副 主 席　周利辉
方正平
马仲敏
赵德伟
纪委书记　董国新（至5月）
郭　松（7月起）
监察委代理主任　郭　松（7月起）

（资料由撰稿单位提供，方玉红整理，市委组织部审核）

年度概述

概况

2019年，昆明市面对结构性体制性周期性问题相互交织、经济下行压力持续加大、新旧动能转换影响等风险挑战明显上升的复杂局面，坚持稳中求进工作总基调，贯彻新发展理念，推动高质量发展，统筹做好稳增长、促改革、调结构、惠民生、防风险、保稳定的“六稳”工作，经济社会保持平稳健康发展。全市地区生产总值（GDP）6475.88亿元，按可比价格计算，比上年增长6.5%。其中，第一产业增加值270.29亿元，增长5.5%；第二产业增加值2078.75亿元，增长4.6%；第三产业增加值4126.84亿元，增长7.7%。三次产业结构为4.2∶32.1∶63.7，三次产业对GDP增长的贡献率分别为3.4%、25.3%和71.3%，分别拉动GDP增长0.2、1.7和4.6个百分点。全市人均生产总值93853元，增长5.2%，按年均汇率折算为13605美元。

全市规模以上工业总产值完成4039.06亿元，增长2.49%。一般公共预算收入630.03亿元，增长5.80%。其中，税收收入509.25亿元，增长6.7%，占一般公共预算收入的比重80.8%，比上年同期提高0.7个百分点。一般公共预算支出820.86亿元，增长8.5%；固定资产投资（不含农户）同比增长5.5%；社会消费品零售总额3056.57亿元，增长9.7%；城镇和农村常住居民人均可支配收入分别达46298元、16356元，分别增长7.7%、9.8%；物价总体温和可控，居民消费价格总水平上涨2.3%；城镇登记失业率为3.4%。

经济建设

2019年，昆明市统筹做好稳增长、促改革、调结构、惠民生、防风险、保稳定和“六稳”工作，高质量推进区域性国际中心城市建设取得新成绩。全市地区生产总值达6475.88亿元，增长6.5%（按可比价格计算），固定资产投资增长2.8%。税收结构持续优化，在实施大规模减税情况下，税收收入达509.30亿元，增长6.7%，占一般公共预算收入的80.8%，质量位居全省第一。金融市场稳定运行，金融机构（含外资）人民币存贷款余额分别增长9.5%、9.8%。企业效益稳步提高，规模以上工业企业实现利税总额765.69亿元，增长6.6%，企业资产负债率同比降低2.3个百分点。年内，新增2家上市企业，首发融资金额16.43亿元，至2019年末，全市共有挂牌上市公司55家，民营企业占比85%；共有2家次挂牌上市公司实施股票定向发行融资2.17亿元。创新能力持续增强。产业升级步伐加快。工业经济稳中有进，规模以上工业增加值增长4.8%；服务经济稳中趋优，农业增加值增长5.5%。新动能加速成长。数字经济快速发展。发布云南首家5G产业、数字昆明发展规划。电信业务总量增长57%，互联网软件和相关服务业营业收入增长8.1%；大健康发展提速。发布大健康产业发展规划，顶层设计日趋完善，大健康产业增加值增长10%左右；旅游革命深入推进，全年共接待游客1.8亿人次，增长16%，实现旅游总收入2733亿元，增长25%。

产业招商成效显著。深入推进大招商、招大商，瞄准重点区域、重点企业开展精准招商，美国利宝互助保险集团等世界500强企业入驻昆明。坚持领导带队招商，市委、市政府主要领导外出招商13次，成功举办华为·昆明5G产业生态合作伙伴恳谈会等招商推介活动，增强了企业来昆投资信心。创新招商方式，健全以商招商、中介招商等机制，强化招商项目落地保障，完善招商考核制度，普洛斯昆明环普产业园等74个项目实现当年签约、当年开工。全年引进市外内资1304.10亿元，增长12.7%，实际利用外资10.20亿美元，增长20%。

创新主体发展壮大。高新技术企业突破1000家、营业收入突破3000亿元，高新技术产品收入增长16%。创新平台不断扩大。新增全国创业孵化示范基地1个、国家级小微企业创业创新示范基地3个。生物医药大健康、高原特色农业、信息及芯片产业等科创中心组建成立。以高校联盟和院所联盟为基础，建成高校和科研院所科技成果转化中心10个，成果转化57项，实现产值50亿元。新认定半导体材料等领域院士工作站7个。新增省级重点实验室14个、省级以上企业技术中心19家。创新人才加速聚集。引进外国专家82人次，新增省级技术创新人才83人，537人入选省"万人计划"。创新环境持续优化。出台区域性国际科创中心建设政策，入选国家知识产权示范城市，成为全省唯一的财政科技经费"放管服"试点市。小微企业创业创新基地示范城市考核名列全国第二。全社会研发投入强度（全口径）达2.4%。科技进步贡献率达59.1%，提升4个百分点。

新增长极加快打造。滇中新区经济运行稳中向好，地区生产总值增长8.5%，高于省、市平均水平，一般公共预算收入、招商引资实际到位内资均实现两位数增长。自贸试验区昆明片区建设开局良好，各项体制机制加速构建，94项试点任务全面启动，证照分离试点改革全面实施，行政审批实现"一窗受理、一网通办、一次办成"，新增注册企业2849家。各类园区加快发展，3个国家级开发（度假）园（区）社会事务逐步移交属地政府管理，6个产业基地成为首批省级新型工业化产业示范基地。高新区、经开区主营业务收入分别达2200亿元、2000亿元，分别创建为国家绿色园区、国家生态工业示范园。综合保税区跨境电商综合服务平台上线运行，昆明综保"全球购"品牌初步形成。主城区"退二进三""腾笼换鸟"取得新成效，总部楼宇、商贸金融、文旅健康等服务经济不断壮大，新业态新模式加快成长，主城区经济总量占全市比重达73.6%。

政治建设

2019年，昆明市推进民主政治建设，坚持和完善人民代表大会制度、中国共产党领导的多党合作和政治协商制度、基层群众自治制度等，推进政府治理现代化、民主法治建设，加强党的建设和新时期统一战线工作，提升依法治市水平。

强化政治引领。制发《关于坚定维护以习近平同志为核心的党中央集中统一领导的决定》《关于进一步加强党的政治建设的实施意见》等文件，把党的政治领导落实到各领域、各方面，广大党员干部"四个意识"更加牢固，"四个自信"更加坚定，"两个维护"更加坚决；始终坚持党对一切工作的领导。出台《中共昆明市委关于深入贯彻落实党的十九大精神奋力推动区域性国际中心城市跨越发展的决定》等文件，各级党组织始终坚持把党的政治建设作为根本性建设，把党的政治领导落实到经济建设、政治建设、文化建设、社会建设、生态文明建设等各领域、各方面、各环节，为加快区域性国际中心城市建设提供坚强保障；严肃党内政治生活。认真执行《关于新形势下党内政治生活的若干准则》，规范落实组织生活、"三会一课"、民主评议党员、谈心谈话、"5+X"主题党日等制度；严格落实《县以上党和国家机关党员领导干部民主生活会若干规定》，市委常委带头对联系地区和单位民主生活会进行全程监督指导，确保全市县以上党和国家机关党员领导干部民主生活会的质量；着力构建风清气正的政治生态。市委常委会对省委十届八次全会精神进行专门传达学习，动员全市各级党组织和全体党员干部，把学习贯彻省委十届八次全会精神和省委关于构建风清气正政治生态的决定、"以案促改"警示教育大会精神作为当前和今后一个时期的重要政治任务。市委常委班子带头开好"不忘初心、牢记使命"专题民主生活会暨汲取秦光荣案深刻教训专题民主生活会，全面持续肃清白恩培、仇和余毒和秦光荣流毒影响。出台《中共昆明市委关于贯彻〈中共云南省委关于坚持全面从严治党构建风清气正政治生态的决定〉的实施意见》，为全面净化政治生态提供制度保障。

认真贯彻落实党中央、省委关于开展"不忘初心、牢记使命"主题教育的决策部署，针对不同层级、不同领域、不同对象特点，制订"1+4"工作方案，编制“一图三清单”，强化主题教育分级分类指导。聚焦学习贯彻习近平新时代中国特色社会主义思想主线，通过中心组学习、读书班、专题辅导等形式，带动广大党员干部读原著、学原文、悟原理。围绕党的建设、经济发展、践行党的宗旨3个方面8个专题扎实开展调查研究，深入查找和检视党员干部自身存在的问题，影响和制约发展的问题，群众最急、最忧、最盼的问题。对10个方面专项整治的突出问题和查摆出的其他问题逐一整改落实，通过媒体向社会公告承诺整改问题709条。围绕教育、医疗、道路交通、社会保障等方面问题，各级各部门领导班子采取有效措施解决群众操心事、烦心事9366件，使群众切实感受到主题教育带来的新变化、新成效。

2019年，昆明市完成年度重点改革任务95项，东川区全国健康促进区（县）试点等10项改革经验在全国推广。供给侧结构性改革深入推进。机构改革顺利完成，市政府工作部门由46个精简到38个，精简比例达17.4%，市政府直属事业单位从11个精简为6个，机构履职更加顺畅高效。“放管服”改革持续深化，承接省级行政许可事项6项，下放行政审批事项22项，取消6项，在全省率先实施食药品医疗器械经营许可改革，实现“证照同发”“先证后查”“最多核一次”。坚持依法行政，继续巩固市县乡三级行政机关法律顾问全覆盖成果，更加重视行政复议和应诉工作，行政机关负责人出庭应诉率达70%。

紧紧围绕全市改革发展稳定大局，依法履职，修定地方性法规10件、废止2件，开展立法前期调研27件，立法后评价1件；开展执法检查8项、听取审议专项工作报告26项，专题询问3次、专项工作评议1次、工作视察及专题调研200余次；依法讨论决定重大事项15项；依法任免地方国家机关工作人员180人次；372件代表建议按时办结，4件重点建议得到较好落实。2019年2月，政协昆明市第十三届委员会机构设置调整为9个专门委员会和2个办事机构。各级政协组织聚焦年度工作任务，围绕中心工作，献计出力，推动建言资政和凝聚共识双向发力，汇聚起推动昆明改革发展稳定的强大合力，为高质量推进区域性国际中心城市建设履职尽责。年内，市政协就打造高效政务服务环境、营造法治化营商环境、改善营商社会环境开展专题调研。同时围绕打造国际活动品牌、强化城市标识建设、创新发展特色文化开展专题调研，市政协常委会议于9月27日围绕“挖掘昆明特色文化元素，提升城市影响力”进行协商议政。推进党管武装、外事、工商联、民族宗教、双拥、侨台等工作，工会、共青团、妇联、科协、残联、红十字会等人民团体的桥梁纽带作用得到发挥。

文化建设

至2019年底，昆明市共有15个公共图书馆（其中一级图书馆6个，三级图书馆9个），16个文化馆，139个乡镇（街道）文化站，1676个行政村（社区）综合性文化服务中心，年内举办“春秋十讲”“4·23”名家讲座、上海视频讲座等公益讲座67次，受益听众近5000人次；承办“公共文化空中大课堂”12讲。继续深入推动基层公共文化服务设施建设，全市实施30个乡镇（街道）综合文化站和423个村（社区）基层综合性文化服务中心达标建设。全市农家书屋实现全覆盖，积极推进农家书屋“建管用”工作。2019年，昆明市拨付市、县两级图书馆、文化馆，美术馆、文化站免费开放补助资金1415万元。昆明市共有各级文物保护单位626项，其中：全国重点文物保护单位27项（29处），省级73项（74处），市级116项，县（市、区）级410项。昆明市博物馆有馆藏文物2万余件，其中：一级文物6件，二级文物60件，三级文物539件。2019年，注册备案非国有博物馆1个——云南古滇翡翠博物馆，全市注册备案博物馆达37家，其中：国有文物类博物馆13个，国有行业类博物馆15个，非国有博物馆9个；馆藏文物总号数10150件套，实际数量20958件套，其中：2019年度新增藏品294件套，新增实际数量838件。接收个人无偿捐赠物品30批次，获赠物品总号254件套，实际数量734件。引进和自办展览41个，共接待观众659.20万人次。云南昆明规划馆总建筑面积为3.60万平方米，总布展面积为1.90万平方米，其中市级布展区域为1.40万平方米。昆明市体育中心1994年建成并投入使用，可容纳观众20000人，2019年，市体育中心服务健身人群115.80万人。

深入推进昆明市“基层公共文化服务包”。2019年，昆明市基层公共文化服务专项资金由人均14元提标至人均17元，按该标准2018年全市下达经费共10974.37万元，其中市级承担2743.98万元，县区承担8230.38万元。至年底，全市利用“基层公共文化服务包”共组织开展各种文化惠民活动14000余场，受惠群众510万余人。2019年，昆明市文化和旅游局组织文化惠民演出6512场，惠及人数1148.02万人。

全市共有文化市场经营单位2803家，其中娱乐场所经营单位1467个，互联网上网服务营业场所1279个，文艺表演团体25个，演出场所经营单位4个，艺术品经营机构28个。年内，在文化市场管理方面开展文化市场许可证清理工作，全面加强互联网上网服务营业场所监管，开展全市娱乐市场专项整治行动，清理整治无证无照经营专项执法行动，积极开展“三非”（外国人非法入境、非法居留、非法就业）治理工作，牵头开展“禁毒两打两控”专项行动，开展校园周边文化市场整治和文化市场安全消防工作。

社会建设

2019年，昆明市持续优化空间资源，加快编制《昆明市国土空间规划（2018—2035年）》，呈贡区万溪南部片区等5个重点片区控规全覆盖。大力推行国土综合整治，挖掘盘活存量和低效用地潜力，不断拓展发展空间，东白沙河片区等19个“三旧”改造项目顺利实施，金刀营、茨坝等13个项目启动，拆除违法违规建筑2580.20万平方米，完成640个“大棚房”问题专项清理整治。全年收储土地4.86万亩，供应4.65万亩，实现土地出让收入1081亿元。综合交通加快建设。昆倘高速开工，宜石、武倘寻等工程进展顺利，东格、石泸、寻沾（昆明段）、机场北高速建成通车，东南绕城高速基本建成，绕城高速外环“闭合成圈”，新增高速公路通车里程194千米，高速公路总里程突破1000千米，公路通车总里程突破2万千米。渝昆高铁开工，昆明至河口开行动车。地铁在建里程达97.30千米，4号线、6号线二期具备通车条件。长水机场公务机楼改造竣工，新开通昆明至圣彼得堡等8条国际航线，客运吞吐量达4808万人次。城乡设施不断完善。国家植物博物馆筹建工作有序推进，完成展陈大纲、核心区修建性详细规划及主馆建筑方案等设计。以62条城市道路为重点的整治提升工程全面展开，人民路、东风路恢复提升工程完工。北京路、盘龙江沿线亮化、东风广场灯光秀“点亮昆明”。建设海绵城市33.60平方千米。完成主城区41个小区天然气改造，1.40万户居民用上清洁能源。新增机动车汽车位2.60万个。建成5G基站1000余个，成为全国首批开通5G网络终端城市。新建改建城市公厕120座，主城区公厕平均设置密度达到国家上限标准。新建、改建农村公路406千米，建成农村饮水安全巩固提升工程369件，改善提升18.40万人饮水安全。大力发展公共租赁住房，发放城镇住房保障家庭租赁补贴，加快推进棚户区改造，多渠道解决中低收入家庭住房困难。至2019年12月底，昆明市2019年棚户区住房改造开工9500套，基本建成17591套；发放城镇住房保障家庭租赁补贴3329户；公共租赁住房分配入住11.80万套，10多万家庭实现安居梦；完成4类重点对象危房改造6170户，完成非4类重点对象危房改造10399户。

推进民生保障改善。加大民生事业投入，民生支出占一般公共预算支出的比重达75.4%，完成10件惠民实事。截至2019年12月31日，全市城乡居民基本养老保险参保人数212.49万人，领取待遇人员53.42万人，各项社会保险参保率保持在96%以上。城镇新增就业16.15万人，城镇登记失业率为3.4%。精准脱贫成效显著。完成中央脱贫攻坚专项巡视、省扶贫开发成效考核等反馈问题整改，东川区、禄劝县顺利脱贫摘帽，如期实现3个贫困县全部摘帽、404个贫困村全部出列、现行标准下9.60万户35.06万人建档立卡贫困人口全部脱贫的预期目标。开展医疗保险DRG付费国家试点工作。深入推进全国居家和社区养老服务改革试点、医养结合试点工作，探索建立长期护理保险制度，新建养老服务机构11家，新增床位2154张，被列为“第二批国家安宁疗护试点”。构建“2+11”教育现代化制度体系。推进“三名”工程，累计引进上海师大附中等省外名校20所，来昆合作或举办分校28所，引进名师206名、名校长27名，新增优质学位7万多个。创建省一级高（完）中4所、省一级示范幼儿园12所。教育质量明显提升，一本综合上线率等高考重要指标均列全省第一，缩小与成都、西安的差距。义务教育阶段符合条件的随迁子女“两为主”入学政策得到有效落实。加大教育助学政策力度，拨付各类补助资金7.24亿元，惠及学生68.23万人次，实现建档立卡贫困家庭子女100%教育资助。医疗卫生水平稳步提升。以10家三级医院为核心开展各种形式的医联体建设，共覆盖519家医疗机构、14个县（市、区）。开展60岁及以上户籍老人免费接种23价肺炎球菌多糖疫苗项目。抢抓国家“医养结合试点”“居家和社区养老服务改革试点”机遇，加快推进健康养老服务体系建设，建设医养结合共同体（一个机构同时持有养老机构许可证和医疗机构许可证）32家（其中社会力量兴办医养结合机构9家），医养结合机构医疗床位总数2104张，养老床位8697张。社会治理成效突出。社会治安环境持续向好，全市命案立案数同比下降了10.7%，“两抢”警情“零接报”实现132天历史性突破，群众安全感综合满意率上升2.47个百分点。昆明市荣登“中国经济生活大调查”“美好生活城市”榜单第五位。

生态文明建设

2019年，昆明市组织实施《昆明市打赢蓝天保卫战三年行动实施方案》，编制《2019年昆明市大气污染防治工作目标任务》，持续解决以细颗粒物（PM2.5）、可吸入颗粒物（PM10）和二氧化氮（NO_2）为重点的大气污染问题。开展“散污乱”企业综合整治，排查出“散污乱”企业161家，其中关停取缔类140家，升级改造类8家，整合搬迁类13家。印发《昆明市机动车遥感监测系统建设工作方案》，加强机动车尾气污染防治。强化源头防控，推进城市建成区及周边重污染企业搬迁改造或关闭退出，督促火电行业开展超低排放改造。开展县级城市建成区燃煤小锅炉排查淘汰，高污染燃料禁燃区划定，协调推动滇中城市群大气污染防治联防联控工作。对环境空气质量监测网络点位进行优化调整，新增4个国控监测点位，国控城市评价点位增加到10个。

组织昆明市各县(市、区)政府签订《2019年度昆明市各县(市)区地表水断面目标责任书》，编制《昆明市2019年重点湖库蓝藻水华防控工作方案》《昆明市地表水劣Ⅴ类断面整治专项行动工作方案》等工作方案。加强不达标饮用水源地整治，下发水质预警和整改通知，开展水源地执法活动，指导并督促相关属地政府开展整治工作；完成昆明市千吨万人饮用水源地基本信息排查和千吨万人饮用水源地保护区划定技术报告编制。编制《昆明市人民政府关于印发2019年昆明市土壤污染防治工作目标任务的通知》。持续开展重点行业企业用地土壤污染状况调查，完成昆明市重点行业企业用地土壤污染状况现场调查、基础信息采集、风险筛查及纠偏报告编制工作，形成高度、中度、低度关注地块划分；加强重点企业土壤环境监管，与辖区内重点监管企业(第一批)签订土壤污染防治责任书，对重点监管企业明确相关措施和责任；加强建设用地准入管理，建立疑似污染地块名单，并持续更新、建立污染地块再开发利用准入管理、土地征收、收回、收购等环节监管；开展土壤污染治理与修复技术应用试点。打好蓝天保卫战，空气综合污染指数下降6.5%，空气质量优级天数达184天，在全国168个城市中排名第十五名，省会城市中排名第五名。

2019年，昆明市生态文明体制改革专项小组共完成40项改革任务。进行党政机关机构改革、生态环境机构监测监察执法垂直管理制度改革、生态环境保护综合行政执法改革，组建昆明市生态环境局，17个县(市、区)、开发(度假)园(区)生态环境分局。成立昆明市生态环境机构监测监察执法垂直管理制度改革领导小组。完成昆明市各县(市、区)原环境保护局、环境监察大队、环境监测站机构上划工作。2019年8月，云南省统计局发布2017年生态文明建设年度评价结果，昆明市排名第二。

整改完成中央、省环保督察反馈意见、问题84个，小江流域尾矿库污染问题整治取得积极进展，长江、珠江流域水生态环境保护与国土生态修复力度加大。深化河(湖)长制，推进滇池治理三年攻坚行动，实施清水入滇微改造工程，抓好“上截中疏下泄”等重点项目建设，22条城市河道黑臭水体基本消除黑臭，入选国家城市黑臭水体治理示范城市，滇池全湖水质保持Ⅳ类，阳宗海水质稳定保持Ⅲ类，南滇池湿地公园被评为“国家湿地公园”。完成营造林55.20万亩，滇池流域及西山重点保护区、重点敏感区域生态治理修复9000亩。新增水土流失治理面积387.90平方千米。自然村生活垃圾治理率达100%。安宁市获评全国农村人居环境整治激励县。

(资料来源：2020年《昆明市政府工作报告》、2020年版《昆明市情》及相关委办局年鉴资料，由市志办年鉴处整理。)

2019年昆明市十件大事

1. 昆明荣登“美好生活城市”榜单第五位

2月22日，由国家统计局、中央广播电视总台、中国邮政集团公司和北京大学国家发展研究院联合开展的“中国经济生活大调查”，在北京发布2018～2019年度美好生活指数最高10个省会城市和直辖市榜单，昆明在榜单中排名第五位。

2. 东格高速建成通车

2019年7月2日，东格高速建成通车。东格高速起于东川区西北角板河口，顺接功东高速，止于东川拖布卡镇格勒村，路线全长39.46千米。双向4车道，设计车速80千米/小时。东格高速是云南省高速公路网规划中第8条纵线S25昆明至巧家高速公路重要组成部分，是云南省入川、渝主要通道之一，也是昆明市骨架路网重要组成部分，为云南省、州市、县区一条地方经济干线。

3.2019中国（昆明）大健康产业博览会

8月2日，由云南省卫生健康委、昆明市人民政府、云南省城市建设投资集团有限公司主办，东方环球会展集团、云南省医院协会承办的2019中国（昆明）大健康产业博览会在昆明国际会展中心举行，880余家国内外健康产业企业参展。本届博览会设立3个主题展馆，内容包括大健康产业多个行业领域，展示面积15000平方米。7号大健康综合馆新增国际元素，设置国际健康展区，汇聚来自泰国、马来西亚、老挝、缅甸等国家参展商80余家，涵盖重症诊疗、康复养老、医学美容、疗养旅游等健康产业，搭建国际沟通交流平台。

4. 中国（云南）自贸试验区昆明片区挂牌成立

8月30日，中国（云南）自由贸易试验区挂牌仪式在昆明、红河、德宏3个片区同步举行。中国（云南）自由贸易试验区实施范围119.86平方千米，涵盖3个片区。其中：昆明片区76平方千米（含昆明综合保税区0.58平方千米），红河片区14.12平方千米，德宏片区29.74平方千米。

5. 省政府、市政府、中科院签约共建国家植物博物馆

10月8日，云南省人民政府、中国科学院、昆明市人民政府合作共建国家植物博物馆签约仪式在昆明举行。2017年，国家有关部委同意在昆明建设国家植物博物馆和大健康产业示范区。云南省成立省级层面国家植物博物馆和昆明大健康产业示范区建设推进领导小组，在前期勘测、研讨、论证基础上，于2018年8月确定国家植物博物馆选址昆明市盘龙区茨坝片区，并初步确定核心建设和拓展区域范围约10平方千米。2019年，国家植物博物馆主馆建筑方案招标等工作正顺利推进中。

6. 昆明市被命名为“全国民族团结进步示范市”

12月9日，国家民委发布相关文件，命名昆明市为“全国民族团结进步示范市”。昆明成为全国首个“民族团结进步示范市”省会城市。截至2019年11月，昆明创建全国民族团结进步创建示范单位10个。其中：3个自治县先后创建成为“全国民族团结进步创建示范县”，石林县被命名为“海峡两岸少数民族交流与合作基地”；创建中国少数民族特色村寨3个、全国民族团结教育基地3个，全省民族团结进步创建示范单位64个、全市民族团结进步创建示范单位567个、各级命名创建示范单位2127个，形成以点串线、以线连片、以片带面创建格局。

7. 党政机构改革全面完成

2019年，昆明市按照中央和省委深化党政机构改革安排部署稳步推进并顺利完成党政机构改革。本轮机构改革后，市本级设置党政机构53个，比改革前减少11个。其中：市委机构15个，比改革前减少3个；市政府机构38个，比改革前减少8个。各县（市、区）党委机构数共减少46个，科级职数减少268个。

8. 昆明地区生产总值在全国省会城市中排名跃升至第12位

2019年，昆明全市地区生产总值6475.88亿元，增长6.50%（按可比价格计算）；一般公共预算收入达630.03亿元，增长5.80%；固定资产投资增长2.80%；社会消费品零售总额达3056.57亿元，增长9.70%；城乡居民人均可支配收入分别达46289元和16356元，分别增长7.70%和9.80%。地区生产总值在全国省会城市中排名从第17位跃升至第12位。

9. 寻甸、禄劝、东川三个贫困县全部实现脱贫摘帽

2019年，昆明市聚焦“两不愁三保障”突出问题，完成中央脱贫攻坚专项巡视、省扶贫开发成效考核等反馈问题整改，4月，东川区、禄劝县顺利通过省评估，实现脱贫摘帽（寻甸县2018年通过国家评估），如期实现3个贫困县全部摘帽、404个贫困村全部出列、现行标准下9.60万户35.06万建档立卡贫困人口全部脱贫的预期目标。

10. 渝昆高铁开工

12月20日，中国“八纵八横”高速铁路网、京昆快速铁路通道重要组成部分——渝昆高铁云南段开工建设。渝昆高铁自重庆西站引出，经重庆、四川、贵州和云南三省一市，线路全长699千米，设计时速350千米，总投资1416.20亿元。其中：云南段388.60千米，占全线56%，途经云南省昭通市、曲靖市，终到站昆明南站，设11个车站。建设工期预计6年。建成后，昆明至重庆和成都将由目前5～6小时压缩至2小时。

2019年大事记

1月

1日，2019年第十二届昆明海鸥文化节暨第三届昆明戏剧节在云南省科技馆开幕。

同日，2019第三届“昆明地标”穿越城市定向越野挑战赛在昆明举行。

4日，昆明市第四次全国经济普查启动仪式在昆明市级行政中心举行。

7日，中国共产党昆明市第十一届委员会第六次全体会议在昆明举行。会议听取和讨论省委常委、市委书记程连元代表市委常委会作题为《深化改革强动能，扩大开放增优势，聚力创新促转型，高质量推进区域性国际中心城市建设》报告；听取和讨论市委常委会2018年党的建设工作专题报告；审议通过《中国共产党昆明市第十一届委员会第六次全体会议关于批准王亚锋等辞去市委委员职务的决定》和《中国共产党昆明市第十一届委员会第六次全体会议关于递补唐琪等4名同志为市委委员的决定》。

11日，云南省首个街道侨联在昆明官渡区太和街道成立。

15日，南二环照明景观亮化工程通过验收。

17日，昆明市人民政府、阿里健康科技（中国）有限公司战略合作框架协议签约仪式在昆明会堂举行。阿里巴巴集团副总裁柯研，程连元、王喜良、夏俊松、胡宝国等市领导出席签约仪式。

同日，全国总工会副主席蔡振华、兼职副主席郭明义一行到昆明市走访慰问企业困难职工和劳模。

19日，“春城志愿行·滇池明珠清”昆明“滇池卫士”志愿服务活动启动暨“市民河长”聘任仪式在滇池大坝举行。程连元、王喜良、刘智等

市领导出席启动仪式，并为“市民河长”志愿服务队、“爱湖”志愿服务队、“滇池卫士”志愿服务队、“滇池驴友”志愿服务队授旗。

23日，功山到东川高速公路建成通车，昆明到东川行驶时间缩短近1小时。

25日，2019年“春城文化节”暨昆明“民族团结大舞台”文艺精品展演在昆明南屏步行街广场举行。

29日，昆明市滇池高原湖泊研究院在昆明挂牌成立。

31日，“城市之光”2019第十二届昆明海鸥文化节新春灯会在翠湖公园亮灯。

2月

1日，市长王喜良率队走访慰问部分老领导、低保户、困难企业职工、困难老党员、武警云南省总队。昆明警备区政委张海泉及马凤伦、郭希林等市领导参加走访慰问。

同日，市长王喜良率队检查春节、全国两会安全生产和春运工作。

3日，省委书记陈豪、省长阮成发率队到昆明市实地检查春节安保维稳工作并看望慰问一线值班值守人员。市委书记程连元等参加。

11日，省委书记陈豪、省长阮成发率队到昆明市专题调研检查滇池保护治理工作。省市领导刘慧晏、程连元、王显刚、和良辉、王喜良、拉玛·兴高、熊瑞丽等参加调研。

13日，市委、市政府召开2019年全市第一次河（湖）长会暨滇池保护治理“三年攻坚”推进会议。会上，市委书记程连元与官渡区、西山区、市滇池管理局、市滇投公司等责任单位签订滇池保护治理三年攻坚行动2019年军令状。王喜良、刘智、拉玛·兴高、熊瑞丽等昆明市领导和滇中新区领导参加会议。

14日，昆明市2019年“春风行动”启动仪式暨现场招聘会在南坝人力资源市场举行。

16～19日，中国人民政治协商会议昆明市第十三届委员会第三次会议在昆明召开。会议听取并协商讨论市长王喜良所作政府工作报告，协商讨论市中级人民法院工作报告、市人民检察院工作报告和其他相关报告；听取并审议通过市政协主席熊瑞丽代表政协昆明市第十三届委员会常务委员会所作工作报告，市政协副主席朱燕代表政协昆明市第十三届委员会常务委员会所作提案工作情况报告，以及大会决议。市委、市人大常委会、市政府、市政协领导班子成员参加会议。

17～20日，昆明市第十四届人民代表大会第四次会议在昆明召开。会议表决通过昆明市第十四届人民代表大会第四次会议关于昆明市人民政府工作报告的决议、关于昆明市2018年国民经济和社会发展计划执行情况与2019年国民经济和社会发展计划的决议、关于昆明市2018年地方财政预算执行情况和2019年地方财政预算的决议、关于昆明市人民代表大会常务委员会工作报告的决议、关于昆明市中级人民法院工作报告的决议、关于昆明市人民检察院工作报告的决议、关于议案的决议、《昆明市人民代表大会及其常务委员会制定地方性法规条例（修订）》，补选昆明市人民检察院检察长和昆明市第十四届人民代表大会常务委员会委员。市委、市人大常委会、市政府、市政协领导班子成员参加会议。

21日，国家发改委副主任兼国家统计局局长、国务院第四次全国经济普查领导小组副组长宁吉喆一行到昆明市调研第四次全国经济普查基层工作开展情况。

22日，由国家统计局、中央广播电视总台、中国邮政集团公司和北京大学国家发展研究院联合开展“中国经济省会大调查”揭晓，昆明、南京、长沙、合肥、广州、呼和浩特、重庆、海口、郑州、银川成为2018～2019年度美好生活指数最高10个省会城市和直辖市。昆明市在榜单中排名第五位。

25～26日，中共中央政治局常委、国务院副总理韩正在云南考察期间到昆明调研，先后到贝泰妮生物科技有限公司、云南白药集团进行考察。省市领导陈豪、阮成发、程连元等陪同调研。

26日，市长王喜良主持召开一季度全市重大项目开工会办会。副市长王冰参加会议。

26～29日，第十四届中国云南普洱茶国际博览交易会在昆明国际会展中心举办。

27日至3月1日，市委书记程连元率队到重庆市开展精准招商活动，与相关企业深入沟通交流，共寻合作良机。市领导刘智、夏俊松、胡宝国等参加活动。

28日，市委书记程连元率队到西南大学考察交流，并举行校地合作交流座谈会。市领导刘智、吴涛、郭希林等参加会议。

3月

1日，第二十届樱花节暨云南省“圆通樱潮”第五届非物质文化遗产展在昆明动物园启幕。

2日，2019昆明“民族团结大舞台”文艺精品及非物质文化遗产展演展示活动怒江专场在昆明南屏步行街广场举行。

3日，市长王喜良率队到创新工场和创新奇智两家企业参观考察。

5日，2019年厦门国际投资贸易洽谈会暨“一带一路”投资大会第一次筹备工作会议在昆明举行。

同日，2019年云南省暨昆明市“3·5”学雷锋日志愿服务集中活动在官渡古镇广场举行。省市领导宣宇才、刘智、金幼和等参加启动仪式。

5～7日，市委书记程连元率队先后到五华区、盘龙区、官渡区、西山区、呈贡区主城五区和高新区、经开区、度假区3个国家级开发（度假）区调研，并主持召开经济发展座谈会。刘智、鲁斌、保建彬等市领导参加座谈会。

6日，昆明市人民政府、上海市教育委员会战略合作签约仪式在昆明举行。昆明市领导程连元、夏俊松、周红斌，上海市教育委员会主任陆靖出席签约仪式。

同日，昆明市人民政府与中国移动云南公司、中国电信云南公司分别签署5G试点战略合作协议。

同日，昆明滇池大坝5G智慧旅游示范项目启动。

同日，"庆祝昆明聂耳交响乐团成立九周年音乐会"在春城剧院举行。

8日，"中国—老挝旅游节"系列活动"锦绣丝路文化艺术节"在昆明举行。

同日，市委书记程连元主持召开国家植物博物馆规划建设指挥部第一次会议。市领导保建彬、夏俊松、郭希林等参加会议。

16日，昆明国际友城旅游联盟媒体采风活动在昆明启动。

同日，第四届"春天在哪里，昆明告诉你"活动启动。

18日，云南省2019年澜湄合作系列活动暨澜湄周活动在昆明启动。

19日，2019年中国辣木产业大会在昆明举行。

20日，中央文明办在中国文明网上公布全国文明城市提名城市中的141个地级以上城市、城区2018年文明城市年度测评结果，昆明排名全国文明城市省会提名城市第一名。

21日，昆明市首个县级融媒体中心——官渡区融媒体中心揭牌启用。

22日，市长王喜良召开项目会办会，对接部分重大续建(停工缓建)项目，一季度未按期开工项目集中"过堂会审"，现场解决项目"肠梗阻"。

同日，昆明市扫黑除恶线索举报受理中心挂牌成立。

23日，"保护母亲湖——'市民河长'在行动"之"我眼中的母亲湖"现场画滇池活动在滇池大坝举行。

27日，市委书记程连元会见中国电建集团昆明勘测设计研究院有限公司常委书记、董事长冯峻林，中建三局集团有限公司常务副总经理张琨一行，双方就进一步加强合作进行交流。夏俊松、吴涛、吕永栋等人参加会见。

29日，紫光芯云产业园暨昆明市2019年一季度重点项目集中开工仪式在呈贡信息产业园举行。本次集中开工项目241项，总投资1300亿元，2019年，计划完成投资380亿元。程连元、王喜良、刘智等市领导，紫光集团董事长兼首席执行官赵伟国、联席董事长龙涛出席开工仪式。

4月

1日，昆明市人民政府与解放军总医院远程医疗帮扶项目启动。

2日，市委书记程连元主持召开会议，与挂钩联系服务重点企业负责人进行座谈。夏俊松、高中建、王冰等参加会议。

9日，省委书记陈豪率队到昆明市调研重大项目建设及经济社会发展情况。省市领导宗国英、程连元、刘慧晏、王喜良等参加调研。

10日，云南省庆祝中华人民共和国成立70周年"壮丽70年·奋斗新时代"大型主题采访活动暨昆明市主题采访活动启动仪式在昆明市寻甸县柯渡镇红军长征纪念馆举行。

12日，市委书记程连元在昆明会见东软集团高级副总裁、东软医疗CEO武少杰一行，双方就加强合作进行深入交流。

同日，昆明市第四批国家公共文化服务体系示范区创建大会在昆明召开。

15日，全国"诚信建设万里行"城市接力·昆明站启动仪式在昆明南屏步行街举行。

16日，省委常委、省委组织部部长李小三率队巡湖调研阳宗海。市领导王喜良、鲁斌、郭希林等参加调研。

同日，市长王喜良到东川区调研小江流域尾矿库污染整治工作并召开座谈会。吴涛、郭希林等参加会议。

17日，市委书记程连元率队到广州市开展招商引资活动。刘智、夏俊松等参加活动。

18日，市委书记程连元率队到上海市普陀区考察交流。并召开普陀区与昆明市东西部扶贫协作联席会议。昆明市领导刘智、夏俊松、胡宝国、赵学农，普陀区领导韩金华参加上述行动。

同日，昆明市政府与金浦产业投资基金管理有限公司在上海市签订战略合作框架协议。

同日，市委书记程连元率队到华东理工大学考察交流，并举行座谈会。

19日，市委书记程连元率队到中国航天科工集团有限公司考察交流，并举行交流座谈会，就对口帮扶、深化合作等事宜进行交流。

21日，2019年春城文化节"中国梦·书香情——'4·23'世界读书日"系列活动在昆明南屏步行街广场启动。

22日，市委书记程连元率队到东川区调研脱贫攻坚和生态环境保护工作情况。市领导夏俊松、胡炜彤等参加调研。

同日，昆明首个消费扶贫示范点在五华区桃园家具城挂牌成立。

23日，中央扫黑除恶第20督导组督导昆明市工作汇报会召开。

24日，市长王喜良率队到华为技术有限公司，就推动昆明5G产业发展、推进智慧城市建设等事项进行座谈。华为技术有限公司副总裁杨瑞凯，昆明市领导王冰、郭希林等参加座谈。

24～26日，市长王喜良在深圳带队拜访调研部分5G产业链上企业，宣传推介昆明，洽谈项目合作。副市长王冰、市政府秘书长郭希林参加调研。

25日，由云南省商标协会主办，由春城晚报、昆明诺仕达企业(集团)有限公司承办2019年知识产权宣传周主题峰会在昆明举行。

27日至5月1日，2019年昆明·泰

国节在昆明公园1903举办。

29日至5月1日，老挝人民革命党中央政治局委员、万象市委书记兼市长辛拉冯·库派吞率万象市代表团到昆明访问。

30日，市委书记程连元会见老挝人民革命党中央政治局委员、万象市委书记兼市长辛拉冯·库派吞一行，双方就进一步深化国际友好城市关系、开展务实合作进行交流。

同日，省政府新闻办举行新闻发布会宣布：2018年云南省13个州(市)33个贫困县(市、区)全部达到退出条件，脱贫摘帽。昆明市禄劝县、东川区在退出贫困县序列。

5月

4日，共青团云南省委联合云南师范大学、昆明第一中学在西南联大博物馆举行“青春心向党·建功新时代”特别主题团日活动，以纪念五四运动100周年。

同日，云南各族各界青年学习贯彻纪念五四运动100周年大会精神座谈会在昆明举行。

5日，全国人大常委会委员、全国人大宪法和法律委员会副主任、民盟中央副主席徐辉到昆调研教师教育供给侧改革工作。市委常委、市委统战部部长杨皕陪同调研。

同日，由共青团云南省委、共青团昆明市委与昆明地铁运营有限公司共同打造昆明“青春号”青年地铁专列开通。

同日，全省首个建筑行业“青年之家”在昆明揭牌成立。

8日，昆明市召开创建全国文明城市工作总指挥部2019年第一次工作调度会暨市文明委全体会议。

9日，市委书记程连元会见中国电子信息产业集团总经理张冬辰一行，双方就深化合作进行深入交流。市领导夏俊松、周红斌等参加会见。

同日，西南最大“动车码头”在昆明建成。

10日，市委书记程连元主持召开国家植物博物馆规划建设指挥部第二次会议。中科院昆明植物研究所党委书记杨永平，市领导夏俊松、高中建等参加会议。

同日，2019年中国品牌日云南省暨昆明市特色活动在昆明南屏步行街启动。

同日，昆明健康医疗大数据产业发展峰会在昆明举行。

11日，港粤部分重点企业负责人到昆明市考察交流。

12日，昆明市人民政府与世茂房地产控股有限公司、广州富力地产股份有限公司、雅居乐地产置业有限公司、合景泰富集团控股有限公司、英皇集团(国际)有限公司在昆明签订战略合作框架协议。

13日，“澳门青年创新创业空间”在盘龙区电子商务创业园挂牌成立。

13～15日，市长王喜良率队到上海，围绕新材料、人工智能及区块链等领域开展精准招商。

14日，市委书记程连元会见国务院发展研究中心办公厅主任余斌一行，双方就进一步深化合作进行深入交流。夏俊松、高中建参加会见。

16日，2018年度云南省科学技术奖励大会在昆明召开。

17日，由云南省委台办和台湾两岸一家亲交流协会共同发起云台文化青创中心和云台两岸书院在昆明成立。

21日，武钢集团昆明钢铁股份有限公司推进供给侧结构性改革实施环保搬迁转型升级项目场平仪式举行。程连元、夏俊松、王冰等出席仪式。

21～23日，腾讯全球数字生态大会在昆明滇池国际会展中心举行。

22日，中瑞低碳城市合作项目大会在昆明开幕。

同日，昆明市政府在昆明滇池国际会展中心举办“数字赋能　共享未来”专场推介会。

23日，江铃新能源汽车昆明基地制造江铃·易至EV3纯电动汽车举行首车下线仪式。

29日，市长王喜良会见到昆参加新峰会五国外交官。副市长周红斌参加会见。

29～31日，由昆明市和朝阳区联合举办“一带一路”海外人才2019昆明创新峰会暨创业大赛在昆明举行。

30日，上海市普陀区和昆明市2019年东西部扶贫协作联席会议在昆召开。

31日，中关村电子城(昆明)科技产业园在昆明举行招商推荐会，来自山东、广州、上海、昆明等地40家企业参加。

6月

1日，2019年环青海湖自行车联赛(昆明站)暨云南·宜良“台州杯”68道拐自行车爬坡挑战赛在宜良鸣枪开赛。

3日，市委书记程连元率队到安宁市调研新时代文明实践中心试点工作情况。刘智、金幼和、夏俊松等参加调研。

同日，2019年南亚东南亚国家商品展暨投资贸易洽谈会志愿者集中上岗仪式在昆明滇池国际会展中心举行。

4日，市委书记程连元会见来昆出席首届中韩资产管理高峰论坛韩国韩亚金融集团会长金正泰一行。市委秘书长夏俊松参加会见。

同日，市政府常务会议审议通过《昆明市生态保护修复攻坚战实施细则》。

同日，第六届中国昆明国际观赏苗木展览会暨2019年宜良花街节启幕。

5日，省委常委、市委书记程连元陪同青海省委常委、省委组织部部长王宇燕在昆明调研党建工作。市委常委、市委组织部部长刘申寿参加调研。

同日，“春融同心·招商引资昆明行(宜良站)”暨宜良县2019花街节招商引资项目签约仪式在宜良举行。此次签约项目16个，协议投资总额41.70元。

同日，昆明市2019年“6·5”世界环境日主题活动在西山区碧鸡广场举行。

10日，2019年大湄公河次区域（GMS）经济走廊省长论坛在昆明开幕。

同日，2019年中国云南—印度文化周暨2019年中国昆明·中印瑜伽大会在七彩云南·古滇名城开幕。

11日，第17届东盟华商会暨第1届“一带一路”侨社论坛”在昆明开幕。来自53个国家和地区600余位侨领和华商代表参加活动。

同日，中国—南亚省市长论坛在昆明举行。

同日，“2019中国·南亚东南亚艺术周”在昆明开幕。

同日，第二届云南—南亚东南亚教育合作论坛在昆明举行。来自省内外68所高校和柬埔寨、老挝、泰国、孟加拉国、意大利、澳大利亚等31个国家的相关专家学者齐聚春城，共商合作发展。

12日，第14届中国—南亚商务论坛在昆明举行。

同日，以“心手相连、命运共同——中国与南亚东南亚命运共同体建设”为主题第七届中国—南亚东南亚智库论坛在昆明开幕。

同日，“永不落幕的南博会”暨南亚东南亚进口商品展示交易中心在昆明滇池国际会展中心开馆运营。

同日，2019年南亚东南亚国家商品展暨投资贸易洽谈会在昆明滇池国际会展中心开幕。陈豪、阮成发、程连元、王喜良、熊瑞丽等省市领导出席开幕式。

13日，2019年南亚东南亚国家商品展暨投资贸易洽谈会昆明市、滇中新区项目签约仪式在呈贡市级行政中心举行。昆明市、滇中新区共签约项目98个，协议引进资金超过1300亿元。

同日，市长王喜良会见到昆参加2019年商洽会孟中经济合作综合试验区管委会副主席、孟加拉国国加济布尔市市长张汉杰一行，并共同签署昆明市和孟加拉国国加济布尔市发展友好城市关系意向书。

14日，主题为“把握时代脉搏，共享数字经济发展新机遇”第5届大湄公河次区域（GMS）跨境电子商务合作平台对话会暨中国（昆明）数字经济与跨境电子商务高峰论坛在昆明温德姆至尊豪廷大酒店开幕。

19日，市委书记程连元在昆会见新加坡吉宝置业中国总裁李绍强一行。夏俊松、高中建等参加会见。

23～24日，省委副书记王予波到禄劝彝族苗族自治县、寻甸回族彝族自治县调研。省委常委、市委书记程连元，市委副书记刘智陪同调研。

24日，市委书记程连元在昆明会见上海合作组织秘书长诺罗夫一行。夏俊松、胡宝国等及昆明学院相关人员参加会见。

同日，市委市长王喜良在昆明会见澎湖县县长赖峰伟一行。杨皕、赵学农等市领导参加会见。

26日，司法部部长傅政华到昆明市调研司法行政工作。程连元、李建阳等市领导陪同调研。

同日，以“共享‘一带一路’机遇，深化云台融合发展，推进辐射中心建设”为主题第8届云台会在昆明开幕。

27日，第20届中国（昆明）国际汽车博览会在昆明滇池国际会展中心启幕。

7月

1日，市委书记程连元率队现场督查国家植物博物馆项目推进情况。王喜良、保建彬、夏俊松、郭希林等和中科院昆明分院、中科院昆明植物研究所、中科院昆明动物研究所、省林业科学院有关人员参加活动。

同日，由云南省文化和旅游厅、昆明市人民政府共同举办“不忘初心、牢记使命”云南省红色旅游系列活动在昆明启动。

3日，2019年第四届“慕尼黑啤酒节——昆明之旅”活动在昆明新亚洲体育城开幕。

5日，九三学社全国传统教育基地——昆明周培源旧居揭牌，成为九三学社中央委员会命名第二批“九三学社全国传统教育基地”之一。

7日，昆明东川到四川格勒高速公路建成通车。

10日，省委书记陈豪、省长阮成发，省委副书记王予波等党政军领导到昆明市安宁市参加义务植树活动。省委常委，省人大常委会、省政府、省政协领导，省人民检察院检察长，驻滇解放军和武警部队领导及昆明市领导王喜良、熊瑞丽、夏俊松等参加植物活动。

同日，2019中国汽车技术发展（昆明）国际论坛开幕式在昆明举行。

10～15日，2019中国昆明国际石博览会在昆明国际会展中心举行。

11日，晋宁区举行2019年重点项目集中开工暨启动仪式，省市领导程连元、陈舜、王喜良、夏俊松等出席开工仪式。

同日，以“传承精神、扬帆启航”为主题的2019年昆明郑和文化旅游节在晋宁区开幕。

同日，2019年国际盆景协会中国地区委员会会员盆景精品展暨中国盆景精品邀请展在昆明启幕。

同日，2019年“创意昆明”系列主题活动启动仪式和“加快推进昆明文化和旅游融合发展专家研讨会”在盘龙区871文化创意工作场举行。

同日，国内首个机动车高原试验室落户昆明。

12～14日，第二十届中国昆明国际花卉展在昆明滇池国际会展中心举办。

15～25日，昆明市第六届运动会在石林彝族自治县民族体育场举行。

16日，省委第一巡视组对昆明市高原湖泊保护治理机动巡视整改进展情况进行满意度测评。

17～21日，第六届中国聂耳音乐（合唱）周在昆明启幕。

17～18日，省委书记陈豪率队到昆明市开展“不忘初心、牢记使命”主题教育调研。市长王喜良等参加调研。

18日，国家级昆明经济技术开发区管委会与河南省进口物资公共保税中心集团有限公司合作签约仪式在昆明举行。市领导刘申寿、夏俊松、王冰及省级有关部门负责人参加签约仪式。

同日，2019国家金融与发展（昆明）峰会在昆明举行。

19～20日，由云南省人民政府主办2019年首届“数字云南”区块链国际论坛在昆明举行。会上，揭牌成立云南省数字经济开发区、建信云能数字科技有限公司，启动数字经济产业发展基金，进行18个重点项目签约。

21日，中国科学院昆明植物研究所昆明植物园举行以“心系草本情　礼赞中国梦”为主题第二届植物家园开放日活动。

23日，昆明市人民政府与泰康保险集团股份有限公司在昆签订战略合作框架协议。市委书记程连元会见泰康保险集团董事长兼首席执行官陈东升一行，双方进行深入交流，共同见证签约仪式。保建彬、夏俊松、郭希林等市领导出席签约仪式。

24日，北京大学肿瘤医院与昆明市卫生健康委员会、昆明市第一人民医院在昆签订医疗合作协议，将合作共建国家肿瘤区域医疗中心。王喜良、毕惠芝、周红斌等市领导出席签约仪式。

25日，昆明市人民政府与国家开发银行云南省分行签署“深入推动长江经济带保护、建设区域性国际中心城市”战略合作协议。昆明市领导王喜良、保建彬、郭希林，国家开发银行云南省分行行长洪正华出席签约仪式。

26日，省人大常委会常务副主任、省级河（湖）长制副总督察和段琪率调研督察组到昆调研督察滇池保护治理情况和昆明市落实河（湖）长制工作情况。市领导王喜良、拉玛·兴高、吴庆昆等参加。

28日，2019MCC地中海中国（昆明）冠军赛在嘉丽泽国际体育训练基地开幕。来自中国、西班牙、德国、英国、俄罗斯、美国等国家26支男、女足球队参赛。

8月

1日，昆明市举行庆祝中国人民解放军建军92周年暨军事日活动。市领导程连元、熊瑞丽、金幼和、夏俊松等参加活动。

2日，中国共产党昆明市第十一届委员会第七次全体会议在昆明举行。市委常委会向全会作题为《紧盯目标找差距，群策群力促发展，以优异成绩庆祝中华人民共和国成立70周年》工作报告。省委常委、市委书记程连元讲话，全面总结2019年上半年全市经济社会发展工作，深入分析当前形势，并重点围绕加强党对经济工作集中统一领导，对下半年工作进行安排部署。

同日，由云南省卫生健康委、昆明市人民政府、云南省城市建设投资集团有限公司主办，东方环球会展集团、云南省医院协会承办2019中国（昆明）大健康产业博览会在昆明国际会展中心举行。

3日，第三届春城体育节暨2019年昆明市全民健身日活动在昆明市体育场举行。

6日，昆明经济技术开发区管委会与华为技术有限公司合作框架协议签约仪式在昆明举行。

8日，“中国—老挝旅游年”艺术节在昆明举行。

14日，中国农业大学、昆明市人民政府合作共建都市驱动型乡村振兴创新实验区签约暨启动仪式在昆明举行。省委常委、市委书记程连元，全国人大常务委员会委员、中国农业大学校长孙其信共同为“昆明市乡村振兴教授工作站”“云南省李小云专家工作站昆明市分站”“昆明市都市驱动型乡村振兴实验区综合示范村”揭牌。

同日，昆明市召开2019年上半年经济工作会议暨招商引资、营商环境工作推进会。

16日，“春城花都·好享昆明”2019云南昆明文化和旅游宣传推广活动在上海豫园商城开幕。

21日，2019西甲希望杯中国（昆明）冠军赛在昆明嘉丽泽国际体育训练基地举行。

23日，西南首个恒隆广场在昆明开门营业。

25日，昆明国际体育运动康养谷暨西甲昆明国际足球学校奠基启动仪式在安宁市太平新城举行。市委书记程连元、西班牙驻华大使拉法埃尔·德斯卡亚，西甲联盟主席哈维尔·特巴斯等出席启动仪式。

同日，省委常委、市委书记程连元在昆会见西班牙驻华大使拉法埃尔·德斯卡亚一行，双方就进一步深化合作进行深入交流。西甲联盟主席哈维尔·特巴斯，国家体育总局经济司司长刘扶民，省体育局局长尹勇，市委秘书长夏俊松，副市长周红斌参加会见。

28日，2019全国党报媒体整合高峰论坛暨社长总编看昆明活动在昆明启动。

30日，中国（云南）自由贸易试验区挂牌仪式在昆明举行。陈豪、阮成发、程连元、刘慧晏等省市领导，柬埔寨、泰国、马来西亚、缅甸、越南等国驻昆明总领事，中国（云南）自由贸易试验区领导小组成员单位和省政府驻外办事处负责人，中央企业驻滇机构和省属国有企业负责人，行业协会、异地商会、外资外贸外经和物流企业负责人参加挂牌仪式。

9月

1～2日，市委书记程连元率队到江苏省常州市开展招商引资、学习考察，与龙城旅游控股集团、恐龙园文化旅游集团进行深入交流，现场见证嵩明县与恐龙园文化旅游集团签订项目合作框架协议。市领导夏俊松、吕永栋、高中建等参加上述活动。

2～3日，市委书记程连元率队到

湖北省武汉市开展招商引资和学习考察。武汉市领导汪祥旺、陈邂馨，昆明市领导夏俊松、高中建、吕永栋参加上述活动。

2～4日，市长王喜良率队到深圳市开展精准招商活动。副市长王冰及经开区管委会、市工业和信息化局、市投资促进局、市政府驻深圳联络处等部门有关负责人参加此次招商活动。

3日，全国政协副主席卢展工一行调研滇池治理与保护及昆明国际花卉拍卖交易中心、斗南国际花卉产业园区开发公司。市委副书记刘智陪同调研。

同日，以“促进国际先进技术转移转化，建设科技转移辐射高地”为主题金砖国家技术转移中心（昆明）国际合作交流大会在昆明开幕。

5日，以“绿色发展·美好生活”为主题第十五届中国昆明国际农业博览会在昆明滇池国际会展中心开幕。省级有关部门领导、云南省部分州市领导以及省外代表团有关领导出席开幕式。

7日，2019年广发银行·昆明高原国际半程马拉松赛在云南省博物馆鸣枪起跑。市领导金幼和、毕惠芝、周红斌参加开幕仪式。

同日，云南陆军讲武堂建校110周年学术研讨会在昆明举行。

9日，昆明市官渡区与上海师范大学、昆明市晋宁区与上海健康医学院合作签约仪式在昆明举行。昆明市领导程连元、王喜良、夏俊松，上海市教卫工作党委原书记陈克宏，上海师范大学副校长张峥嵘，上海健康医学院副校长唐红梅出席签约仪式。

10日，昆明市人民政府、西南大学中国乡村建设学院乡村振兴生态资源价值实现“三级市场”试点建设签约仪式在昆明举行。昆明市领导王喜良、刘智、郭希林，西南大学中国乡村建设学院执行院长温铁军出席签约仪式。

11日，市委书记程连元到云南财经大学，向广大师生作题为《同心筑梦 同行聚力 谱写昆明建设区域性国际中心城市新篇章》形势政策报告。

12日，2019绿地大健康产业发展大会在昆明举行。

16日，昆明市暨滇中新区“不忘初心、牢记使命”主题教育动员会议召开。

18日，市委书记程连元在昆明会见英国驻重庆总领事艾佩诗及英国自然历史博物馆有关负责人一行。夏俊松、胡宝国参加会见。

18～20日，农工党中央常委、农工党辽宁省委主委、辽宁省人大常委会副主任杨关林率农工党辽宁省委调研组到昆明市开展脱贫攻坚民主监督，并召开座谈会。

19日，昆明市庆祝中华人民共和国成立70周年——大型原创组歌《春城飞歌颂中华》电视晚会在昆明广播电视台演播厅举行。

26日，昆明市庆祝中华人民共和国成立70周年“为祖国放歌”合唱晚会在昆明会堂举行。程连元、刘智、拉玛·兴高、熊瑞丽等市领导参加晚会。

27日，“5G+医疗联盟智慧”应用启动仪式暨全国首例“5G+手术”双向直播发布会在昆明医科大学第一附属医院举行。

28日，第十五届全国政务服务工作交流研讨会在昆明开幕。全国人大社会建设委员会副主任委员、中国行政管理学会会长江小涓，省市领导董华、王喜良、郭希林等参加开幕式。同日，江小涓一行还到昆明市政务服务管理局调研，现场指导昆明市政务服务“一网四中心”推进有关情况。

同日，昆明至河口3对CR200J“复兴号”动车组列车开行。

29日，云南滇中新区第三季度重点项目集中开工仪式暨国药中生云南生物制品产业化基地项目奠基仪式、云南滇中新区第三季度重点项目集中签约仪式在昆明举行。本次集中开工重点项目20个，总投资135亿元，分别落地安宁市、嵩明县和空港经济区，涉及电子信息、生物医药、新材料、文化旅游、现代物流、特色花卉、房地产开发、教育培训等产业。

30日，云南省委、省政府和昆明市委、市政府在昆明抗战胜利纪念堂举行2019年烈士纪念日向人民英雄敬献花篮仪式。

10月

1日，昆明市庆祝中华人民共和国成立70周年“万人同升国旗同唱国歌”活动在市级行政中心昆明会堂前广场举行。程连元、王喜良、刘智、拉玛·兴高等市领导与全市各界代表一同参加升国旗仪式。

8日，云南省人民政府、中国科学院、昆明市人民政府合作共建国家植物博物馆签约仪式在昆明举行。中国科学院副院长张亚平，省市领导程连元、董华、王喜良、夏俊松等及省级有关部门负责人参加签约仪式。

11日，昆明主城区最大加气站蓝龙潭CNG加气综合场站（一期）启动投产试运行。

13日，2019年“一带一路·七彩云南”昆明国际网球邀请赛在安宁市温泉网球中心开幕。程连元、胡宝国、拉玛·兴高等市领导，老挝驻昆领事馆总领事康潘·翁桑迪、马来西亚驻昆领事馆总领事法依萨、缅甸驻昆领事馆领事妙梭，东南亚网协秘书长以及文莱、老挝、缅甸、菲律宾、泰国等国网协主席参加开幕式。

14日，市委书记程连元会见成都迪康药业股份有限公司董事长任东川、艾赞特药物研发有限公司总裁瓦尔马、北京四环生物制药有限公司董事长程度胜一行。夏俊松、胡宝国等参加会见。

同日，省人大常委会副主任杨杨福生率队专题调研昆明市开展扫黑除恶专项斗争工作情况。拉玛·兴高、赵学农、苏宇等市领导陪同调研。

15日，第三届泛珠三角区域先进制造业创新发展峰会在昆明举行。

15～16日，市委书记程连元率昆明市党政代表团到迪庆藏族自治州考察，并出席2019年昆迪对口帮扶友好合作座谈会。拉玛·兴高、熊瑞丽、杨皕、夏俊松等参加上述活动。

18日，市委书记程连元在昆明会见中国交通建设集团有限公司总裁宋海良一行，双方就进一步加强多领域合作进行深入交流。市委秘书长夏俊松参加会见。

同日，中国铁路昆明局集团开行昆明至曲靖、宣威8对CR200J“复兴号”动车组列车。其中：昆明至曲靖5.5对，最快旅行时间60分钟；昆明至宣威2.5对，最快旅行时间110分钟。

21日，以“聚天下英才　促云南跨越”为主题第四届云南国际人才交流会在昆明开幕。

21～22日，中央扫黑除恶第20督导组在昆明市开展督导。

22～23日，国家民委监督检查司副司长李钟协率国家民委调研检查组和五省区互观互检组在昆明实地调研检查昆明市创建全国民族团结进步示范市工作。拉玛·兴高、杨皕、胡宝国等市领导陪同调研检查。

24日，2019沪昆教育合作交流论坛暨昆明市首届校(园)长论坛在昆明会堂开幕。

24～27日，第三届中国(昆明)国际大健康养生养老产业博览会暨首届中国药食同源产业发展大会在昆明国际会展中心开幕。

11月

2～3日，“2019昆明滇池国际龙舟争霸赛”在滇池大坝举行。来自国内外50支代表队参赛。

5日，市委书记程连元会见普吉幻多奇(大众)有限公司董事局主席丘小平一行。夏俊松、周红斌等市领导参加会见。

同日，第八届中国—南亚国际文化论坛欢迎晚宴在昆明安宁举行。中国人民对外友好协会秘书长李希奎，市领导程连元、拉玛·兴高、夏俊松等出席晚宴。

6日，第八届中国—南亚国际文化论坛在昆明安宁开幕。尼泊尔共产党中央委员、尼泊尔前环境与人口部长、前劳工与交通管理部长卡马尔·朝拉甘，中国对外友好协会秘书长李希奎，省市领导杨嘉武、熊瑞丽、周红斌出席开幕式。

10日，英国驻重庆总领事馆在昆明宣布启动中国西南区“绿色先锋在英国”项目。

11日，历时8年建设昆武高速入城段地面工程全线通车。

12～14日，首次面向“三区三州”地区举办职业技能大赛在昆明举行。来自云南、四川、西藏、甘肃、青海、新疆六省(区)21个市(地、州)的211名选手参赛。

15日，由文化和旅游部、中国民用航空局和云南省人民政府共同举办2019中国国际旅游交易会开馆仪式暨“中国—太平洋岛国旅游年”闭幕式在昆明滇池国际会展中心开幕。本届旅游交易会为期3天，展区面积9万平方米，展位数3866个，来自75个国家和地区参展商和来自全球近700名采购商参展参会。

同日，“山水相依·命运相连”澜沧江—湄公河文化旅游交流暨中老柬历史古迹自驾游活动在昆明启动。

同日，首届中缅媒体双城论坛(2019)昆明峰会在昆明举行。

15～17日，2019中国国际旅游交易会在昆明滇池国际会展中心举行。

16日，以“昆友联盟　梦想同行”为主题2019昆明国际友城旅游联盟海外会员城市招商推介会在昆明举行。

19日，市委书记程连元一行到呈贡区乌龙街道七步场社区开展学习贯彻党十九届四中全会精神走基层宣讲活动，并与基层干部群众面对面交流互动。金幼和、夏俊松等市领导参加宣讲。

同日，全省深入推进“旅游革命”暨“一部手机游云南”工作领导小组第18次会议在昆明召开。

同日，昆明“世界厕所日暨昆明市厕所革命宣传日”主题宣传系列活动启动仪式在滇池大坝举行。

21日，2019中国视频游戏产业发展与责任论坛在昆明举行。

22日，2019年澜湄合作博览会——“一带一路”国际商事仲裁法律服务论坛在昆明国际会展中心举办。

22～24日，中央“不忘初心、牢记使命”主题教育第四巡回督导组到昆明市开展调研。市委常委、市委组织部部长刘申寿陪同调研。

26日，省委常委、省委组织部部长李小三率队到昆明市调研阳宗海河(湖)长制问题整改落实情况。王喜良、刘申寿等市领导参加调研。

28日，中国航天科工集团有限公司党组副书记、总经理刘石泉一行到东川区定点扶贫调研。市委常委、副市长胡宝国陪同调研。

29日，中国(云南)自由贸易试验区昆明片区举行2019年落地项目集中开工仪式。程连元、王喜良、王冰、夏俊松等市领导出席开工仪式。

12月

1日，2019上合昆明马拉松在海埂会堂开赛。上海合作组织秘书长弗拉基米尔·诺罗夫，印度、哈萨克斯坦、土耳其等驻华大使，省市领导程连元、李玛琳、王喜良等，以及阿富汗、俄罗斯、塔吉克斯坦、白俄罗斯、蒙古国、亚美尼亚、巴基斯坦等国家外交官和嘉宾出席开幕式。

同日，市委书记程连元、市长王喜良等会见来昆明访问的上合组织秘书处、上合组织成员国驻华使节、欧亚青年精英代表团一行。上海合作组织秘书长弗拉基米尔·诺罗夫，市领导拉玛·兴高、熊瑞丽、夏俊松等参加会见。

3日，第四届昆明国际友城合作与发展研讨会在昆明开幕。市长王喜良与孟加拉国国加济布尔市市长、老挝万象市委常委、澳大利亚瓦加瓦加市市长共同为“昆明国际友城教育合作联盟联络处”揭牌。副市长胡宝国与友城代表共同签署《昆明国际友城教育合作宣言》。

同日，市长王喜良会见来昆明参加第四届昆明国际友好合作与发展研讨会国际友城代表，并就友城间合作进行交流。

5日，市长王喜良率队到晋宁区现场观摩花卉产业发展，并召开全市推进“一县一业”现场会。

7～8日，第四届中国－国际器官捐献大会暨“一带一路”器官捐献国际合作发展论坛在昆明召开。

9日，国家民委命名昆明市为“全国民族团结进步示范市”。

同日，昆明区域性国际创新创业大赛暨2019创客中国国际中小企业创新创业大赛全球知商（昆明）科创项目成果转化对接活动在昆明南亚东南亚科技服务业合作中心举行。

11日，“和谐昆明　相约北京——昆明市民族团结进步创建成果展”在北京民族文化宫开展。

同日，市委书记程连元主持召开《生物多样性公约》第十五次缔约方大会省、市筹备工作领导小组专题会议。省市领导张纪华、夏俊松、周建忠等及中科院昆明植物研究所有关领导参加会议。

同日，2019“一带一路　七彩云南”国际足球邀请赛在昆明拓东体育场开赛。

同日，以“改革·创新·优化·共享”为主题第六届全国公共资源交易论坛在昆明开幕。

12日，昆明市文化旅游招商引资推介会在北京举行。推介会上6个项目集中签约，协议金额432亿元。昆明市人大常委会主任拉玛·兴高，北京市朝阳区人大常委会主任陈宏志等出席推介会。

同日，2019年中国融媒体发展论坛在昆明举行。

14～17日，国务院发展研究中心资源与环境政策研究所专家组一行到昆明调研滇池保护治理工作并召开调研座谈会，国务院发展研究中心资源与环境政策研究所副所长李佐军，市委常委、市政府党组副书记张斌出席座谈会。

16日，市委书记程连元在昆明会见上海宝冶集团有限公司董事长白小虎一行，双方就进一步加强合作进行友好交流。

19日，云硅智谷科技小镇启动暨闻泰昆明智能制造产业园开工活动在昆明高新区马金铺片区举行。省市领导程连元、董华、王喜良、拉玛·兴高等出席活动。

同日，昆明世博园创新改造暨大型文化旅游综合项目集中开工仪式在世博园内举行。王喜良、高中建等市领导等参加仪式。

20日，渝昆高铁云南段开工建设。

21日，昆明市人民政府与融创中国控股有限公司签订战略合作框架协议。省市领导程连元、和良辉、王喜良，融创中国董事会主席孙宏斌，环球融创会展文旅集团董事长邓鸿等出席签约仪式。

24日，嵩明县举行2019年四季度招商引资项目集中签约暨重点项目开工仪式，集中签约项目16个，协议投资137亿元，意向投资5亿元；集中开工项目16个，总投资347.19亿元。市领导王喜良、周红斌出席开工仪式。

27日，全国双拥工作领导小组成员兼办公室副主任、退役军人事务部拥军优抚司司长曹俊率队到昆明，就第十一届全国双拥模范城（县）创建工作情况开展调研督导并召开座谈会。市领导刘智、赵学农，市委常委、昆明警备区政委张海泉，以及省级有关部门领导参加调研。

28日，2019年昆明环滇池高原自行车邀请赛在昆明举办。

30日，中国共产党昆明市第十一届委员会第八次全体会议在昆明举行。会议听取和讨论市委书记程连元受市委常委会委托作题为《高质量打赢全面小康收官战，高标准推进市域治理现代化，全力推动区域性国际中心城市建设迈上新台阶》报告；听取和讨论《昆明市2019年党的建设工作专题报告》；审议通过《中共昆明市委关于深入学习贯彻党的十九届四中全会精神的实施意见》。

（李　震）

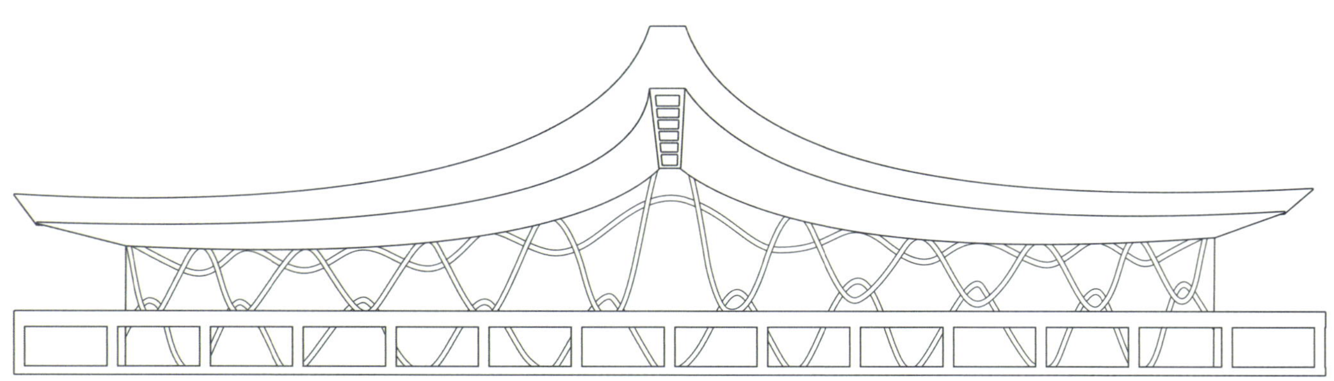

【重要会议】 **市委十一届六次全会** 1月7日，中国共产党昆明市第十一届委员会第六次全体会议召开。全会由市委常委会主持。省委常委、市委书记、滇中新区党工委书记程连元做讲话。全会听取和讨论程连元代表市委做的题为《深化改革强动能，扩大开放增优势，聚力创新促转型，高质量推进区域性国际中心城市建设》的报告；听取和讨论市委常委会2018年党的建设工作专题报告。市委副书记、市长王喜良就《昆明市机构改革方案》和《昆明市深化市级机构改革实施方案（讨论稿）》向全会做说明。全会审议通过《中国共产党昆明市第十一届委员会第六次全体会议关于批准王亚锋等四名同志辞去市委委员职务的决定》和《中国共产党昆明市第十一届委员会第六次全体会议关于递补唐琪等四名同志为市委委员的决定》，决定同意王亚锋、王建颖、左广、应亥宗辞去市委委员职务，递补唐琪、苏琼芬、杨文惠、储汝明为中共昆明市委第十一届委员会委员。市委委员57人，市委候补委员6人出席全会。市纪委委员和市监委委员、有关方面的负责同志和部分省、市基层党代表列席会议。

市委常委会会议 全年召开市委常委会议42次，讨论研究议题373项。严格贯彻落实民主集中制，在重大事项决策、重要干部任免、重要项目安排、大额度资金使用等方面坚持集体讨论，广开言路、集思广益，依靠集体智慧和科学程序决策。

市委理论学习中心组学习 全年召开市委理论学习中心组学习15次。以政治学习为根本，以深入学习党的十九大、十九届二中、三中全会精神和习近平新时代中国特色社会主义思想为首要任务，增强“四个意识”，坚定“四个自信”，做到“两个维护”，紧密结合思想和工作实际，学以致用、用以促学、学用相长，为决战脱贫攻坚、决胜全面建成小康社会，高质量推进区域性国际中心城市建设提供思想保障、精神动力和智力支持。

市委全面深化改革领导小组会议 全年召开市委全面深化改革领导小组会议5次，会议传达中央和省委全面深化改革领导小组会议精神，研究审议相关改革方案。

市委常委领导班子2018年度民主生活会 1月18日，市委常委领导班子召开2018年度民主生活会。省委常委、市委书记、滇中新区党工委书记程连元主持会议，代表市委常委领导班子做对照检查，并带头做个人对照检查发言。市委常委逐一进行对照检查发言，开展批评与自我批评。省委组织部副部长李朝文，省委第一督导组组长李萍到会指导并做点评。市人大常委会主任拉玛·兴高，市政协主席熊瑞丽列席会议。

市纪委十一届四次全会 1月21日，中国共产党昆明市第十一届纪律检查委员会第四次全体会议召开。省委常委、市委书记、滇中新区党工委书记程连元出席会议并讲话。市委副书记、市长王喜良，市委副书记刘智，市政协主席熊瑞丽等市领导参加会议。市委常委、市纪委书记、市监委主任杨正晓传达十九届中央纪委三次全会和省纪委十届四次全会精神并代表市纪委常委会做工作报告。

市级各民主党派、工商联、有关人民团体专题调研协商座谈会 1月21日，市委召开市级各民主党派、工商联、有关人民团体专题调研协商座谈会，听取2018年度各项专题调研成果。省委常委、市委书记、滇中新区党工委书记程连元，市委副书记、市长王喜良出席会议并讲话。市委副书记刘智，市政协主席熊瑞丽，市委常委、市委秘书长夏俊松等到会听取意见。市委常委、市委统战部部长杨葿主持座谈会。

云南省扫黑除恶专项斗争第一督导组督导昆明市工作反馈会 1月23日，云南省扫黑除恶专项斗争第一督导组督导昆明市工作反馈会召开。省委常委、市委书记、滇中新区党工委书记程连元就做好督导整改工作做表态发言。市委副书记刘智主持会议。市委常委、市纪委书记、市监委主任杨正晓，市委常委、市委政法委书记李建阳等参加会议。

全年经济工作专题会议 1月24日，省委常委、市委书记、滇中新区党工委书记程连元主持召开专题会议研究全年经济工作。市委副书记、市长王喜良做部署。市委副书记刘智，市委常委、常务副市长保建彬，市委常委、市委宣传部部长金幼和，市委常委、市委秘书长夏俊松参加会议。

市委政法工作会议 1月24日，市委政法工作会议召开。省委常委、市委书记、滇中新区党工委书记程连元出席会议并讲话。市委常委、市委政法委书记李建阳主持会议。夏俊松等市领导参加。

2019年全市第一次河（湖）长会暨滇池保护治理“三年攻坚”推进会议 2月13日，市委、市政府召开2019年全市第一次河（湖）长会暨滇池保护治理“三年攻坚”推进会议。省委常委、市委书记、滇中新区党工委书记程连元出席会议并讲话，与官渡区、西山区、市滇池管理局、市滇投公司等责任单位签订滇池保护治理三年攻坚行动2019年军令状，市委副书记、市长王喜良主持会议。市委副书记刘智，市人大常委会主任拉玛·兴高，市政协主席熊瑞丽等昆明市领导和滇中新区领导参加会议。

2019年经济工作会议 2月15日，市委召开2019年经济工作会议。省委常委、市委书记、滇中新区党工委书记程连元出席会议并讲话。市委副书记、市长王喜良主持会议。市委常委、常务副市长保建彬通报2018年全市及各县（市、区）、开发（度假）区主要经济指标、招商引资及有关工作完成情况。市人大常委会主任拉玛·兴高，市政协主席熊瑞丽等参加会议。

云南省2018年度党风廉政建设责任制检查考核昆明市及滇中新区汇报会 2月20日，云南省2018年度党风廉政建设责任制检查考核昆明市及滇中新区汇报会召开。省委常委、省纪委书记、省监委主任冯志礼代表省委党风廉政建设责任制检查考核组做考核动员讲话。省委常委、市委书记、滇中新区党工委书记程连元主持会议，并代表昆明市及滇中新区党政领导班子汇报2018年度落实党风廉政建设责任制工作情况。市委副书记、市长王喜良，市委副书记、滇中新区管委会主任何刚分别向大会述责述廉。昆明市委、市政府和滇中新区党工委、管委会领导班子其他成员作书面述责述廉。参会人员对昆明市委、市政府，滇中新区党工委、管委会2018年度落实党风廉政建设责任制情况，以及党政领导班子成员述责述廉情况进行民主测评。市委副书记刘智，市人大常委会主任拉玛·兴高，市政协主席熊瑞丽等昆明市和滇中新区领导参加汇报会。

省委第一巡视组机动巡视昆明市高原湖泊保护治理情况反馈会 3月8日，省委第一巡视组机动巡视昆明市高原湖泊保护治理情况反馈会召开。省委第一巡视组组长高龙向昆明市委领导班子反馈巡视情况，省委巡视工作领导小组办公室有关负责人对巡视整改提出工作要求。省委常委、市委书记、滇中新区党工委书记程连元主持会议并做表态发言。

国家植物博物馆规划建设指挥部第一次会议 3月8日，省委常委、市委书记、滇中新区党工委书记程连元主持召开国家植物博物馆规划建设指挥部第一次会议。中科院昆明分院院长李德铢介绍国家植物博物馆展陈设计工作情况，市委常委、常务副市长保建彬，市委常委、市委秘书长夏俊松等参加会议。

市扫黑除恶专项斗争领导小组2019年第一次会议 3月14日，市扫黑除恶专项斗争领导小组召开2019年第一次会议。省委常委、市委书记、滇中新区党工委书记程连元出席会议并讲话，市委副书记刘智主持会议。市委常委、市纪委书记、市监委主任杨正晓，市委常委、市委政法委书记李建阳，市委常委、市委宣传部部长金幼和等参加会议。

2019年度议军会暨市国防动员委员会第十二次全体会议 3月20日，市委召开2019年度议军会暨市国防动员委员会第十二次全体会议。省委常委、市委书记、滇中新区党工委书记程连元主持会议并讲话。市委常委、昆明警备区政委张海泉讲评各县（市、区）党管武装工作情况。昆明警备区司令员任兴格报告2018年全市国防后备力量建设情况，部署2019年工作。市委副书记、市长王喜良，市委副书记刘智，市委常委、市委组织部部长鲁斌，市委常委、市委统战部部长杨葿，市委常委、市纪委书记、市监察委主任杨正晓，市委常委、市委宣传部部长金幼和，市委常委、市委秘书长夏俊松等参加会议。

市委社会建设工作领导小组第一次会议 3月20日，省委常委、市委书记、滇中新区党工委书记程连元主持召开市委社会建设工作领导小组第一次会议。市委副书记刘智，市委常委、市委组织部部长鲁斌，市委常委、市委统战部部长杨皕，市委常委、市纪委书记、市监委主任杨正晓，市委常委、市委宣传部部长金幼和，市委常委、市委秘书长夏俊松，市委常委、昆明警备区政委张海泉，市委常委、副市长胡宝国等参加会议。

市委常委班子脱贫攻坚专项巡视整改专题民主生活会 3月29日，市委常委班子召开脱贫攻坚专项巡视整改专题民主生活会。省委常委、市委书记、滇中新区党工委书记程连元主持会议，代表市委常委领导班子做对照检查，并带头做个人对照检查发言。省纪委省监委第七纪检监察监督室副主任吕庆胜，省委组织部干部二处副处长崔恒到会指导并做点评。市委常委逐一进行对照检查发言，开展批评与自我批评。市人大常委会主任拉玛·兴高，市政协主席熊瑞丽列席会议。

深化国企改革动员会暨领导小组（扩大）会议 4月2日，昆明市召开深化国企改革动员会暨领导小组（扩大）会议。市委副书记、市长王喜良出席会议并讲话。市委常委、常务副市长保建彬主持会议。

市委全面依法治市委员会第一次会议 4月10日，省委常委、市委书记、滇中新区党工委书记程连元主持召开市委全面依法治市委员会第一次会议。市委副书记、市长王喜良，市委常委、市委政法委书记李建阳，市委常委、市委秘书长夏俊松等参加会议。

市委外事工作委员会第一次会议 4月10日，省委常委、市委书记、滇中新区党工委书记程连元主持召开市委外事工作委员会第一次会议。市委副书记、市长王喜良，市委常委、市委秘书长夏俊松，市委常委、副市长胡宝国等参加会议。

中央扫黑除恶第20督导组督导昆明市工作汇报会 4月23日，中央扫黑除恶第20督导组督导昆明市工作汇报会召开。中央扫黑除恶第20督导组副组长张力就开展扫黑除恶专项斗争督导工作讲话。省委常委、市委书记、滇中新区党工委书记程连元做工作情况汇报。市委副书记、市长王喜良主持会议。4月25日，中央扫黑除恶第20督导组下沉督导昆明市工作反馈会召开。中央扫黑除恶第20督导组组长韩勇主持并反馈督导情况，督导组副组长张力出席，省委常委、市委书记、滇中新区党工委书记程连元做表态发言。

市农村扶贫开发工作领导小组会议 4月28日，全省解决“两不愁三保障”突出问题电视电话会议结束后，市农村扶贫开发工作领导小组召开会议对贯彻落实工作进行安排部署。省委常委、市委书记、滇中新区党工委书记程连元出席会议并讲话。市委副书记、市长王喜良，市委常委、市委秘书长夏俊松等参加会议。

市扫黑除恶专项斗争领导小组2019年第二次会议 5月14日，省委常委、市委书记、滇中新区党工委书记程连元主持召开市扫黑除恶专项斗争领导小组2019年第二次会议。市委副书记刘智，市委常委、市委政法委书记李建阳，市委常委、市委秘书长夏俊松等参加。

市委审计委员会第一次会议 5月20日，市委审计委员会第一次会议召开。省委常委、市委书记、滇中新区党工委书记、市委审计委员会主任程连元主持会议并讲话。市委副书记、市长王喜良，市委常委、市纪委书记、市监察委主任杨正晓，市委常委、市委秘书长夏俊松等参加会议。

市委财经委员会第一次会议 5月20日，市委财经委员会第一次会议召开。省委常委、市委书记、滇中新区党工委书记、市委财经委员会主任程连元主持会议并讲话。王喜良、刘智、夏俊松等市领导参加会议。

市委退役军人事务工作领导小组第一次会议 5月20日，市委退役军人事务工作领导小组第一次会议召开。省委常委、市委书记程连元出席会议并讲话。王喜良、刘智等市领导参加会议。

市委2019年党的建设工作领导小组会议暨第一次党建工作例会 5月27日，昆明市委2019年党的建设工作领导小组会议暨第一次党建工作例会召开。省委常委、市委书记程连元出席会议并讲话。市委常委，市委党的建设工作领导小组成员单位主要负责人参加会议。

上海市普陀区和昆明市2019年东西部扶贫协作联席会议 5月30日，上海市普陀区和昆明市2019年东西部扶贫协作联席会议在昆召开。省委常委、市委书记、滇中新区党工委书记程连元，上海市普陀区委副书记、区长周敏浩出席会议并讲话。市委副书记、市长王喜良主持会议，并与周敏浩签订《普陀区人民政府 昆明市人民政府沪滇2019年度东西部扶贫协作协议》。昆明市委副书记刘智，市委常委、市委组织部部长刘申寿，市委常委、副市长胡宝国等参加会议。

市委常委班子抓实省委第一巡视组对昆明市开展高原湖泊保护治理机动巡视反馈意见整改专题民主生活会 5月31日，市委常委班子召开抓实省委第一巡视组对昆明市开展高原湖泊保护治理机动巡视反馈意见整改专题民主生活会。省委常委、市委书记、滇中新区党工委书记程连元主持会议，代表市委常委领导班子做对照检查，并带头做个人对照检查发言。省纪委省监委第七监督检查室主任李军，省纪委省监委党风政风监督室副主任董琪，省委组织部部务委员、《云岭先锋》杂志社社长杨梅，省委组织部干部四处调研员孙建松到会指导并做点评。市委常委逐一进行对照检查发言，开展批评与自我批评。市人大常委会主任拉玛·兴高，市政协主席熊瑞丽列席会议。

市容环境整治提升工作领导小组会议 6月3日，市委、市政府召开市容环境整治提升工作领导小组会议。省委常委、市委书记、滇中新区党工委书记程连元出席会议并讲话。市委副书记、市长王喜良主持会议。、刘智、杨丽、杨正晓、李建阳、金幼和、夏俊松、胡宝国等市领导参加会议。

市委国家安全委员会第一次会议 6月11日，省委常委、市委书记、滇中新区党工委书记、市委国家安全委员会主任程连元主持召开市委国家安全委员会第一次会议。王喜良、刘智、李建阳、金幼和、夏俊松等市领导参加会议。

市委网络安全和信息化委员会第一次会议 6月11日，省委常委、市委书记、滇中新区党工委书记、市委网络安全和信息化委员会主任程连元主持召开市委网络安全和信息化委员会第一次会议。王喜良、刘智、李建阳、金幼和、夏俊松等市领导参加会议。

农村工作会议暨实施乡村振兴战略工作推进会议 6月13日，市委召开农村工作会议暨实施乡村振兴战略工作推进会议。省委常委、市委书记、滇中新区党工委书记程连元出席会议并讲话。市委副书记、市长王喜良主持会议。市委副书记刘智传达中央、省委农村工作会议精神。夏俊松等市领导参加会议。

全市城市基层党建示范城市建设暨社会建设工作推进会 6月17日，市委召开全市城市基层党建示范城市建设暨社会建设工作推进会。省委常委、市委书记、滇中新区党工委书记程连元出席会议并讲话。市委副书记、市长王喜良主持会议。市委常委、市委统战部部长杨丽，市委常委、市委组织部部长刘申寿分别安排部署2019全市社会建设和城市基层党建工作。市委、市人大常委会、市政府、市政协领导班子成员参加会议。

市委城市管理委员会第一次会议 6月18日，市委城市管理委员会第一次会议召开。省委常委、市委书记、滇中新区党工委书记、市委城市管理委员会主任程连元主持会议并讲话。王喜良、杨正晓、李建阳、金幼和、刘申寿、夏俊松等市领导参加会议。

市委教育工作领导小组第一次会议暨全市学校思想政治理论课建设工作专题会议 6月18日，市委教育工作领导小组第一次会议暨全市学校思想政治理论课建设工作专题会议召开。省委常委、市委书记、滇中新区党工委书记、市委教育工作领导小组组长程连元主持会议并讲话。王喜良、金幼和、刘申寿、夏俊松、胡宝国等市领导参加会议。

全市公安工作会议 6月19日，全市公安工作会议召开。省委常委、市委书记、滇中新区党工委书记程连元出席会议并讲话。市委常委、市委政法委书记李建阳主持会议。夏俊松等市领导参加会议。

市农村扶贫开发工作领导小组2019年第二次会议 6月27日，市农村扶贫开发工作领导小组召开2019年第二次会议。省委常委、市委书记、滇中新区党工委书记程连元出席会议并讲话。市委副书记、市长王喜良主持会议。杨正晓、刘申寿、胡宝国等市领导参加会议。

市委财经委员会第二次会议 6月27日，市委财经委员会第二次会议召开。省委常委、市委书记、滇中新区党工委书记程连元出席并讲话。市委副书记、市长王喜良主持会议。刘智、保建彬、夏俊松、刘申寿等市领导参加会议。

省委第一巡视组对昆明市高原湖泊保护治理机动巡视整改进展情况测评会 7月16日，省委第一巡视组对昆明市高原湖泊保护治理机动巡视整改进展情况进行满意度测评。省委常委、市委书记、滇中新区党工委书记程连元主持会议，通报昆明市高原湖泊保护治理巡视整改情况。省委第一巡视组组长高龙出席会议并讲话。

2019年全市第二次河（湖）长会议 7月24日，市委、市政府召开2019年全市第二次河（湖）长会议。省委常委、市委书记、滇中新区党工委书记程连元出席会议，市委副书记、市长王喜良主持会议，市委副书记刘智，市政协主席熊瑞丽，市委常委、市委秘书长夏俊松等参加会议。

程连元主题教育听取意见座谈会 7月30日，省委常委、市委书记、滇中新区党工委书记程连元主持召开程连元同志主题教育听取意见座谈会，市级有关领导参加会议。

市委十一届七次全会 8月2日，中国共产党昆明市第十一届委员会第七次全体会议召开。全会由市委常委会主持。省委常委、市委书记、滇中新区党工委书记程连元代表市委常委会向全会做题为《紧盯目标找差距，群策群力促发展，以优异成绩庆祝中华人民共和国成立70周年》的工作报告，全面总结上半年全市经济社会发展工作，深入分析当前形势，并重点围绕加强党对经济工作的集中统一领导，对下半年工作进行安排部署。市委副书记、市长王喜良就上半年全市经济运行情况及下半年工作安排做报告。市委委员55人，市委候补委员2人出席全会。市纪委委员和市监委委员、有关方面的负责人和部分省、市基层党代表列席会议。

2019年创建全国禁毒示范城市工作推进会 8月8日，市委、市政府召开2019年创建全国禁毒示范城市工作推进会。省委常委、市委书记、滇中新区党工委书记程连元主持会议并讲话。李建阳、夏俊松等市领导参加会议。

昆明市县（市、区）、开发（度假、园）区党（工）委书记向市委专题报告履行全面从严治党主体责任情况会议 8月13日，昆明市县（市、区）、开发（度假、园）区党（工）委书记向市委专题报告履行全面从严治党主体责任情况会议召开。省委常委、市委书记、滇中新区党工委书记程连元主持会议并讲话。市委常委、市纪委书记、市监委主任杨正晓，市委常委、市委组织部部长刘申寿参加会议。

市委机构编制委员会第二次会议 8月22日，省委常委、市委书记、滇中新区党工委书记程连元主持召开市委机构编制委员会第二次会议。市委副书记、市长王喜良，市委副书记刘智，市委常委、市委组织部部长刘申寿，市委常委、市委秘书长夏俊松等参加。

昆明市庆祝新中国成立70周年安保信访维稳工作会议暨市委国安委第二次会议 8月28日，市委、市政府召开昆明市庆祝新中国成立70周年安保信访维稳工作会议暨市委国安委第二次会议。省委常委、市委书记、滇中新区党工委书记程连元出席会议并讲话。市委副书记、市长王喜良主持会议。市委常委、市委政法委书记李建阳，市委常委、市委组织部部长刘申寿，市委常委、市委秘书长夏俊松，市委常委、昆明警备区政委张海泉等参加会议。

《生物多样性公约》第十五次缔约方大会昆明市筹备工作领导小组第一次会议 9月6日，《生物多样性公约》第十五次缔约方大会昆明市筹备工作领导小组第一次会议召开。省委常委、市委书记，滇中新区党工委书记程连元出席会议并讲话。市级有关领导参加会议。

全市教育大会 9月9日，全市教育大会召开。省委常委、市委书记、滇中新区党工委书记程连元，省教育厅副厅长朱华山出席会议并讲话。市委副书记、市长王喜良主持会议。市委常委、副市长胡宝国通报2019年全市教育质量管理情况。市政协主席熊瑞丽，市委常委杨皛、杨正晓、李建阳、金幼和、刘申寿、夏俊松、张海泉参加会议。

昆明市暨滇中新区“不忘初心、牢记使命”主题教育动员会议 9月16日，昆明市暨滇中新区“不忘初心、牢记使命”主题教育动员会议召开。省委常委、市委书记、滇中新区党工委书记程连元出席会议并讲话，省委第一指导组组长周本贞到会指导并讲话，市委副书记、市长王喜良主持会议。省委第一指导组副组长陆永耀，市委副书记刘智，市人大常委会主任拉玛·兴高，市政协主席熊瑞丽出席。省委第一指导组全体成员，市委常委，市人大常委会、市人民政府、市政协党组成员，滇中新区党工委委员参加会议。

“不忘初心、牢记使命”主题教育第一次集中学习读书班 9月23日，昆明市委常委班子、云南滇中新区党工委班子“不忘初心、牢记使命”主题教育第一次集中学习读书班在市委党校开班。省委常委、市委书记、滇中新区党工委书记程连元做开班动员和专题辅导，省委第一指导组组长周本贞到会指导，市委副书记、市长王喜良主持。

全市巡察工作会议暨十一届市委第十次巡察工作动员部署会 9月27日，全市巡察工作会议暨十一届市委第十次巡察工作动员部署会召开。省委常委、市委书记、滇中新区党工委书记程连元出席会议并讲话。市委常委、市委组织部部长刘申寿主持会议。市委常委、市纪委书记、市监委主任杨正晓参加会议。

《生物多样性公约》第十五次缔约方大会昆明市筹备动员电视电话会议 9月29日，《生物多样性公约》第十五次缔约方大会昆明市筹备动员电视电话会议召开。省委常委、市委书记、滇中新区党工委书记程连元出席会议并讲话。市委副书记、市长王喜良主持会议，传达国家、省有关会议精神，通报全市近期筹备工作情况，对下一步工作进行安排。市委副书记刘智，市人大常委会主任拉玛·兴高，市政协主席熊瑞丽等市领导及省生态环境厅领导出席会议。

2019年昆明市农村扶贫开发工作领导小组第三次会议暨市脱贫攻坚巩固提升工作指挥部会议 9月30日，市委副书记刘智主持召开2019年昆明市农村扶贫开发工作领导小组第三次会议暨市脱贫攻坚巩固提升工作指挥部会议。市委常委、副市长胡宝国参加会议。

昆明市民主党派领导班子座谈会 10月11日，昆明市民主党派领导班子座谈会召开。省委常委、市委书记、滇中新区党工委书记程连元出席会议并讲话。市委常委、市委统战部部长杨皛主持会议，并汇报市级民主党派换届工作情况。市委常委、市委秘书长夏俊松参加会议。

市委宗教专题会议 10月15日，省委常委、市委书记、滇中新区党工委书记程连元主持召开市委宗教专题会议。市委常委杨皛、李建阳、金幼和、夏俊松等参加会议。

中央扫黑除恶第20督导组“回头看”昆明市工作汇报会 10月21日，中央扫黑除恶第20督导组“回头看”昆明市工作汇报会召开。中央扫黑除恶第20督导组副组长张力传达“回头看”的总体要求、主要任务和工作安排并提出工作要求。省委常委、市委书记、滇中新区党工委书记、市扫黑除恶专项斗争领导小组组长程连元主持会议并汇报全市扫黑除恶专项斗争工作开展情况。市委常委、市纪委书记、市监委主任杨正晓，省公安厅副厅长、副市长、市公安局局长周建忠汇报“打伞破网”、渣土行业整治工作情况。副省长、省公安厅厅长任军号，昆明市扫黑除恶专项斗争领导小组副组长、成员，市扫黑办主任、常务副主任、副主任参加会议。

“不忘初心、牢记使命”主题教育征求意见座谈会 10月23日，省委常委、市委书记、滇中新区党工委书记程连元主持召开“不忘初心、牢记使命”主题教育征求意见座谈会，听取昆明市和云南滇中新区部分领导干部、县乡村党员群众代表、“两代表一委员”、党外人士代表对昆明市委常委班子及成员、云南滇中新区党工委班子及成员的意见建议。市委常委杨正晓、金幼和、刘申寿、夏俊松等市领导参加。

市委常委班子“不忘初心、牢记

使命”主题教育调研成果交流会　10月23日，省委常委、市委书记、滇中新区党工委书记程连元主持召开市委常委班子“不忘初心、牢记使命”主题教育调研成果交流会。省委第一指导组组长周本贞、副组长陆永耀到会指导。市委常委，市人大常委会、市政府、市政协领导班子成员，市级有关部门主要负责人参加会议。

“不忘初心、牢记使命”主题教育第二次集中学习读书班　10月24日，昆明市委常委班子、云南滇中新区党工委班子“不忘初心、牢记使命”主题教育第二次集中学习读书班在市委党校举行。市委常委，市人大常委会、市政府、市政协领导班子成员，市法院院长、市检察院检察长，滇中新区党工委委员，其他在职厅级领导，市级各部门、市属企事业单位党组（党委）主要负责同志，昆明铁道职业技术学院、昆明幼儿师范高等专科学校党委书记，市委主题教育各指导组组长参加学习。

昆明市创建全国民族团结进步示范市国家民委调研检查专题汇报会　10月25日，昆明市创建全国民族团结进步示范市国家民委调研检查专题汇报会召开。调研检查组和互观互检组组长、国家民委监督检查司副司长李钟协，省委常委、市委书记、滇中新区党工委书记程连元出席会议并讲话。市委副书记、市长王喜良汇报昆明市创建全国民族团结进步示范市工作情况，省民族宗教委党组副书记、副主任盘艳阳汇报省级初验情况。调研检查组和互观互检组副组长、成员出席会议。市委常委、市委统战部部长杨皕主持会议。市人大常委会主任拉玛·兴高，市政协主席熊瑞丽，市委常委、市委秘书长夏俊松等参加会议。

对照党章党规找差距专题会议　11月4日，市委常委班子召开对照党章党规找差距专题会议。省委常委、市委书记、滇中新区党工委书记程连元主持会议并领学党章党规。省委第一指导组组长周本贞、副组长陆永耀到会指导。

昆明市2019年度落实党风廉政建设责任制检查考核动员会议　11月5日，昆明市2019年度落实党风廉政建设责任制检查考核动员会议召开。省委常委、市委书记、滇中新区党工委书记程连元出席会议并讲话。市委副书记刘智主持会议。

昆明市创建全国文明城市总指挥部2019年第二次工作调度会　11月6日，昆明市创建全国文明城市总指挥部2019年第二次工作调度会召开。省委常委、市委书记、滇中新区党工委书记程连元出席会议并讲话。市委副书记刘智主持会议。市政协主席熊瑞丽，市委常委杨皕、杨正晓、李建阳、金幼和、刘申寿、夏俊松等参加会议。

全市固定资产投资工作有关情况专题汇报会　11月12日，省委常委、市委书记、滇中新区党工委书记程连元主持召开会议听取全市固定资产投资工作有关情况汇报。市委副书记、市长王喜良，市委常委、市委秘书长夏俊松等参加会议。

市委机构编制委员会第三次会议　11月20日，省委常委、市委书记、滇中新区党工委书记程连元主持召开市委机构编制委员会第三次会议，刘智、刘申寿、夏俊松等市领导参加会议。

昆明市2019年河（湖）长制第三次工作会议　11月21日，昆明市2019年河（湖）长制第三次工作会议召开，省委常委、市委书记、滇中新区党工委书记程连元出席会议并讲话，市级有关领导参加会议。

2019年昆明市省管领导班子和领导干部年度考核述职测评会　11月28日，2019年昆明市省管领导班子和领导干部年度考核述职测评会召开。省委常委、市委书记、滇中新区党工委书记程连元主持会议。市级有关领导参加会议。

市委统战工作领导小组会议　11月29日，市委统战工作领导小组会议召开。省委常委、市委书记、滇中新区党工委书记程连元出席会议并讲话。市委常委、市委统战部部长杨皕主持会议。市委副书记刘智，市委常委、副市长胡宝国参加会议。

市委常委班子“不忘初心、牢记使命”专题民主生活会暨汲取秦光荣案深刻教训专题民主生活会　12月2日，市委常委班子召开“不忘初心、牢记使命”专题民主生活会暨汲取秦光荣案深刻教训专题民主生活会。省委常委、市委书记、滇中新区党工委书记程连元主持会议，代表市委常委领导班子做对照检查，并带头做个人对照检查发言。市委常委逐一进行对照检查发言，开展批评与自我批评。省委第一指导组组长周本贞，省委第一指导组副组长陆永耀，省纪委省监委第七监督检查室副主任吕庆胜，省纪委省监委第十一审查调查室四级调研员何金才，省委组织部干部二处处长马特到会指导并做点评。市人大常委会主任拉玛·兴高，市政协主席熊瑞丽列席会议。

市委约谈市公安局领导班子　12月3日，省委常委、市委书记、滇中新区党工委书记程连元，市委常委、市纪委书记、市监委主任杨正晓，市委常委、市委政法委书记李建阳，市委常委、市委组织部部长刘申寿集体约谈市公安局领导班子。

中国（云南）自由贸易试验区昆明片区工作领导小组第一次会议　12月6日，中国（云南）自由贸易试验区昆明片区工作领导小组第一次会议召开。省委常委、市委书记、滇中新区党工委书记程连元出席会议并讲话。市委副书记、市长王喜良主持会议。市委常委、市委秘书长夏俊松以及领导小组各成员单位、市级有关部门负责人参加会议。

市扫黑除恶专项斗争第二次推进会暨扫黑除恶专项斗争领导小组2019年第六次会议　12月9日，市扫黑除恶专项斗争第二次推进会暨扫黑除恶专项斗争领导小组2019年第六次会议召开。省委常委、市委书记、滇中新区党工委书记程连元出席会议

并讲话，市委副书记、市长王喜良主持会议。市委常委、市纪委书记、市监委主任杨正晓，市委常委、市委政法委书记李建阳，市委常委、市委宣传部部长金幼和，市委常委、市委组织部部长刘申寿等参加会议。

云南省2019年度党风廉政建设责任制检查考核昆明市及滇中新区汇报会 12月13日，云南省2019年度党风廉政建设责任制检查考核昆明市及滇中新区汇报会召开。省委常委、省委宣传部部长赵金出席会议并做考核动员讲话。省委常委、市委书记、滇中新区党工委书记程连元主持会议，并代表昆明市及滇中新区党政领导班子汇报2019年度落实党风廉政建设责任制工作情况。市委副书记、市长王喜良，滇中新区党工委副书记、管委会副主任吕永栋分别向大会述责述廉。市委、市政府和滇中新区党工委、管委会领导班子其他成员作书面述责述廉。省委党风廉政建设责任制第四检查考核组组长、副组长、成员出席汇报会。市人大常委会主任拉玛·兴高，市政协主席熊瑞丽等参加汇报会。

市委政协工作会议 12月18日，市委政协工作会议召开。省委常委、市委书记、滇中新区党工委书记程连元出席会议并讲话。市委副书记、市长王喜良主持会议。市委副书记刘智，市政协主席熊瑞丽等出席会议。

昆明市及滇中新区经济工作座谈会 12月18日，省委常委、市委书记、滇中新区党工委书记程连元主持召开昆明市及滇中新区经济工作座谈会。市委副书记、市长王喜良，市委常委、市政府党组副书记张斌等参加会议。

2019年昆明市脱贫攻坚巩固提升工作指挥部第二次会议 12月18日，2019年昆明市脱贫攻坚巩固提升工作指挥部第二次会议召开。市委副书记刘智主持会议并讲话。

争创第十一届全国双拥模范城工作动员会 12月19日，争创第十一届全国双拥模范城工作动员会召开。市委副书记、市双拥工作领导小组副组长刘智出席会议并讲话，市委常委、昆明警备区政委张海泉做安排部署。

市农村扶贫开发工作领导小组2019年第四次会议 12月25日，市农村扶贫开发工作领导小组2019年第四次会议召开。省委常委、市委书记、滇中新区党工委书记程连元出席会议并讲话，市委副书记、市长王喜良主持会议。

市委十一届八次全会 12月30日，中国共产党昆明市第十一届委员会第八次全体会议召开。全会由市委常委会主持。省委常委、市委书记、滇中新区党工委书记程连元做讲话。会议听取和讨论程连元受市委常委会委托做的题为《高质量打赢全面小康收官战，高标准推进市域治理现代化，全力推动区域性国际中心城市建设迈上新台阶》的报告；听取和讨论《昆明市2019年党的建设工作专题报告》；审议通过《中共昆明市委关于深入学习贯彻党的十九届四中全会精神的实施意见》。程连元就《实施意见（讨论稿）》向全会做说明。出席这次全会的有市委委员59人，候补委员2人。市纪委委员、市监委委员、有关方面的负责人和部分省、市基层党代表列席会议。

【重要调研】 1月20日，市委副书记刘智赴禄劝县调研脱贫攻坚、森林防火、安全生产工作。

2月3日，省委常委、市委书记、滇中新区党工委书记（以下在不引起歧义的情况下，只记主要职务）程连元率队现场检查城市管理运行情况，看望慰问一线值守人员。李建阳、夏俊松等市领导参加。

3月5～7日，市委书记程连元率队先后赴五华区、盘龙区、官渡区、西山区、呈贡区主城五区和高新区、经开区、度假区三个国家级开发（度假）区调研，并主持召开经济发展座谈会。刘智、鲁斌、保建彬、金幼和、夏俊松、胡宝国等市领导参加。

3月24日，市委副书记、市长王喜良率队调研昆明市部分重点投资项目推进情况。

3月28日，市委书记程连元率队调研地铁4、5号线建设情况和滇池保护治理工作。夏俊松等市领导参加。

4月16日，市委书记程连元调研阳宗海风景区七甸污水处理厂。夏俊松等市领导参加。

4月16日，市委副书记、市长王喜良赴东川区调研小江流域尾矿库污染整治工作并召开座谈会。

4月22日，市委书记程连元率队赴东川区调研脱贫攻坚和生态环境保护工作。市委常委、市委秘书长夏俊松等参加。

6月3日，市委书记、滇中新区党工委书记程连元率队到安宁市调研新时代文明实践中心试点工作。刘智、金幼和、夏俊松等市领导参加。

6月5日，省委常委、市委书记、滇中新区党工委书记程连元在昆陪同青海省委常委、省委组织部部长王宇燕调研党建工作。市委常委、市委组织部部长刘申寿参加。

6月14日，市委书记程连元调研宜良县经济社会发展情况。刘智、夏俊松等市领导参加。

6月24日，省委常委、市委书记、滇中新区党工委书记程连元，市委副书记刘智等陪同省委副书记王予波调研寻甸县脱贫攻坚工作。

6月26日，省委常委、市委书记、滇中新区党工委书记程连元，市委常委、市委政法委书记李建阳陪同司法部部长傅政华到昆明市调研司法行政工作。

7月9日，省委常委、市委书记、滇中新区党工委书记程连元率队到云南农业大学、昆明理工大学，开展“不忘初心、牢记使命”主题教育专题调研。夏俊松、胡宝国等市领导参加调研。

7月12日，市委书记程连元率队开展“不忘初心、牢记使命”主题教育专题调研，深入呈贡区、西山区、盘龙区、五华区调研民生保障工作。夏俊松、胡宝国等市领导参加调研。

7月12日，市委副书记刘智等陪同省委副书记王予波赴昆明市东川区调研。

7月22日，市委书记程连元率队调研城市防汛工作。金幼和、夏俊松等市领导参加调研。

9月17日，市委书记程连元率队调研昆明火车站。金幼和、夏俊松等市领导参加调研。

9月18～20日，农工民主党中央常委、农工民主党辽宁省委主委、辽宁省人大常委会副主任杨关林率农工民主党辽宁省委调研组到昆明市开展脱贫攻坚民主监督并召开座谈会，市委副书记刘智主持会议。

9月30日，市委书记程连元率队先后到景星街、南屏步行街和市公安局指挥中心，调度检查国庆假日期间全市安保维稳准备情况。市委常委、市委政法委书记李建阳，市委常委、市委秘书长夏俊松等参加调度检查。

9月30日，市委书记程连元率队到大观公园、昆明滇池国际会展中心调研节前安全生产工作。王喜良、李建阳、金幼和、夏俊松等市领导参加调研。

10月12～13日，市委书记程连元赴东川区主题教育联系点围绕基层党建、脱贫攻坚巩固、生态环境等内容开展调研。杨正晓、金幼和、刘申寿、夏俊松等市领导参加调研。

11月14日，市委书记程连元率队调研松华坝水库。夏俊松等市领导参加调研。

11月21日，市委书记程连元率队调研滇池治理工作暨巡查盘龙江。市委常委、市委秘书长夏俊松等市领导参加调研。

11月22～24日，中央"不忘初心、牢记使命"主题教育第四巡回督导组在昆明市开展调研。刘申寿等市领导陪同调研。

11月23～24日，市委常委、市委宣传部部长金幼和陪同求是杂志社社长夏伟东一行赴晋宁区、宜良县调研。

12月7日，市委常委、市委统战部部长杨晒陪同北京市朝阳区委统战部一行考察社会治理工作。

【重要活动】 1月19日，"春城志愿行·滇池明珠清"昆明"滇池卫士"志愿服务活动启动暨"市民河长"聘任仪式在昆明举行。市委书记程连元，市长王喜良，市委副书记刘智，市人大常委会主任拉玛·兴高，市政协主席熊瑞丽等出席启动仪式，并为"市民河长"志愿服务队、"爱湖"志愿服务队，"滇池卫士"志愿服务队，"滇池驴友"志愿服务队授旗。程连元等市级河长向"市民河长"颁发聘书和《昆明市民河长巡河手册》，市委副书记、市长王喜良为昆明市志愿服务发展促进会授牌。市委常委、市委统战部部长杨晒介绍昆明"滇池卫士"志愿服务工作情况。市委常委、市委宣传部部长金幼和主持启动仪式。

2月2日，市委书记程连元率队走访慰问部分老领导、驻昆部队官兵、困难老党员和困难群众。市委常委、市委政法委书记李建阳，市委常委、市委秘书长夏俊松，市委常委、昆明警备区政委张海泉等参加走访慰问。其他市委常委、市人大常委会主任拉玛·兴高、市政协主席熊瑞丽分别率队开展走访慰问。

2月27日～3月1日，省委常委、市委书记、滇中新区党工委书记程连元率队赴重庆开展精准招商活动，先后考察重庆怡亚通集团西区管理总部、联东U谷两江国际企业港、两江健康科技城。刘智、夏俊松、胡宝国等市领导参加。

2月28日，省委常委、市委书记、滇中新区党工委书记程连元率队赴西南大学考察交流，并举行校地合作交流座谈会。西南大学校长张卫国主持。刘智、夏俊松、胡宝国等市领导参加会议。

3月29日，紫光芯云产业园暨昆明市2019年一季度重点项目集中开工仪式在呈贡信息产业园举行。市委书记程连元出席开工仪式并宣布项目开工。市长王喜良，市委副书记刘智，紫光集团董事长兼首席执行官赵伟国、紫光集团联席董事长龙涛出席开工仪式。市委常委、常务副市长保建彬主持开工仪式，副市长王冰介绍全市集中开工项目情况。金幼和、夏俊松等市领导及省级有关部门领导出席开工仪式。

4月17日，市委书记程连元率队赴广州市开展招商引资活动，考察香雪制药股份有限公司。刘智、夏俊松等市领导参加。

4月18日，省委常委、市委书记、滇中新区党工委书记程连元率队赴上海回访上海普陀区，到华东理工大学考察交流，出席昆明市政府与金浦产业投资基金管理有限公司签订战略合作框架协议仪式。刘智、夏俊松、胡宝国等市领导参加。

4月19日，省委常委、市委书记、滇中新区党工委书记程连元率队赴中国航天科工集团有限公司考察交流，并举行交流座谈会。刘智、夏俊松等市领导参加。

5月13日，昆明市县处级领导干部"学习贯彻习近平新时代中国特色社会主义思想，高质量推进区域性国际中心城市建设专题培训班"在市委党校开班。市委书记程连元做开班动员和专题辅导。市委副书记刘智主持开班式。鲁斌、夏俊松等市领导参加。

5月25日，"春城志愿行滇池明珠清"昆明市2019年"54KM春城新能量"大型公益徒步活动在昆明举行。刘智、杨晒、金幼和、张海泉等市领导参加启动仪式。

5月29日，昆明市和朝阳区联合举办的"一带一路"海外人才2019昆明创新峰会召开。市委副书记、市长王喜良出席峰会并讲话。越南驻华大使馆公使、副馆长范清平，菲律宾驻华大使馆政治处主任拉斐尔，印尼驻华大使馆教育文化参赞苏亚德，马来西亚驻华大使馆教育参赞侯春兴以及北京市朝阳区委常委、区委组织部部长迟行刚，昆明市委常委、市委组织部部长刘申寿等参加峰会，并为OTEC创业赛“一带一路”赛区优胜项目颁奖。

5月30日，省委常委、市委书记、滇中新区党工委书记程连元到官渡区培智学校、呈贡区西南联大研究院附属学校开展“六一”儿童节走访慰问。市委常委、副市长胡宝国参加。

7月11日，2019昆明郑和文化旅游节在晋宁区开幕。市委书记程连元宣布开幕，副市长周红斌致辞。市政协主席熊瑞丽，市委常委、市委宣传部部长金幼和，市委常委、市委秘书长夏俊松等出席开幕式。

7月15日，昆明市第六届运动会在石林县开幕。省委常委、市委书记、滇中新区党工委书记程连元宣布开幕，省体育局局长尹勇，市委副书记、市长王喜良出席开幕式并致辞，市委常委、副市长胡宝国主持开幕式。市政协主席熊瑞丽，市委常委、市委秘书长夏俊松等出席开幕式。

7月17日，第六届中国聂耳音乐（合唱）周在云南省大剧院开幕。省委常委、省委宣传部部长赵金，省委常委、市委书记、滇中新区党工委书记程连元，省政协副主席徐彬，省老领导晏友琼，聂耳、田汉亲属出席。市委副书记、市长王喜良致辞。

7月26日，市委书记程连元赴禄劝县讲授“不忘初心、牢记使命”专题党课。刘智、夏俊松等市领导参加。

8月1日，市委常委班子开展庆祝中国人民解放军建军92周年暨军事日活动。市委常委班子成员，市人大常委会主任拉玛·兴高，市政协主席熊瑞丽等参加。

8月28日，昆明市举办庆祝新中国成立70周年安保维稳应急演练誓师。市委书记程连元参加并讲话。市委常委、市委政法委书记李建阳主持。王喜良、刘申寿、夏俊松等市领导及相关部门领导参加。

9月5日，第十五届中国昆明国际农业博览会在昆明滇池国际会展中心开幕。市委副书记刘智出席开幕式并宣布开幕。省级有关部门领导、云南省部分州市领导以及省外代表团有关领导出席开幕式。

9月26日，昆明市庆祝中华人民共和国成立70周年“为祖国放歌”合唱晚会在昆明会堂举行。市委书记程连元，市委副书记刘智，市人大常委会主任拉玛·兴高，市政协主席熊瑞丽出席晚会并为合唱比赛获奖单位颁奖。

9月30日，2019年云南省暨昆明市向人民英雄敬献花篮仪式在昆明抗战胜利纪念堂隆重举行。省委书记、省人大常委会主任陈豪，省委副书记、省长阮成发，省委副书记王予波等省党政军领导与各族各界代表一道向烈士纪念碑敬献花篮。在昆省级领导，省直有关部门和单位、各民主党派和工商联、各人民团体主要负责人，驻昆解放军和武警部队负责人，昆明市在职市级领导，离退休干部代表、英模劳模代表、优抚对象代表、少数民族代表、少先队员代表、解放军和武警部队官兵代表等参加活动。

10月1日，昆明市举行庆祝中华人民共和国成立70周年“万人同升国旗同唱国歌”活动。市委书记程连元主持仪式。市委副书记、市长王喜良，市委副书记刘智，市人大常委会主任拉玛·兴高，市政协主席熊瑞丽等市级领导与全市各界代表一同参加仪式。

10月15～16日，省委常委、市委书记、滇中新区党工委书记程连元率昆明市党政代表团赴迪庆藏族自治州考察，并出席2019年昆迪对口帮扶友好合作座谈会。市人大常委会主任拉玛·兴高，市政协主席熊瑞丽，市委常委、市委统战部部长杨皕，市委常委、市委秘书长夏俊松等参加。

11月1日，市委常委、市委组织部部长刘申寿赴昭通市镇雄县看望省委选派帮助镇雄县脱贫攻坚的昆明市工作队员。

11月13日，中央宣讲团成员、中央政策研究室原副主任施芝鸿一行深入昆明市西山区永兴路社区向基层干部群众宣讲党的十九届四中全会精神。省委常委、省委宣传部部长赵金，市委副书记刘智，市委常委、市委宣传部部长金幼和参加。

11月19日，昆明市暨滇中新区学习贯彻党的十九届四中全会精神省委宣讲团报告会举行，市委书记、滇中新区党工委书记程连元进行宣讲。市级有关领导参加报告会。

11月19日，昆明市学习贯彻党的十九届四中全会精神走基层宣讲活动在呈贡区七步场社区举行，市委书记程连元进行宣讲。金幼和、夏俊松等市领导参加宣讲活动。

11月29日，中国（云南）自由贸易试验区昆明片区举行2019年落地项目集中开工仪式。市委书记程连元，市委副书记、市长王喜良出席开工仪式。市委常委、市委秘书长夏俊松及有关部门领导出席。

12月1日，2019上合昆明马拉松在昆举行。省委常委、市委书记、滇中新区党工委书记程连元宣布开赛。上海合作组织秘书长弗拉基米尔·诺罗夫，上合组织成员国驻华使馆和相关部门负责人，副省长李玛琳，外交部欧亚司参赞王镇，市委副书记、市长王喜良出席开幕式。

【重要会见】 3月27日，省委常委、市委书记、滇中新区党工委书记程连元会见中国电建集团昆明勘测设计研究院有限公司党委书记、董事长冯峻林一行。夏俊松等市领导参加会见。

4月12日，省委常委、市委书记、滇中新区党工委书记程连元会见东软集团高级副总裁、东软医疗CEO武少杰一行。夏俊松等市领导参加会见。

4月30日，省委常委、市委书记、滇中新区党工委书记程连元会见老挝人民革命党中央政治局委员、万象市委书记兼市长辛拉冯·库派吞率领的万象市代表团。老挝驻昆总领事康潘·冯桑迪，市委常委、市委秘书长夏劲松等参加会见。

5月8日，省委常委、市委书记、滇中新区党工委书记程连元在昆会见汇龙森国际企业孵化（北京）有限公司董事长刘泳一行。

5月9日，省委常委、市委书记、滇中新区党工委书记程连元在昆会见中国电子信息产业集团总经理张冬辰一行。

5月10日，省委常委、市委书记、滇中新区党工委书记程连元在昆会见中央党校2019年春季学期中青班第三支部专题调研组一行。市人大常委会主任拉玛·兴高，市委常委、市委秘书长夏俊松等参加会见。

5月11日，省委常委、市委书记、滇中新区党工委书记程连元与港粤重点招商引资企业主要负责人座谈交流。保建彬、夏俊松等市领导参加。

5月14日，省委常委、市委书记、滇中新区党工委书记程连元会见亿航智能设备集团大中华区总经理侯垠佑一行。夏俊松等市领导参加会见。

5月14日，省委常委、市委书记、滇中新区党工委书记程连元会见国务院发展研究中心党组成员、办公厅主任余斌一行。市委常委、市委秘书长夏俊松参加会见。

5月15日，省委常委、市委书记、滇中新区党工委书记程连元会见保利集团党委副书记、总经理张振高一行。

5月20日，省委常委、市委书记、滇中新区党工委书记程连元会见腾讯集团董事会主席兼首席执行官马化腾一行。刘智、夏俊松等市领导参加会见。

5月23日，省委常委、市委书记、滇中新区党工委书记程连元会见京东集团董事局主席兼首席执行官刘强东一行。刘智、夏俊松等市领导参加会见。

5月24日，省委常委、市委书记、滇中新区党工委书记程连元会见中国社会科学院农村发展研究所所长魏厚凯一行。

5月29日，市委副书记、市长王喜良会见到昆参加“一带一路”海外人才2019昆明创新峰会的五国外交官。

6月4日，省委常委、市委书记、滇中新区党工委书记程连元会见韩国韩亚金融集团会长金正泰一行。夏俊松等市领导参加会见。

6月6日，省委常委、市委书记、滇中新区党工委书记程连元会见北京市国资公司党委书记、董事长岳鹏一行。夏俊松等市领导参加会见。

6月6日，省委常委、市委书记、滇中新区党工委书记程连元会见宁波中基集团股份有限公司董事长周巨源一行。夏俊松等市领导参加会见。

6月10日，省委常委、市委书记、滇中新区党工委书记程连元会见世茂集团董事局主席许荣茂一行。夏俊松等市领导参加会见。

6月10日，省委常委、市委书记、滇中新区党工委书记程连元会见中央政策研究室原副主任郑新立一行。王喜良、夏俊松等市领导参加会见。

6月20日，省委常委、市委书记、滇中新区党工委书记程连元会见清华大学常务副书记姜胜耀、清华控股董事长龙大伟一行。

7月5日，省委常委、市委书记、滇中新区党工委书记程连元会见青海省政协党组副书记、副主席王晓勇一行。

8月5日，省委常委、市委书记、滇中新区党工委书记程连元会见中国关工委常务副主任张玉台一行。夏俊松等市领导参加会见。

8月6日，省委常委、市委书记，滇中新区党工委书记程连元会见日中“一带一路”促进会会长高邑勉先生一行。夏俊松等市领导参加会见。

8月6日，省委常委、市委书记，滇中新区党工委书记程连元会见联合国原副秘书长沙祖康一行。市委常委、市委秘书长夏俊松等参加会见。

8月7日，省委常委、市委书记，滇中新区党工委书记程连元会见中交房地产集团董事长赵晖一行。夏俊松等市领导参加会见。

8月9日，省委常委、市委书记，滇中新区党工委书记程连元会见北航无人系统研究院、云南创新研究院院长王英勋一行。夏俊松等市领导参加会见。

8月15日，省委常委、市委书记、滇中新区党工委书记程连元会见北汽集团副总经理叶正茂一行。保建彬等市领导参加会见。

8月21日，省委常委、市委书记、滇中新区党工委书记程连元会见广东先导集团董事长朱世会一行。夏俊松等市领导参加会见。

8月25日，省委常委、市委书记、滇中新区党工委书记程连元在昆会见西班牙驻华大使拉法埃尔·德斯卡亚一行，双方就进一步深化合作进行深入交流。西甲联盟主席哈维尔·特巴斯，国家体育总局经济司司长刘扶民，省体育局局长尹勇，市领导夏俊松参加会见。

8月28日，省委常委、市委书记、滇中新区党工委书记程连元会见荣获2019年度“全国最美家庭”称号的市公安局民警邹路遥、石琛夫妇。市领导王喜良、刘智、李建阳等参加会见。

8月29日，省委常委、市委书记、滇中新区党工委书记程连元会见润禾文化传媒北京有限公司董事长张丽影一行。市领导金幼和参加会见。

9月4日，省委常委、市委书记，滇中新区党工委书记程连元在昆会见新华社云南分社社长周亮一行。市委常委、市委宣传部部长金幼和等参加会见。

9月18日，省委常委、市委书记、滇中新区党工委书记程连元会见英国驻重庆总领馆领事艾佩诗一行。夏俊松、胡宝国等市领导参加会见。

9月25日，省委常委、市委书记、滇中新区党工委书记程连元会见中国中铁总裁陈云一行。王喜良、夏俊松等市领导参加会见。

10月8日，省委常委、市委书记、滇中新区党工委书记程连元会见中国科学院副院长张亚平率领的中国科学院代表团一行。王喜良、夏俊松等市领导参加会见。

10月14日，省委常委、市委书记、滇中新区党工委书记程连元会见中铝集团总经理余德辉一行。王喜良、夏俊松等市领导参加会见。

10月14日，省委常委、市委书记、滇中新区党工委书记程连元会见成都迪康药业董事长任东川等一行。夏俊松、胡宝国等市领导参加会见。

10月15日，省委常委、市委书记、滇中新区党工委书记程连元会见先导集团董事长朱世会一行。市委常委、市委秘书长夏俊松等参加会见。

10月18日，省委常委、市委书记、滇中新区党工委书记程连元会见中国交通建设股份有限公司总裁宋海良一行。市委常委、市委秘书长夏俊松参加会见。

10月19日，省委常委、市委书记、滇中新区党工委书记程连元会见国务院政策研究中心资源与环境研究所副所长李佐军。市委常委、市委秘书长夏俊松参加会见。

10月22日，市委常委、副市长胡宝国会见日本北海道市长会顾问、伊达市市长菊谷秀吉率领的第九次日本北海道市长会代表团一行。

10月23日，省委常委、市委书记、滇中新区党工委书记程连元会见国家民委调研检查组组长、国家民委监督检查司副司长李钟协一行。市委常委、市委统战部部长杨皕参加会见。

10月23日，市委常委、副市长胡宝国会见瑞士驻成都总领事高凯琳。

10月24日，省委常委、市委书记、滇中新区党工委书记程连元会见国家统计局第四统计督察组组长毛有丰一行。市委副书记、市长王喜良等参加会见。

11月5日，省委常委、市委书记、滇中新区党工委书记程连元会见普吉幻多奇（大众）有限公司董事局主席丘小平一行。夏俊松、周红斌等市领导参加会见。

11月7日，省委常委、市委书记、滇中新区党工委书记程连元会见省通信管理局陈英局长一行。市委常委、市委秘书长夏俊松等参加会见。

11月14日，省委常委、市委书记、滇中新区党工委书记程连元会见西南大学党委副书记、校长张卫国一行。王喜良、夏俊松、胡宝国等市领导参加会见。

11月26日，省委常委、市委书记、滇中新区党工委书记程连元在昆与昆钢董事长杜陆军一行座谈。市委常委、市委秘书长夏俊松等参加。

11月26日，省委常委、市委书记、滇中新区党工委书记程连元会见国药集团董事长刘敬桢一行。

11月27日，省委常委、市委书记、滇中新区党工委书记程连元在昆会见中国航天科工集团有限公司党组副书记、总经理刘石泉一行。王喜良、刘智、胡宝国等市领导参加会见。

11月29日，省委常委、市委书记、滇中新区党工委书记程连元会见以色列大使何泽伟一行。夏俊松、胡宝国等市领导参加会见。

12月1日，省委常委、市委书记、滇中新区党工委书记程连元，市委副书记、市长王喜良等会见并宴请来昆访问的上合组织秘书处、上合组织成员国驻华使节、欧亚青年精英代表团一行。上海合作组织秘书长弗拉基米尔·诺罗夫出席宴会并致辞。市人大常委会主任拉玛·兴高，市政协主席熊瑞丽，市委常委、市委宣传部部长金幼和，市委常委、市委秘书长夏俊松，市委常委、副市长胡宝国等参加会见。

12月2日，省委常委、市委书记、滇中新区党工委书记程连元会见中信集团总经理王炯一行。市委常委、市委秘书长夏俊松参加会见。

12月3日，第四届昆明国际友城合作与发展研讨会举行。市委副书记、市长王喜良出席开幕式并致辞。王喜良与加济布尔市市长、万象市委常委、瓦加瓦加市市长共同为“昆明国际友城教育合作联盟联络处”揭牌。市委常委、副市长胡宝国与友城代表共同签署《昆明国际友城教育合作宣言》。

12月16日，省委常委、市委书记、滇中新区党工委书记程连元会见上海宝冶集团董事长白小虎一行。

12月16日，省委常委、市委书记、滇中新区党工委书记程连元会见国务院发展研究中心资源与环境政策研究所副所长李佐军一行。

12月26日，省委常委、市委书记、滇中新区党工委书记程连元会见中国中铁总裁陈云一行。市委常委、市政府党组副书记张斌参加会见。

（市委办公室）

全面深化改革

【概况】 2019年是新中国成立70周年，也是全面深化改革向纵深推进的关键之年。在市委全面深化改革委员会的坚强领导下，全市各级各部门强化担当、攻坚克难，统筹推进、狠抓落实，盯住关键节点精准推进、聚焦改革重点精准发力，瞄准困难问题精准突破，推动各领域改革取得积极进展和成效，圆满完成中央和省委、市委部署的各项改革任务，为区域性国际中心城市建设提供强大动力和制度保障。2019年，市委改革工作要点共安排改革任务140项，除45项待省级方案文件出台外，其他均已完成。共部署重大改革事项20项，均已全面完成。32项改革经验被国家和省推广、25项改革工作获上级表彰、15项改革工作获上级肯定。

【多措并举深化改革】 坚持党的领导，落实改革责任。坚持以习近平新时代中国特色社会主义思想为引领，完成全面深化改革领导小组更名为全面深化改革委员会各项工作，充实委员会成员、优化专项小组设置、配齐配强人员力量，强化党委对全面深化改革的集中统一领导及对下级改革工作的指导。与各改革专项小组、各级各部门签订改革工作目标责任书，逐层逐级压实改革责任。修订完善市委全面深化改革委员会"两规则一细则"、全面深化改革决策、督查、会议等制度机制，提高改革工作制度化、规范化、程序化水平。全年共组织召开5次深改委会议、审议通过42个改革方案文件，听取11次汇报，分解交办62项改革事项，保障工作顺利开展。

精心谋划改革，明确任务举措。紧扣中央和省委改革决策部署和要求，从区域性国际中心城市建设出发找准改革的切入点和突破口，牵头研究制定《市委贯彻党的十九大报告重要改革举措实施规划（2018—2022）》和《市委全面深化改革委员会2019年工作要点》，明确今后5年149项改革举措及年度140项改革任务、20项重大改革事项，确保承接性改革不缺项、不漏项，凸显自主性改革的特色和亮点。坚持谋长远、抓重点，牵头开展"十四五"期间全面深化改革主要任务和重大举措及13个重大改革调研课题研究，谋划全面深化改革的新思路、新举措、新路径，为市委、市政府改革决策提供参考。

狠抓试点重点，突出改革成效。把试点作为推进改革的重要方法和任务，把"国字号""省字号"重大改革试点作为体制机制创新的重要载体和战略性平台，主动争取和承接国家级改革试点20项、省级试点15项，由市级领导和县（市、区）"一把手"挂钩联系、亲自督办，在先行先试、攻坚克难中不断开创改革发展新局面，形成一批可复制、可推广的经验模式。宜良县农村集体产权制度改革、公共资源交易监管、东川区全国健康促进区（县）试点等10项改革被全国推广，营商环境"红黑榜"考核评价工作、"街道吹哨、部门报到"等5项改革走在全省前列，盘龙区社区治理、呈贡区居家养老模式、嵩明县小微权力清单等基层改革创新，形成一批可复制、可推广的经验模式。

严格督察考核，任务落实到位。始终把督察考核作为抓改革落实的重要手段，开展全面督察、联合督察、专项督察，优化考核指标，创新考核方式，以真督实考促进改革任务落实。全年围绕供给侧结构性改革、社会治理等领域组织开展7次改革专项督察和2次全面督察，各专项小组和各级各部门累计开展督察106次，实现对改革任务的全过程跟踪督察、全过程管理控制。做好省委改革办等部门先后5次到昆督察调研的服务保障工作，得到省委督察组的充分肯定。

加强宣传培训，营造改革氛围。坚持总结基层创新举措和鲜活经验，编印《昆明改革快报》《昆明改革信息》15期，其中《我市"5举措"着力打造国际一流营商环境》等多篇信息被省委改革刊物采用。充分利用各类新闻媒体广泛开展宣传活动，在报刊网站刊发昆明市全面深化改革专题报道60多篇，昆明改革的关注度和影响力不断提升。组织全市117名政研改革系统干部进行专题培训，全市改革干部队伍能力素质和工作热情得到明显提升，营造干事创业敢担当的良好氛围。

【重要领域改革成效】 把握重点关键，突出抓好关系经济发展全局的改革、涉及重大制度创新的改革、有利于提升群众获得感的改革，一些重点改革持续推进、重大方案陆续出台、重要成果集中显现。

系统推进经济体制改革，经济发展增添新动力。供给侧结构性改革扎实推进。持续巩固"三去一降一补"成果，推出促进经济平稳健康发展的"20条措施"、数字经济发展战略纲要等方案文件，淘汰落后、过剩产能48万吨，落实"减税降费"各项政策，共降低企业成本355.70亿元。震安科技、红塔证券等3家公司挂牌上市，17家企业入选云南省"金种子"企业信息库。科技创新成果丰硕。出台科技创新16条政策措施，顺利推进金砖国家技术转移合作中心、区域性国际科技创新中心、中国昆明南亚东南亚科技服务业合作中心及全省财政科技经费"放管服"改革试点建设，被评为国家知识产权示范城市，小微企业创业创新基地城市示范考核验收名列全国第二名，全市科技进步贡献率预计突破60%。财税金融改革稳步推进。出台基本公共服务领域财政事权和支出责任划分改革方案、全面实施预算绩效管理的实施意见，小微企业普惠性税收减免政策、增值税改革和个人所得税改革政策叠加落地，昆明税务在全国纳税人满意度调查中取得省会城市排名第4的好成绩。优化营商环境取得新突破。党政机构改革圆满收官，实现机构精简、效能提升的目标。率先制定市级营商环境评价指标体系，招投标指标处于全国前列。出台优化营商环境《实施意见》《十大行动》及开办企业、不动产登记等方案文件，形成"2+N"的政策框架体系。开办企业、不动产登记办理时间分别从3天、30天压缩至2天、5天，施工许可证办理时间从263天压缩至政府投资项目100天、社会投资项目70天。"一网四中心"、政务服务"七办"模式获评中国地方政府竞争力"智慧为民"十佳案例。

持续推进农村综合改革，乡村振兴展现新态势。农村产权制度改革亮点凸显。宜良县成为全省唯一的全国农村集体产权制度改革试点典型单位，经验做法在全国推广。安宁市、石林县成功争取成为全国农村产权制度改革整县试点，石林西街口镇被农业农村部列为全国"一村一品"示范镇。大力培育新型农业经营主体。培育各类农业企业507个，农民专业合作社发展到4162个。大力发展"互联网＋农业"，禄劝、寻甸、东川3个县（区）电子商务进农村综合示范项目通过国家验收。建立巩固脱贫长效机制。出台《关于昆明市脱贫攻坚巩固成果提升质量的若干意见（2019—2021年）》等文件，制定全面巩固提升脱贫成果33条工作措施，3个贫困县全部摘帽。东川区成功创建为国家健康扶贫工程先进县区，"百人就业扶贫队"入选全国典型案例，就业扶贫工作荣获全国"优秀项目奖"。

加快推进开放型经济体制改革，

对外开放水平迈上新台阶。高质量推进中国(云南)自由贸易试验区昆明片区建设。昆明片区综合服务中心基本建成，建立11项管理服务制度和6项工作规范，建成“一窗受理、一网通办、一次办成”的“三个一”的审批服务体系。新增注册企业2527家，18个项目开工落地。平台载体不断完善。国家澜湄合作机制永久落户昆明，中国(昆明)跨境电子商务综合试验区、国家外贸转型升级基地(蔬菜、花卉)先后获批，成为全省唯一的一级物流园区布局城市。积极承办2019商洽会，“永不落幕南博会”品牌效应不断提升。创新体制机制。全面推行准入前国民待遇+负面清单外资管理制度，外资企业设立及备案时间缩短至1天，网上备案办结率100%。

全面推进民主法治和社会体制改革，社会治理形成新格局。创新人大、政协工作机制。在全省率先出台《关于加强全市人大代表工作站建设工作的指导意见》，开展政协反映社情民意工作规则等制度修订工作，持续增强民主政治制度化、规范化、程序化水平。成功创建民族团结进步市，呈贡区“同心·云上云”和官渡区“自由职业人员统战工作示范基地”被确定为全国新的社会阶层人士实践创新基地重点项目。深化司法体制改革。制定出台行政执法“三项制度”，巩固司法责任制改革成果，促进司法公正。嵩明县法院内设机构改革经验、明信公证处公证参与司法辅助事务试点工作得到全国推广，市检察院刑罚变更办案系统及西山区智慧法院建设入选全国创新案例，官渡区法院探索形成多元化纠纷解决的“官渡模式”，作为全省法院中唯一入选最高人民法院司法改革案例在全国推广。完善社会治理体系。组建“昆明市首批社会建设工作专家智库”，在全省率先建立社会治理指标体系及测评体系，开展23个“枫桥式公安派出所”创建活动，重点打造培育35个城乡社区治理创新示范点，探索“三社联动”社会治理模式，全市70%的社区建立协商议事委员会，登记在册社会组织8693个、志愿服务组织4614个、实名注册志愿者114.70万人，共建共治共享的社会治理格局初步形成。五华区、盘龙区在全省率先启动实施“街道吹哨、部门报到”改革，群众满意度和获得感不断提升。

大力推进文化教育卫生体制改革，人民生活凸现新改善。推动文化体制改革。制定出台县级融媒体中心建设、文艺院团改革发展、发展文化创意产业等系列文件，县级融媒体工作获得中央和省委的充分肯定。7家文化企业入选云南省文化出口重点企业，呈贡区、石林县创建成为国家全域旅游示范县。推进教育优质均衡发展。制发《昆明教育现代化2035》等重要规划性文件，开展产教融合建设试点。共引进省外名校16所，举办或合作举办24所学校，引进名师127名，名校长23名。课后服务覆盖主城八区136所学校，7.50万名学生受益。深化卫生体制改革。积极开展国家医保监管方式创新试点工作，DRG付费结算的医院增加到38家，结算基金约占市统筹基金支付的65%。在全国率先建立大健康产业统计制度，全国首创“旅游+居住+疗养”相结合的新型活力健康养生养老新模式。深化社会保障体制改革。全市基本养老保险参保率达96.67%，推行“医养融合”养老服务模式，已建成养老机构125个，居家养老服务中心329个，共有养老床位2.63万张。提升城市治理水平。以创建全国文明城市为契机，新组建市委城市管理委员会，制定出台全面推进城市精细化管理、市容环境整治提升行动方案等文件，加强和改进城市规划建设管理，持续提升城市品质。

扎实推进生态文明体制改革，践行“两山”理论实现新作为。完善滇池治理长效机制。制定《滇池流域调蓄池分类管理考核办法(试行)》，开展滇池流域生态补偿机制评估，深入推进滇池保护治理“三年攻坚”行动，全湖平均水质达Ⅳ类，滇池水质持续稳定向好。全面深化河长制工作。创新出台全面推进河(湖)长制工作述职办法等一系列制度，制定河长制目标责任书，创建具有昆明特色的河湖网格化管理新模式，被列为全国第二批城市黑臭水体治理示范城市。全力提升城乡人居环境。制订《昆明市2019年城乡生活垃圾分类工作方案》，城市生活垃圾分类收集覆盖率达60%，农村覆盖率达30%。

协同推进党建和纪检监察体制改革，政治生态焕发新气象。全力推进党的建设制度改革。扎实开展“基层党建创新提质年”活动，完成14424个党支部达标创建任务，被中组部评为全国党建示范市。进一步健全完善“1+2+N”人才政策体系，持续打造昆明人才工作“拳头品牌”。继续深化群团改革，官渡区太和街道在全省率先成立“区域化妇联”，工作成效得到全国、省、市妇联的肯定。全面深化纪检监察体制改革。全面完成县(市、区)监察委员会组建工作，实现市、县两级党内监督和国家监察全覆盖。组建全市审查调查安全联络员队伍、组建留置看护大队，有效破解留置案件倍增、看护力量不足等难题，经验做法被中纪委肯定推广。创新建立市县巡察联动的“统合巡察”模式，得到省纪委领导肯定性批示。西山区“两个责任”监督管理平台和“一表通”监督信息分析平台获得省、市纪委的一致肯定，并在全省扶贫领域监督执纪中推广使用。

(杨　梅)

组织工作

【学习教育】 制定印发《中共昆明市委关于坚定维护以习近平同志为核心的党中央集中统一领导的决定》等制度文件，把党的政治领导落实到各领域各方面，广大党员“四个意识”进一步牢固，“四个自信”更加坚定，“两个维护”成为思想自觉和行动自党，全市风清气正的政治生态逐步形成。弘扬党内政治文化，严肃党内政治生活。把发展积极健康的党内政治文化同严肃党内政治生活结合起来，严格民主生活会和组织生活会，严格对照党章党规要求，联系思想、工作、生活和作风实际，开展严肃认真的批评和自我批评，进一步打牢政治根基，严肃党内政治生活。全市党员领导干部以普通党员身份参加组织生活共13234人次、参加理论学习中心组学习4995人次，讲授党课2104次；全市19617个基层党组织完成组织生活会和民主评议党员工作，参加年度组织生活会的县级及县以上党员领导干部2143人次。加强党性锻炼，强化党性修养。制定《2018—2022年昆明市干部教育培训规划》，以“万名党员进党校”为抓手，推动党员进党校培训常态化制度化。举办《习近平新时代中国特色社会主义思想学习纲要》导读系列讲座11期20讲，培训县处级干部2.10万人次；市级主体班次65期，培训领导干部7874人次。围绕“不忘初心、牢记使命”主题教育，强化组织领导，严密学习教育，开展“主题教育昆明在行动”、专项整治等，组织各类检查748次，发现问题(线索)944件，移交党委整改659件，移交纪检监察机关处置285件。

【组织工作】 强化“分领域统筹推进”，提高抓基层党建的专业化精细化水平。制订《昆明市“基层党建创新提质年”实施方案》《“基层党建创新提质年”重点任务项目清单》，对11方面33项重点任务进行分解，统筹推进重点任务落实。在农村，实施农村党建引领发展工程，深化“领头雁”培养，全市共储备4482名村(社区)级后备力量；全覆盖组建138个青年人才党支部，共有党员2856人；把选优配强村(社区)党组织书记与扫黑除恶专项斗争紧密结合，抓实村(社区)干部任职资格“四级联审”，共排查清理并同步补齐村(社区)“两委”干部299名，村(居)民小组干部434名。调整撤换不合格村党组织书记33名。在城市，实施城市党建凝心聚力工程，开展城市基层党建示范引领行动，推行“吹哨报到”改革，推进街道管理体制改革和社区减负增效，依托街区、商务楼宇、商圈市场等划分网格开展网格党建，全市共划定网格3862个，配备网格员7650人；探索建立网格党支部或党小组，推广“1+3+N”的工作模式，构建区域统筹、条块协同、上下联动、共建共享的城市基层党建格局。在国企，实施国企党建铸魂固本工程，制订《关于开展中共昆明市国有企业工作委员会书记2018年度抓基层党建述职评议考核综合评价意见问题专项整治的工作方案》等文件，推动6个方面37项重点任务落实，发挥国有企业基层党组织的领导作用，推进落实党的领导与公司治理有机融合。在基础保障方面，实施基层党建基础保障工程，明确12类党支部规范化建设标准，开展达标创建活动，命名授牌163个“五星级”、308个“四星级”示范党支部。在品牌创建方面，持续深化“环滇池党建长廊”“北京路党建示范走廊”“翠湖党建示范圈”等一批春城党建品牌培育工程。

【干部工作】 树立鲜明用人导向引领干部担当作为。制定《昆明市优秀年轻干部发现培养选拔工作实施办法》把突出“六个重用六个坚决不用”作为选拔任用干部的重要标准，对东川、禄劝、寻甸开展专题调研，并提拔6名干部担任县处级领导职务、2名干部交流到重要岗位任职；选派10名乡镇(街道)党政正职或重要岗位干部到镇雄县帮助脱贫攻坚工作。把知事识人作为考察识别干部的基本要求，注重经济社会发展目标考核结果和政务服务第三方评价结果的运用，开展三级党组织书记抓脱贫攻坚、“四类干部”等专题调研。能上能下激发干部队伍活力。制定《推进领导干部“能下”工作常态化的实施意见》，采用“比选择优”方式选拔27家市直党政机关29名主要负责人，组织对市科技局、市财政局等40家市直单位43名党政正职述职评议工作。激励关爱营造良好干事创业氛围。制定《关于进一步激励广大干部新时代新担当新作为的实施办法》《关于激励干部改革创新干事创业防错、容错免责、纠错三个办法》等政策文件，实现激励干部干事创业制度“闭环”。从严管理干部，加强对领导干部的日常监督。开展“为官不为、为官乱为”专项治理，信访举报受理查核率100%。严格执行“凡提四必”要求，持续强化干部选拔任用监督，对不如实报告个人有关事项的13名领导干部取消考察对象资格。抓实职务职级并行，制定11项“负面清单”，完成职级套转1270家单位，17048人，套转单位完成率达98.76%，职级晋升工作稳妥有序开展。

【人才工作】 加大引进培养力度，制订印发《关于建立全市人才工作协同联动机制的实施方案》，启动多方力量参与、多级联动协调机制。推进《“春城计划”高层次人才引进(培养)实施办法》《市委联系服务高层次人才实施办法》《昆明市“春城计划”高层次人才“一站式”服务暂行办法》等文件实施，“1+2+N”人才政策体系品牌效应逐渐凸显。2019年全市新引进高层次紧缺急需人才266人；新认定昆明市第七批院士工作站6个，评定2019年昆明市科技创新团队11个，推荐省级“两类人才”17人、科技创新团队3个；全市持证社工突破1.50万人；通过“三名工程”新引进名校3所、名师55人。强化人才引进平台建设，试点实施《昆明市关于实行以增加知识价值为导向分配政策的实施意见》《昆明市促进科技成果转移转化实施方案》等政策，推进人才成果转化运用。依托“云南新闻”、《昆明日报》、地铁“春城人才号”、“昆明党建”等媒体，开设“弘扬爱国奋斗精神、建功立业新时代”专栏，征集400余篇先进事迹征文。加大扶持力

度，全方位优化发展环境。做好区域内高层次人才的引进服务工作。完成“三支一扶”项目75个岗位征集，举办专场招聘103场次，700余名大学生落地昆明。投入经费382万元，扶持人才工作项目16个。扶持云南省高层次人才创新创业园建设专项资金3000万元。

【自身建设】 坚持高标准严要求，抓实抓好“不忘初心、牢记使命”主题教育，征集意见建议111条，形成调研报告9份，对部班子意见建议128条，班子成员及其处级干部意见建议184条。坚持“学做改”结合，继续推进“两学一做”学习教育常态化制度化。选派机关16名干部参加市级各部门组织的异地交流培训，38名干部参加组织系统业务能力提升培训。开展“市委组织部机关讲堂”、昆明市组织系统定期集中学习等活动，全市组织系统视频调度集中学习1次，部机关集中学习2次。通过开展“三亮三表率一模范机关”创建活动，持续深化机关党建“提神振气”工程。制订部机关《党支部党建园地建设方案》，着力营造“创先争优，比学赶超”的工作氛围，不断提高机关党建水平。抓实“挂包帮”对口帮扶，选派3名干部到挂钩联系点开展脱贫攻坚工作，2名科级干部到基层挂职锻炼。

（市委组织部）

公务员管理

【推进职务与职级并行制度实施】 成立制度实施工作领导小组，制订《昆明市实施〈公务员职务与职级并行规定〉工作方案》，组织召开政策宣讲会、安排部署及业务培训会，确保工作顺利进行。重点抓好职级设置方案、职级套转和职级晋升3个关键环节，按照“成熟一批、实施一批”的原则开展职级设置方案审批备案工作，全市公务员职级套转工作基本完成，工作重心由制度入轨逐步转向日常管理。制定《市级机关晋升一级主任科员以下职级工作指导手册》，严格职级晋升资格条件，规范职级晋升程序，严控职级职数，树立正确选人用人导向。截至2019年12月31日，审核33个市直单位一级主任科员以下晋升职级方案，完成153名公务员晋升职级备案。

【公务员录用考试】 2019年公务员考试录用是组织部门统一管理公务员工作后，组织的第一次公务员录用考试，成立以市委常委、组织部部长为组长的市公务员考试录用工作领导小组，切实加强考录工作的组织领导。2019年，全市录用公务员共620人。其中：省公安厅等单位定向招录直属系统单位217人，“四级联考”社会招录274人，选调生57人，大学生村官58人，村社区干部14人。招录女性公务员259人，男性公务员361人；中共党员191人，共青团员197人，群众232人；硕士研究生学历27人，本科学历587人，大专学历6人。

【公务员公开遴选】 制定出台《昆明市市级机关公务员公开遴选办法（试行）》，并于2019年7月开展市级机关公务员（参公管理人员）遴选工作。全市各级共1058名公务员报名参加遴选考试，通过笔试、面试、考察、体检、公示等程序，共遴选115人。

【公务员培训】 全年举办3期初任公务员培训班，共培训538人。其中：为落实昆迪合作有关内容，迪庆州30名公务员参加初任培训，切实增强两地干部队伍交流和能力提升；针对全市各县（市、区）乡（镇、街道）、一线执法和公共服务部门基层公务员及机关基础岗位，开展2期“双基”公务员教育培训，共培训207人次；举办2期新任职科级领导干部任职培训，共培训341人。

【选调生日常管理】 按照“选、育、管、用”的原则，注重选调生的多岗位锻炼，对基层服务期满后的选调生，有意识地安排到上级机关跟班学习，或者到改革发展的主战场、维护稳定的第一线、服务群众的最前沿砥砺品质、提高本领。明确选调生的传帮带人，注重在思想上关怀、工作上照顾、生活上关心，确保跟踪培养不间断。按照《云南省面向部分高校招录2019年选调生工作方案》的总体部署，圆满完成10名定向招录选调生考察工作。

【规范工资福利工作】 针对机构改革实际，分类处理工资审核和统发，确保转隶人员工资及时准确发放到位。完成2019年公务员工资调查、工资统计、中组部到云南调研艰苦边远地区津贴和一线基层公务员工资福利待遇等工作。开展机关事业单位津贴补贴和职工福利制度规定存在问题专项整治工作。落实市级机关单位驻村工作队员艰苦边远地区津贴，调整部分市级机关工作人员13.50%改革性补贴标准，审核市直机关应休未休年休假工资报酬。

【职务任免备案工作】 全年审核市直机关单位科级领导干部选拔任用工作方案52个，办理科级领导干部任职备案580人，免职99人，转任134人。

【公务员登记】 年度办理全市公务员登记备案399人，变更登记54人，退出登记16人，补充登记11人。

【严格公务员绩效考核】 按照《公务员法》《公务员考核规定（试行）》《昆明市公务员绩效考核实施办法（试行）》精神，细化考核指标体系，规范考核评价程序，开展考核结果与年度绩效奖励挂钩，依法依规开展公务员平时考核和定期考核。2018年全市科级以下公务员嘉奖6100人，记三等功868人，基本称职15人，不称职47人，不定等次881人。

【加强公务员队伍日常管理】 清查党的十八大以来，全市受党纪政务处分公务员处分结果执行情况，对未执行到位的单位限期整改；梳理2018年科级以下公务员受党纪政纪处分情况，对199名受党纪政务处分的科级以下公务员提出年度考核等次建议；组建中共昆明市委组织部(市公务员局)申诉公正委员会，依法调查处理1个申诉案件和1个再申诉案件；研究制定《昆明市市级机关调入公务员暂行规定》和《昆明市市级机关公务员公开遴选办法(试行)》；推荐石林县纪委监委为第九届全国“人民满意的公务员集体”，为在专项工作中表现突出个人记二等功1人、记三等功5人、嘉奖6人。

(市委组织部)

老干部工作

【离退休干部情况】 2019年，昆明市有离休干部1413人(党员1086人)，其中：红军时期1人，抗战前期17人，抗战后期59人，解放战争时期1336人；行政机关436人、事业334人、企业643人；离休干部平均年龄90.10岁，年龄80～89岁643人、90～99岁764人、100岁以上7人；待遇为副省单项(医疗)待遇2人、正厅级2人、副厅级40人、正县(处)级125人、副县(处)级700人、科级及其他544人。全市有退休干部61041人，其中：行政机关15784人，事业34148人，企业11109人；待遇为正厅38人，副厅107人，正县1613人，副县5506人，正、副科(乡)级以下53777人。

【工作机构及人员】 市、县两级党委老干部局15个；市直机关、事业、企业单位老干部工作处、办、科56个，其中：机关28个，事业单位22个，企业6个。全市专职从事老干部工作人员375人(不含工勤人员)，其中：研究生学历28人，大学本科以上学历225人，专科学历91人，高中(中专)以下学历31人；年龄30岁以下12人，31～40岁88人，41～50岁152人，51～59岁111人，60岁及以上12人。另有兼职老干部工作人员1130人。

【老干部工作会议】 3月12日，2019年全市离退休干部工作会议在昆明会堂召开，市委常委、市委组织部部长鲁斌出席会议并讲话，市委组织部副部长、老干部局局长张玉宁主持会议。会议深入学习贯彻习近平新时代中国特色社会主义思想和党的十九大精神，认真贯彻落实全国老干部局长会议、全省离退休干部工作会议精神，总结2018年工作，部署2019年任务，与各单位签订2019年离退休干部工作目标管理责任书，为2018年度获得第二批市级离退休干部“示范党支部”荣誉的支部授牌。各县(市、区)委组织部部长，各国家级、省级开发(度假、园)区组织部(党群工作部)部长，市直各单位离退休干部工作部门负责人，市委老干部局领导班子成员及各处室各直属单位负责人，共200余人参加会议。

【组织领导】 市委、市政府高度重视老干部工作，常问老干部之事，常听老干部之言，常解老干部工作之难。1月22日，省委常委、市委书记程连元为老干部通报全市经济社会发展和党的建设情况；春节前夕，市委书记程连元、市长王喜良、市人大常委会主任拉玛·兴高、市政协主席熊瑞丽等13位市领导走访慰问57位市级老领导，为老干部们送上新春祝福；9月23日，市委书记程连元、市长王喜良、市委副书记刘智为离休干部代表颁发“庆祝中华人民共和国成立70周年”纪念章；“七一”前夕，市委常委、市委组织部部长刘申寿逐户走访看望江风等57位市级老领导，全年市领导走访慰问离退休干部146人次。市级四班子主要领导出席全市离退休干部庆祝建党98周年文艺演出、庆祝中华人民共和国成立70周年文艺汇演等活动，全市重大会议活动邀请离退休干部代表参加。市领导率先垂范，各县(市、区)、各单位将老干部工作纳入议事日程，老干部工作列入全市党建工作目标考核，离退休干部党员学习教育经费列入财政预算，市、县(市、区)老干部局局长全部兼任同级党委组织部副部长，在全市上下营造出尊老爱老的良好氛围，离退休干部工作者倍感振奋，离退休干部工作呈现新气象。

【政治思想建设】 坚持以党的政治建设为统领，加强离退休干部政治思想建设，教育引导离退休干部树牢“四个意识”、坚定“四个自信”、坚决做到“两个维护”。2019年全市各级老干部工作部门共举办党支部书记培训班、市级老领导读书班，“不忘初心·牢记使命”专题读书班，企业离

2019年3月12日，市领导为2018年度获得第二批市级离退休干部“示范党支部”授牌

(市委老干局 供稿)

2019年9月23日，市领导为离休干部代表颁发“庆祝中华人民共和国成立70周年”纪念章（市委老干局 供稿）

自2017年起实施省、市、县“三级联动”示范创建工程，截至2019年底，全市共创建120个市级离退休干部“示范党支部”。2019年创建省级“示范党支部”4个，市级“示范党支部”45个，县级“示范党支部”78个，离退休党组织的政治功能、组织功能和服务功能大幅提升。创建“示范老年大学”“示范活动中心”推进阵地建设规范化。昆明市老年大学被评为“全国示范校”，嵩明县老年大学被评为“省级示范校”，五华区、官渡区、晋宁区、宜良县、石林县、寻甸县老年大学评审创建为“市级示范校”。市、县级老年大学充分发挥示范校的辐射带动作用，推进社区老年大学建设力度，解决老年大学“一座难求”问题。至2019年底，全市建有老年大学16所，分校186所，社区(村委会)学校445所，全市老年学员达10万余人，占全市户籍老年人口总数的10%。各县(市、区)、各单位以示范创建为契机，积极争取党委政府支持，加大基础设施建设力度，盘龙区和东川区新中心正式投入使用，离退休干部学习活动阵地面貌焕然一新。出台《昆明市离退休干部党员教育培训制度》，把离退休干部培训纳入全市党员干部培训总体计划，从培训原则、培训目标、培训对象、培训内容、培训方式等方面对离退休干部党员教育培训进行规范。2019年共举办离退休党支部书记培训班、市级老领导读书班和副县以上离退休干部专题读书班等学习培训3次。

休干部“两会”精神学习班等各类学习培训班50余期；组织全市离退休干部和老干部工作部门深入开展“不忘初心、牢记使命”主题教育，开展“不忘初心跟党走·牢记使命再前行”主题党日活动30余批次，印发《昆明市离退休干部学习张富清同志先进事迹倡议书》，号召离退休干部向先进楷模看齐；组织离退休干部参观云南昆明规划馆、“云南省庆祝中华人民共和国成立70周年成就展”、石龙坝水电博物馆等红色教育基地，开展党性教育活动；充分发挥“春城银霞大讲坛”理论阵地作用，邀请专家学者、党政领导讲授习近平新时代中国特色社会主义思想和国家大政方针政策；“七一”建党节前，向全市3万余名离退休干部党员发放政治生日卡，勉励离退休干部党员珍惜光荣历史、不忘革命初心、永葆政治本色，坚定不移跟党走。

【推进“三化”建设】 推进信息化建设，增强老干部工作时代性。充分运用网站、微信、《春城银霞》期刊等新兴媒体和传统媒体传达中央、省、市老干部工作方针政策，交流老干部工作经验做法；昆明老年大学实现微信和网站同步报名，全市各级老年大学举办电脑、智能手机应用等培训班20余期，帮助老干部提高学网用网水平，紧跟信息化步伐；举办“云南省离退休干部管理系统”使用培训班，对全市离退休干部信息采集录入工作列出时间表、路线图，在全省16个州市中率先完成全市52833名离退休干部和老干部工作人员信息采集录入工作；建设“春城银霞人才库”，搭建“银发人才”发挥作用信息平台。推进精准化建设，增强老干部工作的针对性。进一步健全完善精准服务、家庭医生、助老工作、待遇落实、特困帮扶、集中管理“六位一体”精准服务体系；印发《关于下拨2019年度离退休干部党建工作经费和党员教育培训经费的通知》，拨付全市离退休干部党建经费87.30万元；协调发放3491名退休人员公用经费209.46万元；转发《关于调整提高我省建国初期参加革命工作部分退休干部生活补助标准文件的通知》，提高建初干部生活补助标准；落实《关于提高我省离休干部护理费标准文件的通知》，协调追加、发放640名企业离休干部护理费1008万；发放513名离退休人员生活补助996.13万元。推进规范化建设，增强老干部工作有效性。“示范党支部”创建推动党建工作规范化，

【发挥老干部作用】 持续开展正能量活动，不断激发离退休干部发挥作用的内生动力，形成离退休干部发挥作用的“群星效应”，彰显离退休干部发挥作用的社会效益。印发《开展“银发聚力彩云南·助力春城新发展”系列活动总体方案》，向离退休干部发出《倡议书》，实施“银发先锋”“银潮之声”“银秀芳华”3项工程，全市各级老干部工作部门组织开展“银发聚力彩云南”系列活动100余次。印

发《昆明市离退休干部庆祝中华人民共和国成立70周年系列活动总体方案》，组织全市离退休干部开展主题征文、专题调研、专题宣讲、主题党日、文艺演出、诗词朗诵、参观考察、走访慰问、书画展览、评先评优等“十个一”系列活动，组织引导全市广大离退休干部点赞祖国伟大成就、建言昆明发展，为昆明区域性国际中心城市建设不断凝聚正能量。共征集“我和我的祖国”文稿1000余份，筛选优秀文稿编撰《我和我的祖国——昆明市离退休干部点赞新中国70周年新成就》一书；推荐优秀文稿上报各级媒体100余篇，组织座谈访谈、开展专题调研、主题党日、文艺演出等活动100余场次。开展“双先”表彰活动，推荐省级离退休干部先进集体4家、先进个人7人，评选市级离退休干部先进集体50个，先进个人100人，以先进典型引领示范，汇聚向上、向善的正能量。举办扫黑除恶专题知识讲座，持续在活动中心、老年大学公共活动场所播放和粘贴扫黑除恶专项斗争宣传标语，在老年大学开展“课前五分钟”扫黑除恶专项斗争主题教育，组织老年学员和老干部志愿者进社区，举办“严打黑恶犯罪·弘扬社会正气”文艺演出，用群众喜闻乐见的文艺节目宣传扫黑除恶知识，全市离退休干部志愿者积极助力扫黑除恶专项行动。开展以老专家助力产业发展、离退休干部党组织助力贫困村党组织、离退休干部助力贫困学子为主要内容的离退休干部助力脱贫攻坚行动，涌现出退休后仍担任驻村第一书记的石林县法院退休干部段惠仙，奋战在水利战线的老党员冯晓明和带领群众种植核桃脱贫致富的市滇管局退休干部吴克强等先进典型。

【自身建设】 扎实开展第二批“不忘初心、牢记使命”主题教育，市委老干部局领导班子成员带队深入各县（市、区）和市直相关单位召开调研座谈会29场，广泛听取400余名离退休干部代表和老干部工作人员的意见建议，形成调研成果3个；召开对照党章党规找差距专题会、专题民主生活会，班子成员之间相互咬耳扯袖，提醒警醒，认真开展批评与自我批评，列出10项问题清单，制定整改措施，逐项整改到位，确保取得实效。各支部分别结合“三会一课”同步召开对照党章党规找差距专题会。通过深入开展主题教育，真正达到“理论学习有收获，思想政治受洗礼，干事创业敢担当，为民服务解难题，清正廉洁作表率”的目的。制订《昆明市离退休干部“比学赶超”活动方案》，分别在西山、官渡、晋宁和盘龙区开展全市离退休干部工作“比学赶超”活动4次；承办2019年全省离退休干部工作“比学赶超”第一组第四次活动，组织玉溪、曲靖、昭通等8个州市的离退休干部工作人员围绕“如何推动信息化与离退休干部工作深度融合”做研讨交流。举办“云南省离退休干部管理系统”使用培训班、全市离退休干部工作业务培训班、助老员培训班、骨干教师培训班等业务培训，努力打造能力业务过硬工作队伍。开展“三亮三表率—模范机关创建”活动，创建让党中央放心、让人民群众满意的“模范机关”；局领导班子成员带领全体干部职工到帮扶对象家同吃同住同劳动，用新理念、新思路、新举措帮助挂钩扶贫点东川区乌龙镇包包村脱贫摘帽奔小康，圆满完成扶贫攻坚任务；加大文明创建力度，昆明市企业离休干部管理办公室创建为省级文明单位，局机关、昆明市老干部活动中心、昆明老年大学创建为市级文明单位，昆明市老年大学被评为“昆明市民族团结创建示范单位”。

（晏廷花）

宣传思想文化

【理论武装】 高举新时代思想旗帜，始终把学习宣传贯彻习近平新时代中国特色社会主义思想作为首要政治任务，组织和动员全市党员干部通过集中学习、座谈会、研讨班、培训班、专题讲座、知识竞赛、学习征文等多种形式开展理论学习，覆盖到全市2.35万个基层党组织，重点抓好党员领导干部特别是县处级和乡镇正职以上领导干部的学习，组织市委理论学习中心组学习15次，推动党的创新理论不断入脑入心入行。全市各级各部门开展《习近平新时代中国特色社会主义思想学习纲要》、党的十九届四中全会精神、“不忘初心、牢记使命”主题教育等重大理论宣讲活动3000多场，受众达35万人次，全市形成“专家学者＋领导干部＋普通百姓”分众化、对象化、互动化宣讲的大格局。发挥理论工作“四大平台”作用，召开昆明市庆祝中华人民共和国成立70周年理论研讨会，建立温铁军、张瑞才等一批名师工作室、研究基地、教育实践基地，安宁市、石林县被评为全省学习宣传贯彻习近平新时代中国特色社会主义思想示范基地。大力推进全市“学习强国”学习平台建设使用，全市注册激活人数18.20万人，被采用图文稿件2000余篇，视频稿件500余篇。组织开展“阅读与时代同行”全民阅读活动，“书香昆明”品牌影响力不断增强，习近平新时代中国特色社会主义思想和党中央声音成为春城昆明的最强音。

【新闻舆论工作】 紧紧围绕庆祝新中国成立70周年活动主题，精心制订活动方案，隆重举行庆祝新中国成立70周年系列活动，精心组织“壮丽70年·阔步新时代”大型主题采访活动，广泛开展“我和我的祖国”“万人同升国旗　同唱国歌”等群众性主题宣传教育活动，先后举办演讲大赛、文艺晚会、焰火表演、展览展演等主题文化庆祝活动30余项，各类群众文体活动1.30万余场次，刊发纪念文章，策划推出电视专题片和纪念画册，唱响礼赞新中国、奋斗新时代的昂扬旋律。坚持团结稳定鼓劲、正面宣传为主，统筹内宣外宣、网上网下、理论舆论，精心组织开展主题宣传、形势宣传、政策宣传、成就宣传、典型宣传，推动市属媒体从报纸、广播到荧屏，从笔尖、指尖到网络主动设置议题，壮大主流声音。全年共推出重大主题宣传60余个，在中央和省级主要新闻媒体刊播重点稿件2.1万余篇条，举办新闻发布会、媒体吹风会150余场。充分整合“报、台、网、微、端、屏”等资源，构建以“一报一台一网多端”为龙头，融微博、微信、移动新闻客户端为一体的主流媒体融合传播矩阵。建成县级融媒体中心12家，逐步构建起全市统一、县级自主、融报台网端为一体的县级融媒体中心平台。依托商洽会、上合马拉松赛、大健康高峰论坛等重要会议赛事活动，综合运用文化交流、文化贸易、媒体传播等方式，积极主动开展对外宣传，昆明成功入围央视2018～2019年度“美好生活城市榜”。

【意识形态工作责任体系】 坚决维护昆明意识形态领域安全，深入落实意识形态工作“113468”责任体系，市委意识形态工作领导小组成员单位由38家调整至44家，推动意识形态工作与中心工作同部署同落实同检查同考核。市委常委会专题研究意识形态工作4次，向省委报告2次，召开全市分析研判会4次。制定出台《关于进一步加强对论坛、讲坛、讲座、讲堂、年会、报告会、研讨会等阵地管理的通知》，严格规范各类意识形态阵地建设管理。研究制定《昆明市防范化解意识形态领域风险点工作清单》，梳理5个方面12个风险点，提出34条防控措施。推进依法管网治网，强化网上正面宣传引导，深入实施“中国好网民”工程，健全多主体协同治理机制，大力培育积极健康、向上向善的网络文化，构筑起网上网下“同心圆”，云南·昆明网络文化节连续第三年获中央网信办颁布的网络公益奖。建立联合办案、工作联动等制度，持续加大“扫黄打非”工作力度，开展“清源、净网、护苗、秋风、固边”五大专项行动，全市共完成“扫黄打非”基层站点建设1839个，五华区文化巷社区、安宁市晓塘社区被评为全国示范点。严厉打击邪教活动，坚决抵御敌对势力渗透破坏。充分发挥巡察“利剑”作用，十一届市委第八轮、第九轮、第十轮巡察先后对15家市直单位、13家市属国有企业意识形态工作责任制落实情况进行专项检查。

【全国文明城市创建工作】 认真贯彻落实中央文明委和省委、省政府决策部署，坚持以人民为中心的工作导向，坚持物质文明和精神文明两手抓两促进，聚焦建设崇德向善、文化厚重、和谐宜居的文明城市，全市市民文明素质明显提升、城市文明程度明显提升、群众满意度明显提升、干部作风明显转变，文明城市创建取得新进展新成效。

强化文明城市创建调度指挥，在组织领导上坚持“全面发动、全员参与、全力推进”，在调度指挥上强调“市区互动、上下联动、左右协同”，在任务落实上突出“工作细分、任务细分、区域细分”，在宣传发动上注重“人人参与、人人奉献、人人共享”，推动由“创建文明城市”向“建设城市文明”整体跃升，完善“全链条”的创建责任体系，落实河长、路长、楼长、网格长等责任制。强化督查问效，建立“每日曝光、每周巡访、每月督查、双月点评、季度测评、年度考核”的督查检查机制，召开9场电视督查讲评会，在电视镜头前面对面听取基层群众意见、研究整改措施、推进工作落实。精准对标整改，组织5次双月点评会、3次季度测评、2次专项测评、1次全真模拟测评，针对测评检查发现的问题以及群众来信来访、市民巡访团日常巡查、“曝光台”曝光的问题，采取梳理问题清单、召开专题会、现场会等形式重点推进。

不断强化文明城市创建常态长效机制，创新组织开展9场电视督查讲评会，获得市民群众的广泛关注和点赞。广泛开展文明创建活动，持续深化文明交通、文明旅游、文明上网行动，大力刊播“我们的价值观”“中国梦”主题公益广告，每月策划推出创文主题活动，重点组织开展“干干净净迎国庆，同心共建文明城”“文明交通　从我做起”“依法文明养犬，共建文明城市”“文明城市齐心创，文明单位作表率”四大主题活动，营造“人人参与、人人奉献、人人共享”创建氛围，文明新风深入千家万户，市民文明素养和城市文明程度呈现新气象。大力培育和践行社会主义核心价值观，充分发挥法治在解决道德领域突出问题中的作用，深化细胞文明创建，深化文明单位、文明村镇、文明家庭、文明校园和“十星级文明户”等群众性创建活动，投入经费1810万元，建成新时代文明实践中心12个、实践所45个、实践站239个，安宁、石林、呈贡被列入全国试点。完成新一届市级文明单位、文明村镇、文明家庭、文明校园创建评选，群众性精神文明创建基础不断夯实。广泛选树道德领域先进典型，评选表彰100名昆明好人、56名道德模范，11人登上“中国好人榜”，3人被授予第七届全国道德模范提名奖，3人获“中国好人”称号。编印《昆明市青少年培育和践行社会主义核心价值观教育读本》，深化未成年人思想道德建设。开展“扣好人生第一粒扣子”系列德育活动460余场。成立昆明市志愿服务发展促进会，引导114万名注册志愿者创新开展活动，打造百名“市民河长”、千支“爱湖志愿服务队”、万名“滇池卫士”百千万工程全面参与“春城志愿行·滇池明珠清”昆明“滇池卫士”志愿服务品牌。深入推进全域创建，推广安宁市成功创建的经验做法，推进石林县争创第六届全国文明城市工作，晋宁区按照主城区标准开展创建，城乡一体抓创建，让城乡居民共享文明创建成果。

【文化强市建设】 扎实推进国家公共文化服务体系示范区创建工作，文化惠民工程加快推进，公共文化服务体系建设成效显著，文化遗产保护利用持续强化，基层公共文化服务专项资金由人均14元提标至17元，组织开展各种文化惠民活动1.10万余场，全市农村放映公益电影1.74万余场，受惠观众350万余人次。加大文化扶贫力度，完成基层综合性文化服务中心第二批覆盖工程290个村的建设任务。实施昆明历史文化名城保护行动计划和民族文化保护传承工程，着力擦亮“郑和”“聂耳”“西南联合大学”“陆军讲武堂”等城市文化品牌。精心组织承办《我要上春晚》昆明分会场、《我和我的祖国》七城联动首映礼等活动，举办聂耳音乐节、“创意昆明”系列主题活动、丝路云裳·民族时装周等文化活动，以及滇池国际龙舟争霸赛、上合昆明国际马拉松赛等文化体育赛事。投入651万元，扶持创作《彩云之南》《启鸣之声》等文艺作品29个，投入2000万元扶持拍摄电视剧《我们的西南联大》。深入实施“文化+”行动，建立文产统计数据季度发布制度。加快建设国家文化出口基地、国家文化和科技融合示范基地，新建拾翠国际民艺创意园等文创园区6个，7家企业、7个海外巡演项目分别入选年度全省文化出口重点企业、文化出口重点项目，预计实现文创产业增加值265亿元，同比增长10%。

2019年7月21日，第六届中国聂耳音乐（合唱）周昆明分会场闭幕式暨《号角》专场音乐会在春城剧院举行 （市委宣传部 供稿）

【文化创意产业发展】 按照中央、省、市文化创意产业发展的决策部署，紧紧围绕建设区域性国际中心城市目标，依托现有文化创意企业、文化创意产业园区、文化产业发展平台、文化产业品牌活动，充分发挥资本、科技、人才优势，大力实施文化引领战略，进一步完善产业发展政策，着力构建大文创产业高质量发展格局，为昆明市文化创意产业跨越式发展提供坚实基础。2019年，全市规模以上文化及相关产业营业收入为353.26亿元，同比增长12.40%；营业利润为29.14亿元，同比增长16.90%。昆明先后被列为国家文化和科技融合示范基地、国家文化消费试点城市、全国十大最具文化影响力城市、国家文化出口基地等。

坚持规划引领，深入实施《昆明市文化创意产业发展规划（2016—2020）》，树立产业导向、优化空间布局，文创产业在稳增长、促改革、调结构、惠民生等方面发挥重要作用。制定《关于促进昆明市文化创意产业快速发展的实施意见》，进一步完善昆明市文化产业发展政策支撑体系。研究修订《昆明市文化创意产业园区认定管理办法》，完善评审方案和细则，为园区管理、评审提供政策性指导，进一步规划全市文化创意产业园区发展。修订完善《昆明市文化产业发展专项资金暂行管理办法》，进一步规范文化产业发展专项资金申报、评审、公示等流程。通过完善顶层设计，建立起党委统一领导、党政齐抓共管、宣传部门组织协调、有关部门分工负责的工作格局。推动实施优化产业布局，细化分解目标任务，制定规划实施时间表、路线图，文创产业发展的集约化、专业化和规模化水平不断提升。

实施项目带动，深入实施文化建设和产业发展“510”工程，通过建立机制，带动产业发展。做大总量提升产业能级，以项目为抓手，发挥重点企业、重大项目的示范带动作用。昆明新知集团有限公司等7家文化企业入选2019—2020年度云南省文化出口重点企业，《十面埋伏》《云南映象》海外巡演等7个项目入选2019—2020年度云南省文化出口重点项目。

强化资金扶持，助力文创产业发展。开展3批次市级文产资金项目评审。扶持补助昆明民族时装周“传承之美”大型服饰主题秀、“创意昆明”系列活动等57个项目，补助资金共1368.32万元。积极争取上级资金，分别争取到730万元省级文产专项资金、500万元创新发展资金和省级文化事业资金420万元。扶持补助金鼎文化出口和科技创新服务平台、紫云青鸟对外文化交流服务平台等10个项目。做好绩效管理工作及台账整理工作，认真填报涉及小微双创的小微企业数量、小微企业扶持减免情况、公共服务平台数量等指标，形成小微双创工作典型经验交流材料。印发《关于做好支持市场主体财政资金网上公开办理的通知》，并通过“阳光云财一网通”平台，实现文产项目网上申报、网上审核、专家评审、网上

公示。

做好项目对接服务，增强文创产业发展后劲。做好联系接谈成都鱼说科技公司、深圳容德文化传媒有限公司等企业调研走访昆明市相关文创园区和企业工作，为开展项目合作打下基础。做好可用地块区位、交通等信息梳理工作，编制项目建议书，为文化企业及产业项目落地做好服务工作。对12个市级重点文旅项目推进情况进行督查调研，摸清项目实情，分析项目结症，并对解决项目推进中存在的困难和问题提出工作建议，形成《昆明市近期重点文旅项目推进情况报告》。

搭建展示平台，扩大昆明文化创意产业影响力。参加对外交流活动，组织特色文化企业参加第十五届深圳文博会、2019亚洲文化旅游展、云南国际智慧旅游大会、第二届长三角文博会等国内重点展会，为企业搭建对外文化交流展示平台。组织举办第二届金茶花文化创意大赛、“丝路云裳·昆明民族时装周”活动等系列活动，进一步扩大昆明城市文化影响力，提升昆明城市形象。擦亮“创意昆明”品牌，2019年“创意昆明”系列主题活动，现场观展人数超过5万人次，线上观展人数超过10万人，各大媒体、新闻网站发布或转载2019“创意昆明”新闻超过10万条，宣传影响辐射逾100万人次。精心策划2019年云南省文博会昆明馆系列活动。设置县（市、区）展区、文化旅游融合发展主题展区、老字号展区、非遗展区、重点文化出口企业展区、文化展演舞台等区域，超过200家企业参展，进馆人数超过20万人次，各大媒体、新闻网站发布创意云南文博会昆明精品馆相关新闻超过28万条。成功举办第四届慕尼黑啤酒节——昆明之旅活动，使其成为昆明文化旅游节庆活动的一张靓丽名片，为广大市民带来德国异域风情的切身体验。

【自身建设】 按照新时代党的建设总要求，全面推进宣传思想战线党的建设，坚决肃清白恩培、秦光荣、仇和等流毒影响。紧密结合宣传思想工作实际，精心谋划坚定理想信念、牢记党的宗旨、改进机关作风、勇于担当作为、保持清正廉洁“五大专题”，大力实施党的创新理论“大学习”、政治素质“大提高”、专业本领“大提升”、创新创造“大探索”、工作作风“大转变”、意识形态领域风险“大防控”六大行动，着力打造“学习型”“政治型”“专业型”“创新型”“实干型”“斗争型”“六型”宣传思想队伍，持续开展“全媒体走基层”等活动，锤炼宣传思想工作队伍的政治素质、业务能力、工作作风。以文化名家暨“四个一批”人才工程为龙头，统筹推进各领域人才建设，不断加强思想淬炼、政治历练、实践锻炼、专业训练，全年共培训系统各级各类干部200余人次，做到既识“天气”又接“地气”、既能“讲理”又能“管理”、既会“倡导”又会“疏导”、既懂“事业”又懂“产业”。认真学习贯彻《中国共产党宣传工作条例》，制订具体贯彻落实方案。认真贯彻落实基层减负各项措施，制定出台《关于解决形式主义突出问题为基层减负的若干措施》，明确加强和改进新闻宣传等5个方面15条具体举措，全年以市委宣传部名义发文累计38个，同比减少46.40%，精简意识形态考核台账上报资料同比减少30%。市委宣传部被中宣部办公厅授予2019年度《党建》杂志学刊用刊工作先进集体，被全国“扫黄打非”工作小组授予全国“扫黄打非”先进集体。

（市委宣传部）

统一战线

【构建大统战工作新格局】 牢固树立“党管统战”意识，统战工作列入市委常委会重要议事日程，市委主要领导牵头听取、研究统战工作10余次。调整充实市委统一战线工作领导小组成员，充分发挥领导小组办公室参谋、组织、协调、督促作用，推动领导小组成员单位增强统战意识、找准工作定位、发挥主体作用，汇聚“大统战”工作合力。坚持把党的领导贯穿于民族宗教工作各领域、全过程，把民族团结进步示范创建作为“一把手工程”来抓，成立由市委主要领导任组长，四班子主要领导任副组长的创建工作领导小组，加强工作统筹协调和督促指导；充分发挥市委民族宗教工作领导小组职能作用，坚持把党的领导贯穿于民族宗教工作全过程，不断加强工作高位统筹和督促落实。市级领导联系统一战线代表人士制度在实践中不断完善。统战工作纳入全市党建目标考核内容。昆明市统一战线工作连续4年在全省年度考核中排名第一。圆满完成统战系统机构改革，统战工作职能职责实现优化整合，建立市委统战部统一领导市民族宗教委，统一领导海外统战工作，牵头开展港澳统战和对台统战工作，统一管理对台工作，指导市工商联、市侨联、市台联工作，市民族宗教委与市委统战部合署办公的新体制，党委统一领导、统战部牵头协调、各有关部门和人民团体各负其责的大统战工作格局进一步完善。

【筑牢统一战线共同思想政治基础】 围绕“做细规定动作、做亮自选动作”，紧密联系昆明实际，融入统战工作实践，以市委统战部“两微一网”融媒体矩阵平台、新的社会阶层人士网上联谊会等为载体，通过开展座谈交流、教育培训、学习辅导、文艺汇演、知识竞赛等丰富多彩的主题活动，把学习贯彻习近平新时代中国特色社会主义思想，特别是习近平总书记关于加强和改进统一战线工作的重要思想，贯彻落实到统一战线各个领域、各项工作中，凝聚团结奋进强大力量。完善市委、市人大、市政府、市政协四套班子领导与党外代表人士联系交友制度，建立并落实市委统战

2019年，全市统战部长（扩大）会议召开　　（市委统战部　供稿）

部与各民主党派、无党派人士和党外知识分子谈心交流制度，寓思想引导于坦诚交流之中，通过相互了解增强互信，巩固团结奋斗的共同思想政治基础。创新思想政治教育模式，倾力打造、累计建立统一战线文化教育基地10个，深化统一战线政治传承，2019年新建闻一多纪念馆，将周培源旧居打造为全国传统教育基地。结合统一战线各领域工作实际，以庆祝改革开放40周年、中华人民共和国成立70周年、多党合作制度确立70周年等重要时间节点为契机，组织开展“壮丽70年·阔步新时代”昆明统一战线庆祝新中国成立70周年大型主题宣传活动和“表白祖国接力”大型微博网络公益活动等主题宣传活动20余次，深入推进“不忘合作初心，继续携手前进”“守法诚信经营，坚定发展信心”等理想信念教育实践活动30余场次，全市广大统战成员在新时代中国特色社会主义建设的生动实践中不断增进政治认同、思想认同、理论认同和情感认同。

【抓好多党合作和政治协商制度建设】认真落实协商民主、政党协商制度，切实增强政治协商、参政议政、民主监督的实效性。政治交接有序推进，协助民革、民盟、民建、民进、九三学社5个民主党派市委会圆满换届。自身建设水平提升，按照“四新三好”标准加强思想、组织、制度、参政能力建设，完善日常管理和考评机制，不断增强“五种能力”。政党协商深入开展，组织召开民主协商会、座谈会、通报会7次，统筹安排民主党派负责人列席市政府常务会议20次。建言献策高频落地，党外人大代表、政协委员向各级人大、政协提交建议75件、提案763件，市级各民主党派向各级党委、政府提交建议、社情民意149件，各民主党派、工商联、人民团体围绕区域性国际中心城市建设深入调研，形成重点调研报告11篇，多项建议、提案转化为推动工作的政策和措施。民主监督有序开展，配合农工民主党辽宁省委开展对口昆明脱贫攻坚民主监督2次。市社会主义学院举办各类培训11期1109人次。

【抓好非公有制经济“两个健康”发展】完善市级领导联系民营企业、商（协）会制度，制定《昆明市政商交往正负面清单》《关于建立民主监督和纪律监督协作机制　促进民营经济高质量发展的实施办法》等制度性文件；制定《关于昆明市工商联所属商会改革发展的实施意见》，推动统战工作向商（协）会、民营企业有效覆盖；强化商（协）会党建工作，成立商（协）会党支部133家，实现列入党建基数商（协）会党建工作全覆盖；加强新生代企业家的团结引导工作。举办“春融同心·民企大讲堂”“民营企业家进机关”6期，民营企业家培训班5期，培训1700余人次。全市26户企业荣登全省百户优强民营企业榜，49家企业入选全省民营企业100强；17名企业家被评为全省百名优秀民营企业家，4名企业家获“第五届云南省非公有制经济人士优秀中国特色社会主义事业建设者”称号。

2019年10月11日，昆明市民主党派领导班子座谈会召开　（市委统战部　供稿）

【巩固民族团结宗教和谐发展局面】昆明市成功创建为“全国民族团结进步示范市”，民族团结进步创建成果在北京民族文化宫展出，市委统战部被国务院授予“民族团结进步模范集体”称号。全市累计创建12个国家级、64个省级、567个市级民族团结进步示范单位和各级示范点2129个，建立“九进”示范点100个、铸牢中华民族共同体意识现场教学点19个，石林县、禄劝县、寻甸县先后创建为“全国民族团结进步示范县”。充分发挥市委民族宗教工作领导小组统筹协调和督查落实作用，宗教领域专项治理取得明显成效。全面落实宗教工作“一网两单三系统”等工作制度，有效防范化解宗教领域风险隐患。在全省率先为5个全市性宗教团体选聘法律顾问、提供法律咨询服务，强化宗教团体法治观念和依法规范宗教事务能力，进一步提升全市宗教工作法治化水平。

【党外代表人士队伍建设】发挥组织部、统战部两部联席会议制度作用，完善“六支队伍”代表人士信息库，新发现并联系党外代表人士945名，不断加大党外代表人士培养、使用工作。制定《昆明市统一战线教育培训规划》，举办“六支队伍”培训班9期，累计培训826人次。截至2019年末，全市共有科级及以上党外领导干部1067名，市、县（市、区）两级人大、政府、政协领导班子党外干部均选配到位，法检两院、群团、事业单位和国有企业班子中均安排有党外领导干部；158名党外人士担任市人大代表，289名党外人士担任市政协委员。

【党外知识分子和新的社会阶层人士统战工作】指导昆明留学人员联谊会圆满完成换届。拓展联系对象，举办专题培训1期，组织开展活动6次，激发党外知识分子的爱国报国热情，引导他们通过人代会、政协会等途径为全市经济社会发展提出意见建议100多条。全面推进新的社会阶层人士统战工作全国创新推广城市试点工作，制订《昆明市新的社会阶层人士统战工作三年行动方案》，实施“12345”行动计划，形成“创新推广城＋重点示范区（市）＋试点区（市）＋示范基地（站点）”的格局。截至2019年末，全市已建立涵盖2690人的新的社会阶层人士数据库，建立市级新的社会阶层人士网上联谊会及新的社会阶层人士非公有制经济、中介组织、新媒体及文化教育、自由职业及社会组织4个专联会，市、县两级分别命名授牌示范基地及工作站（点）274个。150余名新的社会阶层人士担任市、县两级政协委员、人大代表。官渡区自由职业人员统战工作示范基地、呈贡区“同心·云上云”基地入选全国重点项目，相关工作得到中央统战部调研组高度肯定。围绕基层治理、社会服务、创业创新、舆论引导等重点领域，组织志愿服务、公益徒步等活动10余次，举办募捐义演筹集善款90多万元。

【港澳台统战工作】制定出台《昆明市关于促进昆台经济文化交流合作的若干措施》《昆明市关于进一步加强对台招商引资工作的意见》等规范性文件。认真做好港澳台组团来昆交流和昆明组团赴港澳台交流工作。促成昆明、澎湖县签订友好交流合作备忘录。组织150余家台资企业参加“商洽会”“云台会”等会展，促进签约昆台合作项目6个。搭建交流平台，累计创建西南联大历史博物馆、云南陆军讲武堂历史博物馆、石林海峡两岸少数民族交流基地3个国家级海峡两岸交流基地，云南民族村、飞虎纪念馆、九九艺术空间、弘益大学堂4个省级海峡两岸交流基地，以及云大启迪K栈众创空间、高新区创客大厦、云南农大滇台创新中心、石林台创园和云台文化青创中心暨云台书院等云台青年创业就业基地。举办青少年联谊、文化交流及作文大赛等活动。广泛宣传习近平总书记在《告台湾同胞书》发表40周年纪念会上的讲话。完善涉台纠纷多元化解机制，累计建立台胞台属公益服务站5个。

【海外统战工作】加强新时代海外统战工作，延伸触角，实施“春融同心·金侨”计划，充分发挥海外联谊会、昆明侨商联合会等平台作用，加强与“一带一路”沿线及南亚、东南亚国家重点侨团的联系交流，建立对外联络工作机制，侨务联系网络覆盖到50多个国家和地区，新增联系海外侨领50余名。加强重点侨团和代表人士的工作，市侨联与法国华侨华人会、云南英国校友会等侨团建立合作交流机制，举办“南侨魂·飞虎情”昆明故事分享会、“一带一路”侨社论坛等活动，发展壮大海外友好力量。加强政策宣传，累计创建国侨办侨法宣传角2个、侨乡文化社区1个、暖侨敬老示范点1个。推进对外文化交流，已建立华文教育基地8个。深入实施海外“昆明书屋”项目，2019年在缅甸曼德勒、泰国等地新建海外“昆明书屋”4个，截至2019年底，海外“昆明书屋”累计达11个。开展全媒体时代昆明市人才工作海外宣传创新发展研究。依法保障归侨侨眷合法权益，建立涉侨纠纷多元化解机制，充分发挥昆明市涉侨法律服务中心作用。实施“双百计划”，帮扶慰问散居困难归侨侨眷316户次，通过提供职业技能培训等方式，帮助解决实际困难。

【统战工作创新增效】坚持高起点谋划、高标准要求、高质量推动，全市统战工作实现理念创新、机制创新、实践创新。紧扣制度化、项目化、平台化、信息化和社会化“五化”工作思路，以“春融万物、海纳百川”“春风化雨、润物无声”的工作理念和方法，不断深化“春融同心”统战工作品牌创建，先后确立“春融同心·建功”“春融同心·文化”“春融同心·e+”“春融同心·新能量”“春融同心·政商直通车”“春融同心·金侨”和“春融同心·智库”等主题项目创建工作，构建各领域全覆盖、上下整体联动、条块合力推进的品牌矩阵，逐步实现全市统战工作基础数据精准、工作对象精准、工作方式精准、解决问题精准、工作成效精准，彰显昆明统战工作特色，“春融同心”品牌辐射力和感染力实现新提升。

【围绕中心服务大局】 支持各民主党派、无党派人士和有关人民团体围绕区域性国际中心城市建设目标建言献策，形成《加快昆明快递业高质量发展的建议》《昆明建设区域性国际绿色会展之都的对策建议》等11个调研成果，多项建议转化为推动工作的具体政策和措施。坚持“党建+统战+群团(社会组织、自组织)”三位一体的工作理念，探索建立“部门联动+社会动员”的工作新机制，支持、鼓励、引导全市广大统一战线成员在精准扶贫、社会治理、全国文明城市创建等领域中建功立业。扎实推进昆明市统一战线“同心”助力脱贫攻坚行动，全市统一战线各领域累计投入帮扶资金1.80亿元，实施帮扶项目364个。支持市级各民主党派开展脱贫攻坚调研和民主监督21次。组织全市各类社会组织、社会团体、非公企业、宗教界代表人士、党外知识分子等积极投身以“春城志愿行·滇池明珠清”为主题的昆明“滇池卫士”系列志愿服务活动，广泛开展传播绿色生态理念、巡河爱湖护山、植树造林美化绿化、违法监督举报、保护滇池建言献策等特色活动，争当滇池保护治理的监督者、支持者、参与者和护卫者，50名统战人士获聘第一批“市民河长”。组织开展“春融同心·招商引资昆明行”进商会、进县区17场次，促成项目签约120多亿元。全市53家市级部门、14个县(市、区)政府、4个开发(度假、园)区管委会及5951家企业、125家商(协)会注册上线“政商直通车”平台，累计帮助企业解决困难问题225个。

【自身建设】 全面落实从严治党政治责任，以政治建设为统领，切实加强统战部门党的基层基础建设，全市统战系统深入开展“不忘初心、牢记使命”主题教育，把学习教育、调查研究、检视问题、整改落实贯通起来、统筹推进，思想上、工作上、制度上取得实实在在的成果。强化管理，政治品格一流、服务大局一流、专业水平一流、履职尽责一流、廉洁自律一流的统战机关建设再上新台阶。市委统战部党风廉政建设工作连续4年获评优秀等次，“春融同心·共铸繁荣”党建工作入选市级党建示范带，机关第一党支部创建成为“五星级”示范党支部。大兴调研之风，市委统战部领导带头深入一线开展调研，结合社会治理探索创新，深入分析研究当前统战工作面临的新形势新问题，先后形成《坚持以人民为中心的思想 打造共建共治共享的社会治理“昆明模式”》《昆明市贯彻落实〈中国共产党统一战线工作条例(试行)〉情况调研报告》等一批调研成果，推动新时代统战工作探索创新。完善机关工作制度机制，工作运行实现制度化、规范化。加强干部队伍建设，干部队伍政治素养、业务水平、作风形象不断提升，理论创新、实践创新、信息工作再创佳绩。“春融同心·e+”融媒体网宣矩阵平台发布宣传稿件4500多篇，阅读量500多万次，中央和省委统战部网站、新华网、新浪网、网易等采用刊载724篇；挖掘统一战线先进典型和案例37篇；举办《昆明统一战线“思”路工作70年》人物访谈节目；出版《昆明统一战线》刊物4期和《昆明统一战线的那些人那些事》专刊；“表白祖国接力”微博阅读量、观看量2880多万人次，入选云南政务微博优秀案例，全方位展现昆明统一战线新气象新风貌。

（市委统战部）

机构编制管理

【完成全市党政机构改革】 按照中央和省委深化党政机构改革的安排部署，昆明市坚持对标对表，迅速组织实施，积极推动全市党政机构改革工作。按照“先立后破、不立不破”的原则，扎实做好涉改部门机构调整、职责划转、人员转隶、部门“三定”规定制定等工作，牵头协调全市共50家涉改部门的“三定”规定或“调整通知”印发，切实加强对县(市、区)机构改革工作的指导和督促，全市党政机构改革工作圆满完成。本轮机构改革后，市本级共设置党政机构53个，比改革前减少11个。其中：市委机构15个，比改革前减少3个；市政府机构38个，比改革前减少8个。各县(市、区)党委机构数共减少46个，科级职数减少268人。

【事业单位改革工作】 统筹推进承担行政职能事业单位改革，除行政执法机构外，不再保留或新设承担行政职能的事业单位，缩减率为100%。实施党委、政府直属事业单位改革，市委、市政府直属事业单位从14个精简为9个，缩减率为35.70%。完成事业单位转隶调整，市级党政机构改革涉及转隶调整事业单位199个，其中：撤销10个，更名4个，转隶154个，转隶并更名28个，其他调整3个。全面清理规范社会组织。完成市级5个、县级8个从事生产经营活动事业单位改革。出台《昆明市市级引进高层次人才专项事业编制管理暂行办法》，在全市事业编制总量中暂核定1000名编制向人才强市领域倾斜。深化综合行政执法体制改革，分别组建农业、生态环境保护、交通运输、文化市场综合行政执法支队以及县(市、区)综合行政执法大队，各县(市、区)组建市场监管综合行政执法大队。通过改革，进一步推进政事分开、政企分开，强化事业单位公益属性，全

面清理规范社会组织，市委、市政府直属事业单位设置更加合理，部门所属事业单位更加精简、规范，挖潜事业编制资源，大大提升机构编制服务民生、保障民生的能力。

【完成事业单位登记管理改革】 完成市级349家事业单位报送的上一年度执行《事业单位登记管理暂行条例》及实施细则情况的年度报告审查工作，将346家事业单位年度报告进行公示。做好“撤并转”事业单位法人登记和涉改机关、群团统一社会信用代码赋码调整完善工作。印发《关于做好党政机关统一社会信用代码赋码颁证和事业单位法人登记工作的通知》，对统一社会信用代码赋码颁证、事业单位法人登记工作的具体办理流程、提交材料进行详细安排。截至2019年12月31日，共办理市级机关、群团统一社会信用代码证书新领10家、注销4家、变更37家。办理事业单位设立登记4家、变更登记81家、注销登记3家。组织滇中新区、市级各部委办局和直属事业单位、14个县(市、区)开展全市事业单位登记管理业务培训。邀请省委编办领导和市委党校教师对事业单位登记管理工作进行指导。严格执行事业单位登记管理提示告知制度。严格规范登记档案管理工作，认真建立健全事业单位登记档案资料，对事业单位登记档案定期或不定期开展重点抽查和专项检查，共整理归档事业单位登记档案88家。

【调整优化机构编制职能】 紧紧围绕全市开展生态文明建设、滇池治理等中心重点工作，提供坚实的体制机制保障。重新调整市滇池管理局“三定”规定，结合党政机构改革调整市生态环境科学研究院机构编制事项。进一步落实省级关于生态环境机构监测监察执法垂直管理制度改革的要求，将各县(市、区)生态环境监察、监测机构上划市级管理，调整上划各县(市、区)生态环境保护机构和编制，组建市生态环境局各县(市、区)分局。以机构编制推动解决人民群众关心关注的热点难点问题，设立昆明“两站一场”区域综合管理委员会及办公室，破解昆明火车站、昆明南站、昆明长水机场片区管理难题。组建昆明市退役军人服务中心、昆明市残疾人综合服务中心、昆明市宗教事务管理服务中心、昆明市青年志愿者和社会组织服务指导中心，挂牌设立昆明社会治理研究院、昆明福泽特殊教育学校，设立昆明市财政局债务监管中心、昆明市改革发展研究中心。调整昆明市教育科学研究院机构编制，搭建市属优秀从教人员与教育主管部门交流平台。调整市级部门机构编制。配合市总工会、团市委、市妇联、市文联等群团机关机构编制事项，调整昆明市计划生育协会内设机构名称和领导职数，调整市公安局部分直属部门内设机构和部分区级公安分局政法专项编制，推动警力向基层倾斜。调整市委统战部、中国农工民主党昆明市委、市文化和旅游局、市住房和城乡建设局、市城市管理局、市发展改革委、市生态环境局、市商务局内设机构设置和编制事项。开发(度假、园)区管理体制机制不断理顺，设立市纪委市监委派驻三个国家级开发(度假、园)区及阳宗海管理局纪检监察组，调整规范昆明阳宗海管理局(管委会)内设机构设置，积极支持云南滇中新区管委会党群、人力资源等工作，在市级6个部门加挂云南滇中新区部门牌子。组建中国(云南)自由贸易试验区昆明片区管委会。撤销呈贡新区管委会、昆明倘甸“两区”管委会，规范设置昆明市部分园区领导职数。认真落实市委关于三个国家级开发区社会管理职能剥离移交的安排部署，调整食品药品监督、自然资源和规划、生态环境等部门开发(度假、园)区分局职责和编制。完成主城五区国土规划系统机构编制下划。

【机构编制监督检查】 严肃机构编制管理，加强机构编制监督检查力度。按照2019年机构改革印发的“三定”规定，严格落实改革期间机构编制纪律规定和机构编制监督检查工作规定，积极开展监督检查工作。通过实名制登记、核编、核职数、核工资等工作，全面完成市级涉改单位落实“三定”规定内容的监督检查工作；对因机构改革形成的问题清单进行梳理，汇总处级领导职数台账，逐一核查各级各单位自查违规问题和政策性超编、超职数问题，要求限期整改，妥善解决因机构改革造成的人员超配问题。严格机构编制实名制管理工作，不断提升机构编制管理规范化精细化水平。依托机构编制统计及实名制网络管理系统，及时完善涉改单位系统数据调整和《市机构编制实名制管理手册》信息维护更新，落实“定期对账”制度。完成市级涉改单位机构编制台账更新256家，系统内调整涉改单位人员转隶上万余人次；办理机构改革后部门领导任命和中层干部比选择优人员出(入)编、职级变更等事项共960余人次。开展机构编制日常业务规范化工作。严格落实审批、审核权限和程序。守住底线，严格按照实名制管理和机构编制管理等工作要求开展审核、审批工作，组织全市机关事业单位400余人进行机构编制日常业务工作培训。共办理印发行政、事业单位用编通知148份，完成单位月工资报表审核650余家。开展机构编制信息化建设工作，积极更新维护“昆明市机构编制网”，做好网站改版相关工作，共上传发布信息140余篇，所有信息上载严格落实保密审核规定，无失泄密事件发生；扎实开展机构编制统计工作，及时开展市级单位台账变更和实有人员数据更新工作。

【自身建设】 坚持和加强党的政治建设，以“基层党建创新提质年”、支部达标创建、机关“三亮三表率一模范”创建活动和“全市城市基层党建示范引领行动”为重点，推动机关党的建设与机构编制工作融合共促。认真落实意识形态工作责任制，着力加强党的政治理论学习，举行编办领导班子理论学习中心组学习会议8次。有效运用“云岭先锋”App等信息化平台开展好“三会一课”等党建活动，增强基层党建的有效性和吸引力。完成机关第二支部、第三支部达标创建工作，争创机关第一支部“四星级”示范党支部。组织开展市委编办“不忘初心、牢记使命”主题教育。组织召开2019年市委编办党建暨党风廉政建设工作会议，组织开展志愿者活动、脱贫攻坚“两联系一共建双推进”活动，组织开展各类志愿者服务活动20余次，参加人员200余人次。扎实推进市委编办脱贫攻坚“挂包帮”定点帮扶工作，全办干部10批次到贫困户家中入户调查走访，巩固脱贫攻坚工作成果。举办市委编办“学习弘扬红旗渠精神”提升党性修养培训班和昆明市党政机构改革创新能力提升培训班。加强机构编制信息宣传，编印《昆明机构编制信息》22期。报送上级部门的信息被“中国机构编制网”采用19篇、“云南机构编制网”采用113篇。“昆明市委编办”共发微博800余条。按程序完成编办内中层领导干部挂职锻炼、副县级领导干部提拔任用、选调生招录、正科级领导干部交流轮岗、副科级领导干部全员竞争上岗和机关党总支及下属党支部换届选举工作，开展任前谈话，强化编办干部勇于担当、履职尽责意识。

（王　惠）

机关党建

【思想政治建设】 教育引导党员干部自觉同党的基本理论、基本路线、基本方略对标对表，同党中央决策部署对标对表，以正确的认识和行动切实做到“两个维护”。把党中央关于政治建设的决策部署和省委、市委工作要求细化为具体措施，融入机关各项业务工作，贯彻到机关党建全过程和事业发展各方面。大力加强对党忠诚教育，充分发挥昆明红色资源优势，完善重温入党誓词、入党志愿书、过政治生日等活动，与学习身边先进典型结合起来，引导党员干部见贤思齐。严肃党内政治生活，严格执行新形势下党内政治生活的若干准则，贯彻民主集中制，严格党员领导干部参加双重组织生活制度，坚持党员领导干部讲党课制度。坚决贯彻党中央和省委、市委关于重大事项请示报告的各项规定和要求，坚决防止和纠正各种“低级红”“高级黑”现象。坚决贯彻落实中央、省委、市委关于加强和改进机关党的建设的决策部署，通过开展“五个一”活动，在市直机关党组织掀起学习贯彻习近平总书记在中央和国家机关党的建设工作会议上的讲话精神热潮，教育引导机关党员干部自觉对标对表，严明政治纪律和政治规矩，树牢“四个意识”，坚定“四个自信”，以正确的认识和行动切实做到“两个维护”。起草《中共昆明市委关于加强和改进机关党的建设的实施意见（征求意见稿）》报市委研究审定。市直机关工委题为《以中央和国家机关党的建设工作会议精神为指引全面提高昆明机关党建质量》的材料在全国机关党建工作研讨会上进行书面交流。

【深化理论武装】 扎实开展“不忘初心、牢记使命”主题教育。机关各级党组织严格落实中央、省委、市委统一安排部署，高度重视、加强领导、周密组织，高质量、高标准开展主题教育，抓实学习教育、深入调查研究、深刻检视问题、强化整改落实。举办100余期读书班，围绕党的政治建设等8个专题开展集中研讨交流，召开调研成果报告会50余场，党组（党委）书记讲党课105人次。开展10个专项整治，狠抓突出问题整改，召开高质量的专题民主生活会和组织生活会，达到理论学习有收获、思想政治受洗礼、干事创业敢担当、为民服务解难题、清正廉洁做表率的目标。深入推进“两学一做”活动，发挥党委（党组）理论学习中心组的示范带动作用，直属机关单位组织中心组理论学习410次，班子成员为基层讲党课472人次。继续实施“百名典型上讲台、千堂党课下基层、万名党员进党校”工作，机关党员进党校培训17237人，占机关党员总数的89%，培训党支部书记1002人，达100%。举办“机关大课堂”4期，培训近500人；开展“4·23世界读书日”活动；组织5期共1908人次参加的《时代前沿知识讲座》。下发实施《关于推进市直机关年轻干部深入学习习近平新时代中国特色社会主义思想的意见》，强化对年轻干部的理论武装工作。开展党史、新中国史学习教育系列活动，举办78名参赛选手参加的市直机关“时代新人说——我和祖国共成长”演讲比赛，47家单位33支队伍参赛的“市直机关庆祝中华人民共和国成立70周年群众合唱比赛”，组织干部群众1500余人次参观“辉煌70年——云南省庆祝中华人民共和国成立70周年成就展”，组织100余名干部职工参加“照金精神”宣讲巡展活动，联合举办“不忘初心、牢记使命”档案文献展，组织市级机关500人参加“万人同升国旗，同唱国歌”活动。深化群众性精神文明创建活动，把各级文明单位创建活动与创建全国文明城市工作紧密结合，创建为全国、省、市、区级文明单位分别为2、9、18、7家。抓好网络党建宣传。充分利用工委“一网两微”信息平台，扎实做好习近平新时代中国特色社会主义思想、十九大精神学习贯彻宣传和法治宣传教育工作。《昆明机关党建网》发布党建信息271条，《昆明市级机关工委》官方微博发布信息1500条，《昆明机关党建》微信公众号发布信息78条。市委市直机关工委被省委组织部表彰为“2019年度党建读物学用先进单位”和“2019年度《云岭先锋》杂志宣传工作先进单位”。

【组织建设】 压紧压实党建主体责任。制定实施《2019年机关党建工作要点》《市直机关“基层党建创新提质年”工作方案》《市直机关“基层党建创新提质年”重点任务项目清单》，明确8项重点任务、18个重点项目。落实《2019年度市委市直机关工委班子成员抓基层党建工作责任清单》《2019年度市直单位党组（党委）书记抓基层党建工作责任清单》《昆明市市直机关2019年度党建工作目标考核责任书》，逐级认真开展党组织书记述职评议考核工作，抓实述职评议反馈评价意见、市委巡察反馈问题的整改落实，约谈机关党组织负责人2人。持续开展党支部规范化建设达标创建工作。2019年累计达标78%，年内创建达标“三星级”支部446个、“四星级”示范支部22个、“五星级”示范支部13个。昆明市人大常委会机关第二党支部被省委组织部命名为2018年度省级“规范化建设示范党支部”。深入推进“互联网+党建”进机关。指导机关党员用好“学习强国”学习平台、“云岭先锋”手机App，为基层党组织配齐党建盒子、USB KEY，申报党员教育视频片15部。全面推进党员信息化管理，加强发展党员工作的宏观指导，发展党员143名，举办党内统计培训班、发展对象培训班和新党员培训班各1期。注重在“云岭先锋”App上开展“三会一课”、主题党日等活动，实现线上、线下有机结合。做好机构改革中的党建工作。下发《关于做好机构改革单位机关党建工作的通知》，根据机构变化及时调整机关党组织设置，指导机构改革涉及部门落实好同步健全党的组织、同步配齐党务力量、同步完善领导体制、同步跟进党的工作“四个同步”要求，确保机关党的工作有效接续。严格落实各项制度。加强“三会一课”组织管理，严格实行“三会一课”“党费日”、主题党日、党员政治生日、党员积分制管理、党组织按期换届等制度。12个软弱涣散党组织完成整顿提升，到期应换届的362个党组织全部完成换届。扎实开展发展党员违规违纪问题、宗教势力干扰侵蚀基层党组织和党员信教问题等七项专项整治。全年处分违纪党员32人。持续打造党建品牌。深入推进“机关党建精品培育行动”，进一步推进北京路党建示范长廊示范点、市级行政中心党建示范带建设，命名第二批党建品牌13个、示范点23个。健全党内关爱帮扶机制。拨付经费22.50万元，做好老党员、生活困难党员、因公牺牲干部家属的看望慰问关爱工作。

2019年2月26日，市级机关党的工作会议在昆明会堂召开 （市委市直机关工委 供稿）

【增强服务效能】 开展“三亮三表率一模范”机关创建活动。把创建活动作为“昆明跨越当先锋，机关党建走前头”2019年的主题，深化机关党建提神振气工程。与市委组织部联合印发《在全市机关党组织中开展“三亮三表率一模范机关”创建活动的工作方案》，在全市3万余名机关党员干部、900余个机关党组织中开展创建活动，自觉践行“三个表率”要求，积极创建让党中央放心、让人民群众满意的“模范机关”。开展全国民族团结进步示范市创建“进机关”活动，直属15家单位被授予第二批全市民族团结进步创建示范单位。常态化推进“万名党员进社区”文明创建志愿服务、“关爱滇池·春城志愿者在行动”志愿服务活动和脱贫攻坚“两联系一共建双推进”活动。全年累计开展党员志愿服务活动960批次，20万余人参与，432个党组织5500余名党员干部与贫困村党组织、贫困户结对帮扶。“万名党员进社区 服务群众零距离”党建案例被“人民网-中国共产党新闻网”评为“全国城市基层党建创新案例优秀案例”，“昆明跨越当先锋，机关党建走前头”党建案例获中央和国家机关工委旗帜杂志社颁发的“第二届党建创新成果展示交流活动百优案例”。

【党风廉政建设】 认真落实全面从严治党主体责任。切实加强对党风廉政建设和反腐败工作的领导，把党风廉政建设和反腐败工作作为机关党建工作的重要内容，与机关党建工作同部署、同安排，层层分解、落实党风廉政建设责任制工作任务。认真履行领导班子成员责任，主要负责人认真履行第一责任人责任，做到“一个参加”“两个约谈”“三个亲自”，管好班子、带好队伍、管好自己、当好廉洁从政的表率。领导班子其他成员在工委主要领导的领导下，认真落实《市直机关工委2019年度党风廉政建设责任制责任分解书》明确的分工任务，认真履行“一岗双责”。持之以恒纠正“四风”。带头学习贯彻落实中央八项规定精神和省、市有关规定精神，严格执行“七严格”“十严禁”，带头执行《党政机关厉行节约反对浪费条例》，组织6次纪律作风自检自查，全年无公款吃喝、收受红包、滥发钱物、铺张浪费等违规情况。坚决贯彻执行民主集中制，制定实施《市委市直机关工委关于贯彻落实“三重一大”事项集体决策制度的实施细则》。加强党风廉政教育，12次组织学习《中国共产党问责条例》《中国共产党重大事项请示报告条例》等党内重要法规，专题学习十九届四中全会和省委十届八次全会精神，通过学习，认清白恩培、仇和等特别是秦光荣流毒影响的深层根源、严重危害，切实以案为戒，按“八个坚决”要求严肃党内政治生活和净化政治生态。以中心组专题学习、廉政集体谈话、集中学习、先进典型学习、反面典型警示教育等多种学习形式，组织干部职工学习中纪委、省纪委、市纪委重要会议精神；8次组织学习传达市纪委下发的各类违纪通报和市纪委《典型案例通报》，以身边典型案例警示教育党员干部。组织市直机关351名党务干部到市委党校廉政建设教育基地接受教育。开展集中整治形式主义、官僚主义问题，开展“六个严禁”和严禁领导干部收受“红包”专项整治，开展“扫黑除恶专项斗争”“小金库”专项治理、“不作为、乱作为”问题专项治理、“吃空饷”问题专项清理和整治工作、超职数配备干部问题整治工作、退（离）休领导干部在社会团体兼职问题的自纠自查等专项治理。深化运用“四种形态”，把纪律和规矩挺在前面。带头践行“四种形态”，特别是运用第一种形态，经常对班子成员、部门领导和干部职工开展约谈，让“红红脸、出出汗”成为常态。

【党建带群建】 举办市直机关第十一届职工运动会、市级机关第十八届保龄球比赛、“幸福来敲门·爱满新时代”单身职工联谊活动、“当好主人翁、建功新时代”机关工作人员计算机技能竞赛等各种文体活动和技能竞赛。2019年开展的各种创先争优活动中，市级机关10家单位被评为昆明市“工人先锋号”，8家单位获“昆明市五一劳动奖状”；2个单位被授予昆明市女职工“建功立业标兵岗”；17人被授予“昆明市五一劳动奖章”“最美职工”“昆明市金牌工人”“建功立业标兵”“最美家庭”“和谐家庭”“文明家庭”等称号。开展“3·5”学雷锋日集中志愿服务活动、庆祝三八妇女节活动、“青春心向党　建功新时代”主题教育暨“五四运动”100周年庆祝活动、“爱在春城人家”2019年昆明市“家风家训”主题活动、“让我们靓起来，让昆明美起来”倡议活动、寻找“最美家庭”活动暨好家风好家训征集展示活动、“四个一、四关爱”活动、云南省第十五期职工医疗互助活动。成立市直机关“青年之家”，举办主题联学活动6期；对市直机关24家星级青年文明号开展检查复核；依托团中央“智慧团建”系统开展第一批基层团组织整理整顿工作。

【助力脱贫攻坚】 按照《中共昆明市委关于印发中央第十二巡视组对云南开展脱贫攻坚专项巡视反馈意见昆明市整改方案的通知》要求完成整改任务。组织党员干部职工深入工委挂钩帮扶点——寻甸县六哨乡拖期村和柯渡镇新庄村，对建档立卡贫困户、居民小组长、五保户和基层党务干部进行实地走访慰问，为129户结对帮扶户送去价值2.58万元的大米和食用油。安排16万余元资金解决六哨乡拖期村上拖期村到岔箐村自来水管改造、上拖期村建盖村活动室、新庄两个自然村安装18盏太阳能路灯费用，巩固脱贫攻坚成效，助推乡村振兴。

【全面推进改革】 根据机构改革工作安排，中共昆明市委市直机关工作委员会2019年3月11日在市级行政中心正式挂牌成立，并对相关职能配置、内设机构和人员编制等进行调整明确。全年召开3次专题会议对年度全面深化改革工作进行研究，组织专题调研4次，形成高质量的调研报告2篇。开展专项评估2次，形成高质量的评估报告2篇。提炼总结和报送改革工作信息6篇。在市级及以上新闻媒体宣传有关市直机关工委改革工作的报道共24篇，2019年度全面深化改革工作推深做实，被市委全面深化改革委员会办公室考核评定为优秀单位。

（王　琼）

保密工作

【宣传教育】 认真贯彻落实中央和省、市《“七五”保密法治宣传教育规划》，深入开展“五法”安全保密教育活动，大力营造“学法、知法、守法、用法”的保密法治文化氛围。突出抓好保密教育培训。2019年，举办全市保密业务培训班2期，各县（市、区）、市级机关单位、市属企事业单位1200余人参加培训。积极送课上门，先后到官渡区、市委党校、市商务局等单位进行保密业务专题授课，全年累计授课50余场次。组织“五法”普法知识竞赛活动，全市6.80万余人次参加竞赛，9000余人取得满分成绩。深入开展保密普法活动，大力推进保密法律法规学习宣传进机关、进乡村、进社区、进学校、进企业、进单位，大大提高社会公众对保密工作的认知度和普及率。积极开拓创新，在全市推广使用“互联网＋保密微宣教平台”，“春城保密”App逐步成为昆明市保密宣教工作的新阵地。深入开展“学刊用刊”活动，2019年11月中旬，按照国家保密局安排部署，承办全国保密“大宣教”暨《保密工作》杂志通联工作会议，全国各省区市保密局、38个国家部委保密分管领导共132人参加会议，并顺利迎接国家保密局对昆明保密工作的检查指导。

【保密技术防范】 坚持科技强密，大力推进技监技防、技控技管，不断提高网络窃密监测和防范预警能力。严格按照省保密局要求，每季度指导机关各部门和各县（市、区）开展信息系统和信息设备自检自查和抽查工作，认真做好互联网站信息审查工作，实现对保密工作的实时监管。积极推进保密综合业务网应用，认真做好2019年保密科技项目建设工作，不断强化技术防范能力。严格把关、认真调试，不断完善，稳妥推进市保密技术服务中心建设，力争尽早投入使用。

【保密监督检查】 围绕依法行政，不断提高执法能力，切实履行好监管职能，全面提升保密基础管理水平。加强保密日常监管，组织各单位开展自检自查，及时消除失泄密隐患。加强涉密人员动态管理，严格执行保密相关管理制度，确保涉密人员可靠、可信、可用、可控、可管。全面推进依法行政，严格执行《保密违法违纪行为处分建议办法》，进一步严格执法标准，规范执法程序，严肃查处保密违法违规案事件，督促各单位认真落实保密法律法规，不断巩固安全保密防线。

（宁显志）

党史工作

【征编资政】 编辑出版《中共昆明市委执政纪要（2018）》《中国共产党昆明历史大事记（2018）》《口述昆明（第十三辑）——献礼新中国成立70周年》《党的民族理论与政策在昆明的实践研究》《中国共产党昆明历史读本》《昆明市对外开放实录（2003—2012）》等书籍。启动党史正本三卷的前期工作，开展“昆明市党的建设（1978—2012）”“昆明市社会主义民主与法制（1978—2012）”“昆明市国有企业改革与多种所有制共同发展（1978—2012）（暂定名）”“昆明市流通、财税、金融改革与发展（1978—2012）（暂定名）”专题研究。出版4期《昆明党史》期刊，完成省委党史研究室庆祝中华人民共和国成立70周年征文《建国70年昆明这样走来》，审读修改《中国共产党盘龙历史第二卷（1950—1978）》《中国共产党云南省石林历史第二卷(1950—1978)》《奋进昆明70年》《建国70年昆明市标志性事件汇编》等书稿。

【宣传教育工作】 结合参加社区和保护滇池志愿活动，向群众宣讲中共昆明党史3次，赠阅《昆明党史》刊物100余册。联合省委党史研究室、盘龙区委党史研究室到黑龙潭公园开展祭扫烈士墓、重温入党誓词活动。联合团市委、市教体局、市延安精神研究会在寻甸县鲁口哨“4·29”渡江令发布遗址举办“青春心向党　建功新时代”昆明市纪念五四运动100周年特别主题团日集中展示活动，向百余名新团员赠阅《新民主主义革命时期书斋中走出的昆明革命烈士》一书。联合市教体局在市直属5所中学和9个郊县区直属中学的八年级学生中开展《中国共产党昆明历史读本（1926—1950）》进校园试点活动，让地方党史、革命史走进师生头脑，让党的红色基因代代相传。联合市社科联、昆明党史学会联合举办庆祝中华人民共和国成立70周年暨《口述昆明（第十三辑）——献礼新中国成立70周年》发行座谈会。做好“昆明党史”网站、政务微博、微信公众号的信息宣传工作，共发布各类信息1300余条。

【革命遗址保护利用】 4月15～18日，省委党史研究室主任苏红军、副主任杨林兴在市委常委、市委秘书长夏俊松和市委党史研究室相关人员陪同下，到石林县、寻甸县、禄劝县、五华区实地调研革命遗址保护利用工作现状，并召开座谈会，听取相关县（区）情况汇报，专题研究指导昆明市的革命遗址保护利用工作。按照此会议的相关安排，下半年，市委党史研究室领导班子带领有关处室每月到县（市、区）开展革命遗址保护利用调研指导，帮助协调推动项目建设，解决存在的困难和问题。组织全市14个县（市、区）申报2019年度省、市革命遗址保护项目，确定西山区弥勒寺社区“红色基地”示范点和寻甸县红军长征柯渡纪念馆为省级革命遗址保护项目，禄劝县翠华周恩来长征故居旧址暨干部团驻地旧址为市级革命遗址保护项目。分别下拨西山区、寻甸县省级补助5万元、15万元；下拨禄劝县、寻甸县市级补助各20万元。截至2019年底，省、市补助经费已经全部下拨，修缮保护工作已全部完成。

【改革创新和自身建设】 按照市委全面深化改革领导小组的工作部署，结合工作实际，各项改革任务顺利推进。完成两项自选改革任务，分别是制定出台《昆明市革命遗址保护项目专项资金管理办法》和深入推进党史宣传“六进”活动，开展地方党史进校园试点工作。按照中共昆明市委办公室《关于印发〈2019年市委规范性文件制定计划〉的通知》要求，结合工作实际印发《中共昆明市委党史研究室2019—2022年工作规划》。通过“走出去”和“请进来”的形式，4月组织全市党史部门业务骨干到天津南开大学和市委党校开展党史党性干部培训，6月会同市委编办组织全室干部职工到河南省安阳市委党校开展学习弘扬红旗渠精神培训。制订市委党史研究室领导干部在线学习（法）及手机App督学促学工作方案，在线学习（法）参与率和通过率为100%，并进一步修订完善内部风险控制制度，提高干部职工的履职能力和水平。严格执行《党政领导干部选拔任用工作条例》，完成1名处级干部试用期满转正评议，完成7名科级干部民主推荐和任用工作。规范开展文秘、财务、人事、档案、保密、会务、接待、老干、后勤等各项工作，全面提升办文、办会、办事能力，切实提高综合服务能力和水平。完成市级文明单位创建和区级文明单位复查工作。9月，组织1名职工到七彩云南第一城采血点无偿献血400毫升。

（市委党史研究室）

档案管理

【获“全国档案系统先进集体”称号】昆明市档案局（馆）以习近平新时代中国特色社会主义思想为指导，深入学习党的十九大精神，在市委、市政府的坚强领导下，认真执行党的路线方针政策，扎实贯彻党和国家关于档案工作的一系列决策部署，团结奋进、开拓创新，全市档案事业科学发展取得重大进展，为昆明市经济社会改革和发展做出重要贡献。2019年12月23～24日，全国档案工作暨先进表彰会议在北京召开。会议总结2019年全国档案工作，部署2020年全国档案工作，表彰一批在档案工作中做出突出贡献的先进集体和先进工作者。昆明市档案局（馆）获“全国档案系统先进集体”称号表彰，成为云南省16个州市中唯一获此殊荣的市级档案局（馆）。昆明市档案局局长、市档案馆馆长刘毅秋作为先进集体代表做大会交流发言。

【业务指导】 2019年，昆明市档案局加强对县（区）国家综合档案馆、机关档案室、企事业单位的业务指导。指导130家单位档案收集、整理及处置工作；加强精准扶贫档案工作。昆明市档案局与市扶贫办联合对禄劝县2个乡镇的扶贫档案进行专项指导，进一步规范扶贫档案，助力精准扶贫工作；派出业务骨干参与市创建文明城市指挥部及市民族团结示范市创建办公室工作，规范台账收集、报送，为全国文明城市、民族团结示范市的创建做出积极贡献。

【法制宣传】 2019年，昆明市档案局进一步加强档案工作的宣传力度。做好档案宣传展览工作。在6月9日“国际档案日”，昆明市档案局邀请省档案局，联合五华区、盘龙区、官渡区、西山区档案局在新工人文化宫广场以“新中国的记忆”为主题开展档案知识宣传。省档案局副局长刘海岩，市委副秘书长、市委办公室主任张攀，市委副秘书长杜文、市人大教科文卫工委副主任陈泓等现场指导活动，工作人员解答群众咨询与提问100余人次，发放宣传资料800余份。开展新媒体档案宣传工作。6月6日通过全市8000多块气象信息平台发布宣传标语，并向电信用户推送“国际档案日”宣传短信。举办“不忘初心、牢记使命”主题教育档案文献展。6月6～12日，在昆明市地铁轨道1、2、3号线和6号线全天滚动播放昆明市档案局制作的“昆明档案——新中国的记忆”视频宣传片；6月8～9日，在市区主干道LED大屏播放档案宣传标语；9月16～30日，为配合昆明市开展的“不忘初心、牢记使命”主题教育，昆明市档案局在昆明会堂举办昆明市“不忘初心、牢记使命”主题教育档案文献展，36名厅级领导和全市105家单位的500余名县处级以上领导干部、5300余名职工参观展览。

【信息化建设】 2019年，昆明市档案信息化建设持续增强，开展国家重点档案目录基础体系建设任务工作，完成民国档案文件级目录条目采集25.17万条；推进馆藏档案数字化加工工作，完成民国历史档案原文扫描20.87万页条目1.54万条；推进2019年度全省馆藏婚姻档案共享专题数据库建设任务工作。根据安排，确定安宁市档案馆为2019年馆藏婚姻档案共享专题数据库采集任务实施单位，昆明市档案局及时转拨专项任务预算资金33万元，并监督指导实施单位科学合理使用项目资金，顺利完成工作任务；做好2019年度《昆明新闻》（声像）采集工作，共录制《昆明新闻》305期，编辑录入数据库《昆明新闻》3408条，新增数据量达到1158G；做好信息平台建设工作。在市委分管领导和市委办公室的支持下，启动“昆明市档案信息共享云平台”建设项目筹备工作，全力做好项目一期建设工作。

【档案利用服务】 2019年，昆明市档案馆切实做好档案、政府信息和现行公开文件的查阅利用工作。截至2019年11月28日，档案查阅利用中心共接待档案查阅利用人员1863人次，其中：个人查档1562人次，单位查档301人次；调卷697卷、584件，利用电子档案221件，打印、复印档案资料3795页。

【档案接收】 2019年，昆明市档案馆认真做好机构改革单位档案和到期进馆档案的接收工作。为开展好全市机构改革中的档案管理与处置工作。昆明市档案局组织召开5次档案处置协调工作会，对40余家涉改单位档案处置工作进行调研摸底，完成34家涉改单位档案处置工作方案审核工作；按照档案馆接收档案的标准和要求，共接收10家单位档案共10331卷、53586件，实物档案662件，照片档案24卷；接收7家单位的数字化档案文件扫描原文752992页、文件条目42856条。

【档案抢救与保护】 2019年，昆明市档案馆认真做好馆藏破损国家重点档案的抢救保护修复工作。完成32全宗29目“云南省合作金库办事处”目录及30全宗16目“民国云南省会警察局各种证件”、81全宗1目“民国南菁学校”5820页档案的抢救修复工作；认真做好进馆和馆藏档案的消毒、灭菌和杀虫工作，共完成8390卷（盒）、46911（件）档案的消毒、灭菌和杀虫处理工作。

【档案馆建设】 2019年，对昆明市

14个县（市、区）档案馆建设，昆明市档案局继续做好县级档案馆建设指导、督查工作。截至2019年10月31日，嵩明县、寻甸县、宜良县等9个县级新馆建设已经完成并投入使用；富民县、禄劝县综合档案馆已完成建设，正在安装档案装具及安防设施设备；东川区综合档案馆在2019年内开工；西山区、呈贡区综合档案馆建设项目已获可研批复。全市已经完成新馆建设面积78250.62平方米，中央补助资金已到位7143万元，省级配套资金已到位786.5万元，市级配套资金已到位4857.87万元，为县级国家综合档案馆建设提供有力保障。

【安全管理】 2019年，昆明市档案馆在开展档案安全管理工作过程中，严格按照“十防”要求，切实做好档案库房温湿度监测、调控工作，定期对馆藏加强档案安全专项检查；对新进馆的档案进行消毒、灭菌、除尘等工作，开展档案库房虫霉情况检查，定期投放防虫、防霉药物，共投放驱虫、防霉药剂554份；完善落实库房安全应急方案及档案安全管理、24小时值班、节假日带班、库房巡视等制度，发现问题及时处理，确保档案绝对安全；认真开展档案数据异质异地备份工作；做好档案安全风险隐患排查整治专项工作，通过严格自查，上报自检自查报告，对全市14个县（市、区）档案馆、58家市级机关、14家企事业单位进行档案安全风险隐患排查。

【服务乡村振兴战略试点】 2019年，围绕党的十九大提出的“乡村振兴”战略，在云南省档案局的大力指导下，昆明市档案局与官渡区紧密协作，把官渡区关上社区打造为云南省唯一的“档案工作服务乡村振兴战略试点”建设国家级示范点，其成功经验在全国“村级档案服务乡村振兴经验交流会”上进行交流。

【精准扶贫工作】 2019年，昆明市档案局选派1名副调研员作为工作队员驻村开展工作。驻村工作队员在派驻东川区汤丹镇竹山村工作期间，认真履行工作职责，发挥好“联络员、监督员、办事员”的重要作用，踏实开展贫困户挂包帮扶工作，认真完成镇党委、镇政府、村三委及驻村工作队安排的工作任务，积极发挥纽带作用，及时将竹山村相关情况反映给单位，并提出相应的帮扶措施。经过多方努力，竹山村达到脱贫退出条件，经过第三方评估机构评估检查，通过验收，顺利脱贫。村党支部同时被昆明市委组织部授予昆明市村级“五星级”党支部。

【档案职业技能竞赛】 2019年，昆明市档案局联合昆明市人力资源和社会保障局、市总工会组织举办昆明市首届档案职业竞赛。8月5日～9月16日在全市各县（市、区）开展预赛，近700名档案干部踊跃报名参加，经过角逐56名选手脱颖而出。11月7日举行决赛，参赛人员经过档案实际整理操作和理论知识两轮比拼，产生个人一、二、三等奖及优秀组织奖。

（顾建英）

市委党校

【概况】 中共昆明市委党校为“一校三院”体制，即中共昆明市委党校、昆明市行政学院、昆明市社会主义学院、昆明市青年干部学院，是市委的重要部门，在昆明市党的干部教育事业中发挥着重要作用，是培训轮训党员干部的主渠道和主阵地。在市级机关2018年度党建工作考核中，党校党建工作考核成绩排名第一，校党委被授予“2018年度先进党委”称号。在昆明市“五一”国际劳动节表彰大会上，校工会被授予“昆明市五一劳动奖状”，1名干部被授予“昆明市五一劳动奖章”，图书馆被授予“昆明市建功立业标兵岗”。1名教师获西南省区市州党校教学竞赛一等奖。

【教学培训】 聚焦主业主课。共举办培训班404个，培训学员48124人，其中：市委党校完成381班次45330人，市行政学院完成8个班次1460人，市社会主义学院完成13个班次1219人，市青年干部学院完成2个班次115人。教师授课1251场。承办“昆明市领导干部培训日”9讲，培训干部5000余人，组织“云南省时代前沿讲座”（昆明分会场）5讲，培训干部1000余人。创新教学形式。党建主题馆讲解210场，接待13205人。纪律教育基地讲解506场，接待21865人。铸牢中华民族共同体意识主题教育馆投入使用，讲解3场，接待200人。加强现场教学基地开发，新增现场教学点19个。拓展培训外延。成立教师宣讲团队，为基层干部群众宣讲习近平新时代中国特色社会主义思想和党的十九大精神共1271场。丰富师资资源。坚持“用学术讲政治”，聘任新聘中央党校（国家行政学院）中共党史教研部主任罗平汉教授、黑龙江省委党校社会与文化教研部副主任赵春辉教授、武汉大学国家文化发展研究院副院长陈波教授、中央党校经济学教研部徐杰教授等10位国家级省级名师作为党校客座教授，丰富党校师资库。加强名师工作室建设。8月1日，由中央党校党史教研部主任、教授、博士生导师罗平汉担任导师的“罗平汉工作室”在市委党校授牌成立。9月10日，由中国人民大学农业与农村发展学院教授、博士生导师、西南大学中国乡村建设学院执行院长温铁军担任导师的“温铁军工作室”在市委党校授牌成立。“温铁军工作室”是市委党校首个以高校、党校、政府部门三方共同规划、协同共建、开展工作的名师工作室。开发优质专题。新开发教学专题165个。其中：校内教学专题106个，校外教学专题59个，增长率达66%。共有教学专题660个。其中：校内教学专题457个，校外教学专题203个。组织开发意识形态等教学专题106个，开发现场教学点8个。加强学科建设。开发市委党校《2019年春季学期公共课“党史十讲”》《2019年春季学期公共课“马列经典导读十讲”》和《2019年秋季学期公共课“国情十讲”》。

【科研咨政】 课题立项42项。其中：省级8项，市级8项，区级1项，校级25项。25项校级课题完成专家评审顺利结题。完成6篇调研报告。完成昆明市委“建国70周年发展情况”重大委托课题《奋进昆明70年》《辉煌七十年　昆明的发展与腾飞　昆明标志性大事件汇编》《新中国成立70年昆明市所有制变革历程和启示》3项。《对昆明市高质量推进乡村振兴战略的几点建议》获市委书记程连元批示。《加快昆明大健康产业示范区建设对策研究》获全市优秀改革课题调研成果表彰。在云南省党校系统2017～2018年度优秀科研成果评选中，昆明市委党校分别获得一等奖1项、二等奖1项、三等奖2项。

【理论宣传】 全校教职工在省、市级党报党刊上发表时政评论、理论文章36篇。编辑出版《实践与跨越》3辑。编印《党校智库内参》5期。编辑印刷《参考信息》11期。编辑《党政领导参阅》43期。组织参加征文活动，获奖8篇。其中：一等奖2篇，二等奖2篇，三等奖4篇。

【党的建设】 认真贯彻落实中央、省委、市委关于党建工作的新部署新要求，把抓党建工作摆在突出位置，以政治建设为统领，全面加强党的思想建设、组织建设、作风建设、纪律建设，把制度建设贯穿其中，以“不忘初心、牢记使命”主题教育和“阵地熔炉、学训先锋”党校党建品牌为引领，以提升组织力为重点，以“基层党建创新提质年”和“三亮三表率一模范”工作为总抓手，带好头，强功能、补短板、扬优势，固本强基，务实创新，推动党校党建工作全面进步、全面过硬。持续做好“两学一做”学习教育常态化制度化工作，全面落实“基层党建创新提质年”各项任务，认真开展三会一课、主题党日、志愿服务、纪念建党98周年等活动。认真学习贯彻《中国共产党支部工作(条例)试行》，顺利完成9个党支部的换届选举。组织2个党支部开展2019年党支部规范化建设达标创建考核验收工作。扎实开展“三亮三表率一模范机关”创建活动，签订工作责任书，编印2015年以来党校制度汇编本(续集)。积极运用信息化手段，依托云岭先锋App、学习强国App、学习微平台等，助力开展党的活动，扎实推进“万名党员进党校”培训工作，实现学习教育全覆盖。认真开展“不忘初心、牢记使命”主题教育活动。组织召开校党委班子“不忘初心、牢记使命”主题教育两次集中学习读书班、调研暨征求意见建议座谈会、调研成果交流会、对照党章党规找差距专题会议。党委班子成员赴9个分校开展调研，形成6篇调研报告。党委班子成员为所联系的党支部讲授专题党课7次。组织各党支部开展“学习党史、新中国史”主题党日活动，召开对照党章党规找差距专题会议。加强党风廉政建设。制定市委党校《关于贯彻落实“三重一大”事项集体决策制度的实施办法》和《整治形式主义、官僚主义工作方案》。开展清理规范社会组织、领导干部兼职，排查“天价烟”背后“四风”问题和严禁领导干部收受“红包”等专项检查工作。宣传思想文化及意识形态工作扎实开展。组织召开12次党委理论中心组研讨会。制订印发《庆祝中华人民共和国成立70周年宣传工作方案》《民族团结进步工作迎“国检”方案》。顺利完成迎接全国民族团结进步示范市创建考核验收相关工作。认真开展庆祝中华人民共和国成立70周年系列活动。

2019年9月10日，昆明市委党校举行“温铁军工作室“授牌仪式　(市委党校　供稿)

【队伍建设】 稳步推进人才队伍建设。选派2名正科级干部分别到石林分校、晋宁分校挂职副校长。推荐1名教授、2名副教授申报2019年“新时代云岭工匠精神”讲坛主讲人，组织1名正高级专业技术人员申报2019年云南省“万人计划”“文化名家”和“省贴”项目。召开中评委会，开展党校系统专业技术人员中级职称评审。完成6名专业技术人员的招聘工作。选派155名教职工参加省内外学习培训，提升业务素质和工作能力。

【基层服务】 全年累计投入帮扶资金共65.40万元，校党委班子成员到帮扶点开展调研8次，5次组织全体帮

扶责任人到东川区乌龙镇坪子村、水井村、大村子村、寻甸县先锋镇开展遍访工作，入户走访帮扶人员累计达780余人次，捐款捐物共13万余元。筹资2.50万元，为300多名扶贫点群众进行义诊和赠送药品等活动。出资40万元，帮助东川区坪子、水井、大村子3个村率先建立“爱心超市”，工作得到市领导的充分肯定。编制《昆明市寻甸县先锋镇打磨箐村乡村振兴战略规划（2018—2022年）》，该规划是云南省首个村级乡村振兴规划，《昆明日报》以《小山村量身定制“乡村振兴规划”》进行报道。组织教职工开展2019年学雷锋志愿服务月暨无偿献血活动，全校42名教职员工献血1.21万毫升。

（赵庆元）

社科管理

【概况】 2019年，昆明市社科联在市委、市政府的坚强领导下，在云南省社科联的指导帮助下，以学习、宣传、贯彻党的十九大，十九届三中、四中全会、省委十届六次全会、市委十一届六次全会精神为主线，以重大理论问题和重要现实问题的研究为着力点，团结和带领全市哲学社会科学工作者，围绕“高质量推进区域性国际中心城市建设”的总要求，扎实推进理论武装、智库建设、课题研究、学术交流、社科普及、社团管理和机关建设等工作，为构建中国特色昆明特点的哲学社会科学、建设区域性国际中心城市、全面建成小康社会贡献智慧和力量。2019年8月，昆明市社科联在全国大中城市第30次社科联工作会议上被评为“2019年度全国社科组织先进单位”。

【科研工作】 围绕打造区域性国际综合枢纽，加快建设区域性国际经济贸易中心、科技创新中心、金融服务中心、人文交流中心，全面提升“世界春城花都、历史文化名城、中国健康之城”三大城市品牌等重大理论和实践问题，站在主动服务和融入国家发展战略的高度，结合昆明实际，创造性地开展社科研究工作。2019年面向全市征集、发布指南、受理申报和立项社科规划研究课题17项。按课题研究时限，完成评审、验收2018年度社科规划研究课题19项。

【科普工作】 5月19日，市社科联在云南省博物馆广场参加以“科技强国·科普惠民”为主题的“昆明市2019全国科技活动周”启动仪式。发放《昆明解放》《昆明“七一五”反美扶日运动档案史料选编》《李、闻惨案时事报道选编》《“一二·一”运动实录》等科普宣传读本1000册；发放《昆明社会科学》期刊、《昆明市2016年度社科规划课题成果选》等600余册，深受广大市民的好评。组织开展云岭大讲堂昆明系列讲座15场，邀请省、市社科专家进学校、进机关、进企业、进农村，宣讲社科知识，普及市民社科知识，提高市民文明素养，提升昆明城市形象和品位，推进“文化昆明”建设。

【学会工作】 认真贯彻落实《昆明市社会团体管理办法》，2019年，完成全市33家社科学会年度检审工作。积极推进学会规范化建设，建立和落实学会活动申报制度、学会工作绩效考核制度、学会联系制度。5月24日，市社科联组织召开“2019年昆明市社科学会秘书长培训工作会”，对昆明市2019年社科学会、协会和研究会的管理工作做安排和部署，提高市属各社科学会、协会、研究会秘书长理论水平和业务能力。

【学术交流活动】 7月24～26日，以“脱贫攻坚与革命老区振兴”为主题的桂滇黔三省（区）社科联第五届南盘江流域发展论坛在广西百色市举行，市社科联组织专家学者参与论坛，获荣誉奖、一等奖、二等奖、三等奖各1名。9月27日上午，市社科联、市委党史研究室举办庆祝中华人民共和国建国70周年暨《口述昆明——献礼新中国70周年》发行座谈会，社会各界在会上讴歌中国人民在中国共产党的领导下，经过70年艰苦奋斗取得的辉煌成就。10月30日上午，市委宣传部、市社科联举办“昆明市社科理论界庆祝中华人民共和国成立70周年理论研讨会”，省、市专家在会上做交流发言。与会专家回顾中华人民共和国成立70周年来取得的辉煌成就，总结70年发展的主要经验，描绘昆明进一步发展的美好未来。

【意识形态工作】 以马克思主义为指导，突出主旋律，弘扬正能量，加强对社科社团学术活动的管理。各社科学会、研究会、协会举办哲学社会科学会议和活动，必须严格执行报批程序。属于学会内部议事的会议和活动（如理事会、常务理事会等），由学会领导班子研究决定；属于学会系统内部的会议和活动（如会员代表大会、学术年会或研讨会），必须书面报本学会挂靠单位党组（党委）同意，再报市社科联审批。各社科学会举办全市性哲学社会科学会议和活动，必须书面报市社科联同意，再报市委宣传部审批。各社科学会举办有外国学者和港澳台学者参加的会议和活动，必须提前把拟邀请的外国学者和港澳台学者名单报市社科联审核，并分别报市外办、市台办、市港澳办审核。

【党风廉政建设】 认真研究部署党风廉政建设和反腐败工作，全面落实从严治党主体责任。认真落实市委关于“三重一大”要求，修改完善《市社科联贯彻落实“三重一大”制度的决定》。坚持重大事项报告制度，严格执行党务公开，利用市社科联网站、公示栏，做好党务公开，接受广大党员监督。组织学习十九届中纪委三次全会、省纪委十届四次全会精神和《中华人民共和国监察法》《中华人民共和国安全法》《习近平关于制度

2019年10月30日，昆明市社科理论界庆祝中华人民共和国成立70周年理论研讨会召开 （市社科联 供稿）

治党、依规治党论述摘编》《李克强总理在国务院第二次廉政工作会议上的讲话》《中国共产党党内监督条例》《中国共产党党员领导干部廉洁从政若干准则》《中国共产党问责条例》《中国共产党纪律处分条例》等文件精神和制度规定。认真组织警示教育和市纪委《典型案例通报》，以身边典型事例警示教育党员干部，引导全体人员树立正确的世界观、人生观、价值观和政绩观，筑牢拒腐防变的思想防线。

【机关党建】 以落实“基层党建创新提质年”各项工作为目标，紧紧围绕强化政治功能、提升组织力、解决突出问题、推进重点任务落实目标，抓基层打基础，突出抓好党支部建设和党员队伍建设。注重教育管理，不断增强干部职工履职尽责的能力。以“两学一做”常态化制度化学习教育为契机，组织干部职工认真学习党的十九大精神和《习近平谈治国理政（第一卷、第二卷）》《习近平新时代中国特色社会主义思想三十讲》，不断推动社科工作创新发展。严格党内政治生活制度。市社科联党支部坚持重在平时、严在细节，严格执行“三会一课”、党员活动日、党费日、党员党性分析和民主评议党员、警示教育等党内生活制度，强化党员纪律和规矩意识。深入开展“昆明跨越当先锋，机关党建走前头”主题实践活动，大力培育和践行社会主义核心价值观，深化“中国梦”教育。落实机关党建工作责任制，将党建目标责任制纳入年度目标考核的重要内容，融入各项工作之中，与业务工作同安排、同部署、同检查、同落实，认真落实《市社科联党组落实“三重一大”实施细则》，加强对权力的监督和制约，实现党组决策的科学化、制度化。组织干部职工到官渡区明通社区开展志愿服务活动和“关爱滇池・春城志愿者在行动”活动，发挥党员在关爱滇池、保护滇池中的先锋模范作用。深入扶贫点寻甸县倘甸镇计施宽村实施精准扶贫，根据村镇的实际情况，协调资金3万元，帮助解决群众生产、生活中的实际问题。

【成果出版】 2019年5月，市社科联编辑出版《昆明解放》科普宣传读物，该书共收录近百余张珍贵的历史照片，唤起人们对为云南解放做出贡献的仁人志士的追忆。编辑出版发行《昆明社会科学》4期。编印《口述昆明——献礼新中国70周年》书籍。编辑出版《2017年度社科规划课题成果选》。完成昆明市2019年度哲学社会科学优秀成果资助工作，资助出版昆明学院郭鹏群《云南影视剧发展简史》社科成果。

表3　2019年昆明市社科联规划立项课题一览表

编号	项目名称	负责人	所在单位	资助经费（万元）	成果形式	预计完成时间
KSGH1901	昆明打造全省工业创新核心区研究	李志杰	市社科院	3	研究报告	2020 年 4 月
KSGH1902	昆明市脱贫人口返贫预警及阻断机制研究	郑欣峰	昆明市扶贫办	2.5	研究报告	2020 年 6 月
KSGH1903	昆明市基层党建高质量发展对策研究	冯显茹	市委党校	2.5	研究报告	2020 年 6 月
KSGH1904	昆明市“套路贷”新型黑恶势力犯罪治理	邓水云	市检察院	3	研究报告咨询报告	2020 年 5 月
KSGH1905	昆明市乡村文化振兴对策研究	向冬妮	市社科院	2.5	研究报告咨询报告	2020 年 2 月
KSGH1906	东川区易地扶贫搬迁后续问题及对策研究	郑先芳	市社科院	2	研究报告调研报告	2020 年 6 月
KSGH1907	昆明城市公共安全风险防范与应急管理体系研究	李　琳	市委党校	3	研究报告	2020 年 6 月
KSGH1908	昆明市客运行业驾驶员心理健康与行车安全相关性研究	杨春华	市交运局	3	调研报告咨询建议	2019 年 12 月
KSGH1909	昆明高质量打造世界一流“绿色食品牌”路径研究	刘艳丽	市委党校	2.5	研究报告	2020 年 5 月
KSGH1910	昆明乡村民宿业高质量发展建设研究	高　颖	昆明学院	2.5	研究报告	2020 年 6 月
KSGH1911	基于精准扶贫视觉下昆明少数民族民间工艺经济价值开发及市场适应力研究	冉　萍	昆明学院	3	研究报告 发表论文 1 篇 申请专利一项	2020 年 6 月
KSGH1912	晚清中法交涉中云南官员奏折的整理和研究	李艳峰	昆明学院	2	发表论文 1 篇研究报告	2020 年 6 月
KSGH1913	昆明市引导工商资本下乡对策研究	段海蓉	市社科院	3	研究报告	2020 年 3 月
KSGH1914	昆明中医学术流派中的文化传承发展研究	李　莉	市中医院	3	研究报告	2020 年 6 月
KSGH1915	弘扬郑和精神，推动晋宁融入“一带一路”发展研究	周　丽	晋宁区委	3	研究报告	2019 年 12 月
KSGH1916	党内政治文化视阈下激发昆明基层干部队伍活力研究	刘　愈	市委党校	2	研究报告	2020 年 6 月
KSGH1917	昆明加快培育发展家庭农场的路径及对策研究	宁　眺	昆明学院	2	研究报告	2020 年 6 月

（杨富刚）

【市十四届人大四次会议】 市十四届人大四次会议于2019年2月17～20日在昆明国际会展中心召开。会议应出席代表448人，实际到会418人。昆明市选举产生的云南省第十三届人大代表，市委有关部门负责人，市人大常委会有关人员，市政府、市监委和市“两院”有关领导、部门负责人，部分县(市、区)委、人大常委会、政府及部分人民团体负责人，部分驻昆单位、企业负责人等239人列席会议。市政协委员列席听取政府工作报告。邀请市级民主党派、工商联、侨联、台联负责人参加开幕式。部分昆明市民经申请旁听会议。

会议听取和审查昆明市人民政府工作报告、昆明市人民代表大会常务委员会工作报告、昆明市中级人民法院工作报告和昆明市人民检察院工作报告；审查和批准昆明市2018年国民经济和社会发展计划执行情况与2019年国民经济和社会发展计划草案的报告，批准2019年国民经济和社会发展计划；审查和批准昆明市2018年地方财政预算执行情况和2019年地方财政预算草案的报告，批准2019年市本级财政预算；审议滇中新区2018年经济发展情况(书面报告)；审议市人大常委会关于提请

2019年12月27日，市第十四届人大常委会第二十二次会议对市政府2019年“10件惠民实事”落实情况进行专项评议 (市人大常委会 供稿)

审议《昆明市人民代表大会及其常务委员会制定地方性法规条例(修订草案)》的议案;做出相关决议。

会议收到10名以上代表联名提出的议事原案11件。其中:内务司法方面1件,财政经济方面2件,城市建设与环境资源方面2件,教育科学文化卫生方面2件,民族宗教方面1件,农业农村方面2件,外事华侨方面1件。经大会主席团审议决定,将《关于加快我市面向南亚东南亚开放步伐的议案》作为本次会议议案,《关于制定全域旅游促进条例的议案》和《关于修订历史文化名城保护条例的议案》两项议案不列入大会议程,交由有关委员会审议,做出《昆明市第十四届人民代表大会第三次会议关于议案的决议》,其余议事原案改作代表建议、批评和意见。会议期间,收到代表提出的建议、批评和意见372件,按规定由大会秘书处交由有关部门和组织办理。

【依法履职】 2019年,市人大常委会坚持以习近平新时代中国特色社会主义思想和党的十九大精神为指导,深入贯彻落实习近平总书记对云南工作和地方人大工作的重要指示精神,坚持党的领导、人民当家作主、依法治国有机统一,紧紧围绕全市改革发展稳定大局,依法履职、善作善成,为高质量推进区域性国际中心城市建设做出积极贡献。全年召开常委会会议9次;共修订地方性法规10件、废止2件,开展立法前期调研27件,立法后评价1件;开展执法检查8项,听取审议专项工作报告26项,专题询问3次,专项工作评议1次,工作视察及专题调研200余次;依法讨论决定重大事项15项;依法任免地方国家机关工作人员180人次;372件代表建议按时办结,4件重点建议得到较好落实。

【"不忘初心、牢记使命"主题教育】 市人大常委会党组、机关党组、机关党委、各党支部"四个层面"统筹协调,扎实开展"不忘初心、牢记使命"主题教育,聚焦学习贯彻习近平新时代中国特色社会主义思想主线,通过理论学习中心组、读书班、专题辅导等形式,在学懂弄通做实上下功夫,在深化转化上见成效,切实提高运用党的创新理论指导实践、推动工作的能力;坚持机关党的建设与主题教育双向推进,在主题教育中促进机关党建创新提质,实现党支部规范化建设全面达标;坚持弘扬机关正能量与主题教育同频共振,加强党员教育培训和监督管理,学先进树典型做先锋,努力锻造坚强有力的机关基层党组织和人大干部队伍;坚持深入调研开良方与成果转化促发展有机融合,围绕党的建设、经济社会发展、践行党的宗旨三个方面,组织开展巩固脱贫成果、乡村振兴规划、防范债务风险、污染防治、街道人大工作、代表活动阵地建设等10个专题调研并努力实现成果转化,积极助推全市经济社会发展;坚持整改落实存在问题与巩固提升教育成果共同用力,推动解决一批群众的操心事、烦心事,真正做到理论学习有收获、思想政治受洗礼,干事创业敢担当,为民服务解难题,清正廉洁作表率。

【民族团结进步示范市创建】 市人

2019年10月9日,市人大常委会组织部分代表分六个组对《昆明市文明行为促进条例》进行执法检查 (市人大常委会 供稿)

2019年10月8日,市人大常委会党组对新任支部书记、支委集体谈话 (市人大常委会 供稿)

大常委会认真贯彻落实习近平总书记把云南建设成为全国民族团结进步示范区的要求，在市委统一部署下，紧扣“中华民族一家亲、同心共筑中国梦”总目标，深入推进“关于把昆明建成全国民族团结进步示范市的议案”办理落实，在创建工作中充分发挥人大立法保障、监督推动和参与支持的示范带头作用。积极牵头协调争取国家部委、省级部门支持，有效推动全市创建工作；组织开展民族乡工作条例执法检查、民族团结进步创建工作专项视察；指导促成《石林彝族自治县喀斯特世界自然遗产地保护和阿诗玛文化传承与保护条例》《禄劝彝族苗族自治县文化遗产保护条例》《寻甸回族彝族自治县民族团结进步条例》的出台实施；积极推动三个少数民族自治县创建为全国民族团结进步示范县；成功举办“和谐昆明·相约北京——昆明市民族团结进步创建成果展”和“守护民族团结生命线，续写民族团结誓词碑”等系列活动。2019年12月，国家民委命名昆明市为“全国民族团结进步示范市”并正式授牌，创建工作得到省委、省政府充分肯定，为云南民族团结进步示范区建设和昆明民族团结进步示范市创建贡献人大力量。

2019年10月25日，国家民委检查组检查市人大机关参与民族团结进步示范市创建工作（市人大常委会　供稿）

表4　市人大常委会2019年度主要工作概览

一、地方立法

形式	地方性法规名称
修订（4件）	《昆明市人民代表大会及其常务委员会制定地方性法规条例》《昆明市客运出租汽车管理条例》《昆明市历史文化名城保护条例》《昆明市城市市容和环境卫生管理条例》
打包修订（6件）	《昆明市科学技术进步与创新条例》《昆明市旅游业监察条例》《昆明市流动人口计划生育条例》《昆明市节约能源条例》《昆明市清水海保护条例》《昆明市消防条例》
废止（2件）	《昆明市行政事业性收费管理条例》《昆明市房屋权属登记管理条例》
搁置（1件）	《昆明市松华坝水库保护条例》
立法后评价（1件）	《昆明市地下水保护条例》
预备项目（10件）	《昆明市警务辅助人员管理暂行条例》（制定）、《昆明市扬尘污染防治条例》（制定）、《昆明市不动产登记暂行条例》（制定）、《昆明市养老服务促进条例》（制定）、《昆明市安全生产条例》（制定）、《昆明市爱国卫生工作管理条例》（修订）、《昆明市城市房地产交易管理条例》（修订）、《昆明市老年人权益保障条例》（修订）、《昆明市户外广告管理条例》（修订）、《昆明市文物保护条例》（修订）
调研项目（17件）	《昆明市住房保障条例》（制定）、《昆明市民宿管理条例》（制定）、《昆明市精神卫生条例》（制定）、《昆明市促进大数据发展应用条例》（制定）、《昆明市全域旅游促进条例》（制定）、《昆明市民办教育促进条例》（修订）、《昆明市公共汽车客运条例》（修订）、《昆明市计量监督管理条例》（修订）、《昆明市禁止生产和销售假冒伪劣商品条例》（修订）、《昆明市就业促进条例》（修订）、《昆明市石林风景名胜区保护条例》（修订）、《昆明市特种行业和公共场所治安管理条例》（修订）、《昆明市地下水保护条例》（修订）、《昆明市水利工程管理条例》（修订）、《昆明市城市节约用水管理条例》（修订）、《昆明市九乡风景名胜区保护条例》（修订）、《昆明市城市供水用水管理条例》（修订）

二、监督工作

（一）执法检查（8件）

时 间	内 容	审议意见
3月27～28日	《云南省民族乡工作条例》贯彻执行情况	4月25日，市十四届人大常委会第十六次会议听取和审议执法检查报告后，提出“深化思想认识，进一步加强宣传教育力度；加大政策扶持，高质量推动民族地区融合发展；突出特色亮点，着力打造提升民族文化品牌；强化示范带动，深入开展民族团结进步创建；采取有效措施，加强民族地区干部人才队伍建设”等五方面审议意见
4月10～11日	《昆明市学校安全条例》贯彻执行情况	4月25日，市十四届人大常委会第十六次会议听取和审议执法检查报告后，提出“进一步抓好《条例》的学习宣传和教育引导；进一步强化法规制度的贯彻落实；进一步健全完善学校安全工作机制；进一步构建群防群治工作格局”等四方面审议意见
5月29～30日	《昆明市地下水保护条例》贯彻执行情况	6月27日，市十四届人大常委会第十九次会议听取和审议执法检查报告后，提出“进一步加大《条例》的宣传贯彻执行力度；加快《昆明市地下水污染防治规划》编制工作，及时制订实施《昆明市地下水污染防治工作实施方案》；加大执法力度，完善水质监测措施；妥善处理历史遗留问题；进一步摸清主城区及周边区域自来水管网未覆盖而取用地下冷水井作为饮用水源的底数；建立部门监督联动机制；及时启动《条例》的修订工作”等七方面审议意见
7月17日	《昆明市流动人口服务管理条例》贯彻执行情况	8月6日，市十四届人大常委会第二十次会议听取和审议执法检查报告后，提出“广泛宣传引导，营造良好氛围；健全制度体系，完善工作机制；强化平台建设，提高管理水平；完善服务体系，提升保障水平；加强队伍建设，夯实工作能力”等五方面审议意见
7月23～24日	《昆明市建设区域性国际中心城市促进条例》和相关决议贯彻执行情况	8月6日，市十四届人大常委会第二十次会议听取和审议执法检查报告后，提出“加大宣传，深化认识；拓展视野，深入谋划和实施；聚焦产业转型，加快发展动能转换取得新突破；强化项目储备，增强项目的支撑力；优化发展环境，聚集发展要素”等五方面审议意见
10月9～10日	《昆明市文明行为促进条例》贯彻执行情况	10月30日，市十四届人大常委会第二十一次会议听取和审议执法检查报告后，提出“提高对贯彻落实《条例》重要性的认识；加大《条例》的社会宣传引导；强化法规制度的贯彻落实；加大统筹协调和联合执法力度”等四方面审议意见
10月15～16日	《中华人民共和国归侨侨眷权益保护法》贯彻执行情况	10月30日，市十四届人大常委会第二十一次会议听取和审议执法检查报告后，提出“提高认识，增强做好新形势下侨务工作的能力；完善大侨务工作格局，进一步凝聚侨务工作合力；健全完善侨情数据库，建立侨情信息反馈制度；大力涵养和培育侨务资源，加大聚侨引智工作力度；加大涉侨法律法规和政策宣传力度，凝聚昆明发展的蓬勃力量”等五方面审议意见
10月17日	《昆明市城乡规划条例》贯彻执行情况	10月30日，市十四届人大常委会第二十一次会议听取和审议执法检查报告后，提出“继续深入开展对《条例》宣传教育，提高规划意识；强化培训交流，加强规划人才队伍建设；继续简化审批，加大信息公开工作；深入推进多规合一，实现高标准规划；抓好乡村规划，大力推动乡村振兴战略实施；继续加大力度，深入整治违法违规建筑”等六方面审议意见

（二）听取和审议专项工作报告（26件）

<table>
<tr><th>时　间</th><th>内　容</th><th>审议意见</th></tr>
<tr><td>4月25～26日
市十四届人大常委会第十六次会议
（1件）</td><td>《市人民政府关于公安机关扫黑除恶工作情况的专项工作报告》</td><td>提出“提高政治站位，深化思想认识；强化宣传引导，营造舆论氛围；突出打击重点，精准严打狠打；健全长效机制，巩固斗争成果；狠抓队伍建设，夯实执政基础”等五方面审议意见</td></tr>
<tr><td rowspan="6">6月27～28日
市十四届人大常委会第十九次会议
（6件）</td><td>《昆明市人民政府关于社区矫正工作情况的专项工作报告》</td><td>提出“注重宣传引导，营造良好氛围；健全完善制度，提高矫正监管；强化经费保障，提升矫正质量；抓好队伍建设，夯实矫正基础”等四方面审议意见</td></tr>
<tr><td>《市人民政府关于我市2018年度行政事业单位和地方金融企业国有资产管理情况的专项工作报告》</td><td>提出“进一步落实监管责任；进一步盘活国有资产；进一步加强监管能力建设；进一步摸清家底；进一步推进信息平台建设”等五方面审议意见</td></tr>
<tr><td>《市人民政府关于2018年度环境状况和环境保护目标完成情况的报告》</td><td>提出“强化认识，加大环境保护力度；突出重点，加大突出生态环境问题整改力度；健全机制，严格落实环境保护责任；补齐短板，巩固提升污染治理成果；加大宣传，共同营造良好社会氛围”等五方面审议意见</td></tr>
<tr><td>《市人民政府关于深化旅游改革，开创旅游产业发展新局面的专项工作报告》</td><td>提出“强化统筹规划引领，激发全市旅游发展合力；以全域旅游大格局，推动旅游产业转型升级；加大旅游品牌打造，提升昆明旅游品质；坚持整改疏导兼重，不断优化旅游市场环境；加大智慧旅游建设，推进旅游体验服务、监管一体化发展；加强旅游宣传推介，彰显昆明旅游美誉度”等六方面审议意见</td></tr>
<tr><td>《市人民政府关于村级活动场所建设管理情况的专项工作报告》</td><td>提出“加大统筹力度，着力推动高标准规划建设；优化功能配置，着力拓宽和延伸服务功能；实施科学管理，着力提高管理和使用水平；建立长效机制，着力强化服务保障措施”等四方面审议意见</td></tr>
<tr><td>《市人民政府关于村级卫生室建设管理情况专项工作报告》</td><td>提出“强化统筹推进，充分发挥网底保障作用；加大投入力度，稳步提升建设管理水平；严格督促协调，努力实现医疗安全保障；完善机制体制，优化基层人才队伍建设；强化监管考核，不断提高医卫服务能力”等五方面审议意见</td></tr>
<tr><td rowspan="7">8月6～7日
市十四届人大常委会第二十次会议
（7件）</td><td>《昆明市2019年上半年国民经济和社会发展计划执行情况的报告》</td><td>提出“找差距、补短板，确保完成计划目标任务；聚力项目建设，扩大有效投资，确保固定资产投资扭负为正、平稳增长；做强主导产业，加快产业转型升级；深化‘放管服’改革，优化营商环境；有效化解政府债务风险，盘活、用好资本市场助推经济高质量发展”等五方面审议意见</td></tr>
<tr><td>《昆明市2019年上半年地方财政预算执行情况报告》</td><td>提出“加强财源税源培育，全力确保财政增收；持续优化财政支出，着力确保收支平衡；强化绩效管理措施，提高资金使用效益；严格政府债务管理，努力防范化解风险”等四方面审议意见</td></tr>
<tr><td>《市人民政府关于2018年度市级预算执行和其他财政收支审计工作报告》</td><td>提出“不断拓展审计监督广度和深度；大力提高审计监督的质量效率；采取有力措施督促问题整改；强化结果运用提高工作实效”等四方面审议意见</td></tr>
<tr><td>《市人民政府关于城市轨道交通建设和营运管理情况的专项工作报告》</td><td>提出“再接再厉，高质量推进在建项目建设；高位统筹，有序推进征地拆迁工作；科学管理，切实解决在建项目渣土外运难题；超前谋划，做好新一轮城市轨道交通规划修编工作；内培外引，加强城市轨道交通建设营运队伍建设；精耕细作，确保地铁建设营运安全”等六方面审议意见</td></tr>
<tr><td>《市人民政府关于滇池流域和阳宗海流域水环境保护治理“十三五”规划（2016—2020年）实施情况的专项工作报告》</td><td>提出“提高思想认识，增强责任担当；紧盯目标任务，全面抓好落实；加强协调配合，形成工作合力；树立问题导向，严肃责任追究；总结经验教训，组织开展评估”等五方面审议意见</td></tr>
<tr><td>《市人民政府关于全市安全生产工作情况的专项报告》</td><td>提出“进一步落实政府和部门安全生产责任；进一步落实企业安全生产主体责任；进一步加强道路交通安全治理；进一步加强消防隐患安全治理；进一步加大安全生产保障；进一步加大安全生产宣传教育”等六方面审议意见</td></tr>
<tr><td>《市人民政府关于加强食品药品安全监管情况的专项工作报告》</td><td>提出“进一步理顺监管体制和健全工作机制；加强基层监管能力建设；提高食品药品安全科技支撑能力建设；加大重点领域和重点区域的监管力度；完善食品药品安全法规体系和标准；加强食品药品安全教育宣传工作”等六方面审议意见</td></tr>
</table>

续表

时　间	内　容	审议意见
10 月 30 ~ 31 日 市十四届人大常委会第二十一次会议 （5 件）	《市人民政府关于深化“放管服”改革、优化营商环境的议案实施情况的专项工作报告》	提出“提高认识、形成合力，加快推动各项工作落到实处；继续加大‘放管服’改革力度，加快推进审批权限下放；加强政府诚信建设，提高政府公信度；突出工作重点，建立和完善长效工作机制；加大对营商环境的宣传力度”等五方面审议意见
	《市人民政府关于开展全民健身工作情况的专项工作报告》	提出“提高认识加强宣传引导；加强体育健身场地设施建设；着力解决体育场地场馆开放问题；进一步提升全民健身指导服务能力；进一步完善全社会共同参与全民健身工作机制”等五方面审议意见
	《市人民政府关于全市农业产业发展情况的专项工作报告》	提出“提高思想认识，强化组织领导；加快产业融合，促进乡村经济多元化发展；充分发挥优势，构建现代农业体系；培育新型经营主体，加大农业龙头企业扶持力度；加大投入力度，强化基础设施建设”等五方面审议意见
	《市中级人民法院关于环境资源审判法庭建设工作情况的专项工作报告》	提出“提高思想认识，进一步加大对生态环境资源的司法保护力度；发挥审判职能，进一步完善生态环境资源专门审判体制机制；加强队伍建设，进一步强化生态环境资源审判的人才支撑；加大宣传力度，进一步营造生态环境资源司法保护良好氛围”等四方面审议意见
	《市人民检察院关于开展公益诉讼工作情况的专项工作报告》	提出“提高政治站位，深化责任意识；健全完善机制，提升工作质效；加强内外联动，汇聚保护合力；夯实队伍建设，提高办案水平”等四方面审议意见。
12 月 26 ~ 27 日 市十四届人大常委会第二十二次会议 （7 件）	《市人民政府关于开展扫黑除恶专项斗争工作情况的报告》	根据要求，不出具审议意见
	《市中级人民法院关于开展扫黑除恶专项斗争工作情况的报告》	根据要求，不出具审议意见
	《市人民检察院关于开展扫黑除恶专项斗争工作情况的报告》	根据要求，不出具审议意见
	《市人民政府〈关于加快我市面向南亚东南亚开放步伐的议案〉的实施情况报告》	提出“加大宣传贯彻落实《昆明市建设区域性国际中心城市促进条例》的力度；继续提升昆明市的营商环境；围绕‘一个枢纽、四个中心、三大品牌’建设，加快推进高层次的对外开放新格局；进一步发挥好各工作机构的作用，增强工作协同性”等四方面审议意见
	《市人民政府关于昆明市创建民族团结进步示范市情况的专项工作报告》	提出“进一步巩固全国民族团结进步示范市创建成果，不断铸牢中华民族共同体意识；提高政治站位，争当新时代民族团结进步示范创建的标杆；弘扬传承优秀传统民族文化，为昆明市建设区域性国际中心城市增强文化自信，增加内生动力；坚持以人民为中心的发展思路，为高质量高标准的民族团结示范市建设夯实基础；加强法治建设，铸牢民族团结进步的法治保障”等五方面审议意见
	《市人民政府关于 2018 年度昆明市市级预算执行和其他财政收支审计查出问题整改情况的报告》	提出“进一步加大审计监督力度；强化整改责任落实；建立完善部门审计整改联动机制；推动审计整改结果公开”等四方面审议意见
	《市人民政府关于 2019 年“10 件惠民实事”落实情况的专项工作报告》	提出“进一步增强责任意识；加大监督检查；完善后续管理；强化舆论引导；加强科学谋划”等五方面审议意见

（三）专题询问（3次）

时　间	内　容	基本情况
6月28日	全市村级活动场所、卫生室建设管理情况	市第十四届人大常委会第十九次会议举行联组会议，对全市村级活动场所、卫生室建设管理情况进行专题询问。13位常委会组成人员围绕部分村级活动场所运营管理经费不足、村医队伍不稳定、药物保障不到位等方面进行提问，市政府相关部门负责人针对提问进行回答。此次专题询问，积极督促市政府及相关部门进一步加强村级活动场所、村级卫生室建设管理工作，建立健全村级活动场所的有关规章制度，加强村级卫生室乡村医生队伍建设，为优化基层社会治理、提升公共服务水平、推动乡村全面振兴奠定坚实基础
8月7日	滇池流域和阳宗海流域水环境保护治理“十三五”规划（2016—2020年）实施情况	市第十四届人大常委会第二十次会议举行联组会议，对滇池流域和阳宗海流域水环境保护治理“十三五”规划（2016—2020年）实施情况进行专题询问。12位常委会组成人员围绕海绵城市建设、农业面源污染防治、中央环保督察“回头看”及高原湖泊问题专项督察反馈意见整改情况、阳宗海环湖湿地建设等方面进行提问，市政府相关部门负责人针对提问进行回答。此次专题询问，积极督促市政府及相关部门加强统筹协调、形成合力，加大治理力度，提高治理管理能力，加快滇池治理项目实施进度，保持滇池、阳宗海水质稳定向好
12月27日	2018年度昆明市市级预算执行和其他财政收支审计查出问题整改情况	市第十四届人大常委会第二十二次会议举行联组会议，对2018年度昆明市市级预算执行和其他财政收支审计查出问题整改情况进行专题询问。14位市人大常委会组成人员围绕加强项目库管理、规范合理使用结余资金、单位财务核算往来款清理、盘活财政存量资金等方面进行提问，市政府相关部门负责人针对提问进行回答。此次专题询问，积极督促市政府及相关部门分类施策推进审计整改工作，加大审计整改追责问责力度，建立健全审计整改联动机制，形成整改监督合力，推动审计监督结果运用，加强审计整改信息公开力度，进一步规范预算执行、财政收支、重大经济事项决策等经济行为

（四）工作评议（1次）

时　间	内　容	基本情况	测评结果
12月27日	市人民政府2019年“10件惠民实事”落实情况	市十四届人大常委会第二十二次会议举行联组会议，对市人民政府2019年“10件惠民实事”落实情况进行专项工作评议，听取工作情况报告，开展满意度测评。	发放测评表36张，收回36张。测评结果如下：1.促进就业创业工作得分8.99分；2.扩大优质教育资源得分9.10分；3.提高养老服务质量得分8.68分；4.关爱妇女儿童健康得分9.01分；5.建设四好农村公路得分8.93分；6.提升城乡环境得分8.65分；7.道路畅通工程和停车泊位建设得分8.65分；8.城市道路亮化绿化美化得分9.01分；9.改造提升主城区集贸市场得分8.96分；10.巩固农村饮水安全得分8.99分。十项合计得分：88.97分，测评结果为良好

三、讨论决定重大事项

序号	决议决定名称	通过日期
1	昆明市人民代表大会常务委员会关于市人民政府机构改革涉及市的地方性法规规定的行政机关职责调整问题的决定	2019年2月2日昆明市第十四届人大常委会第十四次会议通过
2	昆明市人大常委会关于接受赵学锋辞去昆明市人大常委会副主任职务的决定	
3	昆明市人大常委会关于接受兰昆辞去昆明市人大法制委员会主任委员职务的决定	
4	昆明市人大常委会关于接受陈根献辞去昆明市人大常委会委员职务的决定	
5	昆明市人大常委会关于确认许可对市十四届人大代表李天华采取强制措施并暂时停止其执行代表职务的决定	
6	昆明市人民代表大会常务委员会关于废止《昆明市行政事业性收费管理条例》的决定	2019年4月26日昆明市第十四届人大常委会第十六次会议通过
7	昆明市人民代表大会常务委员会关于废止《昆明市城市房屋权属登记管理条例》的决定	

续表

序号	决议决定名称	通过日期
8	昆明市人大常委会关于罢免罗建宾云南省第十三届人民代表大会代表职务的决定	2019年5月31日昆明市第十四届人大常委会第十七次会议通过
9	昆明市人大常委会关于接受许雷辞去云南省第十三届人民代表大会代表职务的决定	2019年6月10日昆明市第十四届人大常委会第十八次会议通过
10	昆明市人大常委会关于修改《昆明市科学技术进步与创新条例》等六件地方性法规的决定	2019年6月28日昆明市第十四届人大常委会第十九次会议通过
11	昆明市人大常委会关于批准昆明市2018年度市级财政决算的决议	2019年8月7日昆明市第十四届人大常委会第二十次会议通过
12	昆明市人大常委会关于批准昆明市2019年市级财政专项预算调整方案的决议	
13	昆明市人民代表大会常务委员会关于修改《昆明市城市市容和环境卫生管理条例》的决定	2019年10月31日昆明市第十四届人大常委会第二十一次会议通过
14	昆明市人民代表大会常务委员会关于加强检察机关公益诉讼工作的决定	2019年12月27日昆明市第十四届人大常委会第二十二次会议通过
15	昆明市人民代表大会常务委员会关于召开昆明市第十四届人民代表大会第五次会议的决定	

四、人事任免（180人次）

时间	任命（86人次）	免职（94人次）
2月2日，市十四届人大常委会第十四次会议	人　大：袁　勤、吴卫东、杨玺生、申开银、陈　泓、何金典、李　勤、董华祥、李庆平、胡建军 政　府：周红斌	人　大：寸　东、汪明涛、强东育、袁　勤、吴卫东 监察委：吴一帆、袁兴仁
2月25日，市十四届人大常委会第十五次会议	人　大：杨志华 政　府：甘　红、郭志宏、赵小平、穆仁早、刘　毅、赵　文、陈　汉、毕　强、徐郑锋、戴　彬、马　涛、朱　伟、张洪安、张晓明、朱尧绯、潘开平、张正平、都　吉、陈剑平、付　文、李　江、杨蔚玲 监察委：何衍雄	政　府：王　冰、孙跃文 监察委：李寿志 法　院：张立志、程青梅、许　莉
4月26日，市十四届人大常委会第十六次会议	政　府：闫晓陵、汪明涛 监察委：杨　力 法　院：李志昆、李宏智、褚晓云、蔺以丹、华　虹	人　大：马　责 法　院：安　静、李宏智、褚晓云、邓　杰、华　虹、刘珉语、程青梅、张雪芳
5月31日，市十四届人大常委会第十七次会议	监察委：张　林、董国新	监察委：熊　坚
8月7日，市十四届人大常委会第二十次会议	法　院：付锡勇、孙　敏、王　锋、保　红、张　霞、陈正琼、龚　庆、赵俊雯、熊梓旭、张　彬、王　立、李世超、赵鸿章、李湘云、张冲开 检察院：吕　敏、武明辉、李　林、李昀臻、杨　光、贾　旆、张江华、任君萍、彭　舒、任　飞、张亮亮	法　院：刘　斌 检察院：蔡林波

续表

时间	任命（86 人次）	免职（94 人次）
10 月 31 日，市十四届人大常委会第二十一次会议	法　院：张兆龙、游孟蓉、李兴虎、余　锋、周　迅、谢海玲 检察院：绪　伟、许　楠	政　府：保建彬、吴　涛 监察委：绪　伟、张津华 法　院：杨　忠、李兴虎、游孟蓉、余　锋、周　迅、杨　越、侯　佳、张兆龙、张　楚 检察院：肖连阳、吴一帆、文　燚、杨　力、胡　江、王　文、李晓云、李云辉、李　兵、袁兴仁、张爱斌、李春明、金良英、马云昆、徐　斌、张平静、朱　林、林　凡、普永胜、杨　林、杨　杰、敖雪媛、江国栋、蒋德俊、蒋　莹、李厚虎、刘明华、马小云、宁　啸、王　翔、熊明明、张　华、张　舒、张云秋、赵　洧、周定燚、段晓宏、凡献伟、李佳伦、凌　娜、谢小平
12 月 27 日，市十四届人大常委会第二十二次会议	人　大：胡建军、申开银 政　府：张　斌、刘永禄、陈　春 法　院：王　勇 检察院：袁　青	人　大：胡建军、申开银、马留安、董华祥 政　府：陈　浩、姚振康、李忠德、杨蔚玲 法　院：王　勇、曾庆娟、刘　斌 检察院：李　捷、李建明、范宏刚

五、议案办理

议案名称	承办单位	办理情况	办理结果
关于加快我市面向南亚东南亚开放步伐的议案	市政府	市政府高度重视办理工作，由分管副市长领办，市发展改革委牵头，市级有关部门具体负责，市政府目督办跟踪督促落实办理工作。各责任单位就议案办理工作明确分管领导、具体责任人、目标和具体措施，形成办理工作方案，确保议案各项工作任务按期完成。议案的实施情况报告报市十四届人大常委会第二十次会议审议	议案得到有效落实，办理工作成效明显。昆明市面向南亚东南亚开放的硬件基础得到加强，中国（云南）自由贸易试验区昆明片区建设初见成效，开放型经济发展水平得到提高，区域性国际科技创新中心建设取得新成效，金融服务支撑能力得到加强，营商环境不断优化
关于制定全域旅游促进条例的议案	市人大外侨工委	与市政府及有关部门对议案多次进行研究，征求相关意见和建议，组织调研组，邀请议案领衔人及部分议案提出人、市人大代表到昆明市相关旅游示范区开展实地专题调研，提出议案审议情况报告报市十四届人大常委会第二十次会议审议	鉴于目前全国、省、市涉及全域旅游管理内容的法律法规及相关文件对全域旅游发展已有相应支撑，且昆明市正处于旅游业发展转型期、旅游部门机构改革期、全域旅游试点和探索期，立法条件尚不成熟，市十四届人大常委会第二十次会议经审议同意暂不制定该条例，该议案不再列入市人大常委会会议议程
关于修订历史文化名城保护条例的议案	市人大城环委	修订历史文化名城保护条例列为 2019 年一类立法项目。按照相关立法程序，市人大、市政府相关部门认真组织开展调研、修改、论证等立法前期工作，市第十四届人大常委会第二十、二十一次会议严格按照立法相关程序进行审议通过，完成修订工作	通过法规修订，明晰各级政府以及有关部门职责、拓展保护对象、建立预先保护机制、落实保护经费、强化保护名录制度管理、保护与利用措施，新修订条例符合昆明市实际，突出地方特色，有较强的实用性和可操作性，更好地适应新形势下昆明市历史文化名城保护和管理的要求

（和嘉先）

昆明市人民政府

编辑：陈智容

【陈豪、阮成发率队专题调研检查滇池保护治理工作】 2月11日，省委书记陈豪、省长阮成发率队到昆明市专题调研检查滇池保护治理工作，强调要进一步增强“四个意识”、坚定“四个自信”、坚决做到“两个维护”，深入学习贯彻习近平生态文明思想和习近平总书记对云南工作的重要指示精神，吹响新的“集结号”，打好污染防治攻坚战，推动全省九大高原湖泊保护治理工作向纵深发展，促进争当生态文明建设排头兵和中国最美丽省份建设取得新的更大成效。

【昆明荣登“美好生活城市”榜单第五位】 2月22日，由国家统计局、中央广播电视总台、中国邮政集团公司和北京大学国家发展研究院联合开展的“中国经济生活大调查”，在北京发布2018～2019年度美好生活指数最高的10个省会城市和直辖市榜单，昆明与南京、长沙、合肥、广州、呼和浩特、重庆、海口、郑州、银川一同上榜，排名第五位。市委副书记、市长王喜良代表昆明领奖。

【昆明排名全国文明城市省会提名城市第一名】 3月20日，中央文明办在中国文明网上公布全国文明城市提名城市中的141个地级以上城市、城区2018年文明城市年度测评结果。根据公布的年度测评成绩及排名显示，昆明市得分87.59分，在4个省会提名城市中排名第一。

【2019南亚东南亚国家商品展暨投资贸易洽谈会】 6月12～18日，以“共聚开放前沿、共建辐射中心、共享繁荣发展”为主题的2019南亚东南亚国家商品展暨投资贸易洽谈会在昆明滇池国际会展中心举办。本届商洽会围绕开放前沿、辐射中心的战略定位，紧扣“两型三化”、八大重点产业、打造世界一流“三张牌”和以数字经济为龙头的战略性新兴产业进行布展设馆。本届商洽会主题国为斯里兰卡，主宾国为柬埔寨。本届商洽会共设17个展馆，展览展示面积17万平方米，共有7500个标准展位。来自74个国家、地区和国际组织，20个国内省（区、市）的3348家企业，以及台湾地区工业总会等工商团体代表500余人，多个国际组织负责人、商界领袖等160余名代表出席活动。其中：世界500强企业20家，国内500强企业18家，其他知名企业78家。在商洽会期间还举办14项其他各类活动。

【2019年昆明·郑和文化旅游节】 7月11日，以“传承精神、扬帆启航”为主题的2019年昆明·郑和文化旅游节在郑和故乡——昆明市晋宁区开

幕。省委常委、市委书记、滇中新区党工委书记程连元宣布2019昆明郑和文化旅游节开幕，副市长周红斌致辞。市政协主席熊瑞丽，市委常委、市委宣传部部长金幼和，市委常委、市委秘书长夏俊松，市人大常委会副主任毕惠芝出席开幕式。在郑和文化旅游节期间，晋宁还举办郑和纪念大典、千人秧佬鼓舞大赛、晋宁文化创意产品创作大赛、“郑和杯”微视频大赛、新中国成立70周年主题征文大赛、七彩云南·古滇欢乐周等一系列活动。

【昆明市第六届运动会】 7月15日，昆明市第六届运动会在石林彝族自治县民族体育场开幕。昆明市委书记程连元出席开幕仪式并宣布运动会开幕，省体育局局长尹勇，市长王喜良出席开幕式并致辞。本届运动会分两个阶段进行：第一阶段为7月11～13日，在石林赛区进行成人组健身气功比赛；第二阶段为7月16～25日，在昆明赛区、石林赛区分别进行足球、篮球等26个项目比赛。本届运动会设青少年组、成年组。其中：青少年组的比赛由全市16个县(市、区)、开发(度假)区组团参赛，设田径、游泳、自行车、幼儿体操等15个大项、347个小项。成年组的比赛由全市17个县(市、区)、开发(度假)区，市级各机关、企事业单位和行业体协等报名参加，设游泳、网球等12个大项、84个小项。

【2019年中国(昆明)大健康产业博览会】 8月2日，由云南省卫生健康委、昆明市人民政府、云南省城市建设投资集团有限公司主办，东方环球会展集团、云南省医院协会承办的2019年中国(昆明)大健康产业博览会在昆明国际会展中心举行。880余家国内外健康产业企业参展。本届博览会设立3个主题展馆，内容包括大健康产业的多个行业领域，展示面积1.50万平方米。其中：1号医疗器械馆展示医疗器械设备及技术成果，2号孕婴童馆展示孕产妇、婴童用品及特色服务。7号大健康综合馆新增国际元素，设置国际健康展区，汇聚来自泰国、马来西亚、老挝、缅甸等国家的参展商80余家，涵盖重症诊疗、康复养老、医学美容、疗养旅游等健康产业，搭建国际沟通交流平台。

【西甲昆明国际足球学校在安宁奠基】 8月25日，昆明国际体育运动康养谷暨西甲昆明国际足球学校奠基仪式在安宁市举行。西班牙驻华大使拉法埃尔·德斯卡利亚尔、西甲联盟主席哈维尔·特巴斯出席奠基仪式并致辞。国家体育总局有关负责人，省委常委、昆明市委书记程连元出席仪式。昆明国际体育运动康养谷暨西甲昆明国际足球学校项目位于安宁市太平新城，规划用地面积约1190亩，将建设16块11人制足球场，包括1块欧盟全科技智能球场，以及西甲文化展示中心、西甲总部商务中心、球员体能训练中心、中德运动康复医养基地等一系列设施。项目建成后，云南将拥有全球第一所全日制西甲国际足球学校。

【中国(云南)自贸试验区昆明片区挂牌】 8月30日，中国(云南)自由贸易试验区挂牌仪式在昆明、红河、德宏三个片区同步举行。省委书记陈豪出席挂牌仪式并致辞，省长阮成发宣读《国务院关于设立中国(云南)自由贸易试验区的批复》，省委副书记王予波出席仪式，省委常委、常务副省长宗国英主持挂牌仪式。省委常委、市委书记、滇中新区党工委书记程连元，省委常委、省委秘书长刘慧晏等省领导出席。柬埔寨、泰国、马来西亚、缅甸、越南等国驻昆明总领事出席。中国(云南)自由贸易试验区领导小组成员单位和省政府驻外办事处负责人，中央企业驻滇机构和省属国有企业负责人，行业协会、异地商会、外资外贸外经和物流企业负责人，市委副书记、市长王喜良，市人大常委会主任拉玛·兴高，市委常委、市委秘书长夏俊松，副市长王冰等市领导，以及红河州、德宏州党政领导参加挂牌仪式。中国(云南)自由贸易试验区实施范围119.86平方千米，涵盖3个片区。其中：昆明片区76平方千米(含昆明综合保税区0.58平方千米)，红河片区14.12平方千米，德宏片区29.74平方千米。中国(云南)自由贸易试验区围绕打造“一带一路”和长江经济带互联互通的重要通道，建设连接南亚东南亚大通道的重要节点，推动形成我国面向南亚东南亚辐射中心、开放前沿，提出构建连接南亚东南亚的国际开放大通道、创新沿边跨境经济合作模式和加大科技领域国际合作力度等19个方面的具体举措。

【金砖国家技术转移中心(昆明)国际合作交流大会】 9月3日，以“促进国际先进技术转移转化，建设科技转移辐射高地”为主题的金砖国家技术转移中心(昆明)国际合作交流大会在昆明开幕。开幕式上，举行金砖国家、南亚东南亚国际科技服务专业机构入驻昆明签约仪式，并签署一系列协议。这是金砖国家技术转移中心2018年落地昆明以来主办的首次会议。金砖国家技术转移中心概念于2017年在金砖国家技术转移与创新合作论坛，由与会成员首次提出。在2018年南非举办的金砖国家峰会国家科技部长会议上正式获得通过。同年，金砖国家技术转移中心正式落地昆明，由中国国际科学技术合作协会、昆明市科学技术局、国际技术转移协作网络ITTN等机构共同推进建设与发展。

【第十五届中国昆明国际农业博览会】 9月5日，以“绿色发展·美好生活”为主题的第十五届中国昆明国际农业博览会在昆明滇池国际会展中心开幕。本届农博会共设7个展馆、2800个展位，展览面积7万平方米，邀请国内外2000余家企业参展，集产品展示、商贸洽谈、文化交流、美食品鉴为一体。本届农博会共有签约项目25个，内资签约金额超127亿元、外资签约金额3000万美元。其中：昆明市参加签约项目20个，内资签约金额超124亿元，外资签约金额3000万美元；文山、昭通、西双版纳、保山4个州（市）参加签约项目共5个，签约金额超3亿元。

【“辉煌70年——云南省庆祝中华人民共和国成立70周年成就展”昆明市活动日】 9月26日，“辉煌70年——云南省庆祝中华人民共和国成立70周年成就展昆明市活动日”在云南文学艺术馆举行。通过昆明市70年发展变化介绍会、“我和我的祖国”主题故事汇、州市展板内容背后的故事3个专题，充分展示新中国成立以来昆明的发展变化和取得的辉煌成就。当日晚，昆明市庆祝中华人民共和国成立70周年“为祖国放歌”合唱晚会在昆明会堂举行。省委常委、市委书记、滇中新区党工委书记程连元，市委副书记刘智，市人大常委会主任拉玛·兴高，市政协主席熊瑞丽出席晚会并为合唱比赛获奖单位颁奖。市级有关领导和各级各有关部门人员一同观看演出。

【云南省暨昆明市隆重举行烈士纪念日活动】 9月30日，云南省委、省政府和昆明市委、市政府在昆明抗战胜利纪念堂举行2019年烈士纪念日向人民英雄敬献花篮仪式。省委书记、省人大常委会主任陈豪，省委副书记、省长阮成发，省委副书记王予波等省党政军领导与各族各界代表一道向烈士纪念碑敬献花篮，深切缅怀为争取民族独立和人民解放、实现国家富强和人民幸福而英勇献身的革命先烈，弘扬传承革命精神，表达全省干部群众不忘初心、牢记使命，砥砺奋斗、继往开来的坚定信心。

【庆祝中华人民共和国成立70周年“万人同升国旗同唱国歌”活动】 10月1日，昆明市庆祝中华人民共和国成立70周年“万人同升国旗同唱国歌”活动在市级行政中心昆明会堂前广场举行。省委常委、市委书记、滇中新区党工委书记程连元主持仪式。市委副书记、市长王喜良，市委副书记刘智，市人大常委会主任拉玛·兴高，市政协主席熊瑞丽，以及市委常委，市人大常委会、市政府、市政协领导班子成员，市级有关单位干部职工，市人大代表、市政协委员，呈贡区干部群众，大中小学师生，道德模范、劳动模范、少数民族代表，企业员工代表等参加仪式。

【国家植物博物馆签约仪式举行】 10月8日，云南省人民政府、中国科学院、昆明市人民政府合作共建国家植物博物馆签约仪式在昆举行。省委常委、市委书记、滇中新区党工委书记程连元出席签约仪式。中国科学院副院长张亚平，副省长董华，市委副书记、市长王喜良共同签约。市委常委、市委秘书长夏俊松，副市长王冰，市政府秘书长郭希林和省级有关部门领导参加签约仪式。

【2019年中国国际旅游交易会】 11月15日，由文化和旅游部、中国民用航空局和云南省人民政府共同举办的2019年中国国际旅游交易会开馆仪式暨“中国—太平洋岛国旅游年”闭幕式在昆明滇池国际会展中心举行。文化和旅游部部长雒树刚，云南省省长阮成发，萨摩亚旅游部部长萨拉·法塔·皮纳蒂出席仪式并致辞。泰国旅游体育部部长皮帕·拉查吉帕甘、汤加基础设施和旅游部部长阿科茜塔·拉乌拉乌出席。本届旅游交易会为期3天，展区面积达9万平方米，展位数3866个，来自75个国家和地区的参展商和来自全球的近700名采购商参展参会。

【2019年上合昆明马拉松开赛】 12月1日，2019年上合昆明马拉松开赛。省委常委、市委书记程连元宣布2019上合昆明马拉松开赛，上海合作组织秘书长弗拉基米尔·诺罗夫，昆明市委副书记、市长王喜良等出席开幕式。来自35个国家和地区的2万名选手参加比赛。本届赛事设全程马拉松、半程马拉松、大众健康跑、上合家庭跑4个组别，报名人数多达3.20万人，年龄最大的82岁，充分体现全民健身的社会热潮。赛事规模为2万人。其中：全程马拉松5000人，半程马拉松7000人，大众健康跑5000人，上合家庭跑1000组约3000人。2019年上合昆明马拉松期间，还举办“上合国家儿童画展”等文化活动，两个海外观摩团前来观摩，使赛会真正成为上合组织文化体育合作交流的盛会，成为每年一度的“文旅嘉年华”。

【第四届昆明国际友城合作与发展研讨会】 12月3日，第四届昆明国际友城合作与发展研讨会在昆明开幕。市长王喜良出席开幕式并致辞。为进一步深化与各友城之间的合作，昆明市从2016年开始，每年举办国际友城合作与发展研讨会，围绕不同主题进行研讨交流，不断促进友城合作向纵深发展。已围绕“经贸合作”“旅游合作”“国际商事仲裁服务”成功举办3届研讨会，成立国际友城旅游合作联盟、昆明国际商事仲裁服务中心，发布围绕各届研讨会主题关于加强交流合作的《昆明宣言》，促进友城合作向纵深发展，实现互利共赢、共同发展。本次研讨会的主题是“融友城之智、助教育发展”，旨在通过研讨城市间国际教育合作，促进昆明国际友城间的高等教育、职业教育、基础教育合作，实现共同发展。会上，王喜良与加济布尔市市长、万象市委常委、瓦加瓦加市市长共同为昆明国际友城教育合作联盟联络处揭牌。部分友城代表做主题发言。市委常委、副市长胡宝国与友城代表共同签署《昆明国际友城教育合作宣言》。

【昆明市成为“全国民族团结进步示范市”】 12月9日，国家民委发布相关文件，正式命名昆明市为“全国民族团结进步示范市”。近年来，昆明市以习近平新时代中国特色社会主义思想为指引，紧扣“中华民族一家亲、同心共筑中国梦”的总目标，以铸牢中华民族共同体意识为根本方向，全面推动民族团结进步创建工作深入开展，取得一系列新成效。截至2019年11月，昆明成功创建全国民族团结进步创建示范单位10个。其中：3个自治县先后创建成为“全国民族团结进步创建示范县”，石林县被命名为“海峡两岸少数民族交流与合作基地”；创建中国少数民族特色村寨3个、全国民族团结教育基地3个；全省民族团结进步创建示范单位64个、全市民族团结进步创建示范单位567个、各级命名创建示范单位2127个，形成以点串线、以线连片、以片带面的创建格局。

【昆明市人民政府与融创中国签订战略合作协议】 12月21日，在昆明融创文旅城开城之际，昆明市人民政府与融创中国控股有限公司签订战略合作框架协议。省委常委、市委书记程连元，副省长和良辉，市长王喜良，融创中国董事会主席孙宏斌，环球融创会展文旅集团董事长邓鸿等出席签约仪式。昆明融创文旅城以“世界新春城　欢乐会客厅”为主题，汇聚两大世界乐园、“滇池后海”商业街、星级酒店群、规划中的主题湿地公园、“生态＋教育”“生态＋医疗”等多种复合业态，提供全时全季、全场景、全年龄段，集吃住娱玩购于一体的欢乐服务，将提供就业岗位约3万个，年游客量将超过千万人次。作为云南省及昆明市文化旅游产业转型升级的重点项目，昆明融创文旅城的建成，为昆明城市会客厅增添新地标，提升昆明文化旅游知名度，成为昆明文旅产业发展的新名片以及云南省推动文旅融合发展的示范精品。

【市人民政府常务会议】 2019年，市人民政府坚持依法决策、科学决策、民主决策，共召开20次常务会议。会议结合昆明市发展的实际需要，主要研究党风廉政建设、法治政府建设、安全生产、脱贫攻坚、乡村振兴、生态文明建设、供给侧结构性改革、区域性国际中心城市建设、环境保护、耕地保护、社会保障、招商引资、工业发展、旅游革命、房地产业发展、服务业发展、大健康产业发展、农业农村发展、城市规划、城市建设、城市管理、消防工作、城中村改造、国有企业改革、人才工作、教育工作、投融资工作、工业经济、防灾减灾、轨道交通建设、公路建设、滇池保护治理、重大风险防范、城乡低保、厕所革命、滇中引水、食品药品安全、智慧城市、旅游市场整治提升、集贸市场建设管理、新能源汽车发展等重要工作和事项，不动产登记、提升营商环境、滇池治理、跨境电子商务综合实验区、绿色食品、社会救助、世界春城花都品牌创建、城乡垃圾生活分类等内容。

研究讨论《昆明市人民政府工作规则（修订稿）》《昆明市人民政府关于贯彻落实“三重一大”集体决策制度实施细则（送审稿）》《昆明市市属企业投资监督管理办法（送审稿）》《昆明市市属企业融资审批管理办法（送审稿）》《昆明市具体建设项目土地供应授权审批实施细则（送审稿）》《2019年昆明市市本级社会保障基金保值增值优化存储方案（送审稿）》《牛栏江（昆明段）保护治理两年攻坚行动方案（2019—2020年）》《昆明市政务信息资源共享管理办法（送审稿）》《关于调整市级土地计提政策和补充市土储土地储备资金工作方案（送审稿）》《云南省阳宗海保护条例（修订草案）》《关于推进“旅游革命”暨“一部手机游云南”工作行动方案（2019年—2021年）（送审稿）》《关于加速昆明区域性国际科技创新中心建设的若干措施（送审稿）》《昆明市关于加快“美丽县城”建设的实施意见（送审稿）》《毒品问题严重地区禁毒重点整治工作实施办法（送审稿）》《昆明市人民政府办公室关于印发昆明市2019年城乡生活垃圾分类工作方案的通知》《昆明市机动车停车场管理办法（修订草案）》《昆明市残疾儿童康复救助制度实施办法（送审稿）》《2019年昆明市城乡低保和特困供养人员标准方案（送审稿）》《昆明市关于探索建立涉农资金统筹整合长效机制实施方案（送审稿）》《昆明市脱贫攻坚巩固成果提升质量实施意见（2019—2021年）（送审稿）》《昆明市脱贫攻坚巩固成果提升质量和解决两不愁三保障突出问题工作方案（送审稿）》《昆明市解决两不愁三保障突出问题任务清单（送审稿）》《昆明市进一步优化营商环境推进不动产登记工作行动方案（送审稿）》《昆明市“两湖两江”流域保护治理及修复专项攻坚战实施方案（送审稿）》《关于坚持农业农村优先发展推动乡村振兴战略落地落实的若干意见（送审稿）》《昆明市进一步优化提升营商环境实施意见（送审稿）》《昆明市营商环境提升十大行动（送审稿）》《2019云南国际智慧旅游大会和腾讯全球数字生态大会昆明市服务保障工作方案（送审稿）》《昆明市工程建设项目审批制度改革实施方案（送审稿）》《昆明市分类推进人才评价机制改革实施方案（送审稿）》《昆明市国际化建设工作方案（送审稿）》《昆明市乡村振兴战略规划（2018—2022年）（送审稿）》《关于全面提升历史文化名城品牌吸引力的实施意见（送审稿）》《昆明市消防安全隐患清零行动实施方案（送审稿）》《昆明市电动自行车消防安全管理办法（送审稿）》《昆明市彩票公益金使用管理办法（送审稿）》《昆明市加快建设区域性国际经济贸易中心的实施方案（送审稿）》《昆明市地方标准管理办法（草案）》《关于促进昆明市全域旅游发展的实施意见（送审稿）》《关于加快推进旅游扶贫工作的实施意见（送审稿）》《昆明市城市生活垃圾分类管理办法（草案）》《关于新时代供销合作社体制机制改革的实施方案（送审稿）》《昆明市生态环

境损害赔偿制度改革实施方案（送审稿）》《促进开发区及工业园区改革创新发展的实施意见（送审稿）》《关于完善集体林权制度的实施意见（送审稿）》《昆明市关于推进城市安全发展的实施意见（送审稿）》《昆明市乡村振兴战略空间规划编制工作方案（送审稿）》《市级机关后勤服务社会化改革实施方案（送审稿）》《昆明市绿色食品“10大名品”和“10强企业”“10佳创新企业”评选活动方案（送审稿）》《昆明市“绿色食品牌”招商大行动方案（送审稿）》《昆明市“绿色食品牌”招商引资工作奖补办法（送审稿）》《中国（昆明）跨境电子商务综合试验区三年行动计划（2019—2021年）（送审稿）》《昆明市贯彻落实中央生态环境保护专项督察东川区尾矿库严重污染金沙江反馈问题的整改实施方案（送审稿）》《昆明教育现代化2035（送审稿）》《加快推进昆明教育现代化实施方案（送审稿）》及其配套文件、《昆明市建设工程造价管理办法（送审稿）》《昆明市大健康产业发展规划（2019年—2030年）（送审稿）》《昆明市发展特色花卉产业提升世界春城花都品牌工作方案（2019—2023）（送审稿）》《长江流域（昆明段）生态环境保护修复和绿色发展工作方案（2020—2025年）（送审稿）》《昆明市滇池牛栏江及阳宗海流域农业农村面源污染防治示范区打造工作实施方案（2019—2021年）（送审稿）》《关于全面推进城市精细化管理的实施意见（送审稿）》《昆明新都公司与甘肃长城建工、陕西投资、呈贡城投设立云上丝路基金的方案（送审稿）》《昆明市营商环境“红黑榜”考核评价暂行办法（送审稿）》《昆明市要素交易中心建设实施方案（送审稿）》等重要文件。

【昆明市十四届人民政府第四次全体会议】 2月28日召开，会议主要目的是以习近平新时代中国特色社会主义思想为指导，全面贯彻党的十九大、中央经济工作会议、省委十届六次全会、省“两会”精神，按照市委十一届六次全会、市委经济工作会议和市“两会”的安排部署，进一步统一思想、坚定信心，敢于担当、攻坚克难，振奋精神、狠抓落实，确保完成全年经济社会发展各项目标任务。这次市政府全会是全市机构改革后的第一次政府全会。会议要求，全市各级各部门要在市委的坚强领导下，以只争朝夕、勇立潮头的历史担当，振奋精神、埋头苦干、狠抓落实，高质量推进区域性国际中心城市建设，以优异成绩庆祝中华人民共和国成立70周年。

【政府令】 1月21日，印发第146号政府令，公布《昆明市城市生活垃圾分类管理办法》，自2019年3月1日施行，对昆明市城市规划区和市政府确定的实行城市化管理的其他区域内生活垃圾的分类投放、分类收集、分类运输、分类处置及相关活动等做出明确规定。

2月26日，印发第147号政府令，公布《昆明市人民政府关于废止部分规章和规范性文件的决定》，自2019年4月1日起施行，对《昆明市献血用血管理办法》（昆明市人民政府令第82号）、《昆明市特许经营权管理办法》（昆明市人民政府令第102号）、《昆明市居住证管理规定》（昆明市人民政府令第106号）等13项规章和规范性文件进行废止公布。

2月26日，印发第148号政府令，公布《昆明市人民政府关于修改部分规章和规范性文件的决定》，自2019年4月1日起施行，对《昆明市城镇职工基本医疗保险暂行规定》（昆明市人民政府令第23号）、《昆明市城市灯光夜景设置与管理规定》（昆明市人民政府令第47号）、《昆明市高污染燃料禁燃区管理规定》（昆明市人民政府第81号令）等7项规章和规范性文件进行修改公布。

5月20日，印发第149号政府令，公布《昆明市餐饮业环境污染防治管理办法》，自2019年6月20日起施行，对昆明市行政区域内餐饮业，包含机关、企事业单位、社会组织等食堂的污水、生活垃圾、餐厨废弃物等排放、收集、处置等环境污染防治及其监督管理活动做出明确规定。

7月9日，印发第150号政府令，公布《昆明市机动车停车场管理办法》，自2019年8月15日起施行，对昆明市行政区域内机动车停车场，包括公共停车场、专用停车场和道路临时停车泊位的规划、建设、使用、经营及有关管理活动等做出明确规定。

7月31日，印发第151号政府令，公布《昆明市政务信息资源共享管理办法》，自2019年9月1日起施行，对昆明市各政务部门间政务信息资源共享工作，包括因履行职责需要使用其他政务部门信息资源和为其他政务部门提供政务信息资源的行为做出明确规定。

10月9日，印发第152号政府令，公布《昆明市建设工程造价管理办法》，自2019年12月1日起施行，对昆明行政区域内的建设工程造价活动及其监督管理等做出明确规定。

【通知 意见】 1月17日，印发《昆明市人民政府关于印发昆明市技术转移体系建设实施方案的通知》，就构建符合科技创新规律、技术转移规律和产业发展规律的昆明市技术转移体系，对优化全市技术转移体系基础框架、拓宽技术转移通道、完善政策环境和支撑保障、强化组织实施等做出安排部署。

2月14日，印发《昆明市人民政府关于印发进一步规范和加强土地出让管理规定的通知》，对规范土地出让前期工作、合理设置土地出让条件、落实土地出让集体决策要求、统一组织土地公开交易、严格土地出让合同管理、强化出让用地供后监管、严肃查处土地出让违法违规行为等做出明确规定。

2月14日，印发《昆明市人民政府关于印发政府非税收入管理实施办法的通知》，对除税收以外，由各级国家机关、事业单位、代行政府职能的社会团体及其他组织依法利用国家权力、政府信誉、国有资源（资产）所有者权益等取得的各项收入的征收、票据、资金和监督管理等活动做出明确规定。

3月1日，印发《昆明市人民政府关于印发昆明市地方标准管理办法的通知》，就加强昆明市地方标准的管理，发挥标准对地方经济社会发展的促进作用，对昆明市地方标准的制定、实施、监督管理等活动做出明确规定，自2019年4月1日起施行。同时，2015年1月28日昆明市人民政府颁布的《昆明市地方规范管理办法》（昆明市人民政府公告第84号）废止。

3月6日，印发《昆明市人民政府关于市政府机构改革涉及市政府规章等规定的行政机关职责调整问题的决定》，对市政府机构改革涉及市政府规章等规定的行政机关职责调整问题做出相关规定。

3月12日，印发《昆明市人民政府关于印发上合昆明马拉松五年发展规划（2018—2022年）的通知》，围绕将上合昆马打造成国际田联金标赛事的目标，对主要工作任务和主要保障措施做出安排部署。

3月18日，印发《昆明中心城区地下管线联席机制工作方案》，围绕统筹昆明中心城区各地下管线建设工作，避免道路出现反复开挖，影响城市形象和市民出行，进一步提升城市建设管理水平，改善城市环境，实现道路地下管线建设工作“一张图”“一个机制”“一盘棋”，从组织领导、工作职责、工作要求等方面进行安排部署。

3月19日，印发《昆明市人民政府关于印发昆明市严重失信主体公共资源交易领域惩戒实施细则的通知》，就规范全市公共资源交易活动，建立健全公共资源交易领域失信惩戒机制，对昆明市行政区域内的严重失信主体（包含违反法律、法规规定，被行政机关依法实施行政处罚或者被列入失信黑名单的；被司法机关依法列入失信被执行人名单的；被市场监管行政管理部门依法列入经营异常名录的）在公共资源交易领域的惩戒进行明确规定。自2019年4月19日起施行。

3月20日，印发《昆明市人民政府关于促进经济平稳健康发展20条措施的意见》，在持续扩大有效投资、坚决打赢工业攻坚战、加快培育增长新动能、充分挖掘消费市场潜力、持续扩大改革开放5个方面做出安排部署。

3月27日，印发《昆明市人民政府关于印发促进民间投资健康发展政策措施的通知》，对进一步激发民间投资活力、降低“四项成本”减轻企业负担、加快打造国际一流营商环境、进一步缓解民营企业融资难融资贵、推动民间投资与推动高质量发展有机融合、构建亲清新型政商关系、加强政务诚信建设，确保政府诚信履约、保护企业家人身和财产安全等做出安排部署。

4月23日，印发《昆明市人民政府关于加快建设区域性国际经济贸易中心的实施意见》，围绕建设立足西南、面向全国、辐射南亚东南亚的区域性国际经济贸易中心的目标任务，对总体要求、发展目标、主要任务和保障措施做出安排部署。

5月7日，印发《昆明市人民政府关于印发养殖水域滩涂规划（2018—2030年）的通知》，围绕实现昆明市渔业经济提质增效、减量增收、绿色发展、富裕渔民的发展目标，科学规划禁养区、限养区和养殖区范围，针对不同水域资源，提出昆明市渔业实现高质量发展的对策措施，并对空间布局的总体思路、基本原则、发展目标、主要任务和保障措施做出明确规定。

5月28日，印发《昆明市人民政府关于印发昆明市加强质量认证体系建设促进全面质量管理实施方案的通知》，围绕促进全面质量管理，充分发挥质量认证对促进经济社会发展的作用的目标，对工作目标、重点任务、保障措施做出安排部署。

5月31日，印发《昆明市人民政府关于禁止猎捕陆生野生动物的通告》，为进一步保护昆明市陆生野生动物资源，维护生物多样性和生态平衡，促进生态文明建设，规定全市行政区域内自2019年6月1日起至2024年6月1日止，禁止狩猎、捕杀列入国家重点保护野生动物名录、云南省省级保护陆生野生动物名录及国家保护的有重要生态、科学、社会价值的陆生野生动物名录的陆生野生动物，禁止破坏、干扰陆生野生动物生息繁衍场所及其生存环境。禁猎期满后，根据执行情况决定是否延续禁猎期限。

6月6日，印发《昆明市人民政府关于加快“美丽县城”建设的实施意见》，围绕到2021年建成一批特色鲜明、功能完善、生态优美、宜居宜业、各具特色的现代化“美丽县城”的目标任务，对总体要求、建设内容及保障措施做出安排部署。

6月30日，印发《昆明市人民政府关于印发昆明市人民政府工作规则的通知》，对昆明市人民政府工作总则、组成人员职责、全面履行政府职能、坚持依法行政、实行科学民主决策、推进政务公开、健全监督制度、会议制度、公文处理、政务信息和督促检查工作、工作纪律、廉政和作风建设等做出明确规定。同时，2015年11月9日印发的《昆明市人民政府工作规则》（昆政发〔2015〕48号）废止。

7月15日，印发《昆明市人民政府关于印发昆明市人民政府贯彻落实“三重一大”集体决策制度实施细则的通知》，对“三重一大”事项主要内容、决策程序、监督管理和责任追究等做出明确规定。同时，《昆明市人民政府关于印发昆明市人民政府“三重一大”集体决策工作制度的通知》（昆政发〔2016〕5号）废止。

9月5日，印发《昆明市人民政府关于印发中国（昆明）跨境电子商务综合试验区三年行动计划（2019—2021年）及加快跨境电子商务发展若干政策（试行）的通知》，就将中国（昆明）跨境电子商务综合试验区建设成为培育外贸发展新动能，促进产业转型升级、构建国际合作新平台的重要载体，成为我国面向南亚东南亚的跨境电子商务辐射中心，对总体要求、总体目标、主要任务、创新举措、保障措施做出安排部署。并对跨境电商主体招引、支持跨境电商主体培育、支持跨境电商产业集聚发展、支持跨境电商服务体系建设、支持跨境电商基础功能建设、支持跨境电商人才引进等方面的支持政策和培育、优化营商环境提出明确规定。

9月25日，印发《昆明市人民政府关于印发探索建立涉农资金统筹整合长效机制实施方案的通知》，就2020年构建形成权责匹配、相互协调、上下联动、步调一致的涉农资金统筹整合长效机制的目标任务，从总体要求、推进行业内涉农资金整合和统筹、改革完善涉农资金管理体制机制、保障措施等方面做出安排部署。

12月9日，印发《昆明市人民政府关于印发〈昆明市国家知识产权示范城市建设工作方案（2019—2022年）〉的通知》，围绕到2022年，全市知识产权体制机制进一步健全，知识产权创造、运用、保护、管理和服务能力全面提升，知识产权对创新驱动的引领支撑作用进一步显现的目标任务，对工作重点和保障措施做出安排部署。

12月18日，印发《昆明市人民政府关于在中国（云南）自由贸易试验区昆明片区开展"证照分离"改革全覆盖试点工作加强事中事后监管的通知》，围绕自2019年12月1日起，在中国（云南）自由贸易试验区昆明片区，对昆明市承接中央层面设定的103项涉企经营许可事项和承接云南省地方层面设定的4项涉企经营许可事项，按照直接取消审批、审批改为备案、实行告知承诺、优化审批服务四种方式分类推进改革，完善简约透明的行业准入规则，进一步扩大企业经营自主权，创新和加强事中事后监管，打造市场化、法治化、国际化的营商环境，在全市实现"证照分离"改革全覆盖，形成可复制可推广的制度创新成果的目标，对主要任务和工作要求做出安排部署。

12月20日，印发《昆明市人民政府关于印发〈昆明市大健康产业发展规划（2019—2030年）〉的通知》，进一步明确全市大健康产业发展重点和空间布局，提出主要涵盖医疗服务、健康产品、健康管理、健康养老、健身体育、健康旅游、智慧健康7大重点领域的大健康产业，并从总体要求、区域布局、重点领域、重大工程及保障措施等方面做出安排部署。

12月31日，印发《昆明市人民政府关于印发〈昆明市旅游业高质量发展三年行动计划（2020—2022年）〉的通知》，围绕到2022年，昆明市旅游业高质量发展取得重要成果，全市旅游产品供给更加丰富，服务质量明显提升，管理水平和国际化程度显著提高，旅游业主要指标在全国主要旅游城市排名实现争先进位，旅游业对全市经济综合贡献度明显加大，初步实现旅游业"产业实力强、带动作用广、质效水平优"的高质量发展目标，提出开展旅游精品景区建设行动、休闲度假产品构建行动、旅游新业态培育行动、旅游公共服务体系完善行动、旅游国际化拓展行动、智慧旅游提速行动和旅游市场整治行动，并从保障措施等方面做出安排部署。

【表彰奖励】 1月23日，印发《昆明市人民政府关于表彰奖励2018年见义勇为先进个人和先进群体的决定》，对李建祥等8名见义勇为先进个人和王荣春等5个见义勇为先进群体予以表彰奖励。

3月1日，印发《昆明市人民政府关于表彰2018年第八届昆明市市长质量奖及提名奖荣誉称号企业（组织）的通知》，授予昆明滇池投资有限责任公司"2018年第八届昆明市市长质量奖"称号，授予云南长水教育集团控股有限公司"2018年第八届昆明市市长质量奖提名奖"称号。

3月27日，印发《昆明市人民政府关于表彰为获得"国际花园城市"最高级别金奖作出贡献人员的决定》，对陈铸武等6名为获得"国际花园城市"最高级别金奖做出突出贡献的公务员予以表彰。

12月26日，印发《昆明市人民政府关于表彰奖励2019年见义勇为先进个人和先进群体的决定》，对范吉等7名见义勇为先进个人及马桂峰、尹明弟群体等5个见义勇为先进群体予以表彰奖励。

12月27日，印发《昆明市人民政府关于确认第十七批昆明市中青年学术和技术带头人及后备人选并授予付义、太一梅"昆明市科技创新领军人才"荣誉称号的通知》，确认丁心志等18人为第十七批昆明市中青年学术和技术带头人，刘春波等5人由带头人后备人选经过培养期满综合考核确认为第十七批昆明市中青年学术和技术带头人，马航等39人为第十七批昆明市中青年学术和技术带头人后备人选；授予付义、太一梅第五批"昆明市科技创新领军人才"称号。

（市政府办公室办文处）

市政府办公室

【自身建设】 2019年，市政府办公室坚持以习近平新时代中国特色社会主义思想为指导，深入学习贯彻党的十九大和十九届二中、三中、四中全会及习近平总书记对云南工作的重要指示精神，认真贯彻落实市委十一届六次、七次、八次全会精神和市"两会"的安排部署，坚定不移加强党的全面领导，坚持党要管党、全面从严治党，以党的政治建设为统领，以庆祝中华人民共和国成立70周年为主线，以"基层党建创新提质年"为抓手，积极创建"三个表率"模范机关，落实各项党建工作任务，为决战脱贫攻坚、决胜全面小康、高质量推进区域性国际中心城市建设提供坚强的组织保证。

增强“四个意识”，扎实推进党的政治建设。始终把抓好机关党的建设作为首要政治任务，坚持以政治建设为统领，坚持不懈用习近平新时代中国特色社会主义思想和党的十九大精神武装头脑、指导实践、推动工作，坚定对马克思主义的信仰，坚定对中国特色社会主义的信念，补足精神之“钙”，筑牢思想之基，不断增强“四个意识”，坚定“四个自信”，坚决做到“两个维护”。按照中央、省委和市委的安排部署，以县处级干部为重点，在全体党员中扎实开展“不忘初心、牢记使命”主题教育，达到理论学习有收获、思想政治受洗礼、干事创业敢担当、为民服务解难题、清正廉洁做表率的预期目标。市政府机关党组集中5天时间，召开读书班，深入学习习近平新时代中国特色社会主义思想，赴三台山烈士陵园开展革命传统教育；党组成员围绕选题，开展调查研究，形成高质量调研报告14份，并及时召开调研成果交流座谈会，有力推进一批政策落地落实；严格按要求召开“不忘初心、牢记使命”专题民主生活会暨汲取秦光荣案深刻教训专题民主生活会，勇于拿起批评和自我批评的武器，深入剖析存在问题，达到红脸出汗、治病排毒的预期效果。加强理论武装，强化思想政治根基。市政府机关党组召开理论学习中心组学习9次，深入学习贯彻习近平新时代中国特色社会主义思想和党的十九届四中全会精神，深入推进“两学一做”学习教育常态化制度化，教育引导党员坚持读原著、学原文、悟原理，在“学懂、弄通、做实”上下功夫，学而信、学而用、学而行。举办3期“万名党员进党校”培训班，参训党员187人次。县处级领导干部全员参加由市委党校举办的习近平新时代中国特色社会主义思想学习纲要导读系列讲座。全体党员干部强化理论武装，内化于心，外化于行，凝聚起昆明高质量发展、跨越发展的精神动力。

狠抓党建责任落实，夯实基层党建基础。机关党组不断压实党建工作责任，召开全年机关党建工作会议，对基层党建工作及时安排部署；机关党委根据工作推进，及时召开党委委员会议8次、党建工作例会7次，对党建重点工作进行安排部署。根据机构改革实际，完成机关党支部调整工作。调整后市政府办公室下辖10个党支部，支部战斗堡垒作用得到加强。持续深入开展机关党建“提神振气”工程，市政府党组成员讲党课13次，机关党组成员讲党课26次，从严推动落实领导干部双重组织生活，“关键少数”的“头雁效应”得到较好发挥。积极开展基层党建“创新提质年”和“三亮三表率一模范机关”创建工作，开展党支部8个专项整治工作，推进“三会一课”等组织制度的落实，党支部每月规范化开展“主题党日”活动，有力推动“忠诚、清廉、为民”机关党建品牌建设。持续推进机关党支部规范化达标创建工作，在职党支部规范化达标率100%，办公室第一党支部被评为“五星级”规范化党支部，市网格化综合监督指挥中心党支部被评为“四星级”规范化党支部。积极开展庆祝中华人民共和国成立70周年系列活动，组织参加“昆明市庆祝中华人民共和国成立70周年群众合唱比赛”，获第四名、二等奖，取得市政府办公室参赛以来历史最佳成绩。

抓实党风廉政建设，营造风清气正政治生态。市政府机关党组召开2次党风廉政建设专题会议，切实履行全面从严治党主体责任，班子成员认真履行“一岗双责”。加强对干部选拔任用全过程的监督和廉政考察，对新提拔的33名中层领导干部进行廉政谈话。市政府党组成员和机关党组成员有效运用“四种形态”，特别是重视运用好第一种形态，开展谈话388次，让咬耳扯袖、红脸出汗成为常态。严格执行领导干部个人有关事项报告等党内监督制度，把重点领域党风廉政建设和反腐败工作与开展“六个严禁”、领导干部收受“红包”专项整治结合起来，继续深入开展严禁领导干部利用名贵特产类特殊资源谋取私利等突出问题的专项整治，增强领导干部廉洁从政的意识。开展整治形式主义、官僚主义为基层减负等10项专项整治工作，2019年，市政府办公室召开全市性会议36次，比2018年减少44.60%；市政府办公室发公文245件，比2018年精简31.80%。

严格执行干部选拔任用条例有关规定，认真执行干部选拔任用程序，严把原则政策、严格执行干部人事制度、从严管理监督干部，重视廉政考察。2019年，根据工作安排，共办理调出手续3人、退休人员手续1人，调入手续11人，借用手续34人。办理新录用公务员试用期满转正定级1人，接收军转干部营职2人。重视干部的推荐使用，全年共有2名副处级领导干部被提拔到正处级岗位，1名正处级领导干部转任重要岗位任职；3名正科级干部提拔到副处级岗位，其中1名交流到其他单位任职；完成2名处级干部任职试用期满考核工作。经过选拔任用程序，4名干部提拔到正科级领导干部岗位；2名一般干部提拔为副科级领导干部。机构改革完成后，市政府办公室的职能配置、内设机构和人员编制进行较大调整，7个代管单位完成划转，转出17位干部，转入36位干部。内设处室由原来的22个增加至33个；人员编制由原来的141人，增加至190人。同时，市政府办公室开展干部“比选择优”工作，择优提拔10名正科级干部、18名副科级干部，34名科级干部平职交流到其他处室，27名干部通过双向选择轮岗到新处室。全年共办理70余次干部任免备案手续。完成99名干部的职级套转，配合组织部开展摸底民主推荐市管干部晋升职级，民主推荐符合条件人选晋升职级等工作。并先后启动两轮职务与职级晋升工作，摸底民主推荐科级及以下干部晋升职级。共晋升一级调研员4名，三级调研员8名，四级调研员2名，一级主任科员21名，三级主任科员9名，四级主任科员16名；市驻北京联络处晋升一级主任科员1名，四级主任科员1名。

按照省委组织部、市委组织部要求，全年选派3名厅级干部参加省委组织部调训，2名厅级干部参加市委组织部调训，1名厅级干部参加2019年厅级领导干部习近平新时代中国特色社会主义思想专题进修班，选派16名县处级干部分4期参加昆明市县处级干部学习贯彻习近平新时代中国特色社会主义思想，高质量推进区域性国际中心城市建设专题培训班，4名县处级干部参加2019年昆明市新提拔县处级领导干部培训班。46名办公室分管领导和工作人员参加其他各类培训。市政府办公室组织开展保密专题党课暨保密工作培训会，普及预防窃密知识，完善网络和载体防窃密制度规定，加强对借用、借调及新调入人员的安全保密培训。组织145名干部参加云南省干部在线学习。完成2019年度市政府办公室驻村扶贫工作队员选派工作，配合市委组织部完成选派科级干部到县区挂职相关工作。

全年规范化整理全体干部职工的人事档案，办理人员调动相关的档案转递工作，共转递21本，接收27本；配合市委组织部共3次对46名市管干部人事档案缺失材料进行补充完善。全年完成30人正常晋升工资级别，31人晋升工资档次，29人职务晋升工资报批，1人转正定级工资变动手续。完成43人工资关系变动报批手续，1人新考录公务员工资报批手续。机构改革后，办理转隶人员30人的工资关系变动手续，离退休转隶人员12人的养老待遇关系变动手续。核算202人2018年度目标考核奖，核算188人年终一次性奖金，确保每月工资、津补贴报批和及时兑现。组织发放2018年度工作人员带薪休假工资报酬。同时，进一步加强领导干部个人有关事项报告，7名省管干部和57名市管干部认真填写2018年领导干部个人有关事项报告。采集上报46名正科级领导干部个人相关信息，签订承诺书。严格出国（境）政审报批制度，对备案信息及时进行增加、撤销、修改并登记造册，确保新提拔的领导干部纳入登记备案人员范围。

【调查研究】 围绕市委、市政府中心工作，市政府办公室针对区域性国际中心城市建设、脱贫攻坚、生态环境保护、优化营商环境、改善民生、城市管理、产业发展、数字经济等重点、热点、难点问题，深入开展调查研究。组织并会同有关部门认真贯彻落实国家、省各项政策措施，结合实际对推动昆明经济高质量发展、政府自身建设、防范化解重大风险、生态环境保护、巩固脱贫攻坚成果、滇池保护治理、城市精细化管理、乡村振兴、大健康产业发展、旅游业高质量发展、打造一流营商环境、服务经济转型升级、数字经济、智能制造、5G产业发展、基础设施建设、房地产市场健康发展、深化对外合作、国有企业改革、创业创新、建设国际性综合交通枢纽、建设区域性国际经济贸易中心、推进教育现代化、城中村改造、提升社会保障水平、不动产登记等问题进行调查研究，形成一批高质量报告，为市委、市政府决策提供参考和依据，有的形成文件正式印发全市执行，较好地发挥参谋助手作用。

【综合协调】 积极发挥市政府办公室综合协调作用，紧紧围绕中心、服务大局，聚焦市委、市政府重要决策部署，强化统筹、凝聚合力，不断提升政府行政效能，有力推进各项工作落到实处。牵头政府系统认真落实“基层减负年”工作要求，文件和会议数量明显减少，督查检查考核事项逐步规范。圆满完成市政府领导调研、座谈、会见、走访慰问、公务接待、招商推介、论坛会展等公务活动的协调服务。协调有关部门做好新中国成立70周年大庆安保、2019商洽会、农博会、金砖国家技术转移中心（昆明）国际科技合作交流大会、中印瑜伽大会、2019昆明网球公开赛、2019年上合昆明马拉松赛等重大会议活动的服务保障，高标准开展联合国《生物多样性公约》第15次缔约方大会筹备工作。主动加强与市级有关部门的沟通协调，参与完成市“两会”、市政府全会、市政府党组会、市政府常务会议、全市经济运行分析会等全市性重要会议的筹备和服务，合理安排会议议程，保证会议顺利召开。在创建全国民族团结进步示范市、推进中国（云南）自由贸易试验区昆明片区建设、脱贫攻坚、生态文明建设、滇池保护治理、推进“放管服”改革优化营商环境、国土空间规划、历史文化资源保护、综合交通建设、主城区道路提升整治、特色小镇建设、重大项目会办等重要工作中，加强统筹协调，确保市委、市政府的各项决策部署有效落实。

【督办工作】 紧紧围绕全市中心工作，不断完善督查体系建设，创新督查方法和手段，加大重点工作督查力度，较好地促进党委、政府决策部署和重点工作、重要事项的落实。全力保障国务院大督查和省政府综合督查在昆明期间督查活动的顺利开展，组织市级责任部门向国务院督查组报送9个亮点材料，其中《昆明市创新公共资源交易监管机制营造公平守信市场环境》得到国务院办公厅通报表扬。做好《政府工作报告》、市政府全会、市政府常务会议、市政府专题会确定的工作任务的细化分解和督查落实，强化过程跟踪，推动重要决策部署得到贯彻落实。紧扣重点工作和重要事项，加大对招商引资、土地供应、生态环境保护、滇池保护治理、市容环境整治提升、长江生态环境问题、营商环境评价存在问题、特色小镇创建、重大欠薪案件处理等专项工作的督办力度。完善市政府领导批示件办理督查机制，对614件市政府主要领导批示件进行跟踪，交办率100%、催办率100%，办结率达95%。紧扣民生领域的痛点、难点、堵点问题，把10件惠民实事纳入政府重点督查事项，及时协调解决推进落实中遇到的困难和问题，促进惠民实事的全面完成。督促政府系统开展好人大代表建议、政协提案办理工作，2019年共承办全国政协提案3件、省人大代表建议22件、省政协会议提案38件、市人大建议358件、市政协提案400件，代表和委员对办理工作满意率100%。督促重大项目、投资项目包保责任制和重点项目定期会办制落实，对2019年确定实施的570项市级重点项目年度建设目标及投资计划进行分解细化，跟进督办。以落实国务院督查室实施的"互联网＋督查"工作为契机，积极探索督查事项在线办理、督查结果快速反馈、督查线索网上收集等方式，增强督查工作的针对性和实效性。紧扣市委、市政府关注的热点、难点问题，落实政务"大督查"模式，联动市级部门开展联合督查，解决和疏通阻碍工作进展的难点、堵点，提升督查的针对性和专业性。完善市级行政管理部门"4+1+1"目标管理考核体系，进一步优化目标管理考核激发工作动力，强化结果运用倒逼工作推进落实，促进督查结果运用到位。

【应急工作】 转改整合、革故鼎新，政务值班保障有力。按照机改统一部署，划转原市政府办公厅全部应急管理职能、转隶原市应急办3名工作人员到市应急局，同时依据国务院办公厅、省政府办公厅政务值班新标准新要求，制定出台《昆明市政府系统值班工作规范（暂行）》《昆明市政府办重要紧急情况信息工作规范》，创造市、县两级的"双三一"政务值班工作新模式，创立实操实用的"五问、四报、六必清"重要紧急情况信息新工作法，创建网上线下"三回路"值班通讯工作新建法，先后得到省政府高度肯定并三次以会议形式向全省推广交流。截至2019年11月25日，共接报重要紧急情况及敏感信息2173条。其中：自然灾害100起，事故灾难684起，公共卫生事件48起，社会安全事件1341起；协助市领导妥善处理"5·13"安宁市八街森林火灾、"4·19"五华区龙池山森林火灾等重要紧急及敏感情况，向省政府报送重要紧急情况信息62期，编发《值班报告》《值班专报》28期，圆满完成新中国成立70周年大庆和2019年"商洽会"协调联动任务，有力地保障了市政府政令畅通、运转高效。

【公文处理】 把"零差错"要求贯穿于办文工作各个环节，通过建立"1+5"公文质量水平提升机制，不断提高公文处理质量和效率。制发《昆明市人民政府办公室开展公文提质增效活动实施方案（试行）》《昆明市人民政府办公室关于印发报送市人民政府公文质量测评办法（试行）的通知》等文件，围绕公文"18要素"，严把公文审核"十道关"，推动公文实质性审核，以内部公文提质增效，带动全市政府系统办文工作质量提升。进一步提高全市政府系统办公室业务能力和"三服务"水平，结合"不忘初心、牢记使命"主题教育，举办1期全市政府系统办公室2019年综合能力提升专题培训班，围绕文稿写作、公文审核、政务接待、应急值守、公文办理、行政规范性文件合法性审核等6方面，对市政府办公室机关，各代管单位和各县（市、区），各国家级、省级开发（度假、园）区管委会，市级各部门办公室共137名业务骨干进行培训。以提高公文质量和实效性为核心，认真执行精简文件有关规定，制发《昆明市人民政府办公室关于严格落实精简文件有关规定的通知》，根据省、市"三类"精简文件范围，严格按照"发文总量控制、严格计划管理、超限额一事一请"相结合的原则，对以市人民政府及市政府办公室名义印发的文件，严格执行制发文件统一调度管理。市政府及市政府办公室全年共下发正式文件436份，同比减少8.90%。其中：政府令7件，昆政规3件，昆政发46件，昆政复56件，昆政文40件，昆政函105件，昆政办113件，昆政办文11件，昆政办函36件。深化政务公开，编发《昆明市人民政府办公厅通讯》4期；编发《昆明市人民政府公报》12期，及时在市政府门户网站上发布。

【政务信息】 围绕改革发展的热点、难点问题和领导关心、群众关注的焦点问题扎实做好政务信息报送工作，广泛开展调查研究和信息资源的深入挖掘，着力提升信息质量，切实发挥好政务信息服务决策的重要作用。全年编辑《昆明政务信息》《政务要情》《政务参考》《信息专报》《政务工作通讯》等各类信息刊物524期，采用信息2650余条；累计向省政府办公厅上报政务信息582篇，被采用146条，在全省政府系统信息工作通报中获一等奖。其中：昆明市农村饮水安全保障存在困难问题及建议、昆明市住房租赁市场发展现状及存在问题、昆明市民营医院发展面临的困难问题、昆明经济技术开发区创新提升中面临的困难问题等11条信息被国务院办公厅采用，3条信息获得国务院办公厅领导批示。

【政务公开】 认真贯彻落实新修订的《政府信息公开条例》，积极践行"以公开为常态，不公开为例外"，加强政策解读和回应关切，深化重点领域信息公开，加强公开平台建设管理，推进政务公开制度化规范化，通过打造更加公开透明的政务环境，保障人民群众的知情权、参与权、表达权和监督权。调整充实昆明市政务公开工作领导小组，组成以市长为组长，各部门主要负责人担任成员的政务公开领导小组，统筹推进全市政务公开工作。制订印发《昆明市2019年政务公开工作要点分工方案》，对全市政务公开工作进行全面部署。围绕公共资源配置、重大建设项目批准和实施、公益事业建设等民生关注领域，落实推进专项公开实施方案。2019年，全市政府系统主动公开政府信息21万余条，办理政府信息公开申请917

件。加强全市政府网站和政务新媒体管理，清理不规范域名112个，审核备案政务新媒体458个，在省政府办公厅检查中，全市政府网站和政务新媒体4个季度合格率均达100%。全市组织开展形式多样的政府信息公开培训33场，培训1676人次，通过培训学习贯彻新《政府信息公开条例》，提升专业队伍素质。优化细化考核，制发《昆明市政府网站与政务新媒体监管年度考核指标》，完成全市46家部门、18个县（市、区）开发（度假、园）区政务公开工作考核。持续开展政务公开第三方评估，加强结果运用。昆明市在全省政府信息与政务公开工作年度考核中排名第一。

【脱贫攻坚】 严格落实脱贫攻坚工作党政“一把手”负责制，积极开展“挂包帮”“转走访”对口帮扶工作。市政府秘书长、机关党组书记郭希林及时对扶贫工作进行专题研究，全年到扶贫村开展帮扶走访工作4次。针对中央对云南脱贫攻坚专项巡视反馈意见，及时组织研究涉及市政府办公室的整改事项，制订整改方案。市政府领导与3家中央定点帮扶单位和上海市普陀区互访研究脱贫工作和实地调研脱贫工作16次，市政府领导到禄劝县、东川区和寻甸县调研脱贫工作20余次，市政府各口累计举办会议306次，全面完成中央第十二巡视组对云南开展脱贫攻坚专项巡视反馈意见的昆明市6项整改措施的整改任务。持续推进驻村帮扶工作。2019年，轮换驻禄劝县则黑乡民安乐村委会和马鹿塘乡赊角村委会驻村工作队员，办公室共派出5名干部驻禄劝县则黑乡民安乐村委会、贵城村委会和马鹿塘乡赊角村委会，确保驻村干部“尽锐出战”。持续推进干部职工结对帮扶工作，及时调整干部职工结对帮扶建档立卡户关系，调整后市政府办公室193名职工结对帮扶3个对口村委会278户建档立卡户。市政府机关党组和党组成员先后7次带领职工到对口帮扶点开展迎国检遍访活动和“两不愁三保障”回头看等帮扶工作，进一步巩固提高脱贫工作成效。积极推进项目帮扶和产业帮扶，实施14个建设项目。2019年，市政府办公室为对口帮扶的民安乐村委会、贵城村委会和赊角村委会投入扶贫资金共624.42万元。其中：单位直接投入资金67.02万元，行业专项投入550.80万元，协调引进资金6.60万元，解决3个村委会面临的一批突出问题和困难，3个对口帮扶村委会顺利通过国家级、省级脱贫摘帽考核验收。在春节、中秋节、国庆节前夕，组织开展对建档立卡贫困户和村干部的走访慰问，送去大米和食用油，传递党和政府的问候和温暖。2019年，市政府办公室领导和干部职工个人共捐款助学资金3.47万元，为43名大学生捐资助学3.20万元。此外，协调浙江绿色教育基金资助11名大学生6.60万元，资助贫困地区大学生完成学业。安排党支部对3个贫困村委会开展党建“双联共建”，持续聚焦党建扶贫双推进，推进基层民主管理，建设文明和谐乡村。

（张　磊）

政务服务管理

【概况】 2019年，按照市委、市政府深化“放管服”改革和优化营商环境的决策部署，昆明市政务服务管理局认真履行职责，在做好自身业务性工作的同时，切实担负起统筹协调的职能，积极推动各项工作取得实质性进展，助力昆明国际一流营商环境建设。在深化行政审批制度改革、完善公共资源交易监管、优化提升政务服务环境、规范行政权力运行、提升群众办事满意度等方面开展大量工作，开创政务服务工作新局面。

经过机构改革，全市政务系统进一步整合，明确行政审批制度改革、优化营商环境、提升政务服务及公共资源交易监管等主要职责任务，县（市、区）级政务部门加挂行政审批局牌子，健全完善全市政务服务线上线下综合政务服务体系和管理运行机制。昆明市在全国首家推出“一网四中心”建设、政务“七办”服务，在全省率先开展营商环境“红黑榜”第三方评估，公共资源交易智慧监管等做法，获得办事群众和企业好评。截至2019年12月31日，全市政务服务（为民）中心共接件1855万件，办结率100%；提供各类咨询1855万件，办结率100%。

【机构改革】 为贯彻落实党中央关于深化党和国家机构改革的决策部署，根据《中共云南省委办公厅、云南省人民政府办公厅关于印发〈昆明市机构改革方案〉的通知》和《昆明市深化党政机构改革领导小组关于印发〈昆明市深化市级机构改革实施方案〉的通知》精神，将原昆明市人民政府政务服务管理局的职责，以及相关部门的电子政务管理职责、行政审批制度改革职责等整合，组建昆明市政务服务管理局，作为市人民政府工作部门，为正县级单位，加挂昆明市公共资源交易管理局牌子。经十一届市委常委会第89次（扩大）会议同意，原昆明市人民政府政务服务管理局所属昆明市公共资源交易中心、昆明市投资服务中心2个事业单位交由昆明市政务服务管理局管理。调整后，昆明市政务服务管理局所属事业单位为昆明市公共资源交易中心、昆明市投资服务中心。

2019年3月8日，昆明市政务服务管理局举行挂牌仪式。机构改革后，昆明市政务服务管理局负责建立健全政务服务管理机制，进一步深化昆明市“放管服”改革，优化营商环境。局机关设8个内设机构和机关党总支，负责管理昆明市政务服务中心、昆明市公共资源交易中心、昆明市投资服务中心、昆明市党群活动服务中心。

【优化提升营商环境】 2019年，昆明市成立由市委、市政府主要领导担任

2019年3月8日，市政务服务管理局举行挂牌成立仪式（市政务服务管理局　供稿）

组长，相关市级分管领导任副组长的优化提升营商环境工作领导小组，领导小组下设办公室在市政务服务管理局（简称“市营商环境办”），办公室主任由市政府秘书长郭希林兼任，办公室常务副主任由市政府副秘书长、市政务服务管理局局长李江兼任。市政务服务管理局充分发挥昆明市优化提升营商环境工作领导小组办公室统筹谋划、协调指导、组织实施、督查评估和综合考评职能职责，全面压实营商环境工作责任，构建全市营商环境“一盘棋”工作格局。高位统筹，针对营商环境评价体系各项指标，成立由市政府分管副市长任组长、相关职能部门负责人为成员的10个专项工作组，专项推进营商环境各项指标改善提升。建章立制，出台《昆明市进一步优化提升营商环境的实施意见》《昆明市营商环境提升十大行动》和围绕企业开办、不动产登记、施工许可、供水、供电、供气等配套实施方案，构建全市营商环境“2+N”政策框架体系，全方位、多角度、多层次推动工作落实。以评促建，2019年5月，昆明市作为全省唯一参评城市参加全国营商环境评价。对标世行和国家评价指标，昆明市独创“一网四中心”特色指标，建立含21个一级指标、105个二级指标的昆明市营商环境评价指标体系。2019年7月，将2016年开始的政务第三方评价升级为全方位的营商环境第三方评价，参照国家营商环境评价做法，在全省率先开展县区营商环境评价；建立营商环境第三方评价“红黑榜”制度，排名前3进入“红榜”、后3进入“黑榜”。累计发布“红黑榜”2期。向上“黑榜”的县（市、区）、市级部门一把手印发《告知书》，强化督查问效，形成发现问题、呈现问题、整改问题、责任追究的评价督查机制，推动营商环境改革任务落地见效。在省发改委牵头组织的2019年度云南省州（市）营商环境评估工作中，昆明市得分在全省16个州（市）中排名第一位。

【构建“一网四中心”】　融合服务平台，政务服务从“+1”到“+4”。依托国家信息中心免费配送标准化应用系统，将“互联网+政务服务”拓展至公共资源交易、投资服务和党群服务领域；将原市政务服务中心6757平方米89个服务窗口打造为3672平方米22个综合服务窗口和3个统一出证窗口，推动各类政务服务、行政审批、投资项目和公共资源交易数据信息共享，并与省政务服务网上大厅和省投资项目在线审批监管平台对接，实现数据共享同步，“互联网+政务服务”实现从“+1”到“+4”的全国独创。构建服务门户，政务体系5级联通。构建联通省、市、县、乡、村五级线上线下融合的政务服务体系，全市14个县（市、区）、4个开发（度假、园）区政务服务中心、85个乡镇（街道）为民服务中心和854个村（居）委会为民服务站完成系统部署，综合窗口设置和政务服务事项进驻全覆盖。强化效能监督，拓展服务功能。同步建设开发政务服务效能监察系统和手机App，实时跟踪问效，实现政务服务的“掌上效能监察”；积极开展政银合作，免费为市政务服务网上平台提供银行卡、支付宝、微信等多种支付方式的水、电、气、通信等便民缴费服务。努力打造24小时“不打烊”自助服务专区。在市政务服务中心设置自助服务终端6台、智能机器人2

2019年6月3日，国家信息中心副主任张学颖（前排右二）一行到昆明开展评议检查工作（市政务服务管理局　供稿）

部、自助电脑设备4台，除提供办事指南查询、办事预约、办事进度查询服务外，还免费提供事项申办、自助填表、材料复印等功能，实现网上办事大厅、手机App、微信公众号、自助服务终端多渠道多途径系统平台一体、事项同源和服务同步。各部门标准化办事指南除可以在各类网上大厅、智能设备、移动终端进行查询外，还可通过设置在政务大厅的二维码显示屏进行扫码查询，4台触摸屏自助查询。“一网四中心”建设项目成功入围2019年中国数字经济与智慧社会惠民便民政务领域优秀案例，并在第二届中国智慧社会发展大会暨2019首届中国数字经济高质量论坛代表优秀案例城市做交流发言。

【推行昆明政务“七办”服务】 推动办事大厅、网上平台、移动端和自助终端深度融合，构建全天候、多渠道、多点位、无死角的政务服务“七办”模式，进一步“减时限、减材料、减环节、减次数”，提升服务供给效率，让群众企业少跑腿。推进政务服务“一窗通办”。全市574个部门6061项办事事项，纳入各级政务服务中心大厅统一办理，实行一窗受理、集成服务，在所设置的1285个综合服务窗口实行“一窗通办”。推进政务服务“一网通办”。对进驻事项推行在线咨询、在线填报、在线审查、在线办理，全市13788项政务服务办理事项“一网通办”，全市网上可办率达97.90%。推进政务服务“掌上通办”。推广运行“一部手机办事通”手机App，全市上线事项537项，累计注册用户44.34万人，办理业务量16.46万件，位居全省首位。建设开发与市平台一体的手机办事App和微信公众号，为群众提供办事预约、进度查询、掌上申办等服务。推进政务服务事项“一次办成”。开展“最多跑一次”改革，纳入年度目标考核，对事项办理情况实行月报制度，全市5199项政务服务事项让群众企业办事立等可取，所有“一窗通办”事项办结成果均可通过EMS进行快递送达，让群众企业“一次办成一件事”，不再长时间等待。推进政务服务事项“马上办好”。梳理20个市级部门352个“马上办好”事项清单，通过集中授权，将各部门“马上办好”事项的受理、办理权限，集中委托综合窗口统一行使。设置自助服务终端、智能机器人和自助电脑设备，努力打造24小时“不打烊”自助服务专区，实现多渠道多途径系统平台一体、事项同源和服务同步。推进政务服务“就近申办”。梳理首批87项“就近申办”事项，推动全市各级政务服务中心、为民服务中心（站）设置代办工作席，运用全市政务服务“一张网”，实现个人事项就近申办、网上代办、多点可办、少跑快办，推动实现群众办事少跑路、不跑远路。推进政务服务“全市能办”。借助五级联动网上办和网上代办机制，对办理量大、办理频次高的事项，推动实行全市通办、跨区能办、异地可办。市政务服务管理局受邀出席在深圳举办的第二十一届高交会智慧城市展及2019年亚太智慧城市发展论坛，进行主题演讲，推介昆明市“一网四中心”工作和政务服务“七办”模式。

【简政放权强化服务】 以“有为的政府”形成权责明确、透明公正、运行高效的“有效的市场”，通过取消和下放行政审批事项，简化审批环节，优化审批流程，缩短办理时间，提高行政审批效率。清理废除妨碍市场公平竞争的各种规定和做法，坚持普惠性、保基本、均等化、可持续的方向，加大企业减税降费力度，提升公共服务供给效率，建立完善政府服务权力、责任、市场准入负面、政策、收费、政府机构失信等“六张清单”。清理规范市级16个部门原有非行政许可事项33项、市级20个部门原有管理服务事项57项。2019年市级部门机构改革后初步梳理出行政职权6255项。全面对标上海，对全市行政许可事项进行清理，市级先后3批共承接省级下放6项、取消6项、下放22项的行政审批事项。向县（市、区）下放权力事项18项，对20项行政许可事项进行调整。选取呈贡区、宜良县作为行政审批制度改革试点，形成可复制推广的经验供全市学习借鉴。

【创新公共资源交易服务监管】 做好“大数据+”。在2012年实现招标投标全流程电子化的基础上，通过对积淀的庞大数据进行应用分析，实现传统动态监督和大数据监管的有机结合，有效推动公共资源配置领域的信息公开，为社会公众和经济管理、行政监督、纪检监察等部门提供参考。通过对关键指标的统计分析，准确定位公共资源交易活动普遍存在的交易流程堵点、问题多发节点、社会关注焦点、服务效率拐点和监管工作盲点，有效提升交易监管服务效能。截至2019年底，昆明市招标投标电子化运行项目2.50万个，参与投标近11万人次，积累数据26.70T。强化招标投标信用监管。制定实施《昆明市失信主体联合惩戒细则》和《不良行为管理规则》，强化联合惩戒“硬约束”和不良行为公示“软约束”。完善信用信息管理、共享、运用制度。加强交易金融服务建设。2018年6月上线运行“工程投标保证保险”系统以来，太平洋保险公司保险保函至今服务投保项目约660个，服务企业近3500家，释放、盘活投标保证金11.19亿元。2019年10月28日，正式启动昆明市公共资源交易金融服务“昆金服”平台，强化服务保障，有效降低企业交易成本。探索远程异地评标。2019年，首创西部城市公共资源交易联盟云平台（简称西部云平台），整合评标专家系统、开标及评标系统等业务平台，实现一个平台多地共用、数据共享、业务独立、相互协作的跨区域电子交易创新。昆明市政务服务管理局参加在苏州举办的2019年（第二届）全国公共资源交易标准化峰会，获“2019—2020全国公共资源交易标准化平台示范单位”；

招投标领域“强化制度与技术供给提升公共资源交易监管效能”的做法和经验，获国家发改委发文全国推广，并在全国优化营商环境经验交流现场会上做交流，昆明营商环境优化提升成效获得国家认可；在国务院第六次大督查中，“云南省昆明市创新公共资源交易监管机制营造公平守信市场环境”作为典型经验做法，受到国务院办公厅全国通报表扬。

截至2019年12月31日，全市各级公共资源交易中心交易总额达1482亿元；市级公共资源交易中心通过电子化交易系统共完成交易项目3615个。其中：工程建设招投标项目2316个，成交额411.12亿元；完成政府采购项目926个，成交额29.14亿元；完成综合交易项目29个，成交额1.08亿元；完成土地交易项目344宗，成交面积1.77万亩，成交额884.22亿元。通过云南省投资审批中介超市信息化管理系统完成中介超市服务260宗，成交173宗。全市中介超市发布公告834个（含县区），占全省的13.31%，项目总成交额4584.25万元，节约资金1565.04万元。

2019年10月10日，“红黑榜”新闻通气会召开　（市政务服务管理局　供稿）

【建立政务“好差评”制度】 建立由企业和群众来评判的政务服务绩效“好差评”制度，拓展评价功能，实现“3覆盖1公开”。将所有进驻的政务服务事项全部纳入“好差评”评价范围，实现评价“事项全覆盖”；在政务服务网上平台提供网上大厅、手机App、微信小程序、自助终端等评价途径，在政务中心配置政务服务“好差评”二维码、评价器等方式，实现评价“渠道全覆盖”；把综合窗口服务人员、导办服务人员、咨询人员以及各部门审批人员作为“好差评”评价对象，实现评价“对象全覆盖”。“好差评”评价结果通过政务服务网上平台进行对外公示，自觉接受企业群众以及新闻媒体、社会各界的监督，“评价结果全公开”。

【强化投资服务】 2019年，为进一步提升投资服务质量和水平，创新服务方式，优化昆明市投资服务中心运行机制，按照《昆明市投资服务中心引入第三方企业开展代办服务和创新人力资源管理的工作方案》精神，继续引入第三方专业运营服务团队，持续优化投资服务运行机制，接续开展投资项目全程免费代办，实现投资服务工作规模化、规范化和标准化运行。积极开展投资项目代办帮办服务。昆明市投资服务中心不断强化“立即办、主动办、上门办、跟踪办、公开办”服务，按照“自愿委托、无偿代办、全程服务、依法履程、监督评价”的原则，通过实施代办帮办、审批协调、流程优化、跟踪指导等多样化的服务方式，精准解读政策，延伸服务触角，为来昆投资项目提供“贴心式、保姆式、点对点、主动式、全流程、全方位”服务。同时，梳理形成《投资审批相关政策汇编》和《投资审批办事指南》，涉及14个部门共31项行政审批事项，全面、直观、清晰地展现昆明市投资项目行政审批全流程。服务内容包括投资主体确立阶段的商事登记及相关事项服务；项目从立项到开工所涉及的所有行政审批及相关事项服务；权证办理阶段的土地登记、房屋登记等审批及相关事项服务；项目所涉及的非行政审批事项等。创新投资项目服务机制体制。紧紧围绕《昆明市2019年投资项目计划表》中涉及的各类重大项目以及在昆明市有投资需求的各类中小企业扎实开展各项工作，主动上门“零距离”服务企业，促进各类在昆投资项目平稳落地。充分发挥市、县（市、区）两级投资服务部门联动试点工作机制作用，初步建立市本级与呈贡投资服务中心的工作联动机制，通过共同服务企业、前后端配合、合力跟踪项目的工作模式高效开展投资服务工作，为云南车民荟科技有限公司成功入驻呈贡信息产业园提供政策咨询、与落户属地政府协调沟通、办事流程一次性告知、所需材料清单初审、保障资料一次通过等全程代办服务。

截至2019年12月31日，市投资服务中心主动走访驻昆商会4家、在昆投资企业139家。其中：服务内资企业91家，项目总投资1240.48亿元人民币；服务外资企业5家，项目总投资7.96亿美元。为25个投资项目提供代办服务，帮办协调项目30个，咨询事项51项。代办咨询事项涉及商事登记、用地、规划、人防、环评、水保、文保、预售、施工许可、竣工验收、权籍调查、产权转让、税务、临时用水用电审批、渣土外运、人才引进及费用减免等内容。

【第十五届全国政务服务工作交流研讨会】 按照国务院副秘书长丁向阳阅示精神，由中国行政管理学会、昆明市人民政府、云南省政务服务管理局联合主办，昆明市政务服务管理局具体承办的第十五届全国政务服务工作交流研讨会于2019年9月27～29日在昆明举办。全国人大常委、全国人大社会建设委员会副主任委员、中国行政管理学会会长江小涓，云南省人民政府副省长董华，昆明市委副书记、市长王喜良出席会议并讲话，国家有关部委部门负责人和全国各省、自治区、直辖市、计划单列市、省会城市和改革试点市（州）政务服务系统负责人200余人出席会议。

第十五届全国政务服务工作交流研讨会以“创新政务服务　优化营商环境”为主题，围绕认真贯彻党的十九大精神和习近平新时代中国特色社会主义思想，落实党中央、国务院关于深化“放管服”改革、优化营商环境的决策部署，加强全国政务服务系统工作，推动政务服务系统工作向纵深发展，以深化“放管服”改革、营商环境提升、“互联网＋政务服务”、公共资源交易综合监管，以及机构改革政府部门职能调整后如何推进政务服务和公共资源交易一体化建设发展等为主要内容，通过专家讲座、大会交流、点题研讨、高峰论坛、现场观摩等形式进行交流研讨，并就进一步创新政务服务优化营商环境工作，达成《昆明共识》，取得丰硕成果。

会议期间，江小涓在董华、王喜良等领导陪同下到市政务服务管理局开展调研。实地察看市政务服务中心、投资服务中心、党群服务中心和公共资源交易中心建设运行情况，体验自助终端机办事服务，详细了解昆明市深化“放管服”改革、优化营商环境及政务服务“七办”模式等情况。江小涓对昆明市在政务服务管理方面开展的工作和取得的成效给予高度肯定，并希望昆明市在今后的政务服务管理工作中进一步大胆探索，总结经验，确保取得更好的成效。

第十五届全国政务服务工作交流研讨会较好地宣传昆明“世界春城花都、历史文化名城、中国健康之城”三大城市品牌。昆明市在全国首家推出的“一网四中心”建设、政务服务“七办”模式、开展政务服务第三方评价工作等工作做法，在大会期间获得全国同行的重点关注。昆明政务服务经验做法通过全国会议的召开得到大力宣传，并取得预期效果。会议就进一步创新政务服务优化营商环境工作，达成《昆明共识》，为全国政务服务工作提出方向指引。

【第六届全国公共资源交易论坛在昆举行】 12月10～13日，以“改革·创新·优化·共享”为主题的第六届全国公共资源交易论坛在昆明举行，全国公共资源交易领域的360多位嘉宾代表齐聚春城，探讨公共资源交易领域的热点难点焦点问题，共同推动公共资源交易事业阳光、规范、健康发展。

中国物流与采购联合会副会长蔡进，国家信息中心公共技术服务部副主任徐春学，中国拍卖行业协会会长黄小坚，中国政法大学民商经济法学院教授李显冬，湖北省政协经济委员会副主任丁贵桥，云南省人民政府参事室参事袁野，昆明市人民政府副秘书长、市政务服务管理局局长李江，来自全国各省、市、自治区150多家公共资源交易机构的领导和专家，以及云南省、昆明市有关部门负责人出席论坛。

本届论坛由中国物流与采购联合会主办，中物联公共采购分会、昆明市公共资源交易中心承办，中国人民大学公共资源交易研究中心、安徽省公共资源交易协会、广东省公共资源交易联合会、山东省公共资源交易协会、湖北省招标投标协会、宁夏回族自治区政府采购协会、广州公共资源交易中心、云南省红河哈尼族彝族自治州公共资源交易中心协办。论坛得到北京筑龙信息技术有限责任公司、云南卓普科技开发有限公司、中吉财富融资担保有限公司的大力支持。

中国物流与采购联合会公共采购分会常务副会长胡大剑、昆明市公共资源交易中心主任吴剑明分别主持开幕式和主论坛。中国物流与采购联合会副会长蔡进代表主办单位致辞，国家信息中心公共技术服务部副主任徐春学代表国家公共资源交易服务平台对论坛的召开表示祝贺，云南省发改委公共资源交易平台管理处处长赵原和昆明市人民政府副秘书长李江分别致辞。

在主论坛的主旨演讲环节，中国人民大学公共资源交易研究中心执行主任王丛虎教授做“公共贸源交易竞争机制及其发展展望”演讲，湖北省政协经济委员会副主任丁贵桥做“创新监管体制，提高监管实效，推动公共资源阳光交易”演讲，昆明市政务服务管理局副局长、市公共资源交易管理局局长张健做“昆明市在公共资源交易智慧监管方面的研究和实践成果”演讲，交易平台经济学创立者、中国招标公共服务平台原总经理平庆忠做“公共资源交易平台的价值涌现和知识涌现”演讲，国际数学组合研究院首席研究员毛林梦做“新时代资源配置方式改革与优化”演讲，北京筑龙信息技术有限责任公司产品总监胡婧玥做“公共资源交易3.0时代的智慧化应用”演讲，重庆猪八戒网集团副总裁、八戒研究院院长周勇做“数字经济视角下的公共采购交易大数据应用”演讲，建设工程保险信息化平台总经理张旭做“公共资源交易系统信息安全及电子保函的技术应用”演讲。

“2019南方十城市公共资源交易中心联席会议”与论坛同步召开。重庆、广州、长沙、武汉、杭州、成都、珠海、昆明、合肥、南京、厦门、东莞、佛山等市的公共资源交易中心负责人参加联席会议，北京市建设工程发包承包交易中心、拉萨市公共资源交易中心、西安市公共资源交易中心、太原市公共资源交易中心等单位列席会议。联席会议上，广州、北京、珠海、武汉、长沙、南京、杭州、厦门、佛山、东莞等十城市公共资源交易中心现场签署《公共资源交易区块链平台共享应用合作协议》，将共同探索推进"区块链＋公共资源交易＋金融"服务模式，持续深化平台整合共享，为优化营商环境提供支撑。参会的各个城市公共资源交易中心负责人和代表分别介绍各自情况和重点工作，分享成功案例，交流工作经验。同时，公共资源交易体制创新高层论坛、公共资源交易大数据应用专题论坛、公共资源交易信息安全高峰论坛等3个论坛也与第六届全国公共资源交易论坛同步召开。

11日晚，"2019全国公共采购年度评选"颁奖典礼隆重举行，公共资源交易领域的五大奖项获奖者精彩亮相。12日上午，出席论坛的300多位嘉宾、代表，分三批赴昆明市公共资源交易中心考察调研。昆明市公共资源交易中心主任吴剑明陪同参会人员参观昆明市公共资源交易中心受理区、开标区、评标区、专家抽取室、专家等候区、线上监督室、数字见证室等办公区域，介绍昆明市公共资源电子化交易平台的"一网三平台"服务架构。

【表彰奖励】 2019年11月4日，国务院办公厅印发《国务院办公厅关于对国务院第六次大督查发现的典型经验做法给予表扬的通报》(国办发〔2019〕48号)，其中"云南省昆明市创新公共资源交易监管机制营造公平守信市场环境"的典型经验做法获得通报表扬。为激励先进，进一步激发全市广大干部职工干事创业的热情，昆明市人民政府对做出突出贡献的李江等8人给予奖励。其中：市政府副秘书长、市政务服务管理局局长李江记个人二等功。记个人三等功3人，分别是市政府副秘书长、市政府目督办主任吴忠林，市政务服务管理局副局长、市公共资源交易局局长张健，市公共资源交易中心主任吴剑明。个人嘉奖4人，分别是市纪委派驻市政务服务管理局纪检组四级调研员程学昆，市公共资源交易中心副主任黄雯，市政务服务管理局机关党总支专职副书记韩燕秋，市公共资源交易中心工作人员孙喆。

表5 昆明市市、县、乡三级政务（为民）服务中心2019年工作数据统计表

单位名称	接件总数	其中		办结总数	其中		办结率（%）
		行政许可事项	服务事项件		行政许可事项	服务事项件	
市政务服务中心	56159	41647	14512	56159	41647	14512	100
市级分中心合计	8362443		8362443	8362443		8362443	100
县（市、区）政务中心	7527880	1358745	6169135	7527880	1358745	6169135	100
乡镇（办事处）为民中心	2605065	26842	2578223	2605065	26842	2578223	100
合计	18551547	1427234	17124313	18551547	1427234	17124313	100

（卜增靖）

信访工作

【概况】 2019年，全市信访工作态势稳中向好，信访指标呈现出"四个下降，一个上升"，信访环境实现秩序井然、法制严明的大好局面。全市信访总量、到京非接待场所上访量、到省、到市集体访上访量下降，来信上升；全国"两会"、中华人民共和国成立70周年大庆期间，实现到京非接待场所零上访的目标。全市县以上党政机关信访总量2.53万件次，同比下降13%。其中：来信9340件，同比上升28%；来访5731批15961人次，同比批次上升0.20%，人次下降27%。

【高位统筹协调】 市委、市政府对信访工作始终高度重视，高位统筹协调。1月10日，召开全市信访工作约谈会，对部分信访问题突出的县（区）进行约谈，要求各责任单位要紧盯辖区信访突出问题，信访工作要走到全省前列；2月25日，召开全市信访工作会议，传达习近平总书记写给国务院副秘书长、国家信访局局长舒晓琴对信访工作的重要批示和全省信访局长会议精神，安排部署2019年工作任务及全国"两会"期间的信访工作；4月11日，市委常委、市委政法委书记、市委信访工作联席会议第一召集人李建阳在市信访局召集专题会议，研究信访工作形势，部署下一步工作；7月17日，召开市委信访工作联席会议，李建阳、夏俊松、周建忠、吴庆昆、郭希林等5名联席会议召集人，分别对深化落实机构改革后信访工作联席会议机制建设、作用发挥、当前形势及下半年工作进行详细安排。10月10日，市委书记程连元在昆明市喜迎70年建国大庆，全力开展市、县两级领导干部接访下访总结工作简报上批示："很好，领导干部接访下访，即有研判调度，又有跟踪落实，方式灵活，成效明显，望再接再厉！信访部门责成专人跟踪落实事项进度并随时报告决策领导"。11月11日，市委副书记刘智对《关于群众反映信访问题合理诉求的情况报告》批示："解决群众的合理诉求是地方各级党委政府义不容辞、刻不容缓的责任。市信访局工作成效显著，应予肯定和表扬。"市主要领导的重视

和肯定极大地促进推动全年信访工作周密部署和全面落实。

【夯实基层基础】 机构改革中，有的县（市、区）把信访部门变为办公室的内设机构，削弱基层的信访工作力量。针对这一情况，市信访局积极开展调查研究，从实际出发，多措并举解决问题。一方面通过开展“请上来跟班学”“走下去送服务”等不同方式为基层培优人才，使基层信访工作者的业务素质得到一定程度提升；另一方面通过向上级反映、统筹协调相关部门等办法，为基层争取编制、争取经费，通过努力，大部分县（市、区）落实信访部门领导由办公室副主任兼任，信访机构的编制得到强化。

【聚焦合力攻坚】 继续开展信访矛盾化解攻坚，认真完成排查化解工作任务。继续开展党政领导包案化解信访案件，层层压实信访工作责任，积极推动信访矛盾解决。督办上级交办的重要信访案件474件。联合市纪委，市委、市政府两个目督办，完成信访突出问题督办任务。把网上信访打造成群众反映诉求的重要渠道，全年办理网上信访件7695件（含人民网留言3267件）。市信访局获得“2019年人民网网民留言办理工作活力奋进单位”称号。

【深化领导干部接访下访机制】 市信访局局领导班子成员在做好每月10日局长接待日工作的基础上，梳理筛选出疑难案件，实行带案下访到基层属地。通过了解情况、分析问题成因、提出解决思路，督促协调责任单位化解信访问题，减少越级上访。围绕新中国成立70周年庆祝活动信访保障工作，在市信访局统筹安排下，从8月5日到国庆节前，持续开展市、县两级领导干部接待群众来访和带案下访活动。市委、市人大、市政府、市政协四套班子的37名领导率先垂范，带头到一线接访下访，每天至少有1名市级领导到昆明市群众来访接待中心接待来访群众。整个接访下访活动中，37名市级领导共接待群众37批46人次，全市各县（市、区）也掀起主要负责人接访群众、带案下访的热潮，受到群众广泛好评。

【完善相关制度】 4月底，昆明市中级人民法院、市检察院、市公安局、市信访局、市司法局联合印发《昆明市关于依法处置违法上访行为的通告》，明确15种违法上访行为，经劝阻、批评和教育无效的，由公安机关予以警告、训诫或者制止。情节严重的，符合《中华人民共和国治安管理处罚法》规定的，依法予以治安管理处罚；构成犯罪的，依法追究刑事责任。《通告》的出台，对于规范信访秩序，引导群众依法理性上访起到积极的作用。

（周　锐）

2019年10月31日，省政府办公厅副主任、省信访局局长明正彬（中）到市信访局检查指导工作并看望信访干部

（市信访局　供稿）

市长热线

【概况】 2019年，昆明市12345市长热线平台通过电话“12345”、书记工作电话“63197977”、市长工作电话“63166500”、书记电子信箱、市长电子信箱、市长热线电子信箱、“昆明市长”微博、“昆明12345市长热线”微博及邮政等渠道共受理群众来电（件）52万余个（件）（不包括县市区联动热线独立受理件）。其中：书记工作电话及语音留言3270件；市长工作电话及语音留言2051件；书记电子信箱邮件2766件；市长电子信箱邮件5516件；热线信箱5039件。对具有明确诉求的14.67万案件通过业务办理系统交办，全年交办办结率99.76%，话务服务满意率99.99%。

【政务微博】 截至2019年12月31日，“昆明12345市长热线微博”已发布博文16196条，拥有粉丝59.50万人。2019年全年共发布博文1742条，内容主要包括昆明市重要政务信息、办理反馈、工作动态、市领导接听活动、创建全国文明城市等方面。在维护过程中重点侧重对网友反映具体问题的梳理和办理反馈，共受理反映明确的民生问题5409件，办结率99%。其中：1508件直接答复网友，3901件通过一号通系统交办。完成昆明市政府领导接听日微直播9次，开展工作动态、政务V影响力峰会等微话题22次。

【加大督办力度】 全年对6万余件群众反映的热难点问题进行督办，并针对群众反映问题的疑难程度和紧急程度，有针对性地联合各职能部门到现场处理问题12次。通过督办督查工作，既解决人民群众反映的大量热点、难点问题，更使市长热线与各网络单位和市民拉近距离，提高群众满意率，提升市长热线的民生品牌。

【局长（主任）接待日】 加大对“局长（主任）接待日”工作的巡查力度，全年共巡查13次，范围覆盖33个职能部门。对巡查中存在的问题及时进行批评指正，对极少数部门无人接待或接待不规范的情况进行通报，确保“局长（主任）接待日”各项措施落实到位，杜绝形式主义。

【市政府领导接听日】 2019年，共有8位市政府领导参加市政府领导接听活动11次，接听群众来电151个，通过云南网征集、掌上春城回答网友关心的问题47个。

（张赛娟）

地方志工作

【昆明市提前1年完成二轮修志任务】 2015年8月25日，国务院办公厅发布《全国地方志事业发展规划纲要（2015—2020年）》，明确提出“到2020年，完成第二轮地方志书规划任务，省、市、县三级地方志书全部出版”“到2020年，做到地方综合年鉴由地方志工作机构组织编纂，一年一鉴，公开出版”（简称“两全目标”）。昆明市市级二轮市志编修工作于2005年全面启动，经12年的艰苦努力，九易其稿，2017年底，《昆明市志（1978～2005）》（共6册780万字）由云南人民出版社出版。市级二轮志书提前3年完成。至2018年底，昆明市14个县（市、区）中，有10个县（市、区）完成二轮修志任务。五华、盘龙、官渡、西山4个城区未完成二轮修志任务。2019年，昆明市志办牢牢盯住“两全目标”，采取强有力措施，全力推进4个区二轮志书编修进度。6月12日省志办向市政府主要领导发出《关于克期完成“两全目标”的提醒函》，6月26日，市政府主要领导、分管领导分别对提醒函作出批示。为贯彻落实省志办函件和市政府主要领导、分管领导批示精神，确保市“两全目标”按时按质按量完成，市志办迅速采取措施加以落实：收到市政府主要领导、分管领导批示件当日，市志办立即召开专题会议，研究安排贯彻落实具体措施；及时草拟《昆明市人民政府目标督查办公室关于对市政府主要领导批示事项进行立项督查的通知》，由市政府目督办下发相关单位；7月1日，召集相关区志办负责人召开专题督办会，听取工作开展情况及存在的困难问题等方面的汇报、对克期完成“两全目标”刚性任务进行再强调、再安排，相关县区再做按期完成“两全目标”表态承诺；倒排工期，制定路线图，实行进度月报制度，强行督促和监控4个区的工作进度；班子成员分批不定期到现场督促、协调，帮助相关单位现场解决资金、人员、业务方面的问题。

通过市、县两级努力，至2019年12月30日，五华、盘龙、官渡、西山4个区的二轮志书全部公开出版，昆明市提前1年完成国务院和省政府明确的“两全目标”任务。

【地方综合年鉴实现“一年一鉴，公开出版”目标】 由市人民政府主办、市志办具体组织编辑的《昆明年鉴》创刊于1990年，一年一鉴，逐年连续公开出版。昆明市于2012年实现市、县两级地方综合年鉴编辑“一年一鉴、公开出版”全覆盖。2018年由于东川区举全区之力脱贫攻坚，区史志办未安排项目经费，致使《东川年鉴（2018）》未实现“公开出版”。2019年，6月12日省志办向市政府主要领导发出《关于克期完成“两全目标”的提醒函》后，市志办采取措施，加强对东川区年鉴工作的督促、指导，8月，区政府为该年鉴的公开出版提供经费保障，至年底，《东川年鉴（2019）》已送交德宏民族出版社，本版年鉴可实现公开出版。其余县（市、区）均落实公开出版经费和出版社，至此，昆明市市、县两级2019年地方综合年鉴均实现“公开出版”的目标。

【刊物编辑保持特色】《昆明史志》创刊30余载，一直以编辑质量高、区域特色浓、作者群广泛、可读性强、具有较高学术价值而得到省内外史志界的好评。2019年在封面、版式设计上做优化和提升，由16开改为大16开版。此外，继续保持特色的前提下，在栏目设计、稿件选择、图片登载方面进行优化，使刊物的时代气息更加突出，反响较好。同时扩大刊物的赠阅范围，在原有范围的基础上重点扩大到14个县（市、区）的四大机关和图书馆、档案馆，推动城乡方志文化建设，培育地方历史记忆。年内出版《昆明史志》4期50万字。

【昆明市方志馆运行平稳】 2019年，昆明市方志馆正常运行。继续聘用4名历史学硕士研究生开展进馆图书的整理、登记、编码、入库；完成设计、制作、展出“昆明古镇名村”展板，编辑、制作并免费发放《昆明古镇名村》宣传手册；完成馆内外环境的完善和优化；免费接待公众进馆阅读和查询资料；多次接待省内外同仁的指导、考察、交流。2019年8月，中国地方志指导小组秘书长冀祥德一行，在省志办主任杨建林陪同下对昆明市方志馆考察、指导，并对昆明市方志馆建设和管理工作提出要求和希望。

至2019年，石林县方志馆、宜良县方志馆运行平稳，在两县的县情介绍、宣传方面发挥积极作用。

【地情研究开发形式多样】 昆明市地方志系统始终把地情资料的收集、整理、研究、开发当作为中心工作的基础性工程来抓，并努力在研究深度上下功夫，在研究成果上求创新，充分发挥地情资料在领导决策、招商引资、文化建设、形象推介等方面的独到优势，积极为昆明市经济社会发展服务。一是提供市情资料服务。在昆明市全面提升“历史文化名城”品牌工作中，市志办结合地方志工作特点，除主动向有关部门报送志书、年鉴、地情书籍外，及时为领导机关及有关部门、有关人员的地情信息咨询提供服务。二是根据2019年是中华人民共和国成立70周年的年度特点，组织人员开展《建国70年昆明大事记》的资料收集、撰稿等工作，至年底，该书已经通过专家审查，形成送审稿，计划2020年公开出版。

【市县联手整理旧志】 昆明市市一级的旧志整理工作全面铺开，至2019年已公开出版《民国昆明市志校注》《康熙云南府志校注》《民国昆明县志校注》《民国续修昆明县志校注》《昆明近世社会变迁志略校注》成果，《道光昆明县志校注》《昆明山水志校注》正在进行。2019年，昆明市志采用市、县、院校合作的方式，开展《嘉靖寻甸府志》校注工作。至年底，该项目已完成送审稿，计划2020年公开出版。

【地方志信息化建设稳步推进】 2019年，继续开展方志数据库建设。年内进行地方志文献平台建设。至年底已完成平台统一检索架构、管理架构研发以及古籍、志书、年鉴、地情4个子平台架构的建设。加强部门子网站运维管理，及时进行栏目信息采集、撰写、发布，更新内容质量较高，差错率严格控制在政府规定的范围内。

【积极开展方志文化宣传】 2019年，积极开展方志文化进社区、进乡村活动。先后到禄劝县贵城村、石林县糯黑村、呈贡区柏枝营社区和斗南社区、五华区文庙社区开展方志文化宣传活动，向上述单位赠送一批志书、年鉴和市情资料。年内，市委组织部将昆明历史文化的学习列入干部教育培训的内容，并与市志办协商后，将市志办组织编撰的《昆明历史文化读本》重印，作为辅读教材。年内，市志办三次派遣专家，前往市委党校作昆明历史文化讲座。

【建立调研、业务培训制度】 2019年在行风评议及“不忘初心、牢记使命”主题教育征求意见中，对市志办反映较集中的是“对县(市、区)调研指导不够”和“业务培训不够”两个问题。为此，市志办从9月份起，由主任母正荣，副主任字应军、李洪分别带队，深入各县(市、区)，围绕“两全目标”完成进度、地方志工作“一纳入，八到位”落实情况、地方志信息化建设现状开展调研，并分别形成调研报告。为使调研、培训制度化、规范化，2019年年底市志办研究出台《市志办领导干部深入基层调研制度》《昆明市地方志业务培训制度》，并立即实施。

【昆明市4部区志公开出版】 2019年11月，《盘龙区志(1978—2010)》(上、下)、《官渡区志(1978—2010)》(上、下)由云南人民出版社公开出版。两部志书字数为1960千字和2200千字，分别全面、系统地记录1978~2010年昆明市盘龙区和官渡区从自然到社会的历史与现状。2019年12月，《盘龙区志(1978—2008)》由云南民族出版社公开出版。该志1600千字。同月，《五华区志(1978—2012)》(上、下)由云南人民出版社公开出版。该志2300千字，采用平头设志条目体结构。

【昆明市两部年鉴获全国地方志优秀成果奖】 2019年11月5日，由中国地方志指导小组、中国地方志学会组织的第六届全国地方志优秀成果(年鉴类)评审结果揭晓，云南省共有4部年鉴入选。其中：昆明市2部年鉴入选，《安宁年鉴(2018)》被评为县级一等奖，《昆明年鉴(2018)》被评为州市级年鉴提名奖。

【石林县出台地方志保密实施细则】 为切实加强在地方志资料提供、志稿验收、志书审查等项工作中的保密管理，确保在地方志编纂中的国家秘密安全，2019年10月10日，石林彝族自治县人民政府办公室印发《石林彝族自治县地方志保密实施细则》，即日起在全县实施。石林县制定实施的这一地方志保密实施细则，是全国第一个地方志保密实施细则，将对石林县的地方志保密工作进行规范管理。2019年以来，县史志办根据形势发展需要，将规范地方志保密工作作为深化改革的内容向县上进行申报，经县委全面深化改革委员会审查批准，同意县史志办承担“制定出台石林县地方志保密实施细则”的任务。经过长期学习和调研，依照国家保密法规、新闻出版有关规定，尤其是石林县地方志工作三十多年的实践经验，经过多次修改，形成《石林彝族自治县地方志保密实施细则(征求意见稿)》，在9月16日发到全县各单位进行征求意见，并重点送请县保密局审核。9月23日，县史志办将本细则提交县人民政府审定并印发全县统一实施。该实施细则共10条。

【狠抓业务培训】 针对昆明市地方志系统队伍实际，2019年，市志办采取多种形式，加大队伍业务培训力度。一是积极鼓励、组织两级志办干部职工参加中指组、省志办、省地方志学会、省年鉴研究会组织的省内外各种志、鉴业务培训班。二是市志办领导和业务处室深入县(市、区)、市属相关部门做专题业务指导和培训。三是集中培训交流。12月6日，为加强石林县本土纪实影像队伍建设，推动石林地方影像志工作，推动石林地方志事业从纸质图文时代向数字影像时代发展，石林县举办“新文化　新方志　新影像——2019石林地方纪实影像展映交流活动”。本次活动安排业务培训和成果分享交流两个大类的活动内容。来自云南大学、云南广播电视台的龙丹凤、昆明理工大学的专家，分别为活动做学术讲座，参与拍摄影像的人员进行经验交流。12月19日，市志办举行为期1天的全市地方志系统业务培训班，县(市、区)志办领导、业务人员参加培训。通过以上各种形式的培训，队伍素质有提高、视野得以拓宽、能力得到增强。

【中指办领导到昆明市方志馆考察调研】 2019年8月11日，中国地方志指导小组秘书长、中国地方志指导小组办公室主任冀祥德一行5人，在省委办公厅副主任王大敏、云南省志办主任杨建林的陪同下，到昆明市方志馆考察调研。在参观昆明市方志馆后，考察调研组召开座谈会。座谈会由云南省志办主任杨建林主持，昆明市志办主任母正荣、副主任字应军汇报昆明市方志馆建设管理的有关情况。冀祥德秘书长充分肯定昆明市方志馆建设管理工作，认为昆明市方志馆开了云南省方志馆建设的先河，为云南省州市级方志馆建设做了有益的探索，值得肯定；昆明市方志馆选址大观公园内，坐落在著名的大观楼长联旁，具有地理位置优势，而且具有风景名胜和地方志文化相融相生的效果，这是其他大多数方志馆不具有的优势；昆明市方志馆建成后在宣传昆明历史文化和方志文化方面做了一些卓有成效的工作，值得表扬。冀祥德提出：昆明市方志馆要在转型升级、扩大规模上下功夫。昆明市方志馆已经建立起来，虽然规模不大，但首先解决了“有”的问题，接下来就要解决“大”的问题和“知名度”的问题；要充分利用现有空间，宣传介绍方志馆，讲清楚方志馆的定义、建设方志馆重要意义、方志馆功能定位、与博物馆图书馆等的区别，让公众认识、了解方志馆；要加强昆明市情中心建设，将方志馆建成昆明市的市情中心，将昆明市地情系统地展现出来；要在数字方志馆建设方面多做文章，以弥补现有方志馆建设面积不大的不足；积极开展地方志工作的创新探索。昆明市志办要利用昆明的天时地利人和，在做好修志编鉴主业的同时，积极创新探索信息方志、名村名镇志等方面的工作，推动地方志工作从“一本书”到“一项事业”的转型升级。杨建林强调，昆明市志办要围绕转型升级、扩大规模这个重点，发挥省会城市排头兵作用，以排山倒海力量，积极开展好方志馆建设管理；不能满足于现有工作成绩，不能只与省内其他15个州市相比，要对标其他副省级城市、省会城市，向标兵看齐，克服困难，打造文化品位高的方志馆。同时，要推动县区方志馆建设，争取实现县县有方志馆的目标。

（字应军）

社科研究

【概况】 昆明市社会科学院是市人民政府直属的哲学社会科学研究机构，归口市委宣传部管理的公益一类事业单位。1997年，市社科院在昆明市社会科学界联合会加挂牌子成立，成立时为“两块牌子、一套班子、一支队伍”。2003年机构改革，独立设置市社科院，主要负责市委、市政府下达的重大课题，实施市社科院社会科学课题研究，参与市社会科学规划课题、全市软科学课题的研究，开展政治、经济、社会、行政管理等社会科学学术的研究，并编辑出版社会科学学刊等。市社科院内设3个职能处（室）、4个研究所，核定编制42人，2019年在编在职干部职工27人。

党的十八大以来，习近平总书记就繁荣发展哲学社会科学，发挥智库在各级党委政府治国理政中的重要作用做出一系列重要论述和指示。市委及时出台《关于加强昆明新型智库建设的实施意见》。市社科院以中央、省、市精神为指导，加快改革，推动智库转型：对院内设机构进行调整，将哲学研究所改为历史文化研究所，经济研究所改为“产业经济研究所，社会研究所改为社会发展研究所，行政管理研究所改为城市战略研究所，科研处改为智库建设处，与办公室、编辑资料室一起形成新的“4所、1处、2室”的机构格局，突出应用对策研究，完成一大批决策咨询研究成果。

【智库研究成果丰硕】 市社科院围绕昆明经济社会发展的重要现实问题和重大理论问题，狠抓应用对策研究，2019年，市社科院向市委、市政府呈报《智库内参》10期。其中：“探索新模式，培育新动能，加快推进晋宁高质量发展”“加强共享单车管理势在必行”“取消“奇葩证明”，优化营商环境”“昆明发展锂电产业大有可为”“城市主题雕塑应成为展示昆明城市文化的载体”“昆明城市形象广告语将如何演化？”等多项成果获市领导批示。

【横向课题研究成果】 2019年，在习近平总书记对宣传思想工作者做出“增强‘四力’（脚力、眼里、脑力、笔力）”的指示后，市社科院迅速组织开展院内教育实践活动。与省社科院合作，立项开展“劳模与产业结构变迁研究”等6项“四力”调研课题。

2019年，与柴石滩水资源管理局合作完成“昆明九乡明月湖水利风景区规划研究”水利部课题1项；完成市决策咨询中心委托的“乡村振兴战略背景下的昆明市农村综合改革——以嵩明县农村综合性改革试点试验为例”课题1项；完成“昆明打造全省工业创新核心区研究”“东川易地扶贫搬迁后续问题及对策研究”“昆明市引导工商资本下乡对策研究”“昆明乡村文化振兴对策研究”等市社科规划课题4项。

【成立昆明社会治理研究院】 为加强和创新昆明市社会治理，在市委领导重视和支持下，经社科院积极努力，市委、市政府在市社科院成立昆明社会治理研究院。2019年6月17日，昆明市城市基层党建示范城市建设暨社会建设工作推进会上，市委书记程连元为昆明市社会治理研究院授牌。研究院成立后，研究院认真落实有关部署，积极开展研究，上报4篇决策参考，获市委、市政府主要领导批示；策划实施昆明市社区治理动态监测平台及深度观察点网络建设试点项目，

昆明市城市基层党建示范城市建设暨社会建设工作推进会

2019年6月17日，市委书记程连元（前排左）为昆明市社会治理研究院授牌
（市社科院　供稿）

获市委社工委重点项目立项；作为编委参与编辑白皮书《昆明社会治理发展报告（2019）》等。

【搭建智库平台新探索】　为落实市委对市社科院新型智库建设的要求，按照小机构、大平台、开放化的建设思路，市社科院凝聚多方力量搭建智库平台。2019年3月27日，与云南陆军讲武堂、云南纺织集团合作，签署战略合作框架协议，挂牌成立昆明市社会科学院近代史研究中心和昆明市社会科学院民营企业研究中心，与昆明理工大学信息技术学院合作建立大数据研究中心。几个中心的成立是对新型智库组织形式和管理方式的新探索。

【承办联席会议】　2019年4月12日，市社科院承办第五届（2019）云南省州市社科院（所）长联席会议，市委宣传部部长金幼和出席会议并致辞。会上，省社科院院长何祖坤做主旨发言，迪庆州藏学研究院研究室负责人旦正太、丽江市东巴文化研究院副院长和东升等11位院（所）负责人就各单位一年来开展的主要工作、取得的重要成果和下一步工作计划交换意见和看法。发言涵盖新型智库建设、决策咨询服务、课题研究、社科普及、地区社会治理创新模式探索、少数民族文化保护和古籍抢救等多个方面内容，各有侧重和见解，彰显地区特色又极富针对性。省社科院副院长沈向兴做总结发言，希望各地社科院加强交流、深化合作、共谋发展，共同推动云南哲学社会科学事业向深处走、向实里走。会议为接下来省、市社科院的合作奠定良好基础。

【繁荣发展昆明哲学社会科学】　2019年，市社科院编撰出版“昆明蓝皮书”：《昆明建设区域性国际中心城市报告（2020）》《昆明社会发展报告（2020）》和《昆明经济发展报告（2020）》，进一步巩固和发展“昆明蓝皮书”品牌。与市社科联联合编辑出版学术期刊《昆明社会科学》4期，刊发来自省内外社科研究成果45篇。蓝皮书和期刊是作为市社科院主动服务市委、市政府，服务经济社会发展的重要阵地，是具有战略和全局意义的应用研究的理论交流平台。

2019年10月30日，昆明市委宣传部主办、市社科院与市社科联承办昆明市社科理论界庆祝中华人民共和国成立70周年理论研讨会召开。会上，市委宣传部常务副部长马谦发表讲话，对社科工作者积极推动哲学社会科学繁荣发展表达期望。省社科院副院长沈向兴和省社科联副主席邹文红作主旨发言，以国际视野多维度审视新中国成立70年来的飞速进步，并总结云南省70年来的发展成就和主要经验。云南大学公共管理学院副院长王燕飞等5位与会专家分别从人民政协工作、城镇化变迁、高等教育改革创新与实干等不同角度阐述各行各业所取得的辉煌成就。市委党校等14家单位受邀参会，与会专家学者代表用最新社科研究成果献礼祖国华诞。

【脱贫攻坚】　市社科院定点帮扶点为东川区桃源村。2019年，市社科院加大扶贫帮扶力度，持续推进资金帮扶、产业扶贫、智力扶贫的工作。年内，共投入3万余元人民币作为扶贫专项资金，并组织员工捐款1次；科研人员和干部职工每月深入桃源村走访贫困户、宣传扶贫政策，全年达138人次；为当地村民购买鸡苗，扶持当地土鸡养殖；申报开展《东川易地扶贫搬迁后续问题及对策研究》等5项课题研究，助力脱贫攻坚。

（范欣颖）

经济研究

【重要文稿起草】　完成2019年《政府工作报告》起草工作。按照市政府及主要领导的要求，2018年10月初制订工作方案、成立起草班子，组织市政府研究室全室干部职工以严谨认真的态度，开展广泛深入的调查研究，注重加强与各县（市、区）、开发（度假、园）区、市级各部门的联系，做好与财政、计划两个报告的数据、项目等对接，经过多次征求意见、反复修改论证，先后完成政府工作报告初稿、讨论稿、送审稿、征求意见稿等各阶段20余篇成稿，最终按时限要求圆满完成起草工作任务。报告得到市领导、“两会”人大代表和政协委员的高度评价。完成市委、市政府交办的文件和领导讲话稿等重要文稿起草工作，全年共完成各类文稿起草57篇，较2018年增加22篇，部分文稿获得市委、市政府主要领导的肯定性批示，文稿质量持续提升。

【自主调研】 围绕全市经济社会发展中的热点、难点问题，深入实际、深入基层、深入群众，自主开展调查研究，提出符合昆明实际的相关对策和工作建议，供市委、市政府决策参考。完成《关于加快我市特色小镇建设的调研报告》《从三次全国经济普查数据看昆明工业发展的问题》《关于加快昆明市民营企业利用知识产权制度的调研报告》《关于加强长水机场公共区域秩序管理全面提升长水机场窗口形象的调研报告》《关于破解昆明市农村电子商务发展瓶颈的调研报告》《昆明市家庭农场培育发展情况调研报告》《关于研究出台昆明市政商交往行为正负面清单的调研报告》《关于加快昆明夜间经济发展的调研报告》《昆明市企业等用人单位参与提供0～3岁婴幼儿托育服务情况》《加快构建多元共治的基层社会治理体系调研报告》10篇调研报告，为科学决策提供依据。

【工作创新】 积极争取相关部门在重大课题研究上给予支持。为认真贯彻落实市委、市政府主要领导批示要求，继续深化对昆明入选2019新一线城市的相关研究，并积极争取资金支持，获得市级财政40万元课题经费支持，用于向第一财经·新一线城市研究所购买《昆明市城市商业魅力竞争力研究分析》及咨询服务。该课题研究成果为进一步巩固提升昆明市城市商业魅力和竞争力提供具有较高参考价值的对策建议。

部分创新性研究成果取得突出成绩。《昆明入选2019新一线城市情况报告》《我国5G发展资料及关于加快昆明5G产业发展对策建议》《我国区块链发展资料》《国内部分城市关于规范政商交往行为的相关规定》《关于研究出台昆明市政商交往行为正负面清单的建议》等多篇研究报告获市委、市政府主要领导肯定性批示，部分对策建议被相关部门充分采纳、吸收、运用到政策的制定和科学决策中。

制定出台规范性文件。主动承担昆明市“开发（度假）区社会管理职能剥离移交的实施意见”起草任务，经多次征求各方意见和建议修改完善后，按程序报市政府常务会、市委常委会研究通过，最终形成“两办”正式文件出台，为进一步推动开发（度假）区减负甩重、轻装上阵，加快改革创新和转型升级步伐，培育发展新动能，全力打造经济增长极，高质量推进区域性国际中心城市建设提供有力支撑。

【书刊编辑发送】 完成《昆明经济》编辑发行工作，全年共编发《昆明经济》4期。完成《2019·昆明·政府工作报告汇编》《2018·昆明市决策咨询研究成果汇编》《昆明市人民政府研究室2018年重要文稿汇编》等书籍的编辑发送工作。同时，完成《2019年政府工作报告》《昆明在全国亮出优化营商环境“三个三”秘籍》《创新机制解决后顾之忧　寻甸驻村队员“扎得下身、放得下心”》3篇《昆明日报》专题约稿任务。

（罗林麟）

咨询工作

【概况】 2019年，从服务昆明贯彻落实习近平总书记考察云南重要讲话精神出发、从服务昆明建设区域性国际中心城市大局出发，充分发挥昆明市科学发展决策咨询中心作用，统筹市委政研室、市人大常委会办公室、市政府研究室、市政协研究室四个归口管理部门，开展重点课题研究51项。其中：党群口15项，人大口2项，政府口30项，政协口4项，为市委、市人大常委会、市政府、市政协提供一批有价值的决策参考。突出抓好课题研究质量和成果转化率，课题研究质量进一步提高，研究成果转化率达70%以上。在管理上严格落实制度要求，以规范求效益，所有立项课题均签订《昆明市决策咨询研究课题委托协议书》，明确委托研究、课题进度、经费使用、课题成果等方面的要求，坚持按照《昆明市市级部门课题经费管理办法》使用经费，做到厉行节约、专款专用。

【咨询研究】 树立“决策咨询研究工作只有进入‘决策链’才有意义”的理念，严把成果转化关，促进研究质量和成果转化率的提升。《昆明市重大活动声像档案管理对策研究》《昆明气象保障大气污染精准高效防治对策研究》《昆明市进一步加强实际利用外资对策研究》《昆明市政协提案工作全过程协商对策研究》等课题研究成果形成文件下发执行。《关于昆明市脱贫攻坚与乡村振兴有机衔接及其机制构建的对策研究》《昆明市加强财政监督检查工作有效推动国家重大政策贯彻落实的对策研究》《昆明市城镇化与逆城镇化发展对策研究》等课题，通过转化后形成《参阅资料》《决策调研报告》等内参文件，有的成果得到市领导的批示认可，进入决策。完成《2018·昆明市决策咨询研究成果汇编》编印发行工作。

【咨询建议】 坚持问题导向，针对昆明改革发展中出现的难题、人民群众关注的焦点，深入基层调研、广泛交流研讨、远赴先进地区学习，完成一批高质量的调查研究成果，编报《决策咨询建议》9期。《关于研究出台昆明市政商交往行为正负面清单的建议》《关于繁荣昆明夜间经济的建议》等建议得到市级领导的认可，有的事项进入决策。注重长期性和前瞻性的研究，及时跟进昆明“十四五”社会治理问题的研究，开展《昆明构筑数字丝绸之路战略枢纽研究》等多项前瞻性研究，为市委、市政府提前谋划工作提供咨询建议。加强对顾问、专家的服务和管理，及时为特聘顾问、咨询专家寄送市委全会、市“两会”、市委工作会等重大会议上市委书记、市长讲话稿和有关市情材料，便于专家了解市情，为专家有针对性地建言献策提供参考。

【咨询论证】 围绕昆明经济社会发展的重点、难点问题和市委、市政府中心工作，借助市科学发展决策咨询专家和市政府咨询委员智力资源，组织专家对市级决策咨询研究重大课题进行咨询评审近百次，《昆明综合保税区跨境电子商务实务研究》《昆明市加快推进0~3岁儿童托幼服务体系建设对策建议》《推进昆明市职业教育高质量发展的路径和对策研究》《滇池湖滨湿地规范化管理对策研究》等一批课题，经过专家咨询论证，得到充实完善，进入决策。

（李 耀）

机关事务管理

【完成各项改革任务】 根据云南省委办公厅批复同意的昆明市机构改革方案，昆明市市级机关事务管理局正式更名为昆明市机关事务管理局，明确为市政府直属正处级事业单位，于3月30日完成挂牌。在机构改革中，全局上下团结一致，确保改革的平稳有序推进。认真履行市公务用车制度改革领导小组主要成员单位职责，努力完成市本级事业单位公务用车制度改革有关工作。推进市级机关后勤服务社会化改革，明确“管办分离，效能提升，运转顺畅，活力增强”的工作目标，以市“两办”名义印发《昆明市市级机关后勤服务社会化改革实施方案》，改革工作进入实质化操作。机关事务标准化工作进入初步实施阶段，党政机关会议服务标准化作为试点项目，按照昆明市地方标准的建设要求稳步推进。

【房产基建】 认真贯彻《党政机关办公用房管理办法》，结合昆明市实际，组织完成《昆明市党政机关办公用房管理实施办法》起草，经征求意见、合规性审查、补充完善和市委深化改革委员会会议审议后，作为机关事务领域重要的工作制度以市“两办”文件在全市印发实施。圆满完成昆明市机构改革办公用房调配，实现市领导对办公用房“不新建、不外购、不外租”的要求。完成昆明市市级党政机关办公用房数据信息的报审工作。做好行政中心办公用房管理相关工作，完成对部分市属单位的县处级以上领导干部办公用房的实地测量检查。做好公共房产和住宅区公共部位维修管理。

【公务用车】 认真贯彻《党政机关公务用车管理办法》，结合昆明市实际，起草完成《昆明市党政机关公务用车管理实施细则》，按程序报审通过后，作为机关事务领域重要的工作制度以市“两办”文件在全市印发实施。严格党政机关公务用车编制管理，拟订《昆明市本级机构改革涉改单位公务用车编制拟调整方案》和《昆明市党政机关车改后市县两级新成立机构车辆编制核定方案》报请昆明市汽车定编领导小组研究。严格执行中央、省、市各项规定和车辆编制管理，审批购置288辆特种专业技术用车及公务用车制度改革后编制内报废更新车辆。无超编、超标准、违规审批购置公务用车问题。办理全市机关事业单位车辆报废206辆。审批购置66辆新能源汽车作为定向化保障用车。强化应急综合服务及行政执法平台管理工作，较好完成市本级应急和综合服务保障任务及行政执法平台保障任务。如期实现市级机关事业单位公务用车ETC安装全覆盖。

【节能工作】 开展市级行政中心“全市公共机构生活垃圾分类示范点”建设，建成生活垃圾前端分类储运体系，鼓励引导行政中心干部职工参与垃圾分类。此项工作获得省机关事务管理局高度肯定，全省各州、市机关事务管理部门也多次到现场观摩学习。第三批节约型公共机构示范单位创建中，6家单位高分通过国家考核，获得国家级称号，1家单位获得省级示范单位称号，创建工作被多家市级媒体进行宣传报道。推荐市市场监管局和市儿童医院2家单位连同省内其他4家单位，共同代表云南省参加2019~2020年全国能效领跑者遴选。印发《关于2019年公共机构能源资源节约和生态环境保护工作安排的通知》，对全市2019年公共机构节能工作进行部署安排。印发《昆明市党政机关等公共机构生活垃圾分类工作实施方案》，配合市垃圾分类办做好《昆明市城市生活垃圾分类考核暂行办法》等立法的相关工作。组织全市公共机构开展节能宣传周和低碳日活动，省、市新闻媒体对市级行政中心生活垃圾分类试点及昆明市节能工作经验进行报道。组织开展2018年度全市公共机构能耗统计，做好公共机构能耗统计网络直报系统推广和完善工作。

【政府采购】 树立政府采购良好形象，全年组织实施政府采购项目206个，共完成采购预算1.13亿元，节约财政预算资金643.80万元，资金节约率为5.72%。

【安全保卫】 抓好市级行政中心安保日常监督检查和消防安全年度目标落实，无火险火情发生，构建安全有序的办公环境。增强应急工作意识，全年组织开展市级行政中心安全卫生大检查4次，开展消防应急、电梯困人救援、突发停电处置、防汛等演练共4次。与驻市级行政中心130余家单位和10家外包餐饮服务单位签订《2019年度社会治安和消防安全责任书》，新增微型消防站两处。圆满完成驻行政中心“消防安全、治安防范、信访维稳”业务工作培训，提升群防群治效果。

【后勤服务】 根据《昆明市市级机关后勤服务社会化改革实施方案》，2019年后勤社会化改革工作进入实质化操作。餐饮服务方面，在保证干部职工最低保障性餐标质量不变基础上，极大地丰富就餐者不同的就餐需求和选择；投入资金，改善食堂操作环境，保障餐饮安全，夯实餐饮服务保障基础。行政中心“智慧食堂”管理系统在行政中心6个对内食堂上线试运行，升级增加食堂用餐、订餐信息化管理、手机App支付等功能，全面实现后将更好地方便干部职工。会议服务方面，圆满完成昆明市第十四届人民代表大会第四次会议、市政协十三届三次全会、市政协常委会、市人大常委会、市委十一届六次、七次全会等重要会议的餐饮服务保障工作。昆明会堂承担承接各类型会议服务、文艺汇演服务、以及其他社会各类会议和演出活动服务1371次，服务近10万人次。理发室干洗店、银行、通信公司、办公用品店、菜鸟驿站等16家服务点持续为机关干部职工提供多种便捷的服务业务。圆满完成行政中心迎新春土特产展销、第二届农民丰收节、2019年昆明高原国际半程马拉松赛终点、庆祝新中国成立70周年系列活动的有关保障工作。茶花宾馆克服重重困难，实现500多万元的经营目标。昆厦物业公司以优质服务赢得业主认可，全年各项目综合服务满意率继续保持较好水平，服务满意率达96.30%，经营质量稳步提升，利润指标高于预期。服务总公司抓好铺面经营管理，服务好租户，确保国有资产保值增值。

【物业管理】 依法依规按时完成行政中心新一轮安保、绿化、卫生保洁、设备维护服务、会堂常规物业服务单位招投标和管理工作。严格落实服务监管考核实施办法，促进物业服务单位自觉履行合同，圆满完成行政中心绿化管养和室内、室外办公区域保洁和日常保洁任务；督促指导物管公司就电力、电梯、消防、中水等系统维护和服务，确保设备（设施）的安全运行。按照《昆明市市级机关餐饮中心餐饮服务保障考核实施办法》对各食堂的食品安全、卫生工作、仓库管理、制度建设等项目实行考核，做好市级行政中心餐饮服务保障，全年无食品安全、生产安全、消防安全责任事故发生。

【自身建设】 根据工作职能变更，市级机关绿化基地管理处完成资产清查、编制转隶核准等程序后，转隶至市林业草原局。推进国有资产管理规范化，顺利完成2018年度国有资产年报编报及复审、资产数据清理和2018年度企业国有资产统计工作，提高资产信息系统的数据质量，进一步夯实国有资产报告编报工作基础。完成2020年度新增资产配置计划编制。严格机关运行经费管理，完成2018年度预算绩效管理自评和2019年度财政资金支出绩效运行跟踪监控评价。推进法治机关建设，落实法律顾问制度，积极推动“七五”普法工作，认真落实领导干部学法制度，营造崇尚法律、遵守法律、维护法律权威的良好氛围。依法依规及时公开政务信息，落实依申请公开制度，在不违反保密规定的情况下，积极加大信息公开范围和力度，推进公开透明。办理政协委员提案1件，续办续复人大代表B类建议1件。加强内外沟通衔接，做好档案、保密、办公系统维护等工作，局机关各项工作运行顺畅。

【党建工作】 把好政治方向，推进“创新提质”落地见效。强化意识形态责任制，适时对局机关各处室和直属各单位意识形态领域情况进行分析研判，确保意识形态阵地处于可管可控状态。完成2个到期应换届党支部换届选举，调整成立离退休第一、第二两个党支部。年内达标创建党支部7个，申报“五星级”党支部1个、“四星级”党支部1个。坚持“两个责任”落实到位，深化作风建设。突出干事创业导向，加强干部队伍建设。选派1名机关干部到寻甸县仁德街道挂职锻炼，通过全市公开遴选吸收1名年轻干部充实到机关，完成年度军转接收任务。充分发挥群团组织的桥梁纽带作用，共同做好联系和服务群众工作，使支部的工作更接地气、更富实效。中共昆明市机关事务管理局机关委员会在2019年度全省党员教育视频片观摩交流活动中获优秀奖。

【主题教育】 紧紧围绕“不忘初心、牢记使命”主题教育的根本任务和基本要求，抓牢4个到位，确保5个主要目标逐步达到。抓思想认识到位，局领导班子带头，认真读原著、悟原理，组织理论学习中心组学习4次，开展集体读书班2期，组织集体研讨2次。不断深化对党的初心和使命的认识，加深对党中央提出云南战略定位的领悟，加深对工作职责的领悟。抓检视问题到位，局党组班子成员结合分管领域重点工作展开调研，极大地促进各项重点工作的稳步推进。抓整改落实到位，结合工作实际制订10个专项整治方案。牵头组织开展全市办公用房制度规范专项整治和公务用车管理专项整治。局党组班子带头对照党章党规找差距、理问题、定措施、抓整改。抓组织领导到位，成立以局长为组长的主题教育工作领导小组，并设立主题教育办公室负责推进落实。局领导班子坚持带头学，认真开展学习研讨。班子作出表率，带头查摆问题、整改落实，并加强对局属各级党组织整改工作的督促指导。

【扶贫工作】 在挂钩联系的寻甸县先锋镇、羊街镇、仁德街道已经实现脱贫摘帽的情况下，市机关事务管理局仍坚持脱贫不脱钩，摘帽不摘帮扶，派出4名驻村工作队队员在仁德街道4个社区驻村开展工作，结对帮扶贫困户158户。局主要领导带队到挂联点走访调研5次，班子成员调研7次，6个支部与帮扶村党总支结成双联共建单位，以党建促脱贫，开展扶贫点了解旱情民意、抗旱保苗活动3次。为4个社区争取到帮扶项目7个，自筹投入项目资金123万元，协调帮扶资金130万元。

（王 旭）

中国人民政治协商会议昆明市委员会

编辑：陈智容

【政协昆明市第十三届委员会第三次会议】 政协昆明市第十三届委员会第三次会议于2月16～19日在市级行政中心昆明会堂召开，大会应出席委员436人，实到委员406人。省委常委、市委书记、滇中新区党工委书记程连元，市委副书记、市长王喜良等到会祝贺，并在主席台前排就座。大会执行主席熊瑞丽、刘绍安、夏静、朱燕、董林、胡炜彤、李冰晶、许绍忠在主席台前排就座。中共昆明市委、市人大常委会、市政府领导班子成员及在职的副厅级领导干部，市中级人民法院、市人民检察院、昆明警备区、滇中新区、高新技术开发区、经济技术开发区、滇池国家旅游度假区、市委党校、市延安医院、市第一人民医院、武警昆明市支队的领导，市级各民主党派、有关人民团体的负责人和市政协常务委员会组成人员在主席台就座。开幕和闭幕大会由刘绍安主持，市政协主席熊瑞丽代表市政协常委会做工作报告，副主席朱燕代表市政协常委会做提案工作情况报告。会议听取并协商讨论《政府工作报告》，听取并协商讨论《昆明市中级人民法院工作报告》《昆明市人民检察院工作报告》和其他相关报告，听取提案审查委员会关于政协昆明市第十三届委员会第三次会议提案审查情况的报告，通过政协昆明市第十三届委员会第三次会议决议。会议期间，中共昆明市委、市人大常委会、市人民政府领导出席开闭幕大会，参加经济建设、城乡建设环境保护、社会建设、依法治市4个界别联组协商会和民族宗教界委员座谈会，听取大会发言，深入小组与委员互动交流，共商改革发展大计，共议民生改善大事。会议共收到提案材料501件，经审查立案408件。

【常委会议】 第十一次常委会议。1月14日，市政协召开十三届十一次常委会议，会期1天。第一次会议和第二次会议分别由市政协主席熊瑞丽和副主席李冰晶主持。市政协主席熊瑞丽，副主席夏静、朱燕、董林、胡炜彤、李冰晶，秘书长许绍忠，市政协常委出席会议。会议应到常务委员会组成人员81人，实到77人。会议传达学习中共昆明市委十一届六次会议精神；听取市政府关于办理市政协十三届二次会议以来提案的情况通报；听取市委办公厅关于党群政法系统办理市政协十三届二次会议以来提案的情况通报（书面）；协商决定召开政协昆明市第十三届委员会第三次会议的有关事项；审议《中国人民政治协商会议昆明市第十三届委员会常务委员会工作报告》《中国人民政治协商会议昆明市第十三届委员会常务委员会关于十三届二次会议以来提案工作情况的报告》的审议稿；审议通过《中国人民政治协商会议昆明市委员会常务委员会工作规则(修订草案)》；审议市政协各专门委员会、办公厅、研究室2018年工作总结(书面)；表彰2018度市政协优秀提案；通过有关人事事项。熊瑞丽主席在会议结束时强调，要把学习好、宣传好、贯彻好市委十一届六次全会精神作为当前一项重要政治任务，围绕中心、服务大局，把市委十一届六次全会精神落实到政协工作各方面。

第十二次常委会议。2月18日，市政协召开十三届十二次常委会议。会议由熊瑞丽主席主持。市政协副主席刘绍安、夏静、朱燕、董林、胡炜彤、李冰晶，市政协秘书长许绍忠，市政协常委参加会议。会议应到常务委员会组成人员76人，实到72人。会议听取市政协十三届三次会议各讨论小组审议常委会工作报告、提案工作报告的情况汇报；审议市政协十三届三次会议大会决议(草案)；听取关于市政协十三届三次会议提案审查情况报告的说明；审议通过《关于政协昆明市第十三届委员会机构设置调整的决定》和人事事项。本次常委会议审议通过市政协十三届委员会机构设置调整决定：政协昆明市第十三届委员会机构设置调整为9个专门委员会和2个办事机构。

第十三次常委会议。3月26日，市政协召开十三届十三次常委会议，会期半天。会议由副主席刘绍安主持。市政协副主席夏静、李冰晶，市政协秘书长许绍忠，市政协常委出席会议。会议应到常务委员会组成人员76人，实到62人。会议传达学习全国政协十三届二次会议精神；审议《政协昆明市委员会2019年重点工作安排意见(送审稿)》；审议《政协昆明市委员会2019年重点协商工作计划(送审稿)》；审议市政协2019年专门委员会、办公厅、研究室工作计划(书面)；审议其他事项。会议要求，各级政协组织要聚焦年度工作任务，围绕中心工作，献计出力，推动建言资政和凝聚共识双向发力，汇聚起推动昆明改革发展稳定的强大合力，为高质量推进区域性国际中心城市建设履职尽责。刘绍安提出，要注重发挥常委会组成人员的示范带头作用，带头崇尚学习、加强学习，带头崇尚创新、勇于创新，带头崇尚团结、增进团结。

第十四次常委会议。6月24日，市政协召开十三届十四次常委会议，会期1天。上午会议由主席熊瑞丽主持，下午会议由副主席刘绍安主持。市政协主席熊瑞丽，副主席刘绍安、夏静、朱燕、董林、李冰晶，秘书长许绍忠，市政协常委及部分政协委员出席会议，会议应到常务委员会组成人员76人，实到76人。会议听取昆明市人民政府通报市优化提升营商环境工作情况；围绕“优化提升营商环境”主题进行大会发言交流；通过有关人事事项。熊瑞丽在会议结束时强调，优化提升营商环境对于增强企业发展信心、提高城市竞争力至关重要。她要求，要深刻认识优化营商环境的重要性，进一步增强政协协商履职的前瞻性，发挥好政协委员优势，聚焦优化提升营商环境，持续聚共识、建真言、做实事，当好协商者、参与者、合作者、监督者。要发挥政协团结统战职能，积极宣传市委、市政府优化提升营商环境的政策举措，使党委政府的决策部署最大程度得到社会各界的理解认同和拥护支持，为昆明加快打造市场化、法治化、国际化的营商环境汇聚合力、增添助力。

第十五次常委会议。9月27日，市政协召开十三届十五次常委会议，会期1天。第一次会议由主席熊瑞丽主持，第二次会议由副主席刘绍安主持。市政协主席熊瑞丽，副主席刘绍安、夏静、董林、胡炜彤、李冰晶，秘书长许绍忠，市政协常委及部分政协委员出席会议。会议应到常委会组成人员76人，实到72人。会议听取市政府关于昆明市打造“三大品牌”，提升城市影响力工作情况通报；传达学习中央政协工作会议主要精神；围绕“挖掘昆明特色文化元素，提升城市影响力”进行大会发言交流。熊瑞丽表示，文化是城市之本、发展之魂。做好文化这篇大文章是人民政协长期以来的重要履职内容之一，我们要围绕高质量推进区域性国际中心城市建设这个宏伟目标，发挥人民政协文化文史工作的特长和优势，继续在深入挖掘历史文化名城内涵、提升城市文化软实力等方面，建有用之言、谋发展良策。

【提高委员履职能力专题培训】 5月25～31日，市政协委员专题培训在河南省安阳市举行。在市政协主席熊瑞丽的带领下，来自不同界别的市政协常委、委员和市、县两级政协机关干部130余人参加学习培训。20世纪60年代，10万开山者在太行山悬崖峭壁修筑堪称奇迹的“人工天河”红旗渠。红旗渠精神已成为中国精神的重要组成部分。专题培训教学以课堂授课、体验式教学等方式进行。大家表示，身临其境地体味当年岁月，深受感染，在历史与现实的辉映中提升自我。这次培训，专门成立熊瑞丽任书记的中共临时党委，下设3个党支部，实现党的领导全覆盖。在青年洞，熊瑞丽带领全体中共党员，面对党旗重温入党誓词，接受革命传统教育。熊瑞丽强调，通过学习培训，大家以实际行动践行不忘初心、在建言资政和凝聚共识上双向发力的要求，为高质量推进区域性国际中心城市建设奠定坚实的思想政治基础。要把学习成果转化为工作动力，为昆明的高质量发展贡献政协智慧和力量。

【为优化提升营商环境聚合力添助力】 为助力昆明市打造一流营商环境，5～6月，市政协就打造高效政务服务环境、营造法治化营商环境、改善营商社会环境开展专题调研。6月24日，市政协常委会议围绕“优化提升昆明营商环境”进行协商议政。市委常委、常务副市长保建彬做关于优化提升营商环境有关情况的通报，11位

2019年5月，市政协牵线搭桥"澳门青年创新创业空间"在昆明成立（市政协　供稿）

常委做大会发言，14位委员进行书面交流。40个市级相关部门负责人列席会议，在小组讨论中与常委们进行互动交流。常委们从打造高效政务服务环境、营造法治化营商环境、改善营商社会环境等角度，提出提升审批服务质量、强化政策落实、降低企业负担、完善政策法规、加强对政策的宣传与解读、大力推进诚信体系建设等建议，得到市委主要领导批示，很多被采纳到工作措施中。

【助推历史文化名城建设】 7～9月，市政协围绕打造国际活动品牌、强化城市标识建设、创新发展特色文化，分3个组开展专题调研。9月27日，市政协常委会议围绕"挖掘昆明特色文化元素，提升城市影响力"进行协商议政，副市长周红斌通报关于昆明市打造"三大"品牌，提升城市影响力的工作情况，并听取大会发言。11位常委做大会发言，9位委员进行书面交流。28个市级相关部门负责人列席会议，听取发言并在小组讨论中与常委们进行互动交流。常委们对昆明市打造"三大品牌"方面的工作给予充分肯定，提出健全完善国际化城市标识、塑造昆明现代城市特色风貌、提升昆明历史人文特色地标、打造昆明体验旅游新模式、打造一批历史人文精品、做大特色花卉产业、做强会展节庆活动、挖掘民族特色文化等建议，得到市委主要领导批示，部分意见被采纳。

【举办《昆明读本》出版专家座谈会】 9月29日，市政协举办《昆明读本》出版专家座谈会，献礼新中国70周年华诞。座谈会上，与会专家深入探讨和挖掘《昆明读本》的时代价值、现实意义，高度评价和肯定《昆明读本》以文化人、培根铸魂的重要作用；市政协向市档案馆、图书馆赠送《昆明读本》图书。市政协主席熊瑞丽出席座谈会并介绍《昆明读本》的编撰构想及具体实践情况。《昆明读本》由昆明市政协主编，历时两年精心打磨，通过串珠形式将散见散落于各处的有关昆明的"文史瑰宝""文化珍珠"，由历史往事、地灵城春、人杰风流、胜境华章、思想精神共5编及附录等板块组成，共48.50万字，将昆明的灿烂历史文明、厚重文化底蕴、独特城市精神，以图文并茂的形式全面呈现在世界和读者面前。专家们指出，《昆明读本》是政协文史工作的标志性成果，是迄今为止认识了解昆明历史文化、杰出人物、城市精神的最佳读本，是一本能记住乡愁的书、是一本穿越历史时空的书、是一本地地道道的乡土教材的书、是一本文化寻根的书。《昆明读本》的出版，可以让昆明人了解昆明、让中国人了解昆明、让世界了解昆明。市政协副主席夏静，秘书长许绍忠参加座谈会。

【传达学习中央政协工作会议精神暨庆祝中国人民政治协商会议成立70周年座谈会】 9月26日，市政协召开传达学习中央政协工作会议精神暨庆祝人民政协成立70周年座谈会。会议传达学习中央政协工作会议精神，回顾人民政协历史，畅谈人民政协发展，8位政协代表人士做交流发言。市政协主席熊瑞丽出席会议并讲话，她指出，市政协成立64年来，始终高举爱国主义、社会主义伟大旗帜，坚持团结和民主两大主题，切实履行政治协商、民主监督、参政议政职能，为促进全市不同历史时期各项建设做出重要贡献。本届市政协坚持在继承中发展、在发展中创新，围

2019年9月29日，《昆明读本》出版专家座谈会召开　（市政协　供稿）

绕中心、服务大局，建言资政、凝聚共识，为昆明决战决胜脱贫攻坚、在全省率先全面建成小康社会、高质量推进区域性国际中心城市建设做出新贡献，推动新时代政协事业高质量发展。她要求，要深入学习贯彻中央政协工作会议精神，紧扣市委中心任务履职尽责，为高质量推进区域性国际中心城市建设凝聚共识、汇聚力量。要尊重委员主体地位，以政协机关建设的高质量为委员履职提供全方位保障。要坚守人民政协初心、牢记政协事业使命，紧密团结在以习近平同志为核心的中共中央周围，同心同德、携手奋斗，共同谱写高质量推进区域性国际中心城市建设的崭新篇章，以优异成绩庆祝新中国和人民政协成立70周年。市政协副主席刘绍安、夏静、朱燕、董林、胡炜彤、李冰晶，秘书长许绍忠参加会议。

【市委政协工作会议】 12月18日，市委政协工作会议在昆明会堂召开，会期1天。省委常委、市委书记、滇中新区党工委书记程连元出席第一次全体会议并讲话，市委副书记、市长王喜良主持第一次全体会议，刘智、拉玛·兴高、熊瑞丽等市领导出席会议。程连元在讲话中充分肯定64年来市政协工作取得的成绩和经验。他指出，市政协成立64年来，始终坚持团结和民主两大主题，认真履行政治协商、民主监督、参政议政职能，在昆明建设、改革、发展的各个历史时期都发挥重要作用。程连元要求，全市各级政协组织要立足新时代，彰显制度优势，在发挥人民政协专门协商机构作用上展现更大作为，在高质量推进区域性国际中心城市建设上贡献更多力量，在推动改革开放发展稳定上迈出更实步伐，在推进政协工作提质增效上提供更好保障，在打造新时代高素质委员队伍上树立更高标杆。程连元强调，要加强党对政协工作的全面领导，把政协工作纳入重要议事日程，大力支持和加强政协机关自身建设，更加重视加强和改进全市基层政协工作，在全市形成重视和支持政协工作的良好氛围，为加强和改进新时代人民政协工作提供坚强保障。市政协主席熊瑞丽在总结讲话中强调，这次市委政协工作会议，充分体现市委对政协工作的高度重视，必将推进新时代昆明市政协工作再上新台阶、开创新局面。她要求，全市政协组织要准确把握会议精神实质，在贯彻落实中央和省委、市委决策部署上体现新担当；在发挥专门协商机构作用上展现新作为；在思想政治引领、广泛凝聚共识上实现新突破；在建好“两支队伍”、健全工作制度上取得新成效；在全面加强政协系统党的建设上落实新要求，为高质量推进区域性国际中心城市建设做出人民政协新贡献。

【围绕污染防治攻坚战献计出力】 2019年，市政协围绕农村生活垃圾和污水处理、重点水源地建设保护、滇池流域重点区域“五采区”治理修复、自然保护区建设、湿地生态保护、农村人居环境改善等工作，开展形式多样的履职活动，助推打好污染防治攻坚战和生态建设。对昆明市农村生活垃圾和污水情况开展调研，提出完善普查制度、加大污水管网建设、推进网格化管理等措施，得到相关部门重视，拟订工作方案，进行任务分解，加大投入力度，推进农村两污治理。委员提出《跳出滇池保护滇池跳出滇池发展昆明》的建议，市委认为所提建议符合昆明实际，要求有关部门据此补充完善治理滇池思路，尽快安排实施。市政协继续牵头对滇池、阳宗海流域以外的河流、湖泊进行专项督查，召开市级河长协调会6次，开展实地督查20次，提出强化问题导向、重点控制污染源、构建长效机制等建议，有效推动“河长制”责任的落实，特别是促进牛栏江保护治理中一些重点难点问题的解决。

【助推巩固脱贫攻坚成果】 市政协围绕脱贫摘帽考核、建立稳定脱贫长效机制、易地搬迁脱贫就业等工作开展调研和民主监督，为东川区、禄劝县如期脱贫摘帽汇聚力量。牵头66家市级挂钩单位，对东川区进行帮扶，年度协调投入资金1.41亿元、实施帮扶项目148个。深入开展“六个助推”和“九个一”扶贫活动。动员组织3000余名市、县两级委员，持续开展就业、教育、健康等帮扶活动，累计帮助4500名贫困群众就业，捐资助学121万元，开展医疗义诊112次。助推乌蒙山区脱贫攻坚，省政协就市政协帮扶昭通市脱贫攻坚工作向全国政协做专报。

【建言资政】 2019年，市政协履职从“做了什么”“做了多少”向“做出了什么效果”转变。全年开展协商活动29次，履职成果得到省、市领导批示60件次，很多意见建议转化为相关部门的工作举措。在政协十三届三次全会上，10位委员做大会发言，9份发言材料得到市委主要领导批办。26项年度重点工作，件件落到实处，成果转化明显。其中：大会发言《关于高质量发展细胞药物产业集群的建议》得到书记批示后，成立昆明市推动细胞产业工作领导小组，在高新区建立细胞产业园，对推动昆明市以细胞、疫苗为代表的生物医药产业发展起到积极的推动作用。针对群众反映强烈的持医保卡看病难、看病贵问题深入调研，就省、市医保卡之间存在8大差异提出解决办法，市委、市政府全部采纳，当年就发文执行，使群众反映的焦点热点问题得到及时有效解决。

附：2019年度重点提案简介

一、关于加大对我市老年人保健品市场“乱象”监督管理力度的建议

提案人：市政协社法委
承办单位：市市场监督管理局
主要内容：昆明市是我省人口

老龄化较为严重的城市之一，老年人保健品市场需求旺盛。在高额利润的驱使下，保健品市场出现了假冒伪劣、夸大功效、虚假宣传、价格欺诈等“乱象”，严重侵害了老年人消费群体的生命健康和财产安全，形成了新的社会不稳定因素。加大对老年人保健品市场“乱象”的监督管理力度，已经成为群众反映强烈的痛点问题。针对我市保健品市场监督管理存在的调查取证难、联合执法难、处罚执行难、信用监管难等问题，市政协社法委提出制定完善保健品监督管理政策法规；建立部门横向沟通联动机制；加大宣传教育和曝光力度；加强对违规企业和个人的信用惩戒；发动和依靠社会力量整治“乱象”；培育守法正规的保健品企业等建议。

二、关于进一步提升湿地生态保护与治理效能的建议

提案人：民革昆明市委、市政协人资环委

承办单位：市滇管局

主要内容：滇池是昆明的母亲湖，“滇池清、昆明兴”，市委、市政府历年来高度重视滇池的保护治理，将其列为一把手工程。“十三五”以来，滇池实施了保护治理的“三年攻坚”行动。2018年滇池草海及外海水质已连续8个月保持Ⅳ类，滇池环湖片区也开辟出22个生态湿地公园，湿地的生态结构功能逐步恢复，滇池的生态保护与环境治理建设迈入新时代。但目前还存在着滇池治理技术创新研究不足、湿地功能定位有偏差、《滇池保护条例》规定的禁建区执行不到位、净空区域保护不足、围湖造城趋势明显、水体污染风险依然存在、重建轻养后续资金投入不足、管理机制不健全、宣传力度不够等问题。针对存在问题，民革昆明市委、市政协人资环委提出加强滇池湿地生态系统研究与技术创新；突出湿地生态功能，强化滇池生态系统保护；严格控制污染，改善湿地水质；强化资金保障理顺管理机制；加大对湿地的宣传力度，让广大群众全面了解湿地的功能及保护湿地的重大意义等建议。

三、关于加强和延伸物业监管的建议

提案人：民建昆明市委

主办单位：市住建局

协办单位：市民政局

主要内容：物业管理是城市管理的基础，是城市管理的延伸，也是城市管理的缩影。针对目前我市存在物业服务准入门槛不断降低、物业服务水平参差不齐、业主投诉率高、政府对物业监管力度不够等问题，民建昆明市委提出建立健全物业监管诚信体系；出台强有力的物业退出措施；拓展延伸物业监管的力量；将物业管理纳入社区治理体系等建议。

四、关于打破科技资金“碎片化”瓶颈，提高科技资源集聚效能的建议

提案人：民盟昆明市委、民进昆明市委、九三学社昆明市委

承办单位：市科技局

主要内容：近年来，昆明市科技投入持续增长，有力推动了全市科技事业进步和创新战略的发展。但调研显示，当前科技创新体制机制不完善，科技创新资源缺乏有效整合，各类创新资源分散，尚未形成协同创新合力，尤其是科技投入多头管理，碎片化，各管一段、各管一块，资金使用合力不足，效益不高等问题较为突出。由于“碎片化”的问题，昆明市科技投入成果的转化效益低，转化质量差，产出效益与成都、贵阳等周边城市相比差距十分明显。针对存在问题，民盟昆明市委、民进昆明市委、九三学社昆明市委提出构建完善统筹协调联动的科技管理体制机制；大力提升科技资金投入产出效益；促进科技创新成果产业化转化运用等建议。

五、关于整治小额贷款公司谨防各种“套路贷”以切实保护人民群众财产安全的建议

提案人：朱彬彬

主办单位：市金融办

协办单位：市公安局、市法院、市司法局

主要内容：近年来，昆明市出现以民间借贷为名，以“现金贷”“手机贷”“校园贷”等为幌子，通过“虚增债务”“签订虚假借款协议”“制造银行流水痕迹”等方式，采取欺骗、胁迫、滋扰等手段，以非法占有为目的，实施侵犯公私财物的“套路贷”犯罪。该类犯罪严重侵害人民群众财产安全和其他合法权益，社会危害性大。昆明市“套路贷”犯罪存在民刑交织事实难查、犯罪活动组织严密、犯罪手段不断翻新、犯罪活动隐蔽性强、犯罪手段网络化、被害群体年轻化等特点。针对存在问题，为切实保护人民群众财产安全，朱彬彬委员提出加强预防知识宣传教育，提高公众识别和处置能力；加强民间借贷市场监管，丰富金融信贷服务种类；建立信息共享交流平台，形成多部门联动防控体系；法院要妥善审理民商事纠纷案，有效甄别和打击“套路贷”犯罪；公证机构完善管理和审查机制等建议。

六、关于整合资源，充分发挥农民专业合作社在乡村振兴战略中重要作用的建议

提案人：李　贞

承办单位：市农业局、市供销社

主要内容：农民专业合作社是继农村家庭承包经营体制后的又一创新，农民专业合作社的建立和发展，可解决农户小生产与大市场的矛盾，在提高农产品市场竞争力、保障农民利益、推进农业产业化进程方面发挥着重要作用，有效促进农村集体经济健康发展。近年来，农民专业合作社在推进农业产业化进程中发挥了一定的积极作用，但从发展情况来看，还存在一些不容忽视的问题，主要表现

是虽然建立了大量的涉农性质的专业合作社，但从实际情况看，约有30%左右尚处于空壳状态，有不少专业合作社规模小，影响力弱，能够形成产业集群效益的较少；部门之间衔接不够，农民专业合作社的建设和发展涉及农林、民政、工商、税务、财政、银行、科协、供销等多个部门，部门之间存在不协调、信息不对称，各自为政的现象，从政策、资金、技术、人才、服务等方面尚未形成合力；农民专业合作社结构不合理，发展不均衡，从地域分布看，主要分布在经济发展较为发达地区，从产业内部看，主要集中分布在生产环节，农民专业合作社中形成产供销一体化优势的不多；农民合作社普遍存在经济基础薄弱，资金短缺，运作困难，缺乏金融信贷、科技和信息等支持，一些优惠政策没有落在实处。针对存在问题，李贞委员提出建立协调机制，整合部门资源；认真履行职责，做好综合服务工作；落实扶持政策，解决发展瓶颈难题等建议。

表6　市政协2019年度优秀提案表（43件）

序号	提案号	提案人	案由	类型	主办单位	协办单位
1	133001	吕　志	关于加大贫困地区农村劳动力转移就业力度的建议	经济建设	市人社局	市农业农村局
2	133002	市政协社法委	关于加大对我市老年人保健品市场“乱象”监督管理力度的建议	政法人事统战	市市场监管局	
3	133004	市政协民宗委	关于加大社会组织参与民族团结示范市创建力度的建议	政法人事统战	市民族宗教委	
4	133005	市政协经农委	关于提升昆明市消费品制造业发展质量的建议	经济建设	市工信局	市发改委、市农业农村局
5	133008	民革昆明市委	关于加快打造中国（昆明）跨境电子商务综试区的建议	经济建设	市商务局	
6	133011	民革昆明市委、市政协人资环委	关于进一步提升湿地生态保护与治理效能的建议	经济建设	市滇管局	
7	133013	汪叶菊	关于打造昆明“美丽地铁站”的建议	城市建设与管理	市交运局	
8	133029	朱彬彬	关于整治小额贷款公司谨防各种“套路贷”以切实保护人民群众财产安全的建议	经济建设	市金融办	市公安局、市法院、市司法局
9	133036	民建昆明市委	关于加快推进昆明市工业园区高质量发展的对策建议	经济建设	市工信局	
10	133037	民建昆明市委	关于加强和延伸物业监管的建议	城市建设与管理	市住建局	市民政局
11	133048	朱书生	关于发展林下有机中药材产业的建议	经济建设	市农业农村局、市林草局	市卫健委
12	133052	尹　峻	关于加快昆明市康养小镇培育发展的建议	经济建设	市大健康办、市发改委	
13	133061	方玉红	关于重视昆明市干部学习了解昆明地方历史的建议	教科文卫体	市委组织部	
14	133078	普鸿昌	关于加快对国立艺专旧址进行全面修缮的建议	教科文卫体	市文旅局	晋宁区政府
15	133079	市政协教科卫体委	关于对我市实施名校名师名长工程的建议	教科文卫体	市教育体育局	
16	133126	市侨联	关于构建昆明火车南站“无缝交通体系”，增强昆明火车南站夜间公共出行服务的建议	城市建设与管理	市交运局	
17	133139	农工民主党昆明市委	关于规范昆明市早教机构的建议	教科文卫体	市教育体育局	
18	133140	毕娇娇	关于推动昆明文化“走出去”的建议	教科文卫体	市文旅局	
19	133148	民进昆明市委	关于积极推进我市文化产业园区优化升级转型的建议	教科文卫体	市委宣传部	
20	133155	致公党昆明市委	关于解决昆明农村学校饮水安全的建议	教科文卫体	市教育体育局、市水务局	
21	133178	市台联	关于加大支持农民工返乡创业振兴乡村的建议	经济建设	市人社局	

续表

序号	提案号	提案人	案由	类型	主办单位	协办单位
22	133179	李　贞	关于整合资源，充分发挥农民专业合作社在乡村振兴战略中重要作用的建议	经济建设	市农业农村局、市供销社	
23	133223	孙瑚霙	关于发展“圭山游击队营地”旅游，促进全市红色旅游发展的建议	教科文卫体	石林县人民政府	市委党校、市委党史研究室、市文旅局
24	133228	民盟昆明市委	关于加强昆明高铁南站旅客安全应急疏散配套设施建设的建议	城市建设与管理	市交运局	呈贡区政府
25	133234	叶　明	关于尽快建立公安微信和直播互动式报警平台应对移动互联网新时代报警需求的建议	政法人事统战	市公安局	市财政局、市交运局
26	133267	九三学社昆明市委	关于强化昆明农村水源地生态环境保护的建议	教科文卫体	市水务局	市纪委市监委
27	133279	段　富	关于发展中医药事业更好地为人民群众健康服务的建议	教科文卫体	市卫健委	
28	133292	少数民族界别、宗教界别、九三学社界别	关于推动昆明特色花卉产业，提升“世界春城花都”品牌的建议	经济建设	市农业农村局	
29	133298	苏　平　刘云兰　李　雷　尹　俊　张　艳　张铁松　李　立	关于昆明市改制公立医院发展存在的问题及建议	教科文卫体	市卫健委	市委编办
30	133308	民盟昆明市委、民进昆明市委、九三学社昆明市委	关于打破科技资金“碎片化”瓶颈，提高科技资源集聚效能的建议	经济建设	市科技局	
31	133315	市政协外事委	关于“加强师生国际交流，推进昆明教育国际化”的建议	教科文卫体	市教育体育局	
32	133321	市工商联	关于设立昆明区域性国际贸易中心改革试验区的建议	经济建设	昆明综合保税区管委会	市商务局
33	133323	市政协文史委	关于将市域内徐霞客游线建设成为旅游精品线路的建议	经济建设	市文旅局	
34	133327	白云丽　丁世云　肖正坤　徐正权　赵德伟	关于帮助给予寻东中线等级公路建设项目立项的建议	城市建设与管理	市交运局	
35	133331	马　波	关于高质量发展细胞药物产业集群的建议	经济建设	市大健康办（大健康建设指挥部）	市科技局、市工信局
36	133333	李昆敏	关于加快培育农业市场经营主体，提高我市农业生产组织化程度的建议	经济建设	市农业农村局	
37	133340	徐　杉　贾玉华	关于推进河湖生态健康评价助力河（湖）长制对策建议	城市建设与管理	市水务局	市滇管局
38	133347	市政协人资环委	关于进一步加强我市自然生态保护区建设的建议	教科文卫体	市林草局	
39	133362	者培仙	关于支持石林大力发展研学实践教育基地的建议	教科文卫体	市教育体育局	石林县政府
40	133368	张铁松	关于加强昆明市新生儿疾病救治建设的建议	城市建设与管理	市卫健委	
41	133376	董　林	关于加大金融产品服务创新力度精准服务民营企业的建议	经济建设	市金融办	
42	133382	谷　欣	关于进一步加快在基层社区卫生服务中心和零售药店为参保慢病居民提供慢病药品的建议	教科文卫体	市医疗保障局	市卫健委
43	133417	市政协提案委	关于加快培育滇池国际生态经济圈的建议	经济建设	市滇管局	市文旅局、市自然资源和规划局

（尹丽花）

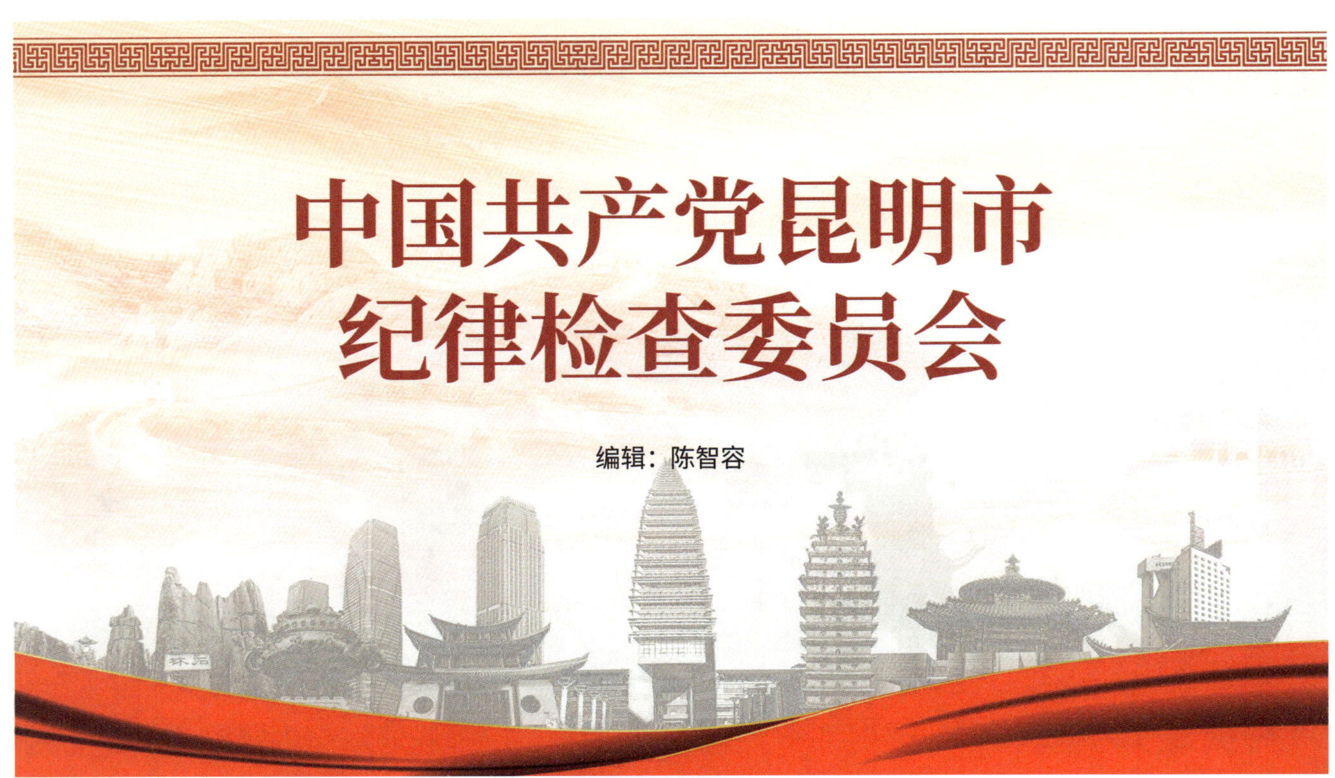

【市纪委十一届四次全会】 2019年1月21日，中共昆明市纪律检查委员会召开十一届四次全会，出席会议的市纪委委员29人，列席64人。省委常委、市委书记、滇中新区党工委书记程连元出席全会并讲话，市委常委、市纪委书记杨正晓主持并传达学习习近平总书记重要讲话和十九届中央纪委三次全会、省纪委十届四次全会和十一届市委六次全会精神，总结2018年纪律检查工作，部署2019年任务。会议审议通过杨正晓代表市纪委常委会所做的《忠诚履行职责、勇于担当作为，以改革创新精神推动全市纪检监察工作高质量发展》工作报告。市委常委，市人大常委会、市政府、市政协领导，市中级人民法院院长、市人民检察院检察长出席会议。有关方面负责人参加会议。

【思想政治建设】 增强“四个意识”、坚定“四个自信”、做到“两个维护”。2019年，全市各级纪检监察机关坚持把习近平新时代中国特色社会主义思想作为做好纪检监察工作的思想宝库和行动指南，坚持在学懂弄通做实上下功夫，组织市纪委常委理论学习中心组集中学习10次、召开常委会14次，及时传达学习习近平总书记重要讲话和指示批示精神，认真学习贯彻党的十九届四中全会精神、党中央和中央纪委国家监委重要文件，研究具体落实措施，把思想和行动统一到党中央的决策部署上来。

扎实开展“不忘初心、牢记使命”主题教育。成立由市纪委市监委主要领导任组长的主题教育领导小组，制订市纪委市监委主题教育实施方案和市纪委市监委主题教育细化表、流程图。督促指导各县（市、区）纪委监委同步开展主题教育，组织全市32个派驻纪检（监察）组参加主题教育，实现主题教育对全市纪检监察机构的全覆盖。举办集中学习读书班2期，常委班子成员带头讲授党课10次。深入开展调查研究，围绕净化昆明政治生态、强化政治监督、发挥审查调查利剑作用等3个方面8个专题，深入基层一线调研，形成调研报告9篇。认真对照检视问题，领导班子和班子成员个人对照党章、准则、条例，查找问题24个。认真召开对照党章党规找差距专题会和专题民主生活会，抓好整改落实。

把“两个维护”贯穿纪检监察工作全过程，加强对贯彻党章和其他党内法规、执行党的路线方针政策和决议情况的监督检查，查处违反政治纪律、组织纪律案件50件63人。紧紧围绕贯彻落实习近平总书记对云南工作的重要指示精神，持续对“三大定位”“五个着力”、打好“三大攻坚战”等重点工作开展监督执纪执法，严肃

查处整治尾矿不力污染金沙江支流问题，追责党员干部30人；对贯彻落实习近平总书记关于减税降费工作重要批示精神情况开展专项巡察，发现问题17个，制定整改措施43条；扎实抓好省委对昆明市开展高原湖泊保护治理机动巡视反馈意见整改，查处生态环保领域违纪违规问题56个，追责110人，公开通报损害生态环境问题3起。强化政治监督，着力整治在贯彻落实党中央和省委、市委重大决策部署等32个方面存在的形式主义、官僚主义问题，查处问题94个，问责处理189人，通报曝光典型案例2批15起，确保党中央政令畅通。

坚守政治巡察职能定位，把常规巡察、专项巡察、机动巡察和"回头看"贯通起来，研发"昆明巡察问题反映直通车"系统，积极探索开展"板块式""联动式""菜单式"市、县统合巡察，2019年市、县两级共对265个党组织开展巡察，发现问题3812个，移交问题线索371件。指导督促市级33家党组织建立健全相关制度327项，清退违规发放的津补贴706万元，充分发挥巡察利剑作用。针对巡察市属国有企业发现的突出问题，集中约谈企业党组织书记，形成工作建议上报市委、市政府，推动问题整改。

【巩固反腐败斗争胜利】 始终保持惩腐高压态势。把在党的十九大后仍然不知敬畏、胆大妄为者作为重中之重，坚决削存量、有效遏增量。全市纪检监察机关受理信访举报8951件次，处置问题线索3834件，同比上升21%；立案1421件，同比上升23.10%，处分党员和公职人员1344人，同比上升28.70%；运用各项审查调查措施17226次，留置233人，移送检察机关163人，通过办案挽回经济损失2.03亿元，严肃查处蔡德生、张亚明、蒋波、肖为民、王林等一批重大典型案件。开展追逃追赃和防逃专项行动，建立工作专班，成功抓获潜逃22年的中国银行官渡支行原行长张德友等5名外逃人员，全市追逃工作取得重大突破。稳步推进市级留置点建设，在市公安局特警支队组建专业留置看护队伍，为巩固反腐败斗争压倒性胜利提供有力支撑。

做好查办案件"后半篇文章"。深入开展专题警示教育和纪法教育，选取13个典型案例撰写汇编《以案为警·殷鉴常在》警示图书，拍摄《公安局长的两面人生》等警示教育片，组织全市9098名党员领导干部观看，达到查处一案、警示一批、教育一片的效果。深化以案促改，加大对典型案件的剖析力度，找出腐败易发多发的关键环节和体制机制漏洞，发出纪检监察建议书335份，督促主责部门开展整顿、加强监管，推动建章立制、堵塞漏洞。充分发挥昆明党风廉政网、"清风春城"微信公众号、纪律教育基地作用，加大党规党纪宣传教育力度，发布纪检监察工作动态4310条，教育培训506批21865人次，引导党员干部筑牢思想防线，推动反腐败工作由治标向治本转变。

【整治不正之风和腐败问题】 深化扶贫领域腐败和作风问题专项治理。健全扶贫领域监督执纪问责工作情况通报、约谈和例会制度，召开工作例会2次，通报工作情况11期，约谈相关县区纪委负责人18人次。持续加大扶贫领域问题线索综合分析和排查力度，全市各级纪检监察机关共受理问题线索1292个，直查直办重点问题239件，问责处理153人，党纪政务处分145人，提醒、诫勉谈话749人，通报曝光典型问题93批143起273人。扎实抓好中央脱贫攻坚专项巡视反馈意见涉及的6个方面8个问题整改，加强对职能部门整改情况的监督检查，发现并督促整改问题41个。

集中整治群众反映强烈问题。在主题教育期间，牵头并会同20个市级单位，聚焦扶贫领域、民生领域等5个方面27个突出问题开展专项整治，梳理查找突出问题138个，制定整改措施76项，公布工作成果3批。全市纪检监察机关查处漠视侵害群众利益问题2066起，处理2209人，公开通报曝光典型案例7批29起。聚焦民生领域强化监督执纪问责，查处食品药品、医疗教育等方面违规违纪问题426个，党纪政务处分305人，有效解决一批群众身边的操心事烦心事揪心事。

深挖彻查涉黑涉恶腐败和"保护伞"。坚持把扫黑除恶与反腐"拍蝇"结合起来，紧盯重点地区和行业领域，深挖彻查涉黑涉恶腐败和"保护伞"问题线索2491件，立案255件，党纪政务处分156人，移送司法32人，严肃查处五华公安分局原局长涂力军、官渡公安分局原局长李进等一批有影响、有震慑效果的涉黑涉恶腐败和"保护伞"案件。坚决查办涉及孙小果案背后的司法腐败和"保护伞"问题，处理党员干部56名，留置11人，移送司法10人。对12家重点行业领域行政主管部门负责人进行约谈提醒，问责工作不力、失职失责的党员领导干部119人，有力推动全市扫黑除恶专项斗争深入开展。

【增强监督质效】 把"两个责任"贯通起来，积极协助市委落实全面从严治党主体责任，提请市委常委会3次专题研究党风廉政建设和反腐败工作、16次研究审议相关议题31项，组织县（市、区）、开发（度假、园）区党（工）委书记向市委专题报告履行全面从严治党主体责任情况。牵头制定2019年党风廉政建设责任书和检查考核办法，细化分解工作任务。依托互联网+"两个责任"监督管理系统，实行线上+线下检查考核，组建12个考核组，由市委常委带队检查考核落实情况，切实将责任和压力传导到基层。对落实"两个责任"不力的17个党组织、125名党员领导干部进行追责问责，通报曝光典型案例4起，以严厉问责倒逼责任落实。

强化精准监督。在常态化、近距离、可视化监督上积极探索，深化单元制监督工作机制，形成全面覆盖、重点突出，上下联动、一体推进的“1+4+2+x”立体监督模式，组成75个监督单元组，检查318家单位，发现问题392个。强化派驻监督，加强联动协作，32个纪检监察组共处置问题线索564件次，立案审查171件，处分177人，同比分别上升49.20%、85.90%和103%，“探头”作用有效发挥。在全省率先把“蹲点式”监督运用到日常监督工作中，建立8个评价指标，以182名县（市、区）党委领导班子成员为重点，全方位采集监督对象廉政信息，主动下沉单位55个，面对面开展谈心谈话134人次，发现问题75个，准确研判所联系地区（部门）政治生态环境，形成“体检报告”，对基层政治生态精准“画像”。

贯通运用“四种形态”。把严管与厚爱结合起来，综合考虑事实证据、思想态度和量纪执法标准，精准适用每一种形态。2019年全市纪检监察机关运用“四种形态”批评教育帮助和处理4597人次。用好用足第一种形态，约谈函询、批评教育3084人次，占总人次的67.10%；妥善运用第二种形态，给予轻处分、组织调整888人次，占19.30%；准确运用第三种形态，给予重处分、重大职务调整240人次，占5.20%，其中市管干部2人；果断运用第四种形态，处理严重违纪违法涉嫌犯罪385人次，占8.40%，其中市管干部15人。全市77人向纪检监察机关主动投案，122人主动说明情况，达到惩处“极少数”，教育挽救“大多数”的目的。

【自身建设】 深化纪检监察体制改革。持续推进队伍深度融合，进一步释放“1+1>2”的成效，出台深化市纪委市监委派驻机构改革和市管企业、市属院校纪检监察体制改革实施意见，赋予派驻纪检组监察权，设立派驻3个国家级开发（度假）区和阳宗海管理局纪检监察组。指导县（市、区）监委向137个乡镇（街道）派出监察室，配备监察人员404人，在8个县（市、区）试行村级监察联络员聘任制度，推动监察职能向基层延伸。

提升能力素质。持续开展大学习、大培训、大讨论，建立“轮流领学”“片区领学”制度和“全员轮训”机制，组织19个班、3000余人次参加上级业务培训和浙江大学、西南政法大学专题培训，开展市、县两级全员培训专项考核测评，确保培训实效。开展审查调查及问责案件复盘辨析，有效提高纪检监察工作“技战术水平”。及时总结昆明市全面从严治党和正风反腐的生动实践，提炼经验做法、特色亮点，加大宣传推广力度，在《人民日报》《中国纪检监察报》等主要媒体刊发稿件295篇，信息工作连续十年排名全省第一，昆明纪检监察工作“辨识度”不断提升。

强化自我监督。严格执行监督执纪工作规则和监督执法工作规定，规范审查调查工作流程，健全完善内控机制，把执纪执法权力关进制度笼子。结合主题教育在全市纪检系统开展纪律作风专项整治，切实解决干部队伍存在的突出问题。坚持刀刃向内，严肃查处纪检监察干部违纪违法问题，党纪处分4人、问责8人，通报典型案例2批5人，坚决防止“灯下黑”。

（马　栋）

中国国民党革命委员会昆明市委员会

【思想政治建设】 以思想政治建设为统领，进一步夯实思想政治基础。精心组织学习习近平新时代中国特色社会主义思想。年初，民革昆明市委在云南省社会主义学院召开2019年度组织宣传工作会议，传达学习习近平总书记在“《告台湾同胞书》发表40周年纪念会”上的重要讲话精神、民革中央十三届二中全会精神和中共昆明市委十一届六次全会精神，第一时间把会议内容和要求对民革党员进行传达。扎实开展“不忘合作初心，继续携手前进”主题活动。民革昆明市委将主题教育活动与思想政治建设年活动有机结合，以“不忘合作初心，继续携手前进”主题教育活动为主线，扎实开展各项工作。民革昆明市委所属9个基层委、1个总支全都组织召开“不忘合作初心，继续携手前进”主题教育活动专题民主生活会。12月11日，民革昆明市委领导班子召开专题民主生活会，领导班子成员做对照检查，开展批评和自我批评，民革云南省委主委杨保建到会并做点评。本次专题民主生活会前期做扎实、充分的准备，自我批评揭短亮丑，互相批评直截了当，达到预期效果。

【组织建设】 以政治交接为主线，做好换届工作。2019年，是民革昆明市委政治交接年。为做好全市基层组织的换届工作，从2018年底开始，民革昆明市委在充分酝酿、广泛协商的基础上，严格按照民革章程规定的程序，顺利完成全部10个基层委（总支）、40个支部换届工作。

9月27日，民革昆明市第八次代表大会召开。会议回顾总结民革昆明市第七次代表大会以来的工作和经验，研究确定今后一个时期的工作任务和目标。会议强调，要紧密团结在以习近平同志为核心的中共中央周围，高举中国特色社会主义伟大旗帜，不忘合作初心，继续携手前进，更好地发挥民革的独特优势和作用，开创民革工作新局面。民革云南省委主委杨保建，中共昆明市委副书记刘智，中共昆明市委常委、统战部部长杨砳出席会议。

重视培养举荐，大力加强人才队伍建设。民革昆明市委各级组织加大党员干部培养和推荐力度，积极向相应中共党委和统战部门推荐民革党员担任实职领导职务。截至2019年12月31日，民革昆明市委党员担任各级人大、政协班子成员4人，副区长1人，市人民检察院副检察长1人，人民团体正职领导1人；

2019年5月30日，民革昆明市委在斗南湿地考察调研（民革昆明市委员会　供稿）

担任各级政府工作部门副处级领导职务4人、乡科级领导职务50人。有社会特邀人员19人，新的社会阶层人士55人。

稳步推进民革党员之家建设工作。2019年是民革示范支部创建、党员之家建设的关键之年。民革昆明市委以党员之家建设为凝聚广大民革党员思想政治共识、推动工作开展的重要抓手，积极发动党员，充分调集资源，规范有序开展工作。12月11日，民革昆明市委首个“党员之家”按照民革中央、民革省委的相关要求完成创建，民革云南省委主委杨保建为“党员之家”揭牌。

【参政议政】 围绕中心，服务大局，扎实做好调查研究和提案培育。民革昆明市委凝心聚力，团结带领各级组织和广大民革党员紧紧围绕中共昆明市委、市政府中心工作，深入调研，建言献策，认真履职。在昆明市“两会”期间共提交集体提案10篇。其中：《关于进一步提升湿地生态保护与治理效能的建议》被列为市政协重点提案，得到中共昆明市委、市政府主要领导批示，建言成效明显。民革各县（市、区）基层委人大代表、政协委员积极履职，共提出建议案15件、提案80件，其中6件提案被各县（市、区）政协评为重点提案。持续开展重点考察调研，成效显著。2019年，民革昆明市委领导多次带队开展调查研究。民革昆明市委领导带队前往斗南湿地开展调研，深入了解昆明市滇池保护治理情况，界别政协委员对滇池保护治理工作提出相关意见和建议。10月，民革昆明市委领导带队，前往申通、百世、顺丰等快递企业调研，开展座谈交流活动，对昆明市快递业发展情况进行深入调查研究。在调研基础上，组织有关专家集思广益，积极建言献策，形成调研课题报告。

【社会服务】 以助力打赢脱贫攻坚战为重点，积极参与全市脱贫攻坚。持续做好精准扶贫和脱贫攻坚民主监督工作，助力全市打赢脱贫攻坚战。民革昆明市委领导多次带队前往禄劝县转龙镇开展民革昆明市委脱贫攻坚民主监督。共入户调查60余次，走访慰问14次。发挥党派优势和特点，开展各具特色的社会服务活动。继续投入资金3万元，帮助做好民革昆明市委定点扶贫单位——石林县水塘铺村的玫瑰花种植基地建设工作，并且通过走访、座谈、调研的方式，了解实际情况，帮助协调解决扶贫点存在的问题和困难。

【祖国统一联谊工作】 继承传统，发挥优势，突出祖统工作特色。应台湾中华工商联合协会邀请，民革昆明市委主委朱燕带领昆明市青年企业家体验式交流参访团一行10人赴台湾进行学习交流考察。本次学习考察主要为生态环境保护特别是污水处理和相关产业发展情况。通过学习交流考察，达到交流相关经验，增进了解，联络感情的目的，为实现祖国完全统一凝聚力量。

（民革昆明市委员会）

中国民主同盟昆明市委员会

【政治交接】 2019年9月28～30日，民盟昆明市第九次代表大会在昆明举行，经代表大会选举，马冬琼等53人当选民盟昆明市第九届委员会委员，马丽波等25人当选民盟昆明市第九届委员会常务委员，刘龚当选民盟昆明市第九届委员会主任委员，李霞（专职）、赵坚、陈垠宏、刘海燕、张韶维当选民盟昆明市第九届委员会副主任委员。九届一次常委会议任命徐萍为民盟昆明市第九届委员会秘书长。九届一次全会表决通过民盟昆明市第九届委员会监督委员会组成人选，任命徐萍为主任委员，马丽波、余映廷、王振虎为副主任委员，樊琪、李律宇、孟国栋、杨媛、王文勇为委员，任期与第九届委员会一致。

【思想建设】 深化“不忘合作初心，继续携手前进”主题教育活动，组织开展“弘扬爱国奋斗精神，建功立业新时代”主题教育活动，组织全市盟员围绕“四个专题”开展主题理论学习，开展“纪念中华人民共和国成立70周年和人民政协制度确立70周年”主题征文活动，组织开展庆祝新中国成立70周年、人民政协制度确立70

2019年1月21日，民盟昆明市委向中共昆明市委协商汇报“补齐乡风文明短板　巩固脱贫攻坚成效”专题调研成果（民盟昆明市委　供稿）

周年“初心永恒　致敬祖国”音诗画主题晚会，组织盟员观赏爱国主义教育电影《我和我的祖国》，策划“崇尚英雄颂红烛”活动，组织盟员观看京韵实景庭院剧《闻一多》，以多样的形式和丰富的内容润物无声地激励广大盟员立足岗位、双岗建功。配合和参与建设“闻一多纪念馆”（云南民盟历史陈列馆）；完成费孝通与魁阁、云南解放与民盟关系等口述历史的收编；在龙泉古镇研究院开设“昆明民盟名人展览室”，编印“三学一做”笔记本。全年出刊《昆明盟讯》4期，通过微信平台推送信息200余篇，工作信息被盟中央、盟省委、政协、统战部门采用180余篇次。盟市委获2019年度民盟中央思想政治建设和宣传工作先进集体表彰。

【组织建设】　制订下发《2019年盟员发展指导计划》，全年新发展盟员38人。截至2019年12月31日，民盟市委下有1个区委、8个基层委（直属支部）、74个支部（小组），2009名盟员。举办盟务骨干专题培训，对新一届领导班子成员，盟务骨干50余人进行岗前专题培训，提升履职能力。组织开展“盟史教育、法律宣传、特色文化三进家”活动，实施“新盟员素质提升工程”，进一步落实《关于“盟员之家”和示范支部联创工作的指导意见》，积极推进“联创”工作，着力打造一批特色鲜明、辐射性强的“盟员之家”和示范支部。

2019年，按照《党政领导干部选拔任用工作条例》和科级领导职务任免的相关规定，民盟市委选拔、任用3名机关中层干部，选派3名机关干部到中共北京市朝阳区委、云南省委统战部、昆明市委统战部挂职锻炼。

【参政议政】　2019年“两会”提交7件集体提案，2件党派联合提案和1件民盟界别提案，提交代表建议和个人提案40余件。其中：民盟市委牵头，民进市委和九三学社市委联名的党派联合提案《关于打破科技资金“碎片化”瓶颈，提高科技资源集聚效能的建议》被列为市政协主席督办重点提案，《关于动员全社会力量提高我市垃圾分类处理工作实效的建议》等6件提案获优秀提案表彰。

全年立项下达课题14个。其中：重点课题3个，提案课题11个。课题成果转化情况良好，《促进昆明市贫困地区线上线下教育高质量互补发展研究》立项为昆明市科学发展决策咨询中心年度课题；与市委政研室共同撰写的《倾力打造国际“夜春城”的政策建议》被采用上报，并获中共云南省委常委、昆明市委书记程连元批示；《补齐乡风文明短板　巩固脱贫攻坚成效》调研成果向中共昆明市委进行专题协商汇报。

全年收集整理上报建言献策和社情民意信息52篇，被民盟中央采用3篇，民盟省委采用22篇，市政协采用9篇。2019年民盟昆明市委再度获得民盟云南省委反映社情民意先进集体表彰。

【社会服务】　深入推进“同心·精准扶贫工程”，组织医疗志愿者队伍，

民盟“烛光行动”助力教育扶贫寻甸行（民盟昆明市委　供稿）

与中共昆明市委办公厅等17家“挂包帮”协作单位赴东川区红土地镇新乐村开展“2019红土地镇迎新春‘自强、诚信、感恩’主题活动”，到寻甸县柯渡镇乐朗村开展“感党恩、送温暖”文明新风进农村暨春节慰问活动。各基层委积极参与脱贫攻坚工作，西山基层委到团结街道办事处乐亩社区开展迎春走贫帮困、送医送药送书送春联活动；官渡基层委联合官渡区侨联、文联、部分爱心企业在官渡区矣六街道矣六敬老院开展庆祝中国共产党建党98周年“传递党恩　情暖夕阳”公益活动；民盟盘龙职高支部与民盟昆21中支部为盘龙区培智学校捐赠物资，为参加特奥会的孩子们打气加油。

深入推进“同心·烛光行动”，组织民盟名师团队到东川、寻甸开展4次“烛光行动”教育扶贫活动，联合民盟黄冈市委、民盟北京朝阳区委，组织朝阳、黄冈、昆明三地的名师志愿者，赴寻甸、东川开展高考专项辅导、教师培训等活动，受益师生近2000人次。盟员、官渡区夏信仁物理名师工作室主持人、云子长丰中学执行校长夏信仁，率领其工作室成员到拖布卡中学开展送教下乡活动。

深入推进“同心·法律服务工程”，持续开展法律宣讲进学校、进企业、进社区、进乡村、进监区活动，组织民盟法律宣讲团成员开展法律服务活动15场，开展“黄丝带”帮教活动5次，发放法律知识宣传材料450份，为50余名群众提供法律咨询和法律援助，受益群众达3000余人次。

深入推进“文明创建”志愿服务，组织青年盟员开展“保护滇池母亲湖　共创生态文明城”志愿服务活动，五华、东川、安宁等各基层委的盟员志愿者和“市民河长”开展环保志愿、植树造林、集体巡河等活动共5次。截至2019年12月31日，“昆明志愿者”网实名注册的民盟昆明市委志愿者服务队员达231名。

（徐　萍）

中国民主建国会昆明市委员会

【思想建设与宣传工作】　开展“不忘合作初心，继续携手前进”主题教育活动。精心组织系列纪念活动。积极围绕“中华人民共和国成立70周年、人民政协成立70周年、多党合作制度确立70周年”开展系列庆祝活动。热情讴歌在中国共产党领导下新中国翻天覆地的历史巨变，回顾总结70年来在中国共产党领导下多党合作事业取得的宝贵经验，夯实新时代多党合作的共同思想政治基础。探索创新教育培训方式。组织骨干会员到遵义、井冈山等红色教育基地，重温风雨历程，不忘合作初心。组织参加民建中央、省委和昆明市政协、中共昆明市委统战部举行的各类培训、讲座，把握时代新要求，增强履职能力。充分发挥传统媒体和新兴媒体的不同优势，加大信息收集报送力度，全年共上报信息205篇，被采用102篇。其中：16篇被民建中央采用，32篇被民建云南省委采用，9篇被省政协报道，4篇被市政协网站刊用，41篇被昆明统战信息、“春融微语”公众号和微博刊用。“昆明民建”微信公众号发布文章160篇。

【组织建设与专委会工作】　有序完成民建昆明市委换届工作。9月21～23日民建昆明市第十次代表大会顺利召开，选举产生新一届委员会和监督委员会。新一届委员会共有委员35人，

2019年12月，民建昆明市委被民建中央评为脱贫攻坚全国先进集体

（民建昆明市委　供稿）

其中：主委1人，副主委3人，常委17人，平均年龄44岁，经济界人士15人，担任正科级以上领导职务12人。新产生的监督委员会，是民建昆明市委组织建设的重大突破，将积极推动会内监督制度日益健全、监督工作日益规范，实现平稳政治交接。主动与中共地方党委和统战部门沟通、协商，指导五华区、西山区基层委顺利完成换届工作，新成立民建晋宁支部。2019年，新发展会员46人。其中：经济界人士38人，公职人员8人，平均年龄40岁，大学专科以上学历占比91%。截至2019年12月31日，全市共有民建会员1003人。其中：经济界会员837人，占83%；企业高级管理人员188人，占19%；大专以上学历797人，占79%；研究生以上学历62人，占6%；具有中高级职称201人，占20%；实职副处级及以上有12人。有省、市、县三级人大代表和政协委员115人次。精心组织系列纪念活动。妇委会以“访冰心默庐、走美丽乡村、扬女性风采，颂祖国70华诞”为主题举办三八国际妇女节活动；青年工作委员会组织民建青年会员参加“残健携手学雷锋，争做阳光志愿者”大型社会融合活动；老龄委组织开展文化敬老活动，向昆明民建始创会员赵桂馥家属转授中共中央、国务院、中央军委颁发的“庆祝中华人民共和国成立70周年”纪念章；官渡区、呈贡区、晋宁区等基层委开展“我和我的祖国暨迎中秋、庆国庆”活动。

【参政议政】　民建昆明市委组织会员深入全市经济、教育、社会、金融等领域调研并形成一批成果。其中：《加大知识产权司法保护力度，营造良好的法治化营商环境》《营造法治化营商环境促进民营经济发展》《关于加快推进昆明市工业园区高质量发展的对策建议》等转化为市政协全会大会发言、联组发言和议政性专题发言等有关材料；《加大市属投融资平台公司改革力度，切实防范债务风险

的建议》得到中共昆明市委主要领导的肯定性批示，并交由市级职能部门办理。

在“两会”期间共提交建议和提案151份，提交市级集体提案7份。其中：《关于加强对住宅专项维修资金监管的建议》和《关于加快昆明工业经济转型升级工作的建议》被列为市政协重点集体提案；《关于推进“智慧、共享”交通系统建设，缓解昆明主城及老旧小区停车难停车贵的建议》和《关于加强养犬管理，营造文明和谐城市形象的建议》被评为市政协优秀个人提案。同时，发动会员积极报送社情民意信息。其中：《关于加快推进昆明绿色债券发展的建议》《关于昆明市不动产登记地方立法的11条建议》等6篇信息被市政协采用，通过政协平台较好地保持与政府部门的沟通联系，提升建言献策的实效。

联合市发改委、市住建局等部门，以如何建设美丽县城、提升县城综合品质，如何加快城市物业管理中政府职能的转型、解决好物业工作中存在的突出问题为导向，深入基层开展大量的调查研究工作，完成《昆明市建设美丽县城对策研究报告》和《新形势下促进住宅物业法制化、标准化、信息化建设对策研究》，并有序推进成果转化有关工作。同时，配合民建中央、民建云南省委开展“长江生态环境系统性保护修复——金沙江流域（昆明段）”的调研和资料收集整理工作。

【社会服务与民主监督】 广泛聚力助推脱贫攻坚工作。聚焦全市脱贫攻坚工作重点，积极发动会员企业筹集资金。东川区、呈贡区基层委向东川区筹集并捐赠13.50万元的物资（资金），晋宁支部向晋宁区筹集并捐赠约6.50万元的物资。民建昆明市委被民建中央评为脱贫攻坚全国先进集体，会员李天明、刘亚南被评为脱贫攻坚全国先进个人。主动服务，助推非公有制经济发展。充分发挥服务委员会的职能，一如既往地关心会员企业，关注企业家成长，高度关注会员企业的发展态势。民建云南省委、民建昆明市委在昆明联合开展“非公经济高质量发展”专题调研，深入会员企业了解生产经营状况，就昆明如何打造国际一流营商环境广泛听取意见建议，努力帮助会员企业解决好发展中遇到的困难和问题，增强民建的吸引力、凝聚力和向心力，提振企业家坚定发展的信心，更好地服务和促进昆明市经济健康发展。踊跃创新社会服务形式。为昆明市12所幼儿园争取到民建中央中华思源工程博爱基金捐赠的“儿童安全生存教育平台”，支持对应幼儿园有效提高儿童安全生存自救能力教育工作的开展。

【机关建设与对外联系】 高度重视机关的规范化建设和作风建设，积极推动机关文明单位创建，分别与民建渝北区委、江北区委、三亚市委、邯郸市委、贵阳市委开展学习交流活动，支持开展形式多样的活动丰富机关文化生活。严格执行《民建昆明市委机关工作人员岗位平时考核实施方案（试行）办法》和财务支出管理等有关规定，按季度对机关工作人员进行绩效考核和评比，有效推进政治型、学习型、创新型、服务型、效能型“五型机关”的建设。2019年民建昆明市委机关被评为“市级文明单位”。

（王富飞）

中国民主促进会昆明市委员会

【“不忘合作初心，继续携手前进”主题教育活动】 2019年，民进昆明市委以“不忘合作初心，继续携手前进”主题教育活动作为全年工作重点内容。认真谋划制订《民进昆明市委“不忘合作初心，继续携手前进”主题教育活动方案》《民进昆明市委“弘扬爱国奋斗精神、建功立业新时代”活动方案》《民进昆明市委主题教育活动实施计划》，及时成立主题教育活动领导小组，召开常委扩大会暨“不忘合作初心，继续携手前进”主题教育活动动员会，专题学习《中共中央关于加强中国特色社会主义参政党建设的意见》、民进中央主席蔡达峰在民进中央主题教育活动动员会上的讲话精神，并对各基层组织开展主题教育活动进行工作安排部署。组织民进市委委员、各基层组织负责人、骨干会员参加民进省委、市委统战部的专题培训，并结合实际安排市委会主题培训活动。召开主委会议暨中心学习组学习活动，专题学习习近平总书记关于加强和改进统一战线、多党合作和民主党派工作的重要论述和指示精神，学习民进会史会章和统一战线工作条例，学习中共党史、国史、改革开放史、社会主义发展史。编辑印发《凝心聚力新时代，开拓进取新征程——民进昆明市委工作成果汇编》《民进昆明市委参政议政和调研成果汇编》《纪念中华人民共和国成立70周年暨民进昆明市第九次代表大会专刊》等图文专刊资料，拍摄制作《民进昆明市委“不忘合作初心，继续携手前进”主题教育活动宣传短片》等视频资料提供给会员学习交流。

开展“不忘合作初心，继续携手前进，建功立业新时代”庆祝中华人民共和国成立70周年主题文艺晚会创作表演活动；组织昆明民进书画院举办“西南联大往事”专题画展、“大义昭初心·聚力襄伟业”庆祝新中国成立70周年暨昆明和平解放70周年历史题材绘画创作展，进一步学习宣传中共党史、国史和云南和平解放历史；组织青年会员们在民进会史教育基地冰心默庐开展纪念五四运动100周年主题诗歌朗诵活动，青年会员朗诵《青春之中国》《青春万岁》《五四青春之歌》《爱岗敬业　倾心民进　同心共筑中国梦》等原创诗歌作品；在敬老节之际，组织老会员开展“庆祝新中国成立70周年暨老会员红色歌舞活动”；组织新会员在莲花池剧场开展“我身边的先进”宣讲暨年

2019年9月23日，民进昆明市委举行庆祝中华人民共和国成立70周年主题文艺晚会　（民进昆明市委　供稿）

轻会员学习培训活动，鼓励和引导会员在自身本职岗位及履行参政党职能的工作中建功立业。

支持基层组织开展先进事迹宣讲、传统文化学习体验、革命先辈故居参观和重点节庆活动等，强化基层活动形式多样性，提高会员参与度。如五华区基层委开展“唱响国歌　凝聚力量”暨庆祝新中国成立70周年主题活动，官渡区基层委举行庆祝中华人民共和国成立70周年暨教师节主题活动，老龄委开展庆祝新中国70华诞暨敬老节红歌联唱活动，高新总支和西山区基层委、联合支部等分别开展“不忘合作初心，继续携手前进”主题宣讲活动，呈贡基层委开展主题教育宣讲学习活动等。

【宣传工作】 2019年，民进昆明市委先后在《人民政协报》《团结报》刊载信息14篇，在民进中央网站刊载信息62篇，在《中国时报》《中国青年报》、凤凰网、网易、云南电视台、云南网、《云南日报》《昆明日报》《云南政协报》《春城晚报》等会内外主流媒体上报道登载消息90余篇次。会员个人与企业被会内外媒体宣传报道16篇次。编印《昆明民进》会刊4期，发布微信平台信息110条，刊登新闻报道、学习心得和理论文章20万余字，《昆明民进》与全国80个省、市民进组织进行会刊交流。

【组织建设】 2019年是民进中央基层组织建设主题年，民进昆明市五华区基层委、盘龙区基层委、官渡区基层委获“民进全国先进基层组织”称号，许睿、夏震、袁纪文3位会员获“民进全国组织建设先进个人”称号。2019年9月，民进老会员王运生、明庆云和魏光虹荣获中共中央、国务院、中央军委颁发的“庆祝中华人民共和国成立70周年”纪念章。

根据民进云南省委和中共昆明市委的安排部署，民进昆明市委研究制订《民进昆明市委会2019年换届工作方案》，并根据方案有序开展新一届人选民主推荐、考察、协商等工作，组织起草班子完成《民进昆明市第八届委员工作报告》拟写，推选产生民进昆明市第九次代表大会代表，筹备召开市委会第九次代表大会。9月，中国民主促进会昆明市第九次代表大会胜利召开，选举产生新一届民进昆明市委会领导班子。民进昆明市委圆满完成换届任务，顺利实现政治交接。

2019年，共发展民进会员114人，民进昆明市委所属会员达到1853人。其中：本科及以上学历1430人，占77%；中高级以上职称1353人，占73%。根据会员的分布情况和发展布局，先后建立东川区基层委员会、长水教育集团总支部等。进一步完善专门工作机构，成立民进昆明市委社会与法制工作委员会、文史与学习工作委员会、开明文学院等机构。

制订《民进昆明市委2019年基层组织建设主题年工作方案》，按照“聚共识，强组织，增活力，有作为”的基层组织建设目标，以规范化、制度化为抓手，完善基层组织工作制度，建立基层会议制度、基层组织横向交流联系制度等。同时，制定《民进昆明市委基层组织建设主题年“五好”基层组织暨先进示范基层组织工作评估指标》，对标对表工作指标，积极推进基层组织建设工作，促进基层活力和凝聚力的提升。坚持树立示范引领，先进带动，在全市基层组织中遴选3个基层组织作为基层组织工作先进试点，制定完善基层组织工作制度，加大支持和指导力度，全方位按照《民进昆明市委基层组织建设主题年“五好”基层组织暨先进示范基层组织工作评估指标》实行年度量化达标考核，对优秀的基层组织给予表彰和激励，并做好经验总结和专题宣传，树立典型，激励引导全市各基层认真开展组织工作。一批优秀会员获得中小学正高级职称，涌现出“春城教学名师”“昆明好人”“全市优秀班主任”“教坛新秀”等受各级各单位表

彰的优秀会员，充分展现民进会员的优秀品质和良好形象。

策划组织开展三八妇女节女会员活动、五四青年节青年会员活动、九九重阳节老会员活动等。结合民进的议政调研和社会服务工作，组织会员开展“农村乡风文明建设”“基层社会治理”“滇越铁路文化旅游带打造”等8次议政调研活动，“艺术进校园”“同心送健康”“非遗项目传承体验”等社会服务活动。制订《民进昆明市委“会员之家”建设工作方案》，依托基层组织和会员首批筹备成立3个民进会员之家。

【参政议政】 根据中共昆明市委、市政府2019年重点工作安排谋划好全年调研工作。在各专委会、基层组织上报调研选题基础上遴选出具有一定社会关注度的课题，并确定“关于将昆明打造成为云南高端国际化媒体融合发展中心的调研”“关于探索“互联网＋”模式创新基层社会治理的调研”“关于打造高原特色农业集群，孵化“云品出滇”优质电商平台的课题研究”“关于擦亮春城花都品牌，打造高端农业＋旅游＋文化的城市名片，提升旅游核心竞争力的调研”“关于依托互联网＋资源优势，加强产业扶贫项目后续发展，建立贫困地区精准扶贫长效机制的调研”“滇池水环境保护长效管理机制与政策研究”等课题为民进市委立项重点课题，其中3个被列为民进云南省委立项调研课题，“关于加强我市农村优秀传统文化传承保护助力乡风文明建设研究”被中共昆明市委政研室列为重点课题。同时，民进昆明市委为各基层组织、专门委员会搭建议政调研的平台，确定“关于昆明市中小学校推进传统文化教育进校园落实立德树人的校本化研究”“关于加大创新政府服务与监管工作，引领我市互联网分享经济新业态发展的调研”“关于多措并举多管齐下，推进我市社区居家嵌入式养老，着力解决我市老龄化社会中老年健康照护瓶颈问题的调研”“关于建立我市科学的学校食品安全风险防控体系的建议”“关于创新我市养老护理专业人员康养护理人才培训和储备体系的建议”“关于加强中小学教师心理健康，应对极端事件应急处理的建议”等10余个由基层组织承担的二级调研课题。

在2019年政协昆明市第十三届三次全会上，提交集体提案14件。在市政协全会期间，民进界别的2名政协委员分别做大会发言和界别联组发言。与民盟市委、九三学社市委联合提交的《关于打破科技资金“碎片化”瓶颈，提高科技资源集聚效能的建议》被确定为2019年市政协主席督办提案。《关于加强我市高层建筑消防安全管理的建议》《关于大力打造老年智慧服务平台，助力我市老年友好型宜居城市建设的建议》被评为市政协优秀提案。全年向民进云南省委、中共昆明市委统战部和市政协报送50余条信息，其中9条被民进省委、市政协采用编辑报送给各级领导和相关部门参阅。2019年共参加昆明市民主党派调研成果协商会1次，政协专题协商会4次，政府常务会议3次，市政协专题调研活动6次，分别就《政府工作报告》、昆明市“十三五”规划中期评估、昆明营商环境打造等进行专题协商建言。

【社会服务】 2019年，民进市委到寻甸县柯渡镇开展“同心·春暖”社会服务活动，为丹桂村小学捐赠价值2万元校服，在柯渡镇中心学校开展支教送课活动，为学生带去美术、足球、武术等精彩纷呈的课程，组织民进书画家现场进行书法国画创作，创作的书画作品捐赠给学校。联合云南大课堂组织培训50余名贫困县（区）中小学校办公室主任，组织东川区100余名农村教师参加小学优秀教师培训活动。联合盘龙区委统战部、盘龙区基层委在滇源街道三转弯小学开展送温暖支教捐赠活动。组织书画艺术家分别到东川区姑海村、官渡区东华小区、官渡区古镇社区等3个城乡社区开展“春联万家”活动，为群众现场写春联300余幅。以“同心·送健康”社会服务活动为载体，联合昆明普瑞眼科医院，组织专业眼科医生携带检查仪器走进昆明市7所中小学校园，为300余名贫困山区学生和外来务工子女免费开展义诊和眼科体检筛查，建立眼科健康档案，开展健康讲座，免费提供眼镜250余副，价值10余万元。组织140余名民进老会员到云南阜外心血管病医院开展高血压心血管病健康知识讲座和义诊咨询活动。联合昆明柏德口腔医院到盘龙区三转弯小学进行爱心义诊，为全校100余名师生进行免费口腔涂氟活动等。开展“同心·幸福列车”社会服务活动，在云南陆军讲武堂举办民进昆明市委第二届“花都粽香　浓情端午”民间优秀传统文化展演体验活动，组织200余名少年儿童参加文艺展演，体验包粽子、扎染、吹糖人、捏面人、点雄黄、编织中国结、缝香包、制作陶艺、制作滇派风筝等传统技艺，传承传扬民间优秀传统文化和云南非物质文化遗产。

鼓励支持基层会员和专委会开展社会服务活动。如昆明民进书画院联合基层组织分别到云大附中呈贡校区、昆五中等学校开展“名家进名校，美育进校园”活动；文史学习委员会到省第一女子监狱开展“文化传承育新人、爱国情怀促新生”文化主题帮教活动，到个旧市就中小学教学情况开展支教送课和文化调研交流活动；高新总支、社法委员会、金融支部开展“同心护春蕾·送法进校园”系列社会公益活动，并组织到元江县等地开展“同心送温暖，协力助脱贫”爱心捐助和调研活动；高新总支第三支部开展送音乐教育进社区活动；西山基层委开展向昆明市盲哑学校捐赠洗衣机爱心活动；呈贡基层委积极参与“关爱残疾儿童”爱心募捐活动等。

（民进昆明市委）

中国致公党昆明市委员会

【思想建设】 2019年，致公党昆明市委员会按照致公党上级组织的部署和要求，全面开展“不忘合作初心 继续携手前进”主题教育活动，研究制订主题教育活动方案，召开全体党员参加的主题教育活动动员大会，切实提高全市各级组织和党员思想认识，确保主题教育活动取得实效。围绕庆祝中华人民共和国成立70周年，举办迎中秋、庆国庆暨表彰先进活动，并组织到南侨机工纪念馆开展“侨海报国”主题党日活动。各级组织结合实际，积极开展形式多样、生动丰富的主题教育活动。西山区基层委组织党员到遵义红色教育基地现场教学，呈贡支部组织党员到有关历史陈列馆参观学习。各专委会将主题教育活动和履职实践结合起来，举办专题研讨学习活动，推动专委会工作更好更快发展。领导班子召开主题教育专题民主生活会，举办理论学习中心组集体学习，对标中共党委“不忘初心、牢记使命”主题教育“守初心、担使命、找差距、抓落实”总要求和认真检视问题的高标准、严要求，对标致公党上级组织主题教育活动务求实效要求，认真查找在思想、组织、制度、清正廉洁等方面存在的差距。领导班子以对党派事业高度负责的态度，认真研究整改工作计划和措施，补短板、强弱项，切实加强致公党昆明市委领导班子建设。2019年12月，致公党云南省委授予致公党昆明市委“宣传思想工作先进集体”称号。

【参政议政】 2019年，致公党昆明市委各基层组织开展调查研究40余次。提交市人大建议6件，向省、市、县三级“两会”提交建议提案78件，其中《关于加强儿童少年节假日安全教育的建议》等3个提案被市政协评为优秀提案。各级组织和党员积极响应市致公党的要求，围绕经济社会发展难点、人民群众关心期盼热点，多渠道、多种形式组织开展调查研究工作。实践中，注重引导各级组织和党员“开小切口、作大文章”，从贴近基层和百姓的烦心事、难事入手，深入分析问题产生的原因，对症提出解决问题的办法和建议。在调查研究的基础上，形成调研报告、社情民意信息、“两会”建议提案素材等一批参政议政、建言献策成果。致公党昆明市委参政议政工作得到中共昆明市委、市政府和有关部门的大力支持，秘书长王俊伟代表致公党昆明市委在市政协常委会议上做关于完善法制化营商环境、促进昆明市民营经济发展的重点发言，就帮助解决民营经济发展中的困难提出意见建议，得到市政协和市政府相关部门的充分肯定。

【组织工作】 2019年，围绕庆祝中华人民共和国成立70周年和“不忘合作初心，继续携手前进”主题教育活动，致公党昆明市委先后组织开展各类报告会、培训班、学习活动10次，参加学习培训的党员超过600人次。青年委员会组织全市青年党员参加“十月革命与中国”讲座，用生动的形式纪念五四运动100周年；经联委组织开展“我和我的祖国”为主题的学习教育活动，传承致公党“致力为公、侨海报国”的优良传统；老龄委邀请医卫届专家为老党员们做关于“心健康”的知识讲座；妇委会组织专题讲座，帮助妇女党员了解、认识礼仪知识在现代社会生活中的意义，掌握在实际生活和工作中熟练运用的方式方法，提升党员的修养素质。

党内监督领导小组以开展“不忘合作初心 继续携手前进”主题教育活动为载体，提高政治站位，积极研究探索民主党派开展党内监督工作的方法、内容、程序，注重推动规范和健全各级组织决策机制，加强对担任人大代表和政协委员党员、基层组织领导班子履行职责的监督，并组织到安宁市检察院开展警示教育活动，增强做好民主党派党内监督工作的紧迫感和责任感。根据《致公党云南省委关于致公党昆明学院基层组织转隶问题的批复》精神，自2019年10月8日起，致公党昆明学院基层组织关系划转致公党云南省委。2019年，共发展新党员17名。截至2019年12月31日，

2019年8月，致公党昆明市委代表团出访柬埔寨、马来西亚、菲律宾3国
（致公党昆明市委 供稿）

全市致公党员有612人。在致公党昆明市委第六届委员会第十一次全体会议上，董辉、高云龙两名党员增补为第六届委员会委员、常委。

【联谊工作】 致公党昆明市委发挥侨海特色优势，积极开展好海外联谊工作。2019年，菲律宾中国洪门致公党中吕宋支部访问团在名誉主席蔡明丰先生带领下到访致公党昆明市委，双方就加强文化、医疗服务等方面交流合作达成广泛共识。在市政府和市级有关部门的支持下，致公党昆明市委组成以副主委李蔚为团长的代表团出访柬埔寨、马来西亚、菲律宾三国。访问期间，代表团分别拜会柬埔寨、马来西亚当地华人华侨商协会组织、菲律宾洪门致公党全国和地方组织，向外方介绍市致公党，推介昆明市招商引资项目，推动与到访国家相关机构在投资、产业等方面开展合作，发挥促进昆明市对外开放与交流合作的桥梁纽带作用。在菲律宾访问期间，代表团和菲律宾相关城市对与昆明市建立友城关系进行探讨；在马来西亚访问期间，代表团与马来西亚华人华侨组织讨论加强南侨机工问题研究合作。

致公党昆明市委加强与“涉侨、涉外、涉台”单位和部门的联系，承办昆明市“涉侨、涉外、涉台”联席会议，与“三涉”单位分享发挥优势，助力自贸试验区建设的认识。在做好对外联谊工作中，致公党昆明市委加强与致公党各级组织的联系，圆满完成致公党中央，湘潭市、厦门市、青岛市委会在昆明市调研考察服务保障、党务交流等工作任务，密切与致公党上级组织和各地方组织的联系。2019年7月，致公党中央授予市致公党“致公党对外联络工作先进集体”称号。

【社会服务】 助力脱贫攻坚，积极开展社会服务工作。市致公党认真贯彻落实中共昆明市委、昆明市政府打赢脱贫攻坚战的决策部署，动员各级组织和党员发挥专长和优势，助力昆明市脱贫攻坚、决胜全面小康。筹措资金在寻甸县河口镇双龙小学援建致公爱心读书角，为该校学生购置书桌、课外读本，帮助解决困难地区农村小学图书设备短缺的困难。盘龙区基层委党员积极开展社会公益活动，从资助困难学子到帮扶孤寡老人，尽党派所能，为构建和谐社会、共享改革发展成果做出积极贡献。

（杨　杰）

中国农工民主党昆明市委员会

【思想建设】 农工民主党昆明市委理论学习常抓不懈，积极组织各基层组织和农工党员坚持以习近平新时代中国特色社会主义思想为指导，认真学习贯彻中共十九大，十九届二中、三中、四中全会精神和中央政协工作会议精神，围绕统筹推进“五位一体”总体布局，协调推进“四个全面”战略布局，贯彻落实新发展理念，紧扣健康中国和美丽中国建设两条主线，全面实施五大战略、深入推进五大建设、努力实现五大目标，高质量推进中国特色社会主义参政党建设，以优异成绩庆祝农工党成立90周年。举办全市农工党员参加的“庆祝新中国成立70周年文艺演出暨敬老节活动”；加强与县（区）的联系，联合中共呈贡区委统战部举办辖区统一战线人士300余人参加的“同心共筑中国梦，建功立业新时代——庆祝新中国成立70周年活动”，开展对呈贡老城改造中保护和修缮的历史文化景点、名人故居的探寻活动。以执政党为师，重温光辉历史，弘扬优良传统，进一步夯实团结合作的共同思想政治基础，组织基层支部的骨干党员赴禄劝参观红军长征时经过的普渡河旧址，进行爱国主义教育活动；举办100余人参加的农工党昆明市委第五期党员学习培训班，请有关专家做《坚持“一国两制”，实现民族复兴》专题讲座，实地到西南联合大学博物馆进行现场教学，参观闻一多公园和名人旧居，观看农工民主党党史纪录片和革命题材影片，政治素质稳步提升。

【参政议政】 2019年，农工党昆明市委向昆明市“两会”提交集体提案12件，向各级“两会”提交个人建议和提案50余件。市级集体提案分别是“关于打造环滇绿色低碳交通慢行系统的建议”“关于规范昆明市早教机构的建议”“关于继续做好创建全国文明城市工作的几点建议”“关于加强昆明市妇幼保健能力建设的建议”“关于加强住宅小区物业管理建设的建议”“关于将‘昆明地标’穿越城市定向越野挑战赛升格为市级精品赛事的建议”“关于昆明市加快构建慢病防控体系的建议”“关于昆明市主城区‘厕所革命’的几点建议”“关于普及院前急救技能　促进健康昆明建设的建议”“关于推广管道直饮水，提升昆明城市品质的建议”“关于在医养结合工作中完善医保报销政策的建议”和“在全市解决小学“三点半”难题的建议”。由马涛主委领衔组织课题组开展课题调研，2019年的研究课题是“昆明市发展全生命周期产业的调研”，课题组在对市内基本情况深入调研和到发达地区借鉴经验的基础上完成调研报告，并专题向中共昆明市委、市人大、市政府、市政协主要领导进行成果汇报，建言献策成效显著。

【社会服务】 联合中共安宁市委统战部，组织8名内科、外科、中医科等方面的专家和医护人员，前往安宁市草铺街道水井湾村民小组，为当地的苗族同胞开展扶贫义诊送医送药活动，为100余位村民提供咨询诊疗服务，免费赠送药品300余份，并为相对贫困的家庭送去40个总价值8000元的药箱。联合中共盘龙区委统战部，组织8名内科、外科、中医科、法律等方面的专家和医护人员，前往

2019年5月24日，农工民主党昆明市委到安宁市草铺街道水井湾村民小组开展扶贫义诊送医送药活动（农工民主党昆明市委 供稿）

滇源街道三转弯村，为当地的苗族同胞开展扶贫义诊送医送药活动，专家们为100余位村民提供咨询诊疗服务，免费赠送药品100余份，并为相对贫困的家庭送去25份粮油和价值2000余元的药品。发挥党派优势，结对脱贫攻坚。在与东川区铜都街道小牛厂村结对帮扶中，为小牛厂村和达贝村建盖“诚信超市”、建盖生态公厕捐款5万元。积极开展“不忘合作初心，继续携手前进”主题教育活动，利用自身资源优势，借中国杯国际定向越野巡回赛在文山州广南县举办之机，组织100余名农工党员进行爱国主义教育和探寻祖国大好河山之体育赛事体验+文化考察活动。围绕健康主题，扩展社会服务的领域。组织有关专家对官渡区第二中学的160余名师生进行应急救援和AED（心脏除颤仪）设备使用的培训，向官渡区第二中学捐赠2台AED设备，帮助支持组建云南首个学生应急救援队。承办省政协农工党界别委员活动暨农工党云南省委会“三下乡”活动，农工党界别政协委员走访慰问东川对门山10户搬迁贫困户，省、市两级医院的10位农工党党员知名专家开展义诊、带教查房和讲座培训活动；昆明市民族歌舞剧院的演员们在对门山易地扶贫搬迁点组织精彩的文艺演出；云南省红十字会慰问易地扶贫搬迁安置点困难群众，分发价值10万元的生活物资；云南东骏药业有限公司向东川区铜源社区卫生服务中心捐赠价值5万元的药品。

【组织建设】 农工党昆明市委深入贯彻人才强党战略，发展和吸引一批优秀分子参与到农工党的事业中来。2019年新发展党员21名。截至2019年12月20日，全市有农工党员955人。其中：中高级职称775人，占党员总数的81%；高级职称152人，占党员总数的16%；女党员649人，占党员总数的67%；医卫界党员590人，占党员总数的61%；大学及以上学历760人，占党员总数的79%。有各级人大代表、政协委员71人。完成官渡区基层委和市行政支部的换届工作，选举产生新一届领导班子；新成立农工党昆明市文化艺术支部委员会。

为加强农工党昆明市委基层组织建设，提高党务工作水平，按照《农工党昆明市委第六届委员会经验交流制度》，召开2019年基层组织经验交流和党务实作培训会，有10个基层组织在会上做交流发言，对参会人员进行组织发展程序、经费报销等党务方面的实作培训，动员宣传各基层组织开展好组织活动，进一步规范党务行为。为增强农工党基层组织和党员的组织凝聚力和活力，在“三八节”前期与农工党云南省委共同开展妇女党员“摄影知识讲座”活动，组织80余名党员了解摄影，提高大家对艺术的认知，增强对生活的洞察力，拓宽知识面；组织农工党员参加农工党云南省委“学习贯彻习近平新时代中国特色社会主义思想专题培训班”的学习；对高龄党员和困难党员进行慰问；组织、承办农工党云南省委“运动健康，报效祖国——不忘合作初心，继续携手前进”主题教育定向拓展活动。

（农工党昆明市委）

九三学社昆明市委员会

【思想建设】 2019年，是庆祝新中国成立70周年和多党合作制度确立70周年及纪念“五四运动”100周年的重要一年，作为新时代中国特色社会主义参政党，九三学社昆明市委深入学习十九大精神的丰富内涵，深刻领会习近平新时代中国特色社会主义思想，推进政治建设，以增强“四个意识”，提高“五种能力”。坚持落实九三学社昆明市委中心学习组制度，学习全国、省、市“两会”主要精神，学习中央、省、市关于扫黑除恶专项工作的重要指示，学习九三学社中央、九三学社云南省委开展“不忘合作初心、继续携手前进”主题教育的重要精神和安排部署，认清形势、统一思想，进一步提高政治站位，强化政治担当，查找存在的问题和不足，履行好参政党职责。

【组织建设】 2019年，九三学社昆明市委牢固树立“人才强社”思想，突出九三学社的界别特色，稳步吸引更多的有识之士加入九三学社。努力做好新社员的思想政治和社章社史培训工作，吸引新社员积极参与组织活动，引导新社员参与课题调研，培育锻炼有奉献精神和议政能力的骨干社员。截至2019年12月31日，九三学社共有社员812人。其中：大学以上文化的社员占总数的93.90%；具有高中级职称的社员占总数的95.10%；博士、硕士108人，占13.30%；来自科学技术、高等教育和医药卫生界的社员占总数的76.20%，保持九三学社的特色和优势。社员中有省人大代表1人，市人大代表2人，区人大代表6人，省政协委员1人，市政协委员13人，区政协委员49人。2019年9月，九三学社昆明市委员会第八次代表大会胜利召开，大会客观全面、实事求是地总结七届委员会的工作，选举产生九三学社昆明市第八届委员会委员31人。第八届委员会第一次全体会议选举九三学社昆明市第八届委员会常委15名：田静、成钢、杨伟、杨倩、杨珏建、肖绍安、张铁松、张榿彬、赵维、段伟、徐学杰、唐翀、黄建伟、蒋坚桥、戴术英；主委1名：张铁松；副主委4名：杨伟(专职)、段伟、成钢、唐翀；决定第八届委员会监督委员会主任、副主任、委员，顺利实现政治交接。

【参政议政】 2019年，九三学社昆明市委狠抓参政议政，积极为建设区域性国际中心城市建言献策。深入开展“两会”议政。“两会”期间，围绕昆明区域性国际中心城市建设、生态环境保护等热点难点问题，共提交集体提案10件。其中：段昌群、钱春萍2名委员在大会做发言。钱春萍委员题为《以“花朝节”设立为载体丰富“世界春城花都”文化内涵的建议》的发言引发各界关注，并得到市委书记程连元批示；2件集体提案和4件委员提案被评为优秀提案；与民盟、民进联合提出的《关于打破科技资金“碎片化”瓶颈，提高科技资源集聚效能的建议》被市政协列为2019年全市6个重点督办提案之一。

深入开展课题调研。2019年，九三学社昆明市委共立项11个中标课题，中标九三学社云南省委课题1个，中标中共昆明市委决策咨询课题1个。课题《将昆明市打造为区域性国际绿色会展之都的对策研究》中标中共昆明市委统战部课题和中共昆明市委决策咨询课题。积极参与九三学社滇中五州市第三届参政议政联合调研工作会，围绕会议主题提交论文，并进行大会交流发言。深入开展政治协商。2019年，九三学社昆明市委主要领导积极参与一系列中共昆明市委、昆明市政府重大事项决策前专题协商工作，为市委、市政府的重大事项决策提出建议。

【社会服务】 2019年，九三学社昆明市委聚焦扶贫工作，积极开展社会服务活动。扎实开展迎新春扶贫活动。1月，九三学社昆明市委和昆明市人大共同牵头，组织社员和市级17家“挂包帮”单位赴东川区红土地镇新乐村开展“2019迎新春，自强、诚信、感恩主题活动”，为村民送上医疗义诊、法律咨询、文艺汇演，免费照全家福，写春联、送春联等，把诚挚问候和新春祝福送给人民群众。制作红土镇扶贫工作纪实片，留存扶贫工作历史资料。东川区红土地仓房村为九三学社云南省委副主委、昆明市人大常委会副主任常敏挂钩帮扶扶贫点。10月，当得知昆明市东川区红土地仓房村瑞弓地小组急需建设太阳能路灯12盏的信息后，九三学社昆明市委研究确定为仓房村捐赠3万元，作为太阳能路灯建设资金。持续开展捐资助学活动。11月，九三学社昆明市委在东川区拖布卡镇格勒村大田坝小学开展捐资助学活动，看望在校的126名小学生，为学生送去学习文具，向10名困难学生捐助助学金1万元，并邀请相关专家为学生们举办一场读书欣赏会。

【民主监督】 2019年，九三学社昆明市委多层次参与民主监督工作。前往东川区拖布卡镇格勒村大田坝小学对脱贫攻坚工作开展民主监督，通过发挥九三学社人才智力优势，积极为学校和促进地方教育发展建言献策；多名九三学社社员担任市人民检察院人民监督员、市监察局特邀监察员、市人民检察院特邀检察员、市公共资源交易人民监督员，盘龙区、西山区、官渡区、东川区人民检察院特邀检察员等，积极参与各项督查和监督工作，充分发挥九三学社民主监督职能。

【创新举措】 2019年，九三学社昆明市委抓住重点，勇于创新，凸显民主党派特色。秉承光荣传统，开展纪念五四运动100周年主题活动。五四运动与九三学社有着深厚的历史渊源。5月，主题为“民主科学传薪火，激扬青春献祖国”的九三学社昆明市委员会纪念五四运动100周年主题活

2019年5月11日，九三学社昆明市委员会举行纪念五四运动100周年主题活动

（九三学社昆明市委　供稿）

9月27日，九三学社昆明市第八次代表大会在昆明召开

动成功举行。活动在表彰九三学社10名立足岗位建功立业，奉献社务工作的“五四青年标兵”后，以自编自导的情景剧、歌舞等表现九三先贤热爱祖国、为国奉献的精神，号召社员不忘初心、继承五四精神，为建设区域性国际中心城市做出新贡献。致力文化挖掘，成功打造九三学社全国传统教育基地。经过两年的持续打造和申报，2019年九三学社中央将在昆明的周培源旧居列为九三学社全国第二批传统教育基地。7月，九三学社中央常务副主席邵鸿亲自赴昆为周培源旧居揭牌。揭牌仪式后，九三学社昆明市委共接待来自中央、省、市、区各级领导及九三学社辽宁、成都、沈阳、郴州、洛阳、玉溪等社组织200余人来访参观。为助推昆明历史文化名城建设，促进九三先贤刘文典故居保护，九三学社昆明市委多次邀请刘文典先生之子刘平章先生和官渡区相关部门到官渡古镇调研，牵头组织官渡区相关部门赴安徽大学刘文典纪念室学习调研，积极推动在官渡古镇建立刘文典文史资料陈列馆，并建议在有条件的情况下恢复建设刘文典旧居。通过强意识、强策划、强创新，宣传工作进一步提质增效。2019年，九三学社昆明市委共对外报送宣传信息89篇，被九三学社中央采用69篇，采用率达78%。2019年5月，“昆明九三”位列“团结报团结网”九三学社全国地方微信公众号排行榜第三名。

（王玉珏）

昆明市工商联（总商会）

【概况】 2019年，昆明市工商联以习近平新时代中国特色社会主义思想为指导，深入贯彻党的十九大和十九届二中、三中、四中全会精神，以贯彻落实习近平总书记在民营企业座谈会上的讲话精神为主线，按照市委十一届六次、七次全会和省工商联的安排部署，坚持政治建会、团结立会、服务兴会、改革强会，牢牢把握“两个健康”工作主题，推动政商关系“清”上加“亲”，努力推动高质量发展，不断增强工商联凝聚力、影响力和执行力，为全市深化改革、扩大开放、聚力创新，高质量推进区域性国际中心城市建设做出新贡献。

【教育培训】 以加强习近平新时代中国特色社会主义思想的学习宣传和贯彻落实为主题，举办各类培训班7期，累计培训非公有制经济人士和工商联干部800余人次。以融入大战略、服务大健康、助推民营企业财务数字化发展等为主题，举办民企大讲堂活动4期。在华南理工大学举办昆明民营企业制造业高级研修班，在复旦大学举办昆明市年轻一代企业家传承与创新研修班等专题培训班。

【理想信念教育】 将理想信念教育融入促进“两个健康”和工商联各项业务工作，以“守法诚信经营、坚定发展信心”为主题，开展非公有制经济人士理想信念教育实践活动。以民营企业家为主体，突出企业家自我学习、自我教育、自我提升，推动理想信念教育向纵深开展。强化非公有制经济人士的思想教育和政治引领，深入学习贯彻党的十九大精神和习近平总书记在民营企业座谈会上的重要讲话精神，积极引导民营企业履行社会责任。

【执委会工作】 2019年4月3日，市工商联（总商会）召开第十二届三次执委会，学习贯彻习近平总书记在民营企业座谈会上的讲话精神，传达学习市委十一届六次全会、市“两会”和全国工商联十二届二次执委会议、省工商联十二届三次执委会议精神；审议常委会工作报告，调整增补市工商联十二届执委、常委、副主席；表彰2018年度“四好”商会、平安商会、“五好”县级工商联。

【庆祝新中国成立70周年主题活动】 以庆祝新中国成立70周年为主题，广泛深入开展“六个一”活动，即“一次主题作品征集活动、一次理想信念教育红色行、一场主题宣讲活动（民企大讲堂）、一次企业实地学习体验活动、宣传报道一批民营企业及企业家先进典型代表、一场‘春融同心·迎国庆’篮球赛”。通过“六个一”活动开展，广泛宣传非公有制经济人士中的先进典型，展示优秀企业家精神，凝聚崇尚创新创业的正能量，营造尊重企业家价值、鼓励企业家创新、发挥企业家作用的舆论氛围。

【代表人士队伍建设】 会员总数达到12480户，其中企业会员7487户。通过推荐一批、发现一批、储备一批、培养一批的方式，建立257人的非公有制经济代表人士库。推荐任怀灿、阮鸿献2名非公有制经济人士提名为国家荣誉称号初步建议人选；推荐的李昊城、李玉明、周兴武、吴承洁4名民营企业家获第五届云南省优秀中国特色社会主义事业建设者称号。推荐的26家企业获第八届云南省百户优强民营企业称号，17名企业家获百名优秀民营企业家称号。组织开展云南省民营企业100强申报工作，50家企业入选。

【调查研究】 突出重点调研，联合多部门组成调研组，对《昆明市民营经济发展现状调查研究》《昆明市民营企业融资问题调研报告》《加快昆明跨境电子商务试验区建设调研报告》3个重点课题开展调研。开展专项调研，围绕全省"营商环境提升年"主题和"营商环境提升十大行动"组织调研，根据调研中发现的优化营商环境中存在的难点、堵点和痛点问题，对《昆明市进一步提升营商环境的实施意见》和《昆明市提升营商环境十大行动》方案提出修改意见建议。

【参政议政】 进行界别政协委员参政议政业务培训，协调2名企业家政协委员在大会上发言，在政协全会上提交《关于加快健康服务业发展的建议》《关于升级打造环滇池湿地旅游带的建议》等团体提案4件，工商联界别政协委员提交个人提案24件。以优化营商环境、破解民营企业融资难题、推动以商招商等为主题，组织开展届别政协委员活动4次。在制定《昆明市促进民营经济高质量发展的实施意见》《昆明市进一步提升营商环境的实施意见》政策文件中提出工商联的意见建议被采纳。收集整理报送《关于我市冷链物流问题的建议》《关于遏制消费者恶意"职业打假"的建议》《关于加大清欠民营企业账款力度的建议》等社情民意12篇。

【构建"亲""清"政商关系】 先后组织民营企业家、商会会长8批410余人次参加市委十一届七次、八次全会、市"两会"、市委经济工作会议等重要会议。争取全国工商联直属商会会长会在安宁市召开，全国工商联"德胜门大讲堂"首次走出北京、走进云南。召开《昆明市促进工商联所属商会改革发展实施意见》《昆明市关于规范政商交往正负面清单》征求意见座谈会。收集整理市领导挂钩联系民营企业基本情况和存在困难问题编印成册，报送市级领导。

【新闻宣传】 巩固提升《昆明商会》会刊、市工商联门户网站、工商联微信公众号、工商联政务微博4个宣传媒体平台的作用和效果。编印《昆明商会》会刊4期7200册，网站改版升级，栏目增加到13个，全年发布稿件937条。微信公众号发布图文信息916篇，阅读量达9万余人次。加强与主流媒体的交流融合，在《中华工商时报》、中华工商网、《昆明日报》、"掌上春城"等媒体刊登、播发新闻稿件40余篇。昆明市工商联连续4年被评为"全国民营经济新闻宣传先进单位"。

【"春融同心"系列活动】 联合联动相关部门，举办"春融同心·招商引智昆明行"进县区、进商会活动17站。其中：宜良站签约招商引资项目16个，投资总额达41.70亿元；安宁站签约项目9个，投资总额80多亿元。举办"春融同心·民营企业家进机关"活动，首站走进市市场监督管理局，24名民营企业家和商会会长与市场监管部门领导"面对面""零距离"交流。分别以融入大战略、服务大健康、助推民营企业财务数字化发展等为主题，举办"春融同心·民企大讲堂"4期。

【民营企业评议政府职能部门】 拓展第三方评估调查和民营企业评议政府职能部门工作的范围和实效。组织2741户民营企业对30家政府职能部门在服务民营企业过程中的态度、质量、效率、廉洁等方面进行评议，评议中针对部门职能职责设定2～3项个性指标对部门落实政策情况进行测评。对评议结果进行分析，形成可量化、有对比、真实可靠的评议报告。报告得到市委书记程连元、市长王喜良批示，责成相关部门对评议指出的问题进行整改。

【法治化营商环境建设】 组织370余名企业代表参加"法律三进"暨"聚焦减税降费、助力企业发展"税法专题培训。在驻昆商协会中组织开展以"携手筑网、同防同治"暨"非法集资莫参与，扫黑除恶扬正气"为主题的全市防范非法集资宣传月活动。召开"检察护航民企发展"检察开放日座谈会，组织22名民营企业家近距离感受检察服务。完善市民营企业法律维权领导小组、民营企业投诉中心和民营企业法律服务中心协调处理民营企业维权案件服务方式，在工商联建立法院、检察院、公安局、司法局服务民营企业工作站。深入开展扫黑除恶专项斗争，开展"扫黑除恶法律认知与防范"专题培训，在商会、民企中广泛开展扫黑除恶宣传教育，设立举报专线电话，收集线索和意见建议。

【商会协会党建】 开展基层党组织书记述职评议活动和党支部规范化建设达标创建工作。对45家商会支部督促指导，重点在指导换届、党员发展、党费收缴管理使用、"六有"规范化。制定党建指导员管理办法，聘请选派20名党建指导员对商会党建工作进行指导。开展发展党员违纪违规问题专项整治，88家支部逐一“过关”。在市委党校举办109人参加的党支部书记和党务工作者培训，组织247名商协会党员开展“万名党员进党校”培训。坚持标准，严格程序，新发展党员75名，按期转正64名。至2019年末，昆明市商协会党委下属88个党支部、1个党委、47个流动党支部，665名党员。昆明市工商联商会党建“12345”工作经验获得全国工商联党组副书记、副主席樊友山肯定性批示。

【驻昆商会建设】 推动统战工作向商会组织有效覆盖，深化所属商会改革和发展。代拟《昆明市促进工商联所属商会改革和发展的实施意见》（昆统领办〔2019〕1号）出台。制定《昆明市工商业联合会关于规范所属商会换届工作的通知》，明确对商会会长、监事长、秘书长的任职考察。进一步规范对商会协会的指导、服务和管理，指导到届的昆明市浙江苍南商会等8家驻昆商会完成换届。组织驻昆商会秘书长联谊会4次。开展昆明市平安商会、四好商会创建，认定浙江苍南商会、湖南常德商会等20家“平安商会”，认定四川德阳商会、青年企业家商会等20家市级“四好商会”。昆明市温州总商会和昆明市湖南邵阳商会认定为全国工商联“四好商会”。开展所属商会清理整改工作，经过分类梳理，向市民政局提出对20家商会注销的建议，督促48家商会限期整改。

【“五好”县级工商联创建】 14个县（市、区）全部参与“五好”县级工商联创建活动。五华区、安宁市、寻甸县工商联创建为省级“五好”县级工商联，同时安宁市、五华区工商联创建为全联“五好”县级工商联。

【自身建设】 自身建设迈上新台阶。机关党总支和3个机关党支部顺利完成换届选举。在全市规范达标创建中，机关党总支和2个机关在职党员党支部均被授予“三星级”党组织。机关党建工作全面加强，党风廉政建设工作扎实有效，党建和党风廉政建设工作连续四年荣获优秀等次。深入开展“不忘初心、牢记使命”主题教育。市工商联机关顺利通过文明单位复查，继续保持“市级文明单位”称号。

【结对扶贫】 做好“挂包帮”“转走访”工作，全年机关开展4次走访慰问活动，走访155户挂钩联系户，两次与乡领导、村委会、驻村队员研究2019年挂钩帮扶措施。组织昆明市浙江台州商会、昆明市浙江缙云商会共向寻甸县金源乡妥托完小师生捐赠价值5万元校服和1.50万元运动鞋。组织昆明市湖北襄阳商会、昆明市湖北仙桃商会分别向寻甸县金源乡妥托村捐资3万元，用于妥托村小组活动室建设。

【“万企帮万村”精准扶贫】 组织237家企业参与“万企帮万村”精准扶贫行动，受帮扶村284个。其中：“建档立卡”村123个，有贫困户的非贫困村161个，帮扶贫困人数7.46万人，投入帮扶资金9166万元。在昆明桃园家具城设立昆明市首个消费扶贫示范点。推动教育扶贫，组织云南省昆明市石林县蝴蝶小学与重庆市垫江县实验小学各10名学生共同在重庆市垫江县开展为期4天的“童心向党手拉手”健康成长快乐行活动。

【经贸合作交流】 组织300余家企业和商会代表参加商洽会、农博会、曼德勒国际贸易展暨商务论坛、香港国际美食博览会、“脱贫攻坚会泽同心工程招商引资推介会”、上海国际健康食品暨农业产品展销会、第四届全国民族地区发展大会暨2019一乡一品国际商品博览会、昆明国际友城旅游联盟招商推介会、第五届粤桂黔高铁经济带合作联系会议等展会。组织22家企业45人赴上海参加第二届中国进口博览会，为企业拓展国际市场搭建平台。

【扶持创业】 加大对创业的指导、培训、帮扶力度，2019年全市工商联系统共扶持创业1076人，发放贷款1.40亿元。对全市工商联系统涉及财政供养人员贷款情况进行整改。

【创新工作】 探索实践形成昆明商会党建“12345”工作法，在全国工商联推广交流。在抓商会党建工作中，不断探索符合加强党建工作要求、具有昆明特色特点，务实管用的党建工作

2019年4月22日，昆明市首个“消费扶贫示范点”在桃园家具城挂牌成立
（市工商联 供稿）

生动实践，形成“12345”工作法，即坚持把政治建会作为首要任务，协同抓好商会党建与商会改革发展两项重点工作，实现商会党建促会建带企建三个联动，突出抓好商会党支部、商会班子、党员队伍、优秀会员四支队伍建设，着力打造“五好五融入”商会党建工作品牌。2019年6月18日，昆明市商会协会党建工作经验得到全国工商联党组副书记、副主席樊友山批示：“昆明市工商联抓商会党建有特色、有成效，建议予以推广宣传。”

民营企业评议政府职能部门昆明升级版落地见效，有力促进全市营商环境提升。全面贯彻落实习近平总书记在民营企业座谈会上的讲话精神，构建“亲”“清”新型政商关系，打造国际一流营商环境，促进民营经济高质量发展，市工商联组织民营企业开展评议，并委托北京零点公司通过随机截访、问卷调查、座谈访谈、案例分析等形式，紧扣民营企业关注的“痛点”“难点”“堵点”，对政府职能部门分别设置个性指标和共性指标，进行专业分析研究，查找问题，提出对策建议，形成《2018年昆明市民营企业评议政府职能部门项目报告》。评议工作对改善政务服务质量，增强民营企业发展信心，改善提升全市营商环境起到积极作用。市委书记程连元、市长王喜良分别对报告进行批示，肯定评议工作，对评议报告中指出问题责成整改。

（陈桓国）

归国华侨联合会

【思想政治建设】 深入学习贯彻党的十九大精神和习近平新时代中国特色社会主义思想，扎实开展“不忘初心、牢记使命”主题教育，认真落实“三会一课”制度，开展“机关党员干部讲党课”“微党课”等活动，推进“两学一做”常态化制度化，组织干部参加多种形式的学习教育，参学率100%。市侨联党组定期组织开展理论学习中心组学习，领导班子成员带头讲授专题党课。强化党建、党风廉政建设，与各部室负责人签订责任书，安排部署党风廉政和党建工作。深入推进“主题党日”活动。推广使用“云岭先锋”App，官方网站新建“机关党建”专栏，党员实现在线阅读、学习、交流、测评，“互联网＋党建”模式初步形成。创建服务型党组织，每月组织开展“党员进社区”“关爱滇池·志愿者在行动”等主题活动。开展民主评议党员活动。机关党支部完成换届工作。

推进网上侨联建设，线上线下运行融合，内刊《昆侨之窗》、昆明市侨联官方网站、@昆侨之窗官方微博、“昆明侨联”微信公众号的关注度进一步提高。发布原创宣传稿件69篇，出版《昆侨之窗》4期，发布政务微博2530余条，发布微信146条。政务信息工作在全市统战系统排名前列，信息化建设和网络宣传工作经验在全省侨联系统得到推广。

【服务经济发展】 结合侨联特点和优势，围绕青年国际视野与青年创新、涉侨纠纷多元化解、培养青少年核心品格等社会热点问题，依托青年海归群体举办“侨智论坛”3期，走访调研侨资企业5次；开展新侨创业创新交流活动，招募“侨界菁英”志愿者20余名，组建昆明市首家“侨菁志愿服务队”；推进昆明侨商会工作制度化、常态化开展，引导在昆侨商参与社会公益事业，承担社会责任。

【维护侨胞合法权益】 2019年，接待来信来访群众50余人次，接收办理信访件5起，办结5起，办结率为100%。加强涉侨单位信访协作机制，健全与公检法司等部门的合作，加大维护侨胞合法权益工作力度。继续聘请市侨联法律顾问，为归侨侨眷提供法律服务。在中国侨联涉侨纠纷多元化解试点单位——官渡区侨联举办“和谐侨·法同行——涉侨纠纷多元化解交流活动”，解决好侨界群众遇到的矛盾和纠纷，维护好侨胞合法权益。开展普法教育，向基层侨联发放侨法宣传册等普法资料，全市各级侨联普遍专题部署侨法学习和宣传工作，做到与业务工作同部署、同检查、同落实。

【参政议政】 紧扣昆明发展脉络，围绕文化、经济、医疗卫生、城市管理、脱贫攻坚等百姓关注的热点和难

2019年10月22日，市侨联向柬埔寨金边崇正学校、柬埔寨暹粒公立中山学校、缅甸腊戌果文中学、马来西亚马六甲培风中学授予2019年海外“昆明书屋”牌匾

（市侨联　供稿）

点问题开展调研，在市“两会”期间先后提交侨联界别集体提案6个，侨界政协委员个人提案7个，其中《关于构建昆明火车南站“无缝交通体系”，增强昆明火车南站夜间公共出行服务的建议》被评为市政协优秀提案；2名侨联界别政协委员分别在城乡建设环境保护专题界别联组协商会议、工商经济专题界别联组协商会议进行专题发言。发挥“侨界政协委员之家”作用，开展学习交流、调研视察、收集和反映社情民意等经常性活动，组织侨联、台联、无党派界别委员调研考察昆明蜂产业发展情况，探讨蜂产业链延伸路径。以《加强昆明市归国留学人员统战工作对策研究》为题开展调查研究，进一步发挥留学人员的优势和作用，吸引更多留学人才来昆参与区域性国际中心城市建设。

2019年6月3日，市侨联举办“南侨魂·飞虎情——侨心爱国昆明故事分享会”
（市侨联　供稿）

【拓展海外联谊】　深化“昆明书屋”项目内涵，在柬埔寨金边崇正学校、柬埔寨暹粒公立中山学校、缅甸腊戍果文中学、马来西亚马六甲培风中学新建4所海外“昆明书屋”。截至2019年12月31日，昆明市已在泰国、缅甸、马来西亚、老挝、印度尼西亚、柬埔寨6个东南亚国家具有较大影响力的华文学校捐建海外“昆明书屋”11所，累计捐赠图书4.20万余册（套），投入资金110.40万元（其中动员社会力量出资35万元），在“一带一路”沿线南亚东南亚国家点燃来自春城昆明的“知识火焰”，扩大昆明影响力。承办中国侨联“亲情中华·七彩云南”文艺演出，向“侨连五洲·七彩云南——第17届东盟华商会暨第1届‘一带一路’侨社论坛”的600余名海内外嘉宾展示云南独特的民族文化。举办2019年“亲情中华　情牵春城”主题书画作品展，集中展示来自缅甸、泰国、马来西亚以及中国云南6所海内外华文学校学生书画作品147幅；征集120篇昆明高中学生、海外华裔青少年作品参加第二十届世界华人学生作文大赛，昆明市33名高中学生在大赛中获奖，缅甸曼德勒云华师范学院5名同学分别获二等奖、三等奖，实现昆明市推荐参加海外赛区获奖成绩“零”的突破。开展青少年文化交流活动，组织第二届“青春起航·逐梦港澳”青少年夏令营，30名昆明学生代表“走出去”，奔赴港澳地区开拓视野；争取中国侨联“寻根之旅”秋冬令营落户昆明，来自缅甸、泰国、马来西亚、澳大利亚等国家160名华裔青少年“请进来”参加昆明营，感受中华优秀传统文化的独特魅力。邀请昆明市荣誉市民、美国飞虎队研究会秘书长陈灿培先生专程到昆参加“南侨魂·飞虎情——侨心爱国昆明故事分享会”，并促成陈灿培先生继续向昆明市博物馆捐赠23件飞虎队文物，进一步丰富昆明市飞虎队纪念馆馆藏。延伸海外联谊工作触角，与法国华侨华人会、法国温州商会、法国法华工商联合会、云南英国校友会等侨团建立合作交流机制，建设上下贯通、左右协同、内外联动的组织架构。

2019年9月25日，昆明市首届“侨爱心　归侨侨眷茶艺师培训班”开班
（市侨联　供稿）

【扶贫工作】　深入开展精准扶贫行动，巩固扶贫点脱贫摘帽工作成果，引入有机高产水稻种植项目1个，实现水稻亩产增收1倍以上，农民收

入增收2倍；组织干部结对帮扶“建档立卡”贫困村1个，30户100名贫困群众受益，助力打赢脱贫攻坚战。2019年，累计投入扶贫和项目帮扶资金9.08万元，开展脱贫攻坚专题调研3次，入户走访困难群众100人次。

【服务基层侨胞】 狠抓基层组织建设，3个“侨胞之家”建成并投入使用，1个街道级侨联组织成立，北京京师律师事务所成立昆明市首个律师行业侨联组织，支持基层侨联组织在重要节庆日开展联谊活动。举办首届“侨爱心 归侨侨眷技能培训班”，72名归侨侨眷接受茶艺、面点烘焙等技能培训，实现自谋职业、自主创业和自我发展。慰问帮扶困难归侨侨眷，对193户侨界知名人士、困难归侨侨眷、贫困群众等进行慰问，传递党和政府的温暖。

【庆祝新中国成立70周年主题活动】 开展“我和我的祖国”系列活动，以《华侨华人、港澳同胞共话70年家国情怀》为题，对在昆归侨侨眷、港澳同胞、旅居海外的华侨华人进行采访，表达对祖国的无限热爱和同声祝福。结合“身边好人”“道德模范”等活动，对昆明市侨联离休干部刘鸿、泰国归侨吴逢源喜获中共中央、国务院、中央军委颁发的“庆祝中华人民共和国成立70周年”纪念章进行专题报道，弘扬社会主义核心价值观。召开“离退休干部庆祝新中国成立70周年新成就宣讲座谈会”，进一步激励引导离退休干部为党和人民的事业增添正能量。

（陈　敏）

台湾同胞联谊会

【“不忘初心、牢记使命”主题教育】 坚持统筹兼顾，扎实推进“不忘初心、牢记使命”主题教育，把主题教育成效体现在推动高质量的市台联工作上来，推动各项工作取得新进展。建立“不忘初心、牢记使命”主题教育进基层机制。充分发挥联系面广的优势，创建昆明市台胞台属公益服务站，推动昆明市对台工作走进基层、走进社区、走进人心，增强凝聚力。结合实际，丰富活动内容，多部门联合开展主题教育。为解决在职党员人数较少的矛盾，市台联积极参与昆明市统一战线“不忘初心、牢记使命”主题教育活动，既整合资源，丰富活动内容，又根据台联实际，开展具有台联特色的学习活动。

2019年12月27日，市台联举办“两岸同心献爱心　寒冬送暖迎新年”物资捐赠活动

（市台联　供稿）

【党建工作】 在市委市直机关工委具体指导下，市台联党支部结合工作实际，严格落实领导班子抓党建主体责任，以党的政治建设为统领，以持续提升组织力和服务中心工作能力为重点，以“基层党建创新提质年”和机关“三亮三表率一模范”创建活动为抓手，以贯彻落实《中国共产党支部工作条例》为契机，全面推动各项工作。

【党风廉政建设】 结合工作实际，贯彻落实《中共中央办公厅关于解决形式主义突出问题为基层减负的通知》和省委、市委有关要求，认真学习贯彻习近平新时代中国特色社会主义思想和党的十九大精神，深入开展“不忘初心、牢记使命”主题教育，认真落实领导班子主体责任和党支部监督责任，扎实推进市台联党风廉政建设责任制的落实。

【昆台交流工作】 围绕打造“春融同心·文化”的工作品牌开展系列昆台交流互动。举办第十六届“两岸青年七彩云南联谊活动周”，两岸青年弘扬中华文化，共促“心灵契合”；举办“春融同心·共创未来”青创论坛活动，在昆创业的台湾青年、青年企业家与两岸学生，共话创业和发展；举办以“春融同心·七彩情深”为主题的昆台女性生活艺术分享交流会，搭建昆台两地文化交流的平台，两岸艺术家分享交流，共促昆台两地文化艺术繁荣发展；举办“春融同心·两岸一家亲”创艺美好生活DIY体验活动；举办昆明市涉台教育进校园暨昆明2019（第二届）“两岸一家亲”作文大赛；接待台湾东吴大学潘维大校长一行，并陪同参观妇创中心，双方就昆台教育文化、青年创业创新等进行积极讨论和交流；牵线搭桥促成高科技台企马鞍山绿德电子科技有限公司在昆培养、招聘产业工人座谈会在昆明举行，并牵线绿德电子到昆明高级技工学校就校企合作进行座谈，初步达成合作意向。

【为台服务】 联合市台办走访县区困难台胞台属104户，共发放慰问金

5.20万元。其中：市台联慰问52户，发放慰问金2.60万元，走访马宁常、高丽良等4户重点工作对象和3名退休人员。联合慈济慈善事业基金会举办“两岸同心献爱心，寒冬送暖迎新年”物资捐赠活动，对昆明市翠湖、水晶宫、桃源、状元楼、永胜路社区的560户贫困群众和贫困台胞台属发放价值30多万元的大米、食用油、毛毯等爱心物资。聘请法律顾问，在台胞台属中加强法律宣传，为涉台服务提供法律咨询和保障作用，维护台胞台属的合法权益。认真执行领导干部带班制度。受理台胞台属来信来访8件11人次，做到件件有答复，事事有回音。

【意识形态工作】 市台联充分发挥社会主义核心价值观对台胞台属引领作用。在市委党校举办2019年昆明市台联第七届理事学习培训班；召开理事会，深入学习中央、省、市统战工作会议、对台工作会议及省、市“两会”精神；充分发挥微博、网站、微信公众号，宣传党的对台方针政策，加强社会主义核心价值观的精神引领作用。全年编发《昆明台联简讯》38期、《扶贫专报》31期，在昆台网上发布工作信息20条，微博1223条，公众号124期500条，在《都市时报》“一点关注”发布信息26条，被中央统战部采纳1条，省委统战部采纳1条，省台办采纳15条，市委统战部采纳18条，市政协采纳1条。举办“春融同心·为国而歌”爱国主义观影活动，将观影活动与爱国主义教育有机结合。深入社区开展“不忘初心”系列活动，举办“扫黑除恶”专项斗争专题讲座；开展“爱护地球·从我做起”环保宣传活动；开展“不忘初心跟党走，诵读经典庆七一”主题党日活动；举行“不忘初心紧跟党走　两岸一家亲”台胞台属庆祝新中国成立70周年活动；开展“春融同心·两岸一家亲”昆明市台胞台属积极参与创建全国文明城市活动，10位台胞台属被聘为水晶宫社区环保监督员，12位台胞台属被聘为盘龙区垃圾分类宣传员。

【参政议政】 在政协第十三届三次全会上提交21件提案。其中：集体提案12件，个人提案9件。在积极调研的基础上，上报社情民意59篇，其中向省政协反映社情民意3件。动员台胞台属成立课题调研组，完成15篇调研课题。其中：1篇为重点调研课题，3篇为领导班子成员围绕“不忘初心、牢记使命”主题教育撰写，11篇为理事、政协委员和台胞台属课题调研组撰写。完成庆祝人民政协成立70周年专辑征文约稿，撰写征文2篇。市台联和无党派2个界别联合组织政协委员对昆明市国际医疗合作情况进行专题调研界别活动。

【“挂包帮”“转走访”工作】 严格按照中央、省、市、区、镇关于精准脱贫的有关要求，紧紧围绕“两不愁三保障一达标”目标，因地制宜，因户施策，积极开展脱贫攻坚工作。认真履行脱贫攻坚主体责任，在人力、物力、财力等方面予以保障。下派1名科级干部驻村担任驻村第一书记、工作队长，下拨驻村工作队经费2万元，发放驻村工作队员生活补助和通讯补贴1.20万元，保障工作队工作开展；投入资金10万元，帮助解决东川区阿旺镇鲁纳村水管老化问题和修建排水沟渠；撰写反映脱贫攻坚方面的集体提案5件、社情民意10件；召开2019年脱贫攻坚座谈会，慰问困难群众；以“三讲三评三诚信”活动为抓手，增强老百姓对政策的知晓率，提高满意度；开展扶贫领域专项整治工作，为鲁纳村脱贫奠定风清气正和群众支持的良好基础。动员社会力量投入全市脱贫攻坚工作，向鲁纳村“诚信超市”捐赠价值1万元的大米和食用油等物资；与鲁纳村党支部开展“庆祝建党98周年·脱贫攻坚铭党恩·聚力实干促振兴”系列活动，通过市台联党支部、机关党员捐助和爱心人士捐助的方式筹集慰问款3200元，慰问鲁纳村16名60岁以上的老党员；开展“扶贫扶智扶志金秋助学献爱心”助学活动，向鲁纳村就读于高校的33名学生发放助学金1.52万余元；牵线爱心人士李燕云、张亚庆以每月400元，连续5年资助的方式，资助贫困大学生何天富完成大学学业。截至2019年7月，鲁纳村累计实现245户1060人脱贫，市台联7名干部职工挂包的28户贫困户，实现全部脱贫。贫困发生率从2014年的53%降至0.97%，在2019年2月和7月的云南省和国家有关部门对贫困县退出第三方评估检查工作中，2次被抽检。抽检结果显示，鲁纳村圆满实

2019年1月，市台联在鲁纳村召开2019年脱贫攻坚座谈会（市台联　供稿）

现零漏评、零错退和零复核的“三零”高质量脱贫目标，为东川区、昆明市和云南省的脱贫摘帽做出积极贡献。

【工作亮点】 打造全国独有、云南省首创的“昆明市台胞台属公益服务站”品牌。在翠湖、水晶宫、桃源、状元楼和永胜路等5个社区创建“昆明市台胞台属公益服务站”，创新开展丰富多彩的台胞台属进社区服务的系列活动，吸引上万名群众自发参与。推动对台工作“站前台、上一线、暖人心”，进一步拓展昆台两地同胞交流交融的深度，通过交流交往促进实现中华民族伟大复兴的共同认同。工作务实做优，工作信息采纳量高。有15篇工作信息被中央、省委统战部和省台办采纳。

（市台湾同胞联谊会）

总工会

【概况】 2019年，在市委和省总工会的坚强领导下，昆明市总工会深入贯彻习近平总书记关于工人阶级和工会工作的重要论述，紧紧围绕建设区域性国际中心城市的总体目标，认真履行工会职能职责，全面深化思想建设、建功立业、维权维稳、帮扶服务、组织建设、从严治党等“六大工程”，各项工作扎实推进、富有成效。其中困难职工解困脱困、百人以上企业组建工会、基层工会组织建设等多项工作，先后被《工人日报》在重要版面进行专题报道；全国总工会副主席蔡振华、兼职副主席郭明义、书记处书记张茂华等多位领导先后到昆明市总工会调研和指导工作，全总组织部副部长王利中评价昆明工会“积累了很多可供复制推广的经验做法，打造了可供全国各级工会学习观摩的工作样板”。截至2019年末，昆明市总工会已获“全国工会财务工作先进单位”“全国维护妇女儿童权益先进集体”等7个国家级、省级奖项；昆明市困难职工帮扶中心党支部被评为市级“五星级”党支部。

【思想建设】 认真抓好“不忘初心、牢记使命”主题教育，有力有序推进读书班、中心组学习、专题党课、调查研究、对照党章党规找差距以及专题民主生活会、组织生活会等，引导全会广大党员干部以理论滋养初心、引领使命，进一步增强“四个意识”、坚定“四个自信”、做到“两个维护”。坚持把学习宣传贯彻习近平新时代中国特色社会主义思想和党的十九大精神作为长期任务，通过举办工会大讲堂、开设专题讲座、下发辅导读本等多种形式，把党的意志和主张落实到广大职工中去，引导广大职工群众坚定不移感党恩、听党话、跟党走。牢牢把握庆祝新中国成立70周年的重要契机，以“与共和国同成长，与新时代齐奋进”为主题，成功举办春城职工文艺汇演电视直播晚会，充分表达工人阶级对伟大祖国的深厚情意，收视率创昆明广播电视台历史新高。不断深化“中国梦·劳动美”主题宣传教育活动，与市文明办联合开展寻找“最美职工”活动，评选出2019年“最美职工”10名以及提名奖10名；与昆明广播电视台联合制作并播出“爱国情·奋斗者”专题节目10期；与昆明信息港合作推出“劳动者风采”专栏，累计登载稿件59篇。认真落实意识形态工作责任制，全年在市级以上新闻媒体开展宣传报道201次（篇）；依托“工惠卡服务平台”，开展“爱国情·奋斗者”“扫黑除恶”等网络主题宣传活动13次；发挥工会“两微一网”作用，推送各类文章、资讯1402条（篇）。持续开展“书香三八”读书活动，共收到征文、书

2019年4月29日，昆明市召开庆祝“五一”国际劳动节大会（市总工会 供稿）

画、摄影、家书等各类参赛作品516件；开展和谐家庭建设活动，通报表扬“昆明市和谐家庭”100户，选树“云南省职工和谐家庭”20户；开展寻找“好父亲”“好母亲”活动，共选树表扬“好父亲”32名、“好母亲”35名。

【建功立业】 聚焦大健康、大数据、大文创、大旅游以及装备制造等重点行业，以“72行大练兵·360行出状元”为主题，组织开展37次涉及120个工种项目的职工职业技能竞赛，命名表彰各类技术状元、技术能手（标兵）803人，推选产生各级五一劳动奖状82个、奖章211个、工人先锋号205个，并在庆祝五一国际劳动节大会上，以远程多点现场直播的方式进行集中展演，营造“劳动光荣、技能宝贵、创造伟大”的浓厚氛围。扎实推进产业工人队伍建设改革，制订下发《新时期产业工人队伍建设改革实施方案》昆明市总工会负责任务实施方案，持续抓紧抓好产业工人队伍建设改革示范点建设，精心打造高新区、经开区、安宁市和云内动力集团等4个“产改”工作示范典型，并通过召开现场推进会的方式，组织相关单位进行集体学习观摩，受到省总领导充分肯定。深入实施春城职工素质建设工程，全年共组织3304名职工参加技能人才培训班学习，其中3065人取得中级工以上国家职业资格证书；组织2000余人参加工会系统职工（农民工）培训并取得相关证书。不断深化职工群众性技术创新活动，累计开展技术革新项目600项，发明创造3831项，获国家专利296项，总结推广先进操作法179项，提出合理化建议9307条、实施7145条，新建昆明市“劳模创新工作室”5个。

【维权维稳】 继续加大维权“两书”推行力度，2019年共发出《工会维权意见书》1024份、《工会维权建议书》5份，切实维护职工合法权益。同时整理下发维权“两书”案例168个和集体协商案例61个，为基层工会开展工作提供指引。依托“昆明‘五一工人维权岗’法律服务志愿团”，为职工群众提供法律援助59件、法律政策咨询236次，其中帮助安徽籍农民工熊寿德维权一事，引发人民网、新浪网、《工人日报》等主流媒体竞相报道。继续加大“集体协商四项创新制度”推行力度，累计签订各类集体协商合同3510份，覆盖职工102.62万人次，有力促进广大产业工人实现技能等级与收入水平同步提升。完善工会信访接待工作机制，接待职工群众来信来访542件次，接听热线电话891个，完成各类转办件8件，春城热线处理件9件；全面排查和及时化解影响职工队伍稳定风险，积极参与京环海洁、家乐福、人人快送等职工群体信访事件的调处工作，为庆祝新中国成立70周年营造和谐环境。认真抓好安全生产工作，组织3791个单位、2.42万个班组、36.11万名职工参加“安康杯”竞赛活动；深入开展“安全生产月”“安全知识”进工地、校园等安全生产宣传教育活动，发放安全生产宣传资料1.5万余份；举办2期“昆明市安全生产警示教育培训专题讲座”，组织400多名企业分管安全的领导、工会主席和安全员参加。坚持以“公开解难题、民主促发展”主题活动为抓手，着力推动全市厂务公开民主管理工作进一步扩面、提质、增效，全市已建工会的47035家非公企业中，45607家已建立职代会（职工大会）制度，建制率97%；44812家已实施厂务公开，建制率95.30%。

【帮扶服务】 积极筹措各类帮扶资金2400万元，慰问、救助困难职工、农民工和一线职工43720人次；为60285名患病住院职工发放医疗互助金4243.54万元，其中医疗互助金最大单笔补助达到165760元；资助450名困难职工子女入读大学，同时把助学帮扶制度拓展到全国级困难职工就读小学、中学的子女，每月给予100～500元不等的帮扶金，资助其完成直至大学的学业。深化工会就业创业服务，举办家政、餐饮等职业技能培训班18期，培训下岗失业人员和农民工2454人；参与举办“春风行动”专场招聘会20场、劳务交流会10场，提供就业岗位4121个，推荐就业1023人；发放创业担保贷款、“贷免扶补”贷款共728笔1.06亿元。以落实“四个一四关爱”制度为重点，进一步拓宽普惠服务的覆盖面和受益面，工惠卡发卡量突破53万张，激活率达到44.60%；开展“工惠卡”线上线下活动20场，吸引近10万名职工会员参与；累计建成“爱心驿站”323个，其中2019年新建57个。对昆明市困难企业开展“企业脱贫、职工解困”调研，覆盖国有、集体企业159家，涉及职工32510人；通过结对帮扶、就业帮扶、教育帮扶等多种举措，推动309户建档立卡困难职工顺利实现解困脱困；《工人日报》先后3次在显著位置对昆明市总工会构建困难职工解困脱困长效机制进行专题报道。关心关爱劳模和一线职工，牵头开展昆明市公安民警队伍关心关爱机制建设情况工作调研，举办科教工作者、先进模范、公安干警春节送温暖专场慰问演出，先后组织40名全国和省部级劳模、78名扶贫一线干部、200名一线职工、80名公安民警参加疗养休养活动。切实关爱女职工身心健康，组织3906名困难女职工进行免费体检；累计建成“工惠母婴空间”60个，其中2019年新建18个；经过层层比选，激烈角逐，18户被命名为“云南省示范爱心妈妈屋”，9户被命名为“云南省示范爱心托管班”。

【组织建设】 按照“存量全覆盖，增量进常态”和“存量提质，增量规范”的总体要求，紧盯“两新”组织等重点领域和重点对象，不断创新“党建带工建”等制度机制，切实加强分类指导，基层工会组建和会员发展实现双提升，全市基层工会数量达到50695个，工会会员数量达到1361321人。全力推进百人以上企业

建会和货车司机等群体入会工作，最广泛地把包括货车司机等八大群体在内的广大职工吸纳到工会组织中来，其中全市百人以上企业建会1058家，会员人数381903人，建会率、入会率分别达到89.60%和84.34%；货车司机等群体建会2190家，会员人数55120人，建会率和入会率均达到71%。全面完成云南省总工会下达的任务目标。大力推进工会干部全员全过程培训，努力建设高素质专业化学习型现代化工会干部队伍，在井冈山红色文化教育学院和中央党校举办2期工会干部专题培训班，培训工会干部145人；在市委党校举办2期工会干部岗位培训班，培训工会干部364人。积极推进工会社会工作者专业人才队伍建设试点工作，联合下发《关于昆明市工会社会工作专业人才队伍建设的实施办法》，按照“社会化招聘、专业化培训、职业化管理”的工作思路，顺利完成首批300名工会社会工作者的招录、培训及分派工作，有效缓解基层工会无人办事的难题。坚持将力量配备、服务资源向基层倾斜，返拨县(市、区)、开发(度假)区总工会及基层工会经费2.51亿元，同比增长27.64%。

2019年，全国总工会副主席、书记处书记、党组成员蔡振华(右二)，副主席郭明义(左一)，云南省人大常委会副主任、省总工会主席王树芬(右一)到昆明开展2019年元旦、春节送温暖慰问活动
(市总工会　供稿)

【从严治党】　高度重视和积极配合市委巡察工作。针对市委第二巡察组反馈的4个方面14类42项具体问题，主动认领、照单全收，通过实施挂图作战、销号管理，42项问题已全部完成整改。严格落实党建和全面从严治党主体责任，全面加强工会系统“十大廉政风险点”监督管控，运用监督执纪“四种形态”强化对党员领导干部的教育、监督和管理，累计进行提醒谈话、谈话诫勉共67人次；邀请市纪委驻市人大纪检组对市总工会重大事项、重要工作决策进行监督指导共13次。抓好经常性学习教育，围绕扫黑除恶、脱贫攻坚、生态文明等内容，组织开展党组理论学习中心组学习活动13次；扎实推进“万名党员进党校”，举办2期昆明市工青妇党组织党性教育培训班，共培训党员203人；组织市总机关及各直属党总支(支部)290名党员注册使用“学习强国”学习平台。强化机关党组织建设，召开昆明市总工会第五次党员代表大会，选举产生新一届机关党委、机关纪委，圆满完成市总工会机关及各直属党总支(支部)换届选举工作。狠抓机关作风建设，以开展“不忘初心、牢记使命”主题教育专项整治为契机，以机关党建“提神振气”工程为抓手，全面提高机关党建质量，着力解决形式主义、官僚主义，坚决整治“慵懒散”、不作为、慢作为以及机关党建“灯下黑”等问题，激发干部活力和激情，提振干事创业精气神。积极推进扶贫攻坚对口帮扶工作，累计投入和协调资金102.61万元，用于挂钩联系村的各项扶贫项目开展；认真开展扶贫领域腐败问题和作风问题专项治理自查自纠，未发生扶贫领域腐败和作风问题。积极支持扫黑除恶专项斗争，成立工作领导小组，制订下发工作方案，充分利用工会组织紧密联系职工的优势，通过开设宣传栏、发放公开信、畅通信访渠道等多种方式，广泛动员职工主动参与扫黑除恶工作，未发现涉黑涉恶腐败和“保护伞”问题，也未收集到相关问题线索。

(袁　媛)

共青团市委

【组织建设】　截至2019年12月，昆明市14～35周岁户籍人口数为1553479人，共有共青团员21.17万人，团委417个，团工委92个，团总支1072个，团支部6899个，少年队员45.70万人。

【思想政治建设】　强化理论武装，坚持不懈用习近平新时代中国特色社会主义思想引领青少年。围绕庆祝中华人民共和国成立70周年、纪念五四运动100周年，广泛深入开展“青春心向党·建功新时代”主题宣传教育实践活动40余场。开通两列“青春号”青年专列地铁，并布置“大学城站”和“五一路站”两个主题车站，用漫画方式将党史、团史、团的工作和对党和国家的祝愿融入其中，受到社会好评。大力实施“青年讲师团”计划，组建70人青年讲师团队伍，动员理论专家、党员干部、青年教师、青年典型等深入青少年中开展10余场党的政策理论宣讲交流活动。开展“爱国主义教育进学校进社区”活动，组织广大青少年开展集中性入团仪式、18岁成人礼、祭奠革命英烈等主题团队日和仪式教育活动115场，纪念少先队建队70周年集中活动及“争做新时代好队员”主题实践活动200余场。牢牢掌握意识形态工作主动权，严格管理各级团属新闻媒体平台，切实加强政治导向和新闻纪律教育。团市委微博平台发布信息6000条，粉丝人数3.20万人；官方微信公众号做到每天发布信息，粉丝人数12.60万人，阅读量居云南团属政务微信公众号榜首。

【服务党政大局】 助力乡村振兴和脱贫攻坚。依托“希望工程”“爱心助你上大学”“暖冬行动”等品牌工作开展服务93次，参与志愿者万余人次，服务流动儿童、农村留守儿童、残疾儿童等5万余人次。常态化开展“梦在远方 路在脚下”外出务工青年分享交流活动，举行出征仪式9场次，开展交流活动112场次，3200余名青年参加活动。开展农村劳动力培训662人，转移就业80人。认真开展“挂包帮”“转走访”工作，制定《脱贫攻坚应知应会手册》印发全体帮扶干部，开展帮扶活动14次，2019年共投入精准脱贫攻坚工作资金19.60万元。

助力创新创业。组织开展“创青春”青年创新创业大赛及农村青年致富带头人培养和“青创10万+”等工作。坚持以“贷免扶补”创业担保贷款服务青年创业就业，共扶持青年709人，发放贷款10039万元，带动创业就业1900余人。举办“青春才智助云品”2019年全国大学生昆明暑期社会实践专项活动，吸引全国50支高校队伍近400人走进昆明，围绕“云花”“云茶”“云果”为主题形成50余篇高质量调研报告、20余个文化视频产品、508份随手拍摄影作品，153份抖音短视频作品，播放量达48.60万余次，活动得到团中央书记处书记傅振邦、市委书记程连元、市长王喜良肯定性批示。

助力生态环保。深入开展“春城志愿行 滇池明珠清——昆明‘滇池卫士’志愿服务”工作，成立昆明市志愿服务发展促进会，作为“滇池卫士”志愿服务总队，动员百名“市民河长”，千支“爱湖志愿服务队”、万名“滇池卫士”和一批“滇池驴友”，依托“网格滇池志愿者”平台，广泛开展滇池保护志愿服务工作。持续推进昆明市滇池保护治理“三年攻坚”行动，开展“团团营·滇池卫士”项目，14家“团团营·滇池卫士”项目志愿服务队、1500余名滇池卫士志愿者围绕滇池保护开展服务活动130场次，服务影响市民及游客5万人次以上。2019年，团市委被团中央授予第九届“母亲河奖”。

2019年，团市委举办全国大学生昆明暑期社会实践专项活动（团市委 供稿）

助力创文工作。发挥创文社会志愿服务工作指挥部枢纽作用，出台《关于全面建立社区学雷锋志愿服务工作站的通知》，以“七个有”为标准，在社区、公共文化设施、景区、窗口单位打造2517个志愿服务工作站点。持续推进“昆明志愿者网”注册，截至2019年12月31日，昆明市实名注册青年志愿者29.42万人，志愿服务总时长2148.18万小时，志愿服务组织数1181个，志愿服务项目总数1.76万个。成功举办第三届“54km大型公益徒步活动”，3000名行走志愿者公益徒步27千米，为昆明市贫困家庭先天性心脏病患儿筹集善款61.80万元。

助力对外交流。围绕中国—上合青年交流中心工作，主动服务和融入“一带一路”建设，继续做好青年对外交流交往工作。先后开展2019年澜沧江—湄公河青年领袖文化体验营活动、“牵手粤港澳大湾区 创新创业筑中国梦——2019年港澳青年创新创业昆明行”活动、中国老挝青年友好交流活动、欧亚青年精英代表团来昆交流活动。

【提升服务青少年发展工作实效】 针对青年联席会议机制建立、框架结构搭建、青年发展的关键点、重点项目设置、监测指标获取与发布等方面进行深入调研和广泛征求意见，起草制定《昆明市中长期青年发展规划（2019—2025年）》，并于2019年6月26日由中共昆明市委、昆明市人民政府正式印发。切实做好青少年权益维护和预防违法犯罪工作，把握昆明12355青少年服务台被团中央确定为全国首批青少年“12355”区域中心的契机，进一步提升服务台示范带动功能，建立“一体化、综合性、一站式”青少年大权益服务体系。做好最

2019年，团市委举办2019年"54km大型公益徒步活动"（团市委　供稿）

高人民检察院、共青团中央组织的全国"未成年人检察工作社会支持体系"建设试点工作，与市人民检察院签订合作框架协议，有效联系整合社会组织、专业社工力量，建立预防青少年违法犯罪工作社会支持体系。

【基层建设】　由团市委十四届七次全会审议通过的《共青团昆明市委关于开展团的基层建设垒土工程实施方案》，从组织建设、阵地建设、团员队伍建设、团干部队伍建设和提高基层建设科学化水平五个方面树立大抓基层的工作导向。依托"智慧团建"系统排查软弱涣散基层团组织，精准整治，精准录入，实现青年上线、组织上网，优化组织功能发挥。深化新经济、新社会组织"两新团建"工作，将阵地向电商、物流、新媒体等新兴领域延伸和拓展，新建两新团组织80家。通过市、县(市、区)、乡镇(街道)、村(社区)四级联动，全面推进团组织阵地建设，建成各级各类"青年之家"143个，打造国家级示范性平台2家，省级示范性平台5家；创新成立团代表工作室，为团代会闭会期间团代表常态化履职活动提供场所。按照"四有"标准规范创建市级团代表工作室68个，实现市级360名团代表全员覆盖，开展接访103场，参与1221人次，收集意见建议209条；举办学习交流、公益行动、走基层等各类活动132场次，参与3892人次，有效打通服务团员青年的"最后一公里"。严格落实团员发展规划和发展细则，实现2018年底初中毕业班团学比在30%的基础上继续下降，高中阶段毕业班团学比控制在60%以内的既定目标。

【深化改革攻坚】　逐一落实共青团改革工作任务，推动改革向纵深发展。落实委员、候补委员、团代表密切联系青年制度，对委员、候补委员、团代表履职情况进行考核。2019年1月，举办年度工作述职和青年评议会，通过网络新媒体报名筛选昆明各领域各行业各战线的百余名普通团员青年代表，听取汇报、现场提问、点评亮点、评议打分，直接评价共青团工作成绩与改革成效。新华网、《中国青年报》、《中国共青团》杂志等对昆明共青团开展青年评议工作进行大篇幅报道。加强改革纵向督导。开展"强基层、促改革、提士气"大走访大调研活动，深入开展昆明青年状况调查研究，以改革实施方案落实情况为重点，加强纵向督导，逐级压实责任，确保共青团改革在基层一线得到落实。按照《共青团昆明市委改革实施方案》要求和市委的改革决策部署，18项改革任务都已完成。

【全面从严治团】　全面加强党的建设。紧扣"基层党建创新提质年"各项重点任务，开展"三亮三表率一模范机关"创建活动，推动团市委管党治党工作落细落地落实。扎实开展"不忘初心、牢记使命"主题教育，坚持边学习、边对照、边检视、边整改。举办学习班2期、"万名党员进党校"专题培训2期、开展12期支部主题党日活动。推进支部活动方式创新，指导广大党员使用"学习强国""云岭先锋"等App，完成机关支部"四星级"规范化创建工作。持续强化作风建设，对照从严治党高标准严要求树立全市共青团良好形象。积极配合市委第三巡察组做好集中巡查，针对巡察反馈问题意见，研究制订《巡察反馈整改工作方案》和《反馈整改问题清单》，4个方面14项30个具体问题得到及时有效整改，巡察整改取得阶段性成果。深入实施"提神振气"工程，开展坚决防止和纠正"不作为、乱作为"问题整治。积极主动配合市纪委驻市人大机关纪检组工作，定期开展监督检查和自检自查工作，开展谈心谈话37人次。深入推进扫黑除恶工作，进一步统一思想，确保扫黑除恶专项斗争各项部署和措施落到实处、取得实效。

（彭文怡）

妇女联合会

【重点工作】　展示家庭文明新风貌，推动"巾帼树新风"。2019年度全国"最美家庭"，昆明市占4户。举办"相伴同悦读·共抒家国情——云南省好家风·诵读经典活动"暨昆明市"同悦书香　相伴成长"公益活动25场，共494组家庭，2000余人参加活动。各家长学校开展"家庭亲子阅读"活动476次，4.64万人参加。开展家教巡回讲座103场，培训2.10万人次。举办“爱在春城人家”——2019年昆明市“家风家训”主题活动，线上观看网络直播达2.04万人。组织“家和万事兴——家风家教主题巡展”活动，省、市、县165家单位组织人员参观展览，累计4.53万人观展。以“弘扬家国情礼赞新时代”为主题，向全市共征集1086封家书，432条短视频。组织5000余名巾帼志愿者开展活动1万人次。开展守护绿色春城·共建世界花都——2019昆明市“志愿家庭”绿色环保主题实践活动，捐建滇朴楠152棵。

扩展关爱帮扶新举措，深化“巾帼暖人心”。争取“项目脱贫”。申请中国妇女发展基金会@她创业计划——母亲创业循环金100万；沪滇对口家政劳务协作项目；中央专项彩票公益金“贫困母亲两癌救助专项基金”41万元;“农村贫困妇女两癌救助”项目26.64万元，救助80人。落实“教育扶贫”。实施“春蕾计划”，拨付234.70万元专项资金，资助1000名贫困家庭女童。做好“控辍保学”，发动全市专兼职妇联干部11814人，排查1126所学校，重点走访75384户家庭，召开动员部署、调研座谈会791场次，累计劝返175名学生，推动形成“控辍保学闭环管理机制”和联席会议机制等2个长效制度的建立和落实。做好“挂包帮”“转走访”工作，对标对表逐项核查，确保市妇联挂包帮扶的65户贫困户全部稳步达到脱贫退出标准。在安宁市、富民县、昆明妇女创业创新示范中心开展3场巾帼消费扶贫活动。

【职能工作】 把握思想引领，筑牢“巾帼心向党”。开展“百千万大宣讲”，组建巾帼宣讲队伍，采取专题讲座、党课宣讲、座谈交流、文艺演出等方式，用妇女群众听得懂的语言宣讲139场，围绕党史党章、扫黑除恶、女性健康、女性仪表等主题开展市级“巾帼大讲坛”4期，各县（市、区）妇联组织72场，共1.50万余人参加。突出政治引领。组织开展庆祝中华人民共和国成立70周年“巾帼心向党·礼赞新中国”“我和我的祖国”快闪活动。加强价值引领。在中央、省、市媒体发布专题新闻80篇，“昆明女声”微信公众号发文986篇，共有9.40万余人阅读，阅读总次数为24万余人次，微博发文1000余篇，澎湃号和头条号分别发文687篇和412篇，点击和阅读量分别达到237万余人次和17万余人次。

深化改革，扩大组织覆盖，构筑阵地。积极探索“两新”组织建妇联组织的新思路、新方法、新途径，在“两新”组织中建立妇联组织405个。打造骨干队伍。举办全市妇联系统、清华女企业家培训班，共培训171人；举办全省第一期“三涉”女企业家能力素质提升培训班，100位“三涉”女企业家参加培训。注重发挥阵地作用。开展“妇女之家”“家长学校”阵地建设，根据《市妇联执委轮值工作制度》，推动执委“四个一”工作内容落地落细落实。

聚焦创业新使命，引领“巾帼建新功”。开展小额担保贷款工作。加大对妇女创业的扶持力度，发放创业担保贷款1547户，2.24亿元；发放“贷免扶补”319人，4489万元。开展就业培训工作。开展市级高级育婴师、居家养老护理等订单培训15期，培训女性763人；各县（市、区）妇联开展实用技术培训和电商创业就业培训221期，共培训妇女11823人，带动就业10068人。开展“春风送岗位”活动。全市各级妇联举办“女性就业专场招聘会”42场次，提供免费服务人数16606人次，其中女性12952人；本地企业吸纳女性就业人数2050人，其中农村妇女1259人；提供维权服务、法律援助329人。扩大对外交流。先后承办“云台女企业家交流”50名代表、“消除贫困——澜湄五国培训班”60名代表、“2019年老挝妇女骨干交流研修班”30人、“全非华人妇女联合总会”10人等多个涉外代表团在昆学习观摩工作。

强化服务新担当，“巾帼促和谐”。搞好法治宣传。开展男女平等基本国策专题宣讲25场，依托“法入家门”开展法治宣讲78场，培训1.46万人。开展扫黑除恶专题培训45期、培训人员6392人，开展入户宣传2.86万户。抓好矛盾调处。整合综治、法院、司法、妇联等多方资源，建立妇女议事会1410个，开展议事2086次。完成省妇联交办信访件6件，市、县两级接待来信来访1244件次，处理满意率达99.80%以上。推进平安创建。创建市级“平安家庭”（零家庭暴力）示范社区（村）40个，以创建促家庭和睦、社会和谐。

【自身建设】 加强党的政治建设，坚决做到“两个维护”，严肃党内政治生活。贯彻落实《关于新形势下党内政治生活的若干准则》，召开12次党组会、8次行政办公会，做到听取意见广泛、决策民主科学。强化政治理论武装。组织党组中心组（扩大）理论学习10次。通过“昆明女声”定期推送“微党课”，把集中学习与个人自学有机统一起来，理论学习与业务学习有机统一起来。

加强党的思想建设，扎实开展“主题教育”。严格对标、对表，抓实统筹谋划，拟订多个工作方案，明确任务书、时间表、责任人，并根据工作开展情况动态管理，持续完善，对表推进；举办2次“不忘初心、牢记使命”主题教育集中学习读书班，认真读原著、学原文、悟原理。每月组织党员进社区开展主题志愿服务活动、保护滇池志愿服务活动，采取听、看、学多种形式丰富学习形式和内容；立足昆明市妇联及妇女发展现状和形势，深层次开展调查研究，形成调研报告6个。通过调研找出工作中存在的困难和问题24条，提出对策建议33条，切实把调研成果转化为促进工作的思路、措施和方法。征集服务对象、基层党员群众意见建议9条；按照“五对照五查找”要求，班子查找问题清单20条，班子成员共

2019年，市妇联举办“家和万事兴——家教家风主题展暨云南省·昆明市传承好家风好家训宣传活动”（市妇联　供稿）

查找问题33条并提出整改措施，按时限整改到位。

加强党的组织建设，打造坚强战斗堡垒。夯实支部基础工作。深入开展“三亮三表率一模范机关”创建活动，围绕机关党建的工作重点开展工作，离退休支部被命名为市级离退休示范党支部。打造“巾帼心向党、凝聚她力量”党建品牌，市妇女儿童活动中心党支部被推荐为“五星级”示范党支部。加强干部队伍建设，用好“女性大讲坛”“67890后”学习平台，开展“万名党员进党校”活动，4个支部76名党员全覆盖。加大党务、政务信息公开力度。通过OA办公系统对机关重大事项等在机关内部进行公示，保证干部职工的知情权、参与权和监督权。突出政治标准培养选拔干部。坚持“20字”好干部标准，在2019年的市管干部职级晋升推荐上报、方案制订、资格审查、群众推选、组织考察、党组讨论等全过程，邀请市纪委派驻市人大机关纪检组全程监督，推进权力运行程序化和公开透明。做好工青妇及老干部工作。大力推动党建带工建、团建、妇建，支持工青妇组织依照法律和各自章程独立自主开展工作。健全党内关怀帮扶机制，春节、建党节、敬老节期间，班子成员带队走访慰问离退休人员73人次。

加强党的作风建设，构建良好政治生态。强化督促检查。班子成员在分管部室或下属单位检查督促工作每月都不少于1次。班子成员全年进行提醒谈话25人次。认真落实中央纪委关于集中整治形式主义、官僚主义的工作意见，集中整治贯彻落实党的路线方针政策、中央重大决策部署等方面存在的形式主义官僚主义问题，减少不必要的发文、开会，为基层减负。持续深化作风建设。纠正干部职工推诿扯皮、办事拖拉、“庸懒散”等不良作风，积极参加新一轮“六个严禁”专项整治工作和严禁领导干部收受“红包”专项整治工作，完善“下基层、访妇情、办实事”长效机制，不断提高服务基层、服务妇女、服务发展的能力。

加强党的纪律建设，全面完成巡察整改。落实主体责任和“一岗双责”。落实领导班子责任，层层签订责任书18份；“一把手”以《坚持全面从严治党，以新气象新作为创造妇联新时代新业绩》为题讲授党课，带头组织党员干部到市委党校廉政教育基地接受廉政教育，班子成员为各分管联系部门讲授党课4次，与分管联系部门研究党风廉政建设工作10次。狠抓巡视整改问题落实。3月13日～4月11日市委第三巡察组对市妇联党组进行为期1个月的巡察，反馈29项意见建议已全部按立整立改、长期整改的要求，按时完成整改。

（戴张溶）

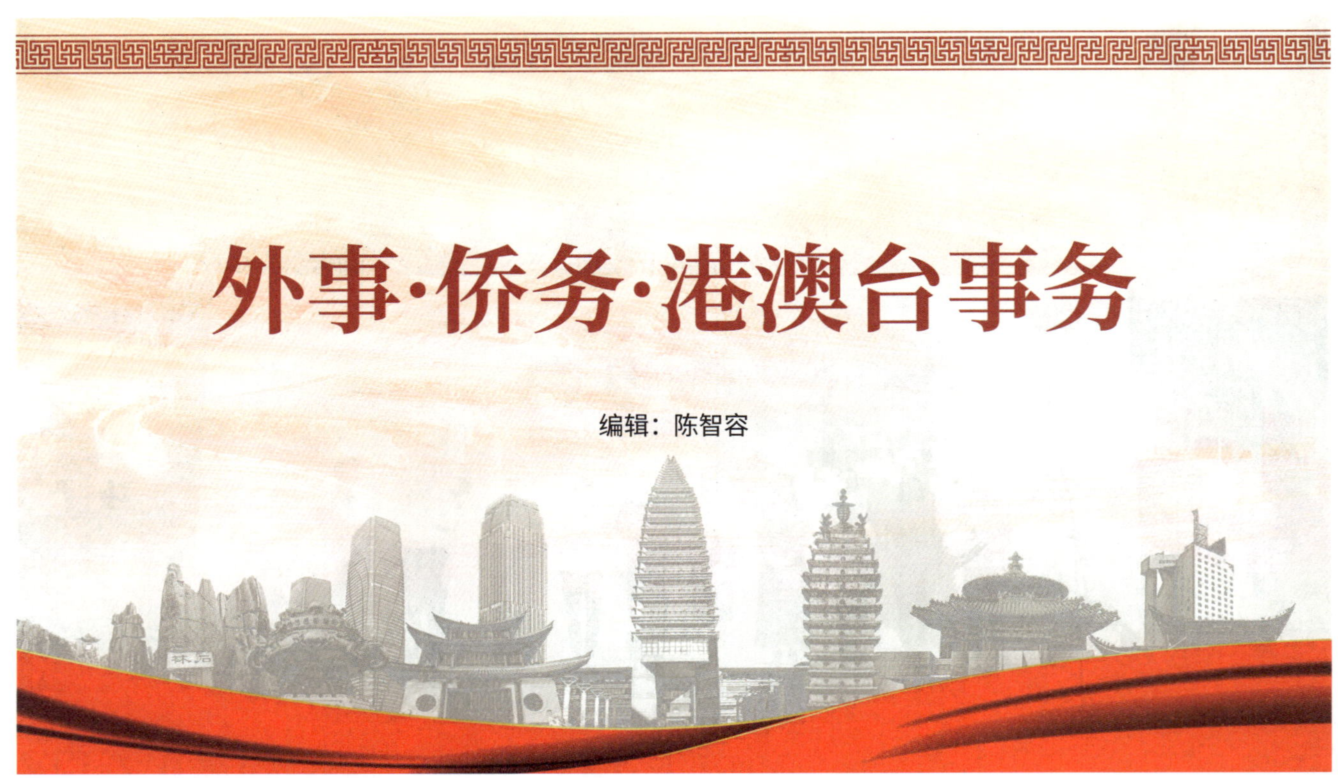

外事·侨务·港澳台事务

编辑：陈智容

外　事

【加强党对地方外事工作集中统一领导】　按照市委统一部署圆满完成机构改革工作。根据全市关于全面深化党政机关机构改革部署安排，挂牌成立“昆明市人民政府外事办公室（简称“市外办”）”“中共昆明市委外事工作委员会办公室（简称市“委外办”）”，并设市委外办秘书处，推进外事工作体制机制改革向纵深发展。同时，各县（市、区）已按照外事工作体制机制改革要求成立党委外事工作委员会及其办公室。

召开市委外事工作委员会第一次全体会议。为深入学习习近平新时代中国特色社会主义外交思想，全面贯彻中央外事工作会议和省委外事工作委员会第一次会议精神，组织召开市委外事工作委员会第一次全体会议。会议专题听取《昆明市2018年外事工作情况及2019年度重点工作计划》，审议通过《中共昆明市委外事工作委员会工作规则》《中共昆明市委外事工作委员会办公室工作细则》，并对做好今后一段时期昆明市对外开放工作提出新的具体要求。

2019年，市委书记程连元（右）会见上合组织秘书长诺罗夫　（市外办　供稿）

【主动融入和服务国家总体外交战略】　积极践行亲诚惠容外交理念。在实践中秉持亲仁善邻、合作共赢原则，积极开展高层互访，接待包括万象市委书记兼市长辛拉冯·库派吞、上合

组织秘书长和上合国家驻华十国使节、欧亚青年精英团等重要团组访问昆明；拓展对南亚东南亚合作交流格局，启动并全面推进在南亚东南亚国家布点工作，将有序推进在泰国、老挝、缅甸等地设立商务代表处；开展新时代昆明面向南亚东南亚友城布局与发展工作规划研究，以更好更实发挥国际友城重要节点作用。

着力开展对缅对印工作研究。根据国家最新对缅对印工作思路、政策及工作重点、方向，将对缅对印工作确定为昆明市建设区域性国际中心城市的重要阵地，努力发挥地方优势为国家总体外交战略服务；加强与智库、企业、国际组织的机制性合作，提出站位高、针对性和可操作性强的工作思路和举措；积极谋划，精心设计，以中缅油气管道起点和终点为纽带，推动缅甸皎漂港与昆明安宁市缔结友好关系。

持续深化与上合组织秘书处合作。为落实好市委主要领导与上合组织秘书长诺罗夫先生达成的合作共识，主动赴上合组织秘书处对接沟通。成立昆明—上合工作组，建立定期沟通机制，制订与上合组织交流合作年度工作计划。结合元朝昆明首任行政长官——赛典赤·瞻思丁是乌兹别克斯坦人的历史渊源，深化并拓展昆明市与乌兹别克斯坦人文交流合作，实施青少年交流、文化交流、旅游合作以及赛典赤·瞻思丁纪录片拍摄等项目。

【国际化建设】 紧扣《昆明市建设区域性国际中心城市实施纲要（2017—2030）》《昆明市建设区域性国际中心城市促进条例》，出台《昆明市国际化建设工作方案》《昆明市国际化建设2019年重点目标任务考核办法》，牵头对各责任部门工作任务进行立项分解，跟踪督办，集中考核。开展实施公务员英语培训、外交外事知识进县区和进党校、翻译人才库建设等项目计划，认真做好全市标识标牌英文翻译规范化提升工作，夯实昆明国际化建设基础，全方位高质量推进区域性国际中心城市建设。

2019年，“中瑞低碳城市合作项目大会”在昆明召开　（市外办　供稿）

【国际交流合作】 积极参与“中国—南亚合作论坛”“永不落幕的南博会”“‘一带一路’海外人才2019昆明创新创业峰会”等；助力与西甲足球联盟合作，促成“西甲足球学校”落户昆明并举办“西甲希望杯中国（昆明）赛”。圆满完成国家、云南省安排的重要外事接待41批次677人次（其中亚洲21批507人次）；与国内外友好团体、组织及友好人士开展友好交流26批316人次，实施民间国际交流合作项目10个。成功举办“2019中国昆明·中印瑜伽大会”“中国—南亚国际文化论坛”“中瑞低碳城市合作项目大会”“昆明国际友城合作与发展研讨会”等以昆明为主题、主场的对外交流合作会议活动，持续打造“海外昆明周”“春节招待会”和筹划“昆明国际花毯活动”等有助于提升对外交流合作的平台品牌，发起成立“昆明国际友城教育合作联盟”并促成联络处落户昆明。

【拓展和缔结友城关系】 2019年，与孟加拉国国加济布尔市、巴西塞古罗港市和艾乌纳波里斯市缔结为国际友好交流城市，总数达到20座；与德国迪岑巴赫市缔结为国际友好城市，总数达到24座。截至2019年12月31日，昆明市对外缔结国际友城（友好交流城市）范围已覆盖全世界五大洲30个国家，其中与南亚东南亚国家城市缔结国际友城10对、友好交流城市5对，数量位列全国第一，基本实现对东南亚国家首都及重要城市缔结友城全覆盖。

【牵头统筹第七届（2020）中国国际友好城市大会】 2次向市委常委会专题汇报大会筹办事宜，对总体工作方案做出安排部署。组成专题调研组先后赴重庆、武汉、上海及黄浦区等地外办调研学习国际友城大会办会经验，并及时上报筹备工作建议。积极赴全国友协、省友协沟通对接，专题请示汇报第七届中国国际友好城市大会工作方案、组织架构、会议主题等事项。大会总体方案已上报全国友协，待批复。

【配合筹备联合国生物多样性第十五次缔约方大会】 积极连续多次参加省筹备工作领导小组专题会议，按照工作要求拟订外事工作方案并上报市政府。会议期间将以配合上级外事部门做好外事联络和接待工作为主，重点保障昆明市领导出席外事活动的安排。

【因公出国（境）管理】 严格按照“因事定人”“人事相符”的原则，严控待遇性、照顾性、考察性出访和无实质内容的一般性出访，进一步强调因公出国（境）工作的倾向性和实效性。受省、市限制出访政策影响，截至2019年10月31日共审核审批因公出国（境）98批440人次。其中：计划内58批302人次，完成率33%；计划外（双跨、省组）40批138人次。在审核审批团组中，企事业单位共51批，占52%。此外，经审核不予派出25批49人次，因故取消出访16批54人次。

【领事服务与涉外管理】 不断加强领事服务与涉外管理工作，与驻昆及外围相关领馆联系沟通49次，积极组织驻昆领馆参加“云果香”云南（富民）农民丰收节活动、“昆明—南亚东南亚楼宇经济产业发展大会”和“金砖国家技术转移中心（昆明）国家科技合作交流大会”。认真执行政策规定，严格把关，共核发邀请函核实单35件，对乱发、滥发邀请函企业进行调查和处理。积极参与建立涉外应急工作联系会议机制，进一步加强外事归口管理和规范。

【服务企业“走出去”】 进一步提升外事外交为民服务能力，以外事工作服务企业“走出去”为重点，主动对云南建投、星耀集团等企业走访调研，了解实际需求、困难、建议，收集并整理企业在海外投资经验成果，探索服务企业“走出去”对策方法。因情施策，为云内动力、滇池股份、滇池水务等企业新增出访计划，满足企业外出设厂、发行债券的需求等保障工作。积极联系我国驻外使馆和国际友城，帮助和支持云内动力企业在外投资事宜，做好外事服务保障工作。

（李　亮）

侨　务

【概况】 2019年是新中国成立70周年，也是完成机构改革、侨务工作在新的起点上再出发的开局之年。昆明市侨务工作根据中央统战部2019年侨务工作要点，加强思想政治引领，坚决贯彻执行党中央对新时代侨务工作的决策部署，全面落实加强党对统战工作、侨务工作集中统一领导的要求，自觉把侨务领域各项工作置于党的领导之下，以机构改革为起点，围绕党的中心任务开展工作，完善涉侨工作机制，深化为侨服务工作。

【构建“大侨务”工作格局】 为更好地构建“大侨务”工作格局，进一步加强昆明市“涉侨、涉台、涉外”相关单位的联系和交流，2019年，由市委统战部牵头的“三涉会”四次会议分别邀请相关“三涉”部门围绕引进

2019年，市长王喜良（前排右）与孟加拉加济布尔市市长张汉杰（前排左）共同签署缔结国际友好城市意向书　（市外办　供稿）

海外高层次人才、深化海外联谊、助推昆明旅游业发展、起航昆明自贸区建设等主题进行探讨，在此平台上凝心聚力，为昆明发展献计献策，巩固全市“大侨务”工作格局。

【救助困难归侨侨眷】 2019年，认真实施“双百计划”，包括春节、中秋慰问及临时救助，共对全市14个县(市、区) 316户次散居困难归侨侨眷进行帮扶，下拨资金共达37.96万元。通过多层次全覆盖的帮扶，实实在在传递党和国家对困难归侨侨眷群体的关注和扶持，在全市引起很好反响，得到省政府和国侨办重视。省人大检查组认为昆明市的侨务扶贫工作凸显全面扎实、务实创新、以人为本的特点。

【依法维权护侨】 以落实侨法“一法两办法”及有关侨务政策为中心，提升为侨服务能力。2019年，共为28名“三侨生”出具加分证明，另开具涉侨身份证明13份；协调各部门办理涉侨信访件9件，涉侨接待来电来访49件，办结率在95%以上，工作得到来访归侨侨眷的认可。

【基层社区侨务工作】 2019年全市成功创建国侨办侨法宣传角2个，国侨办侨乡文化社区1个、国侨办暖侨敬老示范点1个、国侨办归侨侨眷职业技能培训点1个，已全部挂牌，对充分利用基层平台，引领全市的基层侨务工作起到很好的促进作用。昆明市基层社区侨务创建工作取得优异成绩，凸显昆明特色，在全省处于领先水平。

【涵养侨务资源】 2019年，多次走访调研高新区统战部、经开区统战部、市侨联、各县(市、区)侨办和侨联，就昆明涉侨高端人才代表人士情况进行梳理，形成管理制度，建立涉侨高端人才库。对五华区和官渡区涉侨人才涵养工作进行指导和规划，并分别给予5万元的工作经费支持，促进引智引资。

2019年中秋，市侨办走访慰问云南省唯一健在的南侨机工罗开瑚(右一)
(市侨办　供稿)

2019年，国侨办侨乡文化社区巫家坝社区授牌成立　(市侨办　供稿)

【深挖侨务资源】 利用2019年是南侨机工回国参加抗战80周年的契机，多次支持并参与南侨机工和飞虎队的专题活动，充分挖掘侨务品牌，精心打造侨务公共外交品牌，扩大宣传，弘扬爱国主义精神，以侨为桥，在各领域发挥好侨务桥梁作用，服务国家“一带一路”建设。

【加强华文教育和对外文化交流】 2019年，昆明市共选派7名教师赴缅甸、老挝等地华校任教。市委统战部向昆明市现有的8个华文教育基地中的昆明教工第二幼儿园、明通小学、昆明市外国语学校3个华文教育基地下拨经费13.55万元，支持华文教育基地的发展。除开展各项对外文化交流活动外，还授予海外4所学校“昆明书屋”牌匾，提升昆明国际影响力，搭建中华文化传播渠道。

（市委统战部）

港澳台事务

【强化政治引领】 2019年，十一届市委第88次常委会会议专题传达学习中央、省委对台工作会议、省委常委会议和习近平总书记在《告台湾同胞书》发表40周年纪念会上的重要讲话精神，听取昆明市贯彻意见建议的汇报，研究部署昆明市对台工作。召开2019年市委对台工作会议，传达中央、省委对台工作会议及省委常委会主要精神，总结工作，分析当前台海形势，安排部署全年全市对台工作任务，推动中央、省委、市委关于对台工作重大决策部署的贯彻落实。

加强党对对台工作的领导，调整充实对台工作领导小组成员单位，增加9个部门为对台领导小组成员单位，截至2019年年底，共有成员单位38家。市领导亲自指导、参与对台工作，对重大对台工作和活动严格审核、亲自把关，确保对台工作安全、稳慎、有序开展。省委常委、市委书记程连元召集常委会专题研究对台工作并提出工作要求，对应邀赴台交流工作、研究出台昆明市惠台政策、澎湖交流团来昆交流等重大专项对台工作做出明确批示，出席“云台会”开幕；市人大常委会主任拉玛·兴高亲自陪同台湾生物医药健康考察团来昆考察；市委副书记、市长王喜良会见澎湖县县长率队的交流团，洽谈两地交流合作；市委常委、市委统战部部长杨丽，市委常委、副市长胡宝国参加各类涉台活动。

【深化人文交流】 昆台交流往来持续深入。全年共组织22个团组243人赴台交流，邀请接待台湾来昆交流团组14个，计258人。来昆交流团组包括“云台会”期间澎湖、台中等各类重点交流团组及台湾基层人士代表团、台湾嘉义南新小学儿童乐园等。

昆明与澎湖交流取得突破。认真做好澎湖县县长赖峰伟、马公市市长叶竹林率队来昆交流各项工作，促成昆明市与澎湖县签署友好交流合作备忘录，涉及经贸、文化、旅游、电子商务等领域。组织昆明市大健康产业交流团等团组到澎湖开展交流活动；首次组织“昆明市宗教交流团”赴澎湖参加紫微宫10周年宫庆系列宗教文化交流活动；推动澎湖县组织台湾精品入驻“永不落幕的南博会”项目落地有效，推动合作备忘录的落实。

打造昆台交流品牌。首次在全省开展“昆台一家人”台湾学生入住昆明学生家庭体验式交流活动，促成春城小学、红旗小学与台湾嘉义市南新小学缔结姊妹学校。持续深入开展以“春融同心·两地抒情”为主题的昆明市涉台教育进校园暨昆明“两岸一家亲”（第二届）作文大赛活动，活动得到两岸学生的积极响应，共收到来自昆台两地146所学校5814篇作文，其中212篇优秀作文获奖。本届活动参赛规模、数量、质量都较上一届有较大提高，彰显昆明涉台宣传的特色，较好促进两地学生的交流与融合。继续开展第16届“两岸青年七彩云南联谊活动周”两岸青年文化交流活动和两岸青创论坛等活动，来自昆台两地23所大中小学34名师生参加活动。

深化港澳交流联谊。加强港澳青年对祖国的了解、认同，促进港澳人心回归。2019年，共接待香港、澳门7个交流团组160人来昆交流考察，包括学生、青年、高级公务员及慈善机构等，交流内容包括青创、文化、环保治污、规划、社区、扶贫助学等。组织昆明市30名青少年学生赴香港和澳门开展为期七天的“青春启航·逐梦港澳——2019昆港澳青少年夏令营”交流活动，进一步深化拓展青少年文化交流主题活动、拓展海外工作，搭建起昆港澳三地青年深度交流的平台，打造昆明青少年文化交流“走出去”的活动品牌。

【深化昆台合作】 助推经济发展，服务招商引资工作。邀请和接待台湾大健康、文创、水环境治理等专业团组来昆交流，陪同台湾行业协会和公司企业实地考察投资项目。通过实地考察、为项目协调服务、召开交流座谈会等方式，洽谈合作，推动昆台产业合作。

发挥涉台经贸会展作用。圆满完成“商洽会”“云台会”期间各项工作任务，重点做好澎湖县长赖峰伟和台中市副市长令狐荣达率队的交流团来昆考察交流，促成昆明市与澎湖县签订《昆明澎湖友好交流合作备忘录》，努力推进澎湖县组织台湾精品入驻“永不落幕的南博会”项目，签订合作协议，开展场馆装修、特色产品征集及澎湖形象展示，并于2019年12月正式开馆。做好“商洽会”台湾馆参展企业的服务工作，2019年“商洽会”台湾馆共150家企业448个展位参展，做好省、市领导到台湾馆参观指导工作和参展企业协调服务工作，通过展会平台，积极主动开展招商引资工作。

配合省台办做好第八届“云台会”相关工作，承接好“云台绘——云南重彩画暨云台艺术家联展”“东西部台协会长交流论坛”“云台文化创意产业合作论坛”“云台青年企业家创业创新分享对接会”等一系列活动，参加云台会的台湾嘉宾，走进昆明感受“春城”的历史与文化，感受昆明在建设国际性区域中心城市和建设面向南亚东南亚辐射中心等方面所带来的巨大机遇，为昆台经贸交流提供广阔的空间。6月26日，昆明至台中直航航线开通，昆台两地“一日生活圈”形成。至此，昆明至台湾直飞航班达到每周10个班次，做到每天都有航班往返，有力促进昆台两地开展经贸合作及人员往来。

认真落实惠台措施。深入贯彻落实中央“31条”“26条”和省“75条”惠台政策措施，牵头协调市级相关部门共同研究昆明市落实“75条”惠台措施的具体内容，广泛征求全市各部门意见，初步形成《关于促进昆台经济文化交流合作的若干措施》，待市政府常务会审议通过正式实施。与市招商委共同出台《关于进一步加强对台招商引资工作的意见》，助推昆明市加快建设区域性国际中心城市。

推动基地建设发展。积极推进台创园发展，协调督促各部门落实台创园项目扶持资金1620万元，同时，向省台办报告、协调省农业厅研究出台省级支持台创园发展的优惠政策。在原有11个涉台基地基础上，积极服务推动云台文化青创中心暨两岸书院成立并授牌，打造昆台两地文化交流的青创平台。截至2019年底，共有12个涉台基地平台，分别为3个国家级海峡两岸交流基地、4个省级海峡两岸交流基地、5个青年创业就业基地。对基地进行走访调研，与基地共同研究建设发展，依托基地开展书画展、庆祝新中国成立70周年活动、昆台女性生活艺术分享交流会、台湾人在云南公益讲堂、多肉DIY等各类涉台文化交流活动。

【凝聚思想共识】 强化政治意识。深入学习贯彻习近平总书记在《告台湾同胞书》发表40周年纪念会上的重要讲话精神。将习总书记重要讲话精神，作为当前和今后一个时期对台工作的首要政治任务，在各类会议、培训、学习活动中开展学习研讨，进一步增强党员干部的使命感、责任感；同时，利用媒体平台、走访调研、与来昆交流台湾团组交流座谈等方式在台胞台属中广泛宣传学习，在台商台胞台属中宣传“两岸一家亲”理念，鲜明宣示坚持一个中国原则、坚决反对“台独”的立场。

打造涉台宣传品牌。举办“不忘初心跟党走　同心共筑中国梦——昆明市台胞台属庆祝中华人民共和国成立70周年活动”，昆明市台胞台属代表和社区群众500余人参加活动，筑牢台胞台属实现祖国统一共圆复兴中国梦思想基础。

强化宣传阵地建设。邀请全国知名教授来昆明举办台海形势讲座，分析两岸关系发展形势，及时传达中央、省委对台工作新精神、新要求；通过对对台工作对象、台资企业、涉台基地、14个县（市、区）对台工作部门的走访调研，撰写《加快促进昆台两地融合发展的建议》调研报告。编制昆明市各类工作信息52篇，及时报送省台办、省委统战部，在“春融微语”“昆台两地情”微信公众号、《都市时报》“一点关注”及时发布各类港澳台工作信息500条，微博1223条，共有15篇工作信息被中央、省委统战部和省台办采纳，提高对台工作的知晓率和影响力。

【提升服务质量】 围绕中心，服务大局，认真贯彻落实各项惠台政策措施，依法依规调处涉台投诉信访案件，维护台胞台商台属合法权益，以“真心、诚心、爱心”服务台胞台商台属，将争取台湾民心工作落实到具体服务中。深入基层和台资企业，开展走访调研活动，2019年春节前，市台办、市台联组成慰问组，走访慰问14个县（市、区）109户困难台胞台属及涉台重点工作对象，发放慰问金5.60万元。走访调研部分在昆台资企业，了解企业生产经营情况，听取台商台企意见建议，帮助解决问题困难，为台商在昆发展增强信心。妥善解决台商投诉，引导台企合法守法经营，为维护在昆台商台胞台企的利益发挥积极的作用。全年共接待群众来电、来信、来访及网上投诉30余件，立案20件，办结19件，办结率95%；为台胞台属办理子女入学、中考加分、出具台胞台属关系证明等服务件32件，办理率及满意度达100%。

【汇聚同心力量】 服务指导台协会工作。依托工作平台，指导台资企业协会开展活动，通过各种渠道向在昆台商宣传“75条”惠台措施，引导台商为昆明经济建设发挥作用；邀请台协会理监事参加重点交流活动和大型展会活动，加强与全国各地台协会及岛内台商的沟通交流，充分发挥昆明台湾同胞投资企业协会的平台作用。推荐5位在昆台企代表列席市政协第十三届委员会第二次会议，积极参政议政。组织23位昆明市台商台胞台属参加涉侨涉台涉外女企业家培训班，提升台企女干部素质。昆明台资企业协会会长勤彭蓁获“全国巾帼建功标兵”称号，台胞董美珍获“全省巾帼建功标兵”称号，台资企业川达食品有限公司获“全国巾帼文明岗”称号，昆明统一食品有限公司被授予云南省2019年绿色食品“10强企业”称号。

积极参政议政。充分发挥台联优势，汇集才智参政议政，助推昆明经济社会发展。在昆明市政协十三届委员会第三次会议上，市台联提交21件提案。其中：集体提案12件，个人提案9件。内容包括经济发展、环境保护、产业发展、人才引进、食品安全、农业农村建设、困难群众生活保障等方面，积极为昆明的改革、建设和发展建言献策。加强调研，积极上报社情民意59件。其中：向省政协反映社情民意2件，反映民生民情，得到市委、市政府分管领导的重视。发挥优势，汇集力量，动员台胞台属成立课题调研组，紧扣全市经济社会发展大局，围绕昆明市康养产业发展、特色小镇建设、智慧型生态城市建设、社会志愿者服务、公共卫生服务体系建设、历史文化传承等市委、市政府关注的重大问题进行研究，完成15篇调研课题，其中1篇为重点调研课题。

创建台胞台属公益服务站。在2018年五华区翠湖社区和盘龙区桃源社区率先建立云南省首个“台胞台属公益服务站”的基础上，2019年，继续在官渡区永胜路社区、五华区水晶宫社区、盘龙区状元楼社区开展创建活动。以创建活动为抓手，把对台工作延伸到基层社区，截至2019年底，全市共有5个台胞台属公益服务站。通过台胞台属公益服务站，调动社区党员、群众和台胞台属共同开展“爱护地球·从我做起”环保宣传活动、“不忘初心跟党走，诵读经典庆七一”主题党日活动、创建全国文明城市活动、建立“关爱社区困难家庭”帮扶档案等工作，聘请台胞台属为环保监督员、垃圾分类宣传员等，让社区台胞台属积极参与到社区管理及社区建设中，创新探索开展“春融同心·两岸一家亲”昆明市台胞台属社区服务系列活动，进一步凝聚共识、汇聚力量。

【加强自身建设】 加强作风建设。扎实开展“不忘初心、牢记使命”主题教育，认真落实领导班子主体责任和一岗双则，推进党风廉政建设责任制的落实。严格按照《因公赴台管理规定》开展赴台交流报批工作，认真做好全市应邀赴台交流团组赴台行前培训工作，切实做好“防渗透、防泄密、防策反”工作，严格落实“六严禁”要求，做好防范各类风险的工作预案，确保赴台交流团组政治安全。严格按中央八项规定和对台工作相关政治纪律、工作纪律开展昆台两地双向交流活动。深入调查研究，在机构改革中两次深入细致调查各县(市、区)对台工作机构设置、人员、经费等情况，及时将收集整理到的情况汇报省台办、国台办，积极争取上级部门的关心和重视。

提升干部队伍素质。举办“2019年昆明市涉台工作干部培训班”，全市对台工作领导小组38个成员单位，14个县(市、区)委统战部、台办，4个国家级、省级开发(度假)区、石林台创园，市委党校、昆明学院分管领导及相关人员共68人参加培训，培训采取邀请厦门大学、云南大学、市委党校等专家及省台办领导专题授课，与到“一文一武一园区”三个国家级海峡两岸交流基地现场教学相结合的方式进行，内容涉及习近平新时代中国特色社会主义理论、当前国际局势与两岸关系走向、国家安全与涉台保密工作、涉台宣传等方面的知识，提升昆明涉台工作干部及相关人员的素质和水平。

完成机构改革任务。机构改革后，市台办整体并入市委统战部，成为统战部内设机构，原市台办由3个职能处室合并为2个处室，分别为港澳台工作处、台湾事务工作处，新增港澳工作职能。职能涵盖港澳台交流交往、赴台审批、港澳台学习教育宣传培训工作、统战系统外事、全市对台经济工作，涉台投诉协调服务、维稳、市台联干部队伍建设等，2个处室既有分工，更有协调配合，确保工作延续不断。

【助力脱贫攻坚】 2019年，扶贫工作围绕“两不愁三保障一达标”目标，坚持以“党建扶贫双推进”，市台办、市台联“挂包帮”“转走访”定点扶贫禄劝县马鹿塘乡普福村、东川区阿旺镇鲁纳村，开展精准帮扶工作。

履行脱贫攻坚主体责任。出台《昆明市台湾同胞联谊会引导所联系的社会各界组织(个人)参与脱贫攻坚对口帮扶工作方案》，建立扶贫志愿者队伍。以“抓党建带扶贫，抓产业促发展，发挥优势助脱贫”的思路，以精准帮扶为主要手段，以建档立卡户贫困户为主要对象，以村组干部和工作队为主要依托，“党建扶贫双推进”取得实效。结合村实际，因地制宜，发展特色产业扶贫，以国家产业政策为依靠，从高原特色产业入手，立足资源区位优势，大力发展特色种植。把“抓特色、建示范、调结构、促增收”作为农业工作的突破点，以农民增收为主线、结构调整为突破、产业发展为支撑，按照“村有特色、户有项目”的要求，因地制宜，大力发展特色优势产业，促进贫困农户稳步增收。全年向2个挂包村投入资金共80余万元。

脱贫攻坚工作取得实效。鲁纳村在2019年2月和7月的云南省和国家对贫困县退出第三方评估检查工作中，2次均被抽检。抽检结果显示，扶贫工作圆满实现零漏评、零错退和零复核的“三零”高质量脱贫目标，为禄劝县、东川区、昆明市和云南省的脱贫摘帽做出积极贡献。

2019年，市台办获批为第二批全市民族团结进步创建示范先进单位。

(市委统战部)

军 事

编辑：陈智容

昆明警备区

【概况】 2019年，警备区各级深入学习贯彻习近平新时代中国特色社会主义思想和习近平强军思想，始终坚持“突出党建，聚力备战，强化主责，打牢基础”的工作指导，扭住根本，抓住重点，守住底线，埋头苦干，精抓落实，年度各项工作任务稳步推进，保持安全发展的良好态势。

2019年4月，昆明警备区组织民兵进行投弹训练考核 （昆明警备区 供稿）

【思想政治建设】 制定《贯彻落实军委主席批示指示督办落实暂行规定4项工作措施》，详细列出需要向上级报告的事项。贯彻全军党的建设会议精神，深入推进“四个不纯”“七个弱化”问题台账整治。扎实开展“不忘初心、牢记使命”主题教育活动，取得明显成效。分层次、分批次抓好军委基层建设会议精神的学习。围绕“四个带头”，突出“五个检视”，2次召开师团党委民主生活会。4次组织党委理论学习中心组带机关学习活动，2次组织团以上干部参加省军区培训。按规定动作抓实“传承红色基

2019年度云南省新兵出征仪式（昆明警备区 供稿）

因、担当强军重任”主题教育活动。统筹推进政治纪律、“四反”专题教育和形势教育，跟进抓好集中轮训民兵的思想政治教育。广泛开展向王继才、张富清同志学习活动。开展庆祝新中国成立70周年系列活动，拍摄昆明红色资源专题片，承办云南省首个大型军营开放日活动，协调驻昆部队开展“赞颂辉煌成就、军民同心筑梦”主题国防教育。赴寻甸柯渡红军长征纪念馆、六甲烈士陵园等地，集中组织开展主题党日活动。干休所“三老”“三真”主题实践活动丰富多彩，扎实有效。

【备战练兵】 制订《贯彻落实中央军委军事工作会议精神，聚力推进备战打仗工作实施计划》。修订非战争军事行动方案，制定印发《战备值班规范》，2次组织值班业务培训。常态组织人武部应急连拉动点验。落实首长机关“训练周”制度，按要求完成民兵训练任务。严格组织半年和年终军事训练考核，建立个人、单位军事训练档案。开展“二分之一”轮训，组织民兵教练员强化训练，开展民兵军事大比武。抽组的参谋人员和民兵分队在省军区群众性练兵比武活动中取得综合第一的好成绩。

【提升国防动员质量】 建立党管武装工作考评机制，组织全市党管武装工作考核，及时抓好党管武装工作考核暴露问题的整改。深入14个县（市、区）、70多个乡镇（街道）开展民兵集中点验，确保民兵调整改革工作落地落实。10月21日，迎接军委国防动员部民兵调整改革检查考评，总评成绩优秀。完成3万余条国防动员潜力数据统计更新工作。出动军训教官完成12万人的学生军训任务。组织精干力量进入50所大专院校进行国防教育、征兵宣传，社会反响较好，出色完成年度征兵任务，征兵“五率”排名全省第一。

【提高基层建设水平】 先后组织国防潜力调查、征兵业务和保障业务培训10余次。完成专武干部资格认证。加强民兵应急分队建设调研，制定《民兵应急营（连）部规范化建设标准细则（试行）》，民兵应急分队建设规范成果被省军区转发。定期召开安全委员会和保密委员会会议，坚持每季度分析安全形势、组织安全工作讲评，扎实开展“百日安全活动”，严密部署“迎国庆、严管理、保稳定”活动。

【增强综合保障能力】 组织官兵健康体检，建立完善干部健康档案，协调920医院为现役转改文职人员及其家属开设绿色就医通道，将玉溪点3名老干部纳入地方医疗保障。多次保障

省军区组织的培训和群众性练兵比武竞赛活动。进一步规范干休所集中帮带、走访、医疗服务保障和伙食保障工作等制度。出色完成上级赋予退役报废轻武器销毁试点任务。

【正风肃纪】 全盘认领巡视巡察反馈问题，2次召开常委会审议整改方案，2次召开推进会分析工作形势，集中2天时间组织作风纪律教育专项整顿。从严抓好财务清查整改，研究制定《经费结算报销补充规定》，进一步规范财务管理秩序。扎实推进军队停止有偿服务后续工作，警备区停止有偿服务工作受到全军表彰，保障处被全军评为先进。

【参建参治工作】 全力支持创建全国文明城市，争创全国双拥模范城，建设美丽营区，参与扫黑除恶斗争，促进民族团结，高原湖泊保护治理等工作。对照《军队参与脱贫攻坚工作检查考评办法》，主动作为，寻甸县挂钩扶贫点脱贫成果巩固较好，得到省军区定点帮扶工作专项检查督导考评组的一致好评，成绩评定为优，禄劝县人武部被表彰为云南省脱贫攻坚先进单位。积极服务全市退役工作，2019年转业干部全部按时离队报到，圆满完成3名退休干部移交地方工作，政治工作处被表彰为省退役工作模范单位。

（昆明警备区）

武 警

【概况】 中国人民武装警察部队昆明支队，1950年4月由中国人民解放军第二野战军第四兵团留守处警卫连全连与原保安警察大队合并改编组建。2005年6月，由原昆明市支队、东川区支队与原第一支队、第三大队和第五中队合并整编组建旅级支队。2018年1月1日零时起，支队紧跟武警部队指挥体制调整改革步伐，启用新番号为中国人民武装警察部队昆明支队，主要担负昆明市党政机关、重要目标安全警卫和昆明地区的守卫、看守、看押、城市武装巡逻、处置突发事件等任务。

【思想政治建设】 年内，按照总队党委、支队党委部署要求，坚持用理论武装管方向，用主题教育管根本，用经常性教育管品格，用随机教育管行为，不断激励广大官兵更加紧密地团结在以习近平同志为核心的党中央周围，以实际行动当好维护昆明地区社会稳定的“压舱石”，坚决完成党和人民赋予的各项任务。

【支队党委全体（扩大）会议】 1月19～20日，支队召开党委一届三次全体（扩大）会议。传达学习武警部队党委三届二次全体（扩大）会议、总队党委四届三次全体（扩大）会议主要精神，总结分析2018年度部队建设形势，研究部署2019年度工作任务。支队党委书记、政治委员孙伟明代表支队党委做题为《牢固确立习近平强军思想根本指导地位，加快建设与“核心区”地位相适应的一流支队》工作报告。党委副书记、支队长陈志刚代表支队党委围绕《坚持“五个扭住”固本强基，为建设一流支队提质增效提供坚实基础》做重要讲话。纪委书记、副政治委员杨红智做纪委工作报告。

7月19日，支队召开党委一届四次全体（扩大）会议传达学习总队党委四届四次全会精神，分析上半年部队建设形势，谋划下半年工作任务，明确工作需要重点把握的问题。支队党委书记、政治委员孙伟明代表党委常委做题为《牢固确立习近平强军思想根本指导地位，努力建设全面发展全面过硬的一流支队》工作报告。党委副书记、支队长陈志刚围绕“充分认清形势，狠抓工作落实，持续稳步推进一流支队全面建设”做重要讲话。

【执勤战备】 严格“十六字”执勤思路，治理执勤隐患，稳步实施“智慧磐石”工程建设，有效提升执勤设施“五防一体化”建设水平。以维护昆明社会稳定为主线，突出扫黑除恶行动，重点加强社会面巡逻管控和火车站、高铁站武装驻守警戒。强化战备训练演练，组织加强防暴器材操作使用、处突队形、紧急出动等课目训练演练，加强人装结合、班组战术、反袭击、反劫持战斗等课目训练演练，全面提升备战打仗能力。2019年，圆满完成敏感期战备维稳、执勤安保和要点驻守、武装押解、武装押运等临时勤务240余起。

【后勤建设】 严格执行后装法规和经费物资使用管理制度，提升后勤管理科学化、法治化、精细化水平。扎实开展“岗位大练兵”活动，持续加强“一组五队”保障模式训练，重点抓好“六支队伍”建设，有力提升后勤保障能力。深入开展医疗巡诊、装备巡修、营具巡检等下基层活动，进一步提升服务保障效能。

【军地兵力对接工作】 2月24日，昆明市政府与支队召开军地兵力对接工作会议，贯彻落实习主席重要指示，构建军地联动新格局新目标，研究协商军地对接具体工作。就2019年全市武警执勤目标“智慧磐石”工程建设工作进行协商。

【抢险救援】 2月16日12时36分许，昆明市安宁市青龙镇邑旧村发生森林火灾。支队出动兵力和车辆进行救援，累计运水30余吨，扑打余火400余处，清理烟点600余处，值守火线3千米，圆满完成任务。

5月13日12时57分，昆明市安宁市八街办事处五岳村委会小五岳村后山突发森林火灾。支队出动兵力和车辆进行救援，累计运水35吨，清理火点460余处，烟点600余个，值守火线约3千米，圆满完成任务。

【巡逻勤务】 紧盯“四区两场七站一

线”，织严织密巡逻网络，构建“网格交叉，全域覆盖”的立体防控部署。常态担负联勤武装巡逻任务；元旦、春节、中秋、国庆等法定节假日及“六四”“7·5”等敏感期启动加强部署，加大全市巡逻力度密度，提高街面见警率和碰撞率，有效震慑和打击不法分子。全年累计出动3万余名兵力。3月22日，支队执勤一中队南部客运站巡逻组及时有效救助一名突然晕厥男性乘客；10月3日，支队晋宁中队巡逻官兵在担负晋宁区国庆安保武装巡逻任务期间，协助公安机关成功抓获2名涉案在逃人员；10月24日，支队执勤一中队北部客运站巡逻组成功处置一起企图持刀砍人事件；12月12日，支队执勤十二中队巡逻组哨兵配合铁路公安成功处置一起火车站治安事件。

【安保工作】 6月12～18日，2019南亚东南亚国家商品展暨投资贸易洽谈会在昆明举行。支队出动兵力协助铁路安检、公安民警查缴管制刀具、易燃易爆液（汽）体等管制物品1500余个，抓获违法犯罪人员3人，圆满完成任务。

7月26日，支队出动兵力和车辆，圆满完成“2019年中国石林国际火把狂欢节”现场秩序维护任务。

【扶贫工作】 2019年支队协调总队医院开展巡诊2次，送药及医疗用品价值约5万元，协调地方民营医院开展医疗巡诊1次，送价值约2万元药品。与对口扶贫单位东川区大地坡村签订《“助学、助教、助农、帮建支部”活动协议》，定期与移民新区铜源社区举办“文化进农家”图书捐赠活动；协调东川移民新区共同建设红色书屋，面积约20平方米，协调滇东老兵公益团队捐赠400余册党建书籍及学习用品，价值5万余元。

【荣誉获奖】 1月2日，支队召开军事训练表彰动员大会，参谋长董树才宣读《表彰通令》，支队长陈志刚、政治委员孙伟明，副支队长李华建、副政治委员杨红智、参谋长董树才为军事训练先进个人颁发证书和奖章。政治委员孙伟明就抓好2019年实战化军事训练工作动员讲话。

1月20日，支队召开2018年度表彰大会，对在部队建设和完成任务中做出突出贡献的先进单位和先进个人进行表彰奖励。

年内，受到武警部队表彰的先进单位和个人：教导队被评为“一级教导队”，昆明支队副政治委员杨玺获得“中国武警新闻奖”，教导队蔡成龙被评为武警部队优秀军事教练员。

受到总队表彰奖励的单位：支队被评为“新闻宣传先进单位”；政治工作部被评为“先进政治工作部”；保障部被评为“先进保障部”；执勤二大队、执勤四大队被评为基层建设先进大队；机动一中队被评为基层建设标兵中队；执勤二中队、执勤七中队、执勤十二中队、执勤十四中队、昆明中队、五华中队、机动一中队、特战中队、警勤中队9个中队被评为基层建设先进中队；执勤二中队、安宁中队、执勤七中队、执勤九中队、执勤十二中队、呈贡中队、石林中队、执勤十四中队、嵩明中队、五华中队、昆明中队11个中队被评为正规化执勤优秀中队；执勤十二中队二班被总队记集体二等功。

受到总队表彰奖励的个人：特战中队吴金浩被评为年度“强军先锋”；呈贡中队叶皓被评为十佳“四会”政治教员；警勤中队吴绍健被评为新闻宣传先进个人；宣传科影视放映员叶熙被评为基层文化建设先进个人；保卫科干事尹雪萍被评为心理服务先进个人。

参加总队比武竞赛和集（培）训获奖单位：支队在“巅峰”比武中获得团体第二名，在侦察比武竞赛中获得团体第三名，在后勤专业兵比武中获得团体第六名、运输专业第一名。

参加总队比武竞赛和集（培）训获奖个人：机动大队付杰在参谋业务比武中获个人第一名；特战中队吴金浩在“巅峰”比武中获个人全能第二名；军需营房科科长董志敏被评为“全面停止有偿服务工作”先进个人；机动大队驾驶员普江涛、执勤二大队驾驶员计福鳞、执勤一中队驾驶员杨雪伟被评为红旗车驾驶员标兵；供应保障中队军械保管员朱浩帆、机动一中队军械员张永涛、宜良中队军械员杨华元被评为优秀军械保管员、军械员。

（钟殿龙）

人民防空

【组建昆明市人民防空专业队伍】 按照组织健全、规模适当的要求，制订《昆明市人民防空专业队伍组建实施方案》，经昆明市人民政府和昆明警备区批准，整合全市各有关部门专业队伍力量，组建抢险抢修、医疗救护、消防、治安、防化防疫、通信、运输、信息防护、心理防护和伪装设障10支专业队伍，不断提升人民防空遂行“战时防空、平时服务、应急支援”职能使命的能力。

【《昆明市人民防空方案》修订】 经市政府常务会议审议通过《昆明市人民防空方案》，成立昆明市人民防空领导小组，作为战时人民防空斗争的领导机构，明确军地职能职责，明确政府各相关职能部门在防空袭斗争中的职责和任务，建立和完善指挥协同机制。指导全市14个县（市、区）完成《昆明市人民防空方案》的修订，报省人防办备案，为战时防空袭斗争提供指导和行动依据。

【重要经济目标防护】 完善重要经济目标防护工作实施方案，与各重要经济目标单位建立工作联系机制，组织1期县（市、区）重要经济目标分类分级和昆明市一、二级重要经济目标单位的防护工作培训，完成县（市、区）重要经济目标进行分类分级，指导昆

明市一、二级重要经济目标单位制订防护方案。

【基础设施防护】 把握昆明市近年来地铁建设契机，严格落实基础设施兼顾人民工程建设要求，对地铁4号线、6号线二期、2号线二期、1号线西北延、5号线开展人防工程质量监督管理工作，以地铁为主要连通干道推动城市地下空间连片成网。地铁兼顾人防工程竣工面积达到95万平方米，同德广场、恒隆广场等项目的防空地下室与地铁已实现连接，在建地铁兼顾人防工程项目150万平方米。

【培训拉练】 按照国家人防办印发的《人民防空训练规定》和《人民防空训练与考核大纲》要求，组织全市人防系统开展体能、军事技能、业务技能训练。组织开展昆明市人防系统综合培训，全市人防系统参加培训。邀请业内知名教授、学术带头人、军校教官进行授课和训练，训练内容包含业务技能和军事技能、体能，有效提高人防队伍履行使命任务的能力。组织14个县（市、区）开展野外通信拉练，提高通信专业队伍保障能力。落实行业管理责任，组织防空地下室使用维护管理单位开展业务培训3次，完成公共人防工程消防安全培训2次、演练1次，组织昆明市一、二级重要经济目标单位开展防护工作培训1次，组织人防工程建设、监理单位开展业务培训2次。

【人民防空演习】 按照省国动委和省人防办下达的任务和要求，市人防办党组专题研究部署昆明市承担的临战疏散任务，制订演练方案，明确演练任务。按照保存战争潜力，保障正常生活的要求，选取捞鱼河湿地公园为人防疏散地域，设置安置区域，搭建36顶安置帐篷，组织社区民众、机关、企业280余人开展临战疏散，积极协调对接公安、消防、卫生防疫、社区等相关单位承担演练任务，全过程、全要素、全方位展开防护行动。通过演习提高信息化条件下指挥人员的谋划决策、应急应变、协调控制和信息保障能力，进一步提高全办人员履行“战时防空、平时服务、应急支援”使命任务的能力，被省人防办评为先进单位。

【审批制度改革】 严格落实优惠政策，审核减免收费2513万元，切实减轻企业负担。审批业务纳入全省政务服务中心和云南省投资项目监管平台，进一步规范管理。制定《关于进一步明确人防工程建设项目审批责任清单的通知（试行）》，进一步压缩内部审批时限，取消领导审批环节，提高服务群众的水平和效率。落实工程建设项目审批制度改革任务，积极推进人防施工图联合审查和人防工程联合验收。应用云南省工程勘察设计系统落实人防施工图联合审查，拟订《昆明市防空地下室施工图审查技术指引》《昆明市人防工程测绘技术规程》，规范事中、事后监管工作。完成“昆明市人防工程建设管理平台”的完善升级工作。实现昆明市人防工程项目审批、监管、验收网上办理，切实做到“信息多跑路，群众少跑腿”。9月份“平台”升级和完善工作通过省人防办领导及专家验收，得到省办领导的表扬。

【依法行政】 加强执法主体和执法人员资格管理，严格实行行政执法人员持证上岗和资格管理制度，坚决杜绝无执法资格人员上岗执法。制定并严格落实《行政执法全过程记录实施细则》《行政执法公示实施细则》《重大行政执法决定法制审核实施细则》3项制度，并使用“昆明市人防工程建设管理平台”对行政执法实施信息化管理和权力运行监督，行政执法实现全过程可视，全过程留痕，做到倒查有据，让权力在阳光下运行。2019年，共对174个项目进行817次现场执法和质量监督检查，对在建项目的执法监督率达到100%，下达行政执法文书12份。确保防空地下室“应建尽建，应收尽收”，修建防空地下室的程序、规模、标准、质量符合国家、省和市有关行业建设的技术规范标准。

【主题宣传活动】 2019年9月18日组织开展全市防空警报试鸣工作，警报鸣响率达100%，“9·18”防空警报试鸣工作圆满完成。结合防空警报试鸣，深入开展主题宣传活动，通过报纸、网站、手机短信发布鸣放警报公告和信息，制作宣传视频在“七彩公交”反复播放，利用《昆明日报》刊登整版信息，宣传人防知识，组织师大附中呈贡校区、呈贡区第一中学等学校开展防空疏散演习，通过多种方式加大宣传力度，提高群众国防意识和自救互救技能，为人防发展营造良好氛围。

【宣传教育】 按照昆明市《关于推进人民防空宣传教育五进工作的实施意见》，深入开展人防知识宣传教育进机关、进学校、进社区、进企业、进网络的“五进”工作。在市级行政中心综合楼广场搭设展板，开展人防知识宣传进机关活动；持续推进人防知识宣传教育“进校园”试点工作，在呈贡区第一中学、昆明市第三中学、云南师范大学附属中学等学校，扎实开展“九个一”人民防空知识宣传教育活动；在云南民安人防设备有限公司开展人防知识宣传活动；充分发挥网络优势，进一步办好人防办门户网站和人防办官方微博；开展示范社区建设，在主城5个区建立6个人防宣传教育示范社区。开展5次进社区宣传活动。全年发放人防救援包600余个，宣传布袋6000余个，宣传手册7000余册，宣传笔7000余支，通过形式多样的宣传，扎实推进“五进”工作。

（市人防办）

法治

编辑：陈智容

综述

【维护社会大局稳定】 2019年，聚焦新中国成立70周年大庆安保这一主线，坚持细致精致极致的工作理念，按照“五个坚决防止、四个确保”目标要求，全警动员、部门联动、专群结合，投入安保警力3.20万人，实现新中国成立70周年大庆安保昆明战场全胜完胜。坚决打好政治安全保卫仗、风险化解攻坚仗、严打犯罪主动仗、公共安全治理仗和社会防控整体仗“五场硬仗”，完成中泰数字经济部级对话、上合马拉松、商洽会等390项1219场次重要会议和大型活动的绝对安全。紧扣反渗透、反颠覆、反分裂斗争，推进人民防线工作体系化制度化规范化建设，深入推进维护国家政治安全各项工作。依法维护宗教领域稳定，依法打击邪教违法犯罪活动，紧紧围绕“去存量、控增量、防变量”的总体要求，以破专案、打团伙、端窝点为重点，对邪教组织开展为期3年的整治攻坚战。加强民师、统招未分配大中专毕业生等涉众群体及互联网金融、房地产等领域矛盾排查化解，妥善处置“大棚房”清理整治等涉稳风险。制定昆明市网络安全监测预警与通报联动协作规范，对网络安全事件通报预警、联动处置、会商研判等进行规定，网络安全事件监测预警和应对处置能力大幅提升。

【多元化解矛盾纠纷】 坚持和发展“枫桥经验”，2019年1～10月调解矛盾纠纷55810件，成功55425件，成功率达99.31%，协议涉及金额54731.73万元；持续开展人民调解参与化解信访问题化解工作，全市人民调解参与信访问题化解1668件。牢固树立“预防走在排查前，排查走在调解前，调解走在激化前”的工作理念，推进“街乡吹哨、部门报到”机制，组织民警会同有关部门和基层力量全面排查涉及群众切身利益的资源纠纷、经济纠纷、劳资纠纷、房屋拆迁、土地征用、医患纠纷，排查矛盾纠纷2.90万余起，调解矛盾纠纷2.70万余起，调解率达95.30%；排查可能引发个人极端暴力犯罪或“民转刑”案件的矛盾纠纷4488起，调解4103起，调解率达91.42%。

【平安昆明建设】 深化新一轮巡逻防控体系改革，新增街面巡逻防控警力6000余人，社会面见警率、治安控制力和应急处置能力明显提升。加快推进“雪亮工程”建设，在社会面布建20万个探头的基础上，建成联网共享探头5.60万个，基本实现全域覆盖、全网共享、全时可用、全程可控。以

"风雷行动"和"大比武、擂台赛"为载体，开展打击传统"盗抢骗"犯罪、枪爆违法犯罪、涉黄涉赌、命案侦防、"云剑""昆仑"等多个专项战役，2019年，全市刑事警情、命案数、八类暴力案件等9个发案指标全部实现同比下降；110"两抢"警情实现132天"零接报"，1223个物业服务小区实现"零发案"。狠抓易制爆、剧毒等危险化学品等重点物品安全监管。严格落实寄递物流业3个100%安全制度，联动市邮政管理局建立"抄告处罚"机制。狠抓道路交通安全监管，实施"源头隐患清零、路面秩序净化、农村安全守护、宣传警示曝光、社会协同共治"五项行动，实现事故数、死亡人数、受伤人数下降；启动执勤执法站点建设，建成乡镇交管站123个，乡镇一级劝导站103个、二级劝导站1052个、三级劝导点67个，配置交通安全劝导员1488人，夯实农村道路交通安全基础。

【依法治市】 完成市委全面依法治市委员会第一次会议和市委全面依法治市委员会办公室第一次会议的组织协调工作。全面清理73件地方性法规，指导完成15件地方性法规、政府规章的修订、制定工作，遴选新一届立法基层联系点7个。全面推行行政执法"三项制度"，牵头起草《昆明市全面推行行政执法公示制度执法全过程记录制度重大行政执法决定法制审核制度的工作方案》，组织开展"昆明市依法行政示范单位"创建，确定培育对象38家，完成51家市级行政执法主体的清理公告工作。充分发挥法律咨政作用，完成市政府交办或部门转办的各类涉法事务304件。深入法治宣传，开展"法律六进"活动14次，"模拟法庭进校园"活动68次，"关爱明天、普法先行"2019年昆明市法律服务进校园活动375场次，复核评定市级"民主法治村(社区)"1216个。

【政法智能化建设】 坚持深化司法公开，依托昆明智慧法院建设，裁判文书全面上网、主动推送审判流程信息、在线直播庭审活动。稳固落实"智慧检务·昆明总体思路和初步建设方案"，全面部署智能语音识别系统，分类建设远程提讯室和远程科技法庭，逐步应用出庭一体化子系统、案件线索智能分析推送平台、刑罚变更执行智能辅助办案系统、阳光检务平台、智能移动检务平台等一批智慧辅助办案系统。公安大数据建设深入推进，以推进落实昆明公安科技信息化"145"工程为抓手，建成集侦查打击、情报获取、人员管控、警种应用、统计分析为一体的"129"大数据实战应用平台。全省首推跨部门涉案财物管理中心建设运用，对3500余件涉案物品、85辆涉案车辆集中保管，实现涉案财物"一站流转、一站查询、一站监督"。

【政法队伍建设】 深入学习宣传贯彻习近平新时代中国特色社会主义思想，坚持和加强党对政法工作的绝对领导。在《昆明日报》开辟"学习贯彻习近平新时代中国特色社会主义思想昆明政法见行动见成效"专栏，分19期进行宣传报道，掀起学习热潮。聚焦新时代政法工作实践性问题，确定11个重大课题开展调研，形成一批有价值的调研成果。分层开展政法领导干部专题培训班，带动政法系统积极参加政治培训，政法干警3.40万余人次参训参学。结合"不忘初心、牢记使命"主题教育，狠抓支部规范化建设，举办3期基层政法单位党组织书记培训班，280个支部完成规范化建设达标创建。扎实推进主题教育，增强政法队伍守初心、担使命的思想和行动自觉，干事创业、担当作为的精气神得到提振。深入开展政法队伍突出问题集中整治，组织革命传统教育69场次，典型案例警示39场次，专题调研36次，案件检视剖析37次，制定完善各类规章制度89个。组织开展清理"两面派""两面人"专项行动，严肃政治规矩和政治纪律，全面彻底肃清周永康、白恩培、秦光荣等流毒影响。加强政法队伍纪律作风建设，强化源头监督防范，建立民警重大事项风险排查制度。加强政法新媒体矩阵建设，探索组建政法网军，旗帜鲜明开展网络意识形态斗争，舆论引导能力不断提高。

（黄林芝）

社会治安综合治理

【概况】 2019年，昆明市紧紧围绕习近平总书记对政法工作做出的系列重要指示要求，深入贯彻落实中央关于深化平安中国建设的战略部署，按照着力一个提升(群众安全感提升)；坚持两个导向(问题导向和目标导向)；健全三个体系(社会矛盾纠纷多元化解体系、社会治安立体化防控体系、基层社会治理现代化工作体系)，深入推进平安昆明建设，为昆明经济社会高质量发展创造安全稳定的社会环境。2019年，全市"两抢"警情同比下降52.50%，刑事警情同比下降3.20%，群体性事件同比下降14.05%，群众安全感上升到94.09%，开创"三降一升"的良好局面。

【平安建设】 以贯彻落实《中国共产党政法工作条例》为契机，紧紧围绕推进市域社会治理现代化，昆明市率先在全省成立由市委主要领导任组长的平安建设领导小组，高位建立平安建设工作协调机制，成立11个专项工作组，负责牵头协调组织开展平安建设专项工作，配套建立领导小组及其办公室工作规则，健全平安建设责任制，完善平安建设考核、督导工作机制，全面提升平安昆明建设工作制度化、规范化、科学化水平。

【扫黑除恶专项斗争】 年内，以重点地区、行业、领域为突破口，以深挖彻查"保护伞"为关键点，以基层组织建设为着力点，共打掉涉黑组织17个、涉恶犯罪集团(团伙)101

2019年4月23日，中央扫黑除恶第20督导组督导昆明市工作汇报会召开
（市委政法委　供稿）

个，破获各类刑事案件2371件。立案查办涉黑涉恶腐败和“保护伞”案件260件，给予党纪政务处分198人，移送司法机关37人，查办一批涉黑涉恶“保护伞”案件，有效净化政治生态。通过开展扫黑除恶专项斗争，昆明市社会治安持续改善、党风政风持续好转、市场秩序逐步规范、基层基础更加牢固，得到中央督导组的高度肯定。

【健全矛盾排查调处体系】　健全完善矛盾纠纷排查调处工作协调会议纪要月报制度，加强对本地本部门矛盾纠纷排查调处工作情况的分析研判，建立考评联络制度，切实提高矛盾纠纷协调会议的针对性和实效性。推进大调解体系建设，推动行业性、专业性人民调解组织建设，全市共成立78个企事业单位人民调解委员会，94个专业性、行业性人民调解委员会，在法院公安信访等部门设143个人民调解委员会，创建30个个人调解室。2019年，人民调解共排查调处矛盾纠纷70043件，成功调处69606件，成功率99.38%；行政调解共排查调处矛盾纠纷15293件，成功调处13282件，成功率86.85%；司法调解、撤诉案件41500件。

【健全社会治安防控体系】　系统开展“打防管控”多个专项战役，2019年，全市110“两抢”警情实现超100天“零接报”。深化新一轮巡逻防控体系建设，构建市级反恐应急处突网、县级重点区域控制网、派出所基础防控网“三网叠加”巡逻防控网，保持每天巡逻防控警力5200余人，街面处警半径缩短至3.80分钟，重大敏感警情3分钟到达率保持90%以上。加快推进公共安全视频监控联网应用建设，全市各类联网视频监控超过5.80万个，各类交通场站、大型活动场所、交通节点等重点公共区域视频监控覆盖率达100%，学校、医院等重点行业单位视频监控覆盖率达80%，一般企事业单位、住宅小区以及一般部位、普通场所视频监控覆盖率正持续提高。坚持“专群结合、依靠群众”方针，整合辅警、治保调解、单位内保、社会保安、治安志愿者等力量15.40万人，构建“定点见红、全线飘红”的群防群治工作格局。为弘扬社会正气，倡导见义勇为，市政府对8名见义勇为先进个人和5个先进群体进行表彰奖励，共发放表彰奖励金97.40万元。创新开展病残吸毒人员收治管控工作，累计收治病残吸毒人员7318人，经验做法得到国家禁毒委和公安部在全国推荐，成为全国示范样板。

【健全基层社会治理体系】　大力推进基层平安创建活动，全市共命名“平安家庭”示范社区（村）557个、“平安校园”391所、“平安市场”117家、“平

2019年7月12日，市委书记程连元（中）率队到西山区金碧街道复兴社区调研社会治理工作
（市委政法委　供稿）

安小区”629个、“平安商会”77家，1223个物业服务小区实现“零发案”，有力推动积小安为大平安。持续推进网格化服务管理，全市18个县(市、区)、开发(度假、园)区共划定网格4584个，配备网格员7535人，网格化服务管理覆盖率达到100%。全面加强社会治安分色管理，以刑事警情、大规模集体上访、重大群体性事件、民事纠纷调解、安全生产事故5项指标为量化评分点，对全市乡镇(街道)按照“绿、黄、红”3种颜色区分等级并季度通报，全市治安状况良好的乡镇(街道)达90%以上。探索集人像比对、号牌识别、高清监控等为一体的智慧安防社区建设，建成智慧安防小区134个。推行“村级警务助理”工作机制，深入推进社区农村警务战略，在1685个行政村和社区配备警务助理1703人，通过强化基础管控、延伸服务触角，有力提升群众安全感和满意度。

（袁 芳）

公共安全保卫

【概况】 2019年，昆明市公安局在市委、市政府和省厅党委的坚强领导下，以习近平新时代中国特色社会主义思想为指导，深入贯彻落实党的十九届四中全会和全国、全省、全市公安工作会议及市委十一届六次全会等会议精神，牢牢把握新时代公安机关职责使命，以新中国成立70周年大庆安保为主线，以扫黑除恶专项斗争为统领，以“防风险保安全、解难题补短板、建体系勇争先”为工作思路，坚持“从被动应对到主动作为，从主动作为到牢牢把握工作主导权”两个转变理念，牢记宗旨任务、强化使命担当，有效维护全市政治安全和社会稳定，为昆明高质量推进区域性国际中心城市建设创造良好的环境。

【捍卫政治安全】 昆明公安始终把维护政治安全、政权安全置于公安工作首要地位，保持态度上的“零容忍”、思想上的“零懈怠”、工作上的“零差错”，坚决捍卫国家政治安全。紧紧围绕重大会议活动、节假日和敏感节点，启动战时情报研判等级和战时情报机制，广辟情报信息来源，实现情报引领下的精准决策、精细管控、精确打处。以重大专案侦办和专项行动为抓手，坚决打击境内外敌对势力内外勾连、策划非法聚集、策动“街头政治”等捣乱破坏活动。深挖打击境外宗教渗透和“法轮功”“全能神”等邪教组织活动，坚决遏制邪教滋扰破坏。牢牢绷紧反恐斗争这根弦，紧紧围绕“盯住人、把住口、管住房、看

2019年9月1日，云南省公安机关举行新中国成立70周年大庆安保誓师大会 （市公安局 供稿）

住物、守住点、控住面”六住目标，坚持“底数清、背景清、动向清”三清工作标准，对在昆关注人员背景进行全面摸底，提升精准管控效能。以出台的反恐怖主义工作责任追究制度、反恐怖工作责任制两个“责任制”和反恐怖工作领导小组成员单位职责任务清单、反恐怖职责任务清单两个“清单”为抓手，推动责任制地区化、行业化和部门化。

【维护社会稳定】 坚持和发展新时代“枫桥经验”，充分发挥公安机关职能作用，全力做好矛盾纠纷排查调处和风险防范化解工作，确保问题不积累、矛盾不升级、风险不扩散。树立“预防走在排查前，排查走在调解前，调解走在激化前”的工作理念，组织民警会同有关部门和基层力量全面排查调解涉及群众切身利益的经济纠纷、房屋拆迁、土地征用等各类矛盾纠纷，对因纠纷激化有闹事行凶报复苗头、可能铤而走险的重点人员及时开展稳控。

【110接处警】 2019年，市公安局110报警服务台接报警情193.40万起（日均5298起），有效报警130.90万起（日均3587起）。其中：刑事警情7.20万起（日均198起），治安警情7.30万起（日均199起）、交通事故20.60万起、灾害事故600起、受理警务监督投诉5538起。处警245.80万起。其中：群众求助57.90万起，调解矛盾纠纷18.60万起，走失寻人1.70万起，挽救自杀者1221人。接听办理12345市长热线9541件、96128电话46件。

【新中国成立70周年大庆安保】 全市公安机关将新中国成立70周年大庆安保作为2019年公安工作的主线，紧紧围绕“五个坚决防止、四个确保”总目标，以“践行新使命、忠诚保大庆”实践活动为载体，组织开展好政治安全保卫仗、风险化解攻坚仗、严打犯罪主动仗、公共安全治理仗和社会防控整体仗“五场硬仗”。认真贯彻落实“四不措施”“八个一抓到底”“五个一律”“五个渐次”“五个表率”工作部署和“七个机制、一个要求”战时勤务模式，以昆明稳定促全省全国和首都安全稳定为己任，举全警之力，集全警之智，周密部署、精心组织、全力以赴、狠抓落实，圆满完成安保维稳任务，实现各项安保工作万无一失。在国庆期间，实现重点人员零失控、进京非访零发生、标签化非法聚集零滋扰、民警零违纪的良好效果，以昆明的安全稳定促进全省稳定，支持全国稳定。此外，全市公安机关充分应用公安大数据平台、视频监控、立体防控云防系统、高空“鹰眼”探头、人脸识别、车辆识别、电子信息采集、热力图、无人机反制等科技信息化手段，结合传统安保措施，圆满完成商洽会、省、市“两会”、中泰数字经济部级对话等390项1200余场次重要会议和大型活动安保，确保会议活动的绝对安全。

【扫黑除恶专项斗争】 全市公安机关围绕“一年打击遏制、两年深挖根治、三年长效长治”总体要求，以“警情下降、治安好转、群众满意、队伍清纯”为目标，用身影践行忠诚、用斗争检验干净、用战果体现担当、用成效兑现初心，纵深推进扫黑除恶专项斗争。2019年，全市公安机关共核查涉黑恶线索3100余条，打掉涉黑组织18个、涉恶集团67个、涉恶团伙32个，刑拘2248人，破获刑事案件2524起，查扣冻结涉案资产6.89亿元，各项指标均位于全省前列。特别是中央扫黑除恶第20督导组督导云南后，全市公安机关聚焦督导反馈意见，全力推进整改，实现9个个性问题全部整改到位，51个共性问题全部建章立制、长期坚持，中央督导组交办的254条线索全部查结，并顺利通过中央扫黑除恶督导“回头看”，扫黑除恶专项斗争取得阶段性成效。

【打击刑事犯罪】 以“风雷行动”和“大比武、擂台赛”为载体，组织开展打击传统“盗抢骗”犯罪、枪爆违法犯罪、涉黄涉赌、命案侦防、“云剑”“昆仑”等多个专项战役，严打各类违法犯罪活动，成功侦破“10·9”“9·29”“5·20”等大型电信诈骗专案，以及西山“3·17”特大命案，“8·06”晋宁特大盗窃珠宝店案、“9·28”度假区特大入室盗窃案等一系列大要案件。全年立刑事案件8.52万起，破2.49万起，抓获违法犯罪嫌疑人4.30万人、刑事犯罪嫌疑人1.56万人，逮捕1.08万人、治安拘留3.80万人、强戒3963人，110“两抢”警情实现134天“零接报”，全市社会治安呈现“9降10升”的良好态势。严打电信网络诈骗犯罪，依托反诈中心，在中国人民银行昆明中心支行、云南银监局及10家商业银行金融机构的入驻协助下，上报需封堵、关停诈骗电话号码2762个，成功劝阻疑似诈骗电话4.34万个，成功止付涉案账号7408个、止付金额1.39亿余元，冻结涉案账号1.35万个、冻结金额2.88亿余元，直接和间接保护群众财产16.22亿余元；与移动公司合作推出防诈骗来电号码提示服务，开通用户603.40万余名，有效提醒132.66万次。深入推进“打拐”工作，侦破拐卖妇女儿童案件5起，解救被拐妇女儿童5人；抓获犯罪嫌疑人13人，通过全国打拐DNA库比对解救昆明市被拐儿童10人。

【打击经济犯罪】 准确把握全市经济犯罪形势，将打击涉众型经济犯罪和防范化解金融领域风险作为工作重点，积极推进“云端2019”专项行动、打击涉税犯罪“百城会战”等专项行动，坚决维护全市经济秩序稳定。全年共立案侦办各类经济犯罪案件2060起，破案1684起，抓获违法犯罪嫌疑人2105人，侦破周舟等人涉嫌金融凭证诈骗案、刘建亮等人涉嫌非法制造出售发票案、云南井中农业科技有限公司涉嫌虚开增值税专用发票案、赵英书等人组织领导传销活

动案等一系列大要案件，为群众挽回经济损失4.61亿元。对全市7624家“类金融机构”开展全面摸底排查，累计发现涉风险机构141家，涉及资金规模92.30亿元，有效化解涉众型经济犯罪历史积案26起，严防经济案件引发的风险向政治、民生领域传导。出台“公安机关服务保障民营企业发展30条措施”等一系列制度，对2472家企业主动开展上门服务工作，有效促进企业健康发展，营造良好营商环境。

【禁毒】 以创建全国文明城市和创建全国禁毒示范城市“双创”工作为主线，通过开展“两打两控”“净边”“鹰眼二号”“集群打零”等系列专项行动，全力以赴打好第四轮禁毒人民战争。2019年，全市共破获毒品刑事案件1802起，抓获犯罪嫌疑人1979人，查获吸毒人员1.38万人次，收戒吸毒人员8052人，强制隔离戒毒4316人；缴获毒品3213.64千克，缴获易制毒物品313吨，端掉“黑窝点”“黑仓库”13个；全市破案数、抓获数继续保持全省第一。破获团伙吸、贩毒案件51起，查处团伙成员228人，摧毁三层以上网络11个，成功侦办“6·05”专案(省目标案件)，打掉利用互联网实施零星贩毒的三级团伙网络，抓获涉毒嫌疑人142人；成功侦办部目标“2019-429”号特大吸贩毒团伙网络案件，摧毁吸贩毒团伙20个，抓获涉毒嫌疑人242名，缴获各类毒品128.06千克。强化吸毒人员收戒管控，全市共建立社戒社康工作领导小组136个，工作小组1218个，参与社戒社康工作人员2148人(专职837人)，落实管控吸毒人员1.40万余人，戒断三年未复吸人员1.40万余人。建立31个就业安置基地(点)，安置戒毒康复人员1.20万余人，就业安置率达71%。五华区、晋宁区、安宁市被国家禁毒委命名为“全国社区戒毒社区康复工作示范单位”，石林县鹿阜街道、东川区铜都街道、西山区金碧街道被命名为“全国社区戒毒社区康复工作示范点”。富民县、石林县被省政府授予“无毒县”，68个乡镇(街道)被市政府授予“无毒乡镇”称号。加强禁毒宣传和毒品预防教育，充分发挥全市14个禁毒教育基地、19个禁毒志愿者大队和2万余名禁毒志愿者力量，创建21所省级“毒品预防教育示范学校”，在校学生毒品预防知晓率达100%，持续保持中小学生“零吸毒”。

【病残吸毒人员收戒收治】 研究制定《昆明市公安强制隔离戒毒所(昆明市病残吸毒人员救治中心)病残戒毒人员诊断评估考核办法(试行)》《昆明市公安强制隔离戒毒所病残戒毒人员所外就医工作机制》等工作措施，进一步规范完善病残吸毒人员管理模式。深化公安、司法合作，建立移送救治管控工作机制，5281名病残吸毒人员顺利转送司法强戒所；启动二期羁押场所改造工作，扩大病残吸毒人员的收戒规模。累计收戒病残吸毒人员4130人；加大病残吸毒人员诊断治疗力度，共诊治门诊病残吸毒人员10.40万人次，住院治疗病残吸毒人员3237人，确保收戒收治病残吸毒人员诊断治疗率达100%。

【重点地区整治】 组织开展21轮次“大清查、大排查、大盘查”集中统一行动，坚决把各类矛盾和问题消除在前，把各类风险和隐患防控在先；同步组织开展7轮次管理主体责任告知、依法规范经营告知、奖励举报渠道告知“三查三告知”专项整治，向21类重点行业企业发放治安管理责任告知书21.40万余份，压实行业场所主体责任，落实街道村社属地责任和行业部门监管责任。将3个治安混乱区、10个街道报请市委、市政府挂牌督办整治，年度警情700起以上或黄赌警情超过30起的55个派出所全部纳入市局挂牌整治，有效净化全市社会治安环境。

【治安行政管理】 紧盯人民群众反映强烈的“黄赌”、枪爆、食药等问题，重拳开展专项打击整治行动，全面净化社会治安环境。全年共办理治安行政案件4.70万起，查处违法人员5.10万人次，治安拘留3.90万人次。开展打击整治枪爆违法犯罪专项行动，查破涉枪涉爆刑事案件127起、行政案件103起，检查涉枪涉爆涉危单位2278家次，发现并整改安全隐患118起；检查易制爆、剧毒等危险化学品从业单位431家次，发现并整改隐患43处，处罚7家单位；排查涉爆从业人员3700人次，军械枪迷462人；共收缴各类枪支1843支、子弹5.60万发、炮弹49发、手榴弹30枚，仿真枪193支，管制刀具6260把，非法烟花爆竹2.80万余件，炸药1.36万千克、雷管4.70万余枚；共检查公务用枪配枪部门443家，清理审查配枪人员1.10万余人，发现整改隐患30起；接群众举报涉枪涉爆违法犯罪线索209条，落实举报奖励1.20万余元。从严从重打击“黄赌”违法犯罪行为，全市共办理黄赌刑事案件500起、行政案件5287起，刑事拘留957人、行政处罚1.72万人，打掉各类赌博窝点和流动赌场190余个。打击危害食药品安全违法犯罪，查获收缴疑似走私大米62吨、糖粉60吨，收缴冷冻牛肉、鸡肉、猪肉制品51.50吨。打击成品油走私违法行为，扣押加油、储油设备156件，查处油品1600余吨，现场抓获违法嫌疑人397人次。强化旅馆业治安管理，累计登记上传旅客入住信息7286.40万条，比对预警抓获网上在逃人员103人，查处无证经营旅馆146家，查处违反“四实”登记旅馆645家。强化娱乐服务场所治安管理，将707家娱乐服务场所11.90万名从业人员纳入信息化管理，查处存在问题的歌舞娱乐场所、洗浴按摩场所和游戏游艺场所57家。规范特种行业治安管理，对申办旅馆业、公章刻制业、生产性废旧金属收购业特种行业许可全面实行告知承诺制，通过告知承诺办理特种行业许可证325件；开通“昆明开锁业治安管理平台”，公示合法开锁企业91家、开锁从业人员412人；运用“云南省机动车修理业治安管理信息系统”对3539家机修业进行备案，运用“昆明印章业治安管理平台”备案公章5.14万个。规范养犬管理，下发《关于进一步加强和改进养犬管理的通告》等多个通知通告，在全省首创推出“互联网+3个最”昆明市养犬服务平台，为个人、单位和外宾办理电子犬证6.20万个，积极引导市民自觉文明养犬。加强保安服务管理，全市共有保安从业单位1649个，保安员7.57万人，共有持证保安员6.60万人，持证率87.30%。严格落实寄递物流业3个100%安全制度，联动市邮政管理局建立“抄告处罚”机制，约谈快递企业总部负责人3次，下达责令改正通知书34份，行政处罚30起，罚款41.55万元；年内寄递物流渠道共查获案件36起（毒品案件35起），查获弩1支、冰毒15.13千克、海洛因8.08千克，K粉（氯胺酮）1.83千克。全面启动15个客运站实名制购票、人物同检措施，全市共采集乘客实名购票信息3397.80万条，为未携带身份证的乘客开具临时乘车身份证明6.70万份。

2019年12月19日，市公安局举行“服务群众承诺践诺大公开”宣传活动

（市公安局　供稿）

【基层综合治理】 坚持和发扬新时代“枫桥经验”，深入推进“枫桥式派出所”创建，在全市公安机关打造24个“枫桥式”示范派出所，盘龙分局金沙所被命名全国首批“枫桥式公安派出所”；深入推进全市社区农村警务战略发展，推行“村级警务助理”警务工作机制，在1685个行政村和社区配备警务助理1703人，走出一条缓解警力不足、强化基础管控、破解管理难题，延伸服务触角、提升群众安全感和满意度的路子。大力推进“七大平安”创建和“五无社区”创建活动，1223个物业服务小区实现“零发案”；探索智慧安防社区建设，拓展集人像比对、号牌识别、高清监控等为一体的“物联网+社区警务”应用，建成智慧安防小区134个，积小安为大安。坚持“专群结合、依靠群众”方针，整合辅警、综治调解、村社治保、单位内保、社会保安、“红袖标”治安志愿者等力量15.40万人，形成大街小巷“定点见红、全线飘红”的群防群治工作格局。牢固树立“预防走在排查前，排查走在调解前，调解走在激化前”的工作理念，推进“街乡吹哨、部门报到”机制，组织民警会同有关部门和基层力量全面排查涉及群众切身利益的资源纠纷、经济纠纷、劳资纠纷、房屋拆迁、土地征用、医患纠纷，共排查社会矛盾纠纷4.07万件（民间纠纷2.91万件），调解3.90万件（民间纠纷2.80万件），调解率为95.98%（民间纠纷调解率96.41%）；排查可能引发个人极端暴力犯罪或“民转刑”案件的矛盾纠纷4488起，调解4103起，调解率达91.42%；发现因矛盾纠纷激化有闹事行凶报复苗头、可能铤而走险的重点人员579人，管控543人，及时有效做好化解、稳控工作。

【基层基础工作】 持续推进《昆明市公安派出所基层基础工作建设三年规划（2018—2020）》《昆明市公安局进一步加强公安派出所规范化建设指导意见》的落实，持续用力夯实昆明公安基层基础工作。推行警务室“7×24”小时工作制，在主城5区首批建成5个“7×24”小时值班警务室，与派出所形成“双值班”工作格局，实现就近处警、调处纠纷、服务群众。深入推进基础设施建设，56个项目开工建设，禁毒实验室、市拘留所及32个派出所竣工投入使用，市局业务技术用房科技楼完成土建，市公安强戒所二期工程顺利开展。2019年，全市经审批成立的派出所共有234个，实际投入运行开展工作的派出所共226个，未开展工作的派出所8个。全市有一级所30个、二级所94个、三级所62个、三级以下及未评定等级48个。全市226个派出所共有规范建设调解室209个（联调室89个），配备调解员431人。扎实推进“一标三实”基础信息采集，在信息采集方面，共采集“一标三实”信息1809.50万条。其中：标准地址信息386.70万条，实有人口信息992.70万条，实有单位信息35.40万条，实有房屋信息394.70万条。在更新维护方面，共更新维护（含更新、注销、新增）“一标三实”基础信息1454.50万条，更新维护率达83.10%。其中：更新维护标准地址信息183.30万条，实有人口信息1029.60万条，实有房屋信息215万条，实有单位信息26.60万条。全市登记在册出租房屋信息73.60万间，治安单位32.30万家，从业人员178.10万人。

【人口服务管理】 截至2019年底，全市共有户籍人口2076343户，户籍人口5784684人。其中：城镇人口3614960人，占总数的62.49%；乡村人口2169724人，占总数的37.51%。全市男性户籍人口2897193人，占总数的50.08%，女性户籍人口2887491人，占总数的49.92%。全市户籍人口中，汉族人口为4837978人，占总数的83.63%；少数民族人口为946706人，占总数的16.37%；万人以上的少数民族有彝族、回族、白族、苗族、傈僳族、壮族、哈尼族、傣族、纳西族。2019年，全市出生户籍人口为70974人，死亡户籍人口为33656人，户籍人口自然增长37318人，户籍人口自然增长率为6.45‰。全市迁入人口为129699人，迁入率为2.24%；迁出人口为93805人，迁出率为1.62%。全市登记在册流动人口3599712人，来自省内其他州市有2461416人，占68.38%；来自省外的有1138296人，占31.62%。全面实施云南省居住证制度，共办理云南省居住证96.3万份。

【出入境管理】 2019年，全市共受理中国公民出入境证件572272人次。其中：护照280232人次，往来港澳通行证203399人次，往来台湾通行证88589人次；为非本市户籍人员办证144142人次，为75家单位办理赴港澳商务备案，国家工作人员出国境登记备案报备3055批次共25204人次。共受理各类境外人员申请42667人次（含29281人次、1405团）。共查处涉外案（事）件783起1934人。其中："三非"案件616起1702人，其他案（事）件167起232人；共遣送出境1469人。其中：缅甸1311人，老挝8人，越南124人，其他国籍26人。贯彻落实144小时过境免签政策，共有266名外国旅客享受便利政策入境。贯彻落实国家移民管理局22项移民出入境便利措施，推出5项移民出入境便利措施，共为中国公民572272人次、外国人4026人次缩短办证时限；共受理省内就近人员出入境证件申请95760人次，为省外申请人提供异地办证服务48382人次；为申请人提供免费照相服务24万余人次，为群众节约办证费用750万余元；为群众提供预约办证服务29万余人次，为申请人提供周六办证服务15568人次，为申请人提供紧急办证服务979人次；为外籍华人203人、外籍高层次人才70名及家属提供签证便利。推出拓宽外国人才引进对象范围等12项移民出入境便利政策措施，鼓励、支持外籍人才、外籍华人来昆投资创业、学习工作，为13名符合条件的外国人签发长期签证和居留许可。依托互联网、微信、支付宝，在全省公安机关率先推出互联网出入境证件非税缴费便利举措，通过互联网缴费4.76万笔，金额655万元。

【交通安全管理】 持续开展道路交通秩序整治，交通事故防控方面，紧紧围绕源头、城市、公路、农村四大战场，紧盯人、车、路、企等重点环节，深化道路隐患排查治理，常态开展重点车辆隐患"清零"，加快推进农村地区"两站两员""五小工程""生命防护工程"建设，建成乡镇交管站123个，乡镇一级劝导站103个、二级劝导站1052个、三级劝导点67个，配置交通安全劝导员1488人，夯实农村道路交通安全基础。2019年，全市共发生适用一般程序处理交通事故1641起，造成319人死亡，1274人受伤，直接财产损失943.89万元，其中发生一次死亡3人较大事故4起，造成13人死亡。城市缓堵保通方面，紧紧围绕地铁建设、62条道路提升改造等系列重大市政基础设施建设保通工作，全面排查主城区道路交通堵点乱点，采取合理分配车道、设置左转待行区、设置提前掉头点等措施，优化城区40余个重要路口交通组织方式，全年路网交通平峰时段、高峰时段平均车速达27.40千米/小时和24.50千米/小时以上，道路交通环境持续改善。车辆及驾驶员管理方面，严把"车驾管"业务关口，持续推进"清分清违""隐患清零"；截至2019年底，全市机动车保有量为284.96万辆、净增17.18万辆，机动车驾驶人为350.47万人、净增24.62万人，共办理各类车驾管业务813.90万件，完成驾驶人考试和满分教育学习172.30万人次，向重点车辆驾驶人发送安全提示短信414.30万条，联合工商、工信、质监等部门发布《关于加强我市电动自行车管理的通告》，注册登记电动自行车46万辆，圆满完成全市超标电动自行车注册登记工作。公安交管"放管服"改革方面，创新推出8项便民服务新举措，拓展"交管12123"App、"昆明交警微信星级服务""昆明交警支付宝生活号"功能，提供电子证件、违法处理、事故快处、牌证办理、违法举报、挪车提醒、业务预约、电子缴费等10大类140余项"互联网+交管"便民服务项目，服务群众3000余万人次。

【巡逻防控勤务】 深化新一轮巡逻防控体系建设，创新市、县、派出所三级分层布防模式，建立市、县两级巡特警和派出所社区巡防队伍互为补充的多元巡逻防控分级管辖机制，构建"市级反恐应急处置网、分县局重点区域控制网、派出所基础防控网'三网'叠加"网格化巡防体系。全市社会面常态部署巡防警力4800名、巡逻车365辆、警务亭166个、春城骑警巡组114个、治安卡点109个、武装处突单元40个屯警街面、动中备勤开展巡逻防控，主城区布警密度由原来2.40人/千米^{2}跃升至10.10人/千米^2，街面处警半径大幅缩短，平均响应时间由原来的20分钟缩短至3.80分钟，全市110重大敏感警情3分钟快反到达率达85%以上，实现实战状态下3分钟见警、10分钟全城响应、30分钟封控合围，社会面见警率、治安控制力、应急处突能力大幅提升，跃居全

2019年4月24日，市公安局组织深化道路隐患排查治理，全力防范交通安全事故
（市公安局 供稿）

国前列。应急处置能力的提升为昆明公安成功处置“7·19”湾流海小区持刀劫持人质案件、“10·24”沣源路北部汽车客运站路口持刀砍人案件、“11·27”小西门龟背立交桥持刀伤人案件等突发案事件，为第五届南博会、“12·13”庭审等一系列重要会议、重大活动安保任务提供有力保障；全市刑事警情同比下降28.10%。其中：街面实施暴力伤害警情同比下降30.10%，“两抢”警情同比下降62.60%，盗窃警情同比下降34.40%，盗窃机动车警情同比下降64.10%，盗窃电动车警情同比下降40%，扒窃警情同比下降47.10%，盗窃车内物品警情同比下降33.50%，其他盗窃警情同比下降14.60%，全市街面警情呈现“九降”良好态势，昆明公安正由传统陈旧的“被动警务”向动态警务、信息警务、专业警务为一体的“主动警务”转变。郑州、南宁、张家界、合肥市公安局等21批次考察团和全省129个县（市、区）公安局局长先后到昆明市实地参观学习新一轮巡逻防控勤务改革工作。

【网络安全监管】 以维护网上政治安全、政权安全和网络公共安全为目标，深入开展“净网2019”专项行动，全力维护网络空间的主权、安全和发展利益。严打网络违法犯罪，加强网络安全监测和通报预警，网络安全事件监测预警和应对处置能力大幅提升。狠抓关键信息基础设施安全防护，推进关键信息基础设施专项保卫和大数据安全专项整治，对全市重要网站开展技术检测7150次，发现并处置中高危隐患2091个，有力维护网络安全和数据安全。制定昆明市网络安全监测预警与通报联动协作规范，对网络安全事件通报预警、联动处置、会商研判等进行规定，网络安全事件监测预警和应对处置能力大幅提升。加快公共场所无线上网安全管控系统建设，完成宾馆酒店等公共上网场所无线WIFI数据接入。9月20日，昆明市公安局电子证据检验鉴定中心正式挂牌“公安机关一级电子数据勘察取证分析实验室”。

【公安大数据建设】 以推进落实昆明公安科技信息化“145”工程为抓手，建成集侦查打击、情报获取、人员管控、警种应用、统计分析为一体的公安大数据实战应用平台，提供90项功能模块运用，入库各类数据6001亿条，为一线办案民警提供高效、便捷服务。整合245台服务器，完成信息中心警务云计算平台基础资源服务层、应用支撑服务层、部分大数据服务层搭建，形成小规模公安云计算支撑环境。搭建大数据集成管理、数据标签等子系统，整合公安和社会数据634类1676.90亿条，生成标准数据22.60亿条。完成PDT系统基站、服务器扩容、高速路补盲和系统鉴权加密建设，建成PDT系统主城区重点基站无线备份链路，确保全市PDT终端安全、稳定、高效运行。

【法治公安建设】 持续推进昆明公安执法监督“1671”体系建设，建成执法监督管理平台在市、县两级公安机关应用，完成受立案、接处警、行政、刑事案件、音视频数据巡查功能模块和8个监督领域32个风险点建设。建成“交管执法业务大数据监督平台”并被云南省公安厅在全省推广运用。完成7个智能化办案区和8个智能办案中心升级改造。推进刑事案件“两统一”机制运行，在全市公安机关推广应用政法跨部门大数据办案平台，通过平台业务流转数据达90%以上。推进智能办案辅助系统运用，可在线制作200多种常见案件和126种证据。全省首推跨部门涉案财物管理中心建设运用，对3500余件涉案物品、85辆涉案车辆集中保管，实现涉案财物“一站流转、一站查询、一站监督”。制订执法突出问题挂牌整治工作方案，梳理10个行政、刑事突出问题，对全市公安机关执法办案部门开展挂牌整治，采取月通报、双月评查、季问效、半年评价、年度考评方式推进整治落实。健全民警依法履职维权和正名机制，旗帜鲜明地支持和保护民警依法行使执法权力，受理侵害民警执法权威案（事）件176件，及时为民警予以正名、恢复名誉，消除社会不良影响。

【公安队伍建设】 牢牢把握对党忠诚、服务人民、执法公正、纪律严明的总要求，以“四个铁一般”的标准，大力推进公安队伍革命化正规化专业

化职业化建设。市公安局召开43次党委会、13次党委理论学习中心组学习会，各级党组织集中开展学习1.60万余次，87万人次通过“智慧党建”平台在线学习，切实以习近平新时代中国特色社会主义思想武装全警。在全警部署开展“不忘初心、牢记使命”主题教育，成立19个指导组对25个基层党委、37个党总支、592个党支部开展实地指导。举办党建品牌化建设“擂台赛”，评选优秀党建品牌案例20个，完成545个基层党组织书记述职评议和基层党组织考核工作。开展全市公安系统专项纪律教育和整治活动，明确“12个1”工作措施，制定党组织班子成员“10个1”任务清单，确保集中整治取得实效。深化从严管党治警“1226体系”，驰而不息纠正“四风”，不断纯洁公安队伍。建立24小时全天候在线的12389举报投诉中心，受理群众举报投诉800件，办结643件次，处理问题309个，整改问题238个，群众满意率达95%。深入推进“治庸懒、强担当、树新风”主题实践活动，全体民警辅警围绕政治、思想、能力、作风、工作、履责“六方面的庸”查摆问题，各级党组织及班子成员分级分层查找认领问题，制定整改措施4412条，即知即改、立行立改问题达82.30%。启动全警大练兵工作，开展70期4200人次“轮训轮值、战训合一”培训，开展各业务领域比武竞赛50余场次，24人获“昆明市五一劳动奖章”，3个集体获“昆明市五一劳动奖状”。严格落实市公安局党委22项爱警暖警措施，对家庭有困难、身体有疾病、生活有问题、思想上有隐患的民警、辅警给予关心帮助，解决实际困难。对在新中国成立70周年大庆安保、扫黑除恶等重点工作中成绩突出的192名个人和66个集体进行表彰奖励；昆明市公安强制隔离戒毒所、刑侦支队六大队、“8·09”专案组被公安部记“集体一等功”，实现昆明公安历史上首次一年内有3个集体被记“一等功”表彰奖励的新突破。

2019年8月3日，全省公安局长到昆明观摩派出所规范化建设 （市公安局　供稿）

【公安改革创新】　制订出台全面深化改革2019年任务分工方案，进一步明确76项改革任务、完成时限和考核奖惩，传导压力、压实责任。加快推进两个职务序列改革，出台执法勤务警员职务序列改革实施工作方案和警务技术职务序列改革实施工作方案，完成全市两个职务序列套改1.29万余人，晋升职务5249人。全面启动公务员职务与职级并行制度改革工作，完成职级套转87人。推动辅警条例立法工作，形成《昆明市公安机关警务辅助人员暂行条例（草案）》报市政府审议，贯彻执行辅警管理“两个办法”，制定12个辅警管理规范文件，构建辅警管理“1+2+12”制度体系；全年新招聘辅警5302人，全市公安机关辅警总数达2.26万人。加强警务创新，探索建立非警务警情分流处置机制，推进接报警与指挥调度分离，做专警务警情处置机制，实现“调警快一秒”；在全省率先出台昆明市公安强制隔离戒毒所病残吸毒人员诊断评估考核办法，提升病残吸毒人员收戒收治及管理工作制度化、标准化水平。围绕昆明公安跨越发展“1575”战略目标，紧扣政治安全、扫黑除恶、打击整治、公共安全、科技强警、法治建设、警务保障及管党治警八大目标，制订出台2019年跨越发展重点任务100条责任分解方案。落实省公安厅服务群众提升效能22条措施、202项“最多跑一次”事项清单，推广使用网上户籍室及“一部手机办事通”，受理网上申请7786件，受理“最多跑一次”事项业务68.40万件。建设“云南公安自助便民服务超市”21个，设置身份证便民自助设备27台，自助办理第二代居民身份证4.20万件。

（阮云鹤）

检　察

【刑事检察】　落实“捕诉一体”改革，更好地履行批捕、起诉检察职能，全年共批准逮捕各类犯罪嫌疑人10756人，提起公诉17179人，同比分别上升9%和13.30%；案件申请复议、复核率同比分别下降38.90%和70%。对监察委移送的职务犯罪案件决定逮捕95人，提起公诉149人，对司法人员利用职权侵犯公民权利、损害司法公正的犯罪立案侦查2件。坚持在办案中监督，对公安机关应当立案而不立案的，监督立案200件，不应当立案而立案的，监督撤案144件，对侦查活动中发现的760件违法行为坚决予以纠正，对漏捕、漏诉的犯罪嫌疑人予以追捕359人、追诉186人；对法院确有错误的刑事裁判依法提出抗诉68件，已改判54件。刑事执行和监管活动形成“派驻＋巡回”工作模式，监督减刑、假释、暂予监外执行不当1621件，纠正监管和社区矫正活动违规、违法行为1836件。充分发挥检察官在刑事诉讼中的主导作用，建议适用认罪认罚程序审理案件6590件，率先在官渡区看守所滚动播放认罪认罚从宽制度宣传片，被最高人民检察院在全国推广。

【民事检察】 依法提出、提请民事抗诉或再审检察建议84件，同比上升1.1倍，法院已采纳21件；加强民事执行监督，发出检察建议604件，同比上升19.60%，法院已采纳580件；对“假官司”加大监督打击力度，办理虚假诉讼案件7件，同比上升16.60%，依法维护司法权威。落实听证制度，组织公开听证326件，同比上升48.10%，将释法说理、和解息诉融于听证当中，确保案件审查的透明度和公正性，赢得当事人对处理决定的尊重和认同。

【行政检察】 全面开展生效行政裁判、审判行为和执行活动监督，共受理行政诉讼监督案件501件。其中：受理不服法院生效裁判、调解书监督案件50件，同比上升7.3倍；受理审判人员违法行为监督案件140件，同比上升6倍；提出检察建议139件，同比上升5.9倍，法院全部采纳并纠正。受理执行活动违法监督案件311件，同比上升13倍，发出检察建议303件，同比上升12倍，法院已采纳300件，同比上升22倍。“一手托两家”，既依法监督公正司法，又积极促进依法行政，对行政违法行为和行政强制措施开展监督，办理行政机关不当履职监督案件359件，发出检察建议343件，行政机关100%采纳并纠正。

【公益诉讼检察】 坚持“双赢多赢共赢”的理念，自觉把公益诉讼作为服务全市经济社会高质量发展的新方式。受理公益诉讼线索1835件，立案1249件，向行政机关发出诉前检察建议388件，规定时限内整改到位率为98.70%，向法院提起公益诉讼17件，全部判决检察机关胜诉。守好国有财产的司法防线，通过直接立案或督促相关部门积极履职等方式，依法解除违约土地出让合同7份，涉及土地573.20亩，合同金额44821.30万元，追回国土出让金3916.60万元，收回国家税款、财政补贴资金等297.40万元，《检察日报》先后以3个专版进行宣传报道，初步形成独具特色的公益诉讼工作“昆明经验”。

【维护社会稳定】 贯彻总体国家安全观，积极参与反渗透反间谍反分裂反恐怖反邪教斗争，对93名犯罪嫌疑人提起公诉。以人民群众平安需求为导向，对危害公共安全犯罪，提起公诉5595人；对故意杀人、“两抢一盗”“套路贷”“校园贷”等犯罪，批准逮捕3069人，提起公诉3476人；深入开展禁毒人民战争，批准逮捕涉毒犯罪嫌疑人1268人，提起公诉1538人。打造“枫桥经验”检察版，把群众的事当成家事，受理的1877件各类信访案件，100%做到7日内程序回复，全力做好3个月内办理过程和结果答复，重复信访占比仅为0.60%，把倾听群众诉求、释法说理的过程，扎实践行“为民解难题”的责任担当，真正把矛盾纠纷化解在基层和首办环节，充分释放“检察温度”。

【扫黑除恶专项斗争】 严格依法规范办案。对涉黑和重大涉恶案件100%提前介入，办理黑社会性质组织犯罪集团17个，恶势力犯罪集团、团伙104个，涉及保护伞的犯罪案件12件12人；对涉黑涉恶组织犯罪案件批准和决定逮捕776人，提起公诉984人；追加认定涉黑涉恶犯罪10件，依法不予认定12件，监督立案38人，纠正漏捕66人，纠正漏诉27人。办理的周权等黑社会性质组织犯罪案件，马海昆等恶势力犯罪集团损害滇池生态保护区案件得到市委和省检察院的充分肯定。针对办案中发现管理漏洞方面的深层次问题，发出检察建议43份，整改率达94%。遴选全市37名业务骨干组成扫黑除恶专家人才库，发布涉黑涉恶典型案例，编写《办理涉黑涉恶疑难案件证据指引》，经市扫黑办印发全市政法机关参照执行，《检察日报》头条报道昆明市检察机关扫黑除恶专项斗争工作亮点和成效。

【服务打好“三大攻坚战”】 积极防范化解重大风险，严惩非法吸收公众存款、集资诈骗、传销等涉众型经济犯罪317人，同比上升12.20%，力促追赃挽损。积极探索司法救助与精准扶贫相衔接，对全市建档立卡贫困户刑事被害人进行排查，第一时间启动司法救助，全年发放司法救助金319万元。助力污染防治攻坚，起诉破坏环境资源犯罪326人，同比上升20.70%，向当事人追索补偿金669万元、补植复绿492亩；针对破坏滇池湿地、滇池保护红线范围内违法用地等问题，向滇池流域的3个县（区）政府及滇池管理局发出检察建议，督促整改，促进生态环境修复。树立“恢复性”司法理念，聚焦滇池、阳宗海等流域以及农村人居环境整治，办理公益诉讼案件242件，督促修复被损毁和违法占用林地、耕地等4564.70亩，关停整治31家造成环境污染的企业。挂牌督办被央视曝光的东川区小江河沿岸尾矿污染案，通过发出诉前检察建议，督促多部门综合治理，关闭拆除28家非法采砂场，污染明显遏制，水质明显改善，被最高人民检察院评为“服务保障长江经济带发展12个典型案例”之一。办理安宁温

泉地下水资源保护系列案件，促成“史上最严的地下水保护措施”，彻底从源头根治安宁温泉地热水资源无序开采、破坏性开发的乱象，入选全国检察机关“公益诉讼全面实施两周年17件典型案例”。

【保障民生民利】 加大对食品药品安全领域的监督力度，向“美团外卖”“饿了么”等网络外卖第三方平台发出诉前检察建议600份，重点办理影响食品安全的案件1186件，实现线上线下同步整治，让群众享用到放心外卖。开展“校园食品及饮用水安全”专项监督，与相关部门联发《关于加强昆明市中小学校外供餐食品安全与营养健康监督管理的实施意见》，推动建立“双随机一公开”长效机制，共排查学校周边餐饮4000余家，377所学校食堂被限期整改，27家用餐配送单位被集体约谈，云南大学等8所高校师生的食源性胃肠道疾病就诊人数同比下降64%，得到最高人民检察院的表扬。全面维护残疾人、老年人和农民工等困难群体合法权益，对外来务工人员“讨薪难”，支持起诉340件、法院采纳330件，同比上升1.8倍和2.1倍，追回欠薪700余万元；与市公安局、人社局研究制定《关于整治拖欠农民工工资问题加强协作的实施意见》，进一步推进人民群众“劳有所获”的司法保障。

【护航民营经济健康发展】 牢固树立谦抑、审慎、善意、文明、规范的司法理念，出台《保障民营经济发展的实施意见》等3个规范性文件，提出平等对待、主动服务的工作思路。依法办理生产、销售伪劣商品、扰乱市场秩序等案件167件，监督纠正动用刑事手段插手经济纠纷等司法不公问题。对涉民营企业家的刑事案件，坚持每案都进行羁押必要性审查，对符合取保候审条件的20人变更强制措施，保障企业的正常生产经营秩序不受影响。坚持以发展的眼光客观看待民营企业历史形成的涉产权案件，不在办案时纠缠“旧账”使企业增添“新愁”，不随意查封扣押冻结企业财产、不发表有损企业形象和声誉的言论，维护企业家合法权益。

【未成年人检察工作】 加大对侵害未成年人的犯罪的打击，“零容忍、严快准”地批准逮捕562人、起诉698人，用检察力量护航青春成长；对涉嫌轻微犯罪并有悔罪表现的未成年人坚持“严管又厚爱、宽容不纵容”的原则，不批准逮捕327人、不起诉170人、附条件不起诉133人，向社会传递法律的温度和司法的温情。落实最高人民检察院“一号检察建议”，主导推动昆明市建立校园性侵害未成年人“个案精准保护、类案协同预防、五部门联合督导检查和追责问责”的联动机制，办理的典型案例入选“云南省维护妇女儿童合法权益十大优秀案例”。建成“性侵害未成年人一站式取证保护中心”，联合市卫健委建立“医疗机构强制报告制度”，分别针对教师、家长和不同年龄段学生制定预防和应对校园欺凌和性侵的宣传读本。昆明市检察院、安宁市检察院入选中国少年司法专业委员会研究基地，并被最高人民检察院确定为全国未成年人检察创新实践基地，市检察院第九检察部（未检部）被全国妇联授予“全国三八红旗集体”称号，“昆明未检工作模式”在全国推广。

【检察改革】 完成突出专业化建设的内设机构改革，在市检察院设置第一至第十一检察部，14个基层检察院按照“必设机构+X”的模式明确内设机构设置和人员配备框架，适应开展刑事、民事、行政、公益诉讼等“四大检察”的工作需要。启用环境公益诉讼协作平台和以无人机为基础的“昆检慧视”案件勘验办案辅助系统，自主研发的“智慧昆检辅助办公云平台”获第二届全国检察机关信息化网上轻应用作品优秀奖，“刑罚变更执行智能辅助办案系统”入选全国政法智能化建设十大创新案例。

【自身监督制约】 向市人大常委会专题报告全市检察机关开展扫黑除恶专项斗争、公益诉讼工作情况，接受部分云南省人大代表对昆明市公益诉讼工作的视察。征询人大代表、政协委员对检察工作的意见73条，办理建议、提案3件；提请人民监督员监督案件10件10人，主动邀请427名人大代表、政协委员，151名民营企业家和1000余名中小学师生参加“检察开放日”，争取社会各界对检察工作的理解和支持。通过案件信息公开网发布程序性信息24186件、法律文书13504份、重大案件信息5826条，让社会各界及时知晓检察工作，更好地监督检察工作。

（雷 珺）

审 判

【案件受理数、审（执）结数】 2019年，全市法院受理案件233678件，审执结211448件，同比分别上升9.61%和15.92%，同期结收案比为104.16%。其中：中院受理诉讼、执行案件33611件，审执结27799件，同比分别上升6.69%和17.42%，同期结收案比为105.66%，受理并审结9161件减刑、假释案件。

【司法职能】 年内，受理刑事案件15968件，审结15055件，同比分别上升11.48%和14.10%。其中：中院受理2870件，审结2565件，同比分别下降10.14%和1.57%。

牢固树立总体国家安全观，把维护国家安全放在首位，依法严惩危害国家安全、公共安全犯罪。深入开展扫黑除恶专项斗争，对黑恶势力下重拳、出重手，一审审结寻衅滋事、“套路贷”等涉黑涉恶案件82件565人，其中判处有期徒刑5年以上重刑196人，累计判处财产刑金额4488万元。依法严惩腐败犯罪，审结贪污、贿赂、渎职等职务犯罪案件314件

366人，判处厅局级干部3人、县处级干部14人。

严惩严重暴力犯罪、多发性财产犯罪和涉食品药品安全犯罪，审结“晋宁10·14”等一批严重暴力犯罪案件。深入参与禁毒斗争，审结毒品犯罪案件7352件。依法惩治破坏市场经济秩序犯罪，审结集资诈骗、非法吸收公众存款、组织领导传销等涉众型经济犯罪案件726件，成功审结社会高度关注、涉案人数众多、涉案金额达1678亿元的昆明“泛亚有色”案件，受到中央、最高法院和省委、市委的充分肯定，审判经验在全国法院推广。

强化人权司法保障。认真贯彻习近平主席特赦令和全国人大常委会决定，在新中国成立70周年之际依法特赦服刑罪犯175人。完善防范冤假错案工作机制，落实罪刑法定、证据裁判、疑罪从无原则，宣告44名被告人无罪。严格规范减刑、假释案件的审理和备案审查工作，中院出台减刑、假释案件办理规定，坚决杜绝“暗箱操作”。坚持宽严相济，中院判处缓刑、管制等非监禁刑398人。

【司法担当】 全市法院受理民商事案件125643件，审结111960件，同比分别上升10.29%和17.17%，结案标的额287.52亿元。其中：中院受理20206件，审结16214件，同比分别上升10.76%和18.33%，结案标的额120.24亿元。

助力打好三大攻坚战。积极防范金融风险，依法审结金融借款、保险、证券等案件8007件；与中国人民银行昆明中心支行等单位建立金融审判与银行业金融监管联系协调工作机制，促进诉源治理，维护金融市场秩序。积极参与污染防治，依法审理赵某某等6人污染环境刑事附带民事公益诉讼上诉案，稳妥推进“先锋化工”“绿孔雀”等环境民事公益诉讼审判工作，审结环境资源案件218件。精准对接贫困地区群众司法需求，积极助力脱贫攻坚，依法惩处生产、销售假冒伪劣农药、化肥等坑害农民利益的犯罪，维护农业生产秩序和农村社会稳定；严惩脱贫攻坚领域腐败犯罪，判处7件7人；深入贯彻落实承包地“三权分置”改革政策，审结农村土地承包案件275件。

加大产权司法保护力度，支持民营经济和中小企业发展，审结涉民营企业案件57019件，涉案标的额241.10亿元。制定《关于进一步规范财产保全执行 助力提升昆明营商环境的实施意见》，明确“规范查封、扣押、冻结措施”“灵活置换保全标的”“实行失信人员信用修复机制”，减少司法活动对涉案企业生产经营活动产生的不利影响。依法保护诚实守信、公平竞争的市场经济秩序，审结各类合同纠纷7.23万件。探索完善知识产权诉讼制度，建立并完善技术调查官、专家辅助人制度，健全多元化技术事实查明工作机制，审结知识产权案件1953件。服务中国（云南）自由贸易试验区昆明片区建设，做好涉及投资环境、重点项目案件司法风险评估。

发挥破产审判职能，为经济高质量发展提供强有力的司法保障及支撑。审结公司清算、企业破产案件30件，实现“僵尸企业”有序清退及市场资源要素重组；运用重整、和解等法律手段，对暂时陷入困境但有市场发展前景的企业进行重整救治，奥宸系公司、仁泽公司等重大房地产重整案件工作有序推进，东源系公司等一批企业通过破产重整焕发新生，盘活企业存量资产约140亿元。出台房地产企业破产案件审判指引，统一审判规则，防范化解房地产企业破产风险。

积极参与构建基层治理格局。发布《2018年度昆明市行政案件司法审查报告》，通过专题培训、案例宣讲、阳光司法活动深化府院良性互动，促进行政争议实质化解，审结行政案件2050件、国家赔偿案件33件。落实“谁执法谁普法”责任，中院围绕扫黑除恶专项斗争、打击毒品犯罪、知识产权保护等热点问题，举行新闻发布会8次。以群众喜闻乐见的方式推进以案释法，持续开展“模拟法庭（庭审）进校园”活动，深入全市中小学就校园欺凌、故意伤害等案件进行普法教育，参与人数达5.73万人。

助推区域性国际中心城市建设。继续发挥南亚东南亚司法研究中心功能，深化对东南亚国家的司法研究，编撰《南亚东南亚国家法院制度研究——越南篇》，为中国“走出去”企业和公民个人权益保障提供法律指引。主动服务地方经济建设，开展中国（云南）自由贸易试验区昆明片区调研工作，助推自贸区建设。公正高效审理各类涉外、涉港澳台民商事案件142件，平等保护中外当事人合法权益。加强国际司法交流与合作，办理国际司法协助案件33件。

【司法为民惠民】 关注民生权益，审结婚姻家庭、抚养继承、人身损害、劳动争议、教育、医疗、消费等案件12676件，追索赡养、扶养、抚养费688.28万元，为农民工等群体追索劳动报酬1490.93万元。加强妇女儿童权益保护力度，寓教于审办理校园欺凌案件，保护未成年人身心健康；全面落实反家庭暴力法，适时发出人身安全保护令。对生活困难当事人发放司法救助款525.53万元，缓减免诉讼费549.20万元。

【两个“一站式”新机制】 全面推进“一站式多元解纷机制、一站式诉讼服务中心”建设。实现网上立案、自助立案、跨域立案全覆盖全畅通，完成网上立案、自助立案3196件，实现跨域立案221件。将非诉讼纠纷解决机制挺在前面，全市法院设立第三方调解工作室57个，确定特邀调解组织120个、特邀调解员547人，38545件民商事案件以调撤方式结案；运用“云解纷”平台推进网上调解，成功调解案件3997件。推行“分调裁审”机制改革，建立案件繁简分流和快审机制，全市法院设立58个速裁

团队，实现简案快审、繁案精审，适用简易程序和小额诉讼程序审结案件53691件，司法确认案件2631件；制定民间借贷、知识产权、金融纠纷审判指引，推动类案快审。官渡法院公证参与司法辅助工作、西山法院"分调裁审"机制建设、安宁法院参与"无讼社区"创建等工作均走在全国前列。

【执行攻坚】 努力构建切实解决执行难长效机制，严格落实最高法院《人民法院规范执行行为"十个严禁"》，狠抓节点留痕、事项督办，不断挤压消极执行、选择性执行空间。围绕案件监督、评估拍卖、案款管理等工作建章立制，符合条件的执行财产实现网络拍卖全覆盖，进一步规范执行行为。加大失信惩戒力度，依法判处拒执犯罪案件5人次，实施司法拘留626人次，罚款164.07万元，发布失信被执行人名单2.95万人次，7844名失信被执行人在震慑下履行义务。集中开展"春城利剑"执行活动，剑指"老赖"、直击"骨头案"，实现全市法院执行工作的高质量发展。全市法院受理执行案件76895件，执结69675件，同比分别上升17.37%和27.05%，执行到位金额163.81亿元。其中：中院执结6406件，同比上升15.57%，执行到位金额90.38亿元。

【强化科技支撑】 不断强化对司法公开的科技支撑。裁判文书全面上网、主动推送审判流程信息、在线直播庭审活动，全市292个法庭实现庭审实况"一键直播"，让司法公正看得见、能评价、受监督。全市法院裁判文书上网144296篇、庭审网络直播50280场，中院、盘龙、官渡、西山法院被评为全国"优秀直播法院"。推进电子卷宗随案同步生成和深度应用，在中院和西山、官渡法院开展无纸化办案试点，积极参与云南政法跨部门大数据办案平台建设，开展刑事案件智能辅助办案系统运用试点，实现全程留痕、全程监督，切实提高审判效率。

【队伍建设】 维护司法廉洁，着力打造过硬法院队伍，始终把政治建设摆在首位。扎实开展"不忘初心、牢记使命"主题教育，教育引导广大干警增强"四个意识"，坚定"四个自信"。认真落实意识形态工作责任制，强化政治引领，确保将党中央决策部署和市委工作安排不折不扣落实到法院工作全过程、各方面。切实加强基层党组织建设，嵩明、富民、石林等地法院10个党支部被命名为"五星级"示范党支部。以较高政治站位圆满完成庆祝新中国成立70周年大庆安保维稳工作。

着力提高队伍能力水平。坚持正规化、专业化、职业化方向，建立与司法人员分类管理相适应的培训机制，组织各类学习培训102期6567人次。做实院校共建、学术研讨，深入开展庭审大练兵、优秀裁判文书评选、书记员技能竞赛等活动，扎实推进高学历人才培养工作，中院在读博士达9人。持续开展读书活动，加强应用法学研究，近30篇调研论文获国家和省、市级奖励。加强法院文化建设，开展纪念改革开放40周年系列活动和庆祝新中国成立70周年系列活动。注重法官职业品格养成，举行新任法律职务人员宣誓仪式，连续25年在国庆收假首日举行升旗仪式并重温入党誓词。

扎实推进党风廉政建设。落实"两个责任"，深入学习纪律处分条例和廉洁自律准则，全面贯彻中央八项规定及实施细则，严格执行防止干预过问案件"两个规定"。深入开展"以身边事教育身边人"专题警示教育活动和突出问题集中整治加强内部管理活动，警醒领导干部引以为戒。开展"六个严禁"专项整治工作排查整治、政法队伍纪律作风专项整治活动，强化教育和问题整改。按照省、市党委要求，以秦光荣案为戒，加强政治、思想建设，坚决肃清流毒，构建风清气正政治生态。

【司法改革】 充分发挥院庭长办案示范引领作用，中院院庭长直接审理重大疑难复杂等案件13853件，占同期受理案件总数的32.39%。推广使用审判辅助办案系统，为法官提供类案推送、文书纠错、数据分析等智能服务，促进裁判标准统一。深化以审判为中心的刑事诉讼制度改革，落实"三项规程"，推动证人、侦查人员、鉴定人出庭作证，推进刑事案件律师辩护全覆盖。基层法院完成机构改革工作，全市基层法院内设机构从204个精简为129个，审判业务机构总体占比超过70%。

【司法公正】 向市人大常委会、市政协专题报告环境资源审判法庭建设等工作情况，接受监督，以监督促升司法公信。办理代表建议6件、政协提案7件，代表委员满意率达100%。及时对代表委员提出的意见建议分解立项督查，抓好落实。邀请代表委员旁听庭审、参与执行等重大活动230人次，向代表委员发送通报法院重大事项、重大审判活动短信1万余条，走访代表委员300余人次。依法接受检察机关法律监督，中院邀请检察长列席审判委员会19次。落实《人民陪审员法》，组织600余名新选任人民陪审员参加岗前培训，提升履职能力，全市法院1241名人民陪审员共参审案件49067件，占一审普通程序案件的92.04%。

（张若楠）

司法行政

【依法治市】 年内，协调召开市委全面依法治市委员会第一次会议，审议通过市委全面依法治市委员会工作规则、协调小组工作规则、办公室工作细则以及《2019年全面依法治市工作要点》等文件，为全面依法治市工作的顺利推进打下坚实的基础。组织召开市委全面依法治市委员会办公室第一次会议，审议通过《昆明市2019年

依法治市工作考核实施细则》等文件，统筹推进全面依法治市各项工作。顺利迎接省级法治化营商环境、法治政府建设、食品药品安全等专项督查。印发《关于做好2019年依法治市重点调研课题相关工作的通知》《关于迎接全面依法治国调研组调研的工作方案》等文件，举办昆明市2019年法治能力提升专题培训班，确保依法治市各项目标任务落地见效。

【法治宣传教育】 认真履行市委法治宣传教育专项组职能，印发《2019年全市普法依法治理工作要点》，明确年度普法重点内容和主要工作举措，为全市各级各部门开展法治宣传教育工作提供指导和参考。强化法治宣传教育渗透力，利用“3·15国际消费者权益日”“4·15全民国家安全教育日”等节点开展主题性法治宣传教育活动，开展“法律六进”活动14次，出版《法治昆明》杂志6期，制作播出《普法进行时》电视普法栏目50期，营造全民自觉守法、遇事找法、解决问题靠法的社会氛围。组织18个行政机关800余名工作人员参与“阳光司法进机关”宣传活动6场次，该做法得到省司法厅肯定并在全省发文推广。创新扫黑除恶专项斗争法治宣传，在全市1526所小学、199所初中、81所高中开展“小手牵大手　扫黑除恶在行动”主题法治宣传活动，联合市文化和旅游局开展“扫黑除恶花灯进乡镇”活动20次，参与人数5.10万人次。开展“关爱明天、普法先行”2019年昆明市法律服务进校园活动375场次，参与师生人数约20.40万人次。组织对市级“民主法治村(社区)”的复核工作，复核合格1216个，撤销称号22个。普法工作成效明显，昆明市和昆明市司法局分别被全国普法办表彰为“七五”普法中期先进城市和先进集体。

【公共法律服务体系建设】 持续推进公共法律服务实体平台建设，全市已建成市、县(市、区)、乡镇(街道)、村(社区)四级实体平台1704个，覆盖率达89%，逐步形成上下贯通、功能互补、整体联动的服务网络，有效解决服务群众的“最后一公里”问题。完善公共法律服务智能终端机的功能，开通“法律服务扶贫”“智慧司法所”和“农民工绿色通道”等特色栏目，为特殊群体提供服务，新增政府法治工作中的“行政立法”“行政复议”“行政执法”等板块。新安置100台智能公共法律服务智能终端机到法律服务资源相对匮乏、群众法律服务需求量较大的地区和场所。提档升级“12348”热线平台，将原来的1个座席增加为4个座席，每天有4名专业律师为群众提供专业的法律咨询和法律事务办理指引，做到“一号对外，集中受理，分类处置，限时办结”。全市各级法律服务平台共办理各类法

2019年9月6日，昆明市“关爱明天　普法先行”法律服务进校园活动模拟法庭　(市司法局　供稿)

律服务事项23675件，咨询26324人次，法网点击15万次，“12348”法律服务热线接听29761次，接答量居全省第一。

【扫黑除恶专项斗争】 制订印发扫黑除恶工作方案，为全系统扫黑除恶专项斗争提供制度和机制保障。充分发挥法治宣传职能，印制宣传丛书2万册，开展专项斗争宣传教育活动1700余次，悬挂横幅2200余幅，张贴标语5000余条，发放各类宣传资料32万余份。加强对“两类人员”的教育管理，累计开展“两类人员”扫黑除恶专项教育活动1845场次。建立律师代理涉黑涉恶案件及时报备制度，引导律师严格依法履行辩护代理职责。发挥人民调解组织队伍优势，积极开展矛盾纠纷排查，有力打击并震慑黑恶势力违法犯罪。

【律师工作】 全面落实律师事务所主任、党组织书记“一肩挑”制度，推动律师事务所党组织成员与所主任实行双向进入、交叉任职，大力推行党建与业务“四同步”，从制度上、组织上、工作上确保党对律师工作的绝对领导。推进党建工作与律师工作深度融合，通过党支部规范化建设、评星定级、参与公益性活动、支持律师事务所服务“一带一路”倡议等，实现以党建促所建、以党务促业务、以党风促行风的效果。截至2019年12月31日，昆明市已在东南亚、南亚地区设立9家分支机构，在全省率先探索建立重大敏感案件临时党支部制度，从政治上组织上加强对涉黑涉恶、群体性案件、重大敏感案件的报告审查、监督把控，全市律师讲政治顾大局，始终坚持在中国特色社会主义法治体系内执业。2019年，全市383家律师事务所5681名执业律师深入开展扫黑除恶、民营企业法治体检、涉法涉诉信访值班、法律志愿者进社区、万人进千村帮万户、12355青少年综合服务热线、昆明“五一”工人维权岗等活动，共办理各类法律事务10.14万件。2019年，市律师行业2个党组织3名党员律师受到全国律师行业党委表彰，8家律师事务所党支部被确定为昆明市“两新”组织党建示范点培育对象，八谦律师事务所党总支书记赵耀在全国律师行业党建工作会上做交流发言。

2019年6月26日，司法部部长傅政华（前排右二）视察昆明八谦律师事务所（市司法局 供稿）

【公证工作】 依法做好行政管理，完成对全市15个公证机构156名公证员、150名公证员助理的考核工作。持续开展公证质量检查，组织开展3次公证质量平时检查和1次重点回访，实现对15家公证机构平时质量检查的全覆盖。提升投诉办理效率，办理各类投诉26件。开展公证“最多跑一次”试点工作，共办理“最多跑一次”公证事项1.77万件。2019年，全市共办理各类公证事项22.35万件。持续推进公证参与司法辅助事务试点工作，直属单位市明信公证处以公证调解为中心，建立起一套涵盖法律文书送达、案件调解、调查取证、参与财产保全、参与执行以及全流程公证法律服务的综合服务体系，实现公证对司法辅助事务的全面承接。6月25日，最高人民法院、司法部联合印发《关于扩大公证参与人民法院司法辅助事务试点工作的通知》，充分肯定并推广明信公证处的创新做法。

【司法鉴定】 开展2018～2019年度司法鉴定人和司法鉴定机构年度名册（云南省分册）登记和公告工作，对所辖的118家司法鉴定机构和2000余名司法鉴定人进行年度登录及公告的核实工作。推进执业规范化建设，完善执业监管检查工作常态化机制，完成对7家司法鉴定机构的“双随机一公开”的抽查与检查工作。做好准入、变更核实和投诉查处工作，完成133家司法鉴定机构（登记、变更、注销）的核实和报送工作，注销司法鉴定机构48家，完成38件司法鉴定的投诉处理。2019年，全市共办理鉴定业务56994件。

【法律援助】 推进以审判为中心的刑事诉讼制度改革，联合市法院出台《昆明市开展刑事案件律师辩护全覆盖试点工作的实施细则（试行）》，充分发挥律师在刑事案件审判中的辩护作用，促进司法公正。组织开展“法援惠民生 助力残疾人 关爱农民工”法律援助品牌宣传12场次。做好法律援助案件的受理指派工作，2019年共办理各类法律援助案件1305件。其中：民事援助案件161件，完成昆明市中级人民法院、铁路中级人民法院指定案件1144件，困难弱势群体依法申请刑事法律援助案件13件，确保年内完成指派案件率达100%，对于符合法律援助条件的农民工、残疾人、妇女、老年人、未成年人的法律援助达到100%，接待法律咨询达到100%。

【基层法律服务】 组织完成135个基层法律服务所和604名基层法律服务工作者的年度考核及注册工作。接收基层法律服务所变更登记101件、119项，基层法律服务工作者变更执业机构登记28人，基层法律服务工作者执业证注销申请72人，遗失补办基层法律服务所执业证副本1件，更换补发基层法律服务工作者执业证8本。

【国家统一法律职业资格考试】 8月31日～9月1日，分两批次组织8898名考生参加客观题考试。10月13日，组织4798人参加主观题考试，主客观考试均顺利完成，无一例数据丢失，无一名考生投诉。抓好法律职业资格认定初审工作，共发放《法律职业资格证书》A、B、C证1284本。对未从事法律职业的证书持有人开展备案转档工作，共完成备案516本。2019年，昆明市司法局被司法部授予2019年国家统一法律职业资格考试表现突出单位。

【人民调解】 坚持和发展"枫桥经验"，制订实施《昆明市司法局关于进一步推进落实"枫桥经验"开展社会矛盾纠纷排查化解专项活动的实施方案》，开展矛盾纠纷排查化解工作。认真开展人民调解参与化解信访问题化解工作，全市人民调解参与信访问题化解1668件。指导西山区司法局与昆明广播电视台合作，推出"昆明广播电视台动情帮你忙人民调解工作室"，开创全省广播电视台调解类电视节目的先河。落实"以奖代补"人民调解工作激励机制，对全市14个县（市、区）、4个开发（度假、园）区人民调解"以奖代补"工作进行复核。2019年，昆明市共建有人民调解委员会2135个，全年各级人民调解组织共调解案件69973件，成功69536件，成功率达99.40%。

【人民监督员工作】 做好人民监督员管理，对全市90名人民监督员档案进行复核、修改、完善，提高人民监督员档案全面性、准确性。做好人民监督员选派，2019年选派人民监督员参与检察机关案件监督评议9件27人次、检务活动13件35人次、信访接待8次15人次。举办昆明市2019年度人民监督员业务培训，帮助提高履职能力。

【社区矫正】 对17家司法所开展社区矫正执法巡查，全市社区服刑人员无脱管、漏管事件发生，无影响重大安全稳定的事故发生。持续推进可穿戴化社区矫正定位监管设备和执法记录仪等电子设备的使用，累计发放使用定位手环673台。大力推行"电子平台"与"纸质档案"同步操作系统，做好社区矫正人员电子档案录入工作，有效开展刑释人员安置帮教和服刑在教人员信息核查工作，全市系统累计录入矫正人数建档率高于全省水平。推进落实"社区矫正综合评审委员会"工作制度，2019年，共召开社区矫正综合评审会24次，评审各类案件358件。

【强制隔离戒毒工作】 加强戒毒场所全员、全过程、全方位安全管理，及时将隐患问题消灭在萌芽状态。召开全所性安全形势研判会议41次，开展应急演练8次，场所持续安全运行。继续推进戒毒工作基本模式落地落实，丰富和完善"四区五中心"实体化运行的内容，增强戒治工作的科学化、专业化水平。着力提升教育戒治质量，研究制定基本模式"昆明标准"，积极参与"4+1+1+1"试点工作，探索"针灸＋戒毒""运动戒毒""小画书"戒毒模式，开展课堂化教育1435课时，进一步提升教育戒治水平。深化后续延伸照管工作，建立后续照管工作站6个，操守保持率达87.63%。

（崔同全）

法治工作

【法治政府建设】 统筹成立由市委书记任主任，市长、市委副书记、市人大常委会主任、市政协主席任副主任的市委全面依法治市委员会，领导全市依法治市及法治政府建设工作。制订出台《昆明市2019年度法治政府建设工作计划》，明确7个方面25大项55项具体工作任务，对年度法治政府建设工作进行全面部署。强化考核评价和督促检查，将各个县（市、区），开发（度假、园）区，市级行政执法部门纳入考核管理，有效发挥考核机制的导向作用。加强典型示范和宣传引导，在全市组织开展"昆明市依法行政示范单位"创建活动，2019年新命名示范单位19家，保留称号单位35家。编制行政执法案卷典型案例库，从案卷评查案例中选取典型案例51件汇编成册，通过对办案程序、文书规范、适用法律法规等全面解析点评，切实提高行政执法水平。

【打造法治化营商环境】 印发《昆明市进一步优化提升营商环境的实施意见》《昆明市营商环境提升十大行动》《关于进一步改善民营经济发展法治环境的实施意见》，围绕开办企业、不动产登记、施工许可、供水、供电、供气出台6个行动方案，形成"2+N"的政策框架体系，全方位、多角度加强营商环境政策保障，打造法治化营商环境。打造昆明政务服务"七办"品牌。梳理市、县两级共2721个"一网通办"事项，市本级在线可办率为97%；2019年，"一窗通办"受理量达148977件，办结145034件，"统一出证"99026件；深入推动"掌上通办"，注册用户39万个，办理业务量11.03万件；"最多跑一次"办结率达到99.99%；梳理20

个市级部门352个“马上办好”事项清单；梳理首批87项“就近申办”事项；昆明政务服务“七办”模式获评2019年中国地方政府竞争力“智慧为民”十佳案例。打造“不打烊”政务服务新品牌。24小时“不打烊”政务服务专区已成功整合涉及食药监、公安、住建、水务、环保、农业、民政等24家部门的269项便民服务事项，建成涵盖自助服务一体机自助服务终端的24小时自助服务区。持续推进“减证便民”改革。开展新一轮权责清单梳理工作，对行政许可、行政处罚、行政强制等10类行政权力进行全面梳理。2019年，向县（区）下放权力事项18项，对20项行政许可事项进行调整。开展昆明市监管事项目录清单和检查实施清单梳理编制工作，建设开发政务服务效能监察系统和手机效能监察App，实现政务服务的“掌上监管”。制定《昆明市政务服务“好差评”暂行办法》，实现线上线下评价全覆盖。构建五级联通政务服务体系，完成14个县（市、区）、4个开发（度假、园）区政务服务中心系统部署工作，52个乡镇（街道）、426个村（社区）完成政务服务中心（站）系统部署，建设综合窗口609个，纳入925个部门1918项事项实现“一窗通办”。开展政银合作拓展功能完善服务，“一网四中心”平台（手机办事App）实现水、电、通讯、有线电视缴费服务功能。建立营商环境第三方评价“红黑榜”。2019年5月建立昆明市营商环境评价指标体系，首次开展县（区）营商环境评价，成为全省第一家委托第三方独立评价形成“红黑榜”的州市。加快诚信体系建设。启动建设公共信用信息平台项目，建设以“1个打造、4大中心、5种连接、N项应用”为基础的市级公共信用信息平台，将个人、企业、事业单位、社会组织等数据库信息进行整合与汇聚，并面向社会及各级政府部门提供开放数据，举行“诚信建设万里行——昆明站”城市接力、“万企亮信用”、诚信万人签名、“诚信示范街区”建设评选活动。昆明市“联合惩戒让侵权行为寸步难行”案例获得全国优秀信用案例奖。推行红黑名单制度，开展“税银助力通”“信易+家政”“信易+旅游”等信用场景应用，构建失信惩戒大格局。

【推进科学政府立法】 完善政府立法机制。编制昆明市地方性法规立法计划的建议和《昆明市2019年度政府规章规范性文件立法计划》。坚持“开门立法”，拓宽公众有序参与立法途径，设立7个立法工作基层联系点，广泛收集人民群众的立法意愿，让立法更“接地气”。加强重点领域立法。围绕市委、市政府中心工作，抓好城乡规划、环境保护、交通管理、公用事业等领域的政府立法，完成《昆明市历史文化名城保护条例》《昆明市消防条例》等8件地方性法规的起草和报送；废止《昆明市行政事业性收费管理条例》《昆明市房屋权属登记管理条例》；完成《昆明市政府投资建设项目审计办法》《昆明市政务信息资源共享管理办法》等6件市政府规章的起草和审查。加强规范性文件监督管理。结合机构改革和上位法修改情况，加强对县（市、区）、市级部门行政规范性文件备案审查工作，审查各县（市、区）、市级各部门报送备案的行政规范性文件17件。全面清理现行法规和规章。坚持法制统一、立法与经济社会发展相适应的基本原则，开展4次地方性法规、政府规章专项清理工作，对现行有效的地方性法规72件，政府规章83件进行清理。

【健全科学民主依法决策机制】 严格落实《昆明市人民政府重大事项决策规定》，严格执行重大决策听证制度，提高公众参与行政决策有效性，把听证意见作为决策的重要参考。加强合法合规性审查，落实《关于进一步加强昆明市行政机关规范性文件合法性审查工作的意见》，紧紧围绕审查范围、程序、内容等7个方面开展合法合规性审查工作，2019年共完成市委、市政府涉及投融资、土地问题、基础设施建设等262件涉法事务的合法性审查，办结率达到100%。健全法律顾问制度，实现市、县、乡（街道）三级法律顾问100%充分发挥法律顾问在行政决策、合同管理中的作用，有效防范政府法律风险。

【规范公正文明执法水平】 深入推进综合行政执法，加快推进执法重心向县（市、区）下移，在市场监管、生态环境保护、交通运输、农业、城市管理等领域进行综合行政执法改革，合理配置执法力量。加强重点执法领域严格执法，实行重大食品药品安全事故“一票否决制”；生态环境保护执法做到全程留痕，实现责任可追溯；社会治安执法实行“日巡查”“月考评”，强化执法监督；整治旅游市场秩序，严管旅行社，推进智慧旅游建设，优化昆明“一机游”。落实行政执法“三项制度”，制订并推进《昆明市全面推行行政执法公示制度执法全过程记录制度重大行政执法决定法制审核制度的工作方案》。开展行政执法主体清理公告工作，2019年向社会公告51家市级部门行政执法主体资格。落实行政执法责任制和行政执法案卷评查制度，对2018年度市、县两级行政执法部门涉民营企业1025件执法案卷开展评查。强化对行政执法人员教育培训，2019年市级层面举办法律知识培训5期，共培训行政执法人员暨法制审核人员1485人，办理执法证件3000余份。

【行政复议案件办理】 履行行政应诉职责，行政复议体制机制不断健全，行政复议工作流程得到优化，对案件信息实现全程跟踪，系统化管理，案件办理效率提高，2019年办理行政复议案件132件、行政诉讼案件65件。大力推动法定代表人出庭应诉，2019年全市行政机关负责人出庭应诉率达到70.05%。

（张 敏）

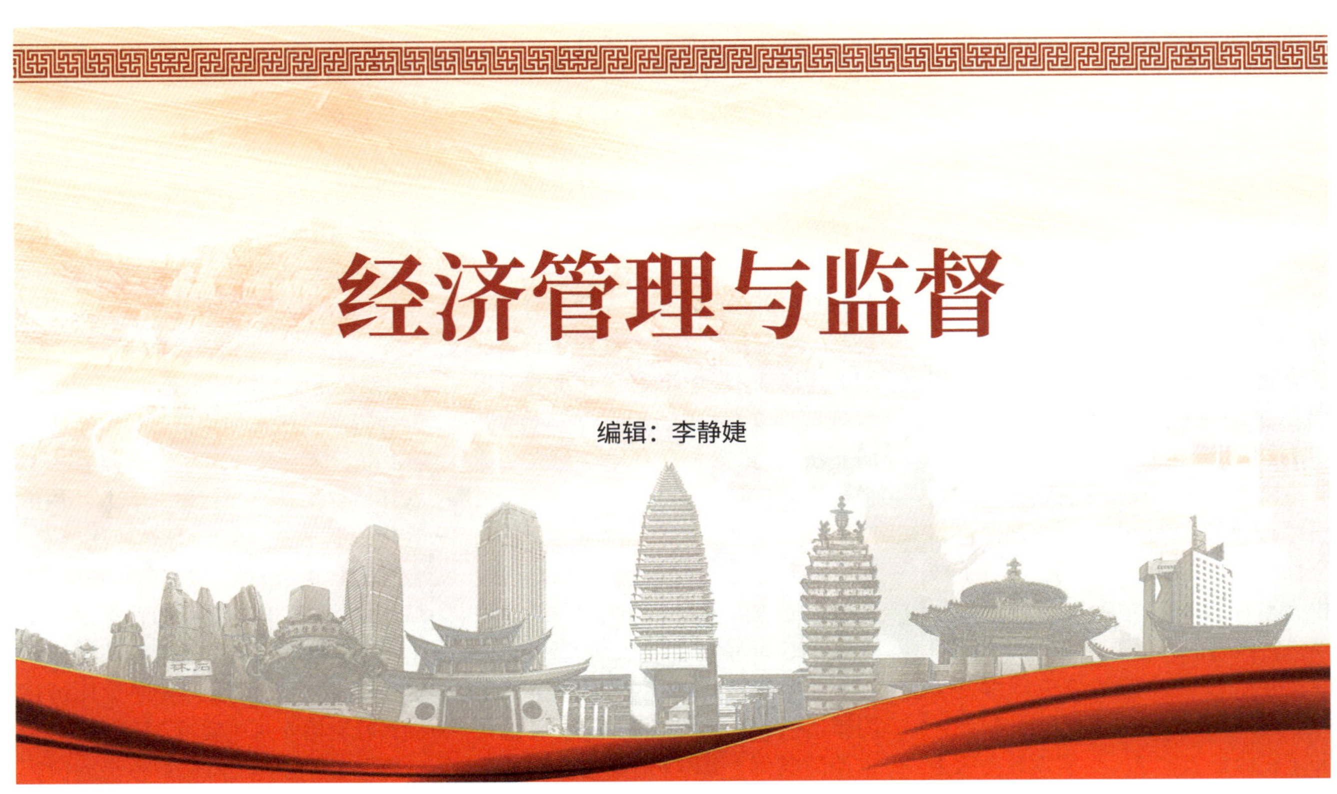

宏观经济管理

【重大政策落地见效】 抓好省稳增长22条、市稳增长20条、民营经济19条等系列措施落实。加强经济运行分析研判和重大问题研究，组织开展重点经济工作任务“比学赶超”活动，实行市级领导挂钩联系服务重点企业，发挥经济发展督导服务组和工业帮扶组作用，及时破解发展难题，推动经济平稳健康发展。城乡居民收入跑赢经济增速。财政收入质量提升，税收收入完成509.30亿元，增长6.70%，占一般公共预算收入的80.80%，较上年提高0.70%。能源资源消耗强度显著下降，提前完成“十三五”能源控制强度目标任务。

【经济新动能】 制造业发展基础不断夯实。新能源汽车产业集聚发展，江铃汽车首车下线，北汽新能源汽车具备量产能力，中汽中心云南高原测试基地试运营。重大项目有序推进，紫光芯云、昆钢搬迁等一批亿元以上项目开工；云硅智谷科技小镇、云南白药健康产业等重点项目稳步推进；京东方OLED微显示器、祥丰石化合成氨装置技改等重点工业项目竣工。

现代服务业创新发展。出台服务经济转型升级创新发展3年行动计划。国家植物博物馆完成主馆规划方案招标和展陈大纲设计，康美健康城、绿地健康城等84个大健康重点项目投资超过200亿元。“旅游革命”深入推进。翠湖、讲武堂、石林杏林大观园创建为国家4A级旅游景区，融创文旅城建成营业，石林县成功创建为国家全域旅游示范区，实现旅游总收入2733.61亿元，增长25.40%。新建春雨937工业遗产文化街区等6个文创园区。昆明国际金融小镇首期示范点正式挂牌。成功举办南亚东南亚楼宇经济产业发展大会，新培育（认定）总部企业16家，新增税收亿元楼宇10幢。

数字经济蓬勃发展。出台数字经济发展规划，云南省数字经济开发区、区块链产业示范基地落户呈贡信息产业园。浪潮云计算产业园（一期）、科技信息产业创新孵化中心建成运营。昆明市年内入选全国首批5G试点城市，二环路内实现5G网络覆盖，启动实施“刷脸就行”工程建设。

【固定资产投资】 2019年，昆明市固定资产投资（不含农户）同比增长2.80%，其中三次产业投资分别增长9.20%、2.90%和2.70%。投资3大领域中，房地产投资增长13.90%，基础设施投资下降10.30%，工业投资增长

2.80%。519个项目列入全省“补短板、增动力”重点前期项目。570个市级重点项目完成投资2718亿元，完成年度计划的102%。其中：重点基础设施项目完成投资713亿元，完成年度计划的90%；重点产业投资项目完成投资2004亿元，完成年度计划的106%；86项重点前期项目有序推进。

【改革创新】 供给侧结构性改革深入推进。牢牢把握“巩固、增强、提升、畅通”8字方针，持续巩固“三去一降一补”成果，处置僵尸企业118户，退出焦化、煤炭、电解铝等产能48万吨。坚决落实减税降费政策，全年降低实体经济企业成本超过500亿元。在文化旅游、健康养老、夜间经济等领域创造新供给，激活新需求，新经济、新业态不断涌现。

重点领域改革有序推进。完成市县两级党政机构改革，市本级党政机构减少至53个。制订深化国企改革3年行动实施方案，云内集团混合所有制改革取得实质性进展。建立营商环境第三方评价“红黑榜”制度，“一网四中心”“七办”模式荣获中国地方政府竞争力“智慧为民”十佳案例，公共资源交易监管机制获国务院通报表扬。昆明市公共信用信息平台上线运行。全年新增市场主体16.10万户。

创新水平不断提升。生物医药大健康、高原特色农业、信息及芯片产业等3家科技创新中心挂牌。成功召开金砖国家技术转移中心（昆明）国际科技合作交流大会，新增全国创业孵化示范基地1个、国家级小微企业创业创新示范基地3个、国家级中小企业公共服务示范平台3个。引进国外智力管理人才项目44个、外国专家82人次、高层次紧缺人才318名，全社会研发投入强度全口径达2.40%，科技进步贡献率达59.10%。

【区域协调发展】 滇中新区突破崛起。临空产业园、汽车产业园等重大项目加快建设，地区生产总值增长8.50%，一般公共预算收入、引进市外内资实现两位数增长，成为全省经济重要增长点。主城区转型升级步伐加快。出台支持主城区加快发展都市经济政策措施，呈贡核心区、巫家坝等片区开发建设提速，高新区创建为国家绿色园区，经开区创建为国家生态工业示范区，主城区对全市经济增长贡献率73.40%。城市功能品质不断提升。启动179个老旧小区改造，东白沙河片区等19个“三旧改造”项目顺利实施，拆除违法违规建筑2580.20万平方米。实施海绵城市建设33.60平方千米。新增停车泊位2.60万个，公共交通机动化出行分担率57.80%。

【“十四五”规划编制】 2019年，市政府办公室下发《昆明市经济和社会发展“十四五”规划编制工作方案》，对全市“十四五”规划编制工作进行安排部署。“十四五”规划共开展35个重大前期课题、36个“十四五”专项规划研究，同步编制国土空间规划、区域规划和县（市、区）规划。规划从2019年8月开始，截至2021年全市“两会”召开。为确保规划编制工作顺利进行，全市成立以市长为组长的全市“十四五”发展规划编制领导小组，下设办公室在市发展改革委，组建专家咨询委员会，各县区同步成立组织机构，精心组织，周密部署，明确重要时间节点，确保规划编制工作有序开展。

表7　2019年昆明市经济社会发展主要目标完成情况表

序号	指标名称	2019年预期目标	2019年完成	
			绝对值	增长率（%）
1	地区生产总值	增长8.50%左右	6475.88亿元	6.50
2	固定资产投资（不含农户）	增长10%左右	—	2.80
3	社会消费品零售总额	增长10.50%	3056.57亿元	9.70
4	一般公共预算收入	增长5%	630.03亿元	5.80
5	万元生产总值能耗下降	完成省下达任务	超额完成省下达任务	
6	主要污染物排放量削减	完成省下达任务	完成省下达任务	
7	城镇常住居民人均可支配收入	增长8%	46289元	7.70
8	农村常住居民人均可支配收入	增长8.50%	16356元	9.80
9	居民消费价格总水平	增长3%以内	—	2.30
10	城镇登记失业率	控制在4%以内	—	3.44
11	人口自然增长率	增长7‰以内	—	6.74‰

（邓玉莲）

国有资产监督管理

【国资监管】 2019年，昆明市人民政府国有资产监督管理委员会监管企业积极履行社会责任，在重大市政基础设施建设、重要民生保障、重大项目推进、产业引导、扶贫攻坚、滇池治理等方面发挥重要作用。据2019年国有资产年报数据统计，截至2019年12月31日，市属监管企业资产总额约8749.93亿元，净资产3648.10亿元，国有资本3232.13亿元，同比增加3.83% 市属监管企业资产负债率为59.70%。公交地铁企业完成客运量9.87亿人次，受出行方式多元化影响，同比下降0.99%；公交地铁出行分担率33.69%，同比下降0.34%；自来水公司完成供水量4.39亿吨，同比增长2.12%；煤气公司完成煤气供应833万立方，同比下降58.01%；完成天然气供应2.97亿立方米，同比增加7.78%，煤改气工作接临尾声；滇池水务公司完成达标污水处理量5.84亿吨，受天气干燥少雨影响，同比下降0.25%，滇池水质保持Ⅴ类。公用类企业逐步提高服务质量的基础上，确保城市居民安全便捷出行，全面保障生产生活、用水用气及污水处理需求。

【规范企业监管】 完善企业法人治理结构。调整（提拔）使用14人，解决2户企业董事长兼任总经理、2户企业总经理长期空缺等问题；免职2人，退休2人，辞职、免职4人。认真审批企业高管兼职，共审批7批次，涉及16户次企业51人次。

企业投融资管理。完善投融资制度，修订印发《昆明市市属企业投资监督管理办法》《昆明市市属企业融资管理办法》，进一步转变对市属企业投融资的监管重点和监管方式，实现市委、市政府高位统筹、市国资委审核把关、市属国企作为实施主体的监管体系；加强投融资计划管理，突出过程管理，强化事中事后跟踪监督，严格落实分类、分层、分级决策制度；加强投资管理，指导监管企业严格履行投资决策程序，加强项目可研分，强化企业市场主体意识，提高投资绩效。着力提升企业信用水平，拓宽融资渠道。通过内外部增信结合，帮助企业提升信用评级。市交投公司获得AAA级主体长期信用评级，成为昆明市首家获得AAA级主体评级的市属国有企业；昆明轨道公司获得美元境外债券国际评级机构BBB+主体评级，是云南省国有企业目前获得的最高国际信用评级；帮助企业有效拓宽融资渠道，实现境外债发行零突破。2019年，市属监管企业共发行14亿美元境外债。其中：市滇投公司于6月19日成功发行3亿美元债，市交投公司于6月20日成功发行3亿美元债，市城投公司于10月14日成功发行3亿美元债，昆明轨道公司于12月5日成功发行5亿美元债。

市场配置资源。按照国有产权登记有关规定，加强市属国有企业产权登记管理，以信息手段管好国有资产，2019年，完成产权登记21户。积极落实国务院国资委以管资本为主的国企监管职能转变，通过制定市属监管企业国有资产监督管理制度，逐渐下放部分权利，做到该管的科学管理，绝不缺位，不该管的依法放权，绝不越位，切实提高昆明市国有资产监管的科学性和有效性，全年完成企业股权、资产转让、资产报废、划转等32项。严格执行企业国有资产评估项目备案（核准）工作，完成企业国有资产评估项目审核备案101项。按照企业资产租赁监管规定，进一步规范企业国有资产租赁工作，全年完成租赁审批88宗，共计金额5828.38万元。监督指导和推进昆明联合产权交易有限公司规范各类交易活动，进一步完善国有产权交易流程和内部管理制度、提高交易服务质量和效率。全年各类国有资产进场交易挂牌455宗，成交金额111998.56万元。

企业人才队伍建设。认真做好外部董事的派驻和管理工作，免去1名外部董事职务，委派1名外部董事，并组织国企高管、外部董事、县区国资监管部门（国企）领导参加昆明市国资监管干部及国企领导人员能力素质提升班。组织24户市属企业的468人领导干部参加昆明市干部在线教育的在线学习。

年度资产统计与财务（预）决算工作和企业重大财务事项日常监督。完成2018年度县市区282户企业国有资产的统计年报的审核、汇总和上报工作；完成监管企业2018年年度财务决算审计的审核认定工作，全面梳理监管企业及其子企业年度审计报告。针对年报审计中披露的重要问题，与相关企业进行沟通协调，进一步规范企业会计核算和财务管理行为；完成2019年度监管企业的财务预算汇审备案工作。做好昆明市市属监管企业及18个县市区国资监管机构下属监管企业月度财务快报的统计报送和监管企业各月度的经济运行分析，发挥财务动态监测的预警作用，提示企业关注、解决经济运行中出现的问题，确保各项指标任务的完成；加强对投融资公司运行情况的分析。完善运行指标报送体系，全面了解掌握投融资公司融资、偿债相关情况，促进公司合理控制融资成本、提高融资水平，进一步加强债务管理，建立科学债务风险预警机制，切实防范债务风险；加强固定资产投资工作调度，确保投融资公司做好固定资产投资工作。加强企业对外捐赠管理，规范企业对外捐赠行为，引导企业正确履行社会责任；强化企业资金账户管理，增强企业资金使用、银行账户监管力度。加强企业对外借款和担保的审批，规避企业资金风险。

市本级国有资本经营预算合理配置。按照《昆明市人民政府关于印发国有资本经营预算编报及收取管理两个办法的通知》要求，认真做好2020年度市本级国有资本经营预算方案编制工作，对企业上报的预算方案进行整理、汇总、分析，形成2020年度国有资本经营预算建议草案。

【企业党建】 以“基层党建创新提质年”为抓手，深入实施“国企党建铸魂固本工程”，强化党对国有企业的领导，不断夯实党建工作基础。全面落实基层党建各项目标任务，市国资委与监管的23户企业签订2019年度党建目标责任书，强化考核结果运用，将企业党建目标考核在综合考核中的占比从6%提高到12%。紧紧围绕“理论学习有收获、思想政治受洗礼、干事创业敢担当、为民服务解难题、清正廉洁做表率”目标，扎实开展“不忘初心、牢记使命”主题教育，解决实际问题20个。持续开展“万名党员进社区”“关爱滇池·春城志愿者在行动”等党员志愿服务工作。2019年，市国资委机关开展活动35次，560余人次参加；严格党员发展程序。2019年，市属企业发展党员459人；加大对党员及党务骨干培训力度。共举办党委书记、党员发展对象、基层党组织书记、党务骨干等8期培训班，参训人员近2000人。扎实做好党支部规范化达标创建工作。2019年，完成414个党组织达标创建，市委组织部命名“五星级”党支部13个，“四星级”党支部20个。

【全面深化国有企业改革】 2019年4月1日，中共昆明市委、昆明市人民政府印发《昆明市深化国有企业改革三年行动实施方案(2019—2021年)》，同时召开全市深化国企改革动员会暨领导小组(扩大)会议，市政府主要领导出席会议并讲话，全面系统地对国企改革三年行动作了部署动员。国企改革三年行动按照实施方案稳步有序推进。

全面启动监管企业战略规划、确定主业和压缩层级3项工作方案的编制，为后续整合重组奠定基础。做好中介选聘工作。通过公开招标方式，选聘咨询公司作为本轮国企改革的咨询机构。按照“现状调研—问题诊断—方案设计”的项目思路，稳步开展改革相关工作，编制形成《昆明国资发展现状诊断报告》《昆明国资布局与国企整合重组整体方案》、8家企业“一企一策”组建方案及配套方案(共48个方案)。

建立例会制度和情况通报制度，及时向市委、市政府和市深化国企改革领导小组汇报、向全市国资国企系统通报改革推进情况；与各县(市、区)国资建立沟通联系机制，做好解惑答疑工作，指导嵩明、富民、晋宁、安宁等县(市、区)及高新区国资国企改革；与企业建立会商机制，坚持问题导向，针对企业反馈改革存在的困难问题，及时研究，提出措施。

(杨泽飞)

市场监督管理

【机构改革】 2019年3月5日，昆明市市场监督管理局整合原工商行政管理、质量技术监督管理、食品药品监督管理、知识产权、价格监督检查等职能，正式挂牌成立昆明市市场监督管理局，设有办公室、食品生产安全监督管理处、认证监督管理处等32个内设处室。

【创新改革】 创新市场准入、企业注销“一网服务”、开展食品药品医疗器械经营许可改革。在自贸试验区开展“证照分离”改革全覆盖试点工作，率先在全省试点运行云南省开办企业“一窗通”服务平台改革，取消13类工业产品生产许可管理目录；持续压减企业审批开办时间。开办企业最快2天可营业，医疗器械经营许可办结时限由45个工作日压减至15个工作日，工业产品生产许可办证时间从60个工作日压缩至10个工作日。2019年，全市新登记市场主体16.11万户，同比增长10%，全市市场主体实有数突破80万户，开办企业指标全省名列前茅；不断优化市场监管领域许可职能。市级27个行政审批事项全部进驻昆明市政务服务大厅，在政务服务大厅、银行网点试行营业执照自助打印，共自助打印执照1.60万份。

【价格监管】 加大价格监管执法力度。2019年，市市场监管局落实国家和省、市减税降费决策部署，组织开展转供电、医疗服务、停车场等价格收费专项检查，强化猪肉等重点商品价格监管，共责令清退违规价款2628.40万元，有效降低实体经济运行成本，维护市场价格秩序。

【市场整顿】 加强公平竞争审查，年内共审查文件7044件。强化公平竞争执法，查处案件52件。取缔传销窝点165个，对469个无传销社区(村)进行复核认定考评。深入推进“双打”、保健市场“乱象”整治等行动，共查办案件1802件。加大网络市场和广告监管，开展网络商品交易线上线下巡查，核查网络市场主体4.36万户，查办案件54件。持续推进广告监测监管信息化建设，建成户外广告监测系统。全年监测各类广告43.49万条次，查处违法广告案件73件。强化信用监管，开展“双随机一公开”检查，共检查各类市场主体2.98万户。依法打击制售假冒伪劣商品等违法行为，持续开展扫黑除恶专项斗争，处理各类线索278条。归集行政许可和行政处罚信息5.47万条，3.29万户企业被列入经营异常名录。

【推进质量强市战略】 统筹推进特色农产品、食品药品、消费品等9个领域质量提升，选定200家大中企业、800家小微企业开展质量提升帮扶行动。对400余家企业开展卓越绩效模式等先进管理方法培训。培育申报省政府质量奖企业10家，市长质量奖企业12家。开展全国“质量月”活动，首发“春城质量号”地铁专列，首办品牌故事演讲比赛，2019年，昆明市质量工作考核位居全省第一。完成《昆明市地方标准管理办法》修订工作。制定昆明市地方标准8个，提升花卉产品标准56个，验收标准化示范、试点项目12个。扎实开展企业自我声明公开标准工作，548家企业自我声明公开标准2180项。强制检定集贸市场计量器具1.70万台（件），开展“关注民生计量惠民”专项监督检查7次。重点用能单位能源一级计量器具配备率96.50%。9家企业75种产品完成定量包装商品“C标志”自我声明，引导培育诚信计量自我承诺示范单位100家。强化认证活动监管，完成认证活动现场检查677家次。全市电线电缆3C认证抽查覆盖率达72%。完成全市427家机构年度检验检测服务业统计工作，数据审核通过率100%。

【推进知识产权战略】 知识产权注册增量提质。2019年，全市商标申请量5.80万件，获准注册4.52万件，有效注册商标达到18.20万件。专利申请2.31万件，专利授权1.43万件，超额完成市政府目督任务。每万人发明专利拥有量达14.90件，超出全国平均水平1.60件。昆明市被确定为国家知识产权示范城市，呈贡区、安宁市被确定为国家知识产权强县工程试点县（市、区），嵩明县云南省花卉示范园区成功创建为省级知识产权示范园区。全市新增市级知识产权试点示范企业21家。强化知识产权执法，共查处商标、专利案件443件。

【安全领域检查】 食品安全持续向好。食品安全工作纳入党委、政府年度综合目标考核评价。食品抽检完成每千人4.55批次，在省内率先建立覆盖全市的食品抽检分析系统。利用网络爬虫技术核查经营单位1.32万户，餐饮服务食品安全量化分级评定4.16万家，“明厨亮灶”达3.99万家，对2.50万余户涉旅餐饮企业进行诚信评价。全年查处食品违法案件650件。药品医疗器械安全平稳可控。

开展血液制品、特殊药品、疫苗、无菌和植入性医疗器械等高风险产品隐患排查整治，推进中药饮片、医疗器械“清网”、药师“挂证”、化妆品“线上净网、线下清源”等专项整治行动。飞行检查200家药品零售企业，监督检查药品、医疗器械、化妆品经营使用单位2.10万家次。强化疫苗监管，对全市1600余家疫苗接种单位进行全覆盖检查。全市监督抽验药品医疗器械化妆品1056批次，查处案件207件。

特种设备安全总体平稳。深入开展特种设备专项隐患排查和整治工作，全年共检查特种设备6.16万台（次），发出安全监察指令书1087份，发现安全隐患2271条，已整改1785条，查处特种设备违法案件89起。完善电梯应急救援平台建设，全年实施应急救援96起。完成59家电梯维保单位星级评定，既有住宅加装电梯工作稳步推进，电梯责任保险覆盖率达70.11%。强化电子气瓶监管系统运用，二维码粘贴率达93%。

工业产品质量安全保持稳定。市级开展重点工业产品生产领域监督抽查342批次，实物抽检合格率91.20%；流通领域监督抽查家用电器、建筑装饰装修材料、消防器材等商品监督抽查570批次，抽检合格率87.90%。抽查成品油200批次，合格率97.50%。检查工业产品获证企业证后生产条件维持情况208家，开展严防“地条钢”死灰复燃全覆盖检查3次。开展危险化学品、儿童玩具、塑料排水管、有色金属等质量安全整治，共查办案件174件。

【市场监管能力提升】 加强法治建设。《昆明市集贸市场管理办法》《商品交易市场管理办法》（修订）通过合法性审查，废止制度规定4部，市市场监管局梳理建立了权责清单。市局、呈贡区局成功创建为昆明市依法行政示范单位，8个县（市、区）局通过复核保留昆明市依法行政示范单位称号，市局法规处被评为全国法治政府建设工作先进单位。

加强队伍建设。围绕履职能力提升，通过集中培训、现场指导等多种方式组织开展全市市场监督管理综合培训，三类在线学习参学率及通过率均100%。市局被评为全国市场监管系统先进集体、全国节约型公共机构示范单位，市消费者协会被中国消费者协会评为全国消协组织先进集体，昆明市个体私营经济协会荣获国家总局、中国个体劳动者协会先进单位，昆明商标受理窗口被国家知识产权局评为先进窗口。

（周　艺）

统　计

【党建工作】 2019年，市统计局扎实开展“不忘初心、牢记使命”主题教育，组织2次党组理论中心组学习和2次读书班；市统计局党组成员深入基层开展座谈式、体验式、解剖式调研，形成调研报告5篇，召开调研成果交流会；领导干部和党支部书记讲授专题党课11次；认真做好统计造假问题专项整治，主题教育成果显著，被云南电视台、《昆明日报》、《都市时报》、昆明信息港等多家省市媒体报道。开拓创新，推动作风整治常态常效，在昆明市级行政部门率先创新开展“庸懒散滑”专项整治，得到市委、市政府主要领导肯定批示；制定的《昆明市统计局干部职工考核管理制度（试行）》被《云南日报》、《昆明日报》、昆明市党风廉政网宣传报道，并被多家中央、省级主流网络媒体转载。筑牢防线，深入推进党风廉政建设，市统计局在2019年度落实党风廉政建设责任制检查考核中获评为优秀单位，位列全市19个市级优秀单位的第九名，在政府职能部门中排名第一，获得10年来最好成绩。强化担当，全面落实管党治党责任，支部建设取得新突破，机关四支部成功创建“五星级”党支部并获推省级示范党支部。

【机构人员变化】 2019年3月，组建

统计执法监督处，新增行政编制5名，新增科级领导职数5名；市统计局普查中心机构规格升级为副处级，设副处级主任1名，新增调研员职数3名。加大干部选拔任用力度，推荐任用副局长、普查中心主任各1名；开展2批中层干部选拔任用，配备14名科级领导干部；开展职级晋升，晋升一级主任科员9名、三级主任科员6名、四级主任科员10名；新招录公务员4名、从基层遴选公务员1名。

【经济普查】 圆满完成“四经普”，全市共投入普查“两员”8000余名、经费4000余万元。创新经济普查宣传方式，制作发布“四经普”吉祥物和动漫宣传片，在27家市级部门的官方网站、微博微信、LED电子屏、政务网站、办事大厅公告栏、线上工作群发布告知书，通过移动、联通、电信3大运营商向全市发送经普公益宣传短信，利用抖音新媒体平台发布一系列经济普查抖音小视频。建立“四经普”登记进度周报、在线监测审核等制度；开展数据事后质量抽查、部门数据评估工作，确保普查数据质量；初步完成第四次全国经济普查GDP核算；全面启动经济普查资料开发工作，被国务院第四次经济普查领导小组评为第四次全国经济普查国家级先进集体。

谋划“七人普”。做好各项前期准备工作，完成“七人普”预算编制工作，建立出生、死亡台账，在盘龙区开展人口普查重点工作调研。认真贯彻国务院、省政府关于开展第七次全国人口普查工作有关通知精神，报请市政府印发《昆明市人民政府关于做好第七次全国人口普查工作的通知》。

【统计监测】 预警监测。贯彻落实昆明市主要经济指标预报制度等四项制度，市统计局及时对工业、贸易、服务业、固定资产投资运行情况开展预警预判；按月编制GDP及其支撑性指标监测表，按季预警监测GDP和非公有制经济增加值，积极探索GDP及分行业增加值衔接工作，做好GDP统一核算各项准备工作。强化统计分析研究，2019年，市统计局共撰写242篇统计分析报告、54篇统计专报。

【统计宣传】 2019年9月，组织策划新中国成立70周年昆明经济社会发展成就系列宣传活动，以《辉煌壮丽70载 砥砺奋进新时代——新中国成立70周年昆明经济发展成就》为题向新闻媒体发布，并就当前昆明经济高质量发展和统计服务接受昆明电视台记者采访；《掌上春城》对发布会进行全程直播，昆明电视台昆明新闻栏目两次对发布会内容进行报道；充分利用“昆明统计”政务微博、微信公众号发布统计信息、解读统计标准、宣讲统计工作。

【统计法治】 完善制度，做好防范和惩治统计造假、弄虚作假专项整治工作。按照国家统计执法“双随机、一公开”制度开展统计执法检查，全市共抽检208家企业，发出《责令整改通知书》12份、《统计检查查询书》108份，制作《现场调查笔录》116份、《取证资料清单》48份，约谈3个县区，通报1起统计违法行为。实现统计违法案件查处零突破，对3起统计违法案件进行立案查处，并进行行政处罚。对其中1家认定为统计上严重失信企业实施联合惩戒，通过昆明市统计局网站、昆明市市场主体信用信息服务监管平台对处罚信息进行公示。强化统计执法条件保障，配备执法记录仪、摄像机、便携式打印机等统计执法设备。加强统计执法队伍能力建设。全市32名统计系统干部取得全国统计执法资格，先后4批次，抽调9人配合国家、省统计局开展统计执法检查。加大统计法治宣传力度，积极推进统计法律法规进党校、行政学院，组织540名基层领导参加市委党校三期统计法律法规和统计知识专题培训班，通过昆明信息港开展统计法有奖知识竞赛。全力支持配合国家统计督察工作。积极向市委、市政府和省统计局请示报告，加强与市级有关部门和县区的沟通协调，精心组织、细化工作方案，认真做好督察台账资料准备等各项工作，确保国家统计督察工作顺利开展，对国家统计督察情况及时形成情况报告上报市政府，对督察过程中反映出来的有关问题做到立行立改。

【统计改革】 起草《关于完善统计体制工作方案》，经十一届市委常委会第116次会议审议通过，以市委、市政府两办文件印发实施。着力深化统计改革，“三大核算”制度改革不断深化，认真做好统一核算改革各项准备工作，积极谋划劳动工资统计改革。着力完善统计监测体系，加快探索“三新”统计监测工作，建立大健康产业统计监测体系，制定《昆明市大健康产业综合统计报表制度（试行）》和《昆明市大健康产业增加值核算方法（试行）》；建立昆明市小微企业创业创新统计监测制度、搭建小微企业双创数据采集平台；开展生态文明建设年度评价工作，发布昆明市生态文明建设年度评价结果公报。

（市统计局）

审 计

【概况】 2019年，全市共审计697个单位，查出违规问题金额26.74亿元。通过审计，促进增收节支73.13亿元，调账处理金额17.51亿元，移送违纪违法问题线索55件，提出审计建议2155条，被采纳1847条；被审计单位根据审计建议制定整改措施15项；建立健全规章制度3项。

市本级完成审计项目68个，查出违规问题金额2.25亿元，管理不规范金额227.75亿元，被审计单位损益或收支不实问题金额2.92亿元，移送有关部门13件。通过审计，促进整改落实有关问题资金9.93亿元。其中直接为地方财政和有关单位增收节支2.97亿元，已调账处理5.19亿元。审计后核减固定资产投资额6.51亿元，提出审计建议257条，审计信息被批示、采用92条。

【财政管理和预算执行审计】 2019年，组织开展财政预算执行及决算草案审计，严格贯彻落实新预算法规定，接受市人大对本级财政决算草案的监督审查，促进提高决算草案编制的真实性、完整性和规范性，提高财政决算草案编制质量；围绕财政支出结构优化、地方政府债券发行使用、财政资金统筹盘活等重点，加大财政资金绩效审计力度。扩大审计全覆盖范围，实现市本级及14个县(市、区)一级预算单位审计全覆盖，并有序开展对市级重点二级预算单位财政财务收支的审计调查，共查出应缴未缴资金0.96亿元，往来款长期挂账18.89亿元，提出政府采购程序、固定资产管理、“三公”经费等方面存在的问题，有力凸显审计监督作用。

【重大政策措施落实情况跟踪审计】 组织开展减税降费、清理拖欠中小企业欠款、隐性债务化解等重大政策落实情况审计，全年分65次上报8个方面的审计报告，反映问题134个，促进重大政策落细落实。结合昆明市建设区域性国际中心城市实施纲要开展审计调查，发挥审计助力重大政策落实的建设性作用。结合昆明信息化建设，对82个市级党政机关信息系统权属、管理和使用绩效开展专项调查，提出规范建设管理意见，推动信息化在政府治理能力和公共服务水平方面发挥积极作用。

【脱贫攻坚审计】 紧扣“六精准”要求，围绕“两不愁三保障”重点任务，结合扶贫攻坚和乡村振兴战略，加大扶贫资金和项目绩效审计力度，对市扶贫办及3个县区扶贫办预算执行和其他财政收支情况进行审计，以扶贫审计成果促进乡村振兴战略实施。组织9个有脱贫攻坚任务的县区审计局有序开展脱贫攻坚审计，推进县区脱贫攻坚的审计全覆盖。

2019年3月8日，中国共产党昆明市委员会审计委员会办公室揭牌成立
（市审计局 供稿）

【领导干部经济责任审计】 推进领导干部经济责任审计工作，制定领导干部任前经济责任告知、审计分类管理、离任交接等工作制度，对122名领导干部开展任期经济责任审计，共发现问题475个，查出违规金额3.31亿元、损失浪费金额1070万元，移送问题线索31件，对532名领导干部进行任前经济责任告知。

【自然资源资产审计】 开展滇池流域入湖河道生态补偿金管理使用、集中式饮用水源地扶持专项资金审计，推进生态文明建设；推动领导干部自然资源资产离任审计制度化、常态化，共对18名领导干部自然资源资产责任进行审计，查出问题70余个，提出加强监督管理的审计意见、建议53条，促进领导干部切实履行自然资源资产保护责任。

【政府投资项目审计】 落实投资审计“三个转变”要求，通过开展轨道交通工程、环湖截污、市政工程等重大投资项目审计，全市审计投资额19.37亿元，促进被审计单位健全完善项目管理制度，进一步规范基本建设程序。以国家植物博物馆项目为试点，探索对重点工程项目合规性、绩效性和工程质量的全领域审计监督，着力推动投资审计向质量效益、全面投资审计、现代投资审计转变。

【国有企业审计】 按照云南省委办公厅、省政府办公厅《关于深化国有企业和国有资本审计监督的实施意见》要求，切实加强国有企业和国有资本的审计监督，做到应审尽审，凡审必严。有序开展市属国有企业(集团)帮扶资金审计。揭示帮扶资金管理中存在的问题，促进国有企业资金帮扶成效。

【保障性安居工程跟踪审计】 开展保障性安居工程审计，促进住房保障体系不断健全，覆盖人群规模不断扩大，有效改善困难家庭居住条件，共对74个保障性住房项目进行重点检查，发现问题74个。促使相关部门出台进一步明确昆明市城市棚户区改造的规范性文件。推动城镇棚户区和城乡危房改造及配套基础设施建设决策部署的贯彻实施，保障资金安全，规范工程建设和住房分配管理，提高安居工程资金绩效，推动解决安居工程体制机制性障碍。

【内部审计】 2019年，全市内审机

构418个，内部审计人员1149人（含县区），市级部门（单位）内审机构基本达到全覆盖。全年，全市内审完成审计项目2065个。其中：财务收支审计690个，经济效益审计67个，经济责任审计204个，内部控制评价审计172个，信息系统审计21个，基本建设审计417个，其他内容审计494个。审计资金总额952.79亿元，促进增收节支4.28亿元，提出并被采纳审计建议2248条，建议给予行政处分1人，实际给予行政处分1人，向司法机关移送案件2件，涉及人员2人。

【深化改革】 2019年，对标上级要求、对接昆明实际，统筹推进党的十八大以来部署的改革举措和党的十九大部署的改革任务，严格按照《2019年度全面深化改革工作目标责任书》《昆明市2019年度全面深化改革督察工作计划》等文件要求，层层压实责任，抓关键问题、抓实质内容、抓管用举措，推动各项改革工作顺利进行。制定市委审计委员会工作规则、市委审计委员会办公室工作细则，出台《昆明市审计局机构改革工作组织实施方案》；积极推进市发展和改革委员会的重大项目稽查职责，市财政局的市级预算执行情况和其他财政收支情况的监督检查职责，市政府国有资产监督管理委员会对国有企业领导干部的经济责任审计职责，市政府国有企业监事会的职责与审计职责的整合优化，构建统一高效审计监督体系，更好发挥审计在昆明市区域性国际中心城市建设和经济社会发展的重要作用。

【审计队伍建设】 2019年，市审计局坚持科学民主决策，严格落实“三重一大”决策制度，共召开党组会30次、局务会7次；加强统筹协调，全力推进市县两级审计机关审计管理体制改革。持续深化人财物管理改革，加强队伍建设。按照省审计厅对州市审计机关8个方面的工作考核要求，组织对14个县区审计局进行考核。完成全市审计机关新“三定”方案、涉改人员转隶等工作。配合市委组织部，对县区审计局空缺副科级领导干部进行选拔配备，调整配备县（市、区）审计局班子成员14人；完成市审计局1名副局长的选拔任用、2名一级调研员的推荐和1名班子成员试用期满转正等工作。完成8名正科级试用期满转正和16名副科级人员的选拔任用。严格落实年度培训计划，全市审计干部参加培训达1410人次。根据市委、市政府工作安排，共抽调86人次参加相关专项检查工作，其中参加市委巡察工作30人次。

【帮扶工作】 2019年，紧密围绕“两不愁三保障”的总要求，积极为帮扶村筹措帮扶资金、协调脱贫项目、选派精干力量驻村扶贫，在促进群众增收、生产生活条件改善、富民产业发展、基础设施建设、基层组织建设等方面做了大量细致有效的工作。组织全员开展集中走访4批次，向3个帮扶村拨付产业项目扶持资金73万元。驻村工作队员强化产业扶持资金监管，切实发挥资金效益。

【审计信息化建设】 2019年，市审计局以数字化审计为抓手，提高审计效率。向信息化要资源、要效率，结合市级财政预算执行及市级一级预算部门审计全覆盖，完成市级财政及19个县（市、区）（含开发区）财政数据采集、转换，及时分发相关数据，为县（市、区）审计局提供数据分析平台；对101个一级预算单位及下属396个单位的电子账套数据进行采集、转换、清洗、入库，创新开展市级财政预算与全市部门预算执行相结合的数据分析比对模式，实现了资金从源头到使用过程衔接贯通的大数据审计，大数据审计分析方式方法取得突破，审计监督成效明显；加大信息化人才培养，组织全市28人参加审计署、省审计厅计算机审计中级培训；持续推进审计管理系统“1拖15”信息系统的运营维护任务，实现全市审计机关OA项目管理无盲区、AO应用管理全覆盖。

（李吉鹏）

海关·检疫

【机构改革及完成目标值】 落实海关党的领导体制改革部署，昆明海关调整设立28个隶属海关党委，同步健全完善党的工作机构、职能配置及配套制度。关区机构、人员、职能配置于2019年1月全部调整到位，精简机构、理顺职能、强化对基层倾斜保障等预期目标较好实现，干部交流、调岗等顺利过渡。围绕技术中心、保健中心、后勤管理三大板块，切实推进16个事业单位改革。2019年，昆明海关认真履职，主动作为，力促云南开放型经济平稳有序发展，较好地完成全年各项工作目标任务。云南外贸全年实现增长17.90%，进出口额首次突破两千亿，达到2323.70亿元，增速排名全国第三，与“一带一路”沿线国家贸易份额占比超七成。

【口岸监管】 推进“查检合一”作业场所（场地）整合优化，268个监管场所（场地）整合为116个，99个建设达标，完成率85%。完善监控摄像头规范设置，驻点通道视频监控全部联网。18个边境海关口岸拦阻设施全部建设完毕，关区大中型监管查验设备由19台增加至48台。动态实施查验率调控管理，关区总体进口查验率10.91%、出口查验率1.55%。提高机检查验率，关区大型H986设备、小车H986设备日均机检31标箱（辆次）、43辆次。开展口岸核生化突发事件应急演练，提升现场反恐能力。细化跨境电商直购进口、一般出口监管操作指引，推动全省公共服务平台完善升级。全年共监管进出境货物3884万吨、总值282.90亿美元、运输工具1353万辆（架、艘、节）次、人员4656万人次，分别增长28.30%、

15.90%、13.30%、10.20%。

【查缉走私】 深化全员打私，全年现场查发案件1298起，占比50.60%，打击对象涵盖濒危物种、枪支毒品、货币、固体废物等禁限物品。坚持“破大案、打团伙、摧网络”，成功侦破“9·18”“3·14”等一批大要案件，入库罚没收入1.15亿元。全年共立案办理各类案件2567起、案值29.72亿元、涉嫌偷逃税3.92亿元、抓获犯罪嫌疑人382人、打掉团伙46个，分别增长14.60%、57.11%、持平、13.69%、17.95%。其中查办刑事、行政、毒品、濒危物种案件数分别排名全国海关第十二、第九、第四、第八位，主要打私工作指标迈入全国海关第一方阵，打私工作获云南省政府表彰。推动各级打私办实体化运作，省级打击走私综合治理领导小组成员单位由原19个增加至28个，沿边州(市)、县打击走私综合治理领导小组组长均由政府主要负责同志担任。全年开展反走私专项行动近20项。

【检验检疫】 有效应对边境地区登革热疫情，检出云南首例输入性基孔肯雅热病例，全年检出基孔肯雅热病例27例、登革热病例281例、艾滋病感染病例602例，分别占全国口岸检出总量的37.50%、30.50%、59.20%。开展出入境人员传染病监测体检17.20万人，检出传染病感染者9389人，增长10.80%。建立跨境传染病监测预警平台，开展6轮中老、中越边境口岸跨境病媒生物联合监测。继续做好朝觐人员和维和部队健康体检和预防接种工作。开展跨境有害生物联合监测，在中越、中老边境118个监测点实施联合实蝇监测。全力做好非洲猪瘟防控工作，制定“8个100%”工作措施，严防疫情从口岸传入、传出，全年口岸未发现非洲猪瘟病例。全年截获有害生物446种3.60万次，其中检疫性有害生物41种5580次，截获检疫性有害生物次数、截获有害生物总次数均排在全国海关前三。开展进口食品国门守护行动，核查60余家出口食品备案企业和基地。检验检疫进出口食品化妆品增长24.70%，检出不合格食品化妆品批次增长40.36%。

【业务深度改革】 分类试点、有序推进“两步申报”“提前申报+”“四类放行”等改革项目，探索入境鲜活易腐货物“提前报、提前审、提前放”通关模式；落实“两段准入”改革要求，细化完善监管标准、商品清单和操作流程。“单一窗口”7个申报项目使用率提前达到100%。持续深化税收征管方式改革，企业增信担保、关税保证保险、汇总征税、自报自缴、属地纳税人管理、行邮税移动支付等改革成效明显。“多证合一”全面落地，行政审批实现“一个窗口”受理和全流程网上办理。稳妥推进HACCP认证等评审结果采信，简化出口食品生产企业备案等企业特定资质审批流程。协同搭建“网上服务专区”，全省企业注销实现网上直办。出台13条措施深化加工贸易监管改革，贸易额增长15.70%。推进“以保税物流供应链为单位”的保税监管模式改革。采用“先放后检”模式监管进口矿产品6966批、609.80万吨，平均放行时长由原来的9天降至0.75天。自主筹建并实体化运行关区业务运行监控指挥中心，有效解决执法作业不规范、监管风险突出等问题。率先建立知识产权海关保护和打击进出口假冒伪劣商品协同执法机制，查办侵权案件185起、增长189.06%，查处假冒伪劣案件31起、4106件，分别增长31.80%、71.40%。

【支持自贸区改革创新】 主动服务云南自贸试验区改革创新。促成云南自贸试验区获批建设。参与承担27项自贸区改革试点任务，已有12项任务取得实质性进展。建立海关监管创新制度线索储备机制，推动海关监管制度创新取得突破，“一口岸多通道监管创新”成为第五批自贸试验区首个通过总署备案的监管创新制度。积极支持综合保税区建设发展。大力推进国务院关于促进综合保税区高水平开放高质量发展若干意见落实，细化分解为21项具体举措，推动9项任务落地，全国首架采用异地监管模式的融资租赁飞机落地长水国际机场。昆明综保区邮件、快件、跨境电商业务实现“三场合一”。2019年，云南省昆明、红河两个综合保税区进出口总值130.30亿元，增长19.90%。

【支持云南开放型经济发展】 严格落实国家税收减让优惠政策，全年减让、减免企业进出口税款40.75亿元。指导出口企业用好原产地优惠政策，企业获得进口国关税减免7023万美元。加强技术性贸易措施储备应用，成功应对澳方鲜切花、鲜切叶以及十字花科蔬菜种子产品出口技术性贸易壁垒。开通中越农副产品“绿色通道”。全年云南省农产品出口额增长29%，出口额创造新纪录。开展供港澳肉类、蔬菜专项监测，全力保障供港澳食品质量安全，供港澳肉类产品大幅增长，占全国供港澳总量40%以上。服务能源产业合作，天然气进口量、值分别增长54%和63.60%。助力昆明长水国际机场国际航空枢纽建设，推动监管现场改造和通关流程再造，实现98%以上的入境旅客5分钟内办结全部通关手续。服务2019年商洽会，共监管2.10万件、792吨、83.30万美元参展商品。配合推动解决替代种植项下食品、农产品检疫准入难题，按要求做好相关产品检疫准入工作，年内完成涉缅、涉老共35个产品准入风险分析报告，28项产品正式获准输华。争取海关总署在综合风险研判基础上，扩大缅甸4种水果进口口岸。促成云南省与老挝、缅甸签署进口屠宰用肉牛议定书，跨境动物疫病区域化管理试点迈出关键一步。服务新贸易业态发展，全年进出口89.40万件。加强外贸监测预警和分析研究，各类研究成果获省领导批示26次。

（昆明海关）

资源管理

【加强耕地保护】 2019年，市自然资源和规划局完成6个重大建设项目占用补划永久基本农田方案审查，拟占用永久基本农田1124.46亩，补划1140.18亩，均做到数量不减、质量不降、布局稳定、在原县域范围内补划的要求。全面落实耕地占补平衡，落实86个建设用地项目占补平衡挂钩，涉及耕地面积16685.70亩，水田规模2367.90亩，粮食产能10651866.60千克。为解决昆明市耕地占补平衡指标不足问题，在省自然资源厅的支持和指导下，主动与迪庆州和昭通市对接，共购买占补平衡水田规模1800亩，数量指标1000亩，粮食产能600000千克。

【整治闲置用地】 2019年，拟订《昆明市关于印发深入开展批而未供和闲置土地处置攻坚行动实施方案》，成立以市长为组长的批而未供和闲置土地处置领导小组。经清理，全市历年来批而未供土地241305.60亩，闲置土地23982.43亩，按攻坚行动要求，需消化处置批而未供土地总量的50%（即120652.63亩），需处置闲置土地总量的30%（即7194.73亩），通过采取加快征地、督促供地、撤销批文、项目调剂等手段逐步清理批而未供土地；通过采取督促项目开工建设、收回土地、临时使用、收取闲置费、延期开发、置换土地等方式逐步处置闲置土地。至年末，全市共完成处置批而未供土地134476.29亩，闲置土地15094.67亩，超额完成工作目标。

【土地要素保障】 2019年，省政府同意追加昆明市1万亩规划建设用地指标。按照先成熟先使用，急地先用、先报先审批，优先满足不占用永久基本农田等红线的市级以上重点产业、基础设施、民生项目用地的原则，合理调配了1万亩追加指标。向省、市政府完成新增建设用地征转报批3.16万亩；批准临时用地0.05万亩；用地预审1.27万亩；核发规划“两证一书”1277件；代收城市基础设施配套费26.95亿元；完成增减挂钩结余指标跨省交易5.90亿元，超额完成任务数3亿元的196%。2019年，全市实际完成土地收储4.86万亩，完成土地供应4.61万亩，实现土地出让收入1101.04亿元。

【矿产资源开发利用管理】 2019年，全市各级自然资源部门按要求发布实施第三轮矿产资源规划，开展第三轮矿产资源规划实施及数据库启用工作。认真做好全市矿业权人勘查开采信息公示工作，对全市辖区内47个矿业权人勘查开采公示信息进行实地核查。全年累计受理矿山生态综合评估33件，联勘联审及各类保护区审查23件，受理上报探矿权和采矿权登记申请10件，完成8个采矿权出让计划项目的保护区审查工作并取得市政府批准。

【自然资源调查监测】 截至2019年12月25日，省级财政专项补助经费2663.70万元，昆明市级（含滇中）配套资金543.75万元，县级配套资金257.77万元。完成《昆明市第三次全国国土调查县级调查成果接边工作实施方案》编制发布和县级数据接边工作，经多轮县级自检、市级初查、省级核查后，全市“三调”数据成果已提交国家核查。统筹安排昆明市2018年度全国土地变更调查与遥感监测工作，及时落实云南省对下专项资金196.56万元，安排拨付市级配套资金72万元，并按程序委托昆明市土地开发整理中心承担此项工作。经多轮审查及省厅专家组会议审定，全市14个县（市、区）图斑审核全部通过省级、国家级审查，正确率100%。

【自然资源确权登记】 对照自然资源部公布的26种《不动产登记流程优化》类型梳理优化登记流程和登记环节，分类压缩办理时限，并在原有申请材料的基础上进一步精简登记材料，由12项简化为6项。自2018年12月31日起，昆明片区全面实现不动产交易、税收、登记全过程“一窗受理、集成服务”。积极开展各类试点工作：2019年8月22日起，昆明市不动产登记中心金星办证点试点开展不动产登记“同城通办”业务；2019年9月16日起，昆明市不动产登记中心新增月牙潭便民服务办证，率先引入水、电、气机构，实现“一站式”服务。创新昆明市不动产预告登记工作，2018年12月26日起，在昆明片区主城范围内全面开展预告登记业务，截至2019年9月，共办理预告登记7000余件（含抵押权预告登记），发放不动产登记证明10000余份，涉及开发建设项目90多个。建立小微企业减免快速机制，建立健全小微企业办理不动产登记涉及登记费优惠减免快速响应机制，优化减免流程。昆明市国土资源局与建设银行昆明分行签订“互联网－不动产抵押登记”合作协议，先行实现主城区不动产抵押登记“不见面”服务新模式。

【测绘地理信息管理】 启动昆明市现代测绘基准建设工作，完善昆明市现代化测绘基准体系标准，建立高精度的基于2000国家大地坐标系的昆明市城市独立坐标系。已收集昆明地区基准站长期原始观测数据，完成前期技术方案、可研报告的初稿编制，正在进行控制网解算、平差，计划2020年建立基于2000国家大地坐标框架下的昆明地方坐标系，完成2004昆明坐标系与87坐标系两套系统的整合工作。

【统计及信息工作】 2019年，进一步健全和完善自然资源统计工作制度，编制完成并上报2018年第四季度、2019年度前三个季度自然资源综合统计报告。推进国土空间基础信息平台和自然资源电子政务平台建设。完成《昆明市国土空间基础信息平台》《昆明市国土空间规划“一张图”实施监督信息系统》建设方案。在自然资源业务专网原“昆明市国土资源电子政务系统”基础上进行系统升级改造，建立与省自然资源厅、县（市、区）（分）局独立型电子政务系统的公文在线直接交换模式，实现全市自然资源公文业务互联互通、协调统一、执行顺畅的“无缝式”管理模式。

【地质灾害综合防治体系建设】 印发《昆明市2019年度地质灾害防治方案》，统筹部署地质灾害防治工作，全面开展地质灾害隐患排查、核查工作。2019年，全市共有地质灾害隐患点1716个，较2018年1880个减少164个。自2019年5月1日起，执行汛期地质灾害24小时值班制度。与气象部门联系合作，建立完善地质灾害气象风险预警预报体系，并积极组织开展地质灾害宣传培训及应急演练。2019年，全市共发生地质灾害灾情4起，险情3起，成功预报4起，紧急转移人口20人，无人员伤亡或失踪事件发生，直接经济损失160万元。

【清查存量违法用地】 2019年，开展“大棚房”“打非治违”、违建别墅清查等专项行动，逐步消化存量违法用地。圆满完成640宗“大棚房”问题专项清理整治整改任务。对2016—2018年存量的3478宗违法用地进行整改，已整改到位（含阶段性整改）2938宗，完成整改任务84.50%。利用自主卫片开展执法，及早制止违法行为。截至年底，全市共发现违法用地215宗，与2018年同期相比违法用地下降65.15%。

【国土空间修复治理】 开展国土综合整治工作，将项目建设与乌蒙山片区脱贫攻坚工作相结合，将省财政厅下达2018年中央土地整治工作专项资金18075.22万元全部安排在寻甸县和禄劝县，共涉及13个项目。其中：国家补助项目4个，省级配套项目9个（寻甸县5个，禄劝县4个）。

【滇池流域生态治理修复】 完成《滇池流域地区“五采区”生态修复和采区布点规划》编制、审批工作，2019年1月22日经市政府批准下发执行。下发《关于近期做好滇池流域及西山重点保护区域范围内2019年生态治理修复相关工作的通知》，要求各区（管委会）抓住雨季的有利气象条件，全面启动年度治理修复任务点位的工程施工，陆续开展种植，提高地被物成活率。截至2019年底，治理修复任务已完成5782.24亩，占年度总任务9271.20亩的62.37%。

【提升依法行政水平】 强化法治建设，按程序推进立法工作，并通过“三下乡”、土地日主题宣传等活动加强法律法规学习宣传；高度重视行政复议、诉讼工作，依法做好行政诉讼案件应诉；加强重大决策合法性审查。2019年，对188项重大行政执法决定事项进行法制审核，认真开展案卷评查工作；加强日常执法监管，开展动态巡查、全域式实地督导，积极开展卫星遥感监测工作，全面遏制新增违法行为；严肃查处违法违规行为，开展安全生产管理及危险化学品安全综合整治工作，健全建设工程项目事中事后规划管理工作。

（高伊敏）

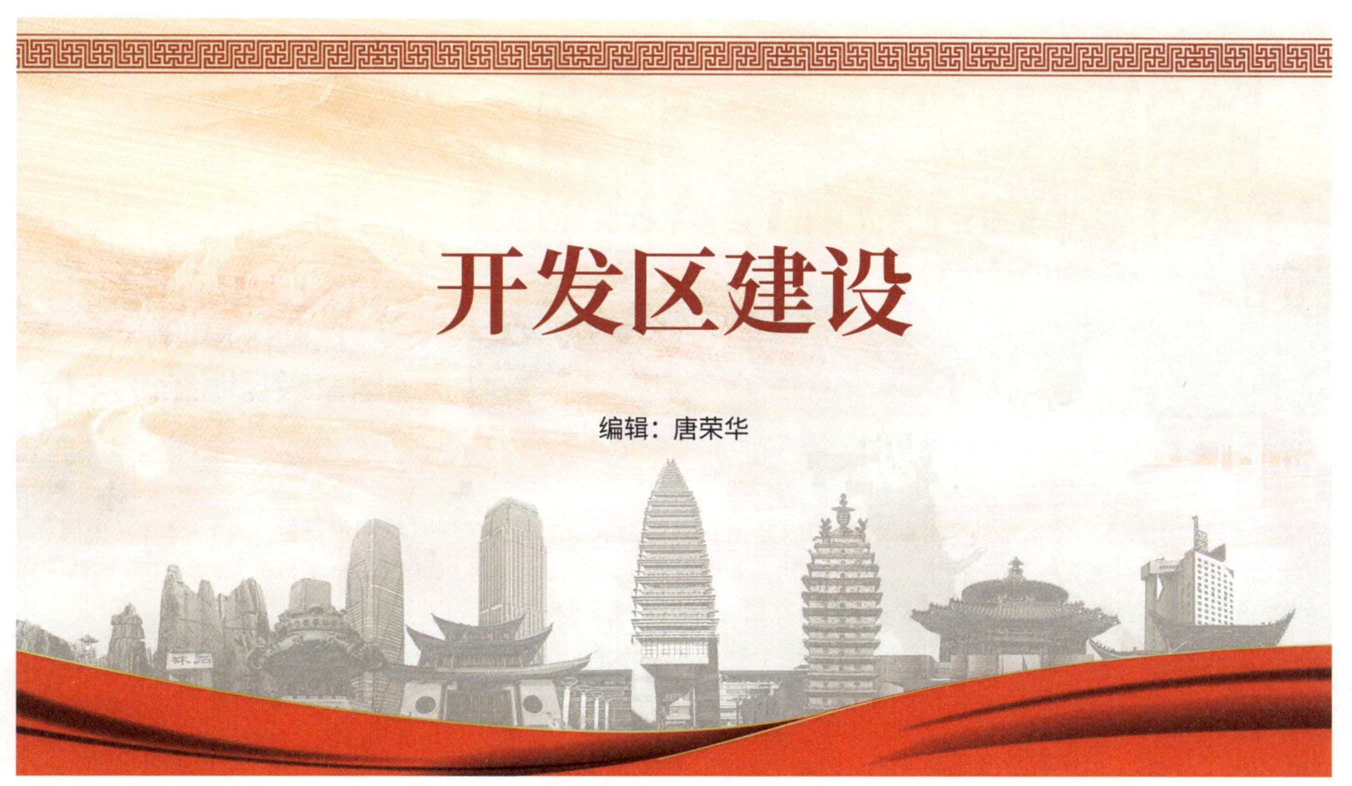

开发区建设

编辑：唐荣华

昆明国家级高新技术产业开发区

【主要指标】 2019年，昆明国家级高新技术产业开发区（以下简称“昆明高新区”）新增入园规模以上企业8户，园区规模以上企业达81户。完成规模以上固定资产投资53.60亿元。主营业务收入完成2241.80亿元。规模以上工业总产值完成625.22亿元，增长10.60%，规模以上工业增加值增长10.10%。完成一般预算收入23.79亿元。保有税收亿元楼宇1栋、千万元楼宇2栋。外贸进出口总额31.80亿美元。社会消费品零售额65.10亿元。

【招商引资】 2019年，昆明高新区引进市外到位资金141亿元，实际利用外资1.10亿美元。引进云南创能斐源、爱仁医学检测、云南经方生物、云南济慈再生医学、云南元三堂、贝泰妮“新中央工厂”、山东蓝孚“昆明电子加速器辐照”、丰德医学三中心、云南省细胞工程中心“细胞产业园”、沃森生物“科技创新中心”等企业和项目。

2019年10月23日，昆明高新区与五华区举行签订社会职能剥离移交协议仪式

（高新区管委会　供稿）

【重大项目建设】 2019年，昆明高

2019年12月19日，云硅智谷科技小镇启动暨闻泰昆明智能制造产业园开工活动
（高新区管委会 供稿）

新区的云硅智能科技小镇暨闻泰昆明智能制造产业园、迈多生物产业化基地、戎合科技创新园等项目顺利开工。通盈药业“年产5000万支双环铂注射剂及年产2500千克双环铂原料药化药生产基地”、广东高尚“正电子药物生产基地”、云南省贵金属新材料控股集团“贵金属新材料产业园”等项目有序推进。昆明中药厂有限公司“中药现代化提产扩能二期”等项目竣工。

【基础设施建设】 2019年，昆明高新区完成基础设施投资12.08亿元，新建高新大道二期二标段等8条（段）道路，尚德街等9条（段）道路实现通车；建成马金铺片区乡村道路6条（段）；公交专用道改造提升、都林农贸市场改造提升、“大棚房”整治等工程稳步推进。园区环境空气质量位列主城市考排名第一。新增绿地15.80公顷。南冲河等4条入滇河道均达到市级考核目标。完成土地收储1131亩，供地组件及报批1115.20亩。

【优化企业服务】 2019年，昆明高新区深化改革，出台优化营商环境24条政策，为企业减税6.72亿元。深化“放管服”改革，建立“一章制审批、一门式办理，一条龙服务”的政务服务新平台，实现企业开办时间不超过3个工作日。年内，新增各类市场主体1500户。

【创新驱动高新企业及人才】 2019年，昆明高新区新认定高新技术企业34户。发明专利有效量2366件。获批“国家第四批绿色园区”“云南省第一批生物医药新型工业化产业示范基地”“云南省第一批装备制造新型工业化产业示范基地”，创业服务中心入选“国家中小企业公共服务示范平台”。新增4个市级企业技术中心。44户企业入驻高创园，引进国家级人才25人、省级人才74人、省级创新团队7个、市级人才36人，入选云南省高层次人才培养计划8人。云南冶金技工学校马金铺校区认定为省级技能实训基地。

【社会事业】 有序推进社会管理职能剥离移交工作，黑林铺片区、马金铺片区分别移交社会管理职能224项、160项。继续支持教育、文化、卫生等社会事业健康发展。年内，昆明高新区学前管理进一步规范，中小学教育质量进一步提高，高新区被认定为“全国少先队活动实施实验区”；康宏、科澳、红盛园3个社区被认定为“全国青少年零犯罪零受害社区”试点；群众文化活动丰富多彩，获昆明市庆祝中华人民共和国成立70周年合唱比赛一等奖。抓好重点群体就业，城镇登记失业率控制在3.33%。做好结对帮扶工作，支持东川区学校搬迁建设资金1000万元。持续开展扫黑除恶专项行动，打掉恶势力犯罪团伙3个，查处“保护伞”5人，全区安全生产形势总体平稳。高效节水农业科技示范园节水灌溉工程竣工投入使用，马金铺白云片区农业生产条件得到极大改善。

（郭 敏）

中国（云南）自由贸易试验区昆明片区 国家级昆明经济技术开发区

【机构设置】 2019年8月，中国（云南）自由贸易试验区昆明片区挂牌设立。中国共产党中国（云南）自由贸易试验区昆明片区工作委员会、中国（云南）自由贸易试验区昆明片区管理委员会与中国共产党昆明经济技术开发区工作委员会、昆明经济技术开发区管理委员会合并设立。

昆明经济技术开发区管理委员会推行“大部制”，主要是以职能整合为基础，设置“五部一办”，即党群工作部、经济发展部、建设发展部、城乡发展部、社会发展部、办公室。其中党群工作部下设工委组织部（工委编办、人社局）、监察审计局、政法委、工委工作部（统战部、工商联）、“两新”组织党委、政研室、机关党委、妇联、总工会、团工委、法制局/司法局、人大政协联络办12个机构；经济发展部下设经发局、投促局、出口加工区管理局、国资局4个机构；建设发展部下设住建局、安监局、拆迁安置局、环保局、滇管（水务）局、城管综合执法局6个机构；城乡发展部下设城乡工作局、民政局2个机构；社会发展部下设社会事业局、食药监局2个机构。

【经济指标】 2019年，昆明经济技术开发区实现主营业务收入2068亿元，增长12.70%，首次跨上2000亿元新台阶；规模以上固定资产投资完成106亿元，增长7%；规模以上工业总产值475.29亿元，增长7.04%；

规模以上工业增加值130.61亿元，增长9.50%；地方一般公共预算收入41亿元，增长8%，其中非税收入仅占5.28%；限额以上社会消费品零售总额131.03亿元，增长3%；资质以上建筑业总产值增长39.90%；外贸进出口总额增长12%。全区经济总量自党的十八大以来实现了翻番，在商务部国家级经开区综合考评中排名54名，较上年提高15位。

【自贸区建设】 2019年8月云南自贸区昆明片区挂牌设立，国务院发布的202项可复制推广经验已落地76项，梳理报送可复制推广实践案例25项。联合联动官渡区、综合保税区和空港经济区，分类布局、突出特色、错位发展，首批总投资195亿元的18个项目集中开工。推进“智慧政务”和信息平台一体化建设，打造“三一四最”高效审批服务，按“证照分离”改革要求办理企业设立登记1176户，实施税务“套餐式”服务531户，成立云南首家专业化政务服务公司，IOC城市智能运营中心企业服务应用荣获2019年智慧开发区建设优秀案例。跨境电商信息化平台及“9610”“1210”查验线建设完成，跨境O2O新零售保税展示交易中心项目正式运行，“买全球、卖全球”成为现实。新增注册企业4343户，其中内资企业4325户、注册资本261亿元，外资企业18户、注册资本1.02亿美元。

【产业发展】 2019年，昆明经济技术开发区实现规模以上工业总产值475.29亿元，增长7.04%，被评为“云南省新型工业产业示范基地”，在全省工业园区考核中排名第一。拨付企业扶持资金4亿元，助力企业科技创新、转型升级、升规上市、扩产促销。科技投入占一般公共预算支出的17%，企业研究与发展（R&D）经费分别占全市23.60%、全省10.50%，排名全市第一；新认定国家级高新技术企业59户、市级以上研发机构26个。加速传统产业提升和智能化改造，云内动力等企业技术改造项目纳入省级扶持范围，统一食品、雪兰牛奶获省绿色食品10强企业称号，庆沣祥茶业获省绿色食品20佳创新企业称号，10户工业企业升级为规模以上企业。神农肉业、北方奥雷德等5户企业被认定为省级上市培育“金种子”企业，占全市的25%。建立大中小融通型服务体系，设立中小企业（双创）服务中心，形成“专精特新”和“小巨人”企业培育库。批发、零售等传统服务业经营状况企稳回升，商务服务、信息技术服务等现代服务业快速发展。资质以上建筑业总产值增长40%，产值首次突破千亿。

2019年8月6日，经开区管委会与华为技术有限公司举行合作签约仪式

（经开区管委会　供稿）

【招商引资】 2019年，区党政主要领导每月带队外出招商，先后赴京津冀、长三角、珠三角等地开展精准招商活动15次，考察拜访优质企业39户，在上海、成都、杭州举办3场云南自贸区昆明片区专题招商推介会，引进普洛斯环普产业园、河南保税跨境电商、华为智慧园区、国豪通信等20多个重大产业项目，总投资超100亿元。出台招商引资“黄金十条”，拿出真金白银“干货”支持企业发展。开展上门招商、平台招商、以商招商，在香港设立招商联络点。加强专业化招商队伍建设，选派干部到先进开发区挂职培训。注重招才引智，高薪招引自贸人才，面向全国招聘1名管委会副主任、3名部门副职和29名博士、硕士，累计投入人才经费1.14亿元。全年引进市外内资149亿元，实际利用外资1.1亿美元，招商引资考核连续9年位居全市开发区板块第一。

【深化事业管理体制改革】 2019年，结合云南自由贸易试验区昆明片区成立、开发区机构改革等工作实际，开展昆明经开区深化机关事业单位人事管理体制机制改革课题研究工作。深化人事制度改革，优化完善机关事业单位人员年度考核评价方式，完成全区1352名机关事业单位人员年度考核。持续推进职称制度改革工作，以“互联网＋职称申报服务”为着力点，简化申报审核流程，推行网上申报，全年共受理审核1621人职称网络申报。启动区级权责清单（不含行政许可）动态调整工作，取消行政征收1项、行政检查1项、行政给付1项、行政确认1项、行政强制1项、其他行政职权5项，增加行政处罚1项、行政强制4项。完成行政许可事项调整，增加行政许可2项，调整要素事项5项。深度清理行政审批中介服务事项，有效杜绝“红顶中介”“黑中介”。按照权责一致的原则，完成政务服务事项管理系统中的行政许可、行政奖励、行政给付、行政确认、其他行政职权等160项行政职权事项识别指派工作。

【金融服务】 扩宽企业融资渠道，实施好“财园助企贷”政策，加大“双创”担保和“双创”基金支持民营企业发展力度，优化中小微企业贷款风险补偿金使用，积极帮扶企业解决融资难融资贵问题。截至2019年末，全区已进行第六批“财园助企贷”，发放贷款5080万元。优选中国交通银行、中国农业银行到区税务服务大厅宣传“税融通”“纳税 e 贷”等针对中小微企业设计的信贷产品，组织有融资需求的企业进行报名，累计发放贷款60余笔，涉及金额4000万余元。搭建银企合作平台，落实普惠金融政策。积极贯彻落实创业担保贷款财政贴息政策，拨付小额担保贷款财政贴息80万元。

【科技创新】 2019年，全区企业研究与发展（R&D）经费投入较上年增长21.50%，在昆明市各县区中排名第一。年内，全区新认定高新技术企业59户；授权专利1804件，其中发明专利206件；获省级科技进步奖特等奖1项、二等奖2项、三等奖6项；获省创新创业大赛成长组一等奖2项、二等奖4项、三等奖2项，一等奖、二等奖分别占全省的16.60%。人才效应聚集明显，全年共扶持人才项目7个，8人入选云南省“万人计划”，1人获得外国专家“彩云奖”，3人获得“春城友谊奖”，3名高层次专业技术人才荣获省级特殊津贴，2户企业获市级优秀名匠工作室称号。创新载体持续壮大，全区新认定省级科技企业孵化器1个，市级新型创业创新孵化园区2个。被认定研发机构26个，其中国家级企业技术中心1个、省级企业技术中心4个、省级院士专家工作站3个、省级重点实验室1个、市级企业技术15个、市级重点实验室1个、

2019年11月29日，中国（云南）自由贸易试验区昆明片区2019年落地项目集中开工仪式
（经开区管委会 供稿）

市级院士专家工作站1个。与云南省科学技术情报研究院签订院园合作融合创新战略框架协议书，共建中国—东盟（昆明）创新中心。

【园区建设】 2019年，全区完成土地利用总体规划修编、东部重点项目控制性详细规划等规划编制和基本农田划定、保护工作，受理项目规划审批120件，审批总建筑面积85.35万平方米。国民经济和社会发展“十四五”规划启动编制。按照“北上、东拓、南连、西接”的思路，以路网建设为主导强化园区功能配套，道路基础设施建设投入12亿元，经开204号路、呈黄路北段等一批重点项目完工；经开103号路下穿昆河铁路立交等工程加快建设；石龙路东辅线等11个项目抓紧开展前期工作，通达四方的交通网络正在形成。推进城市精细化、网格化管理，打造数字城管平台，强化市容环境整治，拆除违法违规建筑230万平方米，完成机场高速经开段、石龙路南段和春漫大道等道路景观提升改造工程。

【生态环保】 加强环保基础设施建设，完成投资5.44亿元。21个滇池保护治理“三年攻坚”和“十三五”规划项目加快实施，倪家营、普照水质净化厂二期改扩建工程启动建设。污水处理能力持续提升，污水处理率93.10%，再生水利用率100%。实施黑臭水体专项整治，宝象河、马料河、洛龙河3条入滇河道水质达到或优于市下达目标。狠抓大气污染防治，空气质量保持优良，达到国家二级标准。污染物削减成效明显，工业固废处置利用率99.67%，4项主要污染物减排全面完成市下达目标。推动工业节能降耗，万元增加值能耗下降22.49%。提升园林绿化水平，新增城市绿地21.80公顷，建成区绿化覆盖率41.20%。创建国家生态工业示范园区通过国家验收。严格对照国家指标体系，大力推进55个重点项目实施，9项基本条件和28项创建指标基本达到国家综合类工业示范园区标准，部分指标优于国家标准。

【社会事业】 2019年，全区民生支出24.98亿元，占一般公共预算支出的80%，民生事业持续改善。全区就业形势总体稳定，城镇登记失业率2.38%，就业创业扶持资金支出2300万余元。社会保险覆盖率保持在96%以上，降费政策全面落实，累计减轻企业负担1.45亿元。“名校融校”取得积极成果，昆明市中华小学自贸区分校、经开区分校及昆明市外国语学校云经尚品中英文小学建成招生。与北京大学肿瘤医院合作办医，经开

人民医院新院项目有序推进。群众文化活动丰富多彩，选送节目《白鹭飞来》获云南省群众文化艺术最高奖项“彩云奖”金奖。7个社区居家养老服务中心建成使用。昆明铁道职业学院、阿拉街道和石坝社区成功创建为市级民族团结进步示范单位。全年拨付1000万余元引进2个产业项目巩固禄劝撒营盘镇、云龙乡脱贫攻坚成果。深入开展综治维稳、平安经开、法治经开建设，积极预防、妥善化解各类社会矛盾和金融风险，强化生产、交通、消防、食品药品等重点领域监管。

〔云南自贸区昆明片区(昆明经开区)〕

昆明滇池国家旅游度假区

【主要经济指标】 2019年，昆明滇池国家旅游度假区(以下简称“度假区”)主要经济指标继续保持较快增长。年内，全区完成产业增加值197.70亿元，同比增长1.50%，其中第三产业增加值完成192.30亿元，同比增长4.20%；完成财政总收入38.80亿元，其中地方公共财政预算收入完成14.40亿元；完成规模以上固定资产投资97.50亿元；实现服务业总收入1007亿元，同比增长50.20%；引进市外资金56亿元，实际利用外资9064万美元。

【招商引资】 2019年，度假区坚持招商是第一要事理念，健全招商工作机制，强力推进招商引资，致力实现项目数量上提升、项目质量上提升、招商实效上提升、招商力量上提升“四提升”。年内，度假区委领导带队赴上海、广州、海南、重庆及成都等地开展大健康产业项目导入外出精准招商以及“主题娱乐度假”“夜间经济”发展等专项考察工作，积极利用各种会议会展宣传推介度假区并开展客商接洽。多措并举，全力推动招商引资项目落地和开工。年内，接洽阿里体育、新城控股集团、香港英皇集团、陕西旅游集团、中国融创以及宝能集团等意向投资商150余批次，就推进大健康、大旅游、大文创、智慧体育以及总部企业落户等项目落地进行精准对接，实现绿地春城·滇池国际健康示范城项目落地，帕塔拉项目一期、锦慧金融中心、清芷雅苑以及南方电网调度指挥中心等项目顺利开工。在2019年商洽会上完成艾瑞斯特健身中心、优纳思一站式文化艺术教育中心、SFC上影影城、乐塔王国儿童游乐、云南奥龙世博经贸有限公司、采莲湾木莲酒店、锦慧金融中心、万豪酒店签约，协议签约总额25.28亿元。

【开发建设】 2019年，度假区持续提升创新能力，促进大众创业万众创新，搭建科技创新平台，促进科技成果转化。推进创新孵化平台建设，做好“南亚跨境人才服务平台”人才项目实施后续工作，努力引进一批人才和团队，把度假区打造成为创业的沃土、创客的乐园。鼓励企业转型升级。年内，全区共认定国家高新技术企业13户、省级小微企业创业创新示范基地1个、市级企业技术中心3个、省级院士工作站1个、中小企业服务中心1个、科技孵化器3个、众创空间4个、重点科技服务机构6个。加强企业扶持，稳步推进外经贸工作，全年完成外商投资企业备案5户，完成辖区内21户外资企业联合联检；申报认定新增总部企业云南云天化联合商务有限公司，公司注册资本金14.27亿元，2018年营业收入166亿元，推荐参加2018～2019年云南外贸发展综合贡献百强企业评选。培育发展新功能，落实服务业发展三年行动计划，继续打好服务业攻坚战。聚焦发展楼宇经济、总部经济，制定出台楼宇等级分类办法，加快发展一批特色楼宇、品质楼宇；完善扶持政策，把楼宇经济、总部经济发展为新的经济增长点。华夏广场商务楼、天盟农资连锁总部办公楼申报认定为保有税收千万元楼宇。基础设施建设不断加强，141号路、大坝河尾城中村改造市政道路、周家片区城中村改造市政道路、广福路盘龙江节点人行天桥、279号路北段5个项目已完工；桂园路、体院路东段提升改造建设项目、环湖南路山体滑坡治理工程、前兴路延长线公交专用道4个新建项目已完工。

【产城融合】 稳步推进海埂片区金河二、三期，周家社区和金家社区“城中村”改造及西南海项目破产重整工作，积极推进大渔片区“迁村并点”搬迁安置工作，2772套安置房已交房并完成1700余套分房工作。抢抓国家增加地方政府专项债券规模等机遇，做好专项债券项目融资，强化融资服务平台建设，争取更多资金支持，加速推进项目建设。完成大渔三期项目棚改专项债券发行，继续推进B11地块项目分房和收尾工作，累计完成投资23亿元。制订《度假区集贸市场2018～2020年提升整治三年行动计划》，完善集贸市场长效管理机制，提升集贸市场软、硬件水平，保障市场健康运营。持续开展群众性精神文明创建活动，以文明城市创建为抓手，按照2019年文明城市创建“巩固、拓展、延伸、提高”要求，深入开展文明创建活动。开展环卫一体化提质扩面工作，重新调整环卫一体化领导小组和成员单位，2019年修补破损路面1.05万平方米，维修道路及铺砖2269.50平方米。继续深化“厕所革命”，新建公厕1座，提升改造公厕3座。做好交通设施维护和其他零星维修工程，完成辖区内38座桥的检测，提升整治了船房河、采莲河、正大河、清水河周边人行步道总长11.90千米，建设面积2.34万平方米。

【全域旅游工作】 坚定不移落实旅游重点工作，推动全区旅游业发展。发挥重大旅游项目“龙头效应”作用，“绿地春城·滇池国际健康示范城”“万景园酒店”“滇池湖岸花园”“大渔旅游综合体”4个重大旅游项目计划总投资466.20亿元，2019年投资32.30亿元；“帕塔拉昆明国际医养健康社区1期”项目已办理备案登记，正在开展建设前期工作，计划总投资12亿元；计划总投资约400亿元的“派拉蒙·昆明国际度假区”项目正在进行规划调整等前期工作。深入实施“旅游革命”和“文旅融合”行动，着力培育夜间经济、高品位街区等消费热点，提速发展大旅游。年内，完成海洪湿地建设，捞渔河湿地公园提升改造加快推进，实现旅游总收入48.20亿元，同比增长28.50%。积极组织辖区重点企业开展汽车文化节、美食文化节、科技活动周等活动，拉动消费增长。充分整合资源优势，改造提升现有旅游产品，研究出台夜间经济发展政策，繁荣夜间经济消费业态。依托省、市“一部手机游云南”建设，主动探索智慧旅游发展。年内，先后完善App线上各项功能，建成1个A级景区人脸识别、15路景区慢直播、11个智慧厕所，全省试点建设智慧停车泊位；率先完成“一部手机游云南”，开通云南民族村“刷脸入园”、观景大坝5G网络，8个5G站点实现5G信号全覆盖，主动对接腾云公司开通观景大坝3路景点慢直播。

【深化机改优化服务】 2019年，度假区按照市委统一部署，结合社会管理职能剥离移交相关工作，深化党政机构改革。年内，修订完善度假区实体化管理机构设置方案，有组织、有步骤地推进度假区机构改革。持续推进“放管服”改革，深化推动“一网通办”，探索“刷脸办事”，加强政务数据整合共享，推进“系统全上云、数据全归集、信息全共享”，努力实现所有政务服务事项“进一网、能通办、一次成、掌上达”，营造一流营商环境。进一步优化营商环境，登记制度改革“多证合一、一照一码”扎实推进，进一步压缩企业开办时间，改进流程，对“一窗通”平台进行完善升级，全面推行开办企业全程电子化，实现新开办企业所需手续1.50天内办结的目标要求。企业融资服务工作以中小型企业有序发展为基准，积极指导公司通过动产抵押融资盘活公司股权，推进融资服务体系建设，支持多层资本市场建设，扶持中小企业健康发展，全年共办理动产抵押5件，担保金额5.10亿元。防范化解地方金融风险工作，调整防范和处置非法集资工作领导小组成员并明确各部门具体职责；坚持“谁审批、谁监管，谁主管、谁监管”的原则，扎实开展涉嫌非法集资案件风险评估、防范、监测和预警工作，落实工作措施，加强协调配合、沟通联络和信息共享，形成工作合力。深入推进扫黑除恶专项斗争，全力攻坚重点案件，着力推动系统治乱，群众安全感、满意度不断提升。

【生态环境保护】 2019年，度假区扎实开展滇池保护治理三年攻坚行动，完成青苔河、体训基地周边、金柳河民族村等5个节点水环境综合整治；拆除大渔格瑞公司、海埂水上派出所，持续加大滇池一级保护区范围内的环境综合整治，精准提升滇池水体水质。进一步完善和巩固“河道三包”工作长效机制，巩固河道黑臭水体治理成果。常态化开展河道清淤、截污倒流等工作，防止雨季溢流，消减入滇污染负荷。严格按照滇池治理“四退三还一护”工作要求，启动大湾村搬迁工作，全面完成中央、省生态环境保护督查反馈问题整改落实，全年清理河道保护范围复耕菜地约1500平方米、建筑垃圾300余立方米，取缔砂石销售点2处。切实加强对施工工地和渣土运输的监管力度，加强道路清扫保洁工作，确保辖区空气质量达标。对建设项目“无任何洒水降尘措施”问题进行查处，责令施工期间降尘设备均开启。加强渣土运输批后监管力度，要求加强渣土运输安全，严禁无证拉运、路面污染、超高超载。以10条城市道路为重点，全面开展“治脏”“治乱”“治差”综合整治行动。深入实施“增绿”“添彩”工程，新增绿地8.10公顷，种植乔木9100株，建成海埂公园立体停车库绿化示范点，建成区绿化覆盖率达到57%，人均公园绿地65.20平方米，道路绿化率和河道绿化率均为100%。

【社会事业】 高度重视发展优质教育。年内，完成第一幼儿园晋升一级一等示范园评估申报，对大渔小学、

2019年11月22日，滇池度假区管委会在海埂公园启动“点亮滇池——海埂夜明珠活动”及各种文化系列活动
（滇池度假区管委会 供稿）

大渔中学实施农村义务教育营养改善计划，授予红塔体育中心等6户企业“度假区青少年户外运动实践点”称号。多措并举促进就业，通过举办“就业援助月”“民营企业招聘周”和大学生创业指导等活动，现场提供有效就业岗位2000余个，城镇登记失业率控制在4%以内。持续巩固脱贫攻坚成果，继续执行对口帮扶禄劝县乌蒙乡、寻甸县羊街镇3年攻坚行动计划，夯实稳定脱贫攻坚的产业基础，健全稳定脱贫长效机制，防止返贫和新增贫困。2019年，度假区共投入帮扶资金626.1万元。弘扬传统，抓好文遗传承工作，对龙潭山、石龙寺、龙神祠、肖大忠故居等文物保护单位进行检查，拨付文物保护经费对龙神祠进行修缮，进一步挖掘云南民族村非遗活动开展，探索度假区非遗中心建设等工作。

【依法行政】 2019年，度假区坚持依法行政，严格依照法定权限和程序行使权力。持续提升干部队伍的能力素质、专业化水平和干事创业“精气神”，充分激发广大干部干事创业的激情和活力，全面推进“党建领导、街道吹哨、部门报到”工作，包各项工作责任落小落细落实。完善“三重一大”集体决策工作制度，每周召开党政联席会、工委会研究管委会重要事项，定期召开储委会、规委会、国资委会，不断推进议事决策的制度化、规范化、程序化。按照省、市党政机构改革以及开发(度假)区社会管理职能剥离移交工作要求，积极与西山区、呈贡区对接，稳步推进办理剥离移交工作。及时撤销监察审计局以及调整划转其职责职能；稳步推进国土分局、规划分局职责编制及人员下划实行属地管理工作；按市级相关要求将原度假区工商分局、质监分局、食品药品监督管理局3部门合并，整合成立昆明市市场监督管理局滇池国家旅游度假区分局。

（全秋月）

昆明空港经济区

【主要经济指标】 2019年，昆明空港经济区地方一般公共预算收入完成11.31亿元，同比增长45%；固定资产投资同比下降6.50%；规模以上工业增加值同比增长0.60%；限额以上社会消费品零售额同比下降19.60%。

表8　2019年昆明空港经济区主要经济指标完成情况一览表

单位：亿元

指标	绝对值	同比增幅（%）
1. 地方一般公共预算收入	11.3147	45
2. 固定资产投资		-6.50
其中：房地产投资		62.10
工业投资		-44.80
3. 规模以上工业总产值		2
规模以上工业增加值		0.60
4. 限额以上社会消费品零售额	9.46	-19.60
限额以上批发业商品销售额	11.23	19.90
限额以上零售业商品销售额	7.36	-18.90
限额以上住宿业营业额	0.23	-5.30
限额以上餐饮业营业额	2.48	-1.10
5. 农、林、牧、渔业总产值	11.32	-3
6. 资质建筑业总产值	1.67	51.60
7. 规模以上服务业营业收入	266.36	10

【招商引资】 2019年，昆明空港经济区招商引资到位内资140.68亿元，其中工业招商引资到位资金68.54亿元。新签约海诚集团空港商务区整体开发、震安减震、京东集团昆明亚洲一号等4个项目，协议投资额210.17亿元；新增普洛斯仓储、宝湾物流、云南出版电子商务、圆通速递、工业大麻提炼、道地药业等13个开工项目，实际完成投资9.80亿元；京东方一期、中国中药产业园、宝象万吨冷链港一期、申通快递、医疗器械产业园、智能科技产业园、空港智园等12个项目建成投用；京东南亚物流结算运营中心、震安减震生产线、海诚昆明国门商旅区等项目有序推进。

【重点片区开发建设】 充分发挥规划的龙头作用，在上位规划的基础上，进一步完善片区规划，形成以临空产业园、航空物流园、空港商务区、综合保税区、小哨国际新城为重点的连片开发格局。2019年，共报批用地8069亩，供应土地8246.03亩，收储土地2101.23亩。高效推进东盟产业城项目征地拆迁，圆满完成航空物流园场地平整及内部道路建设。空港商务区开发建设进入实质性阶段，启动道路基础设施及云南国际智慧能源示范基地、海诚昆明空港国门商旅区项目建设。

【基础设施建设】 2019年，昆明空港经济区完成综合交通投资113.90亿

2019年6月19日，空港经济区在深圳举办推介会 （空港区管委会 供稿）

元，其中道路交通投资46.90亿元、航空投资67亿元。年内，96号路建成通车，机场北高速公路、航空物流园配套路网及70、77、104、108、181号路达到通行条件，呈黄路工程新320国道主线工程于11月22日试通车，小哨核心区路网“三纵三横”道路建设进展顺利。全区15个房地产项目累计完成投资57.51亿元，同比增长59.90%。其中棚户区改造项目8个地块全部开工建设，C2、C3地块已完成竣工初验及分户预验，A1地块完成项目初验。

【基层社会治理】 2019年，昆明空港经济区坚持以人民为中心的发展理念，围绕改善民生、加强治理持续发力。建立完善长效化、常态化监控巡查机制，依法严厉打击违法建设、违法用地行为。年内，完成Ⅰ类34宗“大棚房”整治任务并通过市级验收；制止违法建设约733起，整治违法用地1491宗，拆除面积294.63万平方米，历史存量违建逐步消减，新增违法建设得到有效控制。加强社会管理综合治理，全面开展平安创建，深入贯彻落实中央、省、市和滇中新区的安排部署，积极开展扫黑除恶专项斗争，狠抓社会治安突出问题整治，大力开展安全生产、消防安全、食品安全等检查排查，努力打造平安空港，构建“共建、共治、共享”的社会治理格局，社会大局保持和谐稳定。

【生态文明建设】 坚持生态优先和绿色发展，统筹经济与环保协调发展。持续推进中央环保督察及“回头看”、省环保督察反馈意见问题整改落实，不断巩固整改治理成效。多措并举，切实做好生态环境保护和污染防治工作，进一步加强重点企业、重点区域的监管。年内，全区排查企业320余户，立案查处环保问题13个；对辖区内的112个建筑工地建立网格化监管机制，加大扬尘污染防治力度；完成滇池流域生态建设补植补种1000亩，低效林改造300亩，封山育林500亩，义务植树14万株，滇池流域人为破坏裸露山体生态修复498.8亩；深化河长制管理机制，区级河长每季度开展巡河工作，积极推进宝象河、槽河水环境综合整治，加强宝象河水库水源地管理、保护；开展并完成百草园水土保持科技示范园项目工程建设，新建水土保持科普体验馆及配套设施、科研实验楼、标准气象站及标准径流试验场、水土保持代表性措施等内容，创建国家水土保持科技示范园；申报省级环境教育基地1个（昆明三峰再生能源发电有限公司）、市级环境教育基地1个（云南利鲁环境建设有限公司百草园），申报绿色学校1所（长水小学）。

【优化营商环境】 2019年，昆明空港经济区深化“放管服”改革，统筹推进“证照分离”“多证合一”“先照后证”等改革事项，持续优化营商环境。务实高效地落实减税降费政策，按政策减免税收26.83亿元。进一步完善政企沟通机制，本着“服务企业，发展企业”的理念，帮助协调解决企业在生产经营和项目建设过程中存在的困难和问题，积极支持配合企业加强科技创新、新产品研发、新技术应用，协调办理项目备案、核准、环评等审批事项，建立“亲”“清”政商关

2019年12月6日，空港商务区项目集中启动仪式 （空港区管委会 供稿）

系。年内，投入1.73亿元，对2018年促进全区临空经济发展做出突出贡献的93户企业（个人）进行表彰，激发企业参与空港开发建设的积极性、主动性。深入推进“放管服”改革，精简行政审批事项，充分发挥市民服务中心作用，全面提升审批服务效率，年内受理行政职权及公共服务事项1.23万件，办结率99.19%，基本实现一般事项“最多跑一次”，切实做到为企业群众提供快捷、优质、高效的服务，打造良好的营商环境。

【党建工作】 年内，完成大板桥街道党校、20个社区党校的授牌；以开展“党员领导干部讲党课、万名党员进党校”工程为抓手，全年各级党组织书记讲授党课69次，累计举办党员进党校培训24期，培训党员2500余人次，培训率超过80%，推动习近平新时代中国特色社会主义思想入脑入心入行，掀起学习宣传贯彻党的十九届四中全会精神热潮。全区109个参学单位、2000余名党员借鉴第一批主题教育成功经验，积极参与、扎实推进主题教育。组织开展“同升国旗、同唱国歌”等庆祝新中国成立70周年系列活动，激发全区干部群众爱国热情、奋斗激情。年内，举办区级领导班子对照党规党章找差距专题会议、成果交流会，组织2次县处级集中学习读书班、2次理论中心组学习、47名基层党组织书记轮训；梳理汇总党工委班子问题12个、党工委委员个人问题67个，制定整改措施109条。完成省委对滇中新区2018年度党风廉政建设责任制检查考核反馈问题涉及空港内容的整改落实，并着眼管长管常，制定“空港经济区党风廉政建设责任清单”，梳理12条党风廉政建设责任，细化55项具体任务，逐级压实责任。

（昆明空港经济区综合办公室）

嵩明杨林经济技术开发区

【概况】 2019年，嵩明杨林经济技术开发区（以下简称“杨林经开区”）牢固树立高质量跨越发展理念，紧紧围绕园区品牌提升、产业结构调整、强化服务管理中心，致力打造特色鲜明的产业创新高地、昆明东翼活力持续的经济增长极。年内，杨林经开区实现营业收入234.57亿元，同比增12.2%；规模以上工业总产值124.82亿元，同比增5.62%，规模以上工业增加值增10.20%；固定资产投资完成143.52亿元，同比增10.10%，其中工业固定资产42.49亿元，同比增10.10%；完成地方财政收入4.50亿元；完成一般公共预算收入1.80亿元。新增规模以上工业企业10户，新增“入限”企业1户。招商引资实际到位资金130.42亿元，实际利用外资2798.37美元。向上争取资金完成9600万元。10月，区融资平台云南泰佳鑫公司申报发行15亿元公司债券获得上海证券交易所批复，为园区建设发展提供了重要的要素保障。

【园区规划建设】 继续推进总体规划修编和调整报批工作，启动中心商务区控制性详细规划修编工作，汽车产业园规划顺利获批。市政交通基础设施全覆盖，“微血管”路网趋近完成，园区开建和竣工道路7条，总长7218米，其中汽车产业园配套基础设施的装备制造园6、7、8号路实现通车，棚改项目龙保片区配套1、13、15、16号道路建设有序推进，新能源设备园2号路延长线项目审计工作完成，官军公路连接嘉丽泽段道路污水管网及景观大道与213国道交叉口路面修复工程全面完成。市政设施逐渐完善，建成110千伏变电站1座，金山自来水厂投入试运行。要素保障加快，共上报供地资料29宗，供地面积1806.32亩；完成供地56宗，面积2092.28亩。

【产业培育】 2019年，杨林经开区围绕主导产业，引进苏宁易购、中建地产、国平纸业、华亿机柜、浙商产业园二期、模具产业园等项目23个，其中亿元以上项目13个；浙商产业园一期、恒大养生谷等7个招商引资项目开工建设。聚焦重点产业发展，实行项目经理负责制、督导服务制，全力保障项目加快建设，总投资为176.79亿元的39个重点项目建设加快推进。其中汽车产业的中汽中心高原实验室一期投入试运行，东风云汽新能源汽车具备量产能力，北汽、江铃新能源汽车项目加快推进，产业集聚效应凸显。浙商科技产业园、大品机械制造、金铝源金属材料等项目建设进展顺利，康师傅饮品二期建成投

江铃汽车生产车间一角

（嵩明杨林开发区管委会　供稿）

产。年内，园区244户企业中，规模以上企业91户、高新技术企业25户。

【创新驱动】 杨林经开区坚持“创新驱动”发展战略和科技创新、制度创新并进的思路，进一步加大高新技术企业、科技型中小企业培育扶持力度，积极打造创新驱动示范引领区，推动转型升级加快。创新拓展新产品，产品附加值持续提升，金属制品业、食品饮料业进一步集聚，分别占园区规模以上工业总产值的36.67%、20.09%。“三品”行动取得实效，园区拥有云南绿宝香精香料股份有限公司、云南森博混凝土外加剂有限公司等25户高新技术企业，东风云汽获国家级“绿色工厂”称号，康师傅(昆明)饮品有限公司获省级“绿色工厂”称号，清洁生产企业56户(昆明华狮啤酒有限公司、云南琥正机械有限公司等)；发明专利43项，市级以上企业技术中心16个，新三板上市企业3户；拥有市级以上名牌产品19个，中华老字号1个。实施精准政策扶持，帮助企业获得产业扶持、投资补助等政策红利。年内，扶持战略新兴产业企业11户、食品饮料企业7户、装备制造业企业(包括金属制品、通用设备、汽车制造等)26户。

【党建工作】 开展“不忘初心牢记使命”主题教育活动，创新企业“小支部凝成大联盟”的党建组织形式；抓实党风廉政建设，筑牢廉政安全线。加大作风建设，把主题教育活动成果转化为为企业办实事、办好事，切实解决企业生产生活中的困难和问题。建立党工委书记“议稳制度”，推行“多证合一”等“放管服”改革，打造一支政治强的专业、敬业、精业的干部职工队伍，致力建设实干、务实、高效经开区。至年末，杨林经开区已逐步建成面向南亚东南亚的新能源汽车产业园、绿色食品饮料产业园、健康生活目的地，成为昆明甚至云南特色鲜明、生机蓬勃、宜居宜商的产业新城。

（杨林经开区）

昆明阳宗海风景名胜区

【概况】 阳宗海风景名胜区(以下简称“阳宗海风景区”)位于昆明市东南部，毗邻昆明市主城区。区机关驻地距昆明市级行政中心10千米、昆明老城区18千米。全区辖3个镇(街道)、39个村(社区)、178个村民小组、181个自然村，总面积546平方千米，居住人口12.50万人。区域内的阳宗海是云南省九大高原湖泊之一，为天然淡水湖泊，流域面积为192平方千米，湖面面积为31.9平方千米，总蓄水量6.17亿立方米。辖区属珠江水系南盘江流域，景色秀丽，碧波粼粼，湖水清澈，深碧如明，素有“明湖澄碧、高原明珠”之美誉。

【经济指标】 2019年，阳宗海风景区完成一般公共预算收入达6.64亿元，增长6.90%；规模以上固定资产投资完成48.33亿元；规模以上工业增加值完成22.30亿元，增长0.70%；规模以上工业主营业务收入520亿元，增长10.63%；社会消费品零售总额增长25.40%；旅游主营业务收入17.80亿元，增长28%；招商引资内资42.30亿元，增长21.70%；利用外资2000万美元，增长400%；全区规模以上企业达到49户；各类市场主体达4902户，增长8.90%。

【园区建设】 2019年，阳宗海风景区坚持把招商引资作为经济工作的生命线，着力内培外引，发展后劲逐步增强。年内，共接待蓝城集团、中通物流等客商680人次，洽谈项目160个，云南山水地产、中通物流、正能量集团汽车商业区等10个项目成功签约，协议投资达206.85亿元。努力优化营商环境，稳步实施产业培育计划，重点推进深国际物流、亚辰实业、美丽好、佳能达、中添美辰、财基实业、百年嘉合、广益食品8个项目。年内，雷马云轩、诚崧食品、宗顺医药3个项目动工建设，汇江水泥、中弘泰、浩鑫新能源等4个产业项目建成投产，七甸产业园进入“500亿园区”行列。积极推进旅游产业转型升级，支持云南华侨城、春城高尔夫等项目转型发展。紧扣延伸产业链开展以商招商，富力湾、恒大华侨城湖山半岛、明湖湾度假区等4个项目快速推进。加快梁王山现代农业公园建设步伐。年内，农业大学现代农场、褚橙庄园、洛阳神州牡丹园、鑫海汇玫瑰庄园等7个项目建设快速推进，南国山花、阿盖公主文创园、种业小镇等项目已向市民开放。

【生态建设】 深入学习贯彻习近平生态文明思想，认真落实中央和省、市委对高原湖泊保护治理的决策部署，始终做到生态文明建设与经济社会发展同安排、同部署、同落实。全面深化“河(湖)长制”，加快推进“十三五”规划项目建设，环湖截污、引洪渠生态治理等13个项目已建成投入使用，摆依河综合整治、城镇生活垃圾整治等4个项目正有序推进，项目开工率为89.47%，完工率为68.42%，累计完成投资6.42亿元。切实抓好中央环保督察及“回头看”、九大高原湖泊专项督察、省委机动巡视、省市联合调研等指出的72个问题整改，整改完成率达84.72%。加强农业农村面源污染治理，对阳宗海上游农业种植结构进行调整，完成2.35万亩土地流转，建成1603亩明湖湿地，推进“清污分流”项目建设，有效消减阳宗海入湖污染负荷。加大流域畜禽养殖整治力度，完成禁养区、限养区划定，建成规范化养殖小区，18个养殖户已取缔搬迁至养殖合作社。推进《云南省阳宗海保护条例》修订工作，严格按照条例规定设置阳宗海二级保护区界桩30块，加大执法监管力度，取缔关闭企业2户，办理环境违法案件8件，阳宗海湖体水质持续43个月稳定保持在Ⅲ类水标准。认真开展绿化造林工作，实施义务植树、生态林带建设、封山育林、石漠化治理等工作，加大植绿补绿力度，全区森林覆盖率达50.44%。扎实开展大棚房整治工作，拆除违规建筑28宗，面积223.60亩。有序推进“四治三改一拆一增”“七改三清”和网格化管理等工作，实施农村环境连片综合整治工程，提升改造垃圾中转站1个，建成村庄污水处理设施117个，新建和提升改造公厕38座，城乡环境品质稳步提升。

【基础设施建设】 2019年，阳宗海风景区协调推进“三清高速”“福宜高速”建设，建成广南1、2号路，大啃5号路，梁王山入园道路等园区市政道路5.28千米，实施324国道大修工程，完成农村公路硬化9.60千米。全面启动自来水供水工程，着力解决区域内无集中式饮用水供水的突出矛盾。加大水利设施建设力度，野竹社区“小水网”、阳宗大河上段灌溉沟渠、摆衣河人畜饮水、三家村小坝塘除险加固等水利工程竣工投入使用，东排浸沟湿地、12个社区农村环境连片整治、梁王山现代农业公园高效节水灌溉一期项目、胡田水库除险加固工程等项目进入扫尾阶段。新增园区移动5G信号基站2座，加快推进姜家山10千伏输变电项目建设，进一步优化现有电网框架，确保辖区电网安全稳定运行。

【民生保障】 加大教育、文化、医疗等公共设施建设力度，完成校舍建设6447平方米、运动场2.02万平方米。文华学院一期9月实现招生，滇池学院正式开工建设，马郎小学建成投入使用。深入实施“三名”工程，培养市级骨干教师和学科带头人2人、区级骨干教师和学科带头人8人，培养云南省“万人计划”教学名师1人。全区“剥离企业办社会”工作进展顺利，争取18名事业编制用于教师编制保障。完成凤鸣卫生院与汤池卫生院机构整合工作，阳宗海老年综合养护楼项目主体及装修工程已完工，可保居家养老服务中心等项目已建成。积极开展脱贫攻坚帮扶工作，委派3人分别到镇雄县、禄劝县指导、帮扶扶贫工作。抓好技能培训和农村剩余劳动力转移就业工作，实现农村劳动力转移培训2665人次、转移就业3083人次，就业收入达3987.08万元。加大社会保障力度，全区社会保险参保19.60万人，参保率达97%，社保基金累计收入3.66亿元。扎实推进生产、交通、消防、食品药品等安全工作，区域社会和谐稳定，群众获得感、安全感、幸福感明显增强。

【改革创新】 加大“放管服”改革力度，认真落实“3550”审批制度，出台深化放管服改革优化营商环境的实施意见等10余个制度，区域经济社会发展活力不断释放。积极尝试政府和社会资本合作融资模式，推进基础设施和公益项目建设，两水PPP项目已正式启动建设。紧盯国家发行的新增债券、专项建设基金，做好项目包装及与省、市对接工作，全年共争取到上级资金6.89亿元，新增专项债券3亿元，区域融资实现新突破。立足区域发展实际，投入200余万元建成集新闻采编、制作、舆情监控等功能于一体的区级融媒体中心1个。加快推进以党建引领街道管理体制机制创新，实现“党建引领、街乡吹哨、部门报到”工作全覆盖。不断深化基层党建与河长制“双推进”“双提升”工作机制和企业河长制，基层党组织和党员干部在全面深化河长制工作中的先锋模范作用得到充分发挥。

【自身建设】 年内，完成“基层党建创新提质年”各项工作任务，创建市级“四星级”示范党支部6个、“五星级”示范党支部4个，成立青年人才党支部3个，建成人大代表工作站12个，建成村（社区）、村（居）民小组活动场所15个，基层组织建设不断加强。深入开展扫黑除恶专项斗争，全年完成86个软弱涣散基层党组织整顿提升工作，完成799名村（社区）干部任职资格联审，清除不符合条件的村（社区）干部35人（其中涉黑涉恶1人），补齐配强村（社区）干部72人。认真做好市委第三巡察组反馈问题整改工作，严格按照市委编办核定职数，规范内设机构设置和干部配备，共调整科级领导干部58人次，晋升副处级职级干部4人。开展相关谈话45人，努力营造风清气正的干事创业环境。深化工、青、妇等群团组织改革，宣传、统战、民族宗教、双拥、工商联等工作取得新成绩。

（张宇晨）

表9 2019年昆明开发（度假）区主要经济指标完成情况一览表

单位：亿元

单位	固定资产投资	规模以上工业（服务业）总产值	一般预算收入	社会消费品零售总额
昆明国家高新技术开发区	53.60	625.22	23.79	65.10
昆明国家经济技术开发区	106	475.29	41	131.03
昆明滇池国家旅游度假区	97.50	1007	14.40	67.20
昆明空港经济区			11.31	9.46
嵩明杨林经济技术开发区	143.52	124.82	1.80	
昆明阳宗海风景名胜区	48.33	520	6.64	0.44

农业及农村工作

【概况】 2019年，全市农业农村工作以实施乡村振兴战略为总抓手，以农业供给侧结构性改革为主线，对标全面建成小康社会“三农”工作必须完成的硬任务，抓重点、补短板、强基础，加快培育农业发展新动能，大力推进农业绿色发展，坚持改革创新，狠抓工作落实。年内，全市农林牧渔业总产值实现447亿元，可比增长5.60%；农林牧渔业增加值278亿元，可比增长5.60%；全市农村常住居民可支配收入达1.64万元，增长9.8%。

【乡村振兴战略推进】 构建乡村振兴1+1+8指挥体系，成立由市委、市政府主要领导任组长、市委分管领导任常务副组长、其他相关市级部门负责人任副组长，相关职能部门为成员的市实施乡村振兴战略领导小组，领导小组下设办公室。同时，为精准推进乡村振兴各项工作，紧紧围绕乡村五大振兴，在市级相关职能部门设立乡村产业、生态、文化、组织和人才、乡村治理、城乡融合、宣传发动和督查问效8个专项组，高位统筹推进乡村振兴各项工作。按照“1+1+8+18+N+X”乡村振兴规划体系编制要求，制定出台1个战略总体规划和8个专项工作方案，督促指导市级空间规划和县、乡、村3级规划的编制，乡村振兴战略总体规划及8个专项方案已下发执行，市级空间规划及县、乡、村3级规划正在推进，除石林、禄劝、寻甸未编制县级乡村振兴总体规划外，其余县区均已编制县级乡村振兴总体规划。同时，出台坚持农业农村优先发展，推动乡村振兴战略落地落实等一系列文件，加快乡村振兴战略的实施。加强乡村振兴督查考评，建立党政目标管理部门牵头，党委农村工作部门共同参与的市、县、乡3级乡村振兴督查考核体系，将乡村振兴战略目标纳入市级目标管理考核；强化目标过程管理，制定市级乡村振兴考评细则和昆明市县（市、区）党政领导班子和领导干部推进乡村振兴战略和“三农”发展综合考评指标，实行季度测评、半年考核、年度考评和定期通报制度，市乡村振兴办每季度对工作推进情况及推进中存在的问题进行通报，以确保“三农”目标硬任务的全面完成。打造乡村振兴示范典型，采取政校合作等方式，与中国农业大学、西南大学开展合作共建，选取集聚提升、城郊融合、特色保护等不同类型6个村启动开展都市驱动型乡村振兴创新实验区建设，分别进行综合实验和单项实

验，打造一批可借鉴、可复制、可推广的示范村，为乡村振兴战略实施提供典型样板，为全市乡村振兴提供全面指导，为全省乡村振兴提供标杆样板，为全国乡村振兴提供“昆明经验”。

【稳定粮食产能】 2019年，调整完善农业生产力布局，完成全市粮食生产功能区划定面积183.17万亩。开展高标准农田建设，完成9.35万亩建设任务。深入推进农业供给侧结构性改革，调减籽粒玉米面积，扩大青贮玉米、鲜食玉米面积。抓好草地贪夜蛾的防治，全面开展草地贪夜蛾普查，加强监测预警和技术培训、指导，科学开展应急防控。年内，全市完成粮食总播种面积346.75万亩，产量103.94万吨。其中夏粮播种面积111.20万亩，产量20.20万吨；秋粮播种面积235.55万亩，产量83.74万吨。

【畜禽生产】 2019年，全市重点支持规模化种猪场和养殖场发展，促进养殖业转型升级。年内，组织符合条件的7个种猪场、规模猪场向省级申请流动资金贷款贴息，组织符合条件的84个养殖企业申报中央生猪规模化养殖场建设项目补助（待批复）。狠抓非洲猪瘟防控，加强基层防疫体系建设，推进9个县（区）非洲猪瘟检测能力提升和90个检疫申报点规范化建设；强化养殖环节监测排查，认真落实生猪屠宰环节“两项制度”。年内，受非洲猪瘟疫情和禁养区规模养殖场关闭搬迁等影响，全市生猪、能繁母猪存栏量分别为185.48万头和19.37万头，同比分别下降27.10%和32%；全市出栏生猪350.38万头、肉牛29.19万头、羊94.51万只、家禽6707.96万羽，肉类总产49.81万吨，奶类总产10.30万吨，禽蛋产量7.78万吨，畜牧业产值134.24亿元；水产品总产量4.02万吨、总产值35亿元，与2018年数据基本持平，总体保持基本稳定。

【特色农产品生产】 2019年，全市蔬菜播种面积167.22万亩，产量337.11万吨，其中外销量279万吨，产值72.21亿元；花卉园艺合计种植面积30.56万亩，其中鲜切花（包含切花、切叶、切枝）种植面积12万亩，鲜切花产量85.15亿枝，花卉园艺种植产值168.05亿元，花卉综合总产值272.17亿元；在园水果面积47.09万亩，产量30.02万吨。中药材种植面积26.11万亩，同比增长13.87%；中药材种植业产值24.63亿元，同比增长15.69%；全市中药材产业产值246.72亿元，重点加工业产值222.09亿元。严控烤烟生产规模，开发特色优质烟叶，践行绿色发展理念。年内，全市烤烟种植面积50万亩，累计收购烟叶138.10万担，实现烟农售烟收入22.08亿元、烟叶税收入4.86亿元，各项收入指标均创历史最高水平。

【农机推广与使用】 推动农业机械化发展，落实农机购机补贴政策。年内，全市下拨农机购机补贴资金2251.90万元、深松整地资金99万元，深松整地7.20万亩。做好春耕备耕及三夏的准备和服务保障工作，开展精量播种、机械深松、节水灌溉和水稻机械化育插秧等新技术的示范推广。全市各类农机具拥有量达到45.25万台（套），较上年同期增加0.65万台（套）；农机总动力达到332.40万千瓦，较上年同期增加2.10万千瓦；主要农作物耕种收综合机械化指标率51.50%，较上年同期增长0.50%。狠抓安全生产，构建安全生产管理体系，落实安全生产责任。年内，开展安全生产检查4次，农机安全、农机事故3项指标（事故率、重伤率、死亡率）均分别控制在4‰、3‰、2‰以内，昆明市被推荐为全国“平安农机”示范市，宜良县、富民县被命名为省“平安农机”示范县，宜良县被推荐为全国“平安农机”示范县。

【农业科技推广】 建设现代农业产业技术体系，依托全省体系建设做好全省玉米产业技术体系昆明石林玉米综合试验站等5个实验站（所）建设，依托岗位专家和站长开展高产创建、集成技术成果和新品种展示、病虫害防治和新技术试验示范，进一步促进科学实验站步入全省领先的推广试验前列。大力开展农业科技推广，遴选推荐2019年农业主导品种和主推技术，共申报农业主导品种和主推技术8个单位、5个品种、5项技术；做好基层农技推广补助项目，继续加强村级农技推广体系建设，8人入选2018年全省首届百名农技推广大使，培育新型职业农民2508人。围绕“高原特色农作物品种试验示范展示”“农业资源环境关键技术研发及推广应用”“特色经济作物新品种选育及栽培技术推广应用”“粮食高产高效安全关键技术模式攻关及推广应用”“特色农产品加工技术应用研究”5个方面开展科研项目研究工作，培育出昆椒6号、7号、昆粳11号等自主知识产权新品种。

【“绿色食品牌”培育】 2019年，全市按照大产业、新平台、新主体的发展思路，采取抓有机、创名牌、育龙头、占市场、建平台、解难题举措，瞄准“世界一流、中国最优”的目标，聚焦昆明市“绿色食品牌”花卉、林果、蔬菜、山地牧业（重点为肉牛业）、淡水渔业、中药材6个重点产业及茶叶、咖啡2个产业的加工及精深加工“6+2”重点产业，全力打造世界一流“绿色食品牌”。以打造“一县一业”示范为抓手，推进全市花卉、肉牛产业现代化发展。年内，晋宁区的花卉、寻甸县的肉牛入选全省“一县一业”示范县创建（全省20个）。组织参与全省“10大名品”“10强企业”和“20佳创新企业”评选，全市11个品牌、5户企业、3户企业分别获得省“10大名品”“10强企业”“20佳创新企业”称号。加快推进中国（云南）普洱茶中心暨普洱茶博物馆选址规划工作。

【乡村特色产业】 紧紧围绕“一县一业、一乡一特、一村一品”培育壮大乡村特色产业。积极开展产业强镇申报工作，石林县西街口镇列入2019年全国“一乡一特”产业强镇名单，完成全国“一村一品”专业村镇信息调查录入工作，全市共录入上报189个专业村、19个专业镇，呈贡区吴家营街道缪家营社区、石林彝族自治县西街口镇新木凹村成功申报为全国“一村一品”示范村。在此基础上，命名公布100个市级“一村一品”专业示范村。年内，在石林县成功申报成为全国第一批农村创新创业典型县的基础上，嵩明县上榜农业农村部列入全国农村双创典型县，宜良花木城上榜国家农村双创园区，石林台创园上榜全国农村双创孵化实训基地；全市共推荐申报全国乡村特色产品和能工巧匠5大类项目共98个，其中上榜全国乡村特色产品4个、特色养殖1个、特色食品2个、能工巧匠2人。

【农产品加工业】 2019年，根据省农业农村厅农业产业化加工值推算工作安排，全市完成农产品加工业现价总产值（不含烟草）1104.40亿元，农产品加工业产值比2.78:1，高于全国2.2的比值，居全省第一。其中全市规模以上农产品加工企业达258户，现价总产值占全市农产品加工业总产值的85%左右，继续发挥全市农产品加工业支柱作用。

【农村产业融合发展】 积极组织开展中国美丽乡村休闲旅游（秋季）推介活动承办及精品景点线路现场推介申报工作，石林县被农业农村部列为2019年中国美丽乡村休闲旅游（秋季）推介线路（全国有精品线路11条，西南地区2条），宜良河湾村、安宁温泉小村上榜全国乡村旅游重点村名录，寻甸凤龙湾小镇上榜“全国十佳文旅小镇”，宜良县麦地冲、晋宁区沙堤村等村落从传统农业村变身网红旅游地。完成种养、乡村旅游、电子商务进农村、产业脱贫、产业融合发展、乡村知名品牌等8类产业发展典型案例材料，挖掘、推介民锐泽农业科技有限公司、安宁八街食用玫瑰等农村一、二、三产业融合发展的新业态、新动能、新典型。组织开展全国“十乡十美”典型推荐。

【新型农业经营主体培育】 认真做好现有9个重点农业园区建设，充分发挥现代农业园区和都市农庄在产业融合发展的平台载体作用。2019年，全市9个重点农业园区总规划面积66.58万亩，累计建成农业园区14.84万亩，完成总规划面积的22.30%；计划总投资408.10亿元，已累计完成投资70亿元，占计划总投资的19.5%。着力培育农村创业创新园区，呈贡斗南国际花卉产业园、昆明经开区奥斯迪电子商务交易产业园等5个园区进入全省农村双创重点园区目录。开展空壳社清理工作，对全市4162个合作社进行了清理，清理出空壳社1142个。充分发挥农业产业化主体作用，年内新增国家级农业龙头企业1户、省级农业龙头企业12户、市级农业龙头企业26户，年末全市共有农业龙头企业511户，其中国家级农业龙头企业9户、省级农业龙头企业111户、市级农业龙头企业342户。加大农业产业化各级龙头企业培育力度，对43户省级、115户市级龙头企业运行进行监测。年内，全市农业产业化龙头企业累计总产值729.62亿元，同比增长17.74%；销售收入1096.89亿元，同比增长12.68%；上缴税金10.50亿元，劳动者报酬27.21亿元，带动农户230.44万户。

【农业固定资产投资】 市农业农村局成立以局长为组长、各副局长为副组长的市农业固定资产投资工作领导小组，建立包保工作机制，由市农业农村局各领导牵头包保县（市、区）、项目，业务处室跟进县（市、区）落实项目，强化项目跟踪服务，形成全局全系统共抓项目的良好态势。研究出台重点农业产业投资扶持办法，专项安排300万元用于重点农业产业发展项目扶持，通过招商引资、外引内培抓牢抓实一批大型投资项目落地。加强与市发改、统计等部门的沟通协调，建立动态分析协调机制，对农业固定资产投资情况进行定期分析，对各县（市、区）农业固定资产投资工作完成情况按月进行通报，并分季度将通报函发送至各县（市、区）人民政府。年内，全市完成农业固定资产投资50.45亿元，同比增长47%。

【会展经济】 2019年，成功举办第

2019年3月8日，昆明市农业农村局揭牌成立 （市农业农村局 供稿）

十五届中国昆明国际农业博览会，集中展示云南省推进农业供给侧改革、发展农业农村经济、决胜脱贫攻坚战取得的新成就和新进展，为云南、昆明农业实现规模化经营、标准化生产、绿色化发展、品牌化发展提供强有力支撑。本届农博会主会场逛展人数超过43万人，实现现场销售额6255万元，现场签订意向购销协议2.85亿元。展会期间共签约招商项目25个，吸引内资127.77亿元、外资3000万美元。先后10余次组织昆明高原特色农产品和重点农业企业参加全国相关农业展会活动，通过展会宣传推介昆明高原特色农产品和重点农业企业，邀请各展会参展商参加昆明国际农业博览会，并利用外出参展机会开展招商引资走访工作。

【农产品质量监管】 建设覆盖市、县(市、区)、镇(街道)3级的农产品质量监管体系，市级现有质量安全检测机构3个，县(市、区)建成县级检测站9个，全市有89个涉农乡(镇、街道)建立了农产品质量安全检测室。"昆明市农产品质量安全监测与追溯平台"可追溯全市"三品一标"认证农产品质量安全，追溯品种范围覆盖主要农产品。嵩明已创建为国家级质量安全创建县，宜良已创建为省级农产品质量安全创建县，禄劝、寻甸等地正在开展农产品质量安全创建县创建工作。开展农产品质量安全监督抽检和例行监测。年内，农业农村部对市辖区内生产或销售的蔬菜、水果、畜禽产品、水产品等进行了3次年度例行抽检，共抽取样品357个，加权平均合格率96.36%。市级定量抽样检测农产品2223批次，加权平均合格率99.11%；对所辖蔬菜生产基地进行速测，共抽取样品6.98万个，合格率99.81%。大力发展"三品一标"，坚持证前审查和证后监管并重，积极开展"三品一标"的申报工作，年内新增"三品一标"农产品110个。同时，加大对获证产品检查力度，确保获证产品质量。年末，全市"三品一标"有效认证登记企业(单位)144户、产品432个，总产值达69亿元。

【农村人居环境整治】 以农村"厕所革命"、农村生活垃圾治理、农村生活污水治理为重点，加大农村人居环境整治力度。年末，全市行政村累计改造、新建公厕711座，完成无害化卫生户厕11.57万座；97个涉农乡(镇、街道)共建有垃圾中转站81座，配置1吨以上垃圾运输车580辆，转运设施覆盖所有乡(镇、街道)；有生活垃圾处理设施19座，乡(镇、街道)生活垃圾处理设施覆盖率100%，自然村生活垃圾有效治理率达100%。分类建设污水处理设施，优先治理滇池流域、牛栏江昆明段、集中式饮用水水源地、自然保护区等环境敏感区域的村庄，全市乡(镇、街道)污水处理设施覆盖率达96.9%，建制村污水治理设施覆盖率达87.20%。其中滇池流域内18个乡(镇、街道)镇区的污水均采用转运至城镇或自建污水处理厂(站)的方式进行处理，建制村农村生活污水处理设施覆盖率为95.54%。

【农村面源污染防治】 2019年，制订《昆明市农业农村面源污染治理及重点流域规模化畜禽养殖整治专项攻坚战行动方案》等文件，对全市农业农村面源污染工作进行安排部署。积极实施化肥农药"零增长"行动，大力推进农业清洁生产和标准化生产以及秸秆资源化利用。年内，实施测土配方施肥技术推广194.50万亩，技术覆盖全市涉农行政村1000个以上，测土配方施肥技术推广覆盖率达91.80%；推广水肥一体化面积22.84万亩，建设绿色防控示范区81个，示范面积17.56万亩，应用辐射面积90.44万亩；完成秸秆还田126.44万亩，完成饲料化利用34.55万吨。开展畜禽养殖污染源普查，大力推进畜禽养殖禁养区划定及禁养区内规模养殖场关闭搬迁工作。在寻甸县开展畜禽粪污资源化利用整县推进项目，完成183户规模化养殖企业粪污处理利用设施及配套设施改造升级，建成4个大型养殖企业的大型沼气工程，全县畜禽粪污资源化利用整县推进项目进度完成97%以上。全市畜禽规模化养殖场设施配套率91.45%，粪污资源化利用率92.76%。

【农村集体产权制度改革】 组织开展农村集体资产清产核资工作。年内，全市14个县(市、区)、131个乡(镇、街道)、1403个村(社区)、1.12万个村(居)民小组于7月底全面完成农村集体资产清产核资工作。经核查，全市农村集体资产总计约422亿元、集体土地总面积约2803万亩。积极开展农村集体产权制度改革国家试点工作。年内，宜良县、富民县、安宁市分别完成第二批、第三批、第四批全国农村集体产权制度改革试点县改革任务，石林县稳步推进第四批试点县改革任务。扎实推进农村土地确权登记颁证"回头看"工作，全市已确权承包地面积570.24万亩，占应确权面积的99.78%。已颁发土地承包经营权证书70.88万份，颁证率为97.76%，基本完成农村承包地确权登记颁证工作。认真贯彻落实中央农业保险政策。年内，组织开展中央政策性水稻、玉米、油料作物、小麦、马铃薯、能繁母猪、奶牛、育肥猪保险8个险种的农业保险，保险签单保费5149.43万元，承担风险保障23.12亿元，估计损失金额3487.12万元。积极实施地方性特色农业保险。年内，全市共实施地方性特色马铃薯叠加保险、能繁母羊保险、当归种植保险及稻田养鱼保险4个农业保险险种，保险签单保费356.86万元，承保户数7152户，承担风险保障1.06亿元，估计损失金额282.66万元。

【贫困地区产业发展】 突出产业选择精准化，因地制宜重点推进寻甸县云岭牛、功山羊、苗鸡、马铃薯，东川区小江流域干热河谷区农业产业科技园、中药材、畜牧业，禄劝县中药材、农产品特色物流体系建设、核

2019年9月5日，市级领导与参加第十五届中国昆明国际农业博览会参展商亲切交谈（市农业农村局 供稿）

桃、板栗、青花椒提质增效10个特色产业发展，在3个脱贫摘帽县（区）完成中药材种植17.72万亩、特色经济林果建设3.02万亩；禄劝、寻甸2县完成烤烟种植22.32万亩，计划收购62.90万担。推进旅游小镇建设，寻甸凤龙湾阿拉丁旅游小镇在第三季度成功创建为2019年“云南省特色小镇”。着眼持续推进寻甸县、东川区国家电子商务进农村综合示范项目，构建“县—乡—村”3级电子商务公共服务体系，分层次开展电子商务宣传推广，聚焦农产品上行，完善农产品供应链，实现“工业品下乡、农特产品进城”双向流通，促进农民增收脱贫。突出产业推进组织化，认真落实产业扶贫“双绑”工作要求，结合全市实际，积极推广“党支部＋龙头企业＋农民专业合作社＋贫困户”的产业精准扶贫模式，大力推进新型经营主体带动建档立卡贫困户全覆盖，不断提高产业发展组织化程度。年内，全市有扶贫任务县（市、区）参与带贫新型经营主体791个，新型农业经营主体参与带动农户发展产业、与农户建立利益联结机制，新型经营主体带动建档立卡贫困户9万余户33万余人。突出产业建设科技化。年内，按照脱贫摘帽县（区）“每个主导产业不少于3人的扶贫技术专家”的要求，组建了60人的市级产业扶贫技术专家组，并在全市有扶贫任务县（市、区）选聘772名产业发展指导员，以村为单位、户为单元全面开展产业发展技术指导。努力推进“一户有一人掌握一项实用技术”的落实，全面开展农村实用技术培训，全市完成开展产业扶贫培训2.29万人次，开展产业扶贫宣传824次。

【机构改革】 认真贯彻落实中央和省、市委关于深化党政机构改革的安排部署，在市深化党政机构改革领导小组的坚强领导下，扎实推进机构改革工作。3月5日，市农业农村局正式挂牌成立。机构改革后，市农业农村局在原市农业局的基础上划入职能8项、划出职能5项，合并市委原农办职能职责。

【法治政府建设】 认真组织开展扫黑除恶专项斗争工作，通过召开党组会议、理论学习中心组会议、领导小组会议等，加强对全市农业农村系统扫黑除恶专项斗争工作的指导力度。年内，累计发放各类农业宣传资料13.80万份，张贴告知书2.80万份，举办集中宣传活动446场次，宣传培训1.50万人次，出动现场检查人员2900余人次；接办省农业农村厅交办线索6件，完成核查工作4件，1件已交由市纪委专项办理，1件转由公安部门立案查处；接市扫黑办交办线索1件，已完成初步现场核查并反馈核查结果。高度重视年度市人大代表建议政协提案办理工作，召开党组会议专题研究办理工作，制订具体办理工作方案，积极组织开展办理工作。年内，共承办市人大代表建议27件、市政协提案34件，面商率、回复率、满意率均达100%。加强基层“三农”人才队伍建设，加大农业科技领军人才和实用人才培养力度，全年培训农村科技领军人才264人，完成50名农村实用人才培训。做好基层人才对口培养工作，从基层遴选7人到局属单位进行对口培养，推荐1人作为2019年云南省基层人才对口培养人选。

【农业“放管服”改革】 2019年，市农业农村局完善政务服务，优化提升营商环境。年内，编制完成本部门监管事项目录的录入工作，监管事项认领89项，录入检查实施清单52项；编制梳理政务服务事项通用目录清单16项；对标上海市农委57项行政许可事项，列出全市农业农村的19项对比清单（含取消、下放和备案的3项），本部门所涉14项行政审批事项进入新平台，共受理办结行政审批事项98件。

（市农业农村局）

林业和草原工作

【概况】 2019年，全市林业和草原改革发展事业取得了可喜成绩，全市森林覆盖增长1.85%，达到51.42%；森林蓄积量增长62万立方米，达到5900万立方米；湿地面积增加949.20亩，达到93.51万亩；林业总产值184.66亿元，增长16.70%。年内，昆明市林业和草原局获得“全国绿

2019年3月8日，市林业和草原局揭牌成立　　（市林业草原局　供稿）

化模范单位”“全国森林防火先进单位”“全国生态建设突出贡献奖”荣誉称号，在省政府“双增”目标检查考核中获得第二名，全市林草系统受到市政府通报表扬。

【机构职能变动】 2019年3月8日，昆明市林业和草原局挂牌成立。市林草局负责林业和草原及其生态保护修复，监督管理荒漠化防治；监督管理森林、草原、湿地资源及各类自然保护地、陆生野生动植物资源；推进林业和草原改革和产业发展相关工作，指导国有林场基本建设和发展，负责森林防火、林业有害生物防灾减灾等工作。在此轮机构改革中，市农业局的草原监督管理职责、市国土局的地质遗迹保护职责、市园林绿化局的风景名胜区资源保护职责，市环保局的自然保护区保护管理职责、市水务局的水利风景区管理职责划入市林业草原局。

【生态资源管理】 严格管理森林资源。年内，全市1564万亩森林及森林资源得到有效保护；以森林督查作为管好森林资源的主要抓手，开展森林草原执法专项行动，收回违法侵占林地3789亩，恢复植被2595亩；全市共查处涉林案件1995件，有效地震慑和遏制了破坏森林草原资源违法行为。严格保护野生动植物。年内，市政府发布了禁止猎捕陆生野生动物的通告；严厉打击野生动植物违法犯罪行为，查处破坏野生动物违法犯罪案件457件，缴获野生动物及制品6327头（只、件）；收容救护野生动物1009只（条）；黑颈鹤、林麝、须弥红豆杉等珍稀野生动植物种群得到有效保护。严格防控林业灾害。年内，扑灭森林火灾16起，火灾受害率为0.03‰，森林防火工作年度考核评为优秀；森林灾害得到有效防控，全市林业有害生物成灾率仅为0.13‰，无公害防治率达到99%。严格管护自然保护地，《昆明市轿子山国家级自然保护区条例》颁布实施；开展了自然保护地违建别墅清查整治、“绿盾2019”专项行动，推进落实中央、省、市环保督查整改销号。

【林草生态建设】 2019年，全市林业和草原生态功能持续改善。年内，全市完成营造林55.23万亩，占计划任务50万亩的110%；实施造林绿化工程，新增绿化造林14.37万亩；实施森林质量提升工程，提升森林质量40.91万亩；打造“美丽公路”，完成昆丽、昆磨高速昆明段绿色廊道及可视范围增绿复绿825亩；实施乡村绿化美化行动，完成义务植树1212万株，绿化美化村庄200个；推进草原生态修复治理，完成退耕还草0.24万亩、退牧还草围栏封育1.40万亩；实施湿地修复工程，公布一般湿地9块，完成湿地修复945亩；抓好乡土树种苗木培育保障，发展乡土树种苗木基地1352.50亩，造林树种全面推行乡土化，造林绿化良种使用率75.40%。

【林草产业发展】 2019年，全市林业和草原产业围绕补齐产业发展短板，着力产业服务体系建设和市场体系建设。服务体系建设方面：抓林果提质增效，积极争取省、市扶持资金1258.94万元，完成特色经济林果建设及提质增效9.30万亩。抓林果初加工，建设林果初加工标准化示范点20个，解决干果品质不优问题。抓贴息贷款，积极申报2.67亿元林业贴息贷款，支持企业发展。市场体系建设方面：抓林产品交易市场建设，推进云安西南国际林产品交易市场、宜良观赏苗木交易中心、禄劝坚果交易市场3个市场建设。抓会展举办，举办国际观赏苗木展览、昆明板栗节，积极组织企业参加全国优质农产品博览会、义乌国际森林产品博览会等。抓庄园经济示范，新增评定10个林下经济示范基地和5个森林庄园；全市现有林下经济示范基地72个，森林庄园15个。抓产业园区建设，推动产业园区建设，引导木制品加工企业进园区，壮大产业规模；全市已发展经济林果223万亩，观赏苗木33.06万亩，陆生野生动物驯养繁殖与经营利用企业89户，从事家具行业企业达3081户，龙头企业达到146户。

【林草支撑保障】 推进智慧林草建设，完善科研管理机制。年内，建立42个项目的科研项目库，重点开展研究试验项目22个；搭建与院校、企业的科研合作平台，共建博士后工作扶持站，申报设立院士工作站；野生干巴菌保育促繁、乡土树种苗木培育等科研项目取得重要进展，编制了3项技术标准，申报2项技术专利。加快推进智慧林草建设。年内，完成林

寻甸县凤龙山风光（市林业草局 供稿）

草系统信息化数据共享平台搭建，开发基本应用系统；林区视频监控系统、无人机监测森林资源等先进技术投入使用，微型森林气象站、负氧离子探测器等物联网技术开展了测试；全市林草系统组建了专网。

【林草改革】 深化集体林权制度改革，落实第二轮国家集体林业综合改革试验示范区目标任务，推进集体林地“三权分置”改革，开展林木权证发放试点，发放“林木权证”1.04万亩。继续深化国有林场改革，完成省级国有林场改革验收整改，推进国有林场森林资源资产有偿使用等改革工作，出台了《昆明市国有森林资源资产有偿使用管理暂行办法（试行）》。推进林草放管服改革，项目审批时间法定审批时限20个工作日压缩至10个工作日，办理使用林地项目245件，征占用林地1191公顷，完成定额指标的178%。

【自身建设】 把讲政治、抓培训、转作风、强支撑作为加强全市林草系统自身建设的主要任务，推进“基层党建创新提质年”活动，严格落实从严治党主体责任。开展“业务提升年”活动，完成各类培训25期2493人次。抓依法行政树形象，推进保护区立法工作，全面梳理市林草局的权责清单。加强全市林草系统作风建设，贯彻落实中央八项规定精神和基层减负要求。抓基础保障强支撑，完成市林草局机构改革任务，林草系统党风、政风、行风持续向好，为林业和草原改革发展提供了坚强保障。争取上级财政专项资金5亿元，完成年度目标（4.50亿元）的111%，市级财政投入林草专项资金2.95亿元，有力保障了全市林草事业建设发展。

【机构职能变动】 2019年3月8日，昆明市林业和草原局的挂牌成立。市林草局负责林业和草原及其生态保护修复，监督管理荒漠化防治；监督管理森林、草原、湿地资源及各类自然保护地、陆生野生动植物资源；推进林业和草原改革和产业发展相关工作，指导国有林场基本建设和发展，负责森林防火、林业有害生物防灾减灾等工作。在此轮机构改革中，市农业局的草原监督管理职责、市国土局的地质遗迹保护职责、市园林绿化局的风景名胜区资源保护职责、市环保局的自然保护区保护管理职责、市水务局的水利风景区管理职责划入市林业草原局。

（陈文才）

水 务

【概况】 2019年，全市水务系统认真践行“节水优先、空间均衡、系统治理、两手发力”的新时代治水方针，贯彻落实“水利工程补短板、水利行业强监管”的水利改革发展总基调，推进水利固定投资，加快水利工程建设，巩固农村饮水安全保障水平，提升防汛抗旱减灾防灾能力，强化水生态文明建设，深化河（湖）长制工作，促进水资源管理。年内，全市争取中央、省级资金14.47亿元（含移民6亿元），市级安排水利建设资金7.50亿元，完成水利建设固定资产投资57.61亿元；昆明市水务局荣获2019年全国水利系统先进集体、云南省脱贫攻坚先进集体、云南省水利系统法治政府建设示范单位等荣誉称号。

【雨情】 2019年，昆明市气温较常年平均偏高，降雨量偏少。全市平均降雨量797.20毫米，比2018年偏少13.20%，较历史同期偏少13.80%。

【水情】 2019年末，全市库塘共蓄水12.67亿立方米，比2018年同期14.02亿立方米少1.35亿立方米、少

10%，较历史同期12.03亿立方米多0.64亿立方米、多5%。

【抗旱】 2019年入春以来，全市降水量持续偏少，气温异常偏高，雨季开始期偏晚，干旱程度较常年偏重，造成五华区、盘龙区、西山区、东川区、晋宁区、富民县、宜良县、石林县、嵩明县、禄劝县、寻甸县、安宁市等13个县(市、区)27.13万人、16.33万头大牲畜饮水困难，74.64万亩农作物受旱。

面对严峻的旱情，及时研究制订《2019年抗旱应急供水保障方案》，完善主城、县城、集镇、自然村4级保供水措施，实行市包县、县包乡、乡包村、村包户、干部包群众的减灾救灾体系；对旱情严重的山区、半山区，采取打井、调水、组建抗旱服务队送水、组织农村群众抗灾自救、人背马驮等抗旱应急措施；科学管理调度各类水库和水利设施，组织协调库塘蓄水工作，落实库塘蓄水行政首长负责制，全力蓄水抗旱减灾保民生；科学监测预报雨情、水情、墒情和旱情，定期组织会商，及时调整对策，深入抗旱一线开展救灾工作的指导和督查。年内，全市共投入抗旱资金2612.21万元，投入抗旱人员30.37万人次、机电井140眼、泵站548处、抗旱机动设备3.14万台套，出动机动运水车辆7.86万辆次；抗旱用电101.03万度、用油240.78吨，较好解决了27.13万人、16.33万头大牲畜的饮水困难。

【防汛】 2019年汛期突发性、局域性、集中性的强降雨天气多发。全市共有西山区、东川区、呈贡区、晋宁区、富民县、安宁市、寻甸县、宜良县、石林县9个县(市、区)、39个乡(镇)、5.76万人不同程度受灾，洪涝灾害造成直接经济损失5450.02万元。

为有效应对严峻的防汛形势，汛期前召开全市防汛排涝调度工作部署会，签订目标责任书，督促落实以行政首长负责制为核心的防汛工作责任制，明确各类防汛责任人，并在《昆明日报》公示；编制《2019年昆明主城区防汛排涝应急处置方案》和城市易淹水点防汛排涝预案，对全市各类水利工程设施、城市排涝设施、应急抢险准备等重要部位、重点环节开展防汛反恐和安全检查，修复100件防汛水毁工程项目，指导水库腾库容防洪，开展省“松滇蝗”、昆明主城区、德泽水库及其下游防洪排涝联合调度应急抢险演练；加强汛情预测预报，组建市水旱灾害防御专家库，完善城市防汛分层分级指挥体系、三级响应体系，健全联合调度指挥机制和集中值班制度，及时处置“6·23”“7·20”“9·10”等主城区内涝淹积水，有力保障了昆明商洽会和高、中考以及省委全会期间的防汛安全。在抗御洪涝灾害中，全市共投入编织袋10.36万条、砂石料78立方米、钢材5410吨、抗灾用油1.80吨，投入抢险人员9604人次，投入抢险机械设备80台班。加强城市淹水点监控系统、视频会议系统等监测系统的日常运行维护管理，开展防汛预警信息化体系研究，提升应急处置的预见性和工作效率。

【城市防汛排涝清淤工程】 持续深化“下泄、中疏、上截、高蓄”的城市防洪排涝基础设施建设，加大城市河道和管网整治、改造、清淤工作力度，最大限度减少城市内涝淹积水。年内，全市实施防洪排涝工程22件，完善城市面山洪水拦截体系，缓解雨季淹积水。年末，已完工15件，在建4件，正在开展前期工作3件，年度完成投资3.20亿元。

【山洪灾害防治非工程措施管理】 开展2013～2017年度各县(市、区)山洪灾害防治非工程措施补充完善项目初验工作，督促指导2019年度全市山洪灾害防治非工程措施项目招投标和建设。对已建成的山洪灾害监测预警系统进行全方位检查，及时排除故障隐患，加强维护管理和培训应用。完善和落实山洪灾害防御群测群防责任体系，专群结合，减免人员伤亡和群众的财产损失。

【水利规划和项目前期工作】 2019年，认真开展水利规划和项目前期工作，先后研究撰写了《昆明市水务发展“十四五”规划思路报告》《昆明市“十四五”规划工作大纲》《云南滇中新区(东片区)水资源配置规划》《滇池流域及滇中新区东片区供水水源保障研究》，开展了《昆明都市核心区城市供水安全保障规划》，从近、中、远期为昆明城市发展破解水资源水环境制约难题，为可持续发展提供的水资源保障。大力推进重点水源工程和中小河流治理工程前期工作，完成晋宁铁厂箐、禄劝本业、阳宗海茶花箐3座水库可研审批，完成晋宁铁厂箐、阳宗海茶花箐2座水库初步设计审批；完成寻甸县木板河丹桂段及甸尾段、富民县龙泉河东村段、阳宗海摆衣河、安宁市鸣矣河双河段、石林县巴江河(北大村集镇至三家村大桥)、禄劝洗马河三中大桥至响水段6件河道治理工程初步设计审批。

【重点项目建设】 柴石滩水库灌区工程：完成年度投资7.38亿元，工程累计完成投资19.93亿元，开工159个施工工作面，主体工程永久征地工作全面完成。滇中引水工程：2019年1月市滇中引水工程建设管理局成立，滇中引水工程昆明段配合省级完成投资15.26亿元，累计完成征地并移交6817.50亩，完成滇中引水昆明段二期工程可行性研究报告，启动配套工程规划。

【水利工程建设管理】 强力推进重点水源工程建设，全面落实“四项”制度和基本建设程序，切实加强工程技术指导和质量、进度等监督管理，强化水利工程运行管理。加快推进工程建设进度，强化工程质量与安全，严格项目资金监管。石林鱼龙、安宁箐门口、东川轿子山3件中型水库正在进行主体工程施工，其中安宁箐门口于汛前填筑至度汛高程，东川轿子山水库大坝封顶；续建10件小型水库，推进15件病险水库除险加固项目，完成已完工小型水库竣工验收项目38件，禄劝真金万水库通过省级下闸蓄水验收。新开工大狼箐水库、牛鼻村水库2件水源工程，新增水库库容1800万立方米。落实水库运行管理责任，在抓好水库日常管理的基础上，组织开展全市1998～2018年期间实施的病险水库除险加固遗留问题专项整治并完成阶段性整改。同时，结合水利部、省水利厅水利工程运行管理2018、2019年专项检查发现问题，全力推进水库运行管理整改落实，组织实施了300余件水库维修养护工程，确保水库安全运行。落实水利工程巡查检查制度，组织县区开展水库管养人员培训400余人次。组织县区开展小型水库管养达标考核，推行落实奖惩考核制度，对考核优秀的县区给予维修养护奖励。

【中小河流治理】 开展中小河流治理，实施宜良县巴江竹山小羊寨至密枝科段、寻甸县九龙河鸡街段治理工程，治理干、支流10.26千米，治理堤防15.92千米，确保了河道沿岸0.77万人和2.34万亩农田的防洪安全。推进宜良县巴江竹山密枝科段—南盘江汇口段治理工程、宜良县汤池河凤鸣村大洋桥—可保村英雄大沟大闸段治理工程、巴江河石林县三家村—鱼龙湖段治理工程、洗马河凤合段治理工程4件中小河流治理项目竣工验收工作。督促指导县（市、区）河道管理工作，严格依照法律法规开展涉河工程、洪水影响、河道采砂等审批。开展滇池流域城镇支流沟渠专项规划编制工作，《滇池流域城镇支流沟渠专项规划（支流部分）》已编制完成。

【农村水利建设】 督促落实2018年度实施的高效节水、山区小水网项目扫尾工作，加快重点县项目和嵩明大型灌区等农田水利工程竣工验收。加强乡（镇）水务站基础设施建设，理顺乡（镇）水务站管理体制，改善基层水利工作条件，完善内部管理，激发内生动力。针对全市大、中、小灌区等不同规模与类型的样点灌区开展以实测为主、统计为辅的灌溉水有效利用系数测算分析工作，通过点面转化形成年度昆明市农田灌溉水有效利用系数。

2019年10月30日，市领导调研乌东德水电站项目新村移民集中安置点
（市水务局 供稿）

【河长制工作】 不断完善制度支撑，完善河（湖）长制制度体系建设，明确各级河（湖）长责任，印发《关于明确各级河（湖）长、联系部门职责的通知》，配套出台述职、问责、考核等办法，对各级河（湖）长履职尽责作出明确要求。各级河（湖）长认真履职，2019年累计巡河（湖）5.17万次，针对巡河（湖）、督察发现的问题及时督查督办、整改落实。全面开展“清四乱”专项行动，累计投入整改资金4919万元，共清理河道9425.80千米，清理垃圾4.80万吨，拆除违规建筑物24.61万平方米，针对排查出的488个问题集中整治并全部销号，有效改善河湖脏乱面貌。推进河湖管理范围划定工作，完成省级要求的10条河道、5个湖泊管理范围划定，设立市级河（湖）长的37条河道、17个水库管理范围划定并公示。加强宣传引导，广泛开展“党员心连心”“巾帼志愿者”“青年志愿者”护河爱河志愿行动，积极推进“学生河长”“企业河长”“市民河长”等工作，100个市民河长团队开展日常巡河上千次，志愿者举报各类问题1725件，处置结案1627件，带动社会各界了解、融入、参与到水环境保护治理工作中，形成河（湖）保护人人有责、治理成效人人监督的良好氛围。

【水土保持】 加大水土流失治理力度，完成水土流失治理面积387.9平方千米。开展禄劝县三合小流域综合治理工程、寻甸县沙湾大沟小流域综合治理工程和阳宗海石寨河小流域综合治理工程3件国家水土保持重点工程建设，完成投资2528万元。完成寻甸县尹武河流域侵蚀沟治理和牛栏江尹武河云龙小河重点小流域综合治理市级小流域治理项目，完成投资3810万元。加强水土保持宣传、示范、科普，完成昆明市百草园科技示范园一期工程建设。严格执行水土保持“三同时”制度，完成市级生产建设项目水土保持方案审批28件、水土保持自主验收备案申请33件，依法征收水土保持补偿费504.17万元。

【农村饮水安全】 2019年，大力推

进全市农村饮水安全巩固提升工程，建成巩固提升工程369件，累计新建和改造输配水管道1464.31千米，新建蓄水池279个，配套净化消毒设备79套，新建和改造提水泵站45座，巩固提升18.45万农村人口饮水安全，投入资金1.42亿元，全市农村饮水安全达到脱贫退出考核标准。发扬严实作风，以问题为导向，在全市范围内开展农村饮水安全普查、暗访调查，形成问题清单，限期整改落实，着力解决好农村饮水安全“最后一公里”问题。转变工作作风，建立市、县、乡、村4级农村饮水安全日报告制度，向社会公布农村供水监督服务电话，及时发现并解决农村饮水安全问题。建立健全农村供水工程运行维护管理机制，落实农村饮水安全“三个责任”和“三项制度”的要求，强化工作职责和管护主体的落实，加大水费收取力度，确保全市农村供水工程良性运行，工程效益充分发挥。

【水资源管理】 科学分析研判水资源形势，努力提升水资源服务能力与水平，完成水资源承载能力研究并提出配置规划，建成水资源信息管理系统平台，划定地下水禁采区限采区。推进节水行动，统筹节水型社会建设，实施用水强度控制，创建公共机构、企业、小区等节水载体，强化取水、用水、节水监督检查，推行规划水资源论证，完成长江流域取水工程及设施核查登记。推进落实水污染防治行动计划，全面深化河（湖）长制，开展河（湖）“清四乱”、非法采砂整治等河（湖）保护专项行动，开展水功能区及水源地监测评价，持续开展地下水清理整顿，推进水源地达标建设，强化生态流量（水量）管控，推进水电站清理及整改。细化分解“三条红线”控制指标，实施最严格水资源管理制度考核，强化环保督察及整改，巩固盘龙区水生态文明试点建设成效，完善河道、水源地生态补偿机制，探索水资源保护的有效途径。不断强化资源管控及保护，节水型社会建设及以滇池保护治理为重点的水环境治理工作取得明显成效，嵩明县、安宁市、盘龙区、五华区、西山区、官渡区、晋宁区、宜良县、石林县9个县（市、区）通过了水利部组织的县域节水型社会示范县达标创建验收。2019年，滇池全湖水质保持在Ⅳ类，全市河长制实际监管的117个断面水质达标率达82.90%，22个县级以上饮用水源地达标率为95.50%，水环境状况及人居环境逐步得到改善。

【饮用水源保护】 2019年，市政府办公室印发《关于做好全市2019年集中式饮用水源地保护管理工作的实施意见》，指导全市饮用水源保护和管理年度工作落实。开展2018年水源地保护工作“回头看”，制定问题清单督促落实整改。制订联席会议制度和2019年水源地巡查方案，定期召集市、县多部门研究解决水源地保护管理存在问题和重要事项，全年开展县级以上集中式饮用水源地巡查70余次，协调解决跨州（市）、县、部门饮用水源保护区违法违规问题5件。制定新一轮考核办法，开展2019年度考核工作，依据考核结果拨付生态扶持补助资金2.06亿元。高质量整改落实市委巡察和主城扶持补助资金专项审计提出的问题。2019年，安排市级资金2558万元，开展晋宁区、禄劝县、寻甸县、石林县共9项饮用水水源地保护和水生态安全项目；推进界标和警示标志设立，全市县级以上集中式饮用水源地一级保护区有条件区域已设置隔离防护设施287千米，设立界桩、界碑2000余座（个），警示标牌、宣传牌1800余块；开展“十四五”水源保护规划意向项目统计。报市政府同意印发《云龙水库一级保护区移民搬迁正常合法新增人口长效生活保障解决方案》，将移民合法新增人口长效生活补助纳入市水务局每年年度预算，副省长和良辉专题调研和指导这项工作。重点推进松华坝水源保护区划分，完成《松华坝水库外围岩溶地下水影响范围（二阶段）调查报告》，启动水源区新一轮扶持补助研究，有序推进“昆明市主城饮用水源区基础信息系统调查及扶持补助办法绩效评估”工作。

【供水管理】 2019年，全市雨季开始时间偏晚，且全年降雨较历年同期偏少幅度近20%，属枯水年；汛期降雨量不足导致各城市供水水库蓄水量同期大幅下降，昆明城市供水存在较

2019年12月16日，世界首台85万千瓦水轮发电机转子在乌东德成功吊装
（市水务局　供稿）

大风险。为解决2020年汛期前及滇中引水通水前昆明城市供水水源不足问题，经市委、市政府研究决定，充分发挥牛栏江—滇池补水工程的城市应急供水功能，取用牛栏江水源作为城市供水水源。11月29日，紧急启动牛栏江滇池补水出口(瀑布公园)—七水厂—松华坝连通应急工程和牛栏江—清水海引水线路(上对龙)连通应急工程建设。建成后，牛栏江滇池补水出口(瀑布公园)—七水厂—松华坝连通应急工程预计供水能力为60万立方米/日，牛栏江—清水海引水线路(上对龙)连通应急工程预计供水能力为30万立方米/日。加强供水水质监管，按月在《昆明日报》公告昆明主城供水水质状况；对全市公共供水企业出厂水24个水样和管网水61个水样水质按相关技术标准进行抽检，水质达标率100%。帮扶困难群体，对29户困难群体的453个水池(塔)共2.28万立方米的二次供水设施进行清洗消毒。

【海绵城市建设】 积极响应国家和省关于海绵城市建设的要求，把滇池流域水环境治理与海绵城市建设相结合，从区域流域入手，全面推进海绵城市建设工作。2019年，全市海绵城市建设开工建设面积33.60平方千米。截至年末，昆明实施海绵城市建设面积累计92平方千米，已建成374个海绵型建筑与小区、120条海绵型道路、103个海绵型公园绿地、5.40万亩湖滨生态湿地(林地)、17座雨污调蓄池。强化项目建设管控，继续加强对新、改、扩建工程项目同期配套建设海绵设施的审查和监督管理，将节约用水措施方案审查、节水设施(含海绵设施)建设纳入工程审查及联合验收流程。深入县(市、区)开展海绵城市建设工作专项督查，加强工作指导和日常动态管理，强化市、县级对接交流。推进海绵城市雨水径流和污染物控制监测系统建设，完成17个监测点的安装调试工作。组织开展昆明市海绵城市建设试评估工作，对照标准对全市海绵城市建设成效进行自评，编制完成自评报告。

【节水型城市建设】 以巩固提升国家节水型城市创建成果为抓手，创新工作模式，多措并举，全面发力，不断调整优化用水结构，提高水资源综合利用效率。对标对表将各项考核指标落实到位，制订印发《昆明市2019年节水宣传工作方案》《国家节水型城市复查迎检工作方案》，周密做好考核准备。年内，昆明市通过国家节水型城市第二次复查；全市已累计创建524个节水型单位、106个节水型企业、233个节水型小区等节水载体，促进了城乡统筹和经济社会的发展。

【节水宣传和管理】 以“世界水日”“中国水周”及“全国城市节约用水宣传周”宣传活动为契机，努力创新宣传模式，不断拓展节水宣传的广度和深度。年内，联合长水机场组织开展了“2019年全国城市节约用水宣传周”启动仪式和“节水随手拍”短视频征集评选、云南电视台小记者采访等主题活动；进社区、进学校开展节水有奖问答、科普讲座、微电影播放、主题征文等宣传，并全程进行网络直播，直播点击量达11.40万次；以庆祝建国70周年为契机在《昆明日报》专版对节水工作进行回顾总结。通过多渠道、全方位、多角度的节水宣传，全社会节水意识得到不断提升。

完善节水管理制度保障，以国家节水行动为统领，全力聚焦“节约用水攻坚战”，结合省内外调研和昆明实际，制订出台《昆明节水行动实施方案》，对全市节约用水攻坚战作出具体部署和安排；积极完成“昆明市节水型工业园区评价指标及考核办法”编制工作。严格计划用水管理，将月用水量在100立方米以上的1.06万只非居民户水表纳入计划用水管理，计划用水率达92.07%；分上、下半年2次编制下达月计划用水指标，并逐月进行考核，对超计划用水的严格征收加价水费1630.78万元，以经济手段促进各计划用水单位科学、合理用水；计划用水管理工作由主城区向新区、郊县(区)延伸，管理范围逐步延伸到全市域。统筹推进定额用水管理，对2500户非居民用水单位开展定额用水项目调查，进行节水信息管理系统升级改造，增加定额用水管理的数据库和功能模块，提供信息化基础支撑；探索计划用水管理便民措施，采用邮政快递、网上查询等方式发放计划用水指标。在主城区增加便民点，切实解决用水单位的集中反映指标领取和开票距离远、不方便的群众关心的热点和难点问题。

严格落实节水“三同时”制度。2019年，全市共审查新、改、扩建建设项目的节水措施方案303件；完成主城区节水设施备案及验收下放县(市、区)工作，制定昆明市节水设施备案和竣工验收工作规范。积极推进污水再生利用，完成昆明市再生水特许经营协议签订，新建16座分散式再生水利用设施，新增设计规模0.40万立方米/日；加强再生水利用设施运行监管，不断深化完善分散式再生水利用设施运行监管责任体系和上下联动机制，保障设施安全稳定运行。年内，全市再生水利用量2595万立方米，其中集中式再生水1300万立方米、分散式再生水1295万立方米；以提高用水效率、降低城市庭院管网漏损为目标，以测漏查漏和用水合理化评价为手段，完成74个单位的水量平衡测试工作，测出漏点37个，估算漏点全年漏损量约68万余立方米；推动高校合同节水管理，提高高校节水积极性。

【水法规建设】 积极开展6件地方性法规、2件政府规章、1件政府规范性文件立法工作。年内，根据2019年6月28日昆明市第十四届人民代表大会常务委员会第十九次会议通过、2019年7月25日云南省第十三届人民代表大会常务委员会第十二次会议批准的《昆明市人民代表大会常务委员会关于修改〈昆明市科学技术进步与

创新条例〉等六件地方性法规的决定》修正《昆明市清水海保护条例》；重点做好《昆明市松华坝水库保护条例（修订草案）》的起草工作，修订草案经政府研究同意提交市人大审议；加强规范性文件监督管理，废止《昆明市水利工程造价管理办法》《昆明市水利工程质量管理办法》2件部门规范性文件；及时清理行政执法主体和执法依据，调整完善权力和责任清单；制订印发《昆明市水务局全面推行行政执法公示制度执法全过程记录制度重大执法决定法制审核制度工作方案》《昆明市水务局公平竞争审查制度实施方案》；做好普法宣传工作，举办水行政执法培训，利用“世界水日”“中国水周”等时间节点，深入开展“法律六进”宣传活动。2019年12月5日，省水利厅命名昆明市水务局为云南省水利系统法治政府建设示范单位。

【水行政执法】 严厉打击了破坏水资源、侵占河道等违法行为。年内，全市水政监察部门共依法立案查处水事违法案件117件，结案117件，结案率100%，行政罚款228.90万元。突出抓好长江经济带水土保持专项执法行动，全市共查处涉嫌水土保持违法违规建设项目1279件，对市级审批的107个、省水利厅摇感卫片发现的28个和移交的120个水土保持生产建设项目进行监督检查，共下达责令通知书150余份，立案70多件，协助省水利厅追缴水土保持设施补偿费1100万元。

【安全生产】 制定印发“昆明市水务行业安全生产职责任务清单”，积极推进安全工程3年实施方案的落实，完善安全生产监管体系，压实安全生产责任，强化安全生产监管，突出隐患排查和治理，修订水利安全生产应急预案，下力气抓好专项整治工作，普及安全生产知识，加大教育培训力度，树牢安全发展意识，守好安全生产底线，全市水务系统安全生产形势持续稳定向好。年内，对续建的3件中型水库工程，重点小（一）型水源工程、河道治理工程、柴石滩灌区工程等26件建设项目开展安全生产监督检查；坚持例会和教育培训制度，扎实推进安全生产标准化创建，鼓励水利生产经营单位开展安全生产标准化创建工作。至年末，全市的松华坝水库为一级达标，晋宁区大河水库、经开区果林水库等9个中型水库管理单位为三级达标，东川轿子山水库、安宁箐门口水库2个法人单位为二级达标。

【科技教育】 加大科技培训力度，举办了全市水务系统高层次人才培训。努力拓宽水务国际交流合作渠道，积极为水务科技人才创造国际交流学习机会。积极推进水务科技工作，认真梳理符合申报条件的科技成果，做好申报工作。开展“昆明建立水环境治理绩效评价体系研究”“昆明构建河湖健康评价体系研究”以及“昆明市河湖长制一河一策体系经验技术研究与推广”2项科技项目。试行牛栏江流域（昆明段）河道生态补偿办法，开展《昆明市重要江河湖泊生态水量保障实施方案》编制工作，完成水利科技论文集出版工作。积极推进智慧水务建设，完善升级全市水资源信息监控管理系统，开展地下冷水禁采区、限采区电子地图编制并实际投入使用，完善河（湖）长制信息管理系统建设，将涉及各领域共126个水质监测数据接入昆明市移动河长App，向各级河（湖）长提供水质相关信息在线查询服务，为各级河长日常巡河，履职尽责提供有力的信息化技术支撑。加强网络信息安全管理，认真组织自查，举办全市水务系统网络信息安全培训，提高干部职工网络安全意识。

【水利改革】 加强水利营商环境建设，规范水务系统政务服务清单；推进工程建设项目审批改革，下放审批事项；优化“获得用水”指标，开展自来水接入改革培训，企业获得用水采用“4.19”模式，最快可实现1天内通水；调整完善权责清单、随机抽查事项清单，深化“互联网＋监管”改革工作。建立项目准入机制，规范矿产资源勘查开发联合踏勘、联合审查和矿山生态环境综合评估工作机制，累计出具联勘、联审回复意见105件。出台《昆明市全面推进河（湖）长制工作述职办法（试行）》《昆明市全面深化河（湖）长制工作问责办法（试行）》《昆明市市级河（湖）长考核办法（试行）》，对各级河（湖）长履职尽责作出明确要求，不断完善制度支撑；拓宽河道生态补偿机制范围，出台《牛栏江流域河道生态补偿办法（试行）》《螳螂川—普渡河流域河道生态补偿办法（试行）》，将河道生态补偿机制推广到滇池流域外的牛栏江、螳螂川—普渡河流域，于2019年8月开始收缴生态补偿金，生态补偿机制的作用进一步发挥。加快推动水利重点领域和关键环节改革攻坚，按照“先建机制、再建工程”的要求，以高效节水、山区小水网等建设项目为载体和支撑，以项目带改革，以改革促项目；全面推广改革试点经验，进一步完善初始水权分配、节水奖励和水费征收、节水减排、运行管护制度，为工程长期良性运行筑牢基础。

【环保督查整改】 完成2017年省环境保护督察牵头整改任务13项，达到时序进度1项。推进2018年中央环境保护督察“回头看”反馈意见问题牵头整改任务，达时序进度2项。推进长江经济带警示片环境问题整改任务，达时序进度1项。推进贯彻落实中央生态环境保护专项督察东川区尾矿库严重污染金沙江反馈问题整改任务，达时序进度5项。

（市水务局）

综　述

【主要经济指标】 2019年，深化落实“巩固、增强、提升、畅通”八字方针，紧扣工业和信息化高质量发展主题，统筹推进稳增长、促转型、调结构、提质效，转型升级取得明显成效。年内，全市规模以上工业总产值完成4039.06亿元，增长2.40%；规模以上工业增加值增长4.80%，低于上年9.20个百分点，低于全省3.30个百分点，低于全国0.90个百分点，增速居全国26个省会城市第15位。先进装备制造、生物医药、电子信息、新材料4个新兴产业规模以上工业增加值增长3%，占全市规模以上工业增加值的14.50%；石油及化工、冶金、非烟轻工、烟草及配套4个传统产业规模以上工业增加值增长4.20%，占全市规模以上工业增加值的65.50%。全部工业增加值完成1319.21亿元，增长4.60%；规模以上工业增加值能耗下降9.30%；民营经济增加值完成2575.40亿元，增长6.70%；电信业务总量增长57%；互联网、软件和信息技术服务业营业收入增长10.50%。

【园区发展】 2019年末，全市有以工业为主的产业园区16个，其中国家级开发区3个、省级工业园区和空港经济区12个。年内，全市园区规模以上工业主营业务收入增长3.60%，规模以上工业增加值增长5.20%，分别高于全市0.80和0.40个百分点。昆明高新区、昆明经开区、五华科技产业园、安宁工业园区4个开发（园）区主营业务收入突破千亿元；昆明高新区、昆明经开区、昆明七甸产业园创建为国家级绿色园区；昆明经开区创建为国家生态工业示范园区；安宁磷化工、昆明高新区稀贵金属新材料和生物医药、昆明经开区军民结合创建为国家新型工业化产业示范基地；呈贡信息产业园成为全省数字经济开发区、区块链产业示范基地。

【工业投资】 建立重大工业项目政企联络直通车制度，全面落实项目经理人制、包保责任制、项目会办制，强化项目全流程服务。加大重点项目督查督办，一批支撑未来产业转型升级的重大项目落地建设、竣工投产。2019年，全市完成工业投资增长2.80%，占全市社会固定资产投资的10.20%，占全省工业投资的15%。其中采矿业完成投资增长24.60%，占比2.96%；制造业投资下降10.30%，占比61.85%；能源及水生产供应业投资增长35.50%，占比35.19%；电力投资增长43.70%。祥丰石化合成氨装置技改等35个亿元以上项目竣工，崇德水泥等159个续建项目加快推进，江铃新能源汽车昆明生产基地等45个亿元以上项目开工建设。

【重点企业培育】 2019年，全市规模以上工业企业1004户，规模以上企业数占全省的1/4。其中产值超亿元企业354户，云南中烟、中石油云南石化、云铜、武钢昆钢等5户企业产值超100亿元，云南滇金、云南白药、云内动力、贵研铂业等7户企业产值超50亿元，云铝、云天化石化、昆药集团、明超电缆等39户企业产值超10亿元。中央及省属企业增加值占比75.80%，对工业经济增长的贡献率达125.95%，成为全市工业增长的主力军。14户龙头企业在工业总产值中占比50%；40户骨干企业在工业总产值中占比70%。注册在昆明市境内上市企业25户，占全省的69.44%。

【企业自主创新】 2019年，全市列入2019年全省工业转型升级“3个100”重点项目计划50项，计划总投资334.94亿元。其中2019年计划投资86.71亿元，实际完成投资84.23亿元。7月18日，由工业和信息化部产业政策司、云南省工业和信息化厅、昆明市人民政府主办，以“服务赋能制造，传统走向未来”为主题的“服务型制造万里行——走进云南·昆明”活动在昆明顺利举行。年内，昆明台工精密机械有限公司等6户企业创建为省级服务型制造示范企业（项目、平台）；昆明云内动力股份有限公司实施的全价值链体系增值精益管理被认定为2019年全国质量标杆典型经验，昆明雪兰牛奶有限责任公司、昆明云内动力股份有限公司被认定为2019年云南省工业质量标杆；云南省铁路总公司等53户企业的技术中心被认定为昆明市企业技术中心，云南昆船电子设备有限公司等18户企业被认定为省级企业技术中心，云南航天工程物探检测股份有限公司被认定为国家企业技术中心。年末，全市共有国家级企业技术中心15个、省级237个、市级392个，较2015年分别新增2个、74个和185个。

表10　2019年昆明市规模以上工业“4+4+3”产业一览表

“4+4+3”分类	工业增加值		工业总产值		
	增长（%）	比重（%）	总值（亿元）	增长（%）	占比（%）
总　计	4.80	100	4039.06	2.40	100
一、新兴产业	3	14.50	939.76	1.20	23.30
（一）先进装备制造	–0.30	2.20	167.18	–2.50	4.10
（二）生物医药	1.20	8.20	289	–2.10	7.20
（三）电子信息	12.60	1	91.89	11.10	2.30
（四）新材料	7.60	3.10	391.68	3.20	9.70
二、传统产业	4.20	65.50	2449.05	2.30	60.60
（一）化　工	8.20	20.80	873.88	1.30	21.60
（二）冶　金	–0.10	14	728.04	1.10	18
（三）非烟轻工	1.60	7.10	412	1.30	10.20
（四）烟　草	4	23.60	435.13	7.70	10.80
三、其他产业	8.10	20	650.25	4.40	16.10
（一）采矿业	–5.40	3	63.65	–3.50	1.60
（二）电力、热力、燃气及水生产和供应业	13.30	12.70	346.58	5.90	8.60
（三）传统装备制造及建材	3.70	4.40	240.02	4.50	5.90
传统装备制造	–3.20	1.30	88.14	–7.10	2.20
建　材	7.10	3.10	151.88	12.60	3.80

（市工业和信息化局）

装备制造工业

【概况】 2019年，全市规模以上装备制造企业完成工业总产值355亿元，下降2.4%；完成工业增加值57亿元，下降1.20%，占全市工业增加值总量的4.70%；完成营业收入392亿元，增长1%；实现营业利润8160万元，下降23%。其中先进装备制造业完成总产值167.18亿元，下降2.50%。装备制造业完成工业固定投资69.70亿元，下降0.40%。

【装备制造企业】 2019年，全市有规模以上装备制造业企业233户，全年从业人员平均人数3.77万人。其中金属制品业工业企业55户，全年从业人员平均人数7533人；通用装备制造业工业企业30户，全年从业人员平均人数5372人；专用设备制造业工业企业37户，全年从业人员平均人数5636人；汽车制造业工业企业12户，全年从业人员平均人数4411人；铁路、船舶、航空航天和其他运输设备制造业工业企业4户，全年从业人员平均人数2288人；电气机械及器材制造业工业企业61户，全年从业人员平均人数8171人；计算机、通信和其他电子设备制造业工业企业15户，全年从业人员平均人数2090人；仪器仪表制造业工业企业19户，全年从业人员平均人数2214人。

表11　2019年昆明市装备制造业主要指标完成情况一览表

行　业	户数（户）	产　值（亿元）	增长率（%）	增加值（亿元）	增长率（%）	营业收入（亿元）	增长率（%）	营业利润（万元）	增长率（%）	从业人员平均人数（人）
金属制品业	55	59.97	−13.7	9.23	−13.30	71.83	−3.50	2394.88	−25.70	7533
通用设备制造业	30	22.79	−16	3.70	−16.30	23.17	−11.30	−1385.20	−54.90	5372
专用设备制造业	37	32.92	12.40	8.50	13.60	34.78	−0.50	1422.07	59.10	5636
汽车制造业	12	88.80	−2.60	9.37	−3.40	83.52	2.60	784.76	75.50	4411
铁路、船舶、航空航天和其他运输设备制造业	4	17.76	7.10	5.41	6.30	24.81	−7.40	1149.13	−52.80	2288
电气机械及器材制造业	61	102.62	9.40	13.86	11.10	103.53	11.20	2188.13	−11.50	8171
计算机、通信和其他电子设备制造业	15	15.04	−23.70	4.19	−13.80	32.75	−5.80	415.99	−66.20	2090
仪器仪表制造业	19	15.12	−9.40	2.77	−9.90	17.80	6.20	1190.57	57.30	2214
总　计	233	355.02	−2.40	57.03	−1.20	392.19	1	8160.36	−23	37715

【主要产品产量】 2019年，全市装备制造业企业生产发动机3463.50万千瓦，增长7.70%；电力电缆25.20万千米，增长7.20%；发电机组62.05万千瓦，增长4.60%；金属切削机床6388台，下降50.80%；电动机40.45万千瓦，下降29.30%；矿山专用设备1.14万吨，增长11.30%；饲料生产专用设备6.05万台，增长4.60%；变压器1762.41万千伏安，增长48.40%；光学仪器64.09万台，下降6.80%。

【重点企业及项目】 2019年，全市装备制造业发展转型升级提质增效成果明显。年内，云南云内动力集团整体实现营业收《入123.41亿元，首次突破百亿元大关；累计销售发动机42.21万台，增长12.70%，四缸机销量全国第一。昆明云内动力股份有限公司进入中国机械工业联合会发布的2018年度中国机械工业百强第40位，并被评为全国质量标杆企业。云南变压器电气股份公司中标乌东德电站送电广东广西特高压多端直流示范工程35千伏及以下油浸式变压器项目，该项目是世界首个特高压多端混合直流示范工程。全省第一条辐照电缆生产项目在昆明电缆集团正式投产。江铃集团新能源昆明基地项目总装车间已完成建设，并于5月24日举行首车下线仪式。东风云汽搬迁技改项目建设进展顺利，项目整车4大工艺全部建成，新工厂已于6月通过工信部准入并投入生产，一期一阶段可形成产能1.20万辆；全年试生产渣土车、新能源物流车辆750余辆。北汽新能源汽车昆明项目将以北汽瑞丽分公司形式实现生产，已有车型进入国家“道路机动车辆生产企业及产品”公告。

【产业招商】 2019年，全市装备制造产业招商聚焦智能装备产业，重点对接沈阳新松机器人自动化股份公司、中信重工开诚智能装备有限公司等国内优势企业开展精准招商引资工作。围绕省委、省政府打造世界一流“绿色能源”牌的工作目标，深入推进新能源汽车产业链招商，以前期成功引入的北汽新能源汽车昆明项

目、江铃集团新能源汽车昆明基地项目、宝能汽车制造项目等整车制造项目为依托，与浙江路威轮业、天津力神、中铝材料研究院等多家新能源汽车核心零部件企业进行洽谈，并利用2019年北汽价值链大会在昆召开契机开展新能源汽车产业链招商。

【自主创新】 2019年，昆明装备制造优势行业自主创新能力和产品竞争力不断增强。年内，全市拥有国家级企业技术中心3个、省级企业技术中心64个，占全市省级以上企业技术中心总数的27%。昆明船舶设备集团昆船AGV入选中国激光叉车AGV市场最具影响力十大品牌，并成功签约成都天府国际机场PRT系统项目和四川宜宾军民合用机场行李处理系统项目；8月，昆明船舶设备集团与中国移动、中移（上海）信息通信科技公司、华为技术公司共同设立智能制造5G应用联合创新实验基地，签约智能制造5G应用联合创新实验基地协议。中国铁建高新装备股份公司的高速高性能铁路除雪成套装备与技术项目继获取中国“好设计”银奖、云南省科学技术一等奖后，再获中国铁建科学技术一等奖。

（市工业和信息化局）

消费品工业

【概况】 全市消费品工业主要包括烟草及配套、非烟轻工2大产业，烟草及配套产业已成为昆明市经济发展的“压舱石”。2019年，全市消费品工业实现规模以上工业总产值847.13亿元，占全市规模以上工业总产值的20.97%，增长4.49%。其中烟草及配套产业实现规模以上工业总产值435.13亿元，增长7.70%，工业增加值增长4%；非烟轻工业实现规模以上工业总产值412亿元，增长1.30%，工业增加值增长1.60%。

【烟草及配套产业】 2019年，全市着力打造以五华区卷烟生产、昆明经开区烟草及配套装备为主导，周边园区为配套的布局体系。五华科技产业园以红云红河烟草集团为依托，促进卷烟产品结构调整，开发生态安全型卷烟等新型产品；昆明经开区充分发挥昆明船舶等单位的研发优势，加快烟草装备产业升级步伐，引导烟草配套产业向非烟市场拓展，促进烟草包装印刷向旅游商品包装、食品包装、医药包装领域延伸，向周边园区布局。在烟草主业发展带动下，一批为烟草配套的烟机制造、铝箔、造纸、纸箱、香精香料及包装印刷企业相继建成和投产，一批中小企业迅速崛起，在承接烟草产业包装印刷、辅料生产业务中显示出较强的竞争力。烟草配套产业已经成为支撑烟草产业稳步发展的重要力量，在全国烟草行业优化重组中优势明显。年内，市委、市政府领导和相关行业主管部门负责人多次深入生产企业实地调研，跟踪帮扶云南昆岭薄膜工业有限公司、昆明醋酸纤维有限公司、昆明伟建彩印有限公司等一批重点配套企业，及时协调解决生产经营中面临的困难和问题，有序推进重点项目建设。昆明卷烟厂打叶复烤易地技改项目已完成地质初勘、地形方格网测量等工作，“调规”方案已报市规划局审议，环评已具备上报条件待审批，初步设计方案及概算正准备组织评审。石林圭山镇烟叶站改扩建工程项目已批复，相关工作正在有序开展。云南中烟再造烟叶有限责任公司异地技术改造项目于9月26日举行开工仪式，挡土墙处于验收阶段，水处理集成项目、办公楼等正在进行施工。昆明醋酸纤维有限公司整体搬迁项目完成可研报告的编制和新址PID图纸质版的绘制工作，职业危害预评价、能评报告已批复，水土保持报告、环评报告待批复。全市生产卷烟791.61亿支，增长-0.10%。

【非烟轻工业】 优化布局推动产业聚集。年内，空港区小商品加工基地、富民林产业示范基地、七甸绿色食品加工基地、宜良饲料基地、寻甸林产业基地等一批轻工专业产业基地相继形成，在粮油、肉食加工、花卉、野生食用菌、蔬菜等领域培育了雪兰、神农、晨农、嘉华食品、潘祥记食品、雨润、金丰汇等一批具有地方特色和一定实力的龙头企业，可口可乐、百事可乐、雀巢、嘉士伯、娃哈哈、百威、双汇等一批国际知名品牌和企业相继落户专业园区，满足了不同层次的消费需求，并带动上下游产业链延伸发展。

重点项目加速推进。云南恩惠塑业有限公司食品药品包转生产线项目拟投资1.50亿元在安宁工业园区建设一个标准化塑料产品生产基地，项目已通过环评和规委会审查，已完成立项并取得选址红线图，正在准备开工建设。嵩明海傲家具制造有限公司全屋定制家具生产项目总投资1.20亿元，大厂房已完成建设并投产，小厂房、办公楼、食堂已建成并投入使用，目前正在办理环评手续以及施工许可证。云南信基产业城项目由广州信基集团和云南省厨房设备行业协会共同投资开发建设，计划投资24亿元，项目环境影响评估、水土保持、节能评估已通过专家评审，正在进行地块清表、场地平整。益海嘉里（昆明）食品工业有限公司“粮油食品生产加工”二期项目的面粉扩建项目已投产运营，油脂项目及铁路专用线项目正在开展前期工作。

扶优扶强取得新成效。组织开展2019年云南省绿色食品10强企业和20佳创新企业推荐工作，嘉华食品、雪兰牛奶、可口可乐、双汇食品、统一食品5户企业入选全省绿色食品10强企业，庆沣祥茶业、听牧肉牛、伊利乳业3户企业入选全省20佳创新企业。云南太古可口可乐饮料有限公司被评为第四批国家级绿色工厂。

（市工业和信息化局）

材料工业

【概况】 2019年，全市规模以上材料工业实现工业总产值1271.60亿元，占全市规模以上工业总产值的31.48%，增长3%。其中规模以上建材企业实现工业总产值151.88亿元，占全市规模以上工业总产值的3.76%，增长12.60%，增加值增长7.10%；规模以上冶金企业实现工业总产值728.04亿元，占全市规模以上工业总产值的18.02%，增长1.10%，增加值增长-0.10%；规模以上新材料企业实现工业总产值391.68亿元，占全市规模以上工业总产值的9.69%，增长3.20%，增加值增长7.60%。

【优化产业结构】 对全市材料工业，特别是过剩产能行业、新材料产业进行专题调研分析，谋划推动新材料、冶金产业转型提升级。理顺规范材料工业行业管理秩序，组织宣传贯彻国家水泥、铜、铅锌等行业准入条件，对钢铁、铜、铝等行业生产企业资源能源消耗及执行行业准入情况进行督促检查。加强产业政策引导，规范行业准入，认真贯彻执行国家淘汰落后产能、行业规范准入等要求，严把产业政策认定关，加快落后产能淘汰步伐，不断压缩落后产能发展空间。认真做好水泥、钢铁、电解铝等产能置换和项目建设。

【冶金产业】 以技术创新为主线，严格控制新增产能，鼓励推广先进适用技术，促进优质资源向优势企业集中。整合开采、冶炼延压、深度加工等产业链环节，推进黑色和有色金属冶炼产业实现由资源型初级产品向半成品、终端产品的延伸。以武钢集团、云铜集团、云铝股份、黄金集团、大互通钛业等一批国内外知名企业为重点，引导企业生产的初级钢、铜、铝、金、钛等基础产品向下游延伸发展，逐步形成上下游产品延伸配套的产业体系。积极推进化解过剩产能和企业重组，推动冶金产业集群发展，打造有特色的冶金产业创新发展高地。以安宁工业园区为依托，整合区域性钢铁企业，加大钢铁企业技术创新力度，开发省内短缺的关键钢材品种。以呈贡工业园区、晋宁工业园区、宜良工业园区、东川再就业特色产业园为依托，重点发展铜铝冶炼压延加工、金银等贵金属加工、高端铜加工产品，促进冶金产业高端化发展，已完成钢铁行业兼并重组集群发展工作，钢铁行业已整合成武钢和永钢2大集团。开展电解铝行业整合工作，支持云铝股份集聚做大。年内，已基本形成了以安宁为主的钢铁行业集聚区、以阳宗海为主的铝行业集聚区和以富民为主的钛产业集聚区。

【新材料产业】 依托现有资源以及产业集聚规模，加快落实新材料产业布局规划，以昆钢、云铜、云铝、贵研铂业、云南锡业、云锗高新等一批国内外知名龙头企业为核心，引导企业逐步向铜、铝、锗、钛、锡、钢铁等产品的深加工和延长产业链转变，形成上下游产品配套的产业体系。鼓励企业创新经营机制，加强对外合作，引进和自主创新并举，努力打造一批有较强行业影响力和带动力的优势龙头企业。不断加快以光电子材料、稀贵金属功能材料、钛材料等为重点的产业集群建设。

【重点项目建设】 2019年，云南浩鑫铝箔有限公司铝材加工、立邦涂料（昆明）有限公司水性涂料生产等项目竣工投产。贵研铂业股份有限公司贵金属新材料产业园、高新区国家级稀贵金属产业示范基地、浩鑫铝箔动力电池箔项目建设加快推进。大力开展招商，五矿稀土集团稀土分离项目合作框架协议已经签订。积极帮助云南永钢钢铁集团恢复生产，其下属巨利达钢铁公司已正常生产，永昌钢铁公司正开展复产前的准备工作。认真做好昆钢本部搬迁转型、云铜股份冶炼加工总厂搬迁等项目的前期相关工作。年内，全市材料工业行业“四个一批”重点在库项目共48个。

【节能减排和资源综合利用】 在资源的规划开发、分级使用和综合利用上下功夫，不断推进昆明材料工业安全绿色发展。年内，组织开展水泥、钢铁、电解铝等行业的资源能源消耗公告，对水泥生产企业资源能源消耗及执行行业准入情况进行督促检查。全面推进水泥生产装置配套低温余热发电，支持利用水泥窑协同处理城市生活垃圾、城市污泥和工业废弃物，推进建材工业与钢铁、有色行业紧密结合，建立循环经济产业体系。鼓励利用钢渣等工业废弃物发展水泥或新型建材。持续抓好严防地条钢“死灰复燃”工作。

【行业管理】 配合国家工信部和省工业和信息化厅开展水泥等行业企业的规范经营公告申报和日常监督管理。认真实施国家产业结构调整指导目录、行业准入条件、专项规划等产业政策，开展水泥、钢铁、铁合金、铜铅锌、稀散金属等行业产业政策认定，禁止不符合国家、省产业政策的企业和项目进入。加强材料行业运行监测，建立材料工业运行分析制度，加强对全市重点材料企业适时监测，全面掌握材料工业发展动态，做好材料工业促增长工作。进一步加强材料工业安全和环保工作，严格按照国家环保督查组要求指导企业进行整改，力保材料行业生产安全。

（市工业和信息化局）

石油及化工产业

【概况】 2019年，全市规模以上石油及化工产业实现工业总产值873.88亿元，其中石油加工业完成工业总产值636.75亿元、其他传统化工完成工业总产值237.13亿元，增长1.30%，占

中石油云南石化项目 （市工信局 供稿）

全市规模以上工业总产值的21.60%；规模以上工业增加值增长8.20%，占全市规模以上工业增加值的20.80%。

【产业发展与布局】 经过多年的发展和建设，全市形成了一套较为完整的化工工业体系。2019年末，全市建成了海口工业园区磷肥大型特色化工基地，安宁工园区石化产业群业和国家高浓度磷复肥产业集群，晋宁工业园区国家级云南磷复肥磷矿采选基地，富民工业园区钛化工产业集群。随着城镇人口密集区危险化学品生产企业搬迁改造工作的深入推进，产业聚集发展进一步加快。以龙头企业为核心，园区为载体，定位明晰，分工互补，与资源环境相适应的空间布局体系基本形成。

【行业管理】 2019年，全市依据国家有关规定和行业准入（规范）条件，全面淘汰落后工艺技术装备和产能。严格控制尿素、磷铵、电石、焦炭、黄磷、烧碱、纯碱、聚氯乙烯等行业新增产能，限制新建以磷矿资源采选为依托的单一湿法商品磷酸、高浓度磷复肥（含磷酸一铵、磷酸二铵、重钙）、硫铁矿制硫酸以及饲料级磷酸氢钙产品项目，禁止建设高毒高残留以及对环境影响大的农药原药生产装置，确保全市电石、焦炭、黄磷、磷复肥等行业产能零增长。

【技术创新】 2019年，全市高端钛白粉处于国内领先水平，磷化工产业规模全国领先。加强初级化学品深加工与新产品开发与研制，开展装备高效与安全可靠性的研制与更新及节能降耗、资源综合利用等方面工作。以科技创新为驱动，以延伸产业链向精细化发展为目标，重点发展深加工、精细加工产品，有效压减传统产品产能。加快新催化技术、新分离技术、精细加工技术、生物技术、氯化法钛白粉、海绵钛、湿法磷酸分级净化利用、新型节能和环保技术推广及化肥、农药、基础有机原料、氯碱、精细化工、化工新材料等新技术的应用推广，推动传统化工产业转型。

【危险化学品企业搬迁】 强化安全生产责任制，探索建设高风险危险化学品全程追溯体系，实施危险化学品生产企业搬迁改造。强化安全卫生防护距离、规划及规划环评约束，不符合要求的化工园区要强制整改或退出，危险化学品生产企业搬迁改造及新建化工项目必须进入规范化工园区。完善化工园区监控、消防、应急等系统平台，推动信息共享，夯实安全生产基础。

（市工业和信息化局）

生物医药产业

【概况】 2019年，全市有生物医药产业规模以上企业67户，工业总产值完成289亿元，下降2.10%，工业增加值增速1.2%。其中中药（民族药）企业32户，产值完成130.53亿元，增长3.40%，产业占比45%；化学药企业14户，产值完成45.88亿元，增长3.30%，产业占比16%；生物技术药企业2户，产值完成23.92亿元，下降9%，产业占比8%；其他健康产品企业19户，产值完成88.67亿元，下降7.70%，产业占比31%。

【产业发展】 2019年，全市医药制造企业88户，规模以上企业51户，新三板、中小板、主板与创业板上市企业10户，销售收入过亿元的企业22户，其中云南白药、昆药集团、生物所、植物药业、贝泰妮、积大制药6户企业主营业务收入超过10亿元。云南白药、昆药集团、植物药业、圣火药业、龙津药业等中药（民族药）龙头企业平稳健康发展。昆药集团、积大制药、贵研药业等化学药重点企业持续加大研发投入，创新能力进一步提升。植物活性成分提取、医美健康产业蓬勃发展，龙头企业包括贝泰妮、云白药健康产品等，已成为生物医药制造业新的增长极。年内，全市生物医药产业亿元以上在建、新建项目10项，计划总投资84.08亿元，实际完成投资24.58亿元。其中滇虹药业制药产业化基地和新型缓控口服制剂研发平台建设二期工程、云南九龙城医药健康产业园、云南通盈药业生物医药基地、云南白药健康产业一期等7个续建项目完成投资21.57亿元；国药中生云南生物医药产业园、国药控股云南公司医药健康产业园、云南道地药业（集团）空港生物医药产业基地3个新开工项目完成投资3亿元。

【行业管理】 争取云南省2019年中药饮片产业发展专项资金2批累计2.27亿元扶持，安排昆明市2019年生物医药产业发展奖补资金1162万元，重点支持新药研发、创新平台建设等项目，推动创新能力和水平提升。加强协调服务，推进项目建设。建立生物医药动态项目库，完善协调服务机制，加强与相关部门协作联动，提高项目推进服务的效率和质量。年内，云南白药健康产业园智慧工厂等项目竣工投产，逐步形成新的增长点；通盈双环铂新药研发生产基地等重大产业项目开工建设。强化运行监测，做好预警研判。健全生物医药产业推进小组成员单位沟通机制，加强医药工业的运行监测，及时做好预警和前瞻性研究，提出针对性措施。加强问题研究，积极应对改革。面对"两票制"、药品集中招标采购、一致性评价、中药注射剂上市后再评价等医药改革压力，通过宣传培训、政策扶持、部门协调等方面给予支持。

【产业招商】 2019年，编制《昆明市中药产业链推进方案》《昆明市生物医药产业链推进方案》，围绕产业链条薄弱、短缺环节开展全市精准招商、定向招商、科学招商。拜访北京通盈集团、苏州旺山旺水等企业，开展CBD合成、应用研究项目招商引资。参加云南省生物医药产业招商推介会，推介全市产业发展和营商环境。持续推进中国中药云南滇中新区产业园、国药中生云南生物制品产业化基地、通盈双环铂新药研发生产基地、康美健康城、云南九龙城医药健康产业园等已落地项目建设，爱仁医药第三方医学检测中心入驻高新区，阿尔茨海默症分子诊断试剂盒项目入驻滇中新区，华润三九配方颗粒生产线建设项目落地石林并开展土地平整工作。

【自主创新】 充分发挥昆明市集聚全省90%以上的科研院所、高等院校，集中全省60%左右的医药制造业的优势，推动产业创新能力提升。年末，全市拥有生物医药产业多层次创新支撑平台317个，包括46个企业技术中心、12个工程研究中心、5个工程实验室、37个工程技术研究中心、44个重点实验室、100个科技创新团队、51个院士工作站。其中中国医学科学院医学生物学研究所建立了9个国家级、省级科技平台，白药集团等多户企业建成了云南省工业产品质量控制和技术评价实验室。全市累计获批国产药品926件，包括化学药464件、预防用生物制品29件、中药430件；累计获批国产医疗器械767件，其中一类医疗器械233件、二类医疗器械508件、三类医疗器械26件；拥有云南白药、康王等10个中国驰名商标。

（市工业和信息化局）

汽车工业

【概况】 2019年末，全市有重点汽车生产企业5户，其中整车企业1户、改装车企业4户，产品主要包括乘务车、货车、客车、新能源汽车、改装汽车等；汽车配套企业10户，产品涉及发动机、装饰板、排气管、制动鼓、制动盘、轮毂、汽车尾气净化催化剂等，部分产品销往南亚、东南亚及美洲；全市汽车行业从业人员近7300人。

【生产经营】 2019年，全市共生产汽车4410辆，其中生产新能源汽车1161辆，增速为-38.11%；销售汽车4555辆，其中新能源汽车1121辆，增长率为-25.16%；汽车发动机产销为41.22万台和42.21万台。2019年度，全市汽车工业总产值117.39亿元，增长7.59%；汽车工业实现增加值15.72亿元，主营业务收入111.32亿元，与2018年相比增长21.13%，统计利润总额为1.38亿元。

表12 2019年昆明市汽车整车及关键零部件产销量一览表

主要产品种类	单位	产　量	增　长(%)	销　量	增　长(%)
汽车	辆	4410	-38.11	4555	-25.16
其中：新能源汽车	辆	1161	-30.52	1121	-33.11
改装车	辆	563	-9.05	563	-21.70
汽车发动机	台	412241	14.09	422131	12.70

【科技创新】 创新提升新能源汽车产业化技术水平，提升充换电技术和设施建设水平，促进新能源汽车服务体系建设，扩大推广使用新能源汽车。围绕推广应用和产业化，运用信息技术加强新能源汽车推广应用服务体系建设，发展充换电设备和系统集成，维护保障体系和安全监控体系；重点开发高性能纯电动汽车、插电式增程

式混合动力汽车的整车集成和各分系统，突破整车结构、高性能驱动电机及电机效率，优化驱动控制器、动力电池与电池管理系统、纯电动汽车和混合动力汽车动力总成等技术，形成整车、关键部件和系统的产业化生产能力。

【重点项目建设】　北汽（昆明）新能源汽车项目。该项目于2019年7月份完成总体工程验收；北汽瑞丽项目整合工作取得阶段性成果，于2019年11月4日成立了北汽云南瑞丽汽车有限公司昆明分公司，11月19日通过省发改委正式受理新增生产地址及分配产能备案，12月9日通过国家工信部项目准入审查，2020年2月13日北汽云南瑞丽汽车有限公司EU300、EU5、EX360的3个产品通过国家工信部产品准入公告，2020年该项目将为昆明市汽车产业带来大幅增长。

东风云汽整体搬迁升级改造项目。该项目于2016年12月底签约并启动建设，目前项目整车4大工艺建成，新工厂于2019年6月通过工信部准入并投入生产，一期一阶段可形成产能1.20万辆。至年末，已试生产渣土车、新能源物流车辆750余台。2019年，东风云汽新老2个厂区全年共生产汽车8300辆，销售8012辆，实现产值8.33亿元（以上数据含纳入东风总部统计部分，其中昆明入统3012辆，产值3亿元），目前正准备实施一期二阶段和研发试制中心工程建设。

江铃新能源昆明基地项目。该项目于2018年4月签约并启动建设，一期规划建设5万辆新能源乘用车整车生产线。2019年5月23日总装车间建成投产并举行了首车下线仪式。年内，共组装生产新能源乘用车1178辆，实现产值1.01亿元，项目效益初现；已启动冲压、涂装、焊装车间的基建工程建设。

云南五龙汽车有限公司搬迁项目。云南五龙主要生产新能源客车，2018年12月香港周大福集团全资收购云南五龙后，2019年产销两旺，全年共生产销售新能源客车797辆，实现产值4.27亿元，是昆明市2019年汽车整车行业增长最快的企业。该公司因环保原因及扩产需求计划实施搬迁升级，已就搬迁选址相关事宜同经开区进行了初步洽谈。

云南航天神州汽车有限公司新能源商用车（搬迁）项目。该项目由云南能投居正新航投资有限公司负责基础设施建设，云南航天神州负责投入生产线及流动资金。项目总投资为27.24亿元，总用地面积875.24亩，其中一期629.68亩。年末，项目一期用地范围内场平、临时迁改工作已基本完成，正在进行桩基施工，完成投资2.35亿元。

云南绿色能源产业园。2018年10月19日正式签署投资合作协议，由云南能投新能源产业园区投资开发有限公司负责投资建设。2019年末，园区二次场平及强夯施工全部完成；电池组装车间、交检车间基础施工完成，正在开展钢结构制作安装；其他车间正在开展桩基础施工；累计完成投资5.60亿元。因受多方面局限性影响，项目总体推进速度较规划速度略显迟缓。

中汽中心高原试验室项目。该项目于2017年6月签约并启动建设，已累计投资3.20亿元。其中一期工程于2019年7月落成，完成国家认监委组织的CNAS、CMA、“国家高原机动车质量监督检验中心”三合一检测认证资质验收；2019年10月取得CNAS、CMA、CAL证书，具备整车性能等试验检测能力，覆盖整车及零部件企业的研发与检测认证服务需求。二期轻型车及发动机试验能力提升项目已完成招标及合同签订，计划2020年5月完成国家认监委组织的现场验收，于2020年6月投入运营。

G20汽油机缸体、缸盖及装配线建设项目。该项目为昆明云内动力股份有限公司拟投资的汽车发动机生产项目，项目总投资预算5亿元，预计2021年6月底建设完成。项目主要内容：新建云内动力三联合厂房，新建缸体、缸盖线和装配线各1条以及配套物流、包装存储等，凭借国内外先进的技术经验，打造一条高可靠、高效率、高精度的汽油机缸体、缸盖机加工生产线和装配生产线集合。

【汽车市场】　近年来，昆明市加速发展新能源汽车产业，各项目计划总投资（含知识产权）约300亿元，现已累计完成投资57.30亿元，已建成产能8.50万辆。其余整车项目投产后中期产能规划目标（至2030年）产能可达到100万辆。截至2019年末，全市机动车保有量为280万辆，新能源汽车总保有量2.55万辆，新能源汽车保有量渗透率为0.90%，低于国家0.50个百分点，高于全省0.60个百分点。累计建成充电站214座，充电桩1.49万个。其中公用桩4622个（直流充电桩2124个、交流桩2498个），总功率14.92万千瓦；自用桩1.02万个（大多私家车都配建交流桩，新建住宅小区建成有桩无车数的交流桩3146个、直流桩96个，不含新建住宅预留安装条件数量）。建成换电站8座，可满足近1000辆换电型电动汽车换电需求。

【承载园区】　2019年，随着北汽新能源项目取得生产资质，东风云汽、航天神州搬迁升级项目的快速推进及宝能汽车项目的落地，在市场调控及合理规划双重作用下，全市汽车产业将逐步向杨林经开区、昆明经开区及安宁工业园聚集发展。年末，全市初步形成以滇中新区杨林经开区为核心，昆明经开区、晋宁工业园、海口工业园、安宁工业园相辅相成的汽车产业布局。建成了以生产乘用车、SUV、MPV、皮卡、载重运输车、新能源汽车等为主，集汽车研发、制造、营销、服务和汽车文化为一体的汽车产业园区。其中杨林经开区强化顶层设计，推进多规合一，不断完善零部件产业链环节，年内引进了包括云内动力、大品机械、昆明民塑等汽车零部件生产企业，有序推进汽车上下游企业及其配套设施产业链协同发展。

【政策支持】 加强对全市新能源汽车产业的政策支持。2019年8月15日，市发改委员、市财政局联合下发了《关于开展2018年以来充电基础设施市级补贴资金申报工作的通知》；同年11月10日，市财政局、市发改委员又联合下发《关于下达2017—2018年新能源汽车充电基础设施省级奖补资金的通知》。上述通知的实施，对推进全市汽车电池及充电基础设施建设起到了积极的作用。

【重点企业】 东风云南汽车有限公司。该公司（简称“东风云汽”）是东风汽车集团有限公司（简称“东风汽车”）下属具有国家发改委和工信部批准的具有独立汽车整车生产资质的企业（涵盖传统燃料汽车和新能源汽车双资质），是东风汽车位于国内西南和东南亚地区的生产基地，其前身创建于1937年，占地面积710亩，具备6.20万辆本地产能，主要产品涉及商用车、越野车、皮卡和新能源汽车产品的研发、生产、销售和服务。2019年，东风云汽完成工业总产值3亿元，完成工业销售产值2.87亿元；国内市场销往西南，国外市场向南亚和东南亚销售，实现出口交货值0.85亿元。

云南五龙汽车制造有限公司。该公司（以下简称“云南五龙”）是五龙电动车集团控股子公司，于2014年3月12日成立。企业地处昆明市高新开发区，占地总面积20万平方米，已具备0.50万辆本地产能。公司经营产品范围包括客车、新能源汽车及总成、系统、零部件的制造等。云南五龙坚持“体制创新、管理创新、科技创新、产品创新”的发展思路，按照省、市新能源汽车发展总规划，将聚力于建设成省内以及西南地区规模大、技术先进的新能源电动汽车产业化生产基地。2019年，云南五龙完成工业总产值4.27亿元；完成工业销售产值3.25亿元，实现工业增加值0.50亿元；改装车产销量为797台，全市排名第二。

昆明云内动力股份有限公司。该公司（以下简称“云内动力”）隶属昆明市国资委，是国内多缸小缸径柴油机行业的首家国有控股上市公司、国家重点扶持的520户企业之一，主要产品为柴油发动机总成、汽车发动机、通讯、计算机软硬件。2019年，云内动力完成工业总产值75.99亿元，其中新产品产值63.3亿元，实现销售产值73.49亿元，发动机累计总产量41.22万台，企业累计总销量42.21万台，与2018年相比增长12.7%，实现利润额达2.73亿元以上，本年度出口交货值5916万元，出口市场面向缅甸、越南等东南亚国家。

表13　2019年昆明市汽车工业产品产量一览表

企业名称	主要产品	本地产能	产　量
东风云南汽车有限公司	整车（辆）	62000	3012
昆明市客车制造有限公司	整车、商用车、客车（辆）	2000	213
云南航天神州汽车有限公司	电动车、大巴车（辆）	5000	28
云南五龙汽车有限公司	汽车、摩托车（辆）	5000	797
云南建筑汽车改装厂有限公司	自卸车（辆）	2000	350
昆明云内动力股份有限公司	发动机（台）	750000	412241

（市工业和信息化局）

电子信息产业

【概况】 2019年，全市电子信息制造业实现工业总产值91.89亿元，同比增长11.1%，增加值增长12.60%，占规模以上工业增加值比重为1%。互联网、软件和相关服务业营业收入同比增长10.50%。重点企业在专业领域取得一定突破。北方夜视集团技术水平居世界前列，成为国内规模最大的以红外、微光等关键核心器件为主的科研生产联合体；南天信息成为国内金融行业整体解决方案行业龙头提供商、全球第二大的存折打印机厂商；昆船物流成为国内自动化物流行业领先企业；腾云打造“一部手机游云南”平台，开发的“游云南”App获得全国企业类App第四名并荣获全国“试点推广项目”称号，并于2019年7月20日在云南开具了全国第一张区块链电子冠名发票；京东方产能100万片新型显示基地Micro-OLED产品成功下线，产品关联技术在全球具有领先地位；优必选成功举办了世界URC青少年人工智能与机器人挑战赛。

【5G产业】 2019年，全市多措并举推进5G产业发展，加快5G商用的步伐。年内，印发《昆明市5G产业发展规划》等专项规划，明确全市5G

建设重点领域及方向、通信基础设施的布局、规模、实施计划和保障机制及措施；与中国移动、中国电信签订合作协议，建成5G基站1000余个，实现一环内、翠湖、海埂大坝、会展中心、行政中心等区域的连续覆盖；打造5G示范应用，基于5G打造360度VR 4K景点直播、水质监测、AR人脸识别、无人机高清视频等示范应用，引导基础电信企业与昆华医院、埃舍尔、微想智森、优必选等多户本地企业深度合作，聚焦旅游、安防、医疗、制造、物流等领域和行业，开展应用探索及孵化。

【产业支持与服务】 2019年，继续贯彻落实促进全市经济平稳健康发展政策措施，对2018年首次升入规纳以上企业并纳入统计的18户互联网、软件和相关服务业企业补助180万元；对2018年成长较好的27户企业按照增速分档次补助，共补助700万元，进一步增强企业发展的信心；对30个开展关键核心技术应用、特色服务产品开发，提供先进信息技术产品和行业应用解决方案的示范投资项目给予投资补助，鼓励企业采购本地大数据、云计算、物联网等信息技术服务和产品的示范项目补助资金888万元，形成一批具有自主知识产权的产品，带动企业投资17.07亿元。依托华为软件开发云创新中心为全市信息产业企业、软件开发者提供云服务，累计服务全市软件研发企业118户、高校7所，培训企业人员1143人次，举办品牌活动25次。

【招商引资】 组建昆明市电子信息招商分局，全面统筹全市信息产业招商工作。采取“走出去、请进来”的方式，由市政府主要领导带队通过多种形式开展招商引资，分别在深圳、福州、厦门等地针对5G、数字经济、智能制造开展专题招商引资工作，对接企业不少于100余户，签订落地协议40余份，华为、浪潮、京东方、腾讯、紫光、闻泰科技、中星微、优必选、中关村电子城等行业知名企业已落地昆明。以云硅智能小镇、云南省数字经济开发区为龙头，引进智能终端、新一代信息技术产业上下游企业。依托华为组织并参与产业链上下游招商推介会10次，共推荐115户合作伙伴企业与昆明市对接，其中24户已与呈贡信息产业园区签订战略合作协议。

【创新业态】 依托信息技术手段有效提升数据资源价值，推动数据资源整合共享开放，打造创新创业聚集环境孵化新经济发展。加快打造“云上小镇”，引入云大启迪K栈众创空间、微软、中关村e谷、天津凯立达4户国际、国内专业孵化器运营商，为云上小镇入孵企业提供专业化创业指导、基金支持，帮助企业进行市场拓展，有效降低创业风险。2019年，云上小镇累计服务包括“汇桔网”、华为、谷歌、启明星辰、优必选、讯猫、瑞立视、微软、中联重科、榔榔科技、三耳科技、联合视觉、治邦科技等846户企业，在孵企业620户，注册资金总额148.10亿元。五华区“金鼎1919创意园”“M60创意园”“108智库空间”吸引了九机网、猪八戒网、360搜索、新浪乐居等企业入驻。炬龙科技的“合采网”平台上线6个月来，入驻企业超过1000户，交易额达到2.10亿元，为入驻企业节省采购成本超过1300万元。云南凯立达跨境大数据、天地汇云南物流大数据中心、东讯科技“大湄公河次区域（GMS）企业电子商务平台”和“中国东南亚南亚国际电子商务平台”等一批行业大数据平台投入运行。

（市工业和信息化局）

煤炭工业

【概况】 2019年，全市共有煤矿16处。其中2019年11月关闭应淘汰未淘汰煤矿3处，淘汰产能11万吨；其余13处煤矿中，3处处于正常生产状态，其余10处均处于停产停建状态。到2020年，因无法完成转型升级可能再关闭退出的煤矿2处，全市煤矿数量控制在10处左右。现有13处煤矿中，按所有制关系划分有2处国有煤矿和11处乡镇煤矿；按开采方式划分，有8处露天煤矿和5处井工煤矿；按产能或建设规模划分，65万吨/年煤矿1处，60万吨/年煤矿1处，30万吨/年煤矿3处，15万吨/年煤矿8处。13处煤矿主要分布在石林、寻甸、宜良、嵩明、阳宗海，其中石林3处、寻甸4处、宜良2处、嵩明1处、阳宗海3处。

【安全生产】 2019年，全市始终坚持贯彻落实国家和省深化煤炭行业供给侧结构性改革去产能的决策部署，统筹推进煤炭去产能和煤矿安全生产工作。制定下发《关于进一步落实煤矿企业安全生产责任制的指导意见》等文件，落实市、县煤炭行业管理部门、煤矿企业安全生产责任。采取购买服务方式，聘请昆明煤炭科研所专业技术人员对全市16处煤矿进行一轮安全执法全覆盖检查和业务指导。组织实施行政执法检查29矿次，下达行政执法文书26份、现场处理决定书20份、复查意见书1份。督促指导各类煤矿企业落实安全生产主体责任，治理瓦斯、水害、边坡等灾害，强化安全风险等级管控和事故隐患排查治理。对被检查煤矿企业下达现场执法文书，明确规定整改时限和工作要求，督促煤矿整改和组织隐患整改跟踪。年内，全市实现煤矿安全生产零死亡。

（市工业和信息化局）

电力工业

【概况】 昆明供电局成立于1964年，为南方电网公司所属的国有特大型企业，负责为昆明市7区6县1市供应电力，供电面积2.15万平方千米。2019年，全局下设13个职能部门、13个直属机构和14户县级供电企业、64个供电所，有员工5241人（其中县级供电局2503人）；用电客户311.94万户（其中县级供电局108.02万户），首次突破300万户。年末，全局共有员工5248人（其中县级供电企业2704人）；管辖35千伏及以上变电站212座，其中500千伏变电站6座、220千伏变电站24座、110千伏变电站93座、35千伏变电站89座，35千伏及以上线路8627千米，公用配电变压器1.59万台。

2019年，昆明电网最高负荷为553.90万千瓦，售电量连续2年突破300亿千瓦·时，达到325.83亿千瓦·时，创历史新高。综合供电可靠率99.84%。全口径客户平均停电时间每户13.66小时，其中“1”小时区域（主城区二环以内，包括西至西山区政府片区、南至日新路，以及呈贡市政府片区和呈贡大学城片区）客户平均停电时间每户1.39小时。综合线损率4.51%，同比下降0.87个百分点。完成固定资产投资17.93亿元。

表14　2019年昆明供电局主要经济技术指标完成情况一览表

项　目	单　位	上年完成	本年完成	同比增减（%）
供电量	亿千瓦·时	334.30	335.31	0.30
售电量	亿千瓦·时	322.08	325.83	1.16
最高日供电量	亿千瓦·时	1.11	1.07	-2.90
最高日负荷	万千瓦	560.60	553.90	-1.20
综合线损率	%	4.55	4.51%	-0.88
综合电压合格率	%	99.46	99.526	0.066
综合供电可靠率	%	99.877	99.84	-0.0374
负荷率	%	86.18	87.49	1.31
电费回收率	%	99.99	99.99	持平
高技能人才占比	%	53	72	19
全员劳动生产率	万元/人·年	175.44	180.55	2.91

昆明供电局工作人员开展检修工作　（周亚旭　摄）

【安全生产】 2019年，聚焦昆明电网八大电网风险，全力攻坚，消除220千伏宝樟双回供电断面等多项重大电网风险。首次编制配网年度运行方式，进一步强化配网运行风险管控。推进设备差异化运维和规范化检修，彻底消除Ⅰ、Ⅱ级管控设备风险54项。深入推进“反违章、查隐患、控风险”“承包商安全履约十条”机制有效运转，违章总量同比下降65.94%。强化网络安全风险闭环管控，圆满完成“护网-2019”网络攻防演习迎战任务。在全省首家成立电力行政执法技术支持办公室，联合政府妥善处置了122处重大隐患，有效控制有责任的涉电公共安全事件，形成良好的社会示范效应。强化停电作业审查管控和带电作业中心作用发挥，完成“南屏街”“五华山片区”不停电作业示范区建设，开展带电作业6475次。持续优化“三调合一”（配网调度、服务调度、配抢中心合署办公）运行效能，深化抢修App应用，抢修复电时间同比减少16.52%。强化应急装备及队伍管理，完成应急指挥中心改造升级，与政府部门构建市、县（市、区）分级应急联动机制，开展应急演练156次，应对山火、强降雨等突发灾害94次。完成新中国成立70周年、全国“两会”等三级及以上保供电463次。

云南电网公司首台电缆隧道巡检机器人系统在昆明供电局投入使用（周亚旭 摄）

【供电服务】 积极培育用电增长点，配合政府做好稳存量、促增量工作，抓实客户经理“一对一”全程服务跟踪机制，确保五华垃圾焚烧发电厂异地重建、昆明轨道北站增容、汇江水泥等重大省、市重点项目落地，累计增供扩销3.30亿千瓦·时。切实做好人民群众用电保障，协同政府推动解决“临电交房”小区问题，全市“临电交房”小区数量从85个下降到6个。开展漠视侵害群众利益问题整治工作，获得国家能源局检查组高度肯定。不断创新营销服务模式，供电服务窗口延伸至政务服务中心，政府“一部手机办事通”用电办理业务成功上线，客户问题处理及时率98.74%。主动接受社会化监督，14个县（市、区）供电局开通“局长热线”和“我服务、您监督”二维码服务。依托“互联网+”拓宽用电服务渠道，全面推广网上、掌上营业厅，微信、支付宝等便捷服务，统一服务平台应用比例同比提升20%。第三方客户满意度连续3年排名居南网5省（区）前列，打造了全省综合最优的电力营商环境。

【电网建设】 依托滇中城市群协同发展区域优势，进一步预控电网建设空间资源。在东川、寻甸、禄劝示范开展“精准规划、精确投资、精益建设”专题研究，规划总投资3.32亿元，解决影响可靠性指标的76条关键线路问题，弥补偏远地区网架薄弱短板。深入开展配网“统一规划”工作，完成1.25万项问题梳理、录入，差异化实施项目储备及投资建设，提升中低压配电网水平。聚焦“项目计划投产率”关键指标，着力推进电网建设“攻坚年”专项行动，全面完成2019年电网建设任务，配网基建项目计划投产率达96.54%。积极推动成立昆明市政府主要领导牵头的电力基础设施建设指挥部，促成市政府印发《昆明中心城区地下管线联席机制工作方案》，促进重点项目落地实施。500千伏庄乔变220千伏接入系统、110千伏小圆山输变电工程、9个供电所等项目建成投产，500千伏白邑输变电工程、220千伏永和（云纺）输变电工程南二环电力专用管廊取得阶段性突破，220千伏雨树（龙泉）输变电工程、配电自动化终端建设等项目有序推进。

【科技进步】 大力实施创新驱动，科技研发投资增长25%；科技项目（职创）申报285项，同比增加64%；获得科技奖励129项，创历史新高。110千伏七彩智能变电站试点工程开工建设。无人机巡线达1.70万千米，增长1.78倍；变电站机器人辅助巡维业务工作量达52%。加快配网自动化建设，全面推广智能开关应用，遥控成功率提升至67.53%。深化智能电表数据采集应用，290万户居民实现远程停复电，大幅缩短客户复电时间。在五华区建成全省首个数字化智慧营业厅，获中国电机工程学会“智慧用电科普馆”命名。强化大众创新激励，主导制定的首个国家标准《电力变压器冷却系统PLC控制装置技术要求》获批发布，行业标准建设取得重大突破。深入推进“两化”融合试点工作，顺利通过“两化”融合复核审查。完成智能矢量测量分析仪等5项科技成果转化。李辉团队“电气量同步测量及智能分析仪”项目获国资委“中央企业熠星创新创意大赛”优秀奖，是全局首次获此殊荣。

【经营管理】 做强做优建安类核心业务，推动建安施工、勘测设计企业优化整合，进一步集中资源优势、提升资质，积极拓展省内主配网及客户侧电建市场，实现建安市场份额占比稳步增长。紧跟智能电网建设和数字化转型，推进高端装备制造转型升级，培育一批具有核心关键技术的产品，打造具有市场影响力和竞争力的高端装备制造自主品牌。发挥昆电投公司资源整合优势，打造专业团队，开展智能化、数字化等重点领域、重大项目攻坚。开展客户资产运维、市场化培训等业务，拓展客户电力服务市场空间。加强改革后企业专业化监督管理，推进昆明供电局与昆电投公司法人治理有机联动，清晰界定管控承接关系。强化改革后企业承接主业项目管控，通过建立权责清晰、奖惩明确的履约评价机制，构建主业与改革后企业的项目管控纽带。

（昆明供电局）

中小企业

【概况】 2019年，全市民营经济完成增加值2575.4亿元，同比增长6.70%，高于全市GDP增速0.20个百分点，对GDP的贡献率为40.50%，拉动GDP增长2.60个百分点。全市个私企业户数达76.70万户，同比增长10%。其中个体工商户48.80万户，增长10%；私营企业户数27.90万户，增长10%。个私企业从业人员258.80万人，增长13%，净增24万人。全市民营企业上缴税金588.55亿元，下降7.80%，民营企业上缴税金总额占全市税收总额的比重达59.70%。在全省百强非公企业中，全市有50户企业入围，较2018年增加9户，其中俊发地产有限责任公司以营业收入550亿元高居百强之首。

【培育成长型中小企业】 2019年，全市61户企业获评云南省成长型中小企业，占全省新增户数的36.30%；44户企业被列入云南省百户民营企业小巨人企业；嘉和科技、理工恒达科技、赛诺制药等6户民营企业获评工信部第一批“专精特新”小巨人；36户企业成功申报云南省民营企业首台套补助、专利补助、营业收入上台阶等项目补助，共获得资金补助2630万元。加大对新兴产业中小企业培育力度，安排市级资金600万元，筛选20户市场潜力大、成长性好的中型新兴产业企业进行重点扶持，给予企业一次性资金补助，发挥财政资金引导作用，带动民营企业转型升级发展。

【企业服务体系建设】 2019年末，全市共有42个小微企业创业创新示范基地，其中国家级10个、省级26个、市级37个；有99个中小企业公共服务示范平台，其中国家级15个、省级73个、市级44个。年内，制定加快推进全市中小企业服务体系建设的指导意见，明确云南成名广告文化创业园、宜良互联网+创业园等8个小微企业载体为“昆明市小型微型企业创业创新示范基地”，昆明市中小企业公共服务窗口平台、众爱生物大健康产业技术公共服务平台等25个服务平台为“昆明市中小企业公共服务示范平台”。

【“财园助企贷”】 2019年，全市继续深入推进“财园助企贷”，引导金融机构融资配套服务实体经济发展，帮助48户企业获得1.69亿元银行贷款支持。做好微型企业培育工程贷款贴息，给予微型企业1491万元贷款贴息资金支持。落实省中小微企业贷款风险补偿政策，合作银行为中小微企业发放贷款8674笔，发放贷款金额113.88亿元；汇总上报入库贷款项目7074笔、贷款金额92.54亿元。推进政府性融资担保体系建设，落实小微企业融资担保业务降费奖补政策，通过直接补助等方式，支持担保机构扩大小微企业融资担保业务，降低小微企业融资担保成本；向7个融资担保机构兑现中央小微企业融资担保业务降费奖补资金6020万元。

【助力企业上市】 制订出台《昆明市推进企业上市三年行动方案（2019—2021年）》，助力企业上市挂牌。年内，87户企业进入全市上市后备企业资源库，21户企业进入全省“金种子”名单，红塔证券、震安科技2户企业成功上市。年末，全市共有境内上市公司25户，占全省上市企业数的69.44%。

【民企账款清欠】 制订《昆明市清理拖欠民营企业中小企业账款工作实施方案》，清理拖欠民营企业账款。至年末，全市清理出拖欠民营企业中小企业账款50.31亿元，其中政府及所属部门欠款19.56亿元、地方大型国企和平台公司欠款30.75亿元。清理出的欠款已清偿35.28亿元，还款进度70.11%，其中政府部门及所属机构还款11.91亿元、大型国企和平台公司还款23.37亿元，超额完成省下达的2019年底清偿目标任务，还款进度列全省州市第一。

（市工业和信息化局）

商　贸

【概况】 2019年，面对国内外风险挑战明显上升的复杂局面，全市商务系统全力抓好“一促两稳”工作，推动商务领域稳增长、促改革、调结构、惠民生、防风险、保稳定，商务运行稳中有进，为加快建设区域性国际经济贸易中心，高质量建设区域性国际中心城市提供了有力支撑。年内，全市实现社会消费品零售总额3057亿元，增长9.70%，增速比全国高1.70个百分点，体量为GDP的54.60%。实现外贸进出口908.74亿元，同比增长4.70%，增速高于全国1.3个百分点；进出口总额居全国省会城市第17位，居西部省会城市第3位；进出口增速居全国省会城市第14位，进出口总量居全省第一位，占全省进出口的39.11%。新批外商投资企业118户，同比增长6.31%；美国利宝互助保险集团等世界500强企业入驻昆明，实际利用外资10.23亿美元，同比增长20.26%，占全省实际利用外资的89.49%，总量位于全省第一位，超额完成省市政府下达的10%增速目标任务的12.07%。会展经济带动效应显著，举办各类展览活动132场次，举办各类会议3.22万场次，举办各类节庆活动249场次；会展业全口径总体经济效益387.33亿元，拉动收入340.04亿元，同比增长23.57%。获“壮丽七十周年中国最具影响力会展目的地”奖项。商业魅力不断提升，在全国337个地级以上城市商业竞争力排名中，昆明市的商业聚集度、城市枢纽性、城市人活跃度、生活方式多样性和未来可塑性综合排名第19位，商业竞争力大幅提升，首次跨入全国新一线城市行列，成为2019年全国唯一新上榜新一线城市。

（市商务局）

【街区提升改造】 2019年，着力推进全市特色街区、步行街区、智慧社区功能优化和改造提升，为提升城市消费、促进消费升级奠定良好的基础。年内，以东风广场为中心，覆盖东西南北中的消费商圈基本形成；申报南屏步行街、公园1903步行街改造提升纳入省级试点；“润城智慧社区”被评为2019年商务部首批城乡便民消费服务中心。

【连锁经营】 提高连锁经营首位度，消费便利大幅提升。年内，大力发展品牌连锁便利店，建成连锁药店1527户，获得商务部认定绿色商场3户，恒隆广场、王府井奥特莱斯、大悦城二期等商业综合体投入运营；总部经济不断提升，新培育东方环球等总部企业16户，新增税收亿元楼宇10幢，邦克大厦成为20亿元楼宇；新建加油站34座，调整加油站等级15家；网络支付、网络约车、网络订餐、网络购物等便民利民消费大大推动数字经济稳步发展，在福布斯中国推出的“最佳商业城市排行榜”100个城市中，昆明市排名第23位，在全国337个地级以上城市商业竞争力排名中，昆明市的商业聚集度排名第24位。

【消费升级】 实施消费升级行动计划，落实《国务院办公厅关于加快发展流通促进商业消费的意见》等一系列政策措施，研究制订《昆明市商贸领域优化供给激发潜力推进消费提质升级行动工作方案》，把促消费资金落实到位。年内，全市兑现批发、零售50强等企业扶持奖励资金886万元，完成下拨2019年度稳增长促消费补助资金114.87万元；完成省政府、市政府下达全市2019年社会消费品零售总额、批发业商品销售额、零售业商品销售额目标任务。

【都市经济】 创新都市经济特色亮点纷呈，开展新春欢乐购活动等线上线下结合、形式多样、内容丰富的各类促销活动。认真落实“菜篮子”市长负责制，做好应急保供工作，建成4.47万个“菜篮子”产品零售网点。完善肉类蔬菜追溯体系建设，制定实施市场流通调控政策，确保市场流通安全。制订《昆明市要素交易中心建设实施方案》，稳步扎实有序推进十大要素交易中心建设发展，为建设区域性国际经济贸易中心奠定坚实基础。

【首店经济】 首店经济加快落地“开跑”速度。年内，“永不落幕的南博会”品牌之中国(昆明)南亚东南亚进口商品展示交易中心落户昆明，盒马鲜生昆明瑞鼎城店正式开业，以恒隆广场为代表的商业综合体实体首店、以京东昆明运营中心等为代表的网络首店、以喜茶等为代表的19个品牌首店落地昆明。

【夜间经济】 发展夜间经济，研究制定《昆明市促进夜间经济发展11条措施的意见》及《昆明市促进夜间经济发展工作方案》，重点实施11项重大工程，打造10个夜经济商圈、10个夜经济街区、20个网红店、5个夜旅游景区、20个夜经济文化项目、20个夜经济体育项目、新引入2个体育项目，形成有吃头、有玩头、有看头、有文化、有消费的夜经济发展格局的发展目标。年内，南强街、昆明老街等一批精品夜市激活都市夜经济，实现全市社会消费稳中向好、稳中有进，保持“平稳运行”的积极态势，消费对经济发展的带动作用不断增强，区域性国际消费中心城市建设步伐加快；在全国337个地级以上城市商业竞争力排名中，昆明市的生活方式多样性排名第18位，城市人活跃度排名第23位。

（市商务局）

对外贸易及外经合作

【经贸平台建设】 积极应对中美经贸摩擦等风险挑战，着力培育外贸新业态新模式，经贸平台载体建设稳步推进。稳步推进中国(昆明)跨境电商综合试验区建设，平台建设成效显著。年内，“9610”“1210”系统开通运行；南亚东南亚进口商品展示交易中心开馆，“永不落幕的南博会”初具规模；中国(昆明)跨境电子商务综合试验区建设取得新进展，成功举办“第5届大湄公河次区域跨境电子商务合作平台对话会暨中国(昆明)数字经济与跨境电子商务高峰论坛”；国际邮路进一步打通，3户国际物流企业成为跨境直达运输试点企业。至年末，“9610”业务完成84.18万个包裹的申报，贸易额1315.60万美元；跨境电商进出口全口径统计实现5.78亿元人民币。

【推进国家相关试点】 积极申报国家服务外包示范城市，努力推进市场采购贸易方式试点申报工作。国家文化出口基地建设稳步推进，9户文化企业被评为2019—2020年度国家文化出口重点企业，11个文化出口项目被评为2019—2020年度国家文化出口重点项目，被认定企业和项目数量居西部城市前列。加大国际市场开拓力度，组织企业参加“中国服务贸易交易会”等展会活动，350户外贸企业参加第二届中国国际进口博览会，成交金额居全省首位。加大外贸扶持，2019年共兑现项目资金1.53亿元，其中中央资金9008万元、省级资金5800万元、市级资金519万元。年内，与昆明开展国际贸易的国家(地区)已达176个，其中一带一路沿线国家(地区)64个；腾讯全球数字生态大会、2019商洽会、第八届中国—南亚国际文化论坛等展会成功举办，全年共举办国际性会展活动达120场次，连续3年入选国家最具竞争力会展城市。

【“稳外资”工作】 优化外商投资环境，切实解决外资引进服务中存在的各类具体问题，研究出台《昆明市利用外资突破“盲点”“痛点”“难点”的整改方案》，系统解决吸引外资存在困难。针对外资利用中的“盲点”，强化政策支撑，破解“关键制约因素研究不够”及“突破性配套措施较少，优惠政策落实不到位”的问题。加强外资干部队伍建设，切实解决“外资管理干部人才稀缺，政策措施学习掌握不足”的问题。针对外资利用中的“痛点”，加强法制建设，着力解决企业反映的“政府承诺落实不到位”的问题。优化人才引进政策，破解全市人才“引不来”“留不住”的问题。针对外资利用中的“难点”问题，深入推进外商投资管理体制改革。加强外商投资促进工作，建立各县(市、

区）利用外资工作“一把手”负责机制，统筹重大外商投资项目“一事一议”“一企一策”等扶持政策；完善外资项目清单制、外资工作月调度机制、数据共享机制、考核机制等工作机制。

【营商环境优化】 认真实行准入前国民待遇加负面清单管理制度，持续推动“放管服”改革，推动外贸经营者备案登记列入“最多跑一次”改革，外商投资企业设立的商务备案与工商登记实现“一口办理”，外资企业设立时间缩短至1天。加强“口岸通关一体化”培训，实现报关覆盖率和报检覆盖率100%的目标，投资便利化水平大幅提升。加强市场监管，维护市场秩序，加强投资促进保护，做好外资大项目跟踪服务，完善外资企业投诉工作机制。年内，在全国35个大中城市的营商环境系统评价中，昆明市排名第13位；在面临全球跨国投资整体形势趋紧，各国引资面临较大挑战、严峻复杂的国际形势下，全市实际利用外资降幅持续收窄，全年实际利用外资实现逆势回增，稳外资工作取得突破性成效。

【国际经济技术合作】 对外投资规模不断扩大。年内，全市新增对外投资项目36个，协议投资总额5.35亿美元；对外工程承包金额不断增加，新签对外工程承包合作35项、合同金额13.76亿美元；新批对外劳务合作资质企业1户；积极推进驻老挝、泰国、缅甸商务代表处，努力搭建企业“走出去”的窗口和桥梁，打造对外经济合作的平台载体。

【商贸物流体系建设】 积极配合昆明海关、省口岸办等部门落实全国通关一体化、无纸化通关等重大改革举措，大力推广应用国际贸易“单一窗口”，进一步优化通关模式和作业流程，让数据多跑路，企业少跑路，压缩货物整体通关时间，降低进出口环节合规成本，增强企业获得感。跨境物流取得新突破，中欧、中亚、中越国际货运班列双向稳定运行；高原特色农产品产业、云南现代花卉、汽车零部件现代流通、昆明城乡快消费品4条流通领域供应链建设取得新突破，跨境电商综合试验区入驻跨境电商物流企业17户，3户企业成为跨境直达运输试点企业，跨境直达运输联通南亚东南亚各国。

【自贸试验区建设】 2019年，成功申报建设云南（昆明）自由贸易试验区，制定印发《中国（云南）自由贸易试验区昆明片区工作领导小组工作规则》《中国（云南）自由贸易试验区昆明片区工作领导小组关于成立专题工作组的通知》《中国（云南）自由贸易试验区总体方案昆明片区任务分工》《中国（云南）自由贸易试验区昆明片区2019年重点工作》，94项试点任务（64项主试任务、10项首创任务）全面启动，证照分离试点改革全面实施。年末，昆明片区新设企业2835户（其中内资企业2822户，注册资本223.79亿元；外资企业13户，注册资本8352.89万美元），实现开局运转良好。

（市商务局）

电子商务

【发展电商企业】 鼓励支持电子商务企业健康发展，兑现省级稳增长电子商务奖励资金870万元。积极推动与阿里巴巴、京东等知名电商企业的合作，京东昆明运营中心项目顺利落地，京东云系列项目稳步推进。禄劝、寻甸、东川3个县（区）电子商务进农村综合示范项目顺利通过商务部绩效评价。至年末，全市建成5个电商园区、3个县级电子商务服务中心、67个乡（镇、街道）电子商务服务站、338个村级电子商务服务站。

【电商扶贫】 加大商务扶贫力度，电商企业合作助力精准脱贫成效显著。深入贫困地区开展电商人才培训，积极和电商企业合作，引导贫困户参与到电商发展中来，带动1400余人实现就业创业，通过“互联网＋合作社（产业大户）＋贫困户”“党总支＋乡村旅游＋入股分红＋贫困户”等模式获得入股分红，实现贫困农户稳定增收。

（市商务局）

招商引资

【概况】 2019年，全市聚焦重点产业发展，市领导高位统筹顶格推动，坚持一把手带队外出招商。年内，市委、市政府主要领导带队外出招商13批次，省内会见客商149批次，与世贸集团、普洛斯等签订合作协议；全市各县（市、区）、开发度假园区赴省外招商138次，赴境外招商5次，在省内会见客商1310批次。全市新批外商投资企业92户，合同利用外资33.73亿美元，实际利用外资10.23亿美元，完成省、市政府下达目标任务9.30亿美元的110%。全市实际引进省外内资1581.38亿元，完成省下达内资目标任务1500亿元的105.40%；实际引进市外内资1304.10亿元，完成年度目标任务1260亿元的103.50%。

【招商引资项目】 2019年，全市考核认定的705个内资项目中，从项目类别看，新增项目412个，占考核认定项目数的58.44%，考核认定资金721.56亿元，占考核认定资金总额的55.33%。从产业类别看，一产项目104个，占考核认定项目数的14.75%，考核认定资金40.43亿元，占考核认定资金总额的3.10%；二产项目246个，占考核认定项目数的34.89%，考核认定资金279.52亿元，占考核认定资金总额的21.43%；三产项目355个，占考核认定项目数的

2019年9月3日，市长王喜良（左）率队到深圳招商局集团考察，并与集团副总经理王崔军座谈
（市投资促进局 供稿）

50.36%，考核认定资金984.15亿元，占考核认定资金总额的75.47%。从投资类别看，实际投资类项目689个，考核认定资金1111.60亿元，占考核认定资金总额的85.24%。其中房地产（城中村）项目160个，考核认定资金525.94亿元，占考核认定资金总额的40.33%。虚拟投资类项目16个，考核认定资金192.50亿元，占考核认定资金总额的14.76%。其中注册资本金项目10个，考核认定资金96.32亿元，占考核认定资金总额的7.39%；投融资类项目6个，考核认定资金96.18亿元，占考核认定资金总额的7.38%。

【项目调度机制】 2019年，充分吸取前期全市《重大招商引资项目推进工作办法》《招商引资调度制度》《关于开展停工缓建项目分级会办的通知》等现有政策关于项目推进调度工作的相关要求及制度阙失，牵头研究制定《昆明市招商引资工作委员会关于进一步优化完善重要、重大招商引资项目调度工作机制的通知》，填补了提高在谈项目签约率和落地率等重点环节的调度不足等问题，切实有效推进了重要、重大招商引资项目引进落地"最后一公里"的问题解决。建立了重要、重大招商引资项目梳理、交办、承诺、落实、清零"五个环节"全程管理台账制度。

【创新产业招商】 制订出台《昆明市"绿色食品牌"招商大行动方案》和《昆明市"绿色食品牌"招商引资工作奖补办法》，全面统筹推进全市"绿色食品牌""6+2"产业招商，明确了重点项目策划包装、目标企业对接、招商政策创新、招商渠道拓展、集中宣传推介、强化项目跟踪服务6方面的工作。制定出台对台招商意见，经市政府审定同意，市投资促进局积极与市台办联合研究起草的《昆明市进一步加强对台招商引资工作的意见》的印发执行，带动了更多台资企业来滇考察投资、创业发展，推动了全市台资引进实现新突破。

（市投资促进局）

区域合作

【昆迪合作】 2019年，昆明市全力开展迪庆州对口帮扶合作，共实施昆迪合作计划内帮扶项目23个，援助帮扶资金3050万元（帮扶香格里拉市项目7个，帮扶资金2000万元）。其中，市财政安排1800万元，五华、盘龙、官渡、西山4区各承担200万元，高新区、经开区、滇池度假区各承担150万元。计划外帮扶项目1个，由市水务局直接拨付白格堰塞湖泄洪灾后金沙江江堤（马厂段）应急修复工程项目300万元。10月15～16日，省委常委、市委书记、滇中新区党工

2019年10月16日，昆明市党政代表团考察香格里拉市第一中学食堂及排污改造项目投运情况
（市投资促进局 供稿）

委书记程连元率昆明市党政代表团赴迪庆藏族自治州考察，并与迪庆州领导交流座谈。市人大常委会主任拉玛·兴高，市政协主席熊瑞丽，市委常委、市委统战部部长杨皕，市委常委、市委秘书长夏俊松，副市长赵学农以及市级有关部门负责人参加本次活动。市党政代表团一行实地考察香格里拉市第一中学食堂及排污改造项目、迪庆州维稳培训和境外藏胞接待服务中心项目情况。考察结束后，召开了2019昆迪对口帮扶友好合作座谈会议。

【对口支援】 2019年，昆明市对口支援三峡库区武隆区芙蓉街道30万元，用于实施芙蓉街道中兴村荆竹堡桥加宽整治工程。7月24～26日，第十届川滇黔14市（州）合作与发展峰会在楚雄州召开，市委常委、常务副市长保建彬率由市委宣传部、市民族宗教委、市发展改革委、市交通运输局、市生态环境局、市文化旅游局、市国资委、市投资促进局有关人员组成的昆明市代表团参会。在26日下午召开的主题峰会上，保建彬常务副市长发表了题为“主动服务和融入国家战略携手打造新时代合作发展新格局”的演讲。

（市投资促进局）

粮食购销

【概况】 2019年机构改革中，按照中央和省、市统一部署，昆明市发展和改革委员会（以下简称“市发改委”）加挂昆明市粮食和物资储备局牌子，明确市发改委承担粮食工作的主要职责。同时，结合新调整的粮食物资储备职责职能，市发改委进一步优化内设机构设置和职责职能配置，设立粮食储备处、物资能源储备处、粮食和物资安全发展处、粮食和物资监督检查处、粮食和物资核算统计处5个内设机构，行政编制17名，其中副局长2名、调研员2名、正科级领导职数5名、副科级领导职数1名、主任科员7名，负责落实全市粮食和物资储备具体工作。

【粮食安全行政首长责任制】 紧紧围绕确保全市粮食安全这一中心工作，积极争取市委、市政府支持，成立了以分管副市长为组长，相关部门负责人为成员的考核工作领导小组，统筹部署全市粮食工作。年内，对照国家和省最新的考核指标修订完善目标责任书，立足各地工作实际，年初市政府与14个县（市、区）人民政府和4个开发（度假）园（区）管委会签订责任书，全面压实粮食安全责任；加强过程化管理考评和督办通报，将落实粮食安全行政首长责任制工作纳入乡村振兴办考评指标体系作为督办事项，加强日常考评和督促力度，按时间节点开展季度综合考评，对工作落实不力的县市区进行通报，全面掌握各责任单位粮食工作落实情况；组织完成市对14个县（市、区）人民政府和4个开发（度假）园（区）管委会2019年度季度和年终考评，并报市乡村振兴办进行结果运用，有效调动了各责任单位重农、抓粮、保供应的积极性，充分发挥粮食安全行政首长责任制在确保粮食安全的制度保障和抓手作用；全市2019年落实粮食安全行政首长负责制工作考评获全省优秀等次。

【粮食宏观调控】 立足全市作为全省粮食主销区和流通枢纽的实际，继续实施最严格的耕地保护制度，积极掌控粮源，采取粮食电子竞价公开交易等方式调粮入昆，保障粮食供应，确保口粮生产和保障能力不降低。2019年，全市纳入统计的粮食企业总购进粮食（含本地收购、原粮）366.69万吨，总销售（原粮）362.69万吨，完成政府考核目标的188%和181.50%，确保了全市粮食安全。不断强化与黑龙江、吉林、河南、山东等地企业的产销协作，组织粮食企业前往哈尔滨参加2019黑龙江第十六届金秋粮食交易暨产业合作洽谈会，积极搭建产销协作平台。完善粮食安全和救灾物资应急保障机制，积极参与市级综合救灾演练，指导县（市、区）开展救灾物资调运工作；对专项应急预案提出修改完善意见，全面提升全市粮食安全和救灾物资应急处置能力。按照“双随机一公开”要求，强化粮食收购、储备、流通监管，运用多种手段加强事中事后监管，确保粮油市场有序、质量安全。积极开展市级市场粮油（含放心粮油）每月抽检、市级储备粮（不含出入库）每季度扦样检验、“放心粮油”专项监督抽检和2019年度新收获粮食质量安全风险监测、收获粮食质量调查和品质测报，组织开展粮食风险监测、质量调查和品质测报，抽检风险监测样品225份，形成检测样品45份，抽检质量调查和品质测报样品160份，形成检测样品32份，范围覆盖全市各县（市、区）。强化粮油市场监管，加强日常粮食流通市场监督检查，在元旦、春节和国庆等重要节假日期间，重点对老百姓购粮集中的粮油销售点（店）进行联合巡查检查，确保全市粮油供应充足、质量安全、价格基本稳定。

【库存粮食大清查】 2019年，根据国家和省开展2019年政策性粮食库存数量和质量大清查工作的安排部署，按照“有仓必到、有粮必查、有账必核、查必彻底、全程记录”原则，围绕“自查、普查、督导抽查及飞行组检查”等环节，采取制订印发《昆明市开展政策性粮食库存数量和质量大清查工作实施方案》，并严格组织实施；参加国家级大清查师资培训和省级大清查培训，吃透上级精神，及时组织为期3天共200余人的全市大清查动员及培训，统一清查范围、测量方法、质量标准和数据填报口径等，发放宣传海报、资料500余份，营造良好氛围；督促全市14个县（市、区）及辖区内4个省、市属粮食承储企业认真履行主体责任，开展企业自查和县级清查；组织开展市级普查，成立4个普查组和1个协调督查组，对纳入清查范围内的21户承储企业、113个库点、1223个货位进行普查；配合做好省级督查、抽查和国家级抽查工作，并抓好问题整改等措施和方法，切实摸清全市政策性粮食库存数量和质量底数，守住库存粮食数量真实、质量良好、储存安全的底线。对清查中发现的143个问题，下发整改通知，明确整改要求，认真督促整改，实现“以检查促整改，以整改促提高”的目标。

【储粮设施建设】 积极推动全市粮食基础设施重点项目建设工作。年内，昆明国家粮食储备公司铁路专用线站台仓改造项目一期工程竣工，指导公司解决资金困难，督促二期项目开工建设；禄劝正浩粮油加工厂及仓库建设项目全面完工，准备竣工验收、完善供地手续；安宁市粮食仓储物流中心建设项目全面完工，已竣工验收。加快推动全市优质粮食工程建设，昆明国家粮食储备有限公司和昆明市滇中粮食贸易集团有限公司被列入云南省“中国好粮油”示范企业建设项目，总投资3621万元，其中省级以上财政投资813万元、市财政投资350万元、企业自筹2458万元，实际到位资金2625.40万元。规范推进粮库智能化升级改造，在前期做好项目设计审批、建设（采购）招标、监理招标等相关工作的基础上，完成了15个中心粮库智能化升级改造项目和市级粮食应急和视频会议系统施工、监理招标合同签订及项目审计、绩效考核前期审批工作，已进入测试联通省级平台阶段。持续实施精品名牌战略，继续落实质量强市要求，积极引导全市粮油企业强化粮油精品名牌意识，争创粮食品牌。年内，昆明市滇中粮食贸易（集团）有限公司“彩云之南云香米”获国家粮食和物资储备局第一批“中国好粮油”荣誉称号，为全省唯一入选企业。

【粮食储备能力提升】 认真落实省、市政府下达的粮食储备规模。2019年，全市原粮库存26. 50万吨，其中市级储备11.72万吨、代储区级储备6.08万吨、县级储备8.69万吨；全市油脂库存3000吨，其中市级储备2000吨、县级储备1000吨；全市成品粮1.27万吨，其中市级储备8500吨、县级储备4232吨。认真做好市、县两级储备粮监管，重点督促承储企业加强储备粮管理，积极采用储粮新技术，坚持市级储备粮一年四检制度，全年开展储备粮抽检770份，其中储粮品质定期检验635批次、入库检验56批次、出库检验79批次，在2019年全国政策性粮食大清查中，昆明市级储备粮质量合格率达到100%，宜存率达到98%；全市各级地方储备粮“一符”率达到100%，四无储粮率达到95%以上；市级储备粮科学储粮率达到100%，县级储备粮达到95%以上。合理把握轮换时机，适时轮换储备粮油，做到轮换有计划、有检查、有督促、有验收，全年共核准验收粳稻53185吨、小麦1.50万吨、玉米10.70万吨、油脂100吨。加强军粮供应和质量管理，确保驻昆部队的粮食能按时、按质、按量供应；积极配合省粮食局完成全省军粮统筹，加强对各军粮供应站的检查、服务和指导工作；及时、足额拨付了2018年节日增供结算款；配合财政部驻云南专员办开展军粮差价补贴资金审核工作。

（市发改委）

供销合作

【概况】 2019年，依靠改革激发活力、服务“三农”彰显价值，完成省供销社、市政府下达的年度目标考核任务。年内，全市供销社系统实现销售总额69.60亿元，农副产品购进8.45亿元，电子商务销售额611万元，营业总收入44.50亿元，汇总利润总额1.85亿元，规范发展农民专业合作社40个；市农资公司超额完成市级农资“淡储”任务，储备化肥3.25万吨、农药1965吨；市供销社荣获2019年度全省供销合作社系统综合业绩考核优胜单位一等奖；安宁八街供销合作社、宜良县古城供销合作社，安宁林燕水果专业合作社分别被中华全

2019年7月，中华全国供销合作总社党组书记、理事会副主任王侠（中）调研昆明市供销合作联合社“不忘初心、牢记使命”主题教育及综合改革工作情况

（市供销合作社联合社　供稿）

国供销合作总社命名为“基层社标杆社”“农民专业合作社示范社”。

【体制机制改革】 2019年，市委、市政府和12个县（市、区）党委、政府《关于深化供销合作社综合改革的实施意见》全部出台；市委办、政府办印发《关于新时代供销合作社体制机制改革的实施方案》。继市供销社第六次代表大会召开之后，市供销社六届二次、三次理事会增替补理事5人，六届二次监事会增替补监事2人，12个县级社和部分基层社先后召开社员代表大会，全市健全“三会制度”工作走在全省前列；市供销社和12个县级社全部修改完善了供销合作社章程，成立了社有资产管理委员会，组建了社有资产管理公司，联合社机关全部配备或明确了专（兼）职的监事会主任，为完善社有资产监管、实现社有资产保值增值提供坚强有效的机制保障。

【合作社发展】 2019年，市供销社紧紧围绕“为农服务”这根主线，为农服务水平不断提升。年内，全市供销社规范发展农民专业合作社40个，改造提升综合服务社30个，试点村上建基层社6个。年末，全市供销社共有综合服务社1777个、基层社99个、领办创办的各类农民专业合作社1050个，这些形式多样的基层服务组织，是为农服务的前沿，也是建立农业社会化服务体系的载体和基础。

【社有企业发展】 2019年，市供销社直属企业牢固树立“安全第一”的发展理念，既确保了安全稳定，又较好完成了经济目标任务，其中市土产日用杂品有限公司、市果品有限公司实现利润均在市社考核目标的200%以上。围绕促农增收、便农利民，积极拓展新型业态，培育新的经济增长点。其中昆明再生资源（集团）有限公司成立“昆明源生机动车报废有限公司”，开展废旧车辆报废业务；昆明市土产日用杂品有限公司逐步退出烟花爆竹行业经营，合作参与宜良县供销社政府增信产业项目；昆明市副食禽蛋总公司增加外租冷库代保管增值业务；昆明市农业生产资料有限公司变被动销售模式为主动开发市场，争取到云天化产品在版纳地区的经销权，并协助防治草地贪夜蛾虫害。不断强化企业内部管理，初步形成权责法定、职责明确、协调运转、有效制衡的社有企业法人治理结构，在实现企业经济效益增长的同时，职工收入提高、职工队伍稳定，未发生群体性上访事件。

2019年5月，越南合作社考察组一行考察昆明市供销合作社发展经验
（市供销合作社联合社　供稿）

【乡村流通网络建设】 2019年，市供销社结合新农村现代流通服务网络工程（2020—2025年）建设规划，下大力气抓流通网络建设，有效打通城乡农产品流通环节，提升农村一、二、三产业融合发展水平，助推脱贫攻坚和乡村振兴。年末，全市共建成市级农资配送中心1个、县级农资配送中心13个、配送网点446个，建成农产品交易市场30个、农产品流通企业14个，建成日用消费品配送中心7个、配送网点207个，建成废旧物资交易市场6个、分拣中心3个、回收站点124个。

【电商业务】 因地制宜探索“供销+电商”模式。年内，寻甸县供销社组织参加各类农特产品展销、推介会14次；富民县供销社开发“供销农选”微信小程序，销售农特产品150万余元；市供销社携手北京快手科技、云南出版融媒体公司共同举办了首届云南高原农特产品带货节，销售农特产品近2万单260万余元，让农产品搭上“快手”的顺风车，催生“供”“销”新模式。

【“三位一体”信用合作】 2019年，宜良县社作为首家试点开展政府增信产业发展基金贷款业务，立足额度优先、利率优惠、手续优化的“三优”扶持政策，发放贷款625万元，解决合作社融资难、融资贵等问题，支持农民专业合作社做优做强。

【脱贫攻坚】 持续巩固脱贫攻坚成效。年内，投入38万余元，为寻甸县柯渡镇可郎村援建村史馆、修复农田灌溉水渠，为先锋镇大窝铺村援建中卡村党员活动室配套工程、修建机耕道路；组织29个专业合作社参加农博会；33名帮扶干部通过入户走访、宣传政策和感恩教育，激发群众内生动力，全年无返贫现象。

【人才建设】 2019年，市供销社向市委推荐使用副县级干部1名，民主推荐方式选拔副科领导干部4人、晋升科级非领导职务1人、晋升职级5人、遴选公务员5人、接收军转干部2人，进一步优化了干部年龄结构，激发了工作热情，树立了鲜明的干事创业用人导向。因地制宜开展农村实用人才、干部职工等各类培训1.48万人次，努力培养“一懂两爱”的农村工作队伍。

（蒲晓燕）

烟草专卖

【概况】 云南省烟草公司昆明市公司成立于1984年，云南省昆明市烟草专卖局成立于1985年。2019年，市烟草专卖局（公司）机关内设企业管理科、办公室、专卖监督管理科（专卖稽查支队）、财务科、技术中心、烟叶基础设施建设办公室、人事科、卷烟营销中心、安全管理科、信息中心、烟叶生产经营科、纪检监察科、法规科、审计科（审计驻派办公室）、群团工作办公室（工会办公室）、党建工作办公室（机关党总支），下辖14个县（区、市）烟草专卖局（分公司）及1个物流分公司。年末，全局（公司）在册在岗职工1702人。

表15　2019年昆明市烟草商业系统主要情况一览表

项目		数据
总资产（亿元）		113.83
资产负债率（%）		16.55
从业人员（人）		1702
所属业务机构	营销机构	1个营销中心，14个区域市场部
	物流配送机构	1个物流中心，4个物流中转站
	专卖稽查机构	1个稽查支队，14个稽查大队，53个稽查中队
	烟叶机构	53
实现税利	亿元	55.07
	2019年比2018年（%）	-11.24
实现利润	亿元	27.70
	2019年比2018年（%）	-18.34
销售卷烟	亿支	172.11
	2019年比2018年（%）	1.38
卷烟销售收入（亿元）		112.55
查处涉烟违法案件（件）		4489
查处涉烟违法案件案值（亿元）		2.20
2019年度烟草行业投入烟叶生产基础设施建设资金（万元）		6734.40
全年烟叶生产基础设施新增受益面积（万亩）		0.75
烟叶种植（万亩）		50
烟叶收购（万担）		138.10
烟农户数（万户）		4.89
实现烟农总收入（亿元）		22.08

续表

项目	数据
零售户数（万户）	3.26
零售户销售毛利率（%）	11

【“两烟”效益】 2019年，全市系统实现“两烟”不含税销售收入154.41亿元，实现税利55.07亿元。烟叶生产在全省率先完成收购任务，上等烟比例、收购均价排名全省第一，亩均产值等指标创历史最高水平，国家局收购检查等级合格率排名全国第一，烟叶优势地位持续巩固提升。全市卷烟销售各项主要指标均排名全省第一，单箱销售收入增幅排名全国36个重点城市和全国第一，零售户盈利率由3%～6%上升到平均11%以上，市场状态保持良好。专卖管理重拳整治卷烟市场乱象，假、私、非烟问题被市委、市政府纳入扫黑除恶治乱“50+1”问题清单，列为督察督办重点事项，专卖案件数量质量大幅提高，市场净化率持续提升。

【烤烟生产】 2019年，全市种植烤烟50万亩，累计收购烟叶138.10万担，其中上等烟比例75.66%，同比增加1.89个百分点；收购均价31.98元/千克，同比增加0.84元/千克；实现烟农售烟收入22.08亿元，同比增加1.05亿元；实现烟叶税4.86亿元，同比增加2301.75万元；烟农户均收入达4.51万元，同比增加2500元。10月14日，昆明烟草在全省率先高质量完成烟叶收购任务，上等烟比例、收购均价排名全省第一，亩均产值等指标创历史最好水平，国家局收购检查等级综合合格率排名全国第一，烟叶质量得到工业企业的广泛赞誉。

【烟叶生产基础设施建设】 2019年，全市投入烟草行业补贴资金预算6734.40万元，新增烟水配套工程覆盖面积0.75万亩，建成烟叶生产基础设施项目4792件。市政府补贴新建生物质加工线19条，累计建设34条，年加工生物质颗粒能力达6.62万吨，可满足1.10万座生物质燃烧机烘烤使用，生物质燃烧机实现自动化投料、精准化控温、智能化烘烤，每亩至少减少1.12个用工、节约112元以上用工成本。同时，在省内率先印发《昆明市生物质加工线基本配置及功能要求》和《昆明市烟叶烘烤新能源小板房技术规范》，统一和规范了全市生物质加工线和小板房建设新标准。

【卷烟销售】 2019年，全市累计销售卷烟34.42万箱，同比增加4673箱，增长1.38%；实现销售收入128.16亿元，同比增加12.38亿元，增长10.69%；实现单箱销售收入3.72万元，同比增加3133元，增长9.19%。其中一类烟11.35万箱，增长19.10%；二类烟4.27万箱，增长49.95%。各项主要指标在省内均排名第一，销售收入、单箱销售收入增幅指标在全国36个重点城市排名第一。全市有效零售户共有3.26万户，卷烟零售客户满意度在省内排名迅速上升至第六位，客户毛利率达到11%以上，同比提升了1倍以上。与地方政府积极沟通协调，因地制宜，分层施策，共建成79个文明吸烟建设点，积极主动服务本地卷烟消费者。

【专卖管理】 2019年，全市共查获行政案件3828件，同比增长22.81%。其中5万元以上大要案661件，同比增幅24.36%；涉烟网络案件8件。全市逮捕、直诉共89人，同比增加48人。查获涉案物品金额21995.50万元，同比减少7.37%。夺回市场空间6639箱，超额137%完成夺回卷烟市场空间任务数。召开“昆明市打击整治卷烟市场专题工作会议”，由市政法委书记担任组长，抽调精干力量充实打击涉烟违法犯罪领导小组，将烟草领域纳入“50+1”领域进行扫黑除恶专项斗争，以领导小组名义下发《昆明市开展重拳整治卷烟市场专项行动的通告》及《工作方案》，将打击涉烟违法犯罪纳入市委、市政府目督办进行督察。开展“重拳整治昆明卷烟市场乱象专项斗争”，办理涉烟案件1038件，5万元以上大要案件153起，查获违法卷烟372.55箱，烟叶烟丝763.84吨，涉案金额4915.97万元，抓捕违法嫌疑人74人，查办的大要案、案值、抓捕人数等指标大幅提高，起到强有力的威慑作用。

【社会公益】 2019年，市烟草专卖局（公司）共捐款2.30亿元（个人捐款17.30万元）用于各项社会公益活动。按照市委提出的“提高政治站位，坚决打赢打好精准脱贫攻坚战”战略部署，向禄劝县捐款500万元，用于禄劝扶贫特色农产品生产示范基地建设。按照省局对口帮扶要求，向昭通市财政局捐赠资金1.80亿元，用于昭通精准扶贫项目建设。全市烟草商业7个驻村工作组53名干部继续深入贫困乡（镇）、村扶贫，开展挂包帮活动。禄劝县局（分公司）个人捐款15.28万元，用于571户结对帮扶建档立卡户走访慰问。市局团委与阳宗海管委会团工委共同举办“暖冬行动”捐赠活动，向阳宗海管委会汤池街道曲者小学捐赠90份“希望暖心包”。

（市烟草专卖局）

红云红河集团

【概况】 红云红河烟草(集团)有限责任公司(以下简称红云红河集团)成立于2008年11月8日，由原红云烟草(集团)有限责任公司和原红河烟草(集团)有限责任公司红河卷烟厂、新疆卷烟厂合并组建，下辖昆明卷烟厂、红河卷烟厂、曲靖卷烟厂、会泽卷烟厂、新疆卷烟厂、乌兰浩特卷烟厂，控股山西昆明烟草有限责任公司(以下简称山昆公司)、内蒙古昆明卷烟有限责任公司(以下简称蒙昆公司)。“云烟”“红河”为主要品牌。截至2019年年底，集团总资产(年末值)931.29亿元，其中固定资产(年末净值)121.42亿元、流动资产641.11亿元，资产负债率为20.74%。共有从业人员(不含控股企业)10345人，其中在岗职工10260人。集团(含控股企业)全年生产卷烟469.28万箱，销售卷烟484.50万箱，实现税利655.73亿元，实现利润67.19亿元。

截至2019年年底，红云红河集团本部下设3中心15部室，即生产制造中心、物资采购中心、物流中心、党政办公室(董事会工作办公室)、人力资源部、经济运行部(法律事务部)、财务部、审计部、工艺质量部、原料部、信息管理部、宣传策划部、基建技改部、安全管理部、党建工作部、纪检监察部(巡察办)、群团工作部(工会办公室)、调研室。

【主要产品】 2019年，红云红河集团(含控股企业)生产“云烟”“红河”“小熊猫”“钓鱼台”“红山茶”“茶花”“雪莲”“呼伦贝尔”“紫气东来”“冬虫夏草”“大青山”共11个品牌103个规格，国际合作生产“威斯”品牌1个规格，国内合作生产“苏烟”品牌1个规格，互动加工“玉溪”品牌1个规格、“红塔山”品牌4个规格、“红梅”品牌1个规格。

【卷烟销售】 2019年，集团卷烟品牌价值和综合竞争实力持续提升，单箱销售额突破3万元，增幅4.90%。其中:“云烟”品牌单箱销售额3.20万元，增幅2%;“红河”品牌单箱销售额2.02万元，增幅6.27%;云烟(紫)、云烟(软珍品)等规格卷烟价格持续上扬，零售户订购积极性、毛利率和产品动销率等市场状态指标大幅转强。全年“大重九”品牌销量3.58万箱，列行业高价位品牌第4位，其中云烟(软大重九)销量2.73万箱，云烟(中支大重九)销量1088箱，云烟(细支大重九)销量5613箱。云烟(细支云龙)、云烟(小熊猫家园)、云烟(黑金刚印象)等规格引领实现细支烟乘势而上、中支烟发展突破的目标，全年创新产品销量41.37万箱、增幅59.9%，高于行业平均31.67个百分点，其中细支烟销量32.5万箱、增幅41.55%，高于行业平均18.4个百分点;中支烟销量7.73万箱、增幅443.73%，大幅领先行业平均水平。

【品牌维护】 2019年，集团依托云南中烟研产销联动机制，配合做好产品研发储备、改造升级工作，统筹推进品牌市场质量维护、均质化品控监督、烟叶生产质量管控、打叶复烤监督加工。协助做好新产品上市预热、次新品投放扩点和老产品深耕细作，深化市场调研和产品意见征集，配合做好本香世界工业旅游。把握“大重九品牌独立化运作”战略机遇，配合开展“大重九 新征程”文化宣介。进一步深化与各类社会媒体的合作，拓展品牌文化宣传新渠道、探索品牌耳语传播新模式，开展“寻源红河”品牌推广，组织《归家“园”梦》主题微电影观影会，持续提升品牌的影响力、感召力和竞争力。

【生产管控】 优化产能布局，提高对个性化、多样化需求适应性，创新产品生产形成细支卷烟设备22组、42.84万箱，中支卷烟设备12组、19.64万箱，新型烟草生产线(加热不燃烧)5条、产能5.5万箱的产能规模，全年获国家局批复购置烟机专卖设备54台(套)、投资估算7.666亿元。管好用好设备，摸实底、促提升，2019年设备综合净效率86.67%，制丝生产线故障停机率0.05%。强化生产组织，紧盯要素保障，科学平衡计划，提高生产集中度，确保生产组织高效顺畅。推进合作生产管理，梳理优化管理制度，制订《均质化品控监督问题导向工作运行方案》，全年完成国

2019年8月28～30日，红云红河集团举办2019年烟机设备电气修理职业技能竞赛 (王妍 摄)

内合作生产卷烟61.11万箱，完成境外合作生产卷烟53.4924万件。做好手工产品备货工作，全年完成内销手工包装产品39310箱，外销手工包装产品338箱。对接技术中心确定月度中试计划，促进产品中试工作高效低耗开展，全年进行产品中试179次。推进香精香料精益管理，全年香精香料制备中心生产香精香料4962.5吨。加强物耗管控，以指标管理带动过程控制优化，强化生产消耗环节监控，督促进一步剖析问题、提出措施、系统改进，实现重点指标PDCA循环管理。完善环境能源管理措施，实施“一厂一策”，强化源头减污治污，加强能源精准管控，全年集团万元产值综合能耗为7.02千克标煤，主要污染物累计排放量显著下降。健全物流体系，着眼生产和市场供给，提高精准供给水平，全年成品卷烟准时发货率99.9%、准时到货率99.43%。

2019年11月5日，红云红河集团召开以“铭记初心使命，勇担发展责任”为主题的集团扶贫驻村第一书记工作汇报会（李佳晋　摄）

【质量保障】 严格产品质量过程管控，系统提升均质化制造水平。修订“精益质量管理考核”制度，调整考核指标和评价办法，进一步细化质量管控措施。以问题为导向，征集217条质量风险源及改进建议，经评审分类汇总为86条，编制质量风险源手册进行对照自查、改进。对质量历史数据开展系统性和趋势分析，横向比较主要质量指标，发现问题及时预警并进行质量隐患源排查。开展工艺符合性测试，进一步强化制造过程工艺质量保障及卷烟成品综合质量评价的测试，重点关注卷烟感官质量均质化水平和区域适应性评价，全年查找工艺问题和质量隐患50项。制订《集团品牌市场质量维护工作方案》及《实施细则》，线上线下开展市场调研和质量测试，为产品提质维护提供多元化数据支撑和信息来源。“工艺质量智能云平台”正式上线使用，推动传统工艺质量管控模式向信息化全过程精益管控模式转变。开展卷烟外观实物标样、质量优胜机台评选15个产品标样、24个机型标样，质量月活动强化精品制造意识，开展质量评比活动产生68个优胜班（机）组，树立质量标杆。推进QC活动开展，4月召开集团QC小组成果发布会，六个工厂28个小组参加成果发布，2019年集团2个QC小组获评全国优秀质量管理小组，4个QC小组获评云南省优秀质量管理小组，获评全国烟草行业第三十届优秀质量管理小组成果发布会一等奖1个、三等奖1个。全年集团无重大质量事故发生，市场投诉率0.0001ppm，产品质量出口商检、行检、抽检合格率100%。

【技术创新】 以科技创新为核心加强全面创新。深化技术创新，加大专利研发和课题研究力度，88个专利获得授权；制订《科技成果推广应用方案》，召开首届科技创新成果推广论坛，全年在研科技项目46项，其中完成集团项目成果评价11项、项目验收3项，云南中烟项目成果评价12项、获评科技进步奖7项，组织1个项目申请云南省科技项目验收。推进两化融合，继续探索个性化定制、工业大数据的企业化应用，加紧推进行业智能制造试点工作，“集团工业云平台建设及昆烟智能制造项目”通过验收，“基于CPS的卷烟智能工厂试点项目”入选工业和信息化部“2019年制造业与互联网融合发展试点示范项目”，集团作为主要参与拟定单位的《基于电子标签的片烟物流跟踪系统数据交换规范》行业标准发布实施；加快烟草工业互联网平台推动转型升级重点项目建设，实现一、二、三产业融通的全流程业务数据展示，成为云南烟草工商物联网平台应用的长期展示窗口。推进技改建设，昆明卷烟厂新建烟叶仓储设施及打叶复烤易地技改项目、昆明卷烟工商物流一体化项目建设有序推进，红河卷烟厂易地技改项目开始制丝设备安装，曲靖卷烟厂打叶复烤易地技改及新建烟叶仓库项目开工建设，会泽卷烟厂就地技改项目进行结（决）算和相关整改，新疆卷烟厂易地技改项目筹备总体验收。

【原辅材料保障】 以品牌需求为导向，全面统筹基地建设、烟叶采购，推动采购区域向重点产区倾斜，国内烟叶调拨入库250.7万担，进口烟叶采购入库8.7万担。配合做好低可用性烟叶提质改造，加强在线产品配方维护力度，加大省外烟叶使用比例，积极推进库存烟叶工业调剂，持续提高原料综合利用水平。

强化物资保障，健全卷烟材料安全库存管理机制，推进采购由分散化、零星化向规模化、集中化转变，加大供应商之间的价格、质量、服务竞争，实现规范和效率的有机统一。全年采购卷烟材料70.9亿元、采购烟机零配件1.59亿元、采购非烟用物资2.79亿元，公开招标金额占比均为100%。

【基础管理】 完善权责体系，根据企业发展需要，实时推进驻厂科室划转和内部机构调整，立足集权与授权的有机平衡，初步编制完成授权管理分级负责意见，扎实开展全面流程诊断，进一步优化职能职责、理顺流程接口，提升工作的整体性、系统性、联动性。突出绩效管理，重构绩效指标体系，制定并实施"一个办法、五个配套专项考核方案、一套指标"的绩效体系，层层分解指标、层层传导压力、层层共担责任。强化问题管理，坚持"问题就是资源"，认真解决各级巡视巡察、审计发现、历史遗留的问题，持续抓好征集到的2918个问题的落实、改进和验证。深化精益管理，导入"净管理"理念，建立集团一级指标8项、工厂二级指标84项的净值对标指标体系，开展精益改善活动。加强全面预算管理，推进预算定额指标体系建设，突出预算定额对成本、费用、消耗管控的源头控制。围绕少投入、少消耗、多产出、多创效严控生产成本，新增"物料标准成本完成率"指标，多渠道盘活零配件库存资源，持续提高资金周转效率，加强重点业务和关键环节的专项攻关，全年实现降本增效3.35亿元，超额完成1.99亿元的预定目标。狠抓安全管理，坚持安全无小事，构建安全风险分级管控、事故隐患排查治理双重预防机制，深入推进全员化安全管理，强化"安全隐患净整改率"，全年实现五个为"0"的安全目标。

【规范管理】 统筹纪检监察、财务审计、规范管理及巡察等监督力量，全力构建大监督体系。提高依法治企水平，强化法治宣传教育，加强生产经营管理合法合规性审查。成立集团内部审计委员会，组织开展重大工程、重点费用、"三大攻坚"落实情况等专项审计，全年完成经济合同审核1721项、工程结算审核940项，审减金额3621.92万元，审减率10.16%。巩固"应招尽招"成果，提高"真招实招"水平，全年公开招标金额占比工程类99.37%、物资类99.99%、服务类98.95%。抓好样品烟自查自纠和"天价烟"专项治理，抓好"三供一业"收尾，推进厂办大集体改革，完成干部职工投资入股关联企业清理。

【队伍建设】 加强管理人员队伍建设，制定印发《关于调整干部选拔任用程序的若干意见》《干部挂职锻炼工作办法》等相关制度，突出政治标准和事业为上，强化知事识人和以事择人，坚持严管和厚爱相结合，着力年轻管理人员培养，持续优化梯次配备，加大轮岗交流力度。全年向云南中烟党组推荐副处级干部任职人选12人，提拔任用干部44人(35岁以下17人、占比39%)，跨单位、跨部门交流轮岗80人，推荐云南中烟挂职扶贫干部3人，委派、推荐各投资公司董事6人、监事3人。坚持激励与约束并重，根据年度考核结果表彰奖励72人，给予诫勉4人、提醒3人、扣除部分绩效4人。多措并举培育各类人才，启动"优秀青年人才计划"，开展"综合管理复合型、技术技能工匠型、业务骨干专家型"三类人才专题调研，拟定选拔培养实施方案。加强"品牌市场质量维护、均质化品控监督、烟叶生产质量管控、打叶复烤监督加工"四支队伍建设，打牢集团转型升级发展的人才支撑。为员工成长成才搭建平台、创造条件，全年组织培训27586人次。结合工作实际开展人员配置，全年招聘应届毕业生146人，接收退役士兵7人，办理职工内部调动13人，外部调入15人、调出24人，工作调整172人，到外单位挂职64人，派驻境外合作企业开展监制工作12人，到云南中烟本部和直属单位挂职试用42人。健全专业技术技能人才成长机制，优化工程技术人员职称申报，持续激发员工干事创业活力，全年组织初级职称评审认定68人，23人通过云南中烟中级职称评审，4人通过行业高级职称评审；3人通过烟机设备机械修理高级技师鉴定现场评估，14人申报并通过行业特有工种技师鉴定；组织烟叶仓管员三级鉴定27人、通过26人，组织烟草物流师三级和四级鉴定20人、通过19人。2019年，集团1人获评全国五一劳动奖章，1人获评烟草行业第七届劳动模范，3人获评烟草行业技术能手，9人获评云南中烟技术能手，2人获评云南省"万人计划"首席技师，曲靖卷烟厂荣获全国烟草行业第七届先进集体、云南省五一劳动奖状。

【廉政建设】 严格监督执纪，集团党委全年研究部署党风廉政工作11次，制定《落实管党治党"两个责任"实施办法》，厘清各级党委、纪委、纪检监察机构的主体责任和监督责任，形成管党治党权责对等的考核导向和责任链条。构建大监督格局，以监督促规范、保廉洁，紧盯选人用人、工程建设、物资采购等重点领域和关键环节，加强廉洁风险再排查评估和动态管理，开展预警处置34项次。制定《工作人员责任追究办法(暂行)》，强化底线思维，增强责任担当。严格落实作风建设相关要求，正确把握运用监督执纪"四种形态"，全年开展廉政谈话153人次，函询8人次，了结信访举报44件，立案审查9件，给予党政纪处分19人次，收缴违纪所得19.41万元。着力巡察整改，设立集团巡察办，进一步强化党内监督。根据云南中烟巡察反馈，研究确定7个方面51项整改任务，通过狠抓落实、台账管理和"销号"制度，做到条条都整改、件件有着落。完成2018年度民主生活会查找的3个方面19个问题和班子成员相互批评意见的整改。成立集团政治生态突出问题全面整改工作领导小组，印发整改实施方案，紧扣违法违纪违规典型案例逐

2019年12月5日，云南中烟工业有限责任公司在红云红河集团举办“大重九　新征程”文化宣介活动（魏红文　摄）

级开展全覆盖式警示教育，筑牢反腐倡廉思想防线，全力修复净化政治生态。开展领导干部利用名贵特产类特殊资源谋取私利问题、样品烟、形式主义官僚主义突出问题等专项整治。抓好“九个有无”专项整治，927名副科级以上干部向组织报告情况并做出承诺。

【企业文化建设】　文化宣传工作坚持内聚人心、外塑形象，聚焦品牌文化建设，让品牌文化、品牌故事“听得懂、能感知、记得住、易传播”。工会工作以维护职工权益、激发队伍活力为重点，扎实推进办事公开民主管理，深入开展“中国梦、劳动美”“巾帼心向党、建功新时代”和技能竞赛、评优树模、帮扶慰问等活动，持续激发职工创新创造活力。离退休工作以“提服务、保稳定、促和谐”为重点，通过“文化养老”巡讲、“忆往昔送祝福”和“送学上门”等活动方式，开展主题教育、精准服务示范基地建设，带动老同志健康乐观生活，汇聚昂扬向上正能量。团建工作以“青春心向党　建功新时代”主题实践活动为主线，组织开展“青”字品牌宣讲会、青年文明号创建、青年特色团队评选等活动，为青年展示才华、成长成才搭建平台。高度重视保密、信访维稳和风险防范，维护稳定发展环境。积极承担社会责任，开展奖教助学，推进脱贫攻坚，加强“双联系一共建双推进”，以精准扶贫助推精准脱贫，在云南省定点扶贫工作考核中集团获评优秀等级，被表彰为“先进集体”。

【单位领导名录】

第四届董事会

董事长：武　怡

董　事：武　怡

谢昆或（至1月）

夏开元

陈哲平（1月起）

方　斌

徐　晖

文华玖

杨煜文（1月起）

周芳旭

监　事：罗建华

党　委

书　记：武　怡

副书记：杨煜文

委　员：武　怡

杨煜文

王家寿

李泓桑

罗建华

王旭东（12月起）

纪　委

书　记：罗建华

经营班子

总 经 理：杨煜文

副总经理：王家寿

李泓桑

财务总监：周芳旭

（红云红河集团）

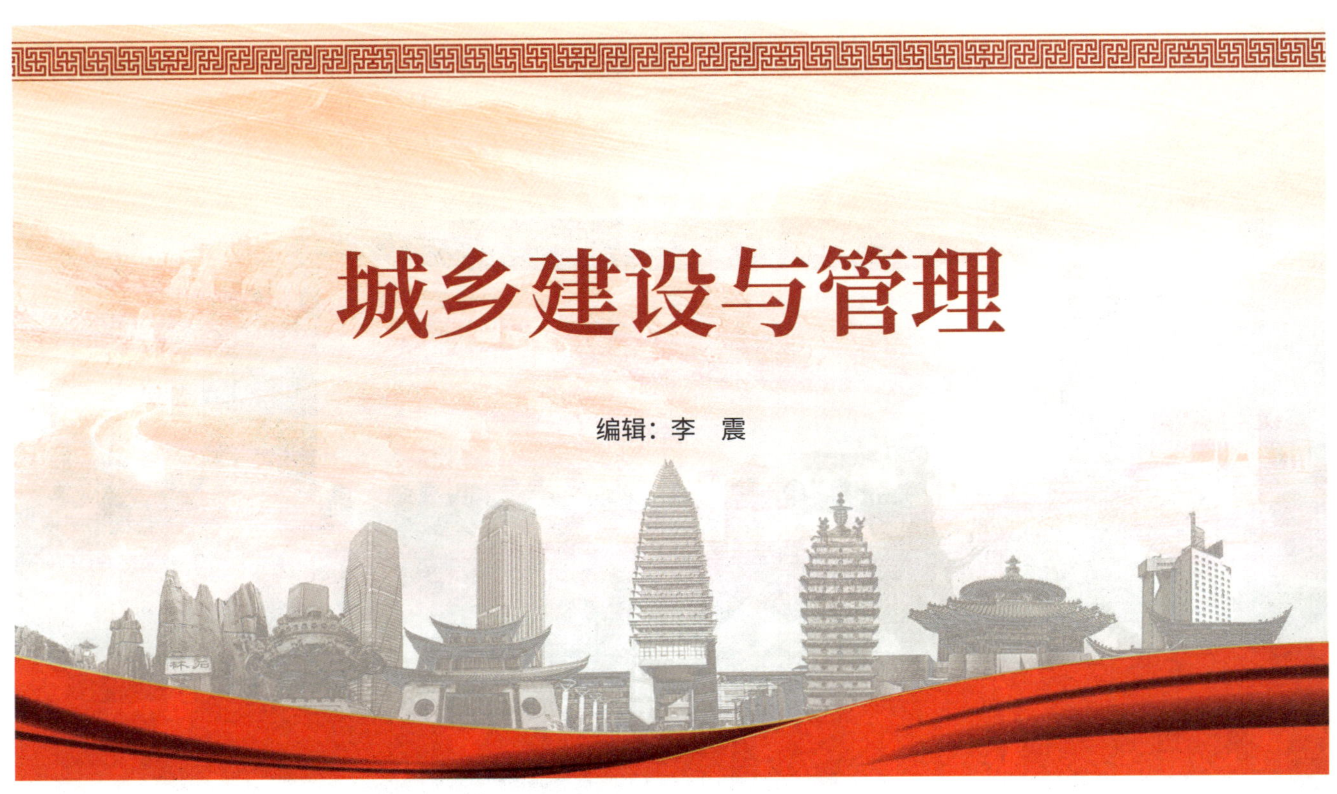

城乡建设与管理

编辑：李 震

综 述

【机构设置变化】 2019年3月，昆明市住建局划入原市城市更新改造工作办公室职责，增加1个内设机构。7月，总工程师办公室更名为综合业务处；房屋征收管理处更名为房屋租赁管理处；建设项目招标投标办公室更名为城镇排水管理处；科技信息处更名为科技与标准处；党委办公室工作职责并入机关党委。11月，市住房和城乡建设局增加建设工程消防设计审查验收等相关职责，增设建设工程消防处。昆明市住房和城乡建设局设19个内设机构和机关党委、离退休人员办公室。

【市政基础设施建设】 2019年，市住建局围绕工作目标“开工新建城市道路38条，实施道路整治25条”，督促指导各区加快推进相关道路建设任务，进一步推进骨干道路建设，完善城市新区内部支次路网，提高城市各片区内部路网密度，从而缓解城市交通拥堵、改善城市交通环境、完善市政基础设施、提升城市品质。完成东风路、人民路恢复提升工程建设；完成金碧路道路恢复提升工程前期工作，并做好开工前准备工作；开展滇缅大道快速路（一期）建设项目、南北大道、三环闭合前期工作。继续推进地下综合管廊建设，完成春雨路地下综合管廊建设，继续推进飞虎大道北段地下综合管廊建设。

【城市燃气管理】 大幅压缩获得用气办理时间。市住房城乡建设局制定上报市政府印发的《昆明市人民政府办公室关于印发〈昆明市进一步优化燃气接入营商环境实施办法（试行）〉的通知》，在燃气企业端仅需5-15个工作日（不含行政审批时间）即可办结获得用气外线接气业务；推动燃气设施建设工程安全质量监督分级分类管理，制定印发《昆明市住房和城乡建设局关于加强燃气设施建设工程安全质量监督的通知》，首次以规范性文件形式，就燃气设施建设工程安全质量监督做出规定；组织燃气企业投资2470万元，新建中压管道40.10千米，督促燃气企业完成主城区41个老旧小区，1.40万用户燃气设施改造项目建设；抓好去冬今春及今冬明春燃气保供气管理，保障燃气安全稳定供应；开展燃气安全监管，制订燃气安全监督检查计划，与燃气企业签订安全生产责任书，开展燃气安全专项检查，督促燃气企业落实安全生产主体责任；开展液化石油气安全专项整治工作，严肃查处违法转让瓶装燃气供应许可行为，取缔违法经营黑门店；

开展液化燃气行业安全专项检查，严格管控瓶装燃气供应站安全经营条件，加强瓶装燃气供应许可标准化管理；组织开展燃气行业管理和安全管理信息系统建设，完成项目立项及招标工作。

【滇池流域外城镇排水污水治理】 2019年，滇池流域外设市城市、县城建成区总污水处理量5332.06万吨，城镇污水处理率91.56%。其中，县城污水处理率88.77%，设市城市安宁市96.92%，均提前超额完成省级主管部门要求县城污水处理率85%，设市城市污水处理率95%要求。县城污水处理厂出水均稳定达标排放，污泥无害化处理处置率不断提升。滇池流域外9县（市、区）11座污水处理厂设计处理规模21.20万立方米/日，建设配套污水收集管网600余千米，11座污水处理厂出水均达标排放。2019年，省住房城乡建设厅下达滇池流域外城镇污水处理厂配套管网建设任务29.01千米。滇池流域外累计完成城镇污水处理厂配套管网建设33.93千米，超额完成省对市下达管网建设任务16.97%。

（柳　润）

城市规划

【主要道路方案设计编制下发】 2019年，市自然资源规划局完成滇池路、广福路沿线建筑立面整治提升调查研究并纳入道路方案设计。完成《昆明市市容环境整治提升（2019—2020年）——主城区62条主要道路整治提升导则》编制，2019年6月5日下发执行。

【历史文化名城保护利用】 开展《昆明市历史文化名城保护条例（修订）》，编制完成《昆明城市米轨沿线改造提升规划》《昆明中心城区工业遗产建筑调查》《滇池国家遗址考古公园（晋城片区）概念性规划》，按程序开展《文明街历史文化街区保护规划（修编）》报批工作，配合五华区政府、晋宁区政府准备材料，完善南强街、晋城古镇上下西街历史文化街区申报审批手续，严格历史文化街区划定，做好街区保护和管理。抓好昆明历史文化名城保护地理信息系统数据采集与更新维护。开展第三、四批挂牌保护历史建筑证书颁发及标识牌挂牌工作，加强历史建筑保护。

【市容环境整治方案审查】 2019年，完成《昆明长水机场至昆明市区公路（春之城段）绿化景观提升工程规划方案》《新海河沿线景观风貌设计》《昆明市重要城市景观道路绿化景观提升导则》等涉及市容环境整治提升工作方案审查工作；开展62条整治提升道路涉及市自然资源规划局牵头道路整治提升概念方案审查及督查工作；配合市城市管理局做好道路深化设计资料提供。

【重点片区城市设计审查】 2019年，完成《西山区白沙地片区城市设计》《西山区45号46号城中村片区控规调整及城市设计》《西山区双塔片区控规调整及城市设计》《官渡区六甲盘龙村控规调整方案和城市设计方案》《西山区普坪片区城市设计》《春雨路沿线1号地块控规调整方案及城市设计》《官渡区羊甫郭家小村连片改造控规调整及城市设计》等7项城市设计审查工作；完成西山白沙地片区和西山双塔片区城市设计内容纳入控规图则并纳入规划条件相关审查工作，进一步推动城市设计内容实施；配合完成经开区东部重点项目片区等多个片区控规调整的城市设计等内容的审查工作。

【推进国土空间规划编制】 为切实有效推进全市空间规划编制工作，市自然资源规划局重新梳理原“双试点”开展的14个专题和32个专项规划，并根据评估结果，提出需要补充完善的专题和专项规划。初步完成全市双评价工作，在双评价中对昆明市基于自然本底存在问题和风险进行充分分析与评估。做好国土空间规划与《滇池保护治理规划》《昆明市发展规划》、综合交通规划等重要专项规划衔接，确保专项规划中关键性内容在空间规划中精准落实。开展生态保护红线评估工作，优先评估调整划定生态保护红线，省自然资源厅下发生态红线数据库公开版按辖区分割后下发各县（市、区）作为评估核查基础，正在进行生态红线坐标转换、落图并分析，五网建设和其他重点项目、工业园区等与生态红线冲突范围线也作为重要因素进行落图。按照省自然资源厅要求，2019年11月，全市完成生态保护红线评估工作。

【评估和修改县、乡级土地利用总体规划】 指导需进行规划修改的县（市、区）按程序开展土地利用总体规划评估和修改工作。宜良县规划修改方案（省政府批准范围）上报省政府审批；晋宁区、石林县规划评估报告经省国土厅备案；嵩阳街道办事处规划评估经局批准；寻甸县金所街道、寻甸县羊街镇、盘龙区青云街道、官渡区阿拉街道、官渡区官渡街道、官渡区六甲街道、官渡区小板桥街道（市自然资源和规划局批准范围）正在开展规划调整工作；禄劝县雪山乡正在开展规划修改工作；禄劝县转龙镇、禄劝县皎平渡镇、禄劝县乌东德镇、禄劝县屏山街道正在开展规划评估工作。通过县、乡级规划评估和修改工作，全市确保云贵互联通工程（禄劝换流站）项目、长水机场至双龙高速公路、昆明岷山至楚雄广通高速公路扩建工程、滇中引水工程（昆明市境内）建设项目等省、市重大项目用地需求，使土地利用总体规划成果进一步适应经济社会发展新任务、新形势和新需求。

【控规审查】 2019年，对包括《昆明金融产业园区控制性详细规划调整》

《昆明阳宗海凹子山南片区控制性详细规划》《昆明五华西翥厂口片区控制性详细规划（修编）》《昆明经济技术开发区东部重点项目控制性详细规划》《昆明阳宗海胡家庄片区控制性详细规划》等在内10个片区控详规编制（含修改）开展规划审查工作。

（高伊敏）

城市重点项目建设

【3号线轨道交通沿线道路恢复提升】 自轨道3号线工程围蔽施工以来，春雨路、人民路、东风路道路路面造成不同程度破损，严重影响交通通行功能。为避免同时施工，造成交通拥堵，轨道3号线建成后，3条道路分批进行道路恢复提升。2019年，全面完成轨道3号线沿线道路恢复提升工作。

【春雨路道路恢复提升工程】 春雨路北起眠山，南至车家壁转盘，全长8.34千米。2019年起，全面恢复道路车行道、非机动车道及人行道通行功能，渠化交叉口，优化交通组织形式，突出绿色环保理念，采用橡胶沥青、可调式防沉降井盖、钢渣透水砖等多种新材料、新工艺，提高行车舒适程度，增加道路使用寿命。梳理提升杂乱绿化，对沿线脏、乱、差现象进行整治，改善城市居民生活环境。同步配套建设地下综合管廊7.38千米，实施沿线缆线入廊，净化道路空间。同步配建中水管道，建设节约型社会。配套建设2座人行天桥，减少行人对交通干扰，保障行人出行安全。

【人民路道路恢复提升工程】 人民路西起春雨路，东至敷润桥，全长7.23千米。2019年起，全面恢复道路车行道、非机动车道及人行道通行功能，渠化交叉口，优化交通组织形式，突出绿色环保理念，采用橡胶沥青、可调式防沉降井盖、钢渣透水砖等多种新材料、新工艺，提高行车舒适程度，增加道路使用寿命。梳理提升杂乱绿化，全线选用山茶花造型的华灯，打造城市景观。对沿线脏、乱、差现象进行整治，改善城市居民生活环境。利用西苑立交桥下空间，建设体育休闲设施和昆明文化展示，为群众提供休闲体育场所。同步开展三线入地工作，配建10千伏电力排管、配建弱电排管，新建110千伏电力管沟，净化道路空间。同步翻新自来水管道，保障居民用水安全，同步配建中水管道，建设节约型社会。配套建设3座人行天桥，减少行人对交通干扰，保障行人出行安全。

人民路上新建的人行天桥　（市住建局　供稿）

【东风路道路恢复提升工程】 东风路西起昆师路，东止金马立交桥，全长5.75千米。2019年起，全线优化车道

东风路改造后效果图　（市住建局　供稿）

分配宽度和交叉口通行环境，昆河铁路—二环东路段由双向4车道拓宽为双向6车道。突出绿色环保理念，采用橡胶沥青、可调式防沉降井盖、钢渣透水砖等多种新材料、新工艺，提高行车舒适程度，增加道路使用寿命。梳理地下管网，对东风路沿线的淹积水点进行整治。梳理地下管网，对东风路沿线的淹积水点进行整治。打造城市景观。东风路沿线绿化主要栽种蓝花楹、银杏、栾树、香樟等树木，地被植物则以常春藤、绣球花等为主，分段优化统一。对沿线人行天桥和龟背立交进行美化亮化提升，全线选用山茶花造型的华灯，打造城市景观。

（柳　润）

村镇建设

【4类重点对象危房改造推进情况】2019年，昆明市遵循新时期精准扶贫精准脱贫基本方略，把“两不愁、三保障”中住房安全保障，作为脱贫摘帽“突破口”，创新工作思路和举措，优先帮助住房最危险、经济最困难农户解决最基本住房安全问题。按照《关于开展脱贫攻坚4类重点对象农村危房改造清零行动的通知》要求，昆明市积极落实开展脱贫攻坚农村危房改造“夏季攻势”相关工作，严格按照“清零”时间节点，全力开展动态新增4类重点对象危房改造，完成4类重点对象危房改造6170户。

【非4类重点对象农村危房改造推进情况】　为贯彻落实云南省人民政府办公厅印发《关于推进非4类重点对象农村危房改造的指导意见》和《关于转发住建部财政部国务院扶贫办决战决胜脱贫攻坚进一步做好农村危房改造工作相关要求的通知》，市住建局和市财政局联合印发《昆明市非贫困县非4类重点对象农村危房改造资金补助政策方案》，推动全市非4类重点对象农村危房改造工作，完成非4类重点对象危房改造10399户。

（柳　润）

城市管理

【机构职能改革】　2019年3月，按照国家、省、市新一轮机构改革要求，整合原昆明市城市管理综合行政执法局和原昆明市园林绿化局园林绿化管理职责，组建昆明市城市管理局，为市政府工作部门，正县级，行政编制82名，局领导职数1正6副，设19个内设机构和机关党委、离退休人员办公室，下属16个事业单位。负责城市道路、桥梁（隧道）照明等市政基础设施运行管理、城市市容秩序监督管理和城市环境卫生、户外广告设施、城市绿化、城市公园管理工作，统筹协调城市管理综合行政执法工作。全市14个县（市、区）及5个国家级、省级开发（度假）园（区）均设城市管理执法机构和相应执法队伍。逐步建立起权责明晰、服务为先、管理优化、执法规范、安全有序城市管理体制机制，推动城市管理走向城市治理。

【文明城市创建】　2019年，市城市管理局按照“六个持续提升、六个不滑坡”工作要求，持续推进市创建全国文明城市各项工作进展，严格落实生活环境整治指挥部各种台账材料审核报送工作，督促指导各有关单位做好施工围挡等实地测评指标项目创建工作。编制《公益广告设置规范导则》，规范施工围挡公益广告设置；开展城市道路路面秩序整治提升工作。根据测评要求，加强重点区域内主次干道临街商铺外延经营整治；对交通要道、重要节点上影响市容和交通秩序各类非法占道经营进行取缔；开展架空管线及强弱电箱柜整治试点工作。印发《昆明市架空管线及强弱电箱柜整治试点实施方案》，将宝善街、护国路及青年路作为试点区域展开整治。

【市政设施管理】　加强城市照明设施维护管养，补建整改主城区现存“有路无灯”“有灯不亮”问题，严格城市道路占用挖掘审批，加快景观亮化工程提升改造。2019年，路灯平均亮灯率99.61%、设施平均完好率99.92%，主次干道、背街小巷装灯率100%、亮灯率95%以上。北京路、盘龙江景观亮化提升改造项目收尾，东风路、人民路沿线景观亮化提升改造工作正在进行方案深化，昆明长水机场公路绿化美化景观提升工程“春之城”段照明工程完成监理、造价、招标等工作。

【市容秩序管理】　健全市容环境管理长效机制，强化督导检查，着力提升城市管理水平。市城管局组织第三方随机对确定488条主城区重要城市道路开展两周一次市容环境考核评估工作，并将每月考核评分情况在媒体公布，同时上报市委、市政府相关领导和部门。牵头制订《昆明市市容环境整治提升行动方案（2019—2020年）》，推动成立昆明市市容环境整治提升工作领导小组，下设14名道路整治指挥长、8个专项行动组、1个综合协调办公室，紧紧围绕昆明市主城区62条城市道路开展专项行动，以美化、净化、绿化、亮化为抓手，通过治乱、治污、治差、治堵等举措，着力解决城市市容和生活环境脏乱差等突出问题，提升城市形象和管理水平。全年清理占道经营23.76万起，治理“门前三包”18.86万起，整治各类违法违规户外广告设施4.40万余块，收缴违法违规小广告宣传物25.87万条。

【城乡环境卫生整治】　加强环卫清扫保洁和生活垃圾收运处置，推动环卫一体化管理，推进厕所革命。2019年，城市生活垃圾日产日清，无害化处理率100%；乡镇（镇区）生活垃圾

规范整治户外各类违法违规广告设施　　（市城市管理局　供稿）

处理设施基本实现全覆盖，村庄生活垃圾有效治理率99.95%，乡镇镇区公厕全覆盖达2座及以上；除高新区外，主城8区（含开发、度假区）全部实现环卫一体化管理。全市建成公厕4373座（含社会厕所），其中主城8区2838座，达7座/平方千米上限建设标准。

【户外广告设施管理】　制订下发《关于进一步加强户外广告设施整治的工作方案》，切实加强户外广告设施规范整治，主城区规范整治各类违法违规户外广告设施46873块条。加强户外广告设施安全隐患排查，主城区排查存在安全隐患户外广告牌1080块，整改1080块；排查存在安全隐患店招店牌884块，整改884块。充分利用广告牌、电子屏开展公益宣传，营造良好社会氛围。全年对“食品安全示范城市”“扫黑除恶”“垃圾分类”“新中国成立70周年”“创建全国文明城市”等重大公益活动宣传累计播放时间7.70万多分钟，占有效播放时间28.90%。

【道路桥梁管养维护】　根据新的管理职能职责和现行法律法规要求，对全市道路、桥梁等市政设施相关5项审批事项进行全面梳理，重新制定全市统一审批指南、办理流程，事中事后监管方案，提高审批效率，有效提升营商环境。完成19座桥梁安全监测设备安装及系统升级，通过系统调试，实现24小时在线监测，为桥梁管理工作提供便捷技术支撑，有效提升桥梁安全管理。督促辖区对全市范围内73座城市桥梁进行安全检测工作，并建立“勤小修，免大修，不断行”道路养护机制，对全市城市道路进行基本管养维护，保障城市道路、桥梁及其他附属设施正常运行，为市民出行提供便利。实现市政道路养护工作科学化、标准化、常态化。

【违法违规建筑治理】　2019年，市城市管理局开展以主城8区、空港经济区、晋宁区为主，其他县（市、区）城镇集聚区为辅，高速铁路沿线、高速公路沿线、自然保护区及风景名胜区周边、“大棚房”、别墅小区整治为重点专项治理工作，全年完成各类违法违规建筑拆除任务2580.20万平方米。

【建筑垃圾运输处置管理】　按照市委市政府工作部署要求，以严厉打击黑车违规运输处置渣土、整治各类渣土管理乱象为重点，全力推进新型智

盘龙江景观亮化工程　　（市城市管理局　供稿）

能渣土车推广使用工作，督促各区做好弃土消纳场审批建设和安全监管工作，进一步规范全市渣土运输处置秩序。全市城管部门检查渣土工地13478家次，查处擅自租用“黑车”违规运输处置渣土工地33家次，下发《责令限期改正通知书》93份，现场督促整改222家次。累计查处各类违规运输处置建筑垃圾案件3184起。其中，未按规定密闭413起（主要是老式渣土车）；无证运输2367起；查处无资质车辆251起；道路污染126起；封停取缔“黑土场”14个。截至2019年底，全市核准渣土运输企业105家，智能渣土运输车3386辆，老式渣土车503辆，正常运营弃土消纳场20个。

【市属公园花事活动】 2019年，全市7大公园按照“一园一特色”“世界春城花都”品牌规划要求，分别举办梅花、茶花、樱花、郁金香、桃花、荷花、菊花等花展，丰富市民文化生活。70周年国庆节期间，公园实行免费开放并推出各类文化主题活动，7天接待入园游客168.88万人，同比增长214.96%，切实提高市民获得感和幸福感。

【世界春城花都品牌打造】 制订印发《昆明市推进“世界春城花都”建设2019年园林绿化工作方案》，加快推进工作落实。大力推进城市绿地建设工作，推进城市增绿、道路景观提升改造行动，开展城市园林绿化巡查，推行城市摆花长效机制，切实提升城市绿化品质，打造“世界春城花都”品牌。全年全市新增城市绿地205公顷，完成年度目标任务102.50%；提升改造广福路、一环路、机场路景观绿化21.26万平方米；新建各类立体绿化示范点8个；开展绿化日常巡查892轮次、集中巡查10轮次，下发整改通知190份，整改巡查发现问题5113.50件；主城建成区设置立体花坛65组，长效摆花1480万盆；评选市级园林单位小区11家。

【行政执法管理】 开展“强基础、转作风、树形象”专项行动。通过强化执法人员培训、规范执法程序、实行“721”工作法等举措，扎实转变全市城市管理执法人员作风和形象。全年组织全市城市管理执法督察业务骨干培训2次，全市中层科级以上城市管理执法人员培训1次，参加培训人员500余人次；开展“三项制度”建设，进一步提高城管队伍执法能力。按照国家、省市关于《全面推行行政执法公示制度执法全过程记录制度　重大行政执法决定法制审核制度》要求，全面公开执法人员姓名、照片、执法证件编号等信息，接受社会监督；实施执法过程全记录制度，运用执法记录仪3000余台，做到执法全过程留痕和可回溯管理；在主城区投放60台4G执法纪录仪，有效实现智慧城管指挥中心与执法一线视音频实时传输；成立审核机构，对重大行政执法决定进行审核，未经审核或审核未通过不得做出行政处罚决定。

（桑亚林）

城市网格化管理

【机构沿革】 2006年3月，昆明市被住建部列为第二批数字化城市管理系统建设试点城市。2008年，昆明市成立数字化城市管理办公室，隶属昆明

五华垃圾焚烧发电厂 （市城市管理局　供稿）

市城市管理局管理。主城各区均成立数字化城市管理办公室，隶属各区城市管理部门。主要职责是负责昆明市城市管理各部（事件）统一监督、指挥督办、统筹协调、考核评比等有关工作，拟定城市管理监督与评价办法、标准，建立健全监督评价和高效运行的管理制度等。

2017年3月，根据《关于调整昆明市数字化城市管理办公室机构编制有关事项的批复》文件要求，昆明市数字化城市管理办公室更名为昆明市智慧城管服务指挥中心。职能职责包括参与拟定昆明市智慧城管工作发展规划、工作标准规范及考核评价制度，并做好组织实施；负责昆明市智慧城管综合运行系统建设、运行、维护和数据更新，并指导县（市、区）和市级专业部门智慧城管系统建设及运行等。8月，为进一步理顺网格化管理体制，实现区级监管分离，根据《关于昆明市及主城八区网格化监督指挥机构设置等相关事项的批复》要求，在市智慧城管服务指挥中心加挂昆明市网格化监督指挥中心牌子，职能职责向网格化管理进一步拓展，主要包括研究拟定昆明市有关网格化监督、管理、服务中长期发展规划，制订年度计划，并组织实施；统筹协调昆明市网格化服务管理体系建设和拓展深化；统筹昆明市网格化指挥体系建设；统筹全市网格化管理有关信息系统建设、运行、维护及数据更新等多个方面内容。同时，独立设置盘龙、五华、官渡、西山、呈贡、高新、度假、经开8区分中心，分中心实行市中心和区政府（管委会）双重管理，以区为主管理体制。撤销各区数字化城市管理机构，其职能整合到各区网格化监督指挥分中心履行，脱离各区城管部门，由各区独立的分中心履行网格化监督、考核职能。各区结合实际，分别于同年下发机构设置文件，明确责任领导，并于同年年底实现区级监督与管理分离。

2018年2月，为进一步加快推进昆明市城市网格化管理工作，实现网格巡查覆盖精细化，监管内容全面拓展，跨部门协同联动，按照昆明市委、市政府工作部署和要求，2月27日，市机构编制委员会印发《关于调整昆明市网格化监督指挥机构设置的批复》，将昆明市智慧城管服务指挥中心（加挂昆明市网格化监督指挥中心牌子）名称调整为昆明市网格化综合监督指挥中心（加挂昆明市城市运行综合监督指挥中心牌子），隶属关系由昆明市城市管理综合行政执法局管理调整为昆明市人民政府办公厅管理，完成市级层面管理体制监管分离。

同年，在街道和社区建立街道网格化综合处置平台和社区网格化工作站，明确网格化管理工作负责人和工作人员。主城8区各街道和相关部门、社区全部接入网格化管理平台，案件在各级各部门进行派遣和请办，形成市、区、街道、社区、管理网格一体化管理体制。

【网格化规范管理】 2019年，昆明市网格化综合监督指挥中心在充分调研基层网格化开展进度，在总结前期网格化管理经验基础上，研究制定2019年城市网格化管理考核指标体系，分别从管理机制、监督机制、处置机制、考核机制、“1+5+X”网格化工作模式建设运行情况和专项考核

生态环境保护与城市综合管理空间信息系统 （市网格化统合监督指挥中心 供稿）

等6个方面24项细化指标对主城区网格化管理工作进行规范和考核。通过完善考核指标体系，持续推进管理资源和服务资源合理配置，优化工作流程，整合管理力量，有效促进昆明市城市网格化管理体制制度化、规范化和长效化建设，不断提升城市网格化、管理社会化、法治化、智能化和专业化水平。

【网格化管理考核评价】 城市网格化管理考核本着客观公正、务实高效、问题导向、阶段推进工作原则，采取系统测算和系统评判两种方式对主城区城市网格化管理工作开展情况进行动态考核，各项考核指标分值由系统自动生成，动态实时显示考核结果，最大限度减少人为干预，真正做到公平、公正、公开。对主城8区（含开发、度假区）网格化工作及郊县区城市管理工作开展情况定期形成考核月报和数据分析周报，公示和通报考核结果，不断强化考核结果运用。2019年，发布考核月报12期，数据分析周报52期，环境卫生"清洁指数"12期。

【深化"五员进网格"工作模式】 2019年，昆明市网格化综合监督指挥中心紧紧围绕全面提升城市文明建设管理水平目标，不断深化"1+5+X"网格化工作模式（"1"即每个管理网格设置1名网格长；"5"即将网格监督员、城管执法人员、社区工作人员、环卫保洁人员和社区民警五类人员纳入网格中；"X"即根据工作需要，将各类社区专干、楼栋长、社区志愿者、物业管理人员等纳入网格中），健全完善网格长责任制，研究制定详细考核指标，分别从工作例会、网格员评议、问题处置、绩效考核等方面对"五员进网格"工作开展情况进行考核，压实基层网格化管理责任，促进社区治理体系建设，充分发动居民参与自治，逐步形成"共建共治共享"良好局面。鼓励网格员开展问题自巡查和轻微问题自处置，随着街道小循环和社区自循环处置流程不断完善，社区和网格内的轻微问题日均处置4000余件，社区自我管理、自我服务水平显著提高。

【网格化管理制度创新】 构建"接诉即办"工作机制。昆明市网格化综合监督指挥中心着力构建扁平化诉求直派流程和接诉即办"快速响应机制，印发《昆明市城市网格化管理"接诉即办"工作实施方案（试行）》，对"接诉即办"分类清单中明确的常规问题和疑难问题分别建立快速处置机制和联动处置机制，并实行"双反馈"和来电满意度回访反馈机制。通过高位统筹督办，诉求办理考核评价等方式，实现政府对群众诉求"接诉即办、直派快办"目标，不断提高诉求办理效率和质量，切实解决好群众身边重点、难点、热点问题。

联合建立"吹哨报到"工作机制。昆明市网格化综合监督指挥中心配合市委组织部构建以城市网格化管理体系为基础"党建引领、街道吹哨、部门报到"工作机制，以解决群众反映强烈、长期得不到处理、反复多发热点难点问题为目标，将公众投诉举报、12345市长热线转办、媒体曝光、网格人员或其他人员巡查上报、卫星遥感图斑、经县（市、区）研判需要市级部门参与处置事项、市领导批示问题等7类问题作为"县区吹哨、市级部门报道"哨源。通过四级综合指挥系统平台统筹协调"哨件"中涉及的市级部门，安排人员到达现场与县（市、区）哨件发起部门共同研究制订解决方案，明确责任分工和时间节点。同时，按照"一哨一考核"要求，实行双向评价制度，即县（市、区）对参与报到市级部门进行评价，市级部门对发起吹哨县（市、区）进行评价，确保各部门间协作配合，不断推进基层治理、提升服务群众能力、解决基层突出问题。

建立道路淹积水应急处置工作机制。结合昆明市雨天道路淹积水实际情况，研究制订《昆明市主城区雨天道路淹积水处置网格化管理工作方案》，通过建立"反应快速、处置有力、运转高效"扁平化预警处置机制，明确责任单位、处置流程、处置标准和考核指标，为及时处置雨天主城区道路淹积水，缓解道路淹积水造成交通拥堵问题，充分调动各部门形成工作合力提供制度保障。

【推进卫星遥感监测图斑处置】 2019年，昆明市网格化综合监督指挥中心运用卫星遥感监测技术对林区内裸露土地、矿山治理、滇池水体浑浊度、滇池周边、重点地区湖泊、河道、水库及岸线侵占和水环境监测等生态环境板块；新增建设用地核查、新增建筑工地、大型垃圾渣土堆放、违法违规建筑、建筑施工裸地、城市绿地和城中村改造等城市综合管理板块从源头进行监测。通过定规则，即制定卫星遥感监测案件闭环处置流程；立标准，即制定卫星遥感监测立结案标准；抓落实，即将卫星遥感监测技术与网格化综合管理工作相融合，运用历史影像图斑比对，及时发现生态环境保护与城市综合管理中存在问题，按照"全面审核、重点抽查"工作原则，强力推进卫星遥感监测图斑处置。

【开展专项巡查普查】 城市网格化管理信息采集主要来源是分布在1272个管理网格内的市、区两级网格监督员，网格监督员在管理网格内开展常态巡查工作。2019年，发现上报各类城市管理案件383万余件。其中，市级网格监督员发现上报案件17万余件，区级网格监督员发现上报案件363万余件。昆明市网格化综合监督指挥中心在开展日常巡查同时，还组织网格监督员开展重点专项巡查普查工作。其中，对主城区施工围挡区域是否张贴安全施工文件、堆放建筑材料普查584件；对主城区餐厨垃圾乱排乱放普查2861件；对主城区临街餐饮业数量普查16752件；对主城区洒水车、雾炮车等车辆作业情况普查499件；对主城区涉及"六个不滑坡"

相关市容环境类问题巡查45254件；对全市涉及黑臭水体整治22条河(沟)77个监测断面进行现场查看并拍照备案；对昆明火车南站、昆明火车站、北部客运站等7个交通枢纽站黑车拉客情况开展专项巡查。对主城区大气污染类问题进行专项巡查，发现问题17036件。

【拓展群众监督机制】 2019年，昆明市网格化综合监督指挥中心组织开展“滇池卫士”志愿行服务宣传推广活动，积极倡导宣传保护滇池，绿色、环保、低碳生活方式，弘扬志愿服务正能量，践行社会主义核心价值观等，使“春城志愿行·滇池明珠清”环保理念更加深入人心。组织中央、省、市相关媒体召开“网格滇池志愿者”微信平台宣传推广活动媒体通报会，对微信公众号使用方法、问题处置流程、推广方式等进行宣传；参加新闻联合播栏目专题访谈2次，对微信平台和滇池网格化治理工作进行介绍；通过发放宣传材料等方式开展现场组织宣传活动3次；组织部分市民、执法人员等进行河道“明察暗访”活动2次，活动情况同步通过网络直播；3～8月，由昆明报业传媒集团对通过网格滇池志愿者微信公众号举报问题市民进行奖励和小礼品发放。对滇池志愿者举报受理问题，积极督促各区及时安排责任部门进行处置，严格落实结案标准，尽快将处置结果反馈给举报人。2019年，2382名志愿者关注“网格滇池志愿者”公众号，举报各类问题1725件，处置结案1627件，结案率94.32%。

（黄　飞）

建筑业和建筑市场管理

【建筑业市场管理】 为发展建筑业，扶持企业升级，加快昆明市建筑企业申报“省住房城乡建设厅核发资质”初审速度。经请示，2019年1月，云南省住房和城乡建设厅向昆明市住建局同意由昆明市住房城乡建设局负责初审，省住房和城乡建设厅最终许可资质类别，从2019年2月1日开始，昆明市不再出具资质初审通过公函，凡通过昆明市住房和城乡建设局初审企业，只需在《建筑企业资质申请表》中“市级管理部门审查意见”，由分管领导签字并加盖昆明市住房和城乡建设局行政审批专用章，企业即可报送省住房和城乡建设厅。简化流程，办理时间从10个工作日缩减到1个工作日，提升办事效率。2019年，昆明市完成建筑业产值3560亿元，同比增长11.40%。

【建筑工程质量监管】 强化质量监管，确保工程质量总体受控，完成建设工程质量监管各项工作任务。2019年，未发生工程质量事故。2019年度建筑工程质量验收合格率100%；大中型工程项目一次验收合格率100%；新开工工程质量监督覆盖率100%；新建工程签署法人委托书和质量终身责任承诺书覆盖率100%；新竣工工程设立永久性标牌覆盖率100%。开展房屋建筑工程质量常见问题专项治理工作，做到有计划、有落实、有检查、有考核。2019年，全市办理质量监督注册项目178个。其中，房建项目125个，建筑面积1980万平方米，投资额510.53亿元；市政项目54个，投资额103.89亿元。办理工程项目竣工验收备案120个。其中，房建项目107个，建筑面积1803.32万平方米，投资额385.53亿元；市政项目13个，投资额12.15亿元。

【抗震设防和抢险救援建设监管】 落实抗震防灾职责，配合启动市级规划编制工作。组织各县(市、区)申报编制城市抗震防灾规划，划转各县(市、区)编制规划专项经费。加强地震应急预案日常管理和业务培训。2019年，全年实施抗震专项审查132件。

推进施工图设计文件多审合一改革。根据《云南省住房和城乡建设厅关于推进房屋建筑和市政基础设施工程施工图设计文件多审合一改革的通知》精神，结合消防设计审查职责移交实际，及时牵头制定《昆明市住房和城乡建设局关于我市建设工程消防设计审查验收过渡期有关事项的通知》《昆明市住房和城乡建设局关于新建、改建、扩建建设项目消防、人防设计文件审查的通知》，明确自2019年4月1日起，全市新建、改建、扩建房屋建筑和市政基础设施工程建设项目的消防、人防等专项设计审查并入施工图设计文件审查，不再另行办理消防设计审核和人防设计审查手续。2019年，全市完成施工图审查1696件，7968万平方米。

【勘察设计和市场监管】 进一步优化和规范勘察设计行业监管。持续做好行政审批服务工作。认真贯彻落实工程建设项目审批制度改革精神，以更好更快方便企业和群众办事为导向，将房屋建筑初步设计审批、抗震设防专项审查(非超限工程)下放县区主管部门履行审批职责，并加强协调和指导工作。加强勘察设计质量行业管理。依托施工图审查系统、资质管理系统，加大对施工图系统备案抽查力度，进一步优化和规范勘察设计行业监管。

【建筑工程消防验收】 2019年，市住建局主动对接完成建设工程消防验收移交承接工作，积极指导和帮助企业知晓建设工程消防验收相关工作流程，做好各项管理服务工作。在组织业务培训、赴周边城市学习考察、制定相关流程、制度基础上，全年收到市级监管的建设工程消防验收报件项目171个(含省级监管项目28个，水利工程1个、民航工程1个、石化工程1个、公路工程1个、电子与通信工程和广播电影电视工程1个、兵器与船舶工程3个)，审核通过155个，发出受理告知书155份、不予受理告知书12份。对审核通过155个项目开展技术指导服务19次，组织验收142次，复验312次，通过整改复验的项目119个，发出验收合格意见书119份，验收不合格意见书1份。指导、协助县区开展建设工程消防验收项目64个。

（柳　润）

住房建设与管理

【概况】 2019年，昆明市坚持分类调控，因城因地施策，确保房地产市场稳定。建立健全用数据说话、用数据决策、用数据管理、用数据创新管理机制，科学研判房地产市场运行情况。持续开展房地产市场乱象整治，加强新建商品房销售管理，稳定房地产市场秩序，促进房地产市场平稳健康发展。2019年，昆明市房产开发投资累计完成2096.30亿元，同比增长13.90%。新建商品房销售面积完成1916.20平方米，同比增长0.30%。新建商品住宅供应量充足，且新开发项目在配套和品质上都所有提升。从销售户型看，新建商品住宅以改善型户型为主。2019年，昆明市房地产市场发展趋于平稳。昆明市新建商品住宅价格1-11月小幅上涨，12月环比下降0.3%。

【保障性住房建设】 2019年，昆明市大力发展公共租赁住房，发放城镇住房保障家庭租赁补贴，加快推进棚户区改造，多渠道解决中低收入家庭住房困难。按照省政府《2019年保障性安居工程工作目标责任书》要求，2019年，昆明市棚户区住房改造开工9500套，基本建成12032套户，发放城镇住房保障家庭租赁补贴3313户。截至2019年12月底，昆明市2019年棚户区住房改造开工9500套，完成率100%；基本建成17591套，完成率146.20%；发放城镇住房保障家庭租赁补贴3329户，完成率100.40%。成立昆明市保障性安居工程建设工作领导小组，由市政府主要领导任组长，下设办公室在昆明市住房和城乡建设局，成员单位住建、发改、资规、财政等部门联动工作，把保障性住房项目前期行政审批工作变串联为并联，变等审批为催办审批，做到政策上无阻碍、技术上无障碍。成立昆明市公共租赁住房开发建设管理公司和昆明市保障性住房开发建设管理有限公司，一手连接政府，一手连接市场，通过政府主导，引入市场资源，着力破解投融资、建设、运营、管理难题。通过采取建立城市棚户区改造项目储备库模式，把符合城市棚户区改造项目先列入昆明市城市棚户区改造计划，待项目达到土地交易完成且启动建设条件后再申报列入国家棚户区改造计划，从而确保昆明市棚户区改造项目100%开工。安排业务骨干实行“一对一”联系县区制度，明确专人定期指导，服务县区住房保障、跟踪审计等工作。严把保障房和安置房规划设计、招标投标、建材供应、施工质量和竣工验收关，让保障对象住上“放心房”。

规范棚户区改造融资行为，坚决遏制地方政府隐性债务增量，发挥政府规范适度举债改善群众住房条件积极作用。2019年，发行棚户区改造专项债券39亿元。通过千方百计着力破解资金瓶颈，推进保障性安居工程建设，有效维护房地产市场平稳健康发展，拉动全市固定资产投资增长。

优化公共租赁住房分配流程、简化申请步骤、缩短工作时限，分配工作实现常态化。完善公共租赁住房配套设施，规范物业服务和管理，满足公租房住户日常基本生活需求。将城市棚户区改造作为重大“民心工程”“幸福工程”，在政策设计上最大限度地让利于民、惠及百姓，让被拆迁户在改造后生活水平得到大幅提高，实现改造成果共享。通过城市棚户区改造，配置学校、绿地、市政公共设施，建成后无偿提供市民使用，促进城市基础设施进一步完善，提升城市品质。加快政府职能转变，推进供给侧结构性改革，制订《昆明市政府购买公共租赁住房分配运营管理服务实施方案》，吸引企业和其他机构参与公租房运营管理，总结经验逐步完善购买公租房运营管理服务标准体系，不断提高公租房运营管理专业化、规范化水平，不断提升保障对象满意度和获得感。

【物业管理】 推动创建全市“红色物业”行动，进一步将物业管理责任下沉到街道，把物业管理纳入社区治理体系。进一步维护住宅专项维修资金交存业主合法权益，在保障资金安全、正常使用前提下，为确保住宅专项维修资金保值增值，印发《关于做好住宅专项维修资金保值增值工作的通知》，要求各辖区住建部门进一步规范住宅专项维修资金管理工作，主动联系合作银行，通过定期存款、协定存款等方式，降低活期存款占比。截至2019年底，全市累计归集住宅专项维修资金84.92亿元，累计使用1.95亿元，使用率2.30%。按照属地化管理原则，依托县（市、区）住房城乡建设局强化物业服务行业管理。牵头做好全市平安小区创建工作，完成市级平安小区评审，全市评出68个市级平安小区。

（柳　润）

交通·邮政

编辑：李　震

公路建设及轨道交通

【概况】 2019年，全市累计完成综合交通投资504.67亿元。公路运输总周转量完成222.41亿吨千米，同比增长13.52%；邮政业务总量完成60.16亿元，同比增长35.91%；铁路运输总周转量完成671.90亿吨千米，同比增长14.40%。东格、东南绕（除杨林隧道左幅）、机场北、寻沾（昆明段）和石泸（昆明段）等5条高速先后建成，全市新增高速公路里程194千米，高速公路里程1032千米，公路总里程突破2万千米。完成农村公路建设406千米，农村公路生命防护工程545千米。新开城市公交线路11条，城市公交线路519条。新增停车泊位2.60万个，公共交通机动化出行分担率57.80%，建制村通班车率100%。新开通8条国际客货运航线，昆明长水国际机场公务机楼改造项目顺利竣工验收，昆明机场总规修编获得国家民航局正式批复，昆明长水国际机场旅客吞吐量达4808万人次。铁路客、货运总量达7972万人次和1.42亿吨。

2019年7月7日，东格高速公路建成通车（市交运局　供稿）

渝昆铁路云南先期段开工建设，城市轨道交通4号线、6号线二期初步具备通车条件。

【综合交通体系规划】 综合交通空间规划更加科学。充分发挥规划“龙头”引领作用，积极推进《昆明市综合交通体系规划（2018—2035年）》《昆明市“十四五”综合交通发展规划》《昆明市公路国土空间控制规划》等规划编制工作，明确未来一段时期昆明市综合交通发展主要目标、战略任务、重大政策和重点项目等，形成布局完善、规模合理、结构优化、资源集约、衔接高效、互联互通的区域性国际综合交通枢纽，为建设区域性国际中心城市提供可靠规划保障和科学政策指引。

【综合交通基础设施建设】 高速公路建设领域。持续抓好11个县域高速公路“能通全通”工程建设，完成罗衙立交、龙泉立交等重要交通节点改造。昆明绕城高速公路外环线基本实现闭合。全市高速公路完成投资154.85亿元，是“十三五”期间全市高速公路建成通车项目最多、里程最长的一年。全市高速公路通车里程1032千米；全市公路总里程突破20000千米，路网密度每百平方千米约达95千米以上，位居西部前列。

铁路建设领域。昆明至攀枝花开行动车；昆明西客站和长水机场站纳入渝昆高铁项目同步规划实施，启动昆明西客站项目“站城一体化”研究；渝昆铁路云南先期段开工建设。

民航发展领域。昆明长水国际机场公务机楼改造项目顺利竣工验收，昆明机场总规修编获得国家民航局批复，航空固定资产完成投资约77.27亿元。

城市轨道交通领域。加快地铁1号线西北延、2号线二期、6号线二期、4号线、5号线等在建项目建设，4号线、6号线二期初步具备通车条件，轨道交通完成投资167.04亿元。

枢纽场站及停车场建设领域。重点推进昆明市综合交通国际枢纽、东南部及半岛公交停车保养场等在建项目，完成投资21.66亿元。

【干线公路建设】 2019年，实现东倘公路复工建设，G320（安宁段）开工建设，加快推进寻甸县金所至柯渡等干线路网改造提升，完成皎平渡至马鹿塘公路、小团山至汤郎公路、皎平渡大桥工程、易隆至白石岩公路一期工程建设。加快推进G324、G326（石林段）、G248（寻甸至鸡街）、G108（富民段）、G324（阳宗海段）、东川区沿江公路、富民县东仁公路以及晋宁区二鸣路等一批干线公路前期工作，不断完善全市干线公路网功能。

【农村公路建设】 2019年，完成全市自然村通村公路建设406千米，投资近4.10亿元，实现全市自然村公路通达率99%以上、通畅率71%以上目标。

【农村公路管养】 截至2019年底，昆明市地方管养道路在库列养总里程17654.42千米。其中，国道238.72千米、省道683.46千米、县道3022.48千米、乡道7155.75千米、村道5667.55千米、专用道365.19千米；高速公路84.97千米、一级公路66.99千米、二级公路295.94千米、三级公路316.40千米、四级公路13826.83千米、等外公路2497.38千米。桥梁总数1178座。其中，特大桥26座、大桥117座、中桥191座、小桥844座。2019年，计划安排农村公路养护工程补助资金120777.91万元，其中省级农村公路养护补助资金5809.47万元、市级农村公路养护补助资金2512万元、县（市、区）自筹资金12456.44万元；安排52个大中修工程、1座小桥的危桥加固改造工程和10个路段的安全隐患路段整治工程。争取中央车购税补助安防建设、危桥改造资金5303万元，争取省级补助安防建设、危桥改造资金7776万元。

【美丽公路建设】 2019年，市交通运输局把路域环境绿化美化作为重要抓手，先后完成昆明至景洪至磨憨（昆明段）27千米产权范围内绿化美化及4个立交节点（杜家营、联大、马金铺、大渔立交）景观打造工作，种植乔木12149棵，种植灌木21839株，开展拆临拆违暨路域环境整治176项，构建立体、复合绿色生态景观廊道，充分展现沿途山水林田湖草自然景观和各具特色的民族民居、村落风貌，打造“路景融合，轻松舒畅”的美丽公路。

【深化收费公路制度改革】 按照国家（部、省）深化收费公路制度改革取消高速公路省界收费站工作部署，2019年，昆明市围绕高速公路ETC联网收费系统配套工程建设及ETC推广发行应用两个工作重点，完成全市营运的6条市管高速公路70套门架系统、221条ETC标准化车道、30套收费站入口称重检测设备相关硬件工程建设。2020年1月1日零时，成功切换市管高速公路ETC全国联网收费系统，ETC累计发行212.40万辆（其中货车6.80万辆），占全市机动车保有量88.8%，超额完成交通部下达80%的目标任务。

【轨道交通建设】 2019年，全面推进地铁1号线西北延、2号线二期、4号线、5号线、6号线二期等线路建设，在建里程97.20千米。昆明地铁开工建设以来累计完成固定资产投资约1087亿元。完成轨道交通类固定资产投资167.04亿元。1号线西北延工程：得胜桥站、弥勒寺站主体结构封顶。2号线二期工程：10个站开工建设，其中盘龙村站、龚家村站、六甲站、会展中心站、小街站主体结构封顶，龚一六、六一盘区间贯通。4号线工程：截至2019年12月31日，4号线工程实现“洞通、轨通、电通”三通，为后续各专业设备单机调试、系统联调联试提供源动力，也为后期地铁列车的热滑、动调提供可靠保障。5号线工程：福保站、金家河站、庄家塘立交桥站、兴体路站、渔户村站、迎海路站、大坝站、广福路口西站、金兰路站、弥勒寺站、穿金路站、石闸站、白龙寺站13座车站主体结构封顶；世博园站、华山西路站、严家地站等3座车站主体结构施工；五一路站、圆通山站、福海站等3座车站围护结构施工。6号线工程：所有车站主体结构封顶，区间贯通，实现电通且启动综合联调工作。

【轨道交通运营】 截至2019年底，昆明轨道交通通车总里程88.70千米，车站57座，实现安全生产2416天。昆明地铁全年累计客运量2.14亿乘次，日均客运量58.64万人次，旅客周转量209335.7万人千米，累计开行30.86万列次，运营里程801.38万列千米，线网运行图兑现率100%，正点率99.99%。开通运营至2019年底，线网累计客运量7.65亿人次。2019年，昆明地铁上线智慧通行App、银联闪付（含手机Pay），实现微信、支付宝乘车码扫码乘车，昆明地铁迈入移动支付乘坐地铁时代。

【超限超载治理】 2019年，全市检查车辆30.51万辆次。其中：超限超载车辆0.52万辆次，出动执法人员51744人次（含交警），卸载货物53013.01吨。在全市范围内组织开展“百吨王”集中整治、超限超载重点环节专项整治等行动。同时推进治超工作黑名单联合惩戒机制，治超站入口抓拍信息化建设，高速公路入口称重检测等工作。全市治超工作稳步推进。

【服务设施管理】 组织开展东绕城高速、南绕城高速公路路域环境“脏、乱、差”排查点位情况清理工作。2019年，督促并配合公路经营管理单位消除路产范围内临违建（构）筑物14起。对所辖昆明东绕城、黄马、高海高速公路全线11座加油站（停车区）的服务环境和服务设施开展监督检查工作，发现问题140个，下发整改通知书19份，现场整改112个，完成限期整改问题28个。各加油站管理、设施、保洁得到提升，综合服务水平进一步提高。

【交通环境综合整治】 2019年，市交通运输局以“四化”“四治”为抓手，重点加强交通行业管理，加大公路、公交站点、地铁站、客运场站、航运码头等重要区域清扫保洁力度，加固高速公路路域环境综合整治，对重点路段进行绿化优化，严格执行大气污染防治，强化停车场建设力度，努力打造“畅、安、舒、美”的综合交通形象，创造优美交通出行环境。第一阶段市容环境整治任务顺利完成，下阶段整治工作正有序开展，全力保障2020年10月联合国生物多样性大会及国际友好城市大会顺利召开。

2020年1月1日，高速公路入口称重检测设备系统安装 （市交运局 供稿）

【智能交通建设】 扎实推进智慧交通建设。编制《昆明市智慧交通建设三年行动计划（2019—2021年）》；启动昆明市综合交通运输运行协调指挥系统一期项目；完成昆明公交数据分析平台和智慧公交数据大脑云平台基础建设；建成“春城e路通App”“智慧通行App”，全面实现昆明市公交、地铁移动扫码乘车；推出“云智停车”停车信息平台，为停车场、车主、政府部门提供综合停车信息服务。

【海事航运建设】 滇池航运建设工程。2019年，完成信息化监管系统及呈贡新城码头、白鱼口码头、彰美村码头景观绿化工程。

盘龙江复航。2019年初，协调昆明滇池投资有限责任公司编制盘龙江复航方案，就技术可行性、建设条件和运营思路等进行分析论证；4月，滇投公司按照相关单位意见在盘龙江桃园广场建设临时性浮桥码头1座，泊位1个，24座船舶1艘，航道2.52千米；10月1日，开始试运行，运行情况良好，该公司计划再购置同类型船舶5艘用于该航次的运营。

金沙江乌东德翻坝转运设施。11月25日，国家发改委综合运输研究所在昆明召开金沙江下游3个库区翻坝转运设施建设规划和运营机制征求意见会，明确乌东德翻坝方案为上码头云南四川各1个，翻坝路线落地云南岸，下码头为云南岸普渡河口和金沙江交界处的牛坪子。新乌东德翻坝转运系统方案上报国家发改委，待方案批复后将积极对接三峡集团，开展《工程可行性研究》《初步设计》等前期工作。

东川港建设项目。3月，东川港指挥部完成川港项目的前期招标工作；12月，召开《工程可行性研究》专家咨询评审会。土地预审、资金筹措方案、社会稳定性评估等前期工作正在完善编制中。

【旅客运输】 2019年，市交通运输局不断拓展包车客运车辆服务范围，推行包车客运定制化服务，加强信息化建设，利用信息技术不断完善包车客运企业管理工作。截至2019年底，使用省内包车系统开展包车备案业务包车、班线客运企业49家，有2698辆旅游车，6688人从业人员入库，通过网上备案，完成包车业务10.20万趟次，下发许可49件。其中，新增企业及运力23份，新增运力26份，共许可车辆956辆。继续通过信息技术强化旅游客运市场综合整治，通过抽查包车系统备案、运行轨迹回放等方式，配合旅游部门对包车备案情况进行核实。开展中途停靠试点工作，全市2个客运站作为中途停靠试点站，6条线路、97辆客车实行中途停靠，试点情况良好。

【货物运输】 切实做好道路危险货物运输行业管理工作，全市有危货运输企业91家，危货运输车辆3533辆，运力总吨位4.57万吨。继续推进道路危险货物运输安全综合治理工作，严格执行危货道路运输电子运单使用管理规定，全市危货运输企业使用电子运单40.72万单。继续组织开展长江经济带危险废物道路运输排查工作，未发现违法违规运输行为。有序推进道路危险货物运输车辆强制安装具备视频防碰撞安全运行系统工作，安装608辆。继续推进无车承运人试点企业监测工作，4家试点企业经交通运输部考核合格。对总质量4.50吨及以下普通货运车辆不再进行年度审验，为进一步降低运输业户经营成本、促进道路运输市场发展提供便利。

【车辆技术管理】 进一步加强车辆技术管理工作，总计完成机动车综合性能检测6.08万辆次。其中，等级评定4.75万辆次、二级维护竣工检测1.05万辆次、维修质量检测559辆次、其他检测2270辆次。组织《机动车维修管理规定(修订)》宣贯工作，不断提高社会知晓度。继续推进汽车维修电子健康档案工作。继续做好道路运输达标车辆核查工作，完成核查3167辆。其中，合格3107辆、终止核查41辆，进一步提升营运车辆技术管理水平。

【驾驶培训管理】 全市新增驾驶培训机构14所，新增教练车332辆。开展机动车驾驶培训培训记录管理专项整治工作，全市查处违反大纲学时规定教学的违法行为81起。受理群众投诉，组织查处不规范经营行为，处理221起投诉，投诉回复率和办结率100%，驾培市场环境得到进一步净化。

【应急保通】 春运期间，积极做好应急运力储备工作，科学调配包车、加班车车次，客运车辆发班10.84万辆次，调度省内包车1.14万趟次，省际包车148趟次，输送旅客278.07万人次，保证返乡返城客流顺利乘车。元旦、清明、“五一”“十一”及重要展会、会议期间，密切关注客运站旅客聚集及发班情况，抽调城乡公交运力储备180辆，组织普通货物运力储备140辆，危险货物运力储备50辆，确保高峰期旅客及重点物资的正常输送。

【法制建设】 修订《昆明市客运出租汽车管理条例》《昆明市机动车停车场管理办法》《昆明市残疾人免费乘坐城市公共汽车和轨道交通工具规定》《昆明市城市轨道交通乘客守则》等规范性文件，开展单位管理制度创新51项；分类开展行政执法培训800余人，评查执法案卷767卷，行政执法督查3次，编制执法监管事项清单，录入监管事项160余项，办理行政复议案件10起。

【运输服务保障】 全力做好2019年春运、清明、五一、端午、国庆、两会、商洽会、农博会、高原半程马拉松赛、第三届长江上游地区省际联席会议等重点时段、大型活动运输服务、公交线路临时调整等保障工作，保障旅客顺利疏散。2019年，春运期间输送乘客11488.42万人次，“清明”“五一”“端午”节、“中秋节”“国庆”小长假期间，输送乘客5529.89万人次。

【城乡公交服务】 2019年，新开城市公交线路11条，截至2019年底，主城区7家城市公交企业公交线路519条，运营车辆6154辆，年客运量75093.50万人次，日均客运量约205.70万人次。推进城市公交汽电车驾驶区域安全防护隔离设施安装工作，进一步加强城市公共汽车和电车运行安全保障。继续深化城乡公交一体化工作，2019年，完成12个建制村通车任务，昆明市行政区划内建制村通客车率100%(不含玉溪市托管建制村)。新增城乡公交运力95辆，延续经营47辆。开通城乡公交线路651条，投入城乡公交车3198辆，建成县乡村各级客运站87个，建成候车亭和沿途招呼站833个。

【新能源公交推广应用】 2019年，市交通运输局完成95辆(县区)新能源公交车的推广应用；完成103辆纯电动巡游出租汽车、1200辆纯电动网约车推广应用；对昆明公交集团公司、双誉城乡公交公司、东胤城乡公交公司2018年度运营的符合新能源公交示范运营线路要求的58条示范线路、711辆本地产新能源公交进行认定，协调市财政部门申请示范线运营补贴资金3035.82万元，推进新能源公交运营示范线路建设，助推昆明市新能源汽车产业发展。

【客运市场秩序整治】 研究印发《昆明市交通运输局关于进一步巩固和持续加强客运市场经营秩序整治工作方

案》，3月7日，成立6个整治工作组，着力对昆明市客运市场经营秩序开展集中整治。全年出动执法人员19157人次，执法（公务）车辆3550辆次；路检路查车辆12443辆次，检查网约车6898辆次、旅游客运车辆1530辆次、出站客运车辆5276辆次，核实旅客信息10684人次；检查出租汽车121238辆次，现场教育、劝离违规出租车3354辆次；检查、劝离疑似非法客运车辆9374辆次；抽查货物运输车辆1494辆，其中危险货物运输车辆209辆；配合和协助公安交管和城管部门劝离喊客人员12316人次，清理乱停乱放机动车辆19138辆次，清理乱停乱放电单车3415辆次；查扣处涉嫌非法营运车辆778辆，查扣违章出租汽车55辆。

2019年6月10日，昆明机场公务机候机楼建成启用 （市交运局 供稿）

【出租汽车行业发展及管理】 全市巡游出租汽车8137辆。其中：纯电动车辆153辆，油、汽双燃料车辆5233辆。现有网络预约出租汽车4840辆（已许可），其中纯电动新能源汽车1757辆、混合动力8辆。许可办理巡游出租汽车车辆更新1343辆，报废车辆1116辆。完成巡游出租汽车驾驶员从业资格报名、背景核查3704人；完成巡游出租汽车驾驶员从业资格注册背景核查4250人；许可巡游出租汽车驾驶员2435人，办理“巡游出租汽车驾驶员证”2435本；办理巡游出租汽车驾驶员从业资格注册7437人，注销注册4768人。许可办理网约车1868辆，网约车从业驾驶员考试发证5599人；许可网约车平台6家（曹操专车、云滴出行、七彩筋斗云、滇约出行、滴滴出行、呼我出行）。立案罚款处理案件668起，其中非法营运案件75起、出租车违章案件590起。

【停车场建设】 2019年，市交通运输局主动对接有意向的投资人和金融机构，介绍市委、市政府对公共停车场建设相关要求和政策，鼓励社会资本多渠道、多方式投资建设公共停车场。定期召开全市公共停车场推进会，要求各区政府、管委会及市智慧停车公司对公共停车场建设任务逐级分解，落实责任人和工作时间进度。编制全市中心城区城市道路路内临时停车泊位清理规范工作初稿并征求相关部门意见。编制停车场建设和昆明市智慧停车信息平台接入标准2个地方性标准初稿，计划2020年底前按程序报批后发布。督促市智慧停车公司完善智慧停车信息平台建设。编制全市第一、二批公共停车场建设可研报告，经财政部批准将第一批公共停车场可研列入专项债发行计划，并对接发债前期工作。2019年，全市新增停车场26个，累计新增停车泊位26112个。

【地方民航发展】 2019年，昆明长水国际机场完成运输起降35.59万架次，旅客年吞吐量达4807.61万人次，货邮吞吐量41.59万吨，旅客吞吐量同比增长2.10%。截至2019年底，昆明长水国际机场开通连接东盟10国、南亚5国首都及重点旅游城市航班，南亚东南亚通航点45个，居全国第一位。2019年，新开中国昆明至菲律宾卡利博、中国昆明至印尼雅加达、中国昆明至俄罗斯圣彼得堡、中国昆明至印尼梭罗、中国昆明至巴基斯坦卡拉奇、中国昆明至越南海防、中国

2019年5月10日，昆明南窑火车站出租汽车候客区建成投入使用（市交运局 供稿）

昆明至日本大阪、中国昆明至巴基斯坦伊斯兰堡8条国际客货运航线，国际客货运航线92条，航线通达能力显著增强。2019年，昆明机场总规划（2019版）获得国家民航局批复，昆明长水国际机场改扩建工程预可研报告取得国家民航局出具的行业审查意见，T2航站楼方案完成征集优化，公务机候机楼建成投用，公务机专机坪及附属工程顺利完工，国际航空枢纽建设稳步推进。

【机构改革及内设机构调整】 划入综合交通运输体系专项规划、地方民航发展、地方铁路、综合运输计划协调、渔船检验和监督管理职责，加挂市地方民航发展局、市地方铁路和轨道发展局牌子，增加内设机构3个，转隶人员5名。改革后，市交通运输局综合交通运输体系建设的职能得到进一步强化，"先行官"的发展定位进一步凸显，"一盘棋"发展理念进一步确立。

（任　意）

铁路运输

【概况】 云南境内铁路交通运输由中国铁路昆明局集团有限公司负责。2017年11月19日，该公司由原昆明铁路局实行公司制改革后挂牌成立，是中国国家铁路集团有限公司（2019年6月18日，经国务院批准同意，中国铁路总公司改制成立中国国家铁路集团有限公司）下属和独立出资的铁路运输企业，管辖铁路线路主要分布于云南省境内，跨越四川省、贵州省、广西壮族自治区，经过4省12个州市、51个县（市、区），有准轨（轨距1435毫米）、米轨（1000毫米）两种轨距，是全国18个铁路集团公司中唯一准米轨并存的公司。昆明局管辖沪昆高速、南昆客专、昆玉河线（昆明南至玉溪段）、楚大线、广昆线5条时速在200千米及以上的高速铁路，沪昆、南昆、成昆、元昆、威红、盘西、昆阳、安宁、羊场、东川、东王、昆玉、大丽、广大、水红、昆玉河线（玉溪至河口北段）16条准轨普速铁路，昆河、蒙宝、昆石、昆小、草官5条米轨铁路。其中：沪昆高速、南昆客专、昆玉河（包括昆明南至玉溪、玉溪至河口北）、昆楚大广通北至大理、大丽、水红6条属合资铁路，昆玉1条属地方铁路。昆河铁路系国际联运铁路，在中越铁路大桥K464＋444处与越南铁路衔接。截至2019年末，管内线路总延展长度7139.26千米（正线5501.11千米）。其中：国家铁路3784.36千米（米轨759.98千米），合资铁路3280.78千米（米轨5.61千米），地方铁路74.10千米。营业里程4011.89千米。其中：国家铁路2212.45千米（米轨653.20千米），合资铁路1743.54千米，地方铁路55.90千米。电气化铁路2964.96千米。其中：国家铁路1393.77千米，合资铁路1571.19千米，电气化率73.90%。复线铁路1522.45千米。其中：国家铁路596.90千米，合资铁路925.57千米，复线率37.95%。高铁线路延展长度2406.12千米（正线2085.43千米），占总延展长的33.70%；营业里程1063.95千米，占总里程的26.50%。管辖车站232个，其中国铁车站136个，合资及地方铁路车站96个。按等级分，特等站1个，一等站6个，二等站14个，三等站17个，四等站103个，五等站91个。拥有各种型号机车575台（准轨548台、米轨27台）。其中：内燃机车193台（合资公司配属11台），电力机车382台。配属动车109组889辆（其中：分散动力动车组92组736辆，动力集中动车组17组153辆），普速准轨客车1519辆，米轨客车19辆，代管邮政车13辆。设基层单位44个，职工总数3.70万人。

【铁路客货运输】 2019年，管内客运营业站49个，图定旅客列车217.50对（高铁动车167.50对），日均开行旅客列车158对，完成旅客发送6506.90万人，同比增加1046.20万人，增长19.20%，增幅排名全国铁路前列。其中：高铁发送旅客3968万人，占旅客发送总数的61%。10月1日，创下34.90万人单日客发新高。

货运营业站90个，准轨日均装车2981车，同比增加35车，最高日（5月11日）装车3667车；日均卸车4636车，同比增加424车，最高日（12月22日）卸车5701车，首次突破5700车。货物发送6053.40万吨，同比增加181.32万吨，增长3.10%，自2014年后首次恢复到6000万吨以上；货运周转量489.85亿吨千米，同比增加53.77亿吨千米，增长12.30%。

【昆明至丽江动车开行】 1月5日，昆明至丽江动车开行，旅行时速160千米，运行时间最短2小时58分、最长3小时36分，较普速客车压缩6.50小时左右，比公路客运快3小时以上，昆明至大理、丽江2～3小时经济交通圈基本形成。运行初期，每天开行动车3对，至3月31日，两地间动车累计发送旅客40万人，动车往返平均客座率104.70%，上座率123.30%。4月10日起，增开动车3对，两地间动车开行增至6对，实现早中晚时段全覆盖，解决动车"一票难求"问题。8月16日，开行大理至丽江"复兴号"动车组列车2对，采取动车组重联运行方式，旅客容纳量1440人，最短运行时间2小时08分。

【昆明至蒙自至河口动车开行】 1月5日，利用全路第一批上线CR200J型"复兴号"列车，开行昆明至蒙自动车组，旅行时速每小时160千米，昆明至蒙自运行时间最短2小时43分、最长3小时09分，昆明至建水运行时间最短1小时56分、最长2小时06分，较普速客车运行时间均压缩1小时左右，形成昆明至蒙自、建水2～3小时交通圈，高速铁路网覆盖范围进一步扩大。

9月28日，CR200J型"复兴号"

动车组延伸至中越边境河口口岸，从昆明站至河口北站最快3小时41分，从昆明南站至河口北站最快3小时10分，在2014年实现米轨到准轨铁路跨越基础上，再次实现高速度的飞跃。

昆明至河口北开行动车3对、至蒙自开行5对，对促进沿线旅游产业转型升级，加速中国与南亚东南亚国家客流和物流交换，促进设施联通、贸易畅通，助推中国（云南）自由贸易试验区建设意义重大。

【昆明至宣威间动车开行】 10月18日起，在完成沪昆线昆（明）曲（靖）宣（威）区段线路集中整治和提升改造基础上，利用CR200J型“复兴号”动车组，开行昆明至曲靖、宣威动车，旅行时速160千米，旅行时间昆明至曲靖最快60分钟、至宣威最快110分钟，与普速旅客列车相比，列车运行时间显著压缩。

昆明至曲靖、宣威每天开行“复兴号”动车组8对。其中，昆明至曲靖5.5对、昆明至宣威2.5对，提供多样化的城际交通客运产品供给，满足旅客多样化出行需求。

【春运组织】 1月21日～3月1日，完成旅客发送870.10万人，同比增长29.80%，客运量增幅远高于公路（公路同比下降2.56%）和民航（民航同比增长7.78%）。其中：高铁发送旅客453.40万人，同比增加262.80万人，增长137.90%。2月11日，发送旅客29.50万人，创春运单日发送量新高。其间，管内客运量613.40万人，占客运总量的70.50%，管内城际客运市场成为增收主力。特别是昆明至大理、丽江动车，累计发送旅客268.57万人，同比增加170.98万人，增幅达175.20%。

推进客运提质计划。实施重点车站畅通工程，提质改造昆明、大理、丽江、普者黑、建水5个重点车站，扩大旅客候车面积6480平方米；优化旅客进站乘车流线，售取票、安检、实名制验证功能外移，增设检票口，加装自助售取票机、自助验证闸机和自动扶梯，改善旅客候车进站体验，最大限度减少旅客排队次数和等待时间。

提供充足运能供给。统筹高铁和普速客车能力，最大限度安排动车上线运行，组织管内客车满图满编开行，日均开行客车168.50对，运能25.30万座（卧），同比增长15.00%，动车组平均利用率87.30%，节后返程上线率最高94.90%。试点推行返空临客票价优惠策略，在提升客运产品分时化、人本化供给质量的同时，提升客车上座率和开行效益。

拓展购票渠道。开放人工、自助售取票窗口993个，投放自助售取票设备292台，在昆明市内及楚雄、大理建设银行网点布设56台自助售票机；建设高铁无轨站44个，覆盖8个无轨州市、39个无轨区县，为旅客提供“一站式”购票、换乘服务；开设客票代售点356个，代售点窗口416个，覆盖云南省16个州市，全方位方便旅客购票。实施团体票预留、预售期外优先集中办理等措施，优先保障农民工、学生等重点群体旅客购票需求，累计办理务工团体票申请68批5546张，到15所院校上门送票2500张。非车站人工窗口售票比达80%。

【暑期运输】 7月1日—8月31日暑运期间，昆明局累计发送旅客1455万人，同比增加123万人，增长9.20%。其中：直通旅客368.90万人，同比增加32.80万人，增长9.80%；管内旅客1086.10万人，同比增加90.20万人，增长9.10%。高铁发送旅客895.20万人，同比增长34.80%，占发送总量的61.53%。8月24日，发送旅客29.10万人，创下暑运单日旅客发送量新高。其间，日均开行客车177对（其中：动车125对，普速52对），最高开行客车190.50对（其中：动车131对，普速59.50对）；日均运能24万座，同比增长12%。动车组平均运用率77.39%，最高84.44%。

7月10日，新增昆明南至厦门北G1752/3G1754/1次、昆明南至贵阳北G2982/1次高铁列车；首次开行丽江至桂林北D3942/39/42D3941/0/1次动车组列车（利用CRH2G型动车组），历时11小时32分，实现两座旅游城市直连直通；玉溪至杭州东G1422/1次延长至嘉兴南；昆明南至重庆西G2870次、G2882次调整为昆明南至成都东；加密开行昆明至大理、丽江方向管内动车。在昆楚大丽铁路开启大运输模式，增开丽江方向CRH2G型动车组列车，全面满足旅客出行需求。昆楚大丽线共发送旅客502.60万人，同比增加70.70万人，增长16.40%。

【电子客票推行】 7月30日，根据昆楚大丽铁路客流持续火爆特点，率先在昆楚大丽铁路11个车站开展电子客票应用试点，成为全国铁路试行电子客票的4条线路之一。11月26日，开通昆玉河铁路6个车站电子客票业务。12月10日，沪昆高铁、南昆客专云南境内沿途各站全部实施电子客票业务。至此，昆明局管内所有G、D字头高铁动车及大部分C字头城际动车纸质车票被电子客票取代，旅客刷身份证或手机二维码即可迅速进站、验票，旅客出行更加方便快捷。

电子客票是铁路客运票制继硬板票、红色条码票、磁介质车票后的深刻变革，将原纸质车票承载的旅客运输合同、乘车、报销三个凭证功能分离，实现运输合同凭证电子化、乘车凭证无纸化、报销凭证按需提供。截至2019年末，累计售出电子客票1129.20万张。

【南昆客专提速】 4月11日起，对南昆客专进行达速施工，5月24日～6月3日，开行动车组进行达速测试，动车组开行速度由每小时210千米提高至每小时250千米。7月10日，全国铁路实施新的列车运行图，南昆客专正式提速，昆明至南宁高铁动车最短运行时间3小时40分，压缩1小时；

昆明经南宁至广州高铁动车最短运行时间7小时08分，较现行8小时52分压缩1小时42分，对更好发挥“泛珠三角”经济辐射带作用，促进滇桂粤区域各大城市群融合发展具有重要意义。

【客运营销】 加强客流调查，开发“高铁+研学游学”产品，开行石林西游学专列，办理学校实作研学、大企业红色游学15批近4000人；合作挖掘旅游资源，开发“铁路+旅游”产品，推出12条周末休闲、13条乡村旅游线路，并实行门票折扣，提升产品附加值，发售普者黑、大理景区门票4000余张；利用闲置车底开行昆明到广州、乌鲁木齐、银川、哈尔滨等地旅游专列18列，运送旅客1.20万余人。

挖掘重点时段客运资源，推进“一日一图”运输组织模式，采取高峰时段客车增开、重联运行等措施，实现引流上线。4月12～17日，配合楚雄彝族自治州成立61周年庆祝活动，增开2对昆明南至楚雄城际旅游动车，发送旅客32226人，客票利用率100%，满足旅客出行需要；4月18—26日，针对大理“三月街”客流，加大运力投放，日开行昆明至大理动车25.5对，安排5对动车重联运行，日均增加5500余个座位，促进客运提质增收创效。

加大客流分析，指定专人每日对各次列车票额预分、预售车票、列车客座率进行跟踪，运用大数据分析，分车次、分时段建立客流模型图，并以运输市场价格为导向，实施差异化票价策略，贴近市场准确定价。

强化多式联程运输，在昆明站开设城市候机楼，开辟空铁换乘通道；在昆明站、昆明南站设置便捷中转换乘中心，在昆明、昆明南、楚雄、丽江、普者黑等地设置共享汽车服务点，推出“高铁+共享汽车”服务，实现公铁、空铁换乘无缝衔接，拓展公铁换乘渠道。

【特色产品运输】 8月18日，与中铁顺丰国际快运有限公司合作，开行首趟丽江至昆明“云珍出滇”高铁快运列车，迪庆藏族自治州367千克松茸通过“公路+高铁”联合运营模式，运抵昆明南站后，转运到昆明长水机场，通过国际航班出口创汇，构建高效快捷的运输物流链。

10月18日，66件1047千克鲜花，载满D3804次动车组列车8号车厢，自昆明南站出发，7小时50分后抵达广州南站，行程1300余千米，高铁快运首次采取全包整节车厢模式运输货物。此后至12月，D3804次动车组8号车厢，常态化运输鲜花、水果、茶叶等特色“云品”，高铁快运助力“云品出滇”运输项目取得突破性进展。

“双11”电商黄金周10天，发挥高铁快捷、准时、温度恒定等优势，发送快件15183件233.70万吨，同比增长10.94%。高铁在促进云花、云菜、云菌、云果等“云”字号高原特色产品快速出滇，助力产业扶贫开发中发挥重要作用。

【货运增量行动推进】 4月19日，联合云南省交通厅、发改委等8个部门，共同印发贯彻落实云南省推进运输结构调整工作实施方案，细化下达5个州市、19家重点企业、12家多式联运企业“公转铁”运输指标，激发地方政府和企业货运上量动力。争取云南省铁路运输专项资金补贴，除对云南省生产的大宗铁路运输出省产品、滇越铁路国际联运产品、公铁联运无轨站继续给予财政资金补助外，对集装箱运输发送量增幅达10%以上的企业给予补助，对“公转铁”运量超过20万吨的企业给予奖励，对年货运量新增100万吨以上的重点工矿企业、物流园区修建铁路专用线，给予税收减免、投资补助等政策支持，提升“公转铁”运输示范效应，实现路企双赢。

开展“公转铁”运输项目攻关，明确55个营销督办项目和14个增量板块，深度融入企业产运销环节，启动玉溪南至重庆双石桥钢坯运输、禄丰至桃花村钢材运输、上西铺柏果至珠江源炼焦煤“公转铁”运输、楚雄西至大理东煤炭运输等新项目，建立专职营销人员“一对一”服务关系，组织协调全过程服务，逐步实现让客户“最多跑一次”，提供个性化、专属化定制服务。8月23日，西南区域广州局、南宁局、成都局、昆明局集团公司和云南省首次采取路地推进联席会方式，在昆明召开西南区域“公转铁”路地推进联席会，以强化西南区域路地协调联动为载体，项目制清单化筹划攻关11个跨局“公转铁”运输重点项目落地，确保兑现铁路货运增量目标任务。截至2019年末，55个货运营销重点项目累计发送货物1478.20万吨，同比增加392.10万吨。

加大无轨站建设，优化物流经营服务网点布局，发展公铁联运，为客户提供全程物流服务，有效降低未通铁路州市企业的物流运输成本。截至2019年末，昆明局管内共有16个无轨站，累计揽货592.53万件209.46万吨。

继续发展多式联运，稳定开行既有的有色金属、煤、焦炭、磷矿石等集装箱运输班列，打造公铁、铁水联运优质品牌。组织开行昆明至钦州港化肥、氢钙铁路货运班列165列，发运集装箱6242TEU172万吨，构建云南省与北部湾港之间的货物多式联运快捷运输网络，打造国际贸易陆海新通道。

持续深化路企战略合作，围绕云南省煤焦、有色金属、化肥、食糖、矿石、橡胶等物资，主动对接管内42家大客户，加大货源组织，开展路企战略合作会谈并签订运量互保协议，年度互保运量4550万吨，协议客户较2018年增加10家，协议运量增加888万吨，稳定铁路基础运量。截至2019年末，42家客户完成运量4404.50万吨，占全局货运发送量的72.80%。

【云南卷烟公转铁示范项目】 针对云南成品卷烟运输近10年全部由公路

运输的情况，主动联系云南中烟工业有限责任公司，4月12日举行工作会谈，就推动烟草“公转铁”运输、携手打赢蓝天保卫战达成共识。5月17日，与云南中烟工业有限责任公司签署战略合作协议；当日10时许，首趟昆明至京津冀地区卷烟运输班列从王家营西站发车，38个40英尺（1英尺≈0.3048米）集装箱3.80万件卷烟运往河北保定站，全程运行2978千米，运行时间80小时内。相比传统运输模式，节约运输时间3小时，总运费比公路运输下降5%，打造“云烟”出滇铁路绿色物流通道。

8月21日13时许，从王家营西站始发的79832次卷烟班列抵达拉萨西站，成为昆明局开行的首趟进藏卷烟班列，全程运行4159千米，用时4天13小时，较公路运输压缩约72小时，有效压缩全程物流成本，吸引流失10年的卷烟重回铁路运输。截至2019年末，累计开行王家营西至保定、拉萨西卷烟运输班列15列，安全发运卷烟466车6760吨。

【冷链运输】 推进铁路运输供给侧结构性改革，充分利用铁路冷链运输运量大、运距长、全天候运行、全程制冷等优势，主动对接云南物流市场需求，以冻品、控温食品等货物为重点，探索开发铁路冷链运输新模式，拓展铁路冷链运输市场份额。与中国中车、中集集团等装备制造企业合作，改进推广蓄冷式保温箱、背包式冷藏箱等新装备运用，保证运输效果。6月2日11时22分，26吨冻品、果脯冷藏集装箱从昆明东站运抵上海局集团公司杨浦站，昆明地区“公转铁”冷链运输项目取得新突破，全程运到时限5天以内，较客户预期压缩2天。8月20日、9月14日，先后与石林禾泽蔬菜速冻加工厂、玉溪溪源生物科技有限公司签署冷链运输战略合作协议。全年，开行果蔬冷链班列5列，发送冷链集装箱货物146TEU1823吨。

【入选国家“铁路专用线重点项目”】 铁路专用线是指由企业或者其他单位管理的、与国家铁路或者其他铁路线路接轨的岔线，主要为企业（单位）内部运输服务，是解决铁路运输“最后一公里”问题的重要设施，对于减少短驳、发挥综合交通效率、促进多式联运、降低物流成本、提升经济社会效益具有重要作用。9月1日，国家发展改革委、自然资源部、交通运输部、国家铁路局、中国国家铁路集团有限公司等联合印发《关于加快推进铁路专用线建设的指导意见》，云南腾晋物流铁路专用线、安宁工业园区大龙山铁路专用线、祥云县财富工业园区铁路专用线被纳入全国铁路专用线重点建设项目（2019～2020年）。

腾晋物流铁路专用线长5.30千米，与中谊村站无缝连接，是全国唯一与国家公共铁路站场无缝连接的专用线站场，是云南省重点工程、昆明唯一的国际性陆港，为全国首批16个“多式联运示范工程”之一，年货物吞吐量1600万吨。2019年4月，专用线开通运营，承担昆明市近三分之一物流货运量，通过“大通道、大物流、大服务、大商贸”四位一体功能的集成，实现云南区域物流成本降幅10%的目标。

安宁工业园区大龙山铁路专用线长27.50千米，与云南安宁工业园区新亚美谷物流园铁路专用线麒麟场接轨，解决昆钢新区物资调运从青龙寺、读书铺等货运站及安宁本部老厂区通过公路倒运方式进出，存在污染排放严重、能耗高等问题，实现煤炭、焦炭、矿石、钢铁等大宗货物快速、高效调运，改善项目周边大气环境，降低物资调运能耗。截至2019年末，项目进入评估阶段，待动工修建。

【铁路建设推进】 2019年，昆明局完成铁路建设投资251.30亿元，较上年增加1亿元，增幅0.40%。其中：玉溪至磨憨铁路年度投资100亿元，开累投资363.50亿元，完成设计数量的71.92%；弥勒至蒙自铁路年度投资23亿元，开累投资34.15亿元，完成设计数量的27.59%；大理至临沧铁路年度投资25亿元，开累投资105.50亿元，完成设计数量的70.11%；丽江至香格里拉铁路年度投资18亿元，开累投资75.30亿元，完成设计数量的72.97%；成昆铁路永仁至广通扩能改造工程年度投资8.30亿元，开累投资106.80亿元，完成设计数量的94.35%；云桂铁路引入昆明枢纽工程年度投资3亿元，开累投资88.40亿元，完成设计数量的100%；昆明枢纽扩能改造工程年度投资29.68亿元，开累投资168.12亿元，完成设计数量的100%；昆明南站房年度投资0.10亿元，开累投资24.20亿元，完成设计数量的100%；云桂铁路年度投资14.90亿元，开累投资444.50亿元，完成设计数量的97.21%；大理至瑞丽铁路年度投资23亿元，开累投资135.37亿元，完成设计数量的57.58%；昆玉河铁路玉溪至河口段设备补强工程年度、开累投资6.30亿元，完成设计数量的100%；渝昆高铁年度、开累投资0.05亿元，完成设计数量的0.01%。

2019年，成昆铁路永仁至广通扩能工程、昆玉河线设备补强、动车所四线库、羊金联络线建设完成，投产新线123.20千米；丽香、大临、玉磨、弥蒙4条新建铁路有序推进。

【昆明动车所扩能改造】 昆明动车组运用所位于昆明市呈贡区境内，距离昆明南站8.60千米，占地面积近90万平方米，2016年12月28日，投入运用，主要承担沪昆高铁、南昆客专、昆玉城际动车组的运用检修和整备。随着昆楚大高速铁路开通运营和昆明至丽江、蒙自动车开行，云南高铁动车组增开加密，动车所原有规模不能满足动车组运用、检修与存放需求。2018年10月，动车组运用所扩能改造工程启动。2019年6月27日，昆明动车组运用所扩能改造完成并正式投入使用，动车检修线由6条增至10条、存车线由37条增至58条，检修和存车能力跃居西南第一，堪称云南动车“陆地航母”，动车运用、检修与整备能力大幅提升。

【渝昆高铁开工建设】 12月20日10时，渝昆高铁开工仪式在渝昆高铁长水机场隧道、昭通隧道同时进行，渝昆高铁云南段正式开工建设。渝昆高铁为中国“八纵八横”高速铁路网、京昆快速铁路通道的重要组成部分，途经重庆、四川、贵州、云南三省一市，经泸州、宜宾、毕节、昭通、曲靖、寻甸、嵩明、长水机场等地，引入昆明南站，全长698.96千米。其中，云南段388千米，为云南境内第一条时速350千米的高速铁路。2019年9月，项目可研获国家发改委批准，项目总投资1416.20亿元，建设工期6年。全线建成通车后，昆明至重庆、成都铁路旅时大幅压缩，由5~6小时压缩至2小时左右，对推动西南地区高质量发展、促进当地资源开发具有重要意义。

【女性机车乘务员首次选拔】 4月2日，启动昆明局范围内女性机车乘务员（动车组司机）公开选拔工作，18个站段单位104名青年女职工（年龄最大27岁、最小21岁）报名参加，89名符合选拔条件。经过报名初审、资格复查、职业体检、专业复核、面试、培训考核等环节，7月5日，21名年龄在30周岁以下、具有国家承认的全日制大专及以上学历、身高在160厘米及以上、裸眼视力或矫正视力5.0及以上、具有良好的汉语读写能力及组织协调能力的女职工成为首批女性机车乘务员。此次选拔女性机车乘务员，首开云南铁路历史先河，云南铁路109年以来男性一统机车乘务员的格局被打破。

【运输安全管理】 2019年，聚焦交通强国、铁路先行，以确保高铁和旅客列车安全万无一失为核心，推进安全双重预防机制和“三防”安全保障体系建设，建立健全涵盖生产组织过程、作业流程的安全风险“三防”管控机制，提高安全风险研判管控的超前性和精准度，实现超前防范和闭环管理；推进安全标准示范线建设，基本建立“三个配套体系”，即一套涵盖技术标准、作业标准、管理标准的规章制度体系，一套涵盖各方位、各层级、各岗位的达标评验指标体系，一套保证标准立、学、对、达、验各环节工作有效落实的考核追责体系，推动安全管理向车间、向班组、向岗位落实；推进安全生产信息化建设和大数据运用，在安全风险精准预测预警、生产组织指挥、现场安全管控、智慧安防系统建设等方面取得较大进步，实现生产组织由计划修向预防修和状态修转变，进一步实现关键作业过程安全风险实时受控。

组织开展高铁环境安全专项整治行动，协调地方各级政府部门，建立路地协调联动工作格局，按照铁路红线内、铁路安全保护区内、铁路安全保护区外的外部环境安全隐患进行分类，一处不落、一米不漏实施记名记实排查，合力整治沿线安全隐患1046个，全面整治和有效管控高速铁路安全保护区内及铁路两侧100米范围内的塑料大棚、遮阳网、彩钢瓦、防尘网等。加大安全专项整治和关键管控，补强动客车设备质量、施工安全、消防安全等薄弱环节，运输安全生产持续稳定。截至2019年12月31日，昆明局实现安全生产4348天，安全成绩在全国铁路排名第二。

（吴立群）

机场集团

【概况】 云南机场集团有限责任公司是云南省政府直属的国有大型航空运输保障服务企业和省级开发性经营合作融资平台。截至2019年底，云南省内运行机场总数16个，在建机场4个，是全国拥有机场数量较多、等级较高、航空资源富集、机场管理一体化的省份。

【各项经济指标】 截至2019年底，集团公司各机场保障飞机运输起降54.60万架次，旅客吞吐量7053万人次（含非运输性质旅客），货邮吞吐量46.30万吨，同比增长2.50%、4.3%、-2.6%。其中，昆明机场保障运输起降35.60万架次，同比增长-1.0%；完成旅客吞吐量4807.60万人次，同比增长2.10%、；完成货邮吞吐量41.60万吨，同比下降2.90%，全年载运率为72.90%，2019年，昆明机场货运量排名位列全国第九位。

2019年8月20日，云南航空产业投资集团有限责任公司挂牌成立

（云南机场集团　供稿）

表16　2019年百万级以上机场运输生产情况表

统计单位	统计指标	2019年	同比增长（%）
昆明机场	起降架次	357080	-1.0
	运输起降架次	355931	-1.0
	其中：国内航线	310611	-1.9
	国际航线	42508	6.0
	地区航线	2812	7.7
	旅客吞吐量（人次）	48075978	2.1
	其中：国内航线	42631938	1.0
	国际航线	5062885	12.9
	地区航线	381155	-1.1
	货邮吞吐量（吨）	415776.3	-2.9
	其中：国内航线	368396.2	2.3
	国际航线	44766.0	-31.4
	地区航线	2614.0	-12.3
丽江机场	起降架次	54255	-4.7
	运输起降架次	54231	-4.7
	其中：国内航线	53444	-5.0
	国际航线	363	18.6
	地区航线	424	7.9
	旅客吞吐量（人次）	7173986	-4.7
	其中：国内航线	7092882	-4.9
	国际航线	37798	25.3
	地区航线	43306	5.7
	货邮吞吐量（吨）	12616.0	11.4
	其中：国内航线	12598.2	11.2
	国际航线	6.5	—
	地区航线	11.2	—
版纳机场	起降架次	43034	23.6
	运输起降架次	42766	23.3
	其中：国内航线	41008	20.9
	国际航线	1758	135.7
	地区航线	0	—
	旅客吞吐量（人次）	5524284	24.2
	其中：国内航线	5344171	21.3
	国际航线	180113	334.9

续表

统计单位	统计指标	2019年	同比增长（%）
版纳机场	地区航线	0	—
	货邮吞吐量（吨）	8418.2	-36.3
	其中：国内航线	8410.8	-36.3
	国际航线	7.4	92200.0
	地区航线	0.0	—
芒市机场	起降架次	18160	17.0
	运输起降架次	18160	17.0
	其中：国内航线	17809	14.7
	国际航线	351	—
	地区航线	0	—
	旅客吞吐量（人次）	2122958	17.0
	其中：国内航线	2086347	15.0
	国际航线	36611	—
	地区航线	0	—
	货邮吞吐量（吨）	10758.9	29.2
	其中：国内航线	10756.9	29.1
	国际航线	2.0	—
	地区航线	0.0	—
大理机场	起降架次	17331	0.3
	运输起降架次	17325	0.8
	旅客吞吐量（人次）	1773857	-0.1
	货邮吞吐量（吨）	6870.6	2.2
腾冲机场	起降架次	12542	17.3
	运输起降架次	12537	17.3
	旅客吞吐量（人次）	1367494	16.9
	货邮吞吐量（吨）	3005.7	32.7
保山机场	起降架次	11047	17.2
	运输起降架次	11046	17.2
	旅客吞吐量（人次）	1228964	21.0
	货邮吞吐量（吨）	1555.5	14.0

【航线网络日趋完善】 2019年，集团公司开通航线640条，其中国内航线547条（含地区航线7条）；国际航线93条，其中南亚航线14条、东南亚航线60条、其他亚洲航线13条、洲际航线6条。2019年，集团（昆明）通航点191个，其中国内通航点133个（含5个地区通航点）、国际通航点58个（南亚11个、东南亚34个、其

他亚洲通航点7个、欧洲3个、北美洲2个、大洋洲1个），通航点分布于北美洲、欧洲、大洋洲、亚洲，共24个国家。国际通航点与2018年相比，取消开罗，新增卡利博、雅加达、海防、索罗城、伊斯兰堡、孟买、班加罗尔、马得拉斯、卡拉奇。地区城市新增台中。昆明直飞南亚东南亚航班月均往返2516班。

2019年9月27日，中国丽江机场开通至泰国曼谷的直航国际航线（云南机场集团　供稿）

表17　2019年云南机场集团航线

单位：米

	国内	国际	地区	总计
昆明	304	86	6	396
丽江	98	2	1	101
西双版纳	54	3	0	57
芒市	13	2	0	15
大理	22	0	0	22
腾冲	18	0	0	18
保山	11	0	0	11
迪庆	6	0	0	6
普洱	3	0	0	3
临沧	0	0	0	0
澜沧	2	0	0	2
昭通	2	0	0	2

续表

	国内	国际	地区	总计
沧源	1	0	0	1
泸沽湖	3	0	0	3
文山	3	0	0	3
集团合并	540	93	7	640

表18　2019年云南机场集团通航点

单位：个

机场	国内（不含港澳台地区）通航点	港澳台地区通航点	国际通航点	合计
昆明	128	5	58	191
丽江	63	1	2	66
西双版纳	47	0	5	52
芒市	20	0	2	22
大理	27	0	0	27
腾冲	24	0	0	24
保山	16	0	0	16
迪庆	11	0	0	11
普洱	5	0	0	5
临沧	5	0	0	5
澜沧	3	0	0	3
昭通	10	0	0	10
沧源	3	0	0	3
泸沽湖	4	0	0	4
文山	5	0	0	5

【机场建设稳步推进】 2019年，集团公司固定资产投资实物工程量完成31.47亿元，完成省政府下达实物工程量目标。全年获得各类批复60项。其中，可研报告批复18项、初步设计及概算批复18项、总规修编批复1项、通用机场场址批复4项、特种车辆设备采购批复17项、资金批复2项。迪庆机场四期改扩建获得初步设计批复，凤庆通用机场初步设计、保山机场跑道延长、腾冲机场跑道延长及附属设施扩建项目可研报告通过评审。新建兰坪通用机场顺利通航运营，大理机场改扩建工程基本完工，丽江机场跑道延长试验小区、地质详勘基本完成；版纳机场三期改扩建相关项目、文山机场跑道改造、围界工程通过行业验收；临沧机场航站楼改扩建民航专业工程和土石方工程竣工验收，保山机场改扩建项目全面展开、飞行区工程基本完工；其他州市机场新建、改扩建项目稳步推进。

【安全态势保持平稳】 2019年，集团公司加强“三基”建设，狠抓隐患整治，持续优化安全监管模式，着力构建安全管理长效机制，高标准、严要求抓安全运行，全年安全态势平稳，各机场未发生航空安全、空防安全和重大航空地面事故，未发生责任原因事故征候，也未发生责任原因导致的火灾事故，完成年初预定安全目标和任务，实现连续第15个安全年。截至2019年底，集团公司整体放行正常率89.57%。其中：昆明机场放行正常率89.45%，同比增长0.76%，在全国大型机场中排名第三。

【服务品质提升】 2019年，集团公司推进“六个一”品牌项目，云南旅游服务体验中心、十大名品展销中心项目落地，公务机楼启用，服务品质进一步提升。全年完成各项重要专机、包机，全国、全省“两会”、第二届“一带一路”合作高峰论坛、“进博会”、“博鳌”亚洲论坛、2019南亚东南亚国家商品展暨投资贸易洽谈会、全球《财富》论坛等重要会议、重大活动期间的服务保障任务。昆明机场四季度ASQ测评4.84分，在全球4000万以上吞吐量的39家机场中排名第16位。

【市场结构持续优化】 2019年，集团公司充分发挥一体化优势，统筹各机场整体联动发展，开通10条省内环飞航线，覆盖11家州市机场，支线机场利用率不断提升；加强与航空公司协同，构建与重点航空公司合作发展的平台和机制，在航线开发、市场营销、产品组合、政策协调等方面积极探索共赢发展策略；增强与联检单位协同，提高通关效率，推动昆明144小时过境免签获批，推动中转延伸服务产品设计，提高航线销售能力及中转衔接性；多式联运协同，探索“航空＋铁路”“航空＋公路”系列产品，打造便捷高效的空地一体化综合交通联运体系，提高换乘效率，共享交通运输市场的旅客资源。

【智慧机场项目建设】 2019年，集团公司在全省各机场推进智慧出行2.0项目，包括刷脸登机、无纸化通关、自助值机、智慧停车场、智慧厕所等工作。其中，昆明机场第一批次“人脸识别”系统登机口10台、安检口15台闸机安装投运且试运行情况良好，自助值机实现全航司共享共用，停车场ETC一进一出通道实现投运；积极推进A-CDM深化、远程共享塔台试点研究等工作，探索智慧运行一体化新模式；试点FOD智能监测、智慧安全监管平台等项目，提升机场智能安全防控水平；完成商业云二期建设，升级收银系统支持刷脸支付和无感停车收费，旅客服务信息化管理的质量和水平得到大幅提升。

（云南机场集团有限责任公司）

城市公交运营及管理

【各项经济指标完成情况】 2019年，昆明公交集团有限责任公司客运量7.12亿人次，日均195.09万人次，完成年度计划的103.34%，累计行驶里程2.42亿千米，日均66.41万千米，完成年度计划的101.49%，票款收入7.86亿元，日均215.48万元，完成年度计划105.78%，三项主要指标均完成年计划进度。

【线网优化】 截至2019年底，新开线路9条（地铁接驳支线6条，进社区线路3条），优化调整局部走向线路60条，新增或取消局部停靠站点线路55条，优化调整营运时间线路25条，优化调整公交站台25个。持续做好地铁接驳线网布设及线网调整，挖掘公交覆盖盲点，深化公交进“六区”，扩大常规公交线网通达深度和覆盖面，推进重复低效线路以及区域性线网优化整合，做精做细通勤车业务，做大做优医院、厂区等定制公交业务，积极推进公交定制服务线下营销工作，逐步构建覆盖全市辅助公交线网系统，补充常规公交网络体系，提升公交市场化吸引力。

【安全生产】 从严从实从细强化安全管理体系，抓实安全生产基础管理，以主体责任落实为重点，以标准化和双控机制建设为主线，全年上报行车事故同比下降13.75%，公司安全生产方面取得长足进步。以“星级服务等级考核”“安全文明随手拍”等长效管理机制为抓手，针对车长着装规范、疲劳驾驶、随意变更车道等问题持续加强培训、检查和考核力度，着力提升安全行车、优质服务水平，“斑马线礼让行人”成为昆明公交服务名片，得到社会各界和广大市民一致好评。

【车辆维保】 坚持“正确使用、定期检测、强制维护、视情修理、在线监控、实时修理”车辆维修工作方针，贯彻《汽车维护、检测、诊断技术规范》（GB/T 18344）国家标准和公司《车辆一、二级维护作业项目和技术要求》企业标准，结合集团公司车辆配置实际情况，不断完善车辆维护修理工艺标准。2019年，东、西部修理分公司完成1～7营运公司营运车辆一级维护61518台次、二级维护6234台次、小修40189台次、各类大修15台次，车辆一、二级维护保养计划编制更加合理，维修技术技能水平提高，车辆一、二级维护和大、小修数量均明显下降，保证较高车辆完好率，切实保障营运生产。2019年，实际保修材料消耗指标0.16元/千米，全年节约柴油111.64万升，节约天然气109.64万方。在保障营运车辆维保的同时，依托现有维修场地、设施设备和人员技术等资源优势，对外拓展车辆维保三产业务，东、西部修理公司实现产值4375万元。

【信息化建设】 按照昆明市智慧公交“三年任务一年完成”时限要求，认真完成各项工作。在推行“春城e路通”银联二维码扫码乘车基础上，2019年3月21日，昆明公交支付宝扫码乘车上线启用；2019年10月17日，“昆明公交春城e路通定制出行”微信小程序上线，通过利用定制出行独有“定人、定车、定时、定点、定票”特点，对运营时刻表、线路、停靠站、服务标准等方面进行创新和优化，补齐常规公交服务短板，提供“点对点，门对门”贴心定制服务，满足市民个性化出行需求。截至2019年底，“春城e路通”手机App下载量近550万人次，用户注册量超过120万，据统计，80%市民采用电子化支付乘坐公交车。

【内部管理】 截至2019年底，党委会召开56次，研究议题937个；董事会召开28次，涉及议案384个；经理办公会共召开40次，研究议题1082

2019年3月21日，昆明公交支付宝乘车码全城上线启动发布会（市公交公司 供稿）

个。修订完善企业管理制度汇编，对原有245项规章制度进行认真梳理和增加完善。优化调整机关人员编制，明确机关14个部室、65名管理人员编制，对超编人员进行调整分流，打造精简、高效机关管理团队。制定出台员工着装及仪容仪表管理规定，尤其要求后勤人员在工作期间规范着装、统一着装，保持良好的精神状态和精神面貌，提振精气神，营造整洁规范工作氛围。

【企业文化】 2019年，公司对外不断强化宣传思想文化工作，讲好公交“感人事”，传播公交“好声音”。2019年，公司官方网站对外发布信息84条；信息报送155条；官方微博发布信息3379条；信息类好人好事报道746条；省级电视报道179条；市级电视报道310条。为迎接新中国成立70周年，公司党委研究制定迎国庆系列活动，内容包括文艺汇演、优秀劳模巡讲、摄影比赛、征文比赛等，在全司员工的共同努力下，公交服务品质不断攀升，品牌形象不断提高。

【场站建设】 截至2019年底，公司有场站59个，在建2个，拟建2个，其中立体停车场4个，总净用地面积约1200亩。分布于昆明市主城4区、呈贡新区、晋宁区、海口及富民等郊县，可满足5800台在用营运车辆的日常停放和维修保养，车辆入场率达100%。

东南部公交停车保养场（在建）：项目位于新昆洛路以东，南部客运站东侧，净用地79.04亩，总建筑面积22.74万平方米，项目建有公交功能和配套商业两个部分，分两期进行建设。一期公交功能部分：净用地面积26925.95平方米（40.39亩），总建筑面积93950.98平方米（地上67287平方米，地下26664平方米），建有4层公交停车保养楼（含停车及修理功能）和21层公交大厦两个单体。项目主体工程完成，正在进行室外绿化、雨水、供水、供电、地坪、中水等工程施工。二期配套功能部分：净用地面积25764.62平方米（38.65亩），总建筑面积133407.92平方米（其中地上89507.88平方米，地下43900.04平方米），建有5层配套商业、26层公交倒班轮休楼、23层综合业务楼等内容。

半岛公交车场（在建）：项目位于昆明市半岛片区，东临老宝象河，南侧是环湖东路，西侧临强林石化加油站和珥季路，北侧为云南艺术家园住宅小区和30米宽珥瑞路，是昆明滇池国际会展中心的配套公交车场。净用地面积26974.08平方米（40.46亩），总建筑面积19531.20平方米（地上5284.56平方米，地下14246.74平方米），建有调度楼、车辆检修楼、再生水操作间等内容。项目主体工程完成，正在进行室外雨水、绿化、中水、供电、供水、地坪等工程施工。

黄土坡公交车场（拟建）：项目位于昆明市五华区黄土坡片区，地处滇缅大道与学府路交会处，东侧为金泰国际住宅小区，南侧是滇缅大道，西侧为一蓄水调节站，北侧为学府路，对外交通便利，具有商业开发价值。净用地面积18105.80平方米（27.16亩），总建筑面积75775.29平方米（地上54830.71平方米，地下20944.58平方米），建有公交立体车库、调度楼、员工倒班轮休楼等内容。

大渔公交停车保养场（拟建）：项目位于昆明滇池国家旅游度假区大渔片区，北临公共绿地，南面为昆玉高速防护绿地，西临大渔3号路，东临大渔110KV变电站。净用地面积63139.34平方米（94.71亩），总建筑面积41467.85平方米（其中地上29503.8平方米，地下11964.05平方米），建有调度保养楼、员工倒班轮休楼、加油加气站、砼停车坪（39403.09平方米）等内容。

（赵　飞）

城市交通管理

【概况】 2019年，全市公安交管部门贯彻落实全国、全省、全市公安工作会议精神，以新中国成立70周年大庆交通安保维稳为主线，紧扣“五个坚决防止、三个确保”目标，深入推进“扫黑除恶”和交通综合整治，大力强化交通事故防控，持续深化公安交管“放管服”改革，全力推动交管工作跨越发展，确保全市交通安全形势的持续平稳和城市道路交通正常运转，取得2019年度全市公安工作综合考评“B类单位第一名”和全省公安交管部门大庆交通安保维稳工作考核第一优异成绩。

【交通事故防控】 2019年，市交警支队围绕源头、城市、公路、农村四大战场，紧盯人、车、路、企等重点环节，结合区域性、季节性交通出行特点，采取针对性防控措施，推动交通安全领导责任、属地责任、监管责任和主体责任落实。进一步深化道路隐患排查治理，常态开展重点车辆隐患“清零”，加快推进农村地区“两站两员”和“五小工程”“生命防护工程”建设。严查易致祸致乱交通违法，不断织密交通安全防控网络，全力以赴防事故、保安全。2019年，全市发生适用一般程序处理道路交通事故1641起，造成319人死亡，1274人受伤。同比事故起数减少35起，下降2.09%；死亡减少4人，下降1.24%；受伤减少139人，下降9.84%。其中，发生一次死亡3人以上较大道路交通事故4起，造成13人死亡，同比事故起数减少3起，下降42.86%；死亡人数减少9人，下降40.91%。

【城市缓堵保通】 围绕地铁建设、62条道路提升改造等系列重大市政基础设施建设保通工作，全面排查主城区道路交通堵点乱点，按照“一路一策，一点一策”原则，采取合理分配车道、设置左转待行区、设置提前掉头点等措施，优化城区40余个重要路口交通组织方式，并不断完善交通设施，优化信号配时，进一步提高道路通行效率。深化“情指勤督研宣”一体化勤务机制改革，常态化开展分析和研判，不断优化警力部署，精准指挥调度，持续强化重要道路、关键节点和重点时段交通指挥疏导，全力保障城市交通正常运转。在机动车保有量增加、通行空间因道路施工进一步压缩情况下，全年路网交通平峰时段、高峰时段平均车速分别达每小时27.40千米和每小时24.50千米以上，道路交通环境持续平稳。

【交通秩序管理】 坚持“严防，严控，严管，严治，严打”方针，以“风雷行动”“两周三查”“三查三告知”为抓手，以“两客一危一货”“营转非”客车、面包车、摩托车、电动自行车等车型为重点，常态化组织开展酒驾醉驾、涉牌涉证、超限超载、非法营运等10余项易致祸致乱违法行为专项整治行动。主动对接辖区城管、住建、运管等部门，集中整治渣土运输车辆突出交通违法行为，不断规范道路通行秩序，营造良好道路交通环境。加强与其他警种和外地警方的协调配合，不断提高交通肇事逃逸案件侦破率和打处率。截至2019年底，全市发生交通肇事逃逸案件461起，侦破453起，侦破率98.26%。

【扫黑除恶专项斗争】 立足交管工作实际和警种职能，组建专班，围绕线索核查“清零会战”总目标，细化措

副省长任军号慰问一线公安交警　（市交警支队　供稿）

施，明确任务，重点针对执勤执法、事故处理、违法处理、车驾管业务、涉车案件、管理服务、公民信息、队伍管理等8个方面开展线索摸排，集中清理整治“非法中介”、交通事故“碰瓷”“骗保”等线索问题，全年排查线索100余条，梳理交通乱点、乱象问题50余个。

【交通保卫】 严格按照警保卫工作相关要求和标准，完成省、市“两会”、高考、商洽会、农博会等各项警保卫任务857起。其中，一级警保卫任务7起、二级警保卫任务16起、三级警保卫任务40起、现场警保卫任务475起、路线警保卫任务319起。

【车辆及驾驶员管理】 严把“车驾管”业务关口，严格机动车检验、注册、过户、转籍、报废、注销和驾驶人考试、发证、审验环节审查，紧盯“两客一危一货”等8类重点车辆逾期未检验、未报废、违法未处理及驾驶人逾期未审验、未换证等重点隐患，持续推进“清分清违”“隐患清零”。截至2019年底，全市机动车保有量284.96万辆，净增17.18万辆，增长6.42%；机动车驾驶人350.47万人，净增24.62万人，增长7.55%；办理各类车驾管业务813.90万件，其中监销报废机动车4955辆，公告机动车强制注销、逾期检验、临界检验、临界报废等259.89万辆次；完成驾驶人考试和满分教育学习172.26万人次，接收转递微型小客车“户籍化”档案10.65万份，向重点车辆驾驶人发送安全提示短信414.26万条；清理公路客运车辆交通违法560起、旅游客运车辆交通违法1133起、危化品车辆交通违法1764起。联合市场监管、工信等部门发布《关于加强我市电动自行车管理的通告》，注册登记电动自行车45.98万辆，完成全市超标电动自行车注册登记工作。

【科技信息化建设】 依托“业务大数据统计分析平台”，研究建立失格人员及车辆分析、重点车管控分析、营转非车辆运行分析等多个实战模型，进一步强化交管数据深度应用；在执法办案窗口建设高清网络人脸识别摄像机、拾音器、叫号系统等设备，建成“执法办案窗口规范化设备”项目，实现交管业务网络预约办理；建立“办案管控，财物管控，案件管控，执法规范”四位一体的全环节智能化管理系统，实现从信息、安全、物证资料到案件资料的全智能化管理，进一步推动办案中心规范化、精细化管理；梳理车驾管业务、违法处理和事故处理业务84项执法风险，建成“2233”(2个基础、2个档案、3类模型、3类应用)执法监督大数据平台，形成以数据分析、风险识别、风险提示、预警推送、异常处置、过程回溯、奖惩处理的监督机制，实现执法过程自动监控、执法异常实时发现、执法风险及时预警。5月30日，副省长任军号在听取专题汇报后，对平台给予高度评价，并指示在全省交警系统推广运用。

窗口民警解答办事群众业务咨询 （市交警支队 供稿）

【改革创新】 持续深化“放管服”改革，在继续深化2018年20项“放管服”改革措施落实基础上，贯彻公安交管“放管服”改革10项新举措和服务经济社会发展、服务群众企业6项措施，并结合实际创新推出8项便民服务新举措，进一步简政放权、精简流程、优化服务，形成“20+10+6+8”的便民服务体系。拓展“交管12123”App、“昆明交警微信星级服务”“昆明交警支付宝生活号”功能，优化服务项目，提供电子证件、违法处理、事故快处、牌证办理、违法举报、挪车提醒、业务预约、电子缴费等10大类140余项“互联网＋交管”便民服务项目，服务群众3000余万人次。

【文明交通宣传】 围绕各个时期交通安全管理工作重点，深入推进主题宣传、阵地宣传、舆论引导等工作。充分运用“声、屏、网、媒”、“双微平台”和全市125块LED交通诱导屏，集中开展“两公布一提示”工作以及大曝光、大警示、大教育、大宣传等形式多样交通安全教育活动；探索“互联网＋宣传”模式，先后在“今日头条”“网易”“一直播”“一点关注”搭建宣传平台，加强警媒合作，建设4个全媒体新闻直播间，进一步拓展传播渠道，营造浓厚氛围；依托农村“村村通”交通安全大喇叭和各地交通安全宣传员、劝导员，广泛宣传交通安全法律法规和安全常识，努力构建“分级统一，全面覆盖，整体联动”农村交通安全宣传格局。截至2019年底，印发各类交通安全宣传材料158万余份，刊播交管信息8.73万余篇，通过“双微”平台曝光各类交通违法行为191期，涉及机动车驾驶人1.75万余人，向重点驾驶人发送安全提示短信47.74万余条。

【队伍建设管理】 坚持政治建警、从严治警，围绕习总书记“四句话、十六字”总要求，紧扣“四个铁一般”标准，以“不忘初心、牢记使命”主题教育和“践行新使命、忠诚保大庆”实践活动为抓手，持续推进党风廉政建设和反腐败工作，常态化开展教育培训，规范执勤执法，严格监督管理，强化警务保障，全力推进干部民警、辅警队伍正规化建设，确保队伍在长期超负荷、高强度工作状态下的持续稳定，整体素质、执法质量、执法水平和服务群众的能力不断提高。2019年，7个集体立三等功、17个集体获嘉奖、2人立二等功、33人立三等功、119人获嘉奖，152个集体被授予“先进岗组”、801人被评为“先进个人”、79户民警家庭被评为“最美家庭”、121名家属荣获“模范家属”，7个岗组被命名为“昆明市工人先锋号”。

（李明琪）

邮政管理

【概况】 截至2019年底，全市有279个邮政普遍服务网点和13个机要服务网点，有28户品牌快递企业，367户持证快递企业，571个分支机构，1608个末端网点。邮政业务呈现国有、民营、外资多元资本协调发展、统一开放、竞争有序市场格局。全行业从业人数1.90万人。

【业务收入】 2019年，全市完成邮政业务收入45.20亿元，同比增长18.65%；完成业务总量66.89亿元，同比增长35.28%。其中，快递企业完成快递业务量2.79亿件，同比增长24.88%；完成快递业务收入33.72亿元，同比增长21.11%。全市邮政业务总收入、业务总量、快递业务收入、快递业务量分别占全省比重50.15%、56.53%、58.49%、64.71%。邮政、快递业务收入和业务总量均在全省排名第一，完成市政府下达的邮政业务总量增速35%的指标任务。

【行业发展环境优化】 2019年，昆明市邮政管理局注重发挥中央和地方双重管理优势，找准行业发展定位，以问题为引领，注重汇报沟通，积极向外拓展，借势借力出政策，不断优化行业发展环境。先行先试，大胆创新，联合市住建局在全省率先出台《关于促进物业管理区域邮政快递投递服务的意见》，对解决昆明市物业管理区域“最后一公里”投递难问题具有重要指导和推动作用；整合资源、共享政策、共建平台，联合市交运局出台《关于进一步加强交邮融合发展的实施意见》，为进一步推进昆明市交邮融合深度发展提供政策依据和保障，对促进交邮高质量融合发展具有积极推动作用；推动昆明市人民政府专题召开研究解决昆明市邮政业发展问题协调会，决定把快递产业园区纳入物流园区专项规划，将快递货运投递新能源汽车的生产和使用纳入全市新能源汽车政策范畴享受同样的政策和补贴，为促进全市快递产业园区建设和解决快递“最后一公里”投递问题争取政策支持。

【部门协作联动】 2019年，昆明市邮政管理局坚持“一事一推进”，推动部门资源整合和合作联动，有效推进解决发展中的痛点、难点问题。加大与交警部门沟通协调力度，着力解决车辆通行难题，交警部门除对邮政专用车辆颁发通行证以外，对全市307辆新能源邮政、快递货车，除交通高峰时段及二环高架路段等特殊道路外，在无须办理入城通行证的情况下，允许进入主城区通行，有效缓解邮政、快递车辆入城难的问题；加快推进电子商务和快递融合发展，推进快递产业园区建设。通过主动加强与市商务局、县（区）政府等沟通协调，寻甸等县（区）主要邮政、快递企业全部入驻当地电子商务产业园区，县级快递园区初具规模，电子商务与快递融合发展示范园区成效明显；加强协作，充分发挥部门监管合力，与市公安局联合印发《寄递渠道安全管理防控联动和信息实时共享机制》，进一步完善案件线索抄告机制；与市公安、国安、反恐、禁毒等部门开展专项联合执法检查，形成寄递渠道安全监管合力；与市烟草专卖局建立执法协作机制，有效打击邮政寄递渠道涉烟违法行为；联合市消防支队印发《“平安快递”消防安全专项活动实施方案》，全面提升全市邮政行业火灾防控能力。据不完全统计，2019年，全市通过邮政寄递渠道查堵仿真枪4支、仿真子弹5发、弩1副、易燃易爆物品21件；协助禁毒部门查处毒品案件52起，查获毒品51.71千克，抓获20人；联合烟草专卖部门查获非法寄递涉烟案件134起，查获各类非法卷烟2.44万条，案值224.21万元；加强与财政、税务部门沟通协调，推进邮政、快递企业享受国家减税降费政策。截至2019年底，全市邮政、快递企业享受国家减税降费政策减免资金877.86万元。

【行业转型升级】 推进“快递下乡”工程换挡升级。截至2019年底，全市设立快递网点乡镇59个，乡镇网点数量达251个，实现乡镇快递网点覆盖率100%，“快递超市”覆盖率达90%以上，乡镇末端网点规范管理和服务能力得到进一步提升。有效遏制乡镇快递网点违规收费现象。2019年专项整治行动开展以来，共检查分拨中心16个次、营业网点156个次，约谈企业负责人39家次、下达责令整改通知书14份、立案查处违规收费行为14起。积极转变监管工作思路，依法促进“菜鸟驿站”模式发展，有效解决“最后一公里”投递难问题，为消费者提供安全、便利、多元可选

2019年5月28日，市邮政管理局领导带队实地督导检查建制村直接通邮工作情况
（市邮政管理局 供稿）

包裹代收、代存、代寄等服务。截至2019年底，全市45所院校入驻“菜鸟校园驿站”，3家服务商纳入快递经营许可范围，353家“菜鸟驿站”完成末端网点备案工作。快递入社区、进高校、末端智能化集约化服务建设成效显著。截至2019年底，昆明市投放智能快件箱累计数量3260组，29.47万个格口；辖区内47所高校均设立快递网点，高校规范收投率达100%；建立快递末端公共服务站72个；城市自营网点标准化率达80.91%。

【推动乡村振兴】 以优化资源配置和服务农村电商为抓手，积极推动“一市一品”项目和打造昆明市“快递+农特产品”金牌项目，鼓励企业服务辖区农业，有效带动农村经济发展，促进农民增收，助力精准脱贫，推动乡村振兴。2019年，EMS、百世、中通、韵达、顺丰等品牌出港鲜花、生鲜产品、土豆等农产品约4000万件，其中全市较大农产品出港量分别为：鲜花972万件，干花1089万件，土豆300万件，雪莲果250万件。昆明花卉年快递业务量达2000万件，是全省唯一入选国家邮政局金牌项目。

【服务水平提升】 通过加强对邮政企业工作指导和局领导带队督导检查，强力推进建制村直接通邮。截至2019年6月20日，全市946个建制村提前三个月全部实现直接通邮。

邮政综合服务平台建设不断完善。推进昆明市警邮合作，建设昆明警邮“梦工厂”，不断扩大项目覆盖面和业务类型，切实做好便民服务。截至2019年底，全市60个网点可以办理交管业务。其中，主城区40个，县（市、区）20个，全市覆盖率100%。邮政网点可代办18项车驾管业务，涵盖车驾管80%业务，每天办理业务2000多笔，邮政代办交管业务全国排名第二。积极鼓励企业拓展税务代理业务，全市142个邮政网点代办税收业务。其中，主城区90个，县上网点52个，代开占比达到94%，极大方便交税用户。

【市场监管】 2019年，昆明市邮政管理局聚焦行业突出安全问题，通过有针对性开展系列安全教育培训和专项执法检查活动，将邮政业寄递安全“三项制度”落实、快递“三不”治理、实名收寄信息系统应用、安检机使用管理等重点工作推向深入，确保行业安全平稳运行。2019年，检查分拨中心65个次、营业网点482个次，出动执法人员2165人次，约谈企业78家，下达责令改正通知书89份，查处各类违法违规行为41起，同时将按反恐法处罚的典型案件及时在全市通报，在主流媒体进行广泛宣传报道。截至2019年底，全市实名信息化率99.68%，快递企业分拨中心安检机有效使用率100%。

【服务保障民生】 深化“放管服”改革，截至2019年底，昆明市完成1563个快递末端网点备案，备案数量占全省总数的38.82%。维护群众利益，做好用户申诉信访办理工作。昆明市全年收到消费者申诉信79件，处理79件，申诉处理满意度100%。加强与新闻媒体沟通和对接，加强行业服务地方经济社会的正面宣传，营造良好行业发展氛围。全年，中国邮政快递报、昆明日报、昆明电视台、掌上春城、快递物流之声等媒体对全市行业正面宣传报道20余篇，向省邮政管理局报送工作信息60篇，被国家邮政局官网采用5篇。

（李　虎）

中邮集团昆明分公司

【概况】 截至2019年底，全市有邮政营业支局所279个。其中：电子化支局279个，邮政代理金融网点106个，ATM/CRS自助机具302台，揽投站点44个，邮政用车397辆。全市有投递段道1029条。其中：城市段道652条，乡邮段道377条，机动车辆段道429条。城市投递段日均投递里程2.79万千米，乡邮投递段日均投递里程1.13万千米。有从业人员2122人，中层以上管理人员48人（不含三级正领导、非领导职务、交流干部）。在岗员工中，大专以上文化1628人，占76.72%；高中、中专、技校生338

人，占15.92%；初中以下文化156人，占7.35%，职工平均年龄38岁。

【业务收入】 2019年，中国邮政集团有限公司昆明市分公司提前研究部署各时间节点经营重点工作，陆续启动开展开门红、双过半、三季度、旺季跨年度经营战役、夏秋会战等阶段性经营活动，全年实现业务总收入82301万元，同比增长8.74%。

【打造农村电商扶贫模式】 截至2019年底，全市建成908个邮乐购站点（电商扶贫便民站点），提供便民缴费（含水、电、话费、飞机票、网上代购等）、包裹代收投、普惠金融等业务。注重线上线下农产品销售。2019年，邮乐购站点带动农产品销售5000余吨，交易额3000余万元，惠及农户4万余户。在第二届邮乐“919”电商节期间，通过昆明邮政专柜销售各县、区特色农产品129种，销售订单20383单。注重电商扶贫。围绕“精准扶贫、精准帮扶”任务，以农副产品电商销售渠道为主线，搭建线上线下平台，围绕禄劝“一县一品”实施市场开发，9月份，启动板栗寄递业务，实现板栗寄递3496件，为农民销售板栗11.92吨，销售额15.10万元；寻甸土豆是“扶贫攻坚”项目之一，自2019年4月开始运作，至12月发运42万件，为农户创收194.05万元；助力嵩明雪莲果出滇，2019年收寄雪莲果103.35万件，为农户创收1000万余元。此外，还有富民蓝莓、猕猴桃、板栗、杨梅、冬桃，石林人参果，东川土豆、番茄等农产品寄递，通过邮政物流，源源不断地送达城市各个角落。

【第39届全国最佳邮票评选颁奖活动】 2019年4月20～21日，第39届全国最佳邮票评选颁奖活动在云南大剧院和官渡古镇举办。昆明市分公司在具体执行工作中，采取以云南大剧院为颁奖会场、官渡古镇为系列活动会场的群众性参与举办模式，融合云南民族民俗、地方非遗文化、集邮与老昆明地名方言、民间广场舞等颇具特色的现场活动，向社会各界和广大群众展现邮政企业新时代新形象，带来较大的社会影响力，取得非常好的社会效益。

【服务“商洽会”】 6月12～18日，2019南亚东南亚国家商品展暨投资贸易洽谈会在昆明滇池国际会展中心举行。昆明市分公司认真贯彻落实国家发展战略，积极发挥邮政独特综合资源优势，深挖会展平台资源、整合营销模式、强化技术支撑，为本届商洽会提供门禁系统建设、制证、门票制作及销售、文化品制作发行、邮政金融、物品寄递及便民服务等综合性服务。昆明市分公司深入推进邮政党建工作与经营工作深度融合、相互促进、同频共振，省邮政分公司直属机关党委和昆明市分公司党委联合成立以省分公司党组书记、总经理为支部书记的“党建＋商洽会”临时党支部，把党的组织建在各专业项目上，设立党员先锋岗、党员责任区、党员突击队，搭建党员阵地，引导业务骨干和技术骨干主动认领“难啃的硬骨头”，带领干部职工攻坚克难。展会期间，各基层党支部抽调近100人组成的商洽会党员先锋突击队和市分公司派出的近300余名精兵强将，共同组成“2019商洽会”邮政综合服务项目现场支撑团队，在展会现场提供热情、周到、精益的邮政服务，进一步强化邮政会展服务“金字招牌”，展现邮政人良好精神风貌，树立行业“国家队”良好形象，实现社会效益与企业效益双丰收。

【邮政企业与关联产业协同发展】 2019年，昆明市分公司发挥自身渠道和服务优势，强化与特色农业、本土企业、跨境电商协同发展，做好邮政服务。强化与特色农业协同发展，打通物流通道，助力农产品进城，以斗南鲜花市场为主战场，主城岔街、联盟市场为辅战场，为经营者提供“寄递＋金融”多元化、多层次服务。2019年，实现鲜花寄递292.94万件。做好以鲜菌为主高端生鲜寄递，2019年7月，召开全市松茸供应链解决方案推荐会，宣传云南鲜菌产品，依托邮政“极速鲜”平台及邮航运营优势，使用邮政定制绿色保鲜包装箱，不断提升客户体验及邮政品牌影响力。全年累计寄递野生菌邮件2.88万件；服务好本土化企业，通过提供配货、包货、寄递和售后全程生产链，成为大益茶叶云南仓的唯一物流供应商，全年寄递邮件70.69万件；薇诺娜寄递业务从2014年开始合作，通过邮政良好的物流发运模式，客户黏度不断增加，全年寄递邮件122.62万件；强化与跨境电商协同发展，推进与海关等政府部门之间信用信息共享机制建设，充分利用邮政资费低、全球化、通关效率高的优势，积极引进跨境电商企业，提供“仓储—发货—通关”一条龙服务，努力打造线上线下协同发展、服务“一带一路”新格局。全年揽收国际邮件10万余件，主要寄递茶叶、民族特色服装与配饰、电子配件、玩具等特色产品，流向以美国（60.31%）、英国（8.17%）、日本（6.42%）、加拿大（6.2%）和俄罗斯（4.33%）等国家为主。

【斗南鲜花主题邮局】 2019年，昆明市分公司以鲜花寄递为主的邮局为平台，在呈贡斗南花卉市场打造一个集寄递、文化创意、鲜花加工和花艺培训等功能于一身的斗南鲜花主题邮局，成为斗南“网红”景点，为客户带来更多新鲜体验和鲜活产品。日常除提供金融、寄递等邮政服务外，还以销售明信片、邮品及针对主题邮局开发、带有主题邮局标志的特色商品为主，是昆明市首个建在特色产业园区内的主题邮局。斗南鲜花主题邮局采取创客机制进行运营和管理，通过专业化的鲜花寄递创客团队销售鲜花、花卉类等特色邮政文创产品，不定期为客户举办鲜花知识培训、花艺展示，讲解邮政文化、集邮知识等，

吸引人气和知名度，形成一个良性、可持续发展的邮政服务生态圈，成功打造地方特色文化服务宣传平台。

【履行邮政普遍服务和特殊服务职能】为履行好普遍服务义务，昆明市分公司推进普遍服务特殊服务水平三年提升计划，制订达标推进方案。全市提前完成建制村100%通邮工作任务，全市建制村总数1214个，普服邮件全程时限及投递质量9项KPI指标全面达标，邮政管理局客户有责申诉率和处理满意率2项指标达标，全市平信邮件丢损率有效控制在1‰以内，《人民日报》等中央级党报党刊在全市各级党政机关及主要企事业单位均能够实现当日见报，全市未出现非法出版物在邮政渠道销售或寄递情况，未发生邮件收寄安全责任事件，未发生普遍服务营业违反两条“红线”问题。机要通信工作实现万无一失。昆明市分公司各项普服指标均达到或超过监管部门要求。

【政务服务保障】 2019年，昆明市分公司与昆明交警、出入境管理局、法院、税务等政府单位和部门开展合作，履行邮政企业政治责任、社会责任和经济责任，打造一系列让政府放心、让群众满意政务类项目。2019年，合作发挥邮政覆盖城乡网点优势，在原有基础上便民服务网点增至143个。发挥邮政网点覆盖城乡、贴近群众优势，延伸县域乡镇网点，方便群众“家门口”办理交管业务。2019年，将交管业务向偏远地区、贫困地区倾斜，最远辐射到东川区拖布卡镇、禄劝县撒营盘镇、寻甸县倘甸镇。其中，拖布卡镇距离县城70千米，全镇人口3万余人，在拖布卡镇的邮政网点叠加警邮便民服务业务后，彻底解决乡镇居民办理车驾管服务极不便利问题。邮政还加大与政府单位和部门的合作，做好出入境护照、身份证、法院专递、税务发票、不动产权证等业务的寄递服务，将邮政服务与政务服务相融合，减少群众往返政务服务部门的次数，切实为广大市民提供便利。

【企业文化】 2019年，昆明市分公司完成2个“职工之家”、4个“职工小家”和2个“旱厕改造”建设工作；落实民心工程，组织开展节日慰问、职工生日慰问，参加体育健身年活动。组织职工参加省邮政分公司乒乓球邀请赛及羽毛球、气排球等比赛，均获得较高名次；宣传舆论发挥正面引导作用。车驾管项目、斗南鲜花寄递创客等多项经营管理亮点被《中国邮政报》及集团公司新媒体平台报道10余篇次，《云南邮政报》、云南邮政官方微信以及《春城晚报》等媒体平台频现昆明市分公司经营管理亮点，唱响主旋律，壮大正能量。积极开展双创工作。2019年全省“双创”优秀成果评选活动中，市分公司1个企业管理创新成果获三等奖，1个业务和产品创新成果获一等奖，2个成果获二等奖，3个成果获三等奖；1个“金点子”获三等奖。

（董　燕）

信息·通信

【无线电管理】 2019年，市工信局严格依法行政，规范开展无线电频率、台站及呼号使用审批，制作工作流程图和行政许可办事指南，完善省政务服务平台相关信息。全年开展行政许可事项6项，核发《中华人民共和国无线电台执照》377份，办理注销设台单位3家。引导和促进业余无线电爱好者依法开展业余无线电活动，推动业余无线电事业良性发展。完成2017—2018年度无线电频率占用费资金及固定资产使用管理情况专项检查工作；核对用频单位技术参数和业务类别，排查数据错误，核定频占费金额，对全市300多家用频单位开展信息查证和更新完善工作。认真梳理在库单位，核对相关信息，与省地税直征局、昆明市地税局和省地税滇中局对接联系，开展频率占用费征收工作，收缴无线电频率占用费42.42万元。

【无线电执法检查】 强化执法检查，维护空中正常电波秩序。对设置、使用“黑广播”违法嫌疑人依法进行行政处罚，采取强有力措施遏制不法分子违法设台行为，维护空中电波秩序，保障设台单位合法权益。全面强化协调民航通信频率干扰联合处理机制，会同公安、文化等部门开展联合专项行政执法行动6次，零星执法20余次，出动人员82人次、车辆42辆次，成功查处“黑广播”45起，没收设备45台套。其中，“黑广播”直接干扰民航通信频率案件2起，案件均由市公安局刑侦支队立案处理；累计出动15次、人员33人次、车辆15辆次，排查各类无线电干扰15余起，受理解决无线电干扰投诉14起。做好研究生考试、省公务员考试笔试、高考、中考等27场次重要考试无线电安全保障，累计出动人员161人次、车辆61辆次、设备158台次，有效遏制利用无线电设备进行考试作弊现象。

【数字经济发展】 加强顶层设计工作，完成《昆明市数字经济发展规划（2020—2025）》和《昆明市区块链发展研究》《昆明市数字经济发展统计指标体系研究》《昆明市数字经济发展公共服务平台建设研究》《昆明市加快数字经济发展的政策研究》《数字经济发展统计监测制度和统计指标体系研究》等专项研究。配合举办首届中泰数字经济合作论坛。3月21日，由工业和信息化部、泰国数字经济和社会部、云南省政府共同主办中泰数字经济合作论坛在昆明举行，论坛期间，泰国对东部经济走廊进行推介，昆明市工业和信息化局代表云南省对呈贡信息产业园进行推介，举行中泰数字经济合作成果签约仪式。

【区块链发展】 组织开展《昆明探索

2019年10月31日，中国移动在昆明正式宣布5G商用 （中国移动 供稿）

推动区块链产业发展对策研究》课题研究。主动对接并参与国务院发展研究中心办公厅余斌主任牵头负责的《区块链技术服务实体经济》国家级课题研究。通过收集、研判、分析当前国内外及昆明市区块链技术应用场景和产业发展趋势，完成《昆明市区块链产业发展思路》《区块链产业发展情况简介》等研究报告，并报市委主要领导。对接中国经济时报社建立区块链产业发展招商合作。2019年，首届"数字云南"区块链国际论坛期间，组织召开昆明市招商恳谈会，邀请45家国内知名数字经济及区块链企业家代表参加，就相关政策进行交流座谈，共谋昆明数字经济发展。

【大数据发展】 编制完成《昆明市大数据产业发展规划（2018—2035）》和《昆明市大数据产业发展融入国家"一带一路"战略专题研究》《昆明市加快推动大数据与实体经济深度融合专题研究》《昆明市大数据产业招商引资专题研究》《昆明市政务信息共享开放专题研究》。开展《昆明市重点行业大数据开放、开发利用课题研究》工作，重点研究医疗健康大数据中心、国家超算中心、京东云等行业大数据的建设，积极推进大数据产业与传统产业的融合发展。组织开展大数据产业发展、物联网、智慧健康、新型信息消费等示范项目的申报工作。5月10日，在昆明举办昆明健康医疗大数据产业发展峰会，进一步推动"昆明健康医疗大数据中心与产业园项目"建设，构建"现代化经济体系"的新型产业结构，以"数字健康"新产业、新业态，培育新经济增长点，促进昆明数字经济发展，助力"数字云南"建设。组织完成《昆明市政务信息资源共享管理办法》起草工作，7月24日，市人民政府以市长令形式印发出台。《办法》规范政府内部数据资源权属、共享开放等内容，解决政府内部数据共享管理制度缺位、不敢共享、不愿共享、不会共享等问题，进一步完善政务信息资源共享制度建设，明确政府各部门间数据共享范围边界和使用方式，为制定大数据条例奠定基础。

（市工信局）

中国移动

【经营业绩】 2019年，中国移动昆明分公司在保持移动市场基本面稳定基础上，不断增强创新活力，坚持"客户为根，服务为本"理念开展生产经营活动。紧抓数字经济机遇，继续践行"宽带中国"在昆明的建设和落地，宽带客户超过120万，成为本地宽带主导运营商。开创性推动5G融入百业，5G+应用全面铺开，领跑云南5G发展。联合昆船打造云南首家"智能制造5G应用创新基地"，实现5G+智能仓储物流应用创新（C2C控制应用），亮相瑞士第十届全球移动宽带论坛及上海亚洲国际物流展。联合昆明医科大学第一附属医院打造云南首家"5G智慧医疗示范医院"，成功实现全国首个5G+手术双向直播。

【5G网络建设】 5月9日，公司与昆明医科大学第一附属医院、中移（成都）产业研究院、华为技术有限公司共同签署合作协议，打造云南首家5G智慧医疗示范医院和5G智慧医疗创新中心，全面开创5G医疗行业新时代；5月17日，昆明移动打通首个5G视频电话，移动克鲁泽商用服务机器人和5G安防机器人在海埂大坝惊艳亮相，首个移动"5G体验店"在小西门智慧生活旗舰店开放，在营业厅范围内实现5G试验网覆盖，为全市的客户提供一个实际体验5G业务的空间；9月27日，举行"5G+医疗联盟智慧应用启动仪式暨全国首例5G+手术双向直播发布会"，5G技术助力医疗创新取得新突破；10月31日，中国移动宣布在全国首批50个城市开启5G商用，昆明位列其中，昆明移动在大悦城举行5G商用启动仪式，第一时间公布5G商用措施和资费套餐；12月31日，5G+智慧医疗创新中心揭牌成立。截至2019年底，公司5G一期建设任务完成，完成700个5G站点的建设开通。

【网络服务保障】 昆明移动网络基础设施建设不断加强，实现全市100%的行政村和96%的自然村覆盖；物联网基站完成市、县、乡三级覆盖；光缆及骨干传送网容量在本地同业领先。5G建设发展实现二环内核心城区、大学城（呈贡大学城、嵩明大学城、安宁大学城）、省委、省政府、昆明市级行政中心、海埂大坝、机场及机场高速、石林风景区、滇池国际会展中心等区域，以及121大街、环城南路和北京路等5G精品线路覆盖，全市移动客户感知和客户满意再上新台阶。11月8日，公司承办昆明市“企业上云上平台”启动会，超过430家企业代表参会，昆明正式全面启动“企业上云上平台”工作。

【通信保障】 昆明移动创新通信保障服务模式，根据14个县(市、区)的网络特征和应用场景，持续创新服务模式，打造应急保障半小时响应圈，得到昆明市政府和通信管理局的高度认可和表扬。2019年，昆明移动为省委十届四次会议召开、全省“两会”召开、昆明滇池会堂“5·17”电信日、昆明滇池会展中心“云南省旅游交易会”活动、昆明“南亚东南亚商洽会”、昆明官渡“中国(云南)自由贸易试验区挂牌仪式”以及各类森林火灾、各县(市、区)重大盛会活动等开展应急通讯保障89次，全面实现零网络事故、零安全事件、零客户投诉保障目标。

【扶贫攻坚】 坚决打好精准脱贫攻坚战。昆明移动围绕昆明市人民政府“两不愁、三保障”要求，积极践行社会责任，进一步结合行业自身优势，立足实际挂钩扶贫点，探索网络扶贫、信息扶贫的路子，积极开展各项扶贫工作。2019年，昆明移动支持石林、禄劝、寻甸、东川等基层单位开展信息化扶贫工作，派出2名驻村工作队员到挂钩扶贫点常驻、派出兼职扶贫人员(包括结对帮扶、临时人员等)27人协助当地政府开展脱贫攻坚工作，帮助240户贫困户完成脱贫。推进乡村产业振兴，提升乡村环境建设，帮助石林县东海子村完成基础设施建设，道路硬化、亮化工程已完成95%，全村通自来水、通电、通广播电视，完成光纤入户。

(李正颖)

中国联通

【经营业绩】 2019年，昆明联通完成主营业务收入11.08亿元，同比略有下滑，降幅1.70%，用户规模到164万户；完成利润同比减亏4739万元，改善幅度69.60%，趋势持续向好。

【互联网化运营转型】 2019年，昆明联通移网新增收入一半以上来自互联网，全省2I占移网新增比例34%，昆明联通2I占移网新增比例67%，远高于全省均值。截至2019年11月，互联网内部承包模式累计新发展用户54.60万户，贡献新增收入6900万元左右，毛利达到3800万元左右，为公司互联网化运营转型起到“头雁效应”。

【治企能力提升】 以利润及现金流为核心的预算、考核、激励、评价体系初步建立，利润完成率90分，增量收益分享30%观念深入人心，成本管控、效益管理意识明显提升。

【聚焦政企创新业务】 政企收入占全网收入情况，联通体系内全国为34.90%，云南联通为18.70%，昆明联通为26.70%；IDC业务快速增长，智慧消防等部分重点场景有突破，完成西山区船房社区智慧烟感项目及视频监控项目，公司政企创新能力不断提升，新旧动能进一步转化。

【人才队伍优化】 2019年，昆明联通后备干部储备力量不断壮大，选拔产生后备干部39人；组建人力资源HRBP队伍29人；发展党员39人，党员人数达210人。

【5G网络建设】 2019年，昆明联通在网络建设上更具灵活性，采用社会化微基站和微分布进行低成本深度覆盖。截至2019年底，中国联通、中国电信在全国31个省市区开通5G共建共享，50多个城市的5G正式商用。3月15日，昆明联通开通首个面向用户的5G基站，在金牛营业厅设立5G体验区。致力与省电视台打造“5G+VR/AR融媒体联合实验室”，与云南财经大学打造“5G+教育大数据联合实验室”，与省肿瘤医院打造“5G智慧医院创新应用联合实验室”，与腾云公司打造“5G智慧旅游联合实验室”“5G智慧农业示范区”“5G智能工厂实验室”，与云南机场集团打造“5G智慧机场联合实验室”，积极推进7大5G联合实验室或示范区打造。

【企业文化】 以企业文化建设为着力点，按季度评选“党员模范岗”，年底评选先进集体和个人。2019年共评选出42名“模范党员”、3名利润贡献奖、5名优秀团队奖、5名优秀管理者、10名十佳员工、24名岗位标兵，在《昆明联通》内刊宣传先进，举办公司年度表彰大会，弘扬企业文化精神，营造出比学赶超氛围。发挥公司工会、共青团作用，配合党组织围绕生产经营中心工作开展活动，组织开展“青春心向党·建功新时代——时光栈道15千米徒步挑战”“童心向党·欢庆六一——昆明联通员工子女书画展”、端午节包粽子体验、“燃青春之火·为祖国喝彩——昆明联通第二届职工趣味运动会”“我和我的祖国共奋进·挑战梁王山”、主题党日观看爱国主义教育影片《我和我的祖国》和全员观看影片《为国而歌》等团体活动，引导广大青年员工投身“五新”联通改革发展，为开创新时代昆明联通发展新局面注入新力量。

(冯志彪)

财　政

【财政收入】 2019年，全市一般公共预算收入630亿元，完成年初预算（下同）的100.70%，较上年决算数增长（下同）5.80%，加上级补助、一般债券转贷等收入461.60亿元，收入总计1091.60亿元。其中：市级一般公共预算收入308.70亿元，完成预算的98.30%，增长2.30%，加上级补助、一般债券转贷等收入480.10亿元，收入总计788.80亿元；市本级一般公共预算收入194.20亿元，完成预算的100.10%，增长3.10%，加上级补助、一般债券转贷等收入500.60亿元，收入总计694.80亿元。

【财政支出】 2019年，全市一般公共预算支出820.90亿元，完成预算的103.30%，增长8.50%，加一般债券还本、上解上级等支出270.70亿元，支出总计1091.60亿元。市级一般公共预算支出291.70亿元，完成预算的101.30%，增长7.70%，加一般债券还本、补助下级等支出497.10亿元，支出总计788.80亿元。市本级一般公共预算支出196亿元，完成预算的100.90%，增长6%，加一般债券还本、补助下级等支出498.80亿元，总计694.80亿元。

【政府性基金】 2019年，全市政府性基金预算收入955.80亿元，完成预算的129.10%，增长35.50%，加专项债券转贷等收入290.90亿元，收入总计1246.70亿元。支出938.80亿元，完成预算的110.40%，增长44.40%，加专项债券还本等支出307.90亿元，支出总计1246.70亿元。市级政府性基金预算收入836.80亿元，完成预算的124.60%，增长36.70%，加专项债券转贷等收入279.50亿元，收入总计1116.30亿元；支出752亿元，完成预算的107.20%，增长39.20%，加专项债券还本、补助下级等支出364.30亿元，支出总计1116.30亿元。市本级政府性基金预算收入728.20亿元，完成预算的128.50%，增长33.30%，加专项债券转贷等收入267.40亿元，收入总计995.60亿元；支出614.60亿元，完成预算的103.70%，增长32.90%，加专项债券还本、补助下级等支出381亿元，支出总计995.60亿元。

【国有资本经营】 2019年，全市国有资本经营预算收入1亿元，完成预算的98.30%，下降73.50%，加上级补助等收入1.40亿元，收入总计2.40亿元；支出2亿元，完成预算的292.90%，下降74.50%，加向一般公

共预算调出等0.40亿元，支出总计2.40亿元。市级国有资本经营预算收入0.80亿元，完成预算的87.50%，下降77.70%，加上级补助等收入1.40亿元，收入总计2.20亿元；支出0.60亿元，完成预算的92.90%，下降86.10%，加补助下级、向一般公共预算调出资金等支出1.60亿元，支出总计2.20亿元。市本级国有资本经营预算收入0.20亿元，完成预算的100%，增长5.70%，加上级补助等收入1.40亿元，收入总计1.60亿元；支出0.20亿元，完成预算的98.70%，增长3.90%，加补助下级、向一般公共预算调出资金等支出1.40亿元，支出总计1.60亿元。

【社会保险基金】 2019年，全市社会保险基金预算收入361亿元，完成预算的108.40%，增长4.80%；支出298.30亿元，完成预算的104.70%，增长11.20%。收支相抵，当年结余62.80亿元，加上年滚存结余397.40亿元，提取职业技能提升行动专项资金8.87亿元，年末滚存结余451.30亿元。全市社会保险基金实行市级及以上统筹，不单列市级和市本级预算。

【政府债务】 2019年，全市政府债务年末余额2062亿元，低于限额295.90亿元。其中：市级政府债务余额1563.90亿元，低于限额222.50亿元；市本级政府债务余额1187.10亿元，低于限额131.80亿元。各级政府债务余额均控制在法定限额内。严格风险预警控制和到期债务管理，多渠道筹集偿债资金，年内偿还到期政府债务91.68亿元。依法发行新增专项债券110.80亿元保障重点项目资金需求，发行置换债券77.80亿元缓解债务到期压力。严格政府投资项目前置审查，杜绝违规新增债务，债务风险整体降低。

【预算管理】 2019年，市本级年初预算安排预备费3.60亿元，在年度预算执行中使用2.60亿元，主要用于脱贫攻坚水源工程、村级光伏扶贫项目、生猪异常情况扑杀、草地贪夜蛾防控等项目，剩余部分用于补充预算稳定调节基金。年初预算安排预算稳定调节基金13.90亿元，未动用；年末预备费剩余部分及政府性基金结转超过当年收入30%部分补充预算稳定调节基金9.80亿元，余额23.70亿元。全市“三公”经费预算2.87亿元，较上年下降3.86%；“三公”经费支出2.16亿元，较上年下降9.90%。

【支持脱贫攻坚】 2019年，统筹安排90.50亿元财政扶贫资金，加快推进深度贫困地区脱贫攻坚，支持“两不愁三保障”补短板，其中投入寻甸、东川、禄劝3个贫困县（区）44.57亿元。健全涉农资金统筹整合长效机制，3县（区）统筹整合涉农资金16.57亿元。统筹安排补助资金2.35亿元，支持全市“四类重点对象”和11488户非“四类重点对象”危房改造。加强常态监管、动态监控、公示公告，严控结余结转，扶贫资金使用更加规范有效。年内，寻甸县脱贫成效持续巩固提升，东川区、禄劝县实现脱贫摘帽。

【支持污染防治】 2019年，统筹安排41.10亿元节能环保资金，支持打好蓝天、碧水、净土保卫战。其中：统筹安排37.35亿元高原湖泊保护治理资金，支持实施水质净化厂提标改造、阳宗海清污分流、牛栏江滇池补水等，滇池全湖水质保持Ⅳ类，阳宗海水质保持Ⅲ类；统筹安排9.70亿元支持重点水源地保护、林业生态恢复、生态功能区建设保护等；安排1.69亿元支持新能源汽车推广等空气污染物减排项目；安排7750万元支持土壤污染防治。年内，成功申报黑臭水体治理示范城市，获中央财政奖补4亿元。

【支持产业升级】 2019年，统筹安排29.64亿元落实产业稳增长措施。注资17亿元设立产业发展股权投资基金，扶持新材料、智能制造、信息产业等。统筹8.92亿元支持江铃新能源汽车、中汽中心云南高原测试基地、云南绿色能源产业园、紫光芯云等产业项目和新型工业化产业示范基地建设。统筹3.72亿元支持商贸流通、总部经济、跨境电子商务综合试验区建设等加速推进。

【扶持实体经济】 2019年，安排补助资金1.77亿元落实普惠金融政策，支持个人和小微企业获得创业担保贷款扶持。安排小微企业融资担保降费奖补6360万元，帮助全市小微企业获得85.33亿元融资支持。通过“财园助企贷”支持企业获得银行贷款8.54亿元。投入8705万元支持“专精特新”小巨人、“金种子”企业等，促进民营经济高质量发展。小微企业创业创新基地示范城市绩效考评为全国第二，获中央财政奖补4500万元。

【助力创新驱动发展】 2019年，统筹安排18.87亿元科学技术支出。制定科技计划项目资金管理办法，出台加速区域性国际科技创新中心建设措施，投入6.10亿元支持金砖国家技术转移中心、生物医药大健康、信息芯片、高原特色农业科创中心建设等，提升区域科技创新能力。投入7402.40万元扶持高层次人才培育引进和创新创业，加速创新人才集聚。安排企业研发后补助2.30亿元，提升企业研发投入强度，成为全省首家财政科技经费“放管服”试点市。

【支持城乡基础设施改善】 2019年，统筹安排53亿元支持重大基本建设项目。安排重点项目前期经费3.33亿元，支持“美丽县城”、专项债券申报等。安排“五网”综合交通建设31.20亿元，新增高速公路174千米，5个在建地铁项目有序推进。安排4.27亿元新增农村公路406千米，实施农村公路生命防护工程545千米，推进“四好农村路”建设。运用PPP模式推进三清、福宜等高速公路和城市轨道交通建设。

【推进城市品质形象提升】 2019年，统筹安排21.72亿元加强城市维护管理和环境整治，有序推进文明城市创建。安排5.56亿元支持城市绿化管养、厕所革命、城市生活垃圾分类、公园免费及降价、主要城市道路恢复提升和景观亮化。安排4299万元落实“一城一头一网”机制，确保主城区公共排水设施运行顺畅。继续安排1亿元以奖代补资金推进主城集贸市场改造提升，城市品质不断提升。

【推动乡村振兴融合发展】 2019年，安排乡村振兴战略专项资金2亿元，支持农村人居环境改善。统筹投入16.30亿元推进柴石滩库区、重点水源工程建设等；统筹5亿元推进现代农业生产体系建设，支持粮食、生猪“一县一业”示范、绿色食品牌及农业产业化。下达农林保险保费补助1.14亿元，推动农业保险“扩面、提标、增品”，支持农户防灾增收。持续推进农村综合改革，实施农业转移人口市民化财政政策，促进城乡融合发展。

【支持对外开放发展】 2019年，统筹安排4.53亿元支持扩大对外开放，提升区域辐射力。投入2.01亿元保障国际航线和“昆蓉欧”等对外班列稳定运行，新开国际航线8条。投入1.70亿元外经贸发展资金，支持外经外贸健康发展。投入4479万元支持昆明综合保税区等运营建设。支持设立“昆明市政府奖学金”，积极吸引外国留学生来昆就学。支持海外“昆明周”等国际人文交流活动，打造对外开放交流平台。

【促进教育发展】 2019年，统筹135.69亿元支持教育领域补齐短板、均衡发展。安排7.27亿元生均公用经费补助和学生资助，惠及68.23万人次。安排1.20亿元支持“一村一幼”乡镇公办和村级幼儿园建设，对433所普惠性民办幼儿园进行财政奖补，扩大学前教育资源。安排7738万元支持高中阶段教育普及和特色发展。统筹安排1.30亿元支持职业教育发展。安排4.18亿元支持昆明学院应用型示范高校建设。安排1.20亿元支持“银龄讲学”“三名”工程，落实特岗和乡村教师奖补，加强教师队伍建设。

2019年3月1日，全市财政工作会议召开（市财政局　供稿）

【支持社会保障和就业创业】 2019年，统筹安排31.58亿元支持城乡养老保险基础养老金提标，调整医保门诊“特慢病”及住院起付线，提高城镇职工医保统筹基金支付限额，消除同城差异，各项社会保险参保率保持在96%以上。落实城乡困难群众救助财政补助提标，安排8618万元用于残疾人事业发展，安排8.30亿元保障退役军人事业和拥军优抚政策落实。统筹安排4.27亿元支持实施积极就业政策，全面落实“三项贷款”扶持创业政策，资助199个“泛海扬帆昆明大学生创业行动”项目。安排2.55亿元支持职业技能提升行动，完成技能培训15万余人次，帮助高校毕业生、就业困难人员、企业下岗人员等重点群体就业，实施求职创业补贴、公益性岗位援助、稳岗补贴等措施促进困难群体就业。

【支持医疗卫生服务】 2019年，统筹安排68.50亿元支持卫生健康事业，基本公共卫生服务人均补助标准从50元提高到69元。安排8亿元支持公立医院改革发展、取消药品加成及昆明市第二人民医院迁建安置等。安排1020万元为106万户籍老年人免费接种23价肺炎疫苗。安排1898万元提升妇幼健康、社会办医水平。安排6755万元支持养老机构建设运营和医养结合试点，助力“健康昆明”建设。

【推进文旅事业发展】 2019年，统筹安排9.07亿元支持文体旅游发展。安排1.31亿元支持庆祝新中国成立70周年系列活动、国家公共文化服务体系示范区创建和文化消费试点城市建设、文物保护和文化遗产传承、《山林童话》等文艺精品项目。安排1.07亿元推进“一部手机游云南”、游客购物退货监理中心和旅游景区建设等。安排9307万元支持昆明市第六届运动会和“15分钟体育健身圈”等全民健身项目，打造品牌赛事。

【保障社会治理工作】 2019年，安排1.10亿元支持扫黑除恶专项斗争。加大投入力度，保障政法部门禁毒、反恐怖、综治维稳等重点支出经费需求，切实维护国家安全和社会稳定。支持创建国家食品安全示范城市和国家知识产权示范市。安排2.90亿元支持防灾减灾、安全生产、应急管理。安排4230万元支持“一网四中心”建设，改善营商环境。安排5732万元民族工作专项经费，支持成功创建民族团结进步示范市。

【落实减税降费政策】 2019年，建立部门联席会议制度，加强协调联动和政策宣传，坚持减税降费与依法征收并举、存量清欠与增量挖潜并重，全市税收收入509.30亿元，增长6.70%，占一般公共预算收入的80.80%。争取上级转移支付225.60亿元，同比增长11.60%。稳步推进基本公共服务领域市以下共同财政事权和支出责任划分改革，市本级承担支出增长7.80%。兑现省、市奖补资金21.70亿元，充分调动县（区）培育财源税源积极性，支持县（区）兜住“三保”底线，全力确保收支平衡。

【财政资源配置】 出台全面实施预算绩效管理的实施意见，完善绩效考核办法，加强预算源头控制，在全省率先实现市本级2020年度预算项目事前绩效评估全覆盖，开展重大项目绩效运行跟踪监控，全方位、全过程、全覆盖的预算绩效管理体系加快形成。完善全口径国有资产报告体系，加强机构改革期间部门预算和资产管理，开展市属行政事业单位国有资产清查，盘活存量资产。

【政府采购管理】 2019年，完成省政府采购评审专家库昆明分库建设工作，规范政采购评审专家的管理。延长政府采购服务项目合同履约期限，加强政府采购合同备案管理，减少采购行政成本。在全省率先推行“政府采购专员”负责制，全面落实政府采购活动中采购人主体责任，全市实际采购46.90亿元，节约率达12.10%，初步实现应采尽采、“资金用在刀刃上”的目标。

【财政运行规范】 全面启动政府会计核算改革，推进政府财务报告编制试点。实施支持市场主体财政资金网上办理，1560户注册企业申报项目1325个。提高财政信息公开时效，市本级预决算较法定时限提前5天完成公开。在全省率先出台政府采购负面清单，加强信息化运用、日常监管和投诉处理，节约政府采购资金2.76亿元。加强法治宣传教育，完善行政执法“三项制度”，加强执法监督。落实向市人大常委会报告国有资产管理制度，配合市人大开展预算联网监督，实现预决算和执行信息共享。主动接受市人大和市政协监督，年内办理人大代表建议和政协委员提案74件，按时办结率、面商率、答复率均为100%。

（李小舟）

税务

【减税降费】 2019年，昆明市税务局把减税降费作为工作主题和必须打牢抓实完成好的政治任务，健全、压实领导体制和工作机制，分税种、分层级细化和落实减税降费措施清单，多途径、多载体、多形式进行减税降费政策宣传辅导，算好税务机关“减税账”、纳税人“收益账”、地方政府“改革效应账”，深化增值税改革、小微企业普惠性减税、个人所得税改革、降低社会保险费率政策叠加落地，政策效应持续放大，在减轻企业负担、提振市场信心、稳定社会预期、应对经济下行压力等方面发挥了积极作用。年内，全市新增减税降费134.54亿元（不含社会保险费），对稳定社会预期、应对经济下行压力等方面发挥了积极作用，减税降费工作受到市级领导表扬性批示6次，得到各县（市、区）领导表扬性批示26次。同时，做好社保费降率及征收体制改革工作，顺利完成征收职责划转，完善线上、线下多渠道缴费服务，完善线上、线下多渠道缴费服务，大力推广“云南省社会保险费和非税收入系统”和“一部手机办税费系统”，保质保量完成123万人、2.43亿元城乡居民基本养老保险费和303万人、6.92亿元城乡居民基本医疗保险费征收。

【税费收入】 2019年，昆明市税务局坚持税费同管，严格落实组织收入原则，加强收入形势分析和预判，密切关注全市经济形势变化，准确把握重点行业、重点税源发展变化情况，提升组织收入工作的前瞻性和主动性，主动适应经济发展变化新常态，做到税源监控不放松、征管力度不放松、税收分析不放松、风险防控不放松，落实好房产税、城镇土地使用税征期调整、增值税进项抵扣延缓、自贸区土地出让转让交易税款、耕地占用税清理等重点工作措施，确保税费收入稳步增长，为全市经济社会发展提供坚强的财力保障。年内，全市税务系统累计组织税收收入、社会保险费收入及非税收入1407.36亿元，较上年同期增长6.50%，增收85.54亿元。其中：组织税收收入971.44亿元，完成年初省局下达税收收入目标891亿元的108.90%，超收80.20亿元；完成市政府下达全市一般公共预算收入目标408.87亿元的100.44%，超收1.87亿元；组织社会保险费326.97亿元，较上年同期增长19.60%，增收53.55亿元；组织非税收入94.04亿元，较上年同期增长106.60%，增收48.54亿元。

表19　昆明市税务局1～12月税种完成情况表

征收项目	当月收入			累计收入			
	完成数（万元）	增减额（万元）	增降幅（%）	完成数（万元）	增减额（万元）	增降幅（%）	收入占比（%）
国内增值税	304792	-2621	-0.85	3505350	-734451	-17.32	36.08
国内消费税	11226	1545	15.96	1715594	489383	39.91	17.66
企业所得税	-1580	-5348	-141.93	1812951	50631	2.87	18.66
个人所得税	40388	-2069	-4.87	380672	-204846	-34.99	3.92
资源税	2689	-1769	-39.68	30511	-10605	-25.79	0.31
城市维护建设税	29432	741	2.58	346996	-7975	-2.25	3.57
房产税	12051	824	7.34	201289	6603	3.39	2.07
印花税	3224	84	2.68	86226	5197	6.41	0.89
城镇土地使用税	3212	-881	-21.52	135370	-2048	-1.49	1.39
土地增值税	35843	4131	13.03	399919	69544	21.05	4.12
车船税	3888	-152	-3.76	63913	4115	6.88	0.66
车辆购置税	32493	-806	-2.42	325882	-27919	-7.89	3.35
烟叶税	284	20	7.58	47380	2754	6.17	0.49
耕地占用税	7125	-4241	-37.31	30122	1154	3.98	0.31
契税	67387	32820	94.95	624699	192791	44.64	6.43
环境保护税	4	-15	-78.95	4417	2794	172.15	0.05
其他税收	175	489	-155.73	3068	-15531	-83.50	0.03
合计	552633	22751	4.29	9714359	-178408	-1.80	

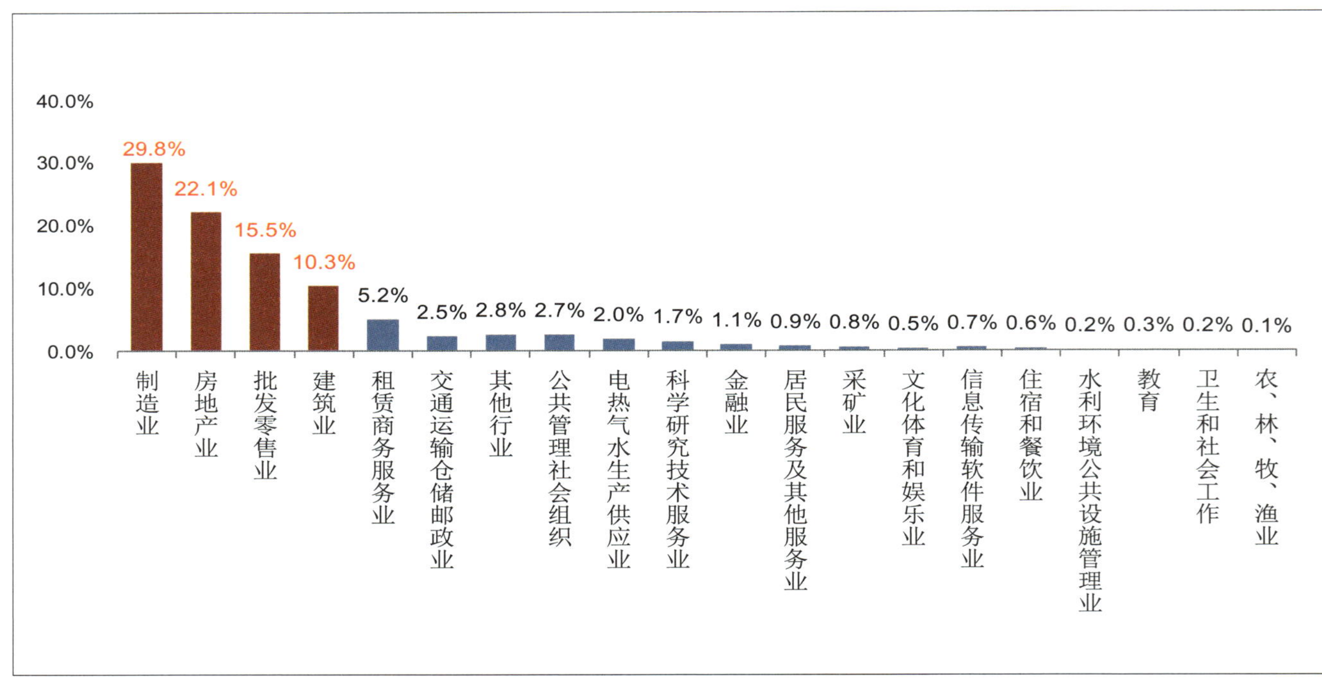

图1　2019年1～12月昆明市主要行业税收贡献占比图

【依法治税】 加强征收管理，针对不同的税种特点，因“税”制宜，制定并落实好各税种特有的管理措施。坚持深化税制改革与国税、地税征管体制改革统筹推进，持续深化增值税改革，稳步推进个人所得税改革，全面强化各税种管理。聚焦“放管服”改革，以转变税收征管方式为重点，着力解决当前税收征管中存在的突出问题和深层次矛盾；建立《税收征管操作规范》持续运行机制，确保征管岗责体系、业务流程和操作规范适应征管体制改革的新形势。加强风险应对，率先编撰完成《税收风险任务应对指引》。探索开展区块链电子发票试点工作，运用区块链技术结合大数据，通过将发票相关信息上链，对发票从开具到报销的过程实现全流程管理。9月23日，成功开出昆明市首张区块链电子冠名发票，标志着昆明市税务局运用区块链技术开具景区电子冠名发票试点成功，实现了“区块链+景区发票”在昆明应用落地。注重发挥“大稽查”作用，大力整顿税收秩序，持续开展打虚打骗2年专项行动，推进“双随机一公开”监管，完善“黑名单”及联合惩戒机制，做好重点稽查对象随机抽查、打击发票违法犯罪活动、税收违法“黑名单”公布及联合惩戒、扫黑除恶、整治旅游市场税收秩序、整顿和规范影视行业税收秩序等工作，重拳打击各类税收违法行为。扎实开展增值税普通发票专项整治行动。年内，全市共查补企业所得税1.47亿元，弥补亏损1.88亿元，查补个人所得税186.94万元，查补其他税款251.57万元，加收滞纳金3350.30万元。

【纳税服务】 做好“走出去”企业税收管理及“一带一路”建设服务工作，完善“走出去”企业信息。落实“放管服”改革要求及全省营商环境提升年的部署要求，持续推进便民办税春风行动；制订《国家税务总局昆明市税务局2019年“便民办税春风行动”实施方案》，推出4类、18项、77条便民措施。推行不动产交易税收登记“一窗受理集成服务”，二手房交易缴税环节办理涉税事项时间从0.50个工作日提速到平均30分钟即可当场办理完毕。简化办税流程、优化办税服务、缩短办税时间，全市43.80万余户增值税小规模纳税人基本实现按季申报。扩展网上办税功能，实现全税、费种网上申报、发票领用、发票代开等常见办税事项网上申请办理。推行自助办税终端，拓展涉税业务办理的新渠道。年内，全市共有6个自助办税服务厅为纳税人提供“7天 ×24小时”涉税服务。全面推行发票领用分类分级管理和网上申领，加大电子发票推广力度，创新推行纸质发票“线上申领—线下邮寄配送”模式，构建以网上办税为主、自助办税为辅的服务新格局，让纳税人多走“网路”，少跑“马路”。在“2019全国纳税人满意度专项调查”中，昆明市税务局以综合得分84.92分的成绩获得全国27个省会城市排名第四的优异成绩，创下历史新高，为云南省在全国纳税人满意度调查排名的提升做出了重要贡献。

2019年4月1日，昆明市启动税收宣传月活动（市税务局 供稿）

【队伍建设】 2019年，昆明市税务局严格贯彻执行新修订的《党政领导干部选拔任用工作条例》，坚持正确的选人用人导向，在选人用人中过好群众关，严把廉政关，严守程序关，筑牢纪律关，强化任职关。牢固树立大抓基层的鲜明导向，大力加强党支部标准化规范化达标创建并取得新进展。年内，全市税务系统有三星级支部93个、四星级支部13个、五星级支部7个，星级支部覆盖率达到86.30%。加强意识形态工作，建立健全意识形态工作机制，落实意识形态工作主体责任，抓好重点环节和关键环节，确保党的理论路线方针政策、中央重大工作部署的广泛传达传播。加强干部教育培训，做实做好2019年全市税务系统“岗位大练兵、业务大比武”活动，获得全省税务系统业务大比武团体一等奖，并取得个人所得税和大企业税收管理2个专业比武全省第一的好成绩。组织参加“智税·2019”大数据竞赛，在全省竞赛中获得团体一等奖、2人获得个人一等奖、3人获得个人二等奖。深入开展精神文明创建，通过省级文明单位复核验收。坚持党建与脱贫攻坚融合，挂钩联系扶贫点东川区李子沟村如期实现脱贫摘帽，脱贫攻坚成效3次在中央电视台《焦点访谈》栏目得到报道。坚持党建带群建，注重发挥工、青、妇等群团组织作用，组织开展了2019年职工运动会暨首届气排球联赛。

【内部管理】 坚持以制度管人管事，修订和完善昆明市税务局机关会议管理实施办法、绩效考评规则和指标，推进数字人事系统全面上线，出台加强统筹为基层减负的工作措施、负面舆情管理等相关规定，落实好基层减负年各项工作要求，对基层需上报的数据报表实行清单化管理。加强督查督办工作，实行限时办结制和立项销号制。强化内控机制建设，做好全省税务系统内部控制试点工作，以强化内控组织建设、制度建设、机制建设、信息化建设、文化建设为重点，探索分级管理、横向协调、纵向联动、风险导向、信息支撑的内控现代化建设路径和模式。加强财务管理，有力提供各项经费保障，进一步改善纳税人的办税环境和干部职工的工作生活条件。做好办公用房清理、车辆管理、食堂管理等服务保障工作，抓好信访维稳、保密管理、信息宣传等各项工作。

（赵　娟）

金融综述

【概况】 2019年末，全市有银行业金融机构1458家，从业人员30364人，资产总额2.29万亿元，同比增长8.31%；负债总额2.21万亿元，同比增长7.97%；各项存款余额1.42万亿元，同比增长8.47%；各项贷款余额1.82万亿元，同比增长9.28%；不良贷款余额306.28亿元，不良贷款率1.68%；实现盈利198.67亿元，同比增长54.45%。全市有保险机构390家。其中：财产保险机构232家，人身保险机构158家，保险公司职工8195人，营销员39813人。年内，全市保险业累计实现保费收入300.26亿元，保费增速13.29%。其中：财险公司保费收入132.37亿元，同比增长9.16%；人身保险公司保费收入167.89亿元，同比增长16.76%。

（王虹霁）

【金融数据】 2019年，昆明市金融业增加值实现718.88亿元，同比增长6.40%，占GDP比重的11.10%，占第三产业增加值比重的17.40%，金融业已经成为全市重要支柱产业之一。全市保险业实现保险保费收入273.93亿元，同比增长13.80%。全市证券资金账户1777731户，证券交易额21591.76亿元，托管资产2692.44亿元。全市期货账户33294户，市场交易额24687.28亿元，客户权益29.57亿元。年末，全市金融机构人民币各项存款余额14909.26亿元，同比增长9.48%；全市金融机构人民币各项贷款余额17854.43亿元，同比增长9.75%。

【金融机构】 2019年末，驻昆银行业金融机构有14类。其中：驻昆法人银行机构39家，各级分支机构1456个；驻昆法人证券公司2家，证券公司分公司29家，证券营业部75家，证券投资咨询公司1家；全市有上市公司25家，新三板挂牌公司55家，驻昆法人期货公司2家、期货分公司5家、期货营业部21家；驻昆私募基金管理人80家，备案私募基金140只，私募基金管理规模990.36亿元；驻昆法人保险公司1家，保险省级分支机构41家。全市有小额贷款公司43家（含5家完成转型资本管理公司），村镇银行16家。年内，昆明市新增工银安盛1家外资保险机构，外资金融机构数量达到10家。2011年至2019年，全市共引进各类金融机构共70家，逐步形成多元化、深层次、宽领域、相对健全的金融组织体系和服务体系。

【政府性项目融资】 2019年，昆明市加强银政合作，推进市政府与国开行云南省分行等驻昆金融机构签订战略合作协议。至年末，市政府性项目新增融资实际到位850.78亿元。其中：银行贷款192.22亿元，融资占比22.60%；信托、债券、融资租赁、基金、股权融资、特许经营权融资等其他方式融资658.56亿元，融资占比77.40%。市本级投融资单位融资实际到位785.78亿元。其中：银行贷款178.24亿元，占比22.68%；信托、债券、融资租赁、基金、股权融资、特许经营权融资等其他方式融资607.54亿元，占比77.31%。

【培育发展资本市场】 2019年，市金融办加强与云南证监局、省金融办等部门联动，推动全市企业上市“三年行动方案（2019—2021年）”及“金种子”企业入库工作。按照《云南省地方金融监督管理局　云南省财政厅关于开展2019年度云南省资本市场

2019年7月25日，市政府与国开行签订战略合作协议（市金融办　供稿）

发展专项资金申报工作的通知》要求，市金融办联合市财政局开展“2019年度云南省资本市场发展专项资金”申报及初审工作，上报的15个项目均通过审核，申报补助金额总计625万元，涉及“新三板”成功挂牌企业3户、发行债券项目9个、私募股权投资基金1家，在滇设立证券、期货经营机构补助项目2个。8月，市金融办组织召开全市“金种子”企业上市工作座谈会。年内，先后2次邀请云南证监局领导到昆明市调研指导企业上市工作；震安科技、红塔证券先后在深交所、上交所挂牌上市；健之佳被中国证监会受理拟在主板上市；昆工科技、贝泰妮、七彩云南庆沣祥、北方奥雷德、神农农业、赛诺制药6户企业在辅导。年末，全市21户企业入选云南省“金种子”企业信息库。

【区域性国际金融服务中心建设】2019年，昆明金融产业园区“一园两片”服务配套不断完善，西山片区完成规划调整并更名为“双塔片区”，突出金融聚集效应，累计引入金融机构25家。呈贡片区增扩功能元素，持续浓郁片区内商业气氛，累计引入金融机构21家。推动昆明国际金融小镇首期示范点挂牌和机构入驻，金融小镇首期示范点在云投中心成功挂牌。至年末，国际金融小镇已入驻企业15户，其中涉金融类企业9户。开展金融招商工作，年内先后引进工银安盛、前海期货、中邮证券、亚太财险4家金融机构入驻昆明。定期收集通报昆明金融运行情况，按季出版《昆明金融参考》，编撰昆明金融业发展绿皮书——《昆明金融发展（2019）年度报告》，按月分析研判全市金融运行情况，为市领导及市级部门提供决策参考。

【金融对外辐射力提升】 2019年，在昆金融机构与700多家境外银行机构打通跨境清算渠道，建立境外边民信息管理平台。各在昆商业银行逐步形成合力，面向南东南亚区域性银行总部集群特征初步显现：中国农业银行泛亚业务中心、中国银行沿边金融合作服务中心、建设银行的泛亚跨境金融中心、浦发银行的离岸业务创新中心先后成立，富滇银行和太平洋证券公司分别与老挝金融机构合资设立老中银行、老中证券，云南诚泰财险公司在老挝设立机构获得老方同意；2013年富滇银行打通泰国曼谷到昆明泰铢现钞航空调运通道后，截至2019年11月，总计开展现钞调运10.04亿泰铢；2018年富滇银行的磨憨支行开展人民币与老挝基普的双边本外币现钞调运，开辟了首条中老双边外币现钞陆运调运通道，打通中老跨境人民币现金调运陆路通道，截至2019年11月，共实现人民币跨境调运金额2.36亿多元；2019年1～11月，昆明市跨境人民币实际收付186.64亿元，同比增长5.39%，在全省收付总额中占比39.14%。其中：经常项目收付48.73亿元，资本项目收付137.91亿元，同比增长41.54%。

【防范化解金融风险】 严守不发生系统性金融风险底线，通过强化与金融监管机构沟通协调，统筹全市各级各部门形成防控合力。截至8月末，全市不良贷款余额比年初减少10.40亿元，不良贷款率2.01%，低于全省平均水平0.66个百分点。9月6日，市政府召开昆明市防范化解地方金融风险工作会。牵头开展涉金融领域扫黑除恶专项斗争，依法严厉整治“校园贷”“套路贷”等地方金融领域“乱象”问题，1～8月排查发现涉金融风险“类金融机构”140家，涉及资金规模90.80亿元，涉及群体1.92万人。扎实推进P2P网络借贷风险整治，妥善应对P2P机构“爆雷”事件，摸排相关企业56户，及时约谈高风险机构，全市15家机构实现良性退出。持续抓好风险防范，推进和落实购买地方金融风险大数据监测预警服务项目，开展防范非法集资和金融诈骗宣传活动，发布风险提示函40余次（份），1～8月全市新立非法集资案件50件。做好交易场所清整后续工作，对全市338家私募股权投资类企业进行现场检查。牵头组织39家小额贷款公司开展“套路贷”专项清理整治。继续做好“泛亚有色”专案后续工作，配合法院完成一审、二审宣判，组织完成首批次资产处置。持续做好“泛亚有色”投资户信访接访及维稳工作。稳妥推进昆明农商行组建，督促指导市农信社通过核销、转让、重组等方式化解风险，积极参与对接金融监管部门及省内外大型企业，吸引社会投资人参与压降不良。组织开展“套路贷”专项自检自查。按照《昆明市扫黑除恶专项斗争“治乱”专项行动方案》要求，市金融办组织辖区内39家存续小额贷款公司重点针对“现金贷”“手机贷”“车贷”“房贷”“校园贷”等名义实施“套路贷”的行为开展“套路贷”专项自查活动。

【服务民营实体经济】 推动银政合作，健全政银企协调沟通机制，推进“银税互动”，探索推广“信易贷”“银税互动”，落实无还本续贷等支持政策。2019年，税银互动投放信贷业务3436笔，投放贷款金额16.83亿元。至年末，全市税银互动累计投放信贷业务6215笔，贷款金额为28.45亿元。

推进企业“获得信贷”相关工作，努力提高企业融资便利度。鼓励引导银行机构创新金融服务产品，不断丰富“税易贷”“小微快贷”“云税贷”等银政合作内容。截至2019年9月，全市中小微型企业人民币贷款总额为7039.18元，比年初增加578.15亿元，比年初增长8.95%，比同期增长12.76%。

继续实施“财园助企贷”融资支持政策。截至10月末，共帮助124户园区企业获得8.53亿银行贷款，“财园助企贷”引导金融机构融资配套服务实体经济发展，对化解民营企业、园区内企业融资难题发挥了显著的政策扶持作用及良好的示范引导效应。市金融办先后牵头举办企业融资对接活动5场次，鼓励金融机构对民营企业能贷、敢贷、愿贷。采取多种形式宣贯中小微企业贷款风险补偿政策，建立企业融资需求库，向市级合作银行推荐贷款企业，并积极开展各项贷款协调工作。2019年，共向18家合作银行推荐500余户重点企业和融资需求，并积极协调银行为企业贷款。至年末，各合作银行向全市各类中小微企业累计发放贷款28256笔、216.98亿元，经市工业和信息化局按照风险补偿资金管理办法有关规定核查，确认入库贷款项目14578笔，贷款金额166.94亿元。2019年1～7月，各合作银行已为全市中小微企业发放贷款4925笔、贷款金额70.28亿元，入库贷款项目4697笔、贷款金额68.68亿元。

2019年1月4日，西山区与昆明市金融办共同举行昆明国际金融小镇首期示范点授牌活动
（市金融办　供稿）

【资本管理公司转型小额贷款公司评审】　2019年，市金融办根据省地方金融监督管理局统筹安排和要求，制订昆明市民间资本管理公司转型小额贷款公司评审工作方案，牵头组织成立资本管理公司转型小额贷款公司评审组，对全市正式提交转型申请的资本管理公司进行评审，并形成情况报告上报省地方金融监管局。根据省地方金融监管局《关于创盈资本管理有限公司等24家公司规范转型小额贷款公司有关事项通知》，全市5家资本管理公司通过省级评审，允许转型。至年末，全市5家转型资本管理公司经开业验收及高管约谈，已进入工商变更阶段，变更完成后将正式纳入小额贷款公司监管。

【"三农"金融服务】　鼓励引导各驻昆银行金融机构积极支持全市农业农村发展，创新金融产品和服务，加大惠农扶贫力度，通过简化审批流程、推进差异化审批制度等措施，加大对农业龙头企业、农业小巨人、农业种养殖大户等信贷支持力度，从整体上推动全市"三农"金融发展。至年末，全市涉农贷款余额9893.10亿元，比年初增加404.10亿元；全市132个乡（镇、街道）已实现金融服务网点100%全覆盖，1611个行政村中金融服务网点已覆盖1574个，覆盖率达97.70%。发挥涉农保险积极作用，1～8月，农业保险为全市51.60万户次农户提供风险保障89亿元，10.10万户次农户受益。稳步推进村镇银行"支农支小"工作，全市共有16家村镇银行、30个营业网点，机构设置已实现贫困地区全覆盖。在支持农业农村工作中，村镇银行结合实际，积极运用人民银行再贷款政策，发挥独立法人优势，积极创新金融产品，助力全市脱贫攻坚工作。至年末，全市村镇银行资产总额达67.89亿元，累计贷款余额36.77亿元，支农支小贷款余额30.93亿元，占比贷款总额的84.13%。

【涉金融领域维稳工作】　2019年，牵头做好"泛亚有色"案件风险处置及维稳工作，推进该案一审、二审宣判有序稳妥开展。年内，召开"泛亚有色"信访维稳工作专题会6次，参与省委、省政府及市级多部门联合接访200余人次，办理各类信访件3566件。继续做好"金座"案件集资户维稳工作，市金融办牵头开展市体育馆例行接访72期次、7600余人，达到"不进省、不赴京"工作目标。继续做好"中益信"投资户日常信访接访工作，配合省级部门抓好"日日昌""远卓深港""泛亚民融登"等案件的属地信访维稳工作。

（尹造文）

银　行

【概况】　2019年，云南省银行业坚持稳中求进工作总基调，贯彻新发展理念，落实高质量发展要求，强化风险管理，积极应对挑战，融资总量保持稳定增长，金融供给侧结构性改革成效显著，为全省经济实现高质量发展提供了有力支持，总体保持稳健运行态势。年内，全省金融运行总体呈现以下特点：全省各项存款增速持续回暖，住户存款增长稳定，非金融企业存款增长明显改善；各项贷款增速稳中有升，贷款投向结构进一步优化，金融资源配置效率明显提升，金融供给侧结构性改革向纵深推进。制度性调查显示，微观主体经营未有改善，宏观经济感受持续下行。

【存款】　2019年，全省金融机构各项存款增速延续稳步回升态势，实体

经济流动性持续改善。年末，全省本(外)币各项存款余额3.30万亿元，比年初新增2237.75亿元，同比多增1657.64亿元，余额同比增长7.30%，高于2018年同期5.38个百分点。住户存款保持稳定增长。年末，全省住户存款余额1.60万亿元，比年初新增1417.59亿元，同比多增128.88亿元，占各项存款增量的比重为63.35%，余额同比增长9.80%，超过2018年同期增速0.02个百分点。非金融企业存款增长明显改善。年末，全省非金融企业存款余额8178.89亿元，比年初新增276.33亿元，同比多增1159.07亿元，占各项存款增量的比重为12.35%，余额同比增长3.48%，高于2018年同期13.76个百分点。其中：非金融企业活期存款比年初新增208.23亿元，同比多增1148.39亿元，余额同比增长4.62%，高于2018年同期22.11个百分点，反映全省非金融企业资金流动性明显改善。广义政府存款增长较快。年末，全省机关团体及财政性存款余额8244.65亿元，比年初新增554.03亿元，同比多增530.11亿元，占各项存款增量的比重为24.76%，余额同比增长7.22%，高于2018年同期6.91个百分点。

【贷款】 2019年，全省实体经济融资环境持续改善，金融机构各项贷款增速延续稳中有升态势。年末，全省本(外)币各项贷款余额3.16万亿元，比年初新增2961.22亿元，同比多增333.84亿元，余额同比增长10.81%，高于2018年同期0.65个百分点。住户贷款保持中高速增长。年末，全省住户贷款余额9812.23亿元，比年初新增1595.75亿元，同比多增409.47亿元，占各项贷款增量的比重为53.89%，余额同比增长21.16%，高于2018年同期4个百分点。中长期贷款增长较快。年末，全省中长期贷款余额2.21万亿元，比年初新增2499.19亿元，同比多增473.25亿元，占各项贷款增量的比重为84.40%，高于2018年同期7.29个百分点，余额同比增长12.80%，高于2018年同期1.28个百分点，为全省经济发展提供了更多长期且稳定的资金保障。

【金融供给侧结构性改革】 金融支持“稳投资”力度加大。2019年，全省金融机构持续加大重点建设项目信贷投放力度，金融支持“稳投资”成效显著。截至12月末，全省基础设施建设行业贷款余额1.01万亿元，首次突破万亿元大关，占全省单位贷款余额的比重为46.79%，比2018年同期上升2.37个百分点，全年新增贷款1117.85亿元，同比多增184.07亿元，余额同比增长12.54%，高于2018年同期0.84个百分点。

金融助力制造业转型升级。2019年，全省金融机构继续实施差异化信贷政策，有保有压，“两高一剩”行业贷款实现稳妥有序出清。截至12月末，全省“六大高耗能”行业贷款余额2194.21亿元，比年初减少50.19亿元，同比多减155.87亿元，余额同比减少2.36%。同时，金融助力制造业转型升级力度加大，生物医药、装备制造等新型制造业中长期贷款实现快速增长。截至12月末，全省医药制造业中长期贷款余额比年初新增9.08亿元，同比增长77.07%；铁路、船舶等运输设备制造业中长期贷款余额比年初新增6.65亿元，同比增长21%。

金融赋能消费高质量发展。2019年，全省消费金融实现快速增长，有效地满足了居民购房、购车及助学等消费信贷需求，对于扩大内需促进经济发展起到了积极作用。截至12月末，全省消费贷款余额6983.93亿元，比年初新增1445.17亿元，同比多增356.72亿元，消费贷款增量占各项贷款增量的比重为48.80%，高于2018年同期7.38个百分点，余额同比增长28.83%，高于2018年同期3.75个百分点。

“三农”领域贷款保持较快增长。2019年，全省金融机构积极落实乡村振兴战略，“三农”领域金融支持力度再上新台阶。截至12月末，全省涉农贷款余额突破万亿元大关，达1.03万亿元，比年初新增764.44亿元，同比多增214.68亿元，余额同比增长7.67%，高于2018年同期1.82个百分点。其中：农业贷款余额比年初新增143.17亿元，同比增长10.45%；农村贷款余额比年初新增659.72亿元，同比增长8.47%；农户贷款余额比年初新增296.46亿元，同比增长12.13%。

小微企业贷款“量增面扩”。2019年，全省金融机构持续改善小微企业金融服务质量，小微企业贷款获得感及满意度均稳步提升。截至12月末，全省小微型企业贷款户数为3.29万户，比年初新增3328户，比年初增长11.27%；小微型企业贷款余额5705.91亿元，比年初新增412.71亿元，同比多增35.86亿元，余额同比增长8.15%，高于2018年同期0.37个百分点。同时，小微企业金融服务重心不断下沉，普惠型小微企业贷款稳定增长。截至12月末，全省普惠口径小微贷款户数58.62万户，比年初增加10.45万户，贷款余额1722.87亿元，比年初增加134.07亿元。

推动企业直接债务融资，当年发行规模创历年新高。2019年，全省非金融企业在全国银行间市场共发行143只直接债务融资工具，募集资金1528.50亿元，当年发行规模首次突破千亿元，同比增长59%，高于全国平均增速，发行规模在全国排名第12位；全省直接债务融资综合平均利率为4.21%，较全省企业贷款平均利率低101BP，有效推动企业降低综合融资成本。年末，全省企业累计运用直接债务融资工具募集资金6935.30亿元。

【再贷款再贴现支农支小扶贫】 2019年，全省累计发放信贷政策支持再贷款(含支农、支小、扶贫再贷款，下同)103.47亿元，其中支农、扶贫、支小再贷款分别为8.75亿元、64.77亿元、29.95亿元。截至12月末，全省信贷政策支持再贷款余额143.60亿元，同比增长6.50%，其中支农、扶贫、支小再贷款余额分别为9.67亿元、101.48亿元、32.45亿元。再贴现支持力度进一步加大。年内，全省累计办理再贴现469.61亿元，同比增加139.07亿元。截至12月末，全省再贴现余额175.07亿元，同比增长7.72%。其中：涉农票据再贴现余额占比77.76%，小微企业票据再贴现余额占比46.37%。

【落实降准政策】 2019年，按照中国人民银行的决定，昆明中心支行分别于1月15日、1月25日、9月16日对全省地方法人金融机构分别下调人民币存款准备金率0.50、0.50、0.50个百分点，于5月15日、6月17日、7月15日3次对全省农村商业银行下调人民币存款准备金率至8%，于10月15日、11月15日对非跨省经营的城市商业银行分别下调人民币存款准备金率0.50、0.50个百分点。降准政策的实施，并通过宏观审慎评估（MPA）考核等手段，引导金融机构将释放的资金主要用于小微企业、民营企业等实体经济的贷款投放，降低企业融资成本，改善金融服务。经测算，年内3次全面降准、6次定向降准（包括1月25日对全省达到普惠金融定向降准标准的7家地方法人金融机构下调人民币存款准备金率），全省地方法人金融机构共释放资金308.41亿元。

【推广运用LPR定价】 2019年，全省地方法人金融机构新发放贷款中，参考LPR定价的贷款占比持续增加。年内，接近90%的新发放贷款均参考LPR定价。新发放贷款定价基准转换前后，全省个人住房贷款利率基本保持稳定，确保区域差别化住房信贷政策有效实施。贷款利率有所下降，以改革方式推动降低实体经济融资成本成效初显。12月，全省金融机构发放的企业贷款加权平均利率为5.10%，比上年同期和上年最高点分别下降23BP和48BP。

做好存量浮动利率贷款定价基准转换工作。调查显示，截至2019年末，全省地方法人金融机构存量浮动利率贷款（不包括贴现、个人住房贷款、透支及各项垫款）需要转换为以LPR定价的贷款余额为2566.66亿元。全省地方法人金融机构存量浮动利率个人住房贷款（不包括公积金个人住房贷款、其他贷款、贴现、透支及各项垫款）需要转换为以LPR定价的贷款余额为932.33亿元。

【跨境人民币业务】 2019年，中国人民银行昆明中心支行助力涉外经济，累计收付额突破5000亿元。自2010年6月云南省成为全国第二批开展跨境贸易人民币结算试点地区起，全省跨境人民币业务从无到有，规模从小到大，业务覆盖范围不断延伸，市场主体接受度明显提高，有力地支持了实体经济发展，助推了涉外经济发展。截至年末，全省跨境人民币累计收付5222.90亿元，境外覆盖至95个国家（地区），跨境人民币业务已覆盖全省16个州（市）、21个对外口岸，参与企业累计达3400余户。

为加快落实便利化创新政策，便利企业和个人跨境结算的需要，中国人民银行昆明中心支行积极推动全省跨境人民币业务发展，人民币在跨境结算中影响力不断提升。年内，全省跨境人民币收付627亿元，同比增长9.8%，在边境8省中位居第三位，在全国位居第十八位。人民币在周边国家使用增多，云南与毗邻的缅甸、越南、老挝跨境人民币收付分别为212.50亿元、135.50亿元和21.40亿元，增幅分别为5.20%、5.60%和2.40%。人民币收付在全省同期国际收支中的占比达32.50%，是试点初期的6.60倍，在全省继续保持仅次于美元的第二大跨境结算货币地位。在自贸区开展便利化试点业务，简化优质企业跨境人民币结算流程，指导全省跨境人民币自律组织制订实施方案并确定首批123户优质企业名单，于12月17日正式启动便利化试点业务。

围绕“一带一路”建设的重大机遇，发挥本币跨境结算优势，不断便利与周边国家的贸易和投资结算往来。在政策沟通方面，积极宣传本币跨境结算政策。2019年6月，组织全省商业银行开展专题宣传活动，利用网络、微信等新媒体拓宽宣传渠道，延伸宣传范围到边境口岸、边境村落、边民互市点等沿边一线，提升沿边市场主体对政策的认知度和参与度。在设施联通方面，助力互联互通项目投资结算，鼓励银行加大业务推介力度，发挥本币结算政策便利，配合“一带一路”互联互通项目建设。年内，中老铁路项目人民币投资汇出1.40亿元，中老高速公路项目人民币投资汇出2.60亿元。在贸易畅通方面，提升沿边地区业务覆盖水平，鼓励商业银行开展边民互市结算业务，满足沿边主体跨境贸易结算需要。年内，全省边境贸易人民币结算151.90亿元，同比增长5.20%。在资金融通方面，境外项目贷款支持企业“走出去”，简化企业办理境外融资的手续，助力中资企业在缅甸、老挝等的项目建设。年末，全省境外项目人民币贷款余额52亿元。在民心相通方面，推进人民币与周边国家货币兑换服务，满足云南省与周边国家人员及经贸往来的需要。年内，全省银行开展人民币兑泰铢、老挝基普、越南盾柜台交易共5.30亿元，同比增长40%。

【跨境人民币结算】 2019年，全省跨境人民币实际收付627.01亿元，同比增长9.76%。人民币在全省本（外）币跨境收支中占比为32.45%，继续保持全省第二大跨境结算货币地位。经常项目、资本项目均同比增长。年内，全省经常项下跨境人民币收付453.05亿元，同比增长1.68%，主要是服务贸易结算增多所致；资本项下跨境人民币收付173.96亿元，同比增长38.38%，主要是直接投资和跨境融资结算增长带动。保持净流入态势，净流入规模扩大。年内，全省跨境人民币结算收入489.13亿元，结算支出

137.88亿元，净流入351.25亿元，较上年多流入169.33亿元。流入资金主要来自贸易出口结算收入、外商直接投资汇入和企业跨境融资汇入。

【外汇收支】 2019年，全省外汇收支形势继续向好，涉外收付款总规模和银行结售汇总额保持增长；涉外收付款顺差创历史新高，银行结售汇更趋平衡。跨境收支总规模和银行结售汇总额继2018年反弹后再次实现“双增”。年内，全省涉外收付款总规模达281.14亿美元，同比增长8.98%。其中：涉外收入163.92亿美元，增长19.68%；支出117.22亿美元，下降3.13%。银行结售汇总额139.02亿美元，同比增长14.18%。其中：结汇68.14亿美元，增长28.54%；售汇70.88亿美元，增长3.11%。

涉外收付款顺差创历史新高。年内，全省涉外收付款顺差46.71亿美元，同比增大30.82亿美元，创全省涉外收付款顺差历史新高。分项目看，经常项目涉外收付款顺差11.69亿美元，同比增大1.24亿美元；资本项目涉外收付款顺差35.08亿美元，同比增大29.58亿美元。

银行结售汇逆差大幅收窄。年内，全省银行结售汇逆差2.73亿美元，同比收窄82.62%。分项目看，经常项目结售汇逆差12.03亿美元，同比增大23.48%；资本项目结售汇顺差9.30亿美元，上年同期为逆差5.98亿美元。

【滇缅金融合作】 人民银行昆明中心支行立足区位优势，紧跟“一带一路”倡议，坚持“走出去、引进来”，高度重视和开展跨境金融交流合作。自2011年以来，与泰国、老挝等周边国家在合作内容、合作形式、合作成效等方面取得多项突破。随着中缅双边贸易往来日趋频繁，经贸合作不断深化，昆明中心支行高度重视发展与缅甸金融交流合作。经总行批准，近年来，滇缅央行先后进行3次互访，建立了沟通交流平台，探索出一条区域金融合作的新路径。

2017年9月，人民银行昆明中心支行代表团首访缅甸，并与缅甸央行进行金融合作会谈，突破双边多年来沟通不畅的困境，迈出滇缅央行合作历史性一步。2019年1月，缅甸中央银行宣布准许使用人民币作为结算货币进行国际支付。同年9月，昆明中心支行代表团出访缅甸央行。12月，缅甸央行副行长吴博博捏带队回访，首次实现年内双边互访，增进了双方的了解和互信，有效推进滇缅央行双方互访常态化建设，为后续解决双边本币结算问题、深化双边金融合作夯实基础。逐步消减缅方对人民币跨境结算的顾虑，通过宣讲跨境人民币结算政策及中国外汇管理政策，积极向缅方宣介人民币离岸市场建设情况及中国金融市场对外开放现状，有效地提升了缅甸央行对持有人民币资产的信心，消减缅方对在跨境结算中使用人民币的顾虑。

不断推进中缅双边央行金融合作。通过双边会谈了解到缅甸央行在推进双边本币结算等业务方面的态度，有助于更有针对性地畅通结算渠道、解决共同关注的问题，促进双边本币结算以及贸易投资便利化。

近年来，全省对缅跨境人民币结算量呈现逐年增长态势。2017年，缅甸首次超越香港成为云南省跨境人民币结算量排名第一的交易对手方并保持至今。2019年，全省对缅跨境人民币结算额212亿元，同比增长5%，在同期本外币跨境收支中占比高达96.41%。

（人民银行昆明中心支行）

证券期货

【资本市场服务实体经济】 2019年，全市企业利用资本市场满足自身发展需求的能力明显提升。年内，全市共有云南白药、我爱我家、云南能投、云南旅游4家上市公司实施重大资产重组，合计金额549.75亿元；红塔证券、震安科技2户企业成功上市，首发融资金额16.43亿元；全市企业通过公司债、资产证券化产品等形式通过交易所债券市场筹集资金437.90亿元。

拟上市企业梯队建设成效显著。发挥省、市、交易所等多方合力，持续开展拟上市后备企业摸底、调研、动员工作，走访贝泰妮、奥雷德、神农股份等拟上市企业，引导企业合理选择上市板块。邀请上交所专家就企业上市推进过程中遇到的相关问题给予专业指导，协同省、市相关部门“一司一策”精准解决拟上市企业难题。多渠道发掘符合上市条件企业，为全市企业提供高质量、高效率的上市服务。年内，全市有7户在审和在辅导拟上市企业，数量较年初翻番，健之佳已经报会。

新三板市场融资功能持续发挥，为中小企业、民营企业持续健康发展提供了有力支撑。至年末，全市共有挂牌公司55家，民营企业占比85%；2家次挂牌公司实施股票定向发行融资2.17亿元。

【经营机构】 2019年，全市证券期货基金等经营机构实力进一步增强。年内，全市有红塔证券、太平洋证券2家证券公司；证券经营机构通过保荐上市、发行债券等中介服务及开展股权质押融资、定向资管、资产证券化等融资业务为企业融出资金余额424.46亿元，有力地支持了地方经济发展。至年末，2家期货公司总资产29.74亿元，同比增长36.11%；净资产14.37亿元，同比增长54.52%；净资本9.70亿元，同比增长16.73%。完成登记的私募基金管理人共80家，备案基金140只，管理资金规模990.36亿元，较2018年末增长144.56亿元。

【金融风险防范化解】 防控化解公司债券违约风险。自2018年起，连续第2年推动省政府印发《云南省人民政府办公厅关于切实做好2019年公司债券风险防控工作的通知》，明确年内到期或存在回售选择权公司债券的风险防控责任单位和州（市）共同处置风险。年内，成功处置多只公司债券兑付风险，继续保持全市公司债券零违约的局面。持续监测化解上市公司、挂牌公司股权质押风险。

加强风险监测和防控，及时通报风险情况，对质押比例接近50%的大股东及时提示，对比例超50%、未达80%的及时约谈，督促大股东防范风险增量，成功化解1家公司质押风险。按季摸排挂牌公司对外担保、股权质押情况，完成1家公司专项检查、2家公司专项检查已进入收尾。

推动私募基金问题机构分类处置。实施分类分级监管，对风险机构予以重点关注。督促存在较大风险的机构通过处置资产、与投资人协商等方式及时、有效化解兑付风险。对存在兑付风险的机构通过现场检查、督促约谈等方式努力化解风险，取得积极成效。

督导做好交易场所清整遗留问题处置和风险化解。跟进交易场所关停并转情况及拟保留交易所规范情况，明确提出加快拟保留2家交易场所的规范整改、5家交易所年底前变更名称的工作要求。

表20　2019年昆明市证券期货市场基本情况表

类型	项目	单位	本月末数或本年累计数	数据填报口径
境内上市公司	家数	家	25	—
	市值	亿元	4767.53	—
	股票首发筹资金额	亿元	16.43	本年累计数
	股票再筹资金额	亿元	33.14	本年累计数
	在审在辅导公司家数	家	7	—
股转系统挂牌公司	挂牌公司家数	家	55	—
	在审挂牌公司家数	家	2	—
	定向发行股票筹资金额	亿元	2.17	本年累计数
交易所债券市场[1]融资	企业通过交易所债券市场筹资金额	亿元	437.9	本年累计数，包括公司债、可转债、可交换债、资产证券化产品
证券经营机构	证券公司家数	家	2	—
	证券公司分公司家数	家	29	—
	证券营业部家数	家	75	—
	证券投资咨询公司家数	家	1	—
	证券市场交易金额	亿元	21591.76	本年累计数
	客户托管资产总额	亿元	2692.44	—
	资金账户数	户	1777731	—
期货经营机构	期货公司家数	家	2	—
	期货营业部家数	家	21	—
	期货分公司家数	家	5	—
	期货市场交易金额	亿元	24687.28	本年累计数
	客户权益	亿元	29.57	—
	期货账户数	户	33294	—
私募基金	私募基金管理人家数	家	80	—
	备案私募基金数量	只	140	—
	私募基金管理规模	亿元	990.36	—

注：交易所市场指上海证券交易所、深圳证券交易所、机构间私募产品报价与服务系统。

（翟书晓）

科学技术

编辑：吴焰红

综　述

2020年3月18日，昆明市外国专家局揭牌成立　（市科技局　供稿）

【概况】 2019年1月，昆明市科学技术局（昆明市知识产权局）更名为昆明市科学技术局（昆明市外国专家局）。年内，昆明市科学技术局（简称“市科技局”）聚焦区域性国际科技创新中心建设，着力培育企业创新主体，全市高新技术企业总量突破1000户，高新技术企业营业收入突破3000亿元，高新技术产品收入同比增长16%。

【科技园区建设】 2019年，全市新增1个全国创业孵化示范基地、3个国家级小微企业创业创新示范基地、3个国家级中小企业公共服务示范平台。夯实产业发展高端人才基础，印发并实施《昆明市中青年学术和技术带头人及后备人选选拔培养考核实施细则》，修改并印发《昆明市科技创新团队认定管理办法》，评审出“春城计划”高端外国专家和科技领军人才2人，537人入选省“万人计划”，新增省级青年学术和技术带头人后备人才及技术创新人才83人，选拔第十七批昆明市中青年学术和技术带头人及后备人选62人，认定昆明市科技创新团队10个，认定昆明市高层次人才创新创业示范基地5个。

【科技创新】 知识产权创造能力持续增强。年内，全市专利申请23097件，专利授权14301件，每万人发明专利拥有量达到14.90件，全市拥有国家知识产权示范企业9户、国家知识产权优势企业23户、云南省知识产权优势企业91户，7个县（市、区）进入国家级知识产权示范、试点县（区），全市专利权质押融资金额为1.31亿元。科技创新有效支撑贫困地区产业构建和发展，其中林下中草药、三元杂土猪、乌骨鸡等一批种养殖产业初具规模，全市404个贫困村实现科技特派员全覆盖。

【科普宣传】 广泛深入开展科普宣传，开展2019年“科技三下乡”系列活动、2019年科技活动周系列活动、昆明市第五届科普讲解大赛等活动，认定昆明市科普精品基地6个，全市科普场所新增面积4.66万平方米，年接待公众能力新增1.80万人次。认定6个昆明市青少年科技创新实验室，增强全市青少年科技创新意识和创新能力。不断拓展科技交流合作渠道，牢牢把握科技交流合作的主动权，努力打造“金砖国家技术转移中心”金字招牌，一批高质量国际科技合作项目有力支撑国际城市间科技创新中心建设。

科研与运用

【概况】 2019年，聚焦区域性国际科技创新中心建设的主要目标，重点增强科技创新资源、技术、资金等要素的供给能力，推动全市经济逐步走上主要依靠创新驱动、内生增长的轨道。年内，全市科技进步贡献率达59.13%，全社会研发投入强度全口径达到2.4%。

【科研经费】 坚持问题导向和目标导向，整合创新资源，促进全社会加大研发投入。市科技局和市财政局联合出台《昆明市引导企业加大研究与试验发展经费投入“放管服”改革实施办法（试行）》，并将2019年的引导资金6000万元兑现到18个县（市、区）和开发（度假）园（区），为激励企业加大研发投入探索新的改革方向，为优化科技创新营商环境提供靠前、精准的服务方式。建立健全全市研发投入统计调查制度，形成《昆明市非直属医疗企事业单位科技活动统计调查制度》，经市统计局备案后获批开展科技统计调查，为全社会研发投入统计工作的进一步规范有序创造条件。

【科技规划】 启动昆明市“十四五”科技创新规划编制工作。未来5年将以深入推进科技体制改革为主线，以建设具有国际影响力的区域性国际科技创新中心为目标，以提升昆明科技创新能力和辐射能力为重点，以打通科技创新上下游链条为切入点，加速科技成果转移转化，抓住设立中国（云南）自由贸易试验区昆明片区的良好契机，形成具有国际化视野的昆明特色科技创新体系。

外国专家管理

【专家引进】 2019年，实施引进国外智力、管理人才项目，完成列入国家、省、市专项经费资助计划引进国外专家项目45个，柔性引进到昆执行项目专家119人。引进的外国专家来自美国、加拿大、俄罗斯、瑞典、瑞士、西班牙、葡萄牙、捷克、澳大利亚、新西兰、日本等国家，且在生物制药、材料研发、装备制造等领域造诣颇丰，具有国际先进水平。

【示范基地（单位）评审】 顺利实施2019年引智成果示范推广基地和示范单位评审工作，评出契合国家产业政策及昆明市优先发展方向的引智成果示范推广基地2个，使全市的引智成果示范推广基地和示范单位增至16个。

【外国人来华工作许可办理】 稳步推进外国人来华工作许可办理工作，自2017年2月8日市科技局承接外国人来华工作许可事项以来，不断探索便捷、优质、高效的运行机制，在依托区级政务服务平台基础上，按照“放管服”改革要求，全市“外国人来华工作许可”于2018年3月1日下放至五华区、盘龙区、官渡区、西山区、呈贡区5个区统一实施，形成区位布局、上下联动、全市协作的业务服务体系新格局。2019年，为1266名来昆明工作的外国人发放“外国人来华工作许可工作证”。其中：A类外国高端人才35人，B类外国专业人才1061人，C类其他外国人员170人。

科技合作与交流

【概况】 加快推进国际城市间科技创新中心建设，积极推进“昆明—曼德勒科技创新中心”，支持开展“中缅老泰多语种科技成果转化服务平台”项目，“昆明—万象科技创新中心”建设项目进展顺利。在中国科技部和老挝科技部的大力支持下，中国—老挝太阳能科技创新与合作中心（一期）项目顺利实施完成。加强昆明与越南、印度等地的科技合作交流，支持开展《中越优质畜禽饲料研发与辐射中心建设》《中国—印度太阳能科技与合作高效节能智惠光伏提灌系统》等项目。

【国际科技合作与交流】 打造高水平国际科技合作交流平台。年内，充分把握“金砖国家技术转移中心”落户昆明的契机，市科技局代表昆明市赴巴西参加“第三次‘金砖国家’科技创新创业伙伴关系工作组会议”，在会上汇报“金砖国家技术转移中心”的建设方案，进一步向世界宣传昆明，扩大昆明国际“朋友圈”；受邀

2019年12月9日，昆明区域性国际创新创业大赛暨2019创客中国国际中小企业创新创业大赛全球知商（昆明）科创项目成果转化对接活动在昆明呈贡云上小镇“昆明南亚东南亚科技服务业合作中心”举行　（市科技局　供稿）

参加第十七届中国国际人才交流大会，并在国家科技部展区设立“金砖国家技术转移中心”主题展区。2019年9月1～5日，“金砖国家技术转移中心（昆明）国际科技合作交流大会”圆满召开，明确将2020年昆明“金砖国家技术转移中心”大会正式列入金砖国家科技部门官方会议日程。金砖国家技术转移中心（昆明）国际科技合作交流大会期间，来自金砖国家和南亚东南亚国家的30个科技成果进行了路演，近100个科技成果进行展示对接，近200户企业和单位参加活动。打造“中国昆明南亚东南亚科技服务业合作中心”科技辐射高地，2019年实现和南亚东南亚3个国家专业服务机构正式签约。

【国内科技合作与交流】　不断拓展高水平国内科技合作交流渠道。年内，昆明市与北京、上海、广州、深圳、西安、成都、重庆、长春、贵阳、扬州等国内主要城市逐步建立起畅通的科技合作交流机制。创新“高校联盟”和“科研院所联盟”的运作机制，鼓励在昆高校和科研院所将优秀科技成果和本地企业共同开展就地转化和产业化。出台《昆明市申请院士工作站“一事一议”工作制度（试行）》，年内认定涉及生物医药大健康、高原特色农业、半导体材料等领域的市级院士工作站7个，使全市市级院士工作站累计达到45个。

科技成果与奖励

【技术合同登记】　技术合同登记稳步推进。2019年，昆明地区共登记技术合同2827项，合同成交总额达到70.11亿元。其中：技术开发合同共1390项，合同成交额49.05亿元；技术转让合同共67项，合同成交额2.84亿元；技术咨询合同共297项，合同成交额1.35亿元；技术服务合同共1073项，合同成交额16.87亿元。

【科技成果转化】　切实贯彻落实省、市科技成果转化政策。进行政策宣传，同时广泛开展调研，与部分高校达成利用学校闲置用地或空间与政府全方位合作，共同搭建政产学研合作平台，实现学校科技成果就地转化，支撑全市重点产业发展的共识。专题召开昆明市贯彻落实国家、省、市科技成果转化政策高校、院所调研座谈会，聚焦科技成果三权改革的政策落实情况、科技成果在转化过程中股权和分红激励政策、科研人员离岗创业情况等科技体制机制改革情况。构建和培育县域科技成果转化中心，根据《云南省县域科技成果转化中心建设实施方案》规定建设目标，2019年上半年，正式启动西山、晋宁、富民3个县（区）的县域成果转化中心建设工作。至此，全市已实现14个县（市、区）全覆盖布局省级县域科技成果转化中心。官渡区入选云南省成果转化示范县（市、区），并率先成立县域科技成果转化服务联盟，致力于打通科技成果转化的“最后一公里”。构建昆明市科技成果转化服务平台，开展科技成果信息交汇与发布，持续为科技成果供需双方提供洽谈交易平台，进一步提升昆明地区科技成果转化率，鼓励企业加大研发投入，推动企业成为科技创新主体，个人用户、企业用户、机构用户、专家用户达2523人，发布政策法规及相关通知公告、需求等93条，平台服务资源得到进一步聚合完善。年内，全市2个项目获国家科学技术奖。

（市科学技术局）

科学技术协会

【概况】　2019年，昆明市科学技术协会认真履行“四服务”职责定位，不断深化科协系统改革，团结带领广大科技工作者勇挑重担、奋发有为，主动为创新驱动发展和经济建设主战场献智出力，为实施创新驱动发展战略奠定良好的公民科学素质基础，把科协组织建设成为党领导下团结联系科技工作者的人民团体，努力为高质量推进区域性国际中心城市建设做出积极贡献。

【主题科普活动】　以各类主题活动为载体，为广大公众提供优质科普服务。围绕“全面提升基层文化树新风，全力助推脱贫攻坚摘穷帽”主题，深入禄劝县九龙镇开展科技“三下乡”活动，现场发放科普书籍、科普年历新春礼包等，切实将科技送到农民群众手中。围绕“科技强国、科普惠民”主题，组织开展科技周活动，印制60块科普展板、5万份科普知识折页、1万把团扇等宣传资料在全市范围内免费发放，上下联动，进一步普及科学知识。紧扣“礼赞共和国、智慧新生活”主题，围绕“科普协同创新、发展两翼齐飞，聚焦社会热点、传播科学思想，弘扬科学精神、激励爱国奋斗，对标攻坚任务、助力全面小康”内容开展2019年全国科普日活动，共开展活动420余项，市、县（市、区）两级开展活动面达100%，活动期间参与群众约30万人次，进一步提高全国科普日活动的吸引力和参与度。此次科普日同时加入线上互动平台——“全国科普日‘科普中国’”“美丽云南微科普”“昆明市科协”二维码和在线科普网址等内容，方便公众自主选择参与和浏览。

【科普共建共享工程】 为着力解决基层科普资源覆盖和科学素质发展不平衡不充分问题，由党组书记、常务副主席齐江带队调研督办，争取中国流动科技馆区域常态化巡展项目落地昆明，具体由中国科技馆提供主题展览5套、省科技馆提供主题展览1套，价值约1200万元。承担流动科技馆区域常态化巡展任务的东川、安宁、富民、宜良、嵩明、禄劝6个县（市、区）均圆满完成展览场地选址，落实6000余平方米优质场地。这一举措将促成昆明市8个郊县拥有自己的科技馆，在全国省会城市基层科技馆建设中名列前茅。

继续实施“科普中国·百城千校万村”行动。年内，全市已建成各类科普中国e站1449个。其中：科普中国社区e站505个，农村e站458个，校园e站486个。

申报省级“科普小镇”项目。年内，争取到安宁市、宜良县、寻甸县、东川区、石林县5地实施2019年“科普小镇”项目，获省级补贴250万元。该项目将主要围绕扶持建立一个产业协会、建设一个微型科技场馆、建立一个专家工作站、创建一所科普示范学校、培训一批新型农民、培养一支科普人才队伍等“九个一”内容组织实施，将充分整合社会各界科技资源，补强中小城镇科普公共服务的薄弱环节。

继续与市财政局开展市级“科普示范社区”评选工作。年内，收到各县（市、区）科协、财政局联合推荐的参评社区共34个，经专家评审，评出市级科普示范社区30个；昆明滇艺非物质文化遗产研发有限公司等10个单位为昆明市青少年科普教育基地，盘龙区金康园小学等8个单位为昆明市青少年科学工作室，10所学校为昆明市科普教育示范学校；云南茂湾水产养殖有限责任公司科普教育基地、云南融奥经贸有限公司科普教育基地、昆明金殿名胜区科普教育基地成功挂牌。

【重点人群科普活动】 2019年，农函大累计培训农民和城镇劳动人口1万余人，涉及蔬菜、花卉、果树种植和畜禽养殖实用技术培训等专业，同时结合城镇化发展开办物业管理、农产品市场营销等培训，受到群众欢迎。新成立农技协15个，组织开展农技协转型升级资助项目和农技协科普惠农资助项目，对五华区西翥兰花种植协会等14个协会进行资助，助推农技协发展和提升。组织17个农技协、农村科普示范基地等参与第十五届中国昆明国际农业博览会。开展昆明市第21届农民技术职称评定工作，共收到各县（市、区）农民技术职称申报材料153份，经组织专家评审，评出农民高级技师25人、中级农民技师93人。向省科协争取“百名专家科技下乡”活动项目，共申报活动81项，内容涉及科技创新、健康养生、心理健康知识讲座及玫瑰花种植技术培训等，服务群众5000余人次。

成功举办第34届昆明市青少年科技创新大赛终评决赛。本届大赛全市共选送作品1469项，经终评决赛及为期1个月的公示，最终评出818项获奖作品。在第34届云南省青少年科技创新大赛及机器人竞赛中，昆明市代表队携19个创新大赛项目、38支机器人队伍参赛，经过激烈角逐，昆明市选手在创新大赛项目中一举斩获186个奖项。其中：一等奖17项，二等奖38项，三等奖131项；在机器人竞赛中，昆明市代表队荣获一等奖8项、二等奖12项、三等奖18项。为进一步挖掘昆明市青少年科技创新大赛科普资源，发挥大赛影响力优势，5～7月，在昆明动物园组织举办第三届昆明市青少年科技创新大赛优秀成果展，编印《昆明市青少年科技创新大赛优秀作品集（2014—2018年）》。为进一步提高全市青少年科技创新大赛项目的水平和质量，向各县（市、区）科协和教育局征集第35届昆明市青少年科技创新大赛项目作品提纲，经专家审核后，市科协对创新性、新颖性、适用性较强的10个项目给予经费支持，力争在第35届全省青少年科技创新大赛中取得更加优异的成绩。成功举办昆明市中小学科技教育校长培训班，提高各级学校对青少年科普教育工作的认识。优选17名学生参加高校科学营活动，为科技创新后备人才培养打下坚实基础。与县（区）科协上下联动，积极回应青少年热点需求，举办首次青少年机器人竞赛活动，本届大赛分为机器人创意比赛、机器人综合技能比赛、VEX机器人工程挑战赛、教育机器人工程挑战赛、机器人普及基础比赛5个项目，设置小学组、初中组和高中组3个赛段，有来自11个县（市、区）的194名学生、92名教练参加。经过角逐，5个项目共获一等奖24项、二等奖25项、三等奖40项。

依托昆明市科普教育基地开展形式多样的科普惠民活动。1月，在西华公园举办“一米菜园”植物科普宣传周活动，同期还举办昆明市首届群众花卉植物科普摄影大赛；在昆明动物园举办《迎新年·保护地球永不停》2019年大型迎新年公益活动，活动以青少年科普节目展播和动物科普公益展演为主要内容，为2018年度10名“校园明星讲解员”、5所“优秀动物科普明星学校”授予奖牌。1月下旬，在昙华寺公园举办“名花争春·昙华天香”第八届昙华寺牡丹花展，同期举办第五届“洛阳牡丹再现昙华”科普摄影比赛。3月，在昆明动物园协办昆明市第20届樱花节，樱花节以“春漫花都　樱舞圆通”为主题，开展非遗展示、民族歌舞、传统艺术表演、校园科普直播等形式多样、内容丰富的科普活动。9～11月，在昆明动物园联合举办“绿水青山就是金山银山”云南珍稀鸟类科普摄影展，让市民了解云南鸟类生存现状，进而激发市民强烈的生态保护意识，自觉践行绿色生活。

【自有媒体建设】　严格落实意识形态工作责任制，加强对自办媒体和各类报告会、研讨会、讲座论坛等意识形态阵地的管理，充分利用《昆明科技》杂志、昆明科普网、“掌上春城”科普专栏、官方微博、微信、室内LED屏等媒介，全方位宣传、报道全市的科协工作和科普活动。与省、市媒体加强联系合作，开办科普专栏（专版），多渠道反映全市各级科协的亮点工作。年内，《昆明科技》共选编文章433篇，并制作2018年《昆明科技》合订本，“昆明科普网”共上传稿件985篇。

【企（事）业科技服务平台】　昆明市专家服务站引贤纳智。2019年，新建云南日林新能源开发有限公司昆明市专家工作站、云南茂湾水产养殖有限责任公司昆明市专家工作站，通过企业引进高科技人才，与企业建立合作意向，为企业提供服务指导和科技咨询工作。同时，引入企业的专家作为行业领域内的高科技人才一并纳入专家库管理，增强全市人才工作专家数量。

“金桥工程”促进科技成果转化。通过广泛动员、审核筛选、申报验收等多个环节，优选出具有行业代表性、预计效益显著的云南红梨科技有限公司红色砂梨圆柱形栽培技术集成示范、亮风台（云南）人工智能有限公司人工智能应用项目、昆明昆开专用数控设备有限责任公司新型全自动数控转塔式母线加工成套设备、一体化边坡生态修复治理新技术应用推广4个“金桥工程”项目进行扶持，着力做好科技成果转化。

学术交流助推中小企业创新发展。4月30日，为响应省“三张牌”战略，把脉云南省绿色能源发展战略与对策，为企业搭建交流合作平台，省科技厅、昆明理工大学、市科协在昆明理工大学莲华校区共同举办2019年绿色能源创新创业论坛，特邀昆明理工大学副校长马文会教授和国家发改委应对气候变化战略研究和国际合作中心原主任李俊峰教授分别作题为《国家“一带一路”倡议与云南省绿色能源产业发展思考》和《中国光伏扶贫问题的思考》主旨演讲。

【服务科技工作者】　弘扬科学家精神，营造尊重人才、尊崇创新的舆论氛围。组织全国科技工作者日活动，加强对科技工作者的思想政治引领，团结引领广大科技工作者与党同心同德。5月23日，在第三个全国科技工作者日即将到来之际，市科协结合“礼赞共和国　追梦新时代——科技志愿服务行动”的活动主题，组织学会专家实地考察昆明老科技工作者协会专家服务站——寻甸坝沟农业开发有限公司，进一步了解企业以健康、安全为目标，种养结合、环境和谐的循环生态农业和“协会＋专家工作站＋企业”的创新科技管理模式，感受老科技工作者为贫困地区民营企业技术转型、高质量发展、甘为人梯做奉献的科技情怀，以此鼓励各学会的科技工作者响应党中央号召，牢记使命责任，发扬求真务实、开拓创新、爱国奉献的精神。以“弘扬爱国奋斗精神建功立业新时代”为主题，由市科协牵头、市老科协编印新中国成立70周年《昆明老科技工作者》风采录1000本，图文并茂展示与共和国同龄的老一辈科技工作者的优秀事迹及科技成果，弘扬科学家精神，激励新时期科技工作者为实现科技强国而努力奋斗。组织所属学会参加第九届云南省科协学术年会及中西南学会研究第37届年会，围绕“科技支撑创新发展　绿色引领健康生活”的大会主题，市科协推荐的12篇论文均被大会采用。按照市委组织部《关于省委联系专家调整补充工作的通知》要求，市科协推荐的市环保联合会、地理学会的2名专家经评审入选省委联系专家名单。

【社团改革发展】　进一步清理规范社会组织。2月21日，市科协组织市级各学会（协会、研究会）负责人召开全市科协清理规范社会组织工作秘书长座谈会，印发《昆明市科协清理规范社会组织工作方案》，集中清理整治领导干部兼职等11种学会不规范行为，共清理出10个“僵尸”学会待撤销。配合市民政局组织所属学会开展网上年检，57个学会网上年检合格率达80%，帮助电化教育学会完成注销。深入实施学会创新与服务能力提升工程，组织20个学会上报41个项目，通过评审，最后遴选支持19个学会的29个项目，逐步推动科协所属学会能力的整体跃升。组织“不忘初心、牢记使命”下基层、听意见、解难题活动，深入30余个学会调研，扎扎实实为基层学会服务解决实际问题15个，指导基层学会加强党的阵地建设和组织建设。开展学会理事会规范化、秘书长职业化改革，4个学会通过换届增加监事会组织机构。吸纳昆明市茶花协会、昆明市中小学科技创新协会作为业务主管单位和会员单位，加强了市科协学会的组织建设。

【学会活动】 昆明市科协生态文明建设学会联合体活动顺利开展，轮值主席交接工作圆满完成，市农学会通过会议选举担任联合体第二届轮值单位，市农学会副理事长曹永辉担任轮值主席。组织开展以“保护环境·人与自然和谐相处”为主题的2019年联合体一季度学会交流日活动，举办“6·5世界环境日”宣传活动，现场发放环保科普宣传资料1万余份，举办环保有奖知识问答，近千人参与答题，发放环保奖品500余份。组织专家到晋宁南滇池国家湿地公园、海东湿地公园调研，并请专家讲授“谈谈推进滇池流域生态文明建设和产业转型升级”和“应用卫星追踪技术检测红嘴鸥越冬期生境选择及人类活动关系”的学术报告。

【民间科技交流与合作】 搭建留学科技人员联络联谊平台，在盘龙区、官渡区分别成立昆明留学人员工作服务站及昆明市科协海智工作站，并成功举办2019年港澳青年创新创业昆明行活动。对2018年成立的富民县“昆明市科协海智工作站”和“昆明留学人员工作服务站”进行考核调研，结合站点实际提出建设性发展意见。10月中旬，成功召开第三届昆明留学人员联谊会换届大会，段智寰当选理事长，杨晓冬、焦少良、周文曙、孟庆毅、任树源、顾婷、袁雨、华立夫和乔志当选副理事长，杨晓冬当选秘书长，杨红艳等14人当选常务理事，朱书生等23人当选理事。

（吴　芮）

防震减灾

【地震监测预报】 2019年，组织召开1～4季度震情跟踪工作会和年中、年度地震趋势会商会，编写各类会商报告12份；编制昆明市2019年震情跟踪工作月报12期、震情月报12期、震情汇报2期、宏微观零异常报告52期、典型异常干扰登记表52期；参加省地震局、协作区等各类会商会12次。针对6月17日四川长宁6.0级地震、7月21日永胜4.9级地震，召开紧急会商会，研究震情形势、提出预测意见，形成震情汇报，及时向市委、市政府及省地震局报告。

【地震监测台站建设与改造维护】 2019年，投资75万元再次对“昆明市防震减灾台网seismis综合地震信息发布及反馈系统”进行并网升级改造，于10月11日顺利通过验收，已进入正常工作状态；按照《云南省强震动台站管理办法》和《昆明市强震动台站运行维护管理办法》要求，完成43个强震动台站的运维管理任务，共修复故障台站30余台次；先后10余次到所辖县（市、区）进行仪器工作状态日常检查，现场处理仪器故障、进行测震台网调试等；完成13个数字化前兆观测台站、18套前兆监测设备、14个观测项目的运行维护工作；协助泰德公司调试昆明市seismis综合地震信息系统30余次，完成数字测震台网日常运维工作；制定《昆明市地震观测环境保护办事指南》，依法保护地震观测环境和地震监测设施。年内，全市未发生监测环境和地震监测设施遭受破坏的情况。

按照新建基准站5000元/个、改建基准站和新建基本站2000元/个、改建基本站和新建一般站1000元/个的补助标准，共拨付相关经费16.5万元，强化强震台网运维经费保障；完成寻甸县2个、安宁市1个、禄劝县1个、晋宁区1个共5个基准站林地使用手续报批工作。

【群测群防】 2019年，共向基层发放地震宏观联络员补助经费及地震宏观观测工作经费6万余元。各县（市、区）防震减灾部门均对本辖区地震宏观信息联络员组织培训、检查、总结。年内，全市共收到地震宏观异常报告5次，均及时进行了调查核实。年末，全市建有168个固定地震宏观观测点，共有地震宏观联络员563人，每个乡（镇）至少有1名防震减灾助理员，实现全市所有乡（镇、街道）、村（社区）全覆盖。

【建设工程抗震设防】 按照基本建设管理程序，加强对全市新建、改建、扩建建设工程的抗震设防要求管理，严把抗震设防质量关。对于一般建设项目，按照《中国地震动参数区划图》（GB18306-2015）确定抗震设防要求，核发《抗震设防要求审批书》；对重大建设工程、可能发生严重次生灾害的建设工程和其他重要建设工程，按照相关规定请示省地震局，由省地震局确定。年内，共收到建设工程抗震设防要求审批报件291件，发出《建设工程抗震设防要求审批书》291件，办结率100%，无投诉、超时现象发生。

【地震安全示范社区建设】 按照省应急管理厅、省地震局、省气象局《关于开展2019年度全国综合减灾示范社区创建工作的通知》要求，市防震减灾局配合市应急管理局做好昆明市创建全国综合减灾示范社区相关工作，认真审查呈贡区乌龙街道星浦社区、五华区护国街道威远社区、安宁市太平街道始甸社区创建全国综合减灾示范社区申报材料，并进行实地检查。

【地震应急准备工作】 2019年5月，组织召开昆明市防震减灾局长工作会议，研究讨论全市防震减灾工作存在的短板和突出问题，对全市防震减灾工作进行安排部署。6月，召开昆明市2019年地震应急工作暨地震应急技能培训会议，制订印发《全市防震减灾系统2019年地震应急准备工作方案》，会后各县（市、区）、开发区、市抗震救灾指挥部成员单位结合实际均制订县级和部门《应急准备工作方案》。11月，开展地震应急准备工作自检自查工作，对禄劝、寻甸、石林等县（区）地震应急准备工作进行了现场检查。

【健全完善应急预案体系】 借鉴省内外破坏性地震应急处置的经验教训，针对昆明经济社会发展特点、地质地貌特征和近年来地震应急工作存在的问题，依据《云南省地震应急预案》《云南省特别重大地震灾害应急处置工作方案》，进一步修订《昆明市防震减灾应急行动工作预案》。在此基础上，全市各地、各单位进一步完善各自的“防震减灾应急行动工作预案”，建立纵向到底、横向到边，上下衔接、左右相联的抗震救灾预案体系。为切实提高“预案”的针对性、实效性，把抗震救灾综合演练作为提升全市抗震救灾组织指挥、抢险救援、协作配合、保障有力等综合能力的有效途径，组织开展各类抗震救灾综合演练。8月，举行“2019平安石林”地震应急演练，市、县两级同步启动预案，达到检验预案、锻炼队伍、磨合机制、科普宣传的目的，各县（市、区）也组织开展相应的地震应急演练。

【信息化建设】 提升抗震救灾组织指挥软硬件建设水平，已建成覆盖全市13个县（市、区）的地震应急指挥系统，进一步完善《昆明市抗震救灾基础数据汇编》。组织培训和巡检，确保全市各类地震应通信设备的正常运转。5～7月，对12个县（市、区）震情会商与地震应急视频会议系统进行巡检和维修。7～8月，对东川区、寻甸县13个乡（镇）短波电台进行巡回检查和维修维护。8月，举办昆明市地震应急通信培训。

【地震应急救援队伍能力建设】 市防震减灾局依托驻昆军警部队、民兵预备役部队、医院、水电气通交化建等企业组建2支共500余人的地震专业应急救援队伍、5支共1万余人的军警部队综合应急救援大队、12支共4000余人的医疗、交通管制、警戒、水利、电力、燃气、通信、交通、化工、机械等行业救援大队。全面加强县级政府应急救援志愿者队伍建设，全市共组建志愿者队伍122支共5000余人，实现地震应急救援志愿者队伍乡（镇）全覆盖。为提高地震应急救援队伍救援能力，制订年度训练计划，并按计划组织开展训练。9月，邀请省地震局14名专家分别举办昆明市地震“第一响应人”培训班和昆明市地震应急志愿者骨干业务及技能培训班，对相关地震应急救援队伍进行地震基础知识、地震应急救援知识等专业知识培训，并开展幸存者搜救、急救医疗技能、废墟救援、坑道救援、埋压救援等地震灾害救援实战救援技能训练，有效提升全市地震应急志愿者队伍的应急救援能力。

【地震应急避难场所建设与管理】 编制地震应急疏散工作方案，各地震应急避难场所与周边商场、医院等签订食品、医疗、供水、垃圾储运等协议，确保避难场所功能正常发挥。在Ⅱ类及以上地震应急避难场所储备帐篷、棉被、棉衣、工具等应急物资，确保地震发生时能够及时供电、供水、照明，提供灾民基本生活物资。印发《关于开展地震应急避难场所自检自查的通知》，组织各县（市、区）自行对辖区内Ⅲ类以上地震应急避难场所进行现场检查。8～10月，对石林、呈贡、富民、阳宗海等县（区、开发区）的地震应急避难场所进行实地检查，及时提出整改意见建议。制定印发《昆明市地震应急避难场所建设管理工作补助经费管理制度》，全年共下拨补助经费46万元。投资100万元用于宝海公园地震应急避难场所提升改造，提升改造工作于5月基本完成，该地震应急避难场所由Ⅱ类提升为Ⅰ类。9月，争取到100万元避难场所建设经费用于呈贡区昆明市第三中学地震应急避难场所提升改造工作，将该地震应急避难场所由Ⅲ类提升为Ⅰ类。年内，石林县新建1个Ⅲ类避难场所、阳宗海新建1个Ⅱ类避难场所、富民县升级改造1个Ⅲ类地震应急避难场所为Ⅱ类地震应急避难场所。至年底，全市共有1个避难场所达Ⅰ类标准、19个避难场所达到Ⅱ类标准、30个避难场所达到Ⅲ类标准。

【防震减灾科普教育基地、科普示范学校建设】 积极推进全市地震科普教育基地建设工作，该项目年内已完成考察论证、方案设计、意见征集、专家评审、听证等工作。根据省地震局《关于开展省级防震减灾科普示范学校认定工作的通知》要求，全市开展省级防震减灾科普示范学校申报工作。年内，经昆明市各防震减灾部门和各级各类学校的共同努力，全市成

2019年8月15日，市防震减灾局举行“2019年平安石林”地震应急演练活动
（市防震减灾局　供稿）

2019年5月9日，双河乡民族中学开展“5·12”防震减灾应急疏散演练
（市防震减灾局　供稿）

功创建省级防震减灾科普示范学校14所。

【防震减灾科普宣传】　根据《昆明市防震减灾宣传工作规划（2016—2020年）》和《昆明市2019年度防震减灾宣传工作计划》，结合“三下乡”、5·12防灾减灾日、科技活动周、安全生产月、全国科普日和“11·6”全省防震减灾宣传日等时机，以防震减灾宣传“七进”为主要内容，充分利用广播、电视、报纸、杂志、网络、短信等媒介，围绕全市开展的全国文明城市创建活动，通过开展讲座、上街咨询、发放宣传材料、刊登文章、播放宣传片、张贴挂图、悬挂横幅、播放标语口号、短信宣传、知识竞赛、电视宣传、新媒体宣传等方式走入社区、农村、机关、企业、学校、部队和家庭，有重点、有针对性地开展大量的防震减灾科普宣传活动，普及防震减灾知识，在提高防震减灾意识和自救互救能力取得较好实效。

坚持“突出特色、集约高效”的思路建网站、管微博，紧急会商四川长宁6.0级地震对昆明震情影响，“平安石林”地震应急演练，避难场所达标建设等行业大事、中心工作得到及时报道，营造关心参与防震减灾的良好氛围。截至11月，市防震减灾局网站发布各类信息565条，开展政策解读7次；开展微话题讨论、微直播、微采访等活动7次；借助电影《流浪地球》热播，创编“地球在流浪，防震不能忘；宇宙未重启，避震不停息”“避震千万条，冷静第一条；平时不演练，震时泪两行”等网络宣传语，获得大量网友转发、点赞，并被中国地震局政务微博引用；高质量运维政务微博，发博量达2430条，微博粉丝近5万名，被评为昆明市优秀政务微博。

（桂辉涛）

气象监测预报

【概况】　2019年，全市气温较常年平均偏高，降水量偏少，日照时数偏多，属于雨量稍欠、光热资源充足的年景。年内，春季旱情稍偏轻，雨季开始期较常年正常至特晚，主汛期降水量偏少，秋季局部地区出现连阴雨天气，属降水稍欠的气候年景。

【降水量】　2019年，全市12个国家气象站年平均降水量为796毫米，年降水量较常年偏少128毫米，偏少幅度为14%；较2018年偏少122毫米，偏少幅度为13%。昆明主城区年降水量为840毫米，较常年偏少139毫米，偏少幅度为14%。

【气温】　2019年，全市12个国家气象站年平均气温为17.2℃，较常年平

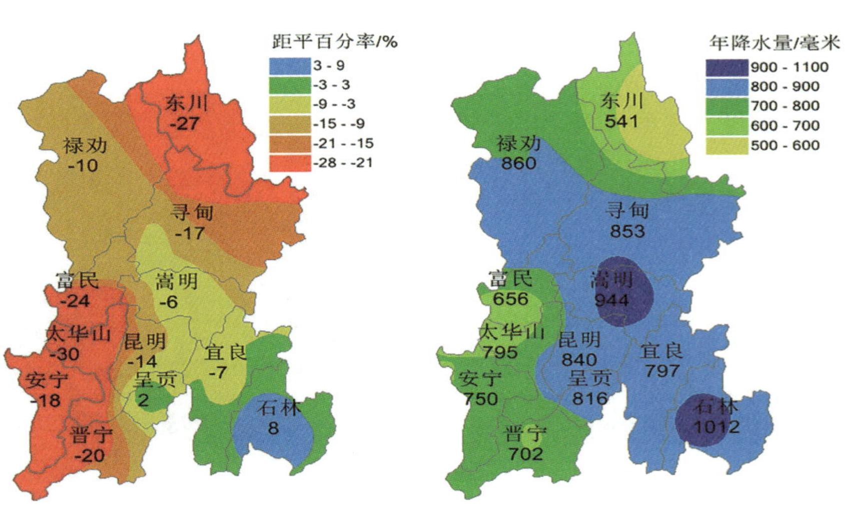

图2　2019年昆明市各县（市、区）年降水量（左　单位：毫米）与距平百分率（右）

均值偏高1.5℃，较2018年偏高1.2℃。昆明主城区年平均气温为16.7℃，较常年偏高1.2℃，较2018年偏高1.0℃。

【日照】 2019年，全市12个国家气象站年平均日照时数为2329小时，较常年平均值偏多253小时，偏多幅度为12%，较2018年偏多239小时，偏多幅度为11%。昆明主城区全年日照时数为2385小时，较常年平均值偏多267小时，偏多幅度为13%，较2018年偏多98小时，偏多幅度为5%。

【气候事件】 2018年冬季，全市12个国家气象站平均气温为11.9℃，较常年同期偏高2.4℃，打破2009年11.5℃的历史记录值，为建站以来的最高值，其中嵩明、宜良、石林、呈贡、安宁、太华山和东川的平均气温均打破本站建站以来的历史记录。2019年入汛前（3~5月），全市平均降水量仅为69毫米，较常年同期偏少63毫米，偏少近五成，为建站以来第十个最少年。降水过程的稀少，导致全市在入汛前出现中重度旱情，其中禄劝县、富民县、嵩明县和石林县出现不同程度干旱灾情。2019年雨季开始期正常至特晚，时间跨度大。汛期（5~10月）降水波动大，极端强降水集中。秋季中前期降水频繁，嵩明县、东川区和太华山出现7~8天的连阴雨天气。2019年12月上旬，受强冷空气影响，全市出现阶段性低温天气，昆明主城、禄劝县、富民县、嵩明县、宜良县和寻甸县的旬平均气温打破历史同期记录值，为建站以来的最低值。

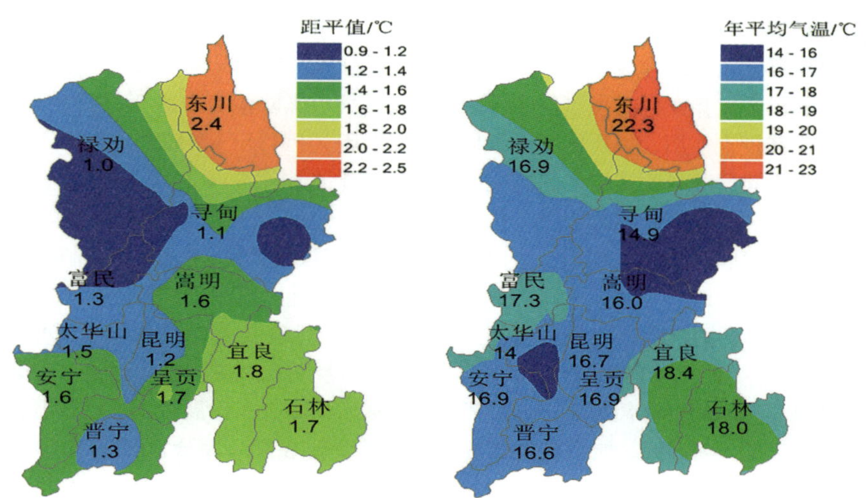

图3 2019年昆明市各县（市、区）年平均气温（左 单位：℃）与气温距平（右 单位：℃）

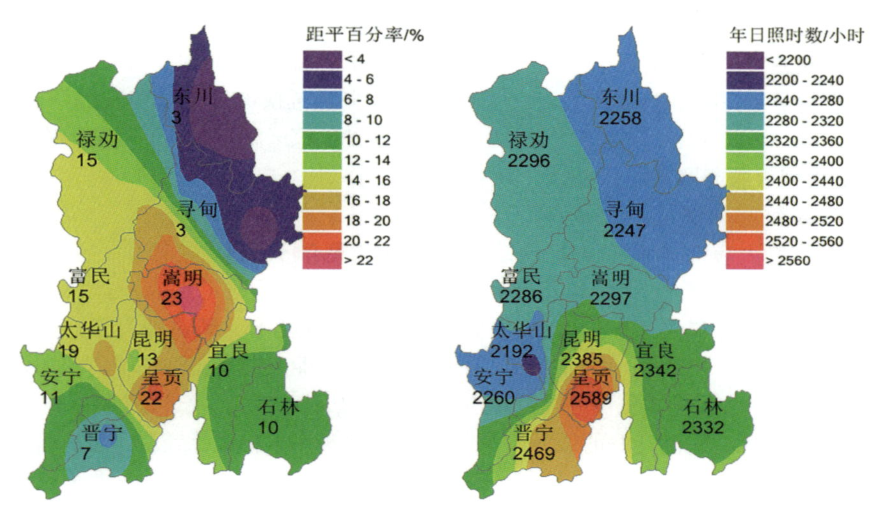

图4 2019年昆明市各县（市、区）年日照时数（左 单位：小时）与距平百分率（右）

表21 2019年昆明市气象站气象资料表

气象要素	单位	昆明	禄劝	富民	嵩明	宜良	石林	呈贡	晋宁	安宁	太华山	东川	寻甸	平均
降水量	毫米	840	860	656	931	797	1012	816	702	751	795	541	853	796
距平值	毫米	−139	−96	−207	−76	−63	72	16	−178	−159	−340	−200	−169	−128
距平百分率	%	−14	−10	−24	−8	−7	8	2	−20	−17	−30	−27	−17	−14
平均气温	℃	16.7	16.9	17.3	16	18.4	18	16.9	16.6	16.9	14	22.3	14.9	17.1
距平值	℃	1.2	1.0	1.3	1.6	1.8	1.7	1.7	1.3	1.6	1.5	2.4	1.1	1.5
日照时数	小时	2385	2296	2286	2297	2342	2332	2589	2469	2260	2192	2258	2247	2329
距平值	小时	267	308	298	430	220	210	467	154	216	351	67	56	253
距平百分率	%	13	15	15	23	10	10	22	7	11	19	3	3	12

【提升防灾减灾能力】 有序推进突发预警信息发布系统建设。年内，西山区、五华区、盘龙区突发事件预警中心建成并投入使用，呈贡区突发事件预警中心建设项目正式启动；昆明市和寻甸县、石林县人工影响天气指挥平台通过验收正式投入使用；完成农试站综合环境改善项目，太华山气象站被评为“全国气象科普教育基地”，宜良县气象局、寻甸县气象局的气象科普馆被表彰命名为“昆明市青少年科普教育基地”。城市防洪排涝“发令枪”作用明显，建成昆明大城市气象服务“城市内涝”系统。做好“6·23”“7·20”“9·10”等大暴雨天气过程气象保障服务，各级党委、政府和相关部门根据气象部门提供的信息科学指挥防汛工作。

【扩大气象服务覆盖面】 做好“庆祝中华人民共和国成立70周年”升旗仪式、焰火表演等系列庆祝活动及“南亚东南亚商洽会”“中华龙舟争霸赛”“上合马拉松赛”重大活动气象保障服务，精准、及时、细致的预报服务，全面、多元化的服务手段保障活动顺利进行，取得良好的服务效果。应用微博、微信、电子显示屏等开展公众气象服务，“昆明气象”官方微博被评为2019年度优秀政务新媒体。接受媒体采访95次，面向公众17万余人发送手机短信，发布灾害性天气预警205次。通过电视、广播、电话、微博及微信及时回应市民热议问题，普及应急避险知识，营造良好舆论氛围。

【气象服务创新】 实施滇池保护治理气象监测工程，新建环滇池监测站9套，开展防治船舶及其有关作业活动污染水域环境应急保障，配合调查水质情况、蓝藻水华变化等工作。编制《昆明市大气污染防治气象保障服务专项方案》由昆明市大气污染防治领导小组办公室印发，开展空气质量气象条件监测，制作《空气污染物扩散气象条件周报》43期，《昆明市环境空气质量扩散条件预判周报》24期。开展臭氧污染情况分析研究。全力实施大气污染防治应急人工增雨作业，逐步拓宽PM2.5气溶胶、负氧离子生态监测骨干网络。

【农业气象服务】 主动融入乡村振兴战略的实施，组织7个县开展2019年“三农”气象服务专项建设，完成7个县基层防灾减灾标准化建设。在第15届农博会上布设展台，展示智慧农业气象新成果。完成2019年全国农试站水稻联合试验，完善推广宜良云渔服务体系，开展温室草莓试验，制作发布《昆明农业气象信息》等农业气象服务信息共41期。扶贫工作扎实有力，加强对驻村工作队员的管理，强化帮扶项目建设和发展产业，做好贫困地区防灾减灾、气象为农服务工作。

【人工影响天气】 2019年，全市完成29个未达标固定点改造，新建标准化固定点8个。新建18套常态化增雨固定作业点实景监控系统，建成人工影响天气弹药监控系统（物联网）。全面推进军事化训练经验，培训作业人员398人次。1个人影科研课题获省气象局立项支持，1项地方标准通过立项评审。全市共设43个火箭增雨作业点、6个地面碘化银增雨烟炉，开展地面增雨作业528点次，为缓解旱情、增加库塘蓄水、改善空气质量、降低森林火险等级等方面做出积极贡献。9个县（区）设70个人工防雹作业点，开展人工防雹作业512次，有效保护烟叶面积25万亩、其他农经作物60余万亩。

【气象工作管理】 气象灾害防御中心取得省气象局防雷装置检测资质，并组建运行。依法依规完成气象风云展衡公司注销手续。面向乌东德水电站、排水公司、海事局等专业气象服务质量和效益稳步提升。加强气象权力清单动态管理，推行“一个窗口”受理和网上审批，优化法治化营商环境。积极履行雷电灾害防御监管职责，开展2019年度防雷安全专项检查及防雷安全重点单位清单采集和更新工作，强化对化工生产企业、景区、易燃易爆场所防雷安全抽查，做好施放气球现场的安全管理，对3个施放气象资质单位和2个雷电防护装置监测资质单位开展执法检查。

【气象科技创新】 组织完成昆明市气象局设定的8个科技项目的验收，成功申报3个省气象局项目，调整昆明市气象防灾减灾科技创新团队，组建“王鹏云创新工作室”团队，完成“云南天气雷达标准格式基数据应用和预警系统研究”项目科技成果转化。杨芳园、王将获省气象局优秀气象科技论文奖励。全年获软件著作权6项、申报发明专利6项。

（于璐　潘娅婷）

水文水资源管理

【机构】 云南省水文水资源局昆明分局成立于1961年，隶属于云南省水文水资源局，属公益性全额拨款事业单位。2008年4月，经昆明市机构编制委员会批准加挂“昆明市水文水资源局”牌子。市水文水资源局通过对全市辖区内水位、流量、降水量、泥沙、蒸发、地下水位及水质、墒情等水文要素的监测和分析，对水资源的量、质及其时空变化规律的研究，以及对洪水和旱情的监测与预报，为全市国民经济建设、防汛抗旱、水资源的配置利用和保护提供基本信息和科学数据。

按照工作职责，市水文水资源局负责金沙江一级支流普渡河、牛栏江，滇池流域及南盘江宜良段的水文资料的收集，并进行整理和汇编，汛期提供普渡河、牛栏江、南盘江和滇池流域的水情报汛工作及水文情报预报工作，为区域内的防汛减灾提供决策依据，为促进辖区内的社会经济发展提供技术服务。定期监测主要河段、集中饮用水源地、水功能区的水质状况，组织调查和评价区域内地表水径流量和地下水资源蕴藏量，开展水文水资源调查评价、建设项目水资源论证、洪水分析评价、水文测量、水平衡测试、水文分析计算等基础服务工作。

【降水】 2019年，全市平均降水量803.20毫米，比多年均值偏少14.2%，比上年均值偏少19.20%，属偏枯年份。年内，全市降水呈现以下4个特点：雨季大部分地区来临晚、结束早，全市雨季开始期除寻甸、嵩明、宜良和呈贡4县（区）较常年同期正常外，其余县(市、区)于5月下旬至7月上旬开始，为偏晚到特晚；于9月下旬至10月下旬结束，较常年同期属偏早。降水时空分布不均，枯季(1～4月、11～12月)降水量占全年降水量的9.30%，汛期(5～10月)降水量占年降水量的90.70%；各月降水量分配上，1～4月较常年同期偏少13.60%；汛期(5～10月)较常年同期偏少9%，其中5月偏少最多，偏少42.10%；12月偏少幅度为全年最大，达85%。在空间分布上，东多西少，南部最少，西部富民县、安宁市少，南部晋宁区最少，东部石林县、嵩明县、寻甸县多；河谷少，坝区多，金沙江干流和小江干流河谷地带明显偏少；在各监测站中，年最大降水量出现在东川区法者乡新炭房村雨量站，年降水量1332毫米；年最小降水量出现在金沙江河谷地区的禄劝县雪山乡尼格村雨量站，年降水量366.50毫米，相差2.63倍。汛期单点暴雨频发，据统计，汛期1小时降水量超30毫米的有202站次，其中24站次1小时降水量超50毫米，最大为禄劝县云龙乡马拉山村雨量站，为76.50毫米/小时。

【水资源量】 2019年，全市水资源总量为47.25亿立方米，折合径流深223.30毫米，比常年偏少23.80%，比上年偏少27.40%，属枯水年份。平均产水量22.30万米^3/千米^2，人均水资源量683立方米。金沙江流域地表水资源量38.18亿立方米，折合径流深225.70毫米；南盘江流域地表水资源量为8.66亿立方米，折合径流深218.60毫米；红河流域地表水资源量为0.41亿立方米，折合径流深147毫米。与常年比，金沙江、南盘江、红河流域分别偏少26%、12.70%和16.30%；与上年比，金沙江、南盘江、红河流域分别偏少28.90%、19.70%和30.70%。

【河道水情】 年内，受降水影响，全市各流域代表站涨水过程峰量较小，持续时间短，河道水情总体平稳，各大流域主要河道控制断面来水量除受水利工程调控影响的蔡家村水文站比常年同期偏多(偏多60.10%)外，其余河道水文控制断面总体比常年同期偏少，偏少幅度为11.80%～49%。受局部强暴雨和水利工程调控影响，石林县巴江黄家庄水文站、嵩明县果马河罗锦水位站出现短历时超警戒水位，分别超警0.15米、0.02米。滇池出口海口(大烟囱)水文控制站出现超历史最大流量(1997年8月8日89.70m^3/s)情况，超历史最大流量9.90m^3/s。汛期全市40座库泊报汛站除滇池(外海)出现超汛限水位外，其余库泊均在汛限水位以下运行。

【水库蓄水】 2019年末，全市水利工程总蓄水量12.67亿立方米，比上年少1.35亿立方米。其中：云龙、松华坝、柴石滩、清水海4座大型水库总蓄水量7.80亿立方米，比上年少0.41亿立方米，除柴石滩水库蓄水量比上年多1.07亿立方米外，其他3座昆明主城供水水源水库比上年少1.48亿立方米；大河、柴河、双龙、张家坝、车木河、凤龙湾、双化、封过、上游、大石头、八家村、宝象河、松茂、横冲、果林、坝塘、黑龙潭、月湖、木戛利19座中型水库年末蓄水量1.81亿立方米，比上年少0.37亿立方米；小型水库及小坝塘年末蓄水3.04亿立方米，比上年少0.57亿立方米。

【牛栏江—滇池补水工程水量监测】 根据滇池防洪调度、水环境治理、牛栏江－滇池补水工程调度运行的需求，市水文水资源局对牛栏江－滇池补水工程调入昆明及入滇池水量开展连续不间断的监测工作，为工程运行调度及工程评价效益、滇池防洪调度、水量分配、滇池水环境治理提供了可靠依据。根据监测结果，2019年，牛栏江补水工程向昆明调水总量为5.40亿立方米。

【滇池流域生态补偿水量监测】 为满足滇池流域河道生态补偿考核工作的需求，市水文水资源局按照《滇池流域河道生态补偿办法(试行)》《滇池流域河道生态补偿水量监测办法(试行)》《水文测验规范》等现行相关规范的规定，对滇池流域34条河道60个考核断面开展水量监测，每月将监测成果按时上报市河长办，为全市深化河(湖)长制及滇池流域生态补偿机制实施提供了重要考核依据。

（崔松云）

环境质量

【空气环境】 2019年，昆明市空气质量优184天、良172天、轻度污染9天（外源污染1天、臭氧污染8天），空气质量优良率98%，未出现重度污染天气，优级天数超过半年，主城区空气质量达到国家二级标准要求。空气质量综合指数3.45，同比下降6.5%。各污染物浓度除臭氧外，其他污染物PM10、PM2.5、NO_2、SO_2、CO同比分别下降11.76%、7.14%、6.06%、7.69%、16.67%。空气质量在全国168个城市中排名第15名，省会城市排名第5名。

组织实施《昆明市打赢蓝天保卫战三年行动实施方案》，编制《2019年昆明市大气污染防治工作目标任务》，持续解决以细颗粒物（PM2.5）、可吸入颗粒物（PM10）和二氧化氮（NO_2）为重点的大气污染问题。从2019年5月起，市生态环境局和市气象局联合每周发布《昆明市环境空气质量扩散条件预判周报》，每周日对下周空气进行分析研判会商预测，周一向市委、市政府上报一周空气质量预测情况，全年发布环境空气质量预判周报32期。开展“散污乱”企业综合整治，排查出“散污乱”企业161户。其中：关停取缔类140户，升级改造类8户，整合搬迁类13户。印发《昆明市机动车遥感监测系统建设工作方案》，加强机动车尾气污染防治。强化源头防控，推进城市建成区及周边重污染企业搬迁改造或关闭退出，督促火电行业开展超低排放改造。开展县级城市建成区燃煤小锅炉排查淘汰、高污染燃料禁燃区划定，协调推动滇中城市群大气污染防治联防联控工作。对环境空气质量监测网络点位进行优化调整，新增4个国控监测点位，国控城市评价点位增加到10个。

【水生态环境】 2019年，滇池全湖水质为Ⅳ类，水质保持稳定。阳宗海水质持续向好，稳定保持Ⅲ类水标准。阳宗海自2008年砷污染事件后，时隔11年后首次开湖捕鱼。全市国（省）考水体断面水质优良率64%。其中：纳入国（省）考的25个水体断面，优良16个，超出国家和省下达的40%的目标24%。国考、省考劣五类水体首次全面消除。集中式饮用水水源地水质总体保持稳定。

组织全市各县（市、区）政府签订《2019年度昆明市各县（市、区）地表水断面目标责任书》，编制《昆明市2019年重点湖库蓝藻水华防控工作方案》《昆明市地表水劣Ⅴ类断面整治专项行动工作方案》等工作方案。加强不达标饮用水源地整治，下发水质预警和整改通知，开展水源地执法活动，并指导和督促相关属地政府开展整治工作；完成全市千吨万人饮用水源地基本信息排查和千吨万人饮用水源地保护区划定技术报告编制。

【土壤生态环境】 组织实施《昆明市人民政府关于印发昆明市打赢净土保卫战三年行动实施方案的通知》，编制《昆明市人民政府关于印发2019年昆明市土壤污染防治工作目标任务的通知》。持续开展重点行业企业用地土壤污染状况调查，完成全市重点行业企业用地土壤污染状况现场调查、基础信息采集、风险筛查及纠偏报告编制工作，形成高度关注地块、中度关注地块、低度关注地块规划；加强重点企业土壤环境监管，与辖区内重点监管企业（第一批）签订土壤污染防治责任书，对重点监管企业明确相关措施和责任；加强建设用地准入管理，建立疑似污染地块名单，并持续更新，建立污染地块再开发利用准入管理、土地征收、收回、收购等环节监管；开展土壤污染治理与修复技术应用试点。

【固体废物与化学品管理】 开展长江经济带固体废物专项整治、长江“三磷”企业专项整治、尾矿库环境执法检查。开展重金属污染源排查整治，全面排查涉重金属重点行业企业，建立全口径涉重金属行业企业清单，开展173户涉镉等重金属重点行业企业排查整治，东川区10个重金属污染防治建设项目已完工项目5个。年内，全市各县（市、区）重点行业重点重金属污染排放量比2013年消减12%；全面排查工业固体废物堆存场所情况，已完成9处（片）问题堆存场所整治，开展69家非煤矿山尾矿库排查；在全省2019年危险废物规范化管理督查考核评定中，昆明市被评定为B；提前完成省下达昆明市“十三五”重金属减排任务。

【核与辐射安全、危险废物管理】 开展核与辐射安全隐患排查，对核与辐射应用单位开展现场抽查检查32家次。加强对危险废物产生、经营单位的检查和规范化管理考核，对危险废物经营单位开展现场监督执法抽查检查42家次，对危险废物重点产废单位开展现场监督执法抽查检查62家次，对其他产废单位开展现场监督执法抽查检查30家次，并对以上93户企业进行危险废物规范化管理考核。

（市生态环保局）

生态保护与污染治理

【机构改革】 2019年，昆明市生态文明体制改革专项小组完成改革任务40项。在党政机关机构改革、生态环境机构监测监察执法垂直管理制度改革、生态环境保护综合行政执法改革3项改革工作中，在昆明市环境保护局基础上，组建昆明市生态环境局、17个县（市、区）、开发（度假）区生态环境分局。成立昆明市生态环境机构监测监察执法垂直管理制度改革领导小组，草拟的《昆明市生态环境机构监测监察执法垂直管理制度改革实施工作方案》已通过市政府常务会、市委常委会审定。完成全市各县（市、区）原环境保护局、环境监察大队、环境监测站机构上划工作，上划原环境保护局编制146名、环境监察大队编制258名、环境监测站编制187名，人员转隶初步完成。8月，省统计局发布2017年生态文明建设年度评价结果，昆明市排名第二。

【污染物总量减排】 省生态环境厅下达昆明市2019年度主要大气污染物总量减排指标为：二氧化硫8.3241万吨、氮氧化物9.2804万吨。经测算，昆明市2019年度预计二氧化硫、氮氧化物排放总量分别为8.2759、9.2236万吨，与2018年相比削减比例分别为0.58%、0.61%。

市环境污染防治工作领导小组办公室制订印发《昆明市2019年度生态环境约束性指标工作实施方案》，切实抓好2019年省级下达的大气减排项目46个、水减排项目23个工作，确保省级重点减排项目按期完成。

【审批服务】 严格项目环境准入，制订《昆明市长江经济带战略环境评价“三线一单”编制工作方案》，“三线一单”编制通过省级初审。优化审批服务环境，推进行政审批制度改革精简审批程序，推进一网通办，提高行政审批效率，环评与选址意见、用地预审、水土保持等实施并联审批，在符合法律法规规定的前提下，不再将主管部门意见作为审批的前置。制定《昆明市环境保护局审批环境影响评价文件的建设项目目录（2019年本）》，调整下放部分审批权限。牵头完成营商环境蓝天碧水森林覆盖指标体系18项指标填报，涵盖空气质量、水环境质量、土壤环境质量、森林及绿地覆盖4个大类。对标上海市审批服务事项，12个政务服务事项进入市政务大厅办理。2019年，审批环评文件52个，核发排污许可证433个，受理辐射安全许可255个。

【环境监管执法】 持续开展环保专项行动，从严从重查处各类环境违法行为，保持严厉打击环境违法行为的高压态势。加大对重点区域、重点行业、重点企业的执法检查力度，严格保证执法频次，切实提升行政处罚结案率，推进执法范围和过程全覆盖。年内，共检查重点、特殊监管对象、一般污染源、其他执法事项239家次，公开双随机监管信息184条。开展执法大练兵，推进执法重心下移和向一线倾斜，加强统一指挥调度，集中力量查处一批环境违法问题。深入开展长江“三磷”专项排查整治、饮用水水源地专项、固体废物排查整治等专项行动，共排查“三磷”企业113户、固体废物环境交叉执法检查企业41户。严厉打击固体废物及危险废物违法犯罪行为，加强核与辐射安全管理，强化环境风险防控，消除安全隐患，对387个核技术利用单位进行现场检查，圆满完成在安宁举办的“云南2019辐射事故应急演习”工作。制订《昆明市生态环境局“防风险、保安全、迎大庆”集中攻坚行动实施方案》《昆明市生态环境局“防风险、保安全、迎大庆”危险化学品排查整治专项行动方案》，重点对涉危、涉重金属企业、重点饮用水源地、尾矿库环境安全等进行全面排查。年内，全市共办理“12345”和“12369”环境污染投诉件11403件；办理环保行政处罚878件，同比增长80.66%，超过2017年、2018年案件数的总和，罚款7831万元；办理《中华人民共和国环境保护法》5个配套办法案件82件。其中：查封扣押19件，限制停产整治12件，移送拘留50件，涉嫌污染犯罪移送公安机关1件。

【环境监测】 2019年，编制完成《2018年昆明市环境质量状况公报》，向社会公布全市2018年环境质量状况。加强污染源监督性监测、应急预警监测、长江经济带水质自动监测，完成垃圾处理厂、国控企业、污水处理厂等重点污染源的监督性监测工作，每月编报《滇池水质月报》《国家重点流域水质月报》《九湖月报》等各类月报；加强7个空气自动监测站空气自动监测工作，每日24小时不间断逐小时推送实时空气质量，发布《昆明市环境空气质量周监测情况通报》44期；加强水质自动监测，出具水质监测结果3.08万组，各污染物监测数据66万余个。在生态环境部9月公布的首批100个“最美水站”中，昆明市河口水质监测站荣获“最美水站”称号。

【环境科研】 依托重大科研项目，着力强化科技支撑能力，国家重大水专项相关课题顺利开展，中德水专项课题有序开展；编制《昆明市开展长江生态环境保护修复驻点跟踪研究工作方案》，开展昆明市长江经济带生态环境保护修复驻点跟踪研究。开展“极端降雨事件下滇池流域富磷区非点源磷素淋失过程及机理研究”“滇池流域水质目标管理和总量控制优化方案研究”等科学研究。

2019年6月3日，昆明市生态环境局召开“2018年昆明市环境状况”新闻通报会
（市生态环境局　供稿）

【环境宣教】 组织开展国际生物多样性日、“6·5”世界环境日、“美丽中国　我是行动者”主题系列宣传、“美丽春城·生态昆明——我与滇池有个约”昆明市第四届中小学环保主题诗会等丰富多彩的环保系列宣传活动。组织召开“2018年昆明市环境状况公报”新闻通报会、昆明市“庆祝中华人民共和国成立70周年”生态文明建设主题发布会。在昆明市生态环境局网站主动公开环保信息2620条，公布人大建议、政协提案办理结果10条。“昆明环保”微博、微信发布环保信息2995条、转办投诉213件，粉丝达24万多人。协调8个环保设施和城市污水垃圾处理设施单位向市民开放，参观人数830余人，在《健康之城》和《滇池特刊》上发表“让昆明蓝摸得着，看得见”“让昆明蓝看得见、留得住”文章，增强全民环保意识、促进环保公众参与。

（市生态环境局）

滇池保护

【滇池治理】 2019年，市委、市政府深入学习贯彻习近平生态文明思想，认真落实习近平总书记对云南工作的重要指示精神，坚定不移把滇池保护治理作为“一把手”工程、头等大事来抓。年内，先后召开2019年全市第一次总河（湖）长会暨滇池保护治理“三年攻坚”推进会议、第二次总河（湖）长会议、第三次总河（湖）长制工作会议，以及滇池保护治理高级别专家研讨会、技术培训会和专家咨询会；坚持生态优先、绿色发展，把滇池保护治理作为转方式调结构的一面镜子、践行绿色发展理念的“试金石”来推动。

按照“科学治滇、系统治滇、集约治滇、依法治滇”的工作思路，扎实开展滇池保护治理三年攻坚行动。经过全市上下的共同努力，各项工作取得明显成效。年内，印发《滇池保护治理2019年主要工作任务》；滇池保护治理三年攻坚行动实施8大类、175个项目。其中：完工项目（包括完成阶段性任务）112个，在建项目50个，开展前期工作项目13个，开工率92.57%，完工率64%；滇池

"十三五"规划项目完成投资27.05亿元，累计完成投资94.78亿元；争取滇池治理上级资金8亿元。其中：黑臭水体整治示范城市中央补助资金2亿元，省级资金6亿元；滇池全湖水质保持在Ⅳ类，达到国家考核的目标要求；滇池草海没有发生中度、重度藻华；外海发生大范围中度藻华4天、重度藻华2天，有效地控制了蓝藻大规模集中爆发的范围和天数。

【河道管理】 2019年，制订滇池流域35条主要入湖河道2019年保护治理工作方案；结合滇池保护治理"三年攻坚"行动，督促各区加大入湖河道综合整治工作；完成滇池综合管理信息平台（一期）建设。稳步实施滇池流域河道生态补偿机制，建设完成63个河道生态补偿水质、水量自动监测站建设。年内，滇池流域各区共核缴生态补偿金33987.04万元，有效地促进了入湖河道水质提升和地方责任的落实。

【健全法治保障】 2019年，及时开展《云南省滇池保护条例》相关配套政策文件的制定和修订工作，制定完成《滇池湖滨湿地建设规范》《滇池湖滨湿地监测规程》《滇池湿地植物物种推荐名录》《滇池湖滨湿地管护规程》等地方性标准，科学、规范地指导滇池湖滨湿地的恢复、建设、管护、监测等工作，统一技术标准，更好地发挥湖滨湿地的生态修复功能。制定出台《昆明市滇池流域调蓄池分类管理考核办法（试行）》，全面提升滇池流域各类调蓄设施的运行效能，建立健全雨季排水系统溢流污染防控工作机制。修订完成《滇池流域河道生态补偿金使用管理实施细则（试行）》，正在修订《昆明市滇池流域河道生态补偿办法》《昆明市源头污水处理设施建设运行管理办法（试行）》，进一步完善滇池流域河道生态补偿机制和规范源头污水处理设施建设运行。

【项目审查】 2019年，市滇池管理局严格按照《云南省滇池保护条例》等有关规定，开展滇池流域内新（改、扩）建项目审查。年内，共办理滇池流域建设项目审查97个，其中涉及滇池一级保护区项目审查17个。

【排水许可管理】 2019年，市滇池管理局发放滇池流域内《城镇污水排入排水管网许可证》300件。加强排放污水水质监测，现场检查排水户435户次，回访414户次。

【主城公共排水设施维护管理】 全面落实"一城一头一网"的管理模式，开展公共排水项目的技术审查工作。年内，市滇池管理局出具《排水咨询意见》110份、《排水技术审查意见》10份。对主城区公共排水设施运行维护情况进行监督检查36点次，出动人员70余人次。

【村庄生活污水治理】 按照"控源截污"的思路，采取工程整治措施加强滇池流域农村生活污水治理。至2019年末，涉及滇池流域的五华、盘龙、官渡、西山、呈贡、晋宁6个区及经开、高新、度假、空港4个开发（度假）区的22个涉农乡（镇），除晋宁区夕阳乡是采用生态塘处理生活污水外，其余乡（镇）均采取铺设污水管道并入城镇污水处理系统或自建污水处理厂（站）的方式收集和处理生活污水；276个建制村中，已有261个建设生活污水处理设施，设施覆盖率为94.56%；1307个自然村中有938个建设生活污水处理设施，设施覆盖率为71.77%。饮用水源地的11个涉农乡（镇、街道）全部采取转运至城镇或自建污水处理厂（站）的方式对生活污水进行收集和处理；65个建制村中有64个建设生活污水处理设施，覆盖率为98.46%；323个自然村中有313个建设生活污水处理设施，覆盖率为97.2%。

草海时光 （孙家福 摄）

【打击违法违规行为】 深入开展专项整治行动，采取联合执法、区域执法、交叉执法的方式严厉打击向滇池及入湖河道偷排污水、倾倒垃圾以及乱占乱建等违法违规行为，以严厉的法治手段为滇池保护治理提供保障。年内，市滇池管理局组织开展综合执法整治行动12次，立案调查143件。其中：查处违反《云南省滇池保护条例》案件28件，向河道排污、倾倒废弃物污染河道水质案件19件，在滇池一级区违法建筑、埋土、破坏界桩、堤坝7件，占压、侵占河道、损坏河堤2件；加强部门联合执法，组织并参与执法活动252次，出动执法人员276人次，巡查入湖河道452条次；根据市政府主要领导指示要求，抓紧抓实滇池一级保护区专项清理整治工作，拆除清理滇池一级保护区内私搭乱建构（建）筑物36251.43平方米，民房25栋、5500平方米，取缔蔬菜大棚、复耕复垦菜地370602.36平方米。

【滇池渔政水面执法】 为保护渔业资源，开展滇池水面巡查执法，严厉打击偷捕滇池渔业资源的违法行为。年内，出动执法船艇772艇次、车辆144辆次，收缴船只、轮胎筏子等偷捕工具245个，收缴各类违法网具3241张，查获电捕器4套，劝阻钓鱼行为73起，销毁钓鱼竿50根，拆除钓鱼台12个，行政处罚644人次，有力地打击了滇池周边偷捕、盗捕等破坏滇池渔业资源的行为。

【滇池渔业增殖放流】 2019年，根据“以鱼控藻”及恢复滇池水生生物多样性的要求，市本级投入资金515万元，向滇池投放鲢、鳙鱼656吨，滇池高背鲫鱼苗743万尾。争取中央资金46万元，向滇池投放滇池土著鱼类滇池金线鲃12万尾、云南光唇鱼苗10万尾。

【滇池开、封湖工作】 2019年10月16日至11月14日滇池开湖，允许合法持证人员对一年生银鱼和虾实行人力（风力）拖网捕捞，禁捕鲢、鳙、鲤、鲫、鲌等大型经济鱼类。其间，共审验办理捕捞许可证1138本，捕捞虾300吨、银鱼20吨。

【滇池水上交通安全与船舶污染防治监督管理】 严格控制滇池船舶准入工作，对滇池水域7家客运公司的水路运输资质和119艘客运船舶营运资质进行年度核查。年内，开展日常、联合、专项检查36次，出动执法人员95人次，查处安全与污染隐患和问题46起，下发整改通知书7份；与7个船舶单位签订安全生产责任书，与10个施工作业单位签订水上施工安全承诺书，并组织安全及污染防治培训；落实航道码头助航设施月巡查制度，完成滇池航标维护保养工作。

【调控滇池水位】 密切关注水情，积极联系上下游防汛相关部门，实行“牛云松滇螳”联合调度，科学合理调控滇池外海及草海水位。2019年，滇池海口闸、西园隧道排出水量11.59亿立方米，保障了滇池防洪安全。

【滇池保护治理宣传】 2019年，继续加大滇池保护治理宣传力度，广泛动员全民参与，营造滇池保护治理良好社会氛围。加强日常信息发布及媒体宣传，协调、配合中央、省、市各级媒体采访40多次，通过网站、微博、微信发布信息3000余篇（条）。搭建形式多样的公众参与平台，开展“美丽滇池　我是行动者”第八届公益徒步环滇、滇池保护治理宣传进社区、“高原明珠·魅力滇池”油画作品展等主题宣传活动10余场次，组织滇池保护治理宣传巡演23场。按照《“春城志愿行　滇池明珠清”昆明“滇池卫士”志愿服务工作方案》，继续统筹推进市民河长志愿服务工作，动员整合社会各界力量积极参与滇池保护治理。

（任勇峰）

节能与减排

【概况】 2019年，全市单位GDP能耗下降8%左右，超额完成省政府下达的年度目标任务。全市规模以上工业能源消费总量为1130.49万吨标准煤，下降4.90%，万元工业增加值能耗下降9.30%。二氧化硫、氮氧化物排放总量分别为8.28万吨、9.22万吨，与2018年相比分别削减0.58%、0.61%，排放量和削减比例均完成省下达指标任务。

【节能目标责任管理】 经市委、市政府审核批准，将2019年度能耗强度目标纳入县（市、区）、开发区主要工作目标军令状差别化分解下达到14个县（市、区），加大目标监测督查力度，对规模以上工业增加值能耗实行月通报制度，按月下发能源消费情况及节能目标运行情况晴雨表。

【推进高耗能行业节能技术进步】 2019年，在高耗能行业重点实施余热余压利用、电机系统节能改造、电机能效提升、淘汰落后生产工艺和技术、能量系统优化等节能降耗工程，支持工业企业加快能源回收利用，提高能源利用效率。年内，共安排市级财政节能降耗及淘汰落后产能专项资金2383万元，支持79个节能技术改造、能源管理体系建设和淘汰落后产能项目，产生节能量近3万吨标准煤。

【重点用能企业节能管理】 2019年，组织143户重点用能企业上报2017年、2018年能源利用状况报告，督促县（区）工信部门开展重点用能企业能源管理岗位和能源管理负责人备案工作，支持20户企业建立能源管理体系。支持企业开展能效达标对标和能效领跑者活动，2户企业（云铜西南铜业分公司、华新水泥富民有限公司）成为国家工业企业能效“领跑者”，5户企业成为云南省工业企业能效“领跑者”。

【强化依法节能】 为维护法制统一，修订《昆明市节约能源条例》。按照上级工信部门统一安排，组织开展重点高耗能行业、阶梯电价政策执行、重点用能产品设备能效提升、节能审查意见落实情况和上年度违规企业整改落实情况等专项节能监察，对84户企业开展现场监察，对22户企业开展书面监察，根据法律法规有关规定，对涉及违法用能行为的18户企业及时下达《责令改正通知书》。

【推动落后产能退出】 严格执行国家产业结构调整指导目录，进一步加大综合执法力度，完善配套政策，不断加大催办、督办力度，按期关停退出排查出的落后产能。进一步健全举报机制和查处机制，在市工信局门户网站公布淘汰落后产能和产能置换举报平台，进一步畅通举报渠道，健全举报机制和查处机制。2019年，全市共淘汰落后产能硫酸3万吨、造纸2.15万吨、铝材1.80万吨、焦化20万吨，退出过剩行业电解铝产能10.16万吨。

（市工信局）

公共文化

【文化场馆】 2019年，全市继续深入推动基层公共文化服务设施建设，实施了30个乡（镇、街道）综合文化站和423个村（社区）基层综合性文化服务中心达标建设。全市农家书屋实现全覆盖，积极推进农家书屋“建管用”工作。推进市图书馆分馆建设，新建图书馆分馆4个，全市共建有图书馆分馆19个。年末，全市共有市、县两级公共图书馆15个、文化馆16个，乡（镇、街道）文化站139个，行政村（社区）综合性文化服务中心1676个。15个公共图书馆中，一级图书馆6个，三级图书馆9个。

【公共文化设施免费开放】 2019年，全面贯彻落实公共图书馆、文化馆（站）室免费开放工作考核相关要求和《昆明市基本公共文化服务实施标准（2015—2020年）》规定，落实公共文化服务标准化、均等化要求，全年免费对群众开放，开放时间达到国家标准。拨付市、县两级15个图书馆、16个文化馆、1个美术馆、139个文化站免费开放补助资金1415万元。文、图两馆在提供常规免费开放业务基础上，大力开展对老年人、特殊人群的免费开放服务并取得显著成效。市文化馆常年开展4类、7项、44种免费服务内容。文庙花园全年365天免费开放，开放时间每天达10个小时。非遗展示馆每周一至五定时免费开放。截至10月末，全市文化馆累计举办展览16场，受惠群众2万余人；开展各级各类培训62期，培训人数5700余人次。

2019年，市图书馆每周开放时间由原来的61.5小时增加到66小时，全年天天开放；新增图书17252种、47281册，馆藏总计1358843册；接待读者43.6万人，外借书刊6.6万人、24.02万册次；电子阅览室免费开放时长达3240小时，接待读者13878人次；完成228种古籍目录审校与2866种、17701册馆藏民国文献的分类统计工作；年内新建分馆4个、图书流通点1个，年末共有分馆19个、图书流通点26个，全年借阅量17958人次、45996册次；组织举办公益性讲座55讲，听众4724人次；公益性展览14期，参观人数91880人次；针对老年人群体举办夕阳网络学堂培训班4期、12天，培训学员988人次；关爱弱势群体，举办助残活动5场，参与盲人170余人。完成14个县（市、区）公共图书馆农家书屋数据统计工作。

【国家公共文化服务体系示范区创建】 2019年，深入推进昆明市“基层公共文化服务包”。年内，全市基层公共文化服务专项资金由人均14元提标至人均17元，按该标准2018年全市下达经费共10974.37万元。其中：市级承担2743.98万元，县（区）承担8230.38万元。全市利用“基层公共文化服务包”共组织开展各种文化惠民活动1.4万余场，受惠群众510万余人。

推进第四批国家公共文化服务体系示范区创建工作。经市委、市政府同意，于3月20日印发《昆明市创建第四批国家公共文化服务体系示范区建设规划》和《昆明市创建第四批国家公共文化服务体系示范区实施方案》。4月12日，召开全市创建大会，市政府与市级各相关部门、各县（市、区）签订创建责任书。充实创建领导小组办公室，制订印发创建工作督查、宣传、台账报送等工作方案，示范区创建工作全面有序开展。

【群众文化活动】 2019年，全市共组织开展各项文化服务活动1.4万余场，惠及群众510余万人。以“中国梦·花飞四季”及“我们的节日　百姓的舞台”为主题，以5大城市广场为主广场，顺利组织完成“同心共筑中国梦——‘昆明民族团结大舞台’文艺精品展演”之春城文化节2019年启动仪式暨民族团结大舞台曲靖专场和怒江专场演出、“花儿朵朵向太阳”少儿艺术节展演及少儿美术书画巡展、“4·23世界读书日”系列活动、“21天亲子阅读”等活动和歌声嘹亮颂祖国——昆明市庆祝中华人民共和国成立70周年群众合唱及诗歌朗诵比赛等，各县（市、区）完成14场“舞韵欢悦新时代——舞动春城广场舞大赛”比赛活动，整个春城文化节受惠群众约400万人次。广泛开展形式多样的国庆民俗文化和旅游活动。国庆期间，结合工作职能开展形式多样的国庆新民俗文化活动，在全市范围内营造“倡导国庆新民俗、打造爱国活动周”的假日氛围，推动爱国主义教育落细、落小、落实，不断增强人民群众的获得感、幸福感、责任感，推动国庆黄金周逐步发展成为全市市民积极参与的爱国活动周。国庆期间共开展文化活动453场次，惠及群众104.3万人次；传唱爱国歌曲6049次；国庆体验旅游活动342次，惠及群众685.8万人次；开展活动安全宣传教育409次，培训95.7万人次。开展文化下乡活动，丰富群众文化生活。2019年1月13日，组织昆明市文化馆一行20余名演职人员参加在禄劝县九龙镇举行的昆明市2019年文化科技卫生“三下乡”活动启动仪式，为当地老百姓组织文艺演出并捐款1万元。2019年春节前夕，以“我们的节日——春节”为主题，组织文艺小分队到西山区、官渡区、经开区等县（区）社区、农村开展丰富多彩的慰问演出。1月22～25日，到东川区乌龙镇土城村开展为期5天的以“扶志气、提精神、拔穷根、感党恩”为主题的文化扶贫壁画创作，共创作墙面12块。其中：扶贫卡通漫画（7幅），山水长卷（4幅），生态果园图（1幅）。安排135万元经费用于开展2019年戏曲进乡村工作，并与市司法局联合举办昆明市扫黑除恶花灯进基层巡演活动，演出近900场次，受惠群众2.6万人次。组织开展戏曲进乡村工作，市、县两级共组织开展戏曲进乡村演出860余场次，覆盖全市124个乡（镇）、651个行政村，观众168万余人次。全年开展辅导培训546场次，参训人员51370人次，全市农村戏曲团队达179支。在全市范围内广泛开展戏曲进乡村、文化进万家活动，积极宣传中共十九大精神，及时创作和演出一批基层农村群众喜闻乐见的文艺作品，为基层群众送上一台台精彩纷呈的文化盛宴，丰富了乡村人民群众的精神文化生活，取得了很好的社会效应。举办庆祝中华人民共和国成立70周年群众合唱比赛、第二十届中国老年合唱节、第五届农民工文化节等大型群众文化活动，均取得圆满成功。

【群众文艺创作】 2019年，新创花灯表演唱《扫黄打非进乡村》参加全省侵权盗版及非法出版物集中销毁活动2019昆明市主会场启动仪式的演出；新创花灯小戏《弄巧成拙》及话剧小品《困扰》《摆摊风波》《警“戒”》参加全市扫黑除恶花灯进基层巡演活动，《弄巧成拙》参加全国“新农村新文化‘第六届天穆杯’小品展演”活动的评选活动并顺利进入决赛；新创节目——独龙说唱《主席回信到边寨》参加2019中国文联庆祝中华人民共和国成立70周年晚会演出；组织文化馆业务骨干，创作有关纪检的歌曲《在路上》以及美术书法作品参加市纪委的纪检宣传长廊活动；围绕扶贫攻坚主题，新创少儿音乐节目《同在一片蓝天下》参加春城文化节少儿艺术节系列活动的演出；完成滇剧小戏《霜叶红》剧本创作的前期工作准备；创编广场舞《山茶绽放》参加全省第九届老年人健身运动会并获一等奖；创编少儿舞蹈花球啦啦操《快乐女孩》参加2019年中国（昆明）少儿啦啦操精英赛并荣获第一名；创作的曲艺作品扬琴说唱《牵手》由省文旅厅推荐参加全国“群星奖”评选，并到厂矿、社区、企业、乡（镇、街道）进行慰问演出并参加由云南省、河北省文化和旅游厅组织的“中国梦　边关情”彩云奖获奖作品春雨工程文化志愿者边疆行巡演活动，赴部队进行“学习先进模范　争做时代新人——2019年昆明市道德模范身边好人先进模范故事巡演”，参加第九届“云南文化精品工程”评选；创作话剧小品《爱的承诺》剧本获市委组织的“弘扬爱国奋斗精神　建功立业新时代”活动征文奖一等奖；创作的童谣作品在“童心共筑中国梦　我和祖国共成长”昆明市2019年优秀童谣征集推广传唱活动中获一等奖。

【文化队伍培训】 2019年7月，与北大专家团队确定示范区创建课题研究大纲并开展相关工作，并到部分县、乡、村开展课题调研。举办全市示范区创建培训班2期，来自全市文化和旅游系统及市级成员单位近200余人参加培训，为昆明创建国家公共文化服务体系示范区、创建全国文明城市和加快推进昆明市现代公共文化服务体系建设奠定良好的理论基础并提供了人才支撑。

【文化志愿服务】 2019年，开展“阳光工程”和“圆梦工程”文化志愿服务工作，选聘12名文化志愿者分配到东川、寻甸、禄劝3个贫困地区的中小学校、乡村少年宫开展“阳光工程”和“圆梦工程”文化志愿服务，并下拨6.61万元补助资金保障文化志愿者开展文化志愿服务。

【文艺演出】 2019年，组织全市开展文化惠民演出6512场，惠及1148.02万人次。7月17～21日，市委宣传部、市文化和旅游局承办了由中共云南省委宣传部、中国音乐家协会、中共昆明市委、昆明市人民政府主办的第六届中国聂耳音乐（合唱）周活动，本次活动共举办包含开幕式、合唱展演、精品演出、闭幕式4大部分、8项活动，共20场演出，来自国内外的20余支优秀合唱队参与各项活动。9月13日，由国家新闻出版广电总局主办，中央宣传部电影卫星频道节目制作中心、华夏电影发行有限责任公司承办的庆祝中华人民共和国成立70周年《我和我的祖国》七城联动首映礼暨万人“快闪”群众性合唱活动昆明站在七彩云南·古滇名城的古渡码头开展。9月19日，“春城飞歌颂中华——昆明市庆祝中华人民共和国成立70周年原创组歌电视晚会”在昆明广播电视台演播室开展。9月26日，由市委、市政府主办，市委宣传部、市文化和旅游局、市直机关工委承办的昆明市庆祝中华人民共和国成立70周年“为祖国放歌”合唱晚会在市级行政中心昆明会堂一号会议厅举行。9月，原创儿童剧《金凤子开红花》、音乐剧《馨香之城》、交响合唱《启鸣之声》参加第十五届云南省新剧目展演，其中《启鸣之声》成为本次展演开幕式唯一演出剧目。原创庭院音乐话剧《聂耳》、庭院京韵实验剧《闻一多》、庭院京韵实验剧《李公朴》均开展演出。10月10～30日，中央广播电视总台《我要上春晚》栏目组在昆明市滇池国际会展中心进行4期节目录制。10月1日晚上8点，国庆70周年联欢活动在天安门广场举行，昆明聂耳交响乐团应邀参加本次千人交响乐活动。

【对外交流】 2019年2月3～19日，市民族歌舞剧院受台湾高雄佛光山邀请赴台湾参加第二届“七彩云南·相约台湾”文化月演出活动。3月1～3日，应印度西孟邦文化遗产委员会及中国驻印度加尔各答总领馆的邀请，市民族歌舞剧院代表中国赴印度加尔各答参加第四届国际舞蹈和爵士音乐节，演出团以独具云南民族文化风情的歌舞表演赢得好评。6月14～20日，应中国驻登巴萨总领馆的邀请，市民族歌舞剧院组成的艺术团赴印尼巴厘省参加“第41届巴厘艺术节”。9月22～27日，应中国驻马尔代夫大使馆邀请，市民族歌舞剧院艺术团随省委统战部赴马尔代夫文化交流团访问马尔代夫，参加中国驻马尔代夫大使馆举行的庆祝中华人民共和国成立70周年文艺演出。

（市文化和旅游局）

文化市场管理

【文化市场统计】 2019年，全市共录入文化市场经营单位2803个》。其中：娱乐场所经营单位1467个，互联网上网服务营业场所1279个，文艺表演团体25个，演出场所经营单位4个，艺术品经营机构28个。

【文化市场许可证清理】 为进一步加强许可证管理，继续做好文化市场行政审批工作，按照《云南省文化和旅游厅关于进一步加强文化市场许可证管理的通知》要求，全市文化和旅游部门严格许可准入，依法许可，规范审批，把好市场准入关。各县（市、区）按照省文化和旅游厅要求对本辖区内文化经营许可证已过期的、不按时年检换证的经营单位以及长期不开展经营经营活动的“僵尸企业”等进行全面清理，该注销的依法公告进行注销处理，加大依法查处无证经营工作的力度。至2019年10月，经过各县（市、区）认真排查梳理，全市共清理已过期的、不按时年检换证的经营单位以及长期不开展经营活动的“僵尸企业”791户。

【互联网上网服务营业场所监管】 2019年，针对中央督导组反馈的网吧市场存在超时营业、违规接纳未成年人等问题，按照《云南省文化和旅游厅关于进一步加强全省互联网上网服务营业场所监管的通知》的要求，全面加强互联网上网服务营业场所监管。各县（市、区）严格按照互联网上网服务营业场所管理条例及有关法律法规的规定严把准入关，加强事中事后监管，对网吧的经营活动进行规范管理。加强日常巡查，加大重点时段、重点区域的检查频率，重点查处接纳未成年人、利用网吧传播违法内容、无证经营等违法违规经营行为。

【娱乐市场专项整治】 为进一步加强娱乐市场管理，规范娱乐市场经营秩序，切实解决娱乐场所存在的突出问题，促进歌舞娱乐业的健康有序发展，根据省文化和旅游厅关于开展娱乐市场专项整治行动的要求，在全市开展为期1个月的娱乐市场专项整治行动。整治行动重点为对所辖区域的娱乐场所比照审批数据清理排查1次，对娱乐场所持有的经营证照实地核对1次，对游艺娱乐场所设置的机型机种核查清理1次，对违法违规经营场所实施集中整治1次，对违法违规行为查处1批。

【清理整治无证无照经营专项执法行动】 2019年，根据省、市查处无证无照经营联席会议办公室及省文化和旅游厅关于开展清理整治无证无照经营专项执法行动的相关要求，为认真整改《中央扫黑除恶第20督导组督导云南省第二阶段边督边改问题清单》提出的“云南省文化娱乐市场乱象问题还没有得到有效治理，有的地方酒吧、KTV等娱乐场所三证不全却长时间营业问题不同程度存在”的问题，2019年5月20日至7月3日，在全市范围内开展文化市场清理整治无证无照经营专项执法行动，对无证无照经营行为进行集中整治，重点是加强对网吧、KTV、歌舞厅等娱乐场所的无证无照经营违法行为的清理整治。对符合法定办证办照条件的，积极督促、引导其依法办理相应证照，合法经营；联合市场监管、公安等部门进行查处，依法查处应由文化和旅游部门查处的违法违规行为。年内，检查发现无证经营19户、无照经营3户，引导办理证照17户，依法查处2户，开展宣传活动，发放资料1267份。

【“三非”治理】 2019年，根据《昆明市“三非”外国人专项整治行动方案》的相关工作要求，深入开展非法入境、非法居留、非法就业“三非”外国人专项整治，全力防范“三非”违法行为，有力惩治“三非”外国人违法犯罪，切实维护昆明市涉外涉港澳台营业性演出秩序。根据《云南省文化和旅游厅关于进一步加强涉外涉港澳台营业性演出管理工作的通知》要求，积极部署开展涉外、涉港澳台营业性演出及外籍演员非法演出整治行动。年内，全市共接待营业性演出281场次，演员数量4194人，其中涉外涉港澳台营业性演出24场次，演员数量159人。通过对昆明市涉外涉港澳台营业性演出市场的清理排查，年内，全市未发现有未经许可擅自举办涉外、涉港澳台营业性演出和外籍演员非法务工的情况发生。

【“禁毒两打两控”专项行动】 2019年，印发《昆明市文化和旅游局“禁毒2019两打两控”专项行动实施方案》，深入娱乐场所、网吧、旅行社和景区（景点）等经营场所进行宣传教育，认真落实业主负责制，要求公开张贴和摆放禁毒宣传品，公布涉毒举报奖励办法，开展防范合成毒品禁毒承诺和教育培训活动，将禁毒宣传教育常态化，推动各类经营场所依法落实禁毒防范措施，预防毒品违法犯罪行为的发生。利用6月禁毒宣传月，重要文化、旅游活动等契机开展禁毒宣传教育活动，扩大宣传教育覆盖面。配合各地相关职能部门加大对全市歌厅、舞厅、迪高厅等娱乐场所和网吧的日常巡查力度，加强对重点部位的清理整顿。加强对出入境旅游、边境游旅行团队的监管，发现有吸毒、涉毒人员及贩（吸）毒品情况的，及时通报当地公安机关，并配合公安机关严厉查处。加强对辖区经营性互联网文化单位的监管，发现传播涉毒信息及时清理、删除，并通报当地公安机关。

【校园周边文化市场整治】 为了净化校园及周边文化环境，给青少年提供一个良好的学习和生活环境，全市文化市场综合执法机构以着力抓好校园周边环境整治工作为目标，不断加大对文化市场的监管力度。通过不断规范文化市场经营秩序，努力为青少年的健康成长营造良好的教育环境和文化氛围并取得了明显的成效。

【预防青少年违法犯罪】 结合扫黑除恶专项斗争，组织开展校园周边专项检查，全面检查出版物市场经营秩序，收缴宣扬淫秽色情、暴力、恐怖、迷信等有害内容的非法出版的少儿出版物。对网吧违法违规经营等行为始终保持高压态势，以开展网吧专项整治为重要手段，加强日常监管，采取集中整治等方式加大执法监管力度，对清理整顿及日常管理中查出的问题严格把握处罚标准，对网吧违规经营行为依法予以打击。严格印刷复制企业监管措施，对全市印刷复制企业开展专项检查，查处印刷企业超范围印刷、未建立“五项制度”等的同时，专项检查企业印刷复制少儿出版物情况，加大对违规企业的处罚力度。发动群众举报制售传播非法、有害少儿出版物及信息行为，反复公布12318举报电话，切实做好举报线索受理、核查、反馈工作，为全市广大未成年人健康成长营造良好的文化环境。

【文化市场安全消防】 切实加强文化市场安全生产工作，有效防范和坚决遏制重大事故发生，在全市范围内组织开展今冬明春消防安全大检查、“两会”期间社会面火灾防控工作以及夏季消防安全大检查。各县（市、区）严格按照“管行业必须管安全”和“属地管理”的原则履行日常监管职责，明确部门内部消防安全责任，认真部署消防安全大检查工作，开展行业系统消防安全检查。采取生产经营单位自检自查、文化市场综合执法机构排查和文化行政部门组织抽查相结合的方式，充分发挥行政许可和监管职能，对网吧、电子游戏室、夜总会、卡拉OK厅（KTV量贩）、影剧院等大型文化活动场所全面开展安全生产检查和整治。

（市文化和旅游局）

文化遗产保护

【昆明市博物馆】 昆明市博物馆是位于主城区的综合性国有公益性博物馆，依托国家级重点文物保护单位——地藏寺大理国经幢建成。该馆总占地面积1.70万平方米，分为2期建设。其中：一期工程建筑面积7200余平方米，其中展厅及公共区域面积5200平方米，库房面积2000平方米，于1997年9月建成并开放；二期建筑面积1.37万平方米，其中展厅及公共区域面积1.10万平方米，于2013年12月竣工验收。2014年5月18日，该馆一、二期全面开放，总建筑面积2万余平方米，展厅面积7000平方米，库房面积2500平方米。该馆整体建筑风格融合盝形顶、通天柱、斗拱等中国古代建筑文化元素，显得古朴大方、庄重典雅。2002年，该馆一期工程因独特的建筑设计而被评为“首届云南优秀特色建筑设计一等奖”。该馆系隶属于市文化和旅游局下的全额拨款事业单位，馆内设保管部、考古部、研究部、科技保护部、展览部、公共服务部、保卫部及办公室，事业编制为48人。2019年末，全馆有在编人员45人。其中：研究生学历7人，本科学历27人，专科学历9人；高级职称8人，中级职称17人，初级职称11人。

2019年，昆明市博物馆共有馆藏文物2万余件。其中：一级文物6件、二级文物60件、三级文物539件。文物类别包括青铜器、瓷器、书画、民族民俗文物、近现代文物、二战时期文物、现当代艺术品等，较有特色收藏为古滇文化青铜器、二战“飞虎队”相关文物、地方名人书画等。馆内设“滇池地区青铜文化展”“昆明地藏寺大理国经幢”“昆明恐龙化石展”“长空飞虎——飞虎队文物展”“扇韵遗香——清代云南名家扇面精品展”“云中青韵——馆藏明代民窑青花瓷”6个专题展览，另有3个机动展厅，不定期举办各类临时展览，是云南省科普教育基地、云南省爱国主义教育基地。

表22　2019年昆明市博物馆展览一览表

序号	时间	名称	地点	类型	主办单位	协（承）办单位
1	2018年12月21日至2019年1月20日	回望 · 西南联大遗珍民间收藏展	2号展厅	实物展	市博物馆和昆明美术家协会主办，云南师范大学西南联大新诗研究院、云南聚艺锵锵文化和龙泉古镇文化研究院协办	云南图南文化和文达画廊承办
2	2018年12月18日至2019年1月10日	“水墨风羽”白族画家三人展	1号展厅	画展	白族画家三人	
3	1月19日至2月20日	传承与守望——李晨岚、袁晓岑及李建华师生画展	1号展厅	画展	昆明市人民政府参事室、昆明市文史研究馆	昆明市博物馆
4	1月25日至2月25日	纪念滇缅公路全线通车暨南侨机工回国支援抗战80周年图片展	2号展厅	图片展	云南省归国华侨联合会、云南省交通运输厅和昆明市博物馆	云南省南侨机工暨眷属联谊会、昆明宝彤广告有限公司、昆明琳琳广告有限公司
5	3月28日至4月9日	昆明·南昌“风韵名城”摄影联展	2号展厅	摄影展	昆明市文学艺术界联合会、南昌市文学艺术界联合会	昆明市摄影家协会、南昌市摄影家协会、昆明市博物馆
6	4月15日至5月18日	山地回响——陈晓鸣油画写生作品展	2号展厅	画展	云南艺术学院、云南省美术家协会	云南艺术学院美术学院
7	5月7～31日	“格登山色伊江水，回首依依勒马看——林则徐在新疆”	3号展厅	实物展	新疆伊犁州林则徐纪念馆	昆明市博物馆
8	5月15日至6月25日	红河三绝——乌铜走银·紫陶·锡传统手工艺品展	1号展厅	实物展	红河州博物馆	昆明市博物馆
9	5月15日至6月30日	孙穗华女士油画作品展	2号展厅	画展	孙中山故居纪念馆	昆明市博物馆
10	5月23日至6月23日	心灵的回归——张建中艺术作品展	合肥市赖少其艺术馆	画展	合肥市文化和旅游局、昆明市文化和旅游局	合肥市赖少其艺术馆、昆明市博物馆
11	6月18日至7月2日	雨林珍宝——傣族医药展	3号展厅	实物展	昆明市博物馆、云南省中医药民族医药博物馆	

续表

序号	时间	名称	地点	类型	主办单位	协（承）办单位
12	6月18～29日	云台绘——云南重彩画暨云台艺术家联展	4号展厅	画展	中共云南省委台湾工作办公室	云南省海峡两岸交流基地（九九艺术空间）、昆明市博物馆承办，云南艺术学院、云南当代重彩画艺术研究院协办
13	7月1～7日	庆祝中华人民共和国成立70周年暨云南民间工艺创意展	1号展厅	实物展	云南省文学艺术界联合会	云南省民间文艺家协会承办，昆明市盘龙区合虚民族民间文化传习馆协办
14	7月11日至9月14日	翰墨典藏·天雨流芳——昆明市博物馆馆藏书画精品展	昆明市晋宁区博物馆	画展	中共昆明市晋宁区委员会、昆明市晋宁区人民政府	昆明市博物馆、昆明市晋宁区文化和旅游局、晋宁区博物馆
15	7月4～21日	现实之诗·张菲云油画作品展	2号展厅	画展	云南省美术家协会	昆明市博物馆、红河州美术家协会
16	7月6～19日	汲古嘉会——云南印社金石拓片、印屏、印蜕题跋展	3、5号展厅	书画展	云南印社 昆明市博物馆	
17	7月23日至8月12日	云山深处——云龙天池及老君山生态人文纪实展	2号展厅	图片展	北京林业大学山诺会	
18	7月26日至8月6日	光影荟萃　昆顺情深——昆明·顺德摄影作品联展	4号展厅	摄影展	昆明市文学艺术界联合会、顺德市文化艺术发展中心	昆明摄影家协会、顺德摄影家协会、昆明市博物馆
19	7月27日至8月13日	“大道成器”陶艺文化系列展之“陶戏墨韵”——向进兴建水陶艺展	3、5号展厅	陶器展	云南印社 昆明市博物馆 国家方志馆黄河分馆	云南陶韵建水陶博物馆 云南朗吟文化传播有限公司
20	7月28日至8月5日	“一代文宗”——成昆升庵文化书画交流展	1号展厅	书画展	昆明市文史研究馆、政协成都市新都区委员会、四川省杨慎研究会	昆明市博物馆、昆明市升庵祠文物管理所、政协成都市新都区文史学习委员会、政协成都市新都区委员会书画院、成都市新都区杨升庵博物馆
21	8月9～30日	走进西部——合肥市赖少其艺术馆精品项目（云南）巡展	1号展厅	画展	昆明市文化和旅游局、合肥市文化和旅游局	昆明市博物馆和合肥市赖少其艺术馆
22	8月15日至9月28日	长空飞虎——飞虎队抗战史料图片展	孙中山故居纪念馆	图片展	昆明市博物馆、孙中山故居纪念馆	
23	8月18～31日	楚图南诞辰120周年纪念展	2号展厅	实物图片展	中国民主同盟 云南省委员会	中国民主同盟云南省委宣传部、昆明市博物馆 昆明福照楼餐饮有限公司
24	8月27～31日	云南省公安机关庆祝建国70周年“践行新使命·忠诚保大庆”书法美术摄影展	4号展厅	书法美术摄影展	南省公安厅政治部	云南公安文学艺术联合会
25	9月6～20日	“壮丽70年　奋斗新时代”——昆明国有企业改革发展图片展	1号展厅	图片展	中共昆明市国有企业工作委员会、昆明市人民政府国有资产监督管理委员会	昆明摄影家协会、昆明市博物馆

续表

序号	时间	名称	地点	类型	主办单位	协（承）办单位
26	9月7～20日	“心印传铭”——庆祝中华人民共和国成立70周年云南篆刻精品展暨云南印社第二届篆刻艺术展	2号展厅	书画展	云南印社 昆明市博物馆	云南省公安文联 云南陶韵建水陶博物馆 石盦印泥 懋勤轩
27	9月27日至12月9日	“听划过的声音 看流逝的画面——百台老相机收音机回顾展”	3号展厅	实物展	昆明市博物馆、 昆明摄影家协会	云南省收藏家协会、昆明市收藏家协会
28	9月27日至11月17日	“昆明·民生70年”——庆祝中华人民共和国成立70周年主题展览	2号展厅	实物图片展	昆明市博物馆	
29	9月27日至10月11日	昆明市庆祝中华人民共和国成立70周年美术书法摄影展	1号展厅、4号展厅	美术书法摄影展	昆明市委宣传部、 昆明市文学艺术界	
30	10月15～20日	“珠水墨韵歌盛世——粤滇穗昆文史馆庆祝中华人民共和国成立70周年书画展”	1号展厅	书画展	云南省文史研究馆、广东省人民政府文史研究馆、广州市人民政府文史研究馆和昆明市文史研究馆	
31	10月28日至11月3日	庆祝中华人民共和国成立70周年云南剪纸艺术展	1号展厅	手工艺展	云南省中华文化促进会、昆明市老干局、昆明市博物馆	云南省中华文化促进会剪纸艺术委员会、昆明市盘龙区合虚民族民间文化传习馆
32	10月27日至12月	“长空飞虎——飞虎队文物展”	丽江市博物院	文物展	昆明市博物馆、丽江市博物院	
33	2019年11月6日至2020年1月6日	国家记忆·南京长江大桥建成通车50周年档案史料展	国际艺术空间	图片展	江苏省档案馆、中铁大桥集团有限公司、南京市档案馆、南京市博物总馆	昆明市博物馆、中共代表团梅园新村纪念馆
34	11月9～15日	“欣于所遇”书法展	1号展厅	书法展	大理州书法艺术研究会	杜洋书法工作室、昆明市博物馆、云南印社
35	11月17日至12月5日	云南省生物多样性图片暨生态环境漫画展	4号展厅	图片漫画展	云南省生态环境厅	云南省生态环境宣传教育中心、昆明市博物馆和云南艺术学院美术学院
36	11月19～28日	“神采云南——第五届云南省农民画展”	1号展厅	画展	云南省文化馆	云南省各州市文化馆、昆明市博物馆
37	11月22日至12月12日	大义昭初心 聚力襄伟业——历史题材绘画创作展	2号展厅	画展	中共昆明市委统战部，民进昆明市委	昆明民进画院，昆明市博物馆
38	12月1～14日	绘彩云南——耿炎千惠画展	1号展厅	画展	云南省美术家协会、昆明市美术家协会	昆明报业传媒集团、中青华美文创有限公司等
39	12月17—22日	南山瑞光——翰墨邀请展	1、3、4号展厅	书画展	云南省昆明圆通寺 辽宁省营口楞严寺	昆明市博物馆
40	2019年12月25日至2020年1月5日	朵堂真意——张超书法作品展	2号展厅	书法展	崇正书院	

续表

序号	时间	名称	地点	类型	主办单位	协（承）办单位
41	2019年12月27日至2020年2月16日	“高原明珠·魅力滇池”油画作品展	4号展厅	油画展	昆明市滇池管理局、昆明市文学艺术界联合会	昆明美术家协会、昆明市博物馆、云南油画学会、昆明风景画学会、昆明民进画院

【昆明市聂耳墓文物管理所】 2009年12月，昆明市聂耳墓文物管理所与昆明市升庵祠文物管理所2所合并，人员编制10人。其中：所长1人，副所长1人，文物专干6人，工勤人员2人。负责管理聂耳墓纪念馆、杨升庵纪念馆、徐霞客纪念馆。

聂耳墓占地面积1200平方米，建筑面积760平方米，为全国重点文物保护单位，曾先后公布为昆明地区中国近现代史和国情教育基地，全国青少年爱国主义教育基地，省、市爱国主义教育基地，全国爱国主义教育示范基地，年平均接待90万观众。

升庵祠位于云南省昆明市西山区碧鸡街道高峣村旁，占地面积1.52万平方米，建筑面积5000平方米。该祠最早建于明万历年间，明、清两代重修，1986年修复重建。杨升庵纪念馆建于升庵祠大殿内，陈展杨升庵生平介绍等内容，1987年12月21日公布为云南省重点文物保护单位，年接待观众超过10余万人次。

徐霞客纪念馆于1994年建成，1997年4月被公布为省、市2级爱国主义教育基地，年接待观众10余万人次。

【历史文化名城品牌吸引力提升】 2019年，依据国家、省有关历史文化名城和文化遗产保护的法规政策和要求，经市政府常务会议研究通过，市政府印发《关于全面提升历史文化名城品牌吸引力的实施意见》。市文化和旅游局起草《落实〈关于加强文物保护利用改革的若干意见〉的任务分工方案》，明确全市2035年以前关于文物保护利用改革的任务分工；配合完成全市第四批挂牌保护历史建筑申报公示工作；积极参与《昆明市历史文化名城保护规划（2018—2035）》修编，提出符合昆明实际的意见建议。

【文物保护单位公布】 2019年2月，省政府公布云南省第八批省级文物保护单位，昆明市有26项入列；10月，国务院核定并公布第八批全国重点文物保护单位，昆明市有8项（9处）入列。年内，全市共有各级文物保护单位626项。其中：全国重点文物保护单位27项（29处）、省级73项（74处）、市级116项、县（市、区）级410项；组织完成第七批市级文物保护单位申报、评审工作，共有47项县（区）保列入名单，已按程序报市政府公布。

【文物保护工程】 有计划、有重点地指导并监督各县（市、区）和直属单位做好文物的保护规划和修缮工作，严格按照“不改变文物原状”的文物维修原则制定专项保护规划，确定修缮方案，实施文物修缮工程。2019年，指导各县（市、区）文物部门开展22项文物保护工程项目。其中：启动和继续实施讲武堂旧址建筑群文物保护修缮工程、黄河巷杨氏公馆修缮工程、金马寺文物建筑群修缮等文物保护单位修缮工程，项目竣工验收的有国立艺专旧址修缮工程（一期）、倪蜕墓倪蜕祠堂油饰修缮工程、龙树庵修缮工程、兰公祠修缮工程、升庵祠安防消防工程等。

【文物保护规划、维修方案编制】 年内，云南陆军讲武堂旧址保护规划（2018—2035）获国家文物局批复，已按程序报请省政府审核；石寨山古墓群保护性基础设施建设项目和石龙坝水电站保护设施建设项目可行性研究报告修改完成并通过评审。

【博物馆业发展和博物馆群落建设】 2019年，注册备案非国有博物馆1个——云南古滇翡翠博物馆，全市注册备案博物馆达到37家。根据全市非国有博物馆发展情况，市文化和旅游局印发《昆明市鼓励促进行业、非国有博物馆发展实施办法（试行）》，对行业和非国有博物馆发展提供政策支持，并安排专项资金用于展览和活动经费补助。10月，开展以“昆明市博物馆群落建设情况”为主题的调研活动。年内，五华区翠湖片区近现代历史博物馆群已建成16家，博物馆群落逐渐成形；官渡区官渡古镇片区非遗技艺博物馆群和盘龙区龙泉宝云片区文化名人博物馆群建设有序推进。

【文物安全工作】 2019年，将文物安全工作纳入社会综合治理考核体系，开展年度文物安全工作考评。进一步加大文物巡查、检查力度，市文化和旅游局和市消防支队印发《关于对全市文博单位开展安全交叉检查的通知》，在全市开展博物馆和文物建筑消防安全大检查工作，检查覆盖全市各级各类文物保护单位和博物馆、纪念馆，各交叉检查组共检查文保单位和博物馆636个，发现问题119处，整改119处；与市消防救援支队联合印发《关于组织开展博物馆和文物建筑消防安全大检查“回头看”的通知》，开展博物馆和文物建筑消防安全大检查。督办、整改文物违法案件6件，查处的市某道观管理委员会擅自在全国重点文物保护单位真庆观保护范围内违法建设案被国家文物局评定为第三批全国文物行政执法指导性案例，并对昆明市文化和旅游局、盘龙区文化体育旅游局和区文化综合执法大队予以表扬。

【馆藏青铜文物修复】 2019年，完成昆明市博物馆馆藏青铜文物保护修复项目结项验收，完成北京鉴衡文物中心进行修复后归还的相关青铜文物348件/套（实际数354件）的清点、核查、整理、分类、入库、上架工作，规范办理相关交接手续。

【文物征集】 至2019年末，昆明市博物馆馆藏文物总号数10150件套，实际数量20958件。其中：2019年度新增藏品294件套，新增实际数量838件。新增文物为：新增民族服饰文物40件套，实际数量104件；新增飞虎队文物33件套，实际数量58件；新增书画22件套，实际数量25件；新增近现代文物198件套，实际数量650件；新增陶器文物1件，实际数量1件。共接收个人无偿捐赠物品30批次，获赠物品总号254件套，实际数量734件。及时完成以上文物的整理、除尘、分类、编号、登记、上账、入库、入柜、上架等工作。云南陆军讲武堂历史博物馆年内从云南省文物商店的收藏中遴选一批符合征集范围的文物资料，并请云南省文物鉴定站专家进行甄别鉴定，全年征集文物资料45件(套)，接受社会捐赠4件。昆明市聂耳墓文物管理所（升庵祠文物管理所）2019年征集到28件（套）清代、民国年间书籍，拓片等物品充实展陈内容与研究资料。

【展览陈列】 2019年，昆明市博物馆共引进和自办展览41个，其中临时展览33个，包括“水墨风羽——画家三人展”“回望、西南联大遗珍民间收藏展”“传承与守望——李晨岚、袁晓岑及李建华师生画展”“纪念滇缅公路通车暨南侨机工回国支援抗战80周年展”“昆明——南昌“风韵名城”摄影展”“山地回响——陈晓鸣油画写生展”“红河三绝——乌铜走银、紫陶、锡传统手工艺品展”“云台绘——云南重彩画暨云台艺术家联展”“傣族医药展”“现实之诗——张菲云油画作品展”“汲古嘉会展”“馨香千秋云南之子——楚图南诞辰120周年纪念展”“老相机和收音机展”等。同时，为庆祝中华人民共和国成立70周年而举办和联办的“昆明市庆祝中华人民共和国成立70周年美术书法摄影展”“昆明·民生70年展”“壮丽70年奋斗新时代——昆明国有企业改革发展图片展”“庆祝中华人民共和国成立70周年暨云南民间工艺创意展”等展览，生动反映了新中国70年发生的巨变和取得的伟大成就，取得良好的社会效益。

云南陆军讲武堂历史博物馆在做好现有主题展览免费开放的同时，结合时代主题、国防教育基地及创建文明城市工作，积极引进弘扬正气、增进团结、凝聚力量的主题展览，先后引进“正义审判——沈阳审判日本战犯史实展”“家和万事兴——家教家风主题展”“翰墨飘香　百年军校——纪念云南陆军讲武堂建校110周年书画作品展”“中国辉煌　云南风采——庆祝新中国建国70周年书画展”4场临时展览。

【观众接待】 2019年，全市博物馆、纪念馆共接待各地观众659.2万人次（免费参观人数538.7万人次，未成年观众数131万人次，境外观众数13万人次）。其中：昆明市博物馆接待国内外观众369579人（未成年29188人，外宾3095人）；云南陆军讲武堂博物馆接待国内外观众1495915人次（未成年人85744人，团队370459人，部队官兵21946人，外宾12265人，港澳台同胞1558人），提供讲解保障4217场，为各级党政机关、企业事业单位、院校、社会团体到馆开展主题教育活动提供讲解1902场次，发放免费资料宣传资料18.16万册，扫码送小册子799本。

【学术研讨】 2019年，昆明市博物馆在国内各级刊物发表《云南古代贝丘遗址研究》《昆明市博物馆馆藏明代云南青花瓷器纹饰赏析》《城市记忆的保护和传承——以昆明飞虎队纪念馆为例》《昆明大理国地藏寺经幢再研究》等论文10篇。编辑出版《扇韵遗香——昆明市博物馆馆藏扇面精品集》、《走进昆明市博物馆》、《云南考古学通论》（第一至第四章，约20万字）、《归真——昆明市博物馆第一期馆藏油画修复》、《巴里的生日亿万财富》（翻译）5本书。云南陆军讲武堂历史博物馆完成《云南航空学校与云南陆军讲武堂》《云南陆军讲武堂留洋教官、华人华侨、外籍师生军事思想对近代军事文化交流融合的影响》《云南陆军讲武堂历任校长办学治校理念研究》课题成果评审；与昆明市社会科学院（机构）合作，实施启动《从云南陆军讲武堂看云南近现代历史的发展》《云南陆军讲武堂与对外文化交流》《云南陆军讲武堂教育与爱国主义精神》3个专项课题研究，编辑出版科研成果1本。聂耳墓文物管理所进一步挖掘研究杨升庵对云南文史哲等方面的贡献，会同云南杨学研究者编辑出版《杨升庵碧峣精舍诗词选》一书。

【馆际交流】 2019年，云南陆军讲武堂历史博物馆工作人员赴辽宁省沈阳市开展馆际交流活动，组织馆内干部职工、讲解员先后参加“全国爱国主义教育示范基地展陈工作专项培训班”“昆明市文旅融合发展行政管理专题培训班”、上海举办的第二届“全国红色故事讲解员”大赛培训、“规范讲解队伍建设、塑造行业良好风貌”全国红色旅游经典景区骨干导讲人员第二期专题培训工作。

【考古调查、勘探】 2019年，昆明

市博物馆考古部受省考古所委托，承担了西山区侨光小学排危改造建设项目、昆明天马山休闲旅游度假区项目、小龙高速嵩明西至杨嵩大道连接线工程、昆明至楚雄高速公路文物考古调查勘探、寻甸县羊街镇甸心村委会牛街村实地踏勘5项昆明地区考古勘探调查和考古发掘工作。

【对外宣传】 2019年，云南陆军讲武堂在市级以上媒体平台、杂志发表文章、稿件49份。其中：在新华网、人民网、中国新闻网等国家级媒体平台见稿11篇，省级平台见稿7篇（包含1篇论文），在《昆明日报》、昆明信息港、今日头条等市级媒体平台见稿31篇。大部分经原稿刊载后被网络媒体转载向省外进行宣传，对外宣传形成报纸、电视、网络、自媒体齐开花的良好局面，极大展示了云南陆军讲武堂这所百年军校历史文化内涵，在全国范围内较好地提升了百年军校品牌文化知名度、影响力。

昆明市博物馆完成6期《博物馆信息》的收集、筛选、整理、编辑、印发工作。完成“昆明市博物馆”网站及“昆明飞虎队纪念馆”网站的更新工作，2个网站全年共更新信息200余条。年内，“昆明市博物馆”网站本年访问量为4667979人次，使该网站累计访问量达到10475690人次；“昆明飞虎队纪念馆”网站访问量为468887人次，使该网站累计访问量达到1504767人次。更新发布新的微信信息共90多条，接收各部门报送信息400余条。按时、及时上传博物馆信息和各种宣传材料75条，为“云南云”提供信息30条，发挥好博物馆对外宣传的窗口作用。

【聂耳拜谒活动】 2019年7月17日是人民音乐家聂耳逝世84周年的纪念日。为纪念和缅怀这位伟大的人民音乐家，昆明市聂耳研究会和聂墓文物管理所（昆明市升庵祠文物管理所）共同举办“缅怀聂耳唱响国歌，凝聚力量弘扬精神”为主题的拜谒活动。聂耳亲属聂丽华女士和应邀参加活动的昆明聂耳研究会会员、市政府文史馆部分专家、社会各界的朋友、南侨机工合唱团成员、《聂耳音乐大众性民族性艺术性研讨会论文集》部分作者代表和嘉宾240余人参加活动。

【表彰】 2019年，昆明市博物馆为庆祝中华人民共和国成立70周年而举办的《昆明·民生70年展》入选“2019年度‘弘扬优秀传统文化、培育社会主义核心价值观’主题展览征集推荐项目100项”。云南陆军讲武堂历史博物馆成功创建为昆明市市级文明单位、昆明市民族团结示范单位，单位职工郭春莲（张宁川）家庭荣获“昆明市第二届文明家庭”称号，云南陆军讲武堂志愿者王志军荣获“2019年昆明市最美志愿者”称号。

【文创产品】 为增强云南陆军讲武堂历史文化的宣传力度，加强爱国主义教育，提升民众对军事历史的热爱及对于当下和平生活的尊重和珍惜，市文化和旅游局决定充分利用讲武堂的文化资源，云南陆军讲武堂文物保护管理所与昆明市长春剧院有限公司联合开发博物馆文化创意产品，讲武堂文创店于2019年5月正式开业，年内已开发4个系列、30多个种类，分为色彩系列、剪影系列、功勋系列、校训系列，年内参展2019创意昆明系列主题活动·创意五华、创意云南2019文化产业博览会、2019中国—东盟博览会旅游展、2019中国旅游交流博览会等活动，并在创意云南2019文化产业博览会上获得“最佳展位奖”，在全国红色旅游文创产品和红色旅游演艺创新成果征集活动中被遴选为全国优秀红色旅游文创产品。在“五一”劳动节期间，通过多媒体的裸眼3D技术进行表现，开展讲武堂3D灯光秀。

【非物质文化遗产代表性项目申报】 2019年，市文化和旅游局组织开展了第五批非物质文化遗产代表性项目申报工作。全市14个县（市、区）共推荐上报68个项目。其中：民间文学2个，民俗4个，传统戏剧1个，传统音乐4个，传统美术11个，传统舞蹈2个，传统技艺37个（饮食类17个），传统体育、游艺与杂技2个，传统医药5个。11月26～27日，由昆明市非物质文化遗产保护中心组织召开昆明市第五批市级非遗代表性项目专家评审工作会议，经专家委员会评审，通过42项（包含合并项目），未通过26项，并按相关程序报批公布。

【省级非遗代表性传承人推荐】 根据省文化和旅游厅文件要求，全市开展第六批省级非物质文化遗产代表性项目代表性传承人推荐工作，有序完成县（区）申报、非遗专家评审、市级审核、推荐上报等程序。2019年11月，《云南省文化和旅游厅关于公布第六批省级非物质文化遗产代表性项目代表性传承人的通知》文件公布第六批省级非遗代表性传承人名单，昆明市27名传承人（普文忠、毕有和、虎志兰、张玉英、毕兴太、郭荣、张德元、张勇、李彦萍、戚俊才、黄毕兴、毕有恒、金兰英、冉隆全、陈平、郭琼芬、张文彬、杨竹兰、张志宏、郭少伟、廖明元、张美楷、管遵信、姚克敏、李恒、张国忠、杨德翠）入选。至年末，全市省级非遗传承人增加至80人。

【“文化和自然遗产日”暨第六届“昆明滇剧艺术周”活动】 2019年6月8—14日“文化和自然遗产日”期间，省文化和旅游厅、市文化和旅游局、官渡区人民政府共同举办中国（昆明）官渡第九届全国非物质文化遗产联展系列活动，共有安徽、贵州、内蒙古、河北、吉林、陕西、江西、四川、云南等18个省（区、市）的93个非遗项目受邀参展，类别涵盖传统技艺、传统美术、传统医药、传统饮食等。联展期间，还组织举办官渡画乡30年优秀作品展、国宝云子·第六届名人围棋邀请赛、昆明碑林博物馆拓

片体验等系列活动。同时，为期一周的第六届昆明滇剧艺术周于6月5日启动，国家级传承人杨茂及省、市滇剧演员100余人带来传统滇剧《大破天门阵》等精彩节目，受到市民游客的广泛好评。

【“七彩云南”民族赛装文化节系列活动】 2019年6月13日，由中共昆明市委宣传部、昆明市文化和旅游局、昆明市民族宗教事务委员会等单位共同举办的“丝路云裳——昆明民族时装周‘传承之美’大型服饰主题秀”在公园1903举办。整场秀围绕“春潮似海·花样昆明”主题，体现“花”这一代表春城昆明的文化符号，全面展示新中国成立70年来党的民族政策在昆明的成功实践，以及各民族“各美其美，美人之美，美美与共，天下大同”的文化内涵。7月22～26日，昆明市组织队伍赴楚雄参加“丝路云裳——民族服装服饰设计暨形象大使大赛”（决赛）活动。此次活动共有16个州（市）队伍参加，比赛设十佳民族服饰形象大使、十佳传统民族服装服饰、十佳创意民族服装服饰、十佳民族服装服饰设计师、十佳民间刺绣（布艺）能手、民族服装服饰设计大赛综合奖6个奖项。其中：昆明市代表队荣获“优秀组织奖”“十佳民族服饰形象大使”2人，“十佳民族服装服饰设计师”2人，“十佳民间刺绣（布艺）能手”1人；“十佳传统民族服装服饰”奖、“十佳创意民族服装服饰”奖8项，提名奖9项，共17个奖项，获奖总数名列第一。

【庆祝新中国成立70周年活动】 为庆祝中华人民共和国成立70周年，弘扬“百花齐放、百家争鸣”的文艺精神，以昆明市民族民间文艺为载体，与“文化和自然遗产日”活动相呼应，举办“2019年昆明市庆祝中华人民共和国成立70周年民族民间文艺调演”系列活动，开展了主题为“民间异彩聚春城　百花齐放赞花都”的4场系列活动：9月27日滇剧国家级传承人杨茂授牌带徒仪式专场演出、10月9日昆明市第五届民族民间歌舞乐精品展演、10月10日《滇剧精品荟萃——滇韵觅踪》昆明市滇剧精品唱段出版新闻发布会、10月10日《七彩云南精品民族民间歌舞》晚会。整个活动受到社会各界的广泛关注与好评。

【参加全省民族民间歌舞乐展演】 为传承弘扬少数民族优秀传统文化，组织举办昆明市第五届民族民间歌舞乐调演。在市级调演的基础上，选拔出5个节目参加11月16～19日在大理州举办的“云南省第十一届民族民间歌舞乐展演”，昆明市代表队参展节目《白鹭飞来》获金奖，《云袖舞韵》《大河涨水沙浪沙》获银奖，《乐乐呀》获铜奖，《我家（jie）西山》获优秀节目奖，同时收获组织奖1项。

【“非遗进校园”主题活动】 自2015年6月全面启动“非遗进校园”主题活动后，全市中小学校立足当地的非物质文化遗产代表性项目，在非遗保护机构和传承人的积极支持下，开展了内容丰富、形式多样的传承活动。2019年，昆明市以“践行社会主义核心价值观，弘扬中华传统文化”为主题，组织完成8个非遗技艺项目进校园传承展示18期，组织5名非遗传承人长期在昆二中、达城中学等学校开展面塑、皮雕、剪纸等非遗特色课程。此外，开展6期“跟着大师学非遗”传承活动，约80名“小学徒”通过网络形式报名参加，邀请非遗传承人带来老昆明传统手艺，把传承人自己的客厅变成课堂，让越来越多的小朋友成为“小小传承人”，扩大非遗传承影响力。

【“非遗进公园”常态化】 昆明长期依托金殿庙会、圆通樱潮、龙泉探梅等民俗类非遗项目，在金殿公园、昆明动物园、黑龙潭公园等公园开展非物质文化遗产展示展演活动。1月19～27日，第四届“龙泉探梅”非物质文化遗产展活动在黑龙潭公园举办，活动组织非遗技艺项目17个及歌舞乐、戏曲展演4场。为期9天的展示展演活动吸引了数万名群众参与，取得良好的宣传展示效果。

【录制出版《滇剧精品荟萃——滇韵觅踪》】 为做好国家级非遗项目的保护传承工作，昆明市组织开展滇剧抢救性记录工程。由市文化馆及滇剧专业人员组成编创组，邀请省内滇剧名家，联合云南音像出版社录制出版《滇剧精品荟萃——滇韵觅踪》，内含24个滇剧传统经典唱段，中英双语翻译，发行1000套碟。

【非遗代表性传承人培训】 4月17日，为普及非物质文化遗产法律知识，进一步提高各级非遗代表性传承人知法守法水平，昆明市在云南省社会主义学院举办《昆明市非遗保护条例》培训会。全市各县（市、区）、非遗保护中心专干及传承人共160余人参加培训。此外，9月9～13日，为加强滇剧传承人队伍建设，邀请滇剧界艺术大家对昆明市滇剧传承人开展以“强基础、增学养、拓眼界”为目的的艺术培训。

【非遗实物收购】 为保存优秀文化基因，收藏、展示民族传统文化，继续收购具有历史、文化、艺术和科学价值的非遗实物资料。年内，由市非遗保护中心收购滇池流域民船船模1套（1大4小）、郑和宝船船模1套（1大4小）、彝族撒梅民族服装服饰女装1套。

【非遗数字资源建设】 为大力宣传非遗保护成果，弘扬中华优秀传统文化，昆明市与昆明报业集团合作，完成拍摄“非遗传承”非遗项目、传承人宣传推广微视片5期。同时，继续做好非遗抢救性记录，完成2名濒危非遗项目代表性传承人的数据采集。

为促进全市国家公共文化服务体系示范区建设，实现非遗公共文化共享，2019年，市非遗保护中心开展非遗保护地方特色资源数据库建设，该数据库是对社会开放的非遗公共文化服务平台，具备数字化服务能力。年内已完成昆明市非遗数据库建设及平台搭建，待交付使用。

（市文化和旅游局）

文学艺术界联合会

【概况】 2019年，昆明市文学艺术界联合会（简称“市文联”）坚持以习近平新时代中国特色社会主义思想为指导，深入贯彻市委、市政府的决策部署，认真履行“团结引导、联络协调、服务管理、自律维权”的职能，团结带领广大文艺工作者开展主题文艺实践活动，引领推动全市文艺精品创作、文艺为民惠民乐民、拓展对外文化交流，持续发展繁荣昆明文艺事业。

【政治引领】 市文联以学习宣传贯彻中共十九大精神、习近平新时代中国特色社会主义思想为主线，组织党员和干部深入学习贯彻十九大精神和习近平新时代中国特色社会主义思想，深化社会主义核心价值观宣传教育。年内，开展8次党组中心组理论学习、习近平新时代中国特色社会主义思想纲要学习讲座、“四力”教育实践工作动员暨理论学习讲座、以“学习强国”为主题的党员学习力提升培训、“不忘初心、牢记使命”主题教育、领导班子带头讲党课，党组班子成员结合主题教育开展对基层协会和文联队伍建设、文联机关作风建设、加强新文艺组织和新文艺群体的联络服务管理的调研，围绕举旗帜、聚民心、育新人、兴文化、展形象的使命任务，以提高政治能力为根本，以增强专业本领为关键，以锐意创新创造为紧要，以培养优良作风为基础，不断加强文艺工作者的理论武装，提升开展文艺工作和文联工作的能力，增强“四个意识”，坚定“四个自信”，做到“两个维护”，努力打造一支政治过硬、本领高强、求实创新、能打胜仗的文艺工作者队伍。

把握和加强舆论阵地建设，牢牢掌握意识形态工作领导权和话语权。学习贯彻落实全市宣传思想文化工作会和意识形态工作会精神，进一步增强领导权意识、阵地意识、底线意识。市文联坚决反对和抵制文艺领域“去政治化”“去意识形态化”“去价值化”的言行，通过中心组学习、党员党课学习，认真落实意识形态责任制，对意识形态工作进行研判，加强对《滇池》《昆明文艺》、春城文艺网站、微博、微信公众号的管理，加强对各文艺家协会创作导向的引领，健全和完善文联意识形态风险防控机制，整改文联意识形态领域存在的问题，强化创作导向，强基固本、正本清源，以党性忠诚、战士担当、战斗姿态为党和人民守好文艺阵地。

加强党的建设，强化“四个意识”，改进工作作风，严守纪律红线，深入推进全面从严治党主体责任的落实。市文联坚持从严管党治党，落实全面从严治党主体责任，召开市文联党风廉政建设工作会，主要领导与班子成员、分管领导与部门负责人分别签订责任书。组织党员认真学习党章党规，严格遵守各项规章制度，讲纪律、守规矩，贯彻落实中央八项规定精神及实施细则，抓实抓细作风建设。严格执行《中国共产党党内监督条例》和省委、市委关于党政“一把手”监督有关规定，严格执行民主集中制；按照党组议事规则及决策程序研究决定“三重一大”事项；健全完善党组会议制度和督办机制；严格执行末位表态制，带头执行“六个严禁”，以优良党风带动行风建设。

【文艺活动】 2019年，市文联围绕新中国成立70周年、脱贫攻坚、滇池治理等主题，组织实施《致祖国母亲——庆祝新中国成立70周年》音诗画演播；举办庆祝新中国成立70周年昆明市第二届“笑眯乐呵”青少年曲艺小品比赛、昆明市第四届故事大赛、“唱家乡、赞发展、爱我昆明”——昆明市首届滇剧花灯演唱大赛、“我和我的祖国”征文活动；主办庆祝新中国成立70周年大型童声情景剧《沽若当——在阳光下在成长》展演、昆明市庆祝新中国成立70周年美术书法摄影展、“高原明珠·魅力滇池”油画作品展等活动。

组织开展“我们的脱贫故事”征集活动，作品在《昆明文艺》上创设专刊发表。拍摄以脱贫攻坚为主题的微电影《石板谣》。启动创作长篇报告文学《梦想与光荣——滇池治理记》。举办第五届滇云网络文学大赛。编辑出版《新时期云南优秀儿童文学作品选集》。开展拍摄“昆明作家口述史作家电视访谈纪录片”和创作戏曲舞蹈《兰花指》工作。申报4项文艺精品创作扶持项目，共争取到上级文艺创作扶持资金76万元。编辑出版《滇池》文学杂志12期，刊发稿件100余万字，策划推出新栏目“人物”，刊登的部分作品被《小说选刊》《小说月报》《中篇小说选刊》《诗选刊》选载。编辑出版《昆明文艺》4期，编发稿件20余万字；编辑刊发《春城少年》6期；组织开展青少年读物《青青橄榄树》首发式活动。

【文艺惠民】 2019年，市文联引领广大文艺工作者扎根基层沃土，将文艺志愿服务工作作为新形势下文联工作的重要抓手，努力构建文艺惠民长效机制。以志愿服务形式开展“文化科技卫生三下乡”“送欢乐下基层”“主题采风”“文艺进社区”“文艺进万家”“文艺进校园”“为老百姓拍摄全家福”等文化惠民活动，不断满足人民对美好生活的新期待。

组织美术、书法、摄影等协会的艺术家到官渡区黄家庄社区、呈贡区雨花社区、呈贡区斗南社区、呈贡阳宗海管委会、禄劝县九龙镇等地开展文艺进基层活动，现场为人民群众写春联、画年画、拍“全家福”。组织参加官渡古镇学雷锋日活动、海埂大坝"春城志愿行，滇池明珠兴"文艺志愿者服务活动。全年共开展文艺志愿者活动10余次，创作书画作品1000余幅赠送人民群众，为群众拍摄全家福2000余幅，受到人民群众的欢迎。开展"名家下基层流动工作室"工作，文艺志愿者分赴寻甸、富民、禄劝、东川、嵩明等县（区），对文艺爱好者进行有针对性的、面对面的文艺辅导，发现并陆续推出多篇优秀作品。昆明音乐家协会合唱学会左伟荣获"全国最美志愿者""全国道德模范提名"。

【对外交流】 2019年，市文联加强与国内外文化机构和各省（市）文联、文化单位的交流，开展形式多样的文化交流活动。组织庆祝新中国成立70周年"风韵名城——昆明—南昌摄影联展"，进一步深化昆明南昌两地在文艺方面的交流合作。与玉溪、曲靖、楚雄州（市）文联联合举办第四届"滇中美术展"，艺术家们以笔墨彰扬人文，以作品弘扬优秀传统文化，让各地文联在互动中增进友情，在交流中不断进步。与中国驻缅甸大使馆共同主办"中国昆明—缅甸作家文学交流座谈会"，促进了昆明文学的国际化交流，探索建立中缅优秀文学作品互译出版交流合作机制。年内，推出6期《滇池》文学杂志刊中刊《东南亚华文文学》，涵盖新加坡、马来西亚、缅甸、泰国、菲律宾等国家的12名华文作家的小说、诗歌、散文作品；举办第十五届滇池文学奖，增设年度最佳东南亚华文文学奖；举办以《母语情感与文学理想》为题的东南亚华文文学交流会；参与第八届中国—南亚国际文化论坛、第二届留学生才艺大赛、"网络中国节·海外看昆滇"等涉外文化交流活动；组团出访泰国清迈、马来西亚槟城，与东南亚华人华侨社团、文化机构以及民间专业文化社团开展文化交流活动，进一步促进了中外文艺交流与合作。

【自身建设】 2019年，市文联举办纪念昆明市文联成立40周年活动，编辑出版《昆明市文学艺术界联合会纪念文集（1979—2019）》，举办"纪念昆明市文联成立40周年成就图片展"，拍摄制作一部宣传市文联40年发展历程、创作成就、重要活动的宣传片，召开"纪念昆明市文联成立40周年座谈会"。

制订出台《昆明市文联深化改革方案》，加强和改进党对文艺工作的领导，转变基本职能，完善工作运行机制，强化自身建设，理顺关系、明晰目标。举办北部县（区）文学创作笔会，召开纪实文学作品《滇池治理记》提纲研讨会，组织实施书法家会员、基层青年作家、少数民族作家、少儿模特教师、文艺志愿者、报告文学创作等培训工作。市文联机关2019年成功创建为昆明市级文明单位。完善文联机关各项工作制度，设置机关各部室"服务公示牌"。完成14个文艺家协会年检工作，与文艺家协会开展政府购买服务工作，协助协会财务审计、税务报批工作。建立完善"春城文艺"网站、微博、微信网络平台，为各协会、各基层文联、广大文艺工作者提供展示平台，全方位、多角度展示昆明文艺工作动态。

【换届选举】 经市委同意，2019年12月25日召开昆明市文学艺术界联合会第七次代表大会。会议修改完善了《昆明市文学艺术界联合会章程》；讨论通过了《昆明市文学艺术界联合会第六届委员会工作报告》；选举产生昆明市文学艺术界联合会第七届委员会委员57人，陆毅敏当选市文联主席，刘云坤、周海霞当选市文联副主席，苏红文当选市文联主席秘书长。

（陈　蓉）

旅　游

【旅游行业规范】 2019年，严格规范旅行社经营行为。加强旅行社经营诚信管理，对列为重点监管旅行社名单的，采取约谈、加大联合执法频次等方式加大监管力度。强化对通过网络经营销售旅游产品的旅行社的监管，督促"不合理低价游"产品全面下架。年内，通过整治，全市旅行社违法违规经营行为逐步减少，"不合理低价游"现象得到显著改善。

严管导游人员，坚决杜绝"强迫消费"。将全市导游人员纳入统一平台管理，依托游客对导游服务质量进行网上评价，向社会公开评价结果，形成对导游的正向激励机制。印发《昆明市导游人员综合素质提升培训的通知》，对全市1万余名导游人员进行综合素质提升培训。

【旅游企业诚信体系建设】 开展涉旅企业诚信评价。为贯彻落实全省推进"旅游革命"现场会暨"一部手机游云南"工作领导小组第15次、17次专题会议精神，根据《云南省旅游市场秩序整治工作领导小组关于进一步做好全省旅游综合监管考核评价工作的通知》和《云南省旅游综合监管考核评价表》要求，遵循"应评尽评"全覆盖的原则，对全市旅行社、餐饮企业、住宿企业、旅游汽车公司、租赁车公司等5类4万余户涉旅企业进行以"规范指数""品质指数""体验指数"为核心的诚信评价工作，进一步规范旅游企业经营行为。

实施旅行社红黑榜制度。对重点旅行社实施属地政府领导包保责任制，对列为重点监管旅行社名单的，采取约谈、降低等级评定、加大联合执法频次等方式加大监管力度。全市旅行社、分社及从业人员"红黑榜"制度自2018年7月实施后，已发布16期，共160家当月接待量排名前十且无投诉和违法违规行为的旅行社列入红榜，232家旅行社及49名导游和从业人员被列入黑榜，向社会公布。将严重违法违规行为纳入失信名单，推送工商、发改征信管理，进行联合惩戒。

实施旅游行业“黑名单”制度。结合省文化和旅游厅相关要求，贯彻落实文化和旅游部《旅游市场黑名单管理办法（试行）》，将达到办法规定的黑名单企业推送至市场监管部门；纳入黑名单企业的法人和负责人、从业人员在黑名单有效期内，限制其担任旅游市场主体的法定代表人和主要负责人，并限制黑名单企业变更名称。年内，全市共推送吊销旅行社8家、导游2名。

【建立游客购物退货工作机制】 为切实维护消费者权益，打造放心的购物市场氛围，于2019年5月1日建立全市“1+18+x”（即1个游客购物退货监理中心、18个县（区）分中心、51个退货咨询服务点、1个现场服务点）游客购物退货机制，构建了完善的游客购物“30天无理由退货”体系。至年末，全市共受理退货申请640起。其中：涉及昆明市218起，其他州市422起（大理州195起，丽江市141起，西双版纳州58起，迪庆州香格里拉市11起，保山市9起，德宏州2起，楚雄州6起），全部处置完成。退货申请涉及退款金额总计5186437.3元，其中涉及昆明市退款金额总计1833778.3元，游客购物退货做到了100%办结，增强了游客体验感、便利度，营造了“消费满意，购物放心”的旅游环境，维护了昆明旅游的良好形象。

【中国旅游日云南分会场活动】 5月19日，以“文旅融合美好生活”为主题的2019年“中国旅游日”云南分会场活动在省博物馆启幕。作为云南分会场活动之一，“纵横云南·探寻茶马古道”勘探者出征暨2019“秘境百马挑战赛”启动仪式同期举行。本次中国旅游日云南分会场活动由省文化和旅游厅主办，省博物馆、市文化和旅游局、官渡区人民政府承办。全国政协委员、政协云南省第十一届委员会副主席罗黎辉，省文化和旅游厅党组书记、厅长和丽贵，省文化和旅游厅党组成员、副厅长石林等相关负责人出席活动。

活动现场，和丽贵在致辞中表示，在第9个中国旅游日到来之际，全省16个州（市）举行了89项主题宣传活动，推出了门票减免等115条旅游惠民措施，吸引更多人加入旅游队伍中来，营造爱旅游、爱生活、爱云南的浓厚氛围。同时，还组织开展旅游市场整治、游客维权知识宣传和倡导文明旅游签名等宣传活动，引导广大游客文明旅游、绿色出行、理性消费，在全域旅游时代感受更多的美好生活。景区景点、非物质文化遗产、文创产品、美食小吃等各类展位的工作人员也向市民与游客积极推介云南的文化和旅游资源，展示特色的文旅产品。

在“纵横云南·探寻茶马古道”勘探者出征暨“秘境百马”挑战赛的启动仪式上，省政协常委、“秘境百马”创始人、“一部手机游云南”首席体验官金飞豹介绍了“探寻茶马古道”勘探者活动和“秘境百马”挑战赛的相关情况。“纵横云南·探寻茶马古道”勘探者活动及“秘境百马”挑战赛的启动，标志着“秘境百马2.0”即将全新启动。该赛事将立足云南，跨界整合云南文化体育旅游资源，为智慧旅游平台增添新的模块以及为云南全域旅游资源的深度挖掘作出全新的探索。

【文化旅游产业推介】 2019年8月16日在上海豫园开幕的“春城花都·好享昆明”——云南昆明文化和旅游宣传推广活动由云南省文化和旅游厅、昆明市人民政府主办，上海市黄浦区文化和旅游局协办，昆明市文化和旅游局与豫园股份承办。活动于8月23日结束，市人大常委会副主任戚永宏、市政府副市长周红斌、副市长胡宝国率市文化和旅游局、市投资促进局、昆明市驻上海联络处等相关部门在上海豫园联合开展昆明文化旅游产业推介活动。

在推荐活动上，昆明的标志性建筑“金马碧鸡坊”以艺术化的图腾式样展现，上过《国家宝藏》的“聂耳小提琴”藏身其中；设置文化特色商品集市，展示昆明非物质文化遗产斑铜工艺和用花卉制作的工艺品、香皂、精油、花茶等及云南特色的火腿月饼、鲜花饼、乳扇沙琪玛等，石林、九乡、大观公园等风景区、公园则邀请游客到云南昆明旅游赏景。“舌尖上的鲜花”“联大一桌菜”等菜品美食也吸引了上海市民。

【参加“3+3”政协跨区域协商会议文化旅游推介会】 9月3日，昆明、南宁、贵阳与红河、桂林、黔南“3+3”政协跨区域协商会在贵阳生态会议中心举行，昆明市代表团由市政协主席熊瑞丽带队，副市长赵学农、市政协副主席胡炜彤出席会议。

会议同期举办了昆明、南宁、贵阳与红河、桂林、黔南6地文化旅游推介会，昆明市文化和旅游局副局长杨光明参加会议并做昆明文化旅游推介。“我和你之间只差一张高铁票的距离，周末欢迎您来昆明做客，常来玩玩！”昆明市文化和旅游局副局长杨光明在推介会上向6地参会代表发出如是邀请。本着共建旅游深度融合大走廊的主题出发，利用视频短片播放、特色节目展演和文旅产品展示等宣传手段，突出昆明区位优势，对昆明文化旅游进行了全方位宣传，获得了大会好评，收到了良好效果。

此次“3+3”会议还签订了《加快推进昆明、南宁、贵阳、红河、桂林、黔南六市（州）文化旅游产业融合发展合作框架协议》和《昆明南宁贵阳红河桂林黔南六地旅游协会关于加强区域旅游市场共建共治，推动国际联程产品、旅游交通、民宿酒店、文创产品方面的全面合作协议》2份协议，为加快区域文化旅游融合提供了保障。

【参展中国国际旅游交易会】 11月15～17日，2019中国国际旅游交易会在昆明滇池国际会展中心举行，共有来自75个国家和地区的专业参展商参展，参观人数累计达8万人次，昆明市作为本次交易会举办地，也参加了此次展会。

在此次展会上，昆明市以“世界花都，魅力昆明”为主题，运用通透、清新的花瓣造型展台设计，突出时尚、高端的城市形象，让参展商、观众耳目一新。充分融合全域旅游发展理念，以建设区域性国际中心城市为目标，全方位展示了昆明“世界春城花都、历史文化名城、中国健康之城”三大城市品牌形象。同时，展区内昆明代表性景区景点、非遗文化及独特的文创产品等与VR视觉技术结合将“文旅融合”演绎得淋漓尽致，让观众感受“文化＋旅游＋科技”带来的文化旅游新体验，将老街和昆明老味道情景带到展会中，完美展示昆明优雅、现代的城市魅力。

会议期间，还开展了云南文化旅游推介会、澜沧江—湄公河旅游城市工作会议和昆明国际友城旅游联盟海外推介活动，通过搭建沟通、交流的平台，遵循共商、共建、共享的原则，全面展示优质旅游项目及产品，深化会员城市之间的旅游合作，实现优势互补，互利共赢。

【文旅规划编制】 2019年，邀请国内著名文旅规划编制机构对全市文化和旅游资源开展全面、深入调查，编制《昆明市文化和旅游资源普查报告》。在此基础上，编制了昆明市旅游投资指南，全面指导全市文化和旅游资源开发和招商引资工作。

为针对性地开发旅游产品和项目，对昆明市旅游要素进行了详细调查，编制完成《昆明市旅游产业发展咨询报告》，掌握昆明各旅游要素大数据，详细调研国内外游客来昆旅游偏好和吸引国内外游客到昆旅游的吸引物。通过市场调查，提升昆明旅游6要素，将昆明建设成为国际知名旅游城市。

【A级旅游景区创建和提升】 2019年，对全市A级旅游景区开展复核，对存在问题开展整改提升工作，进一步规范A级旅游景区管理和运营工作。邀请省内A评专家对全市23个A级旅游景区开展多次复核明察和暗访工作，进一步提升全市A级旅游景区管理和服务品质。指导翠湖讲武堂、石林杏林大观园和乃古石林创建国家4A级旅游景区。对全市各县（市、区）、各开发（度假）区开展A级旅游景区标准培训工作，进一步指导全市A级旅游景区科学、有序发展。

针对石林景区被国家文化和旅游部暗访通报情况，开展景区全面整改提升工程。在3个月的整改期内，共邀请国家和省、市专家84人次现场指导或驻点指导整改提升、员工培训等工作，完成通报问题53项、自检自查问题127项、领导指出及邀请专家查出问题217项共397项问题整改提升工作；累计投入经费6330万元，投入人力近2300人次、7.22万余个工日。整改期间（8～10月），景区旅游秩序井然有序，共接待游客105.3万人次，未发生景区资源破坏、环境污染、重大旅游安全等事件。

【旅游设施建设】 2019年，在全市旅游景区、游客集散区域建设旅游厕所75座。对全市A级景区内旱厕开展全面清理和排查，拆除A级景区内旱厕。完成2015～2019年全市A级旅游厕所文化和旅游部旅游管理系统上线和百度地图打点工作。“十三五”期间，昆明市先后3年在“旅游厕所革命”工作中获得文化和旅游部先进市和综合推进奖表彰，处于全省领先水平。

【智慧旅游】 依托“一部手机游云南”工作，全力推动智慧旅游发展。推广酒店“刷脸入住”，对三星级及以上酒店做摸底调查，2家试点酒店率先实现“刷脸入住”全流程办理。实施5G智慧景区试点专项建设，建成10个5G试验点。重点抓好慢直播、扫脸入园、景区解说、智慧厕所、诚信评价和投诉体系优化提升等工作，进一步完善4A、3A级景区重点景点扫码识景任务工作。推动旅游景区等重点区域的无线免费Wi-Fi网络建设，建设完成367个重点公共区域免费Wi-Fi，部署7000个AP热点。

全面开展“一部手机游云南”宣传推广，新增《漫游昆明》为主题的旅游出行指南。落实景区门票优惠政策，引导非A景区上线“一机游”平台，引导6个非A级景区开通“一部手机游云南”景区账号。全面启动智慧化、智能化的市旅游市场监管综合调度指挥中心项目建设和软件开发，持续发挥“一机游”投诉平台“好”和“快”的功效，保证旅游投诉得到高效处置。

（市文化和旅游局）

传媒

编辑：吴焰红

广播电视管理

【机构】 2019年，为加强党对新闻舆论工作的统一领导，加强对重要宣传阵地的管理，牢牢掌握意识形态工作领导权，充分发挥广播电视媒体作为党的喉舌作用，更好组织推进全市广播电视公共服务和行业发展，在年内的机构改革中，昆明市文化广播电视体育局更名为昆明市广播电视局，其主要职责是：贯彻党的宣传方针政策，拟订全市广播电视管理的政策措施并组织实施，统筹规划和指导协调广播电视事业、产业发展，推进广播电视领域的体制机制改革，监督管理、审查广播电视与网络视听节目内容和质量。

【广播电视公共服务】 2019年，全市基层广播电视公共服务标准化体系不断构建完善。年内，完成全市中央节目无线数字化覆盖工程9个县级主台站、51个乡（镇）补点台站自动化系统项目建设；做好全市中央广播电视节目无线数字化覆盖项目第三方技术检测和整体竣工验收，推进宜良县、寻甸县广播电视高山无线发射台站改扩建项目。结合精准脱贫要求和东川区脱贫攻坚工作实际，继续推进

2019年3月，昆明市广播电视局挂牌成立 （市广电局 供稿）

东川区5000户直播卫星户户通脱贫攻坚专项工程建设，面向贫困群众覆盖安装广播电视直播卫星户户通接收设备，做好设备安装调试及查缺补漏，确保广播电视覆盖率达到标准。扎实推进东川区、石林县应急广播体系建设。

【广播电视安全播出】 2019年，为迎接中华人民共和国成立70周年，市广播电视安全播出指挥部以“零差错、零事故、零盲点”为标准，对全市42个广播电视播出责任单位进行多轮全覆盖对标检查督查，下达《整改意见通知》26份、《问题清单》63份，提出整改意见229条，年内整改完成率87.83%，使全市广播电视行业安全管理标准全面提高。发挥市广播电视安全播出指挥部组织领导、协同指挥、快速调度重要职能，全力完善广播电视安全播出指挥调度及应急协调机制，修订《昆明市广播电视安全播出应急预案》《昆明市广播电视安全播出突发事件应急协调预案》，成立昆明市“三电”广播电视设施安全保护工作领导小组，制发《2019年昆明市广播电视设施安全保护宣传月和安全生产万里行活动实施方案》等制度，调整充实各相关领导小组成员，细化分解落实责任，通过强化安播例会等各项制度，强化系统内外各相关单位联防联治、群防群控格局，确保指挥有力、协调有序、反应灵敏、运转高效。年内，接收上级预警信息60条，转发至各播出单位及有关部门5460条次；向省广电局上报170次，处理群众咨询、投诉电话59条次；发现并及时处置播出事件3起。国庆重保期，全市广播电视系统总保障人数411人，其中一线带班领导69人、值班值守干部职工342人，各应急协调单位紧密沟通，严阵以待，运转有力。投入资金357万元，实施全市广播电视及视听节目融媒体数字化安全播出监测监管系统（一期）项目建设，强化技防能力。斥资500万元，组织完成市新闻中心电力、消防、电梯系统等安全隐患整改工程，有效提高安全保障和应急处置能力。圆满完成中华人民共和国成立70周年及全年各重要保障期、敏感期及日常安全播出保障任务，实现连续14年无重大事故。

开展联合执法检查 （市广电局 供稿）

【广播电视行业监管】 完成2019年度“广播电视播出机构许可证”和“广播电视频道许可证”换证申报工作，共换发“广播电视播出机构许可证”11个、“广播电视频道许可证”3个。强化对全市广播电视机构广告播出“三审”制、“重播重审”制的执行和监督，要求各级广播电视播出机构每月上报广播电视广告播出串单和节目播出导播单，对广播电视“保健品”市场乱象开展专项整治；实行广播电视广告监管周报和月报表上报制，各县（市、区）安排专人上报每周、每月广告播出监管情况，确保广告监管工作无死角、无盲区。对群众反映强烈的违法违规广告和存在导向错误、价值观偏差、负面信息过多、报道不实、主持人业务水平有待加强等问题的节目（栏目），以及公益广告播出不达标等其他违规行为进行核查、整顿，责令整改。全年核查处理涉及广播电视播出广告的投诉信访共3件，被投诉举报的广告4条，下发核查处理通知7份；对2条违规播出的广告下达责令整改通知，查处7个频道频率，分别对14条电视广告、1条广播广告进行停播整改处理，规范了广告秩序。强化卫星地面接收设施管理，进一步规范内部审核程序，实行3级审核和新增实地审核，加强源头管理。2019年，共办理增加和变更卫星电视节目及延期换证审核11件。开展集中整治行动，共出动执法人员445人次、车辆149辆次，检查涉嫌擅自安装和使用卫星电视广播地面接收设施的单位和个人59座次，发放宣传单1850份，播出宣传广告23条。联合成员单位组织开展4次境外卫星电视接收设施联合执法检查。编印发放《卫星电视广播地面接收设施管理宣传手册》3万册，组织开展法规学习宣传活动，此举获国家广电总局发文全国通报表扬。

【广播电视宣传管理】 制订《昆明市广播电视局庆祝建国70周年广电宣传工作方案》，指导全市各级广播电视媒体以隆重庆祝中华人民共和国成立70周年为主线，精心组织主题宣传活动和宣传报道。引导市级各视听新媒体平台在首页突出位置开设“我们的70年”专题频道，及时集纳转载中央主要媒体制作播出的相关视听节目。加强中共十九大、新中国成立70周年等主题宣传及公益广告的创作和播出。组织完成2018年度昆明市广播电视奖、第八届“金孔雀”杯优秀影视作品评选工作，共评出广播电视新闻、社教、播音主持、文艺、网络新闻作品、电视优秀栏目等各类获奖作品125件，“金孔雀”杯优秀影视作品9件，涵盖优秀微电影、宣传片、纪录片等种类，以及导演、摄像、编辑等奖项，并于11月1日举办2018年度昆明市广播电视奖、第八届“金孔雀”杯优秀影视作品评选总结暨点评会。组织开展“2019年弘扬社会主义核心价值观 共筑中国梦”主题原创网络视听节目评比、“2019年网络视听节目精品创作传播工程”评选、省广电局2019年季度广播电视新闻作品推优、昆明市2018年度少儿精品发展专项资金扶持项目的征集推荐工作，推出《这，才是真正的最炫民族风！——云南彝族刺绣》《古渡天宝“物流芳华”》《云南民族大学，融入民族政策理论，扎实上好高校思政课》《海鸥去哪里》等12个优秀节目参与各级评优评选及赴台交流活动。

【智慧广电与媒体融合】 2019年，全市辖14县（市、区）、昆明广播电视台、昆明教育电视台、昆明广播电视网络有限公司、昆明报业传媒集团均挂牌成立融媒体中心。全市县级融媒体中心统一使用市级平台春融云，春融云围绕打造主流舆论阵地、综合服务平台和区域信息枢纽三大定位，建设业务管理、综合服务、区域信息枢纽三大管理平台，实现媒体服务、党建服务、政务服务、公共服务和增值服务等功能，研发了“业务流程管理系统”“新闻采编管理系统”“视频编辑传输系统”“数字媒资管理系统”“移动融媒体平台管理系统”“上级指令及数据回传系统”“综合服务管理系统”“信息枢纽管理系统”8大基础系统和综合信息服务终端。依托县级融媒体中心综合管理服务平台和综合信息服务终端，各县（市、区）融媒体中心在采编流程再造、机构人员重组、基层宣传管理、数据分析运用和服务资源聚合等方面取得一定成效。同时，各县（市、区）充分发挥技术自主研发的定制化优势，在网格化管理、视觉化新闻体系、融媒体＋大政务、智慧党建等方面大胆创新，打造了一批具有影响力的新闻宣传产品，推出一系列便民惠民的服务功能。市、县2级融媒体平台实现互联互动，初步实现统一指挥调度、舆情研判分析、新闻资源共享等综合管理功能，以市级融媒体中心为龙头，各县级融媒体中心整体协同、迅速响应的融媒体矩阵体系初步形成。推进昆明广播电视台综合频道、公共频道高标清同播工作，并于2019年5月28日顺利开播。

2019年新建的昆明市广播电视及视听融媒体数字化安全播出监测监管系统
（市广电局 供稿）

【人才队伍建设】 着力建设人才梯队，邀请全市广电系统13名专家组织开展全市广播电视工程初、中级职称评审，评审出中级职称14名、初级职称6名，丰富全市专业技术人力资源。组织全市广播电视业务培训，组织开展全市广播电视关键岗位技术人员培训会、广播电视安全播出例会、“中华人民共和国成立70周年云南省广播电视宣传报道和安全保障工作动员电视电话会议”昆明分会场会议、昆明广电网络业务合作单位迎接新中国成立70周年安全播出保障动员会、昆明市应急广播体系建设项目可行性编制研讨会、中央广播电视节目无线数字化覆盖工程省级验收培训班、昆明市广播电视事业发展综合业务培训班、中央广播电视节目无线数字化覆盖工程市级验收培训班、昆明市2018年户户通脱贫攻坚专项工程市级验收培训班等广播电视行业安全、科技创新、媒体融合、事业发展、公共服务、行业扶贫等各类业务技能培训共13次，培训人员千余人次。组织派员参加全省县级融媒体中心建设培训会、第二十七届中国国际广播电视信息网络展览会（CCBN 2019）、第二十八届北京国际广播电视展览会（BIRTV 2019）和第49期、50期、51期广播电视高新技术培训班等上级相关业务培训及省内外广播电视行业相关展会、培训班6次，组织1次广播电视安全播出政策知识考试，通过对业务技能及广播电视行业新知识、新技术新理念的学习，进一步拓宽行业视野，更新知识结构，增强专业素养，提升履职能力，切实提高全市广播电视人才队伍整体素质。

（范 佳）

电视事业

【新中国成立70周年报道】 2019年，昆明广播电视台围绕庆祝新中国成立70周年主线，精心策划报道方案，深度挖掘重大选题，先后开设《壮阔东方潮 奋进新时代》《新中国·昆明记忆》等20余个专栏专题，播发新闻3900余条(集)、公益广告1.85万余次、宣传标语30万余条次，在人行天桥LED屏播出宣传标语130万条次，多篇报道在《云南新闻联播》播发，《云南石林：别样彝乡风情留住远方的客人》在央视播出。制作播出反映昆明70年沧桑巨变的3集专题片《昆明壮丽70年》，推出《换了人间》《聂耳 昆明的骄傲》等庆祝新中国成立70周年系列短视频、微视频。与全国城市电视台联制联播专题片《与共和国同行》之昆明篇章《春天的交响》，受到广泛称赞。参与央广制作《共和国发展成就巡礼·云南篇——成就70年，看我彩云南》特别节目，深受好评。特邀全国12家电台联合制作《民族记忆城市印记——70载音符时空》音乐节目。与全国41家电台共同推出庆祝新中国成立70周年大型联播节目《我的城市我的家》，产生较大反响。完成17场昆明市“庆祝中华人民共和国成立70周年”系列新闻发布会网络直播。相继组织开展《我和我的祖国》《祖国颂 昆明美》等3次快闪活动及《为祖国放歌》《春城飞歌颂中华》等7台大型晚会。圆满完成昆明市庆祝中华人民共和国成立70周年“时代新人说 我和祖国共成长”演讲比赛暨第十二届“红土地之歌”演讲大赛。制作播出《我和我的祖国》《我爱你中国》《歌唱祖国》等一批主题歌曲MV。推出61集融媒节目——长篇传记文学《聂耳》音频节目，被“学习强国”云南学习平台采用。

【重大主题报道】 2019年，昆明广播电视台围绕学习宣传贯彻习近平新时代中国特色社会主义思想主题主线，聚焦“不忘初心、牢记使命”主题教育、区域性国际中心城市建设、全面提升“三大城市品牌”、决战脱贫攻坚、扫黑除恶、滇池治理、生态文明建设、民族团结进步、产业转型升级等重点工作，多形式运用、全媒体联动、多矩阵发布，先后开设《在习近平新时代中国特色社会主义思想指引下》《深入贯彻落实习近平总书记在推动长江经济带发展座谈会上重要讲话精神》《学习贯彻党的十九届四中全会精神》《“不忘初心、牢记使命”昆明在行动》《不忘初心、牢记使命——昆明新闻战线增强“四力”教育实践活动》《奋进2019·走进重点工程》《美丽昆明 美好生活》《向“时代楷模”朱有勇同志学习》等专栏专题、系列报道40余个，营造团结奋进的浓厚舆论氛围。

【对外传播宣传】 2019年，昆明广播电视台精心制作28期《“一带一路”看昆明》电视专题节目在云南电视台国际频道、昆明电视台同步播出。与国际台合作，制作28期昆明市外宣推广节目《走进昆明》，面向海外播出。与全国城市电视台联合体联合制作20集大型系列专题片《与共和国同行》，在全国各大城市电视台播出。配合中央电视台电影频道完成“《我和我的祖国》七城联动首映礼”昆明站活动的专题拍摄和网络直播工作。全年分别向云南电视台送播新闻317条、中央电视台15条。借力中国城市联合网络电视台(CUTV)、蜻蜓FM、喜马拉雅、阿基米德等知名平台，实现全台节目的点播、直播。

【专题片、形象片制作】 2019年，昆明广播电视台拍摄制作专题片、形象片188部，总时长948分钟。全国首部鲜花城市宣传片《春潮花海看昆明》经“无线昆明”客户端首发后，90余家媒体跟进转载、报道，全网累计阅读量350万人次，续篇《春城花都之夏花篇——盛世繁花cool昆明》全网累计阅读量达198万人次，均被“学习强国”采用发布。反映昆明70年巨变的视频短片《换了人间》被20余家权威媒体平台跟进发布报道，全网累计阅读量210万人次。《聂耳 昆明的骄傲》全网累计阅读量达到210万人次。摄制《斩断盗采黑手 守护绿水青山》《对症问题强整改 持之以恒抓环保》等警示类专题片，为推动昆明的生态文明建设助力。拍摄制作完成云南首部音乐剧微电影《山谷回响》。视频短片《我们这一年》《看见，不变的初心》相继在中纪委网站首页刊发。

【脱贫攻坚报道】 2019年，昆明广播电视台全媒体联动，多媒体呈现，制作播出《打赢脱贫攻坚战 全民共圆小康梦》《打好攻坚战 脱贫奔小康》《巩固脱贫成果》等多个专栏专题、系列报道，制作播出脱贫攻坚公益广告、宣传标语3000余条次。新兴媒体平台整合编辑发布《图解：2019年云南怎么打脱贫攻坚战》《脱贫攻坚要在“精”和“实”上下功夫》《代表委员谈脱贫攻坚：不获全胜绝不收兵》等多个重点报道。拍摄制作以东川区关中村脱贫故事为蓝本的脱贫攻坚微视频《山顶上的壁画村》，成为脱贫攻坚文艺精品。

【扫黑除恶宣传报道】 2019年，昆明广播电视台开设《开展扫黑除恶专项斗争》《开展扫黑除恶 建设善美云南》《扫黑除恶进行时》《扫黑除恶》《法治前沿》等专栏专题，播发新闻2000余条，宣传标语、宣传片5万余条次。“无线昆明”App、官方网站同步开设《开展扫黑除恶 建设善美昆明》专栏进行集中报道。拍摄制作《扫黑除恶建设善美春城》《为了春城的幸福安宁》等专题片、宣传片在人行天桥LED显示屏持续滚动播放。

【“创文”宣传报道】 推出《创建全国文明城市》《培育践行社会主义核心价值观》《擦亮历史文化名城品牌》《市容环境整治提升在行动》《文明旅游 从我做起》《扎实推进公民道德建设工程》《绿色生活：垃圾分类》专栏专题、系列报道，开设《曝光台》等专栏，播发报道2000余条(集)，其中舆论监督报道500余条。频道频率播发公益宣传片1.60万余条次，人行天桥LED显示屏刊播852.20万条次，营造了创建全国文明城市的良好氛围。

【重要会议活动报道】 完成省市主要领导活动、省市“两会”、市委全会、中国昆明国际花卉展、首届“数字云南”区块链国际论坛、上合昆明国际马拉松赛等重大新闻、重要会议、重大展会（活动）的宣传报道任务。市“两会”期间，新媒体平台推出《2019昆明市“两会”访谈》，各县（市、区）主要负责人及基层代表应邀走进直播间接受访谈，多家媒体同步进行视频、图文转播，推出150余篇原创融媒报道，累计阅读量达51万人次，得到市委主要领导高度肯定。其中，高清网络视频直播共7场，累计直播时长9小时36分。新华社手机客户端同步推出3场“昆明广电直播‘地方两会进行时’两会访谈”网络视频直播。

【经济宣传报道】 围绕结构调整、动能转换、职能转变、服务提升、产业培育、招商引资、重大项目等重点，深度聚焦经济高质量发展，策划推出《抢抓机遇促转型　枝繁巢暖引凤栖》《聚焦重点项目建设》《聚焦中国（云南）自由贸易试验区昆明片区建设》《奋进2019》《打造创业创新活力之城》等专栏专题、系列报道，充分展示了全市深化改革强动能，扩大开放增优势，聚力创新促转型，推动区域性国际中心城市建设迈上新台阶的喜人景象。

【舆论引导热点、难点】 开设《今日关注》《大城小事》《评论员时间》《编辑时间》等专栏，聚焦持续高温干旱、地铁建设、交通秩序、春运、滇池保护、轻度空气污染、垃圾分类等社会民生热点话题。策划推出《应对强降雨》特别报道。充分发挥《街头巷尾》《春城热线》等节目影响力，持续开展主流引导和舆论监督作用，为民排忧解难。《春城热线》全年有50个单位负责人上线，其中“一把手”上线率74%，接到各类意见、投诉、建议992件，答复率100%，办结率99%，满意率99%。

【网络直播】 2019年，昆明广播电视台完成网络图文、视频直播174场，其中网络视频直播97场，全平台直播观看人次突破800万人次。参与央视新闻移动网全国大型直播《中国此时此刻·新年第一缕阳光》，在线观看量达520万人次。与新华社联合承办“2019云南省学校爱国主义民族团结进步教育”主题活动，其中“民族团结之花　绽放云岭大地”大型主题晚会网络直播浏览量达173万人次。与中国日报官方微博联合实施《花的海洋　春的故事——聚焦世界春城花都斗南花卉》网络视频直播，24小时内在中国日报官方微博阅读量达22万人次，在“无线昆明”浏览量近10万人次。首次利用5G信号在“无线昆明”App对2019商洽会进行2场超高清网络直播。

【短视频创作发布】 与频道频率紧密联动，推进视频短片制作发布常态化、品牌化。原创音乐剧微电影《山谷回响》从20余个国家的4773部参赛作品中脱颖而出，荣获第七届亚洲微电影艺术节金海棠奖优秀作品奖，初步入选全国社会主义核心价值观微电影评选。策划推出《春城花都　美好昆明》系列原创微视频27期，均已在“一部手机游云南”客户端头屏刊发。17期系列微视频《100秒看各县区2019“大动作”》被各县（市、区）纷纷转发、点赞。

【新兴媒体矩阵传播平台】 2019年，昆明广播电视台新闻综合频道、公共频道成功实现高清、标清同播，迈入电视频道高清化行列。先后注册“昆明广播电视台”头条号、企鹅号、百家号、大鱼号、大风号、网易号、搜狐号、人民号、爱奇艺号、1点资讯、央视新闻移动网矩阵号等12个传播账号，整合全台内容资源，进行内容分发。全平台共发布稿件超过2万条，阅读数超过2亿。其中，点击量超过10万次的视频内容条数达到273条，图文内容达到65条，单条视频内容最高点击量超过1000万次。与中国移动云南公司昆明分公司签署5G战略合作协议。加强与“学习强国”云南平台在内容方面的合作，93件原创作品被“学习强国”平台采用发布。

【多媒体、多平台联动】 围绕庆祝新中国成立70周年、学习宣传贯彻习近平新时代中国特色社会主义思想、“不忘初心、牢记使命”主题教育、脱贫攻坚、扫黑除恶、提升“三大城市品牌”等重大主题，强化频道频率相互配合联动，推进媒体融合报道。老年广播在“听见广播”客户端开通广播视频化直播，成为全省首个广播节目全视频化播出频率。城市管理广播利用在蜻蜓FM全省收听第一的人气优势，在频率页面开通收听点播专辑，累计点击量达30万次。

【县级融媒体建设保障】 成立由台主要领导担任组长的项目工作组，充分调研各县（市、区）媒体发展现状，制订出台《县级融媒体中心建设市级技术平台整体解决方案》，增加投资进行技术升级，已具备为各县级融媒体中心建设提供技术保障和服务输出的能力。

【技术升级】 完成高清电视节目播出系统一期建设，2019年4月22日经总局批复同意新闻综合频道、公共频道2频道高标清同播，5月28日昆明广播电视台2个频道高清在昆明市有线电视网络开通。一期建设共完成全融合高清电视节目制作网项目、高清播出系统建设项目、演播室视音频灯光系统改造项目3个技术项目，项目的建成实现昆明广播电视台2个电视频道的高清新闻节目制作和送播。完成多媒体生产发布平台搭建，实现新闻题材多对象制作、多平台发布、多渠道覆盖，扩大新闻宣传覆盖范围和力度，增加昆明地区的新闻影响力，也

为未来建设“统一建设，高位统管，分级运营，独立运作，后端融通，个性定制”全市统一平台的县级融媒体中心打下基础。

【产业发展】 应对经营创收挑战，着力创新广告营销思路，以拓展新业务、开发新市场为目标，及时调整营销策略和内部经营架构，探索创收新模式，搭建营销团队，快速跟进市场，实现广播频率广告业务全自主经营。喜满客影城产业投资项目首次分红到账100万元，实现实体产业项目新突破。教培产业项目初见成效，教学基地落成，并成为云南首个全国青少年播音主持考级点，公司试营业实现收入280万元。

【节目获奖】 节目精品创优再上新台阶。遴选报送“第35届云南新闻奖”“第21届昆明新闻奖”“昆明市广播电视奖”、第八届“金孔雀杯”优秀影视作品评选、2019年全国优秀电视公益节目“全国城市台社教节目创优”“2018年度广播电视公益广告扶持项目”等多项全国及省、市各奖项的评选，共有11件作品获省级奖，其中2件作品获一等奖；68件作品获市级奖，其中18件作品获一等奖。昆明广播电视台2019年荣获昆明市第八届“金孔雀”杯优秀影视作品优秀播出机构称号。

【节目收视（听）率】 2019年，昆明广播电视台2个频道进入昆明地区所有频道收视排行榜前10位，春城频道排名第2位，影视频道排名第8位。4个广播频率收听率、市场份额分别为2.08%，33.68%，在广播收听四大阵营中排列第2位。汽车广播荣膺全国广播频率综合收听指数——城市电台音乐娱乐类TOP10，排名全国音乐类电台网络收听量前25位，成为云南唯一入围频率。

（王庆榆）

报 业

【概况】 2019年度机构改革后，原实行“两块牌子、一套班子、一个法人”管理体制的昆明报业传媒集团、昆明日报社（中共昆明市委直属事业单位，正县级）更名为昆明报业传媒集团（昆明日报社）。年内，昆明报业传媒集团（昆明日报社）深化人事制度改革，面向社会公开招聘事业单位紧缺急需专业技术人员18人；集团各媒体在第35届（2018年度）云南新闻奖、云南新闻论文奖评选中，共有29件作品获奖；在第二十一届（2018年度）云南报业新闻奖、第七届云南报业新闻论文奖评选中，共有22件作品获奖；集团（报社）成功创建成为昆明市文明单位、昆明市民族团结进步示范单位；掌上春城荣获昆明市“工人先锋号”称号。

【新闻舆论工作】 2019年，昆明报业传媒集团（昆明日报社）以习近平新时代中国特色社会主义思想为指导，紧紧围绕庆祝中华人民共和国成立70周年这条主线，全面贯彻落实中共十九大和十九届二中、三中、四中全会精神，认真学习贯彻省委十届七次、八次、九次全会以及市委十一届六次、七次、八次全会精神，按照党中央和省委、市委的决策部署，自觉担负起举旗帜、聚民心、育新人、兴文化、展形象的使命任务，集团各媒体累计刊发新闻稿件约30万篇，为全力推动区域性国际中心城市建设迈上新台阶营造更加良好的舆论氛围。

【庆祝新中国成立70周年报道】 集团各媒体紧紧围绕庆祝新中国成立70周年这一主线，通过图文、视频、音频、直播、H5和图制等全媒体报道形式，推出一批有力度、有深度、有温度，鲜活感人、鼓舞人心，歌唱祖国的作品。《昆明日报》推出《奔腾》系列特刊，成功举办全国社长总编看昆明活动，全国40余家党报推出宣传昆明的整版报道。

【创办《看昆明》】 创办云南首本面向南亚东南亚的中英双语外宣杂志《看昆明》，将为2020年在昆召开的联合国生物多样性公约第十五次缔约方大会、中国国际友城大会营造良好

T8
壮丽70年 奋斗新时代
昆明日报
奔腾
一起用心 祝福祖国
波澜壮阔70载
奔腾奋进再启航
城市之变
开放之城
民生之康
生态之美
团结之花

2019年10月1日，《昆明日报》推出庆祝新中国成立70周年大型特刊《奔腾》

（昆明报业集团 供稿）

舆论氛围。

【外宣平台】 在强化昆明信息港英文站“In Kunming”、缅文站“彩云桥”的基础上，《昆明日报》等媒体借船出海，在国际社交媒体推特、脸书、Ins开设账号“春城昆明”“昆明信息港”，较好地向外界宣传了昆明的良好形象。

【“学习强国”供稿】《昆明日报》建立向“学习强国”平台常态化供稿机制，从6月起至年底，共推送稿件1000多篇，其中500余篇被采用，供稿量和采用率居全省各州（市）前列。

【编校印刷质量】 提升编辑质量。7月，省新闻出版局组织专家对全省15家报纸质量进行抽查，《都市时报》质量合格。8月，集团组织采编人员参加第二届全国报刊编校技能大赛，荣获云南赛区二等奖。11月，《昆明日报》再获印刷质量“金质奖”。

【媒体融合】 2019年5月28日，在中国报业第三届融合创新大会上，集团（报社）荣获“2018年度中国报业深度融合创新发展奖”。8月15日，都市时报移动新媒体一点关注客户端新版本升级暨昆明首个5G融媒体实验室建成，在全省首家推出“找记者”“问律师”互动频道。12月4日，在2019中国报业技术年会上，集团融媒体中心荣获“中国报业媒体融合、信息化和网络安全项目优秀奖”。年内，昆明信息港获评“2019全国地方融媒体网站人气流量十强品牌”，并获准认定为昆明市企业技术中心，成为云南首家获得市级企业技术中心认定的重点新闻网站；掌上春城获评“中国报业最具影响力创新性平台”；《昆明日报》推出“昆报头条”“昆滇经济”微公号，其中“昆报头条”被纳入“省市网络大V工程”计划。

【县级融媒体中心建设】 举全集团之力服务于全市县级融媒体中心建设，在总结昆明信息港开港10余年成功经验的基础上，自主研发昆明市县级融媒体中心管理系统，探索出一条具有鲜明特色的“昆明路径”，得到中宣部、财政部、省委宣传部等各级领导的充分肯定，省内外多批考察团到集团考察学习。

【技术研发】 推进智慧媒体建设，集团技术部门全年新增软件著作权22项，集团软件著作权累计达46项。集团技术部门全年共实施300多个研发项目，推动各媒体不断融合发展。

（孙丽玲）

2019年8月15日，都市时报移动新媒体一点关注客户端新版本升级暨昆明首个5G融媒体实验室建成
（昆明报业集团　供稿）

昆广网络

【概况】 昆明广播电视网络有限责任公司（以下简称“昆广网络”）作是昆明市唯一一家具有全程全网覆盖能力的有线电视运营单位，在昆明地区建成了一张上联国家骨干网、下能有效覆盖全市14个县（市、区）的多功能的综合信息网。公司主营业务包括高（标）清数字电视、互动数字电视（包括VOD、时移回看等）、宽带业务、广告业务、数据专线（专网）及信息化业务。2019年，昆广网络有城区分公司5个、经营部1个、县区分公司6个、全资子公司1个、参控股公司5个，在职员工561人；全数字网共传输数字电视节目153套，基本包节目118套（83套标清+35套高清），付费节目29套（9套标清+20套高清）。

【经营情况】 2019年，昆广网络立足经营发展实际，围绕“控风险、盘存量、调结构、提质量、求创新、促增长”的工作思路，聚焦经济建设中心工作，牢固树立产品自信、技术自信、服务自信、基因自信，不断做精市场，盘活资源，提升服务。年内，累计实现收入38750.98万元，完成率104.73%，同比上年度增长6.81%。

【安全播出】 坚持以习近平新时代中国特色社会主义思想为统领，以“安全第一、预防为主、综合治理”为指导方针，结合“不忘初心、牢记使命”专题教育，以“中华人民共和国成立70周年”安全播出、安全生产、网络信息安全等系列安全保障为抓手，以“保底线、促安全、求高效”为主导，按照早谋划、早检查、早发现、早动手的原则，推动各项安全工作向良性趋势发展。

2019年，按照国家、省、市和集团公司要求，昆广网络分别完成元旦、春节及中华人民共和国成立70周年庆典等10余次重大活动及日常

重要时段的广播电视安全播出保障工作，没有发生重大安全播出事故，安全生产方面没有发生员工伤亡事故，信息与网络安全方面没有发生重大恶意攻击、篡改、破坏事件，确保公司全年安全播出重保工作零事故，为全市的广电网络事业确保安全播出并稳步推进做出了保障。

【互动电视平台优化升级】 “爱点云TV”互动电视2016年上线后，系统、内容不断优化升级。2019年，昆广网络正式运营爱点会员，爱点会员合作方在爱点会员体系下完成对爱奇艺、芒果、乐视、华数、文广等众多内容资源的注入，丰富了爱点TV的内容。同时，围绕“爱点会员”自有品牌推广，不断加强与国网公司、华数、上文广等传统广电内容提供商的合作引入内容，积极推动与腾讯、爱奇艺、优酷等互联网内容提供商的合作。引入NBA专区、鼎级剧场专区、爱奇艺专区上线、酷喵专区上线，新东方专区改版为“文广学堂”并加入“学而思”等内容，不断增强内容吸引力，满足用户多方面的收视需求。

【集客业务】 在确保基础业务收入完成的同时拓展智慧类业务的同步发展，积极发展集客业务。2019年，昆广网络与省委组织部签订党员教育制播、展示、培训项目合作协议，将运用昆广网络媒体资源、制播、内容分发及爱点云平台数据的输出能力，与省委组织部党员教育中心共同搭建运营平台，力求更有效地发挥“红色引擎”作用。以“云平台化、资源共享、多业务承载、可持续化发展”为目标，以“有线+无线”方式构建智慧化应急广播体系，打造能为党委、政府、企（事）业单位和广大群众服务的智慧广电综合信息化综合平台。年内，石林县智慧化应急广播项目建设已步入正轨；云视频会议项目启动，共落地实施3个会议点视频会议的试点项目、8个会议点的东川东电公司视频会议项目、38个信息点的昆电投信息专网建设项目。供电集抄项目有效覆盖84.42万户，采集成功率达99.3%。

【资源配置优化】 2019年，昆广网络结合自身实际出台《昆广网络开放式预核算管理办法》，将与业务发展量紧密相关的互联网出口费、节目成本和网络运营费等变动成本进行分摊，改变了以往经营单位仅以收入论长短、后台部门只管引进资源忽视其成本高低的单一维度经营管理模式，回归企业价值创造的本源。针对分（子）公司分类制定“收支两条线结算制”管理和“预算利润制”管理2种模式。动态监控预算执行情况坚持“科学计算、刚性执行、理性纠偏”要求，同时为保障资金安全，进一步建立健全货币资金的内部控制制度，进一步加强资金监管力度。

【广电网络整合】 2019年，坚持以“统一规划、统一建设、统一运营、统一管理”为核心，持续推进县（市、区）广电网络整合和昆明主城区联并网整合工作。至年末，昆广网络累计完成231个小区联并网信号开通及整转工作。公司以全业务为纽带，积极稳健地在政策、物资、技术等多个层面对未整合的县（区）进行能力和资源输出推动整合工作。以嵩明县为试点和示范，加强与富民县、宜良县、禄劝县的沟通，继续推进公司全业务下县（区）工作，充分发挥昆广网络和县（区）优势互补的特点。对于委托经营的石林、晋宁、安宁3个县（市、区），继续与当地党委、政府沟通下一步整合的方式。同时，与省委宣传部、市委宣传部，省、市广电局和集团公司等上级主管部门沟通，争取获得上级主管部门相关政策支持，持续深化资源整合模式，实现合作共赢。

【网络建设】 2019年，完成11条主干光缆设计，设计用户80683户，增终端66883个，开通光机724台；全网累计开通光机17106台、光缆累计12133.83千米；按FTTB方式开通双向用户47867户。年内，全网累计双向覆盖用户1421145户；完成世纪城、普吉、艺术家园等机房片区10条主干光缆项目建设工作，合计建设光缆约32千米；实施新闻中心机房1、2、3、4、5片区及艺术家园临时机房华为ONU设备替换工作，进一步提高了物资利用；完成滇池星辰、呈贡大渔机房的改扩建工作，均顺利交付使用。

【服务体系建设】 不断提升用户满意度与服务及时率，公司细化优化服务体系15项指标落实到岗、考核到人。建立完善客户服务部呼叫中心、城区分公司、经营部多项联动机制。2019年，“96599”呼叫中心客户总来电1114819个，接电1056125个，接通率为94.74%；通过客服系统派发工单100762张，电话处理率81.78%；关怀回访客户231528户，在回访过程中收集到客户意见、建议4255条，整体客户满意度99%，多次受到市长热线、数字城管等市政单位的好评。

【荣誉表彰】 2019年，公司组织完成5个青年文明号集体的申报及上级复核工作。其中，“96599”呼叫中心获得“全国青年文明号”称号，技术服务中心值机组获得“市级五星级青年文明号”称号，南市区分公司和西山分公司获得“市级四星级青年文明号”称号，五华分公司获得“市级三星级青年文明号”称号。在云南省第十六届职工职业技能大赛暨云南广电网络集团有限公司第七届职工劳动技能竞赛上，昆广网络参赛的6个项目全部获奖，其中一等奖2项、二等奖1项、三等奖3项。

“96599”呼叫中心获得“全国青年文明号”称号 （昆广网络公司 供稿）

（市广播电视网络有限责任公司）

教　育

【概况】　截至2019年末，全市各级各类学校2583所，在校学生132.36万人，教职工10.04万人，专任教师7.98万人。其中，幼儿园1407所，教职工3.09万人，专任教师1.63万人，在园幼儿24.60万人，学前教育毛入学率100.50%；普通小学758所，教学点263所，教职工3.14万人，专任教师3.03万人，在校学生51.30万人，小学毛入学率101.79%；普通初中202所，教职工1.92万人，专任教师1.80万人，在校学生22.28万人，初中毛入学率109.35%；特殊教育学校6所，教职工204人，专任教师194人，在校学生824人；工读学校1所，教职工44人，专任教师39人，在校学生100人；残疾儿童入学率98.56%；普通高中学校125所，教职工1.13万人，专任教师0.93万人，在校学生12.37万人；中等职业教育学校81所，其他中职机构1所，附设中职班高校37所，教职工0.53万人，专任教师0.41万人，在校学生18.21万人；高中阶段毛入学率92.95%；市属普通高等教育学校3所，教职工0.21万人，专任教师0.15万人，在校学生3.50万人。

【机构改革】　2019年的机构改革将原昆明市教育局的职责与昆明市文化广播电视体育局的体育职责进行整合，于2019年1月25日组建昆明市教育体育局，于同年3月5日在昆明市级行政中心8号楼5楼正式挂牌成立。设置办公室、发展规划处、德育处、初等教育处（民族教育处）、普通高中教育处、职业教育与成人教育处、民办教育处、群众与社会体育处、竞训与青少年体育处、昆明市人民政府教育督导团办公室、政策法规处（行政审批处）、组织处、宣传统战处、干部人事处、艺术卫生与健康教育处、财务处、基建装备处、师资培训处、对外交流合作处、语言文字管理处（昆明市语言文字工作委员会办公室）、安全保卫处21个内设机构和昆明市委教育工作领导小组秘书组秘书处、机关党总委、离退休人员办公室。穆仁早担任昆明市教育体育局首任局长兼党组书记。昆明市教育体育局所属及代管事业单位37个，分别是昆明市招生考试院、昆明广播电视大学、昆明第一中学、昆明第三中学、昆明师范高等专科学校附属中学、昆明市旅游职业中学、昆明市外国语学校、昆明市艺术学校、云南省昆明市盲哑学校、昆明市金殿中学、昆明市师范高等专科学校附属小学、昆明市教工第一幼儿园、昆明市教工

2019年12月31日，昆明市教育对外合作交流中心挂牌成立（市教育体育局　供稿）

第二幼儿园、昆明市电化教育馆、昆明市中小学卫生保健所、昆明市中小学生课外科技教育活动中心、昆明市教育科学研究院、昆明西南联大研究院、昆明市教职工住房管理所、昆明市教育局教学仪器管理供应站、昆明市教育局勤工俭学办公室、昆明市人才服务中心教育分中心、昆明市民办教育服务中心、昆明市普通话培训测试中心、昆明滇池中学、昆明市学生资助管理中心、云南省邮电学校、昆明市中华小学、昆明西南联大研究院附属学校、昆明市体育学校、昆明市足球管理中心、昆明市体育中心、昆明市体育彩票销售中心、昆明市体育发展服务中心、昆明市健身气功管理办公室、昆明铁道职业技术学院、昆明幼儿高等师范专科学校。

【教育经费投入】 保证公共财政预算内教育经费增长高于财政经常性收入增长、生均公共财政预算教育事业费支出实现逐年增长、生均公共财政预算内公用经费支出实现逐年增长。2019年，全市公共财政预算总支出756.80亿元，其中，教育支出130.05亿元。地区公共财政教育经费占地区公共财政比例17.18%，地区国家财政性教育经费占地区生产总值比例2.88%。

【综合改革】 贯彻全国和云南省教育大会精神，于2019年9月9日在昆明会堂召开全市教育大会。全年综合改革5大类38项改革任务圆满完成，出台《昆明教育现代化2035》《昆明市加快推进教育现代化实施方案》和11个配套实施方案，印发《昆明市教育体育局等五部门关于实施民办学校分类登记管理的通知》和《昆明市职业学校校企合作促进办法》等改革文件。年内，上报改革简报36期46篇、各类宣传报道56篇次，形成推进新时代教师队伍建设、昆明高考以绝对优势领跑全省等5项改革试点典型案例。稳妥推进考试招生制度改革，完善以居住证为主要依据的随迁子女义务教育入学政策，全面实施小学一年级入学预登记和公民办同步招生，“择校热”问题得到有效缓解。落实“平等升学”异地中考政策，调整优化普通高中招生录取模式和高中定向生指标分配办法，实行“估分填报志愿录取+见分征集志愿录取”相结合，扩大学生选择机会。稳步推进高考综合改革试点工作，创新“高职单招”“中高贯通”人才培养模式，拓宽毕业生升学渠道。加快构建全市考试招生考核评价体系，充分发挥教育质量监测结果的运用，确保各类考试安全有序，招生工作公平公正。

【名校、名师、名校长工程】 2019年，引进上海师大附中、上海健康医学院、四川师范大学附中、美国复兴教育集团等名校4所。云南师范大学附属中学、云南大学附属中学、昆明市第一中学、昆明市第三中学、曲靖市第一中学、昆明市第十四中学、昆明市中华小学、昆明市教工第一幼儿园8所省内名校相继在昆明新开办10所优质学校，年内新增优质学位1.10万个。引进名师79名，名校长4名。制定出台名校长基地和名师工作室管理办法，加大本地名师名长培养力度。贯彻落实“银龄讲学”计划，年内引进优秀退休教师38名。先后到北京、上海等地学习学区化管理和集团化办学先进经验，在主城区先行推开学区化管理，市直属学校带头组建7个教育集团，缩小区域和校际差距，促进教育优质资源均衡发展。

【智慧教育】 实施教育信息化2.0行动，市级安排专项资金1000万元，推进“智慧教育一期”项目建设，提升智慧教育水平。实施义务教育学校网络建设，率先通过省级评估验收，网络校校通接入学校1150所，实现千兆到校、百兆到班。义务教育阶段学校16110个班级实现百兆光纤班班通，多媒体教室17655个，覆盖率80%，师机比1:1，生机比9:1。有序推进第二期优必选智能机器人实验室建设，120所学校项目设施设备顺利完成验收。参加“URC青少年人工智能与机器人挑战赛”总决赛，来自韩国、泰国、印尼等9个国家和国内4个地区1100名参赛者同台竞技，共获得4个冠军、4个亚军、2个季军。年内，全市小学接受过信息技术培训专任教师15076人次，从事信息化工作人员1258人；中学接受过信息技术培训专任教师15213人次，从事信息化工作人员1122人；中等职业教育学校接受过信息技术培训专任教师1251人次，从事信息化工作人员513人。

【开放教育】 主动融入和服务区域性国际中心城市建设，出台《昆明市市属高校外国留学生政府奖学金管理暂行办法》，设立“昆明市外国留学生政府奖学金”，吸引外国留学生来昆就学。推进重点项目落实，英国利物浦足球俱乐部足球合作项目落地西南联大研究院附属学校，年内招收特长生45人。加强国际友城教育合作，12月2—5日在昆明成功召开“第四届昆明国际友城合作与发展研讨会，发布《昆明国际友城教育合作宣言》，设立昆明国际友城教育联盟联络处。搭建教育对外交流平台，12月3日市委编办正式批复在昆明铁道职业技术学院成立昆明市教育对外交流合作中心。建立互访交流机制，年内开展教育国际交流互访100余人次。开展与省外优质教育资源合作交流，昆明市政府与上海市教委、上海师范大学签订战略合作协议，昆明市教育体育局与上海徐汇、普陀、闵行区签订教育合作帮扶协议。高质量召开首届“沪昆教育合作交流论坛暨昆明市名校园长论坛”，邀请14名省外教育专家来昆作专题报告，全市300余名校(园)长和骨干教师参加交流研讨。截至2019年底，全市国际化学校6所，开办国际部普通高中学校6所，华文教育基地学校8所，中英合作伙伴学校6所，38所中小学与国外学校缔结“姊妹学校”；全市基础教育学校有外国籍学生479人、华侨学生15人、港澳台学生419人。

【学前教育】 有序推进学前教育第三期行动计划，实施“一村一幼”“一乡两公办”项目建设，安排乡镇公办和村级幼儿园建设奖补项目121个、奖补资金1.20亿元，扩大农村学前教育资源。奖补普惠性民办园433所、“一村一幼”建设299所。开展晋级升等创建工作，年内，创建省一级一等示范幼儿园12所，全市省一级示范幼儿园175所。加大对口帮扶力度，城乡幼儿园对口帮扶197所。加强保教工作指导，引领幼儿园走内涵发展之路，防止“小学化倾向”。完成小区配套幼儿园专项整治前期摸底，强化小区配套幼儿园建设、移交、办学等工作。截至2019年底，全市幼儿园1407所，民办幼儿园1000所、普惠性民办幼儿园433所、少数民族幼儿园6所。幼儿班8710个，民办幼儿班6153个、普惠性民办幼儿园2615个。幼儿园教职工3.09万人，民办2.31万人；专任教师1.63万人，其中民办1.11万人。在园幼儿24.60万人，民办17.43万人、普惠性民办7.85万人。在园幼儿中女生幼儿11.73万人、进城务工人员随迁幼儿7.61万人、少数民族幼儿5.27万人、农村留守幼儿2363人、残疾幼儿325人、死亡幼儿5人、华侨幼儿7人、香港幼儿20人、澳门幼儿1人、台港幼儿15人、外国籍幼儿96人。2019年，全市学前教育三年毛入园率99.39%、学前教育一年毛入园(班)率100.55%。

2019年12月，第四届昆明国际友城合作与发展研讨会在铁道职业技术学校召开
（市教育体育局 供稿）

【普通小学教育】 率先在全省推开主城区小学“三点半”课后服务，建立“弹性离校”制度，科学合理安排课后服务内容，促进学生特长发展和素质提升，解决广大家长后顾之忧，共覆盖271所学校，20.30万名学生受益，被省委宣传部推送到“学习强国”平台。全市小学共758所，其中民办79所；另有小学教学点263所。教学班1.25万个，其中民办1954个。教职工3.14万人，其中民办4324人；专任教师3.03万人，其中民办4060人。在校小学生51.30万人，其中民办7.47万人、女生24.34万人、少数民族学生11.10万人、寄宿生6.84万人、农村留守儿童1.17万人、农村户口学生28.46万人、享受营养餐学生21.56万人、享受城市低保学生1146人、年度死亡学生62人、华侨学生5人、香港学生289人、澳门学生3人、台港学生34人、外国籍学生112人、随班就读残疾学生1291人、送教上门学生258人。小学随迁子女在校学生19.95万人，在公办学校就读学生14.53万人，占72.85%。进城务工人员随迁子女在校学生12.24万人，在公办学校就读学生8.18万人，占66.86%。小学一年级招收新生9.40万人，其中，接受学前教育的9.24万人、招收随迁子女3.84万人、招收进城务工人员随迁子女2.24万人。2019年，全市小学毛入学率101.79%、净入学率99.82%、巩固率99.69%、辍学率0.07%、毕业班学生升学率96.31%。

【普通初中教育】 全市普通初中199所，其中民办61所。教学班4884个，其中民办1229个。教职工1.88万人，其中民办4195人；专任教师1.76万人，其中民办3733人。在校学生22.09万

人，其中民办5.29万人；在校学生中女生10.55万人、少数民族学生4.34万人、寄宿生10.97万人、农村留守儿童5804人、农村户口在校生14.21万人、享受营养餐学生10.59万人、享受城市低保学生826人、随班就读学生646人、死亡学生29人、华侨学生7人、港澳台学生42人、外国籍学生14人。初中随迁子女学生6.19万人，在公办学校就读学生3.99万人，随迁子女在公办学校就读占64.54%。初中进城务工人员随迁子女学生4.13万人，在公办学校就读2.82万人，进城务工人员随迁子女在公办学校就读占68.22%。初中一年级招收新生7.43万人，其中招收随迁子女2.24万人、招收进城务工人员随迁子女1.46万人。2019年，全市普通初中毛入学率109.35%、净入学率97.97%、升学率98.36%、辍学率0.33%、巩固率99.17%。

【普通高中教育】 年内新增普高招生学校3所，完成普高招生4.51万人。推动11所省级普通高中优质特色发展，确定市级特色学校8所招收艺术特长班，申报开办“普职融通”“综合高中班”学校5所。开展“一师一优课”活动，在县级“优课”基础上，评选推荐市级“优课”237节。完成昆明市第十四中学、昆明市第一中学西山学校、西山一中、禄劝一中4所省一级高（完）中等级评审，全市省一级高（完）中34所，优质普通高中学校在校生占75.20%。全市普通高中学校125所，其中民办63所。教学班2503个。教职工1.13万人，其中民办3800人；专任教师9288人，其中民办2581人。在校学生12.37万人，其中民办3.31万人。在校生中，女生6.83万人，少数民族2.42万人，残疾学生158人，寄宿生8.96万人，农村户口学生6.69万人，随迁子女学生3.35万人，重读生20人，年度死亡学生13人，城市低保学生698人，华侨学生2人，香港学生4人，台港学生7人，外国籍学生3人。2019年全市参加高考人数3.97万人。全省文理科前50名共100名学生中昆明市占45人。600分以上学生全省13940人，其中昆明市3606人，位列州市第一。本科上线率70.88%，一本上线率28.12%。

【中等职业教育】 年内下达现代职业教育质量提升计划专项资金7048万元。整合优质职业教育资源，将云南省邮电学校整体并入昆明铁道职业技术学院。优化专业设置，全年新增专业10个，禄劝职业高级中学学前教育专业通过省级评审，完成招生100人。加大职业教育师资培训，组织14名专业技术人员赴德国参加“现代学徒制”培训学习，组织50名管理人员和教师赴浙江大学开展研修培训。参加2019年全省技能大赛，中职组获奖数量全省第一，职业教育服务经济社会发展能力不断提升。组织参加上海教育博览会，开展对接交流，主动寻求深度合作。全市中等职业学校81所，其中民办24所；另有其他中职机构1所、附设中职班高校37所。省部级以上优质中等职业学校34所，优质中职学校在校生占65.5%。教职工5328人，其中民办1919人；专任教师4148人，其中民办1353人。在校学生18.21万人，其中民办11.93万人。高校附设中职班在校学生11.77万人，其中民办8.39万人；中等职业学校（机构）在校学生6.44万人，其中民办3.54万人。省属中职学校在校学生1.65万人，其中民办6854人；市属中职学校在校学生4.78万人，其中民办2.86万人。年内招生新生6.01万人，其中高校附设中职班招生4.02万人、中等职业教育学校招生1.99万人。

【高等教育】 在昆高等教育学校54所，在校学生81.01万人，教职工4.25万人，专任教师3.06万人。其中：普通高等教育学校52所，在校学生62.26万人，教职工4.23万人，专任教师3.06万人；成人高等教育学校2所，在校学生18.75万人，教职工160人，专任教师41人。市属普通高等教育学校3所，在校学生3.50万人，教职工2077人，专任教师1476人。其中：昆明学院在校生3万人，教职工1577人，专任教师1093人；昆明铁道职业技术学院在校生3239人，教职工232人，专任教师166人；昆明幼儿师范高等专科学校在校生1745人，教职工268人，专任教师217人。

【民办教育】 落实促进民办教育发展各项政策措施，制订出台《昆明市关于规范民办教育发展的实施方案》，不断规范民办学校办学行为。以分类管理为抓手，开发昆明市民办教育管理信息系统，优化民办学校年检工作，推进校外培训机构专项治理行动。加强普惠性民办幼儿园建设，年内评选认定普惠性民办幼儿园154所。下达市级普惠性幼儿园奖补资金2779.80万元，惠及8.40万余名在园幼儿；下达市级民办教育发展专项资金1059.90万元，支持民办教育发展。2019年，全市各级各类民办学校1231所，教职工3.79万人，专任教师2.33万人，民办学校在校学生46.06万人。

【特殊教育】 实施特殊教育第二期三年提升计划，依法保障7类残疾适龄儿童少年接受义务教育，并逐步向职业教育延伸。探索专门学校改革发展路径和方法，专门学校办学质量位居全国前列。全市特殊教育学校6所、教职工204人，专任教师194人，在校学生824人；工读学校1所，教职工44人，专任教师39人，在校学生100人。残疾儿童入学率98.56%。

【民族教育】 推进民族团结示范“进机关”“进学校”活动，中小学民族团结教育活动开展面100%。“阿诗玛班”“民族班”招收少数民族学生153名。组织中小学师生参加民族团结教育系列活动，128名师生在省级比赛中获奖。制订少数民族双语教师培训计划，开展3期少数民族双语教师培训，培训双语教师80名，少数民族教师普通话培训50名。完成禄劝县云龙乡18～45岁少数民族劳动力50名普通话培训任务。

【依法治教】 成立依法行政工作领导小组，落实法治政府建设工作责任，做到法治工作与业务工作同研究、同部署、同安排。实行法律顾问工作制度，出具法律意见书42份。落实重大决策听证制度，全年召开听证会4次。加强内部审计监督，依托第三方完成局机关2018年预算执行及其他财务收支、昆明市教工二幼和云南省邮电学校主要领导干部离任经济责任、昆明市第一中学3所名校长基地和昆明市外国语学校等14所名师工作室经费审计。加强法治学习教育，局党组开展集中学法活动4次，机关“法宣在线”参训率100%。以“法律服务进校园”“模拟法庭进校园”“宪法小卫士”和“宪法宣传周”等系列活动为载体，开展学校法治宣传教育活动。持续推进“放管服”改革，梳理部门权责清单，仅保留行政许可审批2项，办事材料减少4项，办事时限较法定时限缩减60%以上。推进学校幼儿园章程建设。办理人大建议35件，其中，省级2件、市级33件。办理政协提案57件，其中，国家级1件、省级3件、市级53件，面商率、答复率、满意率均为100%。

【教育督导】 修订《昆明市对县级人民政府履行教育职责督导评估标准》，晋宁区、寻甸县政府履行教育职责顺利通过省级评估，晋宁区被省政府认定为教育工作先进县，寻甸县被认定为合格县。对全市义务教育优质均衡达标情况进行摸底调研，督促指导对标对表补齐短板。开展学校安全、义务教育控辍保学等专项督导检查。组织五华等7个县（区）参加国家基础教育质量监测，圆满完成监测任务。年内，创建云南省现代教育示范学校12所、幼儿园9所，昆明市现代教育示范学校20所、幼儿园18所。全面开展幼儿园办园行为评估，县级督导评估341所，市级督导评估14所。

【教育科研】 制订出台加强新时代教育科研能力建设实施方案，推进科研创新，提升科研水平，更好地发挥教育科研“领头雁”和“指南针”作用。加强课题研究管理工作，提升决策咨询服务水平，申报全国教育科学规划课题27项，获批教育部重点课题1项，申报云南省教育科学规划课题133项，获准立项20项，创课题立项新高。开展高考备考专项调研20余次，组织高三统测6次，提高学生备考水平。做好初中学业水平考试命题工作，持续推进中小学教育质量监测工作。师大附小和安宁中学分别荣获第九届市长质量奖和提名奖。建立健全考试招生管理评价体系，圆满完成各级各类考试工作，实现考试公平、公正、平安有序。

【德育工作】 深入推动习近平新时代中国特色社会主义思想进教材进课堂进头脑，全面推进社会主义核心价值观教育实践活动。贯彻落实全国和省市思政课教师座谈会精神，围绕思路、师资、课程、教法等创新创优，组织开展名长名师带头讲思政课，启动实施中小学思政课展示评优活动，不断推进思政课改革创新，思政课开展情况被省委宣传部推送到“学习强国”平台。持续推进文明城市、文明校园和校园文化建设，广泛开展“学习新思想，做好接班人”和“扣好人生第一粒扣子”等主题教育系列活动，着力增强德育工作的针对性和实效性。加强和改进未成年人思想道德建设，推进全员育人、全过程育人、全方位育人体制机制建设。坚持师德师风建设和党风廉政建设相结合，建立健全师德师风建设长效机制，广泛开展“重品行、树形象、做榜样”活动，评选“名班主任”699名。

【艺术卫生与健康工作】 成功举办第30届学生艺术节，组织近10万人次学生参加系列活动。加强和改进美育，完成艺术教育年度评价，学生参与率和合格率100%。推进儿童青少年近视防控改革试验区试点工作，有序开展卫生监督校园行动计划，认真做好食品安全和垃圾分类等工作。制订出台中小学心理健康教育实施方案，开展心理健康教育示范校、学校心理辅导室建设，打造心理健康教育名师工作室，培养学生积极乐观、健康向上的心理品质。推进劳动教育和家校协同育人，深入开展禁毒防艾等各项工作，促进学生健康成长。

2019年10月，沪昆教育合作交流论坛暨昆明市首届校（园）长论坛在昆明举办
（市教育体育局　供稿）

【学生资助工作】 全年68.23万人次享受学生资助政策，安排各级各类补助资金7.24亿元。79名学生获得中等职业学校国家奖学金，奖励资金47.40万元。1300名学生获得云南省优秀贫困学子奖学金，补助资金650万元。14029名在校大学生获得生源地信用助学贷款，发放贷款1.09亿元。扶持108名大学毕业生自主创业，发放贷款1451万元，带动378名大学毕业生实现就业。

【营养餐改善工作】 全市841所农村义务教育阶段学校、32.15万名学生享受国家营养改善计划，下拨营养改善计划专项资金3.19亿元，其中，国家级资金14821万元、省级资金2117.26万元、市级资金8771.52万元、县级配套资金6225.44万元。

【语言文字工作】 加快推进民族地区国家通用语言文字普及工作，创建市级语言文字规范化达标校173所、示范校20所。开展小学教师普通话培训1735人，完成48625人次普通话水平测试。成功举办昆明市第五届中小学生语言才艺舞台剧大赛、昆明市第九届“聆听·声之韵”教职工诗文朗诵大赛、昆明市第22届全国推普宣传周系列活动。参加“云岭杯”2019年云南省中华经典诵写讲大赛、经典诵读和经典课讲解现场总决赛，盘龙区明通小学彭姗姗等6名教师获得云南省总决赛一等奖。五华区红旗小学教师张静参加全国“迦陵杯”诗词讲解大赛，获得小学组二等奖。

【教育扶贫】 推进教育扶贫攻坚和巩固提升工作，完成贫困户、贫困村、贫困县退出教育指标任务，寻甸、禄劝和东川顺利实现脱贫摘帽。申报东川区移民搬迁中小学建设项目，争取1004万元中央补助资金用于东川区高中建设，着力解决贫困地区学生入学问题。创新开展主城区与贫困县区学校结对帮扶，2019年禄劝彝族苗族自治县和寻甸回族彝族自治县各有1名学生分别考入清华大学和北京大学。面向民族县、贫困县招收“民族班”“阿诗玛班”，首届毕业生本科上线率实现100%，一本上线率达到71.7%。抓好脱贫攻坚各类巡视巡查整改工作，持续巩固提升教育扶贫成效。

【校园安全工作】 严格按照“党政同责，一岗双责，齐抓共管，失职追责”和“三必管”要求，签订安全责任书，层层落实安全责任。年内，投入校园安全建设和工作经费2.70亿元，配备3573名安全专干、6153名保安人员，建立校园安全警备室717个，1166所学校安装一键式紧急报警装置。围绕国家安全教育日等重要时期和节点，开展安全宣传教育培训工作，着力提升师生安全防范意识。开展消防安全、交通安全、校车、防溺水、防暴恐、校园及周边治安综合环境等专项治理。大力开展校园安全隐患排查整治工作，累计排查安全隐患5814个，建立安全隐患数据库，切实消除安全隐患。提升学校应急能力，强化突发事件处置，年内开展消防安全、反恐防暴等应急疏散演练1.90万余次。开展“平安校园”创建工作，命名市级“平安校园”16所，申报省级平安校园16所。有序推进扫黑除恶专项斗争，全方位、多领域排查涉黑涉恶线索，确保系统内安全稳定。

【教师队伍建设】 深化新时代中小学教师队伍建设改革，着力推进教育人才培养、使用和管理。落实乡村教师生活补助政策，下达2019年乡村教师生活补助市级奖补资金3699万元。公开招聘及选调教师764名，其中特岗教师132名；考核录用公费师范生375名；培养省、市级公费师范生232名。创新“双一流”大学和教育部直属师范院校优秀毕业生专项招聘工作，体现“招聘时间提前”“学校用人自主”“考核方式灵活”“招考程序优化”等特点，招聘优秀毕业生105名，其中硕士以上学历占70%。实施教师队伍素质提升计划，市级投入1000万元，完成市级培训3455人，参加上级培训1013人。年内评选“春城计划”教学名师20名、昆明教学名师100名、市级学科带头人和骨干教师194名、教坛新秀701名；表彰市级优秀教师、优秀教育工作者、优秀班主任、有突出贡献农村教师400名；重奖优秀市级乡村教师74名。省级表彰从教20年以上优秀乡村教师37名、云南省优秀教师3名、云南省教育系统先进集体2个。国家表彰全国教育系统先进集体1个、全国模范教师1人、全国优秀教师4人、全国教育系统先进工作者1人。2019年，全市幼儿园、小学、初中、普通高中和中职专任教师学历合格率分别为98.92%、99.89%、99.91%、98.27%、86.43%。

【教育基础设施建设】 2019年，投入经费16.95亿元，保障教育基础设施建设和重点项目发展。完成教育固定资产投资88.34亿元，争取上级资金10.50亿元。组织实施“全面改薄”项目收尾验收工作，新建校舍及运动场177.80万平方米，购置设备154万台件套。完成“乡村小规模学校和乡镇寄宿制学校”布局专项规划和“义务教育薄弱环节与能力提升”建设规划编制。有序推进“厕所革命”，投入资金2473.50万元，建成面积14305平方米。完成直属学校教室灯光照明改造工作，投入资金503.80万元，改造教室灯光337间。

（宋永东）

体 育

【概况】 截至2019年底，全市综合性公共体育场馆17个，其中体育馆7个。社会足球场180块，其中标准足球场94块。中小学校园足球场451块，其中标准足球场159块。文体活动广场510个，健身活动广场205个。农民体育健身工程点1093个，健身路径1839条，健身步道52条，晨练晚练点927个。各类体育社团组织49个，体育俱乐部104个，1个市级国民体质监测中心，14个县级国民体质监测站。社会体育指导员17593人。国际级裁判员10人，三级以上国家级裁判员1098人。

2019年6月7日，端午节龙舟赛开赛 （市教育体育局 供稿）

【群众体育】 着力打造"一县区一品牌、一地一特色"全民健身活动名片。于2019年8月成功举办第三届春城体育节，紧紧围绕"舞动昆明，速度昆明，定向昆明，健康昆明，动感昆明，生态昆明"等6条主线举办系列活动。参加"全民健身日"云南省主会场系列活动，获得3个一等奖、3个二等奖、1个挖掘创新奖和1个道德风尚奖。参加云南省第四届大众篮球争霸赛，昆明女队获得云南省东部地区冠军和全省总冠军。参加2019年七彩云南全民健身运动会健身气功交流比赛暨云南省第八届健身气功交流比赛，获得2个一等奖。开展100人规模以上全民健身活动160余次，参与人数35万人次。引领新时代全民健身活动新潮流，开展定向越野联赛、野战运动、轮滑等活动；以传统节日为抓手，开展新年长跑活动、春节全民健身活动、元宵节舞龙舞狮活动、端午龙舟赛等全民健身活动；弘扬传统体育文化，开展民族健身操舞、传统武术、健身气功、摔跤等民族传统体育活动，全民健身活动呈现百花齐放态势。年内，组织二级社会指导员培训156名，三级社会体育指导员800余人。

【学校体育】 严格执行学校体育课程标准，开足开齐体育课，确保学生每天锻炼一小时。完成初中生学业水平体育科目考试和4.51万名高一新生军训工作。全年举办田径、自行车、摔跤、射箭、游泳、武术、柔道、排球、篮球、足球等29项（次）中小学学生比赛。深入推动校园足球发展，校园足球最佳阵容比赛圆满完成，校园足球特色学校高中联赛等有序开展。参加全省校园足球最佳阵容比赛，8支球队获得冠军，1支球队获得亚军，7人入选全国总营最佳阵容。参加云南省第二届中小学"青春杯"校园拳击锦标赛暨技能大赛，锦标赛获金牌5枚、银牌1枚、铜牌4枚，技能大赛获得一等奖4名、二等奖1名、三等奖2名。参加云南省首届中学生田径锦标赛暨2020年全国学生运动会田径项目选拔赛，获金牌26枚、银牌14枚、铜牌1枚。参加云南省教育厅举办的篮球、排球、啦啦操等比赛，获6个第一名，1个第二名。申报全国青少年校园足球特色校30所、满天星训练营试点县2个。年内，获批全国青少年校园足球特色学校22所，全市足球特色学校164所。

【竞技体育】 成功举办昆明市第六届运动会，青少年组15个大项产生金牌409枚，成年组12个大项产生金牌80枚。参加云南省15个项目年度冠军赛和锦标赛，获金牌282枚、银牌264枚、铜牌248枚，20支队伍获得道德风尚队，35人获得道德风尚奖。代表云南省组队参加第二届全国青年运动会，获金牌16枚、银牌7枚、铜牌12枚。参加全国青少年U系列比赛，获得金牌24枚、银牌25枚、铜牌19枚。年内，昆明籍运动员参加国际性比赛获6金5银1铜。全年授予国家二级运动员称号235人、国家二级裁判员称号2137人，县(市、区)向市级输送体育后备人才243人，市级向省级输送优秀运动员89名。与相关部门共同承办2019年昆明网球公开赛、2019年昆明高原国际半程马拉松赛、2019上合昆明马拉松、2019昆明环滇池高原自行车邀请赛、MCC地中海中国(昆明)冠军赛、西甲希望杯中国(昆明)赛、2019昆明滇池国际龙舟争霸赛等重大体育赛事。

【体育基础设施建设】 2019年，投入经费1.15亿元，保障体育基础设施建设。持续推进健身设施建设，着力解决百姓身边健身设施不足、健身场所功能单一、健身设施陈旧等问题。加大体育设施薄弱地区政策倾斜，完成5个村级体育设施建设，基本建成市、县、乡、村四级健身设施网络。打造城市社区"15分钟体育健身圈"，建成健身步道6条，累计14.30千米。实施农民体育健身工程，有序推进80条全民健身路径、50个农民体育健身工程点安装建设。扎实推进足球场地建设，年度新建社会足球场9块。稳妥推进全市公共体育场馆免费或低收费开放工作。

（宋永东）

医疗卫生

编辑：罗桂莲

卫 生

【概 况】 2019年3月5日，昆明市卫生健康委员会正式挂牌成立。年内，昆明地区拥有各级各类医疗卫生机构5068个，床位6.41万张，在岗职工10.44万人，卫生技术人员8.70万人，平均每千人拥有床位9.22张，每千人口职业（助理）医师4.55人。昆明市平均期望寿命79.41岁，较上年增加0.40岁；居民健康素养水平25.60%，较上年提高5.10%；孕产妇死亡率7.95/10万，较上年下降31.80%；婴儿死亡率2.66‰，较上年下降18.20%；重大慢性病过早死亡率11.45%，较上年下降6.50%。《“健康中国2030”规划纲要》提出，到2030年全国人均期望寿命达到79岁，昆明市居民人均期望寿命提前达到“国标”。实施新一轮防治艾滋病攻坚工程，全市新报告艾滋病病毒感染者和艾滋病病人1143例，累计存活艾滋病病毒感染者和艾滋病病人1.55万例，占全市总人口的0.23%，死亡3625例。

【卫生健康五年规划】 为高水平、高质量、高效率做好昆明市“十四五”卫生与健康规划编制工作，经市政府同意，市卫健委以委托第三方专业机构编制的方式编制该规划。9月，市发展改革委和市财政局下达规划编制工作专项经费20万元。其中：2019年安排12万元，2020年安排8万元。经研究，确定采用竞争性磋商的方式进行公开招标，于11月21日完成公开招标程序，按规定与中标单位签订规划编制合同和数据资料保密协议。已完成“十四五”卫生与健康规划基本思路、初稿编制，并按要求报送市“十四五”发展规划编制领导小组办公室。

【医药卫生体制改革】 以10家三级医院为核心开展各种形式的医联体建设，共覆盖519家医疗机构，14个县（市、区）。以市延安医院、市第一人民医院、市第二人民医院、市中医医院为主建立医疗集团；以市第三人民医院、市妇幼保健院、市儿童医院、省精神病医院、市口腔医院牵头建立5个专科联盟；安宁市、宜良县、东川区卫计局，市第一人民医院，市延安医院，市儿童医院，在医联体和医共体内已开展远程医疗试点工作。推进全市县域紧密型医共体建设，促进分级诊疗制度落实。完成2017年度取消药品加成财政补助的审计工作，10月，经市政府批准对2016~2018年度取消药品加成财政补助进行结算，并对2019年度取消加成财政补助进行预拨。

在昆明市第二人民医院薪酬制度试点改革基础上，加大全市公立医院薪酬制度改革进度。2019年5月31日，《云南省精神病医院薪酬绩效考核方案》经召开云南省精神病医院第九届职工代表大会暨第十一届工会委员会2019年第四次职代会审议通过；6月11日，《昆明市延安医院职工薪酬制度改革方案（试行）》经昆明市延安医院第八届职工代表大会第十次会议审议通过。此次薪酬制度改革对提高医疗卫生系统工作人员积极性，提高医疗服务质量和水平具有重大意义。

2019年7月24日，昆明市第一人民医院与北京大学肿瘤医院签订肿瘤防治远程医疗协同平台共建协议书 （市卫健委 供稿）

【疾病预防控制】 开展现场结核病防治工作指导2次，覆盖14县（市、区），初步拟定《昆明市地方病防治专项攻坚行动实施方案》，全市无甲类传染病报告。全面推行预防接种信息系统建设，年内，部分接种点已配备打印机、扫码枪、电子签章系统，预防接种工作逐渐由人工登记向信息化转型；新生儿预防接种建档建卡工作由接种单位移交至产科出生医院，通过关卡前移，减少儿童漏种情况。寻甸县在全市最后一个通过市级麻风病危害达标考核验收，全市14个县（市、区）的患病率均达到1/10万以下。

拟订《昆明市严重精神障碍定点治疗医疗机构审定和考核工作方案》《昆明市严重精神障碍管理治疗方案》，全市按照指标管理推进工作。截至2019年12月，昆明市严重精神障碍患者报告患病率4.20‰，在册管理患者2.84万人，年在管患者管理率84.28%，年在管规范管理率75.39%。全年未发生严重精神障碍患者肇事、肇祸事件。

【医政管理】 推进国家区域医疗中心建设，与首都医科大学附属北京胸科医院、首都医科大学附属地坛医院、中日友好医院、上海中医药大学附属龙华医院、北京大学肿瘤医院、首都医科大学附属北京朝阳医院6家国内医疗机构签订医疗卫生合作协议，与北京大学人民医院共建专家工作站，与解放军总医院远程医疗合作正式上线启动，与中国中医科学院广安门医院合作建设滇中新区分院项目。其中：依托昆明市延安医院、昆明市第一人民医院与首都医科大学附属北京朝阳医院，合作共建全国首个高原呼吸病学研究中心；依托昆明市经开区人民医院与北京大学肿瘤医院合作共建国家肿瘤区域医疗中心；依托广安门医院滇中新区分院建设国家中医区域医疗中心，为昆明实施“健康春城”战略提供技术和资源保障。推动县级公立医院提质达标晋级。全市已有6家县级医院（东川区人民医院、宜良县第一人民医院、禄劝县第一人民医院、安宁市人民医院、呈贡区人民医院、寻甸县人民医院）通过省级提质达标验收工作。正式实施《昆明市医疗机构不良执业行为记分管理办法》，规范全市医疗机构执业行为，维护医疗市场正常秩序。截至12月底，备案记分企业96家，记分次数107条，共记分402分。

【基层卫生健康】 做实做细家庭医生签约服务工作，全市共有7969名家庭医生，组建家庭医生签约服务团队2675个，签约居民324.13万人，履约106.76万人，履约率32.93%，签约居民人均履约次数0.97次。全面取消家庭医生签约服务居民签约数量要求，实行签约一人、履约一人、做实一人，完善签约服务内涵，提升签约服务质量。实施全民健康工程和基层能力提升行动，督促推进10个基层慢病管理中心和心脑血管救治站建设。扎实开展基层能力提升培训和岗位练兵、技能竞赛活动。组织紧密型医共体建设国家试点县申报工作和乡镇卫生院、社区卫生服务中心等级评审。

【妇幼健康】 召开2019年昆明市妇幼健康管理培训会，安排全年孕产妇、婴儿死亡率控制工作重点难点。农村妇女宫颈癌检查5.68万人，乳腺癌检查5.73万人；对辖区内结婚登记人群开展免费医学检查，免费婚检6.94万人，婚检率87.75%，免费孕前健康检查208万对，农村妇女叶酸增补1.51万人。规范开展新生儿疾病筛查工作，新生儿遗传代谢性疾病筛查8.70万人，新生儿听力筛查8.70万人。推进预防艾滋病、梅毒、乙肝母婴传播各项指标任务。

【卫生应急】 全年无鼠疫、霍乱、人高致病性禽流感等重大传染病疫情和突发公共卫生事件报告，突发公共卫生事件达到网络报告2起，均及时有效开展处置，未因处置不当造成疫情扩散和事件蔓延。其中检测处置昆明首例人感染H9N2禽流感病例、首例人冠状病毒HKU1感染死亡病例、首例输入性基孔肯雅热感染病例等疫情及7起不明原因肺炎事件。开展突发事件紧急医学救援33起。

【药政管理】 2016年12月26日，国务院医改办等8部委局联合印发《关于在公立医疗机构药品采购中推行“两票制”的实施意见（试行）》，“两票制”是指药品从药厂卖到一级经销商开一次发票，经销商卖到医院再开一次发票，以“两票"替代常见的七票、八票，减少流通环节的层层盘剥，并且每个品种的一级经销商不得超过2个。2019年，全面落实药品采购“两票制”，市级医院“两票制”药品满足率平均水平保持在98%以上，县及县以下医疗机构“两票制”药品满足率平均水平在95%以上。

【人口监测与家庭发展】 2019年，继续全面实施两孩生育政策，深化计划生育“放管服”改革，全面推进生育登记审批网上办理，简化办理流程，实行限时办结。全年办理一孩生育登记2.41万人、二孩生育登记2.43万人、三孩审批1567人。中央、省、市计划生育家庭奖励与扶助制度共投入资金1.42亿元，比上年增加556.17万元；农村计划生育家庭奖励扶助制度受益4.52万人、计划生育家庭特别扶助制度受益7427人、一次性奖励受益723户、教育奖学金受益1.75万人、一次性抚慰金受益317人、特殊家庭生活补助受益7246万人，低保独生子女家庭生活补助1.42万户，享受减免城乡居民医保28.77万人。

【老龄工作】 2019年，全市常住人口693万人，户籍总人口578.46万人，60周岁以上的户籍老年人111.04万人，占户籍总人口的19.20%。其中：65岁以上户籍老年人81.72万人，占全市户籍总人口的14.13%，占全市户籍老年人口的73.60%；80岁以上高龄老年人16.12万，占全市户籍总人口的2.79%，占户籍老年人总数的14.52%。老龄人口占比率高于全省14.18%、全国17.9%的老龄化标准，表明昆明市已进入中度老龄化社会。

开展昆明市60岁及以上户籍老人免费接种23价肺炎球菌多糖疫苗惠民实事项目，为60岁及以上户籍老人免费接种肺炎疫苗39.40万人份，任务完成率109.53%，最大限度地保护老年人健康。

年内，按80～89岁每人每月60元，90～99岁每人每月120元，100周岁以上每人每月500元的规定，全市发放高龄补贴16.13万人、发放高龄补贴1.21亿元。其中：下达省级补助资金977.46万元，市级补助资2787.04万元，县级承担8339.23万元。全年组织办理新增老年人优待证5.51万份。

2019年7月18日，北京大学人民医院与昆明市妇幼保健院举行“王乐今专家工作站”授牌仪式

（市卫健委　供稿）

【中医药管理】 落实中医药法的相关配套制度，依法推动中医药各项工作，进一步提高基层中医药服务能力。截至2019年底，昆明市辖区内设有中医馆966个，乡镇卫生院、社区卫生服务中心全部能够规范开展4类以上中医药适宜技术服务，98%的社区卫生服务站及80.72%的村卫生室能够规范开展2类以上中医药适宜技术服务。

【职业安全健康】 推进职业病危害项目申报，全市重点以采矿业、机械加工、建筑业、交通运输业、批发和零售业、化工、汽车制造与汽车维修、建材行业及其他行业领域等职业病危害因素开展职业危害申报，历年累计有3189家企业完成职业病危害因素申报。对全市282家企业、5万余人次进行职业健康检查、诊断、鉴定。做好职业病预防措施，从源头上控制和消除职业病危害，切实防范职业病危害事故，有效保障劳动者的职业健康权益。全年完成4家企业职业病危害隐患整改复查工作，对未按期整改职业健康危害隐患立案查处1件。配合省卫生健康委对市7家职业病危害重点企业开展职业病危害隐患排查工作。

【医养结合】 抓住国家“医养结合试点”和“居家和社区养老服务改革试点”机遇，坚持以满足老年人多层次、多样化健康养老服务需求为中心，着力打造推广“三体一式一型”医养结合新模式，助力推进全市健康养老服务体系建设。以市第二人民医院、市中医医院、市社会福利院、市第三人民医院为龙头，各级各类医养机构为主干，居家社区养老为基础、机构养老为依托的全市域医养结合工作格局基本成型。建设医养结合共同体（一个机构同时持有养老机构许可证和医疗机构许可证）32家（其中社会力量兴办医养结合机构9家），主要分布在五华区4家、官渡区8家、西山区6家、盘龙区3家、安宁市4家、寻甸县2家、晋宁区2家，医养结合机构医疗床位总数2104张，养老床位8697张。

【爱国卫生运动】 年内，通过2018年国家卫生城市复审，昆明市爱国卫生工作3次蝉联国家卫生城市荣誉称号，受到省领导表扬，并倡导全省各州市学习借鉴。同时，安宁市、石林县，安宁市温泉街道、青龙街道也通过国家卫生城市（乡镇）复审。

【人才队伍建设】 2019年，出台“春城计划”名医专项实施细则，力争用3—5年选拔培养春城名医100名。拟制《昆明市卫生健康人才队伍建设工作方案》，提出实施卫生健康高层次人才引进、优秀医疗卫生人才服务基层岗位补助、青年医师培养资助和卫生健康人才项目扶持4个实施计划。根据市人才工作领导小组2019年工作目标要求“引进博士（副高以上职称）人才10人，硕士研究生以上60人”，至年末，招聘引进博士（副主任医师以上）8人，招聘硕士研究生74人。继续实施“十百千”工程，遴选出内设研究机构36个，“百”工程人员24名、“千”工程人员74名。加强继续医学教育，获批国家级继教项目34项、省级继教项目155项、市级继教项目342项、学术活动122项。

【健康扶贫】 按照省政府健康扶贫30条措施要求，抓好健康扶贫医疗保障相关工作。截至2019年底，“三个一批”工作进一步落实，县乡村三级医疗机构全面达到国家贫困退出基本标准。全市有建档立卡贫困人口9.60

2019年5月14日，中日友好医院与昆明市远程医疗健康扶贫签约（市卫健委　供稿）

万户35.07万人，已脱贫因病致贫返贫建档立卡贫困人口1.24万户4.31万人。需大病集中救治2.18万人，已救治2.17万人，救治进度99.60%；建档立卡贫困患者医疗费用住院个人自付比例8.48%，门诊个人自付比例13.29%；县域内救治率达90.30%；全市14个县级人民医院全部达到《国家县级医院医疗服务基本标准》（2016年版），均通过二级甲等医院评审。

【专项整治行动】 深入开展昆明市医疗行业不正之风清理整治专项行动，推进医疗卫生行业“扫黑除恶”专项斗争，医疗系统黑恶势力违法犯罪突出问题得到有效遏制；部门联动，全面开展医疗乱象专项整治行动，成立医疗乱象专项整治领导小组，搭建“昆明市医疗机构执业管理平台”，规范全市医疗机构执业行为，维护医疗市场正常秩序。

（市卫健委）

大健康产业

【大健康产业发展规划】 2019年，市政府印发由市大健康办公室牵头编制的《昆明市大健康产业发展规划（2019—2030年）》，明确昆明未来10年大健康产业发展战略目标和发展方向，重点聚焦7大重点领域、27个方向、7个特色集群以及8大工程，不断拓展产业全覆盖、健康全过程、生命全周期的大健康产业体系。

【重点项目】 2019年，围绕高端医疗、生物医药、细胞产业、疫苗工程、中药材种植加工、养生养老、康体健身、健康旅游等大健康产业，通过采取领导带队招商、龙头企业招商、行业关键项目招商等多种形式，加大招商引资力度，推动重点项目建设。市政府与阿里健康、泰康人寿等多家知名企业签订战略合作框架协议，推进阿里体育、博奥生物、通盈药业研发生产基地、鹏瑞利国际健康商旅城——昆明南站项目等重点项目建设。发挥昆明在国内疫苗研发生产方面的优势，推动高新区沃森生物、中国医学科学院医学生物学研究所疫苗的研制生产。发展细胞产业，明确“六中心＋九要素”的产业发展基本框架，为昆明大健康发展提供有效支撑。截至2019年底，全市大健康重点项目共84个，累计完成投资709.17亿元，其中投资规模百亿元以上项目11个，占总投资的84.20%。

（大健康办公室）

社　会

编辑：罗桂莲

人力资源和社会保障综述

【就业创业】　2019年，昆明市人力资源和社会保障局通过政策驱动、产业拉动、项目推动、创业带动、服务促动做好就业创业工作，就业规模不断扩大，创业创新活力迸发。全市城镇新增就业16.15万人，城镇失业人员再就业4.19万人，就业困难人员再就业3.78万人；新增就业见习人数5492人，实名登记高校毕业生就业率94.70%；城镇登记失业率3.44%。全市新增市级新型创业创新孵化服务园区11个，举办第四届“春城创业荟”创业创新大赛和“2019春城创业论坛”活动，完成“泛海扬帆昆明大学生创业行动”八期项目，共有199个项目获得资助。发放创业担保贷款、小微企业贷款和“贷免扶补”贷款资金14.27亿元，带动就业2.57万人。出台《昆明市职业技能提升行动实施办法（2019—2021年）》，全面启动职业技能提升行动，2019年完成培训23.33万人次。

【职工基本养老保险】　全面实施全民参保计划，推进机关事业单位养老保险制度改革。创新实施社会保险标准化建设试点，成为“职工基本养老保险待遇支付服务规范”国家标准的修标成员单位。全市城镇职工养老保险、工伤保险、失业保险参保人数分别为175.93万人、116.46万人、119.02万人，城乡居民养老保险参保人数212.49万人。全市建筑业、交通水利行业参加工伤保险项目共1198个（其中：新增项目543个，参保在建项目655个），覆盖农民工人群19.46万人次，新开工项目实现100%参保。连续15年上调企业退休人员基本养老金，企业退休人员平均基本养老金水平达到2838元，全市累计发放企业离退休人员基本养老金118.77亿元，发放机关事业单位退休人员基本养老金39.68亿元，月均支付率为100%。建立城乡居民基本养老保险待遇确定和基础养老金正常调整机制，城居保基础养老金最低标准达每人每月123元。全市被征地人员基本养老保险参保人数30.66万人，领取待遇人员19.37万人，全市符合参加城乡居民基本养老保险政策建档立卡人员实现100%领取待遇。落实国家降低社会保险费率决策部署，2019年1～12月，全市共减轻缴费单位负担36.38亿元。其中：减少养老保险费缴费单位负担23.16亿元，减少工伤保险费缴费单位负担2.08亿元，减少失业保险费缴费单位负担11.14亿元。

【人才队伍建设】 实施人才强市战略，抓好专业技术人才、高技能人才队伍建设，为昆明高质量发展汇聚充足的智力资源。出台《“春城计划”高层次人才引进工作青年人才专项实施细则（试行）》等专项配套政策，评审推荐春城青年人才专项候选人4名，青年拔尖人才候选人19名，春城首席技师候选人16名。截至2019年底，引进高层次紧缺急需人才318人。其中：博士63人，硕士190人；副高以上职称77人。出台《昆明市分类推进人才评价机制改革实施方案》，完成4万余名专业技术人员职称评审和“省贴”人员推荐选拔工作，全市专业技术人才总量达到35.50万人。出台《关于提高技术工人待遇的实施意见》，全市共培养高技能人才1.08万人，入选云南省“万人计划”首席技师专项9人，组织职业技能大赛27场，产生技术状元38名。昆明高级技工学校学生蔺永康代表中国参加在俄罗斯喀山举办的第45届世界技能大赛，夺得烹饪（西餐）项目铜牌。组织开展职业技能鉴定513场次，鉴定合格5.10万人次。全市面向社会和大中专毕业生公开招聘事业单位工作人员1569人，“三类生”（“三支一扶”“特岗教师”“西部志愿者”三类到基层服务期满高校毕业生）定向招聘68人。

【和谐劳动关系构建】 年内，出台《昆明市工资支付条例》，全市城镇各类企业签订劳动合同4.30万户，涉及职工139.80万人，劳动合同签订率达到97.77%，全市签订有效集体合同1.03万件，涉及职工176.50万人，集体合同签订率达到92.67%。全市共对7.90万户用人单位及职业介绍机构实施劳动监察，为7216名劳动者追讨工资等待遇7565.50万元。共办理劳动人事争议案件7499件，调裁金额2.07亿元。扎实开展扫黑除恶专项斗争，加大人社领域“乱象”治理，向市扫黑办上报线索5条，接收中央督导组、省人社厅扫黑办和市扫黑办线索26条，共办理完结案件26件，结案率达100%。

【主城区精准帮扶贫困地区农村劳动力转移就业】 推进主城区((高新区、经开区、滇池度假区，五华区、盘龙区、官渡区、西山区、呈贡区、安宁市）精准帮扶“一区两县”（东川区、寻甸县、禄劝县）贫困农村劳动力转移就业，全市共转移农村劳动力16.55万人，完成农村劳动力转移培训15.48万人，实现农村劳动力转移就业收入25.51亿元。主城区为“一区两县”收集并提供就业岗位5.40万个，接收安置“一区两县”农村劳动力7768人（建档立卡5139人），开发乡村公共服务岗位8665个。落实贫困人员参加城乡居民基本养老保险代缴补贴政策，全市符合参保条件的建档立卡贫困人口数27.01万人，参保率达到100%。

【便民利企服务】 推进“一网通办”“一窗通办”便民利企服务，不断提升人社经办能力和服务水平。2019年12月，被国家人社部授予“全国人力资源社会保障系统2017～2019年度优质服务窗口”称号。落实“基层减负年”各项任务，减少发文件数，压缩会议数量，精简报送事项，推动各项举措落地见效。打造多层次、全方位网上经办服务平台，推进“昆明智慧就业”平台建设，“昆明人社通”手机App有效注册活跃用户突破80万人。2019年，昆明市“12333”咨询服务平台共受理各类呼入电话20.64万个，满意率99.94%。

劳动就业和创业

【就业创业指标】 截至2019年12月底，全市共提供有效就业岗位19.91万个，城镇新增就业16.15万人，城镇失业人员再就业4.19万人，就业困难人员再就业3.78万人，失业保险参保人数119.02万人。农村劳动力转移就业16.55万人；其中建档立卡劳动力转移就业2.05万人，转移收入25.51亿元；城镇登记失业率为3.44%，控制在省、市规定的4%以内。全市累计建立高校毕业生就业见习基地792个，新增就业见习人数5492人，实名登记高校毕业生1.16万人，其中实现就业9681人，扣除出国留学、继续升学、应征入伍等1371人，实名登记高校毕业生就业率为94.70%。推进创业服务园区建设，全市新增市级新型创业创新孵化服务园区11个，认定省级创业孵化示范基地2个。从2019年至2021年底，昆明市从2018年底失业保险基金滚存结余中提取20%共8.87亿元，专项用于计划开展各类补贴性职业技能培训50万人次以上，2019年完成培训23.33万人次。

【高校毕业生就业创业】 出台《关于转发省人社厅切实做好“万名青年见习计划”实施工作的通知》等政策文件；组织参加全国就业创业工作暨普通高等学校毕业生就业创业工作电视电话会议，印发《关于进一步做好高校毕业生就业管理服务工作的通知》等工作文件，确保各项就业创业工作目标和政策措施落实到位。定期开展公共就业人才服务进校园活动，巩固政府和学校共同推进高校毕业生就业创业合作成果。实施高校毕业生“千企万岗”计划，统筹实施各类基层服务项目，简化实名登记手续，完善高校毕业生实名制数据库建设。开展高校毕业生（秋季）巡回招聘会、公共就业人才服务进校园、高校毕业生就业服务月等专项活动，促进高校毕业生多渠道就业。截至2019年12月底，全市新增就业见习基地122家，新增就业见习5492人，招募“三支一扶”高校毕业生到基层服务58人，举办各类高校毕业生就业专场招聘活动231场次，提供有效就业岗位20.50万个，促进2.23万名各类毕业生实现就业。

完成小微企业创业创新基地城市

2019年10月11日，全国第七届大中城市联合招聘高校毕业生秋季巡回招聘会昆明站活动现场 （市人社局 供稿）

示范项目的国家验收工作，组织创业园区管理服务人员培训，依托昆明学院、昆明高级技工学校开展1000名昆明市农村户籍在校学生、农村青年后备电商人才的培训工作。通过落实求职创业补贴、公益性岗位援助、职业培训补贴等措施，促进高校毕业生就业创业。全年共对4017名高校毕业生开展创业培训；为7.99万名困难家庭高校毕业生发放一次性求职创业补贴7990万元；安排242名就业困难高校毕业生进入公益性岗位，全市高校毕业生就业率连续11年保持在90%以上，困难高校毕业生100%实现就业。

【创业创新大赛活动】 举办第四届“春城创业荟”创业创新大赛活动，全市共有832个项目报名参赛，经海选、初赛、复赛、半决赛和总决赛等环节，最终有45个优秀创业项目获奖；举办首届“春城创业荟”创业创新大赛主题论坛活动，邀请省内外“双创”领域专家、学者、投资人和往届赛事获奖团队以“春城创业荟、创业惠春城”为主题展开演讲和讨论，为全市创业创新工作的升级发展提供探索。完成“泛海扬帆昆明大学生创业行动”七期项目各项工作，共资助202个项目，年平均营业额2.39亿元，累计上缴税费548.72万元，带动就业3103人。全面启动“泛海扬帆昆明大学生创业行动”八期项目，全市共有1007个创业项目资料通过网络审核，有199个创业项目资金资助。其中：大学生创业项目组63个，小微企业创业项目组136个。

【农村劳动力转移就业】 围绕乡村振兴战略总体部署，全面贯彻落实农民工返乡创业三年行动计划，在实现东川、寻甸、禄劝等昆明全部县（市、区）脱贫摘帽的基础上，将重心由组织劳务输出向就近、就地就业创业和外出就业并重转变。出台《鼓励第三方机构参与农村劳动力转移就业实施办法》，整合利用各类社会团体资源，搭建政府与市场在促进就业工作中的桥梁纽带作用，与人力资源公司、农村劳务经纪人开展劳务协作，推动农村劳动力外出就业。推进“百企万岗”入昆计划和“百千万”转移工程，2019年共向省外转移1.54万人。利用“春风行动暨送岗下乡”“民营企业招聘周”等契机，组织各类企业进村入镇，实现企业和求职者无缝对接。2019年，全市农村劳动力转移就业总量为16.55万人，新增转移就业2.98万人，通过政府部门组织外出就业7.63万人。主城区为“一区两县”建档立卡贫困农村劳动力提供稳定性就业岗位5.50万个，转移就业7837人，其中建档立卡贫困农村劳动力6362人。对“无法离乡、无业可扶、无力脱贫”的农村劳动力开发乡村公共服务岗位9083个；2019年共认定扶贫车间74个，吸纳农村劳动力9800人，兑付实施就业帮扶安置补贴260余万元。实施“订单式”“定向式”“定岗式”培训，全市累计开展城乡劳动力就业创业培训1008期，培训15.48万

2019年8月27日，蔺永康在第45届世界技能大赛烹饪西餐项目比赛中获得铜牌 （市人社局 供稿）

人。其中：技能培训3.24万人，引导性培训12.03万人，创业培训2100人。全年职业技能培训农村劳动力4.11万人次，其中建档立卡1.88万人次。

【就业困难群体援助】 准确掌握全市就业困难人员基本情况，对城镇就业困难人员，特别是“零就业家庭”“4050”人员和家庭困难高校毕业生等群体，通过实施再就业“政策实效”行动、落实社会保险补贴、公益性岗位安置等措施，开展就业困难群体援助工作。2019年，全市促进4.19万名下岗失业人员再就业，促进3.78万名就业困难人员再就业，开发公益性岗位1.40万个，为31户企业的1357名就业困难人员兑付社会保险补贴927.45万元，全市“零就业家庭”始终保持动态清零。落实失业保险降低费率政策，2019年，全市继续执行失业保险缴纳1%的费率，与原3%费率相比，为企业减负11.14亿元。为575户企业发放稳岗补贴1.39亿元，比2018年同期增加190户6.10万元，稳定就业岗位25.37万个。按时足额为5.42万名失业人员兑现失业保险待遇2.31亿元，为8572名职工发放技能补贴1539.36万元。及时启动价格临时补贴机制，全年为15.85万名参保失业人员发放临时价格补贴1339.29万元，降低对失业人员基本生活的影响。

【创业带动就业】 优化创业环境，放宽投资领域限制，放宽注册登记限制，放宽经营场所限制等政策优势；加强创业创新基地、创业孵化基地、创业园区、返乡农民工创业园、农业创业示范村等创业载体建设，为创业者搭建更广阔的平台。截至2019年底，共建成市级“农业创业示范村”140个，农业创业孵化基地（园区）35个，就业扶贫车间74个。园区孵化企业达到700余个，带动就业约3万人。全年共帮扶9587名创业者参加创业担保贷款、小微企业贷款、“贷免扶补”贷款，发放创业担保贷款、小微企业贷款和“贷免扶补”贷款资金14.27亿元，带动就业2.57万人。

和谐劳动关系构建

【劳动关系】 2019年，全市城镇各类企业签订劳动合同4.30万户，涉及职工139.80万人，劳动合同签订率97.77%；签订有效集体合同1.03万件，涉及职工176.50万人，集体合同签订率92.67%。在全市范围内推行劳动用工网上登记系统，提高劳动合同签订率及履约质量；推行农民工简易劳动合同范本，依法与农民工签订劳动合同。

开展旅游市场秩序专项整治，推进导游及其他劳动者劳动合同签订，维护劳动者合法权益。开展提升农民工劳动合同履行质量增强实效工作，扩大劳动合同制度覆盖面，规范全市农民工劳动用工管理，联合市住建局等9部门制订出台《提升农民工劳动合同履行质量增强实效工作方案》，全市在工程建设、采矿、制造、住宿和餐饮、家庭服务等行业中，创建规范农民工劳动用工管理示范企业48个、示范园区2个，发挥先进示范典型的引领作用。市级协调劳动关系三方按照《昆明市加强协调劳动关系三方机制的若干规定》，推进各县（市、区）协调劳动关系三方委员会成立。开展劳动关系和谐企业评价，全年共评价出劳动关系和谐企业123户。加强劳动关系风险防控和源头治理，深入五华、盘龙、官渡、宜良、经开等县、区及部分企业开展实地走访和座谈，开展劳动关系风险防范对策调研。

【工资调控】 定期向社会发布各类职业（工种）的工资价位，规范劳动力市场供需双方行为。2019年，按照不同行业类别抽取1589户企业开展薪酬调查，涉及职工17.50万人，在汇总分析数据的基础上发布工资指导线和涵盖18个门类、39个大类行业、471个职业（工种）的指导价位。联合市场监管部门，抽取昆明市参加薪酬调查的近50户企业开展“双随机，一公开”检查，内容涉及人工成本和从业人员工资报酬等情况，检查结果通过有关信息公示平台进行公示，接受社会监督。

开展国有企业负责人薪酬支付情况调研，摸清相关情况，为改革工作奠定基础。自2018年5月1日起昆明市主城一类地区（五华、盘龙、西山、官渡、呈贡区和安宁市、嵩明县）最低工资标准调整至每月1670元，二类地区（昆明市所辖其他各县、区）最低工资标准调整至每月1500元。年内，开展最低工资标准调整对低收入劳动者基本生活、企业竞争力、劳动力市场和就业等方面影响的评估，为下一步省级部门合理调整最低工资标准提供依据。

推进公立医院薪酬制度改革试点实施工作，结合昆明市经济发展、财政状况、医疗行业特点、试点公立医院职责定位，研究制定《昆明市市级公立医院绩效工资总量核定办法（试行）》，落实“两个允许”政策，稳步提高医务人员薪酬水平。贯彻落实《昆明市加快教育质量跨越提升行动计划》和《关于深化新时代中小学教师队伍建设改革的实施意见》，统筹义务教育学校教师与当地公务员收入，确保中小学教师平均工资收入水平不低于或高于当地公务员工资平均水平，稳定教师队伍，促进教育质量提升。2019年9月25日，印发《关于审核事业单位工作人员和机关工人驻村工作期间艰苦边远地区津贴的通知》，对派遣到实施艰苦边远地区津贴县（市、区）工作6个月以上驻村工作的事业单位工作人员和机关工人发放艰苦边远地区津贴。

【农民工工资清欠】 2019年，昆明市农民工工资拖欠问题得到有效遏制，全年市劳动监察支队查办各类交办、转办、信访件1468件，处理举报投诉案件1432件，追发7216名劳动者工资7565.50万元，对614户严重违反劳动法律法规的用人单位进行行政处罚，共处罚款56.29万元。实行诚信典型“红名单”和严重失信主体“黑名单”制度，依法及时向社会公布重大劳动保障违法企业名单。全年向社会公布重大劳动保障违法案件21个，案件列入拖欠农民工工资黑名单14个。

畅通劳动者维权渠道，市、县两级共建立17个举报投诉窗口和17个举报投诉电话，开通全天候24小时劳动保障咨询、举报、投诉热线。完善劳动保障监察机构与“110指挥中心”和“12345市长热线”联动机制，建立过激行为讨薪突发事件应急预警机制。完成重点领域尤其是建设领域、旅游市场、人力资源市场的日常巡视检查，全年共巡查用人单位2220户，及时发现和纠正用人单位存在的违法行为。开展农民工工资支付工作专项检查活动，全市对5138户用人单位进行督促检查，涉及农民工15.78万人。通过协调处理方式为6491名农民工补发工资6720.37万元，确保春节期间农民工工资基本无拖欠。

【农民工工资支付专项检查】 加强对各县（市、区）在建工程项目保障农民工工资支付的专项检查，对40个在建工地落实治欠保支制度情况进行实地检查。5月底，在全市范围内先后组织开展拖欠农民工工资问题专项整治及根治欠薪夏季专项行动，截至7月底，累计对1413户用人单位进行检查，涉及农民工7.20万人次，责令支付农民工工资123.30万元，公布重大劳动保障违法案件4件，向公安机关移送案件3件。会同市住建局、市交运局、市国资委于4月、7月、12月组织召开3次建设领域企业约谈会，累计约谈92个在建项目的171户建设施工单位。

【《昆明市工资支付条例》施行】 2019年5月16日，经云南省第十三届人民代表大会常务委员会第十次会议批准《昆明市工资支付条例》，并于2019年9月1日起施行。汇编印制《农民工工资治欠保支工作文件政策汇编》《昆明市工资支付条例》《昆明市工资支付条例常见问题答疑》《中华人民共和国劳动合同法》5万多册，开展送法上门宣讲活动。

【人力资源市场执法检查】 与市场监督管理部门联合开展清理整顿人力资源市场秩序专项执法行动，共对1523户用人单位和职业中介机构进行检查，对3户未经许可和登记擅自从事职业中介活动和1户未经备案从事其他经营性人力资源服务业务的人力资源服务机构责令改正，关闭非法职业介绍活动3件。开展环卫行业用人单位遵守劳动用工和社会保险法律法规情况专项检查，全市人社、城市管理、工会部门共抽调87人参与执法检查，共检查49户用人单位，涉及劳动者1.60万人，为36名劳动者追发工资2.81万元，督促用人单位为389名劳动者补签劳动合同，督促2户用人单位办理社会保险登记，督促8户用人单位为1997名劳动者补缴社会保险费。5月20日至7月31日，在全市抽调244人次，开展整治无证无照经营专项执法行动，发放宣传资料7785份，会同有关部门采取联合行动7次。昆明市人力资源和社会保障劳动监察支队被评为“2019年度全国清理整顿人力资源市场秩序专项执法行动取得突出成绩单位”。全市共发动和组织7.61万户用人单位在云南省劳动保障执法年审信息系统中录入年审信息，全市录入单位数较上一年度增加1.29万户。责令10户用人单位为307名劳动者补缴、补核养老、失业保险费3.27万元，对385户未按规定参加劳动保障执法年审的用人单位进行处罚。

【担保代缴工资保证金试点】 在全省率先试点第三方担保代缴农民工工资保证金，通过保证金与工资支付双担保方式，共为34个工程建设项目通过第三方担保方式代缴农民工工资保证金，为参建企业减少缴存农民工工资保证金2.06亿元。按照市级不少于500万元、县（市、区）级不少于100万元的标准设立农民工工资应急周转金，发挥应急周转金保障农民工权益的应急兜底作用，全市农民工工资应急周转金账户余额达到5700万元。在工程建设领域，全面实行农民工全员实名制用工管理制度，建立劳动计酬手册，动态监管建设领域劳动用工情况和工资支付情况，工人刷卡上下班，工资按时支付，从源头上预防工资拖欠和恶意讨薪。

【劳动人事争议仲裁】 2019年，全市共处理劳动人事争议案件7499件，调裁金额为2.07亿元，结案7402件，结案率达98.35%，法定时限内结案率100%。

加深评估力度，提升风险防控能力。坚持“快受、快立、快审、快结”原则，在确保案件处理质量的前提下，尽量缩短处理期限；坚持“预防为先、调解优先”工作方法，提升案件调解率，力争将矛盾纠纷化解在初期。2019年，全市通过调解方式处理的劳动人事争议案件4638件，调处率62.66%。将农民工争议处理程序“化三为一”，通过快调快处绿色渠道，在较短时间内处理多起劳动争议案件；强化一裁终局，推动小额劳动纠纷案件、涉及国家劳动标准等案件通过仲裁终局方式结案，提高终局裁决比例，最大程度化解劳动争议。

创新工作思路，着力做实争议预防。与昆明市司法局联手建立法律援助联络站，畅通劳动者维权服务工作“最后一公里”。完善仲裁送达制度，会同中国邮政集团昆明分公司在全市开展以仲裁专递方式邮寄送达仲裁有关文书工作。督促各地与邮政部门订立专项合同，保障法律文书送达质量；开展落实《云南省劳动人事仲裁案件分类审理办法（试行）》，探索实行针对符合简易程序处理、事实较为清楚的案件办理采取现场预约开庭申请，案件审理当庭下达裁决结果等方式，切实体现以人民为中心的发展理念；落实巡回仲裁庭制度（仲裁走进基层制度），分别到寻甸县、晋宁区开展巡回仲裁庭审理工作，以案说法、以案释法，把劳动人事争议仲裁延续到乡镇、街道，贴近服务群众。

劳动保险

【城镇职工养老（工伤）保险】 截至2019年12月，昆明市参加城镇职工基本养老保险175.92万人，完成全年目标168.31万人的104.52%。其中：企业职工120.92万人，完成全年目标114.34万人的105.75%；城镇职工参加工伤保险人数116.46万人，完成全年目标111.75万人的104.21%，城镇职工基本养老保险、工伤保险参保人数比2018年末分别净增10.50万人、5.71万人，各项社会保险覆盖率保持在96%以上。

【社保降费减负】 2019年4月1日，国务院办公厅下发降低社会保险费率综合方案的通知，按照国家及省市降费减负政策的总体部署，昆明市城镇职工基本养老保险单位缴费费率由19%下调为16%，自5月1日起按新的缴费费率征收养老保险费；昆明市工伤保险费率继续按照国家基准费率标准的45%执行，减轻企业运营成本。通过开展人社政策法规宣传“进社区、进乡村、进企业、进学校、进家庭”活动，及时将降费政策惠及企业。此外，联合省市财政、税务部门在官渡广场举办降费减负现场集中宣传，制作卡通宣传片，通过公交、地铁滚动播放，扩大社会保险降费率政策的社会知晓度。1～12月，共为企业减轻社保负担25.24亿元（其中：养老23.16亿元，工伤2.08亿元）。截至12月，全市累计完成工伤保险退费1.19亿元，其中市本级共结算工伤保险费退费2613.74万元。

【退休“中人”待遇计发】 拟定《关于贯彻执行机关事业单位中人养老金计发实施方案有关问题的工作意见》，明确“中人”养老金计发范围、步骤、资金保障等问题，完成2017年12月31日前退休“中人”待遇清算任务。全市统计应计发待遇“中人”1.43万人。其中：2017年12月底前退休的有9853人，可以准确清算待遇的9201人，累计兑现清算补差人数为9201人，占可准确清算人数的100%；累计兑现资金1.97亿元，完成2017年底前退休“中人”待遇计发工作。

【社会保险标准化建设】 按照“放管服”改革要求，对所有业务流程和经办事项逐一梳理和优化，将业务清晰分类，把每项业务的受理条件、受理范围、申报材料、办理时限、工作流程写成标准，搭建服务通用基础标准体系、服务保障标准体系和服务提供标准体系三大子体系共198项昆明市社会保险服务标准，做好标准试运行及达标验收准备工作；推进社保经办服务场所标准化建设，增设便民服务箱、无障碍等人性化服务设施，进一步优化窗口业务，探索前台收接件、复杂业务后台处理、前后台业务分离的综合柜员制模式，实现网厅、服务大厅受理同步、服务同步，提高服务工作的效率和质量；提升经办服务标准化水平，建立社保窗口着装、礼仪、用语、举止等服务标准；率先在全省完成社会保险标准化体系建设，成为《职工基本养老保险待遇支付服务规范》国家标准的修标成员单位，被市质监局推选申报《全国第六批社会管理和公共服务综合标准化试点项目》。

【按项目参保工伤险】 截至2019年12月底，高风险行业按项目参保单位1198个。其中：在建项目655个，新建项目543个。按建设项目参保19.46万人（在建项目参保7.47万人、新建项目参保12万人），参保缴费6324.49万元。按项目参保工伤保险享受待遇674人次，享受待遇金额3627.17万元，农民工纳入工伤保险保障范围不断扩大。通过《昆明市工伤预防工作联席会议制度》，初步确定将工程建设领域、开采业、制造运输行业和危险化学品行业纳入2020年昆明市工伤预防重点领域。拟订《昆明市社会保险局关于社保经办系统推进工伤保险协议机构联网结算工作方案》，选定云南省第三人民医院（铁路医院）、云南中德骨科医院、昆明市第一人民医院、云南怡园康复医院为第一批联网结算机构，开展工伤医疗协议机构联网结算。

【落实社会保险各项待遇】 按照国家统一部署，连续15年上调企业退休人员基本养老金，全市企业和机关事业单位退休人员共39.80万人参加增资调整待遇。2019年，昆明市企业退休人员人均月增加160元，平均基本养老金水平达到2838元，增幅5.98%；机关事业单位退休人员月人均增加194元，平均养老金水平调整后达到5046元。做好企业退休人员养老金、丧葬抚恤费和工伤保险待遇支付工作，全市累计发放企业离退休人员基本养老金118.77亿元，发放机关事业单位退休人员基本养老金39.48亿元，月均支付率100%。统筹协调退役士兵养老保险接续补缴工作，对2014年10月至2018年12月期间，计划分配到机关事业单位工作的军队转业干部和退役士兵基本养老保险关系和职业年金转移接续补缴进行一次性集中受理。

【企业退休人员属地管理】 完成2019年省、市属企业退休人员移交属地社会化管理服务经费申报工作。其中：申报省属企业退休人员移交属地社会化管理经费705.24万元，市属企业退休人员移交属地社会化管理服务经费450万元。对中心服务站管理服务的11家企业进行属地摸底，为国企移交街道、社区做好准备。联合云南省邮政集团共同举办主题为“浓情五月天，欢乐端午节”企业退休人员文艺演出暨社会保险降费减负宣传活动。

【社保系统行风建设】 精简各类办事证明材料，全面解决群众反映突出的20个堵点问题，取消19类35项办事材料，基本实现群众办事异地业务“不用跑”，无谓证明材料“不用交”，重复表格信息“不用填”，市本级服务大厅全年办结业务数达8.91万笔，其中四项“最多跑一次”指标完成5.64万人次，办结率100%。为参保企业和职工提供高效便捷的转移接续服务，职工在省内办理养老保险关系转移接续不再需要在两个社保经办机构来回跑，社保经办机构间即可完成转移。取消领取社会保险待遇资格集中认证，不再要求待遇领取人在规定的时间、指定的地点进行认证。通过数据比对、就近社区认证、管理单位认证、异地走访服务等多种方式，共对30余万领取社会保险待遇人员开展资格认证工作，取消不必要证明材料。市、县两级社保经办机构和相关企业人员组成3个服务小组，历时8天，累计行程近6000千米，对全市异地居住退休职工较为集中的四川省、江苏省、浙江省三省六地173人开展上门走访服务。

【城乡居民养老保险】 落实符合参保条件的建档立卡贫困人员参加城乡居民社会养老保险工作，全市符合参保条件的建档立卡贫困人口27.01万人，参保率100%；立卡人符合领取待遇人数5.47万人，实际领取待遇率100%。年内，昆明市调整提高城乡居民的待遇，从2019年1月1日起，对年满65周岁及以上享受待遇的城乡老年居民，每月加发5元的基础养老金；参保人在参保期间死亡的，市、县财政给予12个月全省最低基础养老金标准的一次性丧葬补助金；调整提高缴费档次标准，在原有12个缴费档次的基础上，调整增加3000元档次；调整提高基础养老金标准，从2019年10月1日起，市、县两级财政补助基础养老金标准提高到每人每月20元，昆明市城乡居民社会养老保险基础养老金最低标准达每人每月123元。

截至2019年12月31日，全市城乡居民基本养老保险参保人数212.49万人，完成年度目标任务的101.44%；领取待遇人员53.42万人，发放率达100%；被征地人员基本养老保险参保31.21万人，领取待遇人员19.54万人。

人才队伍建设

【事业单位计划招聘】 2019年，昆明市政府机关所属事业单位计划面向社会和大中专毕业生公开招聘工作人员1569人。其中：市属事业单位计划招聘587人，县区属事业单位计划招聘982人。截至12月31日，各市属事业单位和县区公开招聘考试工作全面完成，为1430名人员办理聘用手续。根据省人社厅指令性分配给昆明市事业单位定向招聘68名“三支一扶”“特岗教师”“大学生村官”“西部志愿者”四类生的计划，经笔试、资格复审、面试、体检环节，确定聘用人员52名。指导全市5家事业单位公开选调32名工作人员。事业单位岗位设置、岗位聘用变动、聘用变动认定审核事项，涉及8600余人次，先期实现事业单位岗位设置、岗位变动、人员聘用等信息化管理、无纸化办公。同时，审核完成45家市属事业单位岗位设置。全市20家市属事业单位通过竞争上岗（民主推荐）聘任67名工作人员到科级领导岗位。严格按照昆明市人员调配相关规定审核把关，为62名市属事业单位工作人员办理调动手续。截至2019年12月，先后为全市各类考试随机抽取考官2.60万人次，对全市8.60万名事业单位在职人员情况进行详细统计。

【人才引进】 截至2019年底，全市共引进高层次紧缺人才318名（博士63名、硕士190名，副高职称以上人才77名）。出台《“春城计划”高层次人才引进工程青年人才专项实施细则（试行）》，经组织申报、专家评审、实地评估等程序，4名高层次创新创业人才项目入选2019年度“春城计划”高层次人才引进工程青年人才专项；实施《昆明市促进高层次人才创新创业实施办法》，经组织申报和评审，认定3家研发能力强的企业在发达地区设立研发中心入选2019年度资助名单。收集和发布全市海内外高层次紧缺急需人才需求信息，组织参加以“2019海交会”为代表的赴外人才交流招聘等活动。全年共发放高层次人才项目扶持资金和生活租房补助840万元，为引进人才提供人事档案代理、户籍迁转、配偶随调、社保接转、子女就学等服务。做好人力资源服务规范化建设和人力资源市场监管，组织人力资源服务机构负责人和县（市、区）业务工作人员参加《人力资源市场暂行条例》专题培训，明确人力资源服务行政许可和行政备案具体事项和程序。

会同有关部门，开展清理整顿人力资源市场秩序和诚信服务建设工作，检查用人单位和人力资源服务机构1523户次，4家人力资源服务机构推荐参评“全国人力资源诚信服务示范机构”。招募54名“三支一扶”人员，截至年底，在岗120名，拨付“三支一扶”人员生活补贴和社保补助资金250余万元，完成服务期满“三支一扶”人员聘用为事业单位人员和就业创业各项服务工作。落实区域性国际中心城市建设相关任务，会同有关方面，举行南亚东南亚跨境人才服务创新论坛暨南亚东南亚人才交流推介活动。

【专业技术人才】 创新专业技术人

才服务方式，开展专业技术人员职称评审和优秀专家选拔工作。指导全市各高、中级评委会完成评审任务，审核申报材料4.09万人，评审通过5213名中职、推荐省评委会评审通过4653名。开展2019年度“享受云南省政府特殊津贴”（“省贴”）推荐选拔工作，经全省评选报省政府确定5人获选。开展第八批博士后工作扶持站评审工作，新设昆明滇池水务股份有限公司、云南贝泰妮生物科技集团股份有限公司和云南昆钢电子信息科技有限公司3家单位为昆明市第八批博士后工作扶持站设站。开展昆明市2019年“春城计划”春城青年拔尖人才专项申报，通过专家评审与现场答辩的方式共评选出19名春城青年拔尖人才。

表23　2019年昆明市副高级以上专业技术职称人员类别一览表

单位：人

专业类别	副高级（人）	正高级（人）
高校教师	1246	358
中专教师	153	1
中学教师	9297	56
小学教师	8763	1
技校教师	50	—
自然科学研究	31	21
社会科学研究	17	3
工程技术	3407	242
卫生	2598	720
农业	1376	49
经济	309	2
会计（审计）	173	9
统计	60	—
档案	45	—
新闻	33	—
文物博物	102	7
出版	3	
图书	144	5
工艺美术	2	—
教练员	29	—
翻译	—	1
艺术	47	5
播音	4	—
律师、公证	16	5
实验技术	38	—
小计	27943	1485

【职业技能人才】 截至2019年底，昆明市高技能人才总量达到27.20万人，占技能劳动者的19.42%。探索建立以“昆明市名匠工作室”为支点的高技能人才代际传承、释放效能平台。全市共开展4届“昆明市名匠工作室”及“昆明市名匠”评选，公开选拔昆明市名匠52名，并在其所属单位设立52家昆明市名匠工作室，承担高技能人才“代际传承”、交流、技改、创新等工作。按照《关于设立“名匠工作室”加强技师培养的办法》和《关于加快技能人才队伍建设与现代技工教育发展的实施意见》要求，给予昆明市名匠每人每月3000元生活补助，给予每家昆明市名匠工作室每年5万元建设经费补贴。全市共组织开展4届“昆明市有突出贡献高技能人才暨昆明市优秀技术能手”评选，评选出“昆明市有突出贡献高技能人才”40人，昆明市优秀技术能手120人。按照《昆明市促进高层次人才创新创业实施办法》，分别给予昆明市优秀技术能手每人5000元、昆明市有突出贡献高技能人才每人2万元奖补。累计开展昆明市名匠“进企业、进校园、进社区、进乡村”活动8次，调动“名匠”和高技能人才977人次参与，服务企业53家，现场教学18次，向1.80万名技工院校师生传授经验、分享心得，现场服务城乡居民近3万人次。

在中国铁建高新装备股份有限公司、云南CY集团有限公司、昆明云内动力股份有限公司等多家企业推行“首席技师”聘任制度。推荐云南CY集团股份有限公司袁建民、云南白药集团股份有限公司范志伟为“兴滇人才奖”；5名名匠享受省政府特殊津贴；12名昆明市名匠获“云岭首席技师”称号；6名名匠获云南省“五一劳动奖”称号；8名名匠获昆明市“五一劳动奖”称号。开展“第三届昆明市名匠杯职业技能大赛”，包含“花艺师、公共营养师、旅游线路规划师、飞机维修工程师、车工”5个竞赛项目，激发和调动技能人才成长积极性。第二次对“昆明市名匠工作室”进行评优扶持，评选出“昆明市优秀名匠工作室”4家、“昆明市名匠工作室创新项目”7个。

2019年7月15日，昆明市“世界青年技能日”宣传活动理发师现场展示才艺
（市人社局 供稿）

【人才服务】 开展人事人才考试12万多人次、10万多科次，实现服务考生“零堵塞”、服务质量“零差错”、服务方式“零距离”、考生满意“零投诉”目标。根据《云南省2019年度考试录用公务员工作实施方案》精神，共设置19个考点，1198间考场，派出工作人员3000余人次，完成3.59万人的录用公务员笔试考务工作。完成昆明市直属部分事业单位、各县（市、区）事业单位教育系统、卫生系统、综合类公开招聘工作人员考务，参加笔试考生4.96万人，面试考生2124人，抽调考官1325人次，工作人员1118人次。完成云南省公安厅、云南省生态环境厅、昆明市委办公室等39家单位委托公开招聘、遴选、内部择优选调、竞争上岗出题、笔试、面试、技能测试等各项考务工作。组织进行笔试及技能测试31场共2.20万人，面试27场共1454人，抽调考官505人次，工作人员1022人次。

全年为9594名毕业生办理就业手续，办理9348名毕业生就业报到（登记），及时将数据发送各县区，签发“云南省普通大中专毕业生就业登记证”238份。在36个驻昆高校设立51个校园工作站，全市校园服务工作站累计向5000余家企业提供招聘服务，提供创业政策咨询9000余人次，开展服务4万余人次。2019年，召开校园招聘会16场。其中：大型校园招聘会10场，共发放各类宣传材料3000余份，接受咨询2000余人次，组织用人单位452家参与校园招聘活动，提供岗位2000余个。

2019年，共接收档案1.97万份，转出档案6056份，个人材料归档1108份；签订单位及个人人事代理管理合同1183份，开具政审证明323份，接受人事代理综合业务政策咨询2万余人次；办理落户手续8人，单位人力资源集体户落户2119人；做好2019年昆明市非公有制经济单位工程类初级职称评审工作，共108人通过评审。

开展跨区域人才交流活动。10月11日，在云南民族大学雨花校区成功举办第七届全国大中城市联合招聘高校毕业生（秋季）巡回招聘会“昆明站”活动暨云南民族大学专场双选会，共有251家企业参会，提供各类专业岗位4000余个，进场求职人数近6000人，共收到简历5156份，现场达成初步就业意向348人。依托高校毕业生精准招聘平台专业测评技术、大数据智能匹配技术，建立全国联动、信息畅通、资源共享、精准发力的高校毕业生精准招聘服务机制，8～9月，组织开展“2019年高校毕业生就业服务行动”，在网上提供就业岗位5800余个，求职简历5100余份，达成初步就业意向840人；组织现场各类招聘会100余场，提供岗位4.92万个，进场单位4200余家，进场人数5.90万人次。发布现场招聘会招聘信息1.20万条，昆明人才招聘考试网发布各类招聘信息1.20万条；人才网简历累积量达到2.90万份。

在市人才服务中心设立昆明市高层次人才一站式服务窗口，专项办理服务事项。拟定《昆明市“春城计划”高层次人才一站式服务暂行办法》，采取“请进来”和“走出去”的双向互动交流模式，开展外地高层次人才的交流合作，通过“云岭先锋云南省智慧人才云平台”引进人才，共审核通过5人。

在2018年12月建成的党群活动服务中心一楼招聘专区，组织开展各类招聘会10场，进场人数5000余人。各党支部在党群活动服务中心开展“三会一课”活动36次，参加党员720人。在市委党校市人才服务中心教学点完成党员培训10批次1314人次。利用支部微信群定期推送党的十九大精神、习近平新时代中国特色社会主义思想、党建要闻、时政热点等内容，实现“把支部放在网上、把党员连在线上”的目标，实现流动党员学习教育活动“全覆盖”。2019年，1个家庭获“2019年昆明市和谐家庭”称号，1个单位获“工人先锋号”称号，1个单位获“五一劳动奖状”称号。

（市人社局）

城乡居民生活

【人均可支配收入】 据国家统计局昆明调查队抽样调查显示：2019年，昆明市城镇常住居民人均可支配收入为4.63万元/人，比全国（4.24万元）高3930元，同比增长7.70%，比全省（3.62万元）高1.01万元，城镇收入增幅为7.70%，比全国（7.90%）低0.20个百分点，比全省（8.20%）低0.50个百分点；农村常住居民人均可支配收入为1.64万元/人，同比增长9.80%，比全国（1.60万元）高335元，比全省（1.19万元）高4454元，农村收入增幅为9.80%，比全国（9.60%）高0.20个百分点，比全省（10.50%）低0.70个百分点。昆明市城镇和农村常住居民人均可支配收入在全省各州市中均排名首位，分别比第二名的玉溪市高出5589元/人和637元/人，分别是排名最末的怒江州的1.74倍和2.28倍；昆明市城镇常住居民人均可支配收入同比增长7.70%，在全省16个州市中排名第16名，昆明市农村常住居民人均可支配收入比上年增长9.80%，在全省16个州市中排名第15名。昆明市农村常住居民人均可支配收入增速快于城镇常住居民人均可支配收入增速2.10个百分点，城乡居民人均可支配收入倍差由2018年的2.89降为2.83，城乡收入倍差进一步缩小。其中：寻甸县、禄劝县、东川区3个国家扶贫开发重点县、区农村常住居民人均可支配收入增幅分别为10%、10.10%和10.20%，分别比全市农村居民收入增幅（9.80%）高0.20、0.30和0.40个百分点。

表24　2019年昆明市各县（市、区）城乡居民收入情况一览表

单位	城镇常住居民人均可支配收入		农村常住居民人均可支配收入	
	绝对额（元/人）	较上年增（%）	绝对额（元/人）	较上年增（%）
昆明市	46289	7.70	16356	9.80
五华区	47208	7.70	21060	9.60
盘龙区	47405	7.80	21260	9.60
官渡区	47245	7.70	22373	9.80
西山区	47226	7.70	21798	9.60
东川区	35270	7.50	9414	10.20
呈贡区	46699	7.80	21524	9.60
晋宁区	42879	7.80	17290	9.60
富民县	42422	7.60	16078	9.70
宜良县	43352	7.90	16437	9.60
石林县	43724	7.60	16158	9.70

续表

单位	城镇常住居民人均可支配收入		农村常住居民人均可支配收入	
	绝对额（元/人）	较上年增（%）	绝对额（元/人）	较上年增（%）
嵩明县	43024	7.80	15978	9.70
禄劝县	35609	7.50	9691	10.10
寻甸县	37244	7.50	9979	10
安宁市	46227	7.70	19757	9.80

【城乡居民收入结构】　城镇常住居民可支配收入中四大项占比分别为工资性收入55.80%、经营净收入7.20%、财产净收入18%、转移净收入18.90%；农村常住居民可支配收入中四大项占比分别为工资性收入48.60%、经营净收入37.90%、财产净收入6.80%、转移净收入6.7%。

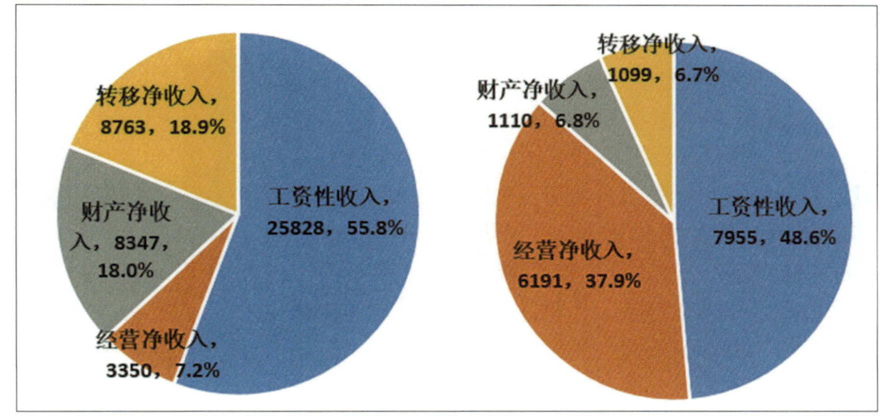

图5　2019年昆明市城镇居民收入结构图　　图6　2019年昆明市农村居民收入结构图

【城乡居民收入增长因素】　2019年，全市提供有效就业岗位18.90万个，城镇新增就业15.75万人，城镇失业人员再就业4.11万人，就业困难人员再就业3.69万人。省、市、县（市、区）级政府机关事业单位在职人员各种政策性工资补贴、政府机关车改等补贴落实到位，机关企事业单位各类奖金兑现，云南省上调最低工资标准等政策的推进及部分企业效益好转、生产规模进一步扩大，在就业增加的同时提高城乡居民的工资性收入。年内，出台《昆明市职业技能提升行动实施办法（2019—2021年）》，计划在2019～2021年3年间投入8.87亿元，开展各类补贴性职业技能培训50万人次以上。出台《昆明市工资支付条例》，全市城镇各类企业签订劳动合同2.60万户，涉及职工86.90万人，劳动合同签订率达到96.48%，全市签订有效集体合同8555件，涉及职工156.40万人，集体合同签订率达到91.90%。全市共对7.82万户用人单位及职业介绍机构实施劳动监察，为5687名劳动者追讨工资等待遇6230.19万元。共办理劳动人事争议案件5112件，调裁金额1.37亿元。

【恩格尔系数】　恩格尔系数居民家庭中食品支出占消费总支出的比重。2019年，城镇居民家庭中食品支出占消费支出比重为25%，农村居民家庭中食品支出占消费支出比重为25.90%。较上年略降，在理论上已经达到国际认可富裕水平。

【居住及配套条件】　2019年，昆明市城镇居民人均现住房建筑面积为47.15平方米，水电燃料及其他支出779.43元，人均居住支出7503.18元（同比增加13.10%）；农村居民人均住房建筑面积为51.99平方米，水电燃料及其他支出267.51元，人均居住支出3120.77元（同比增加9.30%）。城镇居民有57.9%的家庭炊用燃料使用管道天然气和管道煤气，有29.10%的家庭选择用电作为主要炊用能源；农村居民有61.60%的家庭选择用电作为主要炊用能源。

【消费状况】　2019年，昆明市城镇居民人均消费性支出3.54万元，同比增长22.20%，增速高于全国14.70个百分点；昆明市农村居民人均消费

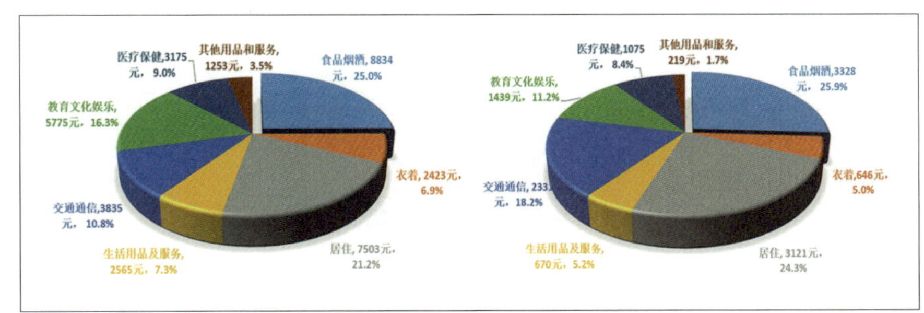

图7　2019年昆明市城镇居民消费结构图　　图8　2019年昆明市农村居民消费结构图

性支出1.28万元，同比增长12.30%，增速高于全国2.40个百分点。

【居民消费特点】 2019年，昆明市城乡常住居民人均消费支出呈现“双八升”态势。其中：城镇常住居民人均生活用品及服务，农村常住居民人均教育、文化、娱乐，分别成为城乡居民消费支出八大类同比增长最快的类别，同比增速分别为36.10%和32.20%。食品烟酒、居住支出仍占城乡居民消费支出首要地位，占比均大于20%；其次为交通、通信和教育、文化、娱乐，占比在10%～20%之间；衣着、生活用品及服务、医疗保健、其他用品和服务四个类别占比之和昆明城镇居民占比26.60%，农村居民占比20.30%。此外，昆明城乡居民消费结构日益趋同，八大类占比中除交通、通信、教育、文化、娱乐和居住城乡差距超过3%外，其余五个类别城乡差距均在3%以内。

城乡居民服务性消费增势明显，主要体现在生活型消费占比降低，享受型消费占比提高和服务性消费增势明显两个方面。2019年，昆明市城乡居民人均食品烟酒、居住、衣着三大类支出占消费支出比重较2018年均有所下降，与此同时交通通信、教育文化娱乐支出占比有所增长。其中：城镇居民人均居住及教育文化娱乐占比较上年同期变动最大，分别降低1.70个百分点和增长1.10个百分点。城乡居民人均服务性消费支出分别为1.81万元和5572元，同比增速分别为16.90%、11.80%，占人均消费支出比重分别为51.10%、43.40%。服务消费的快速增长也带动其他用品和服务的增长，城镇居民人均其他用品和服务同比增速为19.50%。

昆明城乡居民八大类支出中医疗保健支出同比增速分别为17.90%和1.50%，均低于人均消费支出同比增速。

（蒋卓璇）

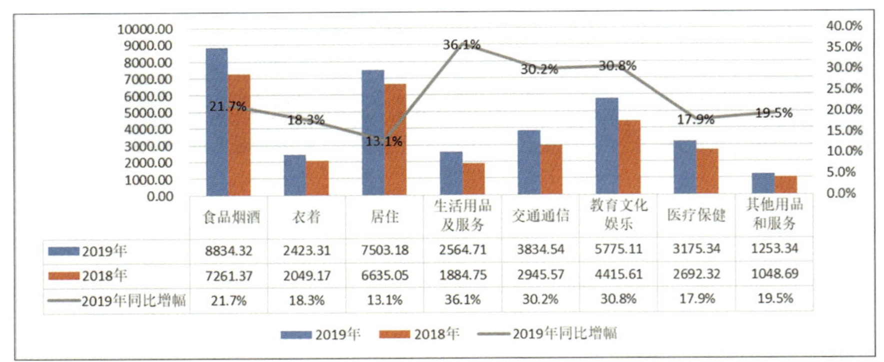

	食品烟酒	衣着	居住	生活用品及服务	交通通信	教育文化娱乐	医疗保健	其他用品和服务
2019年	8834.32	2423.31	7503.18	2564.71	3834.54	5775.11	3175.34	1253.34
2018年	7261.37	2049.17	6635.05	1884.75	2945.57	4415.61	2692.32	1048.69
2019年同比增幅	21.7%	18.3%	13.1%	36.1%	30.2%	30.8%	17.9%	19.5%

图9　2019年昆明市城镇居民消费增长情况图

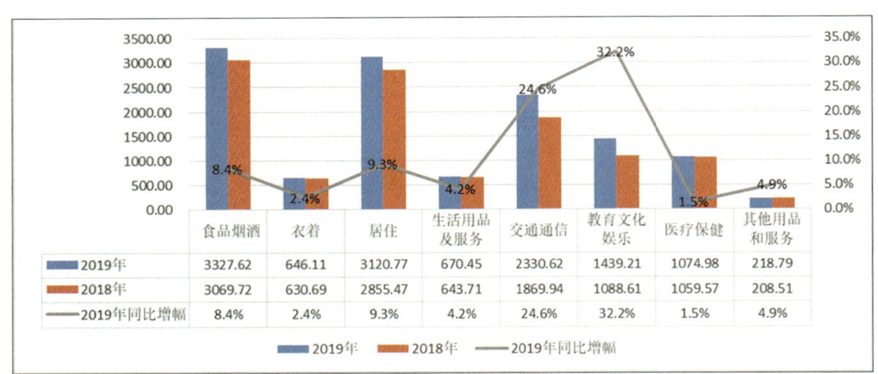

	食品烟酒	衣着	居住	生活用品及服务	交通通信	教育文化娱乐	医疗保健	其他用品和服务
2019年	3327.62	646.11	3120.77	670.45	2330.62	1439.21	1074.98	218.79
2018年	3069.72	630.69	2855.47	643.71	1869.94	1088.61	1059.57	208.51
2019年同比增幅	8.4%	2.4%	9.3%	4.2%	24.6%	32.2%	1.5%	4.9%

图10　2019年昆明市农村居民消费增长情况图

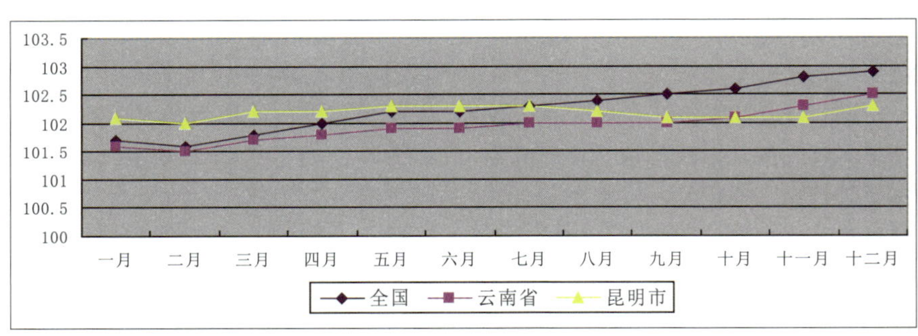

图11　2019年昆明市居民消费价格指数走势图（上年同期=100）

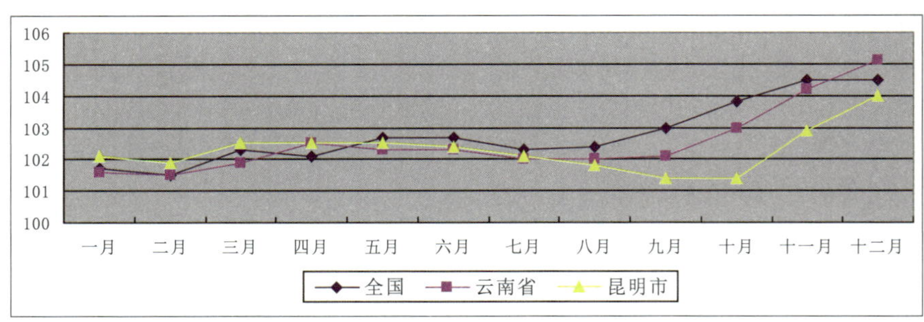

图12　2019年昆明市居民消费价格指数走势图（上年同月=100）

【居民消费价格变动】 与上年同期相比，昆明市居民消费价格总水平上涨2.30%。其中：食品价格上涨9.40%，非食品价格上涨0.70%；消费品价格上涨2.80%，服务价格上涨1.50%。

从八大类别看，食品烟酒类价格比上年同期上涨6.80%。其中：食品价格上涨9.40%，茶及饮料价格上涨1.10%，烟酒价格上涨0.20%，在外餐饮价格上涨3.10%。衣着类价格比上年同期上涨1.10%。其中：服装价

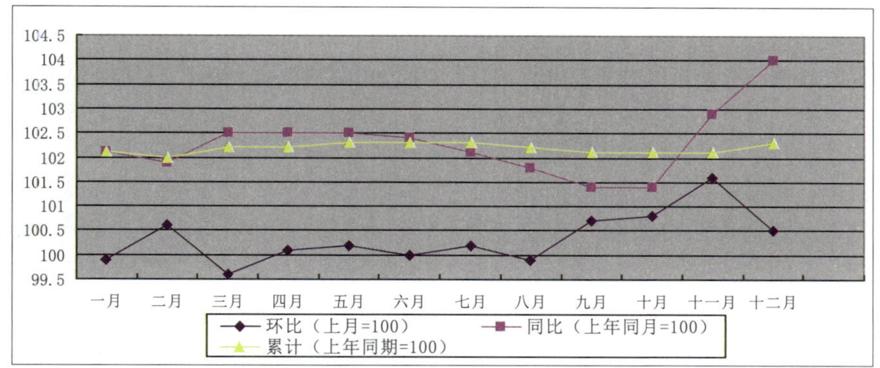

图13　2019年昆明市居民消费价格指数走势图

格上涨1.30%，服装材料上涨4.90%，其他衣着及配件下降3.10%，衣着加工服务费上涨7.90%，鞋类价格上涨0.70%。居住类价格比上年同期下降0.20%。其中：租赁房房租上涨1.30%，住房保养维修及管理价格上涨0.40%，水电燃料价格下降1.90%，自有住房价格与上年持平。生活用品及服务价格比上年同期上涨0.20%。其中：家具及室内装饰品价格上涨0.40%，家用器具价格上涨0.10%，家用纺织品价格下降3.70%，家庭日用杂品价格下降0.20%，个人护理用品上涨0.80%。交通和通信类价格比上年同期下降1.50%。其中：交通价格下降2.80%，通信价格上涨0.80%。教育文化和娱乐价格比上年同期上涨2.9%。其中：教育价格上涨5.70%，文化娱乐价格上涨0.60%。医疗保健价格比上年同期上涨0.90%。其中：药品及医疗器具价格上涨1.60%，医疗服务价格上涨0.10%。其他用品和服务价格比上年同期上涨3.90%。其中：其他用品类价格上涨5.50%，其他服务类价格上涨2.30%。

（林　涛）

民族工作

【少数民族概况】　2019年，全市有3个自治县、4个民族乡、333个少数民族聚居村。截至2019年底，少数民族户籍人口94.67万人，较上年增加2万人，占全市户籍总人口的16.37%，增加0.16个百分点。有54个民族（56个民族成分中无塔吉克族、塔塔尔族），9个世居少数民族（彝族、回族、白族、苗族、傈僳族、壮族、傣族、哈尼族、布依族）。人口排序：彝族48.80万人，占少数民族人口的51.55%；回族17.30万人，占18.28%；白族9.59万人，占10.13%；苗族5.86万人，占6.19%；傈僳族2.17万人，占2.29%；壮族1.99万人，占2.10%；哈尼族1.96万人，占2.07%；傣族1.82万人，占1.92%；人口最少的是布依族，有5547人，占少数民族人口的0.59%。少数民族地区占全市总面积的57%，全市少数民族依然呈现分布广、大分散、小聚居的特点。

【“全国民族团结进步示范市”创建】　2019年4月，组织培训180余名创建示范点讲解员；市民族宗教委与市委党校共同成立“昆明市创建民族团结进步示范市专家智库”，161名相关人才进入智库备选名单；在市委党校建立“铸牢中华民族共同体意识”干部主题教育馆，在呈贡区洛龙社区建立“中华民族一家亲”群众教育馆，在官渡区关上中心区社区建立“红石榴街区”；与市委党校联合挂牌“昆明市铸牢中华民族共同体意识现场教学点”21个。6月13日、10月10日，先后召开创建工作推进会和迎检筹备会；编撰《融荣与共——昆明市创建全国民族团结进步示范市经典案例集》等书籍，为创建宣传工作提供素材。

【“全市民族团结进步示范单位”命名】　根据中央、省、市建设民族团结进步示范区的要求，7月10日，昆明市创建全国民族团结进步示范市领导小组，命名五华区华山街道办事处翠湖

2019年12月11日，国家民委副主任赵勇（前排右一）参观“昆明市民族团结进步创建成果展”

（市民宗委　供稿）

社区等327家单位为第二批“全市民族团结进步创建示范单位”。

【民族团结进步宣传教育】 6月14日，2019年度民族宗教政策法规学习月启动仪式暨民族团结教育集中宣传活动在五华区南屏步行街广场举行；拍摄昆明市民族团结进步示范创建宣传影片、汇报影片4个；印发宣传海报7.20万份；协调全市公交、气象、地铁1万余块电子显示屏开展宣传；依托七彩公交频道、地铁、公交示范创建专线实现民族团结宣传公交全覆盖；推进“互联网＋民族团结”行动，打造示范市创建“微信”“微博”“专题网”“抖音公众号”网宣平台，实现教育宣传工作线上与线下互动。结合民族团结进步示范创建工作，于6月、7月先后举办宗教代表人士培训班、民族宗教工作能力提升培训班，学习总书记习近平关于民族宗教工作的重要论述、《宗教事务条例》等。宗教界代表人士，县（市、区）民族宗教局、街道分管领导及专职干部共260人参加培训。

【全国民族团结进步模范集体、个人推荐】 按照国务院9月印发的《关于表彰全国民族团结进步模范集体和模范个人的决定》，经组织推荐，昆明市委统战部被表彰为全国民族团结进步模范集体，石林县民族宗教局毕玉珍、呈贡区洛龙社区毛云山被表彰为全国民族团结进步模范个人。

【民族地区资金项目扶持】 全年争取上级资金4330万元，比上年增长6.90%。其中：中央资金2630万元、省级资金1700万元，用于示范创建、少数民族文化抢救与精品打造等。市政府安排民族宗教专项资金4317万元，实施238个项目，促进民族地区经济社会发展。所有专项资金下达到各县（市、区），按照《民族专项资金管理办法》进行项目的管理和实施。

【民族贸易企业和定点生产企业扶持】 落实各级政府民族贸易财政、金融、税收政策，为全市民族贸易和民族用品定点生产企业提供多种形式的扶持和帮助。经省民族宗教委评估报国家民委、财政部、中国人民银行，确定昆明斑铜厂有限公司等10家企业为“十三五”期间民族特需商品定点生产企业。

【民族地区工作事务】 落实2019年云南省人民政府10件惠民实事之民族文化保护传承及“双百”工程项目14个项目。其中：少数民族传统文化抢救保护项目8个，百名民族民间传统文化突出人才5名，少数民族文化精品1个。7月23日，市民族宗教委配合市委宣传部、市文化和旅游局，组队参加在楚雄州举办的“丝绸云裳·七彩云南2019民族赛装文化节”活动，选送4名模特和10套民族服装参赛，有6个项目获奖，昆明市获得优秀组织奖。10月9日，市文化和旅游局、市民族宗教委在春城剧院举办昆明市第五届民族民间歌舞乐展演，共评出金奖2名、银奖4名、铜奖6名、传承奖8名。2019年，继续在昆明市第一中学、昆明市第三中学和民族大学附属中学、师范大学附属中学呈贡校区招收民族班和“阿诗玛”班，招收本市户籍学生150人。

【城市民族工作创新】 开展《昆明市深入推进少数民族流动人口服务管理体系建设对策研究》调研工作。在五华区春晖社区、西山区盛高大社区、安宁市新村社区3个社区，开展省级少数民族流动人口服务管理体系建设试点工作，形成“试点先行、典型引路、活动牵引、整体推进”的工作模式。按照“以人为本、真情服务、规范管理、扎实推进”目标要求，加强调研指导，安排工作经费，打造一批类型多样、各具特色的示范典型“样本”。

【脱贫帮扶】 年内，及时调整选派3名驻村工作队员开展驻村帮扶工作。委领导、各帮扶责任人经常到帮扶点与村干部和贫困户调研座谈，制订2019年实施的扶贫项目和资金安排计划，落实帮扶资金实施特色产业发展、人饮安全工程、村党总支党员活动室修缮、道路硬化、产业扶持的发展、特色村打造等项目。全力指导民族地区做好脱贫经验总结工作，推进民族团结进步示范市建设与扶贫开发“双融合、双促进”。

2019年12月9日，国家民委命名昆明市为“全国民族团结进步示范市”

（市委统战部　供稿）

【昆明市获“全国民族团结进步示范市”命名】 11月22～25日，国家民委调研检查组和来自黑龙江、新疆、宁夏、广西、湖南5省区互观互检组，在监督检查司副司长李钟协的率领下，对昆明市创建全国民族团结进步示范市工作进行全面调研检查和指导。检查组深入乡村、学校、企业、宗教活动场所、基层政法单位等17个示范点调研指导工作。12月9日，国家民委命名昆明市为“全国民族团结进步示范市”，并认为昆明市示范区工作探索出一条富有边疆省会城市特色的民族团结进步创建之路。

【民族团结进步创建成果展】 12月11～17日，在北京·民族文化宫举办“和谐昆明　相约北京——昆明市民族团结进步创建成果展”系列活动。国家民族事务委员会监督检查司、云南省民族宗教事务委员会、中央及省市媒体、昆明市相关部门负责人参加开展仪式。昆明市人大常委会主任拉玛·兴高主持仪式，市委副书记刘智致辞，市委常委、统战部部长杨皕介绍创建工作情况。会展期间，全国政协副主席、中央统战部副部长、国家民委主任巴特尔率国家民委相关领导参观创建成果展。

【建议和提案办理】 年内，接办人大代表建议、政协委员提案办理任务5件。根据建议、提案内容，及时进行任务分解，明确办理工作牵头领导、责任处室、完成时限。由市民委主办的3件建议、提案均按时办结，满意率100%。

（周思佑）

宗教工作

【宗教政策法规学习宣传】 利用“春融微语”微信公众号、统战民宗门户网站、宗教活动场所宣传栏等多种形式、多渠道和平台，宣传2017年6月14日国务院第176次常务会议修订通过的《宗教事务条例》，制作并发放民族宗教政策宣传手册。6月14日，“2019年度民族宗教政策法规学习月启动仪式暨民族团结教育集中宣传活动”在五华区南屏步行街广场举行，市委统战部、市依法治市办、市法制办、市司法局等市、区相关领导及两万余名群众参与活动。重点针对基督教私设聚会点等工作开展“政策法规宣传教育”进教堂活动。6月24～27日，在昆明市社会主义学院举办全市宗教代表人士、宗教教职人员培训班，重点开展习近平新时代中国特色社会主义思想、《宗教事务条例》等学习培训，宗教界代表人士、全市性宗教团体班子成员及工作人员、宗教场所民主管理人员等90人参加培训。推动宗教“中国化”昆明实践的探索，引导宗教界树立国家意识、公民意识、法律意识。鼓励佛教、道教开展讲经交流，指导市伊协组织昆明市第八届《古兰经》诵读比赛，天主教民主办教，开展基督教中国化研讨，推进与中华文化相融合。

2019年5月10日，昆明市民宗委举行宗教事务法律咨询专家聘任会议

（市民宗委　供稿）

【宗教工作网格化管理】 进一步完善市县乡村“四级”同步监测监管涉及民族宗教因素影响团结稳定问题等维稳机制，开展团结稳定形势分析研判和矛盾纠纷排查调处；有机结合“一网两单三系统”制度与团结稳定形势研判会议、舆情信息监管监测等机制。

制定宗教场所消防安全网格化管理制度，对全市宗教活动场所的消防安全责任、教育、管理、标准、基建消防管理等方面作出制度化规定，进一步明确政府相关部门和宗教团体、场所的消防安全管理责任和工作内容，全面落实宗教场所消防安全主体责任，确保消防安全。

【宗教活动场所法治宣传示范点挂牌】 根据省民族宗教委《关于开展宗教活动场所法治宣传示范点创建工作的通知》，开展法治宣传示范创建工作。至11月，居士林、真庆观、南城清真寺等宗教活动场所创建为昆明市宗教活动场所法治宣传示范点。

【宗教工作专题培训】 3月7日，市委统战部、市民族宗教委举办全市宗教工作干部解读《宗教事务条例》培训班；10月22日，在市委党校举办全市宗教工作“一网两单”专题培训班，各县（市、区）各开发（度假）园（区）统战、民宗部门负责人，各乡镇（街道）分管领导和重点村(社区)负责人、民族宗教专干共500余人参加培训。

【聘请宗教团体法律顾问】 按照《云南省民族宗教事务法治化建设规划(2015—2020年)》要求，昆明市为5个全市性宗教团体聘请云南八谦律师事务所等5所律师事务所和赵耀等5名法律专家提供法律咨询服务。增强宗教教职人员和信教群众的法治观念，维护宗教界的合法权益，依法处理宗教领域的矛盾和问题，不断提高宗教工作的法治化水平。

【宗教慈善周活动】 在全市宗教界开展以“五教同行 助力扶贫”为主题的“宗教慈善周”活动。各宗教团体倡导在宗教界开展扶贫济困和助学帮贫活动，市佛教、道教、伊斯兰教、天主教和基督教宗教团体积极响应，捐款捐物价值122.80万元，用于开展扶贫济困、捐资助学、社会公共设施建设等。

（周思佑）

住房公积金管理

【住房公积金缴存】 2019年，全市新增住房公积金159.65亿元，同比增长9.70%，全年新增缴存职工11.49万人。截至2019年底，全市有实缴单位1.46万家，住房公积金实缴职工87.71万人，累计归集住房公积金1210.88亿元。缴存单位中，国家机关和事业单位占18.37%、国有企业占10.05%、城镇集体企业占0.85%、外商投资企业占1.34%、城镇私营企业及其他城镇企业占55.09%、民办非企业单位和社会团体占3.22%、其他占11.08%。

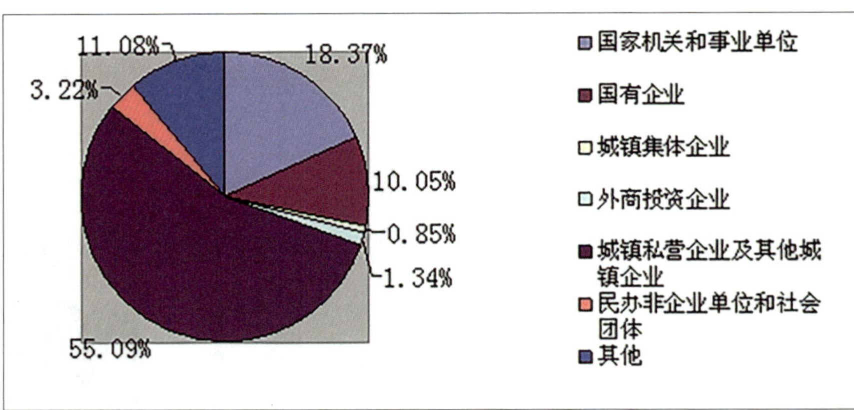

图14 缴存单位分布情况

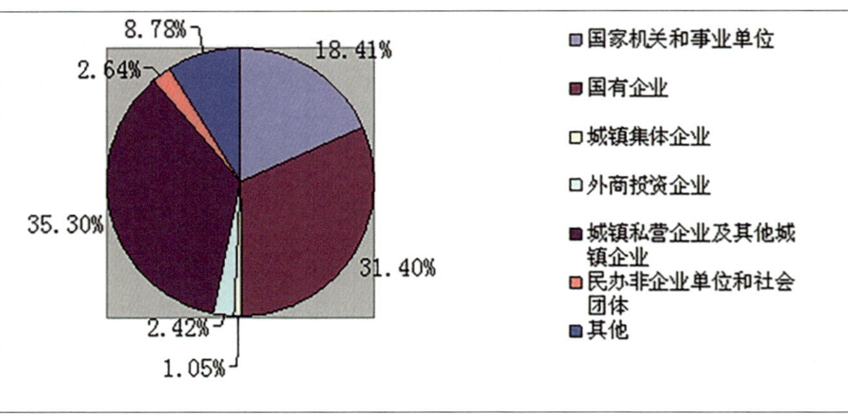

图15 缴存职工分布情况

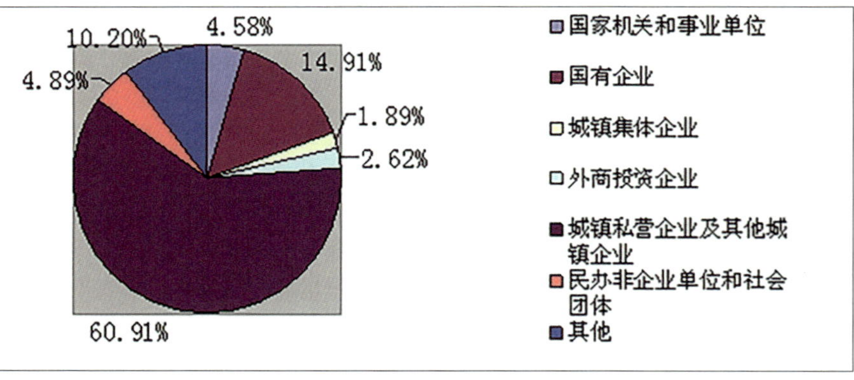

图16 新开户职工分布情况

缴存职工中，国家机关和事业单位占18.41%、国有企业占31.40%、城镇集体企业占1.05%、外商投资企业占2.42%、城镇私营企业及其他城镇企业占35.30%、民办非企业单位和社会团体占2.64%、其他占8.78%。

新增缴存职工中，国家机关和事业单位占4.58%、国有企业占14.91%、城镇集体企业占1.89%、外商投资企业占2.62%、城镇私营企业及其他城镇企业占60.91%、民办非企业单位和社会团体占4.89%、其他占10.20%。

【住房公积金提取】 2019年，住房公积金提取额145.25亿元，同比增长8.45%；占当年缴存额的90.98%，比上年减少1.05个百分点。2019年末，提取总额848.26亿元，比上年末增长20.66%。

提取金额中，住房消费提取占85.12%（购买、建造、翻建、大修自住住房占62.86%，偿还购房贷款本息

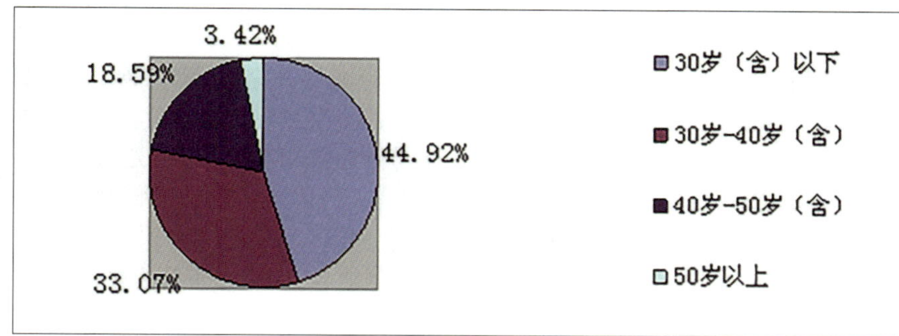

图17 贷款职工年龄分布情况

占20.18%，租赁住房占1.41%，其他占0.67%）；非住房消费提取占14.88%（离休和退休提取占9.61%，完全丧失劳动能力并与单位终止劳动关系提取占4.53%，户口迁出本市或出境定居提取占0.01%，其他占0.73%）。

【住房公积金贷款使用】 全年发放住房公积金个人住房贷款8400笔28.19亿元，同比分别下降24.32%、31.21%。2019年末，累计为20.59万户职工家庭发放住房公积金个人贷款524.68亿元，贷款余额为287.08亿元，个贷率77.27%，个人住房贷款逾期率为0.02%，信贷资产质量良好。

职工公积金贷款笔数中，购房建筑面积90（含）平方米以下占22.56%，90～144（含）平方米占66.10%，144平方米以上占11.34%。购买新房占51.56%，购买二手房占34.76%，建造、翻建、大修自住住房占0.01%，其他占13.67%。30岁（含）以下占44.92%，30岁～40岁（含）占33.07%，40岁～50岁（含）占18.59%，50岁以上占3.42%。首次申请贷款占96.21%，二次及以上申请贷款占3.79%。中、低收入占99.10%，高收入占0.90%。

【住房公积金增值收益】 2019年，全市实现住房公积金增值收益5.48亿元。

【管理制度创新】 年内，修订完善文件公开属性审查、值班加班工作用餐、行政执法、贷款按揭楼盘保证金4项内部管理制度。出台《昆明市个体工商户、自由职业者、非全日制从业人员等无固定用工单位人员缴存、提取和使用住房公积金管理实施办法（试行）》，扩大住房公积金制度覆盖面，发挥住房公积金制度对个体工商户、自由职业者、非全日制从业人员等无固定用工单位人员的住房保障作用。该实施办法于2019年9月26日起施行。

印发《昆明市住房公积金管理中心关于停止执行提取住房公积金支付物业管理费相关事宜的通知》，停止执行提取住房公积金支付物业管理费政策。印发《关于进一步贯彻落实“放管服”改革调整住房公积金提取有关政策的通知》，简化职工办理提取业务所需材料，调整职工因“与单位解除劳动合同关系”进行销户提取住房公积金的申请条件，调整职工购买住房申请提取住房公积金条件，调整职工购买存量商品住房（二手房）提取住房公积金所需材料，调整职工在昆明市行政区域内租房提取住房公积金所需材料。

【业务一窗（网）通办】 利用互联网+打造“智慧公积金”。按照“高频优先、民生优先、成熟一批、上线一批”的原则，在云南省“一部手机办事通”平台的“住房保障”模块上线昆明公积金的12个查询类事项、10个办理类事项；根据上级部署，将各项业务受理接入昆明市政务服务平台，配合推进线上线下深度融合，政务服务整体联动，做到线上线下一套服务标准、一个平台办理，实现群众和企业办事线上“一次登录、全网通办、异地可办”，线下“只进一扇门、最多跑一次”；完成网上营业大厅优化，推进归集网厅业务，实现单位汇缴登记、补缴登记、单位缴存比例调整、单位缴存基数调整、个人账户转移、单位基本信息变更申请、单位缴存登记注销申请、单位基本信息变更申请、个人开户申请、个人信息变更、个人账户封存、个人账户启封、托管申请等业务，通过网上办事大厅一步办结；优化营商环境，全力打造

2019年1月17日，市公积金管理中心举行专家论证会（市公积金管理中心 供稿）

"一网通办""一部手机办理通"和"一窗通办"，对标对表北京、上海，做到"应上尽上"，全业务覆盖。

【队伍建设】 加强职工业务技能培训，提高业务办理效率，强化职工窗口服务意识。打造效能化窗口，通过对电子档案的复用，实现首次到市住房公积金中心业务网点采集后，同种业务后续柜面提取不再携带相关证明材料，同种业务后续线上提取实现足不出户提取公积金；打造规范化窗口，在各服务网点醒目位置公示业务流程图、服务承诺及相关政策，让缴存职工更加清晰地了解所需办理的业务要多少时间、要什么材料、要去哪里办；打造人性化窗口，增加线上预约取号服务，增设服务引导员、服务窗口人员及群众休息区域等，为缴存单位和职工提供便捷办事环境。

（张　云）

民　政

【城乡低保及特困供养】 2019年，全市城市低保标准为每月630元/人，农村低保标准为每月410元/人；特困人员救助集中供养标准为每月820元/人，分散供养标准为每月740元/人。全市有城市低保对象5.56万人，支出低保金4.10亿元；全市有农村低保对象6.55万人，支出低保金2.87亿元。全市特困供养对象7492人，共支出特困供养金（基本生活及护理费）7823.50万元。

【临时救助】 2019年，昆明市乡镇（街道）临时救助金审批额度由1000元提高到3000元。全年实施临时救助9.50万人次，支出临时救助金1.21亿元。下达3302万元专项资金，购买2001名民政事务员充实到县、乡、村救助工作岗位，基层社会救助经办力量进一步得到加强。全年给城镇低保对象发放临时价格补贴2704.29万元，惠及81.05万人次。

【老弱福利保障】 2019年，出台《昆明市人民政府关于全面放开养老服务市场提升养老服务质量的实施意见》，取消养老机构设立许可，实行养老机构备案制度。全年完成4个城市公办养老机构、9个农村敬老院、38个城乡居家养老服务中心消防改造、提质改造任务；新建居家养老服务中心5个，新增民办养老机构13个，增加养老床位2154张。制订《昆明市"互联网"+养老信息平台建设实施方案》，推进互联网+智慧养老、互助养老、医养融合等项目，为老年人提供多元化居家养老服务。

全面落实困难残疾人生活补贴和重度残疾人护理补贴制度，共发放两项补贴5470.47万元，惠及7.06万名困难残疾人和重度残疾人。全市有农村留守儿童1.09万人、困境儿童2.35万人，全部纳入关爱保护范畴。全市有社会散居孤儿、感染艾滋病儿童、事实无人抚养儿童1055名，每人每月基本生活费均达1300元；机构养育孤儿555名，每人每月基本生活费均达2000元。实行儿童救助分类保障，将1.12万名困难家庭儿童纳入城乡最低生活保障，对478名残疾儿童进行专项补助。共办理国内收养登记104件，收养安置弃婴弃童19人。开展"寒冬送温暖""送流浪孩子回家"等专项行动，年内救助生活无着流浪乞讨人员6192人次、救助保护未成年人421人次、护送受助人员返乡1497人。

【社区建设】 清理、补齐配强村组干部578人，建立"基本报酬+绩效补贴+集体经济创收奖励+养老保险补贴"的村干部岗位补贴长效机制，提高村干部待遇。推进城乡社区协商，70%的社区建立协商议事委员会，城乡社区协商率90%以上。推进农村社区建设试点工作，3个省级、7个市级、30个县级村（社区）试点工作进展顺利。

【区划管理】 开展嵩明县撤县设市相关工作，完成东川区铜都、禄劝县屏山街道析置，完成2条市级、4条市内县级行政区域界线联检。命名、更名道路地名29条，重新确定道路起止点1条，规范地名标志牌和门牌设置。推进晋宁区千年古县申报工作，昆明百年老地名、地名故事征集评选活动。

【社会组织】 截至2019年底，全市有各类社会组织7064个。其中：基金会5个，社会团体1892个，民办非企业单位3204个，社区社会组织1963个，3A级以上社会组织157个。

【殡葬管理】 深入推进殡葬改革，全市平均火化率95%以上，殡葬节地生态安葬率30%。加大惠民殡葬力度，投入资金300余万元，补助困难群众3000余户。持续开展殡葬领域突出问题专项整治，共治理坟墓近16万冢，平毁活人墓2262冢，清理取缔无证墓碑制碑点91家，销毁土葬墓碑130余套。

【社会工作】 全市共有各类社工1.46万人，申报社会工作项目14个；培育社工机构120个，建设社工站点11个，开展社工服务类95项。志愿者注册人数114.90万人，占常住人口的16.70%，志愿服务总时长200.10万小时；志愿服务组织4611个，开展服务项目6.80万个；建设学雷锋志愿服务站452个、孵化基地4个。

【婚姻登记】 2019年，全市办理国内结婚登记4.29万对、离婚登记2.08万对。其中：办理涉外及涉港澳台结婚登记187对，离婚登记58对。

（丁　悝）

应急管理

【市应急管理局成立】 2019年，根据昆明市机构改革实施方案，整合市

安全生产监督管理局职责，市政府办公室应急管理、市公安局消防管理、市民政局救灾及市国土资源局地质灾害、市水务局水旱灾害、市农业局草原火灾、市林业局森林火灾、市防震减灾局地震灾害等的应急救援有关职责，以及防汛抗旱、减灾、抗震救灾、森林防火等指挥部（委员会）应急救援职责，组建市应急管理局，正县级，作为市人民政府工作部门。不再保留市安全生产监督管理局。2019年3月8日，昆明市应急管理局举行揭牌仪式。

昆明市应急管理局是昆明市人民政府工作部门，2019年内设17个工作机构：办公室、应急指挥中心、新闻宣传处、风险监测和综合减灾处、救援协调和预案管理处、火灾救援管理处、水旱灾害应急救援管理处、危险化学品安全监督管理处、安全生产基础处、安全生产执法处、安全生产综合协调处、督查考核处、救灾和物资保障处、行政审批处、财务处、科技和信息化处、非煤矿山安全监督管理处。

原昆明市安全生产监督管理局所属事业单位昆明市安全生产监察支队，由昆明市应急管理局管理，其余事项不变。

【安全生产指标】 2019年，全市发生生产安全事故151起、死亡137人，同比分别下降20.90%、27.50%，下降率高于全国、全省平均水平（全国下降18.3%、17.10%，云南省下降13.96%、12.20%）；发生较大道路运输事故2起、死亡7人，同比减少2起、9人；未发生重大以上事故。

【安全生产责任制落实】 围绕“党政同责、一岗双责、齐抓共管、失职追责”的安全生产责任体系，市委、市政府将“明责”与“督查”有机结合，推动各级党委政府领导责任、部门监管责任和企业主体责任的落实。市委召开常委会议3次、人大召开常委会议1次、市政府召开常务会议6次，

2019年3月8日，昆明市应急管理局挂牌成立（市应急管理局　供稿）

传达学习、贯彻落实总书记习近平关于安全生产的重要指示和中央领导批示要求，听取全市安全生产情况汇报并专题研究部署安全生产和应急管理工作。市委书记、市长和副市长带队调研检查安全生产工作，市级各行业主管部门分行业督查检查。

充分发挥安全生产委员会办公室职责，完善安全生产责任制的制定及考核工作，市政府主要领导与各县（市、区）、开发（度假）园（区）和26个市级部门签订安全生产责任书，将安全生产监管职责写入市级部门“三定”职责，安全生产考核纳入“昆明市2019年督查检查考核工作计划”，并列入“一票否决”项。

严格实施安全生产通报约谈制度，对安全生产问题突出、事故多发的7个县（市、区）政府和25户企业进行约谈。以严格的责任追究倒逼责任落实，有力督促各级各部门主动担责履职。强化元旦、春节、两会、国庆等重点时段和2019“商洽会”、华为峰会、高原马拉松赛等重大活动安全措施及工作落实，实现重点时段、重大活动未发生较大以上事故的目标。

【安全生产治理】 深刻汲取江苏“3·21”、临沧“11·26”等重特大事故教训，结合昆明实际集中开展安全生产大排查大整治攻坚行动、“防风险、保安全、迎大庆”集中攻坚行动和查大风险防大事故百日行动等专项整治，排查整改隐患6万余项、关闭取缔企业72户、停产整顿企业258户，核查整改群众举报生产安全事故隐患问题27件、火灾隐患问题1509件，市政府挂牌督办10项重大隐患。投入118万元购买服务，聘请安全生产专家对300余户高危重点企业开展专家精准化指导服务，指导整改隐患2400余项。投入100万元购买专家服务，开展城市安全风险评估，摸排中心城区安全生产、消防安全、城市生命线风险隐患。

结合专项整治工作统筹推进重点行业领域安全工程三年行动计划。危险化学品和烟花爆竹方面，全面推进危化品安全综合治理，完成8个化工

集中区、96个油气输送管道高后果区的风险评估和全部138户危化品生产储存企业摸排，关闭退出危化品企业22户，12户重大危险源企业实现在线监测，停产停业整顿烟花爆竹长期零售店（点）78户、关闭取缔295户。消防安全方面，全市新增消火栓2457个，建成微型消防站4705个，2707家重点单位完成达标创建，清理城中村、出租房违规住人5000余人，畅通疏散走道及消防车道2.10万处，清理易燃易爆物品4.50吨，拆除违法违规建筑1600余万平方米，在小旅馆、出租房、合用场所、养老场所等场所安装独立式感烟探测器4585支，建立1755个消防网格组织，配置网格员1.08万人。交通运输方面，完成农村公路治理357千米，优化安全警示标牌3645处，124个乡镇（街道）、1151个行政村建立交通安全管理“两站”“两员”，4920辆“两客一危”营运车辆完成“五小工程”，6635辆公交车安装智能视频监控设施，查处违法超限超载2730起，对240家“两客一危一网”企业的1000余名驾驶人员开展警示教育。建筑施工和城镇燃气方面，达标创建安全生产标准化工地94个，“平安工地”9个，公路隧道项目设置逃生通道92个，全部49户燃气经营企业安全考核合格。煤矿方面，引导退出3个煤矿，石林县、嵩明县等煤矿灾害严重的县区全部完成隐蔽致灾因素普查，并落实和完善预防性保障措施。非煤矿山方面，淘汰关闭矿山320座、完成81座矿山改造升级和9座“头顶库”综合治理任务，建设“五化矿山”5座、“双重预防机制”试点矿山14座。旅游安全方面，全部279户企业和25个A级旅游景区设立安全管理机构，25个景区实行游客最大承载量管理。通过扎实推进集中整治和工程治理，重点行业领域安全基础状况得到有效改善，安全生产治理总体水平得到明显提升。

【安全生产领域制度建设】 牵头起草《关于推进城市安全发展的实施意见》《市委常委会及其成员安全生产工作职责清单》《市人民政府领导安全生产工作职责清单》《昆明市党政领导干部安全生产工作表扬惩处办法》和《昆明市安全生产尽职免责办法（试行）》等制度性文件，由市委、市政府印发实施，提升安全生产综合监督管理制度化、规范化、科学化工作水平。

【安全生产领域依法治理】 推进行政审批制度改革，按全市“放管服”相关工作要求，行政审批事项下放县区1项，累计办理行政许可项目3.34万件，依法公告注销27户企业的安全生产有关行政许可。规范执法程序和执法文书，全年共执法检查企业178户，处罚案件12件，实施行政处罚65.40万元。通过购买服务，聘请安全生产专家对400余家高危重点企业开展“专家会诊”，指导整改隐患3000余项，有效化解重大安全风险。

【应急管理体制机制建设】 2019年5月20日，成立昆明市自然灾害应急管理委员会，负责研究部署、指导协调全市自然灾害综合减灾救灾工作，分析全市自然灾害形势，研究解决自然灾害应急处置工作中的重大问题，履行市应对较大及以上自然灾害指挥部职责；按规定协调衔接解放军、武警部队、民兵预备役和消防救援队伍、森林消防队伍参与自然灾害应急救援工作；完成市委、市政府交办的其他防灾减灾救灾工作。

应急管理委员会下设市抗震救灾指挥部、市森林草原防灭火指挥部、市防汛抗旱指挥部、市城市防汛应急指挥部、市地质灾害应急指挥部（以下统称各专项指挥部）。各专项指挥部在市自然灾害应急管理委员会统一领导、指挥协调下，组织开展自然灾害防治和应急处置工作，进一步织密抗震救灾、森林草原防灭火、防汛抗旱、城市防汛、地质灾害应对等工作的责任网。

市自然灾害应急管理委员会主任由市长王喜良担任，下设办公室在市应急局，办公室主任由市应急局局长张洪安兼任。

【应急演练】 2019年，全市开展安全生产及自然灾害应急演练986次，

2019年10月28日，自然灾害应急管理委员会举行综合救灾演练

（市应急管理局 供稿）

参演人数3051人，动用装备数5665台次，出动车辆数2897辆，投入经费980.90万元。演练范围包括危化品泄漏处置演练、建筑工地坍塌演练、非煤矿山垮塌演练、大面积停电事故处置演练、高层建筑消防疏散演练、客运道路交通事故演练等。

10月28日，自然灾害应急管理委员会举行综合救灾演练，涉及市级部门34家、区级部门16家、救援队5支，参演人员共1000余人。本次演练检验市自然灾害应急管理委员会应对重大自然灾害的指挥、调度、决策能力，对完善委员会自然灾害应对工作机制起到重要作用。

【应急预案体系建设】　草拟《昆明市级专项应急预案修编工作方案》，组织专家对专项应急预案进行评审和审核，并牵头组织对市级各部门的56个突发事件应急预案进行修编，进一步增强应急预案的针对性、实用性、衔接性、操作性。启动昆明市专项应急预案数字化管理项目，推进应急预案管理信息化数字化建设。

【应急救援队伍建设】　新组建矿山应急救援队，与上海金汇通用航空公司签署直升机应急救援合作协议。至年末，全市有危险化学品、非煤矿山和隧道救援3支市级安全生产应急救援队、1支国家山岳救援队、1支重型地质灾害救援大队，2支水域救援分队，并全面摸清主要社会应急救援力量基本情况。

【防灾减灾】　大力开展防灾减灾重点工程建设，深入推进防灾减灾应急“三小”工程进社区、进学校、进农村、进机关、进企事业单位。市、县（市、区）、乡镇（街道）共组织开展防灾应急演练1296次，发放防灾小应急包6.53万个、防灾宣传小册子51.39万册，广大群众的风险防范意识和自救互救能力得到进一步提升。大力开展全国综合减灾示范社区创建活动，年内创建2个，至年末，昆明市有全国综合减灾示范社区34个。

【灾害救助】　2019年，全市先后发生干旱、火灾、风雹、洪涝、滑坡、生物灾害等23个自然灾害，12个县（市、区）71个乡镇（街道）不同程度受灾。全市受灾人口64.15万人次，因灾紧急转移安置人口24人；农（经）作物受灾面积5.57万公顷，绝收面积9052.12公顷；直接经济损失3.13亿元。其中：农业损失2.67亿元、基础设施损失3510.83万元，家庭财产损失460.77万元。共下拨救灾资金2572万元。其中：防汛抗旱救灾资金800万元，地质灾害救灾资金72万元，冬春生活救助1700万元。共发放冬春救助救灾物资棉被4200床、大衣3000件、绒衣裤1200套、防寒服1000套、铁丝床219张，临时救助受灾群众17.68万人。加大救灾物资的储备，采购128万元的救灾物资和500万元的防灾小应急包（16万个）。加强与地震、农业、林业、水务、气象等部门的沟通协调，年内发布安全生产和自然灾害预警预报信息10期，指导相关地区做好灾害应急防范，有针对性地开展抗灾救灾工作，把灾害损失降到最低，有效保障人民群众的生命财产安全。

【森林火灾扑灭】　年内防火期，全市共发生森林火灾70起（其中：较大森林火灾2起，一般森林火灾14起，荒火54起），全部扑灭，总火场面积254.97公顷，总受害面积33.49公顷，受害率为0.03‰。共投入人力1.82万人次（其中：市森林消防支队1650人次，市消防救援支队550人次，地方专业扑火队8570人次，武警昆明市支队440人次，民兵预备役600人次，地方干部群众6378人次）；出动车辆1875辆次，消防水车208辆次，投入大型机械86台次，直升机12架飞行49小时，无人机17架飞行时间31小时。

【宣传教育】　围绕“防风险、除隐患、遏事故”主题，组织开展第18个“安全生产月”活动。共举办安全宣传咨询日活动69场，参加活动人数18万人次；组织开展安全知识竞赛2000多场次，参加人数20万人次。推动高危行业、重点企业开展安全文化创建，高危企业达到三级以上安全生产标准化等级364户，全市3700多户企业、36万多名职工参与“安康杯”竞赛活动。

开展以“提高灾害防治能力，构筑生命安全防线”为主题的第11个全国“防灾减灾日”宣传教育活动，省、市、县（市、区）各有关部门和减灾委员会各成员单位，部分社区、学校、企事业单位、社会团体、志愿者服务队、新闻媒体等126家单位约6000人参与活动。在地铁、户外大屏滚动播放安全教育，在全社会逐步形成关注安全、关爱生命的良好氛围。

（杨雪莺）

退役军人事务管理

【机构】　2018年11月29日设立昆明市退役军人事务局，为市政府工作部门，正县级。局机关内设8个处室：市委退役军人事务工作领导小组办公室秘书处、办公室（规划财务处）、思想政治和权益维护处（政策法规处）、移交安置处、就业创业处、军休服务管理处、拥军优抚处（褒扬纪念处）、机关党委（人事处）。局所属事业单位12家：市退役军人服务中心（正县级公益一类事业单位，核定人员编制30名）、市转业军官培训中心、市军队离退休干部分散安置管理所、昆明市军用食宿供应站、昆明市烈士陵园管理处及市军队离退休干部白马庙、刘家营、船房、丹霞、虹南、新迎、西岳庙干休所。

2019年初，成立由市委书记任组长，市长任第一副组长，市委副书记任常务副组长，分管副市长、昆明警备区司令员任副组长的昆明市委退役

军人事务工作领导小组，实现对全市退役军人事务工作的全面领导。14个县（市、区）均参照市级成立工作领导小组

2019年，按照市委、市政府统一部署，与市人力资源和社会保障局、民政局协调配合，完成机关8个处室、局属12家事业单位相关机构、人员转隶、设置，工作开始正常运转。

【管理制度建立】 机构组建后，制定印发《中共昆明市退役军人事务局党组“三重一大”事项决策制度》《昆明市退役军人事务局会议制度》《昆明市退役军人事务局保密工作规定》《昆明市退役军人事务局公文处理实施细则（试行）》等一批内部管理制度，机关运行管理机制初步建立。

【退役军人服务保障体系建设】 加大协调力度，敦促各县（市、区）积极推进服务保障体系建设工作。全市14个县（市、区）退役军人服务中心、138个乡镇（街道）服务站和1689个村（社区）服务站均已挂牌开展工作，覆盖市、县、乡、村四级的服务保障体系基本建立。

【退役军人就业创业】 在广泛调研分析昆明市退役军人就业、创业现状，准确把握退役军人就业、创业难点和痛点的基础上，按照“政府主导、企业主办、市场运作、社会参与”的原则，探索建立“军、政、企+高校”的昆明市退役军人就业、创业模式。上半年组织召开昆明市2019年退役军人就业专场招聘会，200余家企业参加，提供3000余个岗位，参加招聘的退役军人近1000人，意向签约人数为496人。创新招聘会模式，将服务前置，针对9月份秋季士兵退伍的实际，开展“送政策、送岗位进军营”活动。活动受到CCTV7、CCTV13、《解放军报》《云南日报》等军地各级各类媒体的广泛报道和“点赞”，部队、退役士兵及随军家属给予广泛好评。

引入清华、云南启迪等优质企业，发起成立有近200家高校、企业、社会组织和200多名军创导师的“昆明军创联盟”。举办退役军人大讲堂，让退役军人提升就业、创业的能力和水平。举办首届昆明市退役军人创业大赛，全市120多个退役军人创业项目参加大赛，营造浓厚的创业氛围，激发了退役军人的创业热情。举办退役大学生士兵创业沙龙，为退役大学生士兵就业提供推荐服务。

探索依托军创联盟优质企业，筛选优质岗位，开展“订单式、定岗式”培训，帮助退役军人高质量就业。在开展自主择业军转干部的适应性培训中，在课程设置和教学方式方法上，突出多样化、实用性，帮助参训军队转业干部尽快熟悉地方情况，了解安置政策，积极调整心态，实现军队人

2019年5月30日，昆明市退役军人服务中心挂牌成立（市退役军人事务局　供稿）

才向地方经济建设人才的转变。

【移交安置】 为1865名自主就业退役士兵进行报到登记、档案审核、落户办理以及地方一次性经济补助经费测算。完成415名符合政府安排工作退役士兵的档案审核和移交工作，提供超过100%的机关事业单位和国企岗位供选择。为安置在市级和主城区的146名计划分配军转干部提供231个行政机关和参公管理事业单位岗位供选择，郊县区全部安置到公务员岗位。完成319名自主择业军转干部、14名随调家属移交安置任务。

【拥军优抚】 年内，分类推进全市优抚对象信息采集工作，并重点针对政府、事务单位、工厂等一些人员密集的地方进行上门服务、集中采集，完成全市19万余名退役军人、军属、烈属、优抚对象的信息采集工作。完成光荣牌悬挂工作，协调市财政为全市光荣牌悬挂工作给予90余万元经费保障，上门为烈属、军属及退役军人等家庭悬挂光荣牌，做到悬挂全、核实准，不错挂、不漏挂。

动员社会力量参与优抚工作。与10家在昆银行业金融机构签订优抚合作协议，为全市优抚对象提供优先、优质、优惠的金融服务奠定了基础。全面落实各项优抚政策，做好优抚资金的拨付。全年下拨抚恤补助资金2.76亿元、医疗补助资金1239.63万元、解困资金4258.64万元、春节慰问金790.838万元。牵头组织春节期间对驻昆部队师以上单位进行走访慰问，向他们送去777万元慰问金；做好“城舰”共建工作，以实物拥军方式向昆明舰官兵送去价值99万元的慰问品。筹划开展“昆明市庆祝中国人民解放军建军92周年暨军事日活动”及节日走访慰问工作。

协调解决驻昆部队基础设施建设经费补助、武警云南省总队昆明支队“军民融合”项目经费、驻昆部队家属随军随调安置、驻昆部队子女入学等问题。解决593名部队官兵子女入学入托问题，牵头协调解决“福欣苑项目”和“951片区建设”等11项驻昆部队反映的困难问题。

2019年10月31日，昆明市举行2019年计划分配军队转业干部选岗大会

（市退役军人事务局　供稿）

【维护退役军人合法权益】 依法开展退役军人接访工作，全力化解信访难题。受理退役军人来信91件，接待退役军人来访316人次，处理退役军人网络信访326件。主动与退役军人进行深入沟通、增进了解、促进理解，圆满完成春节、清明节、“2·17”“4·28”“八一”“70周年国庆”等时间节点的维稳工作，确保全市退役军人重点关注群体的总体稳定。

【军休干部服务】 落实军休干部“两个待遇”，按时足额下拨军休干部各类经费。全年共发放军休干部离退休费、遗属生活补助、慰问费等10.90亿元。开展文艺活动，丰富军休干部生活。举行全市军休干部文艺比赛、军休系统体育运动会以及军休系统书法、绘画、摄影作品展等活动。以昆明市军休艺术团人员为主的《请祖国检阅》节目，在“全国移交政府安置军队离退休干部庆祝新中国成立70周年文艺汇演南部片区复赛”中荣获最佳节目奖。

（陈义祥）

红十字会

【急救培训】 2019年，昆明红十字会尝试救护培训工作公益性与市场需求相结合开展的道路，引进实力企业合作，成立民办非企业性质的昆明红十字应急救护培训中心。创新教学方式，征集视频和歌曲，开展应急救护知识进学堂活动，不断扩宽培训面。完成公益性急救员培训430人，公益性救护知识普及培训5000余人。为提升应急救援能力，有序推进常规培训，培训项目包括基础训练暨队伍协作训练、地图识别、指北针使用、定向搜索等。组织昆明红十字救援队开展年度集中训练2次。

【应急救护】 推进红十字应急救护培训“进社区、进农村、进学校、进企业、进机关”，组织开展自救互救知识和技能培训、灾害逃生避险知识和卫生防病知识宣传普及培训，全市培训救护员7261人，公益性救护知识普及5.73万人次；组织举办师资培训班，52名师资培训合格；在全市积极推进社区应急救援站项目。

【人道救助】 通过开展“红十字博爱送万家”活动，把价值190余万元的筹集款物送到困难群众、低保户、麻风病休养员及孤老残等特殊人群的手中，4604个家庭受益；筹集资金开展救助工作，对县（市、区）红十字会推荐的43人（户）患大病困难、白血病及特困家庭进行救助，发放救助金20万元；做好扶贫攻坚对口帮扶工作，对寻甸县甸沙乡海尾村12名困难群众进行救助，救助金额1.61万元；接收定向捐赠214.21万元用于东川区和禄劝县脱贫攻坚；申报中国红十字基金会“小天使基金”“天使阳光基金”对患儿实施救助，审核上报患儿资料13人，6人获得救助，救助金额18万元。

【志愿者登记管理】 在全国志愿服务文明网完成网络注册志愿者2101人、发布活动项目122个，记录志愿服务时长5.59万小时；适时组织开展志愿服务活动，全年共组织“博爱送万家”慰问活动、“3·5学雷锋日志愿服务”“用博爱温暖星星”自闭症日公益活动、“5·8世界红十字日”主题宣传活动、昆明市第一中学自救互救技能普及培训活动、关爱困难群体等大型志愿服务活动。

（漆一桦）

残疾人事业

【残联群团改革】 2019年9月9日，市委第四次深改会议审核原则通过昆明市残联改革方案；10月31日，市政府办公厅印发《昆明市残疾人联合会改革方案》。全市6个县（市、区）残联也出台改革方案。市残联原下属事业单位昆明市残疾人劳动就业服务中心，升格更名为昆明市残疾人综合服务中心（副县级），内设5个处室。

【基层组织建设】 年内，评选推荐昆明市残联自强模范4名，残联系统先进工作者4名，助残先进个人4名，助残先进集体2个，入选残疾人之家2个，其中1个助残先进集体被推选为全国助残先进集体。市残联、市财政局制订印发《关于〈昆明市村（社区）残疾人专职委员管理实施方案〉的通知》，完善基层残疾人工作者准入、退出、考核管理机制，保障工作经费，合理分担市、县（市、区）、村（社区）残协专职委员（联络员）补助。全年对1698名专职委员和残疾人联络员下拨225万元补贴经费，每人每月补助150元。5月31日，昆明市残疾人法律维权救助站在云南会凌律师事务所挂牌成立，推进残疾人法律救助服务工作。与市卫健委联合印发《关于进一步规范残疾人残疾评定工作的通知》，加强对残疾评定的监督和管理，截至2019年底，全市持二代残疾人证15.20万人。

【精准康复服务】 市政府印发《昆明市残疾儿童康复救助制度实施意见》，为全市残疾人康复服务提供政策保障。全年投入康复经费1677万元，开展残疾人精准康复工作31项，其中残疾儿童进行康复救助465人，免费发放辅具3807件，对20名听障儿童安装人工耳蜗植入，安装配发助听器300台。

开展残疾人家庭医生签约服务工作，投入78.96万元对全市1000名心理患者残疾人提供心理健康团体辅导。与金龙鱼慈善公益基金会开展活动，免费为贫困下肢残疾人安装大小腿假肢55条。落实中残联《关于印发UFE精神障碍社区康复服务模式试点2019年工作方案》的通知，确定西山区残联与精神卫生医疗机构继续开展试点工作。全市残疾人基本康复服务覆盖率达到85%以上。市财政局、市残联、嵩明县残联赴济南市残联、北京市残疾人辅具中心、福州市残联考察学习残疾人辅助器具补贴制度，下拨嵩明县试点工作经费10万元。

【残疾人社会保障】 元旦、春节走访慰问贫困残疾人家庭6666户，投入慰问资金199.98万元。全年累计发放救助资金190万元，救助临时困难残疾人849人（户）。下拨420万元对三、四级残疾人参加医疗和养老保险补贴。其中：补助医疗保险4.09万人220万元，补助3.36万名三、四级城乡居民残疾人个人缴费部分200万元。全市共对8.40万名重度和困难残疾人下拨“两项补贴”4331.99万元。其中：发放重度残疾人护理补贴4.92万人2824.37万元，发放困难残疾人生活补贴3.47万人1507.62万元。投入教育经费200万元资助592名考入大中专的残疾学生，其中10万元用于资助昆明市5所特教学校。彩票公益金对全市全日制高中阶段在校残疾学生和残疾人子女进行一次性补助。其中：补助残疾人学生18人，残疾人子女1177人，总计120万元。投入40万元对400名残疾青壮年文盲进行扫盲培训。

【残疾人扶贫】 全年投入78万元建立残疾人扶贫示范基地11个，安置就业残疾人153名，辐射带动200户残疾人发展生产。投入22万元为100户残疾人开展扶贫到户。扶持222名残疾人自主创业补贴119.75万元。评审省级残疾人就业创业示范基地、省级残疾人辅助性就业示范机构1个。为单位“挂包帮”的南海村、化桃箐村的110户残疾人发放灌溉补助3.30万元，投入7万多元对234户结对帮扶的建档立卡户、贫困残疾人进行走访慰问。

【残疾人就业培训】 年内，中央、省、市共投入培训经费265.44万元，培训2928人次。其中：中央和省级培训经费45万元培训100人次，10万元专项用于石林、禄劝县残疾人培训工作；下拨县（市、区）残联100万元，对2000名残疾人进行职业技能和生产实用技术培训；本级投入120.44万元培训528人次（中长期培训12期245人次、残疾人驾驶培训补助223

人、残疾人技能提升培训60人）。全年推荐就业1100人次，实现就业225人次。加大与移动“10086”合作开展市本级定岗培训工作，对21名残疾人开展“话务员客服”定岗培训，14名学员通过考核基本实现就业。昆明市57家机构参加云南省盲人保健按摩机构量化分级管理考评评定，发放省级量化分级补助资金25.10万元。对2018年全市新增规范化建设的30家盲人保健按摩机构补助资金60万元。

【残疾人托养服务】 年内，昆明市有64家机构参加政府购买托养服务项目专家评审，最终认定机构48家。省、市投入367万元为1200名家庭困难的智力、精神和重度肢体残疾人开展托养服务工作。其中：省级提前下达中央补助资金195万元，市级资金172万元，由专业的托养机构采取集中托养、日间照料和上门服务3种针对性服务。

【残疾人文体活动】 年内，继续与昆明电视台合作，办好手语新闻，已播出52期；播出“星星点灯”专题节目52期。编辑《昆明残疾人》杂志6期，在《昆明日报》刊登专版6期。制作完成残疾人公益短片《向前跑》，并在市残联微信公众号推送。投入资金19万元开展残疾人文化进家庭活动，帮助500户残疾人读一本书、看一次电影、游一次园、参观一次展览、参加一次文化活动。4月28日，市残联、团市委、昆明市红嘴鸥青少年服务中心在中国科学院云南天文台举行学科学活动，惠及在昆明市康复机构进行康复治疗的残障儿童及自闭症儿童家庭200户。

组织各县区开展各类残疾人文艺演出活动47场，2500余人次参与。开展残疾人体育健身机构建设，经过项目初审、专家答辩评审与会专家推荐、研究公示，确定18家机构入围项目。举办昆明市第29次“全国助残日”系列活动暨无障碍服务设施调查体验活动，参加活动400多人。组织全市残疾人就业专场招聘会，为残疾人提供就业岗位600多个，残疾人达成就业意向319名。举办“牵着蜗牛去散步　追寻伟人足迹　弘扬长征精神——2019年智障亲友协会柯渡红色之旅亲子活动”，170名心智障碍人士、亲友和志愿者参加活动。组织聋人参加第二届全国听力残疾人柔力球交流赛，获优秀组织奖；举办举行“唱响春城，超越梦想——昆明市盲协建国70周年颂歌比赛”；组织50余名盲人参加“文化助盲，我们一起听话剧”活动；国际聋人节期间，组织68名聋人暨趣味运动会活动；市智力残疾人及亲友协会、市精神残疾人及亲友协会联合举办“探寻自然奥秘，绘制美丽秋天”研习活动，270余人参与。

【残疾人就业保障金核定】 开展残疾人按比例就业年审工作。2019年全市征收残保金入库5.20亿元，较上年增加1.32亿元，增长34%。其中：市本级入库2.40亿元，较上年增加0.49亿元，增长25.60%。

【信访工作】 全年接待来访39人，接听来电326次，处理来信交办26件，受理“一号通”件11次，发放残疾人困难补助800元。法律援助中心提供残疾人个人相应法律咨询等服务22人次。全市办理公交公司一卡通（残疾人爱心卡）4360张。领导班子成员落实信访接待日制度，共接待来访36人次。“12385”服务热线总话务量为3.21万人次。其中：呼入2960人次、呼出1.58万次，短信发出1.21万条，收听语音留言1242条。微信公众号咨询164人次，转办单数量10件。组织主城五区残联分管领导、市交通运输局、市交警支队、市公安局公交分局召开残疾人“C5”车辆专项治理工作会，加强残疾人使用的“C5专车”乱象治理。

【建议和提案办理】 昆明市残联接办2019年度人大建议1件，政协提案3件。按各部门职能职责对建议和提案进行分解，及时与涉及的相关部门协商，并于2019年6月全部完成。

（朱　敏）

消费者权益保护

【投诉举报受理】 完成投诉热线“12315”“12365”“12358”“12330”“12331”五线合一并接入全国“12315”平台，进一步畅通投诉举报渠道。全年共受理投诉、举报、咨询16.80万件，为消费者挽回经济损失1.38亿元。市消协强化消费引导，发布消费提示23期，公布典型案例18个。

【市场消费环境创优】 制定指导意见，规范职业举报人举报处理工作。开展放心消费创建，公示“诚信经营放心消费”承诺企业（店）270家。开展旅游市场专项整治，查处旅游市场违法案件85件。提升主城区集贸市场改造，新建扩建16个，提升改造70个，超额完成年度目标，群众满意率达96.80%。

（周　艺）

见义勇为先进个人和集体

先进个人（7人）

范吉吉 昆明市安宁市昆钢“在这里”酒吧员工
高吉飞 中国光大银行股份有限公司昆明分行办公室总经理
毛焕虎 云南省昆明市富民县款庄镇青华村委会居民
许吉华 云南省昆明市东川区铜都街道办事处起嘎村委会居民
李明阳 云南省昆明市盘龙区联盟街道城管执法中队协勤队员
毛贵荣 云南省曲靖市会泽县金钟街道渔洞村委会居民
陈培智 云南省昆明市晋宁区水务局水利管理所所长

先进群体（5个17人）

马桂峰、尹明弟群体

马桂峰 云南省昆明市禄劝县茂山镇丽山村委会居民
尹明弟 云南省大理州巍山县大仓镇西城村居民

张天友、钱仕润、张涛群体

张天友 云南省昆明市禄劝县中屏镇植桂村委会居民
钱仕润 云南省昆明市禄劝县职业高级中学学生
张吉涛 云南省昆明市禄劝县美团外卖员

梅贵阳、杨鸿雁群体

梅贵阳 云南省昆明市滇池度假区滇维保安公司保安
杨鸿雁 云南省昆明市滇池度假区滇维保安公司保安

王涛、尤进义群体

王吉涛 云南省昆明市呈贡区七甸街道办事处七兴街居民
尤进义 云南省临沧市云县爱华镇永胜村委会居民

董治炀、靳伟、李彬彬、李杨、龙孝波、杞明宾、徐洪武、张强群体

董治炀 北京孙宽广告传媒有限公司员工
靳吉伟 云南省昆明市盘龙区东华街道办事处综合行政执法中队队员

李彬彬　云南省昆明市盘龙区东华街道办事处综合行政执法中队队员
李吉杨　云南省昆明市盘龙区东华街道办事处综合行政执法中队队员
龙孝波　云南省昆明市盘龙区东华街道办事处综合行政执法中队队员
杞明宾　云南省昆明市盘龙区东华街道办事处综合行政执法中队队员
徐洪武　云南省昆明市盘龙区东华街道办事处综合行政执法中队队员
张吉强　云南省昆明市盘龙区东华街道办事处综合行政执法中队队员

（摘自《昆明市人民政府网》）

国家级荣誉

2019年当选中国科学院院士

郝小江，1951年7月生于重庆市，籍贯山西沁源。中国科学院昆明植物研究所研究员，博士生导师。1976年毕业于贵州大学化学系，1985年于中国科学院昆明植物研究所获理学硕士学位，1990年于日本京都大学获药学博士学位。

郝小江是中国植物化学领域学术带头人之一。长期从事植物化学研究，将天然产物化学与植物资源、植物病害防御、化学生物学等研究交叉融合，逐步建立现代植物化学研究体系。阐明粉花绣线菊复合群特征植物化学成分与种群遗传分化、历史变迁和地理分布规律关系，为植物多样性的形成演化研究提供了新思路；开辟植物源农药创制新途径，发现候选新农药靛红酮；与他人合作，使用植物化学小分子探针相继揭示促线粒体融合、特异性抑制和协同激活 Wnt/β-catenin 信号通路、促溶酶体生物发生等新颖作用机制和潜在靶蛋白的新功能。先后在 Nat. Cell Biol.、Nat. Chem. Biol.、Cell Res.、Angew. Chem. Int. Ed.、PNAS 等期刊发表研究论文309篇；获授权国际发明专利2件和中国发明专利44件；2003年、2009年和2013年三次获得云南省自然科学一等奖（第一获奖人）；2017年获得何梁何利基金科学与技术创新奖。郝院士植物化学研究成果，在植物防御与新生物功能发现、新药（新农药）发现之间架起一座桥梁，拓展植物化学研究范围和应用领域，具有重要示范作用，为中国植物化学进步发挥承上启下作用，并做出突出贡献。

2019年“全国五一劳动奖章”名单

李　春　云南呈达企业集团有限公司生产技术总监

（市总工会）

第七届全国道德模范提名奖

陈　誌　昆明市德胜餐饮管理有限公司总经理
左　伟　昆明市永昌小学退休老师
桂　源　云南警官学院刑事侦查专业学生

（摘自《昆明日报》）

2019年度全国先进工作者

李长缨（女）　昆明市消费者协会办公室主任，获全国消协组织2018～2019年度先进个人称号
李冬梅（女）　昆明市个体私营经济协会党委书记，获2019年度全国个私协会系统先进工作者称号

（市场监督管理局）

字应军　昆明市地方志编纂委员会办公室副主任，获2019年度全国地方志先进工作者

（市地方志编纂委员会办公室）

全国最美家庭

吴正云家庭　昆明市东川区汤丹镇达朵村
薛　敬家庭　禄劝县中屏镇
石　琛家庭　昆明市公安局国内安全保卫支队

（市妇联）

劳动模范

2019年“云南省五一劳动奖章”名单

杨丽红（女）　昆明百货大楼投资控股有限公司经理
丁光波（女）　昆明联吉经贸公司下属昆明联盟大酒店营销部副总监
李星宏　昆明滇池项目管理有限责任公司工程部副经理
李飞鹏　中铁十一局集团城市轨道工程有限公司昆明五号线八标项目部常务副经理

牛兆仪（女） 昆明市延安医院产科主任
宁功扩 昆明电缆集团股份有限公司车间技术副主任
胡艳冰 云南大山饮品有限公司吹瓶机维修工程师
马林山 云南林山实业有限公司总经理
宋　超 昆明市第四人民医院党委副书记、院长
赵涤群 昆明市总工会调研员
李孝轩 云南工商学院执行院长
吴国良 昆明刜东川区阿旺镇人民政府扶贫办副主任
沈　睿（女） 寻甸县七星镇高田村委会第一书记
谷照奎 寻甸县七星镇委员会党委书记

（市总工会）

2019年“昆明市五一劳动奖章”名单

劳动竞赛先进个人

李　敬 五华区环境卫生管理处科长
李　虹（女） 五华区人民医院急诊科副主任
刘艳丽（女） 昆明君乐酒店插花员
何　兵（女） 五华区莲华小学教师
高　辉（女） 昆明市盘龙区盘龙小学校长
丁　勇 中建二局第三建筑工程有限公司项目部党支部书记
张凌云 云南京环盘宸环境资源管理有限公司常务副总经理
刘　辉 昆明市盘龙区人民法院执行警务中队长
朱建勇 昆明三德木门制造有限公司企业技术中心主任
叶艺明 云南兴长江实业有限公司总经理
丁大为 云南乌铜走银文化产业有限公司总经理
李从坤 昆明市呈贡区卫生健康局副科级干部
苏丁香（女） 中共昆明市呈贡区委宣传部科员
廖夏虹（女） 昆明市呈贡区文化和旅游局文化市场综合执法大队办主任
蔡占萍（女） 安宁市人民政府金方街道办事处总工会常务副主席
李昊霖 安宁市公安局刑事犯罪侦查大队重案中队中队长
尹永虎 安宁市公安局连然派出所科员
曹永文 安宁市总工会常务副主席
张联祥 昆明立白日化工业有限公司维修班长
杨　宇 昆明市晋宁区新街中心卫生院书记
袁勇强 昆明市晋宁区双河彝族乡人民政府企业办主任
张春喜 昆明市晋宁区第二人民医院内一科 ICU 主任
廖国宏 宜良县农业农村局科长
李兴德 昆明杏林大观园健康产业（集团）有限公司总经理
王彩彩（女） 嵩明县公安局指挥中心副主任
薛建平 昆明虹之华园艺有限公司总经理
关　鑫 嵩明县农产品质量安全检测站站长
高贤杰 昆明鼎承科技有限公司研发事业一部总监
何远平 昆明远方生物制品有限公司总经理
张鸿青（女） 富民县人民医院院长
邵元琼（女） 富民县永定中心小学教师
毕尚俊 富民县永定街道办事处农业技术推广站站长
付学非（女） 云南寻甸农村商业银行股份有限公司职员
王云荣 寻甸县第一人民医院急诊科主任
王登军 禄劝县公安局民警
代德富 昆明市东川区泥石流防治研究所总工程师
郑　波 昆明市东川区人民法院审判员
王晓辉 昆明市东川区公安局副书记、驻局纪检组组长
谷培会（女） 东川区铜都街道办事处扶贫办副主任、党政综合办副主任
李　伟 云南中烟再造烟叶有限责任公司科长
罗春艳（女） 昆明市呈贡区马金铺街道办事处社会事务办主任
余仕汝 昆明贝泰妮生物科技有限公司厂长
黄子家（女） 滇池度假区总工会常务副主席
姜　萍（女） 云南民族村艺术研究室主任
黄晋徽 云南滇中新区综合管理部主任科员
周　刚 中建三局集团有限公司（云南）党委书记、总经理
陈正良 七彩云乳业有限公司安全主管
郑玉仁 云南真宸建设工程有限公司职员
谭兆海 昆明市纪委市监委第四纪检监察审查室副主任
李应德 昆明市委党校主任科员
谢　涛 昆明市劳动就业服务局副主任科员
张力伟（女） 昆明市统计局科员
陈松勇 云南绿盛美地园林景观有限公司总经理
张文建 昆明滇池湖泊治理开发有限公司蓝藻办负责人
杨学贵 昆明市第四水质净化厂副厂长
刘朝辉 古城水质净化厂厂长
金林东 昆明市第五水质净化厂高级工程师
林桥富 昆明地铁运营有限公司行车技术岗职工
朱国顺 昆明地铁运营有限公司运转技术岗职工
袁济东 昆明地铁运营有限公司车辆中心首期日检班组工班长
胡　为 昆明地铁运营有限公司信号检修工
杨雪梅（女） 昆明市粮油购销有限责任公司内审法务部副经理
李　李 昆明市西山林场办公室主任、工会主席
杨丽琼（女） 昆明市农业科学研究院高级农艺师
李建华 云南大山饮品有限公司生产部主任
段金芳（女） 昆明百货大楼投资控股有限公司新纪元大酒店冷盘主厨
王文灿（女） 昆药集团股份有限公司原料药分厂车间主任
刘　涛 昆明市公安局刑侦支队六大队主任科员

杜光纪 昆明云内动力股份有限公司乘柴事业部工具钳工
兰 艳(女) 昆明云安会都有限责任公司餐饮部领班
蔡玲生 云南交通运输有限责任公司工会主席

技能竞赛状元

陈 竞 昆明地铁运营有限公司三号线中央班组铁路信号工技术状元
杨发升 昆明地铁运营有限公司1号线桥隧工技术状元
李徇敏 昆明地铁运营有限公司2号线班组线路工技术状元
张 宏 昆明地铁运营有限公司1/2号线变电检修车间新亚洲检修班组变电设备检修工技术状元
曾建军 昆明地铁运营有限公司3/6号线变电运行车间蝴蝶谷班组变配电运行值班员技术状元
骆 健 昆明地铁运营有限公司北段给排水班组工程机械维修工技术状元
何 斌 昆明地铁运营有限公司南段动照班组电工技术状元
戚文锰 昆明地铁运营有限公司首期南段网管班组公务电话系统交换机配置及操作工技术状元
顾怀勋 昆明地铁运营有限公司无线班组专用无线系统基站操作工技术状元
李斯琪(女) 昆明地铁运营有限公司虹桥区域虹桥站车站客运服务员技术状元
杨志垚 昆明地铁运营有限公司6号线乘务一组电客列车司机技术状元
王 星 昆明地铁运营有限公司五腊村定修班组及计算机外部设备装配调试员技术状元
黄兆欢 昆明地铁运营有限公司地铁车辆检修工技术状元
刘贤露 昆明地铁运营有限公司首期调度一班行车调度员技术状元
张永昆 昆明地铁运营有限公司3号线调度二班电力环控调度员技术状元
纪柱权 昆明地铁运营有限公司博学区域大学城南站车站值班员技术状元
李光鑫 昆明地铁运营有限公司五腊村车辆段运转值班员技术状元
陈 荣 云南电网有限责任公司昆明晋宁供电局高压线路带电检修工技术状元
吕 金 云南电网有限责任公司昆明供电局输电管理所送电线路工技术状元
王朝宇 云南电网有限责任公司昆明供电局试验研究所电气试验工技术状元
郑可伦 云南电网有限责任公司昆明供电局变电修试所变电检修工技术状元
严 飞 云南电网有限责任公司昆明供电局变电运行一所变电值班员技术状元
李良静 云南电网有限责任公司昆明供电局客户服务中心用电受理员技术状元
邓 进 云南电网有限责任公司昆明供电局客户服务中心用电检查员技术状元
周 洁(女) 云南电网有限责任公司昆明供电局地调主网2队电力调度员技术状元
王杰鸿 云南电网有限责任公司昆明供电局调度控制中心远动自动化调试工技术状元
蒋雯玉(女) 昆明市晋宁区气象局气象综合业务技能技术状元
张世江 昆明国家粮食储备有限公司粮油仓储管理员技术状元
段志珍(女) 昆明市滇中粮食贸易(集团)有限公司农产品食品检验员技术状元
邱 薇(女) 云南省交通科学研究院有限公司机动车检测技术状元
杨育兰(女) 云南天恒大酒店客房中式铺床技术状元
张馨月(女) 昆明翠湖宾馆有限公司中餐宴会摆台技术状元
周 琴(女) 昆明市东川区幸福家园老年公寓养老护理技术状元
蒋艳琼(女) 昆明市官渡区源力教育育婴师技术状元
刘菊仙(女) 云南星月嫂之家家政服务有限公司家政服务员技术状元
易鹏杰 昆明星驰汽车维修服务有限公司汽车定期维护作业技术状元
浦少林 昆明星驰汽车维修服务有限公司汽车定期维护作业技术状元
徐 争 云南鼎珮汽车服务有限公司汽车电控系统故障诊断技术状元
罗小波 昆明宝德龙汽车维修服务有限公司汽车空调系统检测维护技术状元
代友发 昆明市安耐驰汽车维修服务站汽车自动变速箱检测维护技术状元
阮金存 昆明谊众汽车销售有限公司汽车车身钣金修复技术状元
段锦华 昆明嘉创汽车服务有限公司汽车车身喷涂技术状元
刘 波 昆明公交集团有限责任公司东部修理分公司客车自动变速器故障诊断与排除技术状元
刘明旺 昆明公交集团有限责任公司西部修理分公司电控柴油机国四发动机油电路故障排除技术状元
张 楠 昆明公交集团有限责任公司西部修理分公司天然气发动机故障诊断与排除技术状元
付 敏 昆明公交集团有限责任公司东部修理分公司新能源公交客车控制系统CAN总线故障排除技术状元

付听斌　昆明公交集团有限责任公司东部修理分公司公交客车电动空调故障诊断排除技术状元
李越飞　昆明公交集团有限责任公司东部修理分公司客车钣金修复技术状元
胡金龙　昆明公交集团有限责任公司东部修理分公司客车车身涂装（涂漆）技术状元
顾静平　昆明公交集团有限责任公司第四分公司技术标兵技术状元
黄　芸（女）　昆明公交集团有限责任公司第四分公司巾帼能手技术状元
沈峻峰　昆明公交集团有限责任公司第七分公司最佳新手技术状元
普　圆（女）　麦隆咖啡股份有限公司咖啡师技术状元
刘　欣　云南月库茶业有限公司茶艺师技术状元
宋有分（女）　麦德龙超市营业员技术状元
郑　菲（女）　昆明家乐福超市有限公司收银员技术状元
李　平　昆明市云隐西山国际交流中心中式烹调师（滇菜）技术状元
刘　姝（女）　中国光大银行昆明分行营业部大堂经理技术状元
王　颖（女）　中国银行云南省分行财私部理财经理技术状元
黄　静（女）　昆明市第三十中学高中音乐教学技术状元
韦　懿　昆明市第十中学高中体育与健康教学技术状元
王慧婧（女）　昆明市外国语学校高中美术教学技术状元
李丽霞（女）　晋宁区卫生和计划生育局临床护理技术状元
马　丽（女）　昆明市官渡区卫计局临床医生技术状元
何　伟　中铁电气化局集团有限公司城铁公司昆明分公司变电专业技术状元
刘　勇　昆明市轨道交通1号线支线机电设备总承包项目1工区经理部接触轨专业技术状元
罗川东　昆明市轨道交通3号线通信系统总承包项目部通信专业技术状元
耿　伟　昆明市轨道交通4号线PPP项目B部分设备系统总承包项目部信号专业技术状元
王丽婷（女）　昆明市公安局五华分局网安大队公安网安实战技术状元
王　锦　昆明市公安局交通警察支队“春城骑警”大比武（650车型民警组）技术状元
滕华军　昆明市公安局官渡分局“春城骑警”大比武（400/300车型民警组）技术状元
洪海刚　昆明市公安局特种警察支队“春城骑警”大比武（650车型辅警组）技术状元
曾文武　昆明市公安局盘龙分局巡特警大队特（巡）警岗位大比武（五城区组）技术状元
高广亮　昆明市嵩明县公安局特警大队特（巡）警岗位大比武（县市区组）技术状元
周道波　昆明市公安局旅游度假分局治安大队巡特中队特（巡）警岗位大比武（开发、度假园区组）技术状元
王健敏　昆明市公安局特种警察支队二大队特（巡）警辅警岗位大比武（直属部门组）技术状元
黄泽攀　昆明市公安局盘龙分局巡特警大队公安机关特（巡）警辅警岗位大比武（五城区组）技术状元
蒋蕊名　昆明市嵩明县公安局特警大队公安机关特（巡）警辅警岗位大比武（县市区组）技术状元
胡　颖（女）　昆明市公安局呈贡分局特警中队世界警察运动会射击项目赛优秀选手
杜　猛　昆明市公安局交通警察支队一大队全国大城市警察三项比赛优秀选手
陈兴忠　昆明市公安特种警察支队二大队全国大城市警察三项比赛优秀选手
周　婕（女）　昆明市公安特种警察支队二大队世界警察运动会优秀选手
胡燕南（女）　嵩明县公安局杨林开发区派出所世界警察运动会IPSC项目赛优秀选手
冯雁飞　昆明市公安特警支队一大队95突击步枪射击赛优秀选手
杜生平　中建三局集团有限公司塔吊操作工技术状元
李　强　中铁八局集团第六工程有限公司工程测量工技术状元
王勇胜　中建三局集团有限公司建筑电工技术状元
李济山　云南省建设投资控股集团有限公司电焊工技术状元
宋明杰　昆明长水国际机场有限责任公司安检站旅检三大队安检员技术状元
谭传雄　昆明长水国际机场有限责任公司安全护卫消防部飞机监护一大队登机桥操作员技术状元
李　伟　昆明长水国际机场有限责任公司飞行区管理部灯光保障室助航灯光操作员技术状元
段　雪（女）　云南机场地面服务有限公司运行控制部平衡结载班组民航客运员技术状元
唐晋文　昆明市福阁装饰工程有限公司光伏竞技技术状元
周诗应　云南威乐水电设备有限公司光热竞技技术状元
李　赟　昆明市大观公园植物整形修剪技术状元
矣忠祥　康佳集团股份有限公司昆明分公司电视机维修工技术状元
刘　馨（女）　昆明市艺术学校中小学教师普通话技术状元
邓安平　上海三菱电梯有限公司云南分公司电梯安装维修工技术状元
冯瑞琳　昆明市疾病预防控制中心艾滋病相关检测检验技术状元
曹六一　昆明国际艺术影楼昆明市摄影名匠
张诩翔　贵研铂业股份有限公司昆明市钳工名匠

郑兴睿　昆明理工大学昆明市加工中心名匠
刘艳艳（女）　昆明市疾病预防控制中心微生物检验技术状元
蒋海鸥（女）　盘龙区疾病预防控制中心理化检验技术状元
李领生　政协昆明市委员会计算机应用技能技术状元
张恋恋（女）　昆明城市污水处理运营有限责任公司污水处理工技术状元
张　璟（女）　昆明滇池水务环境监测有限公司污水化验监测工技术状元
蒲　煜（女）　云南中水工业有限公司再生水处理工技术状元
李　坤　昆明滇池固废处置资源化利用有限责任公司污泥处置工技术状元
李文忠　昆明通用水务自来水有限公司供水行业密闭空间应急救援技术状元
刘　箭　昆明通用水务自来水有限公司供水行业密闭空间应急救援技术状元
陈　俊　昆明通用水务自来水有限公司供水行业密闭空间应急救援技术状元
郭玉胜　昆明通用水务自来水有限公司供水行业密闭空间应急救援技术状元
魏幼姝（女）　昆明通用水务自来水有限公司水质化验工技术状元
普结春　云南水工程（集团）股份有限公司管件制造分公司供水管道非标角度接点焊接技术状元
李永平　云南水工程（集团）股份有限公司管件制造分公司供水管道非标角度接点焊接技术状元
缪春艳（女）　云南众成人才派遣有限责任公司泵站排水泵站运行工技术状元
贺光发　昆明排水设施管理有限责任公司第四管网运营分公司排水管道工技术状元
夏　亮　昆明市公安局刑侦支队五大队公安信息化应用技术状元
拾建立　昆明市公安局盘龙分局治安大队公安出入境岗位外国人管理业务技术状元
顾燕斌　昆明市公安局交通警察支队四大队公安交警岗位技术状元
杨志成　昆明市富民县公安局交通警察大队公安“公路巡逻”岗位技术状元
祝　超　昆明市公安局警察训练支队公安专职警务实战教官技术状元
周淑萍（女）　安宁市公安局连然派出所公安派出所户政窗口民警技术状元
夏　玲（女）　安宁市公安局连然派出所公安出入境信息化应用技术状元

（市总工会）

道德模范

第六届“昆明市道德模范”名单（50人）

助人为乐模范（10人）

蔡鸿康　男　昆明殡仪馆员工
陈璐瑶　女　第三人民医院感染性疾病及儿童传染病科护士
高　云　男　东川区因民镇田坝中心学校教师
郭恒友　男　佳盛检验检测认证集团股份有限公司法定代表人兼董事长
黄椿舒　女　昆明公交集团
李春香　女　昆明市红嘴鸥青少年事务服务中心
鲁顺平　男　昆明长水机场国际机场云南空港物流有限公司
莫晓莉　女　昆明市公安局城市轨道交通分局勤务辅警
王振永　男　嵩明县小街镇阿古龙村委会大甸心下村村民
杨树芝　女　石林县妇幼保健院

见义勇为模范（10人）

方连禄　男　晋宁区双河乡田坝村
高志伟　男　原宜良县狗街镇中营社区治保主任
韩　忠　男　云南展宏保安服务有限公司保安
李建祥　男　原曲靖市印染厂下岗职工
仁建东　男　安宁市太平新城集贸市场摊位经营农产品
吴德友　男　农民
徐　伟　男　晋宁区昆阳街道堡孜村居民
杨启知　男　温泉街道官庄村民小组党支部书记
杨晓涛　男　云南夜巡安防禄劝分公司职员
张连红　男　则黑中学教师、团支部书记

诚实守信模范（7人）

范碧容　女　云南兴昭大酒店有限公司服务员
李凤兰　女　昆明滇池国家旅游度假区海洁环卫服务有限公司
宋泗邦　男　度假区地方事务管理局军休第二党支部军休干部
王瑞宣　女　昆明饭店管家部领班
夏元聪　男　东川拖布卡镇大树脚村村民
张丽琼　女　羊街镇羊街村兴隆文奇批发部经理
张留焕　女　云南樟留焕餐饮管理有限公司

敬业奉献模范（16人）

陈自勇　男　市公安局特种警察支队云豹突击大队大队长
丁大为　男　云南乌铜走银文化产业有限公司总经理

董俊宁　男　昆明公交集团三公司二车队驾驶员
高　辉　女　昆明市盘龙区盘龙小学书记、校长
侯金富　男　云南冶金昆明重工有限公司车工
蒋　彪　男　昆明市公安局刑侦支队六大队
李明武　男　昆明市第三人民医院
马若俊　男　昆明市人民政府办公室办文处处长
孙鸿雁　女　云南鸿雁内画艺术研究院院长
孙　洵　女　昆明市第一人民医院科泌尿外科质控中心主任
王登学　男　寻甸县卫生和计划生育局原基层妇幼卫生科科长
王蓉蓉　女　昆明市五华区新萌学校
吴国良　男　东川区汤丹镇人民政府科员、镇扶贫办副主任、汤丹镇中河村党支部书记
杨　玲　女　昆明市呈贡区斗南学校高级教师
昆明市公安局云豹突击大队　集体
王廷玉　男　昆明市第一人民医院保卫科科长、离休干部

孝老爱亲模范（7人）

拔　荣　男　晋宁区双河乡核桃园村村民
陈艳芳　女　嵩明县杨桥街道杨桥完全小学教师
邓　琨　女　东川区舍块乡社会事务办工作人员
李玉孟　男　寻甸县仁德和平完小教师
申学志　男　马金铺街道高登社区务农
税碧强　男　昆明市西郊安置所后勤保障科
鄢文红　女　富民县医疗保险管理局稽核科科长

（摘自《昆明日报》）

第六届“昆明市道德模范提名奖”名单（50人）

助人为乐提名奖（10人）

陈会芳　女　金方街道洛阳池社区居委会
耿如全　男　昆明万能出租汽车有限公司
李　旺　男　昆明市官渡区人民医院
李艳萍　女　昆明市西郊安置所安置科
李昭晟　女　昆明地铁运营有限公司生产计划技术员
刘荣能　男　云南凤昇建筑工程有限公司董事长、党支部书记
鲁　翔　女　云南省老年病医院护师
铁建装备无偿献血志愿服务队　集体
王艺蒙　女　山东大学（威海）“爱的三角”支教团云南区负责人
郑萍萍　女　昆明市饮食有限服务公司退休职工

见义勇为提名奖（10人）

傅　斌　男　云南瑞邦保安公司幸福邻里小区保安队长
李承恩　男　铁建装备公司制造总厂铸造分厂职工
李云鹏　男　昆明市交通警察支队交警十大队协警
李梓华　男　禄劝县公安局秀屏派出所辅警
刘波仟　男　盘龙区东风巷天天家常菜馆厨师
罗浩铭　男　安宁市公安局巡特警大队民警
钱卫华　男　禄劝县屏山街道秀屏新苑居民
许　华　男　东川区铜都街道办事处起嘎村委会六组村居民
荀利华　男　宜良县北古城镇大薛营社区小张营村居民
余海昆　男　西山区国家税务局三分局主任科员

诚实守信提名奖（7人）

何艾桦　女　云南鸿翔母婴护理有限公司董事长
侯　林　男　石林县群康诊所主治医生
李文鹤　男　昆明鹤源工贸有限公司董事长
林　丰　男　昆明海兴饮食有限公司（快乐海鲜楼）总经理
孙　青　女　龙城街道非公第四支部党支部书记
杨丽萍　女　子君中心学校语文老师
赵继芬　女　安宁市第二幼儿园总务主任

敬业奉献提名奖（16人）

陈久如　男　昆明铁路公安局昆明公安处禁毒支队
黄　静　女　石林彝族自治县巴江中学教师
昆明市公安局刑侦支队六大队　集体
李继军　男　昆明市疾病预防控制中心
刘洪平　男　昆明云内动力股份有限公司高级技师
刘兴梅　女　富民县永定中心小学老师
毛顺国　男　昆明新飞林人造板有限公司党委书记、云南新泽兴人造板有限公司总经理
普　伟　男　云南省精神病医院妇女病科护士长
宋　洁　女　云南电科院品控部主任工程师
汪　峰　男　昆明市公安局刑侦支队副支队长
王　磊　男　云南机电职业技术学院东川校区常务副主任
肖云峰　男　阿旺镇扶贫办主任
谢雪波　男　官渡区佳乐摄影器材经营部技术主管
尹加泽　男　东川区乌龙镇党委委员、副镇长，大水井村包村领导
张贵波　男　中国铁建装备公司制造总厂结构分厂焊工
张云洪　男　昆明市晋宁区二街镇肖家村委会调解主任

孝老爱亲提名奖（7人）

段忠才　男　宜良县永新大渡口居民小组村民
李　乔　男　昆明市呈贡区斗南街道斗南社区务农
唐惠芬　女　石林鹿阜中学教师
杨　洋　女　呈贡区第一幼儿园教师
张翠英　女　航天工业公司兰花冰箱厂退休职工
张光明　男　安宁市水务局工勤人员

张维芬　女　东川区原矿务局人民小学退休教师

（摘自《昆明日报》）

教育战线先进人物

全国优秀教师人员名单

朱志刚　昆明市第一中学西山学校
那　靖（白族）　昆明理工大学
张杰（女，布依族）　云南交通职业技术学院
胡晋明　昆明市第三中学
黄红燕（女）　昆明市盲哑学校
缪长春（女）　安宁市安宁中学

（市教育体育局）

全国模范教师人员名单

宁　平　昆明理工大学
李志坚（女）　昆明市教育科学研究院

（市教育体育局）

2019年云南省优秀教师获奖名单

孙道朝　昆明市第三中学
蒋　华　昆明市东川区第一小学
张世华　昆明市寻甸县仁德镇第一小学
那　靖　昆明理工大学
范兴祥　昆明冶金高等专科学校

（市教育体育局）

云南省2019年度乡村学校从教20年以上优秀教师

段龙焕　女　白族　五华区沙朗民族实验学校
朱正云　盘龙区松华中心学校
张惠莲　女　彝族　西山区谷律民族中学
永向群　女　西山区海口依兰中心学校
王金寿　官渡区白汉场中心学校
赵红梅　女　东川区汤丹镇中心学校关上小学
马启贵　东川区因民镇中心学校
张开明　彝族　晋宁区双河民族中学
王艳芬　女　晋宁区六街中心小学
王丽芬　女　晋宁区二街中心小学
贺琼仙　女　安宁市八街小学
段司果　女　彝族　富民县赤鹫镇赤鹫中学
朵　琼　女　富民县散旦镇散旦中心小学
邓兴平　宜良县狗街镇双龙小学
刘树平　宜良县耿家营彝族苗族乡玉古小学
李文辉　宜良县九乡民族中学
李绍芝　女　彝族　石林县大可乡大可小学
黄志祥　彝族　石林县圭山镇中心学校
李文春　嵩明县杨桥街道月家完全小学
李艳芬　女　嵩明县第四中学
曾卜凤　女　嵩明县杨林镇龙保小学
汤友兰　女　禄劝县团街中学
唐丕军　彝族　禄劝县皎平渡镇中心学校
袁文权　禄劝县茂山中学
孙　斌　禄劝县转龙镇中学
张明政　彝族　禄劝县屏山镇崇德小学
李万中　彝族　寻甸县联合乡凹子小学
杨正美　女　彝族　寻甸县凤合镇大庆小学
杨正清　寻甸县金源乡初级中学
马　琳　回族　寻甸县羊街镇黄土坡小学
王树林　寻甸县河口镇沙谷渡小学
朱慧琼　女　寻甸县七星镇江格小学
杭正江　寻甸县金源乡田坝心小学
敖艳妮　女　昆明滇池国家旅游度假区大渔小学
金　琳　女　昆明经济技术开发区第四中学
赵丽仙　女　昆明高新区第四小学
苏云辉　宜良县汤池镇草甸中学

（市教育体育局）

昆明市2019年度乡村学校从教20年以上优秀教师

王永祥　昆明市五华区遍六小学
张从坤　昆明市盘龙区阿子营中心学校马军小学
李凤琼　女　彝族　昆明市盘龙区滇源中心白邑小学
孔玉仙　女　昆明市盘龙区双龙中心学校
王朝兵　昆明市官渡区中对龙中心学校
邬云保　彝族　昆明市西山区团结永靖中心学校
梁孟琼　女　昆明市西山区碧鸡中学
邬永忠　彝族　昆明市西山区团结谷律中心学校
龙石珍　女　彝族　昆明市西山区团结明朗中心学校
蒋成惠　女　东川区铜都中心学校大寨小学
彭家富　东川区因民镇中心学校田坝小学
张正宽　东川区红土地镇中心学校
赵国元　东川区乌龙镇中心学校
黄国信　昆明市晋宁区晋城第四小学
杨旭东　女　昆明市晋宁区上蒜第二小学
张永洪　彝族　昆明市晋宁区夕阳民族小学
法洪飞　哈尼族　昆明市晋宁区夕阳民族小学
伊正雄　彝族　昆明市晋宁区夕阳民族小学
杨绍荣　安宁市温泉小学

李文权　安宁市八街小学
孙王勇　昆明滇池国家旅游度假区大渔中学
廖启文　富民县款庄中学
袁玉华　富民县东村中学
刘锡文　富民县罗免民族中学
李晓琼　女　富民县散旦中学
李建春　昆明高新技术产业开发区第三中学
王正华　禄劝县翠华镇中心学校
杨光秀　女　禄劝县九龙镇中心学校
李自军　禄劝县茂山中学
史宗元　禄劝县屏山镇中心学校
吕忠学　禄劝县九龙中学
吴红梅　女　禄劝县团街镇中心学校
王建伟　彝族　禄劝县茂山镇中心学校
李真武　彝族　禄劝县中屏乡中心学校
晏发富　禄劝县汤郎乡中心学校
董开龙　禄劝县乌东德镇中心学校
张本亮　彝族　禄劝县马鹿塘乡中心学校
刘汉奎　禄劝县马鹿中学
黄文学　彝族　石林县紫玉中心学校
王家宏　石林县大可乡中心学校
资贵全　石林县石林中心学校
张开皇　石林县西街口镇中心学校
毕继红　彝族　石林县长湖镇中心学校
杨建华　嵩明县实验中学
吴玉龙　嵩明县小街镇第一初级中学
李昆文　嵩明县小街镇匡郎小学
吴惠卿　女　嵩明县杨林镇兰茂一小
杨文高　嵩明县杨桥街道初级中学
代勤生　嵩明县小街镇第二初级中学
刘　伟　女　阳宗海风景名胜区明湖中学
李端凤　女　阳宗海风景名胜区云龙小学
钱绍金　宜良县匡远街道中心学校
杨志坚　宜良县第九中学
李绍林　彝族　宜良县马街镇中心学校
王丽琼　女　宜良县耿家营彝族苗族乡中心学校
卢文丽　女　宜良县九乡彝族回族乡中心学校
代胜林　宜良县竹山镇中心学校
奈琼红　女　宜良县狗街镇中心学校
李富祥　寻甸县功山镇以则小学
杨兴跃　彝族　寻甸县联合乡三界小学
张学莉　女　寻甸县倘甸镇马街小学
马美珍　女　回族　寻甸县金所街道初级中学
张凤梅　女　寻甸县羊街镇核桃小学
石尉华　寻甸县凤合镇凤合中学
周兴荣　寻甸县柯渡镇可郎寄宿制完小
杨再祥　寻甸县凤合镇大庆小学
马琼芬　女　回族　寻甸县七星镇九年一贯制学校
保明权　回族　寻甸县塘子街道初级中学
马星波　女　寻甸县塘子街道麦场小学
张山秀　女　寻甸县六哨乡九年一贯制学校
潘道存　女　寻甸县金源乡初级中学
马兴贵　回族　寻甸县先锋镇白子村完小
白朝开　寻甸县鸡街镇初级中学
李翠英　女　昆明经济技术开发区第三小学

（市教育体育局）

专业技术人才

表25　第十七批昆明市学术技术带头人及后备人选名单

序号	姓名	层次	单位	专业
1	丁心志	带头人	云南电力试验研究院（集团）有限公司	电力系统及其自动化
2	王宇娇	带头人	昆明学院	信息技术及教育技术
3	刘　牧	带头人	昆明水啸科技有限公司	生态环保
4	刘　玲	带头人	昆明市儿童医院	临床儿科及新生儿科
5	刘　博	带头人	昆明微想智森科技股份有限公司	电子信息
6	刘红旗	带头人	中国医学科学院医学生物学研究所	感染与免疫
7	刘红飚	带头人	云南路桥股份有限公司	工程技术

续表

序号	姓名	层次	单位	专业
8	李　冰	带头人	中国科学院昆明动物研究所	药物安全性评价
9	李青青	带头人	昆明翔昊科技有限公司	农业
10	李荣波	带头人	昆明市农业科学研究院	作物育种与栽培
11	杨永锐	带头人	昆明市第三人民医院	肝病传染病学
12	杨丽华	带头人	昆明医科大学第二附属医院	妇科
13	杨盛际	带头人	昆明京东方显示技术有限公司	Micro OLED 及半导体显示
14	吴　敏	带头人	云南省第二人民医院	眼科
15	宋春莲	带头人	昆明伟牧得生物科技有限公司	动物医学
16	陈　鸿	带头人	昆明市第一人民医院	运动医学
17	林安川	带头人	昆明钢铁集团有限责任公司	冶炼技术
18	郭　昕	带头人	云南植物药业有限公司	药学
19	刘春波	带头人	云南中烟工业有限责任公司技术中心	烟草化学及新型烟草
20	吴文娟	带头人	昆明医科大学第一附属医院	皮肤病学
21	沈　鑫	带头人	云南电力技术有限责任公司	电能计量
22	陈金龙	带头人	昆明市海口林场	森林培育
23	董　亮	带头人	中国科学院云南天文台	射电天文、空间天气
24	马　航	后备人选	云南云天化以化磷业研究技术有限公司	化学工程
25	王　滢	后备人选	云南民族大学	动物学
26	王晓丹	后备人选	昆明市延安医院	肾病学科
27	王浩伟	后备人选	北京航空航天大学云南创新研究院	电子可靠性
28	王塞北	后备人选	贵研铂业股份有限公司	稀贵金属材料学
29	牛宪伟	后备人选	云南万视智能设备有限公司	机械工程
30	付维琴	后备人选	昆明冶金研究院	有色金属冶金
31	司晓喜	后备人选	云南中烟工业有限责任公司技术中心	烟草化学和烟气化学
32	刘佳妮	后备人选	昆明学院	植物保护
33	安　输	后备人选	昆明理工大学	细胞生物学
34	严　磊	后备人选	中国电建集团昆明勘测设计研究院有限公司	水利水电工程
35	杜开利	后备人选	昆明医科大学	骨外科
36	李　彪	后备人选	云南宏绿辣素有限公司	农业技术推广
37	李文廷	后备人选	昆明市疾病预防控制中心	理化检验
38	李绍龙	后备人选	昆明市延安医院	心血管内科
39	李霁伟	后备人选	昆明市儿童医院	病理
40	杨　军	后备人选	昆明医科大学第一附属医院	外科学
41	杨　恒	后备人选	云南唯恒基业科技有限公司	电子信息

续表

序号	姓名	层次	单位	专业
42	杨　继	后备人选	云南中烟工业有限责任公司技术中心	新型烟草及烟草化学
43	杨　嘉	后备人选	昆明学院	皮肤病与性病学
44	何　磊	后备人选	云南省交通科学研究院有限公司	城市建设与管理
45	罕园园	后备人选	中国医学科学院医学生物学研究所	分子生物学
46	张晓明	后备人选	云南农业大学	生物安全
47	陈　龙	后备人选	昆明医科大学第三附属医院	影像医学与核医学
48	陈杉艳	后备人选	昆明市农业科学研究院	果树
49	岳　磊	后备人选	中国医学科学院医学生物学研究所	免疫学
50	赵　艳	后备人选	云南农业大学	药用植物学
51	赵道洪	后备人选	昆明医科大学第二附属医院	骨科运动医学
52	胡　磊	后备人选	昆明少科科技有限公司	科普宣传和创新发明
53	胡文君	后备人选	云南省地质调查院	生态修复、城市地质
54	禹文海	后备人选	中国医学科学院医学生物学研究所	实验动物学
55	姜　婧	后备人选	贵研铂业股份有限公司	化学
56	袁　琳	后备人选	云南沃森生物技术股份有限公司	生物制药
57	聂陟枫	后备人选	昆明学院	物理化学
58	莽源祎	后备人选	昆明市第一人民医院	肝胆外科、器官移植
59	高雪桃	后备人选	昆明人月科技有限公司	科技管理及科技服务
60	郭　磊	后备人选	中国医学科学院医学生物学研究所	病毒感染与免疫
61	黄体龙	后备人选	昆明市儿童医院	儿童血液病
62	韩光煜	后备人选	云南农业大学	植物病理

（市科技局）

五华区

【区划　人口】　五华区是云南省人民政府所在地，辖区面积381.60平方千米，其中建成区面积40.86平方千米。下辖护国、大观、华山、龙翔、丰宁、莲华、红云、黑林铺、普吉、西翥10个街道、92个社区、214个村（居）民小组。区机关驻华山西路1号。驻区中央和省市机关、企事业单位众多，科教、文卫、商贸、金融、通信等机构云集。辖区有11所高校、20多个科研机构，汇集云南铜业、云南冶金、云南煤化工、红云红河、昆明联想、昆明国家广告产业园、王府井、金鹰、沃尔玛、家乐福、百盛、国美、苏宁等一大批国内外知名企业，以及渣打、马来亚、汇丰、恒生、东亚、大华银行，普华永道、安邦保险等金融机构，形成商务楼宇聚集的都市经济以及园西IT电子产品市场。

2019年末，全区常住人口88.17万人，常住人口自然增长率为6.52‰，城镇人口86.62万人，城镇化率为98.24%。户籍人口(不含高新区)60.54万人，其中男性30.07万人，占49.67%；女性30.47万人，占50.33%。在总人口中，城镇人口59.37万人，占98.06%；乡村人口1.17万人，占1.94%；少数民族8.83万人，占14.58%。人口密度每平方千米2310人，户籍人口自然增长率为8.10‰。

【资源概况】　五华区位于昆明市主城区西北部，地势西北高、东南低，地形地貌复杂多样，海拔在1670～2527米之间，平均海拔1887米。2019年年平均气温15.70℃，较常年偏高0.20℃；年降水量106毫米，与往年基本持平；年日照时数2297小时，较常年多169毫米。区内有玉带河、沙朗河、西北沙河、逦六瓦恭河等7条主要河流。

主要风景名胜区及旅游景点有云南陆军讲武堂、朱德旧居、节孝巷中共云南地下党建党旧址、抗战胜利纪念堂、聂耳故居及周边博物馆群、昆明动物园、圆通寺、文庙、翠湖公园、莲花池公园、篆塘公园、隅山公园、月牙潭公园、筇竹寺、虚宁寺、郊野公园、西游洞以及长虫山、荷叶山、眠山、昭宗、石盆寺等多处生态公园和西翥乡村旅游景点。

【经济综述】　2019年是五华区推进区域性国际中心城市高品质核心区建设的关键一年。面对持续加大的宏观经济下行压力和艰巨繁重的改革发展任务，坚持稳中求进工作总基调，着力稳增长、促改革、调结构、惠民生、防风险。全年实现地区生产总值

1195.65亿元，同比增长5%，占全市GDP的比重为18.46%。三次产业比重为0.20∶40.30∶59.50。

全年实现一般公共预算收入44.68亿元，同比增长8.10%。完成固定资产投资333.17亿元，同比增长2.40%。完成社会消费品零售总额578.61亿元，同比增长7.50%；实现城镇常住居民人均可支配收入4.72万元，同比增长7.70%；农村常住居民人均可支配收入2.11万元，同比增长9.60%。城镇登记失业率为3.72%，控制在预期范围之内。

2019年，五华区首次跻身中国城市综合竞争力百强区50强，在云南省县域经济跨越式发展评比中位列先进县区榜首，首批通过省级可持续发展实验区验收。

【转型提质增效益】 现代服务业提质增效。制订出台五华区加快生产性服务业三年行动计划（2019—2021年），组织实施“35511”培育提升计划，推动生产性服务业和楼宇经济提质增效。截至2019年底，五华辖区共有亿元楼宇16幢，千万元楼宇44幢，其中邦克大厦成为全市首座20亿元楼宇，商务“金融特色楼宇”初具规模。辖区金融业增加值达到145.50亿元。能投缘达集团等5户总部企业落户五华区，保有总部企业58户。昆明老街、南强街开启都市夜经济。工业转型提档加速。引导支持工业技术创新、产业升级，昆明卷烟厂打叶复烤异地技改项目取得实质性进展，全区规模以上工业增加值增长4.50%。五华科技园区产业加速聚集，实现主营业务收入1265亿元。厂口产业园区、石盆寺产业园区建设步伐加快。都市农业特色凸显。澳大利亚林奇花卉种植基地项目一期投入营运，蔬菜、中药材等特色生态产业稳步发展，观光农业、休闲农业、创意农业等新业态不断呈现。凯普“鲜为”绿色蔬菜被评为云南省“十大名菜”，“云澳达”坚果被评为云南省“十大名果”。民营经济活力释放。出台56条政策措施，促进民营经济调整转型。优先支持企业线上线下融合转型升级，有实力的企业参与夜间经济打造，有条件企业参与调结构战略性转型。2019年新增民营企业7624户。截至2019年底，辖区民营企业达到4.01万户，实现增加值458.88亿元，增长6.50%，占地区生产总值的38.40%。

【改革创新 优化服务】 完成政府机构改革，政府工作部门优化调整为26个，办事效率进一步提高。落实减税降费政策，全年减免税收10.11亿元，降费3.77亿元。主动承接高新区社会事务，224项社会事务实现属地化管理。深化农村经济改革，启动农村集体经济成员身份认定。营商环境持续优化。深入推进“多证合一”改革，加快“一网四中心”建设，公布“最多跑一次”事项清单176项。在全市率先运行“一窗通”服务平台，将19个部门的168项事务实行统一受理、统一发证。在昆明市首期营商环境第三方“红黑榜”评价中，五华区位列主城区第一。

【项目推进】 全面落实项目会办制度，会办项目44个，形成决策220项，解决一批历史遗留问题，确保以项目稳增长、稳就业、稳投资。投入前期经费1355.84亿元，新增亿元以上投资储备项目30个。3月29日，五华区举行中石化普吉路加油站暨五华区一季度重点项目集中开工仪式。共20个项目，总投资286亿元。实施重大项目攻坚行动，新希望白麓城等58个在建项目有序推进，中天北城等33个项目开工。要素保障平衡有序。完成土地流转700亩，收储23个项目的土地3001亩，实现土地供应1719亩，土地出让收入66.10亿元。招大引强实现突破。立足新旧功能转换，坚持“腾龙换鸟”，开展场景构建招商、搭建平台招商，引入威高集团、远大集团2户中国500强企业，融通集团地产、文旅、农业开发三大板块区域总部落地，与云南能投集团、水投集团、交投集团和昆明保安集团等企业合作，形成上下游关联企业聚集发展格局。全年引进市外内资107.36亿元，实际利用外资394.26万美元。

【五华科技产业园】 全年实现主营业务收入1265亿元，完成地方一般预算收入5.31亿元，临商税1413万元，完成利润总额31.66亿元。实现规模以上工业总产值337亿元，规模以上工业增加值235亿元，规模以上工业主营业务收入367亿元，规模以上工业税金223亿元。加快基础配套设施

2019年12月，云南省区块链合作协议签约仪式　（五华区史志办　供稿）

建设，推进昆武高速下层、五华101号路南段、五华137号路北段、阜外心血管医院南侧110千伏电力架空线迁改等12个项目建设，全年完成基础设施投资8.02亿元。重点项目建设稳步推进，全年完成固定资产投资110.12亿元。加大招商引资力度，引进市外资金34.30亿元，实际利用外资1000万美元。

科技创新能力持续增强，组织40多个企业开展国家和省、市专项扶持资金资质认定，唐工坊文化产业园被认定为省、市两级科技企业孵化器，阳光事达科技公司被认定为市级孵化器，众力影业有限公司、拾翠旅游文化开发公司被认定为市级众创空间，昆明斑铜有限公司、德和罐头食品公司、昆明埃舍尔科技公司被认定为市级企业技术中心。人才示范基地被国家人社部认定为第四批国家级创业孵化示范基地。广告产业园影响力进一步增强，先后吸引九机网、科大讯飞等有影响力的文创企业790家。3月20日，五华科技产业园北理工科技孵化器与中国联通昆明分公司签约。利用旧厂址，打造拾翠国际民艺创新产业园、跨境电商产业园、影视动漫IP孵化基地。

蓝花楹大道　　（五华区史志办　供稿）

【城乡建设管理】　坚持规划引领。完成第三次全国土地调查及基本农田储备规划方案编制，石盆寺片区控制性详规已通过市规划委员会审议，实施西南联大旧址和文明街历史文化街区保护性规划编制工作。完善基础设施。完成五华134号路等6条道路建设，11月11日，昆武高速公路入城段地面工程全线通车，打通小屯立交桥断头路，实现上下层全线贯通。昆楚、昆倘高速及滇中引水工程征迁稳步推进。推进轨道1号线西北延长线、4号线、5号线征迁，拆迁面积2.70万平方米，6个站点实现场地移交。西昌路、人民路等4座人行天桥建成投入使用。新增停车泊位2744个。推进5G商用试点建设，建成5G站300余个。西翥引调水工程全线贯通，西翥自来水厂全面供水，厂口片区高效节水一期项目投入试运营。加强“三旧”改造。激活潘家湾小村等城中村改选项目，岗头村、龙院上峰村城中村改造全面推进。1月1日，运行多年的黄土坡旧货市场正式关闭。探索旧厂存量土地自主开发模式，昆钢团山地块成为全市第一个自主开发旧厂的项目。投入资金1000多万元，完成菱角塘小区等8个老旧小区微改造。启动胜利堂周边整治提升，完成省粮食局办公楼退台降层，省中医院老行政办公楼维修完工。城市管理精细化。率先推行“吹哨报到”机制，网格化管理考核全市第一。拆除临违建筑207万平方米，整治大棚房135宗，查处违法用地22宗。人民路、东风路等30条道路改造完工，新建、改建公厕15座。动员社会力量参与街头绿地、小游园建设，新增城市绿地300余亩。11月21日，位于昆明主城区商业中心的南强集市开市。

【生态文明建设】　认真抓好中央和省环境保护督察及“回头看”反馈问题的整改落实，全面打好蓝天、碧水、净土“三大保卫战”。建立城市网格化空气监测体系，完善大气污染防治工作机制，空气优良率达到98%以上。认真贯彻落实三级河长责任制，加大城市黑臭水体整治力度，盘龙江、大观河水质保持Ⅲ类，新、老运粮河水质持续趋好。在全市率先开展“双层河道”建设，长虫山、石盆寺滞蓄防洪工程投入使用，实现山洪下泄和清水入滇池。强化农业面源污染治理，开展土地变更用途污染评估。加快乡村振兴步伐，安排专项扶持资金2000万元，打造美丽宜居示范村5个，新建和改建农村公厕8座，户厕900余座，改变乡村卫生面貌。建成污水处理设施4座，行政村污水设施覆盖率达91%。实施“五采区”植被修复，修复面积3841亩。燃气下乡实现突破，桃园、东村、新民社区点供式LNG气化站实现通气点火，487户村民告别传统柴灶，用上清洁能源。五华垃圾焚烧发电厂异地重建完工，城市生活垃圾分类收集率达到60%。4月19日下午4点39分，西翥街道龙池山附近发生森林火灾。昆明市森林消防支队、五华、盘龙、空港新区等出动扑火队员1040余人，K32直升机1架灭火。截至20日下午4点，明火扑灭，未造成人员伤亡。

【就业创业】　积极落实援企稳岗政策，推进大学生创业示范园、农业创业示范村和农业创业园区建设，着力抓好高校毕业生、农村剩余劳动力等重点群体的就业工作。加强创业基地建设，五华区—北理工青年（大学生）创业示范园有孵化企业294家。积极开展职业技能培训，提升广大劳动者的职业技能、职业素养和就业能力。积极实施“大众创业，万众创新”战略，广泛开展小微企业创业创新基地示范建设。继续推进“泛海扬帆昆明大学生创业行动”，促进大学生创业就业。采取各种措施，进行创业担保贷款扶持245人，“贷免扶补”创业小额贷款扶持102人。加强人才队伍建设，全区培养高技能人才300人，专业技术人员4189人，推荐2名专业技术人才参加“省贴”评选。开展2019年“七十二行大练兵·三百六十行出状元”插花、调酒、茶艺等职业技能竞赛，48名职工分别获得省、市、区级奖励。提供有效就业岗位4.29万个，新增城镇就业人数3.10万人，实现农村劳动力转移就业1103人，农村劳动力转移收入1672.55万元，城镇登记失业率为3.72%，控制在4%以内。

【社会保障】 按照“全覆盖、保基本、多层次、可持续”要求，完善社会保障安全网，构建适应五华区经济社会发展水平的城乡一体化社会保险体系。2019年，全区城镇职工养老保险参保30.69万人，工伤保险参保25.76万人，城乡居民社会养老保险参保5.67万人，失业保险参保30.60万人，各类社会保险参保率均保持在96%以上（含高新区）。继续推行互联网+人社服务模式，进一步优化服务保障窗口功能，提升社会保障服务水平。建立人社大数据库，实现全区人力资源社会保障信息服务和业务协同处理，方便群众办事查询。进一步扩大工伤保险保障范围，积极引导城镇建筑、铁路、公路、水路、能源、机场建设等高风险行业员工，特别是农民工参加工伤保险，参保人数达3.40万人。加大社会保险征缴稽核力度，切实维护社保基金安全。4月4日，举行为烈属、军属及退役军人家庭悬挂光荣牌启动仪式。至4月底，共悬挂光荣牌2.72万块，其中包括户籍不在五华区的1907名悬挂对象。落实80岁以上高龄老年人保健补助。为2.03万名80岁以上的高龄老年人发放保健补贴1568.02万元，为7675名60～79岁农村老年人发放生活补助金183.13万元，发放百岁老年人长寿补助金20.25万元。

【科技信息】 全力建设“数字五华”，推动资源数字化、数字产业化建设，实现公共管理、社会服务和产业发展数字化转型升级。打造全省数字经济高质量发展核心区，全区纳入电子信息产业统计企业95家，信息产业规模达35亿元，科技信息营利性服务业营业收入同比增长23%。加大高新技术企业培育力度，培育高新技术企业142家，建立300余家企业高新企业人才培育库。全年征集科技计划项目27项，立项17项，下拨扶持资金267万元，五华区成为云南省首批可持续发展实验区县。与辖区高校合作，形成政府、高校科研机构、企业三方联动机制，推动科技发展，促进科技成果转化。加大研发经费投入，全年投入经费26.44亿元。加强科技人才管理，对27名科技带头人及后备人选进行考核评定，推荐1人申报省政府特殊津贴，13人申报昆明市中青年学术和技术带头人，4人申报昆明市“春城计划”高层次人才。推进5G试点建设，在翠湖片区建成5G站点31个，安装覆盖设备72台套，完成南屏街、正义路、大观街、小西门片区、五华山片区等80余个5G试点基站建设任务。实现千兆、五百兆、百兆等速率光纤覆盖城市社区100%，涉农社区光纤通达率100%，自然村通达率90%以上。五华区连续三年在省科技进步排行榜中居首位。

【教育】 推进教育综合改革，完善教育治理体系。新成立迤六幼儿园，认定普惠性民办幼儿园12所。2019年五华辖区公办小学招收一年级新生8288名，其中外地学生3617人。小学教学质量监测及格率96.27%，优秀率40.02%，中考成绩连续15年位列全市第一，区属公办学校高考一本率、600分以上人数及本科贡献率均位列全市首位。规范民办教育，促进民办教育持续健康发展。重视发展特殊教育和民族教育，在“医教结合”的基础上启动“全纳教育”项目，推进融合教育发展。深入推进“三名”工程，成立37个名师、名班主任、名园长工作室，引进名长1名。评选“学科带头人”“骨干教师”317名，223人获“教坛新秀”“教学名师”等称号。开展“法律服务进校园”活动，为186所中小学、幼儿园配备法治副校（园）长。夯实教育基础设施，对15所C级不安全校舍进行改造，12所已投入使用。创建区级平安校园10所，市级平安校园3所，省级平安校园1所。5月30日，五华区举行2019年“新时代好少年”颁奖仪式，授予吴悠、张力匀等10人五华区“新时代好少年”称号；丁瑞、沈照钦等10人获“新时代好少年”提名奖。

【体育】 抓实学校体育。继续组织区中小学生乒乓球、篮球、网球、足球、游泳、田径6个项目竞赛及大课间评比。开展新一轮五华区体育传统项目学校布点申报工作，32所学校申报108个项目。组队参加昆明市中小学生田径运动会，获得金牌18枚、银牌8枚、铜牌5枚，并荣获体育道德风尚奖。

发展竞技体育。组织田径、游泳、足球、乒乓球、网球、篮球、柔道等15个项目参加全国、省、市比赛，获金牌216枚，银牌154枚，铜牌152枚。积极申报全国足球示范区，推荐学校申报足球、篮球、网球特色学校。积极开展全民健身示范活动，建立五华特色的全民健身体系，体育设施实现全覆盖。持续深入开展“五华跑团”等群众体育品牌活动，多渠道、多形式丰富群众健身。

【卫生计生】 加强大健康体系建设，创建国家级“慢性病综合防控示范区”，构建新型区域医疗卫生服务体系，五华区被确认为国家紧密型医疗卫生共同体建设试点区。全面深化区级公立医院综合改革，推进三级医院—二级医院—基层医疗机构双向转诊机制建设。巩固完善基本药物制度，区医院基药采购比例达到57.48%，社区机构使用基药物占比为55%。公立医院全面取消药品加成，住院患者均次费用4710元，门诊均次费用255.90元，较2018年同期分别下降5.99%和11.60%。加强流动人口计划生育统计管理工作，全区纳入“四同”管理的流动人口13.06万人，已婚育龄妇女2.64万人。

【保健防疫】 开展孕妇普查工作，在全区6650名孕妇中普查6125人，筛查出高危孕妇3570人，免费婚检率达91.67%。关爱老年人和儿童健康，为符合条件的60岁以上户籍老年人免费接种23价肺炎疫苗4.68万人，0～6岁儿童保健管理率90.81%。加强传染病疫情信息管理，进行免疫接种35.99万针次，接种率达95%。加强防艾工作，探索创建艾滋病综合防治社区。打击非法行医，取缔非法行医点10个。推进五华区人民医院暨五华区康养中心项目建设，已完成基础工作。加强健康管理，累计建立居民健康档案66万份，规范化管理高血压患者4.01万人，糖尿病患者1.49万人，规范管理率均达70%。进行爱国卫生全民动员，创建区级无烟单位123个，市级无吸烟先进单位8个，健康社区3家，健康学校3所，健康医院3所、健康机关1个。在全市年终考核中，防艾、计生、卫生工作分别位列昆明市第一、二、三名。

【文化】 进行机构改革，组建五华区文化和旅游局，将体育职能移交区教育体育局，新闻出版、影剧院监管职能移交区委宣传部，同时接管区委宣传部承担的文化产业工作。加强基础设施建设，完成1个街道、24个社区的综合文化服务中心改扩建任务。组织举办春城文化节百姓欢歌大舞台、非遗代表性展演，扫黑除恶宣传演出、社区会演等活动324场次，参加人数5.90万人。进一步加大“五华讲坛”宣传力度，全年接待听众4500余人次，成为五华知名品牌。大力发展文化产业，翠湖周边整治提升明显，翠湖·讲武堂获批4A级景区。7月1日，云南起义纪念馆开馆仪式在翠湖南路卢汉公馆举行；12月31日，云南解放纪念馆在翠湖南路65号正式开馆。发放“五华文化惠民卡”120多万张，为企业带来消费额175.20万元，拉动间接消费876多万元。加强文物保护修缮，完成范石生旧居历史风貌恢复、惠家大院门楼水池开挖整治、金牛街清真寺修缮、筇竹寺山体泥石流灾害抢险、福林堂修缮方案编制等项工作。加强非物质文化遗产保护，完成6个非遗项目数字化采集。严格文化旅游市场监管，深入开展“扫黑除恶”“扫黄打非”，全年检查各类娱乐场所500余家次，吊销1家娱乐场所许可证照，净化文化市场。

2019年7月1日，云南起义纪念馆开馆仪式 （五华区史志办 供稿）

【旅游】 促进商旅文融合发展，全年接待游客3254.30万人次，同比增长13.80%；实现旅游业综合收入509亿元，同比增长20%；住宿业营业额同比增长8.20%。认真做好“一部手机游云南”工作，完成城市名片（包括五华区概览、游记、一分钟视频、短视频等）、景区名片，地图定位、景区直播、投诉受理等项工作和酒店、餐饮、旅行社等诚信评价，录入上报400余家企业信息。加强旅游基础设施建设，完成西游洞、云花谷、石盆寺、陡坡、陡普鲁、瓦恭、市文庙、永丰寺等9所旅游A级公厕改造，改建6所旅游旱厕。加强旅游宣传，建成“乐享五华”平台，访问量达130余万次。3月2日，第十九届春城桃花文化节在郊野公园举行。大力发展乡村旅游，提升庄园品质。办好郊野公园桃花节、陡普鲁梨花节、西翥调子会、农民丰收节等，吸引更多旅客。加强旅游监管，对辖区涉旅企业进行联合检查，并对翠湖、圆通山、西游洞周边开展旅游秩序专项整治，整治“不合理低价”，查处诱导购物、变相强迫购物、以“景区＋购物”“餐厅＋购物”等欺骗、误导旅游消费行为。挂牌成立五华区游客购物退换货处理中心，受理各类旅游投诉443起，及时办结回复。

【扶贫攻坚】 深入开展产业扶贫、住房扶贫、子女入学扶贫，完成辖区104户低收入户危房改造，使206户建档立卡低收入户实现有序退出。认真做好人社扶贫工作，对46名“已脱贫建档立卡”贫困人员100%参加城乡居民基本医保和大病保险，符合参保条件的35人100%参加城乡居民基本养老保险。认真抓好异地扶贫。继续做好与禄劝县乡镇的结对帮扶工作，安排400万元资金，扶持当地发展产业。在东川区起嘎易地搬迁安置点等地举行专场招聘会、对口帮扶转移就业供需洽谈会，提供就业岗位9600个，安排转移就业899人。4月22日，昆明市首个消费扶贫示范点在五华区桃园家具城挂牌。寻甸、富民、石林、东川等地选送的百余种爱心扶贫农产品进场展销。

（杨连国）

盘龙区

【地理位置】 盘龙区地处昆明市主城区东北部，位于东经102°41′40″～103°01′57″、北纬25°01′48″～25°27′51″。东、南面与官渡区相连；西临五华区，西南与西山区接壤；北接嵩明和富民两县。辖区面积861.04平方千米，其中主城建成区面积60.96平方千米，水源保护区629.80平方千米，水源保护区占辖区总面积的73.14%。

【区划　人口】 截至2019年末，盘龙区辖拓东、鼓楼、东华、联盟、金辰、青云、龙泉、茨坝、松华、双龙、滇源和阿子营12个街道，共71个城市社区、32个村委会。

全区在册户籍人口58.52万人，城镇人口迁入2.33万人，城镇人口净增长1.35万人。户籍人口中，城镇人口52.52万人、乡村人口6万人；男性29.06万人、女性29.47万人；流动人口48.24万人；汉族人口51.62万人，占总人口的88.21%；彝族1.98万人，占3.37%；回族1.59万人，占2.71%；白族1.27万人，占2.16%。少数民族中人口上万的有彝族、白族、回族，上千的有壮族、傣族、苗族、哈尼族、纳西族、满族，上百的有傈僳族、拉祜族、佤族、瑶族、藏族、布朗族、蒙古族、布依族、朝鲜族、侗族、土家族、黎族、土族、仡佬族。其中回族、彝族、苗族为盘龙区的世居少数民族。户籍人口中，60岁以上的老年人12.96万人，占全区户籍人口的22.15%。

【自然概况】 盘龙区海拔在1891.6～2589.5米之间。东部、北部为中山、丘陵地貌，约占全区面积的80%；北部山峦起伏，夹有山间盆地，山脉属滇东北高原梁王山山脉支系，大部分呈北—南走向，海拔2000～2500米。区内有中低山416座，主要有石头山、祭天山、马鞍山、青龙山、刺梨山、狮子山、骑马山、中石山等。西南部为滇池断陷溶蚀盆地的一部分，地势平坦，约占全区总面积的20%。境内有盘龙江、清水河、羊青河、东大沟、金汁河、明通河、西干渠、麻蛇沟、马溺河9条主要入城河道，盘龙江是区内的最大河流，也是流经昆明市城区内的主要河流。占全区面积约80%的北部、东部山区为松华坝水源径流区，地下水资源丰富，共有地下暗河6条，龙潭泉水160多个，出水量大的有青龙潭、黄龙潭、白邑黑龙潭、马军龙潭、双桥龙潭等117个，总排量8852.63万立方米/年，为河川总径流量的45.34%。2019年，平均气温16.70℃，全年日照时数2385小时，降水量840毫米。

【经济综述】 全年生产总值完成889.25亿元，同比增长4%。其中第一产业5.69亿元，同比增长1.50%；第二产业206.83亿元，同比增长1.30%；第三产业676.73亿元，同比增长5%。一般公共预算收入，完成43.81亿元，同比增长5.82%；一般公共预算支出51.24亿元，同比增长2.30%。固定资产投资（不含农户），完成306.48亿元。工业总产值188.79亿元，同比增长8.16%；规模以上工业增加值，同比增长1.50%。社会消费品零售总额完成610.36亿元，同比增长10.10%。城镇常住居民人均可支配收入4.74万元，同比增长7.80%。农村常住居民人均可支配收入2.13万元，同比增长9.60%。城镇登记失业率控制在4%以内。

修订完善楼宇（总部）经济扶持奖励政策，制定楼宇分类定级办法，兑现2018年度奖励扶持资金4294万元。在商务写字楼建立“一人代办，全岗服务”工作机制，创新开展“书记、区长营商记”活动，承办昆明—南亚东南亚楼宇经济产业发展大会暨2019年昆明市楼宇经济论坛。盘龙区在2019中国楼宇经济合作大会上获“中国最佳国际营商环境城区”，恒隆广场、同德昆明广场分别获“中国最具潜力商业项目”“中国商业潮购典范项目”奖项。

落实稳增长和减税降费各项政策措施，持续降低社会保险费率，积极扶持服务民营企业、中小企业。兑现2018年部分稳增长政策措施奖励扶持资金576万元，出台盘龙区2019年促进经济平稳健康发展21条措施。全年为企业减轻养老、工伤、失业保险负担2.07亿元。帮助16家企业争取省市扶持资金230万元，8户企业获得“财园助企贷”贷款2240万元。年内新增市场主体1.83万户，其中企业7679户，个体工商户1.06万户，市场主体总量达9.26万户。5月30日，开办企业“一窗通”工作启动。

实施4S店“微改造”，推进车行天下二期、虹桥汽车财富中心等重点项目，规划建成金瓦路临时性汽车过渡市场，筹办“汽车欢乐购”“二手车博览会”等活动。在2019年南亚东南亚国家商品展暨投资贸易洽谈会上签约项目9个，计划总投资约120亿元。国内新零售行业的代表盒马鲜生、喜茶等昆明首店落户盘龙区，成功引进安永（中国）、建信云能等一批知名企业。全年实际利用外资8722万美元，市外内资109.85亿元。

年内，举办2019WRO世界青少

年机器人奥林匹克大赛全国选拔赛、2019创意昆明系列主题活动。花之城、871文化创意工场、C86山茶坊、盘龙区电商创业园等文创园（街）区辐射带动力不断增强。云南杨丽萍文化传播股份有限公司、云南木作文化产业有限公司等一批产业知名主体的影响力逐步发挥。全区接待游客2095.43万人次，同比增长15.88%，实现旅游综合收入371.99亿元，同比增长22.55%。

【城乡建设管理】 全年投入节能环保支出1.94亿元，开展滇池保护治理“三年攻坚”行动，支持全区河道水系治理、黑臭水体整治、水污染防治监测等。启动盘龙区国土空间规划编制，梳理优化片区控规，完善片区功能布局，龙江、青龙山、世博、云山等片区控规通过市规委会审议。加快双龙片区、九龙湾片区控制性详细规划编制，启动乡村建设规划和村庄规划编制工作。完成虹桥村、茨坝村地块一期、羊肠大村一期等项目征地拆迁，稳步推进周家营石闸村（二期）、马家营村、清水河村、龙头村三期等一批旧村旧厂改造项目征地拆迁工作，实质性启动大波村二期、金刀营村、白龙寺村等改造项目拆迁工作。加快环球阀门厂、羊肠大村、龙池村等6个项目安置房建设，上坝片区（竹园村）、中坝片区（郑家村）、清水河村等项目安置房实现交付。完成王旗营小区、德惠小区微改造。地铁4号、5号线盘龙区段涉征迁基本工作完成。年内，推动重点建设项目276项，新开工项目48项。加快推进盘龙200号道路、沣源路龙头街地铁站人行过街天桥、农大西校区沣源路人行过街天桥等项目，盘龙285号路、盘龙286号路等13条道路及昆明市第十四水质净化厂、闻一多公园、大华时光园、紫宸苑等项目如期开工，春之眼、红星美凯龙、车行天下二期等项目顺利推进，国家植物博物馆项目征迁加紧推进，北京路北端连接西北绕城高速立交工程、三峡集团区域总部、龙泉输变电项目110及10千伏电力通道等项目已完工。恒隆广场、瑞鼎城、新迎新城商业综合体开业。加速土地供应促进项目落地。完成龙泉古镇、大华滨水商务中心、美庐小区等项目土地交易，全年收储土地1402.99亩，完成土地交易面积2200.23亩，土地交易金额102.64亿元。

开展市容市貌综合整治提升，提高人居环境舒适度，拆除违法违规建筑2051宗，面积140.66万平方米。持续推进北京路、盘龙江景观亮化提升改造和东二环立交桥亮化维护工程。组建美化、净化、绿化、亮化和治乱、治污、治差、治堵8个专项工作组，全面开展21条道路市容环境综合整治提升工作。新增环卫一体化面积794万平方米，实现主城区全覆盖。开展“绿道建设”规划设计和城乡生活垃圾分类试点，推进“厕所革命”，完成2座示范公厕改造，辖区111座直管公厕和563座社会公厕全面实现免费开放。

开展辖区内1个省控断面11次、4个市控断面44次、7个水库（小坝塘）以及牧羊河、冷水河、盘龙江共153次监测采样，完成地表水、小坝塘、水库水环境监测数据4284个。建立重点道路空气质量自动监测站。在东风东路、环城东路、白塔路、金色大道、霖雨路、龙康路、龙泉路新建7套道路空气质量自动监测微型站。

开展为期两年的市容环境整治提升行动。推进22条道路“美化、净化、绿化、亮化”“治乱、治污、治差、治堵”8个方面56项工作。加强对建成区1320.27万平方米道路（含绿化带）、交通隔离栏、防撞墙和隔音屏等设施进行清扫保洁，城市道路机械化作业率80%。利用建成并投入使用的19座垃圾中转站，加强城市生活垃圾收运处置工作，日清运垃圾量786.14多吨，全年建成区清运垃圾26.85万吨，清运率达到100%，城市（城镇）生活垃圾无害化处理率达到100%。加快环卫一体化建设步伐，达到主城区全覆盖。环卫一体化清扫保洁面积从原来的566.29万平方米，达到1320.27万平方米（含河道），增加753.98万平方米。2月末，完成全年厕所革命示范区项目建设。全区共有直管公厕111座、社会公厕563座，全面实现免费开放。至年末，建城市绿地建设任务数15公顷（其中公园绿地5公顷），完成海绵绿地微改造为1.67平方千米。

【“三农”工作】 2019年，全区农林牧渔业总产值9.09亿元，其中农业总产值7.27亿元。农林牧渔业增加值5.79亿元。年投入农林水1.94亿元。粮食播种面积7285.30公顷，粮食产量3.09万吨。种植蔬菜4.20万亩、烤烟2.10万亩。肉类总产2225.30吨，禽蛋产量1519.60吨。农户实现收入9232.99万元，实现税收2031.26万元。新增“三品一标”农产品7个，“锦苑月季鲜切花”“芸岭鲜生牌有机甜脆玉米”获省级“10大名品”表彰。

抓好重大动物疫病防控，严控非洲猪瘟疫情。加强农业面源污染防治，先后5次对辖区禁养工作进行检查，重点检查阿子营、滇源两个街道，对发现问题要求街道办事处立即整改。年内，一级核心区已全面禁养，二、三级区禁止规模化养殖。散养户粪便资源化利用率达到90%以上。调整农业结构，农业种植调整为施用化肥、农药较少的豌豆、鲜食玉米、马铃薯、中草药、绿肥、绿色有机蔬菜、经济林果等作物，2019年调整2.22万亩。禁止花卉种植，烤烟面积控制在2.10万亩，粮食种植严格控制在14.50万亩以内，冬季休耕每年不少于0.50万亩。全年使用农药101.90吨，较2017年农药使用量106.10吨下降4.12%。

推进农村综合改革，出台全面深化农村改革实施方案，完成土地承包经营权确权登记颁证、农村集体产权制度改革清产核资等工作。全区农村土地承包经营权确权登记颁证工作涉及茨坝、松华、双龙、滇源、阿子营

5个街道，颁证1.63万户8.88万亩。推进全区农村集体产权制度改革工作，安排专项资金320.40万元。区产改办对11个街道65个社区（村）380个村小组进行清产核资预查。7月底，完成重点抽检的203个核算单位的检查验收工作，区级自查验收合格率达100%。

完善农村基础设施，完成农村“路网联通”工程6条联网公路建设，建成农村客运招呼站97个、停靠站21个。完成阿果公路至新街公路改扩建、青裕路裕丰村段道路大修、小双公路建设工程。做好市级“四好农村路”示范县区创建工作，制作安装215块“盘龙区路长责任制公示牌”，农村公路列养率达100%。加强农田水利基础设施建设，持续开展农村饮水安全巩固提升工程，有序推进山区“小水网”工程建设及高效节水灌溉项目。开展农村饮水水质提升工程、阿子营岩峰哨片区人畜饮水及灌溉、冷水河东片区灌溉引水等水利设施建设，建成抗旱应急工程39件。实施农村C、D级危房改造，拆除及原址重建204户。

巩固脱贫攻坚成果，实施第一批8个产业扶贫项目，完成对839户建档立卡贫困户及1.18万户非建档立卡户的分类筛查工作，实现建档立卡贫困人员基本养老、医疗保险全覆盖，确保贫困户稳定脱贫。加快产业扶贫项目进度。第一批8个产业扶贫项目总投资850万元，其中市级专项扶贫资金567万元，项目按计划全面推进。完成对省教育厅通过教育扶贫大数据平台下发数据的比对核查（其中建档立卡户学生3431人）。参加城乡居民基本养老保险的建档立卡贫困人员2552人，参保率实现100%，其中427人已领取养老保险待遇，待遇领取率100%。盘龙区有736名低保特困人员参保城乡居民基本养老保险，拨付补助资金13.89万元；60周岁以上贫困人员147人纳入城乡基本养老保险制度，按月发放养老保险待遇。启动阿子营街道岩峰哨村委会岩二组等7个区级精准扶贫美丽宜居示范村建设，开展5个乡村振兴示范村建设。

【教育】 年内，全区有各级各类学校232所，其中普通中学34所、中职教育学校14所、普通小学63所，幼儿园119所、特殊教育学校1所、工读学校1所。各级学校专任教师7298人，其中普通中学2005人、中职教育学校595人、普通小学2810人、幼儿园1805人、其他83人。全区所有在校、在园学生11.67万人，其中普通中学2.60万人、中职教育学校1.26万人、普通小学5.49万人、在园幼儿2.29万人、特殊教育学校144人等。

全年投入教育支出10.42亿元。组建区委教育工作领导小组，整合原区文体旅局的体育职责，组建区教育体育局，重新优化调整教育资源布局布点，完成片区梳理工作。云师大附中昆明湖校区初中部、明通小学丰源校区等6所学校（园）投入使用，全区学校办学条件不断改善。引进北大博雅实验中学，新增优质公办学位3500个。新迎二幼、新迎三幼、贝特滨江幼儿园通过省级现代教育示范幼儿园督导评估。昆十中成功申报成为中英伙伴学校交流计划第四批项目学校。金康园小学成功创建为省级中外人文交流基地学校。完成公办义务教育阶段小学招生8795人，初中招生4035人。农村小学运动场及篮球场建设、不安全校舍加固改造工程、昆十中求实校区修缮等项目完工并投入使用。实施零星修缮工程207个，共涉及资金4161.11万元。拨付学前、义教、普高、中职等各学段学生资助资金1818.95万元，惠及家庭经济困难学生2.25万人次；发放创业贷款130万元。全面启动公办中小学及幼儿园人脸识别系统建设。组织盘龙区学校思想政治理论课教师座谈会，把培育和践行社会主义核心价值观融入教育教学全过程，开展各类教师培训及评优推先工作，示范引领范围不断扩大。出台《盘龙区关于深化新时代中小学教师队伍建设改革的实施意见》。通过开展“学习新思想，做好接班人”主题系列、“新时代好少年”学习宣传、“宪法小卫士”“法律服务进校园”等系列活动，加强学生思想道德建设，增强法律意识及自我保护意识。年内，先后获全国“中华魂”（腾飞的祖国）主题教育活动先进集体、墨韵智能书法进校园助力项目全国示范区等荣誉。举办盘龙区小学生足球、篮球、乒乓球比赛及中小学生游泳比赛等，承办昆明市2019年中小学生射箭比赛。

【科技】 支持科技创新，实施企业研发后补助政策，促进全社会研发投入。年内，组织52家企业申报认定高新技术企业，推荐66家企业进入省级高新技术企业培育库，兑现44家高新技术企业、2个市级众创空间、3个省市企业技术中心的奖励性后补助。全年投入科学技术支出8745万元，全社会研发投入占GDP比重3.25%。全区专利申请授权合计达2039件，在国家知识产权强区工程试点区考核验收中获“优秀”成绩。

启动第七届盘龙区优秀专业人才选拔工作，组织发动辖区科技型企业和企事业单位申报，共受理40人的申请。组织推荐1个项目申报区人才办“人才之光”项目。新推荐26名人才申报新一届市级中青年学术技术带头人及后备人选。组织推荐3名人才，2个团队申报“春城计划”，其中申报高端外国专家专项1人、高层次人才专家1人、科技领军人才1人，高层次创新创业团队2个。

做好茨坝生物科技创新中心、云南中科生物科创园、云农众创空间和都市园艺大健康产业孵化园等一批重点项目的服务工作。茨坝生物科技创新中心（一期）首批企业正在入驻。5月17日，在中科院昆明植物研究所组织开展盘龙区2019年科技活动周启动仪式暨“走进科学殿堂，探索植物世界”大型科普活动。其间，盘龙区安排专项资金资助900名同学参加“走进科学殿堂，探索植物世界”大

型科普活动，惠及中小学生、社区群众共1000余名，发放各类宣传材料（物件）2940份，悬挂科普展板、挂图25块，举办科普讲座63次。

【文化】 年内，投入基层公共文化服务资金6483万元。举办第39届盘龙江文化艺术节系列活动启动仪式暨欢歌水源地盘龙区第二届民族民间歌舞乐展演、871创意工场2019“创意昆明”主会场系列活动以及戏曲进社区进校园等群众文化活动，举办第39届盘龙江文化艺术节街道分会场活动共142场，参演人员1万余人，到场观众累计15万人次，花之城、C86山茶坊、盘龙区电商创业园等文创园（街）区辐射带动力不断增强。云南杨丽萍文化传播股份有限公司、云南木作文化产业有限公司等一批产业知名主体的影响力逐步发挥。

年内，3个街道综合文化站完成新建或改扩建（拓东、鼓楼、阿子营）；35个社区（村）综合文化服务中心24个完成新建或改扩建，11个在加紧新建或改扩建。12个“书香盘龙”智能阅读书柜布点投入使用。继续推进幸福盘龙公共文化服务平台（盘龙 More Life）建设改版升级和服务功能提升，全面组织和策划线上线下服务活动，打造“盘龙名桥”等5大主题文旅新名片；策划开展涵盖16个类别的400余场线下活动，参与人数达2.02万人。年内，盘龙 MoreLife 平台粉丝会员3.83万人，新增6784人；总发文数2239条，总阅读量23.50万次；总评论数5067条；新增视频77个；新增专题12个。开展“壮丽70年奋斗新时代”庆祝新中国成立70周年盘龙江文化艺术节系列活动。从7月开始，持续开展推出庭院京韵实验剧《闻一多》展演活动，并将新创作的庭院剧《钱南园》纳入惠民演出，全年累计展演60场次，到场观众3600余人。《明清文人咏盘龙》书籍出版。

实施历史文化遗产保护利用三年行动计划。提升一批文物保护级别，其中国家级文物单位5项、省级文物保护单位3项、市级文物保护单位5项。10月17日，赛典赤·瞻思丁墓被国家文物局公布为全国重点文物保护单位。震庄历史建筑群、闻一多朱自清旧居、严济慈蔡希陶旧居3项文物申报为省级文物保护单位，震庄历史建筑群、闻一多朱自清旧居、严济慈蔡希陶旧居、霖雨桥、尚义街小白楼、谷昌坝等8项文物申报为市级文物保护单位。结合中央研究院历史语言研究所旧址的相关文物史料以及龙泉古镇口述历史的保护整理，结集出版《龙头街最后的守望者》《在昆明发现史语所》2本书籍。非物质文化遗产传承人培训计划累计覆盖人群2万人次。完成全区非遗项目云建设，新增第六批区级非物质文化遗产项目8个，区级非遗代表性传承人14人。创作出《小小昆明人》《龙泉探梅》等一批非遗文艺作品。支持人物传说、地方传说、民间故事、盘龙区城市歌谣、城市谚语等民间口述文学挖掘，整理出版《盘龙区非物质文化遗产名录》。“斗牛节”“茶花节”等民族民间民俗文化活动影响广泛。

【卫生】 全区有各级各类医疗卫生机构635家（区卫计局审批605家），其中医院38家、社区卫生服务机构63家、街道（镇）卫生院7家、门诊部48家、诊所396家、村卫生室50家、医务室（卫生所）26家、卫生执法监督机构1个、疾控中心1家、妇幼保健计划生育服务中心1家、其他医疗卫生机构4家。38家医院中，政府办9家（含省级1家、市级4家、区级4家）；民营21家（含市级13家、区级8家）；企、事业单位举办8家（含省级1家、市级1家、区级6家）。拥有卫生技术人员1.10万人，其中执业（助理）医师4305人、注册护士5438人、药师（士）461人、检验师（士）311人；辖区每千人口拥有执业（助理）医师5.11人，注册护士6.46人。全年诊疗595.74万人次，出院16.98万人次，平均病床使用率为80.37%，出院者平均住院天数为11.70天。拥有病床7125张，平均每千人拥有床位8.46张；辖区内各级各类医疗卫生机构资产总量为39.80亿元，总收入为45.69亿元。

2019年，投入医疗健康支出3.58亿元。年内，编制完成《盘龙区医疗卫生资源布点布局专项规划》，深化医疗卫生体制改革，强化分级诊疗制度，加快卫生信息化建设。在全省率先试点智慧社区“三高”慢病管理项目及在昆明率先试点新生儿耳聋基因筛查。青峪社区打造成全市首家“健康社区”示范点。巩固“全国中医药特色社区卫生服务示范区”成果，全区基层卫生服务机构100%能够提供中医药服务。开通新生儿遗传性耳聋基因筛查服务的机构达21家。免费为60岁以上户籍老年人接种23价肺炎疫苗4.03万人，全区养老健康体系不断完善。开展水源区“健康大篷车”精准巡诊活动，家庭医生签约实现贫困、特殊对象全覆盖。1月，盘龙区通过国家慢性病综合防控示范区建设复审评估，成为国家第二批、云南省首批通过国家复审的示范区之一。

【民生保障】 2019年投入社会保障和就业支出8.66亿元。重点开展退役军人服务，成立云南省首家退役军人公共法律服务站和就业创业服务站，退役军人服务站实现街道、社区全覆盖。大力支持就业、创业创新、技能培训等工作，有效提升社会保障能力。

全区提供有效就业岗位2.79万个，完成111.61%；新增城镇就业2.95万人，完成109.10%，其中安置城镇下岗失业人员再就业7780人，帮助7274名就业困难人员实现就业；城镇登记失业率控制在4%以内。组织农村劳动力转移4859人（其中建档立卡443人），完成121.48%；实现农村劳动力转移收入6243.58万元，完成130.07%。接收安置禄劝县贫困劳动力转移就业607人。全区参加城镇企业职工基本养老保险22.97万人、工伤保险企业职工14.57万人、城乡居民基本养老保险9.45万人、失业保险16.28万人。5月1日起，企业职工基本养老保险单位缴费比例由19%降至16%、工伤保险费率在原基础上降低50%的降费政策执行到位。降费政策共惠济全区9769户参保企业。

审批发放创业担保贷款226人3390万元，“贷免扶补”贷款90人1205万元。建成各类创业平台14个，其中：省级示范平台3个，市级示范平台11个，入驻企业357个，开展创业沙龙、创业培训75期，累计培训2228人，带动就业3260人。以松华坝水源区农村劳动力转移就业为重点，持续加强技能扶贫和转移就业工作。先后召开5场农村劳动力转移就业专场招聘会，提供岗位4568个。开发401个公益性岗位，安置302名就业困难人员上岗。对口帮扶禄劝县、东川区汤丹镇转移就业，科学制订对口帮扶方案，完成禄劝县贫困劳动力转移就业607人，实现城镇农村就业同频。持续开展“最美创业人”进党校、进高校、进农村、进企业系列活动。搭建高校毕业生与企业岗位交流平台，开展高校毕业生“四个一”就业服务和“就业大篷车 见习基地行”活动，召开专场招聘会7场，提供就业岗位1万余个。城乡保险水平持续提高，各项社会保险参保率均保持在98%以上。

推进社会养老服务体系建设，构建以居家为基础、社区为依托、机构为支撑的多元化养老格局，新建成4个社区老年人“爱心食堂”，新建或提升改造社区居家养老服务中心7个，新增养老床位300张，新增养老设施配建面积2360平方米，“互联网+养老”信息服务平台投入使用。9月，盘龙区实现“城乡居民基本养老保险”业务网端申报，完成居民养老保险“网厅一体化”建设试点工作。

1月1日起，城市低保标准由原执行的每月590元/人调整为每月630元/人，特困供养人员中集中供养标准由原执行的每月770元/人调整为每月820元/人，分散供养标准由原执行的每月665元/人调整为每月740元/人。截至年末，城市低保累计保障16.80万人次，保障金累计支出金额8547.60万元。全年保障重度残疾人护理补贴3689人，发放补贴金额310.04万元；保障困难残疾人生活补贴2734人，发放补贴金额173.30万元。全年保障4个涉农街道重度残疾人1.23万人次，发放补助金额84.56万元；保障困难残疾人2.08万人次，发放补助金额110.34万元。辖区20名散居孤儿全部纳入基本生活保障，全年发放金额33.02万元。保障全区机构集中供养孤儿172人，发放金额191.05万元。

【生物科技小镇建设】 2017年4月，盘龙区出台茨坝生物科技小镇建设规划，拟在茨坝片区10.60平方千米范围内，建设以生物科技为主导、科技创新为引领，集生物研发、生物产业、旅游、养老等于一体的生物产业特色小镇。以茨坝片区为重点，大力实施科技服务业发展，充分发挥茨坝片区聚集全省80%以上的生物科研、人才、技术成果资源优势，加快老旧工业区“腾笼换鸟”，推进茨坝生物科技小镇规划建设工作。昆明市也将该小镇列为全市大健康产业重点实施项目，作为百亿项目列入昆明市发展大健康产业实施方案。茨坝生物科技小镇包括云南生物科技创新中心、云南中科生物科创园、都市园艺大健康产业园、云农众创空间、“871西区”科技文化融合孵化基地和互联网+中药材检测服务平台等一批项目。年内，盘龙区政府、云南农业大学、华大基因宣布合作并签署共建茨坝生物科技小镇框架协议。

茨坝生物科技小镇东至盘龙江、北至西北绕城高速、西至长虫山、南至沣源路。2017年11月先期启动云南生物科技创新中心项目。至2019年，茨坝生物科技小镇建设取得阶段性成果，云南生物科技创新中心已投入使用，并签约华大基因昆明研究院、农科中心、高原特色产业大数据中心、异种器官移植“梦想猪工厂”、西南实验动物研究中心等生物科技项目。

（吴焰红）

官渡区

【地理位置】 官渡区位于东经102°40′30″～103°02′55″、北纬20°54′22″～25°15′46″，地处昆明主城区与呈贡新区的连接带。区境东接宜良县、呈贡区；南濒滇池，西南与西山区连接，与五华区在得胜桥处交界；北部与盘龙区相连，北与嵩明县交界。最东端是大板桥街道的沙井社区，最南端是矣六街道的王官社区大、小罗家营村，最西端是六甲街道的星海社区，最北端为大板桥街道的上对龙社区。区人民政府驻地官渡街道云秀路2898号。随着昆明市推进建设区域性国际中心城市，官渡区“城市建设新中心、滇池国际会展中心、全省文化新中心、全省商贸流通中心、全省交通中心”五大中心的区位优势日益凸显。

【区划 人口】 2019年末，辖关上、太和、吴井、金马、小板桥、官渡、矣六、六甲、阿拉、大板桥10个街道，其中大板桥街道由滇中产业集聚区托管，阿拉街道由昆明国家经济技术开发区托管。10个街道下辖116个社区。全区总面积为552.21平方千米（含大板桥街道），实管面积为128.85平方千米。

全区常住人口91.39万人（不含阿拉、大板桥街道），户籍总人口50.92万人（不含空港经济区、阿拉街道），其中少数民族人口4.70万人，占户籍总人口的9.20%，世居少数民族有彝族、回族。有一个彝族聚居社区——子君社区，年末有居民1444户3715人，其中少数民族占87%；有1个回族聚居居民小组——官渡社区秀英村，有147户450人，其中回族占26%。人口自然增长率3.39‰。

【自然概况】 区域地势东北高，西南低。中低山区、半山区及丘陵占全区面积的75%。西南部城市近郊及滇池东北岸，属昆明断陷溶蚀盆地地段的平坝，区内各河道均汇入滇池尾段。区内乌纳山、野猫山是梁王山的两个主峰。乌纳山（又名老爷山）海拔2730米，是区内第一高峰，呈东西走向；野猫山海拔2589米，为区内第二高峰，呈北南走向。滇池沿岸东侧的金太塘、五甲塘等为全区最低点，海拔1884.5米。相对高差845.50米。区内河流水系属长江流域金沙江段的普渡河与牛栏江两条支流，以老爷山、老巴山、竹根山、大五山的山脊为分水岭，辖区内的主要河（沟、渠）道共有34条，总长302.37千米。分水岭向西南流向的主要江河有盘龙江、东白沙河、宝象河、马料河4条水系，由东北方向西南方汇入滇池，再从海口闸流螳螂川入普渡河，上游境内有中型水库宝象河水库1座，小（一）型水库东白沙河水库、铜牛寺水库2座。分水岭向东北流向的有对龙河、花庄河、沙井河水系，经嵩明境汇入牛栏江。径流面积290.60平方千米，其中区境内237.60平方千米，年平均产水量7858万立方米。上游区境内有沙井大河、沙井小河小（一）型水库2座。

全区主要土壤分为黄棕壤、红壤、石灰土、紫色土4个土类，黄棕壤、黄红壤、红壤、红色石灰土、紫色土5个亚类，成土母岩有砂岩、页岩、玄武岩、花岗岩、片岩、石灰岩等，由于受地貌、气候和植被的影响，森林土壤垂直分布地带不明显，相互交错。

2019年，官渡区气温较常年偏高，降水量偏少，日照略少。全区年降水量849.10毫米，比上年同期偏少99.60毫米，与昆明同期偏少9毫米。最多累计雨量为吴井街道976.90毫米，最少为矣六街道750.60毫米。全区年平均气温17.90℃，其中太和街道年平均气温最高为18.40℃；大板桥街道最低为17.10℃。年度极端最低气温为-6.60℃，出现大板桥街道的一朵云社区，比2018年极端最低气温低1.60℃。年度极端最高为34.30℃，出现在矣六街道的广卫社区，比2018年最高气温高2℃。

【资源特产】 2019年，全区村委会居民点总面积为3.42万亩，南部地区村委会居民点用地数量最多，分布也最密集；东部地区农村居民点面积最大，其中大板桥村委会居民点面积为1.44万亩。

2004年行政区划调整后，区域金属矿种减少。官渡区已发现的金属矿产仅有大板桥西冲口铝土矿。主要产地大板桥矿区有16个矿层，储量215万吨。赤铁矿产地有祭虫山、青水沟、长地埂、小哨、小石坝、小康郎、水塘子、大麦地等10余处。

区域非金属矿产种类较多，主要有石灰岩、陶土、磷块岩、褐煤、泥炭、硫铁矿，但难以开采或使用价值不大，属于贫矿地区。石灰岩分布广，储量丰富，含矿层为中石炭统威宁组，已勘探的有大麦溪、小麦溪、小康郎3处。砖用黏土和陶土有宝云、羊方凹、宝象桥等20多处；黏土储量100万吨；金马磷矿储量1058万吨，已开采，矿石销往省外。

官渡区地表水主要有盘龙江（境内长41.50千米）、宝象河（长48.30千米）、东白沙河（长16千米）、对陇河（境内长19千米）、花庄河（境内长24千米）、沙井大河（长8千米）、沙井小河（长6千米）等河流组成，均属长江流域金沙江水系之普渡河、牛栏江两支流。年径流量3.06亿立方米，全区多年平均径流深298.80毫米，径流系数0.31。官渡区地下水资源多年平均8580万立方米，水深度普遍在100.90～419.40米之间，占总产水量的21.84%。地热水有面积约90平方千米，储量20亿立方米，有地下热滇池之称。储热层覆盖良好，埋度东浅西深，一般500~1000米，温度多为48℃～49℃，矿化度0.54克/秒～0.87克/秒。含K+、Na+、Mg+离子和CO_2，全区境内已开采温泉30多眼，年采热水量400万立方米，主要用于沐浴。

官渡区主要旅游景区、景点有：官渡古镇、宝海公园、关上森林公园、昆明螺蛳湾国际商贸城、俊发西亮塘湿地公园、宝丰湿地公园、五甲塘湿地公园、王官湿地公园、云南省博物馆、昆明市博物馆、官渡区博物馆等；名特小吃有：官渡米线、官渡粑粑、官渡饵块等。

鸟瞰春城路福德立交　　（王正鹏　摄）

【经济综述】 2019年，实现地区生产总值（GDP）1347.01亿元，同比增长7%，较上年回落1.10个百分点。其中第一产业增加值7.88亿元，下降4.50%；第二产业增加值438.39亿元，增长5.70%，拉动GDP增长1.90个百分点；第三产业增加值900.74亿元，增长7.90%，拉动GDP增长5.10个百分点。三次产业结构比为0.60∶32.50∶66.90。区属（不含经开区和空港区）固定资产投资（不含农户）同比增长7.90%。其中非房地产开发投资增长0.70%；房地产开发投资增长10.60%。全区商品房销售面积506.86万平方米，同比增长7.90%。其中区属（不含经开区和空港区）商品房销售面积483.56万平方米，同比增长10.40%。区属（不含经开区和空港区）一般公共预算收入48.41亿元，同比增长11.80%。一般公共预算支出57.85亿元，同比增长10.50%。城镇常住居民人均可支配收入4.72万元，同比增长7.70%；农村常住居民人均可支配收入2.24万元，同比增长9.80%。城乡居民人均收入比为2.11∶1，城乡收入差距比上年缩小4%。

滇池捕渔季　（王正鹏　摄）

【科技】　年内出台《官渡区深化财政科技计划（专项、基金等）管理改革方案》，修订《官渡区科技计划项目管理办法》《官渡区科技计划项目资金管理办法》《官渡区学术和技术带头人选拔培养考核办法》和《官渡区科技创新团队培养管理办法》，开展“昆明市官渡区提高科技创新能力，助推区域性国际科技创新中心建设”项目研究，结题验收《昆明市官渡区科技及信息服务业三年行动规划（2018～2020）》。审批兑现科技企业孵化器、众创空间、重点实验室、工程技术研究中心、院士专家工作站、科技服务机构等后补助经费773万元。

依托云南北理工（官渡）孵化器建立“京滇科技合作平台官渡站点”“北京技术市场协会云南工作站”。组织开展云南省、昆明市科技企业孵化器、众创空间认定工作，2019年新增省级科技企业孵化器1个。完成15名官渡区学术和技术带头人和5个官渡区科技创新团队的选拔培养。全年投入科研研发资金16.50亿元，增幅7.43%。落实《2019年市级财政科技经费“放管服”资金申报通知》，对符合申报条件的企业后补助584万元。年末全区有高新技术企业数85家，完成目标任务的110.39%。完善官渡区高新技术企业培育库，入库企业120家，形成梯度发展。

【教育】　2019年末，全区有各级各类学校352所（含民办学校242所），其中幼儿园196所（含民办174所）、小学91所（含民办31所）、初级中学27所（含民办20所）、普通高中26所（含民办15所）、特殊教育学校1所、中职学校11所（含民办2所）。全区在校学生19.52万人（含民办9.12万人），在职教职工1.54万人（含民办学校0.82万人）。

推进“万、千、百、十”教育人才工程。聘请北师大专家团队对全区校级领导和骨干进行培训。组织52名中小学英语骨干教师赴上海培训，组织36名高中语文骨干教师赴北京、河北培训。“一师一优课、一课一名师”评选总成绩位居云南省各县（市、区）第一，连续三年被评为省级“一师一优课、一课一名师”优秀县区组织单位。建成5个名校长工作室、6个名师工作室、5个后备干部培养基地、16个骨干教师培养基地。10名教师被评为“昆明市第十届中学和职业学校学科带头人”，22名教师被评为“昆明市第十届中学和职业学校骨干教师”。110名教师为“昆明市2019年教坛新秀”评选候选人，30名教师认定为官渡教学名师，21名教师为昆明市第四届昆明教学名师评选候选人，65人为“昆明市第三届名班主任”。2019年再次获“云南省教育工作先进县区”荣誉。69所公办小学“三点半课堂”全覆盖；保障外来务工人员随迁子女就学1.16万人，连续三年超过昆明市其他3个主城区总和；全区高考一本上线率连续三年稳步增长，达32.81%。

【文化】　年内开展“魅力官渡”惠民交响音乐会、“赞歌颂祖国　奋进新时代”职工合唱比赛、展演、第七届群众广场舞大赛、优秀国产电影进社区等全区性文化活动，举办中国（昆明）官渡第九届全国非物质文化遗产联展系列活动、第八届“心灵脚印·我的书签”少儿书签设计比赛等。全区共举办各类文化活动1218场次，其中文艺演出300场次、讲座206期、培训253期、展览177期、公益电影放映282场，创作文艺作品28部（件），参加人数50余万人次。划定第三批、

第四批区级文物保护单位共23项保护范围及建设控制地带。系统开展官渡区滇剧、乌铜走银、“云子”围棋、彩扎技艺、花灯、昆明调等非遗项目数据采集工作。按第四批国家公共文化服务体系示范区创建标准完成3个街道综合文化服务中心、36个社区综合文化服务中心（官渡区26个、空港经济区10个）达标建设。年末，官渡区拥有公共文化馆1个、公共图书馆1个、公共博物馆1个、街道综合文化服务中心10个（含大板桥街道综合文化服务中心、阿拉街道综合文化服务中心）、社区综合性文化服务中心126个（官渡区96个、空港经济区20个、经开区阿拉街道10个）。公共图书馆、文化馆均达到国家一级馆标准。区内有民间博物馆2个，文化信息资源共享工程县级支中心1个，非遗基地1个，碑林博物馆1个，非遗展示中心1个，农民画展示厅1个，民俗展示馆2个，非遗传习馆10个，非遗传承（培训）基地11个。

【卫生】 按照《官渡区进一步改善医疗服务行动计划实施方案（2018—2020年）》，继续开展“进一步改善医疗服务行动计划”工作。官渡区人民医院医学影像中心建成试运行，中国基层胸痛中心“落户”官渡区人民医院，并通过国家胸痛中心认证、授牌；区人民医院实施一部手机办事，实现医院预约挂号与“一部手机办事通”平台挂号功能对接。官渡区辖区糖尿病管理技术中心通过昆明市卫生健康委批准。上报医疗新技术新项目共16项。在辖区9家街道主中心开展社区卫生服务中心等级评审工作，小板桥、官渡、金马、六甲、大板桥5家街道社区卫生服务中心通过市级社区卫生服务中心等级评审。累计建成8个基层名中医工作室、26个省、市基层专家工作站、14个医师工作室。小板桥社区卫生服务中心获云南省唯一的“优质服务基层行”能力提升亮点机构称号。家庭医生签15.40万人。超额完成老年人免费接种肺炎疫苗任务，受益群众5.40万人。

农村育龄妇女免费发放叶酸2302人，叶酸服用依从率90%。免费孕前优生健康检查1562对。孕产妇死亡率控制在0/10万（目标11/10万）；婴儿死亡率控制在0.93‰（目标3‰）。年末辖区内各级各类医疗机构共906家，其中医院48家（综合医院29家、中医医院1家、中西医结合医院1家、专科医院17家）；基层医疗卫生机构842家；专业公共卫生机构6家（区疾病预防控制中心2家、区健康教育所1家、区妇幼保健计划生育服务中心1家、急救中心1家、卫生监督机构1家）；其他卫生机构10家。2019年，建立健康档案67.33万份，门诊和住院电子病历33.02万份；9家街道社区卫生服务中心均实现院内数据流转和业务电子化管理。

【体育】 新建健身路径17条，新建2个“七彩云南全民健身工程”（篮球场地等体育设施）点，在王官社区湿地公园、云翔社区新建分别长为3千米健身步道2条。在昆明市第六届运动会上，官渡区青少年组获得总金牌（含省第十五届运动会带入金牌）145枚、金牌100枚、团体总分2428分，包揽总金牌数（含省第十五届运动会带入金牌）、金牌数、团体总分三个第一；成年组获得金牌36枚、团体总分492分，包揽金牌数、团体总分两个第一，是继昆明市第五届运动会以后，再次取得包揽全部“五个第一”的好成绩，青少年组和成年组同时还被组委会授予“体育道德风尚奖”。

全区（含空港经济区、经开区）：共有体育场地1050个，其中足球场地53块，健身场地546个，游泳馆19个，篮球场（馆）306个，户外运动场5个，其他场地121个。共有体育场地面积105.71万平方米，人均体育场地面积1.16平方米，较2014年第六次全国场地调查总面积77.63万平方米有较大提升，但距离国务院关于印发全民健身计划（2016～2020年），到2020年人均体育场地面积达1.80平方米目标还有较大距离。

【社会生活】 关上街道中心区社区红石榴民族街区成为“网红打卡地”。落实“一核多维，共建共享”社会治理模式，在全国区街镇创新社区治理工作推进会上进行推广。建立“群众需要、书记吹哨、部门报到”制度，全年吹哨5567件，办结率97.70%。五里多等4个社区被确定为首批社区治理创新试点，成立云南省首家市、区、街道、社区“四级一体”的官渡区社会组织孵化基地；云南省首家县区级社会工作学院挂牌成立并开班。金马街道建成云南省最大党群活动服务中心，季官社区综合治理案例获“云南省干部培训好案例”；运用“红色物业”模式，世纪城小区等4个服务项目评为市级“红色物业”；建成新时代文明实践示范中心（站、所）14个，创建无传销社区总量居云南省第一。

落实粮食行政首长责任制，完成全国政策性粮食库存梳理和质量大清查。标准化改造农村客堂54个，在76个农贸市场开展农残检测，对食用野生菌、散装白酒、东北油豆等实施重点监管，建立集体配餐单位食品安全风险第三方评审机制，推进国家食品安全示范城市和全国质量强市示范城市创建。

2019年末，全区社会保险参保62.69万人，其中城镇职工基本养老保险参保18.63万人，工伤保险参保17.01万人（其中“同舟计划”建筑业新建项目参保4万人），失业保险参保17.29万人，城乡居民基本养老保险参保9.70万人。城镇职工医疗保险参保人数22.64万人，生育保险参保人数17.35万人；城镇职工医疗保险基金支出4.51亿元。城乡居民医疗保险参保人数32.61万人，其中特殊免缴人群5.82万人；城乡居民医疗保险基金支出1.17亿元，其中基本统筹账户支出1.11亿元，大病支出629.37万元。

年内有享受低保待遇2815户3575

人，为4.66万人次低保对象发放低保金2673.49万元；供养特困人员76人，发放特困供养金73.06万元，供养率100%；救助困境儿童15人，发放基本生活费25.87万元，救助率100%；临时困难救助395人，支出救助金148.87万元；为4.86万人次支出残疾人两项补贴305.46万元；城镇新增就业2.91万人，城镇失业人员再就业7096人，就业困难人员再就业6139人；开发公益性岗位463个；“贷免扶补”扶持创业101人；农村劳动力转移就业420人，精准帮扶东川区农村劳动力转移就业999人；农村劳动力培训4809人次，初（中）级技能培训604人，创业培训123人，精准扶贫职业技能培训250人（含建档立卡贫困人员154人）；创业担保贷款及小微企业贷款扶持创业204人；城镇登记失业率保持在3.48%以内。

【城市更新改造与管理】 完成南北通道规划编制，新增道路里程10.30千米，罗衙立交等项目建成通车。加快巫家坝、滇池会展中心、金马—凉亭等重点片区开发建设，中国（云南）普洱茶中心暨普洱茶博物馆等项目启动。实施官渡古镇等“三旧”改造连片开发和城中村改造项目，完成投资91亿元、拆迁170.25万平方米；完成土地收储2112.90亩，供应3996.20亩，出让总价款389.90亿元，超额完成市级下达任务。启动小街一组、双凤等回迁安置房建设项目，新建152.85万平方米。建成塔密、宏仁片区等回迁安置房7473套近90万平方米，交付3300套33万平方米。完成北京路、盘龙江沿线景观亮化提升改造，通过“创文”年度国家测评。推进“四治三改一拆一增”，投资5203.79万元实施宏仁新村等3个微改造项目；处置整改违法用地、违法建筑1788宗，面积301.40万平方米。完成20个农贸市场8.78万平方米的提升改造。建成电动车集中停放点224个。实施生活垃圾分类试点工作，设置垃圾分类示范点552个，完成金马、关上、官渡3个街道试点任务。城市内涝淹积水点较2018年大幅下降。

全面深化“五个一”城市管理模式，共办理各类网格案件53万件，处置率达99.80%；治理违法违规建筑1788宗301.40万平方米。完成“大棚房”整治，复耕复绿约24公顷。投资9.57亿元实施滇池保护治理项目37个，开展“百日攻坚”黑臭水体整治工程，水质达标河道由7条上升为10条，河湖“清四乱”问题全部整改销号，环保督察反馈整改通过验收。完善大气环境监测预警、联动执法机制，空气质量优良率达99.70%。推行“1+5+X”网格化工作模式；顺利通过“创文”国家测评。

【商业贸易】 年内制定出台《官渡区促进产业发展扶持办法（试行）》《官渡区中介招商鼓励办法（试行）》，鼓励引进产业项目。加大对500强企业、行业龙头企业、外商投资、用地类产业项目、企业管理人员（人才）的扶持，做好外资项目跟踪服务。兑现222家企业2018年度政策扶持资金2136.09万元，并为重点企业协调解决子女入学问题。全程跟踪俊发集团在境外发债项目，协调省、市相关部门解决有关问题。配合市级做好“商贸业小微企业创业创新基地城市示范”项目验收工作，动态管理辖区老字号企业。组织辖区内世纪金源购物中心、国际会展中心、大都购物中心商业广场、银海清溪渡购物中心等开展新春欢乐购等促销活动，实现官渡区2019年社会消费“开门红”。区委、区政府主要领导分别带队，先后7次分别赴北京、上海、成都、深圳、广州等地，就产业发展、自贸区建设等领域进行考察，开展相关产业项目招商活动。持续开展领导干部挂钩联系民营企业工作，定期走访挂钩企业，及时掌握企业经营状况、发展计划，推动民营经济持续健康发展。区政府每年安排200万元财政专项资金，推动电子商务与实体经济深度融合，建成官渡电商、季官、颐高和滇创铭泰等各类园区16个，入驻企业548家，跨境电商、旅游电商、平台电商、共享出行、供应链等企业入驻园区，跨境电商企业总数约占云南省三分之一。

2019年，全区规模以上工业增加值同比增长9%，8个街道限额以上社会消费品零售总额完成237.72亿元，增速为6.50%。批发业完成389.58亿元，增长25.30%，零售业完成301.78亿元，增速13.50%。完成外贸进出口额为4.11亿美元。招商引资内资引进市外到位资金94.38亿元，项目18个，

提升改造后的石虎关立交桥　　（王正鹏　摄）

完成进度104.49%。6月商洽会期间，与北科建、世博、东航、王府井奥特莱斯等企业成功签约，总额达413亿元，实际利用外资共1.55亿美元，完成市级下达全年目标任务数1.40亿美元的111.06%。民营经济实现增加值487.93亿元，同比增长9.30%，民营经济占GDP比重为36.20%。引入10家总部（楼宇）经济落地巫家坝片区，累计获市级认定30户总部（楼宇）企业。新增（保有）税收千万元楼宇8幢、税收亿元楼宇4幢。

【旅游】 制订《官渡区关于推进“旅游革命”暨“一部手机游云南”工作行动方案（2019—2021年）》。围绕旅游“吃、住、行、游、购、娱”及夜间经济开展文化旅游项目调研，形成可行性报告。区域涉旅企业诚信体系专业性评价2019年进入第二段，并核查区旅行社违法违规记录。官渡古镇通过A级景区复核。利用“古韵官渡”“昆明范儿”等微信平台宣传推广旅游产业。依托“一部手机游云南”（简称“一机游”）项目，全面落实官渡区板块相关工作。年内完成1个县区名片、1个A级景区名片、2个非A景区的素材收集；完成4个慢直播点位建设，完善3个慢直播点位景区介绍，完成滇池国际会展中心5G试点；在“一机游”平台直播第九届全国非遗联展活动，组织策划官渡区旅游产品创意设计大赛。投入120万元，新建星海湿地旅游厕所，改造官渡古镇景区旅游厕所，实现旅游厕所电子地图全部上线定位。完成《昆明市官渡区国民经济和社会发展第十三个五年规划纲要》涉及文化产业的中期评估报告，并对《官渡区文化旅游产业发展规划》专项规划组织开展“十三五”中期评估，形成中期评估工作总结报告。

全年接待游客（含空港经济区）4044.72万人次，同比增长14%；旅游总收入（含空港经济区）684.31亿元，同比增长22%。

【脱贫攻坚】 2019年，官渡区32位区级领导继续挂钩帮扶禄劝县雪山乡61户贫困户，区属59个部门和单位挂钩帮扶雪山乡、九龙镇9个贫困村705户，以建档立卡贫困户为中心进行结对帮扶。投入资金2441.93万元，继续帮扶禄劝县雪山乡、九龙镇，东川区因民镇，宣威市西泽乡脱贫攻坚提升巩固工作。年末，禄劝县雪山乡已脱贫1343户5224人，贫困发生率下降到0.74%；九龙镇建档立卡贫困户2303户7910人，贫困发生率下降到0%；宣威市如期摘帽，东川区退出贫困县。

【会展经济】 2019年，官渡区会展业抓住中国（云南）自由贸易试验区设立契机，依托官渡区会展产业集聚的优势资源，提升会展业规模、水平，会展业对全区经济拉动力进一步增强。全年举办50人以上会议活动8469场，同比增长10.91%；参会人数208.29万人次，同比增长11.55%；300～999人的中型会议达1894场，同比增长68.83%，会议市场逐步由以小型会议为主向中型会议主导转变。区内会议市场国际化程度全面提升，共举办国际性会议44场，同比增长22.22%。举办节庆活动33场，同比增长26.92%。区内节庆活动特色逐渐凸显，活动主要是运动赛事型和娱乐休闲型，共举办23场，占举办总场次的69.70%。慕尼黑啤酒节——昆明之旅和昆明草莓音乐节等品牌节庆在官渡落地，凸显官渡会展的娱乐性特征。

纳入统计的官渡区会展业从业企业241家，其中营业收入超过1000万元的规模以上企业9家，比2018年增加2家，同比增长28.57%；各类型企业营业收入规模均有增长，规模涨幅基本都在10%以上；全新启动滇池会展小镇商业项目，滇池国际会展中心的商圈影响力进一步扩大，官渡区的会展服务保障能力全面提升。举办各类展览活动89场，同比增长1.14%；展览面积224.24万平方米；展商数量2.41万家；举办天数525天。全区会展业共实现经济效益159.70亿元，同比增长20.71%。其中直接经济效益15.97亿元，同比增长20.71%；带动经济效益143.73亿元，同比增长20.71%。会展业成为推动官渡区国民经济增长的重要力量。

表26　2019年官渡区展览活动规模分布情况表

面积（万平方米）	活动场次	百分比（%）	实际展览面积（万平方米）	百分比（%）
10及以上	3	3.37	39	17.39
5～10	8	8.99	49.11	21.90
1～5	51	57.30	118.61	52.90
0.5～1	16	17.98	13.32	5.94
0.5及以下	11	12.36	4.19	1.87

表27　2017～2019年官渡区展览活动占昆明市总体情况对比表

年份	展览场次		累计办展天数		办展面积		展商数量	
	绝对数（场）	占昆明市比重（%）	绝对数（天）	占昆明市比重（%）	绝对数（万平方米）	占昆明市比重（%）	绝对数（家）	占昆明市比重（%）
2017	86	57.72	492	56.49	236.84	86.62	33159	83.78
2018	88	67.69	587	56.01	245.18	90.19	27522	83.49
2019	89	67.42	525	60.21	224.24	73.55	24149	79.52

【自贸试验区建设】 随着中国（云南）自由贸易试验区“四至范围”的确定，官渡区成为昆明片区乃至云南片区面积最大、地位最核心、资源最丰富的区域。2019年，做好自贸区背景下官渡区的产业规划布局，与仲量联行合作开展编制《自贸区背景下官渡区产业规划及招商策略》工作。自贸区挂牌以来，官渡区域自贸区新注册企业428户，注册资本金46.23亿元。以巫家坝城市新中心片区为重点，加速建设巫家坝片区11个总部项目。

（加三益）

西山区

【地理位置】 西山区位于昆明市滇池盆地西部，介于东经102°21′～102°45′、北纬24°41′～25°36′之间。东临滇池，与五华区和官渡区相连，与呈贡区隔滇池相望；南与晋宁区接壤；西与安宁市及楚雄州禄丰县交界；北与富民县、五华区毗邻。东西横距38千米，南北纵距53千米。区政府位于西苑街道秀苑路188号。辖区总面积881.32平方千米，其中山区面积660.49平方千米，占74.94%；坝区面积220.83平方千米，占25.06%。辖区有滇池湖岸线68千米，滇池水域111.34平方千米。

【区划　人口】 2019年，全区辖马街、金碧、永昌、前卫、福海、棕树营、西苑、碧鸡、海口、团结10个街道和西山国家级风景名胜区管理局。下辖社区111个、居民小组393个。年末，西山区常住人口为79.75万人，其中户籍人口57.03万人。户籍人口中少数民族人口8.78万人，占总人口的15.40%。主要世居少数民族有彝族3.43万、白族2.17万、回族1.55万。人口出生率为11.98‰，死亡率5.56‰，自然增长率6.42‰。

【自然概况】 辖区总体地势西北高，东南低，整个地势微向滇池倾斜。境内有大小山脉、山峰10余条（座），山脉有西山、玉案山、风摆山、笔架山、状元山、如空山、卷毛洞山等；山峰有棋盘山、卧云山、观音山、大青山等。最高点为位于团结街道风摆山山峰，海拔2622米；最低点为团结街道蔡家社区，海拔1750米。境内河流属长江流域金沙江水系，有大小河流20余条，多数汇于滇池和螳螂川。

西山区气候属北亚热带半湿润季风气候，冬无严寒，夏无酷暑，年平均气温13.80℃，年日照2470小时，无霜期坝区239天、山区257天，年均降雨量1014.80毫米。2019年，西山区气温较历史平均偏高，降水量偏少，日照偏多，属于雨量稍欠、光热资源充足年景。年降水量为839.80毫米，年平均气温为16.70℃，年日照时数为2384.60小时。

【自然资源】 西山区辖区内发现磷矿、石灰岩、白云岩、玄武岩、凝灰岩、硅石、玛瑙及铁矿、钛铁矿、铝土矿、铜、铅、锌、钼、煤、地热水、矿泉水等20种矿产。在开发的矿产有磷矿、地热和矿泉水，磷矿为优势矿业。完成云南磷化集团白塔村磷矿、尖山磷矿松山矿段和汤家山矿段3个采矿权矿山生态环境综合评估工作。其中云南磷化集团海口磷业有限公司海口磷矿通过2019年度全国绿色矿山遴选入库。

全区土壤有棕壤、红壤、紫色土、水稻土4个土类，棕壤、棕红壤、红壤、黄红壤、酸性紫色土、淹育型水稻土、潴育型水稻土、潜育型和沼泽型水稻土9个亚类及28个土种。植被类型属中亚带植被，以高原湿润常绿阔叶林和针阔混交林为主，植被覆盖率为60%，共有亚热带半湿润常绿阔叶林、暖性针叶林、温性针叶林、落叶阔叶林、灌木林5个植被类型。

【经济综述】 2019年，全区地区生产总值完成859.05亿元，比上年增长7.60%；全年地方预算总收入131.15亿，比上年增长6.70%。一般公共预算收入完成45.52亿元，增长6.17%；一般公共预算支出51.32亿元，增长9.69%。政府性基金预算收入1421万元，减少35.20%。政府性基金预算支出2636万元，下降64.61%。税务局负责征收的纳税户减税规模10.02亿元，降费规模3.46亿元。全年实现税收收入37.40亿元，占一般公共预算收入的82.16%。

规模以上工业增加值完成38.61亿元，增长2.50%；规模以上固定资产投资完成481.42亿元，增长4.30%。全年规模以上工业企业累计实现利税8.03亿元，其中实现利润4.74亿。社会消费品零售总额完成

476.95亿元，增长10.30%；限额以上社会消费品零售总额（区属）完成240.23亿元，增长6.10%。全区非公有制经济实现增加值357.83亿元，增长10%，占GDP比重41.70%。城镇常住居民人均可支配收入完成4.72万元，增长7.70%；农村常住居民人均可支配收入完成2.18万元，增长9.60%。一、二、三产业结构由上年末的0.60∶24.80∶74.60优化为0.50∶16.20∶83.30。第三产业增加值715.57亿元，增长8.80%；第二产业增加值139.11亿元，增长2.40%；第一产业增加值4.37亿元，增长1.60%。共争取到国家和省级资金8.56亿元，实施财政性投资建设项目共47项，计划总投资38.64亿元，年内完成投资12.35亿元。其中列入年度建设计划的共24项，已竣工9项，年内完成投资3.46亿元。

【金融业】 全区金融业实现增加值141.18亿元，增速14.60%，金融业对GDP贡献率占比达16.40%。年末，辖区金融机构人民币各项存款余额1080.22亿元，首次突破千亿元大关，同比增加235.73亿元，增长21.79%；各项贷款845.14亿元，同比增加115.67亿元，增长22.17%。1月，云投中心正式挂牌成为"昆明国际金融小镇首期示范点"，金融小镇主要销售和招商目标为金融及金融服务产业。已入驻金融企业及金融服务企业6家。

年末，西山区共有各类金融机构695家，其中银行、保险、证券、基金等受"一行两会"金融监管机构监管的企业350家；小额贷款公司11家，融资担保公司19家；其他涉金融企业315家，分别为P2P网贷机构（含民间融资登记服务机构）21家，交易所2家，资产管理公司31家，典当公司、寄售行57家，财务管理及咨询公司等204家。入驻西山区的银行类金融机构共24类，其中总部2家，为省农信社及北银村镇银行（富滇总行目前尚未正式入驻）；区域总部（省级分行级别）5家，为国开行云南省分行、广发银行昆明分行、兴业银行昆明分行、恒丰银行昆明分行、恒生银行昆明分行。银行机构营业网点共187个。

【商贸】 鼓励各类贸易企业特别是零售企业积极做大做优做强；鼓励限额以上企业不断创新商业模式，满足居民不同层面的消费需求，创造社会消费品增量。全年全区社会消费品零售总额476.95亿元，同比增长10.30%。其中限额以上社会消费品零售额240.23亿元，比上年增长6.10%。按经营地统计，城镇消费品零售额239.81亿元，增长6.30%；乡村消费品零售额0.42亿元，增长0.50%。全年全区限额以上单位通过互联网实现的零售额1.64亿元，比上年下降29.10%。围绕"三产做优、二产做强、一产做精"和"一片一主业"的发展思路，实施精准招商。锁定重点行业和目标企业，对接企业发展需求，加强与国内外知名企业和专业孵化器合作，着力引进一批"三类500强"及行业龙头企业落地西山区。全年完成市外到位资金128.22亿元，实际利用外资8134.91万美元。在2019南亚东南亚国家商品展暨投资贸易洽谈会昆明市·滇中新区项目签约仪式上，西山区与3家企业签订合作协议，协议总投资35.80亿元。6月13日，2019南亚东南亚国家商品展暨投资贸易洽谈会昆明市西山区重点项目集中开工仪式在草海5号片区中铁·诺德山海春风项目工地举行。集中开工项目共3个，投资总额约116亿元。通过存量优化、增量引导，推动楼宇总部经济增长及提质增效，年内全区总部企业总量达43户、商务楼宇67幢，打造亿元楼宇6幢、千万元楼宇15幢。新增总部企业5户。

【旅游 文物管理】 全年共接待游客2567.07万人次，同比增长33.93%；实现旅游总收入360.38亿元，同比增长25.01%。年内，西山区推进融创文旅城、云南海航广场皇冠假日酒店、昆明春城花园酒店引进国际品牌建设项目、春雨937项目旅游项目4个，累计投资总额112.75亿元。全区共有旅游景区（点）12个（市属2个）；星级宾馆酒店7家；乡村旅游经营户近300户。

1月9日，九三学社中央批准，将"昆明周培源旧居"列入九三学社

2019年7月5日，全国政协副主席、九三学社中央常务副主席邵鸿（前排中）和云南省政协副主席李正阳一（前排右三）行到市级文物保护单位"周培源旧居"为九三学社全国传统教育基地进行揭牌 （西山区志办 供稿）

全国第二批传统教育基地。2月21日，西山区“中央电工器材厂一厂旧址”“云南水泥厂立窑”“昆明国际无线电支台旧址（红庙收信台）”被公布为省级文物保护单位。至此，西山区省级文物保护单位增至9项。10月16日，西山区申报的省级文物保护单位“中央电工器材一厂”和“海口川字闸”入选第八批全国重点文物保护单位，全区累计有全国重点文物保护单位6项。11月30日，位于西山区草海北片区的昆明融创文旅城“雪世界”乐园正式对外开放。该项目总建筑面积约3万平方米，为西部地区已建成的最大的城市单体室内滑雪场。

【工业及民营经济】 2019年，西山区规模以上工业企业60户，规模以上工业总产值完成158.39亿元，同比增长0.03%；规模以上工业增加值增速2.50%；规模以上工业固定资产投资4.96亿元。完成新开工亿元项目2个，即云南磷化集团海口磷业有限公司7万吨/年食品级磷酸项目，云南瑞祥建材有限公司年产80万立方米混凝土、30万吨干浆及20万立方PC构件三位一体水泥绿色建材项目，完成全年目标任务的100%。竣工项目1个，即云南瓮福云天化氟化工科技有限公司年产3万吨无水氟化氢/氢氟酸项目，完成全年目标任务的100%；西山区工业企业技改备案共18项。

年末，西山区登记正常的私营企业共有4万户，其中注册资本在500万元以内（含500万元）的有3.17万户，占总量的79.40%。登记正常的个体工商户共有6.24万户。全区个私企业从业人员数达到28.70万人，比2018年同期增长16.23%。全区规模以下工业总产值实现累计8.27亿元，同比增长12.10%。

【信息化建设】 2019年，西山区纳入行业统计的信息产业实现营业收入7.65亿元，其中软件业规模达5.79亿元，电子制造业规模达1.86亿元；纳入GDP核算的互联网、软件和相关服务营业收入同比增长55%；新增3家科技及信息服务业规上企业，全区规上软件和信息技术服务企业户数累计10户。建成云南首个运用5G技术建设的县级融媒体中心，成立区大数据管理局，云南腾云信息产业有限公司获云南省互联网企业十强。1月，在春苑小学、龙潭中心学校推开“云上教育”1+N互动课堂教学常态化应用试点，西山区在全省教育信息化工作会上做经验交流。完成全区义务教育阶段1159条教育专线建设任务，专线完工率及开通率均达100%。完成全区17所非义务教育阶段省级专网办公专线统一接入工作。举办以“智能生产技术与教育教学融合”为内容的西山区创客技能培训3期，参加培训教师2822名。

全年新增光缆5126千米，行政村、自然村宽带覆盖率达95%，固定宽带家庭普及率达80%，城市和农村家庭宽带接入能力分别为500M和50M。年底，新增互联网基站1421座，全区累计互联网基站总数达8027座，4G网络覆盖率达98%，3G/4G用户普及率达80%以上。全区移动电话用户165.59万户，固定宽带互联网接入用户达35.80万户。全年共有22个区级职能部门和企业申报44个信息化项目，安排财政资金2000余万元。

【基础设施建设】 开工建设市政道路12条，完工9项。实施完成人居环境微改造项目4个。城市更新改造共完成总用地80.80万平方米土地收储，净用地64.29万平方米土地交易。“三旧”连片改造开发春雨路沿线、人民西路沿线、西福路沿线、环城南路沿线（即螺蛳湾城市棚户区改造项目）。城市更新改造项目共完成拆迁面积51.18万平方米。新建安置房33.20万平方米，交付安置房3万平方米。

选定团结街道办事处白眉社区妥睦居民小组、妥吉社区锁奔多居民小组，海口街道办事处云龙社区新村安置点、中新社区中新街居民小组及西山景区管理局猫猫箐社区马鞍山居民小组5个村，进行西山区2019年美丽宜居乡村建设，总投资1510万元，实施美丽宜居乡村建设项目17件，改善5个村、1571户4283人村民的生产生活条件，村容村貌和农村公共社会事业进一步改善。

全年投入资金3.53亿元，维修城市道路、整治市容市貌、打通“断头路”和加强城市道路与桥梁的养护及改造等。有效提高交通综合承载能力和道路通达性，优化城市道路网络功能，缓解交通压力。年内，完成9条断头路的打通工作；完成11条（项）道路新建及综合整治工程。10条道路三线入地工作，完成其中7条道路电力通道（土建部分）建设。完成车（车家壁）明（明朗）路等县乡道路大中修、应急抢险及生命防护工程。6月22日至11月19日，完成南二环西山段（大观河桥至官南立交桥）提升改造工程。

【农业农村工作】 全年全区农业增加值4.37亿元，增速1.60%；农业总产值7.06亿元，增速1.70%。完成粮食作物播种面积2441.17公顷，其中小春粮豆作物种植814.70公顷、大春粮豆作物种植1626.27公顷；实现粮食总产1123.99万千克，完成“两区”面积划定1470.72公顷。完成经济作物面积2846.98公顷；完成蔬菜种植面积1421.87公顷，产量4480.50万千克，实现产值1.28亿元；完成花卉园艺种植面积1387.65公顷，羊肚菌示范种植3.93公顷；与云南省农业科学院生物技术与种质资源研究所合作，实施“花魔芋高效精确定量栽培技术的集成示范”项目，完成魔芋种植面积33.53公顷。

西山区在建、拟建的都市农庄项目共有12个，完成投资4.66亿元。全年出栏肉猪8.57万头、肉牛1401头、肉羊1.01万只、肉禽59.02万羽，肉类总产1036.55万千克，蛋类总产124.80万千克，奶类总产50万千克，畜牧业产值2.20亿元。完成生猪定

昆明西山龙门景区古建筑群“九层十一阁全景航拍图 （西山区志办　供稿）

点屠宰检疫27.18万头、生猪定点屠宰检疫率达100%，无害化处理生猪1820头、检疫出的不合格动物及动物产品无害化处理率100%；完成活畜检疫12.60万头，实现产地检疫行政村开展面、检疫率100%；完成“瘦肉精”检测2180份，检测结果全部为阴性。检测蔬菜样品2010个，蔬菜样品检测合格率为99.70%。

有农业龙头企业50户，其中省级龙头企业3户、市级龙头企业18户、区级龙头企业29户，农业龙头企业总产值94.06亿元、销售收入94.08亿元，带动农户11.76万户。区内昆明英茂糖业有限公司等一批农产品加工企业年产值均达亿元以上。加大无公害、绿色、有机农产品认证力度，组织西山区辖区内的3家企业8个产品进行“三品一标”认证。开展农村电子商务打造工作，云南清泰科技有限公司电子商务平台建设项目已完成办公楼及配套设施建设，建成办公楼2600平方米，建成产品展示厅30平方米，建立产品营销中心和营销网点10个，整合企业及合作社20家，云南农产品30个，项目完成投资350多万元，平台线上、线下进入试运行阶段，项目平台覆盖16个社区。

实施农村“七改三清”建设项目52件，项目总投资2734.50万元。完成村间道路硬化12条2.55万平方米，修建排水沟1000米；新建公厕10座，垃圾房10个；修建人饮水池10个，3250立方米、饮水管网13.60千米、污水管网1000米；安装太阳能路灯349盏、监控系统2套；实施村庄风貌改造600平方米，村庄绿化200平方米。全面治理农村生活垃圾，实施10个垃圾收集房建设项目。建设完成“五小水利”156件，共完成投资1155.74万元。

【生态环境保护】 继续加强对滇池草海主要入湖河道的预警监测，全区集中式饮用水水源水质达标率100%，地表水水质达标率100%，其中地表水Ⅲ类或优于Ⅲ类水质达标率为50%。年内，清废行动中全区累计产生工业固体废物789.28万吨，处置利用率为100%。共削减化学需氧量3.33万吨，氨氮2794.78吨。完成5户企业清洁生产审核评估，云南三环新盛化肥有限公司获得省级“绿色工厂”称号，完成3个项目节能登记，4个项目节能审查。

完成国家、省、市营造林1906.67公顷。完成滇池流域及西山重点保护区域生态治理修复任务167.01公顷，占总任务152.81公顷的109.30%。其中关停矿山年度治理修复任务116.92公顷，占任务面积102.98公顷的113.5%；重要敏感区域人为破坏裸露山体治理修复任务50.09公顷，占任务面积49.83公顷的100.50%。全区湿地面积1.24万公顷，比上年增长27.26公顷；自然湿地面积1.22万公顷，人工湿地面积147.64公顷；全区湿地及自然湿地保护率皆为86.10%。

【教育　科技】 2019年，西山区有各级各类学校（含度假区剥离移交学校）283所，其中小学73所、完全中学13所、初级中学9所、高级中学3所，幼儿园156所、中职学校11所、特种学校1所、九年一贯制学校14所、十二年一贯制学校2所、教育科研中心1所；在职教职工1.18万人，其中专任教师8749人；在校（园）学生14.52万人；公办学校116所，辖区内民办和其他部门办学校166所。昆五中、西一中等5所学校获评“全国篮球示范校”，华昌小学、书林二小等13所学校获评“全国足球示范校”，西山区芳草地国际学校、昆一中西山学校获评“昆明市青少年击剑训练基地”。书林二小获2018年度“全国优秀少先队集体”称号。全区投入教育方面的支出12.10亿元，比上年增长17.82%，全面落实“两免一补”政策和营养膳食改善计划，在碧鸡、海口、团结3个街道15所学校共35个校点实施农村义务教育阶段学生营养改善计划，投入财政资金826.64万元，受益学生1.03万人。完成薄弱学校改造和中小学C级校舍加固改造任务。

2019年，西山区共实施科技计划项目28项，区级研发经费支持264.84万元。项目实施企业总产值13.74亿元，销售收入13.92亿元，上缴税收9812.04万元，税后利润7304.80万元。申报专利获得受理51件、注册商标15件、制定企业标准10项。培育各级各类创新型企业共111家，统计推荐西山区企业拟入国家科技型中小企业37家、获得云南省科技型中小企业认定32家，获得省级认定星创天地企业1家，市级认定孵化器1家、众创空间2家，市级院士工作站2个，星创天地3家、昆明市认定企业技术中心6家。19家企业获得省级2019年研发经费后补助577.40万元。5月20日，市科协为获得“2018年云南省科普示范社区”的西山区世纪半岛社区、盛高大城社区授牌。

【文化　卫生】 2019年，西山区有文化产业规上企业49家，建成云纺文创园、云安会都2个年产值超过亿元的文创园区，文化产业增加值实现49.34亿元。全年开展公共文化活动共2000余场，惠及群众超58万人次。打造西山区特色文化项目24项（其中街道项目6项，社区项目18项），共补助区级资金129万元。完成昆明市“十三五”综合性文化服务文化站（中心）新建、改扩建任务6项。截至2019年底，西山区共有业余文化艺术表演团体186个，文化馆1个，公共图书馆1个；非物质文化遗产项目有国家级1项、省级6项、市级13项、区级20项；项目代表性传承人有国家级1人、省级7人、市级4人、区级34人。年内，投入财政资金37.38万元，建设“西山掌上文化App”二期项目。区图书馆藏书21万册（件），完成分编采购新书8261册上架流通，接待读者11万人次；完成馆藏地方文献及珠宝玉石文献特色建设一期续建31.20万页的工作；指导10个街道办事处完成109个社区农家书屋1.09万册、32.70万元的图书配送，安装歌德电子书借阅机10套，全年下载量6.70万册次。

2019年，西山区辖区内共有医疗卫生机构765家，其中有省级公立医院2家、市级公立医院2家、部队医院3家、民营医院46家、社区服务中心22家。各级医疗机构实际开放病床1.36万张，每千常住人口拥有医疗卫生床位数17.28张，共有各类卫生技术人员2.12万人。国家财政性卫生健康经费投入2.02亿元，同比增长17.69%。基层医疗机构经费投入7909.18万元，同比增长40.19%。全区基层公共卫生服务机构102家全部设置中医科，10家公立社区卫生服务中心均开展中医药服务工作，覆盖率100%，全年共备案中医诊所21家。在全区范围内实施免疫规划技能大赛，本次竞赛入选中华预防医学会《疾控机构疫苗流通与预防接种最佳实践案例》。西山区“3+3X”艾滋病综合防治工作模式在2018年纳入《昆明市艾滋病防治手册》，被省、市防艾局申报到联合国艾滋病规划署，2019年9月在英国伦敦召开的“Fast-Track Cities 2019 conference.”（快速通道城市2019年会议）上，昆明市西山区艾滋病防治经验“AIDS Prevention in Kunming City,Yunnan,China”被大会采录，应邀在大会做交流。培育打造西山特色医美品牌。启动云南省癌症中心项目建设，北大资源博泰城、融创万达城等大健康项目在建中。

【民生保障】 2019年，西山区收集有效就业岗位2.26万个，实现城镇新增就业3.42万人，其中城镇下岗失业人员再就业6953人，城镇登记失业率控制在3.42%以内。组织农村劳动力职业技能培训801人，创业培训150人，精准扶贫技能培训400人，其他培训1.11万人；完成农村劳动力转移就业3580人，实现新增转移就业收入5915.32万元。新建8个见习基地，提供1324个就业见习岗位，新增就业见习人员842人，拨付就业见习补贴390.79万元。举办8场高校招聘会，提供就业岗位9048个。发放小额担保贷款217人3255万元，发放贷、免、扶、补贷款100人1202万元。

全区基本社会保险参保65.46万人次，其中城镇职工养老保险参保23.86万人、城乡居民养老保险参保8.63万人、失业保险参保17.27万人、工伤保险参保15.70万人。新增退休人员2082人，累计发放养老金16.98

2019年4月7日，西山区“三月三”民俗文化活动表演（西山区志办　供稿）

亿元。低保户4844户6116人，累计发放低保资金3583万元，临时补贴和节日慰问金196.5万元。共审批临时医疗救助386人次168万元；临时生活困难救助662人124.72万元；大病救助352人次212万元。残疾人“两项”补贴保障累计5227人次319.93万元。

全区参加昆明市基本医疗保险48.98万人。参保覆盖率保持在96%以上。支付126.2万人次各项医疗费6.94亿元，全区参加城镇职工生育保险16.28万人，支付8664人次生育医疗费、津贴1.44亿元，支付城乡居民生育医疗费509人次94.81万元。“一站式”医疗救助849人次医疗救助金189.33万元、临时医疗救助158人次医疗救助金76.38万元。5月31日，区民政局正式将医疗救助业务划转至区医保局办理。7月1日，开始办理度假区医保事务，此次移交共涉及18家定点医疗机构，941户企业以及4.75万人参保移交。

全区共有低保户4844户6116人，累计发放低保资金3583万元；供养特困人员262人，累计发放供养金228.99万元。全区有民办养老机构20家，床位数2061张，入住老人1920人。为全区1.70万80岁以上的高龄老年人足额发放保健金1400万余元。为全区城乡居民中的三四级残疾人购买医疗保险4290人94.40万元、养老保险2100人21万元，为383名义务教育阶段、特教学校在校残疾学生和考取大中专、高中学生提供“扶残助学”45.05万元。通过政府购买服务为243名智力、精神和重度残疾人开展托养服务补助85万元。

西山区共投入精准帮扶项目资金454.55万元，实施团结街道妥吉社区锁奔多小组15户苗族群众整村搬迁安置项目，团结、海口2个街道办事处18户住房条件较差的已脱贫建档立卡贫困户以及12户苗族散居户的农村农房改造项目。全区建档立卡贫困人员563人，100%参加城乡居民基本医疗保险和大病保险，支付建档立卡贫困人口医疗费2610人次671.52万元。截至年底，西山区共选派结对帮扶责任人192名，结对帮扶寻甸县河口镇和东川区红土地镇、乌龙镇和汤丹镇的806户，西山区区级财政共投入区外对口帮扶资金1129.97万元。8月8日，中国水电十四局承建的云南滇中引水工程昆明1标（团结段）在蔡家村6#支洞破土动工。该项目为昆明蔡家村隧洞至松林隧洞，总干渠全长21.27千米。中标金额14.80亿元，合同总工期7年。

（郑　航）

东川区

【地理位置】　东川区位于昆明市最北端，地处东经102°47′～103°18′、北纬25°57′～26°32′。东与曲靖市会泽县相邻；南与昆明市寻甸县相接；西与昆明市禄劝县相依；北与昭通市巧家县相连，与四川省凉山州会理县、会东县隔金沙江相望。全区总面积1865.80平方千米，境内最高海拔4344.10米，最低海拔695米，高差3649.10米。区政府位于铜都街道，海拔1254米，距昆明市区公路里程150千米。全区年平均气温22.30℃，年总日照数2256小时，年总降水量533.5毫米。

【区划　人口】　2019年末，全区辖铜都街道办事处，汤丹、拖布卡、因民、阿旺、乌龙、红土地镇，舍块乡8个街道、镇、乡，下设130个村民委员会、35个社区居民委员会。全区户籍人口31.65万人，人口自然增长率-1.50‰。

【经济综述】　东川区竭力抓脱贫、治污染，多措并举调结构、惠民生，摘掉深度贫困县帽子，告别不通高速路的历史，迈出产业转型步伐。全年实现地区生产总值114.81亿元（含市级经济普查下返24亿元），同比下降7%。规模以上固定资产投资完成70.26亿元，同比下降32.20%。一般公共预算收入完成5.88亿元，同比下降19.30%。城镇和农村常住居民人均可支配收入分别达3.53万元、9414元，同比增长7.50%、10.20%。社会消费品零售总额完成32.67亿元，同比增长12.50%。

【脱贫攻坚摘帽】　通过贫困县退出省级专项评估检查和国家抽查，全区8个乡镇（街道）146个贫困村全部脱贫出列，2.87万户10.43万名贫困人口全部脱贫，实现脱贫摘帽目标。

推进就业扶贫“六项行动”，2.70万人实现转移就业，推进5个易地搬迁进城安置扶贫车间建设，托底帮扶4498名“三无”困难劳动力“家门口”就业。东川就业扶贫获全国“优秀项目奖”，区就业再就业管理服务中心被表彰为全省“三区三州”及其他贫困地区事业单位脱贫攻坚先进集体。统筹使用财政涉农资金6.80亿元，实施农村人居环境提升和基础设施补短板等项目87个。投资2.56亿元，实施村级光伏扶贫项目119个，已全部并网发电。2月12日，省委政策研究室调研组到东川调研易地扶贫搬迁工作。2月27日，国务院扶贫开发指导司副司长张洪波率队到东川区，专题调研易地扶贫搬迁就业和扶贫公益岗位开发管理工作。7月26日，审计署调研组一行16人，到东川调研脱贫攻坚工作。8月10日，中央党校经济部副主任曹力一行到东川调研脱贫攻坚工作。各级定点扶贫、东西部扶贫协作和对口帮扶工作顺利推进，实施沪滇帮扶协作项目13个。坚持扶贫与扶志相结合，强化村风民风建设，选树张顺东、夏元聪等一批脱贫攻坚自力更生先进典型。制定出台易地扶贫搬迁后续发展“1+7+N”政策措施，有序推进易地扶贫搬迁学校、市场等配套设施建设，确保搬迁群众搬得出、稳得住、能脱贫、可融入。9月3日，由昆明市委宣传部主办，昆明市文学艺术界联合会、昆明市扶贫办、东川区委宣传部承办的脱贫攻坚微电影《石板谣》正式开机。

昔日荒山岭，今日披绿装　（蒋兴元　摄）

【环境整治修复】　推动央视报道和中央环保专项督察指出问题整改工作，举一反三开展大排查大整治，央视报道指出的6个问题全部整改完成，中央环保督查反馈的26个问题整改完成10项、持续推进16项。全年空气质量优良率达100%。全面落实河长制。完成金沙江、小江东川区河段河湖管理范围划定，实施小江河道综合整治，启动小江城区段治理工程，拆除沿线29家采砂企业河砂采筛设备。小江水质稳定达标。非煤矿山整合工作稳步推进，淘汰关闭矿山14座，关闭尾矿库9个，砌封违规开采矿硐234个，实施22项提升系统隐患整改工作。3月18日，国家应急管理部相关人员到东川区开展金属非金属地下矿山专项执法，要求完善制度，补齐漏洞。完成各类林业生态建设任务9.90万亩、义务植树82万株、荒山造林项目补植补造11.50万亩，实施天然林保护工程森林管护面积163.54万亩，森林覆盖率提高到38%。区林业和草原局获“全国绿化模范单位”称号。

【产业优化升级】　三次产业结构优化为8.40:24.60:67。第一产业完成增加值9.65亿元，同比增长6.30%，16个区级涉农重点项目完成投资4.17亿元。全区水果、蔬菜、中药材种植面积分别达2.98万亩、5.30万亩、4.17万亩。第二产业完成增加值28.26亿元，同比下降27.70%。工业增长方式逐步转变，纳入国家工业资源综合利用基地名单，编制完成《东川区工业转型发展规划》，新增规模以上企业8户，9户规模以上工业企业开展研发项目22项。第三产业完成增加值76.90亿元，同比增长4.70%，乌蒙巅峰运动公园、红土地—轿子山旅游综合开发、格勒湖旅游区建设等旅游项目有序推进。全年接待游客170万人次，同比增长18.16%，实现旅游综合收入6.38亿元，同比增长29.42%。

2019年1月23日，功东高速公路建成通车　（舒天礼　摄）

【基础设施建设】　功东、东格高速、金东大桥相继建成通车，结束东川不通高速路历史。其中功东高速公路于1月23日正式通车，双向4车道，全长49.40千米；7月7日，东格高速公路正式通车。通村公路硬化100千米，全区综合交通网络逐步健全。城市人居环境提升改造工程通过竣工验收，拆除违法违规建筑53.21万平方米。城市新增绿地79.50亩，新建公厕5座、改建提升5座。农村环境明显提升，新建集镇垃圾生活处理设施7座、建设垃圾分类试点示范村1个，完成农村公厕改造任务，建设149个农村生活污水处理设施，乡镇集镇区污水处理设施覆盖率达100%。水井山水库实现供水，轿子山水库快速推进，白鹤滩电站库区移民安置项目有序推进。

【招商引资】　制定优化营商环境12条措施，采取优化营商环境行动方案，帮助企业解忧纾困，推进营商环境改革再升级。新引进投资项目53个，其中开工37项，开工率达71.10%，“滇铜京运第一镇”特色小镇、东方希望集团生猪养殖、云内动力德奥通航小家电生产园项目、一名微晶玻璃产城一体化项目等一批亿元以上项目落户东川区。向上争取国家专项债券项目8个，申请地方政府专项债券8.77亿元，累计向上争取项目

资金22.77亿元，超额完成市级下达目标任务。全年实施区级重点项目143个，完成投资25.50亿元。

【民生保障】 5月16日，全国社会救助综合改革联合调研组第三组到东川调研社会救助工作。年内，城镇新增就业4124人，城镇登记失业率控制在9%以内。完成农村劳动力培训3.28万人、转移就业2.70万人。发放各级教育资助资金3505.32万元、资助学生5.17万人次，投入营养改善计划资金2483.80万元、受助学生2.29万人。引进初、高中教育人才30名，引进云南长水集团衡水实验中学到东川办学。发放城市、农村最低生活保障金2.52亿元，实施临时救助1.40万户次，发放救助金4184.88万元，发放重点优扶对象补助金1700万元，发放残疾人"两项补贴"9646人次864.76万元。实施全民参保登记计划，全区养老保险、工伤保险参保率达95%，基本医疗保险实现应保尽保、参保待遇100%兑现。全区城乡居民健康档案建档率95.16%。深化医药卫生改革，成功创建"全国基层中医药工作先进单位""全国第三批健康促进县区"，巩固"全国健康扶贫先进县区"创建成果。

【社会治理】 办理信访积案36件，调处各类矛盾纠纷900起。全区安全生产领域较大事故、较大道路交通事故"零发生"。"非洲猪瘟"疫情蔓延得到有效控制。抓好金融领域风险防控和处置化解工作，清欠中小企业民营企业账款1.40亿元，偿还率达53.95%。兑付园区正常生产企业入驻保证金2396.58万元，有效化解政府债务和企业融资风险。打掉恶势力犯罪团伙2个，侦办"九类"涉黑涉恶刑事案件46件，打掉3人以上共同犯罪团伙27个，群众安全感、满意度不断提升。

（张　昆）

呈贡区

【自然地理】 呈贡区位于滇池东岸，东经102°45′～103°00′、北纬24°42′～25°00′。东临昆明市宜良县、玉溪市澄江县，南接昆明市晋宁区，西隔滇池与昆明市西山区相望，北接昆明市官渡区。全区境内地势东高西低呈三级台阶状。西部为滇池东岸湖滨平原，是昆明断陷盆地东区，处昆（明）勐（腊）公路以西至滇池湖岸，该地域地势平坦，大部地区海拔1888～1910米。中部有浅丘，南部多海拔2000～2070米孤山，该地域地表波状起伏，大部分海拔1910～2000米，多低山与浅丘分布。东部为石灰岩山地，属梁王山系余脉，海拔2000～2820米，主要有向阳山、乌纳山、盐臼山、西路山、支锅山、凤凰山、蛇山、对歌山、风口山、菠萝山、拖磨山、小团山、杨家大山诸峰。2019年年平均气温16.90℃，年日照时数2589.60小时，年降水量816.10毫米。

【区划　人口】 呈贡区辖区总面积510.20平方千米。呈贡区政府实际管理龙城、斗南、吴家营、乌龙、洛龙、雨花6个街道，实际管理面积200.89平方千米；洛羊街道、大渔街道、马金铺街道、七甸街道分别委托昆明经济技术开发区管委会、昆明滇池旅游度假区管委会、昆明高新技术开发区管委会、阳宗海管委会管理，托管面积共309.31平方千米。

2019年，呈贡辖区实有人口49.72万人，常住人口13.50万人，流动人口11.62万人，大学生24.32万人，常住境外人员2853人。出生率13.21‰，死亡率5.03‰，自然增长率7.26‰。

【自然资源】 矿产资源：共发现各类矿产67处，其中勘探5处，详查13处，普查12处，其余为预查。从矿床规模看，有中型矿床11处，小型矿床46处，矿点10处。煤查明资源储量92.10万吨，铝土矿查明资源储量96.90万吨，磷矿查明资源储量3279万吨，石灰岩查明资源储量2.58亿吨，砂岩查明资源储量233万吨，黏土查明资源储量395万吨，砖用黏土查明资源储量1239.43万立方米。截至2019年底，呈贡区已有11种矿产被利用，有煤、铝土矿、钴矿、黄铁矿、磷矿、矿泉水、地热、水泥用灰岩、砖用黏土、建筑用砂及建筑石料用灰岩等，占已发现15种矿产总数的73.30%。

林业资源：呈贡区森林面积1.94万公顷。森林按土地所有权分，国有林地面积1803.91公顷，蓄积8.59万立方米；集体林地面积1.76万公顷，蓄积69.07万立方米。森林按地类分，乔木林地面积1.94万公顷；竹林地面积11.07公顷；国家特别规定灌木林地面积47.80公顷。

【经济综述】 全区完成地区生产总值476.79亿元，同比增长10.80%。其中第一产业增加值5.80亿元，同比增长2.90%；第二产业增加值192.62亿元，同比增长15.90%；第三产业增加值278.37亿元，同比增长7.40%。三次产业结构比调整为1.22:40.40:58.38。固定资产投资完成309.50亿元，同比增长5.80%；地方一般公共预算收入完成25.34亿元，同比增长5.85%；全区实现社会消费品零售总额68.16亿元，同比增长15.10%。城镇常住居民人均可支配收入完成4.67万元，增长7.80%；农村常住居民人均可支配收入完成2.15万元，增长9.60%。

【改革创新】 3月5日，呈贡区举行机构改革新组建部门授牌授印仪式暨干部宣布大会。党政机构改革总体完成，事业单位数量大幅缩减，编制使用效能和公益服务供给质量不断提高。深入推进重点领域改革，持续深化国资国企、行政审批、投资融资、财税金融、农村集体产权制度等重点领域改革，发展活力不断增强。继续深化“放管服”改革，严格落实“营商环境提质年”各项部署和改革措施，开办企业、不动产登记和施工许可证办理时间分别压缩至3个、5个和3个工作日。深入实施创新驱动发展战略，R&D（全社会研究与试验发展经费）投入达4.76%，入选国家知识产权强县工作试点县（区）。深化校地融合发展和人才培育，协助云南大学举办“魁阁”80周年暨中国社会学恢复重建40周年学术研讨会，完成“一带一路”海外人才2019昆明创新峰会分会场活动。主动对标国内外不同地域成功经验，围绕打造世界春城花都、现代科创新城、健康颐养新区和国际门户枢纽“四个品牌”，修订完成《呈贡区建设区域性国际中心城市现代化科教创新新城行动计划（2019—2035）》。修订完善招商引资考核政策，更加注重精准招商。5月30日，呈贡区退役军人服务中心成立。

【城市建设】 新区国土空间规划编制加快推进，城市天际线等专项规划基本完成。与华侨城携手旧城更新改造及周边建设工作，旧城更新改造取得实质进展。市政基础设施建设稳步推进，花都路等11条道路建成通车，古滇路等20条道路加快建设。其中连接呈贡区与昆明市经济技术开发区的重要通道——呈荣大道（呈贡段67号路）于4月25日正式通车。修复市政道路车行沥青路面1.76万平方米，换填混凝土路基1875平方米，修复桥梁面层1688.49平方米，修复人行道及无障碍盲道1690平方米、修复路缘石1480.20米。完成对小王家营立交桥、驼峰街昆玉跨线桥等10座市政桥梁进行荷载试验、混凝土强度检测等10项专业检测。“智慧呈贡”建设稳步推进，呈贡大数据中心专享云、首批5G试点站建设完成。常态长效推进全国文明城市创建工作，全面开展“治脏”“治乱”“治差”综合整治行动，市容环境有效提升。

推进城市网格化管理，城市管理精细化水平不断提高。加快公园城市建设，新增绿地21.60公顷。乡村振兴步伐加快，与云南文投集团等企业携手启动4A级万溪生态花园建设。深入开展征地供地工作，完成土地征收2706.90亩，土地供应1604亩，处置闲置土地4宗457亩，土地资源利用水平不断提高。全面完成“植物王国”等42宗628.88亩“大棚房”清理整治和南都步行街等143宗违规违法用地整治，拆除临违建筑556宗140万平方米。新建城镇公厕2座、改建公厕3座，新购置移动公厕11座。新增加停车场28户，新增停车泊位2.01万个。

【农业】 农林牧渔业总产值完成9.56亿元，其中农业产值8.50亿元、林业产值6165万元、牧业产值890万元、渔业产值1815万元、农林牧渔服务业产值1754万元。全年蔬菜播种面积2.95万亩，产量6.20万吨，产值1亿元；鲜切花种植面积905亩，产量5.90万枝，产值4900万元；水果种植面积2.55万亩，产量9653吨，产值6636万元；养鱼水面858亩，产量178吨，产值249万元。全区有农业产业化龙头企业10户，其中国家级2户，省级2户。立项实施2019年省级生物产业项目1个，项目内容为滇重楼种子种苗繁育、黄草乌种植示范基地及产地加工建设。全年开展生鲜农产品农残抽检920个，合格率99.13%；水产品抽检21个样本，合格率100%；查验入场屠宰生猪43.66万头，入场生猪检疫证明持证率和耳标佩戴率达到100%。扎实开展农业面源污染防治工作，完成测土配方施肥1.09万亩，废弃秸秆还田1.12万亩，农作物废弃秸秆综合利用5020吨，减药项目防控示范面积2200亩，组织禁养巡查1002次。深入开展打造世界一流“绿色食品牌”工作，成功申报缪家营、万溪冲社区宝珠梨，七步场社区臭豆腐，斗南社区花卉为昆明市“一村一品”示范村。

【环境保护】 全年共投入环境保护与生态建设资金56.46亿元，环保投资指数达2.06%。呈贡污水处理厂、洛龙河污水处理厂和洛龙河水质净化厂共处理污水3390.60万吨。空气质量优良率91.98%。对建成区27个网格点区域环境噪声、13条主要道路18个点位道路交通噪声进行监测，建成区昼间平均等效声级52.0 dB（A），达2类标准。制订出台《呈贡区打赢蓝天保卫战三年行动实施方案》《饮用水源地保护攻坚行动方案》《固体废物和重金属污染防治专项攻坚战作战方案》等7个文件。开展“三下乡”、世界水日、“六五”世界环境日等主题宣传活动15场次，环保志愿服务进社区3次，环保宣传进企业2次、进社区3次，“小手拉大手　争当环保卫士”活动4次。

【商贸　旅游】 全年引进市外内资84.06亿元，实际利用外资5117.79万美元。全区实现社会消费品零售总额68.16亿元，同比增长15.10%。限额以上社会消费品零售总额完成14.14亿元，同比增长34.30%。限额以上批发业销售总额完成284.60亿元，同比增长20.10%。新增总部企业1户，新增保有千万元税收楼宇1幢。5月10日，呈贡区企业开办网上“一窗通”平台正式启用。

接待国内外游客412万人次，同比增长17%；旅游收入22.78亿元，同比增长27.8%；乡村旅游人数达369万人次；旅游项目投资9300万元。挖掘斗南花卉、万溪冲生态休闲、湿地公园、特色餐饮小吃、历史文物古迹等旅游资源。以游客休息站、旅游厕所、旅游汽车租赁点等为重点，完善精品自驾旅游重点线路沿线的旅游公共服务设施。打造9个都市生态休闲旅游项目，提升完善现有6条旅游线路品质。

【科技　教育】 2019年，全区有高新技术企业17户，新增8户，新增孵化器面积5637平方米，建成中国昆明南亚东南亚科技服务业合作中心。

全年科技服务业收入12.88亿元，同比增长58.69%。深入实施“三名工程”，评定名校4所、名校长5人、名师25人，新组建7个名校长工作基地，28个名师工作室。年内，云大附中大学城校区、洛龙学校、沐春园幼儿园等6所学校建成并投入使用。呈贡一幼通过省一级一等示范幼儿园创建省级终评工作，惠景园小区幼儿园创建为市级现代教育示范幼儿园。2019年，学前三年毛入园率达101.12%，公办和普惠性民办幼儿园在园幼儿占比达85.25%。开展现代教育示范校创建活动，民大附小创建为省级现代教育示范学校，昆明师专附小海岸城分校创建为市级现代教育示范学校。小学毛入学率达101.75%，初中毛入学率达107.29%，小学巩固率达101.26%，初中巩固率达100.36%。高考一本综合上线率达63.94%，本科综合上线率达90.36%。

【文化　卫生】 实施文化惠民工程，建成社区综合文化服务中心22个。举办“我们的中国梦”文化进万家暨“我们的节日”春节群众文体系列活动，开展端午、中秋等节庆纪念活动；打造第十四届“花都”文化旅游节、第六届彝乡洛龙火把节、第三届七步场豆腐文化旅游节等特色品牌活动；组织“庆祝新中国成立70周年”呈贡民间绘画主题展览、非物质文化遗产技艺展示活动；6月28日，呈贡区纪念中国共产党建党98周年、庆祝新中国成立70周年暨第十九届“云岭先锋颂”合唱比赛在云南师范大学举行。开展送戏下乡、戏剧进校园、法治文化进社区、阅读活动进学校123次。7月12～14日，第二十届中国昆明国际花卉展在斗南国际花卉产业园开展。7月25～26日，呈贡区在斗南花花世界举办2019年春城文化节暨第十四届昆明・呈贡花都文化旅游节。9月22日，欢度2019年“中国农民丰收节”暨昆明呈贡第七届万溪宝珠梨采摘节在吴家营街道万溪冲开幕。9月30日，呈贡区在三台山公园革命烈士纪念碑前开展烈士纪念日公祭活动。呈贡区图书馆总分馆建设基本完成，建成6个街道分馆、3个社区服务点的总分馆系统，馆藏量为9.71万册。完成费孝通旧居、凤鸣寺、来青寺、土主庙修缮工程，新认定区级非物质文化遗产传承人8名、申报市级非遗“陈氏正骨术”1项。3月20日，呈贡区“传统文化人才驿站”揭牌仪式暨中医手札展在呈贡区三台山中峰书画院举行。12月6～8日，以“现代中国与乡土传统”为主题的“魁阁”80周年暨中国社会学恢复重建40周年学术研讨会在呈贡魁阁召开。

分级诊疗制度基本建成，实现首诊医疗机构与转诊医疗机构的双向转诊。加快“15分钟医疗卫生服务圈”建设，免费为新生儿开展耳聋基因检测、为60岁以上户籍老年人接种23价肺炎疫苗，通过国家级慢病综合防控示范区现场评审，胸痛中心通过国家验收认证。全区共组建78个家庭医生团队，共签约6.28万人，签约率62.17%。扩大中医药服务的覆盖面，5个社区卫生服务中心和5个社区卫生服务站全部设置中医科和中药房。全区设名医工作室9个，专家基层工作站2个。

【民生保障】 涉农居民安置房建设稳步推进，雨花五号地块一期、龙斗三号地块一期等5个项目共120万平方米安置房具备交房条件，龙斗一号地块一期、龙四地块一期等10个项目加快建设。推动涉农居民、高校毕业生、退伍军人等重点群体创业就业，全年新增城镇就业7150人，农村劳动力转移就业9379人。城镇失业人员再就业810人，就业困难人员再就业593人，累计开发公益性岗位444个，实际上岗人数210人。城镇登记失业率控制在3.22%以内。全区基本社会保险参保人数22.35万人。兑付岗位开发补助扶持资金141.80万元，个人工资补助496.50万元。发放退休金6093.40万元、养老金6470.50万元，社会化发放率和离退休人员数据入库率均达到100%。为7539人次失业人员兑现失业保险待遇55.15万元，为181人支付工伤保险费818万元。

【脱贫攻坚】 呈贡区驻村队员继续扎实做好深度贫困地区驻村扶贫工作，全区515名干部职工结对“挂包帮”定点帮扶禄劝县转龙镇、寻甸县联合乡643户贫困户，接收安置禄劝县建档立卡贫困农村劳动力808人，为禄劝县培训种植能手51人，直接投入到贫困地区帮扶资金830万元，各部门、企业参与帮贫济困，捐资捐物约80万元，推动产业发展，促进当地经济发展和农民增收。

（呈贡史志办）

安宁市

【地理位置】 安宁市是昆明市代管的县级市，位于昆明市西南32千米处，介于东经102°8′～102°37′和北纬24°31′～25°6′之间。东北与昆明市西山区相连，东南接昆明市晋宁区，西邻玉溪市易门县、楚雄州禄丰县。南北长66.50千米，东西宽46.40千米，总面积1301.81平方千米，平均海拔1800米。

【区划　人口】 2019年末，安宁市辖连然、金方、太平、八街、温泉、草铺、县街、青龙、禄脿9个街道，有63个村，36个社区，分设338个村民小组，174个居民小组。

常住人口38.90万人，比上年末增长2%；城镇人口为30.50万人，乡村人口8.40万人；全市人口出生率为12.16‰；人口死亡率为5.31‰，人口自然增长率为6.85‰，城镇化率78.3%。户籍人口28.27万人，比上年末增长1.07%。其中：乡村人口7.80万人，占总人口的27.60%；城镇人口20.47万人，占总人口的72.40%。在户籍人口中，男性为14.14万人，女性为14.13万人，所占比重分别为50.02%和49.98%。

【自然概况】 安宁历史悠久，被誉为“螳川宝地，连然金方”。地理优越、交通发达，320国道直通缅甸，昆安、安楚高速，成昆铁路等穿境而过，安晋高速、昆广铁路复线已完成建设，柏油路直达各行政村。安宁是通往滇西8个州市，并经畹町直接与缅甸相连的交通重镇。2019年，平均气温16.90℃；年降雨量749.10毫米，同比下降6.60%；日照时间2260小时，同比增长8.40%。

【资源特产】 矿产资源主要有磷、盐、铁、钛、锡、铜、锌、铝、硅、铝土矿、石英砂、石灰石、白云石及花岗岩等诸多矿藏。境内盐矿储量居全国内陆型盐矿第二，平均品位58.80%，仅次于青海；钙芒硝储量76亿吨，平均品位23.30%，居全国储量前列；磷矿储量9.20亿吨，铁矿储量5200亿吨。安宁市特产有八街食用玫瑰、禄脿葡萄、县街红梨、浅水藕、大弯葱、海湾茶叶等知名品牌。

【经济综述】 全年实现地区生产总值(GDP)575.14亿元，比上年增长9.60%。人均生产总值(按常住人口计算)14.94万元，比上年增长7.96%。在地区生产总值中，第一产业实现增加值18.11亿元，比上年增长6%，拉动GDP增长0.20个百分点；第二产业实现增加值362.53亿元，比上年增长8.90%，拉动GDP增长6.10个百分点，其中工业实现增加值349.76亿元，比上年增长8.60%；第三产业实现增加值194.50亿元，比上年增长11.60%，拉动GDP增长3.30个百分点；一、二、三产业增加值比重分别为3.10%、63.10%和33.80%。非公有制经济实现增加值142.23亿元，增长10.30%，占全市地区生产总值的24.70%。10月8日，2019年中国中小城市高质量发展指数研究课题成果发布，安宁市入围其中2个榜单(全国综合实力百强县市排名第72位，全国投资潜力百强县排名第26位)，为云南省唯一入围县(市)。12月6日，安宁市上榜全国综合经济竞争力百强县(市)名单，并登上全国投资潜力百强县(市)榜首。

【机构改革】 3月4日，安宁市举行机构改革新组建部门集中授牌仪式，机构改革后，计入机构限额的市委机构11个，其中纪检监察机关1个，工作机关10个；计入机构限额的市政府工作部门26个。5月30日，安宁市退役军人服务中心在市政务管理服务中心挂牌成立。9个街道同时成立退役军人服务站。

【财政收入】 全年地方财政总收入239.28亿元，比上年增长17.20%。其中一般公共财政预算收入47.14亿元、上划中央“四税”收入182.02亿元，分别比上年增长27.30%、14.90%等。全年地方财政支出96.63亿元，比上年增长27.80%，其中一般公共财政预算支出50.49亿元，比上年增长9.20%。

【金融机构存贷款】 全市金融机构年末存款余额为455.93亿元，比年初增长21.73%，其中非金融单位存款余额122.64亿元、住户储蓄存款余额为239.09亿元，分别比年初增长46.86%、9.87%等。金融机构年末各项贷款余额为381.95亿元，比年初增长6.38%，其中非金融单位贷款余额281.71亿元，比年初增长0.14%；住户贷款余额100.22亿元，比年初增长28.98%。全市保险机构保费收入达6.28亿元，比上年增长26.20%。

【市场交易】 全年批发零售业商品销售总额达1121.10亿元，比上年增长12.40%；其中批发业实现销售额1057.57亿元，比上年增长12%；零售业实现销售额63.53亿元，比上年增长19.50%。全市住宿业实现营业额3.47亿元，比上年增长14%；餐饮业实现营业额11.37亿元，比上年增长15.20%。全市社会消费品零售总额达150.64亿元，比上年增长10.60%。商品零售价格指数为101.50%，与上年持平；居民消费价格指数为102.50%，比上年上升0.90个百分点。

【招商引资】 全年共引进内资项目150个，外资项目3个，协议引进

2019年6月3日，市委书记程连元(左三)率队到安宁市调研新时代文明实践中心试点建设工作推进情况
(肖笛　摄)

内资1865.56亿元，实际到位内资166.60亿元，协议引进外资4300万美元，实际到位外资4300万美元。全年争取中央、省和昆明市项目445个，项目资金7.53亿元。11月12日，安宁市上榜2019年赛迪营商环境百强县名单，成为云南省唯一入选县（市）。

【对外贸易】 全年完成进出口总额59.34亿美元，比上年下降6%，其中出口4.53亿美元，比上年下降16.20%；进口54.81亿美元，比上年下降5.10%。

【固定资产投资】 全市完成固定资产投资（不含农户）259.60亿元，比上年增长19.10%，其中工业性固定资产投资43.80亿元，比上年增长29%；房地产投资151.70亿元，比上年增长53.60%；教育投资22.80亿元，比上年增长52%。

【房地产开发】 全年房地产开发投资完成151.70亿元，比上年增长53.60%。其中商品住宅投资123.80亿元，比上年增长52.50%。全市商品房施工面积499.90万平方米，比上年增长102.10%。商品房销售面积134.60万平方米，比上年增长11.50%。商品房销售额111.80亿元，比上年增长30.50%

【农业生产】 全年实现农林牧渔业总产值30.94亿元，比上年增长5.90%，其中农、林、牧、渔业及农林牧渔服务业分别完成总产值15.50亿元、0.77亿元、13.76亿元、0.21亿元和0.70亿元。实现农林牧渔业增加值18.42亿元，比上年增长5.90%。全年粮食产量达3.12万吨，比上年下降1.72%；平均亩产量达439千克，比上年下降3.73%。烤烟产量达1020吨，比上年增长1.90%。蔬菜总产量30.62万吨，比上年下降4.80%，水果总产量为3.17万吨，比上年下降9%；油料总产量2596吨，比上年下降26.20%。

全年畜牧业产值13.76亿元，比上年增长4%，占农林牧渔业总产值的44.50%，所占比重较上年下降5.80个百分点。肉类总产量3.34万吨，比上年增长19.33%。其中猪肉产量16400吨，比上年增长19.79%。出栏生猪18.84万头，比上年增长15.89%；家禽出栏925万只，比上年增长13.78%。禽蛋产量1.71万吨，比上年增长56.14%；牛奶产量333吨，比上年下降44.22%。大牲畜存栏6574头，比上年末下降4.90%；生猪存栏10.43万头，比上年末下降3.78%；羊存栏3.08万只，比上年末下降10.99%。

【工业经济】 全年工业总产值为1122.40亿元，比上年增长4.80%，工业增加值比上年增长8.60%；规模以上工业企业总产值为1105.40亿元，比上年增长4.70%，规模以上工业增加值比上年增长9.50%，其中轻工业增加值比上年增长12.70%，重工业增加值比上年增长9.50%。在规模以上工业中，石油、煤炭及其他燃料加工业增加值比上年增长8.50%；黑色金属冶炼及压延加工业增加值比上年增长3.70%；化学原料及化学制品制造业增加值比上年增长11.50%；电力热力生产和供应业增加值比上年增长58%；非金属矿物采选业增加值比上年下降16.50%。

全市主要工业产品产量：粗钢470万吨，比上年增长6.10%；钢材466万吨，比上年下降2%；生铁427万吨，比上年增长5.80%；化肥（折纯量）42.50万吨，比上年增长1.30%；煤气81.31亿立方米.比上年增长5.80%；磷矿石624.70万吨，比上年下降12.50%；水泥366.60万吨，比上年增长5%；自来水供应1702万吨，比上年增长18.40%，发电量38.11亿千瓦·时，比上年增长18.50%。

【植树造林】 安宁市绿化造林稳步推进，全年完成造林面积2523亩，比上年增长95%；护林防火工作不断加强和完善，全市森林覆盖率51.53%。

【交通 通信】 2019年，在建公路77.90千米，石安公路（安宁段）改扩建项目全面推进，南环一级公路等3条道路建成通车，全市公路通车里程1283千米。交通运输邮政业增加值达27.26亿元，比上年增长7.10%，全市货运周转量10.97亿吨千米，比上年增长20.90%；客运量周转量为5.51亿人千米，比上年增长17%。全市邮政业务总量2633万元，比上年增长23.30%。通信业高质量发展，拥有固定电话2.59万部，在网移动电话用户19.18万户，宽带互联网在网用户8.70万户，改造5G基站16个。10月1日，中国移动安宁分公司开通安宁首批5G基站，标志着安宁开启5G时代。

【科技 教育】 全市科技科普工作稳步推进，全市用于科学技术支出的财政资金1317万元，比上年增长140.80%，获昆明市以上科技成果数量1个，认定高新技术企业12户。

推进教育质量跨越行动计划，启动宁湖小学改扩建工程，培育名校长9人，组建校长工作室4个，引进曲靖一中优质办学资源，全国“三区三州”职业技能大赛在安宁成功举办，成为昆明市新型学徒制工作试点县。2019年，全市学龄儿童毛入学率102.30%，初中学龄人口毛入学率111.22%，初中毕业升学率98.28%，普通高中录取率68%，高考综合上线率99.76%，高考录取率99%。年末，全市幼儿在园人数1.20万人，小学在校学生2.38万人，初中在校学生1.17万人，高中在校学生6399人。职教基地入驻职业教育院校8所，专任教师5203人，在校学生10.74万人。11月2～3日，由中国教育国际交流协会指导，安宁市委、市政府，昆明市教育体育局和博雅闻道考试与评价技术研究院联合主办的“扎根中国大地办教育安宁论坛”在安宁市城市文化中心举行。来自北京大学、清华大学等高校的专家展开对话研讨。

【文体 卫生】 6月28日，云南省首

个以真人真事创作的志愿者塑像在安宁市新村社区新时代雷锋志愿服务广场落成。8月10日，由安宁市民族宗教事务局和太平新城街道党工委共同主办的首个白族语文化保护传承培训班开班。9月29日，安宁市庆祝新中国成立70周年“壮丽七十年　奋斗新时代”大型文艺晚会在安宁会堂举行，安宁市领导同500多名各界人士代表欢聚一起观看演出。10月1日，安宁市曹溪寺管理委员会决定国家级重点文物保护单位、安宁重要景区景点——曹溪寺风景区将对国内外游客免费开放。11月7日，安宁市老城历史文化街区——永安桥特色文化街区开街。11月13日，“螳川遗风连然古韵”——安宁、西山名碑名帖拓片联展在西山区滇池博物馆开展。2019年，国务院公布第八批全国重点文物保护单位，安宁温泉摩崖石刻群成为安宁市第四个国家级重点文物保护单位。

安宁市城市影响力和知名度不断增强，先后举办昆明网球公开赛、“一带一路”网球邀请赛、华熙B.ONE篮球邀请赛、大黑山摩托车矿山耐力赛、温泉高原国际半程马拉松等赛事活动，8月27日，代表中国队参加第45届世界技能大赛的安宁职教基地云南技师学院学生郑棋元，夺得移动机器人项目金牌。承办第八届中国—南亚国际文化论坛。全年报纸出版51万份、公共图书馆藏书30.16万册，文物保护47处。昆明国际运动康养谷、华熙健康美丽小镇、西甲足球学校等文旅项目顺利推进，全年共接待游客1180万人次，比上年增长19.60%，旅游综合收入达70.96亿元，比上年增长29.70%。全市广播人口覆盖率达100%，电视人口覆盖率100%。

云南昆钢医院创建成为三级甲等医院，3月11日，全省首个海扶中心在昆钢医院揭牌。该中心投入800万元引进JC型聚焦超声肿瘤治疗系统，可用于系列实体肿瘤治疗。国家慢性病综合防控示范区通过复审，成为全国第一批紧密型医共体试点县。完成2个卫生院提升改造，64个村卫生室建设。至年末，全市共有卫生机构216个，卫生机构床位达4404张，专业卫生技术人员4305人。5岁以下儿童死亡率4.13‰，新生儿死亡率1.94‰。全市共创建国家级卫生镇7个，省级卫生村62个。

【人民生活】 年内，全市城镇居民人均可支配收入4.62万元，比上年增长7.70%；城镇居民人均消费性支出3万元，比上年增长5%。农村居民人均可支配收入达1.98万元，比上年增长9.80%；全年农村居民人均生活消费支出3.07万元，比上年增长45.50%。社会保障和就业财政资金支出3.56亿元，城乡居民基本养老保险参保率达98.44%，城镇登记失业率2.51%，全市享受城镇居民最低生活保障的人数达2.56万人次，全年共发放保障金1294.30万元；享受农村居民最低生活保障的人数达1.37万人次，全年共发放保障金511.71万元；参加城乡居民医疗保险人数达18.12万人。全市办社会福利院5个，床位1200张。

建成区空气质量优良天数达229天，空气质量优良率达99.70%，市域水质达标率增至95%以上。城市生活污水处理率达96.92%。城镇生活垃圾无害化处理率达100%，城市绿化覆盖率达41.77%，人均绿地面积达14.05平方米。

（李　波）

2019年1月15日，云南省首家乡愁图书馆在青龙街道开馆（青龙街道　供稿）

晋宁区

【地理位置】 晋宁区位于昆明市西南部，东邻玉溪市澄江县，南连玉溪市江川区、红塔区，西与玉溪市峨山县、易门县、昆明市安宁市交界，北与昆明市西山区、呈贡区接壤。区政府驻地昆阳距省会城市昆明50千米。区境东西横距66千米，南北纵距33千米，全区总面积1336.66平方千米。其中山区、半山区占70.70%，坝子、谷地、湖泊占29.30%。最高海拔2648米，最低海拔1340米。森林覆盖率48.08%。

【区划　人口】 截至2019年末，晋宁区辖昆阳、宝峰2个街道，二街、上蒜、六街、晋城4个镇，双河、夕阳2个彝族乡。全区常住人口31.47万人，其中城镇人口15.80万人，乡村人口15.67万人。户籍总人口28.79万人，其中城镇人口11.91万人，乡村人口16.88万人。少数民族人口3.50万人，占总人口的12.20%。世居少数民族主

要有彝族、回族、哈尼族等。常住人口自然增长率为6.28‰。年末户籍人口城镇化率41.40%。

【经济综述】 2019年，全区实现地区生产总值186.37亿元，同比增长10%。第一产业完成29.30亿元，增长6.40%；第二产业完成41.45亿元，增速与去年持平；第三产业完成115.61亿元，增长16.30%；三次产业结构比优化为15.70：22.3：62。完成规模以上固定资产投资同比下降6.90%。完成地方财政总收入24.35亿元，同比增长23.20%。其中完成一般公共预算收入15.35亿元，同比增长22.80%；一般公共预算支出29.36亿元，同比增长23.90%。年末全区金融机构各项存款余额203.14亿元，同比增长17.70%；各项贷款余额106.36亿元，同比增长9.20%。全区实现社会消费品零售总额76.79亿元，同比增长13%。全年批发零售业实现增加值15.93亿元，同比增长15.40%；住宿餐饮业实现增加值2.73亿元，同比增长7.30%。城镇常住居民人均可支配收入4.29万元，同比增长7.80%；农村常住居民人均可支配收入1.73万元，同比增长9.60%。

【机构改革】 按时完成《昆明市晋宁区深化区级机构改革实施方案》报审印发，调整配备各单位主要领导和班子，对更名和新成立的单位进行集中授牌和授印，印发36个党政部门“三定”规定，完成人员转隶工作。调整优化党政机构设置和职能配置。成立10个党委议事协调机构，健全党对重大工作的领导体制机制；完成32个机构的设置；设置机要和保密局、老干部局2个党委工作机关，工业和科学技术信息化局、商务和投资促进局、信访局3个政府工作部门。统筹推进各领域改革。完善、优化区人大和政协机关专门委员会的设置；在全区8个乡（镇、街道）设置派出监察室，实现监察监督全覆盖；完成生产经营事业单位改革，对职能消失的晋宁区林业和草原局所属生产经营事业单位第一苗圃、第二苗圃予以撤销，注销其事业单位法人登记；规范党委政府直属事业单位的设置，较改革前减少4个；组建农业综合行政执法大队、文化市场综合行政执法大队、交通运输综合行政执法大队和市场监管综合行政执法大队4支执法队伍；对8个乡（镇、街道）的机构进行规范设置。完成全区37个机构改革任务，机构数较改革前减少8个，科级领导职数减少46名。

【工业】 全区工业总产值同比下降2.50%；完成工业增加值36.82亿元，同比增长1.30%，其中规模以上工业企业增加值同比增长0.30%。主要工业产品产量磷矿石1012.26万吨，同比增长3.70%；磷肥20.95万吨，同比下降15.70%；硫酸94.97万吨，同比增长3.70%；焊接钢管25.32万吨，同比增长1%；磷酸一铵20.41万吨，同比下降19.70%；光学仪器69.11万台，同比下降49.20%。云南奥楚新材料、云南筑城混凝土等项目竣工投产，城投中民筑友绿色建筑科技园等亿元以上项目继续推进。园区精细磷化工基地获批“云南省新型工业化产业示范基地”。国内首家磷化工全产业链电商平台——中国磷交所正式上线运行，实现磷化工产业链服务全覆盖。

【园区建设】 2019年，园区规模以上工业增加值完成增速1.90%，累计为37.23亿元；园区主营业务收入完成219.49亿元，其中规模以上工业企业153.42亿元、规模以下工业企业19.65亿元、三产企业46.42亿元；新增入园规模以上工业企业12户，超目标任务4户；外贸进出口总额完成9.55亿元；园区规模以上工业企业在库98家，规模以上工业企业产值完成143.08亿元；限额以上批发业企业销售额完成27.52亿元；规模以上固定资产投资完成23.45亿元，其中工业投资完成14.43亿元，非工业投资完成投资3.57亿元，基础设施投资完成5.45亿元；争取国家和省级资金600万元；拥有高新技术企业25户；完成亿元以上开工工业和信息化项目2个，完成亿元以上竣工工业和信息化项目2个。

完成地方财政总收入4.09亿元，比上年同期增长46.70%。地方一般预算收入完成2.31亿元，占目标任务1.66亿元的139.30%。帮助4家企业申请“财园助企贷”1350万元，定向融资募集到位资金3775万元。全年召开项目评审会10次，评审项目104个。签订协议76个，计划总投资39.05亿元。成功处置12家“僵尸企业”，盘活闲置厂房7.25万平方米。

【招商引资】 深化“放管服”改革，持续优化营商环境。落实减税降费政策，减免税收3.10亿元。推动缓解中小微企业融资难、融资贵问题，发放贷款39.16亿元。充实招商引资工作委员会，成立4个重点产业招商分局。健全项目服务“五个一”工作机制，确保项目“引得进来，落得下去”。区领导带队外出招商考察15次，绿地（香港）、新加坡仁恒置业、融创中国等50余家国内外知名企业到晋宁区考察。举办2019年“投资晋宁”招商推介（签约）会，晋城北片区产业新城、滇池国际生命健康城等14个项目签约，协议总投资2400亿元。全年引进项目14个，到位内资68.60亿元，外资2192万美元。3月8日，晋宁区举行2019年第一季度重大项目集中开工仪式，共开工项目7个，其中月山北片区棚户区改造项目属民生工程，总投资15.03亿元；其余6个产业类项目计划总投资3.27亿元。8月6日，联合国原副秘书长、里约+20联合国可持续发展首脑峰会秘书长、2030年可持续发展议程发起人沙祖康大使一行到晋宁，考察七彩云南·古滇名城项目。

【财税 金融】 全年实现地方税收收入12.40亿元，同比增长29.20%，税收收入占一般公共预算收入的80.50%，同比上升4个百分点。全面防控系统性金融风险，化解政府隐性债务11.99亿元，占市下达目标10.36亿的115.75%；清偿民营企业中小企业欠款3.30亿元，清偿进度达65.70%。清偿历史遗留土地开发欠款17.80亿元，申报2019年土地储备专项债券资金8.20亿元。晋宁区“1+1+X”国企改革模式取得突破，24家区属国有企业整合为1家平台公司。国有资本运营模式和机制不断创新，公司资产总额达131.05亿元，营业收入6.20亿元，实现利润1.40亿元，融资达18.99亿元。

【农林水】 全区农林牧渔业总产值完成46.97亿元，同比增长20.20%。其中农业产值41.13亿元，增长21.60%；林业产值0.21亿元，增长9.80%；牧业产值4.82亿元，增长11.10%；渔业产值0.43亿元，增长11.30%；农林牧渔服务业产值0.37亿元，增长10.10%。实现农林牧渔业增加值29.50亿元，同比增长6.40%。完成粮食播种面积7.71万亩，粮食产量2.17万吨；蔬菜种植26.75万亩，产新鲜蔬菜51.56万吨；花卉种植5.30万亩，产鲜切花39.46亿枝；种植烤烟1.67万亩，收购烟叶4.10万担。肉类产量1.26万吨，禽蛋产量1.07万吨，鲜奶产量2.45万吨。

年内在宝峰街道办中和铺村委会建设高标准农田3200亩，六街镇干海村委会建设高标准农田2100亩，双河核桃园村委会建设高标准农田1100亩。云南古滇精垦农庄建设完成投资1.50亿元。申报“三品一标”农产品8个。成功入选全省“一县一业”花卉产业示范县。投资1517万元，完成五小水利工程216件，农村自来水普及率达98.04%。投资574万元，完成移民项目9件，惠及1854人，移民搬迁安置工作综合考评全市第一。11月13日，国家农业农村部与国际粮农组织（FAO）率亚洲区域草地贪夜蛾监测防控国际研讨会的专家组成员，以及云南省、昆明市农业部门相关领导到晋宁，观摩晋宁区上蒜镇草地贪夜蛾防控现场和晋宁区上蒜镇草地贪夜蛾防控农民田间学校。

2019年实施完成营造林项目1.29万亩，完成义务植树82万株。完成2019年市级廊道面山绿化造林任务800亩，市级低效林改造（桉树替换）500亩，国家退耕还林（包括上年新一轮退耕还林70%的任务）1300亩，市级封山育林4700亩，区级样板林任务600亩，特色经济林果提质增效5000亩。全年发生一般森林火灾4起，荒火1起，违规用火2起，过火面积550.54亩，受灾面积42.50亩。森林火灾受害率控制在0.80‰以下。森林面积6.40万公顷，森林覆盖率48.08%。5月4日10时，晋宁区晋城镇小寨村发生森林火情，明火于13时扑灭，过火面积约1公顷，1人死亡。5月17日13时，晋宁区双河彝族乡干河村委会新房子村小组大龙潭菁发生森林火情，明火于5月19日11时30分扑灭，过火面积14.67公顷，无人员伤亡。

【城乡基础设施建设】 编制完成《晋宁区环滇池空间概念性规划》《晋宁大湾片区控制性详细规划》等规划。完善城市功能，推进市容环境提升整治工程，完成郑和文化广场、东凤路、永乐大街提升改造。昆明东南绕城高速晋宁段、昆玉高速河西场、富昆路等5条道路通车，玉楚高速晋宁段开工，富有立交改扩建、磷都路西段等6个项目推进。完善路网交通，投入2200万元，完成环湖南路（牛恋至小河尾段）提升改造工程。昆阳西片区及月山北片区棚户区项目改造完成签订协议1079户，1547套安置房建设有序推进。启动实施昆阳西北片区、晋城北门片区、晋城镇政府片区3个城市更新改造项目。投资3500万元，启动实施昆阳南门农贸市场提升改造工程。完成高铁环境安全暨高速公路路域环境综合整治工作。10月30日，晋宁河西场收费站开通运营。

开展安居家园、最美环湖路、晋城老昆洛路沿线等综合环境整治专项行动，整治临违建筑325万平方米。启动生活垃圾分类工作，制订《昆明市晋宁区2019年城乡生活垃圾分类工作方案》。新建城市公厕2座，智能化改造3座。完成兴阳小区改造工程，解决老旧小区管理难题。完成寺林街线、大沟箐线等15条15.70千米农村公路建设，全区建制村及100户以上自然村100%通硬化路。修建机耕道路9条8.50千米。实施燃气下乡工程，5个乡（镇、街道）25个村庄开通天然气。建制村农村生活垃圾有效治理率达100%。新建集镇公厕17个，农村无害化公厕57个，实现行政村全覆盖；新建无害化户厕7745个。完成乡村振兴战略规划及8个专项规划编制。整合2000余万元，推进二街镇鲁黑村“云南省农村综合改革乡村振兴试点试验示范项目”建设，打造“云南夯土建筑第一村”“滇中美丽乡村”旅游品牌。打造上蒜五福村农村微改造示范村。昆阳旧寨村入围全国乡村治理示范村名单，晋城福安村成功申报昆明市都市驱动型乡村振兴创新实验区。

【教育】 全区共有各类学校（幼儿园）110所。其中幼儿园66所（公办9所、民办57所），小学27所（含校点8所），初中10所（公办9所、民办1所），九年一贯制学校2所（公办1所、民办1所），普通高中2所、职业高中2所（公办1所、民办1所），教师进修学校1所。优质学校（园）14所。全区在校在园学生4.79万人，教职工3794人（含民办1243人）。年内通过省、市教育督导评估，获云南省教育工作先进县称号。晋宁二中搬迁新建项目开工。成功引进昆明市第一中学、上海健康医学院优质资源联合办学。全区小学毛入学率101.52%，巩固率99.28%；初中毛入学率106.52%，巩固率98.88%。

【文化　体育】 全年举办春节文艺演出、中央民族歌舞团走进晋宁文艺演出等文化惠民演出活动178场。启动区文体中心建设。做好非物质文化遗产资料库及晋宁石寨山古墓群保护性基础设施建设，河泊所遗址被国务院公布为全国文物保护单位，国立艺专旧址申报为第八批省级文物保护单位。1月10日，云南省文物考古研究所所长刘旭、北京大学教授孙华一行到“石寨山大遗址”考古现场检查工作。

举办2019年“郑和杯”篮球赛、足球赛、中小学生篮球赛、田径运动会等系列活动。晋宁籍举重选手甘红艳在2019年世界青年举重锦标赛中夺世界冠军，自行车运动员普译娴在第七届世界军人运动会等国内外顶尖赛事获优异成绩。在昆明市第六届运动会上，晋宁区代表队获金牌17块、银牌11块、铜牌9块，获4个集体奖，为历届市运会获奖牌和奖项最多的一次。

【卫生】 2019年，全区共有各级各类医疗卫生机构237个。其中公立医院2个，卫计执法监督局、疾病预防控制中心、妇幼保健计划生育服务中心、120急救中心各1个，乡镇卫生院9个，社区卫生服务中心2个，村卫生室129个，规模以上民营医院10个，个体医疗诊所62个，门诊部5个，其他医疗机构14个。区域病床总数1928张。全区医疗卫生健康服务机构从业人员2383人，其中卫生技术人员2182人、管理人员28人、其他人员173人。实施国家基本药物制度，全区三级医疗机构基本药物100%实行零差率销售。乡（镇、街道）卫生院、社区卫生服务中心中医药服务100%全覆盖。成功申报全国紧密型县域医疗共同体试点县，区第二人民医院与新街中心卫生院医共体试点取得成效。区级医院开展提质达标创建工作，完成胸痛中心、卒中中心、重症医学科等学科建设，成立省市专家名医工作室3个。医疗急救体系建设不断完善，成立晋宁区“120”院前急救中心。成功创建为“全国健康促进示范区”。2019年全区获国家、省、市科技项目35项，获得国家、省、市资助资金2150.50万元。跻身“2019年度全国科技创新百强区”第95位，连续两年入榜全国科技创新百强区。

【商贸　旅游】 2019年，晋宁区实现社会消费品零售总额76.79亿元，同比增长13%；批发零售业实现增加值15.93亿元，增长15.40%；住宿餐饮业实现增加值2.73亿元，增长7.30%。继“国家生态旅游示范区”之后，古滇名城景区又被命名为“全国民族团结进步示范区”，并被票选为“2019年云南省我最喜爱的云南旅游景区”。举办2019昆明郑和文化旅游节、第二届古滇火把节、2019五百里音乐节，协办中印瑜伽大会等活动，举办晋宁区2019年“农民丰收节”、沙堤“鱼米节”、旧寨“渔人节”等民俗文化活动。

全年旅游人数883万人次，同比增长22%；实现旅游收入2.60亿元，同比增长29.40%。腾俊陆港公铁物流中心建成运营，年货运吞吐量4.50万吨。东南亚国际陆港商贸采购供应中心等项目建设加快推进，完成商贸投资额5.37亿元。实现外贸进出口额1.26亿美元。以皇冠假日酒店为标杆的住宿业及特色餐饮品牌不断壮大，全年住宿业营业额完成1.83亿元，餐饮业营业额完成25.95亿元，分别增长15.10%、17.70%。1月14日，中宣部组织的中央媒体团到晋宁古滇开展“旅游转型升级”主题采访。3月4日，津巴布韦非洲民族联盟—爱国阵线高级干部考察团到七彩云南·古滇名城考察生态保护、旅游开发项目。10月16日，河泊所遗址被列为第八批全国重点文物保护单位，这是继石寨山古墓群、马哈只墓碑之后，晋宁区第三个全国重点文物保护单位。

【社会保障】 提供有效就业岗位5435个，实现新增城镇就业2409人，农村劳动力转移就业6450人，农村劳动力转移就业新增收入8461万元，城镇登记失业率为2.98%。“担保贷款”“贷免扶补”放款金额分别为2238万元、1800万元。农民工工资保障金工作被市级确定为建设领域农民工工资担保试点区。推进国家居家和社区养老服务试点改革，在全省开创“以地养老”模式。3月19日，云南省副省长和良辉到晋宁区，调研七彩云南古滇名城养老小镇健康活力养老模式。推进城乡养老服务基础设施建设，投入796万元，完成晋城天城门、福安村居家养老服务中心建设和区中心敬老院提升改造工程。完成殡葬火化区域划定，修缮农村公益性公墓2个。城乡居民基本医疗保险和城镇职工基本医疗保险参保率达97.40%。发放低保金1051.04万元，惠及2173人。退役军人再就业160人，发放优抚对象抚恤金、生活补助3085万元。投入2047万元，完成农村危房改造1825户。实施脱贫攻坚巩固提升项目50个。启动夕阳乡高粱地村、二街镇锁溪渡村委会关索庙村小组地质灾害综合整治工作。1月17日，晋城镇晋江农贸市场投入使用。晋江农贸市场总投资2000余万元，总建筑面积1.20万平方米，有摊位、商铺428个，车位168个。10月14～18日，中央办公厅督查室调研组到晋宁区开展为期5天的整治形式主义突出问题为基层减负蹲点调研工作。

【社会治安综合治理】 全面管控安全风险，完成新中国成立70周年大庆安保维稳工作。破获涉黑案件1起、涉恶案件2起。破获刑事案件1763件，连续5年保持命案全破。集中开展“两周三查”专项行动52次。查处各类交通违法行为12.11万起。投入564.12万元，推进农村道路交通安全“两站两员”建设。调处矛盾纠纷1469件，调处成功率99.50%。推进信访基础业务规范化工作，实现信访事项办理“4个100%”。推进区级领导接访下访工作及“四大重点”信访矛盾化解攻坚工作，化解重大矛盾和信访突出问题32件。成立昆明市晋宁区自然灾害应急管理委员会，细化、明确应急救援管理职责。全年开展安全检查8219家次，督促整改隐患1.29万条，生产安全事故下降50%、死亡人数下降50%、受伤人数下降75%，安全生产考核为全市第一，连续3年被市级评为优秀。4月10～11日，晋宁区人民法院一审公开开庭审理朱光敏等23人涉黑案。

【民生10件实事】 完成昆阳城区3个公园绿地建设；完成六街镇干海村、双河乡核桃园村高标准农田建设；完成双龙水库、洛武河水库、野马冲水库流域农村环境综合整治项目；夕阳乡烟叶收购站建设有序推进；完成昆阳小街及晋城镇西门、北门村智慧化消防系统建设；完成宝峰街道小河口村引洪河治理项目；完成上蒜镇石将军村机耕路硬化项目；完成晋宁一中老校区改造并引进优质学校办学；完成晋城老城区道路提升改造工程；启动双河铁厂箐水库建设。

【生态建设】 污染防治。继续加强生态环境执法力度，查处环境违法案件86起、涉水案件440起、涉林案件115起、非法采矿案件8起。区环境监察大队作为云南省唯一的县级单位受到生态环境部通报表扬。完成滇池流域9家奶牛养殖场，56家畜禽规模养殖场关闭搬迁。投入3221.50万元，将全区滇池流域28家砖厂整合为6家，拆除22家。严守耕地红线，拆除"大棚房"80宗244亩，查处国土资源违法案件197起。完成海绵城市建设3.56平方千米，有效改善和修复滇池周边水生态环境。完成节水型社会达标建设任务，入选全国第二批节水型社会建设达标县。推进大气污染防治，环境全年空气优良率100%。2月14日，昆明市人大常委会副主任、市总工会主席戚永宏，副市长吴涛等领导到晋宁区，专题调研晋宁东大河、中河等河道污染防治工作。2月24～26日，中法国际生态示范城备选城市考察组到晋宁区考察。

滇池保护治理。在全市率先设置正科级事业单位区级河长办，建立主要河（库）网格化精准管理责任体系。与昆明滇池水务公司合作推进晋宁区水环境综合治理及再生水生态补水项目，估算总投资19.42亿元。累计投资1.06亿元，实施中河、白鱼河、古城河、茨巷河前置库及布水系统建设工程等35个治理项目。投资4260余万元，实施柴河、大河水库等10个水源地一级保护区整治工程项目。推进农业面源污染治理，推广滇池流域测土配方施肥面积6万亩、核心示范样板2000亩。推广绿色防控减药示范村2个，示范面积2500亩，辐射面积2.50万亩。完成省女一监老生活区、办公区拆除任务。累计投入资金3500余万元，完成关停矿山及重要敏感区域裸露图斑生态修复治理面积2843亩。全年森林防火资金2120万元。云南晋宁南滇池国家湿地公园通过国家验收，成为昆明首个国家级湿地公园。6月1日，云南省委常委、市委书记程连元到晋宁区调研农村面源污染治理和滇池治理工作。6月10日，中共中央政策研究室原副主任郑新立一行13人，到晋宁区调研滇池保护治理工作。

【精神文明建设】 推荐参加中央、省、市各级道德模范评选活动，4人获第六届昆明市道德模范、1人获第六届昆明市道德模范提名奖、6人获"昆明好人"称号。开展"我的中国梦""扣好人生第一粒扣子""网上祭英烈""美德少年""学生艺术节""爱读书、读好书"等主题活动300余场次，参加人员超3万人次。成立昆明市晋宁区志愿服务发展促进会，网上注册的志愿者达4.52万人，持续深化文明交通、文明旅游、文明餐桌、文明劝导、环境卫生整治、滇池治理等各类主题志愿服务，全年组织开展各类志愿服务活动累计2300余次，志愿服务时长128万余小时，人均时长28小时。实施中国传统节日振兴工程，印发《关于开展2019年"我们的节日"主题活动的通知》，组织全区各级各部门广泛开展春节、元宵节、清明节、端午节、七夕节、中秋节、重阳节等"我们的节日"系列主题活动7个。组织开展庆祝新中国成立70周年"我和我的祖国——红土地之歌"系列演讲比赛、"我和我的祖国"主题征文活动、"郑和杯"微视频大赛、"升国旗　唱国歌"、文艺汇演等系列活动及群众性主题宣传教育活动。以创建全国文明城市为抓手，组织开展市级文明单位（村镇、学校）申报创建复审工作，6家单位创建为市级文明单位，30家单位通过复审，6个村创建为市级文明村，4个村通过市级文明村复审，5所学校创建为市级文明校园，2户家庭创建为市级文明家庭。

（王　俪）

富民县

【地理位置】 富民县位于昆明西北部，地跨东经102°21′～102°47′、北纬25°08′～23°36′。东与昆明市盘龙、寻甸相邻，南靠昆明市五华、西山区，西连楚雄州禄丰、武定两县，北和昆明市禄劝山水相连。南北长50.60千米，东西宽44.20千米。地势南高北低，东坡缓，西坡陡。最高海拔金铜盆2817米，最低海拔为东村乡沙坪村普渡河与木板河交汇处1455米，相对高差1362米。县城永定街道办事处距昆明23千米，海拔1683米，螳螂川水穿城而过，将县城一分为二。县境中部的望海山脉把县域分为东部龙泉河和西部螳螂川流域，自古为四川入滇中重镇昆明之要津，素有"滇北锁钥"之称。

【区划　人口】 2019年末，全县总面积993平方千米，辖永定、大营2个街道和罗免、赤鹫、款庄、东村、

散旦5个镇，全县有75个村（居）委会494个自然村671个村民小组93个居民小组。

户籍总户数5.32万户，比上年减88户；户籍总人口15.37万人，比上年增581人。其中男性7.61万人，占总人口的49.54%；女性7.76万人，占总人口的50.46%。城镇居民5.37万人，占总人口的34.92%；农村居民10万人，占总人口的65.08%；少数民族2.58万人，占总人口的16.80%。其中彝族1.39万人、苗族8459人、回族627人、白族1196人、其他少数民族1660人。全年出生人口1823人，出生率11.83‰，人口自然增长率5.33‰。人口密度155人/平方千米。

【自然概况】 富民县已探明的具有工业开发价值的矿产资源有硝盐矿、钛砂矿、铝土矿、硅矿、铁矿、磷矿，方解石、彩玉石、大理石、石灰石等20余种。其中硝盐矿储量达32亿吨以上，氯化钠含量54%，居全省各硝盐矿之首；钛矿，为特大型钛金沙矿床，储量居全国前列，达1000万吨以上；铝土矿储量2500万吨，硅石矿储量约为504万吨，可开采储量为458万吨；大理石储量200万立方米，彩玉石储量170万立方米。

境内植物资源分布广泛，主要有云南松、华山松、金丝桃、滇杨梅、木兰、大红袍、小蹄子、石楠叶、杜鹃、山茶、老鸦泡、羊耳朵等乔木、灌木植物和人工经济林木，全县森林覆盖率55.06%。境内12条河流均属金沙江水系。主要河流螳螂川（普渡河）源于滇池，县境内长64.30千米，河床平均宽约65米，平均流量27.50立方米/秒。地下水蕴藏丰富，地下径流3320万立方米，露出泉水50余处，总流量0.71立方米/秒。全县共有水资源总量为13.09亿立方米，其中客水入境水资源量10.74亿立方米，地表自产水资源量1.50亿立方米，地下水资源总量为0.85亿立方米。境内多年平均降雨量为856毫米。

【资源特产】 富民是典型的农业县，土特产品众多，尤以茭瓜、鸡枞、淮山药、大树杨梅、苹果、冬桃颇具盛名。富民淮山药主要种植在勤劳乡、永定镇等的山区、半山区土壤肥力较高的山地。富民杨梅始种于20世纪90年代初，以罗免乡、永定镇和赤鹫乡栽培面积最大，品种主要有孛荠、东魁。冬桃主要分布在永定镇、罗免乡、赤鹫乡和款庄乡。富民百花山苹果栽培始于20世纪90年代初，分布在罗免乡百花山，果实成熟时质脆、味甜、汁多，品质优异。

【经济综述】 2019年，全县实现地区生产总值100.01亿元，同比增长6.10%；人均生产总值6.31万元，同比增长5.30%；财政总收入完成10.65亿元，同比增9%；一般公共预算收入5.80亿元，增长6.10%；全县一般公共财政预算支出14.43亿元，同比增1.93万元，增长15.40%；社会消费品零售总额39.50亿元，同比增长11.10%，规模以上固定资产投资同比增长29%；实现农林牧渔业总产值21.83亿元，同比增长6%；农村常住居民人均可支配收入1.61万元，同比增长9.70%；城镇居民人均可支配收入4.24万元，同比增长7.60%；累计到位内资45.13亿元，到位外资200万美元；完成第四次全国经济普查，完成民营经济增加值66.95亿元，同比增长6.50%，占GDP比重的66.90%；三次产业结构为13.80:41.20:45。

【工业】 年内出台促进经济平稳健康发展措施32条，新培育规模以上工业企业3户，年末全县工业总产值80.41亿元，同比下降1.40%。12月末，全县共有规模以上工业企业53户，实现规模以上工业总产值74.76亿元，同比下降2.70%；实现规模以上工业增加值同比增长4%；实现主营业务收入66.43亿元，同比下降5.50%；实现利税总额7.95亿元，同比增长30.4%。规模以下工业增加值同比增长15.10%，居全市第一，工业增加值占全县地区总产值的24.80%。新认定国家高新技术企业8户，申请发明专利27件，获授权3件。鹏翼达被认定为省级企业技术中心和省级服务型制造示范企业，东昊钛业、迦南飞奇、力神科技3户企业通过市级技术中心认定，新泽兴、鼎承科技被认定为云南省民营“小巨人”企业，周记众佳、英茂标牌等3户企业被认定为省级成长型中小企业。

【农业】 全年实现农林牧渔业总产值21.83亿元，同比增6%；实现农林牧渔业增加值14.42亿元，同比增长6%。粮食产量6.38万吨；肉类总产量1.32万吨，比上年增长3.40%；禽蛋产量0.21吨，下降19.30%。种植烤烟1.83万亩，收购量5万担，实现烟农收入8955万元，同比增加550万元；实现烟叶税1970.30万元，同比增加121.24万元。完成国家高原云果产业园主干道、水果主题滨水公园和综合性云果产业物联网系统等基础配套建设，招商展示中心对外开放，与省农科院合作的温室瓜果大棚示范基地建成运营。建成三江并流都市农庄项目种养殖基地。新认证无公害农产品5个，新增家庭农场2个，培育农民专业合作社30个，新增市级以上农业龙头企业3户，农业龙头企业总产值同比增长10.10%。种植园艺花卉4635亩、中药材4646亩。实施水稻、玉米科技增粮示范项目各1万亩，提质改造杨梅4000亩，推广谷花鱼养殖1000亩。2月23～27日，中央农办、农业农村部农村合作经济指导司一行到富民县调研，县委组织部、县委统战部、县政法委等9个部门领导参加调研。2月25日，富民县40年来首次在辖区发现3只群居性国家二级保护动物猕猴。7月15～17日，国家林业和草原局退耕还林检查验收组对富民县2015年度新一轮退耕还林工程建设实施情况进行检查验收。

【现代服务业】 实现第三产业增加值44.95亿元，同比增长7.60%，批发、零售业商品销售额同比分别增长3.20%和13.70%。第三产业活力增强，9个农旅、文旅融合项目进入市级重大项目。汉华昆明天马山休闲旅游度假区、云南滇北驿文旅小镇三期进展顺利，完成散旦户外（潜水）探险运动文旅小镇前期工作，与市土投、北控健康、复星康养、绿地香港签订大健康产业发展战略合作协议，嘉德瑞克等11户医药批发企业入驻康龙医药物流园。成功举办杨梅文化节、斯巴达勇士赛、农民丰收节暨首届云果高峰论坛、云旅四季论坛等活动。全县进出口总额7800万美元，同比下降52.10%。全年接待游客316万人次，实现旅游营业收入7.21亿元，同比分别增长13.20%和22.10%。

【财政　金融】 财政总收入完成10.65亿元，同比增长9%；一般公共预算收入完成5.80亿元，为年初预算数的101.10%，为调整预算数的100.60%，同比增加3357万元，增长6.10%。全县一般公共预算支出完成14.43亿元，为年度预算数的97.20%，同比增加1.93亿元，增长15.40%。年末全县金融机构存款余额83.91亿元，较年初增长15.10%；金融机构贷款余额51.90亿元，较年初增长1.71%。

【工业园区建设】 完成富民工业园区基础设施建设投资6.08亿元，实现主营业务收入142亿元，同比增长17.16%，跻身全省园区经济10强行列。启动大营五金建材产业园三期开发，港烽钛酸锂、迅美家居等6个科技型、环保节能型、高附加值型项目落户富民县，立邦涂料、弘源纸业2个项目竣工投产。规模以上工业企业达52户，销售额过亿元企业17户，纳税超千万元企业8户、超500万元企业12户。

【重点项目建设】 实施省、市重点项目12项，完成投资11.34亿元，76项县级重点项目完成投资35.94亿元。民族文化广场（五馆）项目主体完工，黎阳大厦竣工具备使用条件。国电四期、昆仑燃气富民北支线等4个亿元项目竣工投运。完成拖担水库扩建项目投资3660万元、东散公路改扩建项目投资1.50亿元。武倘寻高速公路、昆倘高速公路、滇中引水工程等重点工程征地拆迁工作顺利推进。

【优化营商环境】 落实减税降费政策，为企业减免税费1.50亿元。承接下放审批事项3项，取消行政审批事项3项。工程项目审批时间压缩至100个工作日，不动产登记实现5个工作日办结，开办企业审批时限缩短至3个工作日。全县27家行政审批单位全部进驻政务服务中心，全年受理各类政务服务事项约3万项，办结率100%。县、镇（街道）、村（社区）三级审批服务事项全面实现互联互通，政务服务平台共上线运行225个事项，接件1876件，办结率达100%。

【交通　邮电】 年末，全县公路通车里程1075.39千米；行政村客运班车通车率100%；城乡公交运营线路45条，营运客车124辆，其中公交车95辆，出租汽车29辆。全县固定电话装机4476部，比上年减少614部，下降12%；全县移动电话用户13.85万户，比上年增加1.51万户，增长12.20%；宽带用户3.65万户，比上年增加1.07万户，增长41.47%。

【生态环境建设】 规模以上工业综合能源消费量40.98万吨标准煤，比上年上升2.70%；万元增加值综合能源消费量与去年相比下降1.30%。在规模以上工业主要能源消费量中，原煤消费量39.19万吨，下降4%；用电量6.30亿千瓦·时，增长13.20%。规模以上工业取水量740.56万立方米，比上年下降1%，规模以上工业万元增加值用新水量37.22立方米，规模以上工业重复用水率为69.90%，与上年相比上升2.30个百分点。

【脱贫攻坚】 投入专项扶贫资金2377万元，实施扶贫产业项目40个。投入资金1419.60万元，完成农村危房改造1057户。投入资金504.38万元，解决7个镇（街道）1.51万人农村饮水安全问题，农村生活饮用水“四项指标”全面达标。建档立卡贫困户医疗自付费用控制在10%以内、子女“零辍学”。全面完成中央脱贫攻坚专项巡视和省市考核反馈问题整改，“两不愁、三保障”突出问题得到有效解决。2个省级贫困村脱贫成果持续巩固，剩余6户10人脱贫出列。

【教育　卫生】 2019年末，全县共有各级各类学校和教育机构70个，各级各类学校共有在校学生2.59万人。其中高中在校学生3824人，初级中学在校学生6546人，小学在校学生1.18万人，在园幼儿3719人。全县在职在编教职工共有1478人。民办学校教职工565人。县内普通高中录取1595人，录取率为89.21%。高考本科录取338人，录取率为46.37%。年末全县有各类医疗卫生机构126家，卫生健康系统编制总数为363个，实有在编人员371人。县人民医院顺利通过云南省县级公立医院提质达标验收，胸痛中心通过国家级认证。完成23个村级卫生室提质改造，普通人群家庭医生签约率达69.70%。新增全民健身路径6个、农民体育健身工程6个。

【民生保障】 民生支出占一般公共预算支出的74%。城乡居民社会养老保险和基本医疗保险覆盖率均达96%以上，城镇最低收入家庭住房保障覆盖面达100%。符合政府安置的退役士兵安置率达100%，发放创业贷款7847万元，提供有效就业岗位1168个，新增城镇就业1032人，实现农村劳动力转移就业5212人，城镇登记失业率控制在3.20%以内。发放城乡低保、残疾人两补、高龄补贴、特困供养、孤儿基本生活保障等各类补助金6003万元。1月18日，富民县老

年活动中心正式投入使用。

【社会生活】 2019年农村常住居民人均可支配收入1.61万元，比上年增长9.70%；城镇居民可支配收入4.24万元，同比增长7.60%。城镇居民人均消费支出2.37万元，下降7.80%。其中食品消费支出6299.04元，衣着类支出2039.45元，居住类支出4878.84元，生活用品及服务类支出1201.03元，医疗保健类支出1863.89元，交通和通讯类支出2248.98元，教育文化娱乐类支出4509.39元，其他用品和服务支出658.59元。农村居民人均消费支出1.39万元，增长6.39%。其中食品消费支出3777.77元，衣着类支出529.51元，居住类支出4531.51元，生活用品及服务类支出356.56元，医疗保健类支出907.20元，交通和通讯类支出2090.95元，文教娱乐用品及服务类支出1543.55元，其他商品和服务支出179.12元。年末，城镇居民户均居住面积79.01平方米，农村居民户均居住面积65.72平方米，住房面积及质量明显改善。全县农村居民人均拥有洗衣机0.28台，电冰箱0.28台，微波炉0.03台，热水器0.22台，助力车0.16辆，摩托车0.2辆，生活用汽车0.15辆，移动电话0.84部，彩色电视机0.31台，家用计算机0.04台。全县城镇居民人均拥有洗衣机0.35台，电冰箱0.35台，微波炉0.27台，热水器0.34台，助力车0.27辆，摩托车0.13辆，生活用汽车0.14辆，移动电话0.9部，彩电0.46台，家用计算机0.27台。

（李志宝）

宜良县

【地理位置】 宜良县属昆明东部新区，地处北纬24°30′36″～25°17′2″、东经102°58′22″～103°28′5″之间，四周与2区7县接界；东临曲靖市陆良县、昆明市石林县，南接红河哈尼族彝族自治州弥勒市、玉溪市华宁县，西与玉溪市澄江县、昆明市呈贡区和官渡区毗邻，北同昆明市嵩明县、曲靖市马龙县相连。东西最大横距51.50千米，南北最大纵距85.30千米，全县总面积1913.53平方千米（含汤池街道288.24平方千米），其中山地占88%、盆地占8%、谷地占3%、水域约1%，县城建成区面积达11.40平方千米。县人民政府驻地匡远街道，县城海拔1536米，年平均气温17.20℃，年降雨量965.70毫米，距昆明市主城区52千米（昆石高速公路线）。

【区划 人口】 2019年，全县辖匡远、南羊、汤池（已托管）3个街道，马街、北古城、狗街、竹山4个镇，耿家营彝族苗族乡、九乡彝族回族乡2个乡，街道、乡镇下辖88个社区（含汤池街道下辖22个社区）和50个村，906个自然村（含汤池街道103个自然村）。

全县年末户籍人口14.07万户，43.63万人（含汤池街道），其中男性21.60万人，女性22万人；全年出生人口4339人，死亡人数2944人，常住人口44.68万人，人口自然增长率为6.17‰，城镇化率45.54%。

【自然概况】 宜良地势北高南低，山地与盆地相间。境内山脉多为东北至西南走向，东北部磨盘山属马龙台地和牛头山西坡的南延。西北部是老爷山（乌纳山）为梁王山系。县南的竹山系由断块抬升隆起形成，呈南北走向。主要山岭有老爷山、大黑山、土主山、东山、云泉山、竹山等。老爷山主峰海拔2730米，为全县最高点。最低点为南部竹山镇老熊箐尾巴，海拔1270米。全县平均海拔在1500～1800米之间。盆地错落于群山之间，山间盆地较大的有宜良、马街、汤池、草甸4个坝子，宜良坝子较大，东西宽3～5千米，南北长约30千米，面积110平方千米。草甸坝子较小，面积仅12平方千米。山峰与平坝相对高差一般300～800米，最多1280米。全县土壤以红壤为主，占土壤总面积的85.10%。其次是水稻土和黄棕壤、紫色土、冲积土等，水稻土为县内粮食生产的主要土类，占土壤总面积的8.66%。

【资源特产】 县境内矿产资源主要有煤、铁、铅锌、磷、铜、钴、石膏、重晶石、石灰石、建筑砂（河砂、山砂）、陶土等。已探明矿产资源有煤矿、磷矿、铜矿、硫铁矿、铅锌矿、石灰岩、石英砂、石膏矿、页岩等。其中煤炭储量764.72万吨，以烟煤、褐煤为主，分布在北古城镇万寿山、匡远街道、南羊街道及马街镇；磷矿储量1.89亿吨，分布在竹山镇、九乡乡；铜矿储量1.19万金属吨；铅锌矿储量4231.28金属吨；石灰岩储量5.56亿吨，年采出量495.50万吨。有丰富的地热水资源，主要分布在小狗公路沿线、匡远街道、北古城镇北羊街社区及马街镇。

【经济综述】 全年实现地区生产总值（GDP）204.35亿元，同比增长3.80%。人均GDP达4.59万元。在生产总值（GDP）中，第一产业59.45亿元，增长6.60%；第二产业46.16亿元，负增长4.80%；第三产业98.73亿元，增长7.3%。三次产业结构比为29.10∶22.60∶48.30。非公有制经济增加值完成94.71亿元，占GDP的比重46.30%。

全年财政总收入（不含汤池片区）13.36亿元，比上年下降2.90%。地方公共财政预算收入8.59亿元，比上年增长0.90%。其中税收收入完成6.60亿元，比上年增长9.40%；一般公共预算支出完成22.66亿元，比上年增长5.80%。财政预算支出中八项支出合计19亿元，比上年增长16.10%。其中一般公共服务支出2.55亿元，比上年增长19.60%；公共安全支出1.24亿元，比上年增长15.50%；教育支出6.15亿元，比上年增长4.10%；科技支出0.34亿元，比上年增长

77.60%；社会保障与就业支出3.91亿元，比上年增长7.30%；医疗卫生与计划生育支出2.77亿元，比上年增长18%；节能环保支出0.64亿元，比上年增长133.50%；城乡社区支出13.90亿元，比上年增长75.70%。

全县完成固定资产投资（不含农户）80.27亿元，同比负增长9.30%。其中完成工业投资13.19亿元，同比增长64.30%。商品房销售面积25.52万平方米，比上年同期增长38.30%。三次产业投资占比3.20：16.40：80.40。全年实现社会消费品零售总额60.80亿元，比上年增长11.20%；实现商品销售（营业）额237.70亿元，比上年增长19.30%，其中批发业销售额实现136.30亿元，增长22.50%；零售业销售额实现66.76亿元，增长14.20%；住宿业营业额实现3.99亿元，增长15%；餐饮业营业额实现30.65亿元，增长17.60%。招商工作取得突破，实际到位内资59.05亿元，实际利用外资696万美元。

全县金融机构年末各项存款余额228.25亿元，同比增长10%；其中个人储蓄存款175.70亿元，增长9.80%。年末各项贷款余额118.50亿元，增长3.50%。宜良农行与宜良县供销社合作建立农业贷款担保增信机制，政府注入500万元，农行新发放增信担保贷款11户329万元。

【农业】 2019年乡村人口数38.20万人，比上年下降0.55%（男性19.06万人，下降0.74%；女性19.14万人，下降0.36%）。乡村劳动力资源数24.78万人，下降0.67%，（男性12.72万人，下降0.37%；女性12.07万人，下降0.98%）。农林牧渔业总产值97.58亿元，比上年增长6.40%（可比价），其中农业总产值50.17亿元，增长7%；林业产值4.80亿元，增长5%；畜牧业产值30.42亿元，增长5.10%；渔业产值5.59亿元，增长14.60%；农林牧渔业总产值97.58亿元，增长6.40%。

粮食播种面积3.20万公顷，比上年增长0.70%；粮食总产量15.12万吨，与上年持平；大春粮食产量13.69万吨，增长0.50%，其中稻谷产量2.86万吨，增长4.40%，苞谷产量8.76万吨，下降2.30%。小春粮食产量11.78万吨，增长0.50%，其中小麦产量1.28万吨，增长2.90%；蚕豆产量0.72万吨，下降5.80%。烤烟产量1.03万吨，比上年增长3.90%；蔬菜产量52.40万吨，增长1.40%；花卉面积800公顷，增长11%；水果产量1.22万吨，增长4.43%；年末生猪存栏31.37万头，下降17.30%，肉猪出栏45.82万头，下降7.70%；大牲畜存栏4.25万头，增长5.20%；大牲畜出栏1.46万头，增长17.30%；羊存栏10.77万只，增长5.50%，羊出栏6.98万只，增长2.40%；肉用鸭出栏1240万只，下降5.70%。肉类总产量6.76万吨，下降4%；禽蛋产量0.44万吨，增长40.60%。乳牛存栏0.78万头，下降29.30%；牛奶产量3.76万吨，增长12.30%；水产品产量0.25万吨，下降29.20%。

【农村工作】 编制实施乡村振兴战略“1+9+8+X”规划体系，九乡乡麦地冲被列为“昆明市都市驱动型乡村振兴实验村”，北古城镇陈家渡社区被评为“昆明市乡村振兴综合试点”，乡村振兴战略和“三农”发展综合考评全市排名第一，创建为全国“平安农机”示范县。高原特色都市现代农业发展稳中增效，承办云南省第五届夏秋蔬菜品种展示会，茂湾鱇浪鱼产品在北京展出昆明民族团结进步成果，30个产品获绿色食品和无公害农产品认证，农产品特色产业发展位列2018年度全省县域经济考核第二名；扎实抓好“2260”优质烟叶工程，完成烟叶收购19.60万担，烟农收入2.96亿元、烟叶税收6500万元，卷烟销售收入4.76亿元、实现税收9600万元，获云南省首届最具影响力烟区第三名；培育农业龙头企业39家，第一产业增加值完成59.45亿元，增长6.60%。

2019年3月18日，宜良县成功入选全国20个农村集体产权制度改革典型单位之一。收回私开乱挖土地面积5.27万亩，收回率94.60%，直接增加村集体经济收入220余万元。清理合同1.09万份，认定为不规范合同521份，已处理392份。全县累计排查产权方面存在突出问题和矛盾纠纷363个，已化解和处理314个，化解率86.50%。完成集体经济组织赋码登记村组250个。开展产权抵押贷款试点，实施“政府增信产业发展基金贷款工程”，为农业经营主体和集体经济组织提供免抵押担保贷款，第一期出资2000万元（启动资金500万元），可撬动2亿元贷款额度，实现政府增信贷款放贷11笔，金额329万元。2019年7月“县域普惠金融”项目正式在宜良落地。2019年，蚂蚁金服集团为全县4.30万人授信，授信金额超过34亿元。完成中央财政农机购置补贴资金320.18万元，受益户（含农业生产经营组织）571户，补贴农机具589台（套）。4月1日，农业农村部将中央确定的20个县（市、区）试点作为第一批全国农村集体产权制度改革经验交流典型单位，宜良县作为首批全国农村集体产权制度改革经验交流典型单位。

【生态建设】 全年完成生态建设项目合计5.09万亩，义务植树90万株，完成率100%。其中人工造林1.07万亩、森林抚育2万亩、低效林改造600亩、提质增效1.16万亩、封山育林0.80万亩。宜良安源农林科技有限公司靖安哨林下生态种养殖示范基地获2019年“昆明市林下经济示范基地”称号，云南省程春种植有限公司宜良樱花谷获2019年“昆明市森林庄园”称号。全年共完成林业有害生物监测面积354.60万亩，监测率100%，测报准确率94.60%；全县林业有害生物完成防治面积4.50万亩，防治率100%；林业有害生物成灾面积1063亩，成灾率0.92‰；完成种苗产地

检疫3.14万亩，种苗产地检疫率达100%。11月21日，2019年“一带一路”国家林业应对气候变化及可持续发展官员研修班，来自16个国家42名官员，考察学习宜良县生态系统建设、森林可持续经营与碳减排及林下经济发展工作。

开展村庄清洁、改圈行动。全县8个乡镇（街道）开展“四个十元”农村环境卫生长效保洁经费筹措工作，涉及112个村（社区）821个村小组筹资户8.79万户，筹资人数32.26万人，筹资322.56万元。全县开展环境卫生整治43次，发动群众6400余人次，清理农村生活垃圾3305吨，清理水塘242个，清理沟渠598.10千米，清理淤泥4453吨，清理畜禽养殖粪污等农业生产废弃物3917.74吨，发动群众投工投劳5997人次。全年投入资金464.42万元，改造畜禽养殖圈舍1.50万平方米，占全年任务数的100%。畜禽规模养殖场粪便资源化利用率达99.53%。

开展农作物资源化利用和农村“厕所革命”，全年秸秆还田14.10万亩，完成全年任务的100.70%；饲料化利用3.51万吨，完成率占全年任务数的100.30%。农作物秸秆资源化利用率达到85%以上。建制村公厕建设任务57座，完工103.50%；无害化卫生户厕任务数为2.22万座，完成改建6090座，完工率27.43%。

【脱贫攻坚】 在如期实现4个省级建档立卡贫困村全部出列、1468户建档立卡贫困户4622人全部脱贫的基础上，全面完成中央专项巡视，省、市扶贫开发成效考核等122个反馈问题整改，投入各类扶贫资金2.78亿元，着力解决“两不愁三保障”突出问题。控辍保学成效明显，建档立卡家庭适龄子女辍学人数动态清零；健康扶贫“三重保障”全覆盖，连续3年建档立卡贫困人口基本医疗保险、大病保险参保率100%；投入6800万元完成4类重点对象危房改造350户、非4类重点对象无力建房户危房改造3985户；投入667万元实施39个农村饮水安全巩固提升工程，解决2万余人饮水困难问题。制定实施脱贫攻坚巩固成果、提升质量等系列措施，投入2236万元专项资金实施基础设施、产业扶贫、人畜饮水、雨露计划、小额扶贫贴息贷款等48个项目；创新开展“党员连心户”帮扶583户1758人，建成“爱心超市”11个。8月16日，省政协副主席喻顶成率队调研宜良脱贫攻坚工作，副市长赵学农，县委书记李绍俊等领导陪同考察。

产业发展巩固脱贫攻坚成果：118户建档立卡贫困户种植朝天椒310亩，户均增收4500余元；142户建档立卡贫困户种植烤烟1302亩，户均增收1.80万元；200余户建档立卡贫困户种植万寿菊，户均增收3000余元；23户贫困户种植云参脱贫，13户贫困户种植樱桃脱贫11户贫困户种植雪莲果脱贫，77户贫困户种植草莓脱贫。188户建档立卡贫困户养殖生猪853头，户均增收2087元；98户建档立卡贫困户养牛198头，户均增收5000元；82户建档立卡贫困户养羊1310只，户均增收11981元；364户建档立卡贫困户养殖家禽1.03万羽，户均增收851元。产业扶贫项目16个，根据各乡镇（街道）产业发展条件，发展蜜蜂养殖，花椒、辣椒、万寿菊、柑橘、云参种植等产业，带动贫困户500多户。

务工增收巩固脱贫攻坚成果：全年建档立卡贫困户法定劳动年龄内劳动力2884人，培训590人，就业253人，其中省内县外就业73人，县内就业169人，省外就业11人，务工增收达488.84万元。

农村危房改造巩固脱贫攻坚成果：开展4类重点对象危房“清零”行动。2019年，全县新纳入4类重点对象危房改造350户全部竣工。开展非4类重点对象无力建房户危房改造工作。制订出台实施方案，并按照省、市、县工作要求进行两轮的精准核实，全县非4类重点对象无力建房户危房改造3985户已全面竣工。

社会保障兜底巩固脱贫：2019年，建档立卡贫困对象已纳入低保保障的有646户1038人，月发放保障金37.58万元，开展医疗救助42人次2.48万元，实施临时救助121人7.65万元。

易地搬迁巩固脱贫：全县享受易地搬迁政策的5户18人（已有1人死亡）以“插花”方式安置在3个乡镇（街道），现已全部搬迁入住。

生态补偿巩固脱贫：535户建档立卡贫困户享受每年生态公益林补偿金11.61万元；194户建档立卡贫困户涉及实施退耕还林、陡坡地生态治理等项目，补助资金105.48万元。

教育巩固脱贫：对建档立卡的784名贫困学生实行“两免一补”的义务教育政策。

健康救助巩固脱贫：2019年，在建档立卡贫困人口中筛查、核实核准大病117人，慢性病508人。全县门诊医疗救助1437人次，住院医疗救助840人次；精神障碍患者门诊就治343人次，急性期住院治疗44人次，除一站式救助外，享受严重精神障碍患者稳定期门诊服药每年3000元的救助政策。组建家庭医生签约团队总数220个，签约团队医生人数675人，签约建档立卡贫困人员4305人。开展健康扶贫巡回义诊活动16次，参加义诊活动医护人员211人次，共接诊就医群众2931人，免费发放处方药503人，健康宣教2614人，发放健康宣教资料6130份，减免369人疾病诊治费用5.30万元。

饮水安全工程巩固脱贫攻坚成果：开展农村人饮工程运行情况普查。截至2019年6月底，全县111个行政村813个自然村，共有农村集中供水工程636件，累计日供水规模3.58万立方米，服务人口32.17万人，财政投入资金1.04亿元。2019年度全县共争取农村饮水安全巩固提升工程市级补助资金400万，工程涉及4872户2万人，其中建档立卡贫困户119户381人，工程已竣工，完成投资436万元，占市级补助的109%。2020年，宜良县已向市级申报人饮工程项目51个，涉及建档立卡贫困人口317人，工程待市级批复后实施。

【工业】 2019年，全县新增规模以上工业企业6家，规模以上工业增加值完成27.30亿元。全县小升规工业企业5户，规模以上工业企业达到86户。工业在库投资项目1个，累计投资1亿元，新开工亿元以上工业项目2个，竣工项目2个。全年完成工业总产值10.95亿元，同比下降14.57%（现价），其中规模以上工业完成10.31亿元，同比下降15.77%；实现利税6.05亿元，同比下降31.23%，其中利润总额3.27亿元，下降37.78%。全县工业企业工业增加值同比下降4%（可比价），其中规模以上工业下降4.9%，规模以下工业增长10.9%。民营经济增加值完成94.70亿元，同比增长3.10%；从业人员达7.38万人，比上年增长9%。主要工业产品：饲料108.66万吨，比上年增长3.90%，其中配合饲料94.18万吨，增长7.2%；混合饲料14.36万吨，下降14.3%；饲料添加剂0.18万吨，下降75%；食品添加剂0.65万吨，下降59%；机制纸及纸板（外购原纸加工除外）14.94万吨，下降11.60%；包装用纸及纸板4.67万吨，增长5.60%；硫酸（折100%）5.42万吨，增长7%；农用氮、磷、钾化学肥料（折纯）4.20万吨，下降15.60%；磷肥（折五氧化二磷100%）3.90万吨，下降12.30%；合成氨（无水氨）11.22万吨，下降12.3%；氮肥（折含氮100%）0.31万吨，下降43.5%；塑料制品2.16万吨，下降3.20%；硅酸盐水泥熟料576万吨，增长8.10%；电力电缆1.11万千米，下降55.80%；耐火材料制品1.62万吨，下降43.80%；石墨及碳素制品1.18万吨，下降57.50%；钢材23.16万吨，增长165.40%；铸铁件0.56万吨，下降74%；铸钢件0.11万吨，下降45%；发电量17.20亿千瓦·时，下降17.30%。

【科教 文化】 全县拥有国家高新技术企业17家，成功申报云南省“星创天地”2家、市“星创天地”2家，县域科技成功转化中心投入试运行，参加云南省第五届创新创业大赛获一等奖1名、三等奖1名、优胜奖1名。

全县各类学校（不含汤池）194所，其中普通高中3所、普通初中13所、小学69所、中等职业学校3所、幼儿园105所、特殊教育学校1所。在校学生人数5.92万人，其中普通高中6229人、中等职业学校8004人、普通初中1.25万人、小学2.26万人、幼儿园在园人数9797人、特殊教育学校61人。专任教师数3805人，其中普通中学专任教师1446人（初中1036人，高中430人）、职业中学专任教师299人、小学专任教师1400人、幼儿园专任教师632人。学前3年儿童毛入园率99.09%，小学学龄儿童入学率99.77%，初中学龄人口毛入学率99.45%，初中巩固率100.05%。

全年开展文化活动430场次，其中文艺演出287次，惠及民众86.89万人次；组织送戏下乡演出55场，惠及民众45.20万人次；组织公益性展览38次，观众16万人次；举办业余文艺骨干、空中大课堂等培训52期，培训人员6400余人；全年农村电影按计划放映1332场，观众9万余人次。县图书馆接待读者4.03万人次，外借图书5.02万册次，同比分别增长20%。组织开展“文化惠千村春联进万家”三下乡、“音为梦想情动宜良”活动及2019年宜良县迎新跨年演唱会、春节文艺展演、宜良县“小荷尖尖”才艺展演、中秋文艺晚会、“九九重阳”敬老文艺展演、扫黑除恶专项斗争专场文艺演出暨巡回文艺宣讲、庆祝中华人民共和国成立70周年“歌声嘹亮颂祖国”合唱比赛、“万人同升国旗同唱国歌”等文艺活动；邀请青年艺术家高参赴宜良举行“三角梅音乐会”，组织邀请昆明聂耳交响乐团、昆明市民族歌舞剧院到宜良开展惠民演出。

承接环青海湖自行车联赛（昆明站）暨云南宜良“台湘杯”68道拐自行车爬坡挑战赛、昆明市2019年端午龙舟赛暨昆明宜良“乡鸭湖杯”南盘江龙舟公开赛。举办2019年宜良县迎新春“昆明农投杯”迷你马拉松、2019年全国青少年冬令营（云南站）武术套路项目冬令营、云南省青少年武术套路冠军赛、2019年宜良县新春“贺岁杯”足球邀请赛、宜良首届美丽乡村樱花马拉松比赛、宜良县首届九乡洞心瑜伽秀等体育活动。

【卫生】 全县卫生机构数262个，其中县级公立医院3个（县一院、县二院、县中医院），云南省宜良监狱医院、妇幼计生服务机构、疾控机构、卫生人才分中心卫生学校、皮肤病防治研究所各1个，乡镇（街道）卫生院9个，社区卫生服务站3所，村卫生室111个，民营医院6家，个体诊所133家。拥有总病床数2307张，全县平均每千人口拥有病床数6.10张。有卫生技术人员2225人。其中执业（含助理）医师837人，注册护士1360人，平均每千人口拥有卫生技术人员5.81人、医生2.21人、护师（士）3.60人。全年诊疗人次数达150.65万人次。1月2日，宜良县举行县中医医院落成搬迁仪式。

【交运 通信】 年内，货运周转量25.16亿吨/千米，客运周转量2870万人次/千米。行政村公路路面硬化全覆盖，开通城乡公交线路67条，投入公交车400余辆。全县境内纳入养护里程有县道287.30千米，乡道762.30千米，村道336.40千米，管养里程总计1386千米。未纳入养护计划村道540千米，专用道18千米。全县农村公路实际养护里程1944千米，农村公路列养率为140%。

邮政业务总量5022万元，比上年增长40.30%。通信业务总量5.52亿元，比上年增长14.50%。其中电信公司完成4895万元，比上年下降48.20%，移动公司完成3.92亿元，比上年增长27.30%，联通公司完成1.11亿元，比上年增长39.50%。

【城建　环保】　全年完成云南省“美丽县城”59项指标中的39项，达标率66%，通过国家卫生县城复审。城市更新改造步伐加快，土桥、匡山棚户区分别完成投资14.60亿元、9.20亿元，进入收尾阶段；清远棚户区（一期）完成货币化安置626户。全年建筑业（不含汤池）实现增加值15.51亿元，比上年下降6%，完成总产值40.36亿元，比上年44.97亿元下降10.20%。全年完成房屋建筑施工面积124.22万平方米，比上年下降15.70%。城市“四治三改一拆一增”有序推进，完成66宗“大棚房”问题整改，整治拆除违法违规建筑71万平方米，新增城市绿地4.62公顷、海绵城市0.38平方千米，人均公园绿地面积达11.49平方米。推进“数字城管”建设，完成城市道路综合整治8条，修复面积3000余平方米，新增停车泊位135个。推进城乡环卫一体化，完成10个垃圾中转站选址工作。规范垃圾分类设施投放点，设置四分类收集示范亭29组、设置四分类收集桶150组，设置分类垃圾收集桶2000余只。2019年盘活旅泰幸福名苑（锦泰华庭）、滇皇大酒店2个烂尾楼盘。工业废水排放达标率100%，工业废气处理率达100%，工业固体废物综合利用率达100%，完成人工造林面积7700亩。宜良县城空气质量优良率98%以上。打好蓝天、碧水、净土保卫战，完成2018年中央环保督察“回头看”反馈11个问题整改。扎实推进大气污染防治，关停采石场3家、淘汰砖厂12家。全面深化“河长制”，建立“三级河长四级治理”责任体系，清理整治贾龙河、石牛河等河道沿线临违建筑62处3.30万平方米；启动投资2.50亿元的南盘江、西河、西门河截污工程；推进水源地保护工作，集中式饮用水水源地、地表水水质达标率100%。完成市下达节能减排任务，成功创建为全国第二批节水型社会建设达标县。

【旅游】　全年接待游客人数152.30万人，旅游总收入7.77亿元，收入比上年增长25.20%。3月6日，昆明·宜良首届樱花文化旅游节在山后樱花谷开幕；同月23日，昆明·宜良第四届以“万亩宝洪·茶香宜良”为主题的宝洪茶文化旅游节在宜良宝洪山启幕。“一部手机游云南”宜良版块功能不断完善，推广周末游路线14条；宜良樱花谷、九乡乡麦地冲创意彩色水稻分别走进央视《新闻联播》《致富经》栏目，匡远街道靖安哨“千人舞火龙·九州庆华诞”活动被央视大型纪录片《航拍中国》取景拍摄，耿家营乡河湾村被评为“第一批全国乡村旅游重点村”；建成全国第三个钱穆著书纪念馆。成功创建为首批省级全域旅游示范区。

【社会生活】　全县城镇常住居民人均可支配收入4.34万元，比上年增长7.90%；农村常住居民人均可支配收入1.64万元，比上年增长9.60%。全县城镇职工基本养老保险参保3.11万人，城乡居民养老保险参保2.32万人。城镇新增就业2018人，“贷免扶补”和小额担保贷款扶持创业254户，企业职工劳动合同签订率96%；新增城镇就业人数2018人，农村劳动力转移就业1.54万人。城市居民最低生活保障家庭数2122户2417人，农村居民最低生活保障家庭数3864户5265人；特困供养人员有568人（集中供养362人，分散供养206人）。登记结婚2997对，登记离婚1344对。年末全县就业28.09万人，其中第一产业就业人员14.18万人，第二产业6.67万人，第三产业7.24万人；乡村从业人员23.35万人。年末城镇登记失业人口642人，城镇失业率2.89%。

（施璐婧）

嵩明县

【区划　人口】　2019年，全县辖3镇2街道共75个村（居）委会，596个村民小组，467个自然村。年末户籍总人口31.15万人，比上年增1508人。其中男性15.53万人，女性15.63万人；乡村人口19.58万人，城镇人口11.57万人；汉族28.54万人，少数民族人口2.61万人。少数民族人口中，回族1.69万人，彝族4851人，苗族1551人。全年出生人口3587人，死亡1787人，人口自然增长率5.8‰。

【经济综述】　全年完成生产总值146.68亿元（经济普查数据），同比增长6.30%。其中第一产业完成20.75亿元，第二产业完成42.55亿元，第三产业完成83.38亿元。三次产业结构比由14.40∶44.20∶41.40调整为14.10∶29∶56.90。2019年末，全县地方财政总收入完成20.46亿元，其中地方公共财政预算收入完成12.12亿元，同比增长0.80%；财政总支出23.01亿元。固定资产投资完成143.52亿元，增长10.10%。其中工业固定资产投资增长10.10%，房地产投资增长49.80%。社会消费品零售总额完成43.98亿元，增长14.60%。2019年度外贸进出口完成8687万美元，增长10.80%。城镇和农村常住居民人均可支配收入分别达4.30万元、1.60万元，分别增长7.80%、9.70%。

【机构改革】　3月20日，嵩明县举行机构改革集中授牌仪式。共设置党政机构37个，其中党委工作机关10个，政府工作部门27个。各镇（街道）同时规范机构设置。

【产业发展】　2019年，构建工业发展体系。中汽中心高原实验室一期建成运营；北汽新能源取得生产资质并具备量产能力；江铃新能源、东风云汽生产试运行；雄鑫汽车、浙商科技产业园一期等一批重点项目顺利推进。新增12户规模以上企业，全县规模以上工业总产值达124.82亿元，规模以上工业增加值增长10.20%。杨林经开区创建为“云南省新型工业化产业示范基地”“省级绿色园区”。

以文化、旅游、体育、康养为重点的现代服务业雏形初显。恒大文旅城、中骏云谷小镇等开工建设；嘉丽泽养生谷、百花箐山谷提质增效；成功举办嵩明县第一届“中骏杯”综合运动会、兰茂文化节、第四届花博会；承办中国量产车性能大赛、地中海中国（昆明）冠军足球赛、中国足协杯等知名赛事。全年接待游客243.62万人次，增长21.06%；实现旅游收入4.78亿元，增长27.62%。10月16日，2019中国量产车性能大赛嵩明嘉丽泽站比赛开幕。一汽红旗、一汽奥迪、长安福特等30多家车企参加比赛。

稳步推进农业供给侧结构性改革，致力农业园区提档升级。立深新园育苗基地、珍稀食用菌孵化园、兰花低碳生产技术示范基地等一批新建及改扩建项目顺利实施。农产品“三品一标”认证累计达26个。云南森汇食品有限公司创建为市级农业龙头企业。实现花卉产值9.20亿元，无公害蔬菜产值9.50亿元。规上农产品加工企业产值增长8%。

【城镇建设】 2019年，以“美丽宜居”为中心，规划和拓展城镇建设。编制完成军长片区核心区、科教文化产业园重点区域控详规；启动城北片区控详规及县城片区主题街区、灯光亮化、特色风貌、户外广告设置专项规划编制。加快“美丽县城”建设。完成兴旺街、香海路路面改造；提升水真路、河滨公园景观亮化；建成玉带路、迎春路、小龙潭3个小游园。旧城片区一期征迁拆除基本完成；城西二期、杨林集镇3456套安置房主体建成；城西一期、龙保片区4673套安置房竣工验收。黄小路、杨嵩大道、国道213（接界村至杨桥段）改扩建、小龙高速军马场互通连接线路基全面贯通；学海路二期、兰茂路北段建成通车。清理整治“大棚房”问题77个，整改违法用地992.21亩，拆除违法建设120.38万平方米。成立城市管理委员会，引入环卫一体化机械化作业。规范物业管理市场秩序，启动彩云片区老旧小区改造。建成标准化公厕17座，垃圾分类收集亭406座；县城公共区域分类垃圾桶覆盖率达100%。新建及改造4G基站501个、5G基站62个，建成1个中型充电站、609个充电桩。

【乡村振兴】 2019年，聚力脱贫攻坚，全面实施乡村振兴战略。投入资金2648.97万元，实施15个村（居）委会37个扶贫项目建设，脱贫退出8户19人，贫困人口年度清零。着力解决“两不愁三保障”突出问题，建档立卡贫困家庭适龄子女义务教育阶段零辍学，医保参保率100%，完成危房改造1481户，建档立卡户危房动态清零。深化农村综合改革。编制实施乡村振兴战略和14个自然村村庄规划；农村集体产权改革清产核资通过验收；农村土地承包经营权确权登记颁证率达96%。投入3451万元，完成农村公益事业基础设施建设项目34个。硬化通村公路路面27.30千米，自然村公路硬化率达90%。小新街供水工程、龙喜闸除险加固、腰站和官庄小水网建设完成；南冲、四营、金山水厂实现通水。新（改）建农村公厕58座、户厕7385个。农村生活垃圾处理设施全覆盖，无害化处理率100%。创建乡村振兴战略试点示范村1个。实施美丽乡村省级重点村建设项目3个。杨桥、杨林、小街、牛栏江通过省级卫生乡镇评估。改造建设动物检疫申报点5个，强化动物疫病防控。年内，创建为“国家农产品质量安全县”“全国农村创新创业典型县”。

【内培外引促发展】 年内，提升服务质量，增强发展活力，加大招商引资。实施营商环境提升十大行动，“互联网＋政务服务”平台建设加快推进，县级一网四中心、综合受理窗口、商事服务大厅、政务服务24小时不打烊自助服务专区建成使用，实现一窗受理、后台审批、前台出证、免费送达。严格落实综合税费优惠政策，减税降费2.38亿元。新增市场主体4651户，增长11%。举办4次集中开工，4次集中签约，66个项目开工建设，总投资547亿元。苏宁云南电商智慧产业园、滇中浙商经济总部等41个项目签订正式协议；新引进苏宁、北京中建2家世界500强企业；亿元以上项目23个；实际到位内资130.42亿元，实际利用外资2798.37万美元。推进省级科技成果转化示范县工作，新增国家高新技术企业6家、国家科技型中小企业11家、省级科

新建长松馨苑安置房　　（嵩明县史志办　供稿）

技型中小企业3家；统一生物科技有限公司专利项目获云南省知识产权专利奖。研究与试验发展经费占GDP比重达1.56%。

【污染防治 生态建设】 以绿色发展为导向，加强污染防治，大力推进牛栏江水环境保护综合整治。投入2.70亿元开展生态修复、面源削减、污水收集、河道管护，集中式饮用水源水质稳定达到Ⅱ类。启动主要河道沿岸15米生态廊道建设和50米替代种植，建设生态廊道8千米，建成龙街、积德生态湿地70亩，完成测土配方施肥推广面积7万亩。第一污水处理厂二期、第三污水处理厂及配套管网开工建设。职教基地院企中水回用系统启动实施，北片区与第一污水处理厂连接管网贯通。润土废弃果蔬处理二期建成投入使用。新建、改造四营水文站、匡郎河等5个水质自动监测站。划定生态保护红线面积34.20平方千米。完成廊道面山绿化造林1000亩，天然林管护35.20万亩，义务植树83.40万株。严格执行环境保护负面清单制。明鑫焦化公司按时完成落后产能淘汰，关闭2家铸造类企业。县城空气质量优良率达99.13%。

【教育 体育】 2019年，社会民生投入占一般公共预算支出达75.31%。新建校舍8个；完成12所县镇学校21个厕所改造。全县办学条件和学校环境进一步改善。引进名师2名。创建市级以上现代教育示范学校（幼儿园）3家。初中毕业生升入普通高中的比例达到70%以上。完成“全面改薄”校舍建设1.11万平方米，总投资2023.03万元。建设运动场1.45万平方米。启动2所幼儿园建设。建成嵩阳街道滨河馨苑幼儿园，并开园招生。全县幼儿三年毛入园率达104.09%。7月28日，2019MCC地中海中国（昆明）冠军足球赛在嘉丽泽国际体育训练基地举行。本届赛事为期8天，来自中国、西班牙、德国、英国、俄罗斯、美国、泰国等国家的

新建并投入使用的嵩明县人民医院内儿科大楼　　（嵩明县史志办　供稿）

26支男女足球队、700余名球员及教练员参加。

【社会事业】 建立现代医院管理制度。县第二人民医院与县妇幼保健中心建成医疗共同体；县医院体制达标顺利通过省级验收，内儿科大楼建成投用。完善县、镇、村公共文体服务体系，26个综合文化服务中心启动建设。社会保障提标扩面。发放创业担保贷款7439万元，新增城镇就业2224人，农村劳动力转移就业1.56万人。提高城乡低保、特困等人员供养保障标准，发放城乡低保等各类社会救助资金2892.50万元。东北街、大营居家养老服务中心建成投用。公租房入住8319套，分配率达93%，解决1.90万人住房困难问题。社会治理全面推进。扫黑除恶专项斗争取得阶段性成效，依法摧毁恶势力犯罪集团6个、团伙1个，查封、扣押、冻结涉案财产1236.97万元。全面完成“光荣牌”悬挂和退役军人信息采集，25人获“庆祝中华人民共和国成立70周年”纪念章。69个“民主法治示范村”通过复核，创建省级无传销村（社区）27个。7月29日，嵩明县《嵩明县地名志》发行，嵩明县第二次全国地名普查工作于2018年10月获国家验收，历时4年，最终确定地名目录3120条，标绘工作图139幅，制作地名标志登记表124份，收集整理地名文化题材信息资料200条，挖掘整理百年老地名20条。

【精神文明建设】 持续刊播、更新社会主义核心价值观24字及新一轮创建全国文明城市公益广告。在县城新建社会主义核心价值观小品雕塑3组。在7个传统节日开展春节系列文艺活动、清明祭英烈、端午爱国诗词诵读、“浪漫七夕 与爱相约”、中秋传承好家风好家训书画展、重阳敬老爱老慰问等主题活动，各镇、各单位结合实际情况开展主题活动140场次。结合“四下乡”集中示范活动，开展志愿服务进村、进社区活动；在“3·5学雷锋纪念日”“七一”“12·5国际志愿者日”“5·8世界红十字日”等节点，组织县级各志愿队伍、各单位开展“清洁我们的家园”、文明祭扫、慰问暖阳阳公寓老人等“三关爱”志愿服务活动120余场次，引导更多群众以实际行动践行社会主义核心价值观。7月2～4日，昆明市组织开展的“壮丽70年·奋斗新时代”大型主题采访活动走进嵩明，省、市8家媒体组成采访团深入嵩明县各镇（街道）、园区，围绕脱贫攻坚、乡村振兴、汽车产业等主题开展蹲点式调研

采访。8月19日，为庆祝中华人民共和国成立70周年，嵩明县举行以“壮丽70年，奋进新时代”为主题的群众合唱比赛，全县42支代表队2000多名干部职工参加。9月30日，嵩明县在黄龙山红军长征纪念塔前举行2019年烈士纪念日公祭活动。县四班子领导与全县各界人士代表600余人参加。12月24日，嵩明县融媒体中心系统正式上线运行。

年内，推荐4人参加“昆明好人”市级评选；评选嵩明县“最美家庭”20户、“五好文明家庭”18户、“平安和谐家庭”4户。推荐6户县级文明家庭参加市级评选；推荐5名新时代好少年参加市级评选；诚实守信家庭李文鹤入围12月份“中国好人榜”；助人为乐王振永、孝老爱亲陈艳芳2人获评昆明市第六届道德模范。节日期间对21名（户）“昆明好人”“文明家庭”进行慰问；邀请道德模范、文明家庭23人参加庆祝新中国成立70周年文艺庆典、升旗仪式。组织开展“红土地之歌”演讲比赛，2人获新区、市级优秀奖。2019年，创建市级文明单位29个、文明村镇14个、文明校园4所、文明家庭1个。

（杨加祥）

石林彝族自治县

【地理位置】 石林彝族自治县位于昆明市东南部，东南与红河哈尼族彝族自治州泸西县毗邻，东北与曲靖市陆良县接壤，南与红河哈尼族彝族自治州弥勒市相邻，西北与昆明市宜良县相连。县境东西最宽57.30千米，南北最长58.80千米，县域面积1719平方千米，属昆明市所辖的远郊县，距省会昆明78.07千米。石林县地处滇中城市群的交汇面，是广东、广西等沿海地区及滇东、滇东南3州市18县进入昆明和滇中的要冲，也是越南等东南亚国家入境中国的重要通道，昆石高速、石锁高速、西石高速、九石阿旅游专线与南昆铁路、云桂高铁构成“三高两铁一专”的现代交通网络。

【区划　人口】 1956年成立路南彝族自治县，1998年更名为石林彝族自治县。2019年底全县辖鹿阜街道、石林街道、板桥街道、圭山镇、长湖镇、西街口镇、大可乡7个乡镇（街道），南门、东门、西北、龙泉、北大村、板桥6个社区，87个村，505个村，378个自然村。

石林县境内居住着汉族、彝族、苗族、壮族等20多个民族。2019年末，常住人口26.60万人。户籍人口9.56万户25.48万人，其中男性12.79万人、女性12.69万人；城镇人口10.04万人，占总人口的39.42%；少数民族人口9.28万人，占总人口的36.42%；彝族人口8.90万人，占总人口的34.91%，占少数民族人口的95.86%。全县出生人口2942人，死亡1575人，人口自然增长率为5.72‰。

【自然概况】 石林县地处云贵高原的滇中腹地，地势起伏平缓，由东向西呈阶梯状逐级倾斜下降，山脉河流基本上由北向南伸展，全县被分割为喀斯特（岩溶）、山地、盆地3种主要地貌类型，喀斯特是石林县最具特色的地理景观，全县2/3的地区属喀斯特地貌。东部圭山峰巅海拔2601米，为全县最高处；西部巴江河谷大叠水瀑布跌落处海拔1500米，为全县最低点；平均海拔1730米，县城海拔1668米。全县森林面积7.08万公顷，森林覆盖率42.11%，全年冬无严寒、夏无酷暑、干湿分明、四季如春，获“中国天然氧吧”称号。2019年降水量为1012.20毫米，年平均气温为18℃。

【资源特产】 石林县境内有世界自然遗产、世界地质公园、国家5A级景区——石林风景名胜区，国家级圭山森林公园；彝族撒尼语口传叙事长诗《阿诗玛》《彝族三弦舞（撒尼大三弦）》《彝族（撒尼）刺绣》《摔跤（彝族摔跤）》4项国家级非物质文化遗产保护名录；“石林甜柿、圭山山羊、石林乳饼、石林人参果”4项国家农产品地理标志认证产品。“路南卤腐”为国家地理标志保护产品。石林县成功创建为国家卫生县城、国家园林县城、生态文明建设示范县、全国民族团结进步示范县。寺背后村、糯黑村为“中国少数民族特色村寨”。名优土特产有石林彩玉、圭山山羊、路南卤腐、石林乳饼、撒尼刺绣、大可枇杷、西街口人参果、板桥血桃、堡子马肉。

【经济综述】 2019年，全县实现地区生产总值115.36亿元，增长7.10%，增速排全市第5名；地方一般公共预算收入6.89亿元，增长6.10%；规模以上固定资产投资70.59亿元，增长6.90%；规模以上工业增加值增长1.80%；社会消费品零售总额46.22亿元，增长11.70%，增速排全市第5名；旅游直接收入4.60亿元，增长7%；城镇登记失业率2.51%；万元GDP能耗下降6.80%。全年开工项目62个，引进内资60.10亿元、外资600万美元。实现第一产业增加值26.60亿元、第二产业增加值20.58亿元、第三产业增加值68.19亿元，三次产业结构比由20.80∶18.70∶60.50调整为23.10∶17.80∶59.10。

【教育　文卫】 2019年，巴江双语幼儿园、职高实训楼主体完工，石林一中学生食堂和宿舍、民族中学多功能综合楼投入使用。落实各类教育惠民补助3629.20万元，义务教育毛入学率、巩固率持续提高。普通高中生入学2116人、毕业1448人，被录取到高校应届生1210人。开工建设天奇医院综合病房楼，省级慢性病综合防控示范县通过复审。在昆明市第六届运动会上，石林代表团青少年组取得71枚金牌，奖牌榜、总分榜均排名第二；成年组取得6枚金牌，奖牌榜、总分榜均排名第四。文庙、贪官许良安遗臭碑申报为省级文物保护单

2019年9月7日，石林电视台拍摄《我和我的祖国》MV快闪活动现场
（石林县史志办　供稿）

位，石林县被国家文化和旅游部命名为“中国民间文化艺术之乡”。

【社会生活】　2019年，石林县城镇常住居民人均可支配收入4.37万元，增长7.60%，增速排全市第10名；农村常住居民人均可支配收入1.62万元，增长9.70%，增速排全市第6名。新增就业岗位2644个，城镇新增就业2539人。农村劳动力转移就业1.60万人次，转移就业收入2.13亿元。扶持创业726人。各项社会综合保险能力不断提高。分配入住保障性住房573套。县社会福利院开工，完成鱼龙坝居家养老服务中心、北山村农村互助养老服务站建设，新增养老床位239张。扫黑除恶推进有力，查处涉黑犯罪团伙1起、涉恶组织团伙5起。严格落实重大矛盾纠纷包案化解工作责任制，化解重大矛盾纠纷6件。推进反邪防邪、禁毒防艾工作，创建为“省级无毒巩固县”。

【旅游业】　2019年，实施大小石林5A级景区整改提升，景区基础配套和服务品质改善，通过国家文化和旅游部的复核验收。石林风景区被评为“我最喜欢的云南旅游景区”，石林台湾农民创业园被认定为省级旅游度假区，杏林大观园、万家欢被评为“云南省乡村健康旅游目的地示范区”，阿诗玛公仔等一批文创产品获得创新设计大奖。阿诗玛旅游文化城、噜赛玛酒店等项目有序推进。建成游客服务中心4个，新改建旅游厕所51座。举办2019中国石林火把狂欢节、阿诗玛文化旅游节等节庆活动，彝族第一村、糯黑、阿着底等一批特色旅游村寨吸引力不断增强，研学旅游吸引中小学生12.98万人次；大小石林景区接待游客363万人次，增长30%；旅游直接收入4.60亿元，增长7%，实现双回升。石林县成功创建为首批国家全域旅游示范区。

【工业】　2019年，完成工业园区总体规划修编。华润三九云南配方颗粒、大麻二酚生物科技等项目入驻园区，维他源新型食品添加剂项目建成投产。矿产资源综合治理系统建成运行，110千伏黄家庄输变电站投入使用。石林南站增办砂石料货运业务，首次实现砂石料“公铁联运”。东辉农牧申报为高新技术企业，昆明双汇食品有限公司被评为云南省绿色食品“十强企业”。鑫源、祥和两个煤矿关闭退出，化解产能7万吨，实施31座非煤矿山转型升级，矿产资源综合治理系统建成运行。全县万元GDP能耗下降6.80%。新增规模以上工业企业4户，规模以上工业增加值增长1.80%，规模以上工业总产值达35.42亿元、主营业务收入32.79亿元、利税总额6.30亿元。

【农业　农村】　2019年，紧扣“两不愁三保障”目标，抓好中央脱贫攻坚专项巡视反馈问题整改，安排专项资金4370万元，全力推进产业、就业、教育、健康等领域扶贫，完成4类重点对象危房改造1064户、非4类

2019年12月25日，石林、弥勒、丘北三地达成文化旅游区域联盟合作签约仪式在石林县举行
（石林县史志办　供稿）

对象危房改造1378户，脱贫攻坚成果得到巩固提升。划定粮食生产功能区，完成全国新增千亿斤粮食生产能力规划田间工程5000亩、高标准农田建设1.40万亩、粮食高产高效创建13万亩、土地整治7253.99亩，粮食总产量达13.28万吨。收购烟叶29.02万担，均价33.67元，烟叶税达1.07亿元。水果、畜禽、蔬菜、花卉规模产量不断扩大，品质持续提升，新增“三品一标”产品9个。有效防控非洲猪瘟疫情，保障肉禽产品市场供应。石林台湾农民创业园新增入驻项目6个，入园游客达68万人次。年内获批“全国农村创新创业孵化实训基地”，石林街道被列为云南省首批科普小镇项目实施单位，西街口入选全国农业产业强镇，新木凹入选全国“一村一品”示范村。实现农林牧渔业增加值27.59亿元，增长6.40%。

【城乡融合发展】 2019年，推行农村公路路长制管护模式，石泸高速公路完工、豆西公路长湖至西街口段改造提升工程通车，完成“四好农村路”示范路72.70千米，行政村公交出行分担率达45.70%。地下水库实现蓄水，柴石滩水库石林提水灌区完工，圭山水库、威黑水库水处理厂主体完工。改造行政村公厕92座、农村无害化卫生户厕1.44万座，整治“两违”建筑57.74万平方米，建成26个5G试点基站，城镇化率达45%。圭山镇糯黑村、石林街道五棵树村被评为省级“美丽乡村”。融合推进文明城市创建和美丽县城建设，出台《石林县“美丽县城”建设实施方案》，投入6.40亿元，实施县城夜景亮化、风貌改造、特色街区打造等项目，完成金鸽巷、龙泉路天奇花园段道路修缮等城市微改造项目，新建全民健身中心综合训练馆，改造民族体育场等市六运会场馆，启动城市夜景亮化一期、双龙步行街改造提升等32个项目，县城建成区绿化覆盖率达38.89%，石林县被命名为第一批“云南省美丽县城”。出台石林县乡村振兴战略规划、实施方案及9个专项工作方案，推进“一镇十一村”综合示范点建设。探索“党总支＋公司＋农户”模式，新增农民专业合作社49个、家庭农场41个，培育新型职业农民360人，27个集体经济“空壳村”“摘帽”。建成5个乡镇（街道）生活垃圾处理站，乡镇政府所在地生活垃圾处理设施实现全覆盖。

【生态文明建设】 2019年，划定集中式饮用水源地保护区和高污染燃料禁燃区、声环境功能区，完成环保督察反馈意见问题整改销号19个。开展“散乱污”企业综合整治，关停取缔4户、整合搬迁8户、升级改造1户。严格落实“三级河长四级治理”责任，实施“河长清河行动”，东山沟、吃水河黑臭水体治理取得明显成效，巴江县城段河道清淤5.70千米，巴江流域地表水质稳定保持Ⅲ类水体标准。划定县城集中式饮用水水源地保护区，集中式饮用水源水质达标率100%。完成石漠化综合治理3.50万亩、营造林5.59万亩、义务植树72万株，清退林地6.35万亩，林业生态建设及森林资源保护3年行动收官。

（鲁建宏）

禄劝彝族苗族自治县

【地理位置】 禄劝彝族苗族自治县位于滇中北部，是昆明市远郊县。东与昆明市寻甸、东川相连，南与昆明市富民接壤，西与楚雄州武定县毗邻，北接金沙江与四川省会理、会东两县相望。

【区划 人口】 全县辖屏山街道、翠华镇、茂山镇、团街镇、中屏镇、撒营盘镇、皎平渡镇、乌东德镇、九龙镇、转龙镇、云龙乡、汤郎乡、马鹿塘乡、则黑乡、乌蒙乡、雪山乡共16个乡（镇、街道），194个村（居）委会，2610个村民小组，2375个自然村。全县总面积4234.78平方千米，其中山区面积占98.40%。

2019年全县有户籍人口48.99万人，其中城镇人口7.59万人，乡村人口41.40万人。境内居住着彝、苗、汉、傈僳、傣、壮、哈尼、回等民族，其中汉族32.82万人，彝族11.38万人，苗族1.64万人，傈僳族1.67万人，傣族5533人，壮族3452人，哈尼族2174人，回族1348人。

【自然概况】 境内有轿子雪山、云龙水库、马鹿塘杜鹃花海、金沙江大峡谷、普渡河大峡谷等自然风光。2019年，全县有耕地面积85万亩，占总面积的13%；基本农田68万亩，占耕地面积的80%。森林覆盖率60.28%。县域内最高海拔4247米，最低海拔746米。亚热带季风气候，年平均气温16.90℃，平均相对湿度68%，极端最高气温34℃，极端最低气温零下2.10℃，全年日照2296.40小时。全年降水量860毫米，比历年平均值偏少95.80毫米，雨季于6月24日开始，10月22日结束。

【资源概况】 全县水资源总量为15.78亿立方米，其中地表水资源量为15.78亿立方米，地下水资源量为4.74亿立方米(属于地表水的一部分)，人均水资源量为3808立方米。境内林木有云南松、华山松、云南油杉、冷杉、旱冬青、白杨、栗数、桉树、樟树、椿树等，经济林木有板栗、核桃、花椒、橘子、黄果等，绿化防护林有梧桐、香樟、柳树、圣诞树、竹等。其中有属国家二级保护的苏铁、急尖长苞冷杉和三级保护的黄杉、三尖杉、大王杜鹃等珍稀树种。野生食用菌品种众多，鸡枞、松茸、牛肝菌、虎掌菌、青头菌、谷熟菌、奶浆菌、红菌等较为常见。

矿藏主要有铁、铜、铅、锌、银、硫铁、钛、磷、芒硝、石棉、石膏、石灰石、砂岩等。禄劝地方名特产品有撒坝火腿、乌骨鸡、黑山

羊、丝绵被、核桃、野生菌、轰隆隆黄果、甲岩橘子、中村花椒、岔河脐橙、马鹿塘土豆、皎平渡红糖等。

人文景观有营盘山新石器遗址、凤家城遗址、三台山高浮雕摩崖造像（又称“石大人”）、镌字岩彝文摩崖石刻（中国最古老的彝文摩崖石刻）等历史文化景点和九龙红军洞、木克红军壁画、普渡河铁索桥战场烈士墓园、毛主席长征路居纪念馆、皎平渡红军长征纪念馆等革命纪念胜地等。

2019年7月5日，禄劝县二季度重点项目集中开工 （禄劝县志办 供稿）

【经济综述】 全县地区生产总值完成132.38亿元，增长3.80%。其中第一产业增加值34.88亿元，增长6.40%；第二产业增加值17.70亿元，下降15.20%；第三产业增加值79.80亿元，增长8.50%。三次产业结构比为26.30∶13.40∶60.30。人均GDP达3.19万元，同比增长3.77%。全年非公有制经济增加值完成56.67亿元，占GDP比重为42.80%，同比下降2.60%。全县工业总产值完成12.48亿元，下降19.20%。其中规模以上8.78亿元，下降28%；规模以下3.71亿元，增长13.60%。规模以上工业增加值4.19亿元。全县规模以上固定资产投资完成87.47亿元，增长27%。全县社会消费品零售总额完成44.46亿元，增长11%，其中限额以上社会消费品零售总额完成6.64亿元，增长5%。按销售单位所在地分，城镇完成33.97亿元，增长12.30%；乡村完成10.49亿元，增长7%。按消费形态分，餐饮收入完成9.11亿元，增长9.50%；商品零售完成3.53亿元，增长11.40%。全县城镇居民人均可支配收入3.56万元，增长7.50%。农村常住居民人均可支配收入9691元，增长10.10%。招商引资到位市外内资54.54亿元，实际利用外资200万美元。

【农业】 农林牧渔业全年完成总产值54.43亿元，比上年增长6.40%。农业产值26.70亿元，同比增长3.60%。林业产值3.67亿元，同比增长10.20%。牧业产值23.36亿元，同比增长9.10%。渔业产值2357万元，同比增长17.10%。农林牧渔服务业产值4797万元，同比增长5.70%。

全年种植粮食作物4.81万公顷，增长3.90%。粮食总产量22.33万吨，增长1.10%。全年收购粮食7363.40吨，销售9917.70吨，期末库存数量4810.50吨。种植小春粮食作物28.59万亩，其中种植大麦9.44万亩、小麦9.32万亩、蚕豆3.64万亩、豌豆2.49万亩、薯类1.12万亩、杂粮2.58万亩。种植大春粮食作物46.69万亩，其中种植玉米22.18万亩、薯类13.75万亩、水稻4.53万亩、豆类2.84万亩、杂粮3.39万亩、晚秋粮食作物3.64万亩。实施绿色高产高效粮食作物创建8片8.65万亩，其中玉米高质高效创建3片3.40万亩、马铃薯3片3.20万亩、水稻2片2.05万亩。实施大春粮食作物间套种16.41万亩，玉米地膜覆盖栽培16.71万亩。

种植蔬菜12.10万亩（其中无公害蔬菜8万亩），蔬菜总产量24.20万吨（其中无公害蔬菜15.20万吨），总产值3.02亿元。种植花卉7500亩，其中鲜切花5055亩，产量1.34万枝，产值14.20亿元。建设鲜切花标准化示范基地7个。全县水果种植面积3.69万亩，其中种植100亩以上的水果品种有22个，挂果收获2.99万亩，水果产量2.22万吨，水果产值1.74亿元；实施冬季深翻、修剪3.35万亩，开展高头换接2935头，推广苹果、梨、桃、葡萄等果实套袋180万个。全年种植中药材15.09万亩，主要种植当归、党参、草乌、续断、羌活、紫丹参、天麻、茯苓8个品种，其中，种植当归9920亩、党参5930亩、草乌2386亩、续断2020亩、羌和2000亩、紫丹参2037亩、天麻1000亩、茯苓600亩。

【畜牧业】 全县生猪存栏52万头，出栏82.50万头。肉牛存栏14万头，出栏10.05万头。羊存栏42万只，出栏30.50万只。家禽存栏120万羽，出栏250万羽。猪肉产量7.25万吨，牛肉产量1.21万吨，羊肉产量6923吨，禽肉产量4693吨，禽蛋产量2080吨。畜牧业产值22.26亿元。全县水产品产量1460吨，产值2044万元。实施稻田养鱼880亩，亩均增收1530元，覆盖14个村委会34个村小组357户农户。

【林业】 全县共有林地面积497.06万亩。全年共完成营造林34.62万亩，其中人工造林10.15万亩，封山育林2.65万亩。义务植树140万株。中央专项退耕还林还草工程补助2520万元。退耕还林还草面积1867公顷。林业总产值20.03亿元，增长16.50%。在完成市级特色经济林建设项目3.05万亩的基础上，参与县级涉农资金整合项目，完成特色经济林板栗种植2.17万亩，青(花)椒种植2万亩，完成核桃提质增效3.50万亩，板栗提质增效4.73万亩项目实施准备。举办第二届昆明“板栗节”及云南板栗论坛，邀请省内外院校专家、知名企业到会参展。完成昆明鸿垚农业开发投资有限公司等7家省级林业龙头企业林业贷款贴息的申报及拨付工作，共拨付省级林业龙头企业贷款贴息135.63万元。组织申报县级林下经济示范基地建设项目35个。5月12日，以“探索·发现昆明周边高海拔夏季繁殖鸟类”为主题的轿子山观鸟节活动闭幕，来自全国的10支代表队在一天半时间内，按照规定比赛路线观察到181种鸟类活动，并首次在轿子山记录到国家二级保护动物褐渔鸮。7月1日，《昆明市轿子山国家级自然保护区条例》正式施行。

【水务】 全县有大(二)型水库1座(云龙水库总库容4.84亿立方米，年均向昆明主城区供水2.5亿立方米，属昆明市调水工程)；中型水库3座，小(一)型水库14座，小(二)型水库59座，坝塘1026座(库容1万立方米以上的坝塘336座)。截至2019年底，全县库塘、窖(池)蓄水量3841万立方米，比上年同期减少353万立方米。县筹集资金765万元下拨16个乡(镇、街道)，通过采取引水、抽水、送水、抢修饮水管道等措施保障群众饮水安全。投入资金1293万元，对“季节性缺水”的49个村委会90个村小组3548户1.41万人的饮水设施进行升级改造。投入资金1293.84万元，实施农村饮水安全巩固提升项目，共建设工程68件，其中提水工程23件(光伏提水工程9件、电网提水14件)，自流引水工程45件。解决13个乡(镇、街道)49个村委会90个村小组1.40万人饮水问题。年末，全县16个乡(镇、街道)194个村(居)委会2639个村民小组11.62万户44.24万人均达到农村饮水安全“四项指标”要求。

【工业】 全年工业总产值12.48亿元，同比下降19.20%。其中规模以上工业总产值完成8.78亿元，同比下降28%；规模以下工业总产值完成3.71亿元，同比增长13.60%。全部工业完成增加值5.19亿元，同比下降2.30%，占GDP比重3.90%。规模以上工业企业增加值同比下降15%。全年建筑业总产值12.62亿元，同比下降42.70%。建筑业增加值同比下降16.90%，占GDP比重9.50%。完成亿元以上开工、竣工项目各1个。上报省级认定企业技术中心1户、市级认定企业技术中心1户。淘汰落后产能2户。推荐4户企业争取省级规模以上工业企业培育奖励资金，争取奖励资金80万元。

【交通】 截至2019年末，全县共有客运站12个，其中二级站1个、四级站3个、五级站2个、简易站6个。开通公交线路54条，其中城际公共汽车客运线路5条、县乡公共汽车客运线路25条、镇村公共汽车客运线路24条。农村客运车辆195辆。乡(镇)公交覆盖率100%，行政村公交通达率100%，自然村公路通畅率76.90%。投入资金1.12亿元，建设农村公路179.50千米，其中路面硬化162千米，路基改造17.50千米。投入资金9832.60万元，实施徐家队至下龙门等5条公路及2座建设工程，建设里程35千米。投入资金2415万元，实施农村公路安全生命防护工程，覆盖345千米农村道路，全县农村公路安全生命防护栏累计2068千米。皎马三级公路路线全长15.36千米，项目预算投资1.97亿元，工程于2018年10月开工，2019年完成投资8000万元，总体工程形象进度55%。皎平渡大桥复建及连接线工程是乌东德水电站蓄水后联通滇川两省的重点交通工程，桥梁全长608米，大桥连接线长586米，按三级公路标准设计建设，工程预算2.03亿元，大桥主体工程建设于12月竣工，老桥拆除工程在进行中。武倘寻高速公路是禄劝首条过境高速公路，禄劝段项目包括主线、县城连接线，总里程21千米，其中主线13.50千米，县城连接线7千米。年末，贯通县境内“八隧七桥”中的7个隧道，县域内工程完成形象进度79.40%，预计2020年底建成通车。指导涉渡乡(镇)开展渡运安全监管和宣传活动，开展水上交通安全检查14次，开展非法渡运专项行动2次，开展水上应急演练2次。年内撤销汤郎乡志力、赊么和鲁车3个无运营效益的渡口。

【邮电】 实现邮政业务收入1395.18万元，其中邮务类业务收入275.66万元，包裹快递类业务收入108.76万元，代理金融业务收入946.93万元，较上年增长28.88%，增加212.19万元。分销、商销及其他业务收入63.83万元。累计投递国内平常函件58.90万件，给据邮件3万件，普通包裹0.20万件，快递包裹47.20万件，标准快递11.80万件，报纸287.10万份，杂志5.40万份，国际及港澳台邮件868件，机要邮件678件。年末，全县所有邮政所均开通电子化支局业务，实现信函、包裹、快递等业务电子化收寄。所有电子化支局均开通电子商务业务功能，实现销售飞机票、长途汽车票、代收电话费等功能。秀屏路支局开通代理销售火车票、高铁票功能。邮政储蓄全国联网并免收异地交易手续费，报刊订阅实现联网网点实时在线收订，并开通网上订阅、微信订阅等功能。县城烟草路支局、秀屏路支局开通代开税务发票系统，实现与税务系统的联网开票，2019年累计代开发票5839张，金额为

310.20万元。

【财税　金融】 全年地方财政总收入7.86亿元，同比下降9.50%，其中一般公共财政预算收入5.31亿元，同比下降5.20%。全年财政总支出44.70亿元，同比增长17.70%，其中一般公共财政预算支出39.54亿元，同比增长7.60%；八项支出合计28.75亿元，同比增长24.10%。

年末，全县金融机构人民币存款余额124.06亿元，同比增长4.79%。其中单位存款41.86亿元，下降0.38%；个人存款80.88亿元，增长8.47%；财政存款3156万元，下降64.06%。全县金融机构人民币贷款余额111.48亿元，同比增长9.71%。其中短期贷款20.39亿元，增长4.43%；中长期贷款72.87亿元，增长12.05%；个人消费贷款余额16.69亿元，增长20%；票据融资18.11亿元，同比增长6.90%。

【城乡建设】 完成禄劝污水处理厂配套管网建设老昆禄路咪油村段、南塘河段1.62千米管网建设。委托设计公司对全县老旧小区进行规划设计，编制实施方案。阶段编制完成《禄劝彝族苗族自治县县域乡村规划》《禄劝彝族苗族自治县"多规合一"》等专项规划。编制完成《云南新兴职业学院禄劝校区修建性详细规划》等3个规划项目并通过规委会审议。2018年在建创达、和谐保障房项目4个分项工程全部竣工验收，新增公租房1000套，2019年8月完成施工结算审计定案。完成2019年第一批（330户）公租房配租入住。完成"禄劝中科单采血浆站""水彝堃"等5个防空地下室易地建设审批项目，收缴防空地下室易地建设费1038.52万元。办理工程报建11项，审批发放施工许可证11项，建设项目初步设计审查1项，下发初步设计批复1项。房屋建筑施工总承包三级资质增项市政工程3家，外地迁入房屋建筑施工总承包三级资质1家。

2019年受监建筑工程（含上年度转接）总数43项，建筑面积127.65万平方米，投入资金27.77亿元。工程竣工12项，建筑面积21.28万平方米，投入资金6.64亿元。办理工程竣工验收备案12项，建筑面积15.98万平方米，投入资金3.32亿元。新办理质量监督手续的工程项目4项，签署授权书、承诺书的工程4项，新办理竣工验收备案的工程12项，设立永久性标牌的工程10项，建立质量信息档案的工程7项。专项及综合监督检查工程质量80余次，下发工程质量、安全监督巡查、抽查记录80余份。

【环境保护】 全县集中式饮用水源地云龙水库水质达到Ⅱ类水标准、桂花箐水库水质达到Ⅲ类水标准，集中式饮用水源水质达标率100%。地表水国控断面普渡河平均水质为Ⅳ类，相比2018年提升一个水质类别，其余省控断面、市控断面及县控断面水质达标。县域环境空气质量监测总有效天数351天，优良天数为351天，空气优良率100%，环境空气质量综合指数为2.96，空气质量明显改善。县城污水处理厂处理污水394.56万吨，完成化学需氧量（COD）削减量924吨，氨氮削减量218吨。相比2018年污染物减排目标责任化学需氧量（COD）削减量463吨，氨氮削减量80吨，完成率分别达到199%和272%。5项主要污染物总量减排目标任务完成率100%。垃圾填埋场日均处理生活垃圾90吨左右，1～9月，处理垃圾2.70万吨，处理垃圾填埋场渗滤液3246立方米。开展辖区固体废物排查整治，排查禄劝辖区云龙水库、桂花箐水库水源保护区存在的环境问题，完成禄劝"万人千吨"饮用水源地保护区划定。

完成禄劝48家重点行业企业、9家重点尾矿库信息调查和风险筛查纠偏工作。完成8家涉镉等重金属重点行业企业专项排查。核发、换发排污许可证29家。审批建设项目环境影响评价报告表27项，审批建设项目选址24项，企业报备建设项目环境影响登记表51项，市局审批基层审查意见1项，报送云南省环保厅"四个一百"重点建设项目环境影响评价进展情况1项。争取中央水污染防治专项资金4000万元，实施云龙水库重点区域生活污水收集处理和饮用水源地防护工程，对农村生活污水进行收集治理，在云龙水库水源地沿库公路及主要入库河道等片区设置防护网工程、一级水源保护区界碑、警示标识和宣传栏，项目主体工程建设完成。争取中央资金978万元，启动普渡河（禄劝段）临河重点村落第一批水环境治理"村庄污水及垃圾清运"工程，工程范围涉及普渡河沿线屏山街道和翠华镇的7个村委会12个村民小组，已获得市生态环境局和县发改局的项目立项建设的批复。根据《禄劝彝族苗族自治县污染防治攻坚战实施细则》《禄劝彝族苗族自治县污染防治攻坚战实施方案》的要求，制订并出台11个污染防治攻坚子方案。

【科技】 组织企事业单位申报省、市级科技计划项目22项，其中省科技厅4项，市科技局18项，累计立项17项，到位资金575万元。组织3家科技型企业申报省星创天地认定，1家通过认定。争取中央财政小微企业创业创新基地城市示范专项资金3项。完成"2018年禄劝绿色光亮工程"并通过验收，在省、市、县扶贫点安装太阳能路灯543盏。动员科技企业开展科技统计填报和高新技术企业认定工作，宣传科技统计、研发经费投入等相关政策措施，为有研发项目的企业提供跟进服务。对20家县级规模以上工业企业进行科技统计摸底调查，为3家有意向申报高新技术认定的企业提供支持。截至2019年底，全县共拥有高新技术企业6家。在禄劝民族文化广场开展"2019年科技活动周"活动，组织15家科技企业开展科技成果展，组织专家开展农村实用技术咨询，组织省、市科技特派员开展服务贫困村活动，发放种植、养殖有关技术宣传手册和科普书刊、杂志等资料1.50万册。向组织部门申报实施“科技人才服务工作站”和“禄劝科技成果转化中心”2个人才项目，引进21名人才服务禄劝。

【教育　体育】　全县有幼儿园72所（民办幼儿园51所），在园幼儿9754人（民办在园幼儿6090人），幼儿园专任教师497人。学前三年毛入园率90.14%。有义务教育阶段学校57所（小学41所，初中16所），教学点161个，在校生4.01万人（小学2.53万人，初中1.48万人），初中专任教师1339人，小学专任教师1960人，小学入学率99.69%，初中毛入学率119.07%。全县有完全中学2所，高级中学1所，在校学生1.11万人（民办高中1所，在校生185人），高中专任教师463人。全县义务教育阶段6～15岁残疾少年儿童407人，实际在校就读405人。县外就读65人，县内就读340人（随班就读221人，送教上门119人）。全县少数民族在校生2.33万人，有民族实验中学、民族小学、九龙镇文林民族小学、翠华镇兆乌民族小学、茂山镇丽山民族小学、云龙乡民族小学、撒营盘镇民族小学、思源实验学校8所民族学校。3月25日，“我懂你的心”——昆明市青少年儿童先天性心脏病筛查及救助活动禄劝启动仪式暨第二十次筛查在团街中心小学举行。筛查团队为禄劝11个乡（镇、街道）80余所学校的1.80万名青少年学生开展先天性心脏病筛查。

全县有公办职业教育学校2所，其中教师进修学校1所、职业高级中学1所，在校学生3465人，专任教师151人。2019年高考本科上线871人，上线率34.60%；专科上线1644人，上线65.32%。招聘普岗教师80名，中央特岗教师63名，县外选调优秀教师7名，接收免费师范生17名。成立“刘正德”“杨文华”“杨正荣”3个名校长工作室。获云南省2019年度乡村从教20年以上优秀教师奖励5人，获昆明市2019年度乡村从教20年以上优秀教师奖励12人，昆明市优秀教师5人、优秀班主任5人、优秀教育工作者6人、有突出贡献农村教师13人。教师继续教育培训2156人，校本培训及考核4154人，幼儿园园长任职资格远程培训84人。组织开展禄劝首届10个名师工作室、3个名校长基地相关培训研修工作培训118人。开展乡村教师培训1277人，管理者能力提升培训1008人，农村小学英语骨干教师培训100人，新教师培训313人。

组织参加2019年昆明市中小学生田径运动会，参加昆明市第六届青少年组摔跤预赛比赛，闫宇获得男子古典式63千克级第一名，施汝文获得男子自由式69千克级第二名。完成翠华镇中心幼儿园等6所足球幼儿园足球特色学校申报工作。完成云龙乡、乌东德镇、团街镇、汤郎乡、撒营盘镇、茂山镇、马鹿塘乡、九龙镇、翠华镇、则黑乡、中屏镇综合文化服务中心覆盖工程的活动广场、乒乓球桌、健身路径的建设验收工作。

【文化建设】　争取公共文化服务资金到位684.89万元（含县级配套134万元）。县图书馆、县文化馆被命名为国家三级馆。实施行政村（社区）综合性文化服务中心56个。实施“农村电影放映工程”，免费放映电影2268场次。投入资金314万元，完成157个“百县万村”示范工程文化器材配置。建立互联网数字智慧阅读平台，安装“书香禄劝”互联网数字智慧阅读机16台，发放读卡5000张。鼓励本土文艺创作，刊发《轿子山文艺》4辑。加快凤家古镇文化创业园建设，《撒咪三部曲》《阳光下的成长》申报为市级文艺精品项目。禄劝彝尊和轿子山旅游文化有限公司成功申报为市级文化产业项目。组织县内7家企业参加创意云南2019文博会，获“优秀组织奖”“最佳展位奖”。

开展文化惠民演出180场次，其中县文化馆56场次，16个乡（镇、街道）文广中心和业余文艺团队演出124场次。辅导业余文艺队伍25支、200余场次。完成基层业务骨干培训、机关职工礼仪培训、暑期免费舞蹈、声乐、器乐、书法、美术、电脑培训各2期，培训人数254人。组织春节系列活动、庆祝中华人民共和国成立70周年文化系列活动、三八国际妇女节暨凤家古镇“同元杯”第二届广场舞大赛、“关爱留守妇女·情暖罗婺大地”主题文艺汇演、乡村老师培训成果展主题文艺汇演。“火把节”“花山节”组织丰富多彩的文化系列活动。完成小戏小品创作5个，彝族说唱1个，舞蹈音乐、配器2首，收集民族民间文学童谣8首，收集整理民间山歌80首。参加省、市赛装节2次。参加云南省在楚雄举办的民间刺绣布艺大赛，获1个十佳刺绣能手奖，2个优秀奖。

组织非遗传承人到红河、文山、保山、德宏等地培训16期。组织彝族刺绣、银器制作、蚕丝被制作、彝族、傈僳族、苗族服饰制作、民族乐器制作等10个传统工艺振兴目录项目上报昆明市非遗保护中心。《傈僳族婚礼》《傈僳族狩猎》《傈僳族、彝族、苗族口弦音乐》《禄劝手工银器制作》4个项目经县人民政府批准列为禄劝第三批县级名录，推荐《禄劝手工银器制作》《傈僳族传统婚礼》《傈僳族口弦演奏》3个项目申报市级

禄劝孔子书院　（禄劝县志办　供稿）

目录。参加中国、孟加拉国、缅甸文化交流，充分展示禄劝彝族刺绣的魅力。中国舞蹈家协会、云南省舞蹈家协会赴汤郎乡希望小学进行新农村少儿舞蹈美育工程调研活动，禄劝2个非遗项目彝族仗笛叠脚舞、傈僳族小葫芦笙舞蹈作为重点考察对象。完成第八批国家级、省级文物保护单位和第七批市级文物保护单位申报材料的编撰并上报；完成市级文物保护单位香海庵的维修方案编制，并通过省、市级专家评审；完成国家级文物保护单位金沙江皎平渡口的易地搬迁保护的前期准备工作。对市级文物保护单位营盘山遗址、香海庵等保护范围内违法建造建筑物及围占进行处理。完成24个县级文物保护单位保护范围、建设控制地带的勘测划定和标志碑、说明碑的设立工作。

出动执法人员500余人次，出动车辆50余台次，对全县城文化市场和旅游市场开展监督管理。开展对农村文化市场进行排查清理整治2次，开展元旦、春节、“两会”、清明、五一等重点时段的文化旅游市场监管、公众聚集场所消防安全大检查、扫黄打非、校园周边环境清理整治、打非治违、出版物市场检查、娱乐场所吸毒人员排查、旅游市场秩序整治等专项整治行动。对全县文化、旅游人员密集场所业主安全生产法律法规培训2次、“扫黑除恶”专项斗争宣传培训3次、娱乐场所“禁毒防艾”法规培训1次、面向社会的宣传活动3次。接收办理群众电话举报网吧1起，营盘山遗址违规建筑案1起。受理“12345”市长热线、“96927”平台涉及旅游投诉、“一部手机游云南”等平台转来的游客投诉件43件，投诉办理率100%，满意率100%。

【新闻　广电】 开展“壮丽70年，奋斗新时代”、脱贫攻坚等重大主题宣传策划15次，在中央、省、市级新闻媒体刊播禄劝对外新闻宣传稿件1259条。融合官方微博、微信、手机报、政府门户网站、新华社云南通、禄劝手机客户端等媒体平台“禄劝融媒”App上线，已正式上线运行发布新闻。推进指挥中心及演播室提升改造工作。推动传统媒体和新兴媒体的整合，官方微博、微信、手机报、政府门户网站、新华社云南通、禄劝手机客户端等新媒体平台已移交县融媒体中心运行维护。争取中央补助资金154万元，完成广播电视播出机构制播能力提升工作。做好广播电视行业扶贫，实施“村村通”工程7.44万户，实施广播电视“户户通”3.46万户，实施广播电视“村村响”2488个，广播电视覆盖率100%。

【旅游】 2019年，禄劝接待旅游人数110.70万人次，旅游综合收入3.10亿元，同比分别增长32%和30%。录入国家旅游项目管理平台进行管理的文旅项目22个。全年完成固定资产投资1.65亿元。孔子书院竣工并投入使用。三江口温泉文化旅游开发项目、昆明轿子山景区新山垭口至四方景索道项目、轿子雪山直升机旅游观光等重点项目有序推进。加强旅游基础设施建设，投入资金240万元，完成旅游厕所建设4座。投入资金200万元，完成轿子山下段（转龙通共德至新山垭口）402盏路灯安装工程。启动皎平渡渡江纪念馆迁建工作。申报旅游名镇3个（中屏、翠华、转龙），旅游名村3个（中屏火本、转龙桂泉、团街小鹧鸪）。3个红色旅游片区（九龙、翠华、皎平渡）景点参观人次达15万余人，综合经济收入4000余万元。在全县打造扶贫示范村4个，全国乡村旅游扶贫重点村17个。申报评选旅游扶贫示范户41户。成功创建云南省旅游扶贫示范县。全年接待自驾车露营、农业生态观光等游客8万余人，旅游经济综合收入3500余万元。打造“刺绣之乡”，加强对外宣传、交流和展示，组织彝族刺绣参加南博会“非遗”展、文化与自然遗产日活动、昆明市“非遗”保护中心举办的“非遗”展等。彝族《土司府礼仪乐》、彝族《罗婺神鼓舞》《彝族刺绣》等走进创意云南文化产业博览会。

【卫生健康】 全县有医疗卫生健康服务机构265个，其中公立医疗卫生机构22个、村卫生室194个、规模以上民营医院10个、个体诊所43个、社区卫生服务站1个。医疗卫生健康机构从业人员2818人，其中行政机关和参公管理人员30人，医疗卫生机构在编人员919人，编制外人员641人。民营医院及个体诊所人员1228人。有乡村医生498人。执业医师（含助理医师）690人，千人拥有执业医师1.40人。注册护士1269人，千人拥有注册护士2.60人。有编制床位2287张，实际开放病床2764张，其中公立医院1539张，民营医院1225张，千人拥有病床5.68张。县人民医院创伤中心、胸痛中心通过专家组预检及验收，卒中中心于2月26日正式收治病人。翠华卫生院、撒营盘卫生院心脑血管病救治站建成投入使用。县中医院名医工作室及中医特色优势专科（骨伤科）建设顺利推进。组织开展医务人员、公务员无偿献血月活动3392人次无偿献血114.70万毫升。

2019年，全县报告传染病2547例，报告率100%。重点传染病调查处置85例，调查处置率100%。甲、乙类传染病发病率控制在230/10万以下。2019年全县无甲类传染病发生，报告乙、丙类传染病2136例，死亡21例。突发公共卫生事件报告1起，聚集性事件17起，调查处置17起，调查处置率100%。完成发热、出疹病例报告10例。完成麻疹、乙肝抗体监测采样及接种情况调查360人。为全县40%的60岁以上户籍老年人口2.65万人免费接种23价肺炎疫苗。接诊结核病初诊病人1399例，登记管理肺结核病人287例。2019年3月，通过省级消除麻风病危害的达标验收。存活的麻风病人应查数178例，实查174例，复查率98%，结果无复发病例。现症麻风病患者3例，尚未达到治愈临床标准，已完成化疗转入监测，规则联合化疗率100%，无麻风反应及重度药物不良反应病例。完成老年人体检1.77万人。完成高血压建档管理1.84万人，糖尿病建档管理4369人，严重精神障碍患者累计确诊六类严重精神障碍患者2538人，报告患病率5.20‰，建立档案2430份，参加管理2359人，完成死因监测报告3193人，粗死亡率6.53‰。收集录入肿瘤登记报告167人。

截至10月30日，辖区活产数4723人，孕妇住院分娩3810人，住院分娩率99.99%。医疗机构内首次签发"出生医学证明"3344份，换发27份，补发79份，医疗机构外签发38份。组织开展优生优育和农村妇女"两癌"检查工作，免费孕前优生健康检查2602对，完成率100%。继续开展宫颈癌和乳腺癌免费检查项目，完成宫颈癌检查1.25万例，完成乳腺癌检查1.25万列。实施农村妇女免费增补叶酸预防神经管缺陷，增补叶酸2938人，完成率94.17%。新生儿听力筛查2096人，筛查率92.2%。

办理"云南省老年人优待证"1512本，发放高龄保健补助资金833.59万元。做好医疗卫生监督、公共场所卫生监督、餐饮具集中消毒单位监管及抽检、学校卫生及传染病防治、生活饮用水卫生监督等工作。投入资金900万元建成转龙、雪山、乌蒙卫生院。投资3.50亿元的县中医院迁建项目已开工建设。招商引资项目单采血浆站已完成主体工程建设，正在进行内部装修。

【脱贫攻坚】 全县共有建档立卡人口2.60万户9.13万人，已全部实现脱贫退出，2019年脱贫退出832户2158人，实现剩余贫困人口清零目标。开展2019年扶贫对象动态管理工作，摸底脱贫监测户647户2022人，边缘户516户1742人。

加强水质检测和水源保护，实施农村饮水工程改扩建、集雨水窖改造、泵站提水、光伏太阳能提水、易地搬迁等农村饮水安全巩固提升工程512件，实施集镇供水改扩建工程13件，购置安装集中式饮水处理设备224台，家庭式净化设备5589套，投入资金5241.53万元，惠及4.10万户17.63万人。全县共建成农村集中式供水工程2375件，覆盖16个乡（镇、街道）194个村（居）委会2639个村民小组11.62万户44.24万人，其中建档立卡2.60万户9.13万人均达到农村饮水安全"四项指标"要求。

保持农村危房改造政策的连续性，及时发现和消除农村危房，持续推进"七改三清"工作。全县5.48万户危房改造已经全部竣工并搬迁入住。建立新增危房动态核实统计上报机制，以乡（镇、街道）为主体，定期对因自然灾害、自然破损等新增危房进行登记造册，经统计核实，年内无此类问题。全县已拆除危房2.48万户，危房拆除工作全面完成。

全县无失学、辍学儿童少年。完善控辍保学联动机制，对辖区内适龄人口户籍信息、学籍信息、资助信息、实际在校情况进行核实确认。实行送教上门制度，对全县6～15岁不能随班就读的残疾适龄儿童开展送教上门。落实控辍保学"双线十人制"和动态归零督导制，村委会明确专人负责控辍保学工作，将义务教育保障纳入村规民约进行约束。县财政每年预算3200万元，对县域内农村家庭学生高中阶段实行免教科书费、免学费、免住宿费，补助生活费的"三免一补"政策。禄劝与省教科院、北京市朝阳区、昆明市盘龙区优质学校达成"结对帮扶"，实现优质资源共享。继续实施"雨露计划"，针对全县建档立卡贫困农户家庭，向就读中职、高职的在读学生给予补助。全年共实施"雨露计划"学生2881人次，按每生每季1500元的补助标准，总共兑付补助资金432.15万元。

贫困人口就医实际报销比例90.80%，全县因病致贫人员由3060户1.09万人下降到178户470人，户数下降94.20%，实现基本医保、大病保险和重特大疾病医疗救助三项制度对贫困人口全覆盖。发放健康扶贫识别服务卡3.60万册。成立家庭医生签约团队258个，签约9.81万人。成立16个健康扶贫工作督导组，每月2次到基层对健康扶贫政策落实情况进行督导。

实施电力扶贫巩固提升工程，农户生活用电供电可靠率100%，贫困村全部通动力电。实施网络扶贫巩固提升工程，通讯基站新建或扩容100个。实施人居环境巩固提升行动，持续开展"七改三清"行动，实行定期清扫、专人保洁、集中清理，改善农村人居环境。加大产业扶持力度，2019年第一批财政涉农资金共整合5.05亿元，第二批财政涉农资金共整合1.15亿元。大力发展特色产业，重点培育核桃、板栗、花（青）椒等经济林果，蟠桃、葡萄、脆枣、西柚等特色精品水果，党参、当归、重楼等特色中草药，撒坝猪、乌骨鸡、黑山羊、肉牛等家庭养殖，推动形成以高端水果、生态畜禽、优质坚果、特色中草药为支撑，保证群众实现稳定增收的绿色产业体系。推动重点产业项目，加快推进西柚及特色水果深加工、中药材种植及吸品加工、上海黔道黑山羊养殖、普林生物高原特色水果孵化器、冷链物流及牲畜交易市场等重点项目建设，壮大农业龙头企业，不断增强减贫带富功能。

投入1000万元扶持发展集体经济，带动贫困户发展产业，拓宽群众增收渠道。稳定乡村公共服务岗、生态护林员等农村公益性岗位，认定企业扶贫车间14个，促进就近就地就业。加强农村致富带头人队伍、农村后备力量建设，争取中央扶持壮大村级集体经济项目20个，扶持资金1000万元。2019年发放扶贫小额贷款2.54亿元，覆盖建档立卡贫困户5813户，覆盖率22.39%。

"十三五"第一批光伏扶贫电站建设指标22个，总装机容量10.73兆瓦，总投资7000万元。则黑乡拖木嘎和马鹿塘乡石门坎2个电站建设完成，装机容量363千瓦。在11个乡

(镇)20个村委会建设500千瓦村级光伏电站20个，已全容量建成并网发电。“十三五”第二批光伏扶贫电站建设指标66个，涉及66个村，每个村装机规模100千瓦，总投资3960万元，已全容量建成并网发电，覆盖建档立卡贫困户8000余户2.80万人。

落实“挂包帮”“转走访”责任，15名县委常委和相关县级领导带头包乡包村，187名正科级领导包村包户，1.32万名干部结对帮扶。统筹实行中央和省、市、县、乡五级干部整体联动，发动中央和省、市40家单位，县级84家单位，16个乡(镇、街道)，1.32万名干部职工开展“挂包村、转走访”活动，覆盖全县2.60万户建档立卡户。在派驻115个贫困村驻村工作队的基础上，将派驻范围扩大到有扶贫任务的一般村，派出驻村工作队员495人，组建驻村扶贫工作队187支，实现驻村扶贫工作队全覆盖。驻村扶贫工作中，定点帮扶单位累计选派驻村工作队员125名，市级挂钩帮扶单位派出帮扶干部5249名。7月9日，西部省份2019年脱贫攻坚干部教育培训推进座谈会禄劝现场观摩会在九龙镇召开。

【劳动和社会保障】 全年提供有效就业岗位1209个，城镇新增就业人员1801人，其中城镇失业人员再就业415人，就业困难人员再就业381人。开发公益性岗位396个，实际上岗249人。开展就业服务，组织高校毕业生专场招聘会2场，提供岗位5446个，提供就业指导782人次，促进就业人数166人。高校毕业生实名注册登记1182人，实现就业1094人，就业率95.63%。全县16家见习基地新增见习人员146人，累计吸纳见习人员193人。完成农村劳动力培训2.72万人次(建档立卡1.68万人次)。完成创业培训160人，精准扶贫职业技能培训1600人(建档立卡5812人)。组织召开招聘会26场次，转移输出农村劳动力2.42万人次(建档立卡劳动力5039人次)，实现新增转移就业收入3.44亿元。创建就业扶贫车间19个，吸纳农村劳动力2587人就业。建成1个省级创业园，5个市级创业园，累计带动就业735人。

企业职工养老保险参保9690人，其中参保缴费人数7986人。养老保险基金征缴收入1.08亿元。为2926名离退休人员按时足额发放基本养老金，累计支付养老待遇1.03亿元。机关事业单位养老保险参保8816人。养老保险基金征缴收入2.13亿元，职业年金征缴收入5467.97万元。为3022名机关事业单位退休人员按时足额发放养老金1.87亿元。城乡居民基本养老保险参保27.05万人，其中参保缴费人数19.16万人，待遇领取人数7.82万人。全县建档立卡贫困人员中符合参保条件的建档立卡人员7.40万人100%参加城乡居民基本养老保险，60岁以上1.62万人按政策规定领取待遇，为符合代缴条件的5.62万人代缴金额561.91万元。为符合条件的低保户、特困户人员2534人代缴金额25.34万元。被征地人员养老保险参保人数1.14万人，待遇领取人数9190人，征缴基金5180.32万元，支出4038.21万元。工伤保险参保企业358户、机关事业单位156户，参保人数2.13万人，征收工伤保险费1515.75万元，其中累计按项目参加工伤保险163个项目，参保农民工7379人。为符合工伤保险待遇支付条件的44名工伤人员支付各项待遇560.16万元。失业保险参保1.07万人，征缴基金5676.38万元。

全县城乡居民医疗保险参保缴费42.64万人，城镇职工参保1.88万人，医疗保险参保覆盖率98.10%。医疗保险参保人员中，有建档立卡贫困人口9.13万人，农村低保1.14万人，残疾人口1.58万人，计生人口1.22万人，特困人口806人，特殊群体参保率100%。全县建档立卡贫困人口9.13万人全部参加基本医疗保险和大病保险，个人缴费部分由财政全额补助。建档立卡贫困人员住院不交押金，实行先诊疗后付费，县域内医保定点医疗机构实现“一站式”结算，按医保政策规定享受建档立卡医疗待遇倾斜政策，符合条件的享受医疗救助和大病救助。2019年建档立卡贫困人口累计就诊26.31万人次，医保基金支出9476.2万元。

【人民生活】 2019年，城镇居民人均可支配收入3.56万元，比上年增长7.50%。人均消费支出1.91万元，增长9%。其中食品类支出5045元，衣着类支出2615元，居住类支出3548元，家庭设备、用品及服务类支出867元，医疗保健类支出2113元，交通和通信类支出2402元，文教娱乐用品及服务类支出2127元，其他商品和服务类支出378元。农村常住居民人均可支配收入9691元，增长10.10%。人均消费支出7475元，其中食品烟酒类支出2941元，衣着类支出361元，居住类支出1289元，生活用品及服务支出323元，医疗保健类支出629元，交通和通讯类支出895元，教育文化娱乐支出979元，其他用品和服务类支出58元。2月23日，国家农业农村部农村合作经济指导司处长高小军，农村经济研究中心副研究员谭智心，云南省农业农村厅农村合作经济指导处副处长林明晶一行到中屏镇调研农村宗教工作。6月18日，投资922万元、总建筑面积2745平方米的九龙镇敬老院投入使用，可同时供养100位老人。

（李　欢）

寻甸回族彝族自治县

【区划　人口】 寻甸回族彝族自治县位于昆明市北部，属昆明市远郊县，县城驻仁德街道，距昆明市区90千米。全县总面积3588.38平方千米(市国土资源局2011年6月提供2005～2010年数据做更正)，最高海拔3294.80米，最低海拔1445米。全县辖16个乡镇(街道)。2019年末，全县户籍总人口57.53万人，其中乡村人口47.73万人，占总人口的82.96%；城镇人口9.80万人，占总人口的17.04%；少数民族人口13.78万人，占总人口的23.96%。其中回族7.25万人，占总人口的12.61%；彝族5.45万人，占总人口的9.47%；苗族7340人，占总人口的1.28%。常住人口47.76万人，城镇化率31.76%。全县人口出生率9.05‰，死亡率4.73‰，自然增长率4.35‰。

【经济综述】 2019年，全县完成地区生产总值（GDP）133.03亿元，比上年增长5.20%。其中：第一产业完成增加值31.47亿元，比上年增长6.50%；第二产业完成增加值20.17亿元，比上年下降3.10%，其中工业实现增加值13.83亿元，比上年下降0.90%；第三产业完成增加值81.39亿元，比上年增长7.50%。三次产业结构由上年的28.40∶25.80∶45.80调整为23.60∶15.20∶61.20；人均GDP达27918元（按常住平均人口计算）。非公有制经济创造增加值60.10亿元，占全县地区生产总值的45.20%。

全年实现社会消费品零售总额65.74亿元，比上年增长11.30%。其中限额以上企业完成4.07亿元，比上年增长5.40%；限额以下企业完成61.67亿元。2019年，全县完成一般公共预算收入6.54亿元，比上年增长5.70%；一般公共预算支出41.69亿元，比上年增长19.70%。全县固定资产投资（不含农户，含房地产投资）比上年下降4.10%，其中工业投资比上年增长48.30%，占比16.20%。

全年房地产业投资比上年增长970.60%，占比8.60%。商品房销售面积10.41万平方米，比上年增长41%。招商引资实际到位内资56.75亿元，外资200万美元。

年末全县金融机构人民币存款余额152.71亿元，比上年增长8.31%，其中住户存款余额111.41亿元，比上年增长8.99%。全县金融机构人民币贷款余额107.99亿元，比上年增长10.54%。其中短期住户贷款余额33.71亿元，比上年增长3.80%；中长期住户贷款余额16.19亿元，比上年增长5.30%。

【农业】 全县实现农林牧渔业总产值53.22亿元，比上年增长6.40%，其中农业总产值23.38亿元，比上年增长7.50%；林业总产值1.29亿元，比上年增长0.10%；畜牧业总产值26.32亿元，比上年增长5.80%；渔业总产值1.70亿元，比上年增长8.60%。实现农林牧渔业增加值31.75亿元，比上年增长6.50%，其中牧业增加值15.87亿元，比上年增长5.70%，占农林牧渔业增加值的比重为50%。全年农作物播种面积139.44万亩，比上年增长5.40%，其中粮食播种面积86.16万亩，比上年增长9.20%。粮食总产量23.46万吨，比上年增长2.30%。肉类总产量6.26万吨，比上年下降6%，其中猪牛羊肉5.96万吨，比上年下降6.70%。

【工业】 全县工业完成总产值48.21亿元，比上年下降1.90%（现价）；完成工业增加值13.83亿元，比上年下降0.90%。其中规模以上工业完成总产值41.48亿元，比上年下降3.50%（现价），占全县工业总产值的86%；规模以上工业增加值比上年下降1.50%；实现利税-3.20亿元，同期为-2.13亿元，亏损比上年增加1.07亿元，亏损同比增长50.40%，其中利润总额-4.20亿元，同期为-32574.70万元，亏损比上年增加9384.10万元，亏损同比增长28.80%。

【绿化造林】 全年实现林业产业10.85亿元，比上年增长12%。巩固脱贫成果、实现乡村振兴。投入78.50万元，完成林下有机三七种植50亩；做好全县217.25万亩公益林（国家级115.03万亩、省级69.84万亩、市级32.38万亩）生态效益补偿各项工作，完成三级补偿资金3204.38万元的兑现工作；完成清水海水源区2万亩“农改林”补助资金600万元和能源补助资金610万元兑现工作；完成经果林提质增效核桃综合措施8000亩，核桃品种改良1000亩、板栗综合措施2000亩；完成农村能源建设节能灶600眼、太阳能热水器推广100套；稳步实施天然林保护工程，对全县286.14万亩林地进一步落实管护责任，完成天保工程人工造林3000亩。推进生态修复常规工作。抓好石漠化治理人工造林1670亩、封山育林4240亩、森林抚育1.18万亩；按照“占补平衡，占一补一”的原则，完成异地造林4000亩；以交通沿线、城市面山为重点，完成廊道面山绿化造林1000亩，市级低效林改造（桉树替换）1000亩；完成国家新一轮退耕还林1.84万亩、义务植树138万株、市级封山育林3.26万亩；注重特色苗木培育，完成乡土苗木培育155亩；对全县112株古树名木开展保护，重点对20株进行抚壮保护，其余92株树立标识、标牌进行保护。

【城乡建设】 以“美丽县城”建设项目带动县城建设发展，县城建成区面积达6.57平方千米。年内，积极推进县城截污治水工作，2018年启动的县城污水处理厂二期改扩建项目共投资2400万元，主体工程已完工；启动四清河、西门河、北门河、兔耳河的截污治理打造。加强房地产开发与管理。全县房地产项目顺利推进5家、收尾2家，已全面封顶项目3个；房产管理所全年累计备案登记销售新建商品房1573套，面积18.74万平方米，金额7.70亿元。强化安全生产目标管理。全年共办理施工许可证15项，建设规模为20.24万平方米，投资总额5.92亿元；对新开工项目进行市场监督检查、扫黑除恶专项检查4次。严格落实国家、省、市“一户一宅”政策，全县共需拆除危房6925户，已拆除5780户；稳步推进棚户区改造项目。选取寻甸县城北片区配套建设安置小区，新建安置房1800套，建设规模28.60万平方米（其中地上

20.45万平方米，地下8.18万平方米），配套商业开发、医院、农贸市场等设施。7月9～10日，国家发改委城市和小城镇改革发展中心课题组到寻甸县调研新型城镇化和乡村振兴推进情况。

【环境保护】 2019年，寻甸县城建成区空气质量（境外输入污染物、臭氧等自然因素除外）达标率100%（按GB3095-2012《环境空气质量标准》日均值二级标准评价）；县城建成区声环境质量总体平均值为48.4dB（分贝），城市区域声环境质量等级为一级；牛栏江（寻甸段）出境断面（河口）断面水质总体达Ⅲ类水保护要求，清水海集中式饮用水源水质总体评价为Ⅱ类。加强建设项目监督管理和环境监察力度，全年共批准建设项目58个，其中环境影响评价报告表53个，环境影响评价报告书5个，对4个选址不符或技术评审未通过的项目不予审批，未出现违法审批行为，环评执行率达100%；完成云南省排污许可证核发13家和国家排污许可证核发20家，并完成2家企业的排污许可证年检。积极推进生态县创建，全县已获得国家级生态乡镇命名1个、省级生态乡镇命名9个、市级生态村命名120个；开展市级“绿色学校”创建工作，县幼儿园北城园被命名为“昆明市2019年绿色学校”。

【水务】 全县水资源开发利用率17%，水利化程度达63.50%。截至2019年底，全县共有水库93座，其中大型水库1座、中型水库2座、小（1）型水库17座、小（2）型水库74座；共建成小水窖3.38万件、小水池1700件、小型引水堰闸65件、小型泵站63件、小型渠系工程1850件、小型机电井4件、小型排水沟道495件、高效节水灌溉工程5件、地下机井10眼。全县累计完成农村“五小水利”工程1503件，增加蓄水容积28万立方米，新增和改善灌溉面积1260亩。农村饮水安全巩固提升工程稳步推进，工程建设内容为解决全县16个乡镇（街道）59个村委会84个村民小组农村人口3.04万人的饮水安全巩固提升问题。工程概算总投资1791.76万元，其中工程投资1763.78万元，环境投资6.99万元。完成年度新增水土流失治理面积35.52平方千米，年均减少土壤流失量3.43万吨。4月23日，水利部副部长陆桂华率队到寻甸县调研水资源调度和水土保持工作。

【文化】 全县有公共文化服务机构免费开放场所195个、百姓大舞台146处、贫困村综合文化服务中心146个、社区文化服务中心2个，全年向147个村（社区）配发价值294万元的音响、鼓锣、二胡、电子琴等文化娱乐器材147件（套），为174个农家书屋更新图书1.40万册。加强“三馆”文化阵地建设。截至2019年底，县图书馆藏图书4万余册，全年接待读者3.50万余人次，累计借阅1.50万人次2.60万册次；送书下乡9次，流转图书下乡5000余册次。

10月20日上午，寻甸回族彝族自治县成立40周年庆祝大会在县体育中心举行，社会各界代表约4000人参加庆祝大会。县文化馆全年免费开放共接待3.80万人次，举办各类大型文艺演出活动40场次；举办专业培训班3期培训200余人，业余辅导培训20次辅导1780余人。县美术馆共有展览厅4个、现代化藏品库1个，全年共接待观众3万余人次；开展空中大课堂远程教育培训6期培训260人，培训“阳光工程”“圆梦工程”文化志愿者6期24人次；开展涉旅企业诚信评价工作业务培训，参训32人。县图书馆举办各类图书活动4次，举办专业培训班8期，培训2500余人；举办公益性讲座3期，参加200余人；基层文化工作培训11期565人次，培训农家书屋管理员120人。做好文化遗产保护工作。2月，柯渡镇丹桂清真寺被公布为省级文物保护单位；4

2019年10月20日，寻甸县举行庆祝中华人民共和国成立70周年暨寻甸县成立40周年活动（张艺良　摄）

月，羊街三圣宫、羊街磨盘寺会谈旧址申报为市级文物保护单位；11月11日，廖明元、杨德翠2人被省文化和旅游厅公布为第六批省级非物质文化遗产代表性项目代表性传承人。

【旅游】 打造文化旅游品牌。6月3日，凤龙湾旅游度假区被云南省文化和旅游厅认定为省级旅游度假区；9月11日，凤龙湾小镇被省政府授予云南省特色示范小镇称号；11月26日，凤龙湾小镇、丹桂红军村获“云南省乡村健康旅游目的地示范区（点）”称号；12月26日，七星镇腊味村被云南省文化和旅游厅评为云南省旅游扶贫示范村。旅游发展稳步推进。全年接待游客348万人次，比上年增长26.54%；实现旅游综合收入7.20亿元，比上年增长33.33%。其中：红军长征柯渡纪念馆免费接待各类游客35万余人次，县美术馆非遗（民俗）展厅全年接待免费参观团体21个1500余人，自主参观2700余人次。

2019年9月11日，凤龙湾小镇被省政府授予云南省特色示范小镇

（寻甸县史志办 供稿）

【教育 卫生】 全县共有普通中学21所，其中普通高中4所、初级中学17所；有小学154所、幼儿园136所、中等职业学校3所、特殊学校1所。年末普通中学在校学生3.35万人（其中高中在校生1.27万人，初中在校生2.08万人），小学在校学生3.41万人，幼儿园在园幼儿1.58万人，职业中学在校学生769人，特殊学校在校学生142人。小学学龄儿童净入学率99.81%，初中学龄人口毛入学率116.26%，高中阶段升学率62.73%。全县共有专任教师5492人，其中中学专任教师2598人、小学专任教师2261人、幼儿园专任教师544人、职业中学专任教师74人、特殊学校专任教师15人。

年末，全县共有卫生机构281个，其中医院14个、基层医疗卫生机构264个（含卫生院16个）、妇幼保健院1个、疾病预防控制中心1个、卫生监督所1个。实有病床床位2970张，卫生技术人员2563人，其中执业医师和执业助理医师884人，注册护士1247人。婴儿死亡率6.54‰，孕产妇死亡率13.62/10万。

【社会生活保障】 据抽样调查资料显示，城镇常住居民人均可支配收入3.72万元，比上年增长7.50%（现价）；人均消费支出1.08万元，比上年下降30.70%。农村常住居民人均可支配收入9979元，比上年增长10%（现价）；农村人均生活消费支出9530元，比上年增长13.50%。

年末，全县城镇职工基本养老保险参保3.06万人，城乡居民社会养老保险参保32.10万人，失业保险参保1.72万人，城镇职工基本医疗保险参保2.53万人，城乡居民基本医疗保险参保50.29万人，工伤保险参保2.08万人，生育保险参保1.98万人。

【扶贫开发】 2019年，综合协调统筹整合中央、省、市、县各级财政涉农资金3.88亿元，用于基础设施、农业产业发展、脱贫巩固提升等项目建设，其中扶贫专项资金2.14亿元（中央资金6987万元、省级资金5962万元、市级资金8411万元）用于基础设施、一镇六村示范村建设、产业扶持、地方特色保险、畜禽粪污资源化利用整县推进项目及雨露计划、小额信贷贴息、宜居农房贴息、农村综合环境等；小额扶贫到户贷款共投放在16个乡镇（街道）173个行政村，共发放小额扶贫贷款3360户1.61亿元，用于贫困户参与农林牧渔等种植、养殖业和特色优势产业发展。截至2019年底，寻甸县累计减少农村贫困人口13.14万人，贫困发生率由2014年的26.93%下降为零，脱贫攻坚取得阶段性成效。3月12—13日，国务院扶贫办党组成员、副主任欧青平带领国务院扶贫办调研组到寻甸县开展巡视整改专题调研。5月10—11日，中央党校中青班第三支部赴寻甸县开展贫困地县巩固脱贫成果防止返贫问题社会调查。12月26日，七星镇腊味村被云南省文化和旅游厅评为云南省旅游扶贫示范村。

（李巧梅）

附录

2019年昆明市国民经济和社会发展统计公报[1]

2019年，面对国内外风险挑战明显上升的复杂形势，昆明市坚持以习近平新时代中国特色社会主义思想为指导，全面贯彻党的十九大和十九届二中、三中、四中全会精神，坚持稳中求进工作总基调，践行新发展理念，推动高质量发展，以供给侧结构性改革为主线，全面做好“六稳”工作，持续打好三大攻坚战，统筹推进稳增长、促改革、调结构、惠民生、防风险、保稳定各项工作，全市经济运行总体平稳，发展质量稳步提升，民生福祉不断改善，社会事业繁荣发展，为高质量打赢全面小康收官战和推动区域性国际中心城市建设迈上新台阶奠定坚实基础。

一、综合

初步核算，全年地区生产总值[2]6475.88亿元，按可比价格计算，比上年增长6.5%。其中，第一产业增加值270.29亿元，增长5.5%；第二产业增加值2078.75亿元，增长4.6%；第三产业增加值4126.84亿元，增长7.7%。三次产业结构为4.2:32.1:63.7，三次产业对GDP增长的贡献率分别为3.4%、25.3%和71.3%，分别拉动GDP增长0.2、1.7和4.6个百分点。全市人均生产总值93853元，增长5.2%，按年均汇率折算为13605美元。

全年非公有制经济实现增加值2575.44亿元，比上年增长6.7%，占GDP比重为39.8%。全市新设立市场主体16.11万户，同比增长9.9%，其中私营企业5.09万户，增长4.8%；个体工商户10.61万户，增长13.2%。市场主体总量达79.55万户，增长10.4%。

全年居民消费价格比上年上涨2.3%。其中，食品烟酒类上涨6.8%，衣着类上涨1.1%，居住类下降0.2%，生活用品及服务类上涨0.2%，交通和通信类下降1.5%，教育文化和娱乐类上涨2.9%，医疗保健类上涨0.9%，其他用品和服务类上涨3.9%。全年商品零售价格比上年上涨1.5%；工业生产者出厂价格上涨0.6%；工业生产者购进价格下降1.3%。

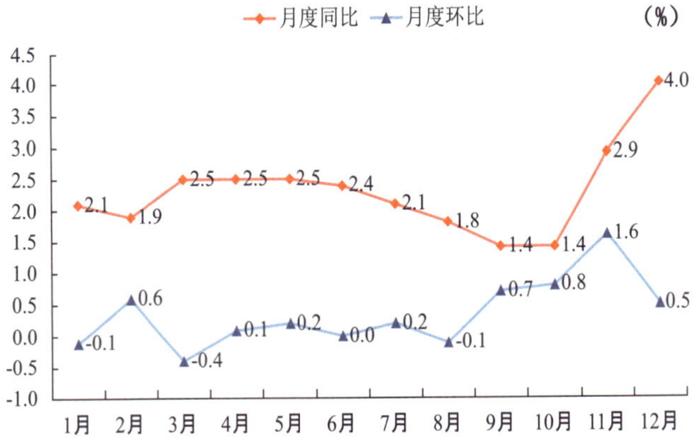

图18　2019年昆明市居民消费价格月度涨跌幅度

全年一般公共预算收入630.03亿元，比上年增长5.8%。其中，税收收入509.25亿元，增长6.7%，占一般公共预算收入的比重80.8%，比上年同期提高0.7个百分点。一般公共预算支出820.86亿元，增长8.5%。其中，民生支出618.58亿元，占全市一般公共预算收入的比重75.4%。

全年城镇新增就业16.15万人，城镇下岗失业人员再就业4.19万人，年末城镇登记失业率为3.44%。农村劳动力转移就业16.55万人次。

二、农业

全年农林牧渔业及农林牧渔服务业总产值[3]447.49亿元，按可比价计算，比上年增长5.6%。其中，农业产值260.65亿元，增长9.3%；林业产值18.47亿元，增长2.7%；牧业产值143.56亿元，下降0.2%；渔业产值10.31亿元，增长10.1%；农林牧渔服务业产值14.51亿元，增长3.8%。

图19　2015～2019年农林牧渔业及农林牧渔服务业总产值

全年粮食种植面积23.33万公顷，产量102.20万吨；蔬菜种植面积10.98万公顷，产量308.48万吨；鲜切花种植面积0.83万公顷，产量66.95亿枝。

表28　2019年主要农产品产量及其增长速度

	单位	2019年	比上年（±%）
粮食	万吨	102.20	2.5
#稻谷	万吨	11.42	-13.7
油料作物	万吨	1.38	-8.2
烤烟	万吨	6.78	-2.2
蔬菜	万吨	308.48	2.6
鲜切花	亿枝	66.95	16.3
水果	万吨	28.08	7.6

全年猪出栏203.05万头，下降2.6%；牛出栏23.22万头，增长9.8%；羊出栏91.57万只，下降5.3%。牛年末存栏43.57万头，下降0.7%；猪年末存栏141.54万头，下降11.6%；羊年末存栏117.14万只，下降5.3%。

全年肉类总产量30.84万吨，增长4.0%；禽蛋产量5.44万吨，增长24.8%；牛奶产量10.57万吨，下降3.4%。

全年农村用电量12.15亿千瓦·时，增长1.8%。年末农业机械总动力24.53亿瓦特。大中型拖拉机6351台。农村自来水普及率99.9%，农村卫生厕所普及率74.1%。

三、工业和建筑业

全年全部工业增加值1319.21亿元，比上年增长4.6%。规模以上工业增加值增长4.8%。分经济类型看，国有企业增长29.6%，股份制企业增长4.1%，外商及港澳台商投资企业增长3.2%，集体企业下降55.4%，股份合作企业增长3.8%。分门类看，采矿业下降11.8%，制造业增长4.4%，电力、热力、燃气及水生产和供应业增长13.3%。

图20　2015～2019年昆明市规模以上工业增加值增速（%）

全市38个大类行业中，有19个行业工业增加值保持同比增长，电力、热力生产和供应业、燃气生产和供应

业、黑色金属冶炼和压延加工业等9个行业工业增加值同比增长10%以上。重点行业中，烟草制品业增长4.0%，石油、煤炭及其他燃料加工业增长9.6%，化学原料及化学制品制造业增长5.6%，冶金工业增长1.8%，装备制造业下降1.2%，医药制造业增长3.2%，电力、热力生产和供应业增长13.4%。六大高耗能行业增加值增长7.0%。全年高技术制造业(4)增加值增长2.9%。

表29 主要工业产品产量

	单位	2019年	比上年(±%)
粗钢	万吨	469.89	4.2
钢材	万吨	560.44	3.5
生铁	万吨	427.31	5.8
金属切削机床	台	6388	-50.8
汽车	辆	2860	14.9
水泥	万吨	1923.06	2.9
商品混凝土	万立方米	2129.24	24.8
磷矿石	万吨	1853.70	-5.3
化肥	万吨	96.16	-6.4
卷烟	亿支	791.61	-0.1
复烤烟叶	万吨	39.73	-5.2
十种有色金属	万吨	92.34	-2.0
饮料	万吨	254.16	4.4
饮料酒	千升	408787.69	4.5
饲料	万吨	218.23	3.9
自来水生产量	万立方米	37801.61	7.8
原盐	万吨	154.93	-3.2
乳制品	万吨	20.15	4.1
中成药	万吨	2.42	6.4
光学仪器	万台	640.89	-6.8
电力电缆	千米	251954.33	7.2

全年规模以上工业企业实现营业收入4842.10亿元，比上年增长1.1%；实现利润总额212.20亿元，下降5.6%。全年规模以上工业企业营业收入利润率4.38%，同比下降0.31个百分点；工业企业产品销售率98.4%，同比提高0.2个百分点；每百元营业收入中的成本79.92元，同比下降0.51元；企业资产负债率53.8%，同比降低2.3个百分点。

全年建筑业总产值3560.10亿元，比上年增长11.4%。其中，建筑工程产值3273.40亿元，增长12.6%；安装工程产值220.40亿元，下降2.3%。全市总承包和专业承包建筑业企业房屋建筑施工面积10462.19万平方米，下降0.5%。其中，本年新开工面积3516.84万平方米，下降32%；房屋建筑竣工面积2412.75万平方米，下降23.6%。全年建筑业增加值760.24亿元，按可比价计算，比上年增长4.4%。

四、固定资产投资

全年固定资产投资（不含农户）比上年增长2.8%。分产业投资看，第一产业投资增长9.2%，第二产业投资增长2.9%，第三产业投资增长2.7%。从支柱板块看，工业投资增长2.8%，基础设施投资下降10.3%，房地产投资增长13.9%。从重点行业看，农业投资增长16.3%，水利投资增长12.1%，教育投资增长8.3%，交通投资下降11.5%，文化投资下降14.5%，商贸投资下降5.6%。

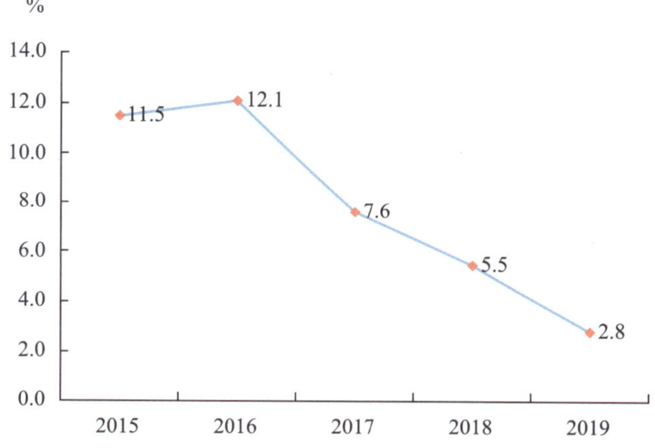

图21 2015～2019年固定资产投资（不含农户）增速（%）

全年民间投资增长3.9%，增速高于全市投资增速1.1个百分点，占全部投资的比重为52.0%，比上年提高0.5个百分点。

全年房地产开发投资中，住宅投资增长29.0%，办公楼投资增长46.1%；商业营业用房投资下降28.2%。

全年商品房施工面积12236.93万平方米，比上年增长18.9%；商品房竣工面积485.88万平方米，增长49.8%；商品房销售面积1916.23万平方米，增长0.3%。

五、国内贸易和对外经济

全年社会消费品零售总额3056.57亿元，比上年增长9.7%。按经营地统计，城镇消费品零售额2876.44亿元，增长9.6%；乡村消费品零售额180.13亿元，增长10.3%。按消费类型统计，商品零售2529.84亿元，增长9.4%；餐饮收入526.73亿元，增长10.8%。

在限额以上企业商品零售额中，粮油、食品类零售额比上年增长1.2%，饮料类增长3.2%，烟酒类增长

1.7%，服装、鞋帽、针纺织品类下降2.3%，化妆品类增长31.1%，日用品类增长2.4%，家用电器和音像器材类下降18.1%，中西药品类增长7.1%，家具类增长3.1%，通信器材类增长19.6%，建筑及装潢材料类下降15.2%，石油及制品类增长22.7%，汽车类下降5.1%。

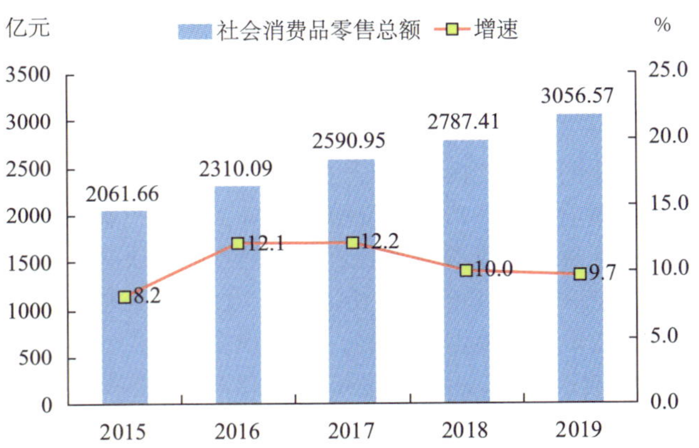

图22　2015～2019年社会消费品零售总额及增长速度

全年海关进出口总额131.87亿美元，比上年增长0.3%。其中，出口36.04亿美元，下降5.7%；进口95.83亿美元，增长2.8%。

全年新批外商投资企业118户，比上年增加7户；实际利用外资6.49亿美元，增长23.3%。

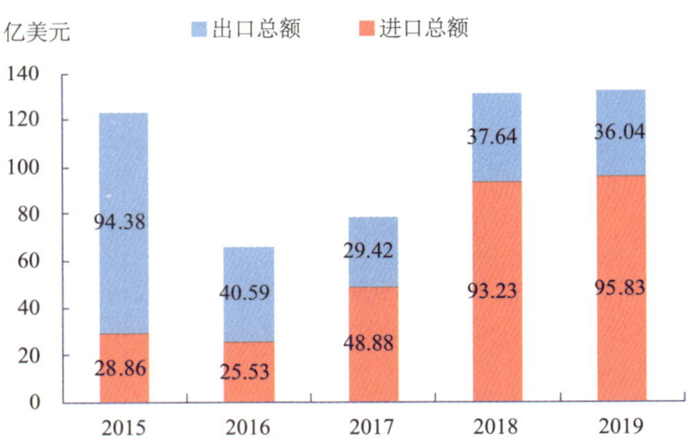

图23　2015～2019年海关进出口贸易总额

六、交通运输、邮政电信和旅游业

全年公路货物运输量33377万吨，比上年增长8.9%；公路旅客运输量4540万人次，增长2.1%；公路货物周转量233.79亿吨公里，增长13.7%；公路旅客周转量50.27亿人公里，增长7.5%。水运旅客运输量123.05万人次，下降21.5%，水运货物运输量11.8万吨，下降51.1%；水运旅客周转量920.21万人公里，增长2.3%，水运货物周转量29.5万吨公里，下降38.9%。

全年铁路货物运输量1789.9万吨，比上年下降8.2%；铁路旅客运输量3211.7万人次，增长18.4%；铁路货物周转量196.08亿吨公里，增长12.3%；铁路旅客周转量73.30亿人公里，增长22.0%。

昆明机场全年运输起降35.7万架次，比上年下降0.1%；旅客吞吐量4807.6万人，增长2.1%，货邮吞吐量41.6万吨，下降2.9%。全年共开通航线640条，其中国际航线93条。

年末全市机动车保有量284.96万辆，比上年增长6.4%。其中，本年新注册机动车27.04万辆，下降3.9%。汽车保有量249.01万辆，增长7.9%。其中，本年新注册汽车23.96万辆，下降9.3%。年末个人汽车保有量224.86万辆，增长7.8%。

主城五区公交运营线路519条（含定制公交线路），新增公交线路11条；日均客运量276.05万人次，公共交通机动化出行分担率57.8%。年末全市实有出租车9234辆。其中，主城区实有出租车8137辆。每万人拥有公共交通车辆34.32辆，行政村客运班车通达率100%。

截至年末，昆明地铁运营线路共4条，包括1、2号线首期工程，1号线支线，3号线和6号线（一期）。年末昆明地铁通车总里程88.7公里，运营车站57座。开通运营至2019年底线网累计客运量7.65亿乘次，2019年全年线网累计客运量2.14亿乘次，日均客运量58.64万乘次，旅客周转量20.93亿人公里。

全年邮政业累计完成业务收入45.2亿元，比上年增长18.6%，其中：快递业务收入33.72亿元，增长21.1%。邮政函件业务384.23万件，包裹业务9.98万件，快递业务量27931.38万件。

全年电信业务收入99.8亿元，比上年下降0.9%。年末拥有固定电话用户112.9万户，比上年增加3.1万户。拥有移动电话用户1160.1万户，比上年增加11.8万户。固定互联网宽带接入用户[5]275.2万户，比上年增加13.3万户。移动互联网用户978.8万户。其中，5G网络用户3.1万户，4G网络用户954.8万户，3G网络用户20.9万户。

旅游业增长良好。全年接待国内外游客18644.03万人次，比上年增长16.1%。其中，国内游客18494.59万人次，增长16.2%；海外游客149.44万人次，增长5.1%。

全年旅游总收入2733.61亿元，比上年增长25.4%。其中，国内旅游收入2673.16亿元，增长25.2%；旅游外汇收入8.75亿美元，增长27.9%。

七、金融

金融市场保持平稳。年末金融机构（含外资）人民币存款余额14909.26亿元，比年初增长9.5%。其中，住户存款余额5355.45亿元，比年初增长9.6%；非金融企业存款余额5070.92亿元，比年初增长4.8%。

图24 2015～2019年金融机构（含外资）人民币存款余额

年末金融机构（含外资）人民币贷款余额17854.43亿元，比年初增长9.5%。其中，住户贷款4157.47亿元，比年初增长25.8%；非金融企业及机关团体贷款13644.27亿元，比年初增长5.4%。

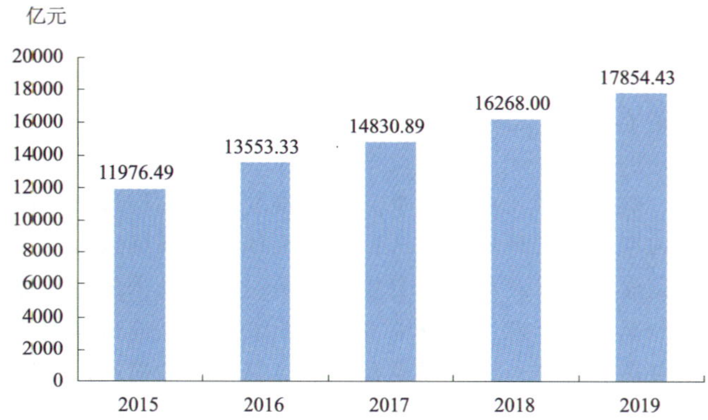

图25 2015～2019年金融机构（含外资）人民币贷款余额（亿元）

全年保险公司原保险保费收入300.26亿元，比上年增长13.3%。其中，财产险原保险保费收入116.65亿元，增长6.3%；人身险原保险保费收入183.61亿元，增长18.2%。

全年赔款与给付支出101.12亿元，比上年增长9.1%。其中，财产险赔款支出58.09亿元，增长8.2%；人身险赔款支出43.03亿元，增长10.4%。

八、教育、科学技术和文化体育

年末全市共有普通高等院校52所，在校生62.26万人，专任教师3.06万人；中等职业教育学校81所，在校生18.21万人，专任教师4148人；普通中学327所，在校生34.65万人，专任教师2.73万人；普通小学758所，在校生51.30万人，专任教师3.03万人；幼儿园1407所，在园幼儿24.60万人，专任教师1.63万人；特殊教育学校6所，在校学生824人，专任教师194人。

高中阶段毛入学率92.95%，普通初中毛入学率109.35%，小学学龄儿童净入学率99.82%，学前教育三年毛入园率99.39%，残疾儿童入学率98.56%。

全年实施科技计划项目787项。全年受理专利申请23097件，获专利授权14301件，有效发明专利拥有量10217件。全年登记技术合同2827项，技术合同成交额70.11亿元，比上年下降5.3%。全年共登记科技成果313项，其中基础理论类9项，应用技术类302项，软科学类2项。

全市注册博物馆37个，公共图书馆15个，文化馆16个，文化站139个。专业文化艺术表演团体2个，登记在册的业余文化艺术表演团体2895个。

年末全市有线电视实际用户139.99万户。全市电视综合覆盖率99.90%，广播综合覆盖率99.94%。

全年昆明运动员在国家级比赛中获金牌46枚，银牌37枚，铜牌32枚。

九、人口、人民生活和社会保障

年末全市常住人口695万人。其中，城镇常住人口511.52万人，占常住人口比重为73.6%。

年末全市户籍总人口578.46万人。其中，城镇人口361.49万人，占户籍人口比重为62.5%。

全年城镇常住居民人均可支配收入46289元，比上年增长7.7%；农村常住居民人均可支配收入16356元，增长9.8%。

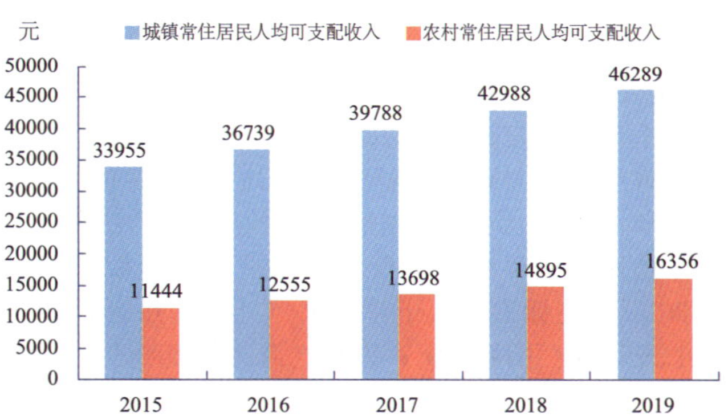

图26 2015～2019年居民人均可支配收入（元）

年末全市参加城镇职工基本养老保险人数175.93万人，比上年末增加10.51万人。参加城乡居民基本养老保险人数212.48万人。参加城镇职工医疗保险人数198.63万人，增加10.47万人。参加城乡居民医疗保险人数449.72万人，增加5.72万人。参加失业保险人数119.02万人，增加13.22万人。参加工伤保险的职工人数116.46万人，增加5.71万人。

年末享受城市居民最低生活保障人数5.56万人，农村居民最低生活保障人数6.55万人，农村五保供养4716人。全年资助城乡困难群众17.73万人参加医疗保险。

十、卫生和社会服务

全市共有卫生机构5003个。其中：医院314个，乡镇卫生院98个，社区卫生服务中心（站）357个，诊所（卫生所、医务室）2718个，村卫生室1228个。卫生技术人员8.70万人。其中：执业医师和执业助理医师3.18万人，注册护士4.18万人。医疗卫生机构实有病床6.41万张。年末共有社区服务站769个。

全市拥有农村养老院33个，床位3355张。公办城市养老机构8所，床位3156张；社会办老年养老机构70个，床位1.54万张；居家养老床位4630张。

十一、资源环境和安全生产

全年昆明地区年平均降雨量839.8毫米，较历史平均值偏少138.9毫米；年平均气温16.7℃，较历史平均值偏高1.2℃；年平均日照时数2384.6小时，较历史平均值偏多266.3小时。

全市森林覆盖率51.42%。全年完成营造林3.68万公顷，其中，人工造林0.96万公顷，森林抚育及改造提升1.36万公顷；义务植树1202万株。

全年主城区空气质量优良天数达到356天，空气质量优良率达到98%。主城区区域环境昼间噪声平均值53.1分贝。地表水达标率92.0%。

各污染物年平均浓度中，二氧化硫12μg/m^3、二氧化氮31μg/m^3、可吸入颗粒物（PM10）45μg/m^3、细颗粒物（PM2.5）26μg/m^3。

全年主城五区取水总量42401.48万立方米。其中，工业取水量6716.83万立方米。万元地区生产总值取水量8.94米^3/万元，万元工业增加值取水量8.46米^3/万元。

初步核算，全市规模以上工业综合能源消费量1130.49万吨标准煤，下降4.9%，其中：焦炭消费量191.95万吨，下降0.1%；天然气消费量6.04亿立方米，增长0.8%；电力消费量213.76亿千瓦·时，下降3.3%。规模以上单位工业增加值能耗同比下降9.3%。全社会用电量341.24亿千瓦·时，增长1.1%。规模以上工业发电量201.70亿千瓦·时，比上年增长0.03%，其中，水力发电量104.56亿千瓦·时，下降3.0%；火力发电量62.08亿千瓦·时，下降3.8%；风力发电量30.53亿千瓦·时，增长21.2%；太阳能发电量4.53亿千瓦·时，增长8.9%。

各类生产安全事故死亡人数413人，交通事故死亡人数319人，火灾事故死亡人数14人。全市亿元GDP生产安全事故死亡率0.07。

注释：

(1)本公报数据为初步统计数，正式统计数据以《昆明统计年鉴》和各部门正式公布数据为准。部分数据因四舍五入的原因，存在总计与分项合计不等的情况。

(2)地区生产总值（GDP）、人均地区生产总值、分产业增加值、农林牧渔业总产值绝对数按现价计算，增长速度按不变价格计算。2019年地区生产总值以第四次全国经济普查修订后的数据为基数。

(3)2016年后农林牧渔业及农林牧渔服务业总产值数据为依据第三次全国农业普查结果核定和修订的数据。

(4)高技术制造业包括医药制造业，航空、航天器及设备制造业，电子及通信设备制造业，计算机及办公设备制造业，医疗仪器设备及仪器仪表制造业，信息化学品制造业。

(5)固定互联网宽带接入用户是指报告期末在电信企业登记注册，通过xDSL、FTTx+LAN、FTTH/0以及其他宽带接入方式和普通专线接入公众互联网的用户。

资料来源：本公报中，价格指数、居民收入数据来自国家统计局昆明调查队；市场主体登记数据来自市市场监管局；财政数据来自市财政局；林业数据来自市林业和草原局；农机数据来自市农业农村局；进出口数据来自昆明海关；公路运输数据来自市交通运输局；铁路运输数据来自昆明铁路局；民航运输数据来自云南机场集团；地铁运输数据来自昆明轨道交通集团有限公司；机动车数据来自市车管所；邮政数据来自市邮政管理局；电信数据来自省通信管理局；文化、旅游数据来自市文化和旅游局；金融数据来自人民银行昆明中心支行；保险数据来自云南银保监局；教育、体育数据来自市教育体育局；科技数据来自市科技局；有线电视用户数据来自云南广电网络集团有限公司；卫生数据来自市卫生健康委员会；社会保障和就业数据来自市人力资源和社会保障局；医疗保险和生育保险数据来自市医疗保障局；社会福利数据来自市民政局；环保数据来自市环保局；取水量、用水量数据来自市节水办；安全生产数据来自市应急局；外资数据来自市商务局；气象数据来自市气象局；户籍人口数据来自市公安局；其余数据均来自市统计局。

统计资料摘编

表30 2016～2019年昆明市人口主要指标一览表

指标	2016 年	2017 年	2018 年	2019 年
户籍人口情况				
总户数（户）	2019795	2027147	2056103	2076343
总人口（人）	5597904	5629975	5716697	5784684
按性别分：				
男（人）	2819039	2828306	2867041	2897193
女（人）	2778865	2801669	2849656	2887491
性别比（以女性为 100）	101.45	100.95	100.61	100.34
按民族分：				
汉族（人）	4711000	4725798	4789969	4837978
少数民族（人）	886904	904177	926728	946706
迁入人口（人）	85440	114386	149325	129699
迁出人口（人）	78141	94654	105428	93805
出生人口（人）	59619	83025	73442	70974
死亡人口（人）	26342	71672	29799	33656
自然增长人口（人）11353	33277	11353	43643	37318
自然增长率（‰）	5.94	2.02	7.63	6.45
全市常住人口（万人）	675.8	678.3	685	695

注：本表户籍资料根据昆明市公安局提供的户籍数据编制。

表31 昆明市国民经济主要指标与全国、全省对比情况

指标	单位	全国	全省	昆明	昆明占全省的比重(%)
年末常住人口	万人	140005.0	4858.3	695.0	14.3
城镇化率	%	60.6	48.91	73.6	—
地区生产总值	亿元	990865	23223.75	6475.88	27.9
# 第一产业	亿元	70467	3037.62	270.29	8.9
第二产业	亿元	386165	7961.58	2078.75	26.1
第三产业	亿元	534233	12224.55	4126.84	33.8
人均生产总值	元	70892	47944	93853	—
全部工业增加值	亿元	317109	5301.51	1319.21	24.9
固定资产投资增速	%	5.4	8.5	2.8	—
社会消费品零售总额	亿元	411649	7539.18	3056.57	40.5
进出口总额	亿美元	45761	336.92	131.87	39.1
# 出口总额	亿美元	24990	150.22	36.04	24.0
一般公共预算收入	亿元	190382	2073.53	630.03	30.4
一般公共预算支出	亿元	238874	6770.09	820.86	12.1
城镇常住居民人均可支配收入	元	42359	36238	46289	—
农村常住居民人均可支配收入	元	16021	11902	16356	—

索引

说明

一、本索引采用主题分析法编制，索引范围为全书各部类条目。

二、本索引按主题词首字汉语拼音音序（同音字按音调）排列。若首字拼音相同则按第二字音序排列，以此类推。首字为阿拉伯数字或英文字母者，作“非音序”排在本索引前。

三、读者可从主题入手按索引款目标示查找自己所需资料在本书中的位置。索引款目由主题词加修饰词或说明词组成，并采取主题词在前，修饰、说明词在后的形式。索引款目后的阿拉伯数字表示该主题内容在本书中的页码；a、b、c 字母表示在该页码的栏别（从左至右）。

四、同一主题词的不同内容采取“参见”形式标示。索引款目后两个以上页码的为该主题的“参见”。

五、机构、单位名称，除正文中出现的全称外，在不产生歧义的前提下，本索引一般使用简称。

六、凡部类、栏目名称直接用作索引款目的以黑体字标引。

数字

A

B

C

D

E

F

G

H

J

K

L

M

N

P

Q

R

S

T

W

X

Y

Z